# ES[illegible]A
# & PORTUGAL

**_ATLAS DE CARRETERAS y TURÍSTICO_**
**_ATLAS ROUTIER et TOURISTIQUE_**
**_TOURIST and MOTORING ATLAS_**
**_STRASSEN- und REISEATLAS_**
**_TOERISTISCHE WEGENATLAS_**
**_ATLANTE STRADALE e TURISTICO_**

MICHELIN

# Sumario / Sommaire / Contents

Portada interior: Mapa índice
Intérieur de couverture: Tableau d'assemblage
Inside front cover: Key to map pages
Umschlaginnenseite: Übersicht
Binnenzijde van het omslag: Overzichtskaart
Copertina interna: Quadro d'insieme

**IV - V**

Información general / Grands itinéraires / Route planning / Reiseplanung / Grote verbindingswegen / Grandi itinerari

**VI - VII**

Cuadro de distancias / Tableau des distances / Distances / Entfernungstabelle / Afstandstabel / Tabella distanze

**2 - 53**

España - Portugal / Espagne - Portugal / Spain - Portugal / Spanien - Portugal / Spanje - Portugal / Spagna - Portogallo
1 : 400 000

**54**

Islas Baleares / Iles Baléares / Balearic islands / Balearen / Isole Baleari

**78**

Madeira / Madère / Madeira / Madera

**88**

Islas Canarias / Iles Canaries / Canary islands / Kanarische Inseln / Canarische Eilanden / Isole Canarie

**96**

Islas Azores / Iles Açores / Azores islands / die Azoren / Azoren / Isole Azzorre

# Inhaltsübersicht / Inhoud / Sommario

97
Índice Andorra / Index Andorre / Index Andorra / Register Andorra / Indice Andòrra

97
Índice España / Index Espagne / Index Spain / Register Spanien / Register Spanje / Indice Spagna

164
Índice Portugal / Index Portugal / Register Portugal / Indice Portogallo

180
Climatología / Régimes climatiques / Temperatures / Temperaturen / Clima

181 - 186
Signos convencionales / Légende / Key / Zeichenerklärung / Verklaring van de tekens / Legenda

## Planos de ciudades / Plans de ville / Town plans
## Stadtpläne / Stadsplattegronden / Piante di città

### ESPAÑA

133 Albacete
135 Alacant / Alicante
137 Almería
138 Ávila
139 Badajoz
140 Barcelona (alrededores)
141 Barcelona
143 Bilbao
144 Burgos
145 Cáceres
146 Cádiz
148 Cartagena
149 Castelló de la Plana / Castellón de la Plana
152 Ciudad Real
153 Córdoba
154 A Coruña
155 Cuenca
156 Donostia-San Sebastián
157 Elche
158 Gijón
159 Girona
160 Granada
161 Guadalajara
161 Huelva
163 Jaén
164 Jerez de la Frontera
165 León
165 Lleida
166 Logroño
166 Lugo
168 Madrid (alrededores)
169 Madrid
170 Málaga
172 Mérida
174 Murcia
175 Oviedo
176 Palencia
177 Las Palmas de Gran Canaria
178 Palma de Mallorca
180 Pamplona
181 Pontevedra
185 Salamanca
187 Santa Cruz de Tenerife
188 Santander
189 Santiago de Compostela
190 Segovia
191 Sevilla (alrededores)
192 Sevilla
193 Soria
194 Teruel
194 Tarragona
195 Toledo
199 València (alrededores)
200 València
201 Valladolid
203 Vigo
204 Vitoria-Gasteiz
204 Zamora
205 Zaragoza

### PORTUGAL

206 Aveiro
208 Braga
209 Coimbra
211 Évora
212 Funchal
214 Lisboa (arredores)
215 Lisboa
218 Porto (arredores)
219 Porto
221 Santarém
222 Setúbal

OCÉANO
ATLANTICO
ESPAÑA
PORTUGAL
MADEIRA
GOLFO DE CÁDIZ
ESTRECHO DE GIBRALTAR
A Coruña
Lugo
Oviedo
Gijón
Santillana del Mar
Bilbao
Donostia-San Sebastián
Biarrit
Santiago de Compostela
Pontevedra
Ourense
Ponferrada
León
Burgos
Vitoria-Gasteiz
Pamplo
Tudela
Braga
Bragança
Benavente
Palencia
Valladolid
Soria
Zaragoz
Porto
Vila Real
Zamora
Calatayud
Salamanca
Segovia
Ávila
Guarda
Ciudad Rodrigo
Coimbra
Figueira da Foz
MADRID
Guadalajara
Teruel
Castelo Branco
Plasencia
Talavera de la Reina
Toledo
Tarancón
Cuenca
Cáceres
Santarém
Guadalupe
Mota del Cuervo
LISBOA
Mérida
Badajoz
Ciudad Real
Valdepeñas
Albacete
Évora
Zafra
Beja
Sines
Córdoba
Jaén
Murci
Lorca
Lagos
Faro
Huelva
Sevilla
Antequera
Granada
Guadix
Cartag
Almería
Málaga
Marbella
Cádiz
Gibraltar
Funchal
R. Miño
R. Duero
R. Ebro
R. Tajo
R. Guadiana
R. Guadalquivir

# Informacíon general / Grands itinéraires
# Route planning / Reiseplanung
# Grote verbindingswegen / Grandes itinerários

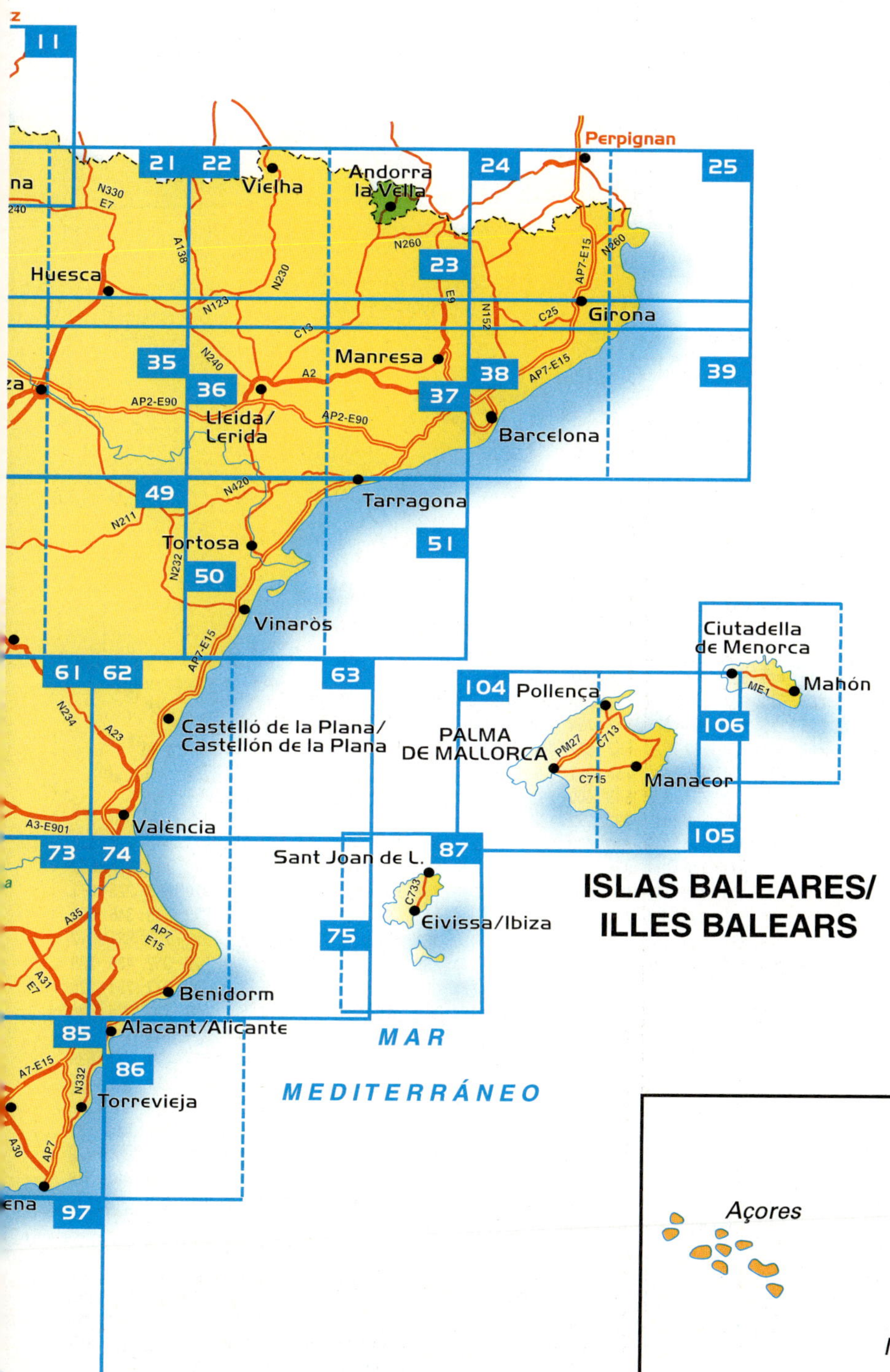


## España : Comunidades autónomas & Provincias

**Andalucía**
AL ........ Almería
CA ........ Cádiz
CO ........ Córdoba
GR ........ Granada
H ........ Huelva
J ........ Jaén
MA ........ Málaga
SE ........ Sevilla

**Aragón**
HU ........ Huesca
TE ........ Teruel
Z ........ Zaragoza

**Canarias**
GC ........ Las Palmas
TF ........ Santa Cruz de Tenerife

**Cantabria**
S ........ Cantabria (Santander)

**Castilla y León**
AV ........ Ávila
BU ........ Burgos
LE ........ León
P ........ Palencia
SA ........ Salamanca
SG ........ Segovia
SO ........ Soria
VA ........ Valladolid
ZA ........ Zamora

**Castilla-La Mancha**
AB ........ Albacete
CR ........ Ciudad Real
CU ........ Cuenca
GU ........ Guadalajara
TO ........ Toledo

**Cataluña**
B ........ Barcelona
GE ........ Girona
L ........ Lleida
T ........ Tarragona

**Comunidad Foral de Navarra**
NA ........ Navarra (Pamplona)

**Comunidad Valenciana**
A ........ Alacant/Alicante
CS ........ Castelló/ Castellón
V ........ Valencia/ València

**Comunidad de Madrid**
M ........ Madrid

**Extremadura**
BA ........ Badajoz
CC ........ Cáceres

**Galicia**
C ........ A Coruña
LU ........ Lugo
OR ........ Ourense
PO ........ Pontevedra

**Illes Balears**
PM ........ Balears (Palma de Mallorca)

**La Rioja**
LO ........ La Rioja (Logroño)

**País Vasco**
SS ........ Guipúzcoa (Donostia-San Sebastián)
BI ........ Vizcaya (Bilbao)
VI ........ Álava (Vitoria-Gasteiz)

**Principado de Asturias**
O ........ Asturias (Oviedo)

**Región de Murcia**
MU ........ Murcia

**Ceuta**

**Melilla**

## Portugal : Distritos

01 ........ Aveiro
02 ........ Beja
03 ........ Braga
04 ........ Bragança
05 ........ Castelo
06 ........ Coimbra
07 ........ Évora
08 ........ Faro
09 ........ Guarda
10 ........ Leiria
11 ........ Lisboa
12 ........ Portalegre
13 ........ Porto
14 ........ Santarém
15 ........ Setúbal
16 ........ Viana do Castelo
17 ........ Vila Real
18 ........ Viseu
(20) ........ Açores
31 ........ Ilha da Madeira
32 ........ Ilha de Porto Santo

**AÇORES**
107

**ISLAS CANARIAS**
108 - 132

| Alacant / Alicante | Albacete | Algeciras | Almería | Andorra la Vella | Aveiro | Ávila | Badajoz | Barcelona | Beja | Bilbao | Braga | Bragança | Burgos | Cáceres | Cádiz | Castellón de la Plana / Castelló de la Plana | Castelo Branco | Ciudad Real | Coimbra | Córdoba | A Coruña | Cuenca | Donostia-San Sebastián | Évora | Faro | Girona | Granada | Guadalajara | Guarda | Huelva | Huesca | Jaén | Jerez de la Frontera | Leiria | León | Lisboa |
|---|---|---|---|---|---|---|---|---|---|---|---|---|---|---|---|---|---|---|---|---|---|---|---|---|---|---|---|---|---|---|---|---|---|---|---|---|
| 168 | | | | | | | | | | | | | | | | | | | | | | | | | | | | | | | | | | | | |
| 612 | 616 | | | | | | | | | | | | | | | | | | | | | | | | | | | | | | | | | | | |
| 295 | 360 | 351 | | | | | | | | | | | | | | | | | | | | | | | | | | | | | | | | | | |
| 685 | 692 | 1274 | 961 | | | | | | | | | | | | | | | | | | | | | | | | | | | | | | | | | |
| 940 | 775 | 836 | 1058 | 1160 | | | | | | | | | | | | | | | | | | | | | | | | | | | | | | | | |
| 540 | 375 | 679 | 659 | 729 | 406 | | | | | | | | | | | | | | | | | | | | | | | | | | | | | | | |
| 806 | 641 | 429 | 651 | 1012 | 417 | 426 | | | | | | | | | | | | | | | | | | | | | | | | | | | | | | |
| 541 | 549 | 1135 | 818 | 197 | 1175 | 742 | 1026 | | | | | | | | | | | | | | | | | | | | | | | | | | | | | |
| 817 | 701 | 408 | 630 | 1196 | 398 | 567 | 195 | 1212 | | | | | | | | | | | | | | | | | | | | | | | | | | | | |
| 806 | 641 | 1048 | 947 | 601 | 706 | 417 | 730 | 617 | 872 | | | | | | | | | | | | | | | | | | | | | | | | | | | |
| 999 | 833 | 936 | 1118 | 1138 | 125 | 501 | 518 | 1153 | 499 | 684 | | | | | | | | | | | | | | | | | | | | | | | | | | |
| 780 | 615 | 815 | 900 | 934 | 285 | 284 | 497 | 950 | 554 | 481 | 224 | | | | | | | | | | | | | | | | | | | | | | | | | |
| 650 | 485 | 892 | 785 | 596 | 550 | 285 | 574 | 612 | 716 | 160 | 531 | 326 | | | | | | | | | | | | | | | | | | | | | | | | |
| 723 | 558 | 448 | 670 | 929 | 400 | 306 | 131 | 945 | 272 | 609 | 503 | 376 | 455 | | | | | | | | | | | | | | | | | | | | | | | |
| 717 | 605 | 130 | 460 | 1257 | 770 | 678 | 363 | 1155 | 343 | 982 | 874 | 749 | 828 | 383 | | | | | | | | | | | | | | | | | | | | | | |
| 264 | 271 | 844 | 527 | 428 | 939 | 536 | 819 | 285 | 1003 | 674 | 999 | 781 | 656 | 736 | 874 | | | | | | | | | | | | | | | | | | | | | |
| 879 | 714 | 606 | 828 | 1098 | 254 | 349 | 188 | 1114 | 280 | 645 | 345 | 283 | 491 | 213 | 542 | 879 | | | | | | | | | | | | | | | | | | | | |
| 385 | 220 | 483 | 428 | 810 | 719 | 317 | 303 | 699 | 487 | 602 | 779 | 561 | 448 | 313 | 448 | 420 | 524 | | | | | | | | | | | | | | | | | | | |
| 932 | 767 | 780 | 1001 | 1152 | 66 | 398 | 361 | 1167 | 342 | 698 | 170 | 289 | 542 | 344 | 715 | 932 | 229 | 714 | | | | | | | | | | | | | | | | | | |
| 552 | 347 | 302 | 365 | 999 | 704 | 506 | 297 | 866 | 364 | 796 | 808 | 748 | 634 | 317 | 267 | 588 | 518 | 189 | 649 | | | | | | | | | | | | | | | | | |
| 1019 | 854 | 1112 | 1139 | 1098 | 375 | 522 | 768 | 1114 | 748 | 556 | 261 | 364 | 490 | 673 | 1047 | 1019 | 591 | 802 | 418 | 988 | | | | | | | | | | | | | | | | |
| 327 | 162 | 706 | 521 | 622 | 682 | 281 | 562 | 545 | 746 | 553 | 742 | 524 | 399 | 480 | 688 | 266 | 621 | 266 | 675 | 432 | 763 | | | | | | | | | | | | | | | |
| 795 | 693 | 1100 | 1025 | 456 | 758 | 469 | 782 | 571 | 924 | 98 | 739 | 534 | 212 | 661 | 1035 | 629 | 696 | 656 | 751 | 849 | 651 | 604 | | | | | | | | | | | | | | |
| 909 | 744 | 532 | 754 | 1115 | 353 | 487 | 114 | 1131 | 82 | 791 | 457 | 474 | 637 | 192 | 467 | 924 | 201 | 407 | 297 | 402 | 704 | 667 | 847 | | | | | | | | | | | | | |
| 800 | 682 | 383 | 613 | 1332 | 498 | 746 | 393 | 1231 | 147 | 1050 | 601 | 728 | 896 | 451 | 319 | 953 | 467 | 524 | 442 | 341 | 849 | 766 | 1106 | 227 | | | | | | | | | | | | |
| 630 | 638 | 1223 | 906 | 269 | 1247 | 814 | 1098 | 99 | 1282 | 689 | 1227 | 1023 | 685 | 1015 | 1241 | 372 | 1185 | 789 | 1240 | 985 | 1186 | 633 | 641 | 1203 | 1318 | | | | | | | | | | | |
| 361 | 365 | 264 | 173 | 1023 | 904 | 529 | 497 | 884 | 476 | 821 | 992 | 774 | 661 | 517 | 368 | 593 | 718 | 303 | 850 | 203 | 1013 | 456 | 877 | 601 | 451 | 972 | | | | | | | | | | |
| 447 | 282 | 719 | 595 | 557 | 575 | 173 | 456 | 573 | 640 | 420 | 635 | 417 | 266 | 373 | 701 | 450 | 513 | 258 | 568 | 445 | 655 | 139 | 476 | 561 | 776 | 645 | 468 | | | | | | | | | |
| 790 | 625 | 695 | 909 | 1009 | 159 | 262 | 277 | 1025 | 369 | 556 | 250 | 188 | 402 | 301 | 630 | 790 | 97 | 572 | 153 | 564 | 497 | 533 | 612 | 290 | 553 | 1097 | 782 | 423 | | | | | | | | |
| 696 | 579 | 280 | 509 | 1228 | 607 | 642 | 327 | 1128 | 256 | 946 | 710 | 713 | 792 | 347 | 215 | 849 | 548 | 420 | 552 | 237 | 958 | 662 | 1002 | 336 | 122 | 1216 | 349 | 674 | 593 | | | | | | | |
| 574 | 582 | 1044 | 851 | 266 | 930 | 497 | 781 | 284 | 965 | 372 | 911 | 706 | 368 | 699 | 1026 | 408 | 869 | 583 | 923 | 770 | 870 | 396 | 242 | 886 | 1102 | 356 | 793 | 331 | 780 | 1001 | | | | | | |
| 407 | 281 | 344 | 220 | 940 | 849 | 446 | 524 | 808 | 503 | 738 | 909 | 691 | 578 | 544 | 406 | 529 | 745 | 220 | 842 | 150 | 929 | 372 | 794 | 628 | 484 | 896 | 93 | 386 | 699 | 383 | 711 | | | | | |
| 658 | 579 | 104 | 434 | 1231 | 744 | 652 | 337 | 1128 | 317 | 956 | 848 | 723 | 802 | 357 | 39 | 850 | 558 | 421 | 689 | 238 | 1020 | 663 | 1012 | 441 | 291 | 1217 | 311 | 677 | 603 | 190 | 1002 | 382 | | | | |
| 997 | 832 | 720 | 942 | 1259 | 125 | 509 | 302 | 1274 | 282 | 805 | 233 | 359 | 651 | 284 | 655 | 1012 | 169 | 594 | 74 | 589 | 480 | 755 | 861 | 235 | 381 | 1347 | 782 | 672 | 222 | 494 | 1030 | 816 | 623 | | | |
| 765 | 600 | 858 | 885 | 781 | 473 | 291 | 540 | 797 | 724 | 344 | 375 | 195 | 191 | 419 | 793 | 765 | 455 | 547 | 489 | 734 | 323 | 508 | 400 | 602 | 861 | 869 | 757 | 398 | 365 | 759 | 552 | 674 | 761 | 579 | | |
| 1034 | 869 | 579 | 801 | 1240 | 276 | 570 | 239 | 1256 | 179 | 866 | 365 | 492 | 712 | 316 | 514 | 1048 | 230 | 531 | 206 | 531 | 613 | 792 | 922 | 133 | 278 | 1328 | 642 | 686 | 318 | 391 | 1011 | 675 | 483 | 147 | 680 | |
| 535 | 543 | 1123 | 811 | 152 | 1009 | 578 | 860 | 182 | 1044 | 451 | 990 | 783 | 448 | 778 | 1105 | 277 | 948 | 662 | 1002 | 849 | 949 | 470 | 406 | 965 | 1181 | 254 | 872 | 410 | 859 | 1080 | 117 | 788 | 1073 | 1109 | 628 | 1090 |
| 674 | 615 | 1022 | 950 | 473 | 679 | 393 | 704 | 488 | 845 | 138 | 660 | 454 | 134 | 582 | 957 | 507 | 618 | 578 | 673 | 770 | 619 | 378 | 162 | 766 | 1024 | 560 | 793 | 282 | 529 | 923 | 244 | 710 | 925 | 780 | 314 | 842 |
| 924 | 759 | 1017 | 1044 | 1002 | 431 | 427 | 699 | 1018 | 804 | 549 | 317 | 286 | 395 | 578 | 952 | 924 | 513 | 706 | 474 | 893 | 99 | 667 | 605 | 758 | 903 | 1090 | 916 | 557 | 419 | 918 | 773 | 833 | 920 | 538 | 223 | 671 |
| 419 | 254 | 669 | 545 | 613 | 515 | 114 | 401 | 629 | 585 | 398 | 575 | 357 | 244 | 319 | 654 | 422 | 454 | 208 | 508 | 395 | 596 | 165 | 453 | 506 | 722 | 701 | 418 | 59 | 365 | 620 | 384 | 334 | 622 | 615 | 346 | 630 |
| 478 | 482 | 142 | 206 | 1141 | 867 | 647 | 460 | 1001 | 440 | 939 | 971 | 846 | 779 | 480 | 253 | 710 | 681 | 348 | 811 | 165 | 1130 | 573 | 994 | 564 | 414 | 1090 | 131 | 587 | 726 | 313 | 912 | 209 | 227 | 752 | 881 | 612 |
| 747 | 582 | 376 | 598 | 953 | 467 | 327 | 60 | 968 | 244 | 674 | 571 | 442 | 521 | 75 | 311 | 761 | 281 | 244 | 369 | 245 | 738 | 505 | 730 | 164 | 379 | 1041 | 438 | 399 | 327 | 277 | 724 | 472 | 279 | 352 | 489 | 289 |
| 83 | 147 | 541 | 224 | 737 | 919 | 516 | 774 | 594 | 754 | 787 | 980 | 761 | 633 | 702 | 645 | 315 | 858 | 367 | 913 | 480 | 1000 | 308 | 806 | 878 | 728 | 682 | 291 | 427 | 769 | 627 | 626 | 337 | 582 | 977 | 751 | 926 |
| 927 | 762 | 977 | 1046 | 1066 | 286 | 429 | 641 | 1082 | 659 | 612 | 172 | 192 | 458 | 538 | 912 | 927 | 419 | 709 | 330 | 896 | 178 | 670 | 668 | 613 | 758 | 1154 | 919 | 560 | 325 | 871 | 820 | 835 | 880 | 393 | 306 | 526 |
| 875 | 710 | 968 | 995 | 883 | 583 | 378 | 650 | 899 | 834 | 285 | 485 | 305 | 300 | 529 | 903 | 875 | 564 | 657 | 598 | 844 | 297 | 618 | 383 | 755 | 970 | 971 | 867 | 508 | 475 | 869 | 654 | 784 | 871 | 689 | 129 | 788 |
| 686 | 521 | 819 | 805 | 681 | 477 | 212 | 501 | 697 | 642 | 245 | 471 | 253 | 91 | 380 | 754 | 686 | 415 | 468 | 470 | 655 | 476 | 429 | 301 | 563 | 821 | 769 | 678 | 319 | 326 | 720 | 452 | 594 | 722 | 577 | 171 | 639 |
| 676 | 683 | 1099 | 952 | 475 | 757 | 468 | 781 | 491 | 923 | 157 | 738 | 533 | 211 | 660 | 1034 | 509 | 696 | 655 | 750 | 848 | 696 | 498 | 77 | 843 | 1102 | 563 | 871 | 431 | 606 | 1000 | 162 | 787 | 1002 | 857 | 392 | 919 |
| 691 | 698 | 1284 | 967 | 190 | 1307 | 874 | 1159 | 160 | 1343 | 672 | 1288 | 1084 | 746 | 1076 | 1301 | 433 | 1246 | 850 | 1301 | 1045 | 1247 | 694 | 581 | 1263 | 1379 | 65 | 1033 | 708 | 1157 | 1278 | 416 | 955 | 1270 | 1408 | 942 | 1388 |
| 1039 | 874 | 1053 | 1159 | 1178 | 241 | 542 | 635 | 1194 | 615 | 652 | 127 | 304 | 571 | 617 | 988 | 1039 | 459 | 821 | 284 | 1007 | 137 | 782 | 781 | 569 | 714 | 1266 | 1031 | 672 | 365 | 827 | 932 | 948 | 956 | 348 | 414 | 481 |
| 840 | 675 | 509 | 731 | 1046 | 285 | 439 | 91 | 1062 | 183 | 734 | 389 | 372 | 581 | 127 | 444 | 855 | 99 | 383 | 230 | 420 | 636 | 598 | 790 | 103 | 381 | 1134 | 571 | 492 | 187 | 410 | 817 | 605 | 412 | 170 | 549 | 228 |
| 982 | 817 | 890 | 1112 | 1167 | 79 | 452 | 472 | 1183 | 452 | 714 | 57 | 215 | 560 | 454 | 825 | 982 | 296 | 764 | 117 | 753 | 304 | 725 | 770 | 406 | 551 | 1255 | 952 | 615 | 202 | 664 | 938 | 891 | 793 | 185 | 407 | 318 |
| 633 | 468 | 647 | 752 | 853 | 312 | 104 | 330 | 868 | 471 | 399 | 403 | 168 | 245 | 208 | 582 | 633 | 251 | 415 | 305 | 523 | 465 | 376 | 455 | 391 | 650 | 941 | 625 | 266 | 162 | 549 | 624 | 541 | 551 | 412 | 215 | 474 |
| 832 | 667 | 1016 | 973 | 699 | 717 | 386 | 699 | 715 | 840 | 101 | 619 | 439 | 184 | 577 | 951 | 772 | 613 | 630 | 667 | 823 | 466 | 579 | 199 | 761 | 1019 | 787 | 846 | 447 | 524 | 918 | 470 | 762 | 920 | 774 | 273 | 836 |
| 1032 | 867 | 607 | 828 | 1251 | 193 | 502 | 266 | 1267 | 207 | 798 | 297 | 423 | 644 | 277 | 542 | 1005 | 162 | 559 | 138 | 559 | 544 | 748 | 854 | 161 | 306 | 1339 | 669 | 665 | 250 | 419 | 1022 | 703 | 510 | 78 | 612 | 84 |
| 1025 | 860 | 1110 | 1144 | 1134 | 299 | 527 | 691 | 1150 | 672 | 593 | 184 | 290 | 526 | 674 | 1045 | 1025 | 516 | 807 | 342 | 994 | 78 | 768 | 691 | 625 | 771 | 1222 | 1017 | 658 | 422 | 884 | 905 | 933 | 1013 | 405 | 355 | 538 |
| 517 | 351 | 760 | 636 | 706 | 486 | 85 | 472 | 722 | 656 | 360 | 546 | 328 | 206 | 390 | 725 | 516 | 425 | 299 | 479 | 485 | 567 | 260 | 416 | 577 | 792 | 794 | 509 | 150 | 336 | 691 | 477 | 425 | 693 | 586 | 317 | 648 |
| 1002 | 837 | 547 | 769 | 1208 | 298 | 607 | 206 | 1223 | 147 | 902 | 401 | 528 | 748 | 284 | 482 | 1016 | 267 | 499 | 242 | 498 | 649 | 760 | 958 | 101 | 246 | 1296 | 609 | 654 | 354 | 359 | 979 | 643 | 450 | 183 | 717 | 52 |
| 607 | 496 | 190 | 420 | 1143 | 649 | 557 | 242 | 1045 | 222 | 861 | 753 | 628 | 707 | 262 | 126 | 766 | 463 | 338 | 593 | 151 | 925 | 579 | 917 | 346 | 196 | 1133 | 260 | 589 | 508 | 95 | 914 | 299 | 94 | 534 | 675 | 463 |
| 557 | 459 | 889 | 791 | 454 | 635 | 274 | 626 | 470 | 810 | 237 | 665 | 411 | 144 | 543 | 871 | 391 | 682 | 428 | 628 | 615 | 624 | 272 | 254 | 731 | 946 | 542 | 638 | 176 | 485 | 845 | 225 | 554 | 839 | 785 | 319 | 855 |
| 446 | 453 | 1039 | 722 | 254 | 1096 | 663 | 948 | 103 | 1132 | 539 | 1077 | 872 | 534 | 865 | 1056 | 188 | 1035 | 605 | 1089 | 800 | 1036 | 449 | 492 | 1052 | 1134 | 192 | 788 | 497 | 946 | 1033 | 235 | 710 | 1025 | 1196 | 715 | 1177 |
| 329 | 337 | 910 | 593 | 475 | 820 | 417 | 701 | 441 | 885 | 476 | 880 | 662 | 471 | 619 | 940 | 163 | 759 | 388 | 813 | 688 | 973 | 150 | 429 | 806 | 1017 | 530 | 577 | 251 | 670 | 916 | 249 | 493 | 908 | 920 | 668 | 930 |
| 413 | 248 | 617 | 493 | 682 | 587 | 186 | 363 | 698 | 547 | 474 | 648 | 429 | 320 | 280 | 599 | 449 | 526 | 117 | 581 | 343 | 668 | 184 | 530 | 468 | 677 | 770 | 366 | 129 | 437 | 575 | 453 | 282 | 567 | 556 | 419 | 592 |
| 179 | 187 | 760 | 443 | 500 | 872 | 469 | 752 | 357 | 936 | 655 | 932 | 714 | 589 | 669 | 790 | 78 | 811 | 355 | 865 | 521 | 952 | 199 | 569 | 856 | 867 | 445 | 509 | 383 | 721 | 766 | 389 | 460 | 758 | 945 | 703 | 981 |
| 637 | 471 | 770 | 756 | 723 | 428 | 163 | 452 | 739 | 593 | 286 | 422 | 204 | 132 | 330 | 705 | 636 | 366 | 419 | 420 | 605 | 442 | 380 | 342 | 514 | 772 | 811 | 629 | 270 | 277 | 671 | 494 | 545 | 673 | 528 | 193 | 590 |
| 1055 | 890 | 960 | 1174 | 1194 | 148 | 522 | 541 | 1210 | 522 | 740 | 61 | 279 | 586 | 524 | 895 | 1054 | 366 | 837 | 192 | 828 | 251 | 798 | 796 | 475 | 621 | 1282 | 1047 | 688 | 271 | 733 | 948 | 963 | 863 | 255 | 434 | 388 |
| 1024 | 858 | 1038 | 1143 | 1163 | 226 | 526 | 619 | 1179 | 600 | 709 | 112 | 289 | 555 | 602 | 973 | 1023 | 444 | 806 | 270 | 993 | 164 | 767 | 765 | 553 | 699 | 1251 | 1016 | 657 | 349 | 811 | 917 | 932 | 941 | 333 | 403 | 466 |
| 944 | 779 | 915 | 1063 | 1083 | 179 | 431 | 497 | 1099 | 521 | 629 | 108 | 119 | 475 | 479 | 850 | 944 | 275 | 726 | 184 | 784 | 330 | 687 | 685 | 467 | 620 | 1171 | 936 | 577 | 181 | 733 | 854 | 852 | 818 | 254 | 323 | 387 |
| 860 | 695 | 814 | 980 | 1079 | 87 | 330 | 396 | 1095 | 429 | 626 | 179 | 210 | 472 | 378 | 749 | 860 | 174 | 642 | 93 | 683 | 420 | 603 | 682 | 367 | 528 | 1167 | 852 | 493 | 80 | 641 | 850 | 769 | 718 | 163 | 413 | 296 |
| 761 | 596 | 1003 | 927 | 555 | 661 | 372 | 685 | 570 | 826 | 66 | 641 | 437 | 115 | 564 | 938 | 589 | 599 | 559 | 654 | 751 | 600 | 507 | 105 | 747 | 1005 | 643 | 774 | 375 | 510 | 904 | 326 | 691 | 906 | 761 | 295 | 823 |
| 681 | 516 | 713 | 801 | 835 | 370 | 207 | 395 | 850 | 536 | 381 | 340 | 103 | 227 | 273 | 648 | 681 | 309 | 463 | 364 | 650 | 402 | 424 | 437 | 457 | 715 | 923 | 673 | 314 | 220 | 614 | 606 | 590 | 616 | 471 | 153 | 533 |
| 498 | 505 | 977 | 774 | 309 | 863 | 430 | 714 | 325 | 898 | 305 | 828 | 623 | 301 | 631 | 958 | 332 | 802 | 516 | 856 | 702 | 787 | 320 | 259 | 818 | 1034 | 397 | 726 | 263 | 713 | 933 | 74 | 642 | 927 | 963 | 482 | 943 |

## Distancias

Las distancias están calculadas desde el centro de la ciudad y por la carretera más práctica para el automovilista, es decir, la que ofrece mejores condiciones de circulación, que no tiene por qué ser la más corta.

## Distances

Les distances sont comptées à partir du centre-ville et par la route la plus pratique, c'est à dire celle qui offre les meilleures conditions de roulage, mais qui n'est pas nécessairement la plus courte.

## Distances

Distances are shown in kilometres and are calculated from town/city centres along the most practicable roads, although not necessarily taking the shortest route.

## Entfernungen

Die Entfernungen gelten ab Stadtmitte unter Berücksichtigung der günstigsten, jedoch nicht immer kürzesten Strecke.

## Afstandstabel

De afstanden zijn in km berekend van centrum tot centrum langs de geschickste, dus niet noodzakelijkerwijze de hortste route.

## Distanze

Le distanze sono calcolate a partire dal centro delle città e seguendo la strada che, pur non essendo necessariamente la più breve, offre le migliori condizioni di viaggio.

Lleida / Lérida – Valladolid: 572 km

| | Lleida / Lérida | Logroño | Lugo | Madrid | Málaga | Mérida | Murcia | Ourense | Oviedo | Palencia | Pamplona | Le Perthus | Pontevedra | Portalegre | Porto | Salamanca | Santander | Santarém | Santiago de Compostela | Segovia | Setúbal | Sevilla | Soria | Tarragona | Teruel | Toledo | València | Valladolid | Viana do Castelo | Vigo | Vila Real | Viseu | Vitoria-Gasteiz | Zamora |
|---|---|---|---|---|---|---|---|---|---|---|---|---|---|---|---|---|---|---|---|---|---|---|---|---|---|---|---|---|---|---|---|---|---|---|
| Logroño | 323 | | | | | | | | | | | | | | | | | | | | | | | | | | | | | | | | | |
| Lugo | 852 | 522 | | | | | | | | | | | | | | | | | | | | | | | | | | | | | | | | |
| Madrid | 461 | 370 | 500 | | | | | | | | | | | | | | | | | | | | | | | | | | | | | | | |
| Málaga | 990 | 911 | 1034 | 542 | | | | | | | | | | | | | | | | | | | | | | | | | | | | | | |
| Mérida | 802 | 647 | 642 | 342 | 399 | | | | | | | | | | | | | | | | | | | | | | | | | | | | | |
| Murcia | 587 | 725 | 904 | 401 | 406 | 726 | | | | | | | | | | | | | | | | | | | | | | | | | | | | |
| Ourense | 916 | 585 | 96 | 502 | 1035 | 603 | 907 | | | | | | | | | | | | | | | | | | | | | | | | | | | |
| Oviedo | 733 | 420 | 259 | 450 | 983 | 594 | 855 | 411 | | | | | | | | | | | | | | | | | | | | | | | | | | |
| Palencia | 531 | 218 | 380 | 261 | 794 | 445 | 666 | 397 | 285 | | | | | | | | | | | | | | | | | | | | | | | | | |
| Pamplona | 325 | 86 | 600 | 449 | 987 | 725 | 726 | 664 | 438 | 296 | | | | | | | | | | | | | | | | | | | | | | | | |
| Le Perthus | 316 | 622 | 1151 | 761 | 1149 | 1100 | 741 | 1215 | 953 | 831 | 623 | | | | | | | | | | | | | | | | | | | | | | | |
| Pontevedra | 1027 | 696 | 197 | 614 | 1077 | 643 | 1019 | 119 | 392 | 510 | 776 | 1326 | | | | | | | | | | | | | | | | | | | | | | |
| Portalegre | 896 | 707 | 604 | 436 | 532 | 141 | 820 | 510 | 653 | 505 | 786 | 1194 | 502 | | | | | | | | | | | | | | | | | | | | | |
| Porto | 1017 | 687 | 364 | 557 | 913 | 480 | 962 | 224 | 512 | 499 | 765 | 1315 | 170 | 340 | | | | | | | | | | | | | | | | | | | | |
| Salamanca | 702 | 372 | 369 | 208 | 671 | 273 | 613 | 329 | 320 | 170 | 451 | 1001 | 441 | 341 | 353 | | | | | | | | | | | | | | | | | | | |
| Santander | 549 | 235 | 428 | 424 | 962 | 642 | 812 | 545 | 194 | 206 | 254 | 772 | 563 | 703 | 645 | 366 | | | | | | | | | | | | | | | | | | |
| Santarém | 1101 | 771 | 604 | 607 | 630 | 316 | 945 | 457 | 717 | 569 | 849 | 1399 | 410 | 163 | 246 | 405 | 767 | | | | | | | | | | | | | | | | | |
| Santiago de Compostela | 984 | 653 | 137 | 600 | 1133 | 700 | 1005 | 105 | 332 | 496 | 732 | 1282 | 63 | 560 | 227 | 427 | 500 | 468 | | | | | | | | | | | | | | | | |
| Segovia | 555 | 333 | 471 | 92 | 625 | 414 | 496 | 473 | 422 | 173 | 412 | 854 | 585 | 515 | 527 | 179 | 365 | 578 | 571 | | | | | | | | | | | | | | | |
| Setúbal | 1057 | 875 | 708 | 597 | 571 | 257 | 885 | 561 | 821 | 673 | 954 | 1356 | 515 | 195 | 351 | 509 | 871 | 120 | 573 | 668 | | | | | | | | | | | | | | |
| Sevilla | 991 | 833 | 829 | 532 | 221 | 190 | 536 | 789 | 780 | 632 | 913 | 1193 | 866 | 323 | 702 | 462 | 830 | 491 | 925 | 603 | 429 | | | | | | | | | | | | | |
| Soria | 304 | 107 | 528 | 229 | 754 | 568 | 604 | 592 | 433 | 224 | 173 | 602 | 704 | 661 | 691 | 326 | 335 | 835 | 659 | 192 | 822 | 756 | | | | | | | | | | | | |
| Tarragona | 104 | 411 | 940 | 550 | 904 | 889 | 496 | 1003 | 819 | 620 | 412 | 252 | 1115 | 983 | 1103 | 788 | 636 | 1188 | 1070 | 644 | 1143 | 943 | 391 | | | | | | | | | | | |
| Teruel | 324 | 348 | 877 | 304 | 775 | 643 | 380 | 807 | 756 | 557 | 349 | 590 | 919 | 737 | 861 | 513 | 573 | 912 | 905 | 397 | 897 | 827 | 232 | 346 | | | | | | | | | | |
| Toledo | 532 | 447 | 572 | 72 | 482 | 305 | 393 | 574 | 523 | 334 | 526 | 831 | 686 | 398 | 628 | 280 | 500 | 547 | 672 | 165 | 559 | 486 | 299 | 632 | 374 | | | | | | | | | |
| València | 349 | 487 | 856 | 357 | 625 | 693 | 230 | 858 | 808 | 619 | 489 | 505 | 970 | 787 | 913 | 565 | 752 | 963 | 957 | 449 | 947 | 677 | 372 | 261 | 147 | 382 | | | | | | | | |
| Valladolid | 572 | 259 | 346 | 212 | 745 | 396 | 616 | 348 | 297 | 57 | 338 | 871 | 460 | 456 | 448 | 119 | 255 | 519 | 446 | 116 | 623 | 581 | 209 | 661 | 518 | 286 | 570 | | | | | | | |
| Viana do Castelo | 1043 | 713 | 311 | 630 | 983 | 549 | 1034 | 164 | 506 | 526 | 792 | 1342 | 117 | 410 | 78 | 424 | 672 | 317 | 176 | 602 | 422 | 772 | 720 | 1132 | 936 | 704 | 988 | 477 | | | | | | |
| Vigo | 1013 | 682 | 223 | 599 | 1061 | 627 | 1003 | 103 | 418 | 495 | 761 | 1311 | 29 | 488 | 155 | 426 | 586 | 395 | 88 | 571 | 500 | 849 | 689 | 1101 | 905 | 673 | 957 | 446 | 103 | | | | | |
| Vila Real | 933 | 602 | 253 | 519 | 939 | 505 | 924 | 158 | 427 | 415 | 681 | 1231 | 226 | 365 | 98 | 334 | 562 | 317 | 257 | 491 | 421 | 727 | 609 | 1021 | 825 | 593 | 877 | 366 | 163 | 211 | | | | |
| Viseu | 929 | 599 | 343 | 435 | 838 | 404 | 840 | 248 | 518 | 397 | 678 | 1227 | 292 | 264 | 128 | 233 | 595 | 225 | 347 | 407 | 330 | 626 | 555 | 1017 | 741 | 509 | 793 | 348 | 199 | 277 | 104 | | | |
| Vitoria-Gasteiz | 404 | 91 | 504 | 353 | 890 | 629 | 741 | 568 | 347 | 200 | 101 | 678 | 680 | 689 | 668 | 352 | 163 | 752 | 635 | 310 | 856 | 815 | 190 | 493 | 430 | 429 | 570 | 237 | 696 | 664 | 584 | 576 | | |
| Zamora | 684 | 354 | 306 | 256 | 736 | 339 | 661 | 266 | 257 | 152 | 433 | 983 | 378 | 399 | 366 | 65 | 350 | 462 | 365 | 228 | 566 | 524 | 311 | 773 | 562 | 330 | 614 | 103 | 395 | 363 | 283 | 286 | 343 | |
| Zaragoza | 153 | 178 | 691 | 316 | 841 | 655 | 548 | 754 | 586 | 387 | 179 | 457 | 866 | 749 | 854 | 554 | 403 | 955 | 821 | 410 | 909 | 843 | 158 | 247 | 172 | 385 | 312 | 424 | 883 | 851 | 771 | 779 | 268 | 523 |

1
2
3
B
C
D
RÍAS ALTAS
RÍAS GALLEGAS
Illas Sisargas
Cabo de San Adrián
Punta de Nariga
Malpica de Bergantiños
Punta Roncudo
Corme Aldea
Corme-Porto
Ría de Corme y Laxe
Praia de Balarés
Punta Insúa
Laxe
Cabo Veo
Cabo Tosto
Praia de Traba
Cabo Vilán
Camariñas
Ría de Camariñas
Punta da Barca
Muxía
Cabo da Boutra
Cabo Touriñán
Ponteceso
Carballo
Coristanco
Vimianzo
Zás
Sta Comba
Val do Dubra
Negreira
Cee
Corcubión
Fisterra
Cabo Fisterra
Cabo Finisterre
Illa Lobeira Grande
O Pindo
Praia del Rostro
Cabo de la Nave
Montes de Buxantes
Embalse de Fervenza
Mazaricos
Montes de la Ruña
Punta de Caldebarcos
Praia de Carnota
Punta dos Remedios
Carnota
Río Tambre
Praia de Baldaio
Punta das Olas
A Laracha
SANTIAGO DE COMPOSTELA
Brión
Ames
Outes
Pico de Meda
Río Xallas
Río Anllóns

4
5
6
A
B
C
D
Cabo Ortegal
Punta de los Aguillós
Punta de la Estaca
Punta del Limo
Punta Robaliceira
Ría de Sta Marta de Ortigueira
Punta Candieira
San Andrés de Teixido
Ría de Cedeira
Punta Chirlateira
Cedeira
Punta Frouxeira
Cabo Prior
Playa de Sta Comba
Praia de San Xorxe
Praia de Doniños
Cabo Prioriño
FERROL
Ría de Ferrol
Punta Coitelada
Ría de Betanzos
Ría de Coruña
Torre de Hércules
Praia de Riazor
A CORUÑA
Ortigueira
Cariño
Porto de Espasante
Loiba
Vila de Bares
Porto de Bares
Vicedo
Viveiro
Ría de Viveiro
Playa de Area
Porto de Celeiro
Xove
Cuiña
Couzadoiro
Mañón
Valdoviño
Meirás
Baltar
Pontedeume
Cabanas
Ares
Mugardos
Neda
Fene
San Sadurniño
Naraío
Sa. de Forgoselo
As Pontes de García Rodríguez
Ermita de San Antonio
E. de la Ribeira
Sierra de Faladoira
Serra do Xistral
As Neves
Campo del Hospital
Monasterio de Monfero
Embalse del Eume
Castº de Andrade
Sada
Oleiros
O Burgo
Cambre
Betanzos
Culleredo
Arteixo
Paiosaco
Abegondo
Irixoa
Coirós
Aranga
Villalba / Vilalba
Cabreiros
Pedreiro (Xermade)
Guitiriz
Teixeiro (Curtis)
Curtis
Cesuras
Oza dos Ríos
Ordes
Mesía
Sobrado dos Monxes
Melide
Arzúa
Sigüeiro
Friol
Outeiro de Rei
LUGO
Rábade
Begonte
Baamonde
Parga
Carballo
Montes del Bocelo
Sª de Coba da Serpe
Sª da Loba
Sª del Careón
Rio Tambre
Rio Mandeo
Rio Eume
Rio Mera
Rio Ladra
Rio Miño
Palas de Rei
Guntín de Pallares
Monte de Meda
Santiago
Lavacolla
Boqueixón
AP 9
A 6
E 70
N 634
N VI
N 547
N 550
AG 64
AC 142
LU 540
LU 861
13
7

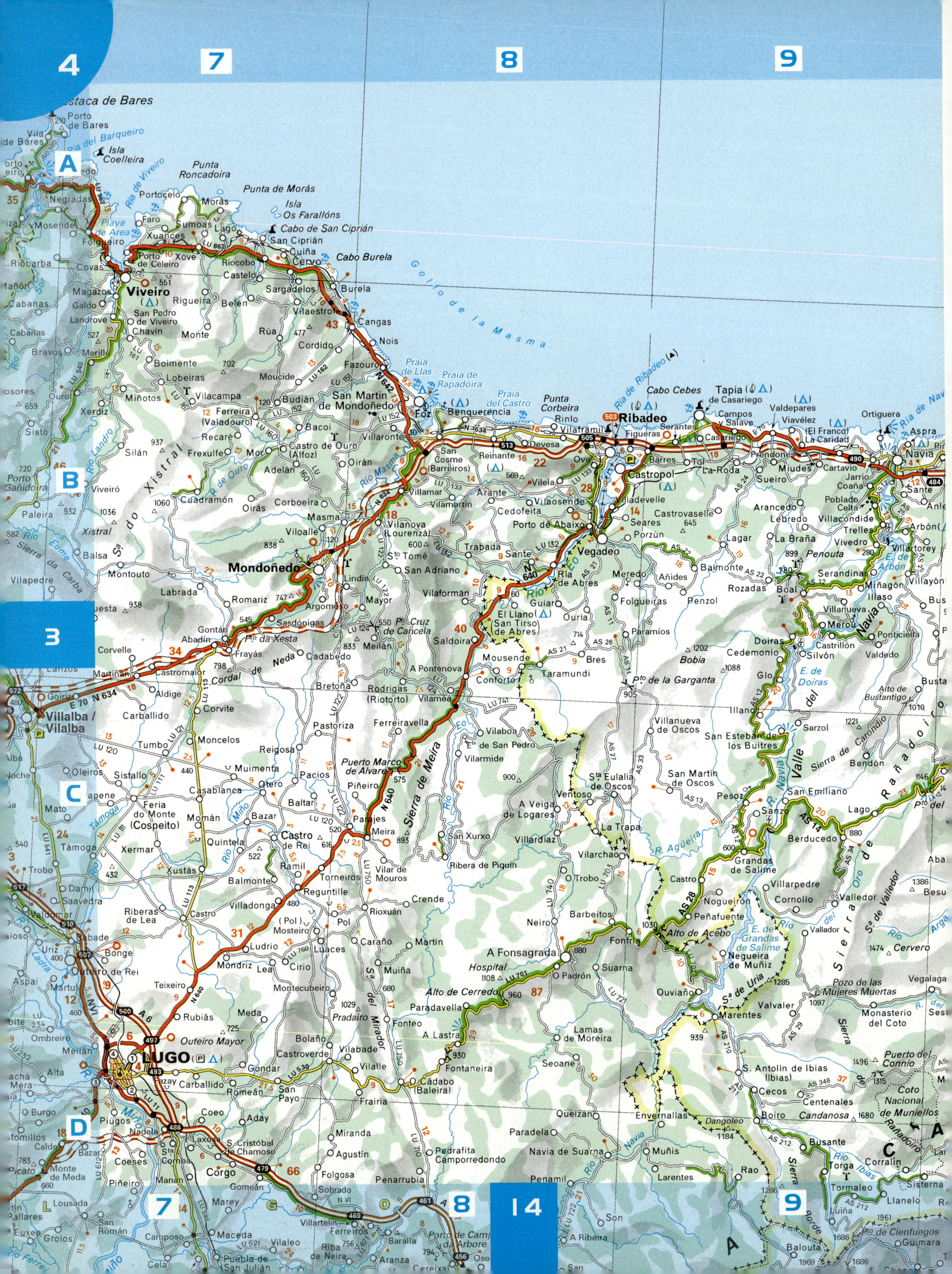
4
7
8
9
3
14
Estaca de Bares
Porto de Bares
Ría del Barqueiro
Isla Coelleira
Punta Roncadoira
Punta de Morás
Isla Os Farallóns
Cabo de San Ciprián
San Ciprián
Cabo Burela
Golfo de la Masma
Viveiro
Ría de Viveiro
Playa de Area
Portocelo
Morás
Faro
Xuances
Sumoas
Lago
Folgueiro
Porto de Celeiro
Xove
Riocobo
Castelo
Cuiña
Cervo
Burela
Sargadelos
Rigueira
Belén
Vilaestrofe
Cangas
San Pedro de Viveiro
Chavín
Monte
Rúa
Cordido
Nois
Boimente
Lobeiras
Mourcide
Fazouro
Vilacampa
Budián
San Martin de Mondoñedo
Foz
Praia de Llas
Praia de Rapadoira
Praia del Castro
Punta Corbeira
Rinlo
Ría de Ribadeo
Cabo Cebes
Ribadeo
Tapia de Casariego
Campos y Salave
Valdepares
Viavélez
El Franco
La Caridad
Ortiguera
Ría de Navia
Aspra
Navia
Miñotos
Ferreira (Valadouro)
Recaré
Frexulfe
Bacoi
Castro de Ouro (Alfoz)
Villaronte
Benquerencia
Vilaframil
Figueras
Serantes
Casariego
Barres
Tol
La Roda
Prendones
Miudes
Cartavio
Jarrio
Coaña
Sante
Sierra do Xistral
Mor
Adelán
Oirán
San Cosme (Barreiros)
Reinante
Devesa
Castropol
Vilela
Sueiro
Poblado Celta
Cuadramón
Oirás
Corboeira
Río Masma
Villamar
Vilamartín
Arante
Cedofeita
Vilaosende
Villadeville
Castrovaselle
Arancedo
Lebredo
Villacondide
Trelles
Vivedro
Arbón
Masma
Viloalle
Vilanova (Lourenzá)
Porto de Abaixo
Seares
Porzún
Lagar
La Braña
Penouta
Villartorey
Mondoñedo
S. Tomé
Trabada
Sante
Vegadeo
Balmonte
Boal
Serandinas
Miñagón
San Adriano
Río Eo
Ría de Abres
Meredo
Añides
Rozadas
Illaso
Labrada
Lindín
Vilaformán
Folgueiras
Penzol
Villanueva
Merou
Ponticiella
Romariz
Argomoso
Mayor
Pto. Cruz de Cancela
El Llano (San Tirso de Abres)
Ouria
Paramios
Doiras
Castrillón
Silvón
Valdedo
Gontán
Sasdónigas
Meilán
Saldoira
Bres
Bobia
Cedemonio
E. de Doiras
Abadín
Pto. da Xesta
Frayás
Cadabedo
Mousende
Taramundi
Glo
Corvelle
Martiñán
Castromaior
Cordal de Neda
A Pontenova
Conforto
Pto. de la Garganta
Villalba / Vilalba
Goiriz
Aldige
Bretoña
Rodrigas (Riotorto)
Vilameá
Illano
Alto de Bustantigo
Busta
Carballido
Corvite
Pastoriza
Ferreiravella
Villanueva de Oscos
San Esteban de los Buitres
Sarzol
Sierra de Carondio
Valle del Navia
Tumbo
Moncelos
Reigosa
Vilaboa
E. de San Pedro
Vilarmide
Bendón
Sistallo
Muimenta
Puerto Marco de Alvare
Pacios
San Martín de Oscos
Oleiros
Casablanca
Otero
Piñeiro
Sierra de Meira
St. Eulalia de Oscos
Pesoz
San Emiliano
Sierra de Rañadoiro
Feria do Monte (Cospeito)
Baltar
A Veiga de Logares
Mato
Momán
Bazar
Castro de Rei
Parajes
Meira
La Trapa
Sanzo
Lago
Berducedo
Quintela
San Xurxo
Villardiaz
Vilarchao
R. Agüeira
Grandas de Salime
Xermar
Támoga
Ribera de Piquín
Trobo
Xustás
Ramil
Torneiros
Vilar de Mouros
Castro
Villarpedre
Cornollo
Balmonte
Reguntille
Crende
Nogueirón
Peñafuente
Alto de Acebo
Valledor
Sierra de Valledor
Riberas de Lea
Castro
Villadonga
Rioxuán
Neiro
Barbeitos
E. de Grandas de Salime
Pol
Mosteiro
Fonfria
Vallador
Cervero
Uriz
Ludrio
Luaces
Caraño
Martin
Bonge
Outeiro de Rei
Mondriz
Lea
Cirio
Muiña
A Fonsagrada
Hospital
Padrón
Suarna
Negueira de Muñiz
Teixeiro
Montecubeiro
Alto de Cerredo
Paradavella
Sierra del Mirador
Ouviaño
Sa. de Uría
Pozo de las Mujeres Muertas
Vegalaga
Rubiás
Meda
Pradairo
Fonteo
A Lastra
Valvaler
Monasterio del Coto
Ombreiro
Bolaño
Lamas de Moreira
Marentes
Meilán
Outeiro Mayor
LUGO
Castroverde
Vilabade
Vilalle
Fontaneira
Seoane
S. Antolín de Ibias (Ibias)
Puerto del Connio
Gondar
Carballido
Romeán
San Payo
Cádabo (Baleira)
Cecos
Centenales
Coto Nacional de Muniellos
Frairía
Quiezán
Envernallas
Candanosa
Burgo
Piugos
Coeo
Aday
Boiro
Nadela
S. Cristóbal de Chamoso
Miranda
Paradela
Dangoleo
Busante
Comba
Agustín
Pedrafita Camporredondo
Navia de Suarna
Muñis
Torga
Corgo
Coeses
Monte de Meda
Folgosa
Penarrubia
Penamil
Rao
Larentes
Sierra de Rañadoiro
Sistema
Tormaleo
Llanelo
Corralín
Piñeiro
Gomeán
Sobrado
Marey
Lousada
Son
Luiña
Pto. de Cienfuegos
Guimara
San Román
Villartelín
Ferreiros
Puerto de Campo de Arbore
Baralla
A Ribeira
Balouta
Camposo
Maceda
Vilaleo
Riba de Neira
Aranza
Cereixal
Grolos
Cela
Puebla de San Julián

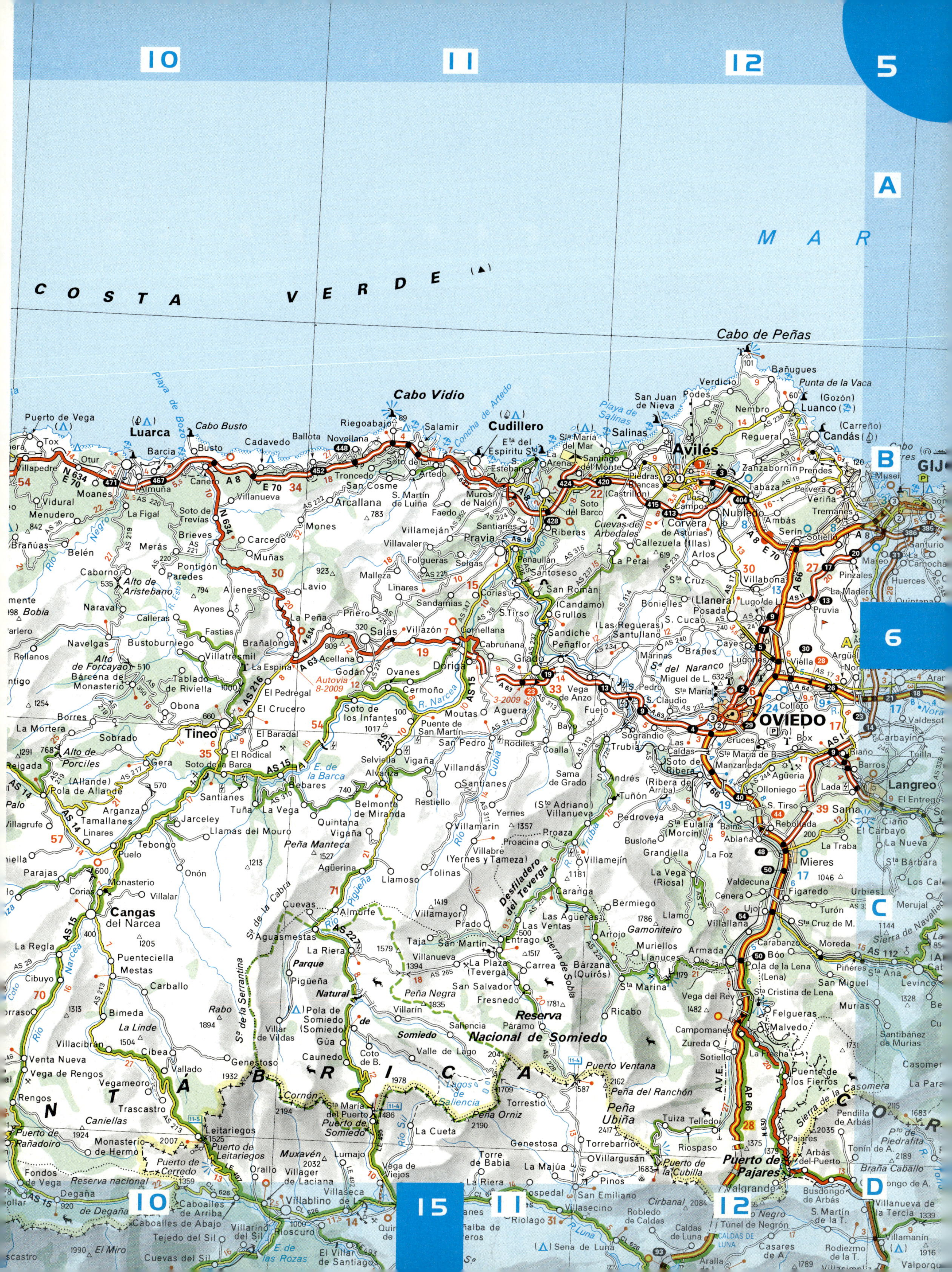

5
10
11
12
A
B
C
D
6
15
MAR
COSTA VERDE
Cabo de Peñas
Cabo Vidio
Cabo Busto
Puerto de Vega
Luarca
Barcia
Busto
Cadavedo
Ballota
Novellana
Riegoabajo
Salamir
Cudillero
Concha de Artedo
Playa de Bozo
Playa de Salinas
Salinas
San Juan de Nieva
Verdicio
Bañugues
Punta de la Vaca
Luanco
(Gozón)
Candás
(Carreño)
Avilés
Piedras Blancas
(Castrillón)
Soto del Barco
Cuevas de Arbedales
Pravia
Muros de Nalón
San Esteban
Santiago del Monte
Corvera
Nubledo
Tabaza
Prendes
Perlora
Veriña
Tremañes
GIJ
Musel
Serín
Sotiello
Villabona
Lugo de Llanera
Posada
Llanera
Pruvia
Arlos
Bonielles
S. Cucao
Cayés
Lugones
Viella
Colloto
OVIEDO
Box
Carbayín
Riaño
Barros
Langreo
El Entrego
Ciaño
El Carbayo
La Nueva
Sta Bárbara
Sama
Lada
La Felguera
Olloniego
Tudela
Mieres
Figaredo
Turón
Ujo
Villallana
Moreda
Boo
Pola de Lena
Sta Cristina de Lena
San Miguel
Felgueras
Campomanes
Malvedo
Puente de los Fierros
Sierra de la Casomera
Pendilla de Arbás
Pajares
Arbás del Puerto
Puerto de Pajares
Valgrande
Busdongo de Arbás
Villanueva de la Tercia
S. Martín de la T.
Rodiezmo de la T.
Casares de A.
Túnel de Negrón
Caldas de Luna
Tuiza
Telledo
Riospaso
Villargusán
Puerto de la Cubilla
Peña Ubiña
Peña del Ranchón
Puerto Ventana
Torrebarrio
Genestosa
La Majúa
Pinos
San Emiliano
Villasecino
Robledo de Caldas
Cirbanal
Riolago
Sena de Luna
Torre de Babia
La Riera
Vega de Viejos
Villablino
Villaseca de Laciana
Villager de Laciana
Lumajo
Orallo
Caboalles de Arriba
Caboalles de Abajo
Villarino del Sil
Rioscuro
Tejedo del Sil
Cuevas del Sil
El Villar de Santiago
E. de las Rozas
El Miro
Degaña
Reserva nacional de Degaña
Fondos de Vega
Puerto de Cerredo
Leitariegos
Puerto de Leitariegos
Monasterio de Hermo
Puerto de Rañadoiro
Caniellas
Trascastro
Rengos
Vega de Rengos
Venta Nueva
Villacibrán
Vegameoro
Cibea
Vallado
Genestoso
Bimeda
La Linde
Rabo
Carballo
Mestas
Puenteciella
La Regla
Cibuyo
Cangas del Narcea
Corias
Monasterio
Villalar
Onón
Puelo
Tebongo
Linares
Tamallanes
Arganza
Pola de Allande
(Allande)
Alto de Porciles
Gera
La Mortera
Borres
Sobrado
Tineo
Obona
Tablado de Riviella
Bárcena del Monasterio
Alto de Forcayao
Navelgas
Bustoburniego
Calleras
Naraval
Caborno
Alto de Aristébano
Merás
Paredes
Pontigón
Brieves
Soto de Trevías
La Figal
Moanes
Vidural
Menudero
Belén
Otur
Almuña
Canero
Villanueva
Carcedo
Muñas
Mones
Arcallana
Troncedo
San Cosme
Artedo
S. Martín de Luiña
Faedo
Villamején
Villavaler
Folgueras
Malleza
Linares
Sandamias
Priero
Salas
Villazón
Cornellana
Cabruñana
Grado
Doriga
Acellana
Godán
Ovanes
Cermoño
La Espina
Brañalonga
Villatresmil
Fastias
Ayones
Alienes
La Peña
Lavio
El Pedregal
El Crucero
El Baradal
El Rodical
Soto de la Barca
Santianes
Tuña
La Vega
Bebares
E. de la Barca
Soto de los Infantes
Puente de San Martín
Moutas
Aguera
San Pedro
Rodiles
Vigaña
Selviella
Alvariza
Belmonte de Miranda
Quintana
Llamas del Mouro
Jarceley
Peña Manteca
Agüerina
Llamoso
Tolinas
Villamarín
Restiello
Villandás
Yernes
Villabre
(Yernes y Tameza)
Proaza
Proacina
Desfiladero del Teverga
Caranga
Villamejín
Sama de Grado
Coalla
Bayo
Fuejo
Vega de Anzo
Trubia
Sograndio
S. Claudio
Las Caldas
Soto de Ribera
(Ribera de Arriba)
S. Andrés
Tuñón
Pedroveya
Busloñe
Grandiella
La Vega (Riosa)
Sta Eulalia (Morcín)
La Foz
Bermiego
Gamoniteiro
Llamo
Muriellos
Llanuces
Bárzana (Quirós)
Arrojo
Sta Marina
Ricabo
Las Agüeras
Las Ventas
Entrago
San Martín
Taja
Villanueva
La Plaza (Teverga)
Carrea
San Salvador
Fresnedo
Sierra de Sobia
Peña Negra
Reserva Nacional de Somiedo
Páramo
Saliencia
Valle de Lago
Lagos de Saliencia
Torrestío
Peña Orniz
La Cueta
Sta María del Puerto
Puerto de Somiedo
Caunedo
Gúa
Coto de B.
Pola de Somiedo (Somiedo)
Villarín
Pigüeña
Parque Natural de Somiedo
La Riera
Aguasmestas
Cuevas
Almurfe
Sa de la Cabra
Sa de la Serrantina
Villar de Vildas
Muxavén
Cornón
CANTÁBRICA
Vega del Rey
Zureda
Sotiello
La Frecha
Villarín
Mallecina
Santianes
Ribera
Peñaullan
Santoseso
San Román
(Candamo)
Grullos
Sandiche
Peñaflor
(Las Regueras)
Santullano
Marinas
Brañes
Sa del Naranco
S. Miguel de L.
Sta María de B.
Manzaneda
Agüeria
S. Tirso
Rebollada
Ablaña
La Traba
Valdecuna
Cenera
Carabanzo
Urbies
Merujal
Sierra de Navaliego
Piñeres
Sta Ana
Murias
Santibáñez de Murias
Casomera
La Parra
Tonín de A.
Braña Caballo
Pto de Piedrafita
Hierro
Valdesoto
Trulla
Argüelles
Noreña
Pinzales
La Madera
Mareo
Huerces
Camocha
Santurio
Quintana
Ambás
Zanzabornín
Reguera
Nembro
Podes
Campos
Callezuela (Illas)
La Peral
Sta Cruz
Autovía 8-2009
Río Narcea
Río Pigüeña
Río Nalón
Río Cubia
Río Trubia
Río Sil
R. Luna
Río Negro
Río Esba

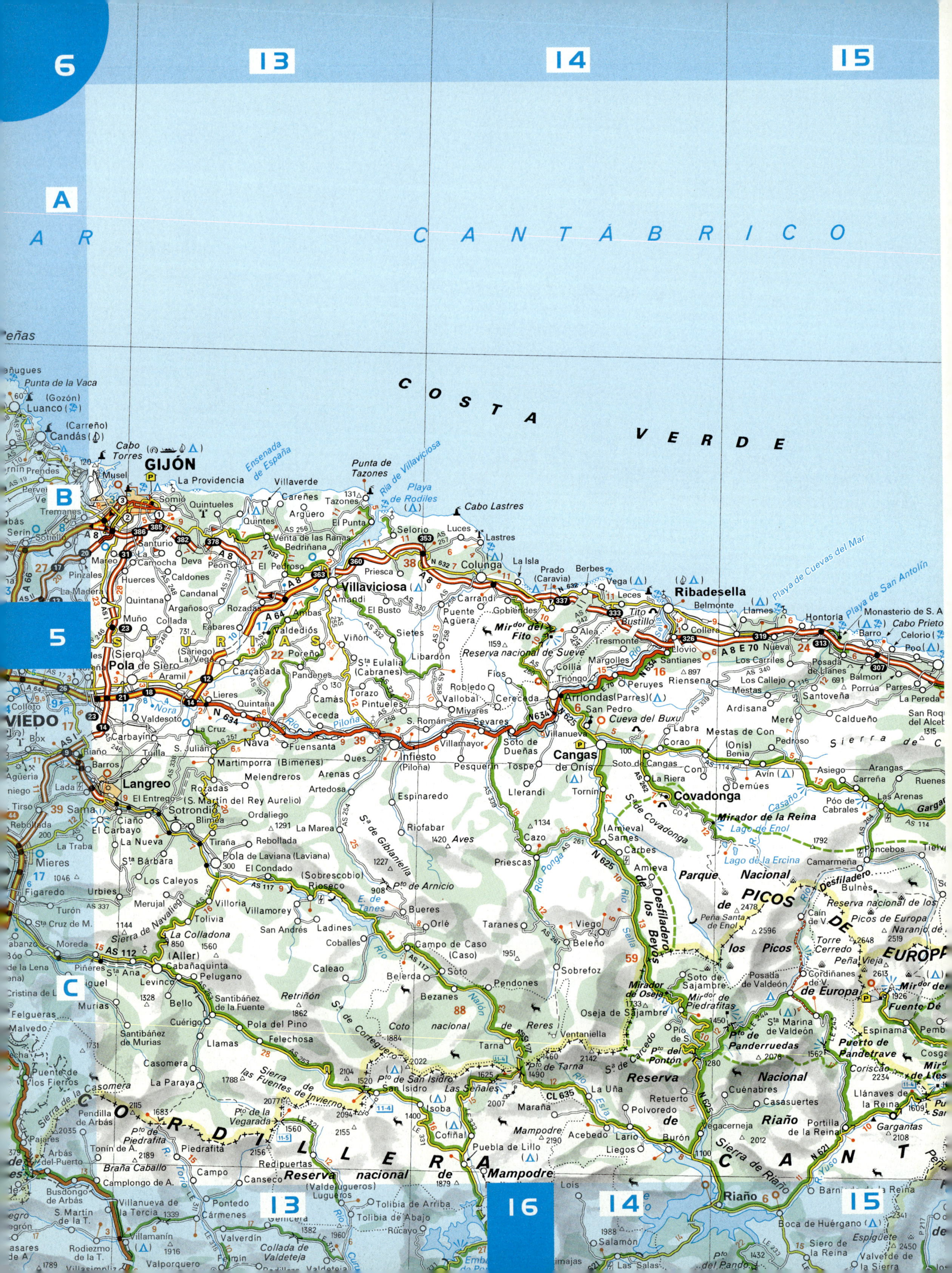
13
14
15
A
B
C
5
16
MAR CANTÁBRICO
COSTA VERDE
Punta de la Vaca
Luanco
(Gozón)
(Carreño)
Candás
Cabo Torres
GIJÓN
Musel
Ensenada de España
Punta de Tazones
Ría de Villaviciosa
Playa de Rodiles
Cabo Lastres
La Providencia
Villaverde
Tazones
Careñes
Arguero
Quintueles
Quintes
Somió
Venta de las Ranas
Bedriñana
El Puntal
Selorio
Luces
Lastres
La Isla
Prado (Caravia)
Berbes
Vega
Ribadesella
Playa de Cuevas del Mar
Playa de San Antolín
Belmonte
Llames
Hontoria
Monasterio de S. A.
Cabo Prieto
Barro
Celorio
Poo
Santurio
Camocha
Deva
Peón
El Pedroso
Villaviciosa
Priesca
Colunga
Leces
Tito Bustillo
Collera
Nueva
Los Carriles
Posada de Llanes
Balmori
Porrúa
Parres
Mareo
Huerces
Caldones
Candanal
Quintana
Argañoso
Rozadas
Amandi
El Busto
Carrandi
Puente Agüera
Gobiendes
Mirador del Fito
Alea
Tresmonte
Margolles
Santianes
Llovio
Riensena
Los Callejo
Mestas
Santoveña
La Pereda
Muño
Collada
Fabares
Valdediós
Ambás
Viñón
Sietes
Libardón
Reserva nacional de Sueve
Colliá
Triongo
Peruyes
ASTURIAS
Pola de Siero
(Siero)
(Sariego)
La Vega
Poreño
Aramil
Carcabada
Pandenes
Sta Eulalia (Cabranes)
Fíos
Robledo
Vallobal
Cereceda
Arriondas (Parres)
San Pedro
Cueva del Buxu
Ardisana
Meré
Caldueño
San Roque del Acebal
OVIEDO
Colloto
Lieres
Quintana
Camás
Torazo
Pintueles
Miyares
Ceceda
S. Román
Sevares
Villanueva
Labra
Corao
Mestas de Con (Onís)
Benia
Pedroso
Sierra de C
Valdesoto
La Cruz
Nava
Fuensanta
Infiesto (Piloña)
Villamayor
Soto de Dueñas
Cangas de Onís
Soto de Cangas
Con
Avín
Asiego
Arangas
Carreña
Ruenes
Carbayín
Tuilla
S. Julián
Martimporra (Bimenes)
Ques
Pesquerín
Tospe
Tornín
La Riera
Demués
Las Arenas
Póo de Cabrales
Gargantas
Riaño
Barros
Langreo
Lada
Melendreros
Arenas
Artedosa
Llerandi
Covadonga
Mirador de la Reina
Lago de Enol
Sama
El Entrego
Sotrondio
Rozadas
(S. Martín del Rey Aurelio)
Blimea
Ordaliego
La Marea
Espinaredo
Riofabar
Aves
Cazo
Sames
(Amieva)
Carbes
Lago de la Ercina
Camarmeña
Poncebos
Ciaño
El Carbayo
La Nueva
La Traba
Mieres
Tiraña
Rebollada
Pola de Laviana (Laviana)
El Condado
Sª de Giblaniella
Priescas
Amieva
Parque Nacional de PICOS DE EUROPA
Desfiladero de los Beyos
Desfiladero
Bulnes
Reserva nacional de los Picos de Europa
Naranjo de Bulnes
Sta Bárbara
Los Caleyos
Figaredo
Urbies
Turón
Sta Cruz de M.
Merujal
Villoria
Villamorey
(Sobrescobio) Rioseco
Pto de Arnicio
E. de Tanes
Bueres
Orlé
Taranes
Viego
Beleño
Peña Santa de Enol
Caín de V.
Torre Cerredo
Peña Vieja
Sierra de Navaliego
Tolivia
La Colladona
San Andrés
Ladines
Coballes
Campo de Caso (Caso)
Moreda
(Aller)
Cabañaquinta
Piñeres
Sta Ana
Levinco
Pelugano
Caleao
Soto
Belerda
Bezanes
Sobrefoz
Pendones
Mirador de Oseja
Soto de Sajambre
Mirador de Piedrafitas
Posada de Valdeón
Cordiñanes de V.
Mirador de Fuente Dé
Murias
Bello
Santibáñez de la Fuente
Retriñón
Oseja de Sajambre
Sta Marina de Valdeón
Espinama
Santibáñez de Murias
Cuérigo
Pola del Pino
Coto nacional de Reres
Puerto de Pandetrave
Pto de Panderruedas
Llamas
Felechosa
Tarna
Ventaniella
Pto de Tarna
Sª de Carcedo
Pto del Pontón
Coriscao
Casomera
La Paraya
Sierra de las Fuentes de Invierno
Pto de San Isidro
San Isidro
Las Señales
Reserva Nacional
Cuénabres
Casasuertes
Llánaves de la Reina
Pendilla de Arbás
Pto de la Vegarada
Isoba
Maraña
La Uña
Retuerto
Polvoredo
Burón
Portilla de la Reina
Gargantas
CORDILLERA CANTÁBRICA
Pto de Piedrafita
Piedrafita
Cofiñal
Mampodre
Acebedo
Lario
Liegos
Vegacerneja
Riaño
Sierra de Riaño
Tonín de A.
Arbás del Puerto
Braña Caballo
Camplongo de A.
Campo
Redipuertas
Canseco
Reserva nacional de Mampodre
Puebla de Lillo
(Valdelugueros)
Lugueros
Busdongo de Arbás
Villanueva de la Tercia
Pontedo
Cármenes
Tolibia de Arriba
Tolibia de Abajo
Rucayo
Lois
Barniedo de la Reina
Boca de Huérgano
Siero de la Reina
Valverde de la Sierra
S. Martín de la T.
Villamanín
Rodiezmo de la T.
Valporquero
Valverdín
Collada de Valdeteja
Salamón
Pto del Pando
Las Salas
Felmín
Genicera

16
17
18
7
A
B
C
8
Cantabria
de
Costa
Cabo Mayor
Sancibrian
San Román
Soto de la Marina
Punta de Somocueva
Liencres
Punta del Dichoso
Cuchía
Suances
Llanes
Cué
Andrín
Vidiago
La Franca
Colombres
Cueva del Pindal
Pechón
San Vicente de la Barquera
Playa de Oyambre
Universidad Pontificia
Liandres
Pendueles
Buelna
Puron
Peña-Tú
Tresgrandas
Noriega
Unquera
Villanueva
Pesués
Abanillas
La Revilla
Trasvía
Comillas
Ruiloba
Cóbreces
Oreña
Santillana del Mar
Queveda
Cueva de Altamira
Novales
Ruiseñada
San Pedro de R.
Pumalverde (Udías)
Casar
Quijas
Cerrazo
Valles (Reocín)
Puente San Miguel
Hinojedo
Miengo
Mogro
Polanco
Barreda
Torrelavega
Vargas
Castañeda
Parbayón
Renedo
Parque de Cabárceno
Peña Cabarga
Obregón
La Penilla
Penagos
Liérganes
Sarón
Sta María de Cayón
Rubalcaba
El Astillero
Maliaño
Muriedas
Revilla
Escobedo
Arce
Puente Arce
Pedreña
Rubayo
Solares
Valdecilla
Pámanes
Ruca
Mirones
Miera
Esles
Lloreda
Abionzo
Villacarriedo
Selaya
Pisueña
La Concha
Braguia
Vega de Pas
Yera
Candolias
Puerto de las Estacas de Trueba
Peñamellera Alta
Alles
Alevia
Llonín
Trescares
Robriguero
Panes
Merodio
(Peñamellera Baja)
Mazo
Helgueras
Gandarilla
Labarces
Bielva (Herrerías)
Roiz (Valdáliga)
Treceño
Bustriguado
Cueva El Soplao
Rábago
Célis
Cabezón de la Sal
Villanueva de la Peña
Luzmela (Mazcuerras)
Yermo
Las Caldas de Besaya
Cartes
Riocorvo
Viernoles
Cueva del Castillo
Puente Viesgo
Pomaluengo
El Soto
Iruz
Villasevil
Penilla
Vega
La Canal
Saro
Llerana
Morilla
Santiurde de T.
Santibáñez
Tezanos
Villegar
San Vicente de Toranzo
Alceda
Gamonal
Ontaneda
Entrambasmestas
Castillo Pedroso
Corvera
Cillero
Borleña
Quintana de Toranzo
Rivero
Hornos de la Mata
Mata
Barros
Los Corrales de Buelna
Coo
Collado
(Cieza)
Villasuso
Las Fraguas
Los Llares
Arenas de Iguña
(Anievas) Cotillo
San Vicente de León
Molledo
Silió
Pujayo
Bárcena de Pié de Concha
Sel de la Carrera
Cordillera Cantábrica
Pesquera
Ventorrillo
Rioseco
Sta María de Aguayo
San Miguel de A.
Santiurde de Reinosa
Lanchares
Corconte
Puerto del Escudo
Pto de la Magdalena
Pto de la Matanela
Resconorio
San Pedro del Romeral
S. Miguel de Luena
S. Andrés
Reinosa
Fontibre
Fontecha
Camino
Argüeso
Soto
Proaño
Abiada
Alto Campoo
Espinilla
Embalse del Ebro
La Costana
Villapaderne
La Población
La Riva
Arija
Bustamante
Requejo
Bolmir
Matamorosa
Enmedio
Retortillo
Arroyo
Las Rozas
Llano
Bimón
Herbosa
Sta Gadea
Cilleruelo de B.
Virtus
Bezana
Soncillo
Villabáscones de B.
San Martín de las O.
Santelices
Cidad de Valdeporres
Dosante
Ahedo de las Pueblas
La Parte de Sotoscueva
Villaescusa
Cervatos
Celada Marlantes
Sa del Escudo de Cabuérniga
San Vicente del Monte
Carmona
Ucieda
Ruente
Valle de Cabuérniga (Cabuérniga)
Viaña
Saja
Parque natural
Saja-Besaya
Bárcena Mayor
Sa de Bárcena Mayor
Correpoco
Los Tojos
Colsa
El Tojo
Mirdor del Pico del Castrón
Sierra del Cordel
Puerto de Palombera
Puentenansa (Rionansa)
Rozadío
R. Nansa
Renedo
Sarceda
Tudanca
Santotis
La Lastra
(Tudanca)
Puente Pumar
Uznayo
Tresabuela
(Polaciones)
Collado de Ozalba
Lafuente
Quintanilla
Collado de Hoz
Sobrelapeña (Lamasón)
Cosío
San Sebastián de Garabandal
Sa de Peña Sagra
Aniezo
La Hermida
(Peñarrubia)
Linares
Desfiladero de la Hermida
Tresviso
Bejes
Na Sa de Lebeña
Lebeña
Bulnes
Andara
Colio
Viñón
Reserva Nacional
Camaleño
Cable
Turieno
Ojedo
Tama (Cillorigo-Castro)
Esanos
Toribio de Liébana
Potes
Campollo
Cabezón de L.
Enterrias
Vega de Liébana
La Vega
Lerones
Pesaguero
Sta Eulalia
Lomeña
Bárago
Vejo
Barrio
Pto de Glorio
Cucayo
Valdeprado
Pto de Piedrasluengas
Piedrasluengas
Sa de Peña Labra
Pico de Tres Mares
Casavegas
Lores
Camasobres
Areños
Sta María de Redondo
Lebanza
Abadía de Lebanza
San Salvador de Cantamuda
(La Pernía)
Celada de Roblecedo
Valdecebollas
Brañosera
Verdeña
Polentinos
Vidrieros
Fuentes Carrionas
Curavacas
Ardaño Arriba
Alba de Cardaños
Prieta
Autovía en obras
A-8-E-70
A 67
N 634
N 621
N 623
N 611
CA 131
CA 180
CA 182
CA 185
CA 171

18
19
20
21
A
B
7
C
Cantabria
Cabo Mayor
SANTANDER
Cabo de Ajo
Cabo Quejo
Playa de Ris
Isla
Quejo
Isla Playa
Noja
Arnuero
Helgueras
Punta del Águila
Argoños
El Sardinero
Galizano
Bareyo
Loredo
Dueso
Peña del Fraile
Santoña
San Miguel de Meruelo
San Mamés de R.
Somo
Castañedo
Escalante
Rubayo
Beranga
Gama
Playa de Laredo
Laredo
Punta de Sonabia
Islares
Cerdigo
Punta del Rabanal
Castro-Urdiales
Maliaño
Villaverde de P.
Praves
Anero
Cicero
Adal Treto
Liendo
Oriñón
El Astillero
Hoz de Anero
Hazas de Cesto
Moncalián
Colindres
Solares
Solórzano
Seña
Rioseco
Sámano
La Granja
Brazomar
Mioño
Ontón
Santullán
Hoznayo
Entrambasaguas
Bádames
Carasa
Limpias
Ampuero
El Puente (Guriezo)
Adino
Peña Cabarga
Valdecilla
La Cavada
Barrio de Arriba
Riaño
Fuente de las Varas
La Bien Aparecida
Liérganes
Rucandio
Pámanes
Penagos
Parque de Cabárceno
San Miguel de Aras
Udalla
Cereceda
Rasines
Ojebar
Otañes
La Muñecas
Agüera
Trucíos Turtzioz
Sta Cruz
Mercadillo
Sopuerta
Artzentales
San Juan Muskiz
Puerto de Alisas
Matienzo
Cruz Uzano
Mentera-Barruelo
Gibaja
Riancho
Ranero
El Suceso
Cueto
La Matanza (Valle de Villaverde)
Sarón
Sta María de Cayón
Loreda
Esles
Mirones
Miera
Rubalcaba
Bustablado
Arredondo
Rivas
Lastras
Valle
Ramales de la Victoria
Cuevas de Covalanas
Ambasaguas
Ancillo
Sa del Hornijo
Asón
San Roque de Riomiera
Morilla
Abionzo
Villacarriedo
Selaya
Llerana
Vega
Saro
Penilla
Autovía en obras
San Pedro
Rozas
Astrana
Aja
Lanestosa
Concha
La Escrita
Mollinedo
Balmaseda
Carranza
Pando
Bernales
Aldeacueva
Monte Llusías
Puerto del Asón
Quintana
Veguilla
Fresnedo
Herada
Pisueña
La Concha
Pto de Braguia
Vega de Pas
Portillo de Lunada
Río de Lunada
Portillo de la Sía
Río Trueba
Alto de los Tornos
La Calera de la P.
Lanzas-Agudas
Embalse de Ordunte
Montes de Ordunte
Gijano
Nava de M.
Ribota de M.
Viergol
Burceña
Mercadillo
Montiano
San Pelayo
Irús
Agüera
Villanueva de M.
Villasana de Mena
Vallejo de M.
Cadagua
Bercedo
Noceco
El Vigo
Sta María de Siones
Sta Olaja
Yera
Fuenterrabiosa
Nª Sª de las Nieves
Bárcenas
Puerto de las Estacas de Trueba
Espinosa de los Monteros
Redondo
Villasante
Lastras de las Eras
Castrobarto
Montes de la Peña
Villabasil
Lastras de la Torre
Puerto de la Matanela
Puerto del Escudo
Pto de la Magdalena
La Parte de Sotoscueva
Ojo Guareña
Cueva
Hornillalorre
Baranda
Barcenillas del Ribero
(Traslaloma)
Villalacre
Cubillos de Losa
Ahedo de las Pueblas
Dosante
Villamartín de S.
Cornejo
Bedón
Gayangos
Hornillayuso
Ahedo de Linares
Torme
Puentedey
Brizuela
Salazar
Céspedes
Pienza
Villamor
Cerca
Quincoces de Yuso
Teza de L.
Villacián
Llorengoz
Tertanga
Puerto de Orduña
Río de Losa
Villabáscones de B.
Cubillos
Sargentes
Bezana
Virtus
Soncillo
Cidad de Valdeporres
Cabo Billano
Armintza
Plentzia
Gorliz
Lemoiz
Barrika
Sopelana
Urduliz
Abra de Bilbao
Zierbena
Algorta
Larrabasterra
Berango
Getxo
Gatika
Laukiz
Butroe
La Cuesta
Santurtzi
Portugalete
Leioa
Areeta
Unbe
Loiu
Sestao
Barakaldo
Asua
Sondika
Ortuella
Valle de Trápaga
Montellano
Larreineta
Mezpelerreka-El Regato
Galdames
Alonsotegi
Urrestieta-Avellaneda
BILBAO
Basauri
Galdakao
Zalla
Güeñes
Sodupe
Otxaran
Arrigorriaga
Zollo-Elexalde
Ugalde
Arrankudiaga
Gordexola
Las Llanas
Okondo
Artekona
Laudio Llodio
Areta
Arakaldo
Gordéliz
Artziniega
Llanteno
Luyando
Menagaray
Quejana
Respaldiza
Menoyo
Sojo
Lorcio
Añes
Salmantón
Amurrio
Berganza
Baranbio
Ziorraga
Lezama
Encima-Angulo
Mendeika
Saratxo
Salvada
Urduña Orduña
Artomaña
Unzá
Delika (Urkabustaiz)
Izarra
Zubiaur
Ibarra
C A N T Á B R I C A
L L E R A
Resconorio
San Pedro del Romeral
Gamonal
Cardolias
Tezanos
Santibáñez
La Canal
Villacarrieda

21
22
23
24
9
A
B
10
C
19
GOLFO DE VIZCAY
Costa Vasca
DONOSTIA-
SAN SEBASTIÁN
Cabo Matxitxako/
Machichaco
Gaztelugatxe
Bermeo
Mundaka
Cabo Ogoño
Elantxobe
Bakio
Sukarrieta
Busturia
Gernika-Lumo
Lekeitio
Mendexa
Ondarroa
Mutriku
Deba
Zumaia
Getaria
Zarautz
Punta Itzarri
Hondarribia /
Fuenterrabía
Pasaia
Errenteria/
Rentería
Hernani
Oiartzun
Igeldo
Mte Igeldo
Mte Ulía
Monte Jaizkibel
Lasarte-Oria
Andoain
Villabona
Tolosa
Alegia
Azpeitia
Azkoitia
Zestoa
Zumarraga
Beasain
Ordizia
Lazkao
Legazpi
Oñati
Bergara
Eibar
Elgoibar
Arrasate / Mondragón
Aretxabaleta
Durango
Amorebieta
Abadiño
Elorrio
Markina-
Xemein
Balcón
de Bizkaia
GIPUZKOA
BIZKAIA
Leitza
Lekunberri
Gorbea
Pto de Urkiola
Alto de Deskarga
Pto de Azkarate
S. Ignacio
de Loiola
Sierra de Aralar
Santuario de
San Migel de Aralar
Iribas
Urdelar
Pto de Lizarrusti
Pto de Usateguieta

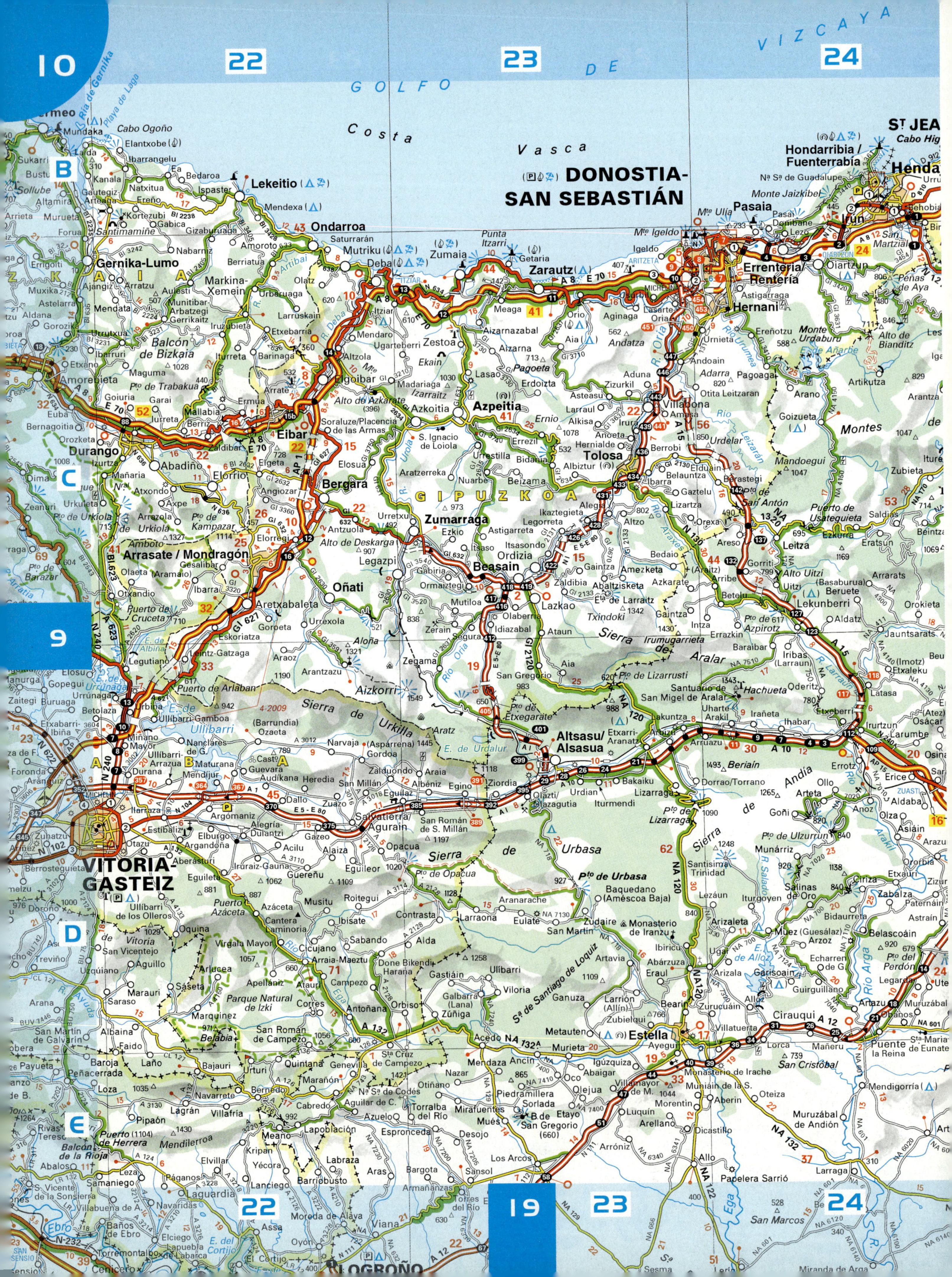
22
23
24
GOLFO DE VIZCAYA
Costa Vasca
DONOSTIA-SAN SEBASTIÁN
St JEAN
Hondarribia / Fuenterrabía
Hendaye
Pasaia
Irun
Errenteria/Rentería
Hernani
Oiartzun
Zarautz
Getaria
Zumaia
Deba
Mutriku
Ondarroa
Lekeitio
Mundaka
Cabo Ogoño
Gernika-Lumo
Markina-Xemein
Balcón de Bizkaia
Amorebieta
Durango
Abadiño
Elorrio
Eibar
Elgoibar
Azkoitia
Azpeitia
Tolosa
Villabona
Andoain
Bergara
Arrasate / Mondragón
Oñati
Zumarraga
Legazpi
Beasain
Ordizia
Lazkao
Alegia
Leitza
Lekunberri
Aretxabaleta
Sierra de Aralar
Sierra de Urkilla
Aizkorri
Altsasu/Alsasua
Etxarri-Aranatz
Ziordia
Salvatierra/Agurain
Sierra de Urbasa
Sierra de Andía
Pto de Urbasa
VITORIA-GASTEIZ
Sierra de Opacua
Estella
Puente la Reina
Los Arcos
Viana
LOGROÑO
Laguardia
Santo Domingo
Parque Natural de Izki
Campezo
Puerto de Herrera
Balcón de la Rioja
G I P U Z K O A
B
C
D
E
9
24
19
23
22
24

BIARRITZ
Anglet
Bidart
Guéthary
Ciboure
Ascain
Ustaritz
Hasparren
Cambo-les-Bains
Espelette
La Bastide-Clairence
Bidache
Salies-de-Béarn
Sauveterre-de-B.
Navarrenx
St Palais
Mauléon-Licharre
Tardets-Sorholus
St Jean-Pied-de-Port
St Jean-le-Vieux
St Étienne-de-Baïgorry
P Y R É N É E S
A T L A N T I Q U E S
la Rhune
Sare
Ainhoa
Dantxarinea
Bera/Vera de B.
Elizondo
Bidasoa de Bertiz
Doneztebe/Santesteban
Irurita
Arnéguy
Luzaide/Valcarlos
Orreaga/Roncesvalles
Auritz/Burguete
Bosque del Irati
Sierra de Abodi
Orhi
Col d'Erroymendi
Gorges de Kakuetta
Larrau
Ste Engrâce
Ochagavía
Isaba
Uztárroz
Roncal
Burgui
Vidángoz
Ansó
Valle de Ansó
Valle de Hecho
Valle del Roncal
Valle de Salazar
Hoz de Arbayún
Lumbier
Monasterio de Leyre
Sierra de Leyre
Embalse de Yesa
Yesa
Javier
Sangüesa
Aoiz
Embalse de Itoiz
Embalse de Eugi
Zubiri
Villava
Huarte
PAMPLONA
Noáin
Puente la Reina
Tafalla
Olite
Ujué
Berdún
Puente la Reina de Jaca
Salvatierra de Esca
Sigüés
Tiermas
Liédena
Aibar
Sierra de Izco
Monreal
Idocin
Urroz-Villa
Garralda
Aribe
Jaurrieta
Ezcároz
Esparza de Salazar
Güesa
Navascués
Pic d'Anie
Pic d'Orhy
Forêt des Arbailles
Col Bagargui
Iholdy
Irissarry
Ossès
Larceveau
Barcus
Montory
Arette
Oloron
Bayonne

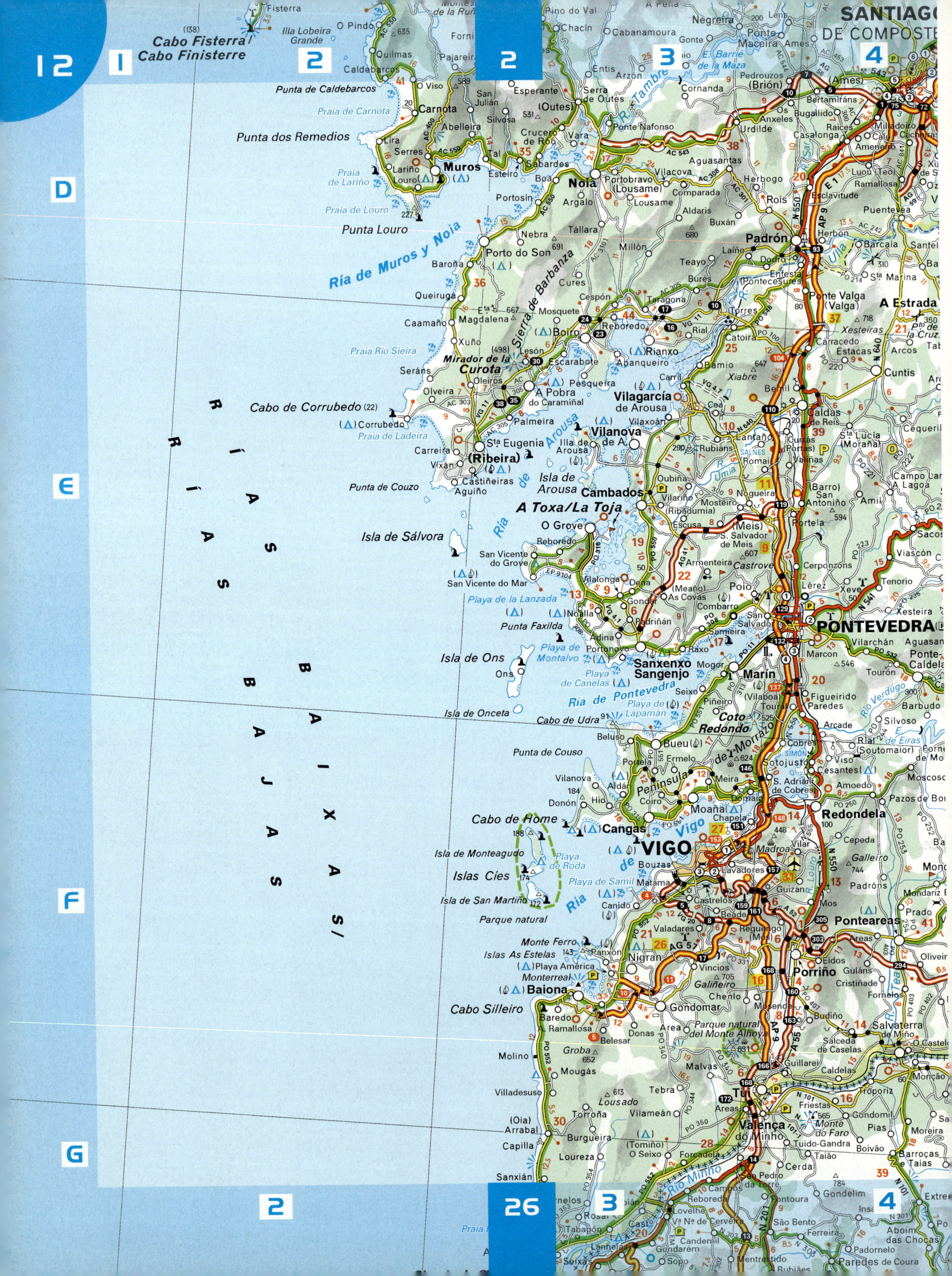

Cabo Fisterra
Cabo Finisterre
Fisterra
Illa Lobeira Grande
SANTIAGO DE COMPOSTELA
Punta de Caldebarcos
Praia de Carnota
Carnota
Punta dos Remedios
Muros
Praia de Lariño
Praia de Louro
Punta Louro
Ría de Muros y Noia
Noia
Negreira
Padrón
Porto do Son
Sierra de Barbanza
Boiro
Rianxo
A Estrada
Praia Río Sieira
Mirador de la Curota
A Pobra do Caramiñal
Cabo de Corrubedo
Corrubedo
Praia de Ladeira
Sta Eugenia (Ribeira)
Vilagarcía de Arousa
Vilanova de A.
Ría de Arousa
Isla de Arousa
Caldas de Reis
Punta de Couzo
Cambados
A Toxa/La Toja
O Grove
Isla de Sálvora
San Vicente do Grove
San Vicente do Mar
Playa de la Lanzada
Punta Faxilda
PONTEVEDRA
Isla de Ons
Ons
Playa de Montalvo
Sanxenxo
Sangenjo
Marín
Playa de Canelas
Ría de Pontevedra
Playa de Lapamán
Isla de Onceta
Cabo de Udra
Coto Redondo
Bueu
Punta de Couso
Península de Morrazo
Redondela
Cabo de Home
Cangas
Moaña
VIGO
Ría de Vigo
Isla de Monteagudo
Islas Cíes
Playa de Rodas
Playa de Samil
Isla de San Martiño
Parque natural
Monte Ferro
Islas As Estelas
Playa América
Monterreal
Baiona
Nigrán
Porriño
Ponteareas
Cabo Silleiro
Gondomar
Parque natural del Monte Aloya
Salvaterra de Miño
Tui
Valença do Minho
Monte do Faro
Río Miño
RÍAS BAIXAS
RÍAS BAJAS
Oia
Sanxián



2
3
4
26

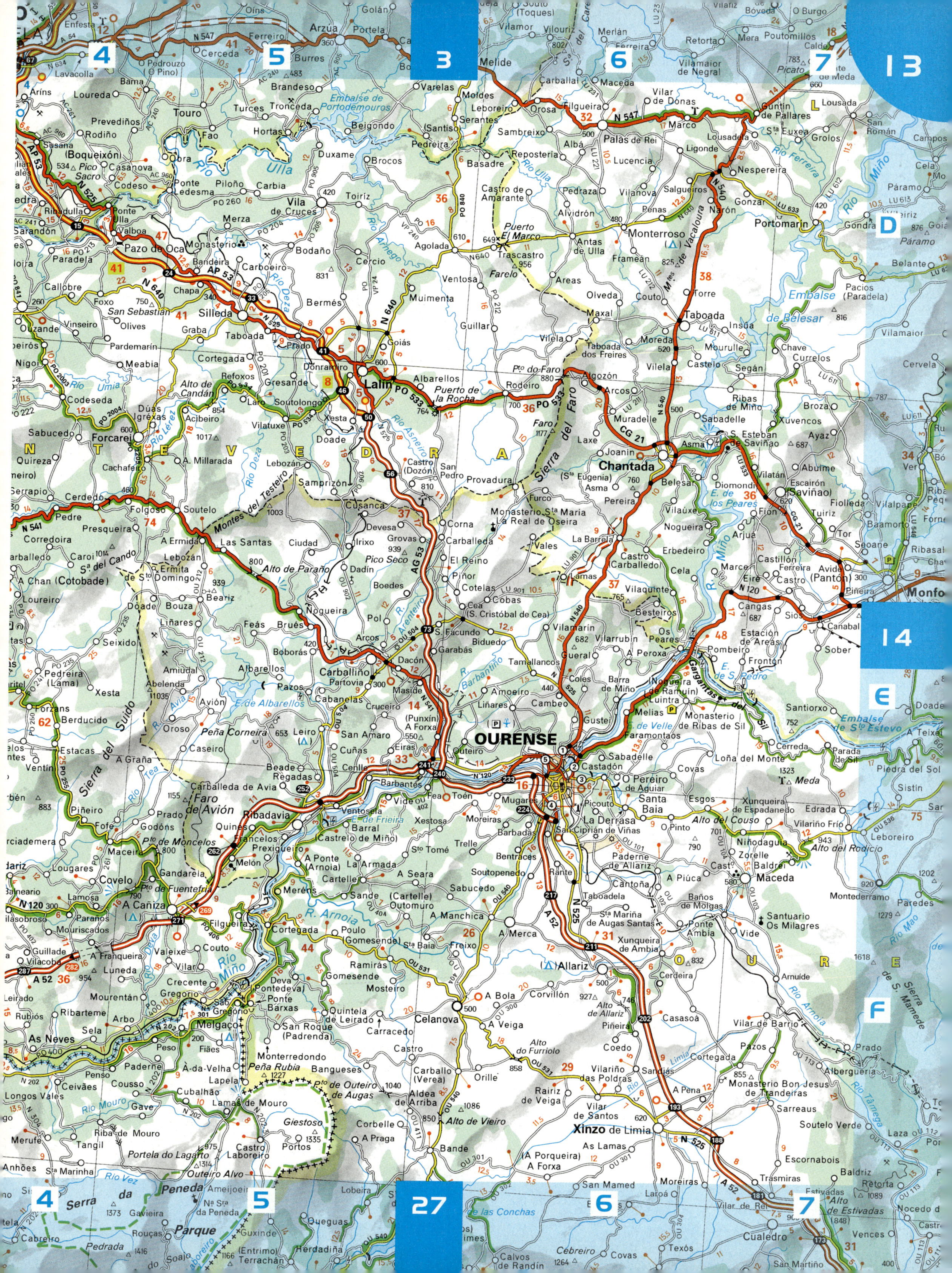

3
4
5
6
7
13
14
27
D
E
F
OURENSE
Lalín
Chantada
Silleda
Carballiño
Ribadavia
Celanova
Allariz
Xinzo de Limia
Maceda
Melide
Palas de Rei
Portomarín
Monterroso
Taboada
Forcarei
Melgaço
A Cañiza
Monforte
Sierra del Faro
Sierra del Suido
Montes del Testeiro
Faro de Avión
Embalse de Belesar
Embalse de Portodemouros
Embalse de S. Estevo
Río Miño
Río Ulla
Río Arnoia
Río Limia
Río Sil
Sierra de S. Mamede
Serra da Peneda
Parque
Vila de Cruces
Boqueixón
Pazo de Oca
Ourense
Verín
A Merca
Bande
Portela do Lagarto

14
7
8
4
9
13
D
E
F
28
LUGO
ORENSE
CORDILLERA
Sierra del Courel
Sierra de los Caballos
Sierra de la Encina
Sierra de Ancares
Sierra de Borde
Sierra de Queixa
Sierra de S. Mamede
Sierra del Eixe
SIERRA DE CABRERA
Sa Segundera
Sierra de Canizo
Reserva Nacional de los Ancares Leoneses
Parque natural Lago de Sanabria
Montes Aquilianos
Valle de Sanabria
Sarria
Becerreá
Monforte de Lemos
Quiroga
A Rúa
O Barco
Ponferrada
Villafranca del Bierzo
Corgo
Samos
Triacastela
Pto de Pedrafita do Cebreiro
Pto de Campo da Arbore
Pto El Poyo
Pico Piapaxaro
Peña Redonda
Alto do Boi
Folgoso do Courel
Seoane do Courel
A Pobra de Brollón
Cabeza de Manzaneda
Puerto de Cerdeira
Alto del Rodicio
A Pobra de Trives
Manzaneda
Viana do Bolo
Castro Caldelas
Carballeda
Petín
Larouco
Embalse de San Martiño
Embalse de Sta Baia
Embalse de Prada
Embalse de Chandrexa
Embalse de las Portas
Embalse de Vilasouto
Embalse de Sto Estevo
E. de Peñarrubia
E. de Sequeiros
Puebla de Sanabria
Pto de Cienfuegos
Miravalles
Balouta
Suarbol
Candín
Burbia
Vega de Valcarce
Las Herrerías
Ambasmestas
Trabadelo
Pereje
Corullón
Toral de los Vados
Carracedelo
Cacabelos
Camponaraya
Villadepalos
Las Médulas
Carucedo
Puente de Domingo Flórez
Sobradelo
Pumares
Castroquilame
Pombriego
Benuza
Silván
Fonte da Cova
Alto de Covelo
Gudiña
Alto do Canizo
Estación de Vilarino de Conso
Estación de Castrelo
Peña Nofre
Ribadelago
San Martín de Castañeda
Moncalvo
Peña Trevinca
Villanueva de la Sierra
Barjacoba
Porto
Rubiás
Solbeira
Pixeiros
Chandrexa
Paredes
Montederramo
Sarreaus
Laza
Cerdedelo
Campobecerros
Vilariño de Conso
Pradoalvar
Las Rozas
Castiñeira
Chaguazoso
Mourisca
San Mamede
Pradolongo
Raigada
Vilarmeao
San Miguel
Placín
Valbuxán
Lentellais
O Bolo
Prada
Riomao
Santigoso
Candeda
Sobrado
Fitoiro
Rabal
Paradaseca
Leboreiro
Sistin
Piedra del Sol
Teixeira
Doade
Santiorxo
Ponferrada

10
5
11
12
15
16
D
E
F
29
Caniellas
Trascastro
Puerto de Rañadoiro
Leitariegos
Puerto de Leitariegos
Puerto de Somiedo
Peña Orniz
Peña Ubiña
Tuiza
Telledo
Puerto de Pajares
Pajares
Arbás del Puerto
Reserva nacional de Degaña
Degaña
Fondos de Vega
Caboalles de Arriba
Caboalles de Abajo
Villablino
Orallo
Villager de Laciana
Villaseca de L.
Piedrafita de Babia
Cabrillanes
Quintanilla de Babia
Peñalba de Cilleros
La Riera
Huergas
Riolago
Cospedal
San Emiliano
Villasecino
Pinos
Torrebarrio
Villargusán
La Majúa
Genestosa
Cirbanal
Robledo de Caldas
Caldas de Luna
Valgrande
Busdongo de Arbás
Cueto Negro
Túnel de Negrón
S. Martín de la T.
Villamanín
Rodiezmo de la T.
Villasimpliz
Casares de A.
Aralla de L.
Collada de Aralla
Geras
Folledo
Buiza
La Vid
Cuevas del Sil
Tejedo del Sil
Villarino del Sil
Rioscuro
E. de las Rozas
El Villar de Santiago
Los Bayos
Pto de la Magdalena
Sena de Luna
Abelgas de Luna
E. de los Barrios de Luna
Sa de Villabandín
Sa de la Filera
Mallo de L.
Mirantes
Paradilla de Gordón
Carbonera
Ciñera
Vega de G.
La Pola de Gordón
Peranzanes
Palacios del Sil
Sierra del Coto
Salientes
Matalavilla
Valseco
Susañe del Sil
Anllares del Sil
S. Pedro de Paradela
E. de Matalavilla
Páramo del Sil
Estación de Páramo
Sorbeda del Sil
Lillo del Bierzo
Otero de Naragantes
Catoute
Murias de Paredes
Senra
Villanueva de Omaña
Fasgar
Omañón
Barrio de la Puente
Posada de O.
Marzán
Sosas del Cumbral
Salce
Villadepán
Vegarienza
Cirujales
Guisatecha
Arienza
La Urz
Pandorado
Irede de Luna
Los Barrios de Luna
Mora de L.
Portilla de Luna
Vega de Caballeros
Villayuste
Otero de las Dueñas
Carrocera
Los Barrios de Gordón
Sorribos de Alba
Olleros de Alba
Matarrosa del Sil
Langre
Sierra de Gistreo
Villar de las T.
Robledo de las Traviesas
Noceda del Bierzo
Quintana de Fuseros
Igüeña
Tremor de Arriba
Sierra de Jistredo
Espina de Tremor
Campo de la Lomba
Emb. de Omañas
Riello
Otérico
Soto y Amío
Canales-la Magdalena
Formigones
Carrizal
Adrados de O.
Sta María de Ordás
Rioseco de Tapia
Valsemana
Cascantes
Toreno
Tombrio de Abajo
Librán
Rodrigatos de las Regueras
Pobladura de las R.
Ponjos
Murias de Ponjos
Valdesamario
Villarodrigo de O.
Espinosa de la R.
Cuadros
Santibáñez
Finolledo
Losada
San Justo de Cabanillas
Boeza
Almagarinos
LEÓN
Embalse de Villameca
Quintana del Castillo
Villameriel
Escuredo
San Félix de las Lavanderas
S. Martín de la F.
Las Omañas
Mataluenga
Villarroquel
Lorenzana
Cabañas de la Dornilla
Sta Marina del Sil
Arlanza
El Valle
Folgoso de la Ribera
Tremor de Abajo
Brañuelas
Culebros
Villagatón
Villameca
Abano
Morriondo
Ferreras
Villaviciosa de la Ribera
S. Román de los Caballeros
Sariegos
Cubillos del Sil
Rodanillo
Viñales
S. Román
Congosto
Bembibre
Albares
La Ribera
Almázcara
Castropodame
Torre del Bierzo
La Silva
Manzanal del Puerto
Porqueros
Suero de Cepeda
Riofrío
Llamas de la Ribera
Quintanilla de Sollamas
Cimanes del Tejar
San Andrés del Rabanedo
S. Miguel de las D.
Calamocos
Turienzo Castañero
San Andrés de las Puentes
Ucedo
Puerto de Manzanal
Rodrigatos de la Obispalla
Castrillo de C.
Quintanilla del Monte
Carrizo de la Ribera
Villanueva de C.
Montejos del C.
Valverde de la Virgen
San Miguel del C.
La Virgen del C.
Trobajo
Ferral del B.
Onamio
Molinaseca
Paradasolana
Riego de Ambros
Redondal
Santibáñez de Monte
Vanidodes
Vega de M.
Villamejil
Cogorderos
Armellada
Turcia
Velilla de la Reina
Celadilla
Robledo de la Valdoncina
Salas de los B.
Esteban de V.
Acebo
Argañoso
Veldedo
Viforcos
Combarros
Magaz de Cepeda
Otero
Fontoria de C.
Antoñán del Valle
Quintanilla del V.
Villadangos del Páramo
Clemente de V.
Espinoso de C.
Manjarín
Foncebadón
Rabanal del Camino
Brazuelo
Pradorrey
Brimeda
Villaobispo
Benavides
Sta Marina del Rey
San Martín del Camino
Chozas de Abajo
MONTES DE LEÓN
S. Cristóbal de V.
Sta Marina de S.
El Ganso
Castrillo de los Polvazares
Astorga
San Román de la V.
San Justo de la Vega
Villares de Órbigo
Hospital de Órbigo
Villar de Mazarife
Cembranos
Ardoncino
Bouzas
Peñalba de Santiago
Becerril
Andiñuela
Sta Colomba de Somoza
Pedredo
Villar de Ciervos
Murias
Bustillo del Páramo
Mozondiga
Fontecha
Guiana
Pobladura de la Sierra
Tabladillo
Val de San Román
Morales
Celada
Nistal
Veguellina de Órbigo
Acebes
Matalobos del P.
Grisuela del P.
La Mata del P.
Valdevimbre
Cabeza de la Yegua
Alto El Morredero
El Morredero
Lucillo
Chana
Molinaferrera
Valdespino de S.
Val de San Lorenzo
Valderrey
Riego de la Vega
Posadilla
Villagarcía
Villarín
San Pedro Bercianos
Villagallegos
Alto Las Portillinas
Sierra del Teleno
Quintanilla de S.
Luyego
Laguna de Somoza
Santiago Millas
Curillas
Tejados
San Cristóbal de la Polantera
Huerga de F.
Mansilla del P.
Bercianos del P.
Villavañe
Odollo
Noceda
Castrillo Cabrera
Saceda
El Teleno
Villar de Golfer
Palacios de la Valduerna
Toral
Sta María de la Isla
Villazala
Urdiales del Páramo
Sta María del Páramo
Villacalbiel
Nogar
Corporales
Priaranza de la V.
Destriana
Robledo
Castrillo de la Valduerna
Castrotierra
Soto de la Vega
Valdefuentes del Páramo
Laguna Dalga
Quintanilla de Losada
Baillo
Pozos
Tabuyo del Monte
Villalís
Villamontán de la Valduerna
Ribas
La Bañeza
Soguillo
Pobladura de Pelayo García
Encinedo
Iruela
Truchas
Manzaneda
Torneros de J.
Azares del P.
S. Martín de Torres
Eulalia de C.
Villarino
Cunas
Quintana y Congosto
Jiménez de J.
Cebrones del Río
Zotes del P.
San Millán de los Caballeros
Truchillas
Quintanilla de Yuso
Villar del Monte
Morla
Quintanilla de Flórez
Palacio de J.
Herreros de J.
Sta Elena de Jamuz
Villaestrigo
Laguna de Negrillos
Vizcodillo
Peña Negra
LA CABRERA
Torneros
LE 125
La Portilla
Villanueva de J.
Quintana del Marco
Roperuelos del Páramo
Algadefe
Vega del Castillo
Castrocontrigo
Nogarejas
Pinilla
Castrocalbón
Valcavado
Cabañeros
Doney de la R.
Faramontanos de la Sierra
Justel
Felechares
Genestacio
Cazanuecos
Pozuelo del P.
La Antigua
Villarejo de la Sierra
Carbajalinos
Santiago de la R.
Espadañedo
Donado
Villalverde
San Esteban de Nogales
La Nora
Audanzas
Grajal
Monterrubio
Gusandanos
Muelas de los Caballeros
Congosta
Ayoó de V.
Alija del Infantado
Saludes de C.
Villamandos
Cubo de Benavente
Villageriz
Alcubilla de Nogales
San Adrián del Valle
Rosinos de la Requejada
Rioconejos
Dornillas
Uña de Quintana
Fuente Encalada
Arrabalde
Coomonte
Matilla de Arzón
Asturianos
Lanseros
Peque
Molezuelas de la C.
S. Pedro de la Viña
Santibáñez de Vidriales
Bercianos de Vidriales
Villaferrueña
Maire de Castroponce
Pobladura del Valle
La Torre del Valle
Fresno de la Polvorosa
Otero de S.
Palacios de Sanabria
Lagarejos
Manzanal de los Infantes
Sta Eulalia
Sta María de la Vega
San Román
Sta Colomba
Cernadilla
Mombuey
Valleluengo
Pozuelo de V.
Moratones
Granucillo
Quintanilla de Urz
Villabrázaro
Manganeses
San Cristóbal de Entreviñas
Valdemerilla
Valparaíso
Junquera
Brime de Urz
Quiruelas
Valdés
Embalse de Cernadilla

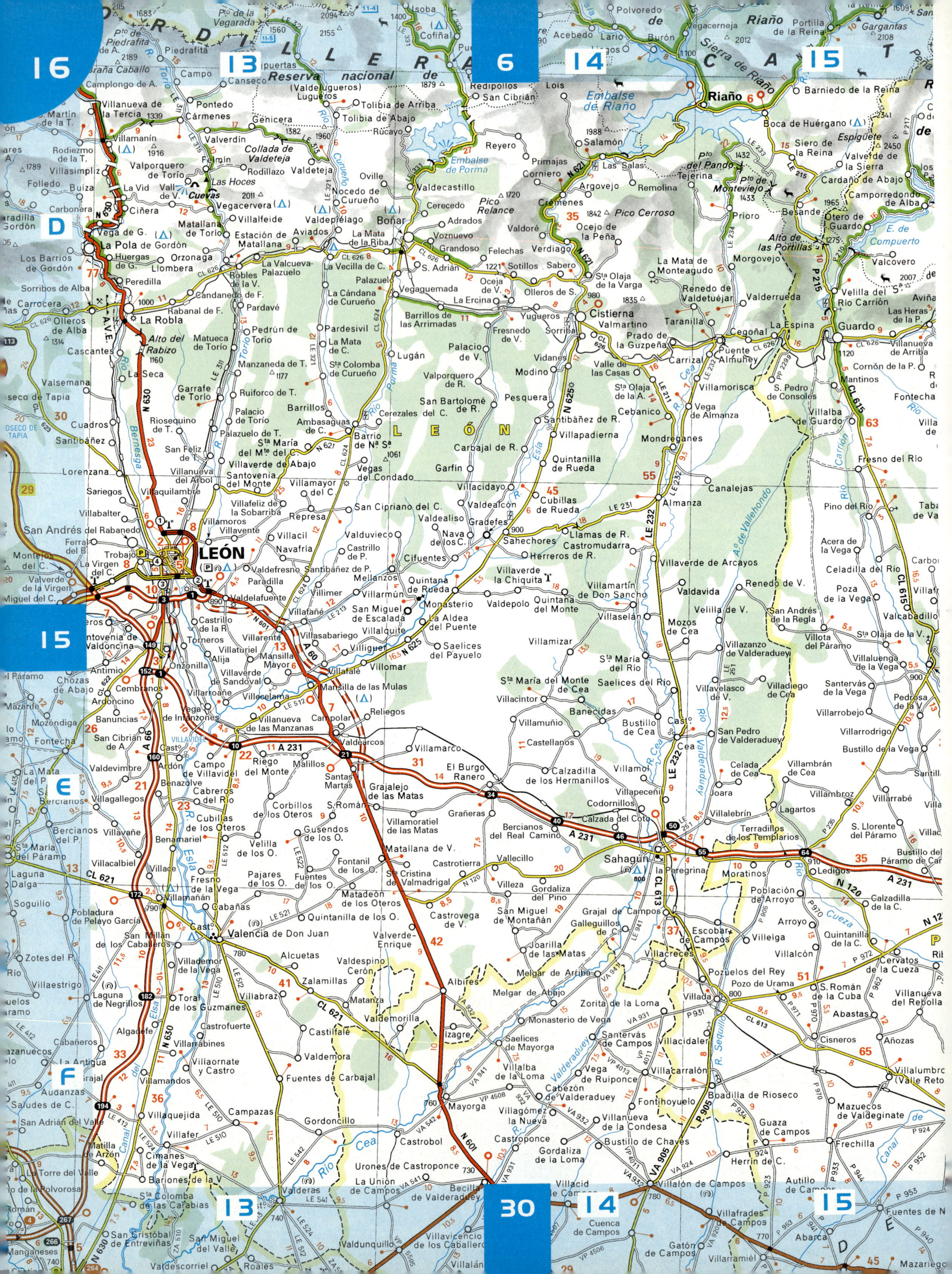

16
13
6
14
15
30
D
E
F
Reserva nacional
Embalse de Riaño
Embalse de Porma
Riaño
Sierra de Riaño
Pico Relance
Pico Cerroso
Collada de Valdeteja
Alto de las Portillas
Alto del Rabizo
Boñar
Cistierna
Guardo
La Pola de Gordón
La Robla
LEÓN
L E Ó N
Mansilla de las Mulas
Gradefes
Almanza
Sahagún
Valencia de Don Juan
Mayorga
Villalón de Campos
Boadilla de Rioseco
Grajal de Campos
Santas Martas
El Burgo Ranero
Vegas del Condado
Cea
Saldaña
Villada
Valderas
Villamañán
Matallana de Torío
Valdeteja
Crémenes
Prioro
Velilla del Río Carrión
Cofiñal
Lugueros
Vegaquemada
Santibáñez de la Isla
Castrofuerte
Fuentes de Carbajal
Gordoncillo
Castroponce
Bustillo de Chaves
Melgar de Arriba
Calzada del Coto
Villaquejida
Cimanes de la Vega
A 231
N 601
N 630
N 621
N 625
N 120
A 66
A 60
CL 626
CL 615
CL 613
CL 621
LE 232

16
7
17
18
17
D
18
E
F
31
17
18
16
Reinosa
Embalse del Ebro
Aguilar de Campoo
Embalse de Aguilar de Campoo
Pico de Tres Mares
Peña Labra
Cervera de Pisuerga
Fuentes Carrionas
Reserva Nacional
Carrión
Pisuerga
Ebro
Río Ebro
Rio Boedo
Río Valdavia
Rio Ucieza
Río Urbel
Río Odra
Río Brullés
R. Hormazuela
R. Arlanzón
Río Arlanza
Canal de Castilla
Herrera de Pisuerga
Osorno la Mayor
Carrión de los Condes
Frómista
Villadiego
Melgar de Fernamental
Castrojeriz
Sasamón
Villasandino
Pampliega
Villodrigo
Palenzuela
Paredes de Nava
Astudillo
Saldaña
Sotresgudo
Alar del Rey
Amaya
Humada
Espinosa de B.
Escalada
Orbaneja del Castillo
Polientes
Tablada del Rudrón
Sargentes de la Lora
Basconcillos del Tozo
Villanueva de Puerta
Alto de Pradoviejo
Tardajos
Estépar
Quintanilla Vivar
Villaquirán de los Infantes
Palazuelos de M.
Presencio
Revenga
Mahamud
Villahoz
Tordómar
Castrillo de Murcia
Hontanas
Iglesias
Los Balbases
Los Chapiteles
Vallegera
Revilla-Vallegera
Villamedianilla
Valbuena de Pisuerga
Itero del Castillo
Boadilla del Camino
Villarmentero de Campos
Población de C.
Revenga de C.
Villalcázar de Sirga
Arconada
Monzón de Campos
Amusco
Piña de C.
Támara
Santoyo
Palacios del Alcor
Valdespina
Manquillos
Villoldo
Becerril de Campos
Villaumbrales
Villamuriel
Villaherreros
Villadiezma
Bahillo
Buenavista de Valdavia
Villasarracino
Villaprovedo
Sotobañado y Priorato
Villabermudo
Prádanos de O.
Olmos de Ojeda
Micieces de Ojeda
Vega de Bur
Quintanatello de O.
Payo de Ojeda
Ventanilla
Ruesga
Vergaño
Gramedo
Salinas de Pisuerga
Matamorisca
Renedo de Z.
Nestar
Cezura
Pomar de Valdivia
Revilla de P.
Berzosilla
Fuencaliente de Lucio
Villaescobedo
Llanillo
La Riba de V.
Basconcillos del Tozo
Moradillo del C.
Trashaedo
Valdeajos
Ayoluengo
Tubilla del Agua
San Felices
Urbel del Castillo
Portillo del Fresno
La Piedra
Fuente Urbel
Talamillo del Tozo
San Mamés de Abar
Solanas de V.
Rebolado de Traspeña
Castrecias
Quintanas de Valdelucio
Villamartín de V.
Congosto
Fuencalenteja
Ordejón de Arriba
Villavedón
Palazuelos de V.
Tablada de V.
Sandoval de la Reina
Tapia
Arenillas de V.
Villaute
Las Hormazas
Brullés
Hormazuela
Ruyales del Páramo
Los Valcárceres
Barrios de V.
Coculina
El Perul
Quintanilla-Pedro Abarca
Susinos del Páramo
Avellanosa del P.
La Nuez de Abajo
Lodoso
Pedrosa del P.
Manciles
Olmos de la Picaza
Villegas
Villanueva de Odra
Guadilla de Villamar
Villahizán de Treviño
Villamayor de Treviño
Sordillos
Grijalba
Villasidro
Padilla de Abajo
Padilla de Arriba
S. Llorente de la V.
Olmos de P.
Hijosa
Castrillo de R.
Zarzosa de Riopisuerga
Ventosa de P.
Espinosa de Villagonzalo
Arenillas de Riopisuerga
Palacios de R.
Lantadilla
Las Cabañas de Castilla
Santillana de C.
Osornillo
Marcilla de Campos
Requena de C.
Itero de la Vega
Pedrosa del Príncipe
Melgar de Yuso
Villodre
Hinestrosa
Villasilos
Castrillo de Matajudíos
Castellanos de Castro
Villaveta
Valbonilla
Vallunquera
Villaldemiro
Tamarón
Celada del Camino
Vilviestre de Muñó
Villagutiérrez
Hornillos del Camino
Isar
Yudego
Villandiego
Citores del P.
Cañizar de A.
Villanueva de A.
Olmillos de Sasamón
Palacios de Benaver
Las Quintanillas
Quintanadueñas
Marmellar de Arriba
Marmellar de Abajo
Pedrosa de Río Urbel
Frandovínez
Buniel
Cavia
Albillos
Cayuela
Villavieja de M.
Mazuelo de M.
Arenillas de Muñó
Quintanilla
Olmillos de Muñó
Mazuela
Villafuertes
Villaverde-Mogina
Belbimbre
Ciadoncha
Sta María del Campo
Zael
Villamayor de los Montes
Terreros
Cordovilla la R.
Villajimena
Villamediana
Valdeolmillos
Grijota
Cascón de la Nava
Villamartín
Lomas
Perales
Villoldo
Calzada de los Molinos
Villamuera de la Cueza
Cardeñosa de Volpejera
Villotilla
Villaturde
Nogal de las Huertas
Villanueva de los Nabos
Villasabariego de U.
Robladillo de U. (Valde-Ucieza)
Villamorco
La Serna
Gozón de Ucieza
Renedo de la V.
Quintanilla de Onsoña
Portillejo
Gañinas
Vega de Doña Olimpa
Villota del Duque
Villasila
Villanuño de Valdavia
Villorquite de Herrera
Sta Cruz del Monte
Bárcena de Campos
Castrillo de Villavega
Abia de las Torres
Villameriel
San Martín del Monte
Páramo de B.
Villaeles de Valdavia
Villabasta
Valles de V.
Valenoso
Membrillar
Polvorosa
Renedo de V.
Olea de Boedo
Revilla de Collazos
Collazos de Boedo
Dehesa de Romanos
Lavid de Ojeda
Berzosa de los H.
Barriosuso
Ayuela
La Puebla de Valdavia
Bascones de Ojeda
Moarves de O.
Congosto de Valdavia
Baños de la P.
Riosmenudos de la P.
Roscales de la P.
Castrejón de la Peña
Villalberto de la P.
Santibáñez de la Peña
Velilla de T.
Traspeña de la P.
Cantoral de la P.
Dehesa de Montejo
Colmenares de O.
Boedo
Amayuelas de O.
Montoto de O.
Perazancas de O.
Barrio de S. Pedro
Foldada
Vallespinoso de A.
Cozuelos de O.
Valoria de A.
Lomilla
Olleros de P.
Becerril del Carpio
Santibáñez de Ecla
S. Andrés de A.
Sta María de M.
Villela
Rebolledo de la Torre
Nogales de P.
Cuevas de Amaya
San Quirce del Río P.
Sotovellanos
Villallano
Gama
Mave
Pozancos
Valdeprado del R.
Villanueva de Henares
Quintanilla de las Torres
Castrillo de Valdelomar
Navamuel
Villanueva de Nía
Báscones de E.
Puente del V.
Campo de E.
Montecillo
Lorilla
Olleros
Rocamundo
Ruerrero
San Martín de Elines
Población de Abajo
Bustillo del Monte
Bárcena de E.
Valderías
Cejancas
Ruanales
Rucandio
Quintanilla
Bustidoño
Montejo de Bricia
Aldea de Ebro
Arroyal
Puerto Pozazal
Valdeprado del R.
Fombellida
Castrillo del Haya
Olea
Mataporquera
Cordovilla
Vallejo de O.
Reinosilla
La Quintana
Cillamayor
Porquera de S.
S. Cebrián de M.
Valle de S.
Brañosera
Barruelo de Santullán
Valberzoso
Salcedillo
Villaescusa
Mata de Hoz
Matamorosa
Requejo
Bolmir
Retortillo
Cervatos
Celada-Marlantes
Bustasur
Las Rozas
Arroyo
Bimón
Arija
Herbosa
Sta Gadea
Cilleruelo de B.
Virtus
Bezana
Pto de Carrales
Bricia
Valdelateja
Sedano
Terradillos de Sedano
Sta Cruz del Tozo
Villanueva de A.
La Pola
Corconte
San Miguel de A.
Sta María de Aguayo
Santiurde de Reinosa
Lanchares
La Costana
Villapaderne
La Riva
Bustamante
Llano
Fontecha
Arguesó
Camino
Salces
Suano
La Lomba
Valdecebollas
La Pernía
Celada de Roblecedo
Herreruela de Castillería
San Salvador de Cantamuda
Verdeña
Abadía de Lebanza
Lebanza
Sta María de Redondo
Camasobres
Areños
Lores
Casavegas
Piedrasluengas
Pto de Piedrasluengas
Cucayo
Glorio
Curavacas
Vidrieros
Triollo
Alba de Cardaños
Santibáñez de R.
Resoba
La Lastra
E. de Camporredondo
E. de la Requejada
Polentinos
Rebanal de las Llantas
S. Martín de los Herreros
Arbejal
Liguerzana
Quintanaluengos
Barrio de Sta María
Cubillo de O.
Loma de C.
Rueda de P.
Mudá
Corvio
Menaza
Quintanilla de la B.
Espinosa de Villagonzalo
Valdavia
Pequeño
Villasur
Relea
A 231
A 67
N 627
N 623
N 611
N 120
E 80
A 62
CL 615
CL 626
BU 627
BU 601
A 65

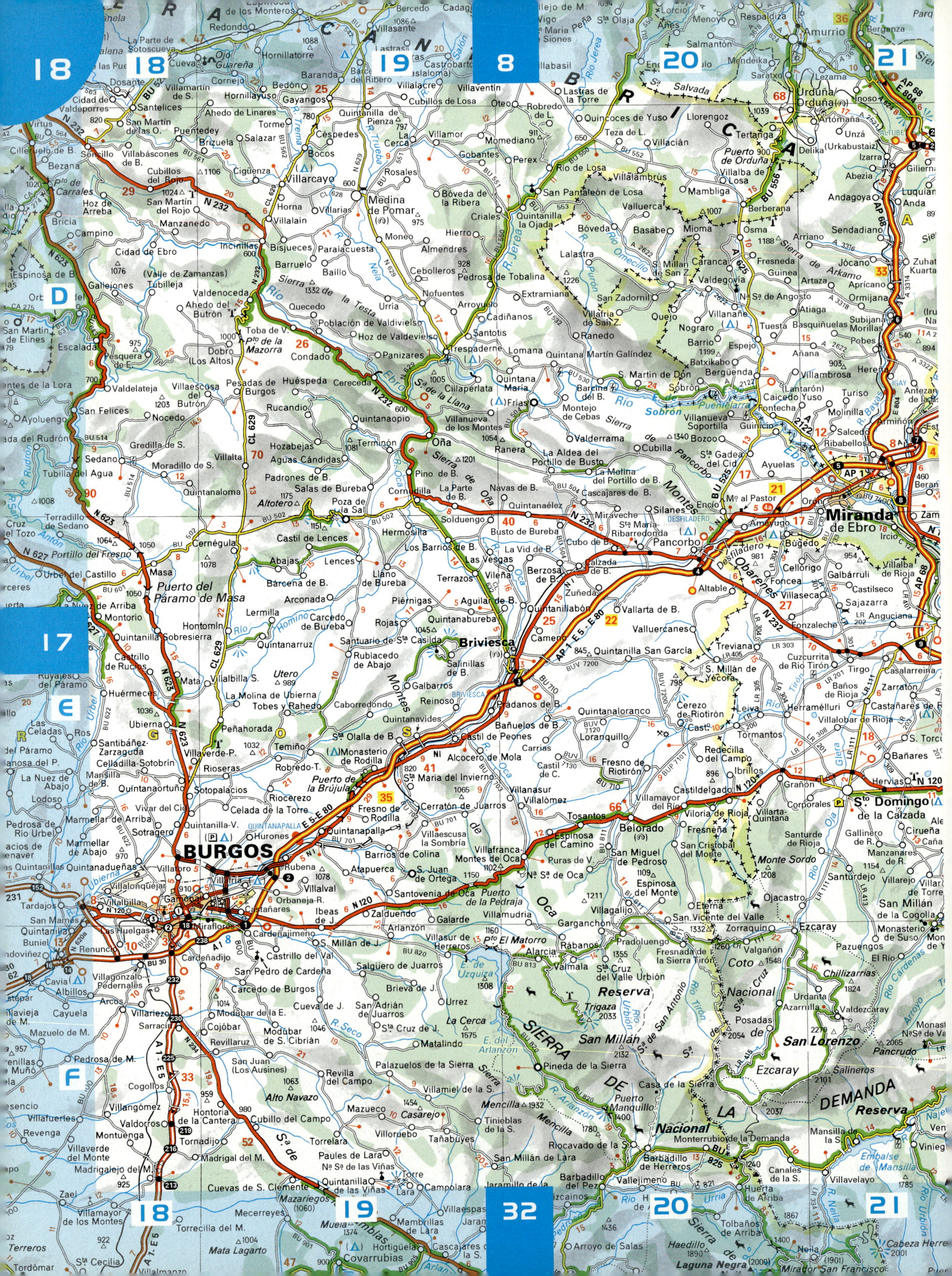
18
18
19
8
20
21
17
D
E
F
18
19
32
20
21
BURGOS
Miranda de Ebro
Briviesca
Belorado
S.to Domingo de la Calzada
Ezcaray
Medina de Pomar
Villarcayo
Oña
Frías
Pancorbo
Orduña
Urduña
Amurrio
Espinosa de los Monteros
Trespaderne
Poza de la Sal
Cornudilla
Quintanilla Sobresierra
Valdenoceda
Puerto del Páramo de Masa
Masa
Villaverde-P.
Sotopalacios
Rubena
Villafranca Montes de Oca
Pto. El Matorro
Puerto de la Pedraja
Castil de Peones
Monasterio de Rodilla
Puerto de la Brújula
Quintanapalla
Cardeñajimeno
Castrillo del Val
Cardeñadijo
San Pedro de Cardeña
Carcedo de Burgos
Modúbar de San Cibrián
Revillarruz
Sarracín
Villagonzalo-Pedernales
Tardajos
Villalbilla
Villafría
Gamonal
Ibeas de J.
Zalduendo
Salgüero de Juarros
San Millán de Juarros
Pineda de la Sierra
Sierra de la Demanda
San Millán
San Lorenzo
Valgañón
Pradoluengo
Fresneda de la Sierra Tirón
Villanueva Soportilla
Valderrama
Cubilla
Altable
Treviana
Haro
Leiva
Tormantos
Herramélluri
Grañón
Castildelgado
Villamayor del Río
Tosantos
Espinosa del Camino
Villalbilla S.
Hontomín
Quintanarruz
Rublacedo de Abajo
Santuario de S.ta Casilda
Salinillas de B.
Galbarros
Reinoso
Caborredondo
Quintanavides
S.ta Olalla de B.
Alcocero de Mola
Fresno de Rodilla
Cerratón de Juarros
Santovenia de Oca
Atapuerca
S. Juan de Ortega
Barrios de Colina
Pradanos de B.
Bañuelos de B.
Carrias
Castil de C.
Fresno de Riotirón
Quintanilla San García
Vallarta de B.
Valluércanes
Cameno
Quintanilla B.
Zuñeda
Berzosa de B.
Vileña
Terrazos
Piérnigas
Rojas
Quintanabureba
Aguilar de B.
Llano de Bureba
Lences
Barcena de B.
Arconada
Carcedo de Bureba
Lermilla
Abajas
Castil de Lences
Hermosilla
Los Barrios de B.
Las Vesgas
La Vid de B.
Cubo de B.
Calzada de B.
Solduengo
Busto de Bureba
Quintanaélez
Navas de B.
La Parte de B.
Pino de B.
Cascajares de B.
Silanes
Encío
Ameyugo
Bugedo
Foncea
Villaseca
Cellorigo
Galbárruli
Sajazarra
Anguciana
Villalba de Rioja
Castilseco
Fonzaleche
Cuzcurrita de Río Tirón
Tirgo
Casalarreina
Zarratón
Castañares de R.
Baños de Rioja
Villalobar de Rioja
Bañares
Hervías
Corporales
Santurde de Rioja
Santurdejo
Gallinero de R.
Manzanares de R.
Villarejo
Ojacastro
Zorraquín
Pazuengos
Cirueña
Villalobos
Ayuelos
Ayuelas
Bozoo
S.ta Gadea del Cid
Moriana
Ircio
Orón
Montejo de Cebas
La Aldea del Portillo de Busto
Ranera
La Molina del Portillo de Busto
Cillaperlata
Quintana María
Villanueva de los Montes
Lomana
Santotis
Cadiñanos
Arroyuelo
Nofuentes
Cebolleros
Pedrosa de Tobalina
Quintana Martín Galíndez
Extramiana
Almendres
Hierro
Criales
Bóveda de la Ribera
Rosales
Moneo
Quintanilla la Ojada
San Pantaleón de Losa
Villalambrús
Valluerca
Basabe
Mioma
Bóveda
Lalastra
San Zadornil
Villafría de San Z.
Ranedo
Quejo
Nograro
Barrio
Espejo
Villanañe
Berguenda
Sobrón
Puentelarrá
Caicedo Yuso
Fontecha
Salcedo
Ribabellosa
Armiñón
Turiso
Molinilla
Villambrosa
Hereña
Ormijana
Subijana-Morillas
Pobes
Atiaga
Tuesta
Basquiñuelas
Jócano
Artaza
Apricano
Fresneda
Guinea
Arriano
Sendadiano
Andagoya
Abezia
Izarra
Unzá
Berberana
Osma
Villalba de Losa
Mambliga
Tertanga
Puerto de Orduña
Llorengoz
Villacián
Quincoces de Yuso
Teza de L.
Lastras de la Torre
Robredo de L.
Villaventín
Oteo
Cubillos de Losa
Villalacre
Villamor
Gobantes
Perex
Mediano
Momediano
Río de Losa
Quintanilla de Pienza
Céspedes
Bocos
Horna
Villalaín
Villarías
Paralacuesta
Bisjueces
Barruelo
Incinillas
Baíllo
Quecedo
Población de Valdivielso
Hoz de Valdivielso
Panizares
Urria
Toba de V.
Pto. de la Mazorra
Condado
Dobro (Los Altos)
Pesadas de Burgos
Huéspeda
Cereceda
Rucandio
Quintanaopio
Terminón
Hozabejas
Aguas Cándidas
Padrones de B.
Salas de Bureba
Altotero
Villalta
Quintanaloma
Moradillo de S.
Gredilla de S.
Sedano
Tubilla del Agua
Terradillos de Sedano
Cernégula
Valdelateja
Villaescusa del Butrón
Nocedo
San Felices
Escalada
Pesquera de E.
Ahedo del Butrón
Tubilleja
Gallejones
Cidad de Ebro
Campino
Manzanedo
San Martín del Rojo
Cubillos del Rojo
Hoz de Arreba
Bricia
Bezana
Cigüenza
Brizuela
Puentedey
Salazar
Torme
Ahedo de Linares
Hornillayuso
Villamartín de S.
Santelices
Dosante
Cidad de Valdeporres
San Martín de las O.
Villabáscones de B.
Sonsillo
Virtus
Gayangos
Bedón
Baranda
Hornillalatorre
Cornejo
Ojo Guareña
Redondo
Quintanaortuño
Mata
La Molina de Ubierna
Tobes y Rahedo
Peñahorada
Ubierna
Huérmeces
Castrillo de Rucios
Montorio
Nuez de Arriba
Urbel del Castillo
Santibáñez-Zarzaguda
Celadilla-Sotobrín
Mansilla de B.
La Nuez de Abajo
Lodoso
Vivar del Cid
Marmellar de Arriba
Marmellar de Abajo
Sotragero
Quintanilla-V.
Celada de la Torre
Riocerezo
Robredo-T.
Temiño
Rioseras
Hurones
Villayerno
Villalonquéjar
Villalval
Orbaneja-R.
Castañares
Miraflores
Las Huelgas
Renuncio
Quintanilla
Buniel
Cavia
Albillos
Cayuela
Villariezo
Arcos
Cojóbar
Modúbar de la E.
Cueva de J.
San Adrián de Juarros
S.ta Cruz de J.
Brieva de J.
Urrez
La Cerca
Matalindo
Palazuelos de la Sierra
Revilla del Campo
San Juan (Los Ausines)
Alto Navazo
Hontoria de la Cantera
Cubillo del Campo
Tornadijo
Madrigal del M.
Cuevas de S. Clemente
Mazariegos
Quintanilla de las Viñas
Lara
Campolara
Paules de Lara
N.a S.a de las Viñas
Torrelara
Villorobe
Casarejo
Mazueco
Tañabuyes
Tinieblas de la S.
Villamiel de la S.
Mencilla
Riocavado de la S.
San Millán de Lara
Barbadillo de Herreros
Barbadillo del Pez
Vallejimeno
Monterrubio de la Demanda
Canales de la S.
Villavelayo
Mansilla de la S.
Embalse de Mansilla
Huerta de Arriba
Tolbaños de Arriba
Neila
Haedillo
Laguna Negra
Arroyo de Salas
Cabeza Herrera
Pazuengos
Chillizarrias
Urdanta
Azarrulla
Valdezcaray
Posadas
Salineros
Pancrudo
Monasterio de Suso
San Millán de la Cogolla
Madrigalejo del M.
Villangómez
Valdorros
Montuenga
Villaverde del Monte
Cogollos
Pedrosa de M.
Mazuelo de M.
Villafuertes
Revenga
Zael
Villamayor de los Montes
Torrecilla del M.
Mecerreyes
Covarrubias
Mambrillas de Lara
Jaramillo de la Fuente
Villaespasa
Cascajares de la S.
Mata Lagarto
S.ta Cecilia
Tordómar
Terreros
Hortigüela
Mecerreyes
Sierra de la Demanda
Reserva Nacional
Coto Nacional
Sierra de Oña
Montes Obarenes
Sierra de Cantabria
Montes de Oca
Sierra de Arkamo
Sierra Salvada
Río Ebro
Río Arlanzón
Río Oca
Río Tirón
Río Oja
Río Nela
Río Trueba
Río Jerea
Río Omecillo
Río Urbel
Río Ubierna
Río Homino
Río Rudrón
Río Sobrón
Desfiladero de Pancorbo
AP 1
AP 68
N 232
N 623
N 627
N 120
N 1
N 234
A 1
E 5
E 80
E 804
CL 629
BU 502
BU 504
BU 514

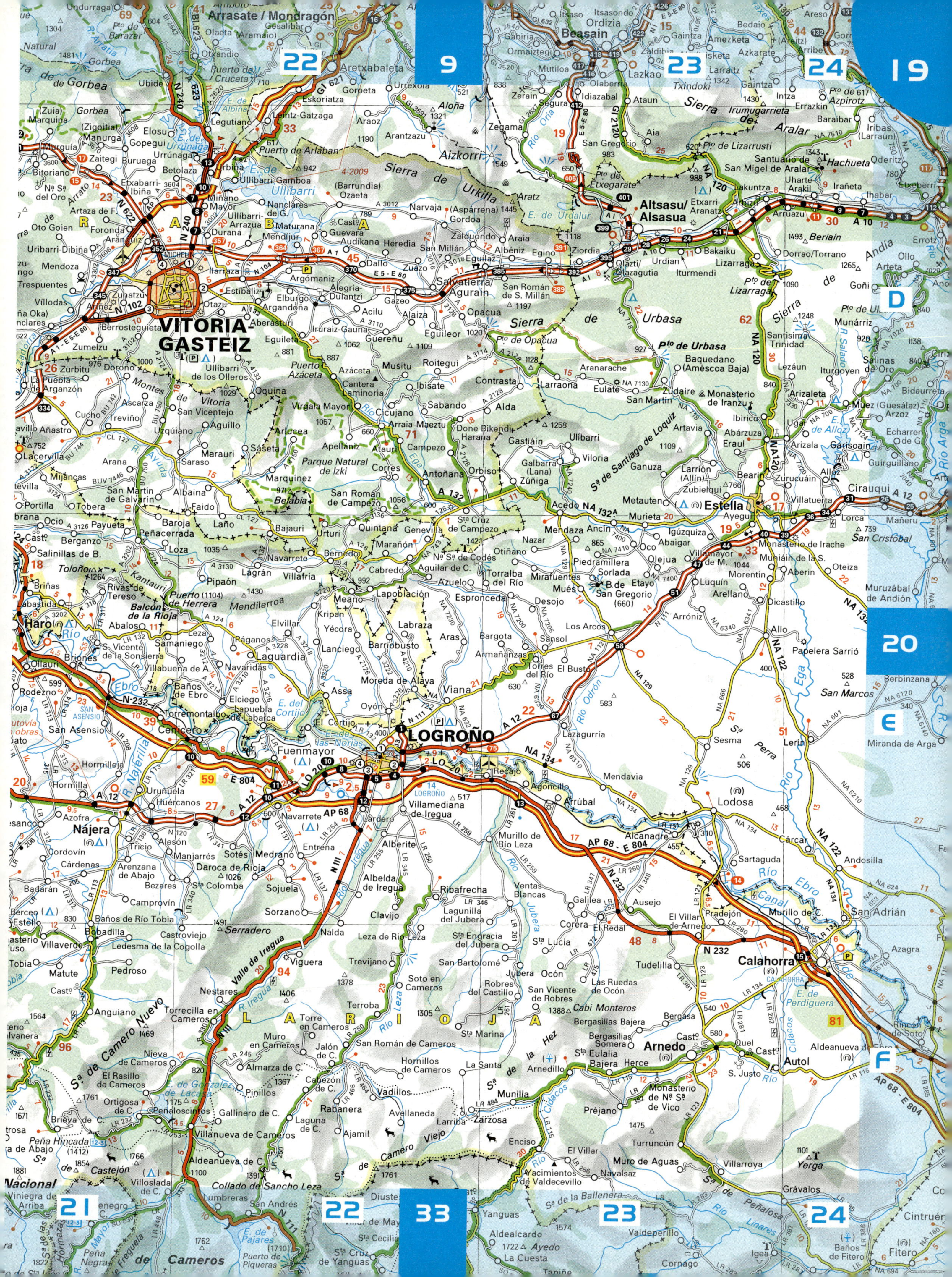

9
19
20
33
22
23
24
21
D
E
F
Arrasate / Mondragón
Beasain
Ordizia
Altsasu/ Alsasua
VITORIA-GASTEIZ
Estella
LOGROÑO
Haro
Nájera
Calahorra
Arnedo
Lodosa
Viana
Laguardia
San Adrián
Sierra de Urkilla
Sierra de Aralar
Sierra de Urbasa
Sierra de Andía
Parque Natural de Izki
Sierra de Cantabria
L A R I O J A
Sª de Camero Nuevo
Sª de Camero Viejo
Sª de la Hez
Sª de Peñalosa
Ebro

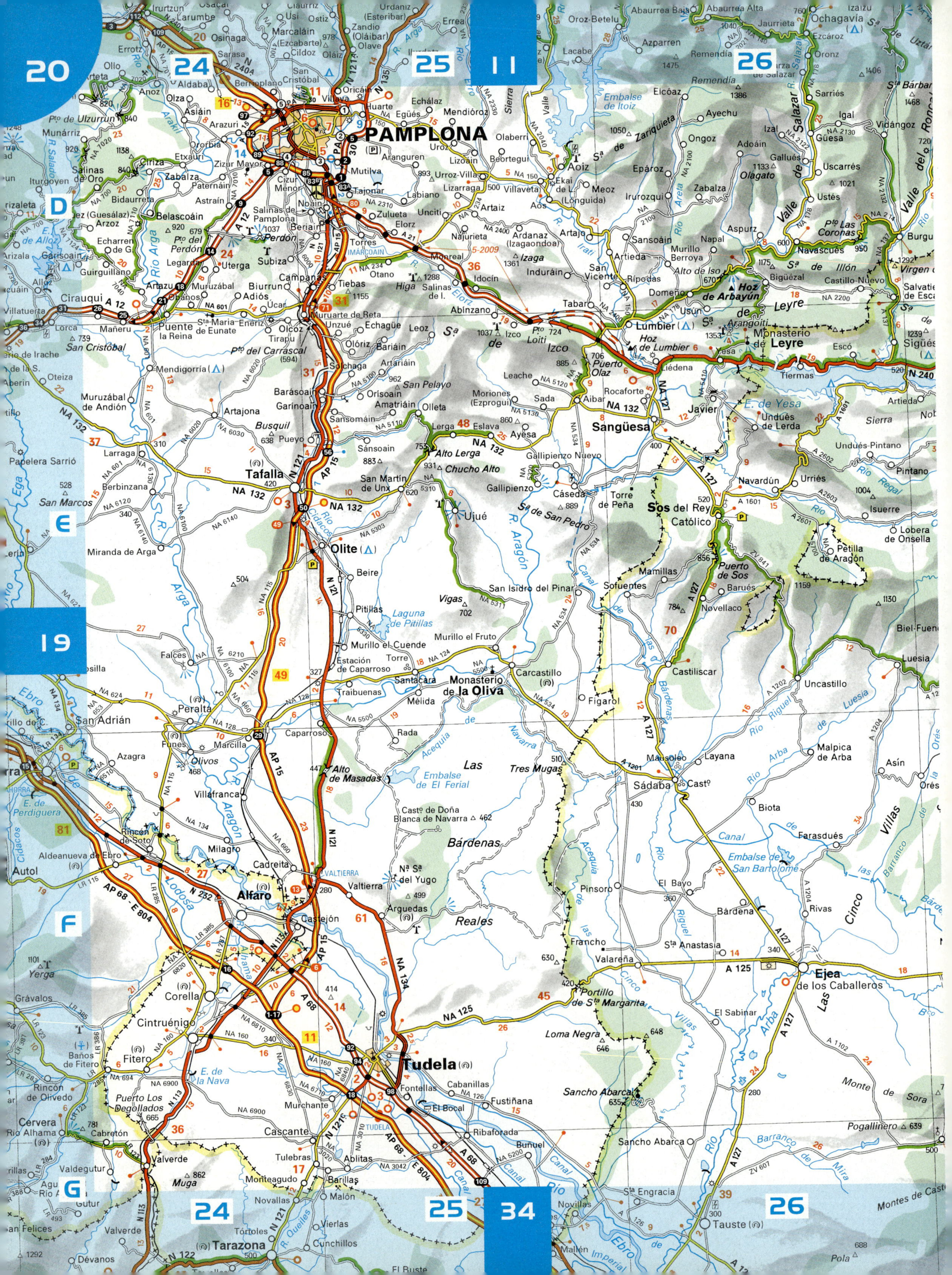

20
24
25
11
26
19
34
E
F
G
PAMPLONA
Huarte
Villava
Burlada
Mutilva
Noáin
Cizur Menor
Zizur Mayor
Salinas de Pamplona
Puente la Reina
Mañeru
Cirauqui
Lorca
Estella
Olite
Tafalla
Artajona
Barásoain
Garínoain
Pueyo
San Martín de Unx
Ujué
Beire
Pitillas
Laguna de Pitillas
Murillo el Cuende
Murillo el Fruto
Carcastillo
Monasterio de la Oliva
Mélida
Santacara
Caparroso
Marcilla
Funes
Peralta
San Adrián
Azagra
Milagro
Villafranca
Cadreita
Valtierra
Arguedas
Castejón
Alfaro
Rincón de Soto
Aldeanueva de Ebro
Autol
Corella
Cintruénigo
Fitero
Cervera Río Alhama
Cascante
Murchante
Tudela
Fontellas
Cabanillas
Fustiñana
Ribaforada
Buñuel
Cortes
Ablitas
Tulebras
Monteagudo
Barillas
Novallas
Malón
Tarazona
Vierlas
Tórtoles
Cunchillos
Valverde
Muga
Las Bárdenas Reales
Embalse de El Ferial
Tres Mugas
Loma Negra
Sancho Abarca
Portillo de Sta Margarita
Ejea de los Caballeros
Tauste
Sta Engracia
Pinsoro
El Bayo
Bárdena
Valareña
Sta Anastasia
El Sabinar
Farasdués
Biota
Sádaba
Layana
Castiliscar
Uncastillo
Luesia
Biel-Fuencalderas
Sos del Rey Católico
Navardún
Urriés
Isuerre
Lobera de Onsella
Petilla de Aragón
Sangüesa
Javier
Liédena
Lumbier
Aoiz
Monasterio de Leyre
Yesa
E. de Yesa
Undués de Lerda
Sierra de Leyre
Sierra de Illón
Navascués
Burgui
Ochagavía
Jaurrieta
Abaurrea Alta
Abaurrea Baja
Oroz-Betelu
Valle de Salazar
Embalse de Itoiz
Izco
Monreal
Idocín
Sierra de Alaiz
Echagüe
Olóriz
Orísoain
Sada
Eslava
Lerga
Gallipienzo
Cáseda
Aibar
Rocaforte
Leache
Moriones
Ayesa
Alto Lerga
Chucho Alto
San Isidro del Pinar
Vigas
Caparroso
Falces
Miranda de Arga
Larraga
Berbinzana
Mendigorría
Obanos
Adiós
Úcar
Biurrun
Tiebas
Campanas
Muruarte de Reta
Puerto del Perdón
San Cristóbal
A 12
A 15
A 21
A 68
AP 15
AP 68
N 121
N 232
NA 132
NA 134
NA 125
A 127
A 125
E 804

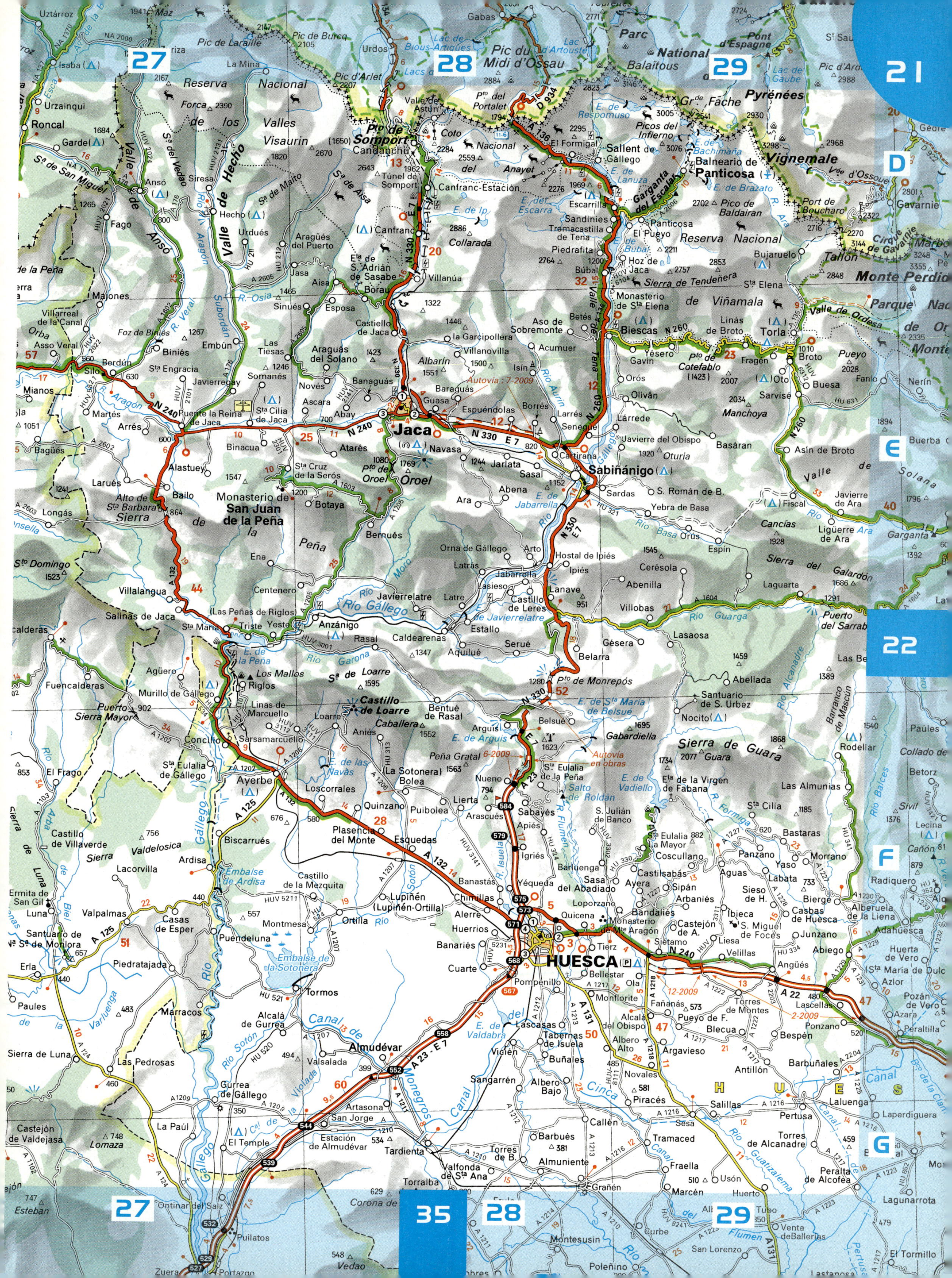

21
22
27
28
29
35
D
E
F
G
Pic du Midi d'Ossau
Parc National
Pyrénées
Vignemale
Reserva Nacional
Valles
Visaurin
Valle de Hecho
Valle de Ansó
Pto de Somport
Candanchú
Canfranc-Estación
Canfranc
Villanúa
Sallent de Gállego
Balneario de Panticosa
Panticosa
Biescas
Reserva Nacional
Sierra de Tendeñera
Monte Perdido
Parque Nac
Valle de Ordesa
Torla
Broto
Jaca
Sabiñánigo
Oroel
Monasterio de San Juan de la Peña
Sierra de la Peña
Puente la Reina de Jaca
Berdún
Hecho
Ansó
Fago
Roncal
Mianos
Bailo
Villalangua
Salinas de Jaca
Anzánigo
Rio Gállego
Los Mallos
Riglos
Castillo de Loarre
Caballera
Sierra de Loarre
Pto de Monrepós
Sierra de Guara
Nocito
Ayerbe
Biscarrués
Embalse de Ardisa
Ardisa
Embalse de la Sotonera
Tormos
Almudévar
Gurrea de Gállego
Valpalmas
Luna
Sierra de Luna
HUESCA
Quicena
Monflorite
Tierz
Siétamo
Angüés
Barbuñales
Laluenga
Grañén
Tardienta
Montesusín
Zuera
Canal de Monegros
Canal del Cinca
HUESCA
Autovía en obras

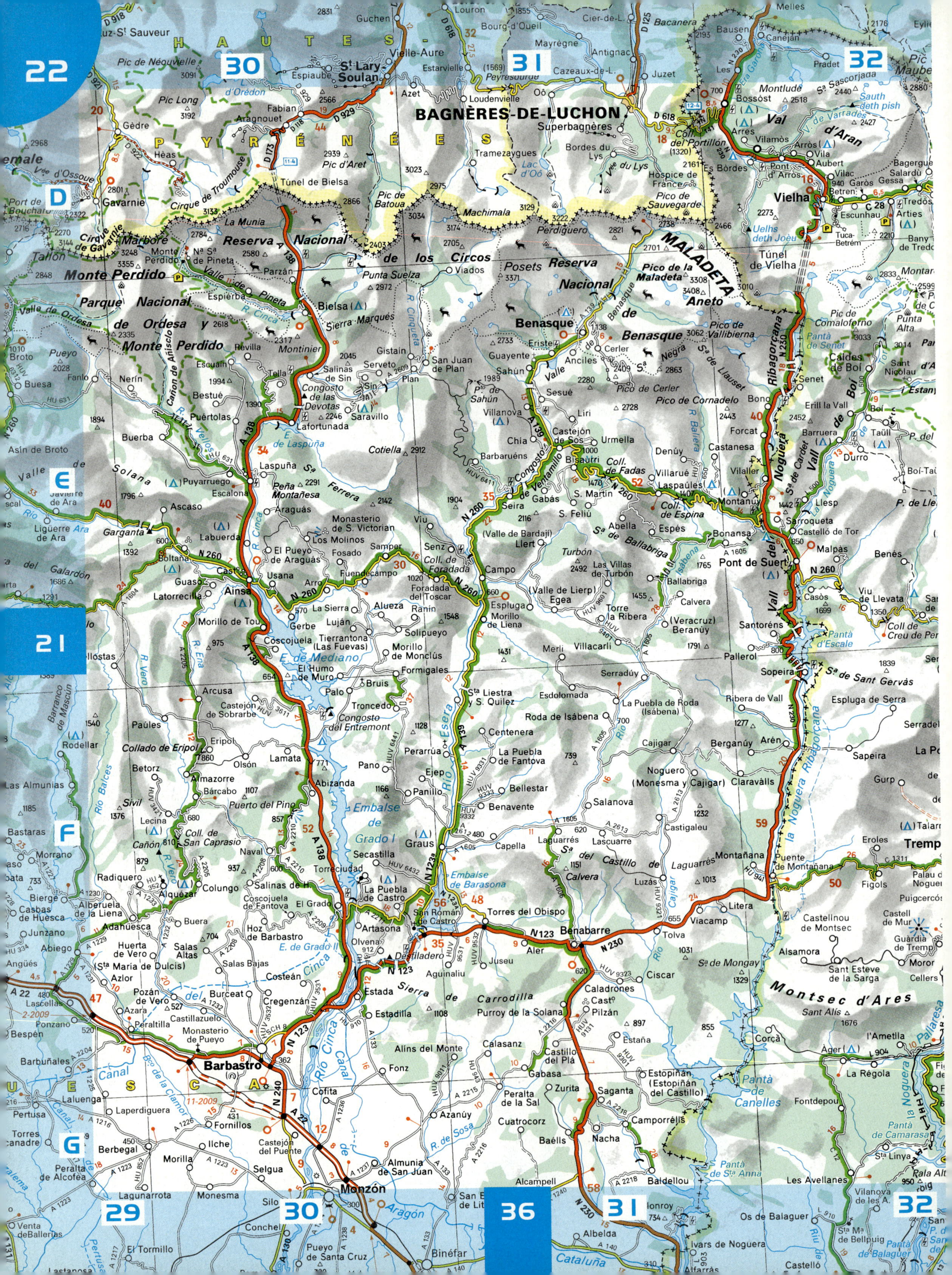
30
31
32
21
29
30
36
31
32
D
E
F
G
HAUTES-PYRÉNÉES
BAGNÈRES-DE-LUCHON
Superbagnères
St Lary-Soulan
Vielle-Aure
Gavarnie
Gèdre
Cirque de Gavarnie
Cirque de Troumouse
Túnel de Bielsa
Pic de Néouvielle
Pic Long
Pic d'Aret
Pic de Batoua
Machimala
Perdiguero
Pico de Sauvegarde
MALADETA
Pico de la Maladeta
Aneto
Pico de Vallibierna
Val d'Aran
Vielha
Túnel de Vielha
Bossòst
Les
Arres
Vilamòs
Arròs
Vila
Aubert
Betren
Escunhau
Garòs
Gessa
Salardú
Tredòs
Arties
Monte Perdido
Parque Nacional de Ordesa y Monte Perdido
Reserva Nacional de los Circos
Posets
Reserva Nacional de Benasque
Benasque
Cerler
Anciles
Eriste
Sahún
Guayente
Bielsa
Parzán
Espierba
Sierra Marqués
Salinas de Sin
Gistain
Plan
San Juan de Plan
Saravillo
Lafortunada
Congosto de las Devotas
Tella
Escuaín
Nerín
Fanlo
Buesa
Broto
Puértolas
Bestué
Valle de Laspuña
Laspuña
Escalona
Peña Montañesa
Araguás
Monasterio de S. Victorián
Los Molinos
El Pueyo de Araguás
Ainsa
Boltaña
Labuerda
Guaso
Latorrecilla
Morillo de Tou
Coscojuela
Embalse de Mediano
El Humo de Muro
Arcusa
Castejón de Sobrarbe
Paúles
Rodellar
Collado de Eripol
Olsón
Lamata
Abizanda
Barcalo
Puerto del Pino
Naval
Torreciudad
Embalse de Grado I
Secastilla
Graus
La Puebla de Castro
Artasona
San Román de Castro
Embalse de Barasona
Olvena
Estada
Estadilla
Sierra de Carrodilla
Torres del Obispo
Benabarre
Aler
Capella
Laguarrés
Lascuarre
Sª del Castillo de Laguarrés
Calvera
Luzás
Tolva
Viacamp
Litera
Puente de Montañana
Montañana
Sª de Mongay
Montsec d'Ares
Barbastro
Monzón
Castejón del Puente
Selgua
Almunia de San Juan
Ilche
Fornillos
Berbegal
Peralta de Alcofea
Laluenga
Pertusa
Lagunarrota
Monesma
Binéfar
Albelda
Alcampell
Baldellou
Camporrélls
Nacha
Baells
Saganta
Zurita
Castillo del Plá
Gabasa
Peralta de la Sal
Azanúy
Calasanz
Purroy de la Solana
Caladrones
Pilzán
Estaña
Estopiñán (Estopiñán del Castillo)
Pantà de Canelles
Fontdepou
Ager
Sant Alís
Corçà
Castellnou de Montsec
Sant Esteve de la Sarga
Alsamora
Figols
Tremp
Eroles
Pont de Suert
Vall de Boí
Caldes de Boí
Senet
Vilaller
Bonansa
Sopeira
Pantà d'Escales
Sª de Sant Gervàs
Espluga de Serra
Sapeira
Arén
Berganúy
Claravalls
Noguero (Monesma y Cajigar)
Cajigar
Castigaleu
Salanova
La Puebla de Roda (Isábena)
Roda de Isábena
Esdolomada
Serraduy
Villacarli
Merli
Torre la Ribera
Turbón
Egea
Coll. de Espina
Espés
Abella
Laspaúles
Bisaurri
Coll. de Fadas
Castejón de Sos
Chía
Villanova
Seira
Barbaruens
Campo
Espluga
Morillo de Liena
Foradada del Toscar
Coll. de Foradada
Santa Liestra y S. Quilez
Centenera
La Puebla de Fantova
Perarrúa
Bellestar
Benavente
Ejep
Panillo
Pano
Palo
Bruis
Troncedo
Congosto del Entremont
Formigales
Morillo de Monclús
Tierrantona (Las Fuevas)
Luján
Gerbe
La Sierra
Alueza
Solipueyo
Usana
Fosado
Samper
Fuendecampo
Lecina
Coll. de San Caprasio
Colungo
Alquézar
Radiquero
Salinas de Hoz
Buera
Salas Altas
Salas Bajas
Hoz de Barbastro
Costeán
Burceat
Cregenzán
Pozán de Vero
Huerta de Vero
Azara
Azlor
Abiego
Adahuesca
Alberuela de la Liena
Bierge
Casbas de Huesca
Junzano
Angüés
Lascellas
Ponzano
Bespén
Barbuñales
Laperdiguera
Morilla
Conchel
Pueyo de Santa Cruz
El Tormillo
Venta de Ballerías
Ivars de Noguera
Os de Balaguer
Les Avellanes
Vilanova de les A.
Castelló
Cataluña
Aragón
Río Cinca
Canal
Esera
N 260
N 123
N 230
N 240
A 138
A 22
C 28
HUESCA

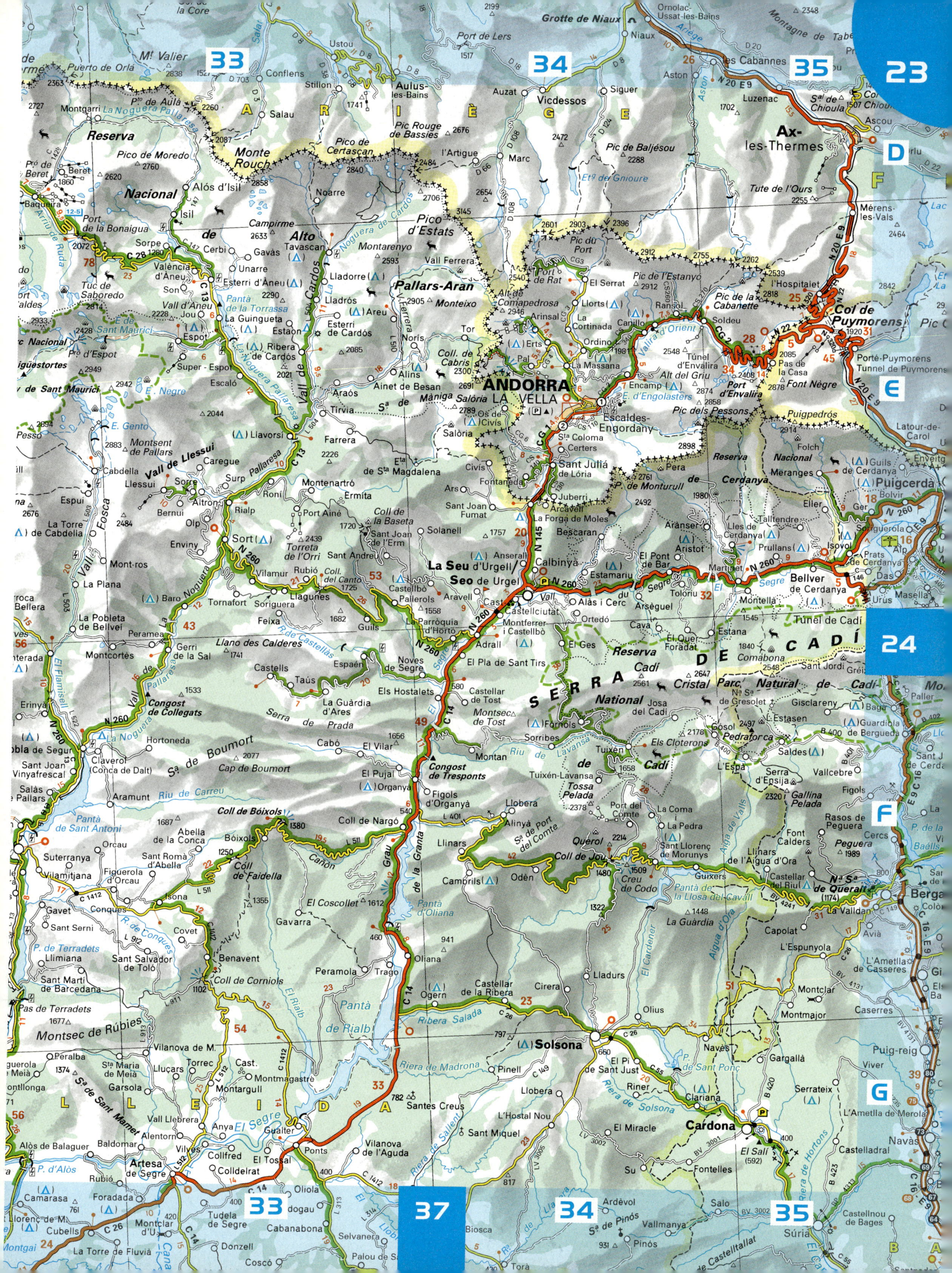
33
34
35
24
37
D
E
F
G
Mt Valier
Puerto de Orlà
Pto de Aulà
Montgarri
Reserva
Nacional
de
Alto
Pallars-Aran
Pico de Moredo
Monte Rouch
Pico de Certascan
Pic Rouge de Bassiès
Grotte de Niaux
Port de Lers
Aulus-les-Bains
Ustou
Conflens
Salau
Stillon
Auzat
Vicdessos
Siguer
Marc
l'Artigue
Pic de Baljésou
Etg de Gnioure
Ornolac-Ussat-les-Bains
Niaux
Aston
les Cabannes
Luzenac
Ax-les-Thermes
Tute de l'Ours
Mérens-les-Vals
l'Hospitalet
Col de Puymorens
Porté-Puymorens
Tunnel de Puymorens
Font Nègre
Puigpedrós
Latour-de-Carol
Pic de la Cabanette
Soldeu
Canillo
Pic de l'Estanyo
Ransol
Pic du Port
Port de Rat
El Serrat
Llorts
Arinsal
Alt de Comapedrosa
La Cortinada
Ordino
Erts
Pal
La Massana
ANDORRA LA VELLA
Escaldes-Engordany
Encamp
Túnel d'Envalira
Alt del Griu
Port d'Envalira
Pas de la Casa
Pic dels Pessons
E. d'Engolasters
Sta Coloma
Certers
Sant Julià de Lòria
Aixovall
Fontaneda
Juberri
Arcavell
La Farga de Moles
Bescaran
Pic de Monturull
Reserva Nacional de Cerdanya
Folch
Meranges
Guils de Cerdanya
Puigcerdà
Bolvir
Ger
Eller
Talltendre
Lles de Cerdanya
Aránser
Aristot
Prullans
Isòvol
Prats de Cerdanya
Bellver de Cerdanya
Martinet
Montellà
Túnel de Cadí
Urús
Estana
Cava
El Querforadat
Comabona
Sant Jordi
SERRA DE CADÍ
Parc Natural de Cadí
Reserva Nacional de Cadí
Cristal
Josa del Cadí
Gisclareny
Bagà
Guardiola de Berguedà
Gósol
Pedraforca
L'Estasen
Saldes
Vallcebre
L'Espà
Serra d'Ensija
Gallina Pelada
Figols
Rasos de Peguera
Peguera
Cercs
Pantà de la Baells
Llinars de l'Aigua d'Ora
Castellar del Riu
Nª Sª de Queralt
Berga
Guixers
Pantà de la Llosa del Cavall
La Guàrdia
Capolat
L'Espunyola
Avià
L'Ametlla de Casseres
Montclar
Montmajor
Caserres
Puig-reig
Viver
Serrateix
L'Ametlla de Merola
Navàs
Castelladral
Gargallà
Navès
P. de Sant Ponç
Clariana
Cardona
El Sall
Fontelles
Castellnou de Bages
Súria
Salo
Vallmanya
Pinós
Ardèvol
Sª de Pinós
Riner
El Miracle
Riera de Solsona
El Pi de Sant Just
Solsona
Olius
Lladurs
Cirera
Llobera
Pinell
L'Hostal Nou
Sant Miquel
Santes Creus
Vilanova de l'Aguda
Biosca
Torà
Ponts
Tossal
Gualter
Anya
El Segre
Montargull
Montmagastre
Torrec
Vilanova de M.
Lluçars
Garsola
Sta Maria de Meià
Sª de Sant Mamet
Vall Llebrera
Alentorn
Baldomar
Vilves
Collfred
Colldelrat
Artesa de Segre
Alòs de Balaguer
P. d'Alòs
Rubió
Foradada
Camarasa
Montclar d'Urgell
Cubells
Tudela de Segre
Cabanabona
Oliola
Donzell
Coscó
La Torre de Fluvià
Selvanera
Palou de Sanaüja
Montsec de Rúbies
Pas de Terradets
P. de Terradets
Llimiana
Sant Martí de Barcedana
Sant Salvador de Toló
Benavent
Coll de Comiols
Pantà de Rialb
Peramola
Tragó
Oliana
Pantà d'Oliana
Ogern
Castellar de la Ribera
Ribera Salada
Coll de Jou
Creu de Codó
Queròl
Sant Llorenç de Morunys
La Pedra
La Coma
Port del Comte
Sª de Port del Comte
Llinars
Odèn
Cambrils
Alinyà
Llobera
Tossa Pelada
Tuixén
Tuixén-Lavansa
Els Cloterons
Fórnols
Sorribes
Montan
Riu de Lavansa
Montsec de Tost
Castellar de Tost
Congost de Tresponts
Figols d'Organyà
Organyà
El Pujal
El Vilar
Coll de Nargó
El Coscollet
Gavarra
Sant Romà d'Abella
Coll de Faidella
Cañon
Bóixols
Coll de Bóixols
Abella de la Conca
Isona
Conques
Figuerola d'Orcau
Vilamitjana
Suterranya
Orcau
Gavet
Sant Serni
Covet
Pantà de Sant Antoni
Aramunt
Riu de Carreu
Cap de Boumort
Sª de Boumort
Hortoneda
Claverol
Conca de Dalt
Sant Joan Vinyafrescal
Salàs de Pallars
La Pobla de Segur
Congost de Collegats
Serra de Prada
Cabó
La Guàrdia d'Ares
Taús
Castells
Espaén
Els Hostalets
Noves de Segre
El Pla de Sant Tirs
Adrall
Montferrer i Castellbò
Castellciutat
La Seu d'Urgell / Seo de Urgel
Vall
Alàs i Cerc
Ortedó
Arsèguel
Toloriu
Estamariu
Calbinyà
Anserall
Solanell
El Pont de Bar
La Parròquia d'Hortò
Pallerols
Castellbò
Aravell
Guils
Feixa
Llagunes
Sorìguera
Tornafort
Vilamur
Sort
Rubió
Coll del Canto
Torreta de l'Orri
Sant Andreu
Sant Joan de l'Erm
Coll de la Baseta
Port Ainé
Ermita
Montenartró
Rialp
Altron
Olp
Enviny
Roní
Surp
Caregue
Sorre
Llessui
Vall de Llessui
Bernui
Baro
Llano de las Calderes
Gerri de la Sal
Peramea
Montcortès
La Pobleta de Bellveí
La Plana
Mont-ros
Vall Fosca
La Torre de Cabdella
Espui
Cabdella
Montsent de Pallars
Pesso
E. Gento
Llavorsí
Farrera
Tírvia
Araós
Ainet de Besan
Alins
Coll. de Cabris
Salòria
Civis
Ars
Sant Joan Fumat
Eta de Sta Magdalena
Màniga
Esterri de Cardós
Ribera de Cardós
Lladrós
Areu
Norís
Tor
Monteixo
Vall Ferrera
Montarenyo
Lladorre
Tavascan
Gavàs
Unarre
Esterri d'Àneu
Cerbi
València d'Àneu
Son
Jou
La Guingueta
Estaon
Espot
Super - Espot
Escaló
Pantà de la Torrassa
Vall d'Àneu
Tuc de Saboredo
Sorpe
Isil
Alós d'Isil
Port de la Bonaigua
Baqueira
Beret
Pº de Beret
Noarre
Pico d'Estats
Campirme
Aigüestortes
Sant Maurici
E. Negre
Pº d'Espot
E. de Sant Maurici
Nacional
Noguera Pallaresa
Vall de Cardós
Riera de Madrona
Riera de Salada

24
35
36
37
23
38
D
E
F
G
FRANCE
PYRÉNÉES-ORIENTALES
GIRONA
BARCELONA
PERPIGNAN
Axat
Aunat
Niort-de-Sault
Comus
Espezel
Montfort-s-Boulzane
Roquefort-de-Sault
Col d'Aussières
Col de Jau
Sournia
Ansignan
Latour-de-France
Estagel
Baixas
Montalba-le-Château
Ille-s-Têt
Millas
Pézilla-la-Rivière
Toulouges
Thuir
Bouleternère
Vinça
Mosset
Molitg-les-Bains
Prades
Ria-Sirach
Nohèdes
Villefranche-de-Conflent
Abbe St Michel-de-Cuxa
Boule-d'Amont
Col Fourtou
Fourques
Llauro
La Bastide
Taulis
Vernet-les-Bains
Abbe de St Martin
Pic du Canigou
Ras del Prat Cabrera
Sahorre
Olette
Ayguatébia
Fontpédrouse
Mont-Louis
Amélie-les-Bains-Palalda
Céret
Corsavy
Arles-s-Tech
Montalba-d'Amélie
Pic de Fontfrède
Roc de Frausa
Les Salines
Maçanet de Cabrenys
Prats-de-Mollo-la Preste
La Preste
Serralongue
St Laurent-de-Cerdans
Coustouges
Tapis
Lamanère
La Muga
Col d'Ares
Costabona
Mantet
Pic Redoun
Portella de Mantet
Bastiments
Vallter 2000
Collado de Pal
Ulldeter
Espinavell
Molló
Camprodon
Rocabruna
Beget
Albanyà
Bassegoda
Sant Aniol
Sadernes-Sant Grau
Mare de Déu del Mont
Sales de Llierca
Tortellà
Beuda
Montagut i Oix
Oix
Argelaguer
Castellfollit de la Roca
Sant Jaume de Llierca
Besalú
Begudà
Sant Julià del Mont
El Torn
El Sallent
Sant Miquel de Campmajor
Porqueres
Banyoles
Mieres
Falgons
Sant Aniol de Finestres
Pujarnol
Rocacorba
Sant Martí de Llémena
Canet d'Adri
Amer
El Pasteral
Bonmatí
Anglès
La Cellera de Ter
Sant Gregori
Osor
Sant Martí Sapresa
Brunyola
Sant Hilari Sacalm
Castanyet
Vilobí d'Onyar
Santa Coloma de Farners
Mare de Déu de Farners
Sant Pere Cercada
L'Esparra
Riudarenes
Arbúcies
Sant Feliu de Buixalleu
Massanes
Hostalric
Riells
Montseny
Matagalls
Turó de l'Home
Col de Revell
Viladrau
Espinelves
Sant Sadurní d'Osormort
Vilanova de Sau
Pantà de Sau
Pantà de Susqueda
Tavertet
Rupit
El Far
Sant Martí Sacalm
Cantonigròs
Pruit
La Salut
Sant Feliu de Pallerols
Les Planes d'Hostoles
Hostalets d'en Bas
Les Preses
Olot
Batet
Parc Natural de la Zona Volcànica de la Garrotxa
El Mallol
Riudaura
Coll de Canes
Sant Privat d'en Bas
Puigsacalm
Joanetes
Sant Joan les Fonts
La Canya
Capsec
Sant Salvador de B.
Coll de Capsacosta
Sant Pau de Segúries
Vall del Bianya
Sant Pere Despuig
Coll de Sentigosa
Sant Joan de les Abadesses
Ogassa
Sant Martí de Surroca
Llanars
Vilallonga de Ter
Setcases
Tregurà de Dalt
Reserva Nacional de Freser i Setcases
Balandrau
Núria
Coma de Vaca
Queralbs
Pardines
Ribes de Freser
Campelles
Bruguera
Planoles
Toses
Collada de Toses
La Molina
Super Molina
Alp
Das
Urús
Tosa d'Alp
Coll de Pal
Bagà
Gisclareny
Guardiola de Berguedà
Moixeró
Castellar de n'Hug
Gombrèn
La Pobla de Lillet
Coll de Merolla
Campdevànol
Ripoll
Sant Bernabé de les Tenes
Vallfogona de Ripollès
Sant Jaume de Frontanyà
Castell de l'Areny
Palmerola
Les Llosses
Borredà
Sant Julià de Cerdanyola
Vallcebre
Figols
La Nou
Vilada
Sant Quirze de Pedret
La Quar
Berga
Cercs
Peguera
Queralt
Vallcebre
Avià
Olvan
Gironella
Casserres
L'Espunyola
Montclar
Montmajor
Puig-reig
Viver
Serrateix
L'Ametlla de Merola
Gaià
Navàs
Castelladral
Balsareny
Avinyó
Sta Maria d'Oló
L'Estany
Súria
Castellnou de Bages
Artés
Moià
Santa Eulàlia de Riuprimer
Muntanyola
Tona
Seva
Taradell
Malla
Sta Eugènia de Berga
Vilalleons
Vic
Calldetenes
Gurb
Sentfores
Folgueroles
Tavèrnoles
Manlleu
Roda de Ter
Torelló
Sant Vicenç de T.
Sant Pere de T.
Les Masies de Voltregà
Sant Hipòlit de Voltregà
Sant Bartomeu del Grau
Olost
Prats de Lluçanès
Perafita
Sant Boi de Lluçanès
Sobremunt
Sant Agustí de Lluçanès
Lluçà
Sta Eulàlia de Puig-oriol
Sant Quirze de Besora
Montesquiu
Sta Maria de Besora
Sora
Alpens
Vidrà
Mare de Déu de les Alades
Sant Maurici
Sagàs
Sta Maria de Merlès
Puigcerdà
Bourg-Madame
Llívia
Saillagouse
Err
Llo
Osséja
Puigmal
Valcebollère
Vilallobent
Age
Guils de Cerdanya
Bolvir
Queixans
Urtx
Isòvol
Prats
Bellver de Cerdanya
Enveitg
Latour-de-Carol
Porté-Puymorens
Col de Puymorens
Pic Carlit
Font-Romeu
Odeillo
Targassonne
Dorres
Col de la Perche
Planès
Formiguères
Les Angles
Matemale
Col de la Quillane
La Llagonne
Pic Peric
Quérigut
Lac de Naguilles
Mérens-les-Vals
Orlu
Ascou
Mijanès
Col du Pradel
Madrès
Pla Guillem
Collada de Toses
Santa Cecília de V.

GOLFE
DU
LION
Côte Vermeille
COSTA BRAVA
38
39
40
E
F
G
St Laurent-de-la-Salanque
Pia
Bompas
Ste Marie
Canet-en-Roussillon
Canet-Plage
Cabestany
Étg de Canet et de St Nazaire
Saleilles
Alénya
St Cyprien-Plage
St Cyprien
Pollestres
Canohès
Bages
Elne
Tech
Argelès-s-Mer
Argelès-Plage
Brouilla
St Génis-des-Fontaines
St André
Sorède
Port-Vendres
Cap Béar
Collioure
Laroque
Le Boulou
St Martin-de-Fenollar
Albères
Tour Madeloc
Pic de Sallfort
Banyuls-s-Mer
Pic Neulos
Col de l'Ouillat
Pic des Trois Termes
Le Perthus
Coll del Pertús
Coll de Banyuls
Coll de Belistres
Cerbère
Cap Cerbère
Portbou
Colera
Cap de Ras
El Port de Llançà
Cantallops
La Jonquera
Les Illas
La Vajol
Agullana
Darnius
Espolla
Capmany
Sant Climent Sescebes
Rabós
Vilamaniscle
Llançà
Masarac
Mollet
Garriguella
Biure
Boadella d'Empordà
Pont de Molins
Cabanes
Peralada
Vilajuïga
Monestir de S. Pere de Rodes
La Selva de Mar
El Port de la Selva
Cap Gros
Cap de Creus
Parc Natural del Cap de Creus
I. de Portlligat
Cadaqués
Sant Salvador
Palau-saverdera
Pau
Pedret
Marzà
Terrades
Llers
Vilarig
Vilabertran
Mas Busca
Cistella
Figueres
Aqua Brava
Roses
Ciutadella
Puig rom
Pta de sa Figuera
Cap de Norfeu
Badia de Montjoi
Lladó
Vilanant
Avinyonet
Vilafant
Vila-sacra
Castelló d'Empúries
Empuriabrava
Punta Falconera
Fortià
Borrassà
Vilamalla
Riumors
Parc Natural dels Aiguamolls de l'Empordà
Golf de Roses
Navata
Ordis
Siurana
Vilamacolum
Sant Pere Pescador
Torroella de Fluvià
L'Armentera
Queixàs
Pontós
Garrigàs
Sant Miquel de Fluvià
El Fluvià
Crespià
Orfes
Bàscara
Ventalló
Empúries
L'Escala
Galliners
Fontcoberta
Vilademuls
Vilaür
Saus
Viladamat
Punta Grossa
Montgó
Banyoles
Camallera i Llampaies
Albons
Cap d'Oltrera
Cornellà del Terri
Orriols
Viladasens
Colomers
La Tallada d'Empordà
Bellcaire d'Empordà
L'Estartit
Cap de la Barra
Illes Medes
Montgrí
Cervià
Sant Jordi Desvalls
Jafre
Verges
Ullà
Flaçà
Medinyà
Bordils
Ter
Ultramort
Serra de Daró
Torroella de Montgrí
Sant Joan de Mollet
Foixà
Gualta
Fontanilles
Platja de la Fonollera
Celrà
S. Martí Vell
La Pera
Púbol
Rupià
Parlavà
Ciutat ibèrica
Girona
Taialà
Sarrià de Ter
Madremanya
Ullastret
Palau-sator
Fontclara
Els Masos
Sa Riera
Aiguafreda
Sa Tuna
Begur
Cap de Begur
Corçà
Sant Feliu de Boada
Peratallada
Regencós
Fornells de Mar
Aiguablava
Aigua xellida
Salt
Mare de Déu dels Àngels
Montnegre
Monells
Cruïlles
Vulpellac
Torrent
Pals
Sant Sadurní de l'Heura
La Bisbal d'Empordà
Llofriu
Palafrugell
Tamariu
Llafranc
Cap de Sant Sebastià
S. Mateu
Quart
Sta Pellaia
Mont-ras
Vall-llobrega
Calella de Palafrugell
Cap Roig (Jardí botànic)
Les Gavarres
Aiguaviva
Fornells de la S.
Llambilles
Cassà de la Selva
Puig d'Arques
Calonge
Platja de la Fosca
Palamós
Riudellots de la S.
Sant Andreu Salou
Romanyà de la S.
El Mas Vilar
Sant Antoni de C.
Llagostera
Castell d'Aro
Platja d'Aro
Caldes de Malavella
Solius
Sta Cristina d'Aro
S'Agaró
Vidreres
Autovia en obras
Veïnat de S. Llorenç
Sant Grau
Puig de Cadiretes
Sant Feliu de Guíxols
Canyet de Mar
Cala Giverola

12
40
2
3
4
G
H
I
COSTA VERDE
Valença do Minho
Tui
A Guarda
Citania de Sta Tegra
Caminha
Praia de Moledo
Moledo do Minho
Vila Praia de Âncora
Âncora
Praia de Afife
Afife
Montedor
Arga de São João
Serra de Arga
Ponte de Lima
Paredes de Coura
Viana do Castelo
Praia do Cabedelo
Darque
Amorosa
Castelo do Neiva
Barcelos
BRAGA
Praia de Suave Mar
Esposende
Praia de Ofir
Apúlia
Aguçadoura
Praia de Sto André
A Ver-o-Mar
Póvoa de Varzim
Vila do Conde
Azurara
Praia da Árvore
Vila Nova de Famalicão
Trofa
Sto Tirso
Mindelo
Vila Chã
Labruge
Praia de Labruge
Praia de Agudela
Maia
Praia de Boa Nova
Leça da Palmeira
Matosinhos
Porto de Leixões
Foz do Douro
PORTO
Praia de Lavadores
Canidelo
Madalena
Valadares
Vila Nova de Gaia
Gondomar
Valongo
Miramar
Praia da Aguda
Granja
São Félix da Marinha
Espinho
Rio Minho
R. Lima
R. Cávado
R. Douro

13
27
28
41
5
6
7
G
H
I
Xinzo de Limia
Verín
Chaves
Vila Pouca de Aguiar
Vidago
Boticas
Montalegre
Vila Real
Peso da Régua
Mesão Frio
Amarante
Guimarães
Fafe
Cabeceiras de Basto
Celorico de Basto
Mondim de Basto
Felgueiras
Lousada
Penafiel
Marco de Canaveses
Baião
Resende
Lamego
Alijó
Murça
Sabrosa
Mateus
Vieira do Minho
Póvoa de Lanhoso
Caldelas
Ponte da Barca
Arcos de Valdevez
Lindoso
Castro Laboreiro
Melgaço
Cualedro
Sarreaus
Serra da Peneda
Parque Nacional
Serra do Gerês
Serra da Peneda - Gerês
Serra da Cabreira
Serra do Barroso
Serra do Alvão
Serra do Marão
Serra da Padrela
Parque Natural do Alvão
Bgem do Alto Rabagão
Bgem de Venda Nova
Bgem de Paradela
Bgem do Alto Lindoso
Embalse de Salas
R. Cávado
R. Tâmega
R. Douro
R. Corgo
A 24 - IP 3
A 7 - IC 5 - E 805
A 4 - IP 4
A 11
IP 9
N 103
N 206
N 2
N 15
E 801
E 82
A 52
Cinfães
Castelo de Paiva
Santa Marta de Penaguião
Vila Seca
Tabuaço

7
8
14
9
G
H
I
27
42
Verín
Chaves
Bragança
Macedo de Cavaleiros
Mirandela
Puebla de Sanabria
Vinhais
Valpaços
Murça
Vila Flor
Carrazeda de Ansiães
Tua
Torre de Moncorvo
Alfândega da Fé
Mogadouro
Vimioso
Parque Natural de Montesinho
Serra da Coroa
Serra de Nogueira
Serra de Bornes
Serra de Mogadouro
Lago de Sanabria
Valle de Sanabria
Alto do Canizo (1085)
Portilla de la Canda
Alto de Fumaces
Sª de Peñas Libres
Peña Nofre
Serra de Vilarelhos
Castrelo do Val
Vilardevós
Lubián
Padornelo
Calabor
Rio de Onor
Rebordelo
Vale de Salgueiro
Vilarinho das Azenhas
Vila Verde da Raia
Rio Tua
Rio Sabor
Rio Douro
Rio Azibo
Rio Rabaçal
Rio Tuela
Embalse de Saucelle
E. de Aldeadávila
Aldeadávila de la Ribera
Freixo de Espada à Cinta
Vila Nova de Foz Côa
S. João da Pesqueira
Pocinho
Lagoaça
Castelo Branco
Sendim da Ribeira
Azinhoso
Izeda
Santulhão
Quintanilha
Rio Frio
Pinela
Sortes
Salsas
Podence
Grijó
Cortiços
Vale de Asnes
Frechas
Cachão
Abreiro
Samões
Lodões
Nozelos
Gouveia
Larinho
Felgar
Souto da Velha
Carviçais
Reboredo
Mós
Felgueiras
Estevais
Cardanha
Horta da Vilariça
Mourão
Seixo de Manhoses
Lousa
Foz do Sabor
Cabeça Boa
Rego da Barca
Sª da Ribeira
Bgem de Valeira
Linhares
Ansiães
Pombal
Amieiro
Alijó
Favaios
Sanfins do Douro
Pegarinhos
Noura
Candedo
Palheiros
Franco
Lamas de Orelhão
Marmelos
Cedães
Carvalhais
Romeu
Avantos
Vale de Couço
Carrapatas
Castelãos
Vilar do Monte
Olmos
Balsemão
Lombo
Chacim
Ladainho
Gebelim
Soeima
Sambade
Vales
Vale Pereiro
Saldonha
Remondes
Soutelo
Brunhoso
Salgueiro
Paradela
Figueira
Zava
Valverde
Meirinhos
Vilarinho dos Galegos
Bruçó
Peredo
Urrós
Mazouco
Fornos
Nª Sª da Serra
Rebordainhos
Sª Comba de Rossas
Quintela de Lampaças
Sendas
Macedo do Mato
Vinhas
Baguelxe
Salselas
Valdrez
Bgem de Azibo
Lamas de Podence
Edroso
Sezulfe
Abambres
Mascarenhas
Múrias
Brinço
Rogodeiro
Vilares
Ferreira
Arcas
Espadanedo
Torre de D. Chama
Fradizela
Vilarinho de Agrochão
Agrochão
Lamalonga
Erverdosa
Vale das Fontes
São Pedro Velho
Possacos
Vassal
Ervões
Fornos do Pinhal
Vilarandelo
Sá
Stª Valha
Tinhela
Sonim
Soutilha
Alvarelhos
Aveledas
Bobadela
Nozelos
Lebução
Fiães
Bouçoães
Pedome
Tronco
Águas Frias
Sanfins
São Jomil
Dadim
Paradela
Mairos
Travancas
Sto António de Monforte
Stº Estêvão
Outeiro Seco
Bustelo
Sanjurge
Soutelo
Vale de Anta
Curalha
Nantes
Carvela
São Lourenço
Lagarelhos
Nogueira da Montanha
Moreiras
Santiago de Ribeira de Alhariz
Serapicos
Matosinhos
Loivos
Argemil
Algeriz
Carrazedo de Montenegro
Stª Maria de Émeres
Águas Reves e Castro
Rio Torto
Veiga de Lila
Canaveses
Curros
Penabeice
Jou
São Pedro de Veiga de Lila
Valongo de Milhais
Salgueiros
Pai Torto
Suçães
Passos
Golfeiras
Vilar de Ledra
Vila Verdinho
Vale Benfeito
Bornes
Burga
Caravelas
São Salvador
S. Pedro
Vale Verde
Barcel
Freixeda
Trindade
Ribeirinha
Vale Frechoso
Vilas Boas
Codeçais
Pereiros
Pinhal do Norte
Freixiel
Carvalho de Egas
Mogo de Ansiães
Zedes
Amedo
Fonte Longa
Vale de Torno
Besteiros
Vilarinho da Castanheira
Castedo
Seixo de Ansiães
Sampaio
Nabo
Eucisia
Bgem do Salgueiro
Vilarelhos
Sta Comba de Vilariça
Sendim da Serra
Cerejais
Ferradosa
Sardão
Parada
Picões
Sabor
Vilar Chão
Castro Vicente
Vale da Madre
Santiago
Vila de Ala
Peso
S. Martinho do Peso
Castanheira
Pena Róia
Variz
Macedo do Peso
Sampaio
Lagoa
Morais
Talhas
Junqueira
Algoso
Matela
Gralhos
Calvelhe
Carção
Paradinha Nova
Argozelo
Coelhoso
São Bartolomeu
Outeiro
Paradinha
Parada
Paredes
Pinela
Grijó de Parada
Freixedelo
Failde
São Pedro de Serracenos
Alfaião
Samil
São Bartolomeu
Gimonde
Babe
Rabal
Meixedo
Baçal
França
Portelo
Aveleda
Varge
Guadramil
Carragosa
Donai
Castrelos
Conlelas
Castro de Avelãs
Gostei
Nogueira
Carrazedo
Zoio
Rebordãos
Mós
Lanção
Soutelo Mourisco
Celas
Mêlhe
Moz de Celas
Eiras Maiores
Penhas Juntas
Vilar de Peregrinos
Edrosa
Nunes
Ouzilhão
Vila Boa de Ousilhão
Vila Verde
Soeira
Espinhosela
Vilarinho
Parâmio
Fresulfe
Mofreita
Montouto
Travanca
Paçô
Sobreiro de Cima
Vilar de Ossos
Tuizelo
Santalha
Seixas
Gestosa
Quirás
Sandim
Edral
Espinhoso
Vilar da Lomba
Curopos
Vale de Janeiro
Moimenta
Manzalvos
Pinheiro Novo
Cisterna
Esculqueira
Cádavos
San Ciprián
Hermisende
La Tejera
Castrelos
Castromil
Tameirón
A Mezquita
Pereiro
Vilavella
Pentes
A Barxa
San Lorenzo
Ríos
Progo
Castrelo de Abajo
Soutochao
Atrave
Vilar Seco de Lomba
Segirei
São Vicente
Florderrei
Arzádigos
Vilar de Cervos
Cabreiroá
Oimbra
Villaza
Medeiros
Albarellos
Monterrei
Queirogás
San Cristobo
Gondulfes
Vences
Nocedo do Val
Servoi
Piornedo
Vendas da Barreira
Fontefría
Laza
Portocamba
Campobecerros
Cerdedelo
Retorta
Tamaguelos
Mandín
Rabal
Lama de Arcos
Feces de Abaixo
Vilarelho da Raia
San Cibrau
Vilela Seca
Rio Frio
Requejo
Pedralba de la Pradería
Ungilde
Robledo
Stª Cruz de Abranes
Montesinho
Galende
Quintana
Sotillo de S.
Barrio de Lomba
Cobreros
Pías
Villanueva de la Sierra
Las Hedradas
Hedroso
Esta de Vilarin
Gudiña
Pixeiros
Estación de Castrelo
Mazouco
Cerezal de Peñahorcada
La Zarza de Pumareda
Masueco
Cabeza del Caballo
Vilvestre
Valsalabroso
Milano
Mieza
Fiolhoso
Ribalonga
Vila Chã
Chã
Carlão
Franzilhal
S. Lourenço
Granja
S. Mamede de Ribatua
Vilarinho de Cotas
Soutelo do D.
Erverdosa do D.
Nagozelo do Douro
Castanheiro do Sul
Várzea de Trevões
Trevões
Valongo dos Azeites
Vilarouco
Vale de Figueira
Olas
Custóias
Numão
Seixas
Murça
Mós
Perèdo dos Castelhanos
Freixo
Tavora
Paredes
Carvalhoso
IP 4
E 82
IP 2
E 802
A 52
N 103
N 206
N 213
N 15
N 315
N 216
N 217
N 219
N 220
N 221
N 218
N 308
N 316
N 102
N 214
N 215
N 2
N 532
N 525

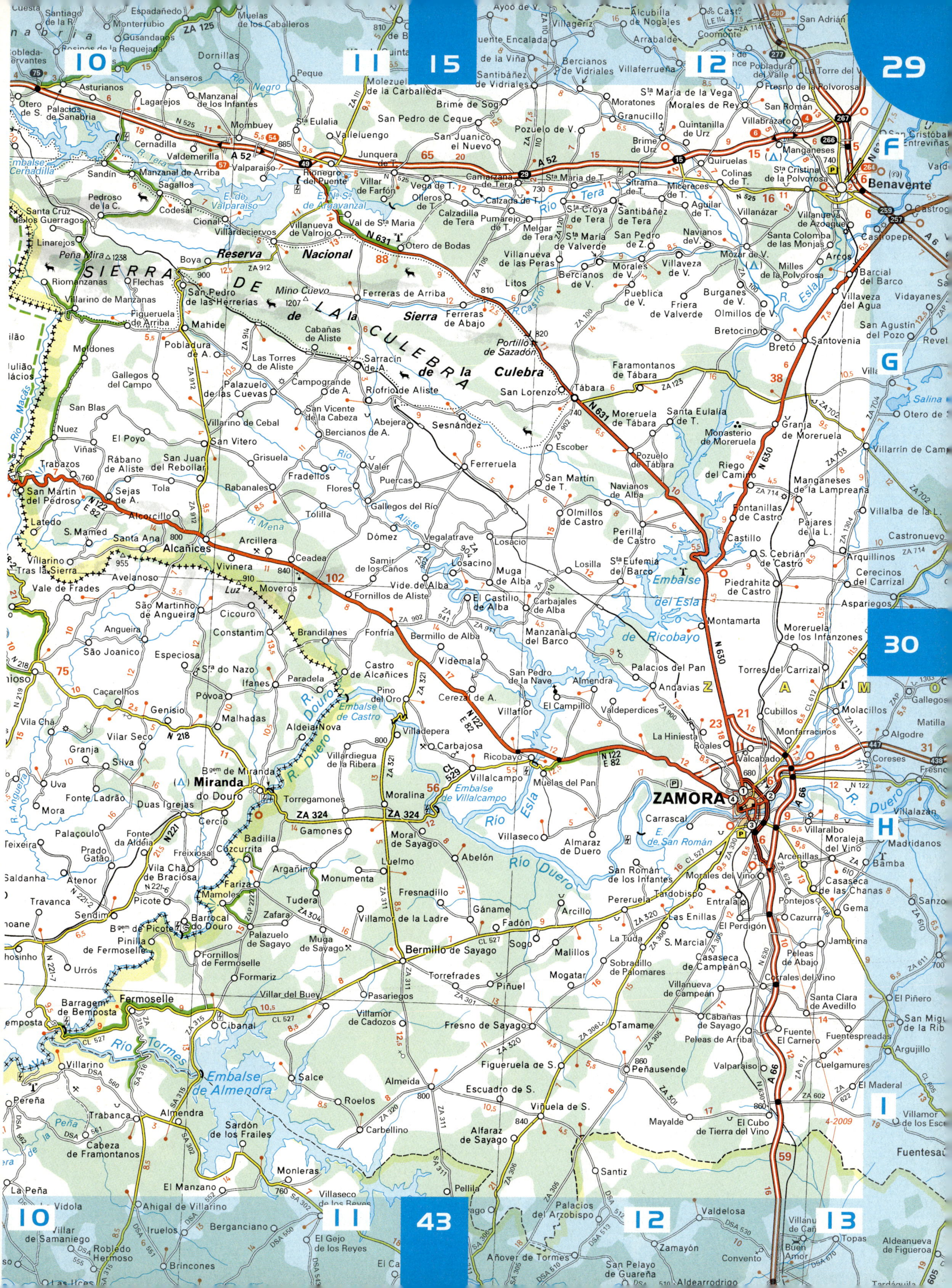
15
29
30
43
10
11
12
13
F
G
H
I
Benavente
ZAMORA
Miranda do Douro
Alcañices
Fermoselle
Bermillo de Sayago
Tábara
Puebla de Sanabria
SIERRA DE LA CULEBRA
Reserva Nacional de la Sierra de la Culebra
Embalse del Esla
Embalse de Ricobayo
Embalse de Almendra
Embalse de Castro
Embalse de Villalcampo
Río Duero
Río Esla
Río Tera
Río Tormes
Río Aliste
R. Douro
A 52
A 66
A 6
N 631
N 630
N 122
N 525
Santovenia
Morales de Rey
Camarzana de Tera
Villanueva de Azoague
Moreruela de Tábara
Granja de Moreruela
Fontanillas de Castro
Montamarta
Andavías
Ricobayo
Villalcampo
Muelas del Pan
Carbajales de Alba
Losacio
San Vitero
Mahide
Ferreras de Abajo
Villardeciervos
Rionegro del Puente
Mombuey
Otero de Bodas
Sta Croya de Tera
Villaveza del Agua
Barcial del Barco
Coreses
Villaralbo
Moraleja del Vino
Casaseca de las Chanas
Arcenillas
Peleas de Abajo
Corrales del Vino
Fuentespreadas
El Cubo de Tierra del Vino
Tamame
Peñausende
Fresno de Sayago
Moral de Sayago
Torregamones
Villadepera
Pino del Oro
Fonfría
Trabazos
Moldones
Viñas
Gallegos del Río
Vegalatrave
Fornillos de Aliste
Videmala
Villaseco
Almaraz de Duero
Carrascal
Pereruela
Mayalde
Almeida
Vinuela de S.
Fariza
Badilla
Luelmo
Fadón
Sogo
Torrefrades
Salce
Monleras
Sardón de los Frailes
Villarino
Pereña
Trabanca
Almendra
Cabeza de Framontanos
Ahigal de Villarino
Zamayón
Topas
Palacios del Arzobispo
Vila Chã de Braciosa
Constantim
Cicouro
Genisio
São Martinho de Angueira
Sendim
Picote
Mogadouro
4-2009

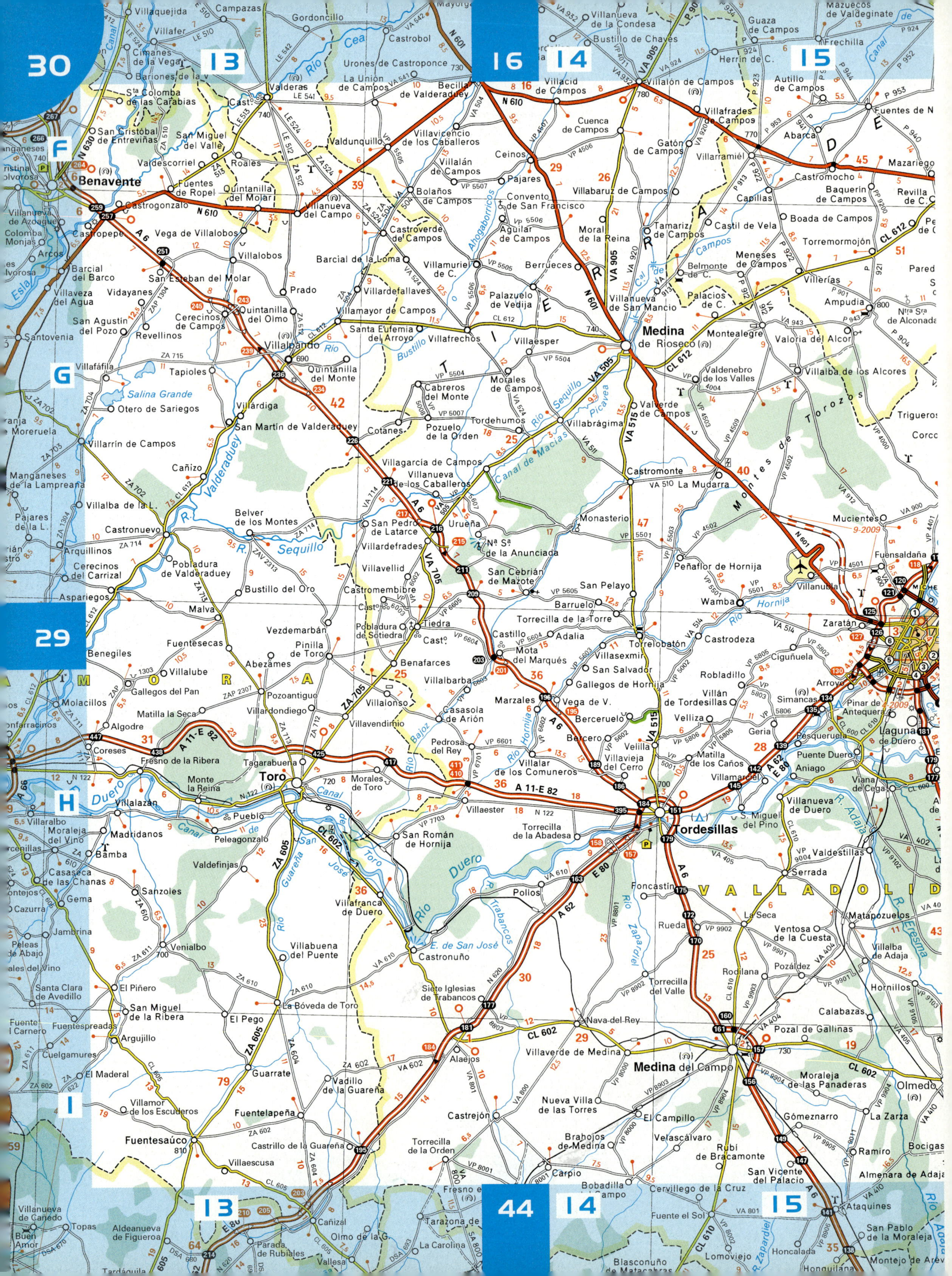
30
13
16
14
15
29
44
F
G
H
I
Benavente
Villaquejida
Campazas
Gordoncillo
Castrobol
Mayorga
Villafer
Cimanes de la Vega
Bariones de la V.
Urones de Castroponce
La Unión de Campos
Becilla de Valderaduey
Valderas
Sta Colomba de las Carabias
San Cristóbal de Entreviñas
San Miguel del Valle
Valdescorriel
Roales
Fuentes de Ropel
Quintanilla del Molar
Castrogonzalo
Castropepe
Villanueva del Campo
Valdunquillo
Villavicencio de los Caballeros
Villalán de Campos
Bolaños de Campos
Castroverde de Campos
Vega de Villalobos
Villalobos
San Esteban del Molar
Barcial del Barco
Villaveza del Agua
Vidayanes
Santovenia
San Agustín del Pozo
Revellinos
Cerecinos de Campos
Quintanilla del Olmo
Villalpando
Prado
Barcial de la Loma
Villardefallaves
Villamayor de Campos
Santa Eufemia del Arroyo
Villafrechós
Villamuriel de C.
Palazuelo de Vedija
Berrueces
Aguilar de Campos
Convento de San Francisco
Pajares
Ceinos
Villacid de Campos
Cuenca de Campos
Villalón de Campos
Villanueva de la Condesa
Bustillo de Chaves
Herrín de C.
Guaza de Campos
Mazuecos de Valdeginate
Frechilla
Autillo de Campos
Fuentes de N.
Villafrades de Campos
Abarca
Gatón de Campos
Villarramiel
Castromocho
Mazariego
Baquerín de Campos
Revilla de C.
Capillas
Boada de Campos
Torremormojón
Castil de Vela
Meneses de Campos
Belmonte de C.
Villerías
Ampudia
Palacios de C.
Tamariz de Campos
Villabaruz de Campos
Moral de la Reina
Villanueva de San Mancio
Medina de Rioseco
Montealegre
Valoria del Alcor
Ntra. Sra. de Alconada
Valdenebro de los Valles
Villalba de los Alcores
Trigueros
Montes de Torozos
Valverde de Campos
Villabrágima
Villaesper
Morales de Campos
Cabreros del Monte
Pozuelo de la Orden
Tordehumos
Cotanes
Villafáfila
Tapioles
Quintanilla del Monte
Salina Grande
Otero de Sariegos
Villárdiga
San Martín de Valderaduey
Villarrín de Campos
Moreruela
Manganeses de la Lampreana
Cañizo
Villalba de la L.
Pajares de la L.
Castronuevo
Arquillinos
Cerecinos del Carrizal
Aspariegos
Belver de los Montes
Pobladura de Valderaduey
Bustillo del Oro
Malva
Villagarcía de Campos
Villanueva de los Caballeros
San Pedro de Latarce
Villardefrades
Urueña
Nª Sª de la Anunciada
Villavellid
Castromembibre
Castrodeza
Castromonte
La Mudarra
Monasterio
Mucientes
Fuensaldaña
Peñaflor de Hornija
Wamba
Villanubla
Zaratán
San Cebrián de Mazote
San Pelayo
Barruelo
Torrecilla de la Torre
Torrelobatón
Tiedra
Pobladura de Sotiedra
Castillo
Adalia
Mota del Marqués
Villasexmir
San Salvador
Gallegos de Hornija
Benafarces
Villalbarba
Vezdemarbán
Pinilla de Toro
Fuentesecas
Abezames
Benegiles
Villalube
Gallegos del Pan
Molacillos
Matilla la Seca
Algodre
Pozoantiguo
Villardondiego
Villalonso
Casasola de Arión
Villavendimio
Marzales
Vega de V.
Berceruelo
Bercero
Velilla
Villavieja del Cerro
Robladillo
Villán de Tordesillas
Ciguñuela
Simancas
Arroyo
Pinar de Antequera
Laguna de Duero
Velliza
Geria
Matilla de los Caños
Pesquerueala
Puente Duero
Aniago
Villamarciel
Viana de Cega
Coreses
Fresno de la Ribera
Tagarabuena
Monte la Reina
Toro
Morales de Toro
Pedrosa del Rey
Villalar de los Comuneros
Villaester
Torrecilla de la Abadesa
Tordesillas
S. Miguel del Pino
Villanueva de Duero
Valdestillas
Villalazán
Villaralbo
Moraleja del Vino
Madridanos
Bamba
Pueblo
Peleagonzalo
San Román de Hornija
Valdefinjas
Casaseca de las Chanas
Sanzoles
Gema
Cazurra
Jambrina
Peleas de Abajo
Venialbo
Villafranca de Duero
Pollos
Foncastín
Serrada
Rueda
La Seca
Ventosa de la Cuesta
Matapozuelos
Villabuena del Puente
Castronuño
E. de San José
Siete Iglesias de Trabancos
Torrecilla del Valle
Rodilana
Pozáldez
Villalba de Adaja
Hornillos
Santa Clara de Avedillo
El Piñero
San Miguel de la Ribera
La Bóveda de Toro
El Pego
Nava del Rey
Calabazas
Pozal de Gallinas
Fuentespreadas
Argujillo
Cuelgamures
Villaverde de Medina
Medina del Campo
El Maderal
Guarrate
Vadillo de la Guareña
Alaejos
Moraleja de las Panaderas
Olmedo
Villamor de los Escuderos
Fuentelapeña
Castrejón
Nueva Villa de las Torres
El Campillo
Gomeznarro
La Zarza
Fuentesaúco
Castrillo de la Guareña
Torrecilla de la Orden
Brahojos de Medina
Velascálvaro
Rubí de Bracamonte
Ramiro
Bocigas
Villaescusa
Carpio
Bobadilla del Campo
San Vicente del Palacio
Almenara de Adaja
Cervillego de la Cruz
Ataquines
Villanueva de Cañedo
Topas
Aldeanueva de Figueroa
Cañizal
Parada de Rubiales
Olmo de la G.
Tarazona de
La Carolina
Fuente el Sol
Lomoviejo
Honcalada
San Pablo de la Moraleja
Montejo de Arév.
Blasconuño de Matacabras
Vallesa
Tardáguila
Fresno el
Buen Amor
Rio Duero
Rio Sequillo
Rio Valderaduey
Canal de Macías Picavea
Rio Bajoz
Rio Hornija
Rio Guareña
Rio Trabancos
Rio Zapardiel
Rio Adaja
Rio Eresma
Rio Cea
Rio Esla
Canal de Castilla
T I E R R A  D E  C A M P O S
Z A M O R A
V A L L A D O L I D
A 6
A 62
A 11-E 82
E 80
N 601
N 610
N 620
N 122
CL 612
CL 602
CL 605
9-2009

31
32
16
17
17
18
45
16
17
18
F
G
H
I
Paredes de Nava
Ribas de C.
Monzón de Campos
Valdespina
Palacios del Alcor
Villamedianilla
Villaverde-Mogina
Villodrigo
Belbimbre
Villafuerte
Revenga
Ciadoncha
Sta María de Mahamud
Becerril de Campos
Husillos
Fuentes de Valdepero
Villajimena
Cordovilla la Real
Quintana del Puente
Palenzuela
Valles de Palenzuela
Zael
Villamayor de los Montes
Villaumbrales
Cascón de la Nava
Grijota
Villamartín de Campos
Mirador de Tierra de Campos
Valdeolmillos
Villalobón
Villamediana
Torquemada
Herrera de Valdecañas
Villahán
Peral de Arlanza
Concejera
Cobos de Cerrato
Tabanera de Cerrato
Villahoz
Terreros
Tordómar
Torrepadre
Ruyales del Agua
Paules del A.
Lerma
PALENCIA
Autilla del Pino
Hornillos de Cerrato
Valdecañas de Campos
Royuela de Río Franco
Pinedillo
Avellanosa de Muñó
Torrecitores
Iglesiarrubia
Quintanilla de la Mata
Rabé de los E.
Magaz
Reinoso de Cerrato
Villaviudas
Ermita de Nª Sª de Garón
Espinosa de Cerrato
Casa Grande
Villamuriel de Cerrato
Soto de C.
Venta de Baños
Baños de Cerrato
Hontoria de Cerrato
Baltanás
Antigüedad
Villafruela
Fontioso
Pineda-Tr.
Tariego de Cerrato
Dueñas
Valle de Cerrato
Greda
Convento de San Pelayo
Cilleruelo de Abajo
Quintanilla de Trigueros
Cubillas de Sta Marta
Cevico de la Torre
Castrillo de Onielo
Villaconancio
Cevico Navero
Vertavillo
Alba de Cerrato
Hérmedes de Cerrato
Tórtoles de Esgueva
Torresandino
Cabañes de E.
Santibáñez de E.
Pinillos
Cubillas de Cerrato
Población de C.
Valoria la Buena
Granja Muedra
Villovela
Terradillos de E.
Castrillo de Don Juan
Olmedillo de Roa
Sotillo de la Ribera
Cigales
S. Martín de Valvení
Cabezón de Pisuerga
Esguevillas de Esgueva
Amusquillo
Castroverde de Cerrato
Torre de E.
Fombellida
Encinas de E.
Guzmán
Anguix
Gumiel de Mercado
Quintana del Pidio
La Aguilera
Piña de Esgueva
Villaco
Villafuerte
Canillas de E.
Quintanamanvirgo
La Horra
Villaescusa de Roa
Boada de R.
Villanueva de los Infantes
Santovenia de P.
Castrillo-Tejeriego
Piñel de Arriba
Pedrosa de Duero
Roa de Duero
Aranda de Duero
Villarmentero de E.
Castronuevo de Esgueva
Olmos de Esgueva
San Llorente
Berlangas de R.
Piñel de Abajo
Roturas
Corrales de Duero
Mambrilla de Castrejón
Renedo
Villavaquerín
Olivares de Duero
Valbuena de Duero
Pesquera de Duero
La Cueva de R.
Hoyales de R.
Castrillo de la Vega
San Bernardo de Valbuena
Curiel
Valdearcos
San Martín de R.
VALLADOLID
Villabáñez
Bocos
Nava de Roa
Fuentecén
Haza
La Cistérniga
Quintanilla de Onésimo
Sardón de Duero
Quintanilla de Arriba
Padilla de D.
Peñafiel
Fuentemolinos
Campillo de Aranda
Tudela de D.
Manzanillo
Langayo
Valdezate
Adrada de H.
Hontangas
Herrera de Duero
Traspinedo
Santibáñez de Valcorba
Aldeyuso
Olmos de P.
Castrillo de Duero
La Sequera de H.
Torregalindo
Boecillo
La Parrilla
Fompedraza
Torre de Peñafiel
Rábano
Cuevas de Provanco
Moradillo de Roa
Laguna de Duero
Aldeamayor de San Martín
Montemayor de Pililla
Aldealbar
Cogeces del Monte
Canalejas de P.
Fuentenebro
Aldehorno
Portillo
Arrabal de P.
Camporredondo
Torrescárcela
Campaspero
Laguna de Contreras
Sacramenia
Caserío San José
La Pedraja de Portillo
Aldea de San Miguel
Santiago del Arroyo
San Miguel del Arroyo
Bahabón
Viloria
Aldeasoña
Vivar de F.
Valtiendas
Adeanueva de la Serrezuela
Miliario del Caudil
Pradales
Mojados
Membibre de la Hoz
Calabazas
Fuentesoto
Torreadrada
Sierra de Pradales
Cogeces de Íscar
San Cristóbal de Cuéllar
Fuentes de Cuéllar
Moraleja de C.
Fuentidueña
Tejares
Castro de Fuentidueña
Castrojimeno
Navares de las Cuevas
Megeces
Vallelado
Cuéllar
Olombrada
Vegafría
Fuentesaúco de Fuentidueña
E. de las Vencías
Castroserracín
Navares de Enmedio
Navares de Ayuso
Alcazarén
Mata de Cuéllar
Perosillo
Fuentepiñel
San Miguel de Bernuy
Cobos de Fuentidueña
Pedrajas de S. Esteban
Íscar
Dehesa Mayor
Frumales
Adrados
Cozuelos de F.
Torrecilla del Pinar
Fuente el Olmo de Fuentidueña
Carrascal del Río
Valle de Tabladillo
Urueñas
Aldeonte
La Luz
Chañe
Arroyo de C.
Hontalbilla
Burgomillodo
Hinojosa del Cerro
Castrillo de S.
Remondo
Fresneda de Cuéllar
Campo de C.
Sanchonuño
Navalilla
San Frutos
Parque Natural del Río Duratón
Villaseca
Sepúlveda
Aguasal
Villaverde de Íscar
Narros de C.
Chatún
Gomezserracín
Lastras de Cuéllar
Ermita de Sta María
Fuenterrebollo
Sebúlcor
Villar de Sobrepeña
Llano de Olmedo
Fuente el Olmo de Íscar
Samboal
Pinarejos
Zarzuela del Pinar
El Pinar
Cantalejo
Aldeonsancho
Condado de Castilnovo
Villegüillo
Fuente Olmedo
Ciruelos de Coca
Y Mudrián
San Martín
SEGOVIA
Cabezuela
Valdesimonte
Aldealcorvo
Villafranca
F. de Santa Cruz
Coca
Fuentepelayo
Aguilafuente
San Pedro de Gaillos
Villagonzalo de Coca
Navas de Oro
Sauquillo de Cabezas
Veganzones
Puebla de P.
Castroser
La Matilla
Puras
Santiuste de San Juan Bautista
Nava de la Asunción
Eta de la Virgen del Castillo
Escalona del Prado
Turégano
Muñoveros
Arevalillo de Cega
Valleruela de P.
Valleruela de Sepúlveda
El Arenal (Orejana)
Orejanilla
Tolocirio
Pisuerga
Canal de Castilla
Esgueva
Duero
Río Cega
Eresma
Río Malucas
Pirón
Río Duratón
Río Riaza
Río Arlanza
Río Franco
Río Cogollos
Henar
Río Cubillo
Río Eresma
Campos
N 610
N 620
N 622
N 122
N 601
A 62
A 67
A 11
E 80
CL 615
CL 619
CL 601
CL 602
CL 603
SG 205
SG 223
VA 223

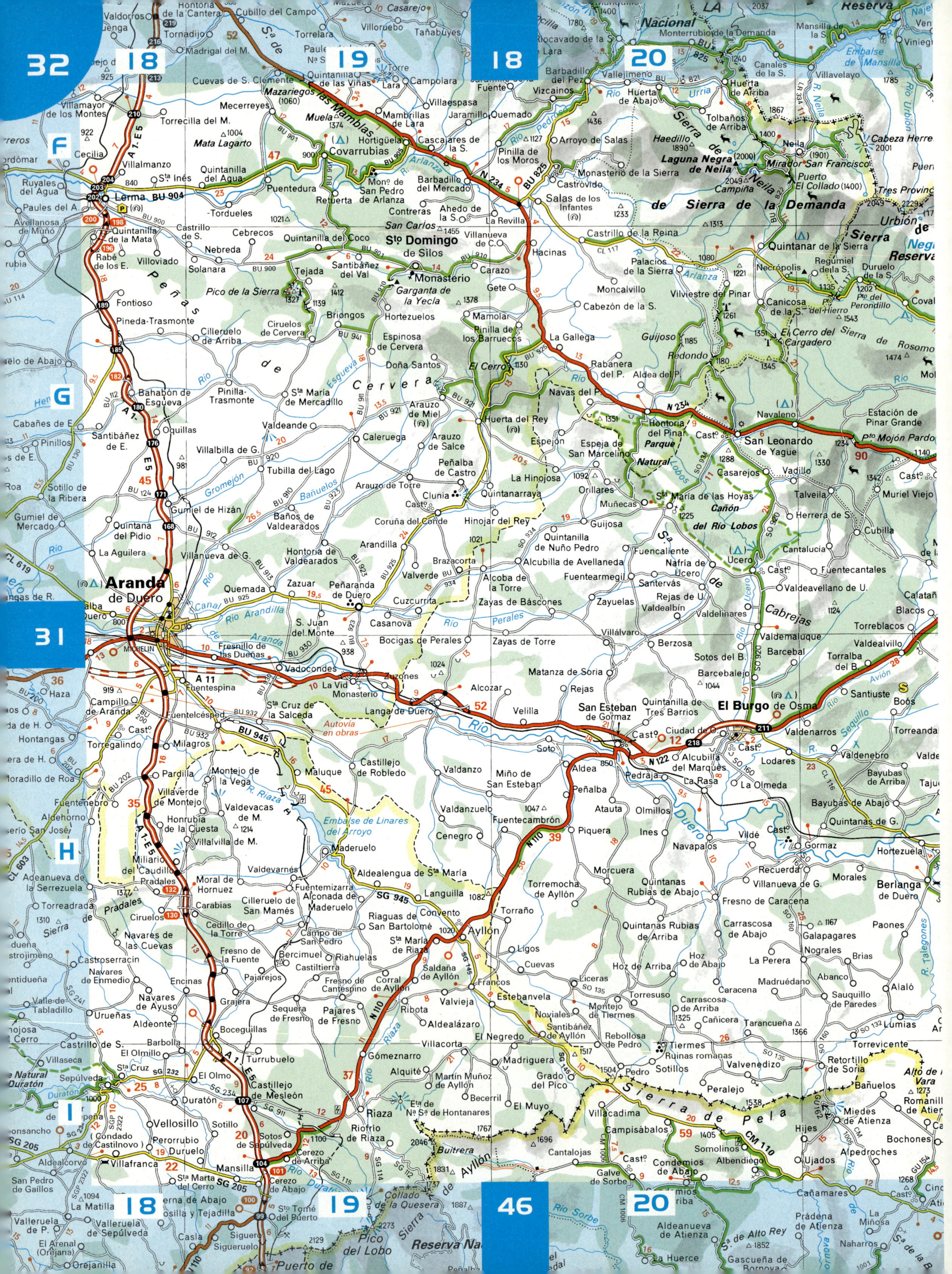
18
19
18
20
F
G
H
I
31
36
46
18
19
20
Lerma
Covarrubias
Sto Domingo de Silos
Monasterio
Garganta de la Yecla
Mazariegos
Las Mamblas
Muela
Mata Lagarto
Hortigüela
Cascajares de la S.
Barbadillo del Mercado
Barbadillo del Pez
Vizcaínos
Huerta de Abajo
Huerta de Arriba
Tolbaños de Arriba
Neila
Mirador San Francisco
Laguna Negra de Neila
Haedillo
Sierra de Neila
Sierra de la Demanda
Puerto El Collado (1400)
Tres Provincias
Urbión
Cabeza Herrera
Salas de los Infantes
Castrovido
Monasterio de la Sierra
Pinilla de los Moros
Arroyo de Salas
Contreras
San Carlos
Ahedo de la S.
La Revilla
Hacinas
Castrillo de la Reina
Quintanar de la Sierra
Regumiel de la S.
Duruelo de la S.
Palacios de la Sierra
Vilviestre del Pinar
Canicosa de la S.
El Cerro del Cargadero
Necrópolis
Moncalvillo
Cabezón de la S.
Carazo
Gete
Mamolar
Pinilla de los Barruecos
La Gallega
El Cerro
Rabanera del P.
Aldea del P.
Navas del P.
Guijoso
Hontoria del Pinar
Parque Natural
Navaleno
San Leonardo de Yagüe
Estación de Pinar Grande
Pto Mojón Pardo
Casarejos
Vadillo
Talveila
Muriel Viejo
Sta María de las Hoyas
Cañón del Río Lobos
Herrera de S.
Cubilla
Ucero
Cantalucía
Fuentecantales
Valdeavellano de U.
Calatañazor
Blacos
Torreblacos
Cabrejas
Valdemaluque
Barcebal
Torralba del B.
Valdealvillo
Sotos del B.
Barcebalejo
El Burgo de Osma
Ciudad de Osma
Santiuste
Boós
Valdenarros
Torreanda
Valdenebro
Bayubas de Arriba
Bayubas de Abajo
Quintanas de G.
Gormaz
Hortezuela
Berlanga de Duero
Recuerda
Villanueva de G.
Morales
Fresno de Caracena
Paones
Carrascosa de Abajo
Galapagares
Nograles
Brias
La Perera
Caracena
Madruédano
Abanco
Sauquillo de Paredes
Alaló
Tarancueña
Lumias
Torrevicente
Retortillo de Soria
Alto de Vara
Bañuelos
Romanillos de Atienza
Miedes de Atienza
Hijes
Bochones
Alpedroches
Ujados
Cañamares
Pradena de Atienza
Naharros
Albendiego
Somolinos
Condemios de Abajo
Campisábalos
Villacadima
Sierra de Pela
Galve de Sorbe
Cantalojas
Aldeanueva de Atienza
Gascueña de Bornova
La Huerce
Sa de Alto Rey
Tiermes
Ruinas romanas
Sotillos
Pedro
Valvenedizo
Peralejo
Carrascosa de Arriba
Cañicera
Rebollosa de Pedro
Montejo de Tiermes
Liceras
Torresuso
Hoz de Arriba
Hoz de Abajo
Quintanas Rubias de Arriba
Quintanas Rubias de Abajo
Morcuera
Torremocha de Ayllón
Ayllón
Languilla
Riaguas de San Bartolomé
Sta María de Riaza
Saldaña de Ayllón
Ligos
Cuevas
Francos
Estebanvela
Novales
Santibáñez de Ayllón
Grado del Pico
Madriguera
El Negredo
Villacorta
Valvieja
Aldealázaro
Ribota
Riaza
Riofrío de Riaza
Martín Muñoz de Ayllón
Becerril
El Muyo
Gómeznarro
Alquité
Cerezo de Arriba
Cerezo de Abajo
Sepúlveda
Castillejo de Mesleón
Sotos de Sepúlveda
Duratón
Sotillo
Mansilla
Villafranca
Perorrubio
Duruelo
Condado de Castilnovo
Vellosillo
Turrubuelo
Boceguillas
Barbolla
El Olmillo
Sta Cruz
El Olmo
Villaseca
Natural Duratón
Castrillo de S.
Urueñas
Aldeonte
Navares de Ayuso
Navares de Enmedio
Navares de las Cuevas
Castroserracín
Valle de Tabladillo
Encinas
Grajera
Pajarejos
Sequera de Fresno
Pajares de Fresno
Fresno de Cantespino
Corral de Ayllón
Bercimuel
Castiltierra
Riahuelas
Fresno de la Fuente
Cedillo de la Torre
Cilleruelo de San Mamés
Carabias
Campo de San Pedro
Fuentemizarra
Alconada de Maderuelo
Maderuelo
Aldealengua de Sta María
Embalse de Linares del Arroyo
Valdevarnés
Valdevacas de M.
Villalvilla de M.
Moral de Hornuez
Honrubia de la Cuesta
Miliario del Caudillo
Pradales
Ciruelos
Villaverde de Montejo
Montejo de la Vega
Maluque
Castillejo de Robledo
Fuentenebro
Aldehorno
Adeanueva de la Serrezuela
Torreadrada
Pardilla
Milagros
Fuentelcésped
Torregalindo
Campillo de Aranda
Haza
Hontangas
Fuentespina
Aranda de Duero
La Vid
Monasterio
Zuzones
Langa de Duero
Sta Cruz de la Salceda
Vadocondes
Fresnillo de las Dueñas
Autovía en obras
Alcozar
Velilla
San Esteban de Gormaz
Quintanilla de Tres Barrios
Soto
Aldea
Peñalba
Atauta
Pedraja
Olmillos
Ines
Navapalos
Vildé
Piquera
Fuentecambrón
Miño de San Esteban
Valdanzo
Valdanzuelo
Cenegro
Rejas
Matanza de Soria
Villálvaro
Berzosa
Zayas de Torre
Zayas de Báscones
Bocigas de Perales
Casanova
Cuzcurrita
Peñaranda de Duero
Zazuar
Quemada
S. Juan del Monte
Valverde
Brazacorta
Alcoba de la Torre
Alcubilla de Avellaneda
Fuentearmegil
Quintanilla de Nuño Pedro
Hinojar del Rey
Guijosa
Fuencaliente
Nafría de Ucero
Santervás
Rejas de U.
Valdealbín
Valdelinares
Zayuelas
Coruña del Conde
Clunia
Quintanarraya
Arauzo de Torre
Arauzo de Salce
Arauzo de Miel
Peñalba de Castro
Huerta del Rey
Espejón
Espeja de San Marcelino
La Hinojosa
Orillares
Muñecas
Arandilla
Hontoria de Valdearados
Baños de Valdearados
Caleruega
Valdeande
Tubilla del Lago
Villalbilla de G.
Sta María de Mercadillo
Pinilla-Trasmonte
Cilleruelo de Arriba
Ciruelos de Cervera
Briongos
Espinosa de Cervera
Doña Santos
Hortezuelos
Santibáñez del Val
Tejada
Pico de la Sierra
Peñas de Cervera
Nebreda
Solarana
Villoviado
Fontioso
Pineda-Trasmonte
Bahabón de Esgueva
Santibáñez de E.
Quintanilla de la Mata
Rabé de los E.
Castrillo de S.
Cebrecos
Quintanilla del Coco
Tordueles
Puentedura
Quintanilla del Agua
Retuerta
Sta Inés
Villalmanzo
Cecilia
Torrecilla del M.
Mecerreyes
Cuevas de S. Clemente
Quintanilla de las Viñas
Lara
Campolara
Villaespesa
Jaramillo Quemado
Mambrillas de Lara
Monº de San Pedro de Arlanza
Tornadijo
Madrigal del M.
Torrelara
Villoruebo
Tañabuyes
Casarejo
Cubillo del Campo
Hontoria de la Cantera
Valdorros
Villamayor de los Montes
Ruyales del Agua
Paules del A.
Avellanosa de Muñó
Oquillas
Sotillo de la Ribera
Gumiel de Hizán
Gumiel de Mercado
Quintana del Pidio
La Aguilera
Villanueva de G.
Vallejimeno
Monterrubio de la Demanda
Mansilla de la S.
Embalse de Mansilla
Villavelayo
Canales de la S.
Riocavado de la S.
Fuente
Valleruela de Pedraza
Valleruela de Sepúlveda
Siguero
Sigueruelo
Sto Tomé del Puerto
Casla
Sta Marta del Cerro
El Arenal (Orejana)
Orejanilla
La Matilla
San Pedro de Gaillos
Aldealcorvo
Reserva Nacional
Pico del Lobo
Sierra de Ayllón
Collado de la Quesera
Buitrera
Río Sorbe
Duero
Riaza
Aranda
Esgueva
Arlanza
Pedroso
Ucero
Lobos
Perales
Avión
Sequillo
Duratón
A 1 E5
N 234
N 122
N 110
BU 904
BU 945
SG 945
SG 205
A 11
MICHELIN

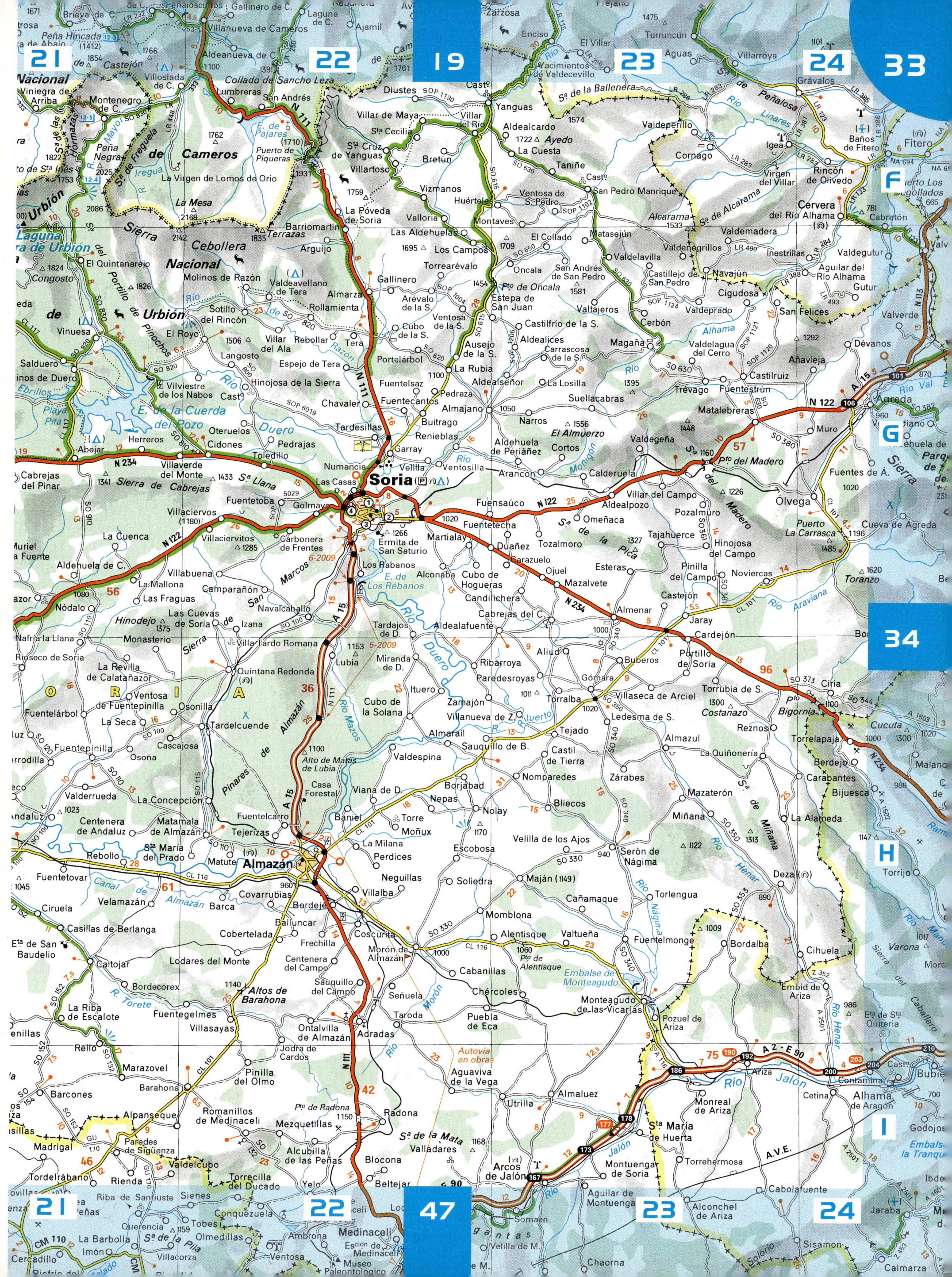

21
22
19
23
24
33
34
47
F
G
H
I
Soria
Almazán
Ágreda
Ólvega
Arcos de Jalón
Medinaceli
Sª de la Ballenera
Sª de Peñalosa
Sª de Alcarama
Sierra Cebollera
Sª de Urbión
Sierra de Cabrejas
Pinares de Almazán
Sª del Madero
Sª de la Pica
Sª de Miñana
Sª de la Mata
Sª de Fregüela
Sª de la Pila
Sierra de Santa Ana
Puerto de Piqueras
Pto de Oncala
Pto del Madero
Pto de Bigornia
Pto de Radona
Puerto La Carrasca
Collado de Sancho Leza
Altos de Barahona
Alto de Matas de Lubia
E. de la Cuerda del Pozo
E. de Los Rábanos
Embalse de Monteagudo
Laguna Negra de Urbión
Río Duero
Río Jalón
Río Alhama
Río Morón
Río Henar
Río Nágima
Río Araviana
Río Mazos
Río Izana
Río Razón
Río Revinuesa
Canal de Almazán
Ermita de San Saturio
Yacimientos de Valdecevillo
Vizmanos
Yanguas
Villar del Río
San Pedro Manrique
Magaña
Garray
Renieblas
Tardesillas
Cidones
Herreros
Abejar
Vinuesa
Molinos de Razón
Covaleda
Duruelo de la Sierra
Villaciervos
Golmayo
Fuentetoba
Los Rábanos
Candilichera
Almenar
Cardejón
Muro
Noviercas
Hinojosa del Campo
Cueva de Ágreda
Fuentes de Á.
Torrubia de S.
Ciria
Borobia
Bordalba
Deza
Serón de Nágima
Gómara
Tejado
Quintana Redonda
Tardelcuende
Matamala de Almazán
Berlanga de Duero
Caltojar
Barahona
Alpanseque
Paredes de Sigüenza
Radona
Adradas
Coscurita
Frechilla
Morón de Almazán
Monteagudo de las Vicarías
Santa María de Huerta
Alhama de Aragón
Autovía en obras
N 111
N 122
N 234
A 15
A 2 - E 90
CL 101
CL 116
A.V.E.

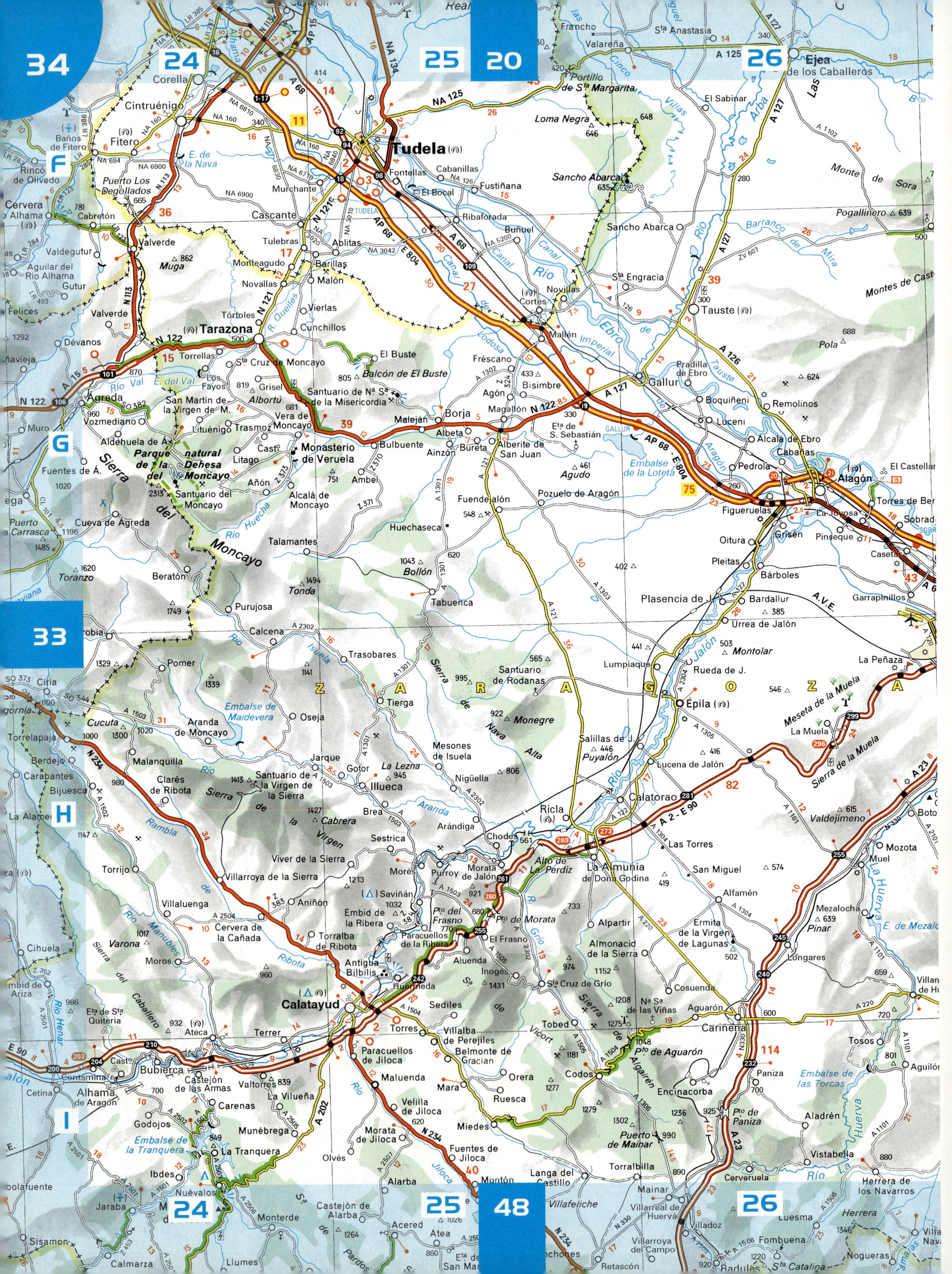
24
25
20
26
33
48
F
G
H
I
Tudela
Cintruénigo
Corella
Fitero
Baños de Fitero
Cascante
Murchante
Fontellas
Cabanillas
Fustiñana
Ribaforada
Buñuel
Cortes
Novillas
Mallén
Tarazona
Torrellas
Los Fayos
Sta Cruz de Moncayo
Grisel
Ágreda
Vozmediano
Ólvega
Monasterio de Veruela
Vera de Moncayo
Trasmoz
Litago
Añón
Alcalá de Moncayo
Ambel
Bulbuente
Borja
Maleján
Albeta
Ainzón
Bureta
Alberite de San Juan
Magallón
Agón
Bisimbre
Fréscano
Gallur
Boquiñeni
Luceni
Pedrola
Alcalá de Ebro
Cabañas
Alagón
Figueruelas
Grisén
La Joyosa
Pinseque
Oitura
Pleitas
Bárboles
Bardallur
Urrea de Jalón
Plasencia de J.
Lumpiaque
Rueda de J.
Épila
Salillas de J.
Lucena de Jalón
Calatorao
Ricla
La Almunia de Doña Godina
Chodes
Morata de Jalón
Tauste
Ejea de los Caballeros
El Sabinar
Sta Anastasia
Valareña
Sancho Abarca
Sta Engracia
Remolinos
Loma Negra
Sierra del Moncayo
Parque natural Dehesa del Moncayo
Santuario del Moncayo
Cueva de Ágreda
Beratón
Purujosa
Calcena
Talamantes
Tabuenca
Fuendejalón
Huechaseca
Pozuelo de Aragón
Agudo
Embalse de la Loteta
Trasobares
Tierga
Mesones de Isuela
Santuario de Rodanas
Sierra de Nava Alta
Monegre
Pomer
Oseja
Aranda de Moncayo
Embalse de Maidevera
Jarque
Gotor
Illueca
Brea
Sestrica
Arándiga
Nigüella
Cucuta
Malanquilla
Clarés de Ribota
Santuario de la Virgen de la Sierra
Sierra de la Virgen
Viver de la Sierra
Villarroya de la Sierra
Aniñón
Torrijo
Villaluenga
Cervera de la Cañada
Torralba de Ribota
Calatayud
Ateca
Terrer
Bubierca
Alhama de Aragón
Cetina
Contamina
Castejón de las Armas
Carenas
Valtorres
La Vilueña
Munébrega
Godojos
Embalse de la Tranquera
La Tranquera
Ibdes
Nuévalos
Jaraba
Paracuellos de Jiloca
Maluenda
Velilla de Jiloca
Morata de Jiloca
Fuentes de Jiloca
Montón
Torres
Sediles
Villalba de Perejiles
Belmonte de Gracián
Orera
Mara
Ruesca
Miedes
Huérmeda
Aluenda
Inogés
El Frasno
Pto del Frasno
Paracuellos de la Ribera
Embid de la Ribera
Saviñán
Morés
Purroy
Alto de La Perdiz
Pto de Morata
Alpartir
Almonacid de la Sierra
Sta Cruz de Grío
Tobed
Codos
Pto de Aguarón
Aguarón
Cosuenda
Cariñena
Encinacorba
Paniza
Pto de Paniza
Aladrén
Vistabella
Cerveruela
Herrera de los Navarros
Torralbilla
Puerto de Mainar
Mainar
Langa del Castillo
Villafeliche
Villarreal de Huerva
Villadoz
Fombuena
Luesma
Badules
Longares
Mezalocha
Muel
Mozota
Botorrita
Alfamén
San Miguel
Las Torres
Ermita de la Virgen de Lagunas
Valdejimeno
La Muela
Meseta de la Muela
Sierra de la Muela
La Peñaza
Garrapinillos
Torres de Berrellén
El Castellar
Valverde
Tulebras
Monteagudo
Barillas
Ablitas
Malón
Novallas
Vierlas
Cunchillos
Tórtoles
El Buste
Balcón de El Buste
Santuario de Nª Sª de la Misericordia
San Martín de la Virgen de M.
Lituénigo
Aldehuela de Á.
Fuentes de Á.
Muro
Dévanos
Cabretón
Cervera del Río Alhama
Valdegutur
Aguilar del Río Alhama
Gutur
Rincón de Olivedo
Puerto Los Degollados
Muga
Montes de Castejón
Monte de Sora
Pola
Montolar
Cihuela
Torrelapaja
Berdejo
Carabantes
Bijuesca
Varona
Moros
Sisamón
Calmarza
Llumes
Monterde
Castejón de Alarba
Acered
Atea
Río Ebro
Río Jalón
Río Huerva
Río Jiloca
Río Aranda
Río Isuela
Río Huecha
Río Queiles
Canal Imperial
Embalse de las Torcas
E. de la Nava
Sierra de Algairén
Sierra de Vicort
Puyalón
Bollón
Tonda
La Lezna
Cabrera

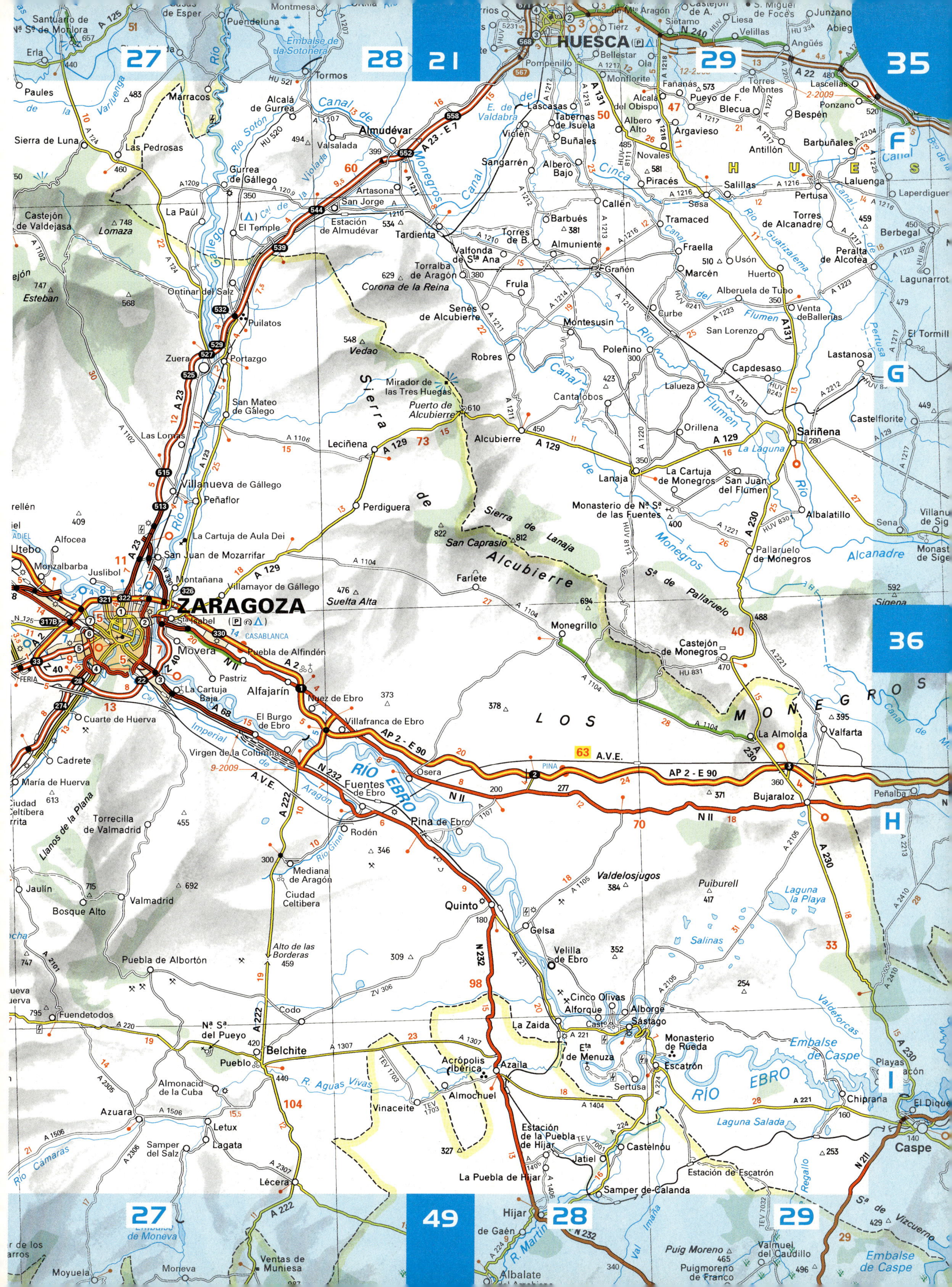

27
28
21
29
35
36
49
F
G
H
I
HUESCA
ZARAGOZA
Santuario de Nª Sª de Monlora
Erla
Paules
Marracos
Montmesa
Puendeluna
Embalse de la Sotonera
Tormos
Alcalá de Gurrea
Almudévar
Valsalada
Sierra de Luna
Las Pedrosas
Gurrea de Gállego
Artasona
San Jorge
Estación de Almudévar
Tardienta
La Paúl
El Temple
Castejón de Valdejasa
Lomaza
Esteban
Ontinar del Salz
Puilatos
Zuera
Portazgo
San Mateo de Gállego
Las Lomas
Villanueva de Gállego
Peñaflor
La Cartuja de Aula Dei
San Juan de Mozarrifar
Montañana
Villamayor de Gállego
Alfocea
Utebo
Monzalbarba
Juslibol
Santa Isabel
Movera
Puebla de Alfindén
Pastriz
Alfajarín
La Cartuja Baja
Nuez de Ebro
Villafranca de Ebro
El Burgo de Ebro
Cuarte de Huerva
Cadrete
María de Huerva
Virgen de la Columna
Fuentes de Ebro
Osera
Pina de Ebro
Rodén
Torrecilla de Valmadrid
Llanos de la Plana
Mediana de Aragón
Ciudad Celtibera
Jaulín
Bosque Alto
Valmadrid
Puebla de Albortón
Fuendetodos
Nª Sª del Pueyo
Belchite
Pueblo
Almonacid de la Cuba
Azuara
Letux
Lagata
Samper del Salz
Lécera
Codo
Alto de las Borderas
Quinto
Gelsa
Velilla de Ebro
Cinco Olivas
Alforque
Alborge
Sástago
La Zaida
Eta de Menuza
Monasterio de Rueda
Escatrón
Sertusa
Acrópolis Ibérica
Azaila
Almochuel
Vinaceite
Estación de la Puebla de Híjar
Jatiel
Castelnou
Samper de Calanda
La Puebla de Híjar
Híjar
Estación de Escatrón
Chiprana
Caspe
El Dique
Embalse de Caspe
Laguna Salada
Bujaraloz
Peñalba
La Almolda
Valfarta
Castejón de Monegros
Monegrillo
Farlete
Suelta Alta
Perdiguera
Leciñena
Sierra de Alcubierre
San Caprasio
Sierra de Lanaja
Sª de Pallaruelo
LOS MONEGROS
Valdelosjugos
Puiburell
Laguna la Playa
Salinas
Valdeforcas
Mirador de las Tres Huegas
Puerto de Alcubierre
Vedao
Corona de la Reina
Torralba de Aragón
Senés de Alcubierre
Robres
Alcubierre
Lanaja
La Cartuja de Monegros
San Juan del Flumen
Monasterio de Nª Sª de las Fuentes
Pallaruelo de Monegros
Albalatillo
Sariñena
Sena
Castelflorite
Lastanosa
Capdesaso
Lalueza
Orillena
Poleñino
Cantalobos
Montesusín
Frula
Grañén
Curbe
Fraella
Marcén
Usón
Huerto
Alberuela de Tubo
Venta de Ballerías
San Lorenzo
Valfonda de Sta Ana
Torres de B.
Almuniente
Barbués
Callén
Tramaced
Sesa
Salillas
Pertusa
Torres de Alcanadre
Peralta de Alcofea
Berbegal
Lagunarrot
Laluenga
Barbuñales
Antillón
Bespén
Blecua
Pueyo de F.
Fañanás
Alcalá del Obispo
Albero Alto
Albero Bajo
Argavieso
Novales
Piracés
Buñales
Tabernas de Isuela
Lascasas
Vicién
Sangarrén
Monflorite
Pompenillo
Bellestar
Tierz
Ola
Sietamo
Liesa
Velillas
Angüés
Lascellas
Ponzano
Junzano
Abiego
Monegros
Canal de Monegros
Río Ebro
Río Gállego
Río Flumen
Río Alcanadre
Río Guatizalema
Río Aguas Vivas
Río Cámaras
Río Martín
Canal Imperial de Aragón
A.V.E.
AP 2 - E 90
A 2
A 23 - E 7
A 23
A 68
A 129
A 131
A 230
A 222
N II
N 232
N 211
N 330
Puig Moreno
Valmuel del Caudillo
Pigmoreno de Franco
Ventas de Muniesa
Moyuela
Moneva
Embalse de Moneva
Albalate
Sª de Vizcuerno

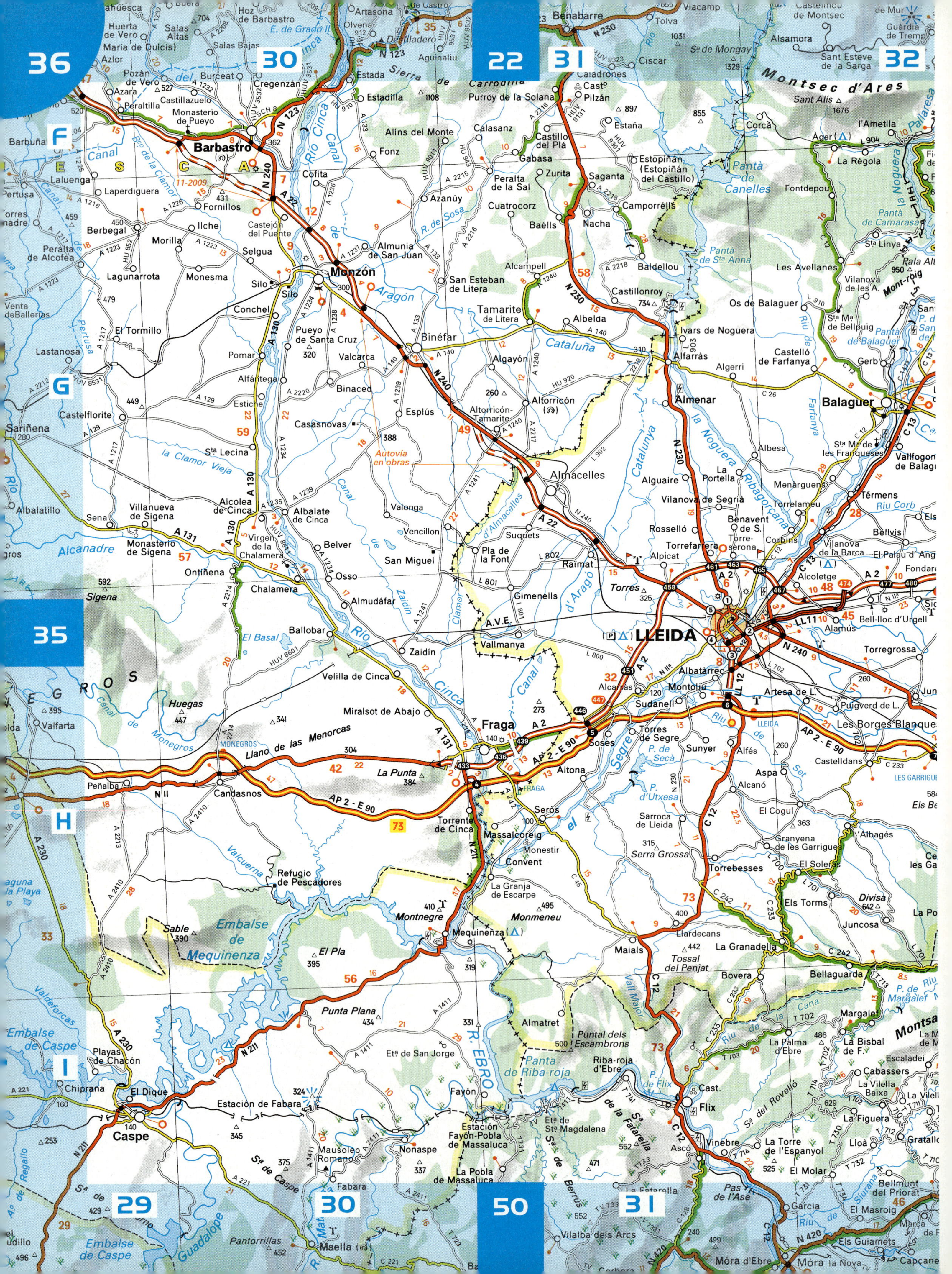
30
22
31
32
F
G
H
I
35
29
30
50
31
Barbastro
Monzón
Binéfar
Tamarite de Litera
Almacelles
LLEIDA
Fraga
Caspe
Flix
Balaguer
Alfarràs
Almenar
Benabarre
Estadilla
Peralta de la Sal
Castillonroy
Baldellou
Albelda
Algayón
Altorricón
Esplús
Binaced
Valcarca
Pueyo de Santa Cruz
Berbegal
Peralta de Alcofea
Lagunarrota
Monesma
Ilche
Morilla
Selgua
Castejón del Puente
Fornillos
Laperdiguera
Laluenga
Conchel
Pomar
Alfántega
Estiche
Casasnovas
Sta Lecina
Castelflorite
Sariñena
Lastanosa
El Tormillo
Alcolea de Cinca
Albalate de Cinca
Villanueva de Sigena
Monasterio de Sigena
Sena
Ontiñena
Chalamera
Belver
Osso
Almudáfar
Ballobar
Zaidín
Velilla de Cinca
Miralsot de Abajo
Valonga
Vencillón
San Miguel
Pla de la Font
Suquets
Raimat
Gimenells
Vallmanya
A.V.E.
Torres de Segre
Soses
Aitona
Seròs
Massalcoreig
Torrente de Cinca
Candasnos
Peñalba
Llano de las Menorcas
La Punta
Refugio de Pescadores
Embalse de Mequinenza
Mequinenza
Montnegre
El Pla
Punta Plana
Playas de Chacón
Chiprana
El Dique
Estación de Fabara
Fabara
Nonaspe
Mausoleo Romano
Maella
Fayón
Estación Fayón-Pobla de Massaluca
La Pobla de Massaluca
Almatret
Riba-roja d'Ebre
Panta de Riba-roja
Puntal dels Escambrons
Ascó
Vinebre
Móra d'Ebre
Móra la Nova
Garcia
El Molar
La Torre de l'Espanyol
Els Guiamets
Capçanes
Marçà
El Masroig
Bellmunt del Priorat
La Figuera
Lloà
Gratallops
La Palma d'Ebre
La Bisbal de F.
Margalef
Cabassers
La Vilella Baixa
Bellaguarda
Bovera
La Granadella
Llardecans
Maials
Tossal del Penjat
Serra Grossa
Torrebesses
Sarroca de Lleida
Alcanó
Aspa
Alfés
Sunyer
El Cogul
Granyena de les Garrigues
El Soleràs
Els Torms
Juncosa
L'Albagés
Castelldans
Les Borges Blanques
Puigverd de L.
Artesa de L.
Albatàrrec
Montoliu
Sudanell
Alcarràs
Torregrossa
Alamús
Bell-lloc d'Urgell
Alcoletge
Vilanova de la Barca
Bellvís
Térmens
Torrelameu
Corbins
Benavent de S.
Torre-serona
Torrefarrera
Rosselló
Alpicat
Vilanova de Segrià
Alguaire
La Portella
Albesa
Menàrguens
Vallfogona de Balaguer
Sta Mª de les Franqueses
Castelló de Farfanya
Algerri
Os de Balaguer
Ivars de Noguera
Gerb
Sta Mª de Bellpuig
Vilanova de les A.
Les Avellanes
Sta Linya
Fontdepou
La Régola
Àger
Corçà
Sant Alís
Montsec d'Ares
Alsamora
Sant Esteve de la Sarga
Viacamp
Tolva
Sª de Mongay
Ciscar
Caladrones
Castº Pilzán
Estaña
Castillo del Plá
Gabasa
Zurita
Saganta
Estopiñán (Estopiñán del Castillo)
Camporrélls
Nacha
Baélls
Cuatrocorz
Calasanz
Purroy de la Solana
Azanúy
Fonz
Cofita
Almunia de San Juan
San Esteban de Litera
Alcampell
Alíns del Monte
Cregenzán
Burceat
Pozán de Vero
Azara
Peraltilla
Castillazuelo
Monasterio de Pueyo
Salas Altas
Salas Bajas
Huerta de Vero
Azlor
Barbuñal
Artasona
Olvena
Hoz de Barbastro
E. de Grado II
Aguinaliu
Sierra de Carrodilla
Pantà de Canelles
Pantà de Sta Anna
Pantà de Camarasa
Serra Grossa
Valcuerna
Huegas
Sigena
Alcanadre
Albalatillo
El Basal
Monegros
Sable
Valdeforcas
Embalse de Caspe
Embalse de Caspe
Pantorrillas
Guadalope
Sª de Caspe
Sª del Rovelló
Serra de la Fatarella
La Fatarella
Vilalba dels Arcs
Sª de Cavalls
Pas de l'Ase
Riu de Siurana
Riu Set
Riu Corb
Canal d'Aragó
Canal d'Almacelles
Canal de Aragón y Cataluña
Autovía en obras
Ebro
Segre
Cinca
Noguera Ribagorçana
Cataluña
Catalunya
N 240
N 230
N 211
N 123
N II
A 2
A 22
AP 2 - E 90
C 12
C 13
LL 11
LL 12

33
23
34
35
37
38
32
51
G
H
I
Solsona
Cardona
Manresa
Igualada
Tàrrega
Cervera
Mollerussa
Vilafranca del Penedès
Valls
Reus
Montblanc
El Vendrell
Calafell
Torredembarra
Vilanova i la Geltrú
Villanueva y Geltrú
Sitges
Sant Sadurní d'Anoia
Súria
Calaf
Artesa de Segre
Agramunt
Guissona
Bellpuig
Ponts
Oliola
Sanaüja
Biosca
Torà
Pinós
Navàs
Castelladral
Montsec de Rúbies
Pas de Terradets
P. de Terradets
Llimiana
Benavent
Peramola
Tragó
Vilanova de M.
Alentorn
Vilves
Gualter
Anya
El Segre
Pantà de Rialb
Vilanova de l'Aguda
Santes Creus
Sant Miquel
Pinell
Llobera
L'Hostal Nou
Olius
Clariana
Riner
El Miracle
Fontelles
El Pi de Sant Just
Montmajor
Gargallà
Navès
Serrateix
Puig-reig
Viver
L'Ametlla de Merola
Castellnou de Bages
Ardèvol
Vallmanya
Sª de Pinós
La Molsosa
Sª de Castelltallat
Sant Mateu de Bages
Fonollosa
Fals
Sant Joan de Vilatorrada
Aguilar de Segarra
Calonge de Segarra
Sant Pere Sallavinera
Castellfar
Rajadell
Monistrol de Calders
Els Prats de Rei
Sant Salvador de Guardiola
Castellfollit del Boix
Ermita
Rubió
Maians
Castellgalí
Marganell
Sª Cecília
Sant Martí Sesgueioles
Veciana
Copons
Jorba
L'Espelt
Òdena
Castellolí
El Bruc
La Pobla de Claramunt
La Tossa de M.
Vilanova del Camí
Sta Margarida de Montbui
Capellades
Carme
La Torre de C.
Vallbona d'Anoia
Piera
Els Hostalets
Mediona
Sant Quintí de Mediona
Torrelavit
Sant Pere de Riudebitlles
Canaletes
Turó de les Clivelleres
Font-rubí
Guardiola de Font-rubí
El Pla del P.
La Granada
Puigdàlber
Les Cabanyes
Pacs del P.
Sant Martí Sarroca
Torrelles de Foix
Pontons
Orpí
Sta Maria de Miralles
La Llacuna
Santuari de Sant Magí
Bellprat
Queralt
Sta Coloma de Queralt
Aguiló
Argençola
Montmaneu
Carbasí
Clariana
Sta Maria del Camí
Bellmunt
Talavera
Llorac
Rauric
Savallà del Comtat
Conesa
Les Piles
Pontils
Vallferosa
Sta Perpètua
Montbrió de la Marca
Sarral
Vallespinosa
Esblada
Querol
Montagut
El Cogulló
Cabra del Camp
Barberà de la Conca
Les Ordes
El Pont d'Armentera
El Pla de Sta Maria
Figuerola del Camp
Les Pobles
Santes Creus
Aiguamúrcia
Vila-rodona
Alió
Puigpelat
Bràfim
Rodonyà
Montferri
Masllorenç
Vilabella
Salomó
Bonastre
Vespella
Roda de Barà
La Nou de G.
La Pobla de Montornès
Creixell
Arc romà de Barà
Coma-ruga
Sant Salvador
Segur
Cunit
Cubelles
Calafell Platja
Bellvei
La Bisbal del P.
Llorenç del P.
Albinyana
Sant Jaume dels Domenys
La Joncosa de Montmell
Castellví de la Marca
La Múnia
Sta Margarida i els Monjos
L'Arboç
Banyeres del Penedès
Castellet
Canyelles
Olivella
Avinyonet del P.
Olesa de B.
Les Roquetes
Raco de Sta Llúcia
Pta de les Coves
La Ràpita
Olèrdola
Mojà
Els Omells de Na Gaia
Montblanquet
Senan
Solivella
Blancafort
Pira
Vimbodí i Poblet
L'Espluga de Francolí
Monestir de Poblet
Vallclara
Rojals
La Riba
Farena
Picamoixons
Prenafeta
Lilla
Fontscaldes
Capafonts
Mont-ral
Alcover
L'Albiol
La Mussara
Prades
Albarca
Ulldemolins
Cornudella de M.
Siurana
Arbolí
Vilaplana
La Selva del Camp
Almoster
L'Aleixar
Castellvell
Alforja
Les Borges del Camp
Riudecols
Duesaigües
Les Irles
Pradell
Argentera
Riudoms
Vila-seca
Vinyols
Montbrió del C.
L'Arbocet
Riudecanyes
Vilanova d'Escornalbou
Colldejou
Mont-roig
Llaberia
La Torre de Fontaubella
Port Aventura
Platja de Vila-seca
Constantí
La Pobla de Mafumet
El Morell
Vilallonga de C.
El Rourell
El Milà
Nulles
Vallmoll
Els Garidells
La Secuita
Perafort
Catllar
Els Pallaresos
La Riera
Altafulla
Els Munts
La Mora
Tarragona
Cervera
Granyanella
Fonolleres
Granyena de S.
Rubinat
Gramuntell
Sant Antoni i Vilanova
La Guàrdia Lada
Tossal de Suró
Montornès de Segarra
L'Ametlla
Guimerà
Nalec
Ciutadilla
Vallfogona de Riucorb
Rocafort
Vallbona de les Monges
Passanant
Belltall
Forès
Rocafort de Queralt
Verdú
El Mas de Bondia
Preixana
Sant Martí de Riucorb
Maldà
Belianes
Llorenç de V.
Rocallaura
Vilagrassa
Anglesola
Barbens
Ivars d'Urgell
Vallverd
El Tarròs
Tornabous
Claravalls
La Fuliola
La Guàrdia
Almenara
Castellserà
Penelles
Bellmunt
Bellcaire d'Urgell
Linyola
Arcs
El Poal
Vila-sana
Castellnou de Seana
Golmés
Miralcamp
Vilanova de B.
Puiggròs
Arbeca
La Floresta
Els Omellons
L'Espluga Calba
Fulleda
Vinaixa
Tarrés
L'Albi
El Vilosell
La Pobla de Cérvoles
Llena
Vilanova de Prades
Tossal de la Baltasana
Sª de Roquerole
Montmagastre
Montargull
Llucars
Torrec
Garsola
Sta Maria de Meià
Sª de Sant Mamet
Vall Llebrera
Baldomar
Alòs de Balaguer
Colldelrat
Collfred
El Tossal
Foradada
Rubió
Camarasa
Cubells
Montclar d'U.
La Torre de Fluvià
Tudela de Segre
Donzell
Plandogau
Cabanabona
Selvanera
Palou de Sanaüja
Florejacs
Coscó
Mafet
Preixens
Montgai
Les Ventoses
Puigverd d'Agramunt
Les Pallargues
Ossó de Sió
Concabella
Tarroja de Segarra
Sant Ramon
La Prenyanosa
Les Oluges
Estaràs
Ivorra
Portell
Guspí
Sant Guim de la Plana
Massoteres
Vicfred
Palou de T.
Castellfollit de R.
Farran
Pujalt
Conill
L'Astor
Sant Guim de Freixenet
Montpalau
La Rabassa
Vergós
El Llor
Torrefeta
Figuerosa
El Canós
L'Aranyó
Sant Serni
Covet
Gavarra
Castellar de la Ribera
Lladurs
Capolat
L'Espunyola
El Sall
Ribera Salada
Riera de Madrona
Riera de Sanaüja
Riu Llobregós
Riera de Llanera
Riu d'Ondara
Riu Corb
Riu d'Anguera
Canal d'Urgell
Riu Foix
Riu Gaià
Riu Francolí
El Cardener
Riera de Rajadell
Riera de Hortons
Riu Anoia
Riera de Solsona
A 2
AP 2 - E 90
AP 7 - E 15
C 25
C 14
C 37
C 15
C 51
N 240
N 340
A.V.E.
Montblanc
Vilanova de Segrià
Margalef
Gaià

38
35
36
24
37
G
H
I
BARCELONA
Manresa
Vic
Terrassa/Tarrasa
Sabadell
Granollers
Mataró
Badalona
Sant Adrià de Besòs
L'Hospitalet
El Prat de Llobregat
Castelldefels
Sitges
Vilanova i la Geltrú / Villanueva y Geltrú
Sant Cugat del Vallès
Cerdanyola
Rubí
Martorell
Molins de Rei
Sant Boi
Viladecans
Gavà
Montcada i Reixac
Mollet
La Garriga
Cardedeu
La Roca del Vallès
Argentona
Vilassar de Mar
Premià de Mar
El Masnou
Montgat
Arenys de Mar
Canet de Mar
Sant Pol de Mar
Caldes d'Estrac
Port del Balís
Sant Celoni
Tordera
Arbúcies
Breda
Hostalric
Sant Hilari Sacalm
Montseny
Montserrat
Olesa de Montserrat
Esparreguera
Sant Sadurní d'Anoia
Sant Vicenç dels Horts
Caldes de Montbui
Moià
Centelles
Tona
Castellterçol
Sant Fruitós de Bages
Navarcles
Súria
Navàs
Puig-reig
Sallent
Balsareny
Montjuïc
Tibidabo
Costa de Maresme
COSTA DORADA
Costas de Garraf
Platja de Cova Fumada
Garraf
Parc Natural del Montseny
Parc Natural de Sant Llorenç del Munt i l'Obac
Parc Natural del Montnegre-Corredor
Parc Natural de Garraf
B A R C E L O N A
EL PRAT-BARCELONA
35
36
37

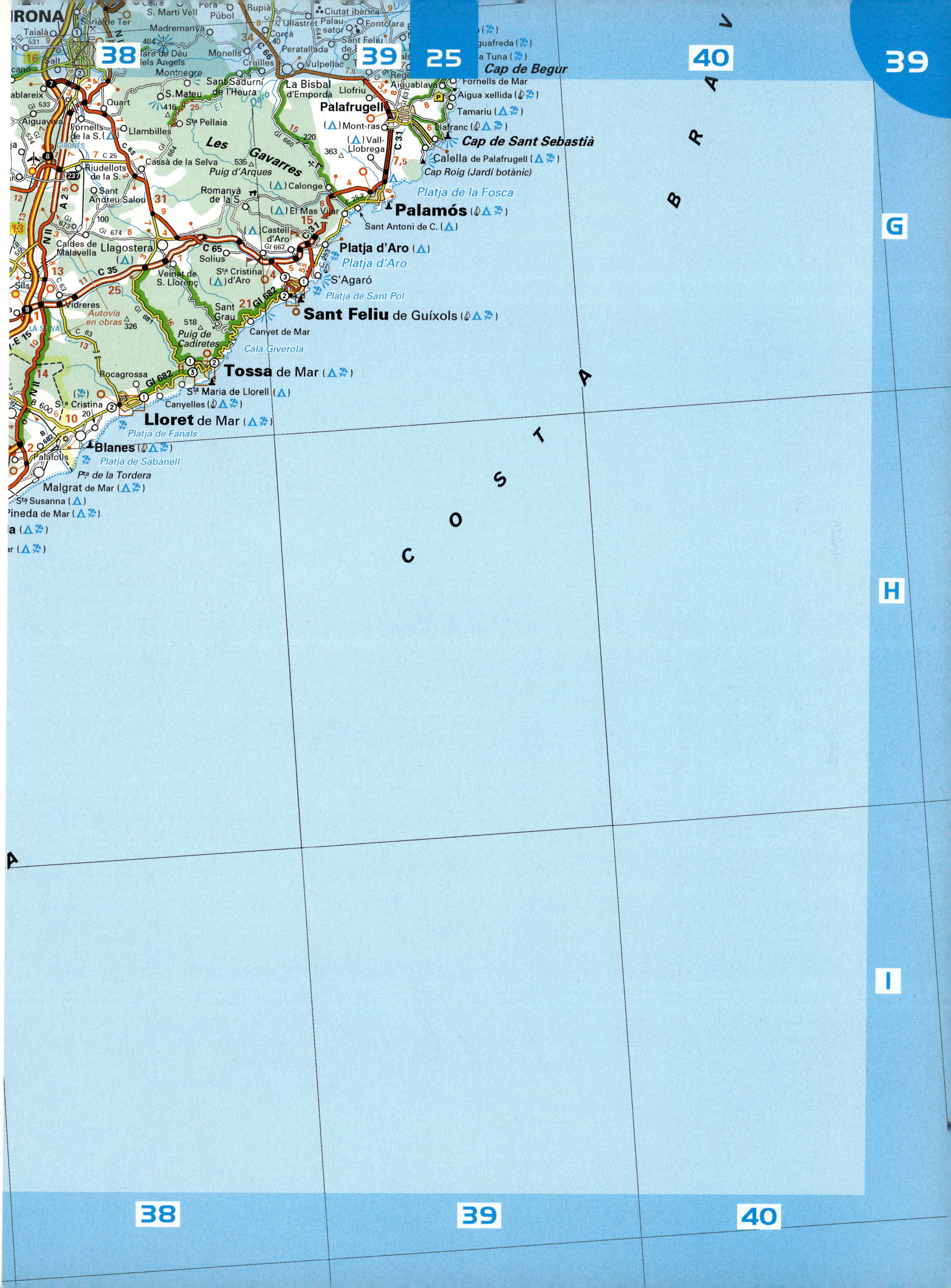
38
39
25
40
G
H
I
Cap de Begur
Fornells de Mar
Aigua xellida
Tamariu
Llafranc
Cap de Sant Sebastià
Calella de Palafrugell
Cap Roig (Jardí botànic)
Palafrugell
Mont-ras
Vall-Llobrega
La Bisbal d'Empordà
Llofriu
Aiguablava
Peratallada
Vulpellac
Monells
Cruïlles
Sant Sadurní de l'Heura
S. Mateu
Montnegre
Madremanya
Púbol
Rupià
Ciutat ibèrica
Ullastret
Palau-sator
Fontclara
Corçà
Quart
Llambilles
Sta Pellaia
Les Gavarres
Puig d'Arques
Cassà de la Selva
Riudellots de la S.
Sant Andreu Salou
Fornells de la S.
Aiguaviva
Taialà
Salt
Sarrià de Ter
Romanyà de la S.
Calonge
El Mas Vilar
Castell d'Aro
Platja de la Fosca
Palamós
Sant Antoni de C.
Platja d'Aro
S'Agaró
Platja de Sant Pol
Sant Feliu de Guíxols
Solius
Sta Cristina d'Aro
Veïnat de S. Llorenç
Llagostera
Caldes de Malavella
Sils
Vidreres
Autovía en obras
Sant Grau
Puig de Cadiretes
Canyet de Mar
Cala Giverola
Tossa de Mar
Sta Maria de Llorell
Canyelles
Rocagrossa
Sta Cristina
Lloret de Mar
Platja de Fanals
Blanes
Platja de Sabanell
Pta de la Tordera
Palafolls
Malgrat de Mar
Sta Susanna
Pineda de Mar
LA SELVA
GIRONÈS
C O S T A   B R A V A

2
3
26
4
J
K
L
53
Praia de Lavadores
Canidelo
Madalena
Valadares
V.ª N.ª de Gaia
Aguiar de Sousa
Lagares
Jovim
Covelo
Foz do Sousa
Capela
Miramar
Vilar do Paraíso
Carvalhos
Perozinho
Melres
Crestuma
Porto Carvoeiro
Praia da Aguda
Granja
Grijó
São Félix da Marinha
Douro
Pedorido
Sandim
Sanguedo
Espinho
Picoto
Canedo
Praia de Espinho
Silvalde
Oleiros
Lourosa
Fiães
Rebordelo
Paramos
Lamas
S. Jorge
Louredo
Esmoriz
Praia de Esmoriz
S. João de Ver
Guisande
S. Miguel do
Praia de Cortegaça
Cortegaça
Romariz
Escariz
Maceda
Arada
Arrifana
S. João da Madeira
Fajões
Dunas de Ovar
Sta Maria da Feira
Souto
Nogueira do C.
Praia de Furadouro
Furadouro
Ovar
S. Vicente de P.J.
Carregosa
Praia de Areinho
Ribeira
Vila de Cucujães
Vale de Cambra
Macieira
Torrão do Lameiro
S. Martinho
Válega
Oliveira de Azeméis
Castelões
Avanca
Loureiro
Quintas do Norte
Pardilhó
Nª Srª da Taude
Bunheiro
Palmaz
Torreira
Estarreja
Pinheiro da Bemposta
Vilarinho de S. Luís
Rocas do
Praia de Monte Branco
Monte
Pardelhas
Veiros
Telhadela
Ria de Aveiro
Murtosa
Salreu
Ribeira de Fráguas
Pousada da Ria
Bico
Albergaria-a-Nova
Sever do Vouga
Canal de Ovar
Fermelã
Albergaria-a-Velha
Cacia
S. Jacinto
AVEIRO
Angeja
Sobreiro
Vouga
Praia da Barra
Taboeira
Frossos
Sernada
Soutelo
Pousada de Sto António
Gafanha da Nazaré
S. João de Loure
Moutedo
Gafanha da Encarnação
A 25 - IP 5
Aradas
Eixo
Lamas do Vouga
Valongo do Vouga
Costa Nova
Ria da Costa Nova
Ílhavo
Oliveirinha
Trofa
A dos Ferreiros
Gafanha do Carmo
Vista Alegre
Quinta
Travassô
Requeixo
Giesteira
Praia da Vagueira
Mamodeiro
Fermentelos
Águeda
Vagos
Vale de Ílhavo
Piedade
Gafanha da Boa Hora
Sosa
Salgueiro
Borralha
Castanheira do Vouga
Lombomeão
Nariz
Oiã
Agadão
Quintã
Ouca
Palhaça
Oliveira do Bairro
Aguada de Cima
Belazaima
Troviscal
Barra de Mira
Bustos
Sangalhos
Aguada de Baixo
Avelãs de Caminho
Boialvo
Calvão
Mamarrosa
Praia de Mira
Cabeço
Ponte de Vagos
Amoreira da Gândara
Ancas
Mogofores
Avelãs de Cima
Mira
Covão do Lobo
Anadia
Covões
S. Lourenço do Bairro
Vale da Mó
Febres
Vilarinho do Bairro
Curia
Vila Nova de Monsarros
Ermida
Ventosa do Bairro
Luso
Espinho
Corujeira
Mealhada
Trezoi
Dunas de Cantanhede
Varziela
Pocariça
Sepins
Caniceira
Cantanhede
Ourentã
Murtede
Vacariça
Buçaco
Praia da Tocha
Casal Comba
Marmeleira
Taboeira
Cordinhã
Pampilhosa
Palheiros
Tocha
Lemede
Carqueijo
Cadima
Outil
Barcouço
Larçã
Dunas de Quiaios
Lagoa da Vela
Portunhos
Pisão
Botão
Bebedouro
Arazede
A 14 - IP 3
Souselas
Figueira de Lorvão
Castanheiro
Andorinha
Amieiro
Ança
Brasfemes
Ferreira-a-Nova
Liceia
S. João do Campo
Eiras
S. Paulo de Frades
Lorvão
Praia de Quiaios
Quiaios
Seixo de Gatões
Tentúgal
Carapinheira
S. Silvestre
COIMBRA
Boa Viagem
Santana
Gatões
S. Martinho de Árvore
Taveiro
Vila Nova de Poiares
Cabo Mondego
Brenha
Alhadas
Montemor-o-Velho
R. Mondego
S. Martinho do Bispo
Algaça
Buarcos
Maiorca
Miradouro
Pereira
Arzila
Figueira da Foz
Vila Verde
Castro
Alfarelos
Granja do Ulmeiro
Anobra
Antanhol
Assafarge
Semide
Ceira
Gaiate
Lares
Figueiró do Campo
Cernache
Loureiro
Gala
Vila Nova da Barca
Belide
Rio Vide
Brunhós
Vila Nova
Sebal
Condeixa-a-Nova
Almalaguês
Ribeira
Alqueidão

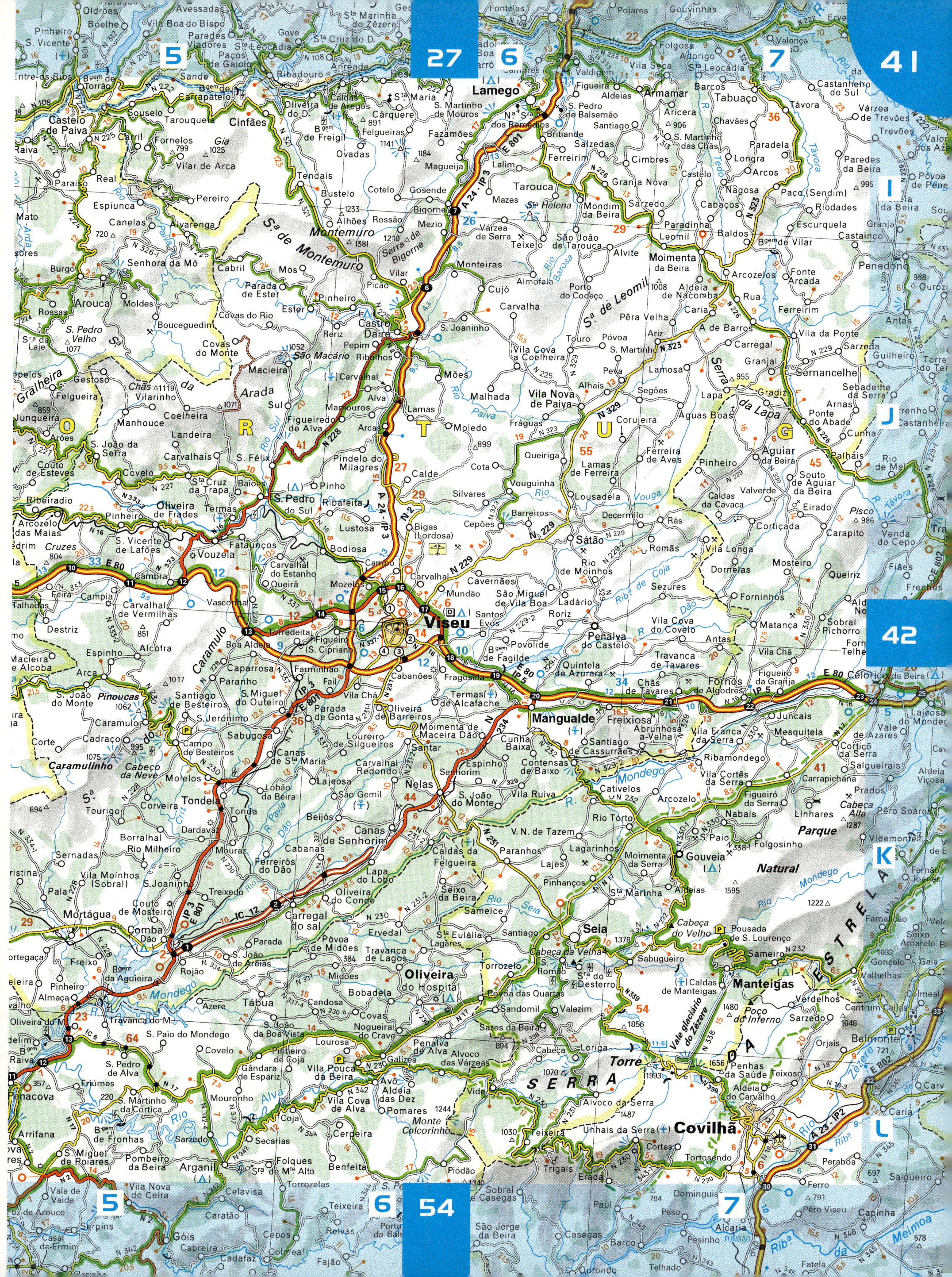

27
41
42
54
5
6
7
I
J
K
L
Lamego
Viseu
Mangualde
Nelas
Tondela
Seia
Gouveia
Manteigas
Covilhã
Oliveira do Hospital
Castro Daire
Moimenta da Beira
Tarouca
Armamar
Tabuaço
Sernancelhe
Aguiar da Beira
Sátão
Vila Nova de Paiva
Penalva do Castelo
Fornos de Algodres
Celorico da Beira
Vouzela
Oliveira de Frades
S. Pedro do Sul
Arouca
Castelo de Paiva
Cinfães
Resende
Mortágua
Santa Comba Dão
Carregal do Sal
Tábua
Arganil
Góis
Penacova
Belmonte
Caramulo
S.ª de Montemuro
Serra da Lapa
Sª de Leomil
Serra da Gralheira
Arada
Serra de Bigorne
Parque Natural da Serra da Estrela
Serra da Estrela
Torre
Vale glaciário do Zêzere
Mondego
Dão
Vouga
Paiva
Alva
Zêzere
A 24 · IP 3
A 25 · IP 5
A 23 · IP 2
IC 12
E 80
E 801
E 802

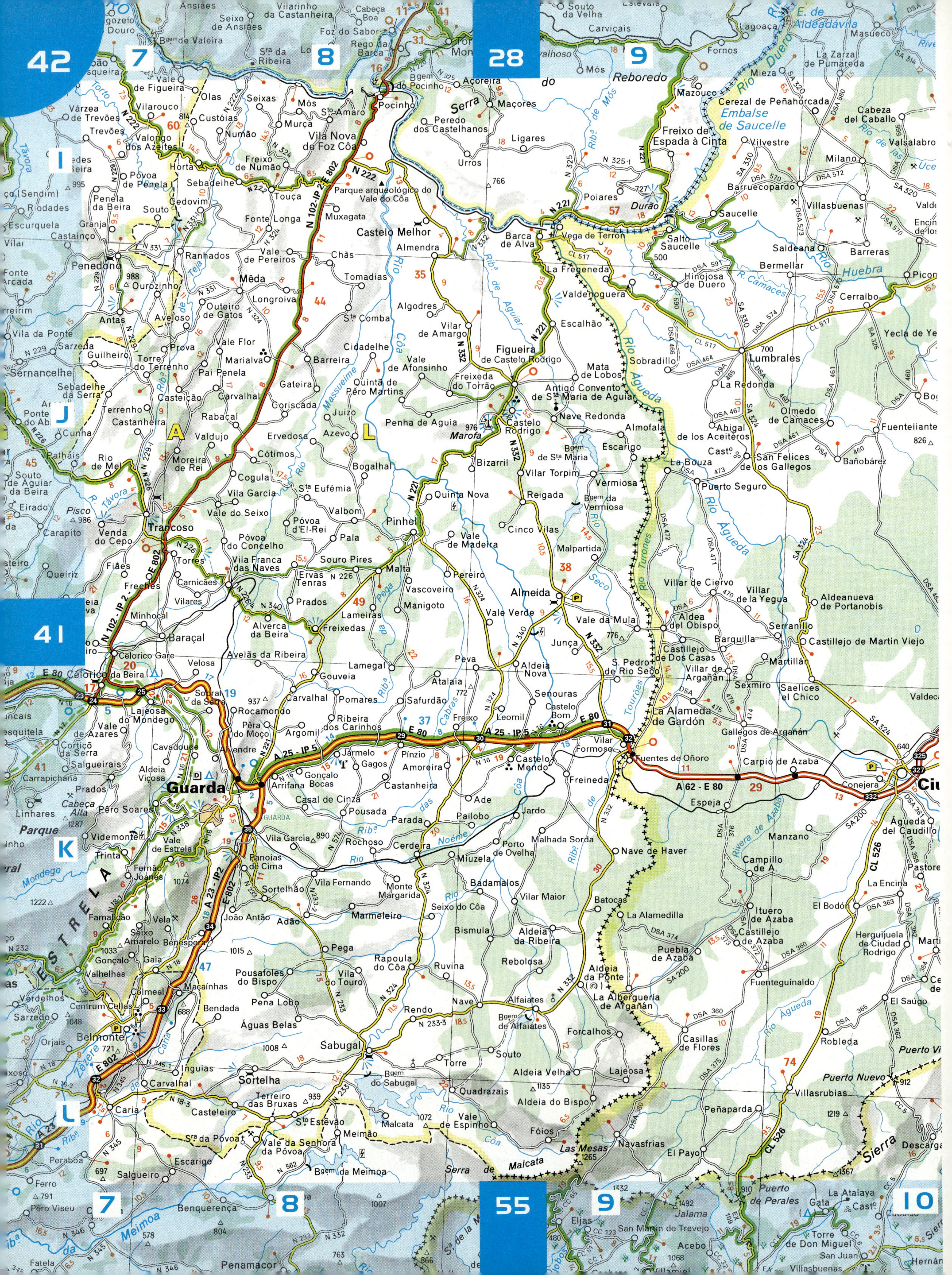

42
7
8
28
9
41
55
10
I
J
K
L
Vila Nova de Foz Côa
Pocinho
Castelo Melhor
Almendra
Barca de Alva
Vega de Terrón
La Fregeneda
Figueira de Castelo Rodrigo
Castelo Rodrigo
Marofa
Freixo de Espada à Cinta
Mazouco
Reboredo
Carviçais
Mós
Ligares
Urros
Açoreira
Maçores
Peredo dos Castelhanos
Serra do Reboredo
Poiares
Durão
Saucelle
Salto Saucelle
Vilvestre
Barruecopardo
Milano
Villasbuenas
Saldeana
Barreras
Bermellar
Hinojosa de Duero
Lumbrales
Cerralbo
Yecla de Yeltes
Sobradillo
La Redonda
Olmedo de Camaces
Ahigal de los Aceiteros
San Felices de los Gallegos
Bañobárez
Fuenteliante
La Bouza
Puerto Seguro
Villar de Ciervo
Villar de la Yegua
Aldeanueva de Portanobis
Aldea del Obispo
Barquilla
Serranillo
Castillejo de Martín Viejo
Castillejo de Dos Casas
Villar de Argañán
Martillán
Sexmiro
Saelices el Chico
La Alameda de Gardón
Gallegos de Argañán
Fuentes de Oñoro
Carpio de Azaba
Conejera
Espeja
Manzano
Águeda del Caudillo
Campillo de A.
Pastores
La Encina
El Bodón
Ituero de Azaba
Castillejo de Azaba
Herguijuela de Ciudad Rodrigo
Puebla de Azaba
Fuenteguinaldo
El Sahúgo
Robleda
Casillas de Flores
La Alamedilla
Nave de Haver
Aldea da Ponte
La Alberguería de Argañán
Forcalhos
Lajeosa
Aldeia do Bispo
Fóios
Navasfrías
El Payo
Peñaparda
Villasrubias
Puerto Nuevo
Sierra de Gata
Descargamaría
Puerto de Perales
Eljas
San Martín de Trevejo
Acebo
Jalama
La Atalaya
Torre de Don Miguel
Gata
San Juan
Villasbuenas de Gata
Hernán
Almeida
Vale da Mula
Junça
Malpartida
Castelo Bom
Freineda
Vilar Formoso
Cinco Vilas
Reigada
Vermiosa
Escarigo
Nave Redonda
Mata de Lobos
Escalhão
Almofala
Valdenoguera
Pinhel
Quinta Nova
Vale de Madeira
Pereiro
Vascoveiro
Manigoto
Valverde
Aldeia Nova
Peva
Atalaia
Safurdão
Pomares
Ribeira dos Carinhos
Freixo
Leomil
Senouras
Gouveia
Lamegal
Carvalhal
Argomil
Pêra do Moço
Rocamondo
Sobral da Serra
Alvendre
Jarmelo
Gagos
Pínzio
Amoreira
Castelo Mendo
Ade
Castanheira
Gonçalo Bocas
Arrifana
Casal de Cinza
Pousada
Parada
Pailobo
Jardo
Porto de Ovelha
Malhada Sorda
Cerdeira
Miuzela
Badamalos
Vilar Maior
Vila Garcia
Rochoso
Vila Fernando
Monte Margarida
Seixo do Côa
Bismula
Aldeia da Ribeira
Rebolosa
Marmeleiro
Rapoula do Côa
Ruvina
Nave
Alfaiates
Rendo
Sabugal
Souto
Aldeia Velha
Quadrazais
Vale de Espinho
Malcata
Serra da Malcata
Torre
Sortelha
Terreiro das Bruxas
Santo Estêvão
Vale da Senhora da Póvoa
Meimão
Meimoa
Penamacor
Benquerença
Salgueiro
Escarigo
Casteleiro
Caria
Belmonte
Inguias
Carvalhal
Bendada
Pena Lobo
Águas Belas
Pousafoles do Bispo
Vila do Touro
Pega
Adão
João Antão
Sortelhão
Panoias de Cima
Guarda
Vila Cortês
Maçainhas
Colmeal
Gaia
Benespera
Gonçalo
Valhelhas
Famalicão
Vela
Fernão Joanes
Videmonte
Trinta
Vila Soeiro
Pêro Soares
Aldeia Viçosa
Cavadoude
Lajeosa do Mondego
Celorico da Beira
Vale de Azares
Cortiço da Serra
Carrapichana
Linhares
Prados
Velosa
Baraçal
Minhocal
Vilares
Freches
Carnicães
Torres
Fiães
Trancoso
Venda do Cepo
Carapito
Queiriz
Aveloso
Póvoa do Concelho
Vila Franca das Naves
Souro Pires
Ervas Tenras
Malta
Lameiras
Freixedas
Alverca da Beira
Avelãs da Ribeira
Vale do Seixo
Vila Garcia
Cogula
Santa Eufémia
Póvoa d'El-Rei
Pala
Valbom
Bogalhal
Cótimos
Ervedosa
Azevo
Juizo
Coriscada
Rabaçal
Valdujo
Moreira de Rei
Carvalhal
Gateira
Marialva
Vale Flor
Pai Penela
Casteição
Prova
Torre do Terrenho
Guilheiro
Sarzeda
Terrenho
Castanheira
Cunha
Rio de Mel
Penedono
Ourozinho
Antas
Ranhados
Mêda
Longroiva
Outeiro de Gatos
Fonte Longa
Vale de Pereiros
Chãs
Tomadias
Muxagata
Parque arqueológico do Vale do Côa
Algodres
Vilar de Amargo
Cidadelhe
Vale de Afonsinho
Quintã de Pêro Martins
Freixeda do Torrão
Penha de Águia
Bizarril
Vilar Torpim
Antigo Convento de Sta Maria de Aguiar
Numão
Freixo de Numão
Custóias
Seixas
Mós
Murça
Santo Amaro
Touça
Horta
Sebadelhe
Cedovim
Souto
Olas
Vale de Figueira
Vilarouco
Valongo dos Azeites
Trevões
Várzea de Trevões
Póvoa de Penela
Penela da Beira
Riodades
Escurquela
Granja
Castainço
Sernancelhe
Sebadelhe da Serra
Ponte do Abade
Souto de Aguiar da Beira
Eirado
Pisco
Ansiães
Vilarinho da Castanheira
Seixo de Ansiães
Cabeça Boa
Foz do Sabor
Barragem de Valeira
Sta da Ribeira
Lousa
Rego da Barca
Pocinho
Estrela
Parque
Mondego
Zêzere
Rio Côa
Rio Douro
Rio Águeda
Rio Huebra
Embalse de Saucelle
E. de Aldeadávila
La Zarza de Pumareda
Masueco
Mieza
Cerezal de Peñahorcada
Cabeza del Caballo
Valsalabro
Fornos
Lagoaça
Ciudad Rodrigo
Valdecarros
Pisco
A 25 - IP 5
E 80
A 62 - E 80
IP 2
A 23 - IP 2
E 802
N 102 - IP 2
N 221
N 222
N 324
N 332
N 340
CL 526
CL 517
SA 324

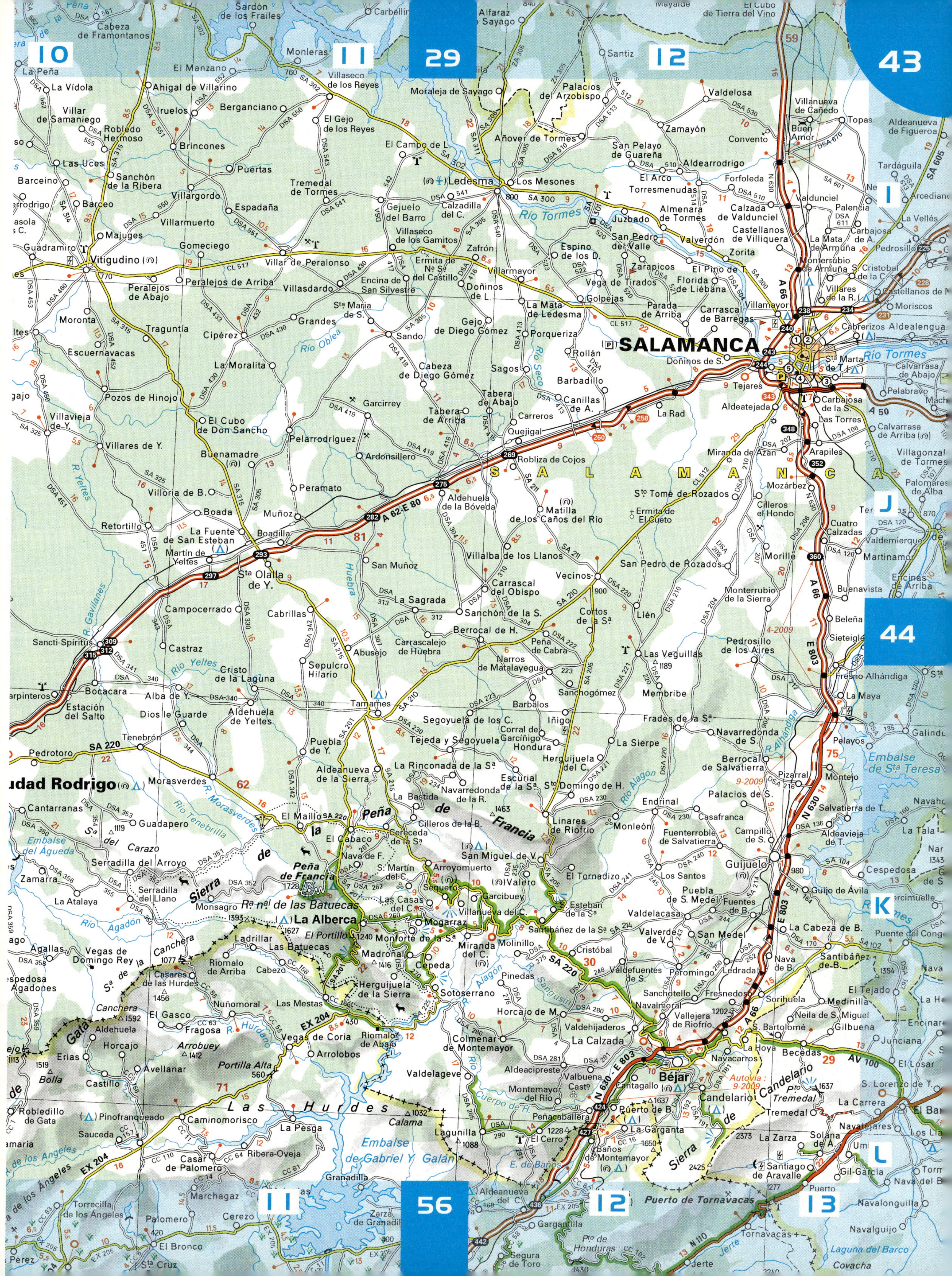

29
43
44
56
10
11
12
13
I
J
K
L
SALAMANCA
S A L A M A N C A
Ledesma
Vitigudino
Ciudad Rodrigo
Béjar
Guijuelo
La Alberca
Peña de Francia
Sierra de Francia
Las Hurdes
Sierra de Gata
Sierra de Candelario
Río Tormes
Río Yeltes
Río Huebra
Río Alagón
Río Agadón
Embalse del Águeda
Embalse de Gabriel y Galán
Embalse de Sta Teresa
Sierra de la Peña de Francia
Pa nal de las Batuecas
Las Batuecas
Monleras
Sardón de los Frailes
Villaseco de los Reyes
El Gejo de los Reyes
Almenara de Tormes
Valverdón
Zorita
Villamayor
Carbajosa de la Sa
Cabrerizos
Aldealengua
Doñinos de S.
Tejares
Aldeatejada
Arapiles
Mozárbez
Miranda de Azán
Sto Tomé de Rozados
Matilla de los Caños del Río
Vecinos
San Pedro de Rozados
Morille
Monterrubio de la Sierra
Pedrosillo de los Aires
Las Veguillas
Membribe
Frades de la Sa
Navarredonda de S.
Berrocal de Salvatierra
Pizarral
Montejo
Salvatierra de T.
Palacios de S.
Campillo de S.
Cespedosa
Fuenterroble de Salvatierra
Puebla de S. Medel
San Medel
Valdelacasa
Sorihuela
Navacarros
Candelario
La Hoya
Becedas
Puerto de Béjar
Baños de Montemayor
La Garganta
Aldeanueva del C.
Hervás
Cantagallo
La Calzada
Valdehijaderos
Sotoserrano
Herguijuela de la Sierra
Madroñal
Monforte de la Sa
Mogarraz
Cepeda
Miranda del C.
San Martín del C.
Villanueva del C.
Garcibuey
San Miguel de V.
Linares de Riofrío
Escurial de la Sa
Navarredonda de la R.
Sto Domingo de H.
Tamames
Abusejo
Sepulcro Hilario
Cabrillas
Sta Olalla de Y.
Boadilla
La Fuente de San Esteban
Martín de Yeltes
Sancti-Spíritus
Bocacara
Castraz
Alba de Y.
Aldehuela de Yeltes
Dios le Guarde
Morasverdes
Tenebrón
Pedrotoro
Cantarranas
Guadapero
Serradilla del Arroyo
Serradilla del Llano
Monsagro
El Maíllo
El Cabaco
Nava de F.
Sequeros
Cereceda de la Sa
Tejeda y Segoyuela
Segoyuela de los C.
Aldeanueva de la Sierra
Puebla de Y.
Navarredonda
La Rinconada de la Sa
La Bastida
Cilleros de la B.
Arroyomuerto
Valero
El Tornadizo
San Esteban de la Sa
Santibáñez de la Sa
Cristóbal
Valdefuentes de S.
Peromingo
Sanchotello
Navalmoral
Vallejera de Riofrío
Fresnedoso
Ledrada
Nava de B.
La Cabeza de B.
Santibáñez de B.
Medinilla
Neila de S. Miguel
Gilbuena
Bartolomé
Junciana
El Losar
Tremedal
La Carrera
Navalejares
Solana de A.
Santiago de Aravalle
La Zarza
Puerto de Tornavacas
Tornavacas
Jerte
Navalonguilla
Navalguijo
Laguna del Barco
Garganilla
Segura de Toro
Pto de Honduras
Lagunilla
El Cerro
Peñacaballera
Montemayor del Río
Valbuena
Aldeacipreste
Colmenar de Montemayor
Valdelageve
Horcajo de M.
Pinedas
Molinillo
Calama
Granadilla
Zarza de Granadilla
Palomero
Marchagaz
Cerezo
El Bronco
Sta Cruz
Pérez
Torrecilla de los Ángeles
Casar de Palomero
Ribera-Oveja
La Pesga
Caminomorisco
Pinofranqueado
Robledillo de Gata
Sauceda
Castillo
Erias
Avellanar
Horcajo
Aldehuela
Vegas de Coria
Arrolobos
Riomalo de Abajo
Riomalo de Arriba
Cabezo
Nuñomoral
Las Mestas
Fragosa
El Gasco
Cesares de las Hurdes
Ladrillar
El Portillo
Vegas de Domingo Rey
Agallas
Espedosa
Agadones
Zamarra
La Atalaya
Barbalos
Iñigo
Corral de Garciñigo
Hondura
Herguijuela del Campo
La Sierpe
Monleón
Endrinal
Casafranca
Los Santos
Valverde de V.
Sanchogómez
Narros de Matalayegua
Peña de Cabra
Berrocal de H.
Cortos de la Sa
Llén
Sanchón de la S.
Carrascal del Obispo
La Sagrada
Carrascalejo de Huebra
San Muñoz
Villalba de los Llanos
Aldehuela de la Bóveda
Robliza de Cojos
Quejigal
Carreros
Canillas de A.
Barbadillo
Rollán
La Rad
Calvarrasa de Abajo
Calvarrasa de Arriba
Pelabravo
Villagonzalo de Tormes
Palomares de Alba
Cuatro Calzadas
Martinamor
Encinas de Arriba
Buenavista
Beleña
Sieteiglesias
Fresno Alhándiga
La Maya
Pelayos
Galinduste
Navahombela
La Tala
Aldeavieja de T.
Cilleros el Hondo
Sagos
Tabera de Abajo
Tabera de Arriba
Cabeza de Diego Gómez
Gejo de Diego Gómez
Porqueriza
La Mata de Ledesma
Golpejas
Vega de Tirados
Parada de Arriba
Carrascal de Barregas
Florida de Liébana
Zarapicos
San Pedro del Valle
Juzbado
Espino de los D.
Doñinos de L.
Zafrón
Ermita de Na Sa del Castillo
Encina de San Silvestre
Villasdardo
Sando
Sta María de S.
Grandes
Garcirrey
Pelarrodríguez
Ardonsillero
Buenamadre
El Cubo de Don Sancho
Peramato
Muñoz
Villoria de B.
Boada
Retortillo
Villares de Y.
Villavieja de Y.
Pozos de Hinojo
Escuernavacas
Moronta
Traguntía
Cipérez
La Moralita
Peralejos de Abajo
Peralejos de Arriba
Villar de Peralonso
Gomeciego
Villarmuerto
Villargordo
Espadaña
Puertas
Brincones
Iruelos
Berganciano
Ahigal de Villarino
El Manzano
La Vídola
Villar de Samaniego
Robledo Hermoso
Las Uces
Sanchón de la Ribera
Barceino
Barceo
Majuges
Guadramiro
Cabeza de Framontanos
Tremedal de Tormes
Gejuelo del Barro
Villaseco de los Gamitos
Calzadilla del C.
Los Mesones
Moraleja de Sayago
Alfaraz de Sayago
Añover de Tormes
Palacios del Arzobispo
Santiz
San Pelayo de Guareña
Aldearrodrigo
El Arco
Torresmenudas
Zamayón
Valdelosa
Convento
Forfoleda
Calzada de Valdunciel
Castellanos de Villiquera
Valdunciel
Villanueva de Cañedo
Buen Amor
Topas
Aldeanueva de Figueroa
Tardáguila
Arcediano
Palencia de N.
La Mata de Armuña
Monterrubio de Armuña
Carbajosa de A.
Pedrosillo
Cristóbal de la C.
Villares de la R.
Castellanos de M.
Moriscos
El Pino de T.
Villamayor
Vegas de Domingo Rey
Portilla Alta
Bolla
Arrobuey
Pto de Honduras
Autovía : 9-2009
4-2009
9-2009
A 62-E 80
A 66
E 803
N 630
A 50
EX 204
SA 220

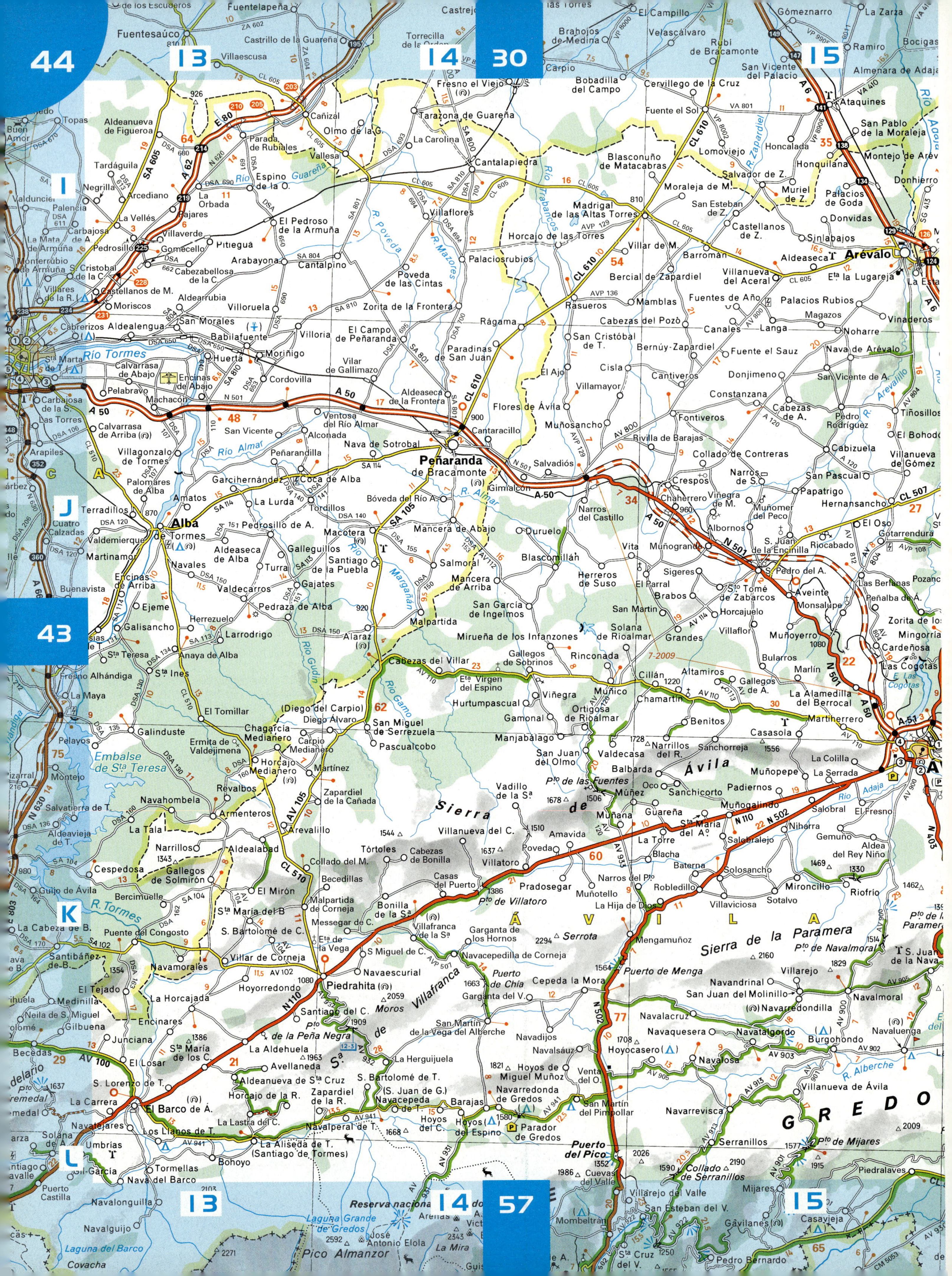
13
14
30
15
43
57
Fuentesaúco
Fuentelapeña
Castrillo de la Guareña
Villaescusa
Torrecilla de la Orden
Brahojos de Medina
Carpio
El Campillo
Velascálvaro
Rubí de Bracamonte
San Vicente del Palacio
Gómeznarro
La Zarza
Ramiro
Bocigas
Almenara de Adaja
Bobadilla del Campo
Cervillego de la Cruz
Fresno el Viejo
Cañizal
Olmo de la G.
Aldeanueva de Figueroa
Topas
Parada de Rubiales
Vallesa
Tarazona de Guareña
La Carolina
Cantalapiedra
Fuente el Sol
Lomoviejo
Honcalada
Ataquines
San Pablo de la Moraleja
Montejo de Arévalo
Blasconuño de Matacabras
Moraleja de M.
Salvador de Z.
Honquilana
Muriel de Z.
Donhierro
Tardáguila
Negrilla
Arcediano
Espino de la O.
La Orbada
Pajares
La Vellés
Villaverde
Pedrosillo
Gomecello
Pitiegua
El Pedroso de la Armuña
Villaflores
Madrigal de las Altas Torres
San Esteban de Z.
Castellanos de Z.
Palacios de Goda
Donvidas
Sinlabajos
Horcajo de las Torres
Villar de M.
Barromán
Aldeaseca
Arévalo
Arabayona
Cantalpino
Cabezabellosa de la C.
Castellanos de M.
Moriscos
Palaciosrubios
Poveda de las Cintas
Zorita de la Frontera
Villanueva del Aceral
Bercial de Zapardiel
Rasueros
Mamblas
Fuentes de Año
Palacios Rubios
Magazos
Aldearrubia
Villoruela
Cabrerizos
Aldealengua
San Morales
Babilafuente
Villoria
El Campo de Peñaranda
Rágama
Cabezas del Pozo
Canales
Langa
Noharre
Vinaderos
Moríñigo
Río Tormes
Calvarrasa de Abajo
Huerta
Encinas de Abajo
Vilar de Gallimazo
Paradinas de San Juan
San Cristóbal de T.
Bernúy-Zapardiel
Fuente el Sauz
Nava de Arévalo
Cordovilla
Pelabravo
Machacón
El Ajo
Cisla
Cantiveros
Donjimeno
San Vicente de A.
Carbajosa de la S.
Las Torres
Aldeaseca de la Frontera
Villamayor
Constanzana
Cabezas de A.
Tiñosillos
Calvarrasa de Arriba
San Vicente
Ventosa del Río Almar
Alconada
Flores de Ávila
Muñosancho
Fontiveros
Pedro Rodríguez
El Bohodón
Arapiles
Villagonzalo de Tormes
Peñarandilla
Nava de Sotrobal
Cantaracillo
Rivilla de Barajas
Cabizuela
Villanueva de Gómez
Palomares de Alba
Garcihernández
Coca de Alba
Peñaranda de Bracamonte
Salvadiós
Collado de Contreras
Narros de S.
San Pascual
Amatos
La Lurda
Tordillos
Gimialcón
Crespos
Papatrigo
Hernansancho
Terradillos
Alba de Tormes
Pedrosillo de A.
Bóveda del Río A.
Narros del Castillo
Chaherrero
Vinegra de M.
Muñomer del Peco
Cuatro Calzadas
Valdemierque
Macotera
Mancera de Abajo
Duruelo
Albornos
San Juan de la Encinilla
El Oso
Riocabado
Gotarrendura
Martinamor
Aldeaseca de Alba
Galleguillos
Santiago de la Puebla
Salmoral
Blascomillán
Vita
Muñogrande
Pedro del A.
Navales
Turra
Mancera de Arriba
Herreros de Suso
Sigeres
Sto Tomé de Zabarcos
Aveinte
Las Berlanas
Pozanco
Buenavista
Encinas de Arriba
Valdecarros
Gajates
El Parral
Brabos
Monsalupe
Peñalba de A.
Pedraza de Alba
San García de Ingelmos
San Martín
Horcajuelo
Ejeme
Herrezuelo
Malpartida
Solana de Rioalmar
Villaflor
Muñoyerro
Zorita de los C.
Galisancho
Larrodrigo
Alaraz
Mirueña de los Infanzones
Grandes
Mingorría
Cardeñosa
Sta Teresa
Anaya de Alba
Gallegos de Sobrinos
Rinconada
Bularros
Marlín
Las Cogotas
Cabezas del Villar
Eta Virgen del Espino
Cillán
Altamiros
Gallegos de A.
Fresno Alhándiga
Sta Inés
Hurtumpascual
Viñegra
Múnico
Chamartín
La Alamedilla del Berrocal
La Maya
El Tomillar
Diego del Carpio
Diego Alvaro
Gamonal
Ortigosa de Rioalmar
Martiherrero
Galinduste
Chagarcía Medianero
San Miguel de Serrezuela
Manjabálago
Benitos
Pelayos
Ermita de Valdejimena
Carpio Medianero
Pascualcobo
Narrillos del R.
Sanchorreja
Casasola
Embalse de Sta Teresa
Horcajo Medianero
Martínez
San Juan del Olmo
Valdecasa
Balbarda
La Colilla
Ávila
Montejo
Revalbos
Zapardiel de la Cañada
Pto de las Fuentes
Muñopepe
La Serrada
Oco
Sanchicorto
Padiernos
Salvatierra de T.
Navahombela
Armenteros
Sierra de
Vadillo de la Sa
Muñez
Guareña
Muñogalindo
Adaja
El Fresno
Aldeavieja de T.
La Tala
Arevalillo
Villanueva del C.
Amavida
Muñana
Sta María del Aa
Salobral
Aldea del Rey Niño
Narrillos
Aldealabad
Tórtoles
Cabezas de Bonilla
Villatoro
Poveda
La Torre
Blacha
Salobralejo
Niharra
Gemuño
Cespedosa
Gallegos de Solmirón
Collado del M.
Casas del Puerto
Baterna
Solosancho
Bercimuelle
El Mirón
Becedillas
Pto de Villatoro
Pradosegar
Narros del Pto
Robledillo
Villaviciosa
Mironcillo
Sotalvo
Riofrío
R. Tormes
Sta María del B
Malpartida de Corneja
Bonilla de la Sa
Muñotello
La Hija de Dios
Á V I L A
La Cabeza de B.
Puente del Congosto
S. Bartolomé de C.
Messegar de C.
Villafranca de la Sa
Garganta de los Hornos
Serrota
Mengamuñoz
Sierra de la Paramera
Pto de Navalmoral
S. Juan de la Nava
Santibáñez de B.
Villar de Corneja
Eta de la Vega
S Miguel de C.
Navacepedilla de Corneja
Navamorales
Piedrahita
Navaescurial
Puerto de Chía
Cepeda la Mora
Puerto de Menga
Navandrinal
Villarejo
San Juan del Molinillo
Navarredondilla
Navalmoral
El Tejado
Hoyorredondo
Moros
de Villafranca
Garganta del V.
Medinilla
La Horcajada
Santiago del C.
Navalacruz
Navaquesera
Navatalgordo
Burgohondo
Navaluenga
Neila de S. Miguel
Gilbuena
Encinares
Pto de la Peña Negra
San Martín de la Vega del Alberche
Navadijos
Navalsáuz
Hoyocasero
Junciana
Sta María de los C.
La Aldehuela
Sa de
Navalosa
Becedas
El Losar
Avellaneda
La Herguijuela
Hoyos de Miguel Muñoz
Venta del O.
R. Alberche
Villanueva de Ávila
S. Lorenzo de T.
Aldeanueva de Sta Cruz
S. Bartolomé de T.
Navarredonda de Gredos
San Martín del Pimpollar
Navarrevisca
G R E D O
La Carrera
Horcajo de la R.
Zapardiel de la R.
S. Juan de G.
Navacepeda de T.
Barajas
El Barco de Á.
Hoyos del C.
Hoyos del Espino
Parador de Gredos
La Lastra del C.
Navatejares
Los Llanos de T.
Navalperal de T.
Puerto del Pico
Serranillos
Pto de Mijares
Umbrías
La Aliseda de T. (Santiago de Tormes)
Bohoyo
Collado de Serranillos
Piedralaves
Gil-García
Tormellas
Nava del Barco
Cuevas del Valle
Mijares
Puerto Castilla
Villarejo del Valle
San Esteban del V.
Navalonguilla
Reserva nacional
Laguna Grande de Gredos
Arenas
Mombeltrán
Casavieja
Navalguijo
José Antonio Elola
La Mira
Gavilanes
Laguna del Barco
Pico Almanzor
Sta Cruz del V.
Pedro Bernardo
Covacha
A 50
A 62
A 6
A 51
E 80
N 501
N 110
N 502
CL 605
CL 610
CL 510
CL 507
AV 100
Sierra

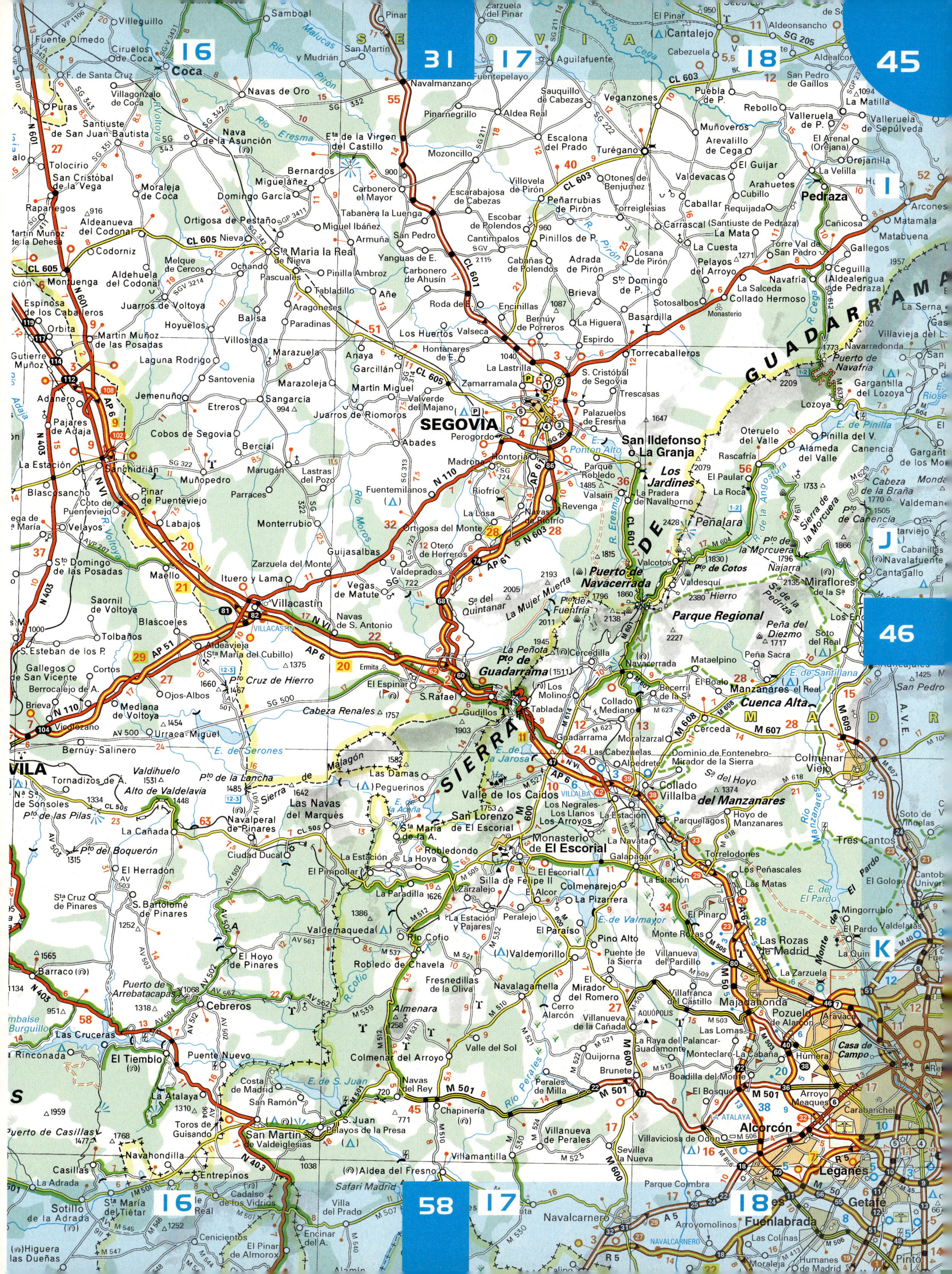

45
46
16
17
18
31
58
I
J
K
SEGOVIA
Coca
Cuéllar
Turégano
Pedraza
Navafría
Puerto de Navafría
San Ildefonso
La Granja
Los Jardines
Peñalara
Pto de Cotos
Puerto de Navacerrada
Parque Regional
Navacerrada
Villacastín
Sanchidrián
Pto de Guadarrama
Guadarrama
Sierra de Malagón
SIERRA DE GUADARRAMA
Las Navas del Marqués
Valle de los Caídos
San Lorenzo de El Escorial
Monasterio de El Escorial
Collado Villalba
Torrelodones
Las Rozas de Madrid
Majadahonda
Pozuelo de Alarcón
Alcorcón
Leganés
Getafe
Fuenlabrada
Navalcarnero
Cebreros
El Tiembla
San Martín de Valdeiglesias
Colmenar Viejo
Manzanares el Real
Cuenca Alta del Manzanares
Tres Cantos
Casa de Campo
Robledo de Chavela
Valdemorillo
Villaviciosa de Odón
Villanueva de la Cañada
Brunete
E. de Pinilla
E. de Santillana
E. de Valmayor
E. de la Jarosa
E. de S. Juan
Río Eresma
Río Cega
Río Moros
Río Voltoya
Río Perales
R. Cofio
Alto de Valdelavia
Pto de la Lancha
Pto del Boquerón
Pto de Arrebatacapas
Pto de Canencia
Pto de la Morcuera
Sierra de la Morcuera
Puerto de Casillas

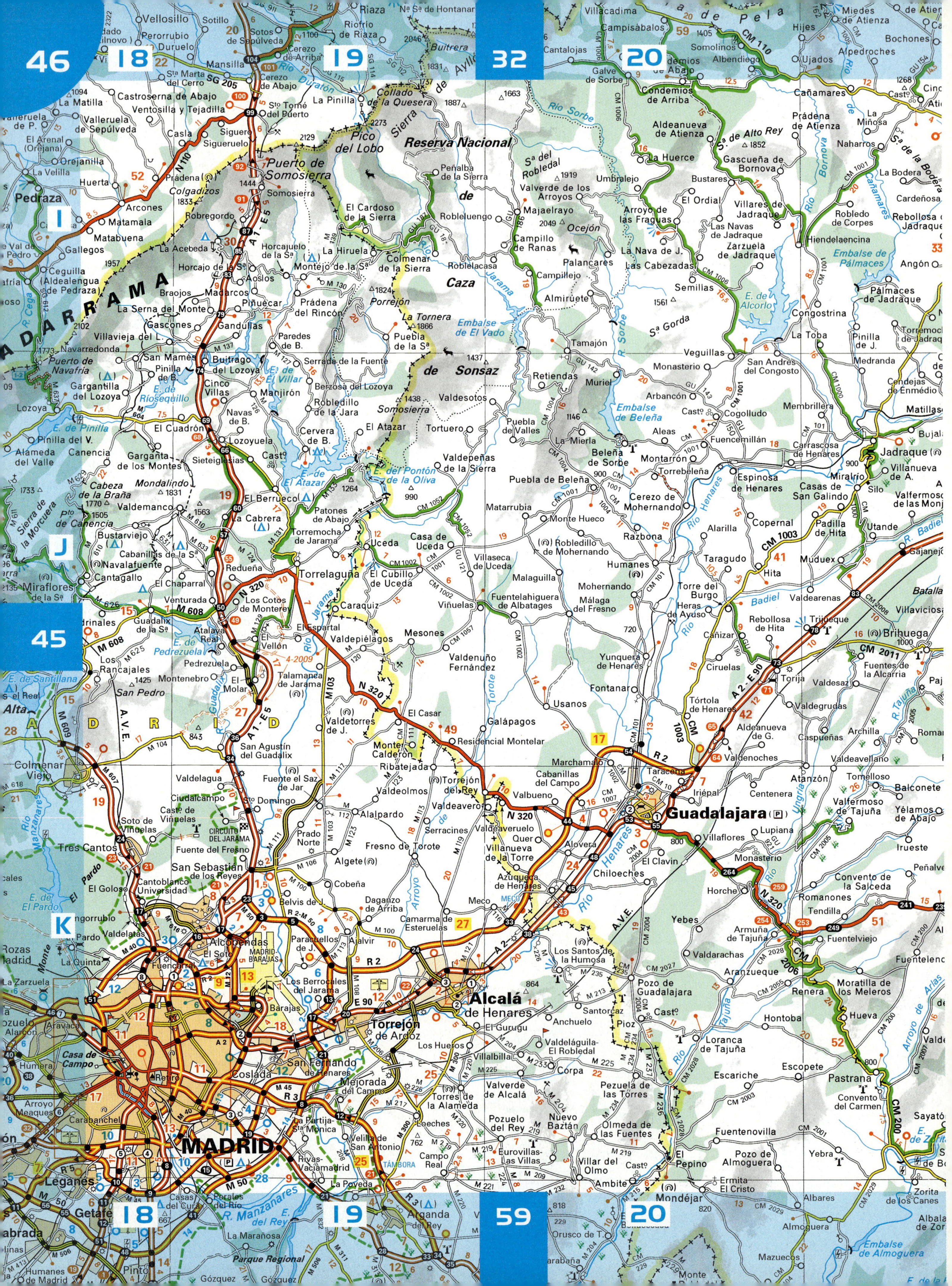

46
18
19
32
20
45
59
I
J
K
Puerto de Somosierra
Pico del Lobo
Reserva Nacional de Caza de Sonsaz
Sierra de Ayllón
Pedraza
Buitrago del Lozoya
Lozoyuela
Embalse de El Vado
Embalse de Beleña
E. de Pinilla
E. de Riosequillo
E. de El Villar
E. de El Atazar
E. del Pontón de la Oliva
Cogolludo
Jadraque
Hiendelaencina
Atienza
Torrelaguna
Uceda
Valdetorres de J.
Colmenar Viejo
Tres Cantos
Alcobendas
San Sebastián de los Reyes
Algete
Cobeña
Daganzo de Arriba
Camarma de Esteruelas
Torrejón del Rey
Valdeavero
Azuqueca de Henares
Alovera
Guadalajara
Cabanillas del Campo
Marchamalo
Horche
Armuña de Tajuña
Brihuega
Torija
Trijueque
Hita
Humanes
Mohernando
Yunquera de Henares
Fontanar
Chiloeches
Yebes
Pozo de Guadalajara
Aranzueque
Loranca de Tajuña
Pastrana
Escopete
Hontoba
Renera
Moratilla de los Meleros
Fuentelencina
Romanones
Tendilla
Alcalá de Henares
Torrejón de Ardoz
San Fernando de Henares
Coslada
Mejorada del Campo
Velilla de San Antonio
Rivas-Vaciamadrid
Arganda del Rey
Loeches
Nuevo Baztán
Pozuelo del Rey
Valverde de Alcalá
Torres de la Alameda
Villalbilla
Anchuelo
Santorcaz
Corpa
Pezuela de las Torres
Olmeda de las Fuentes
Villar del Olmo
Ambite
Mondéjar
Almoguera
Embalse de Almoguera
Pioz
El Pepino
MADRID
Barajas
Getafe
Leganés
Pinto
Casa de Campo
Carabanchel
Humera
Aravaca
Puerto de Navafría
Sierra de la Mocuera
Cabeza de la Braña
Mondalindo
El Berrueco
Patones de Abajo
La Cabrera
Redueña
Venturada
Guadalix de la Sª
E. de Pedrezuela
El Molar
San Agustín del Guadalix
Talamanca de Jarama
Valdepiélagos
Fuente el Saz de Jar
Ciudalcampo
Soto de Viñuelas
El Goloso
Cantoblanco Universidad
El Pardo
Paracuellos de J.
Ajalvir
Fresno de Torote
Meco
Los Santos de la Humosa
Valdeolmos
Ribatejada
El Casar
Galápagos
Residencial Montelar
Valdenuño Fernández
Fuentelahiguera de Albatages
Málaga del Fresno
Malaguilla
Puebla de Beleña
Retiendas
Tamajón
Valdesotos
Tortuero
Valdepeñas de la Sierra
El Cardoso de la Sierra
Colmenar de la Sierra
La Hiruela
Montejo de la Sª
Horcajuelo de la Sª
Prádena del Rincón
Puebla de la Sª
La Tornera
Robledillo de la Jara
Cervera de B.
El Atazar
Villavieja del L.
Gascones
La Serna del Monte
Braojos
Madarcos
Piñuécar
Gandullas
Somosierra
Robregordo
Arcones
Matamala
Matabuena
Gallegos
Prádena
Castroserna de Abajo
Sotos de Sepúlveda
Riaza
Condemios de Arriba
Aldeanueva de Atienza
Campisábalos
Miedes de Atienza
Hijes
Somolinos
Albendiego
Cañamares
Prádena de Atienza
La Miñosa
Naharros
La Bodera
Bustares
Umbralejo
La Huerce
El Ordial
Villares de Jadraque
Las Navas de Jadraque
Zarzuela de Jadraque
Gascueña de Bornova
Sª de Alto Rey
Embalse de Pálmaces
Congostrina
La Toba
Medranda
San Andrés del Congosto
Membrillera
Carrascosa de Henares
Miralrío
Villanueva de A.
Espinosa de Henares
Casas de San Galindo
Copernal
Padilla de Hita
Utande
Muduex
Valdearenas
Rebollosa de Hita
Ciruelas
Tórtola de Henares
Aldeanueva de G.
Valdenoches
Taracena
Iriépal
Centenera
Atanzón
Valfermoso de Tajuña
Lupiana
Fuentes de la Alcarria
Valdegrudas
Caspueñas
Archilla
Valdesaz
Tomellosa
Balconete
Yélamos de Abajo
Irueste
Convento de la Salceda
Fuentelviejo
Valdarachas
Santos de la Humosa
Escariche
Fuentenovilla
Pozo de Almoguera
Yebra
Convento del Carmen
Albares
Zorita de los Canes
Mazuecos
Sayatón
Batalla
Villaviciosa
Gajanejo

21
22
33
23
47
48
60
24
I
J
K
Medinaceli
Sigüenza
Cifuentes
Sacedón
Priego
Maranchón
Alcolea del Pinar
Mazarete
Anquela del Ducado
Aragoncillo
Torremocha del Pinar
Canales de Molina
Corduente
Ventosa
Arcos de Jalón
Santa María de Huerta
Somaén
Jubera
Lodares
Salinas de M.
Azcamellas
Esteras de M.
Torralba
Ambrona
Horna
Estriégana
Bujarrabal
Algora
Mirabueno
Almadrones
Torremocha del Campo
La Torresaviñán
Navalpotro
Laranueva
Renales
Abánades
Saelices de la Sal
Riba de Saelices
Ablanque
Olmeda de Cobeta
Cobeta
Sacecorbo
Huertahernando
Esplegares
Canredondo
Ocentejo
Valtablado del Río
Huertapelayo
Zaorejas
Villanueva de Alcorón
Peñalén
Taravilla
Poveda de la Sierra
Beteta
Cueva del Hierro
El Tobar
Masegosa
Lagunaseca
Carrascosa
Cañizares
Fuertescusa
Poyatos
Cañamares
Durón
Budia
Chillarón del Rey
Pareja
Escamilla
Salmerón
Castilforte
Alcantud
Arandilla del Arroyo
Albendea
Alcocer
Villar del Infantado
Valdeolivas
Cañaveras
Buciegas
Tinajas
Castejón
Buendía
Alcohujate
Cañaveruelas
Vindel
El Recuenco
El Pozuelo
Peralveche
Viana de Mondéjar
Trillo
Gárgoles de Abajo
Sotoca de Tajo
Huetos
Azañón
Morillejo
Arbeteta
Solanillos del Extremo
Masegoso de Tajuña
Alaminos
Las Inviernas
Cogollor
Valderrebollo
Henche
Picazo
Gualda
Valdelagua
Castilmimbre
Malacuera
Barriopedro
Mandayona
Aragosa
Baides
Mantiel
Cereceda
La Puerta
Villaescusa de Palositos
Tabladillo
Casasana
Millana
Córcoles
Auñón
Peñalagos
Alique
Torronteras
Saelices
Luzaga
Cortes de Tajuña
Tortonda
Iniéstola
Luzón
Anguita
Ciruelos del Pinar
Tobillos
La Saceda
Selas
Balbacil
Clares
Turmiel
Anchuela del Campo
Tartanedo
Codes
Mochales
Amayas
Labros
Hinojosa
Milmarcos
Chaorna
Judes
Iruecha
Sisamón
Cabolafuente
Alconchel de Ariza
Aguilar de Montuenga
Layna
Ures de Medina
Benamira
Sagides
Arbujuelo
Villel de Mesa
Algar de Mesa
Calmarza
GUADALAJARA
LA ALCARRIA
SERRANÍA
Parque natural del Alto Tajo
MAR DE CASTILLA
Embalse de Entrepeñas
Embalse de Buendía
Embalse de la Tajera
Sierra Ministra
Sierra de Solorio
Sierra de la Muela
Gargantas
Río Tajo
Río Tajuña
Río Henares
Río Mesa
Río Gallo
Río Guadiela
Río Escabas
Río Cuervo
Río Dulce
Río Salado
Río Jalón
Río Ablanquejo
Río Bullones
Río Trabaque
Reserva Nacional
Serranía de Cuenca
N 211
N 204
N 320
A 2 - E 90
A.V.E.
CM 110
CM 1101
CM 2011
CM 2015
CM 2101
CM 210
CM 2023
CM 310
CM 2000
Hoz de Beteta
Desfiladero
Convento de San Miguel de las Victorias
Museo Paleontológico
Cueva de la Hoz
Cueva de los Casares
P^to de Maranchón
P^to de Alcolea
P^to Esteras

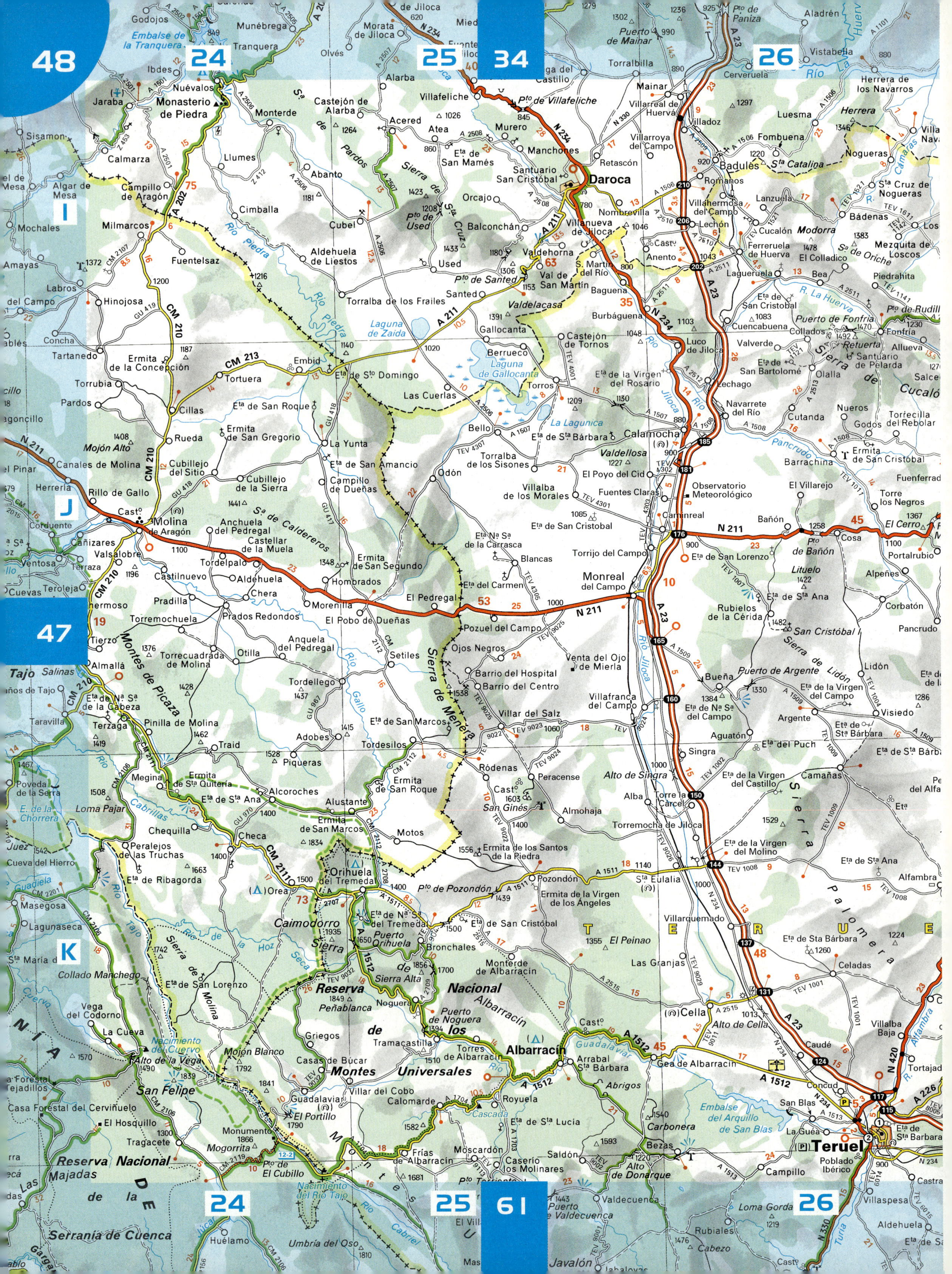
24
25
34
26
47
61
Monasterio de Piedra
Nuévalos
Jaraba
Calmarza
Campillo de Aragón
Milmarcos
Fuentelsaz
Hinojosa
Tartanedo
Torrubia
Pardos
Rueda
Cillas
Tortuera
Embid
Cubillejo del Sitio
Cubillejo de la Sierra
Molina de Aragón
Rillo de Gallo
Canales de Molina
Mojón Alto
Herrería
Corduente
Cañizares
Valsalobre
Castilnuevo
Pradilla
Torremochuela
Prados Redondos
Chera
Aldehuela
Tordelpalo
Anchuela del Pedregal
Castellar de la Muela
Sa de Caldereros
Hombrados
Morenilla
El Pedregal
El Pobo de Dueñas
Pozuel del Campo
Ojos Negros
Barrio del Hospital
Barrio del Centro
Sierra de Menera
Setiles
Tordellego
Anquela del Pedregal
Otilla
Torrecuadrada de Molina
Almallá
Montes de Picaza
Pinilla de Molina
Terzaga
Traid
Piqueras
Adobes
Tordesilos
Alcoroches
Alustante
Motos
Megina
Checa
Chequilla
Peralejos de las Truchas
Orihuela del Tremedal
Orea
Caimodorro
Sierra Alta
Bronchales
Noguera
Puerto de Noguera
Reserva Nacional de los Montes Universales
Griegos
Guadalaviar
Villar del Cobo
Tramacastilla
Torres de Albarracín
Albarracín
Calomarde
Royuela
Frías de Albarracín
Moscardón
Terriente
Saldón
Bezas
Teruel
Cella
Gea de Albarracín
Villarquemado
Las Granjas
El Peinado
Santa Eulalia
Pozondón
Rodenas
Peracense
Almohaja
Torremocha de Jiloca
Alba
Torre la Cárcel
Singra
Villafranca del Campo
Villar del Salz
Monreal del Campo
Caminreal
Torrijo del Campo
Fuentes Claras
Calamocha
El Poyo del Cid
Villalba de los Morales
Torralba de los Sisones
Odón
Bello
Gallocanta
Laguna de Gallocanta
Berrueco
Las Cuerlas
Santed
Used
Torralba de los Frailes
Laguna de Zaida
Cubel
Cimballa
Llumes
Abanto
Aldehuela de Liestos
Daroca
Manchones
Murero
Villafeliche
Acered
Atea
Orcajo
Balconchán
Valdehorna
Villanueva de Jiloca
Val de San Martín
Baguena
Burbáguena
Luco de Jiloca
Navarrete del Río
Lechago
Báguena
Mainar
Villarreal de Huerva
Villadoz
Romanos
Badules
Lanzuela
Cucalón
Lagueruela
Ferreruela de Huerva
Cuencabuena
Collados
Fonfría
Allueva
Olalla
Bea
Cutanda
Nueros
Barrachina
El Villarejo
Bañón
Cosa
Portalrubio
Rubielos de la Cérida
Lidón
Bueña
Argente
Visiedo
Aguatón
Camañas
Sierra Palomera
Celadas
Villalba Baja
Caudé
Concud
San Blas
Campillo
Sierra de Cucaló
Observatorio Meteorológico
N 211
N 234
N 330
N 420
A 23
A 211
A 1512
CM 210
CM 213
CM 2111
TERUEL
Serranía de Cuenca
Reserva Nacional
Huélamo
Valdecuenca
Rubiales
Villaspesa
Aldehuela
Loma Gorda
Jabaloyas
Javalón

27
35
28
29
49
50
62
27
62
28
29
Letux
Samper del Salz
Lagata
Lécera
Estación de la Puebla de Híjar
Jatiel
Castelnou
Samper de Calanda
Estación de
Laguna Salada
Sa de Vizcuerno
Embalse de Caspe
Río Cámaras
Embalse de Moneva
Híjar
Urrea de Gaén
R. Martín
Val Imaña
Puig Moreno
Puigmoreno de Franco
Valmuel del Caudillo
Moyuela
Moneva
Ventas de Muniesa
Cucutas
Plenas
Albalate del Arzobispo
Sierra de Arcos
Coronas
Cabeza Gorda
Monumento al Tambor
Alcañiz
E. de la Estanca
Salada Grande
Monforte de Moyuela
Blesa
Río Aguas Vivas
Muniesa
Alacón
Ariño
Huesa del Común
Rudilla
Anadón
Plou
Oliete
Embalse de Cueva Foradada
Andorra
Alloza
Castelserás
Caspe
Maicas
Cortes de Aragón
Josa
Alcaine
Montalbos
Mases de Crivillén
Calanda
Torre Castiel
Torrecilla de Alcañiz
La Codoñera
Pto de Segura
Segura de los Baños
Sa Pedregosa
La Hoz de la Vieja
Ermita de San Cristóbal
Foz Calanda
Ermita Virgen de Nieves Tara Mazas
E. de Calanda
Torrevelilla
Ermita de San José
Villanueva del Rebollar de la Sierra
Armillas
Obón
Convento del Olivar
Crivillén
Alcorisa
La Ginebrosa
Vivel del Río Martín
Peñarroyas
Los Olmos
E. de Gallipuén
Berge
La Cañada de Varich
Belmonte de Mezquín
Martín del Río
Montalbán
Torre de las Arcas
Estercuel
La Mata de los Olmos
Mas de las Altas
La Rambla de Martín
Puerto Mínguez
Lavaderos
Ermita de San Juan
Cañizar del Olivar
Gargallo
Mas de las Matas
Aguaviva
Ermita de la Consolación
Cuevas de Portalrubio
Utrillas
Castel de Cabra
Molinos
Seno
Abenfigo
Las Parras de Martín
Escucha
Palomar de Arroyos
Pto de las Traviesas
Cueva de las Graderas
Castellote
Eta de la Magdalena
Cervera del Rincón
Puerto de San Just
Sierra de San Just
La Zoma
Ejulve
Pantano
Jaganta
Las Parras de Castellote
Torre de Arcas
Valdeconejos
Pto de Majalinos
Las Cuevas de Cañart
Dos Torres de Mercader
Santolea
La Balma
Son del Puerto
Ermita de San Just
Collado de Cañizar
Cirugeda
Ladruñán
E. de Santolea
Las Planas
Los Alagones
Palanques
Sorita
Rillo
Las Minas
Mezquita de Jarque
Puerto de Aldehuela
La Cañadilla
La Algecira
Luco de Bordón
Cañada Vellida
Puerto del Esquinazo
Cuevas de Almudén
Campos
Montoro de Mezquita
Río Guadalope
Bordón
Ortells
Fuentes Calientes
Jarque de la Val
Aldehuela
Organos de Montoro
Masía de la Sisca
Río Bordón
Sant Joaquim
Villores
Xiva de Morella
Hinojosa de Jarque
Cobatillas
Aliaga
Las Fábricas
Pto de Villarluengo
Sierra Carrascosa
La Todolella
Galve
Alfambra
Pitarque
Villarluengo
Olocau del Rey
Forcall
Morella la Vella
Morella
Ermita de la Virgen del Campo
Eta de la Virgen de la Peña
Tronchón
La Mata
Riu Cantavieja
Villalba Alta
Camarillas
Sierra de la Lastra
Casas de Palomitas
Eta de Sta Cruz
Aguilar del Alfambra
Mirambel
La Cuba
Cinctorres
Orrios
Miravete
Rambla de Mal Burgo
Cañada de Benatanduz
Muela
Eta de San Miguel
Escorihuela
Jorcas
Pto de Cuarto Pelado
Cantavieja
Portell de Morella
Sierra del Pobo
Ababuj
Villarroya de los Pinares
Pto Cantavieja
Castº
Umbria
Castellfort
El Pobo
Pto de Villaroya
Fortanete
Tarayuela
Sierra del Rayo
Pto de las Cabrillas
La Iglesuela del Cid
Mola d'Ares
Peralejos
Ermita de San Benito
Allepuz
Puerto de Sollavientos
Matanzas
Sant Miquel de la Pobla
Ares del Maestre
Coll. d'Ares
Castelfrío
Monteagudo del Castillo
Sollavientos
Zaragozana
Ermita de la Virgen del Buen Suceso
Ermita del Carmen
Barranc de la Gallera
Cuevas Labradas
Cedrillas
Ermita de San Juan
Gúdar
Eta de Sta Quiteria
Masía del Repollés
Rambla de las Truchas
Vilafranca
Mas de Montalvana
Ermita de Sta Bárbara
Pto de Cabigordo
Sierra de Gúdar
Pto Valdelinares
Valdelinares
Pto de Mosqueruela
Els Montllats
Sa Negra
La Fuendelada
Bramadoras
Corbalán
Escriche
Peñarroya
Collado de la Torre
Santuario de la Virgen de la Estrella
Benasal
Alcalá de la Selva
Vilar de Canes
Valdecebro
Cabezo Alto
El Castellar
La Virgen de la Vega
Mosqueruela
Mas de Pessetes
Culla
Eta de San Miguel
Eta de Gasconilla
Eta del Pilar
Pto de Alcalá
Pto de Linares
Formiche Alto
Cabra de Mora
Linares de Mora
Sa de la Batalla
El Molí Azor
Vistabella del Maestrazgo
CASTELLÓ
Esparreguera
Camarena
E. de Mora de Rubielos
Benafigos
Pto de Escandón
Las Barrachinas
Ermita de la Magdalena
Puertomingalvo
Sant Joan de Penyagolosa
Port del Vidre
Mas Blanc
Mora de Rubielos
Nogueruelas
Xodos
Coll. de la Bassa
Sa de Nogueruelas
I
J
K
L

29
30
36
31
32
49
63
I
J
K
L
Caspe
Nonaspe
Fabara
Embalse de Caspe
Río Guadalope
Pantorrillas
Maella
Batea
La Fatarella
Vilalba dels Arcs
Corbera d'Ebre
Gandesa
Móra d'Ebre
Móra la Nova
Garcia
El Masroig
Els Guiamets
Capçanes
La Serra d'Almos
Benissanet
Tivissa
Ginestar
Miravet
Rasquera
El Pinell de Brai
Sa de Pàndols
Sa de Cavalls
Coll del Moro
Alcañiz
Mazaleón
Calaceite
Caseres
Acròpolis Ibèrica
Valdealgorfa
Valdeltormo
Arens de Lledó
Lledó
Horta de Sant Joan
Prat de Comte
Benifallet
Cardó
Sa de Cardó
Valjunquera
Torrecilla de Alcañiz
La Codoñera
La Fresneda
Torre del Compte
Cretas
Ermita de los Santos
Arnés
Roques de Benet
Paüls
Xerta
Tivenys
Aldover
Bitem
Alfara de Carles
L'Espina
Torrevelilla
Ermita de San José
La Ginebrosa
Belmonte de Mezquín
La Cañada de Varich
Fórnoles
La Portellada
Valderrobres
Les Clotes
Ermita de Sta Magdalena
Els Reguers
Raval de Jesús
Tortosa
Roquetes
Raval de Crist
La Cerollera
Ráfales
Fuentespalda
Beceite
Reserva Nacional de Puertos de Beseit
Caro
Los Puertos
Les Parellades
Vinallop
Camp-redó
Aguaviva
Ermita de la Consolación
Monroyo
Ermita de la Virgen de la Vega
Ermita de San Miguel
Arán
Caseta del Frare
Mas de Barberans
La Carrova
L'Aldea
Camarles
Jesús i Maria
Deltebre
Torre de Arcas
Peñarroya de Tastavins
Encanadé
El Negrell
Sta Bàrbara
Masdenverge
Amposta
La Cava
Sant Jaume d'Enveja
Delta de l'Ebre
Parc Natural del Delta
La Pobleta
Herbés
Fredes
Convent de Benifassà
Malagraner
El Carrascal
Freginals
La Galera
Godall
Ortells
Port de Torre Miró
El boixar
Castell de Cabres
La Pobla de Benifassà
El Bellestar de la Tinença
El Molí de l'Abad
La Sénia
Mas de Barberans
Miliana
Les Ventalles
Coto Nacional
St Carles de la Ràpita
El Poblenou del Delta
Port dels Alfacs
El Trabucador
Les Salines de
Xiva de Morella
Herbeset
Morella
Morella la Vella
Vallibona
Bel
Rossell
Els Valentins
El Castell
Sant Rafel del Riu
El Pas
Ulldecona
Platja Miami
Platja d'Alcanar
Les Cases d'Alcanar
Far de la Banya
Alcanar
Sta Àgata
El Turmell
Turmell
Ports de Morella
Canet lo Roig
Sa del Solà
Traiguera
Port de Querol
Vallivana
Xert
Sant Jordi
La Jana
Els Ametlers
Vinaròs
Serra de Vallivana
Enroig
Castellfort
L'Avellà
Tossal de la Nevera
Catí
Sant Mateu
Càlig
Cervera del Maestre
Cala Puntal
Benicarló
Mola d'Ares
Ares del Maestre
Coll. d'Ares
Barranc de la Gasulla
Mas de la Montalvana
Sa del Molló
Tirig
La Salzadella
Ermita de Nª Sª dels Àngels
Estació de Peníscola
Les Talaies d'Alcalà
Sa de la Vall d'Àngel
Les Talaies
Urmi
Peníscola / Peñíscola
Platja de Peníscola
Pla dels Pitxells
Sta Magdalena de Pulpís
Benasal
El Segarró
Albocàsser
Barranc de la Valltorta
Vilar de Canes
Sant Pau
Culla
La Torre d'en Besora
La Serralleta
Les Coves de Vinromà
Alcalà de Xivert
Cast. de Xivert
Ermita de Sant Miquel
Cap d'Irta
Els Rosildos
Esparreguera
La Banderola
Sierra Engarcerán
La Torre d'en Doménec
Vilanova d'Alcolea
Torreblanca
Mas Blanc
Coll de la Bassa
Els Ivarsos
Bell-lloch
Maestrat
Serra de Maestrat
Tarragona
Baix Ebre
L'Ebre
Serra del Boix
Montsià
El Perelló
L'Ampolla
Punta del Fangar
Port del Fangar
Pons
La Barra
Sa de la Creu
Vandellòs
Bellmunt del Priorat
La Figuera
Lloà
Gratallops
Vinebre
La Torre de l'Espanyol
El Molar
Ascó
Flix

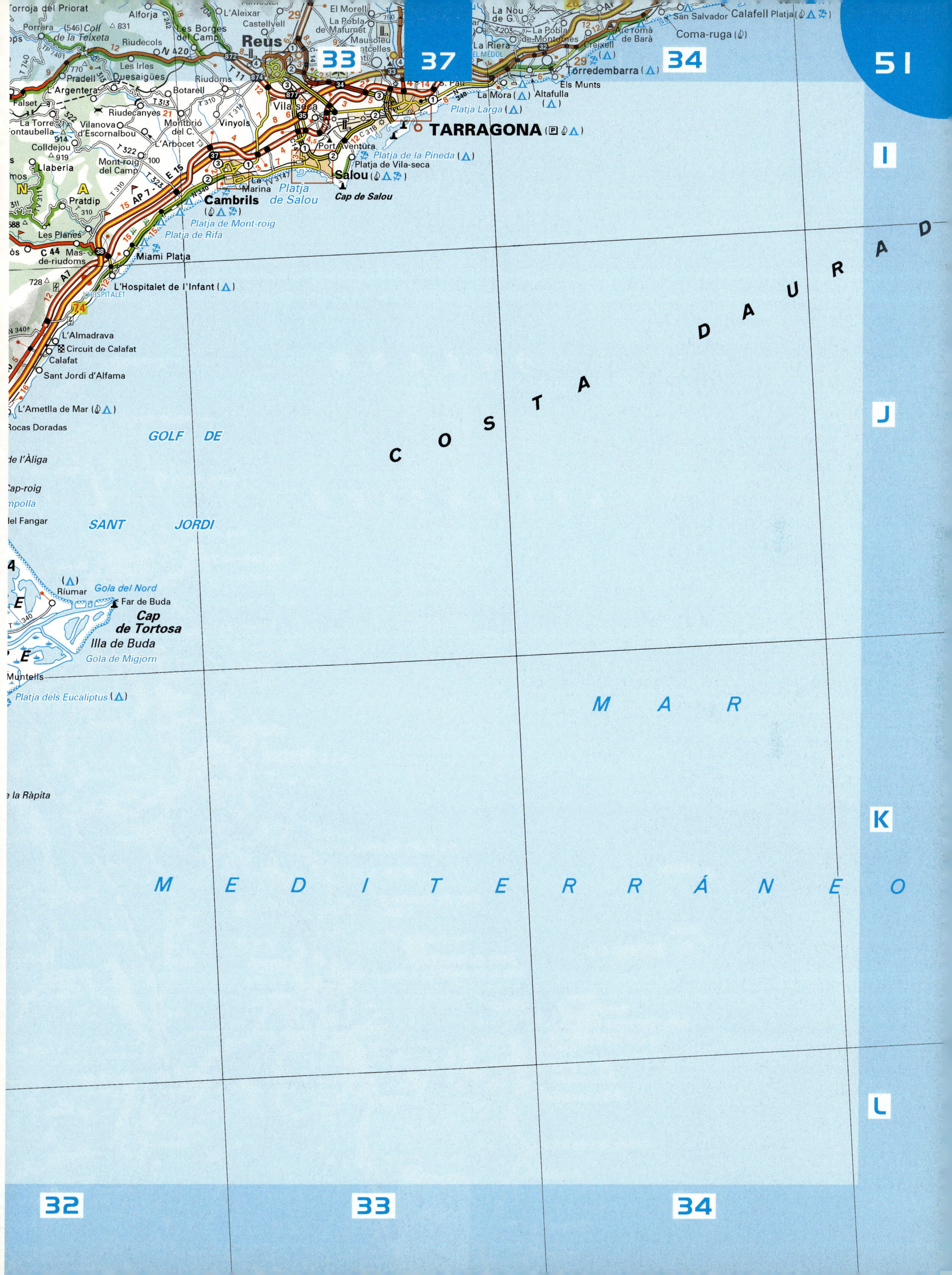
Torroja del Priorat
Alforja
L'Aleixar
Castellvell
El Morell
La Pobla de Mafumet
La Nou de G.
La Pobla de Montornès
San Salvador
Calafell
Coma-ruga
Porrera
Coll de la Teixeta
Riudecols
Les Borges del Camp
Reus
Mausoleu
Creixell
Arc romà de Barà
La Riera
Torredembarra
Els Munts
Altafulla
La Mora
Platja Llarga
Pradell
Les Irles
Duesaigües
L'Argentera
Riudoms
Botarell
Falset
Riudecanyes
La Torre de Fontaubella
Vilanova d'Escornalbou
Montbrió del C.
Vinyols
Vila-seca
TARRAGONA
Colldejou
L'Arbocet
Port Aventura
Llaberia
Mont-roig del Camp
Platja de la Pineda
Platja de Vila-seca
Salou
Cap de Salou
La Marina
Platja de Salou
Cambrils
Pratdip
Platja de Mont-roig
Platja de Rifa
Les Planes
Mas-de-riudoms
Miami Platja
L'Hospitalet de l'Infant
L'Almadrava
Circuit de Calafat
Calafat
Sant Jordi d'Alfama
L'Ametlla de Mar
Rocas Doradas
GOLF DE SANT JORDI
COSTA DAURAD
de l'Àliga
Cap-roig
mpolla
del Fangar
Riumar
Gola del Nord
Far de Buda
Cap de Tortosa
Illa de Buda
Gola de Migjorn
Muntells
Platja dels Eucaliptus
la Ràpita
MAR
MEDITERRÁNEO
33
37
34
I
J
K
L
32
33
34

1
2
L
M
N
O
OCEANO
ATLÂNTICO
Praia de Quiaios
Cabo Mondego
Figueira da Foz
Costa de Lavos
Praia de Leirosa
Leirosa
Pinhal
do
Urso
Pedrógão
Ervideira
Coimbrão
Praia da Vieira
Vieira de Leiria
Carvide
Monte Real
Pedras Negras
Leiria
Ortigosa
Pilado
Amor
Praia Velha
Barreiros
São Pedro de Moel
Marinha Grande
Água de Madeiros
Albergaria
Pedra do Ouro
Comeira
Polvoeira
Burinhosa
Moita
Cavalinhos
Vale Furado
Légua
Martingança
Maceira
Falca
Pataias
Pisões
Calvaria de Cima
Pataias Gare
Porto do Carro
Fanhais
Alpedriz
O Sítio
Andam
Nazaré
Cruz da Légua
Coz
Juncal
Praia Nova
Valado dos Frades
Cumeira
Maiorga
Aljubarrota
Praia do Salgado
Cela Velha
Fervença
Pedreiras
Famalicão
Serro Ventoso
Gralha
Cela
Alcobaça
São Martinho do Porto
Alto de S. Martinho
Évora de Alcobaça
Molianos
Farilhões
Salir do Porto
Alfeizerão
Alqueidão do Arrimal
Ponta dos Covinhos
Chão da Parada
Casal Velho
Vimeiro
Serra das Candeeiros
Mendiga
Cidade
Tornada
Turquel
Estelas
Berlenga
Foz do Arelho
Serra do Bouro
Carvalhal Benfeito
Sta Catarina
Benedita
Serra de Aire e Candeeiros
Valverde
Aldeia dos Pescadores
Praia do Rei Cortiço
Caldas da Rainha
Xartinho
Amiães
Nadadouro
Lagoa de Óbidos
Alcobertas
Papoa
Remédios
Baleal
Ferrarias
Arelho
Matoeira
Alcanede
Cabo Carvoeiro
Peniche
Ferrel
Vau
Óbidos
Avenal
Almofala
Gançaria
Teira
Cidadela
Atouguia da Baleia
Serra d'El-Rei
Sobral da Lagoa
Amoreira
Gaeiras
Vidais
Alvorninha
Pé da Serra
Alto da Serra
Fráguas
Bgem de Sto Domingos
Consolação
Olho Marinho
Mamede
São Gregório da Fanadia
Rio Maior
Azinheira
São Bernardino
Geraldes
Casais do Chafariz
Aldeia dos Francos
Arruda dos Pisões
Ribafria
Reguengo Grande
Roliça
Salgueiro
Carvalhal
Landal
Abuxarda
Praia da Areia Branca
S. Bartolomeu dos Galegos
Bombarral
Vermelha
Asseiceira
Alguber
Boiças
São João da Ribeira
Lourinhã
Miragaia
Vale Covo
Sanguinhal
Peral
Marmeleira
Porto de Barcas
Cadaval
Arrouquelas
Azambujeira
Praia de Ribeiro
Ribamar
Pêro Moniz
Cercal
Quebradas
Almoster
Toledo
Lamas
Praia do Porto Novo
Vimeiro
Outeiro da Cabeça
Vilar
Pragança
Alcoentre
Manique do Intendente
Vila Nova de São Pedro
Macussa
3

64

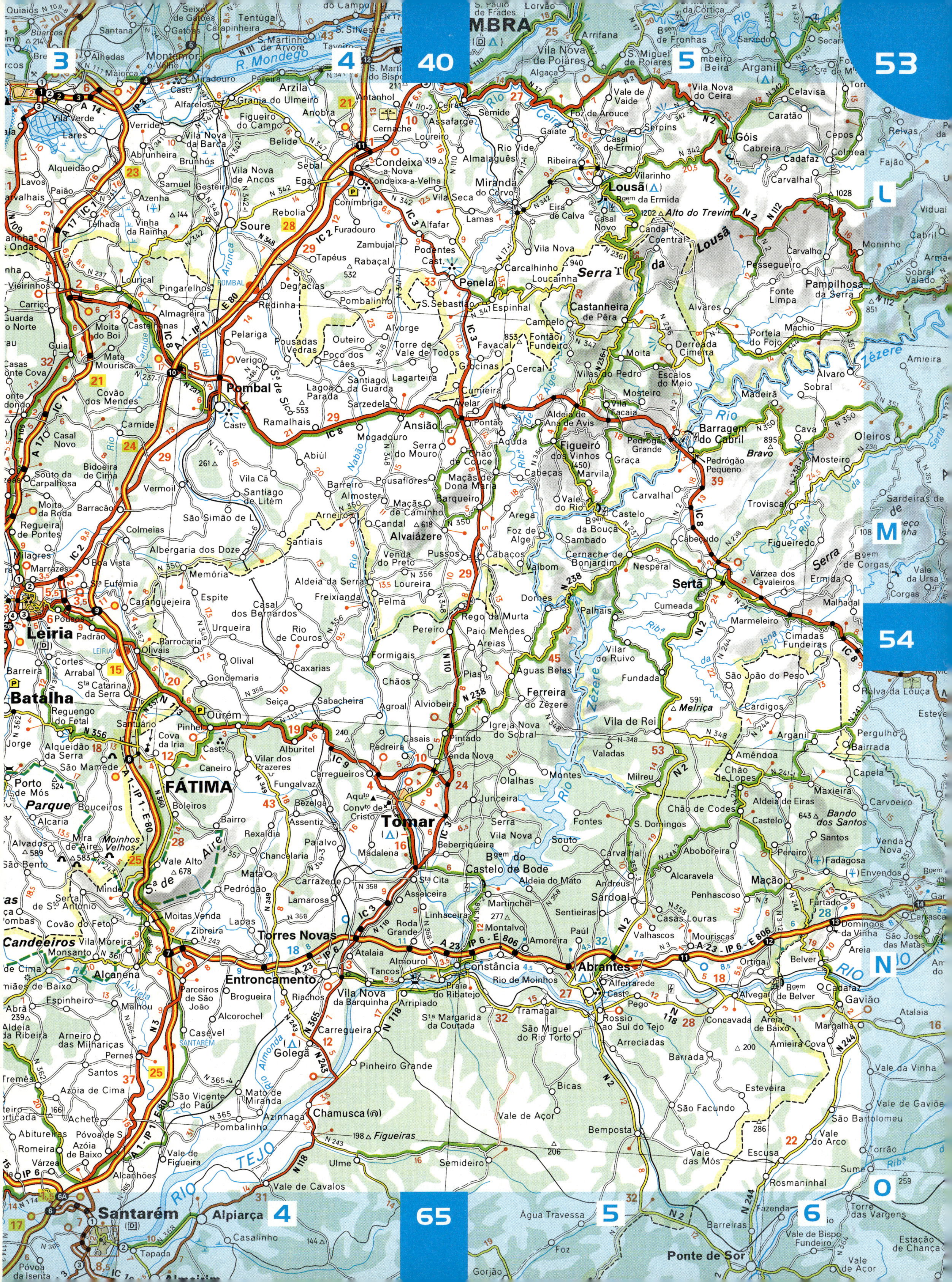

40
53
54
65
3
4
5
6
L
M
N
O
Coimbra
Condeixa-a-Velha
Lousã
Serra da Lousã
Alto do Trevim
Penela
Góis
Pampilhosa da Serra
Castanheira de Pêra
Figueiró dos Vinhos
Pedrógão Grande
Barragem do Cabril
Sertã
Oleiros
Pombal
Ansião
Alvaiázere
Leiria
Batalha
Fátima
Ourém
Tomar
Torres Novas
Entroncamento
Constância
Abrantes
Golegã
Chamusca
Santarém
Alpiarça
Sardoal
Mação
Gavião
Ponte de Sor
Vila de Rei
Ferreira do Zêzere
Porto de Mós
Alcanena
Vila Nova da Barquinha
Rio Mondego
Rio Tejo
Rio Zêzere
Serra de Aire
Bando dos Santos
Parque
Candeeiros

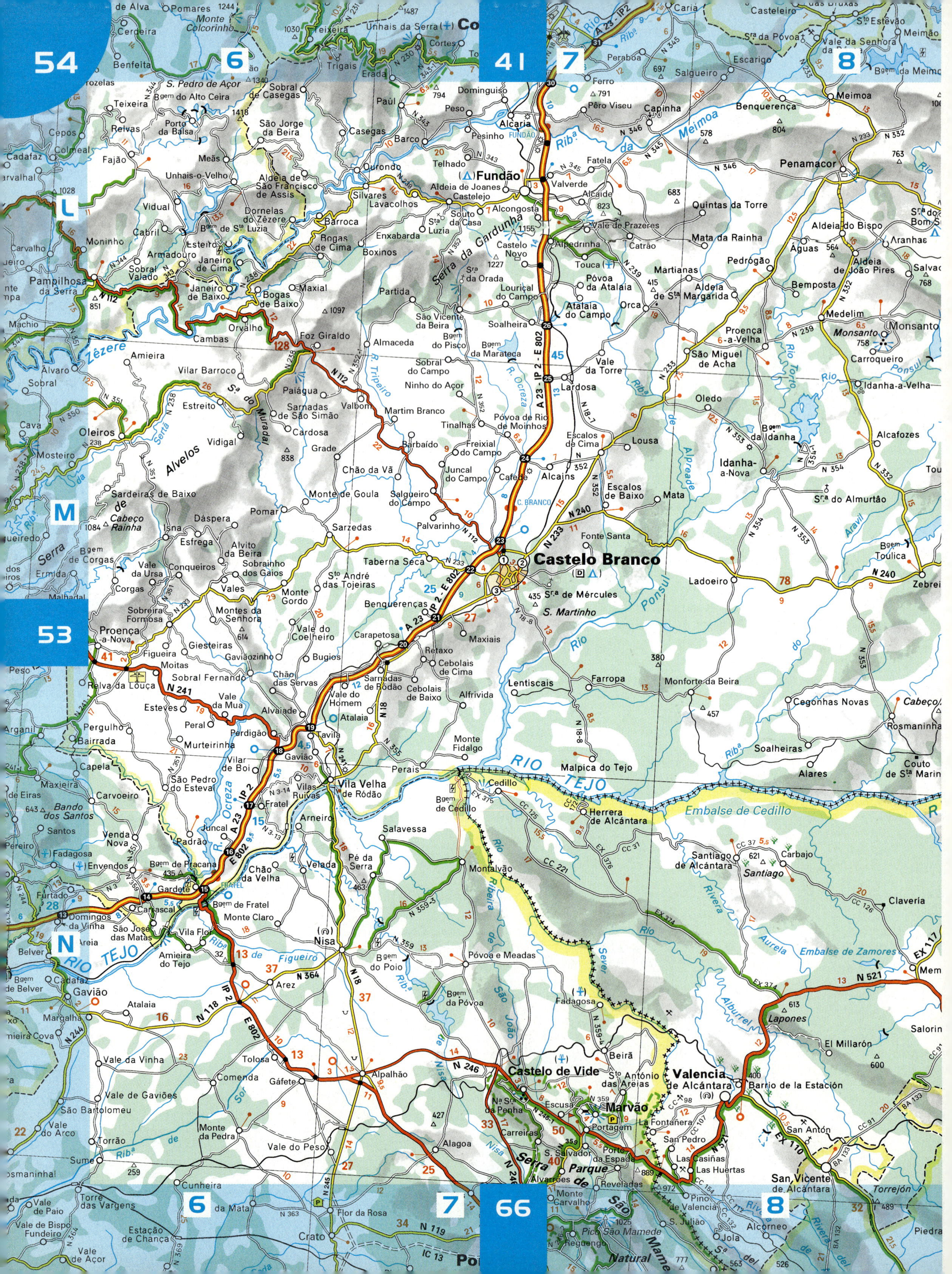

54
6
41
7
8
L
M
53
N
66
Castelo Branco
Fundão
Alcaria
Valverde
Alpedrinha
Castelo Novo
Soalheira
Lardosa
Alcains
Escalos de Cima
Escalos de Baixo
Lousa
Mata
Fonte Santa
Sra de Mércules
S. Martinho
Ladoeiro
Zebreira
Idanha-a-Nova
Idanha-a-Velha
Monsanto
Medelim
Proença-a-Velha
São Miguel de Acha
Oledo
Aldeia do Bispo
Penamacor
Meimoa
Benquerença
Capinha
Salgueiro
Peraboa
Caria
Casteleiro
Quintas da Torre
Mata da Rainha
Pedrógão
Águas
Bemposta
Carroqueiro
Alcafozes
Aranhas
Monforte da Beira
Cegonhas Novas
Rosmaninhal
Soalheiras
Alares
Malpica do Tejo
Lentiscais
Farropa
Perais
Vila Velha de Ródão
Sarnadas de Ródão
Retaxo
Cebolais de Cima
Alfrivida
Monte Fidalgo
Maxiais
Benquerenças
Carapetosa
Taberna Seca
Sarzedas
Salgueiro do Campo
Martim Branco
Almaceda
Foz Giraldo
Orvalho
Cambas
Estreito
Oleiros
Alvelos
Vidigal
Pampilhosa da Serra
Fajão
Unhais-o-Velho
Janeiro de Cima
Janeiro de Baixo
Silvares
Barroca
Boxinos
Enxabarda
Sobral de Casegas
Casegas
Dominguiso
Peso
Barco
Ourondo
Telhado
Alcongosta
Souto da Casa
Serra da Gardunha
Atalaia do Campo
Póvoa da Atalaia
Orca
Martianas
Proença-a-Nova
Sobreira Formosa
Montes da Senhora
Sobral Fernando
Perdigão
Gavião
Fratel
Vilar de Boi
São Pedro do Esteval
Juncal
Envendos
Carvoeiro
Maxieira
Venda Nova
Padrão
Gardete
Belver
Amieira do Tejo
Arez
Nisa
Tolosa
Alpalhão
Gáfete
Comenda
Alagoa
Vale do Peso
Crato
Flor da Rosa
Castelo de Vide
Marvão
Portagem
Carreiras
Escusa
Beirã
Fadagosa
Póvoa e Meadas
Montalvão
Salavessa
Pé da Serra
Chão da Velha
Monte Claro
Cedillo
Herrera de Alcántara
Embalse de Cedillo
Santiago de Alcántara
Carbajo
Clavería
Embalse de Zamores
Valencia de Alcántara
Barrio de la Estación
San Antón
San Pedro
Las Casiñas
Las Huertas
San Vicente de Alcántara
El Millarón
Lapones
Salorino
RIO TEJO
Rio Ponsul
Rio Zêzere
Parque Natural
Serra de São Mamede
A 23 - IP 2 - E 802
N 112
N 240
N 233
N 241
N 246
N 359
N 364
N 118
N 521

42
55
56
67
9
10
11
L
M
N
CÁCERES
Coria
Alcántara
Moraleja
Montehermoso
Valverde del Fresno
Eljas
San Martín de Trevejo
Acebo
Villamiel
Trevejo
Hoyos
Perales del Puerto
Gata
Torre de Don Miguel
Villasbuenas de Gata
Santibáñez el Alto
Cadalso
Hernán Pérez
Torrecilla de los Ángeles
Villanueva de la Sierra
Pozuelo de Zarzón
Palomero
Marchagaz
Cerezo
Mohedas
El Bronco
Sta Cruz de Paniagua
Aceituna
Guijo de Granadilla
Cilleros
Vegaviana
Huélaga
Calzadilla
Guijo de Coria
Guijo de Galisteo
Valdeobispo
Carcaboso
Plasencia
Aldehuela de Jerte
Galisteo
Morcillo
Valrío
Puebla de Argeme
Rincón del Obispo
El Batán
Alagón del Caudillo
San Gil
Casillas de Coria
Casas de Don Gómez
Cachorrilla
Pescueza
Portaje
Torrejoncillo
Riolobos
Holguera
Mirabel
Grimaldo
Casas de Millán
Pedroso de Acim
Portezuelo
Cañaveral
Ceclavín
Acehúche
Zarza la Mayor
Piedras Albas
Mata de Alcántara
Garrovillas de Alconétar
Hinojal
Talaván
Santiago del Campo
Monroy
Villa del Rey
Brozas
Navas del Madroño
Casar de Cáceres
Arroyo de la Luz
Malpartida de Cáceres
Aliseda
Herreruela
Torreorgaz
Sierra de Fuentes
Valdesalor
Torremocha
Botija
Embalse de Alcántara
Embalse de Borbollón
Embalse de Portaje
Embalse de Valdeobispo
Embalse de Arroyo Bremudo
Embalse de Talaván
Embalse de Cáceres
Embalse del Salor
Río Tajo
Río Alagón
Río Salor
Sierra de Gata
Sierra de Coria
Peñas de Levante
Sierra de la Garrapata
Autovía: 11-2009

56
43
55
68
11
12
13
L
M
N
Calama
Lagunilla
Peñacaballera
Puerto de Béjar
La Garganta
Embalse de Gabriel y Galán
E. de Baños
Hervás
Puerto de Tornavacas
Tremedal
La Zarza
Solana de Ávila
Santiago de Aravalle
Navatejares
Umbrías
Gil-García
El Barco de Ávila
Los Llanos de Tormes
La Aliseda de Tormes
(Santiago de Tormes)
Bohoyo
La Lastra del Cano
Navalperal de Tormes
Nava del Barco
Pastor
Puerto Castilla
Navalonguilla
Navalguijo
Laguna del Barco
Covacha
Laguna Grande de Gredos
Pico Almanzor
SIERRA
Granadilla
Zarza de Granadilla
Aldeanueva del Camino
Abadía
La Granja
Gargantilla
Pto de Honduras
Segura de Toro
Casas del Monte
Camocho
Tornavacas
Jerte
Río Jerte
Cabezuela del Valle
Montes de Tras la Sierra
Navaconcejo
Sa de Tormantos
Refugio de Nª Sª de las Nieves
Guijo de Sta Bárbara
Santuario de Nª Sª de Chilla
Ahigal
Guijo de Granadilla
Ruinas de Caparra
Jarilla
Cabezabellosa
Villar de Plasencia
El Torno
Rebollar
Valdastillas
Pto del Piornal
Panera
Aldeanueva de la Vera
Monasterio de Yuste
Losar de la Vera
Madrigal de la Vera
Villanueva de la Vera
Talaveruela
El Raso
Candeleda
Embalse de Valdeobispo
Oliva de Plasencia
Embalse de Plasencia
Cabrero
Casas del Castañar
Piornal
Garganta la Olla
Cuacos de Yuste
Jarandilla de la Vera
Viandar de la Vera
Robledillo de la Vera
Valverde de la Vera
Vera
Embalse de Rosarito
Valdeobispo
Almendral
Ermita de Nª Sª del Puerto
Carcaboso
Plasencia
Sierra de San Bernabé
Gargüera
Barrado
Pasarón de la Vera
Jaraiz de la Vera
Collado
E. de Navalmoral de la Mata
Tiétar
Barquilla de Pinares
Pueblonuevo de Miramontes
Tiétar del Caudillo
Centro Agronómico de Valdecañas
Pradochano
Arroyomolinos de la Vera
Torremenga
Sta Bárbara
Tejeda de Tiétar
Malpartida de Plasencia
Mesillas
Sta María de las Lomas
Las Ventas de San Julián
E. de Gargüera
Río
Baldío
Talayuela
Rosalejo
Pantano de Navabuena
Valdeíñigos
Majadas
San Marcos
Estación de Palazuelo-Empalme
Palacio de las Cabezas
Estación de la Bazagona
Toril
Navalmoral de la Mata
Bermejo
La Calzada de Oropesa
Cortijo
Mirabel
Embalse de Torrejón-Tiétar
Puerto de la Serrana
Macarra
Casatejada
Villarreal de San Carlos
Parque Natural
Saucedilla
Peraleda de la Mata
El Gordo
Serradilla
Santuario de Monfragüe
Serrejón
Sierra de Serrejón
Embalse de Arrocampo-Almaraz
Almaraz
Belvís de Monroy
Millanes
Casas de Belvís
Valdehúncar
Embalse de Valdecañas
Berrocalejo
Corchuela
Embalse de Torrejón-Tajo
Ruinas romanas
TAJO
Torrejón el Rubio
Embalse de la Vid
de Monfragüe
Sierra de Piatones
Berzalejo
Bohonal de Ibor
Valdecañas de Tajo
Mesas de Ibor
Romangordo
Peraleda de San Román
Valdelacasa de Tajo
Valdeverdeja
Embalse Arroyo Bremudo
Casas de Miravete
Higuera de Albalat
Puerto de Miravete
Garvín
Embalse del Pizarroso
Campillo de Deleitosa
Arroyo de la Vid
Jaraicejo
Fresnedoso de Ibor
Burguillos
Deleitosa
Cabras
Collado de Arrebatacapas
Castañar de Ibor
Sierra
Almonte
Tozo
E. del Tozo
Robledollano
Aldea del Trujillo
Torrecillas de la Tiesa
Retamosa
Navalvillar de Ibor
Collado del Hospital
Molino
Roturas
Cabañas del Castillo
Sierra de Viejas
Cervales
Magasca
Embalse de Casillas
Sta Marta de Magasca
Aldeacentenera
GUADALUPE
Huertas de Ánimas
Belén
Valcaliente
Navezuelas
Huertas de la Magdalena
E. de Madroñera
Villuercas
Ermita del Humilladero
Trujillo
Solana
Guadalupe
Autovía: 11-2009
La Cumbre
Madroñera
Berzocana
Eta de Mirabel
Monasterio de Guadalupe
Collado del Mazo
E. de Cancho del Fresno
Pto de Berzocana
Garciaz
Las Golondrinas
Plasenzuela
Convento de San Clemente
Herguijuela
Sierra de Pedro Gómez
Venero
Cañamero
Puerto Llano
Eta de Torrealba
Botija
Conquista de la Sierra
Ruanes
Ibahernando
Sta Cruz de la Sierra
Logrosán
A 5 - E 90
A 66 - E 803
A 58
N 110
EX A1
EX 203
EX 208
EX 118
EX 119
EX 102
CL 501

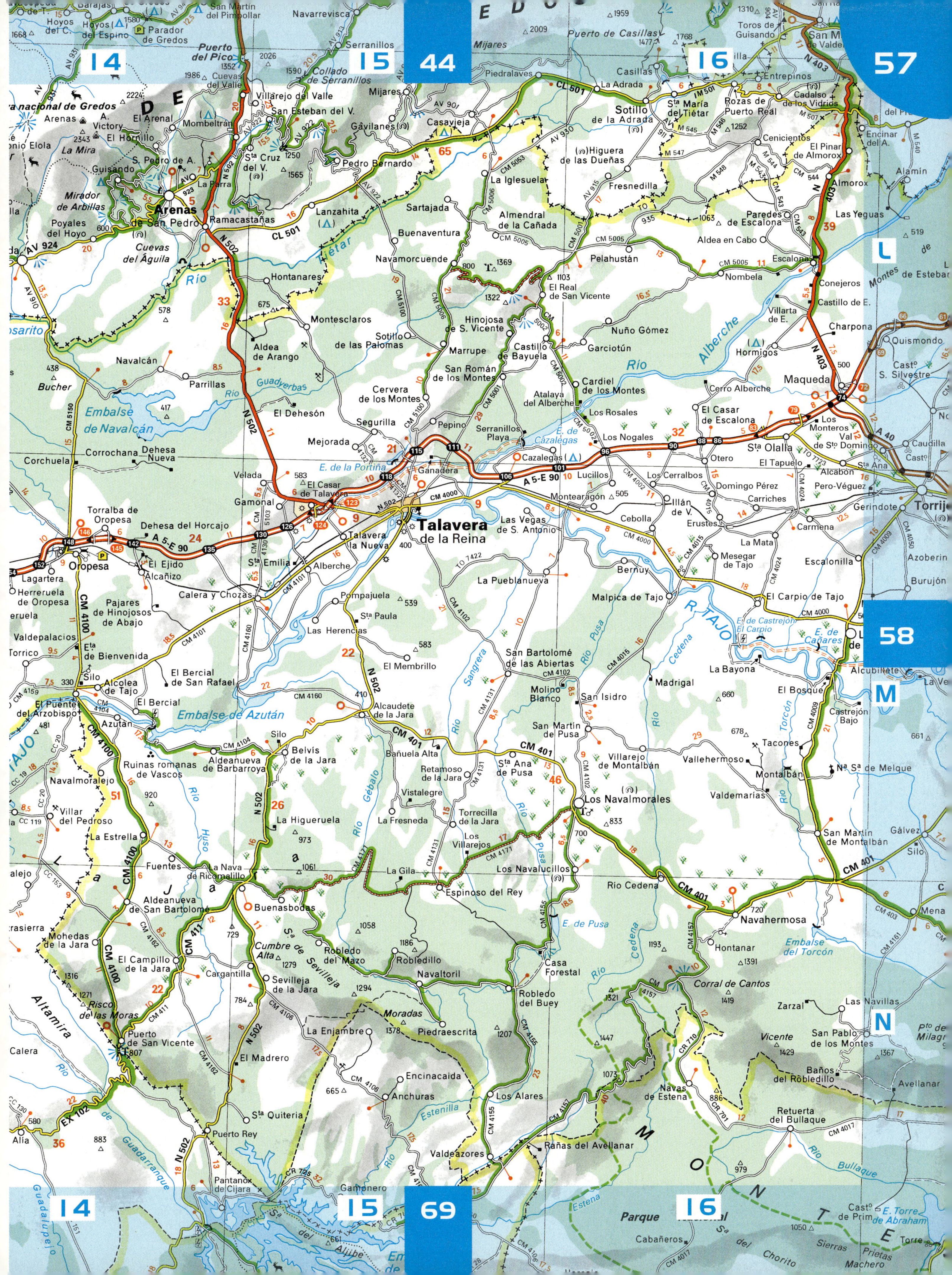

14
15
44
16
57
58
69
L
M
N
Talavera de la Reina
Arenas de San Pedro
Oropesa
Maqueda
Torrijos
Los Navalmorales
Sotillo de la Adrada
La Adrada
Puerto de Casillas
Puerto del Pico
Collado de Serranillos
Parador de Gredos
Villarejo del Valle
San Esteban del V.
Mombeltrán
Gavilanes
Casavieja
Pedro Bernardo
Piedralaves
Mijares
Serranillos
Navarrevisca
Sta María del Tiétar
Rozas de Puerto Real
Cadalso de los Vidrios
Cenicientos
El Pinar de Almorox
Almorox
Higuera de las Dueñas
La Iglesuela
Fresnedilla
Almendral de la Cañada
Paredes de Escalona
Aldea en Cabo
Escalona
Nombela
Pelahustán
El Real de San Vicente
Hinojosa de S. Vicente
Navamorcuende
Buenaventura
Sartajada
Lanzahita
Ramacastañas
Guisando
El Hornillo
El Arenal
Cuevas del Águila
Hontanares
Montesclaros
Sotillo de las Palomas
Marrupe
Castillo de Bayuela
San Román de los Montes
Cervera de los Montes
Nuño Gómez
Garciotún
Cardiel de los Montes
Atalaya del Alberche
Los Rosales
Los Nogales
El Casar de Escalona
Cerro Alberche
Hormigos
Sta Olalla
Otero
El Tapuelo
Alcabón
Pero-Véguez
Domingo Pérez
Carriches
Los Cerralbos
Illán de V.
Erustes
Carmena
Gerindote
Escalonilla
Burujón
La Mata
Mesegar de Tajo
El Carpio de Tajo
Cebolla
Montearagón
Lucillos
Cazalegas
Pepino
Serranillos Playa
Segurilla
Mejorada
El Dehesón
Aldea de Arango
Parrillas
Navalcán
Embalse de Navalcán
Corrochana
Dehesa Nueva
Corchuela
Velada
Gamonal
El Casar de Talavera
Talavera la Nueva
Sta Emilia
Alberche
Calera y Chozas
Torralba de Oropesa
Dehesa del Horcajo
Lagartera
Herreruela de Oropesa
El Ejido
Alcañizo
Pajares de Hinojosos de Abajo
Valdepalacios
Eta de Bienvenida
El Bercial de San Rafael
Alcolea de Tajo
Silo
El Puente del Arzobispo
Azután
Embalse de Azután
Las Vegas de S. Antonio
La Pueblanueva
Bernuy
Malpica de Tajo
R. Tajo
Pompajuela
Sta Paula
Las Herencias
El Membrillo
Alcaudete de la Jara
San Bartolomé de las Abiertas
Molino Blanco
San Isidro
San Martín de Pusa
Villarejo de Montalbán
Madrigal
La Bayona
El Bosque
Castrejón Bajo
Tacones
Montalbán
Nª Sª de Melque
Vallehermoso
Valdemarías
San Martín de Montalbán
Gálvez
Belvís de la Jara
Aldeanueva de Barbarroya
Ruinas romanas de Vascos
Navalmoralejo
Villar del Pedroso
La Estrella
Bañuela Alta
Retamoso de la Jara
Sta Ana de Pusa
Vistalegre
La Fresneda
Torrecilla de la Jara
Los Villarejos
La Higueruela
Fuentes
La Nava de Ricomalillo
La Gila
Espinoso del Rey
Los Navalucillos
Río Cedena
Navahermosa
Hontanar
Embalse del Torcón
Aldeanueva de San Bartolomé
Buenasbodas
Mohedas de la Jara
El Campillo de la Jara
Cargantilla
Robledo del Mazo
Robledillo
Navaltoril
Casa Forestal
Sevilleja de la Jara
Cumbre de Sevilleja
Corral de Cantos
Zarzal
Las Navillas
San Pablo de los Montes
Baños del Robledillo
Avellanar
Retuerta del Bullaque
Navas de Estena
Robledo del Buey
Piedraescrita
La Enjambre
Moradas
El Madrero
Puerto de San Vicente
Risco de las Moras
Altamira
Encinacaida
Anchuras
Los Alares
Valdeazores
Rañas del Avellanar
Sta Quiteria
Puerto Rey
Pantano de Cijara
Gamonero
Parque
Cabañeros
Sierras Prietas
Machero
Torre
E. Torre de Abraham
Castº de Prim
A 5-E 90
A 40
N 502
N 403
CM 4100
CM 401
CL 501
AV 924
EX 102
Río Tiétar
Río Alberche
Río Tajo
Río Pusa
Río Sangrera
Río Gébalo
Río Huso
Río Cedena
Río Torcón
Río Estenilla
Río Bullaque
Guadarranque
Guadalupejo

58
17
45
18
19
57
70
MADRID
Leganés
Getafe
Móstoles
Fuenlabrada
Navalcarnero
Pinto
Parla
Valdemoro
Aranjuez
Ocaña
Illescas
Seseña
Yeles
Esquivias
Torrejón de Velasco
Griñón
Humanes de Madrid
Moraleja de Enmedio
Arroyomolinos
Las Colinas
Cotorredondo
El Álamo
Batres
Serranillos del Valle
Casarrubuelos
Cubas de la Sagra
Carranque
Ugena
Casarrubios del Monte
Valmojado
Méntrida
Calalberche
Aldea del Fresno
Safari Madrid
Villa del Prado
Encinar del A.
Alamín
Almorox
Las Yeguas
Montes de Alamín
La Torre de Esteban Hambrán
Las Ventas de Retamosa
Chozas de Canales
Camarena
Sta Cruz del Retamar
Quismondo
Maqueda
Escalona
Charpona
Castillo de E.
Conejeros
Portillo de Toledo
Novés
Fuensalida
Arcicóllar
Camarenilla
Huecas
Recas
Lominchar
Palomeque
Cedillo del Condado
Yuncos
Numancia de la S.
Pantoja
Yunclillos
Villaluenga de la S.
Cobeja
Alameda de la Sagra
Añover de T.
Borox
Real Cortijo de S. Isidro
Ontígola
Cabañas de la Sagra
Villaseca de la S.
Magán
Mocejón
Olías del Rey
Bargas
Los Olivos
Villamejor
Aceca
Castillejo
Colonia Iberia
Estación de Algodor
Ciruelos
Yepes
Cabañas de Yepes
Dosbarrios
Huerta de Valdecarábanos
Villasequilla
Villamuelas
Bodegas
Mazarracín
Azucaica
Sta María de Benquerencia
TOLEDO
Torrijos
Gerindote
Barcience
Rielves
Casa Nueva
Calvín Bajo
Villamiel de Toledo
Bilbis
Azoberines
Burujón
Canillas
Albarreal de T.
Escalonilla
Carpio de Tajo
La Puebla de Montalbán
Mazarabeas Altas y Bajas
Estiviel
Monterrey
Embalse de Castrejón
La Ventosilla
Alcubillete
Guadamur
Polán
Alamedilla
Argés
Cobisa
Burguillos de T.
Nambroca
Las Nieves
Sierra de Nambroca
Almonacid de T.
Mascaraque
Mora
Villaminaya
Chueca
Ajofrín
Sonseca
Mazarambroz
Layos
La Higueruela
Noez
Totanés
Pulgar
Gálvez
San Martín de Montalbán
Castrejón Bajo
Nª Sª de Melque
Sta Catalina
Casasbuenas
Embalse de Guajaraz
Cuerva
Menasalbas
El Castañar
Las Ventas con Peña Aguilera
Convento de El Castañar
Sª del Castañar
Sierra Gorda
Casalgordo
Arisgotas
Orgaz
Manzaneque
Yébenes
Molino
los Yébenes
Marjaliza
Los Salmanquinos de A.
El Sauceral
Gamero
Pto del Milagro
Navillas
San Pablo de los Montes
Baños del Robledillo
Avellanar
El Milagro
El Molinillo
Sª de los Torneros
Becerra
Navalices
Coto Nacional
Montes de Mora
de los Quintos
Las Guadalerzas
Miguelagua
Sª del Rebollarejo
Sª de Fuente Blanca
Ballesteros
Sierra del Robledo
Caleruela
Castº de Guadalerzas
Sª de las Alberquillas
Pedrera
Vega Esquivia
Urda
Consuegra
Molinos
Madridejos
La Mata
Largas
Turleque
Embalse de Finisterre
Sierra de la Rabera
Buey
Casas del Monte
Tembleque
Villanueva de Bogas
Embalse del Castro
Arroyo Cedrón
Río Algodor
Río Tajo
Río Guadarrama
Río Milagro
Río Bullaque
TOLEDO
Parque Regional del Sureste
Ciempozuelos
Titulcia
Gózquez de Arriba
Gózquez de Abajo
Vallequillas
San Martín de la Vega
Casas del Cura
Perales del Río
La Marañosa
Las Infantas
El Corralejo
Embalse del Torcón
Castº de Prim
E. Torre de Abraham
Sierras Prietas
Machero
de Mora
Las Navas
El Robledillo
Casa de Don Jerónimo Tapia
Enmedio

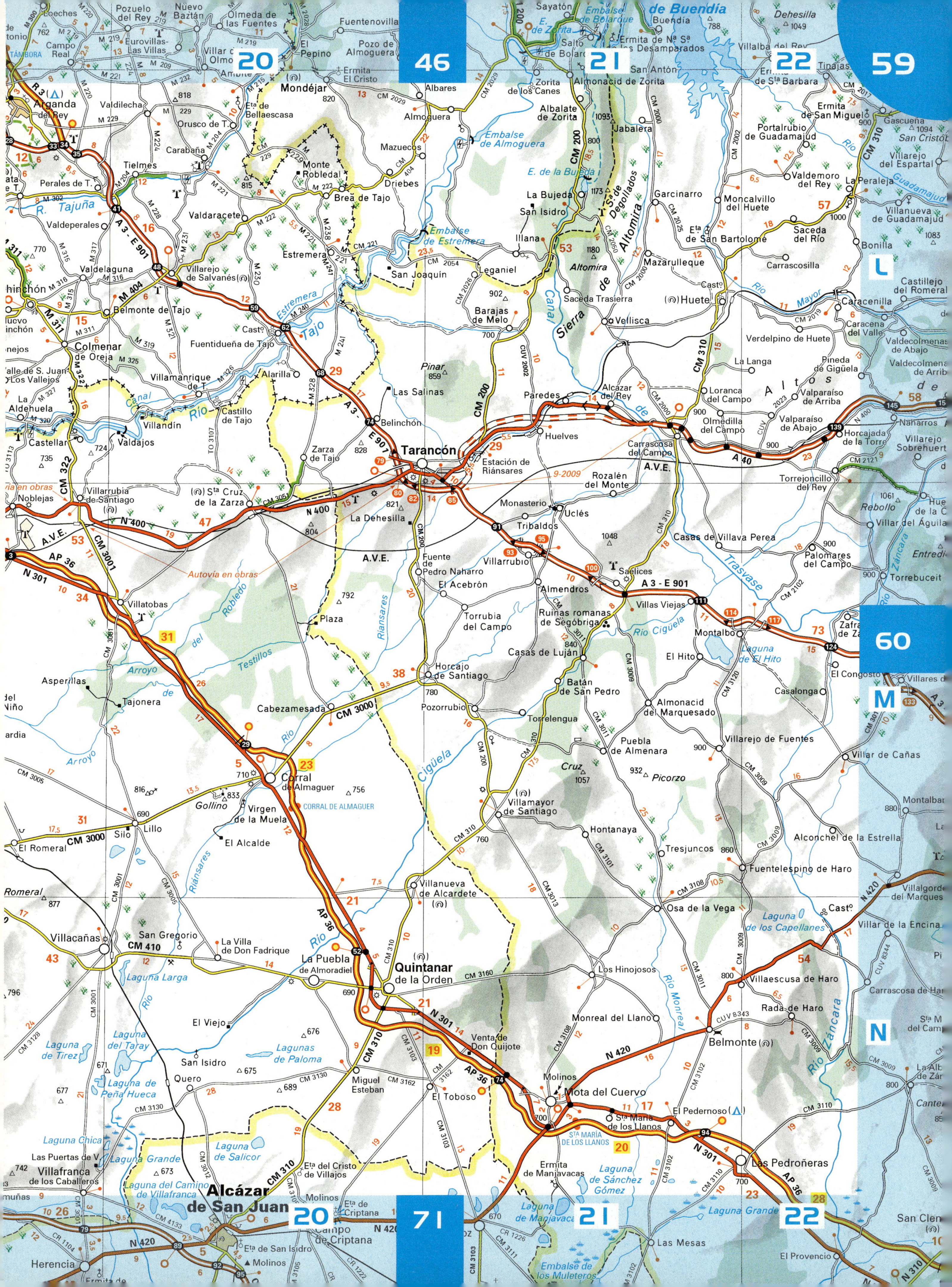
46
20
21
22
60
71
L
M
N
Loeches
Pozuelo del Rey
Nuevo Baztán
Olmeda de las Fuentes
Fuentenovilla
Campo Real
Eurovillas-Las Villas
Villar del Olmo
Ambite
Pezuela de las Torres
El Pepino
Pozo de Almoguera
Ermita El Cristo
Mondéjar
Albares
Almoguera
Mazuecos
Driebes
Embalse de Almoguera
Sayatón
Embalse de Bolarque
de Buendía
Buendía
Dehesilla
Zorita
Salto de Bolarque
Ermita de Nª Sª de los Desamparados
Villalba del Rey
Tinajas
San Antón
Almonacid de Zorita
Zorita de los Canes
Albalate de Zorita
Jabalera
Eta de Sta Barbara
Ermita de San Miguel
Gascuena
San Cristóbal
Villarejo del Espartal
Portalrubio de Guadamajud
Valdemoro del Rey
La Peraleja
Guadamajud
Villanueva de Guadamajud
Moncalvillo del Huete
Eta de San Bartolomé
Saceda del Río
Bonilla
Carrascosilla
Castillejo del Romeral
Arganda del Rey
Valdilecha
Orusco de T.
Carabaña
Eta de Bellaescasa
Tielmes
Perales de T.
R. Tajuña
Monte Robledal
Brea de Tajo
Valdaracete
Valdeperales
Estremera
Embalse de Estremera
San Joaquín
Leganiel
Barajas de Melo
E. de la Bujeda
La Bujeda
San Isidro
Illana
Sa de Degollados
Sierra de Altomira
Altomira
Garcinarro
Mazarulleque
Huete
Río Mayor
Caracenilla
Saceda Trasierra
Vellisca
Verdelpino de Huete
Carcena del Valle
Valdecolmenas de Abajo
Valdecolmenas de Arriba
Canal
Valdelaguna
Villarejo de Salvanés
Chinchón
Belmonte de Tajo
Colmenar de Oreja
Fuentidueña de Tajo
Estremera
Tajo
Villamanrique de T.
Alarilla
Valle de S. Juan
Los Vallejos
La Aldehuela
Castellar
Villandín
Castillo de Tajo
Valdajos
Pinar
Las Salinas
Belinchón
Tarancón
Zarza de Tajo
Estación de Riánsares
Paredes
Alcázar del Rey
Huelves
La Langa
Loranca del Campo
Olmedilla del Campo
Altos
Valparaíso de Arriba
Valparaíso de Abajo
Pineda de Gigüela
Naharros
Horcajada de la Torre
Villarejo Sobrehuerta
Carrascosa del Campo
Torrejoncillo del Rey
Rozalén del Monte
Villarrubia de Santiago
Noblejas
Sta Cruz de la Zarza
La Dehesilla
Monasterio
Uclés
Tribaldos
Rebollo
Villar del Águila
Autovía en obras
Fuente de Pedro Naharro
Villarrubio
Saélices
Casas de Villava Perea
Palomares del Campo
Trasvase
Torrebuceit
El Acebrón
Almendros
Villas Viejas
Villatobas
Torrubia del Campo
Ruinas romanas de Segóbriga
Río Cigüela
Montalbo
Laguna de El Hito
El Hito
Zafra de Z.
Plaza
Arroyo del Robledo
Riánsares
Casas de Luján
El Congosto
Villares del Saz
Asperillas
Tajonera
Arroyo de Testillos
Horcajo de Santiago
Batán de San Pedro
Almonacid del Marquesado
Casalonga
Cabezamesada
Pozorrubio
Torrelengua
Villarejo de Fuentes
Villar de Cañas
Puebla de Almenara
Cigüela
Cruz
Picorzo
Corral de Almaguer
CORRAL DE ALMAGUER
Gollino
Virgen de la Muela
Lillo
Silo
El Romeral
El Alcalde
Villamayor de Santiago
Hontanaya
Montalbanejo
Tresjuncos
Alconchel de la Estrella
Fuentelespino de Haro
Romeral
Villanueva de Alcardete
Osa de la Vega
Laguna de los Capellanes
Villagordo del Marqués
Villar de la Encina
Villacañas
San Gregorio
La Villa de Don Fadrique
Laguna Larga
La Puebla de Almoradiel
Quintanar de la Orden
Los Hinojosos
Villaescusa de Haro
Carrascosa de Haro
El Viejo
Monreal del Llano
Río Monreal
Rada de Haro
Laguna de Tirez
Laguna del Taray
Lagunas de Paloma
San Isidro
Quero
Miguel Esteban
Venta de Don Quijote
Belmonte
Río Záncara
Laguna de Peña Hueca
El Toboso
Mota del Cuervo
Molinos
Sta María de los Llanos
El Pedernoso
La Alberca de Záncara
Laguna Chica
Las Puertas de V.
Laguna Grande
Laguna de Salicor
Villafranca de los Caballeros
Laguna del Camino de Villafranca
Alcázar de San Juan
Eta del Cristo de Villajos
Ermita de Manjavacas
Laguna de Sánchez Gómez
Las Pedroñeras
Laguna de Manjavacas
Laguna Grande
Molinos
Eta de Criptana
Campo de Criptana
Eta de San Isidro
Herencia
Las Mesas
El Provencio
Embalse de los Muleteros
San Clemente
A 3 - E 901
A 40
A.V.E.
N 400
N 301
AP 36
N 420
M 404
M 311
CM 200
CM 310
CM 3000
CM 410
CM 3001
CM 3009
CM 3160
N 310

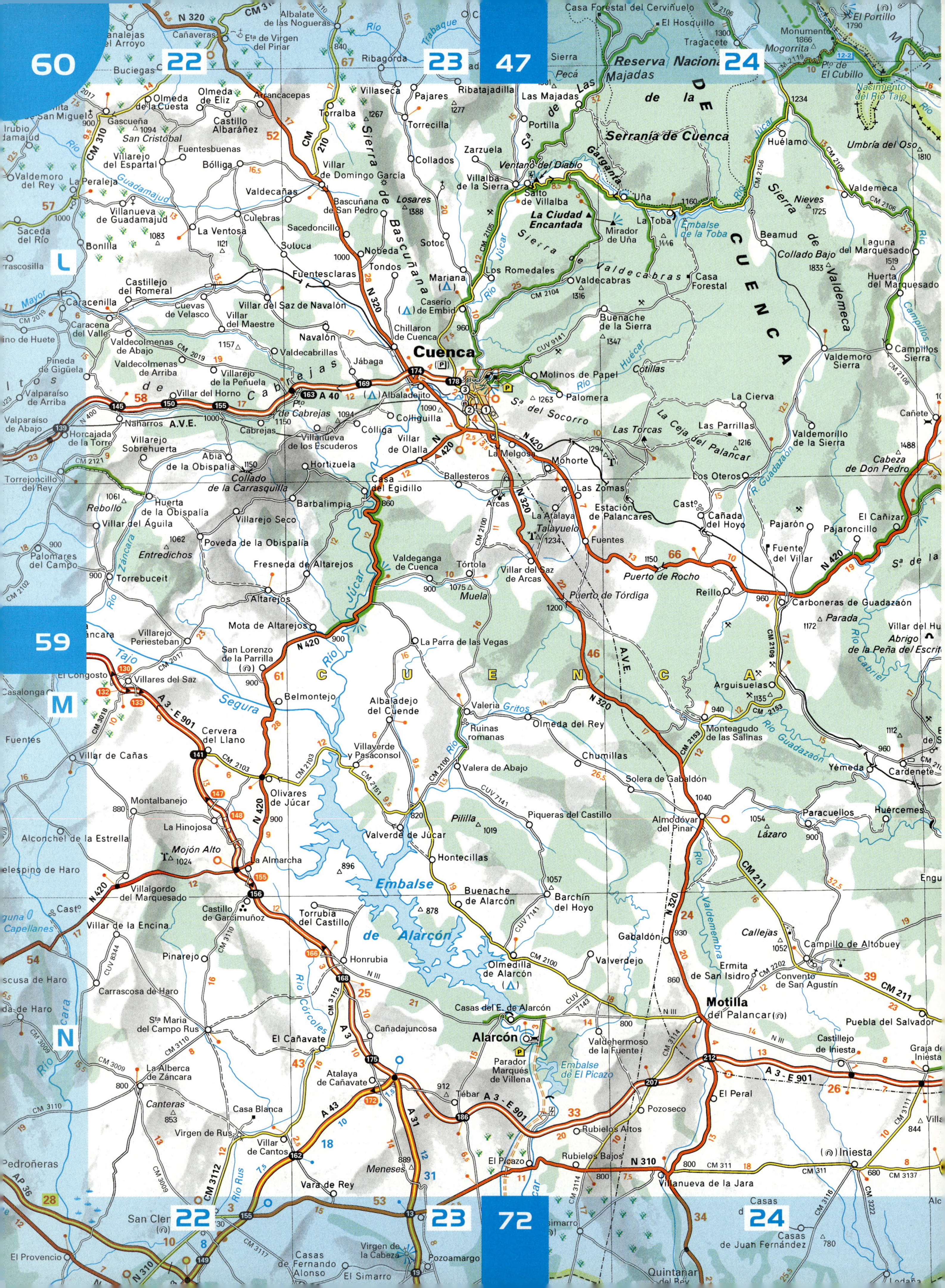

60
22
23
47
24
59
72
L
M
N
Cuenca
Serranía de Cuenca
Reserva Nacional de la Serranía de Cuenca
Sierra de Bascuñana
Sierra de Valdecabras
Sierra de Valdemeca
Sierra de Cabrejas
Sª del Socorro
La Ceja del Palancar
La Ciudad Encantada
Ventano del Diablo
Mirador de Uña
Embalse de la Toba
Embalse de Alarcón
Embalse de El Picazo
Nacimiento del Río Tajo
Las Majadas
Uña
La Toba
Huélamo
Valdemeca
Beamud
Tragacete
El Hosquillo
Casa Forestal del Cerviñuelo
Huerta del Marquesado
Laguna del Marquesado
Valdemoro Sierra
Valdemorillo de la Sierra
Campillos Sierra
Cañete
Cabeza de Don Pedro
Las Parrillas
La Cierva
Los Oteros
Cañada del Hoyo
Pajarón
Pajaroncillo
El Cañizar
Fuente del Villar
Carboneras de Guadazaón
Reíllo
Puerto de Rocho
Fuentes
Las Zomas
Mohorte
La Melgosa
Palomera
Molinos de Papel
Buenache de la Sierra
Valdecabras
Los Romedales
Mariana
Villalba de la Sierra
Zarzuela
Portilla
Ribatajadilla
Sotos
Tondos
Nohales
Chillarón de Cuenca
Villar de Olalla
Ballesteros
Arcas
Tórtola
Villar del Saz de Arcas
Valdeganga de Cuenca
Puerto de Tórdiga
Casa del Egidillo
Fresneda de Altarejos
Altarejos
Mota de Altarejos
Barbalimpia
Villarejo Seco
Poveda de la Obispalía
Huerta de la Obispalía
Villar del Águila
Torrebuceit
Palomares del Campo
Collado de la Carrasquilla
Abia de la Obispalía
Hortizuela
Villarejo Sobrehuerta
Naharros
Horcajada de la Torre
Valparaíso de Abajo
Valparaíso de Arriba
Villar del Horno
Villarejo de la Peñuela
Valdecolmenas de Abajo
Valdecolmenas de Arriba
Pineda de Gigüela
Caracenilla
Carascosa del Valle
Castillejo del Romeral
Cuevas de Velasco
Villar del Maestre
Villar del Saz de Navalón
Navalón
Valdecabrillas
Jábaga
Fuentesclaras
Sacedoncillo
Villar de Domingo García
Bascuñana de San Pedro
Valdecañas
Culebras
La Ventosa
Bólliga
Fuentesbuenas
Villarejo del Espartal
Villanueva de Guadamajud
Olmeda de la Cuesta
Olmeda de Eliz
Castillo Albaráñez
Arrancacepas
Torralba
Villaseca
Pajares
Ribagorda
Torrecilla
Collados
Cañaveras
Buciegas
Valdemoro del Rey
Saceda del Río
Bonilla
Cabrejas
Villanueva de los Escuderos
Cólliga
Colliguilla
Albaladejito
La Parra de las Vegas
Valeria
Ruinas romanas
Olmeda del Rey
Chumillas
Solera de Gabaldón
Albaladejo del Cuende
Villaverde y Pasaconsol
Valera de Abajo
Piqueras del Castillo
Almodóvar del Pinar
Paracuellos
Lázaro
Monteagudo de las Salinas
Arguisuelas
Yémeda
Cardenete
Campillo de Altobuey
Puebla del Salvador
Castillejo de Iniesta
Iniesta
Motilla del Palancar
Gabaldón
Valverdejo
Barchín del Hoyo
Buenache de Alarcón
Olmedilla de Alarcón
Hontecillas
Valverde de Júcar
Olivares de Júcar
Cervera del Llano
Belmontejo
San Lorenzo de la Parrilla
Villares del Saz
Villarejo Periesteban
Villar de Cañas
Montalbanejo
La Hinojosa
Mojón Alto
La Almarcha
Villalgordo del Marquesado
Castillo de Garcimuñoz
Torrubia del Castillo
Honrubia
Villar de la Encina
Pinarejo
Carrascosa de Haro
Alconchel de la Estrella
El Cañavate
Cañadajuncosa
Casas de E. de Alarcón
Alarcón
Parador Marqués de Villena
Valdehermoso de la Fuente
El Peral
Pozoseco
Rubielos Altos
Rubielos Bajos
El Picazo
Tébar
Atalaya de Cañavate
Villar de Cantos
Vara de Rey
Meneses
Casa Blanca
Canteras
Virgen de Rus
La Alberca de Záncara
Sta María del Campo Rus
Villanueva de la Jara
Casas de Juan Fernández
Quintanar del Rey
San Clemente
El Provencio
Casas de Fernando Alonso
El Simarro
Virgen de la Cabeza
Pozoamargo
Pedroñeras
Río Júcar
Río Huécar
Río Guadazaón
Río Cabriel
Río Záncara
Río Gritos
Río Valdemembra
Río Córcoles
Río Guadamajud
Río Mayor
N 320
N 420
N 400
N III
A 40
A 3 - E 901
A 31
A 43
AP 36
CM 2105
CM 2104
CM 2100
CM 211
CM 2153
CM 2109
CM 3112
CM 310
CM 311
CUV 9141
A.V.E.

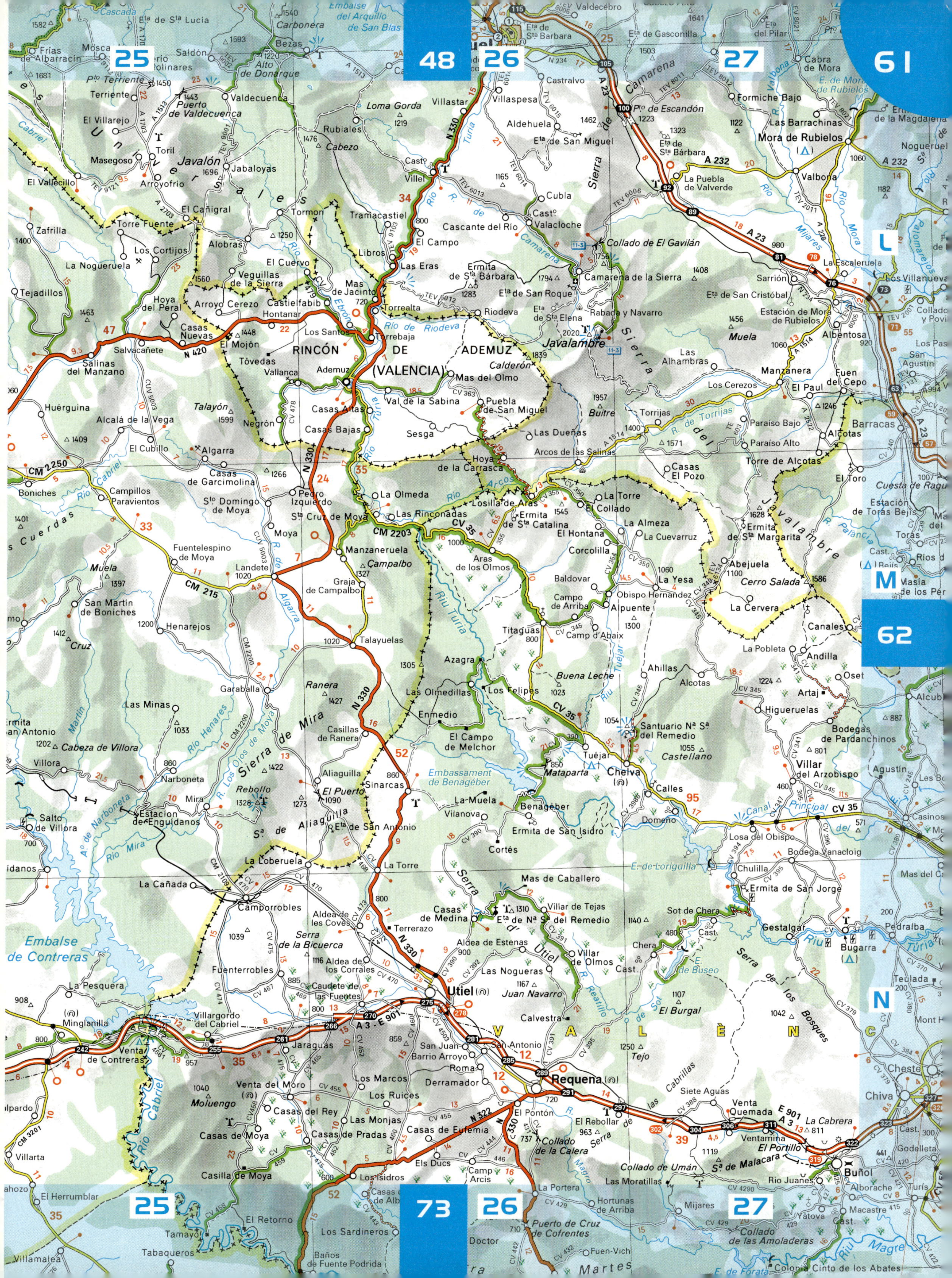

61
48
26
27
25
L
M
62
N
73
RINCÓN DE ADEMUZ (VALENCIA)
Ademuz
Torrebaja
Castielfabib
Casas Altas
Casas Bajas
Vallanca
Tramacastiel
Libros
Villel
Cascante del Rio
Camarena de la Sierra
Riodeva
Javalambre
Sierra de Javalambre
Mora de Rubielos
Valbona
La Puebla de Valverde
Sarrión
Albentosa
Manzanera
Torrijas
Arcos de las Salinas
Alcotas
Barracas
Landete
Moya
Santo Domingo de Moya
Talayuelas
Salinas del Manzano
Salvacañete
Tejadillos
Cañete
Henarejos
Garaballa
Aliaguilla
Sinarcas
Sierra de Mira
Mira
Camporrobles
Fuenterrobles
Villargordo del Cabriel
Minglanilla
Venta de Contreras
Embalse de Contreras
Utiel
Requena
Caudete de las Fuentes
San Antonio
Titaguas
Alpuente
La Yesa
Aras de los Olmos
Tuéjar
Chelva
Calles
Domeño
Benagéber
Embassament de Benagéber
Losa del Obispo
Villar del Arzobispo
Chulilla
Gestalgar
Bugarra
Pedralba
Chiva
Buñol
Siete Aguas
Venta Quemada
La Cabrera
Sierra de Malacara
Alborache
Macastre
Yátova
Camporrobles
Casas de Moya
Casas de Eufemia
Los Isidros
El Herrumblar
Villamalea
Tamayo
Doctor
Mijares
Rio Turia
Rio Cabriel
Rio Magro
Sierra de los Bosques
V A L E N C
N 330
N 420
N 322
A 3 - E 901
A 23
CV 35
CM 215

62
28
49
29
30
61
74
27
28
29
L
M
N
Castellvispal
Puertomingalvo
Sa de la Batalla
Penyagolosa
Villahermosa del Rio
Rubielos de Mora
Cortes de Arenoso
Cedramán
Zucaina
Castillo de Villamalefa
Llucena
Port del Vidre
Benafigos
Atzeneta del Maestrat
Xodos
Mas Blanc
Coll de la Bassa
Culla
La Torre d'en Besora
Els Rosildos
Sant Pau
La Serratella
La Banderera
Sierra Engarcerán
La Torre d'en Doménec
Vilanova d'Alcolea
Els Ivarsos
Bell-lloch
La Pelejaneta
Vall d'Alba
Arc de Cabanes
Cabanes
La Barona
Les Useres
Costur
Vilafamés
La Pobla Tornesa
La Penya
Mas de Flors
Sant Joan de Moró
Borriol
La Coma
Benicàssim
Castelló de la Plana
Castellón
Platja del Pinar
El Grau de Castelló
Almassora
Platja Ben Afeli
El Grau d'Almassora
Vila-real
Borriana / Burriana
El Grau de Borriana
El Port
Nules
Platja de Nules
Moncofa
Platja de Moncofa
Xilxes
Platja de Xilxes
La Llosa
Platja de Casa Blanca
Almenara
Onda
Betxí
Artesa
Tales
Ribesalbes
Fanzara
L'Alcora
Figueroles
Argelita
Toga
Vallat
Espadilla
Ayódar
Fuentes de Ayódar
Torralba del Pinar
Villamalur
Suera
Alcúdia de Veo
Veo
Eslida
Artana
Chóvar
Alfondeguilla
Azuébar
La Vilavella
Grutes de Sant Josep
La Vall d'Uixó
Montanejos
Arañuel
El Tormo
Cirat
Torrechiva
Puebla de Arenoso
Sant Vicent
Olba
Los Villanuevas
Fuentes de Rubielos
Nogueruelas
Barracas
Pina de Montalgrao
Villanueva de Viver
Caudiel
Benafer
Viver
Jérica
Novaliches
Teresa
Gaibiel
Matet
Higueras
Pavías
Navajas
Segorbe
Altura
Castellnovo
Geldo
Soneja
Sot de Ferrer
Algar de Palància
Alfara d'Algímia
Algímia d'Alfara
Torres Torres
Benavites
Quart de les Valls
Benifairó de les V.
Faura
Estivella
Albalat dels Tarongers
Sagunt / Sagunto
Canet d'en Berenguer
El Port de Sagunt
Platja de Corint
La Malva-Rosa
Gilet
Petrés
Segart
Serra
Náquera
La Lloma
El Picaio
Puçol
El Puig
Platja de Puçol
La Pobla de Farnals
Platja de la Pobla de Farnals
Massamagrell
Museros
Massalfassar
Rafelbunyol
Bétera
Les Mallades
Llíria / Liria
Benisanó
La Pobla de Vallbona
Benaguasil
L'Eliana
Riba-roja de Túria
Vilamarxant
Pedralba
Bugarra
Casinos
Marines
Olocau
Gátova
Alcublas
Sacañet
La Cova Santa
Andilla
Villar del Arzobispo
Bodegas de Pardanchinos
Chiva
Cheste
Buñol
Godelleta
Torrent
Picassent
Alaquàs
Aldaia
Manises
Paterna
Burjassot
Moncada
Meliana
Almàssera
Alboraia
Platja d'Alboraia
Platja de Malva-rosa
València
El Grau de València
Nazaret
Platja de Pinedo
Catarroja
Massanassa
Alfafar
Silla
Platja del Saler
Platja de la Devesa
Parador de El Saler
COSTA
COSTA
GOL
DE
VALÈN

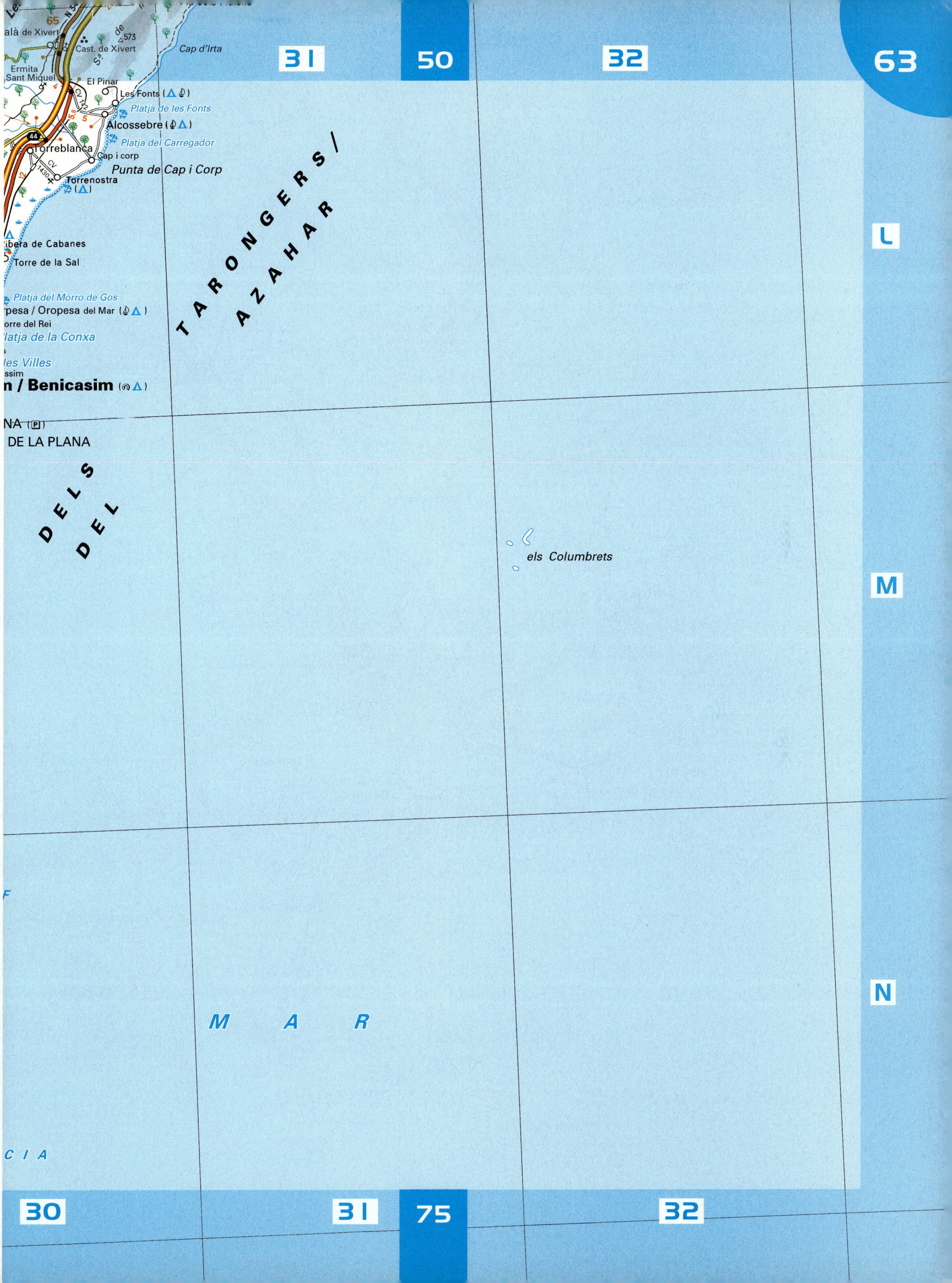

63
31
50
32
alà de Xivert
Cast. de Xivert
573
Cap d'Irta
Ermita
Sant Miquel
El Pinar
Les Fonts
Platja de les Fonts
Alcossebre
Platja del Carregador
Torreblanca
Cap i corp
Punta de Cap i Corp
Torrenostra
TARONGERS /
AZAHAR
L
ibera de Cabanes
Torre de la Sal
Platja del Morro de Gos
rpesa / Oropesa del Mar
orre del Rei
latja de la Conxa
les Villes
n / Benicasim
NA
DE LA PLANA
DELS
DEL
els Columbrets
M
N
M A R
C I A
30
31
75
32

52

I
2
3
O
P
Q
Praia da Areia Branca
Lourinhã
Porto de Barcas
Praia de Ribeiro
Ribamar
Praia do Porto Novo
Toledo
Vimeiro
Campelos
Cadaval
Sª de Montejunto
Praia de Sta Cruz
Praia Azul
Silveira
Ponta da Lamporeira
São Pedro da Cadeira
Torres Vedras
Alenquer
Azambuja
Praia da Calada
Ribamar
Praia de S. Lourenço
Praia de S. Sebastião
Ericeira
P. de Ericeira
Foz do Lisandro
Carvoeira
Mafra
Sobral de Mte Agraço
Arruda dos Vinhos
Vila Franca de Xira
Alhandra
Alverca do Ribatejo
Benavente
Samora Correia
Porto Alto
Praia de Samarra
Praia de Magoito
Azenhas do Mar
Praia das Maçãs
Praia Grande
Adraga
Sintra
Colares
Cabo da Roca
Praia do Guincho
Malveira
Alcabideche
Estoril
Cabo Raso
Boca do Inferno
Cascais
Praia de Cascais
Carcavelos
Ponta da Laje
Bugio
Oeiras
Paço de Arcos
Queluz
Amadora
Odivelas
Loures
Sacavém
Lisboa
Belém
Rio Tejo
Moscavide
Ponte Vasco da Gama
Alcochete
Montijo
Samouco
Cacilhas
Almada
Barreiro
Seixal
Moita
Trafaria
Costa da Caparica
Praia da Caparica
Fonte da Telha
Lagoa de Albufeira
Sesimbra
Cabo Espichel
Nª Srª do Cabo
Azóia
Palmela
Setúbal
Parque Natural da Arrábida
Sª da Arrábida
Portinho da Arrábida
Outão
Tróia
Península de Tróia
Ruínas Romanas de Cetóbriga
Baía de Setúbal
Praia de Comporta
Comporta
Pinhal Novo
Infantado
Rio Frio
Algerus
Zambujal


76

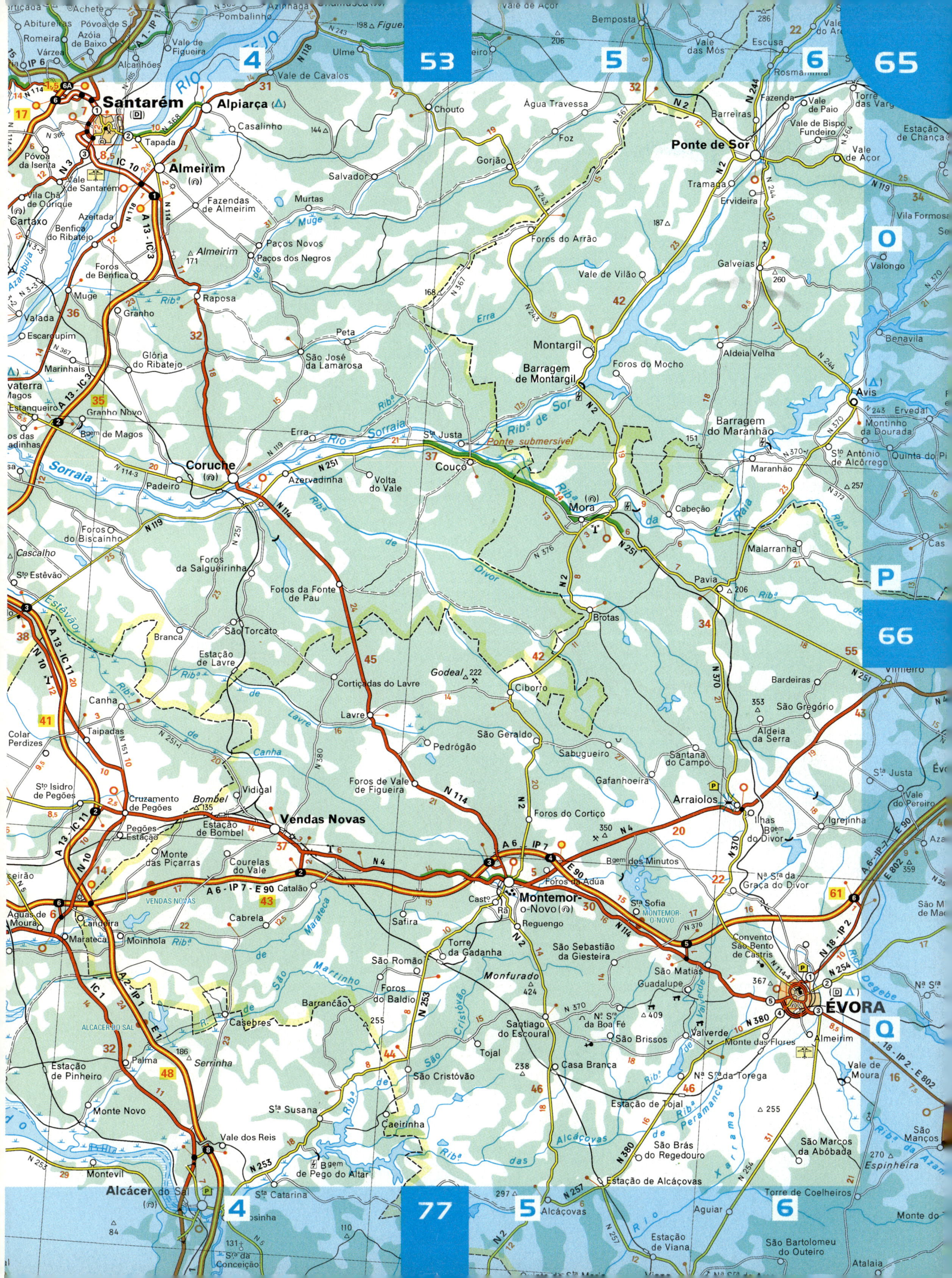
53
65
66
77
Santarém
Alpiarça
Almeirim
Cartaxo
Tapada
Casalinho
Fazendas de Almeirim
Murtas
Salvador
Chouto
Gorjão
Água Travessa
Foz
Bemposta
Vale das Mós
Escusa
Rosmaninhal
Ulme
Vale de Cavalos
Rio Tejo
Ponte de Sor
Barreiras
Tramaga
Ervideira
Galveias
Vale de Açor
Estação de Chança
Vila Formosa
Valongo
Benavila
Foros do Arrão
Vale de Vilão
Montargil
Barragem de Montargil
Foros do Mocho
Aldeia Velha
Avis
Barragem do Maranhão
Maranhão
Montinho da Dourada
Santo António de Alcôrrego
Quinta do Pi
Erra
Peta
São José da Lamarosa
Paços Novos
Paços dos Negros
Almeirim
Raposa
Muge
Granho
Glória do Ribatejo
Marinhais
Escaroupim
Valada
Foros de Benfica
Benfica do Ribatejo
Azeitada
Vale de Santarém
Vila Chã de Ourique
Póvoa da Isenta
Granho Novo
Bgem de Magos
Estanqueiro
Coruche
Padeiro
Rio Sorraia
Sorraia
Sta Justa
Couço
Ponte submersível
Ribª de Sor
Azervadinha
Volta do Vale
Mora
Cabeção
Malarranha
Pavia
Foros do Biscainho
Cascalho
Sto Estêvão
Foros da Salgueirinha
Foros da Fonte de Pau
Brotas
Ribª de Divor
São Torcato
Branca
Estação de Lavre
Corticadas do Lavre
Godeal
Ciborro
Bardeiras
São Gregório
Aldeia da Serra
Vimieiro
Canha
Taipadas
Colar Perdizes
Lavre
Pedrógão
São Geraldo
Sabugueiro
Santana do Campo
Gafanhoeira
Arraiolos
Ilhas
Igrejinha
Sta Justa
Vale do Pereiro
Sto Isidro de Pegões
Cruzamento de Pegões
Pegões-Estação
Bombel
Estação de Bombel
Vidigal
Vendas Novas
Foros de Vale de Figueira
Foros do Cortiço
Monte das Piçarras
Courelas do Vale
Bgem dos Minutos
Nª Sra da Graça do Divor
Catalão
Montemor-o-Novo
Foros de Adua
Sta Sofia
Landeira
Marateca
Moinhola
Cabrela
Safira
Reguengo
Torre da Gadanha
São Sebastião da Giesteira
Convento São Bento de Castris
São Matias
Guadalupe
Évora
São Romão
Foros do Baldio
Monfurado
Barrancão
Casebres
Santiago do Escoural
Nª Sra da Boa Fé
São Brissos
Valverde
Monte das Flores
Almeirim
Vale de Moura
Estação de Pinheiro
Palma
Serrinha
Tojal
São Cristóvão
Casa Branca
Nª Sra da Tourega
Monte Novo
Sta Susana
Caeirinha
Estação de Tojal
São Brás do Regedouro
São Marcos da Abóbada
Espinheira
São Manços
Vale dos Reis
Montevil
Bgem de Pego do Altar
Alcácer do Sal
Sta Catarina
Alcáçovas
Estação de Alcáçovas
Aguiar
Torre de Coelheiros
Estação de Viana
São Bartolomeu do Outeiro
Atalaia
Monte do
Conceição
A 6 - IP 7 - E 90
A 13 - IC 3
A 2 - IP 1
IC 10
N 114
N 2
N 251
N 370
N 4
N 380
N 253
N 257
N 254

54
65
78
6
7
8
O
P
Q
Portalegre
Parque de São Mamede Natural
Pico São Mamede
Marvão
Castelo de Vide
Crato
Alter do Chão
Alter Pedroso
Flor da Rosa
Cunheira
Aldeia da Mata
Monte da Pedra
Vale do Peso
Alagoa
Fortios
Vargem
Penha
Reguengo
Monte Carvalho
Reveladas
Portagem
Porto da Espada
La Fontanera
San Pedro
Las Casiñas
Las Huertas
San Antón
San Vicente de Alcántara
Torrejón
Piedra
Pino de Valencia
S. Julião
Jola
Alcorneo
Rabaça
La Rabasa
Castº
Mayorga
Sª de Mamede
Sª del Naranjal
Rivera de Alcorneo
Rivera del Fraile
Sª del Puerto
Benavente
Eta de Carrión
Dos H
Gévora
Montinho
Alegrete
Santiago
Caia
Urra
Vale de Cavalos
Lamparona
La Codosera
Eta de Chandavila
El Marco
Marco
Parra
Barulho
Mosteiros
Nave
Esperança
Figueira
Arronches
Assumar
Vaiamonte
Capela
Monforte
Sta do Rosário
Bgem do Abrilongo
do Abrilongo
Ouguela
Degolados
Cevadais
Contenda
Campo Maior
Vale de Albuquerque
Sta Eulália
Bgem do Caia
Caia e São Pedro
Retiro
Amoreirinha
Forte da Graça
Elvas
Aqueduto da Amoreira
Forte de Sta Luzia
Pousada de Sta Luzia
Torre de Bolsa
Sto Ildefonso
Corchuela
Vila Boim
Casas Novas
Rego
Terrugem
Ciladas
Sta da Ajuda
La Encomienda
El Molino
Malpica de España
San Francisco de Olivenza
Doña María
La Cocosa
Villarreal
San Rafael de Olivenza
Olivenza
Juromenha
Freixial
E. de Piedra Aguda
Silo
San Benito de la Contienda
Sto Domingo
San Jorge de Alor
Alor
Rivera de Alconchel
Borrachina
Táliga
Cheles
La Grulla
Alconchel
Fincas la Dehesilla y Carazo
Señora
Aº Freigamuñoz
Luz
Valdete del Marqués
Albufeira de Mourão
São Leonardo
Arroyo de Cuncos
Rivera del Alcarrache
Sª del Pe
RÍO GUADIANA
Mina do Bugalho
Alandroal
Pardais
Bencatel
Vila Viçosa
São Romão
Ribª de Asseca
Ribª do Almuro
Prazeres
Barbacena
Alentisca
São Vicente de Ventosa
Malhada
Vila Fernando
Sto Aleixo
S. Lourenço
Veiros
Freixial
São Domingos de Ana Loura
Orada
Alcaraviça
Arcos
Estremoz
Mártires
Glória
Nora
Borba
Barro Branco
Rio de Moinhos
Ossa
Serra de Ossa
São Gens
Aldeia da Serra
Malhada Alta
Redondo
Lucefecit
Terena
Castº
Rosário
Monte do Outeiro
Hortinhas
Foros da Fonte Seca
Zambujeiro
Picarrel
Foros do Freixo
Foros do Queimado
Azaruja
São Miguel de Machede
Foros das Pombas
Nª Sª de Machede
Sta Susana
São Domingos da Ordem
Bgem da Vigia
Santiago Maior
Pias
Venda
Monte Juntos
Capelins
Ramo Alto
Cabeça de Carneiro
Balancho
Montoito
Aldeias de Montoito
Ribª de Azevel
Sto António de Baldio
Outeiro
Falcoeiras
Carrapatelo
Motrinos
Telheiro
Caridade
Corval
Barrada
Convento da Orada
São Pedro do Corval
Monsaraz
Reguengos de Monsaraz
Vendinha
São Vicente do Pigeiro
Cerros
Cumiada
Campinho
Ferrarias
Vale de Moura
Bgem do Monte Novo
São Manços
Ribª de Azambuja
Espinheira
São Marcos da Abóbada
Torre de Coelheiros
Trigo
Atalaia
Bartolomeu do Outeiro
ÉVORA
Evoramonte
Reliquias
Sta Justa
Vale do Pereiro
Igrejinha
Divor
Vimieiro
São Bento do Ameixial
Folgado
São Lourenço de Mamporção
Sto Estêvão
São Bento do Cortiço
Silveirona
Sta Vitória do Ameixial
Caixeiro
Sousel
Sto Amaro
Cano
Casa Branca
Vale de Maceiras
São Saturnino
Fronteira
Figueira e Barros
Vale da Seda
Cabeço de Vide
Benavila
Avis
Ervedal
Montinho da Dourada
Sto António de Alcôrrego
Quinta do Pinheiro
Ribª de Almadafe
Ribª de Tera
Ribª Grande
Ribª de Serrazola
Ribª de Seda
Coudelaria de Alter
Vila Formosa
Seda
Valongo
Chança
Estação de Chança
Vale de Açor
Vale de Bispo Fundeiro
Torre das Vargens
Estação de Portalegre
Pisão
Ribª de Sor
São Gregório
Ribª de Degebe
Rio Xévora
ESTREMOZ
IP 2 - E 802
A 6 - IP 7 - E 90
N 18 - IP 2
N 256
N 254
N 4
N 243
N 245
N 246
N 369
N 371
N 372
N 373
N 119
IC 13
EX 107
EX 110
BA 104

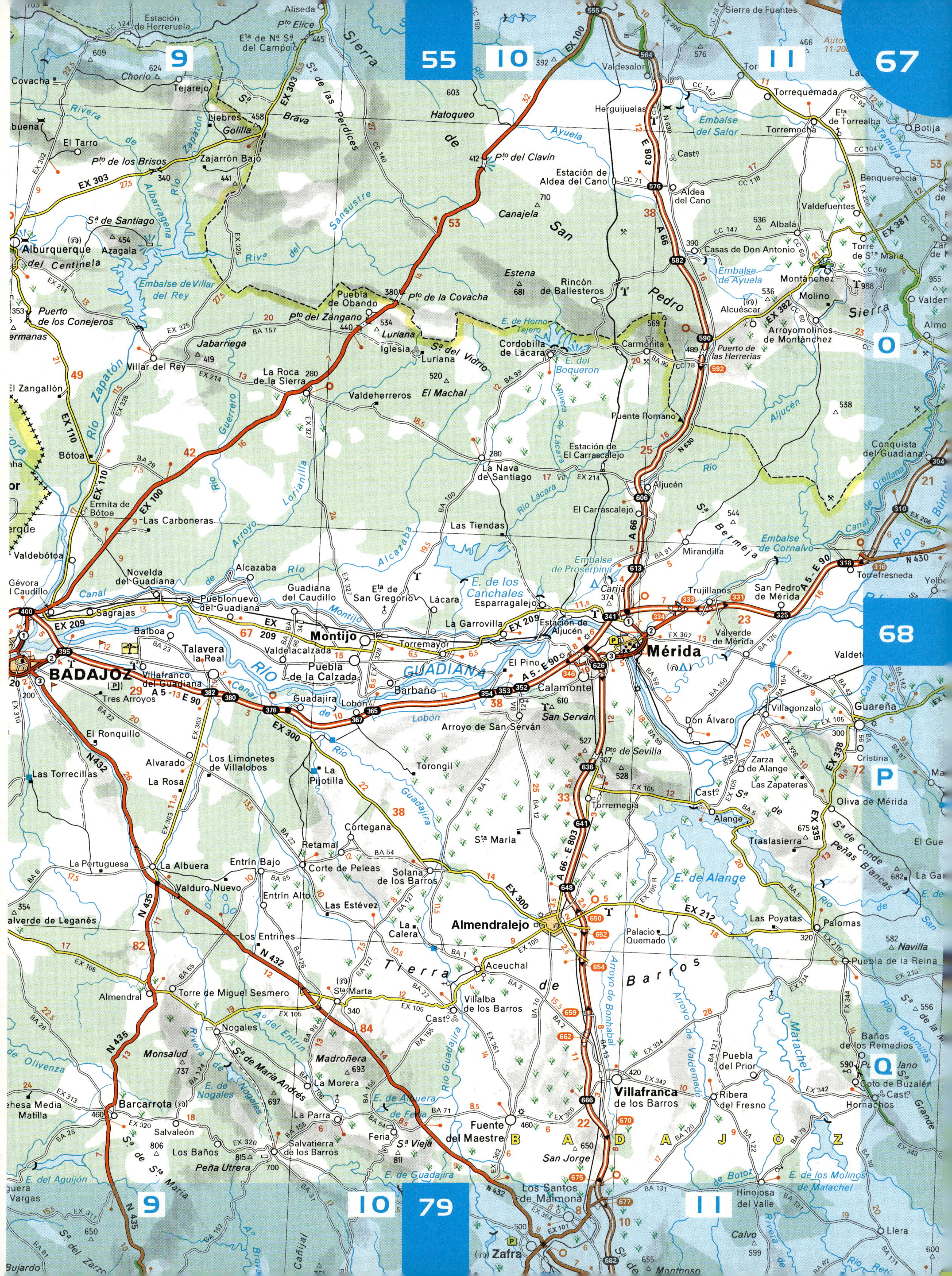
55
10
67
9
11
68
O
P
Q
79
Badajoz
Mérida
Montijo
Almendralejo
Alburquerque
Villafranca de los Barros
Fuente del Maestre
Los Santos de Maimona
Zafra
Barcarrota
La Albuera
Talavera la Real
Puebla de la Calzada
Guadiana del Caudillo
Pueblonuevo del Guadiana
Valdelacalzada
Lobón
Guadajira
Torremayor
Esparragalejo
La Garrovilla
Calamonte
Arroyo de San Serván
Torremejía
Aceuchal
Villalba de los Barros
Santa Marta
Solana de los Barros
Corte de Peleas
Entrín Bajo
Entrín Alto
Valverde de Leganés
Almendral
Torre de Miguel Sesmero
Nogales
Salvaleón
Salvatierra de los Barros
Feria
La Parra
La Morera
Hinojosa del Valle
Puebla del Prior
Ribera del Fresno
Hornachos
Puebla de la Reina
Palomas
Oliva de Mérida
Alange
Zarza de Alange
Villagonzalo
Don Álvaro
Guareña
Valverde de Mérida
Trujillanos
San Pedro de Mérida
Torrefresneda
Mirandilla
Aljucén
El Carrascalejo
Carmonita
Cordobilla de Lácara
La Nava de Santiago
Puebla de Obando
La Roca de la Sierra
Villar del Rey
Bótoa
Novelda del Guadiana
Sagrajas
Balboa
Villafranco del Guadiana
Alcuéscar
Montánchez
Casas de Don Antonio
Aldea del Cano
Torrequemada
Torremocha
Valdefuentes
Albalá
Arroyomolinos de Montánchez
Benquerencia
Botija
Valdesalor
Herguijuela
Conquista del Guadiana
Tierra de Barros
B A D A J O Z
Sierra de San Pedro
Río Guadiana
GUADIANA
E. de los Canchales
E. de Alange
E. de Proserpina
Embalse de Cornalvo
Embalse del Salor
Embalse de Ayuela
Embalse de Villar del Rey
E. del Boquerón
A 5 - E 90
A 66 - E 803
EX 100
EX 209
EX 300
N 432
N 435
N 430
EX 303
EX 214

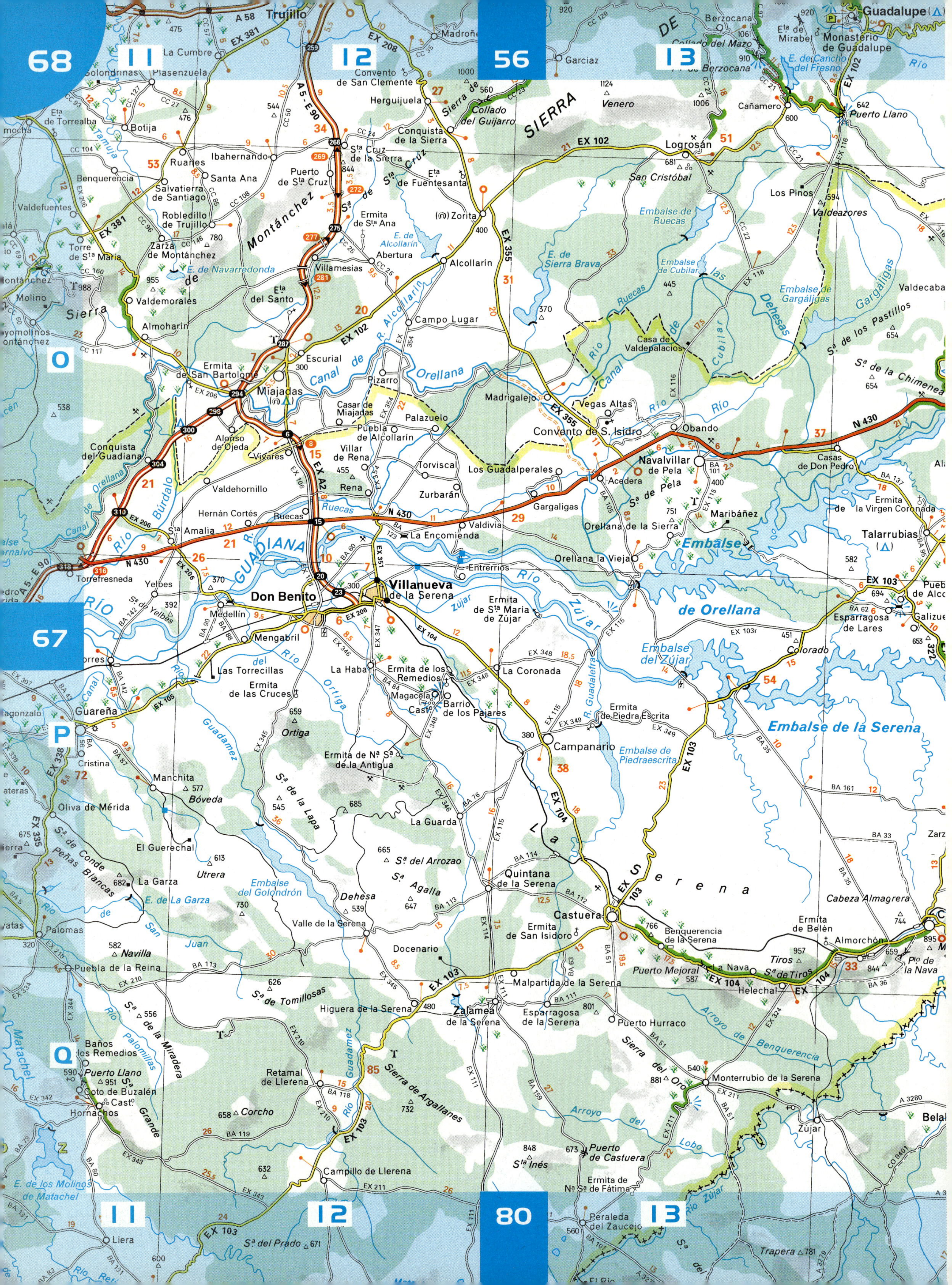

68
56
67
80
11
12
13
O
P
Q
Trujillo
Madroñera
Garciaz
Berzocana
Guadalupe
Monasterio de Guadalupe
Eta de Mirabel
Collado del Mazo
Berzocana
E. del Cancho del Fresno
La Cumbre
Plasenzuela
Solondrinas
Convento de San Clemente
Herguijuela
Sierra de
Collado del Guijarro
SIERRA
Venero
Puerto Llano
Cañamero
Eta de Torrealba
Botija
Conquista de la Sierra
Sta Cruz de la Sierra
Puerto de Sta Cruz
Eta de Fuentesanta
Logrosán
San Cristóbal
Ruanes
Ibahernando
Santa Ana
Benquerencia
Salvatierra de Santiago
Robledillo de Trujillo
Montánchez
Valdefuentes
Zorita
Ermita de Sta Ana
E. de Alcollarín
Los Pinos
Valdeazores
Embalse de Ruecas
Torre de Sta María
Zarza de Montánchez
E. de Navarredonda
Villamesías
Abertura
Alcollarín
E. de Sierra Brava
Embalse de Cubilar
Dehesas
Embalse de Gargáligas
Gargáligas
Valdecaballeros
Molino
Valdemorales
Eta del Santo
Sierra
Almoharín
Campo Lugar
Casa de Valdepalacios
Sa de los Pastillos
Escurial
Ermita de San Bartolomé
Miajadas
Canal de Orellana
Pizarro
Madrigalejo
Vegas Altas
Convento de S. Isidro
Obando
Sa de la Chimenea
Casar de Miajadas
Palazuelo
Puebla de Alcollarín
Conquista del Guadiana
Alonso de Ojeda
Vivares
Villar de Rena
Torviscal
Los Guadalperales
Acedera
Navalvillar de Pela
Sa de Pela
Casas de Don Pedro
Valdehornillo
Rena
Zurbarán
Gargáligas
Maribáñez
Ermita de la Virgen Coronada
Hernán Cortés
Ruecas
Río Búrdalo
Canal de Orellana
Sta Amalia
GUADIANA
La Encomienda
Valdivia
Orellana de la Sierra
Embalse
Talarrubias
Orellana la Vieja
Torrefresneda
Entrerríos
Río Zújar
Villanueva de la Serena
Don Benito
Yelbes
Sa de Yelbes
Medellín
Río
Ermita de Sta María de Zújar
de Orellana
Esparragosa de Lares
Galizuela
Puebla de Alcocer
Mengabril
Embalse del Zújar
Colorado
Las Torrecillas
La Haba
Ermita de los Remedios
La Coronada
Ermita de las Cruces
Magacela
Barrio de los Pajares
Ermita de Piedra Escrita
Embalse de la Serena
Guareña
Ortiga
Campanario
Embalse de Piedraescrita
Cristina
Guadámez
Ermita de Nª Sª de la Antigua
Manchita
Bóveda
Sa de la Lapa
Oliva de Mérida
La Guarda
Sa de Conde
Peñas Blancas
El Guerechal
Utrera
Sa del Arrozao
Sa Agalla
Quintana de la Serena
La Serena
Cabeza Almagrera
La Garza
E. de La Garza
Embalse del Golondrón
Dehesa
Valle de la Serena
Castuera
Benquerencia de la Serena
Ermita de Belén
Almorchón
Palomas
San Juan
Ermita de San Isidoro
Navilla
Docenario
Tiros
Sa de Tiros
Pto de la Nava
Puebla de la Reina
Puerto Mejoral
La Nava
Helechal
Sa de Tomillosas
Malpartida de la Serena
Higuera de la Serena
Zalamea de la Serena
Esparragosa de la Serena
Puerto Hurraco
Sa de la Mirådera
Arroyo de Benquerencia
Baños de los Remedios
Palomillas
Matachel
Puerto Llano
Coto de Buzalén
Retamal de Llerena
Sierra de Argallanes
Sierra del Oro
Monterrubio de la Serena
Hornachos
Grande
Corcho
Arroyo del Lobo
Zújar
Belalcázar
Puerto de Castuera
Sta Inés
E. de los Molinos de Matachel
Campillo de Llerena
Ermita de Nª Sª de Fátima
Llera
Sa del Prado
Peraleda del Zaucejo
Trapera
Río Zújar

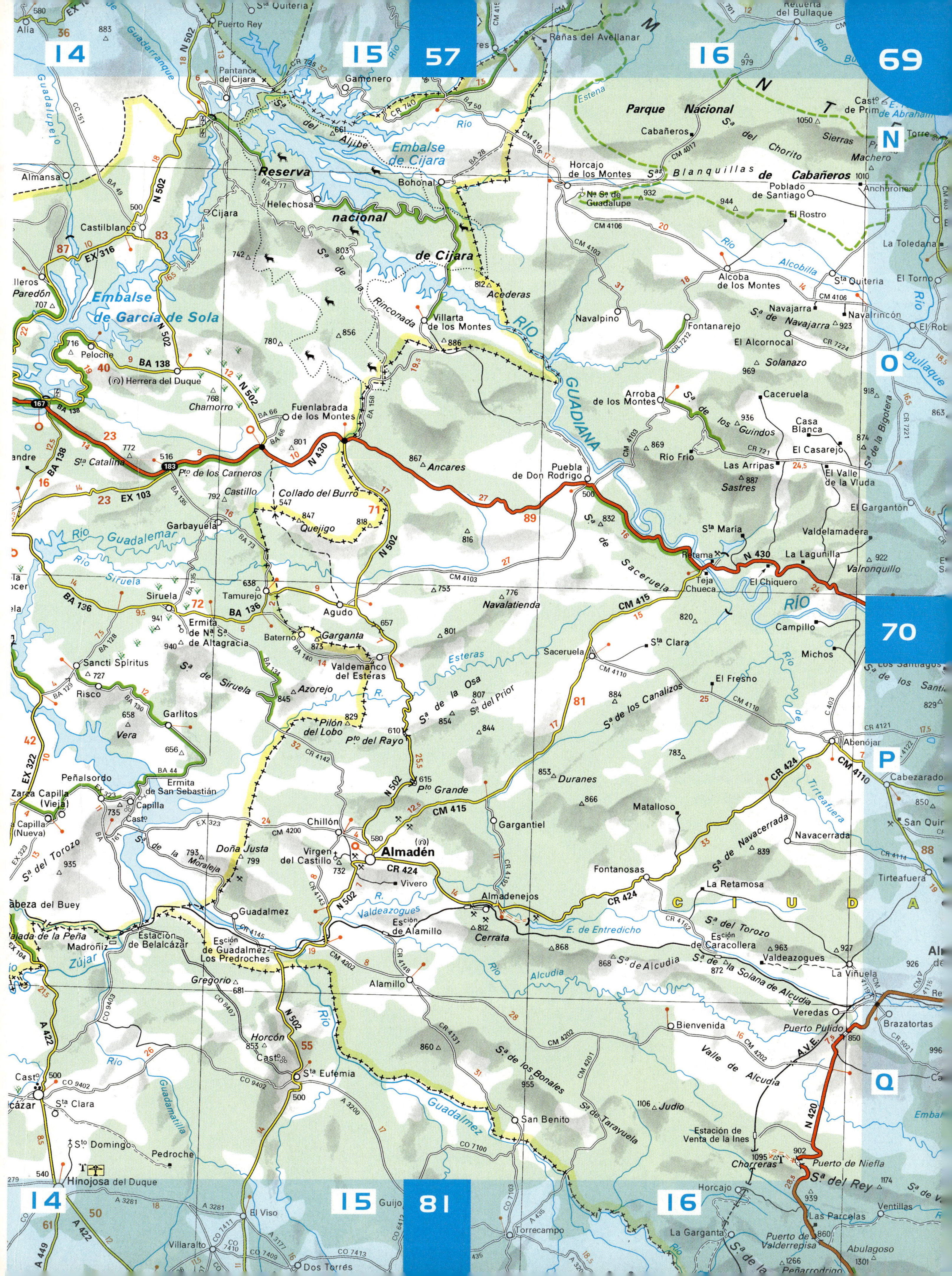

14
15
57
16
69
70
81
Parque Nacional
Sª del Chorito
Sierras
Sªs Blanquillas de Cabañeros
Reserva nacional de Cijara
Embalse de Cijara
Embalse de García de Sola
Río Guadiana
Puerto Rey
Pantano de Cijara
Gamonero
Rañas del Avellanar
Cabañeros
Horcajo de los Montes
Nª Sª de Guadalupe
Poblado de Santiago
El Rostro
Anchuras
La Toledana
Alcoba de los Montes
Sta Quiteria
Navajarra
Sª de Navajarra
Navalrincón
Navalpino
Fontanarejo
El Alcornocal
Solanazo
Bohonal
Helechosa
Cijara
Acederas
Villarta de los Montes
Sª de la Rinconada
Almansa
Castilblanco
Paredón
Peloche
Herrera del Duque
Chamorro
Fuenlabrada de los Montes
Arroba de los Montes
Sª de los Guindos
Caceruela
Casa Blanca
El Casarejo
Río Frío
Las Arripas
Sastres
El Valle de la Viuda
El Gargantón
Sª de la Bigotera
Ancares
Puebla de Don Rodrigo
Sta Catalina
Pto de los Carneros
Castillo
Collado del Burro
Quejigo
Garbayuela
Río Guadalemar
Río Siruela
Sª de Saceruela
Sta María
Retama
Teja Chueca
El Chiquero
La Lagunilla
Valdelamadera
Valronquillo
Campillo
Michos
Siruela
Tamurejo
Agudo
Navalatienda
Saceruela
Sta Clara
El Fresno
Ermita de Nª Sª de Altagracia
Baterno
Garganta
Valdemanco del Esteras
Sancti Spiritus
Risco
Sª de Siruela
Azorejo
Garlitos
Vera
Pilón del Lobo
Pto del Rayo
Sª de la Osa
Sª del Prior
Sª de los Canalizos
Los Santiagos
Sª de los Santi
Abenójar
Peñalsordo
Zarza Capilla (Vieja)
Ermita de San Sebastián
Capilla
Pto Grande
Duranes
Matalloso
Cabezarados
Tirteafuera
Navacerrada
Sª de Navacerrada
San Quir
Sª del Torozo
Sª de la Moraleja
Doña Justa
Chillón
Virgen del Castillo
Almadén
Vivero
Gargantiel
Fontanosas
La Retamosa
Cabeza del Buey
Guadalmez
Estación de Belalcázar
Esción de Guadalmez-Los Predroches
Madroñiz
Zújar
Escion de Alamillo
Cerrata
Almadenejos
E. de Entredicho
Sª del Torozo
Escion de Caracollera
Valdeazogues
La Viñuela
Sª de Alcudia
Sª de la Solana de Alcudia
Gregorio
Alamillo
Horcón
Veredas
Bienvenida
Puerto Pulido
Brazatortas
Valle de Alcudia
Sta Eufemia
Sª de los Bonales
Sª de Tarayuela
Judio
San Benito
Río Guadalmez
Estación de Venta de la Inés
Chorreras
Puerto de Niefla
Sª del Rey
Sta Clara
Sto Domingo
Pedroche
Hinojosa del Duque
Guijo
El Viso
Torrecampo
Horcajo
La Garganta
Las Parcelas
Puerto de Valderrepisa
Villaralto
Dos Torres
Abulagoso
Peñarrodrigo
Ventillas
C I U D A
N O P Q

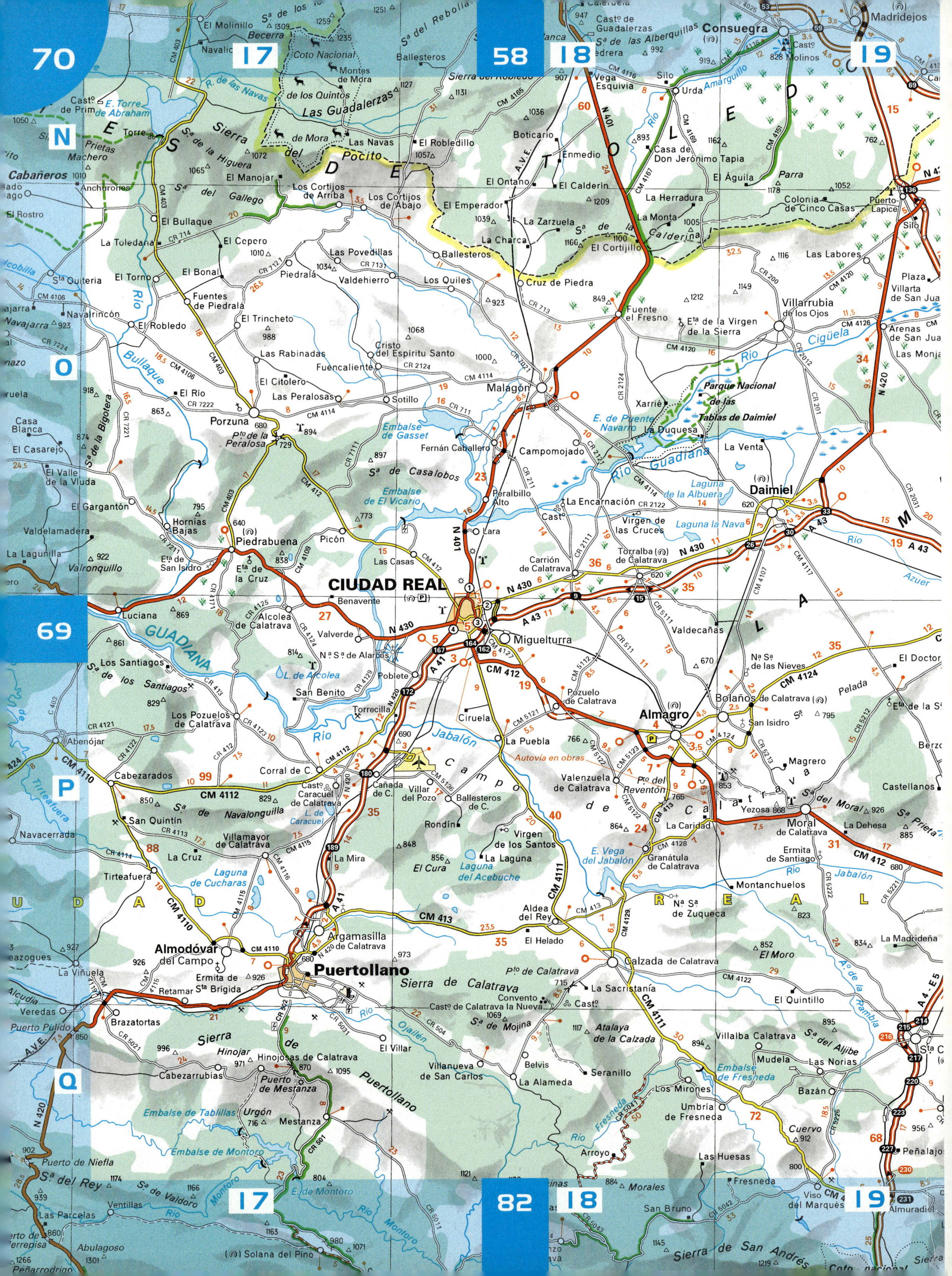
70
17
58
18
19
69
82
CIUDAD REAL
Puertollano
Almodóvar del Campo
Daimiel
Almagro
Malagón
Miguelturra
Consuegra
Madridejos
Villarrubia de los Ojos
Bolaños de Calatrava
Moral de Calatrava
Calzada de Calatrava
Argamasilla de Calatrava
Piedrabuena
Porzuna
Fernán Caballero
Carrión de Calatrava
Torralba de Calatrava
Valenzuela de Calatrava
Granátula de Calatrava
Aldea del Rey
Pozuelo de Calatrava
Alcolea de Calatrava
Corral de C.
Cabezarados
Villamayor de Calatrava
Tirteafuera
Brazatortas
Hinojosas de Calatrava
Mestanza
Villanueva de San Carlos
Fuente el Fresno
Las Labores
Puerto-Lápice
Parque Nacional de las Tablas de Daimiel
Embalse de Gasset
Embalse de El Vicario
Sierra de Calatrava
Sierra de Puertollano
Campo de Calatrava
GUADIANA
TOLEDO
CIUDAD REAL
N 401
N 430
N 420
A 41
A 43
CM 412
CM 4110
CM 4112
CM 413
CM 4111
Sierra de San Andrés

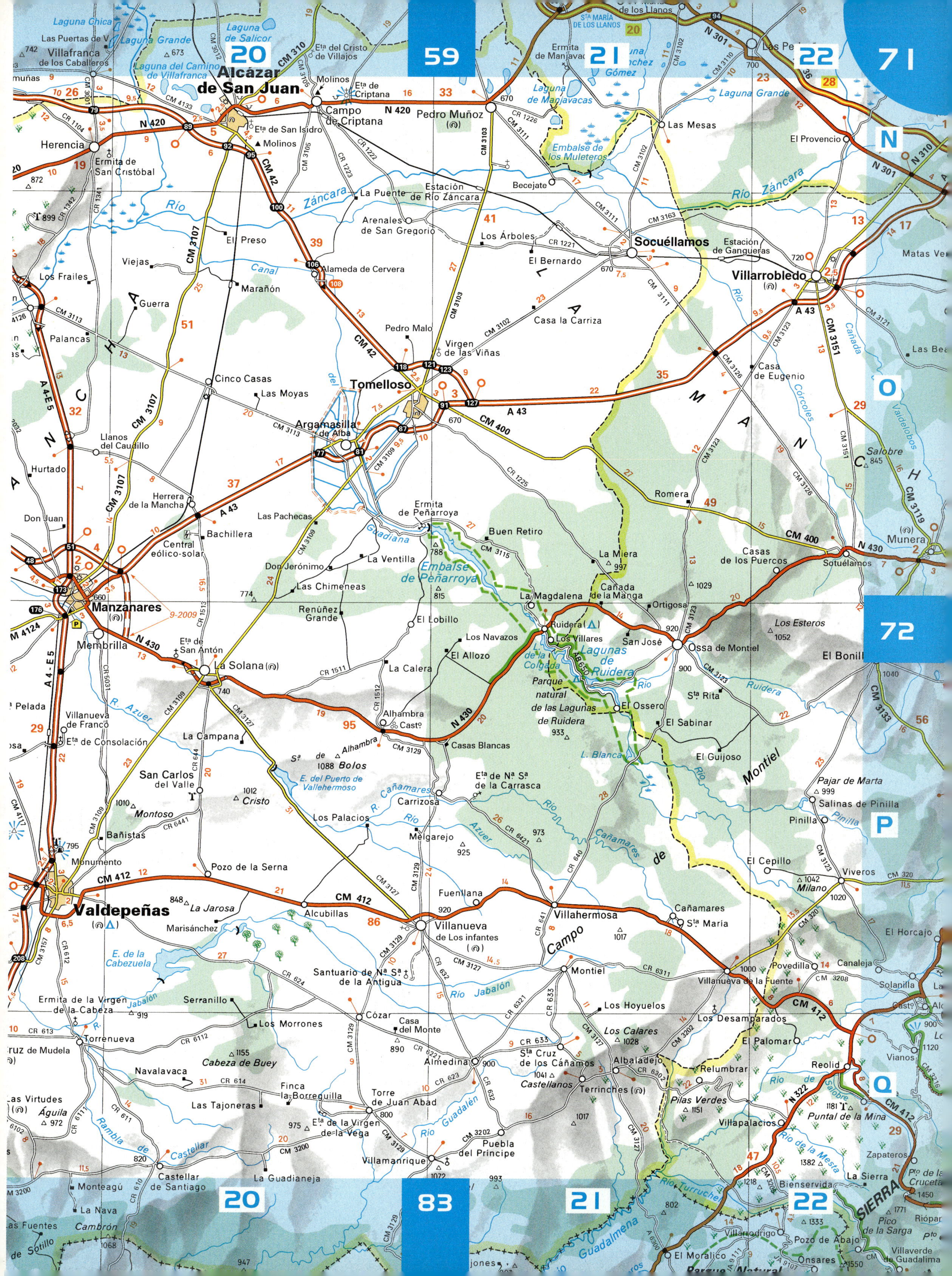
59
71
72
83
20
21
22
N
O
P
Q
Laguna Chica
Las Puertas de V.
Laguna Grande
Villafranca de los Caballeros
Laguna de Salicor
Laguna del Camino de Villafranca
Alcázar de San Juan
Eta del Cristo de Villajos
Molinos
Eta de Criptana
Campo de Criptana
Pedro Muñoz
Sta María de los Llanos
Ermita de Manjavacas
Laguna de Manjavacas
Embalse de los Muleteros
Las Pedroñeras
Laguna Grande
Las Mesas
El Provencio
Herencia
Ermita de San Cristóbal
Eta de San Isidro
Molinos
Río Záncara
La Puente
Estación de Río Záncara
Arenales de San Gregorio
Becejate
Los Árboles
El Bernardo
Socuéllamos
Estación de Gangueras
Villarrobledo
El Preso
Viejas
Canal
Marañón
Alameda de Cervera
Los Frailes
Guerra
Palancas
Pedro Malo
Virgen de las Viñas
Casa la Carriza
Casa de Eugenio
Tomelloso
Cinco Casas
Las Moyas
Argamasilla de Alba
Llanos del Caudillo
Hurtado
Herrera de la Mancha
Don Juan
Bachillera
Central eólico-solar
Las Pachecas
Ermita de Peñarroya
Buen Retiro
Romera
Salobre
Munera
Casas de los Puercos
Sotuélamos
La Miera
Guadiana
Embalse de Peñarroya
La Ventilla
Don Jerónimo
Las Chimeneas
Cañada de la Manga
La Magdalena
Ortigosa
Manzanares
Membrilla
Renúñez Grande
El Lobillo
Ruidera
Los Villares
San José
Ossa de Montiel
Los Esteros
El Bonillo
Eta de San Antón
La Solana
Los Navazos
El Allozo
La Calera
Lagunas de Ruidera
Parque natural de las Lagunas de Ruidera
El Ossero
Sta Rita
Pelada
Villanueva de Franco
Eta de Consolación
R. Azuer
Alhambra Castº
Casas Blancas
El Sabinar
El Guijoso
L. Blanca
Montiel
La Campana
Sª de Alhambra
Bolos
E. del Puerto de Vallehermoso
Eta de Nª Sª de la Carrasca
Pajar de Marta
Salinas de Pinilla
Pinilla
San Carlos del Valle
Cristo
Montoso
Carrizosa
Los Palacios
Río Cañamares
Melgarejo
Bañistas
Monumento
Pozo de la Serna
El Cepillo
Milano
Viveros
Valdepeñas
La Jarosa
Alcubillas
Fuenllana
Villanueva de Los Infantes
Villahermosa
Campo de Montiel
Cañamares
Sta María
El Horcajo
Marisánchez
E. de la Cabezuela
Santuario de Nª Sª de la Antigua
Río Jabalón
Montiel
Villanueva de la Fuente
Povedilla
Canaleja
Solanilla
Ermita de la Virgen de la Cabeza
Serranillo
Los Morrones
Cózar
Casa del Monte
Los Hoyuelos
Los Calares
Los Desamparados
El Palomar
Torrenueva
Cruz de Mudela
Cabeza de Buey
Almedina
Sta Cruz de los Cáñamos
Castellanos
Albaladejo
Terrinches
Relumbrar
Reolid
Vianos
Navalavaca
Finca la Borreguilla
Las Tajoneras
Torre de Juan Abad
Pilas Verdes
Villapalacios
Puntal de la Mina
Las Virtudes
Águila
Eta de la Virgen de la Vega
Río Guadalén
Puebla del Príncipe
Río de la Mesta
Zapateros
Rambla de Castellar
Castellar de Santiago
La Guadianeja
Villamanrique
Bienservida
La Sierra
Monteagú
La Nava
Cambrón
Las Fuentes
Río Turruchel
Guadalmena
Villarrodrigo
Pozo de Abajo
El Moralico
Onsares
Sierra
Pico de la Sarga
Villaverde de Guadalimar
Ríopar

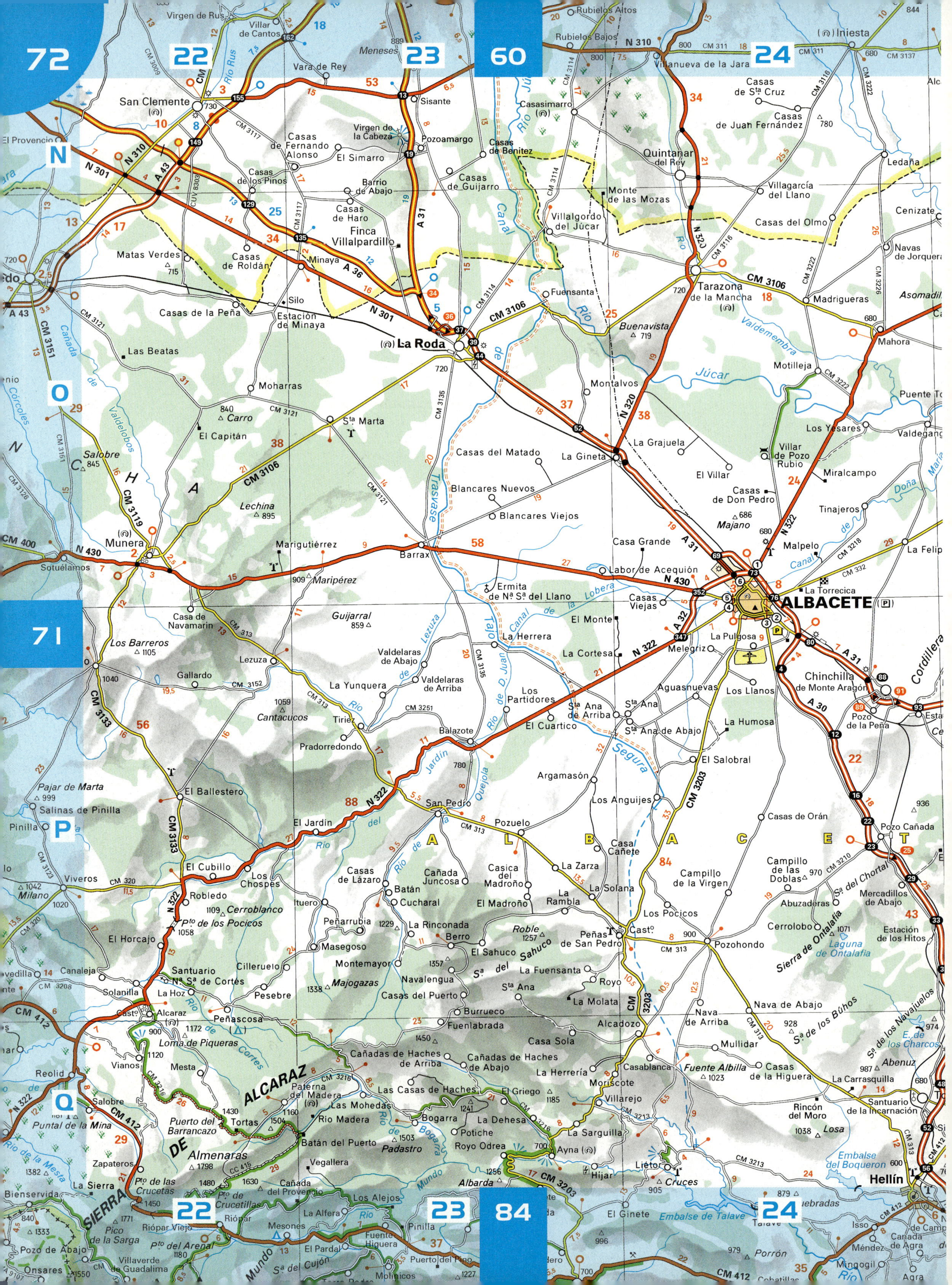

72
22
23
60
24
71
84
N
O
P
Q
San Clemente
Villar de Cantos
Vara de Rey
Sisante
Meneses
Virgen de Rus
Rubielos Altos
Rubielos Bajos
Villanueva de la Jara
Iniesta
Casas de Sta Cruz
Casas de Juan Fernández
Casasimarro
Quintanar del Rey
Ledaña
Villagarcía del Llano
Casas del Olmo
Cenizate
Navas de Jorquera
Casas de Fernando Alonso
El Simarro
Virgen de la Cabeza
Pozoamargo
Casas de Benítez
Casas de Guijarro
Barrio de Abajo
Casas de Haro
Casas de los Pinos
Monte de las Mozas
Villalgordo del Júcar
Finca Villapardillo
Matas Verdes
Casas de Roldán
Minaya
Silo
Estación de Minaya
Casas de la Peña
El Provencio
Fuensanta
Tarazona de la Mancha
Madrigueras
Asomadilla
Mahora
Buenavista
La Roda
Las Beatas
Moharras
Carro
El Capitán
Sta Marta
Montalvos
Júcar
Valdemembra
Motilleja
Puente Torres
Los Yesares
Valdeganga
Villar de Pozo Rubio
El Villar
La Grajuela
La Gineta
Casas del Matado
Blancares Nuevos
Blancares Viejos
Casas de Don Pedro
Majano
Miralcampo
Tinajeros
Malpelo
La Felipa
Salobre
Munera
Sotuélamos
Lechina
Marigutiérrez
Maripérez
Barrax
Casa Grande
Labor de Acequión
La Torrecica
ALBACETE
Ermita de Nª Sª del Llano
Casas Viejas
Casa de Navamarín
Los Barreros
Guijarral
El Monte
La Herrera
La Cortesa
La Pulgosa
Melegriz
Chinchilla de Monte Aragón
Cordillera
Gallardo
Lezuza
Valdelaras de Abajo
Valdelaras de Arriba
La Yunquera
Cantacucos
Tiriez
Los Partidores
El Cuartico
Sta Ana de Arriba
Sta Ana
Sta Ana de Abajo
Aguasnuevas
Los Llanos
La Humosa
Pozo de la Peña
Pradorredondo
Balazote
El Salobral
Argamasón
Los Anguijes
El Ballestero
Pajar de Marta
Salinas de Pinilla
Pinilla
El Jardín
San Pedro
Pozuelo
Casas de Orán
Pozo Cañada
Casa Cañete
La Zarza
Campillo de la Virgen
Campillo de las Doblas
Mercadillos de Abajo
Abuzaderas
El Cubillo
Los Chospes
Robledo
Casas de Lázaro
Batán
Cucharal
Cañada Juncosa
Casica del Madroño
El Madroño
La Rambla
La Solana
Los Pocicos
Cerrolobo
Sierra de Ontalafia
Laguna de Ontalafia
Estación de los Hitos
Viveros
Milano
Cerroblanco
Pto de los Pocicos
El Horcajo
Peñarrubia
Masegoso
La Rinconada
Berro
El Sahuco
Roble
Peñas de San Pedro
Castº
Pozohondo
Montemayor
Navalengua
Majogazas
Casas del Puerto
La Fuensanta
Royo
La Molata
Canaleja
Santuario Nª Sª de Cortés
Cilleruelo
Pesebre
Solanilla
La Hoz
Alcaraz
Peñascosa
Burrueco
Fuenlabrada
Alcadozo
Nava de Arriba
Nava de Abajo
Sª de los Búhos
Loma de Piqueras
Vianos
Mesta
Cañadas de Haches de Arriba
Cañadas de Haches de Abajo
Casa Sola
La Herrería
Mullidar
Casablanca
Fuente Albilla
Casas de la Higuera
Abenuz
La Carrasquilla
Reolid
Salobre
Puntal de la Mina
ALCARAZ
Paterna del Madera
Las Mohedas
Las Casas de Haches
El Griego
Moriscote
Villarejo
Rincón del Moro
Santuario de la Encarnación
Losa
Tortas
Puerto del Barrancazo
Río Madera
Bogarra
La Dehesa
La Sarguilla
Potiche
Royo Odrea
Ayna
Embalse del Boquerón
Almenaras
DE
Batán del Puerto
Padastro
Vegallera
Hijar
Liétor
Cruces
Hellín
Zapateros
SIERRA
La Sierra
Pto de las Crucetas
Pto de Crucetillas
Cañada del Provencio
Albarda
Los Alejos
Bienservida
Riópar Viejo
Riópar
Pico de la Sarga
Pto del Arenal
Mesones
La Alfera
Pinilla
Fuente Higuera
El Pardal
Sª del Cujón
Puerto del Pino
Villaverde de Guadalima
Pozo de Abajo
Onsares
El Ginete
Embalse de Talave
Talave
Isso
Cañada de Agra
Méndez
Mingogil
Agra
Porrón
Mundo
Segura
Canal
Trasvase
Tajo
Quejola
Río Rus
N 301
N 310
N 430
N 322
N 320
A 31
A 43
A 30
A 32
A 36
CM 3106
CM 3119
CM 3133
CM 3203
CM 412
CM 313

61
73
74
85
25
26
27
N
O
P
Q
Casas de Moya
Casas del Rey
Las Monjas
Casas de Pradas
Villarta
Casilla de Moya
Los Isidros
Casas de Penen de Albosa
El Herrumblar
El Retorno
Tamayo
Tabaqueros
Los Sardineros
Casas del Doctor
Baños de Fuente Podrida
Villamalea
Villatoya
Serra
Riu Cabriol
Casas Ibáñez
N 322
CM 3201
Alborea
Fuentealbilla
Barranco la Rambla
El Viso
Balsa de Ves
Cantoblanco
Golosalvo
Serradiel
Casas de Ves
Marimínguez
Zulema
Abengibre
Alcalá del Júcar
Las Eras
Tolosa
Villa de Ves
Río Júcar
E. de Cofrentes
La Pared
Bormate
Jorquera
Calzada de Vergara
Cubas
Alcozarejos
La Recueja
Casas del Cerro
La Gila
Casas del Conde
Morágete
Cueva de Don Juan
Sª del Boquerón
Sierra de la Caballa
Peñarrubia
Villavaliente
La Casa de la Grana
Casas de Juan Gil
Casas de Juan Núñez
Pozo Lorente
Alatoz
Carcelén
La Hunde
Jarafuel
Tejares Abarca
San Isidro
Malefatón
El Hontanar
Casas de Don Pedro
Las Fuentes
Cueva de la Vieja
Molatón
Montemayor
Ayora
Teresa de Cofrentes
Zarra
Ermita del Rosario
Morrablancar
Hoya Gonzalo
Oncebreros
Higueruela
Casillas de Marín de Abajo
Casillas de Marín de Arriba
Estación de Bonete
Cruz de Alpera
Alpera
Mugrón
San Benito
Gallinero
Los Brunales
El Rincón
Pto de El Blanco
Villar de Chinchilla
Mompichel
Pto Los Altos
Laguna del Salobralejo
Sierra del Mugrón
Almansa
Santuario de Belén
E. de Almansa
Casa de los Pandos
Casas del Campillo
El Bachiller
Bonete
Chinar
Laguna de Pétrola
Pétrola
Horna
Corral Rubio
Montealegre del Castillo
Casa de Sta Rosa
Sierra El Cegarrón
Campillo del Negro
La Higuera
Las Anorias
Muela
Arabinejo
Pinilla
Gómez Yáñez
Los Ruices
Hoya Sta Ana
El Apadreado
Ladrones
Arabí
Fuente Álamo
Embalse del Bayco
Madroño
Villegas o Mardos
Sierra Parda
Cerrajos
Morrón del Puerto
Sª de los Gavilanes
Sierra de la Magdalena
Maneta
Aljube
Ontur
Santiago de Mora
Albatana
Mora de Sta Quiteria
Cordovilla
Convento
Morrón
Peñarrubia
Puerto de Jumilla
Yecla
Pava
Fuente del Pino
La Alquería
La Campana
Torre Uchea
Sierra de Enmedio
Sierra de Las Cabras
Jumilla
Cucharón
La Celia
Candil
Minateda
Cuevas
Las Quebradas
Pansas
Raspay
Guardiola
La Capilla
Serra de Salinas
Portichuelo
Sierra de Enmedio
Sierra de Oliva
Autovía en obras
Sierra Lengua
Caudete
La Encina
Las Virtudes
Villena
Ermita de Nª Sª del Pilar
La Zafra
Sª de la Solana
Beneixama
Cañada
El Camp de Mirra
Biar
Mina de Rodes
La Colonia Sta Eulalia
Sax
Salinas
Llacuna de Salinas
Elda
Petrer
Loma Bad
Hondón
Chinorla
Úbeda
Lel
Torre Tallada
Escudero
Navalón de Arriba
Navalón de Abajo
Cumbres de València
Moixent
Estació de la Font de la Figuera
La Font de la Figuera
El Comendador
Fontanars dels Alforins
El Salse
El Puntal
Las Casas de Beneli
Reserva Nacional de Muela de Cortes
Cuevas de la Araña
Caroch
Cinto Cabra
La Cañada
Alto de Alcola
Cofrentes
Cortes de Pallás
Embassament de Los Embarcaderos
Embassament Cortes II
La Muela
Rambla Seca
Embassament de Millares
E. de el Naranjero
Riu Xúquer
Millares
Dos Aguas
Bicorp
Quesa
Navarrés
E. de Escalona
Embassament de Tous
La Albufera
Enguera
Río Grande
Martes
Los Pedrones
Casas de Sotos
Casas del Río
La Cabezuela
Fuen-Vich
Vinyoles
Los Herreros
La Venta de Gaeta
El Oro
E. de Forata
Colonia Cinto de los Abates
Autovía en obras
Puerto de Cruz de Cofrentes
Hortunas de Arriba
La Portera
Collado de la Calera
El Rebollar
Collado de Umán
Las Moratillas
Mijares
Collado de las Amoladeras
Yátova
Macastre
Quemada
Ventamina
El Portillo
Río Juanes
El Pontón
Arcis

74
27
28
62
29
73
86
N
O
P
Q
VALÈN
M E
Torrent
Picassent
Alcàsser
Silla
Catarroja
Beniparrell
El Saler
Platja del Saler
Gola del Pujol
Platja de la Devesa
Natural
l'Albufera
Hipodrom
Parador de El Saler
El Perellonet
El Palmar
El Romaní
Almussafes
Sollana
Benifaió
El Perelló
Gola del Perelló
Les Palmeres
La Muntanyeta dels Sants
El Mareny de Barraquetes
El Mareny Blau
El Mareny de Vilxes
El Mareny de Sant Llorenç
L'Albufera
Albalat de la Ribera
Sueca
Riola
Far de Cullera
La Torre de Cullera
Cullera
Polinyà de Xúquer
Fortaleny
Algemesí
Guadassuar
Benicull de Xúquer
Corbera
Llauri
Alzira
Carcaixent
El Brosquil
Favara
La Marina
Torre de la Vall
Platja de Tavernes
Tavernes de la Valldigna
La Barraca d'Aigües Vives
Sª Maria d'Aigües Vives
La Pobla Llarga
Villanueva de Castellón
Simat de la Valldigna
Platja de Xeraco
Xeraco
Platja de Gandia
Platja i Grau de Gandia
Manuel
Rafelguaraf
L'Énova
Barxeta
Llocnou d'en Fenollet
Els Corrals
Barx
El Mondúver
Xeresa
La Drova
Gandia
Platja de Daimús
Daimús
Guardamar de la Safor
Platja de Bellreguard
Platja Miramar
Platja de Piles
Bellreguard
Almoines
Piles
Platja d'Oliva
Oliva
Xàtiva
El Genovés
Pinet
Quatretonda
Llutxent
Bellús
E. de Bellús
Benigànim
Benicolet
Llocnou de Sant Jeroni
Ròtova
Convent de Sant Jeroni
Palma de Gandia
Potries
La Font d'en Carròs
La Pobla del Duc
Montitxelvo
Terrateig
Villalonga
Gallinera
Platjas Les Marines
Els Poblets
Rugat
Castelló de Rugat
Salem
Beniatjar
L'Orxa
Azafor
Forna
Adsubia
Pego
El Verger
Beniarbeig
Ondara
El Ràfol d'Almúnia
La Carroja
Vall de Gallinera
Alpatró
Benirrama
Sagra
Sanet y Negrals
Benidoleig
Pedreguer
Orba
Vall de Ebo
Vall d'Alcalà
La Vall de Laguar
Benimaurell
Murla
Benigembla
Llosa de Camacho
Alcalalí
Xaló
Líber
Senija
Parcent
Castell de Castells
Cocoll
Coll de Rates
Benissa
Tàrbena
Bolulla
Pinos
Bernia
Fanadix
Callosa d'en Sarrià
Barranc del Mascarat
Altea la Vella
Calp
Polop
El Tossal
L'Olla
Altea
La Nucia
L'Alfàs del Pi
Albir
Punta Bombarda
Sª Helada
Racó de Loix
Punta de l'Escaleta
Platja de Llevant
Platja de Ponent
BENIDORM
La Cala
La Vila Joiosa / Villajoyosa
Platja del Paraís
Finestrat
Orxeta
Terra Mítica
Puig Campana
Sant Rafael
Sella
Relleu
Benimantell
Benifato
Beniardà
Confrides
El Castell de Guadalest
Sª d'Aixorta
Sª de Aitana
Famorca
Facheca
Tollos
Benimassot
Sª de Alfaro
Quatretondeta
Benasau
Gorga
Balones
Benillup
Almudaina
Benialfaquí
Margarida
Beniaia
Planes
Benimarfull
Beniarrés
E. de Beniarrés
Gaianes
Muro de Alcoy
Agres
Cocentaina
Alcoi / Alcoy
Sª de Benicadell
Carricola
Atzeneta d'Albaida
Bèlgida
Albaida
Bufali
El Palomar
Montaverner
Alfarrasí
Aielo de Malferit
Ontinyent
Agullent
Puerto d'Albaida
Alfafara
Bocairent
Ermita de S. Jaume
Banyeres de Mariola
Sª de Mariola
Penàguila
Benilloba
Alcoleja
Benifallim
Port de Benifallim
Port de Tudons
Ibi
Xixona
Port de la Carrasqueta
Coves dels Canelobres
Busot
Aigües
Tibi
Castalla
Onil
Biar
Villena
Sax
Elda
Petrer
Serra de la Argueña
Serra del Maigmó
Maigmó
Montnegre
Peña Migjorn
Mina de Rodes
Colonia Eulalia
Salinas
Loma Badada
Penya del Sit
Agost
Ermita Don Jaume
Chinorla
Almafrà
Poublanc
El Camp de Mirra
Cañada
Sª de la Fontanella
Beneixama
El Salse
Sª de la Solana
La Zafra
Fontanars dels Alforins
Ermita Morera
El Comendador
La Font de la Figuera
Estació de la Font de la Figuera
Moixent
Serra Grossa
Vallada
Ermita de S. Sebastián
Cumbres de València
Navalón de Abajo
Enguera
L'Alcúdia de Crespins
Canals
Montesa
Castell
Rotglà i Corberà
Cerdà
Port de l'Olleria
L'Olleria
Anna
Chella
Sellent
Bolbaite
Antella
Sumacàrcer
Navarrés
Quesa
Bicorp
Cárcer
Gavarda
Alberic
Sant Cristòfol
Tous
Massalavés
Benimuslem
La Llosa de Ranes
La Albufera de Anna
Montortal
Poble de Tous
Embassament de Tous
E. de Escalona
L'Alcúdia
Benimodo
Carlet
Alginet
Alfarb
Catadau
Llombai
La Xivana
Ascopalls
Real de Montroi
Montroi
Montserrat
Torre
Turís
Macastre
Dos Aguas
Sª El Caballó
Salto de Millares
Millares
Xúquer
Riu Magre
Colonia Cinto de los Abates
Autovía en obras
L'Hort de la Rabassa
El Mas de Cortitxelles
Cumbres de Calicanto
Marisán
Sierra Perenxisa
Sant Domènec
Sant Jordi
Embassament d'Amadorio
Sª de Cabezón del Oro
Serra de la Grana
Gata de Gorgos
El Grau de València
Platja de Pinedo
Fumà

30
31
63
32
75
D I T E R R Á N E O
O
P
Q
Dénia
Platja de Marianeta Cassiana
Les Rotes
Les Arenetes
Aduanas
Cap de Sant Antoni (167)
Xàbia / Jávea
Platja del Arenal
Parque Calablanca
Cap de Sant Martí
Rafalet
Tosalet
Gorgos
El Poble Nou de Benitatxell
Cap de la Nau (122)
La Granadella
Platja de la Granadella
Cumbre del Sol
Cala de los Tiestos
Moraira
El Portet de Moraira
Cast.
165 Punta de Moraira
Platja de Moraira
Buenavista-Cala Abogat
Penyal d'Ifac (326)
CV 736
CV 735
CV 734
CV 742
CV 740
752
100
30
31
32
A

Cabo Espichel
1
2
64
3
BAIA
DE
SETÚBAL
Praia de Com
Comporta
N 253
Torre
N 261
Carvalhal
Torroal
Casa
Branca
N 261-1
R
Fontainhas
Boiças
Atalaia
325
N 261-2
Praia de Melides
Melides
Praia de S^to André
Costa de S^to André
Lagoa de
S^to André
São Francisco
da Serra
Cruz de João
Mendes
Vila Nova
de S^to André
S^ta Cruz
IC 33
S^to André
Santiago
do Cacém
Ruínas
Romanas
de Miróbriga
N 121
IP 8
N 261-3
Cast.
282
Cabo de Sines
Sines
Zonas Industriais
Porto de Sines
Boavista do Paiol
Provença
Praia de São Torpes
Praia de Morgavel
B^gem de Morgavel
Muda
214
Vale de Água
Sol Posto
N 390
149
S
Praia de Porto Covo
Porto Covo
IC 4
Tanganheira
B^gem de
Campilhas
Praia da Ilha
Bracial
Serra
do
Cercal
Cercal
341
N 262
N 389
Malpensado
N 390
Casa Nova
Brunheiras
Ribeira do Seissal
S^a das Neves
Vila Nova
de Milfontes
São Luís
Vale Beijinha
Zambujeiras
Vale de
Ferro
Almograve
Praia Grande
N 393
Troviscais
Torgal
Rio
Rib^a de
T
Cabo Sardão
Cavaleiro
N 393-1
Telheiro
Maroufenha
Odemira
N 123
Touril
Fontinha
Boavista
dos Pinheiros
209
Porto das Barcas
N 393-1
Estibeira
N 120
Sobreiro
Mira
Zambujeira do Mar
Carvalhal
220
São Teotónio
Brejão
S^ta Bárbara
2
88
3
Praia de Odeceixe
Oleiros
Caeiro
455
S^a da Brejeira
Odeceixe
Samouqueira
Maria
Vinagre

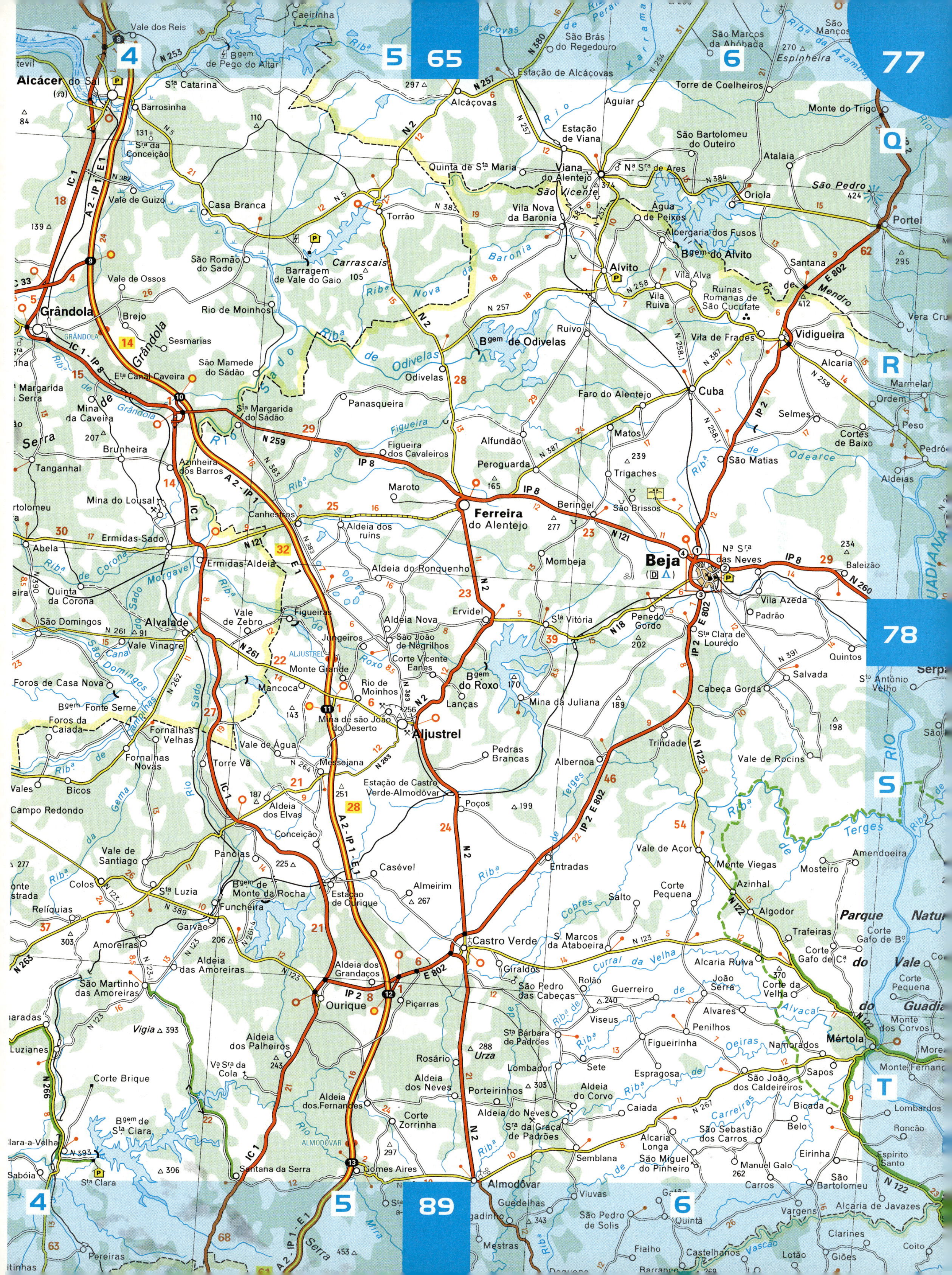
65
77
78
89
4
5
6
Q
R
S
T
Alcácer do Sal
Vale dos Reis
Caeirinha
Bgem de Pego do Altar
Sta Catarina
Barrosinha
Sra da Conceição
Vale de Guizo
Casa Branca
Torrão
Carrascais
Barragem de Vale do Gaio
São Romão do Sado
Vale de Ossos
Rio de Moinhos
Grândola
Brejo
Sesmarias
São Mamede do Sádão
Eta Canal Caveira
Mina da Caveira
Sta Margarida do Sádão
Serra
Tanganhal
Brunheira
Azinheira dos Barros
Mina do Lousal
Ermidas-Sado
Ermidas-Aldeia
Canhestros
Aldeia dos ruins
Abela
Quinta da Corona
São Domingos
Vale Vinagre
Alvalade
Vale de Zebro
Figueiras
Jungeiros
Monte Grande
Mancoca
Foros de Casa Nova
Bgem Fonte Serne
Foros da Caiada
Fornalhas Velhas
Fornalhas Novas
Vale de Água
Torre Vã
Messejana
Mina de São João do Deserto
Aljustrel
Rio de Moinhos
Estação de Castro Verde-Almodôvar
Aldeia dos Elvas
Conceição
Panóias
Vale de Santiago
Colos
Sta Luzia
Relíquias
Garvão
Bgem de Monte da Rocha
Funcheira
Estação de Ourique
Casével
Almeirim
Amoreiras
Aldeia das Amoreiras
São Martinho das Amoreiras
Aldeia dos Grandaços
Ourique
Piçarras
Castro Verde
Vigia
Aldeia dos Palheiros
Vª Sª da Cola
Corte Brique
Bgem de Sta Clara
Sta Clara
Sabóia
Aldeia dos Fernandes
Corte Zorrinha
Santana da Serra
Gomes Aires
Almodôvar
Alcáçovas
São Brás do Regedouro
Estação de Alcáçovas
São Marcos da Abóbada
Espinheira
Torre de Coelheiros
Aguiar
Estação de Viana
Quinta de Sta Maria
Viana do Alentejo
São Vicente
Nª Srª de Ares
São Bartolomeu do Outeiro
Atalaia
Oriola
São Pedro
Monte do Trigo
Portel
Vila Nova da Baronia
Água de Peixes
Albergaria dos Fusos
Bgem do Alvito
Alvito
Vila Ruiva
Vila Alva
Ruínas Romanas de São Cucufate
Santana
Vidigueira
Vila de Frades
Bgem de Odivelas
Odivelas
Ruivo
Cuba
Alcaria
Marmelar
Faro do Alentejo
Panasqueira
Figueira dos Cavaleiros
Alfundão
Matos
Peroguarda
Selmes
Cortes de Baixo
Peso
Ordem
Trigaches
São Matias
Maroto
Ferreira do Alentejo
Beringel
São Brissos
Beja
Nª Srª das Neves
Baleizão
Aldeia do Ronquenho
Mombeja
Vila Azeda
Padrão
Ervidel
Aldeia Nova
São João de Negrilhos
Corte Vicente Eanes
Bgem do Roxo
Lanças
Sta Vitória
Penedo Gordo
Sta Clara de Louredo
Quintos
Salvada
Cabeça Gorda
Mina da Juliana
Sto António Velho
Pedras Brancas
Albernoa
Trindade
Vale de Rocins
Poços
Entradas
Vale de Açor
Monte Viegas
Azinhal
Mosteiro
Amendoeira
Algodor
Salto
Corte Pequena
S. Marcos da Ataboeira
Trafeiras
Corte Gafo de Bº
Corte Gafo de Cª
Giraldos
São Pedro das Cabeças
Rolão
Guerreiro
Alcaria Ruiva
João Serra
Corte da Velha
Viseus
Alvares
Penilhos
Mértola
Namorados
Sta Bárbara de Padrões
Figueirinha
Sete
Espragosa
São João dos Caldeireiros
Sapos
Rosário
Urza
Lombador
Aldeia dos Neves
Aldeia do Corvo
Caiada
Porteirinhos
Aldeia de Neves
Srª da Graça de Padrões
Bicada
Belo
São Sebastião dos Carros
Alcaria Longa
Semblana
São Miguel do Pinheiro
Manuel Galo
Carros
Eirinha
São Bartolomeu
Alcaria de Javazes
Viuvas
Guedelhas
São Pedro de Solis
Quintã
Vargens
Fialho
Castelhanos
Clarines
Lotão
Giões
Mestras
Pereiras
Luzianes
Parque Natural do Vale do Guadiana
IP 8
IP 2
IC 1
A2 - IP 1 - E1
E 802
N 2
N 121
N 122
N 123
N 259
N 260
N 261
N 262
N 263
N 264
N 266
N 383
N 384
N 387
N 391
N 18
Ribª de Odivelas
Rio Sado
Ribª de Terges
Ribª de Cobres
Ribª de Oeiras
Ribª de Carreiras
Ribª da Figueira
Ribª do Roxo
Rio Guadiana

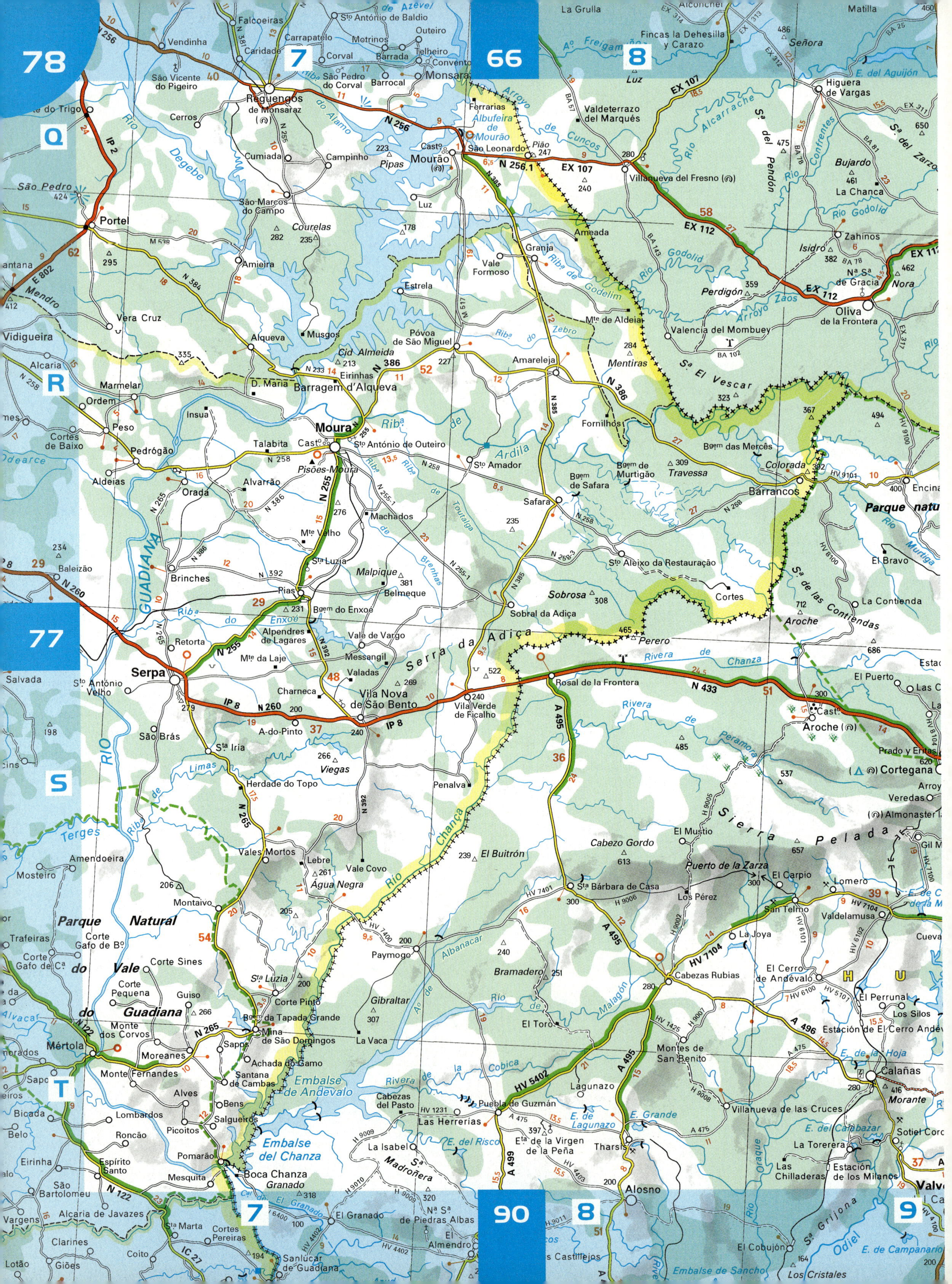
78
66
77
90
7
8
9
Q
R
S
T
Falcoeiras
Sto António de Baldio
Outeiro
Vendinha
Carrapatelo
Caridade
Corval
Motrinos
Barrada
Telheiro
Convento
Monsaraz
São Vicente do Pigeiro
São Pedro do Corval
Barrocal
Reguengos de Monsaraz
do Trigo
Cerros
Cumiada
Campinho
Pipas
Mourão
Castº
São Leonardo
Pião
Ferrarias
Albufeira de Mourão
São Pedro
Degebe
São Marcos do Campo
Courelas
Luz
Portel
Amieira
Granja
Vale Formoso
Estrela
Mendro
Vera Cruz
Musgos
Alqueva
Póvoa de São Miguel
Amareleja
Vidigueira
Alcaria
Cid Almeida
Eirinhas
D. Maria
Barragem d'Alqueva
Marmelar
Ordem
Peso
Insua
Moura
Cortes de Baixo
Pedrógão
Talabita
Castº
Pisões-Moura
Sto António de Outeiro
Sto Amador
Ardila
Aldeias
Orada
Alvarrão
Machados
Safara
Mte Velho
Sta Luzia
Baleizão
Brinches
Malpique
Belmeque
Pias
Bgem do Enxoé
Sobrosa
Sobral da Adiça
Retorta
Alpendres de Lagares
Vale de Vargo
Serpa
Mte da Laje
Messangil
Valadas
Serra da Adiça
Sto António Velho
Salvada
Charneca
Vila Nova de São Bento
Vila Verde de Ficalho
São Brás
A-do-Pinto
Sta Iria
Viegas
Herdade do Topo
Penalva
Terges
Amendoeira
Mosteiro
Vales Mortos
Lebre
Vale Covo
Água Negra
El Buitrón
Montalvo
Parque Natural do Vale do Guadiana
Trafeiras
Corte Gafo de Bº
Corte Gafo de Cª
Corte Sines
Corte Pequena
Guiso
Sta Luzia
Corte Pinto
Paymogo
Gibraltar
La Vaca
Bgem da Tapada Grande
Mina de São Domingos
Monte dos Corvos
Mértola
Moreanes
Sapos
Achada do Gamo
Monte Fernandes
Santana de Cambas
Embalse de Andévalo
Alves
Bens
Lombardos
Salgueiros
Picoitos
Roncão
Embalse del Chanza
Pomarão
Espírito Santo
Mesquita
Boca Chanza
Granado
São Bartolomeu
Alcaria de Javazes
Vargens
Sta Marta
Cortes Pereiras
Clarines
Coito
Gilões
Lotão
Sanlucar de Guadiana
El Granado
Nª Sª de Piedras Albas
El Almendro
Castillejos
La Grulla
Fincas la Dehesilla y Carazo
Señora
Matilla
Higuera de Vargas
Valdeterrazo del Marqués
Villanueva del Fresno
Sª del Pendón
Bujardo
La Chanca
Zahinos
Isidro
Nª Sª de Gracia
Nora
Perdigón
Oliva de la Frontera
Valencia del Mombuey
Ameada
Mte de Aldeia
Mentiras
Sª El Vescar
Fornilhos
Bgem das Mercês
Colorada
Barrancos
Encina
Parque natu
Bgem de Murtigão
Travessa
Bgem de Safara
Sto Aleixo da Restauração
El Bravo
Cortes
La Contienda
Sª de las Contiendas
Aroche
Perero
Rosal de la Frontera
El Puerto
Las C
Aroche
Prado y Eritas
Cortegana
Veredas
Almonaster
Sierra Pelada
El Mustio
Cabezo Gordo
Puerto de la Zarza
El Carpio
Lomero
Sta Bárbara de Casa
Los Pérez
San Telmo
Valdelamusa
La Joya
Bramadero
Cabezas Rubias
El Cerro de Andévalo
El Perrunal
Los Silos
El Toro
Estación de El Cerro Andév
Montes de San Benito
Lagunazo
Calañas
Morante
Cabezas del Pasto
Puebla de Guzmán
Las Herrerías
Villanueva de las Cruces
La Torerera
Sotiel Coro
Ermª de la Virgen de la Peña
Tharsis
La Isabel
Sª Madroñera
Las Chilladeras
Estación de los Milanos
Alosno
Valv
El Cobujón
Sª Grijona
Odiel
E. de Campanario
Embalse de Sancho
Los Cristales
Rivera de Chanza
Guadiana
Rio Chança
Rio Ardila
Albuera de Mourão
N 256
N 255
N 258
N 260
N 265
N 122
N 386
N 385
N 392
IP 2
IP 8
IC 27
E 802
EX 107
EX 112
N 433
A 495
A 499
A 496
HV 7104
HV 5402

67
79
80
91

Los Santos de Maimona
Zafra
Puebla de Sancho Pérez
Balneario de Raposo
Sª de los Santos
Montnoso
Hinojosa del Valle
Calvo
Llera
Valencia de las Torres
Usagre
Higuera de Llerena
Villagarcía de la Torre
Bienvenida
Llerena
Casas de la Reina
Teatro Romano
Ribera de Los Molinos
Trasierra
Cantalgallo
Medina de las Torres
Atalaya
Cabrera
Calzadilla de los Barros
Fuente de Cantos
Puerto de la Loba
Ermita de San Isidro
Las Zorillas
Montemolín
Sª Quebrada
Pallares
Bujo
Puebla del Maestre
Torre
Monesterio
Pto Cañada
Calera de León
Cabeza la Vaca
Segura de León
José Díez
Bodonal de la Sierra
Valera
Gigonza
Sª Aguda
Fregenal de la Sierra
San Cristóbal
Higuera la Real
Jerez de los Caballeros
Valle de Matamoros
Valle de Sta Ana
San José
Brovales
Valuengo
Embalse de Valuengo
La Bazana
Puerto Beltrana
Puerto de Tablado
Cinco Lindes
Ermita de los Remedios
Burguillos del Cerro
Valverde de Burguillos
Jacintos
Alconera
Puerto de Sto Domingo
Valencia del Ventoso
Tocinillos
Puerto de la Granja
Sª de San Salvador
Cumbres de Enmedio
Cumbres de San Bartolomé
Cumbres Mayores
Fuentes de León
Santuario de Sta María de Tentudía
Sierra de Tudia
Arroyomolinos de León
Cañaveral de León
Hinojales
Castillo
Morena
Venta del Culebrín
Hoya de Sta María
Pto de las Marismas
La Bastiana
El Pintado
Embalse del Pintado
Puerto Padrona
El Real de la Jara
Faustino
La Ganchoza
Contraembalse del Pintado
Almadén de la Plata
de la Sierra Norte
El Berrocal
El Membrillo
Costalinero
La Parrilla
Ermita de San Benito
Embalse de Cala
Ermita de Nª Sª de Escardiel
Parladé
Castilblanco de los Arroyos
Cebrón
Los Carrizos
El Gergal
Embalse de Gergal
Las Pajanosas
Guillena
Burguillos
Brenes
Villaverde del Río
San Ignacio del Viar
Esquivel
de la Sierra de Aracena
Sierra y Picos de Aroche
La Nava
Valdelarco
Navahermosa
Corterrangel
Castañuelo
Cortelazor
Embalse de Aracena
Carboneras
Aracena
Corteconcepción
Puerto Gil
Puerto Moral
Jabata
Minas de Cala
Cala
Sta Olalla del Cala
Gruta de las Maravillas
Jabuguillo
Valdezufre
La Umbría
Zufre
E. de Zufre
Higuera de la Sierra
Jabugo
Galaroza
Castaño del Robledo
Fuenteheridos
Los Marines
Nª Sª de los Ángeles
Linares de la Sierra
Alájar
Sta Ana la Real
Los Romeros
Molares
Aguafría
La Corte
Calabazares
Sierra de Aracena
Serpos
Ermita de Sta Eulalia
E. de Odiel
Patrás
Concepción
Ventas de Arriba
Campofrío
San Miguel
La Granada de Río-Tinto
Ermita de Nª Sª del Prado
Nª Sª del Puerto
Ra de Huelva
Padre Caro
Presa del Jarrama
Valdeflores
El Peralejo
La Alcornocosa
El Ronquillo
Archidona
E. de Sotiel
E. de Gossan
La Atalaya
La Dehesa
Traslasierra
Minas de Riotinto
Nerva
El Villar
El Campillo
Zalamea la Real
La Naya
Juan Gallego
Juan Antón
Minas del Castillo
La Aulaga
El Castillo de las Guardas
Embalse de la Minilla
Arroyo de la Plata
El Cañuelo
El Alisar
Las Delgadas
Membrillo Alto
El Buitrón
Marigenta
El Madroño
Villagordo
El Pedrosillo
Puerto Acebuche
El Álamo
Berrocal
Las Criaderas
El Garrobo
Las Nieves
El Pozuelo
Las Cañadas
Fuente nacional de la Pata del Caballo
El Campillo
E. del Esparragal
Gerena
Hato Verde
La Florida
Navahermosa
Gatos

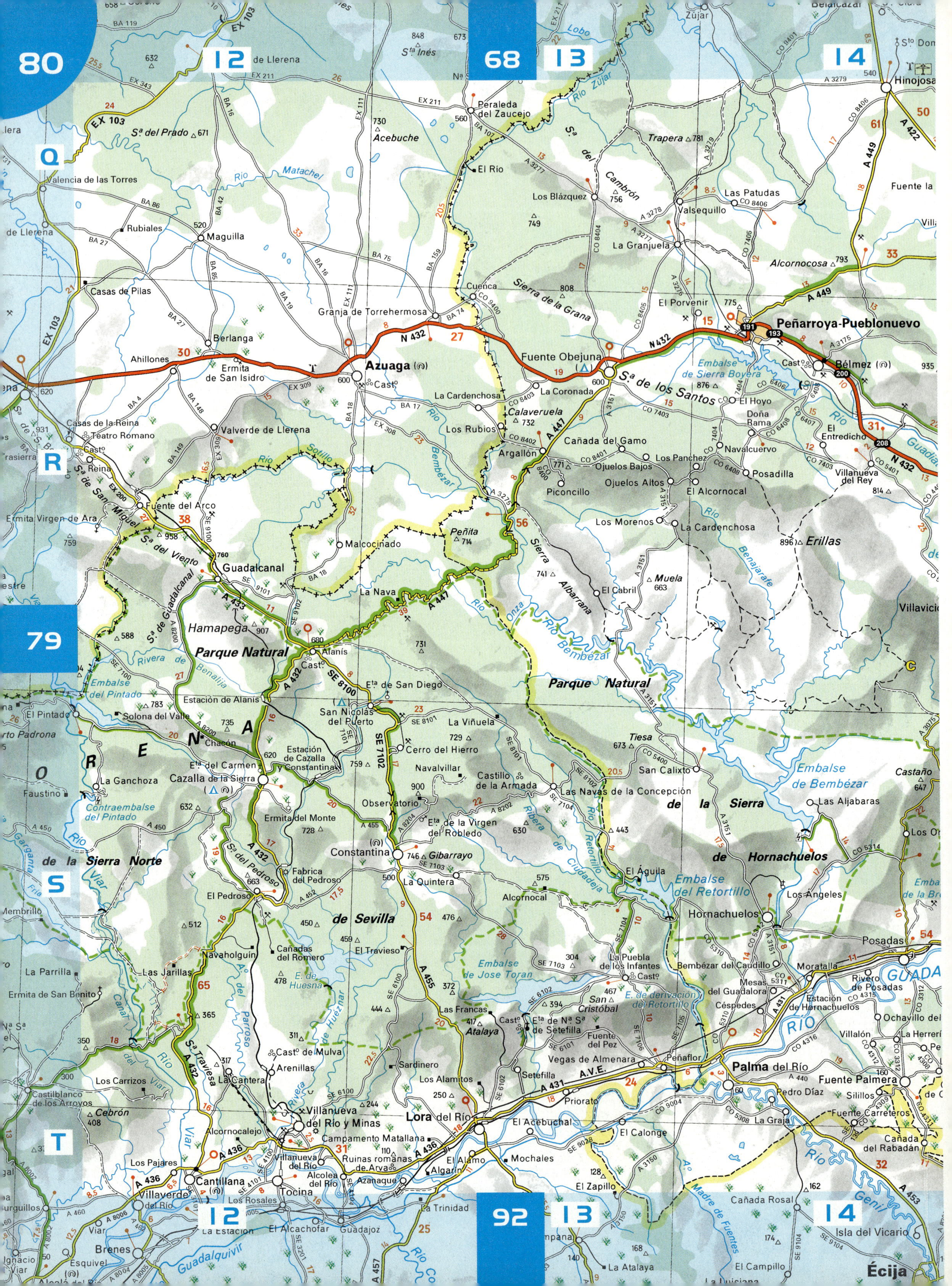

12
68
13
14
79
92
13
12
14
Q
R
S
T
Valencia de las Torres
S.ª del Prado
Rubiales
Maguilla
Casas de Pilas
Berlanga
Ahillones
Ermita de San Isidro
Azuaga
Granja de Torrehermosa
Acebuche
Peraleda del Zaucejo
El Rio
Los Blázquez
S.ª del Cambrón
Trapera
Valsequillo
Las Patudas
La Granjuela
Alcornocosa
El Porvenir
Peñarroya-Pueblonuevo
Hinojosa
Bélmez
Cuenca
Sierra de la Grana
Fuente Obejuna
S.ª de los Santos
Embalse de Sierra Boyera
El Hoyo
Doña Rama
El Entredicho
La Coronada
La Cardenchosa
Calaveruela
Los Rubios
Argallón
Cañada del Gamo
Ojuelos Bajos
Ojuelos Altos
Los Panches
Navalcuervo
Posadilla
Villanueva del Rey
El Alcornocal
Piconcillo
Los Morenos
Erillas
Casas de la Reina
Teatro Romano
Reina
Valverde de Llerena
Fuente del Arco
Ermita Virgen de Ara
S.ª de San Miguel
S.ª del Viento
Guadalcanal
Malcocinado
Peñita
Sierra Albarrana
El Cabril
Muela
La Nava
Hamapega
Parque Natural
Alanís
Rivera de Benalija
Embalse del Pintado
Estación de Alanís
E.ª de San Diego
San Nicolás del Puerto
Parque Natural
Río Bembézar
El Pintado
Solona del Valle
Chacón
La Viñuela
Cerro del Hierro
Tiesa
San Calixto
Estación de Cazalla y Constantina
E.ª del Carmen
Cazalla de la Sierra
La Ganchoza
Faustino
Contraembalse del Pintado
Navalvillar
Castillo de la Armada
Las Navas de la Concepción
Embalse de Bembézar
Castaño
Las Aljabaras
Observatorio
E.ª de la Virgen del Robledo
Ermita del Monte
de la Sierra Norte
de la Sierra
de Hornachuelos
Constantina
Gibarrayo
La Quintera
Fabrica del Pedroso
El Pedroso
S.ª del Pedroso
de Sevilla
Alcornocal
El Águila
Embalse del Retortillo
Hornachuelos
Los Ángeles
Navaholguín
Las Jarillas
La Parrilla
Ermita de San Benito
Cañadas del Romero
E. de Huesna
El Travieso
Embalse de Jose Toran
La Puebla de los Infantes
Bembézar del Caudillo
Moratalla
Posadas
Rivero de Posadas
Mesas del Guadalora
Céspedes
Estación de Hornachuelos
Ochavillo del Río
Villalón
La Herrería
Las Francas
Atalaya
San Cristóbal
E. de derivación del Retortillo
E.ª de N.ª S.ª de Setefilla
Fuente del Pez
Cast.º de Mulva
Arenillas
Sardinero
Los Alamitos
Setefilla
Vegas de Almenara
Peñaflor
Palma del Río
Fuente Palmera
Pedro Díaz
Silillos
Fuente Carreteros
La Graja
Cañada del Rabadán
Los Carrizos
Castilblanco de los Arroyos
Cebrón
S.ª Traviesa
La Cantera
Villanueva del Río y Minas
Lora del Río
Priorato
A.V.E.
El Acebuchal
El Calonge
Alcornocalejo
Campamento Matallana
Ruinas romanas de Arva
Villanueva del Río
Alcolea del Río
Azanaque
Algarín
El Álamo
Mochales
Los Pajares
Cantillana
Villaverde del Río
Tocina
Los Rosales
La Trinidad
El Zapillo
Cañada Rosal
Isla del Vicario
Écija
Brenes
Esquivel
La Estación
El Alcachofar
Guadajoz
Guadalquivir
El Campillo
La Atalaya
Río Genil
Río Guadalquivir

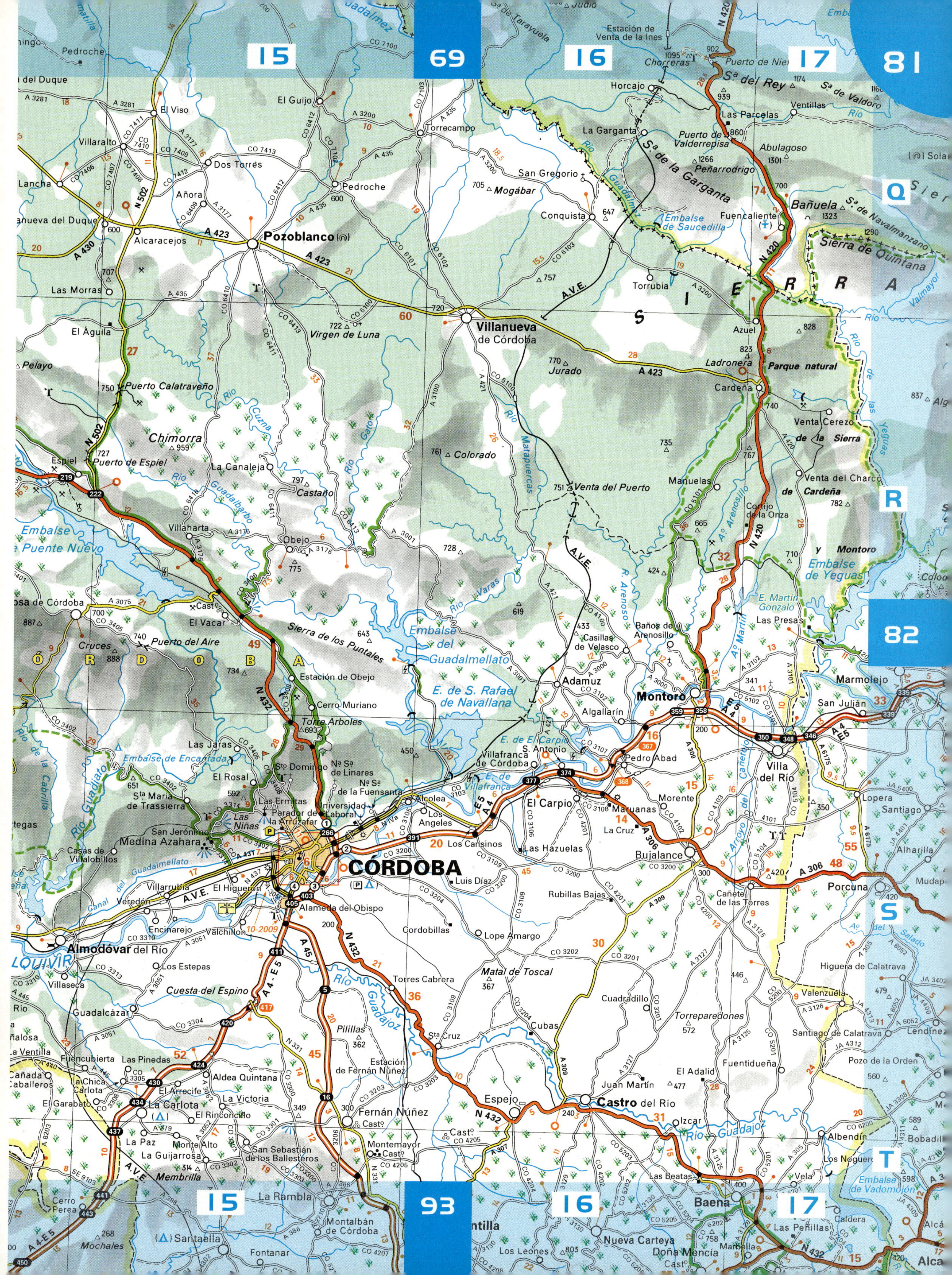

15
69
16
17
81
82
93
Q
R
S
T
Pedroche
El Viso
Villaralto
Dos Torres
Lancha
Añora
Alcaracejos
Pozoblanco
El Guijo
Torrecampo
Pedroche
San Gregorio
Mogábar
Conquista
Horcajo
La Garganta
Sa de la Garganta
Estación de Venta de la Ines
Chorreras
Puerto de Niefla
Sa del Rey
Las Parcelas
Ventillas
Sa de Valdoro
Puerto de Valderrepisa
Peñarrodrigo
Abulagoso
Bañuela
Sa de Navalmanzano
Sierra de Quintana
Fuencaliente
Embalse de Saucedilla
Torrubia
Las Morras
El Aguila
Pelayo
Puerto Calatraveño
Virgen de Luna
Villanueva de Córdoba
Jurado
Azuel
Ladronera
Parque natural
Cardeña
Venta Cerezo
de la Sierra
Venta del Charco
de Cardeña
Cortijo de la Onza
Manuelas
Chimorra
Puerto de Espiel
Espiel
La Canaleja
Castaño
Colorado
Venta del Puerto
Embalse de Puente Nuevo
Villaharta
Obejo
Embalse de Yeguas
Montoro
Cerro Muriano
Estación de Obejo
Sierra de los Puntales
Embalse del Guadalmellato
E. de S. Rafael de Navallana
Puerto del Aire
El Vacar
Cruces
Villafranca de Córdoba
Adamuz
Algallarín
Casillas de Velasco
Baños de Arenosillo
Las Presas
E. Martín Gonzalo
Marmolejo
San Julián
Villa del Río
Lopera
Santiago
Alharilla
Porcuna
Pedro Abad
Morente
Bujalance
El Carpio
Maruanas
La Cruz
Cañete de las Torres
Torre Árboles
Las Jaras
El Rosal
Sta María de Trassierra
Medina Azahara
Casas de Villalobillos
Alcolea
Los Ángeles
Los Cansinos
Las Hazuelas
CÓRDOBA
Luis Díaz
Rubillas Bajas
Alameda del Obispo
Cordobillas
Lope Amargo
Almodóvar del Río
Villarrubia
El Higuerón
Encinarejo
Valchillón
Los Estepas
Villaseca
Cuesta del Espino
Guadalcázar
Torres Cabrera
Matal de Toscal
Cuadradillo
Torreparedones
Valenzuela
Higuera de Calatrava
Santiago de Calatrava
Pozo de la Orden
Fuencubierta
Las Pinedas
La Chica Carlota
Aldea Quintana
El Arrecife
La Carlota
La Victoria
El Rinconcillo
El Garabato
La Paz
Monte Alto
La Guijarrosa
Membrilla
Pilillas
Estación de Fernán Núñez
Fernán Núñez
Montemayor
Sta Cruz
Cubas
Espejo
Castro del Río
Juan Martín
El Adalid
Fuentidueña
Izcar
Albendín
Los Nogueras
Las Beatas
Baena
Vela
Embalse de Vadomojón
San Sebastián de los Ballesteros
La Rambla
Montalbán de Córdoba
Santaella
Mochales
Cerro Perea
Fontanar
Nueva Carteya
Doña Mencía
Los Leones
Marbella
Las Peñillas
Caldera
Alcalá
Río Guadalquivir
Río Guadajoz
Río Guadiato
Río Guadalmellato

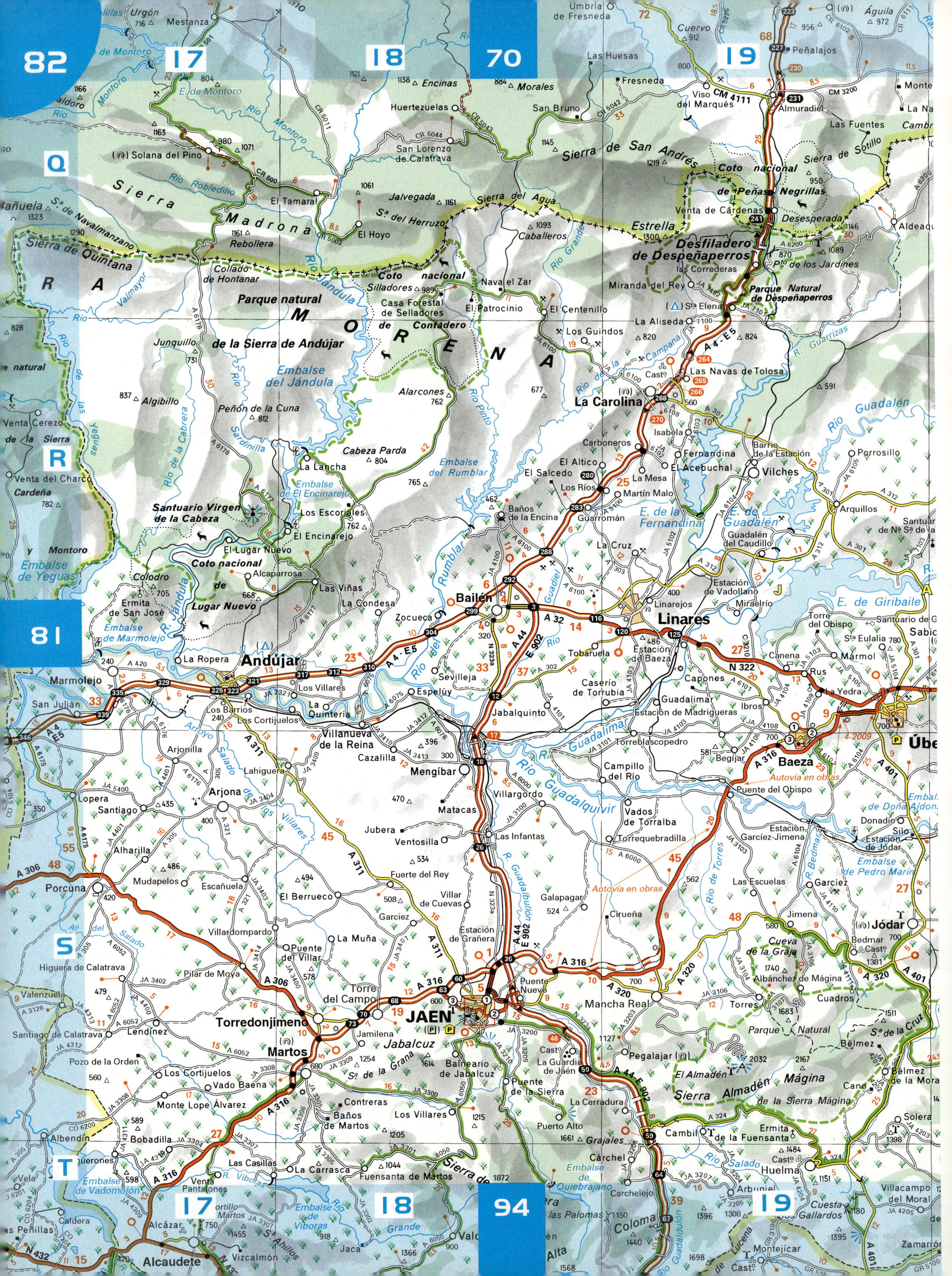
82
70
81
94
17
18
19
Q
R
S
T
Sierra Madrona
Sierra de Quintana
Sierra de San Andrés
Sierra Morena
Coto nacional de Peñas Negrillas
Desfiladero de Despeñaperros
Parque Natural de Despeñaperros
Parque natural de la Sierra de Andújar
Coto nacional Selladores Contadero
Coto nacional de Lugar Nuevo
Embalse del Jándula
Embalse del Rumblar
Embalse de El Encinarejo
Embalse de Yeguas
Embalse de Marmolejo
E. de la Fernandina
E. de Guadalén
E. de Giribaile
Embalse de Pedro Marín
Embalse de Vadomojón
Embalse de Víboras
Embalse de Quiebrajano
Santuario Virgen de la Cabeza
Río Guadalquivir
Río Guadalimar
Río Guadalén
Río Jándula
Río Rumblar
Río Guadiel
Río Guadalbullón
Río de Torres
Río Salado
Río Montoro
Río Robledillo
Río Pinto
Río Grande
Río de la Campana
Río Guarrizas
Solana del Pino
El Tamaral
Rebollera
Collado de Hontanar
Huertezuelas
San Lorenzo de Calatrava
Encinas
Morales
San Bruno
Fresneda
Las Huesas
Umbría de Fresneda
Viso del Marqués
Almuradiel
Las Fuentes
Peñalajos
Águila
Venta de Cárdenas
Aldeaquemada
Miranda del Rey
Las Correderas
Pto de los Jardines
Sta Elena
La Aliseda
El Centenillo
El Patrocinio
Navalelzar
Casa Forestal de Selladores
Los Guindos
Las Navas de Tolosa
La Carolina
Carboneros
Isabela
Fernandina
El Acebuchal
Vilches
Barrio de la Estación
Porrosillo
Arquillos
Guadalén del Caudillo
El Altico
El Salcedo
Los Ríos
La Mesa
Martín Malo
Guarromán
Baños de la Encina
Alarcones
Cabeza Parda
Peñón de la Cuna
Algibillo
Junquillo
La Lancha
Los Escoriales
El Encinarejo
El Lugar Nuevo
Alcaparrosa
Las Viñas
La Condesa
Colodro
Ermita de San José
Venta Cerezo
Venta del Charco
Cardeña
Montoro
Bailén
Zocueca
Linares
Linarejos
La Cruz
Estación de Vadollano
Miraelrío
Torre del Obispo
Santuario de Guadalupe
Sta Eulalia
Mármol
Canena
Rus
La Yedra
Úbeda
Sabiote
Baeza
Begíjar
Ibros
Capones
Guadalimar
Estación de Madrigueras
Torreblascopedro
Campillo del Río
Puente del Obispo
Autovía en obras
Vados de Torralba
Torrequebradilla
Estación Garciez-Jimena
Las Escuelas
Garciez
Jimena
Jódar
Bedmar
Albánchez de Mágina
Cuadros
Torres
Parque Natural de la Sierra Mágina
Sierra Mágina
Sierra Almadén
Cueva de la Graja
Bélmez
Bélmez de la Moraleda
Cano
Solera
Huelma
Cambil
Ermita de la Fuensanta
Arbuniel
Villacampo del Moral
Cuesta Gallardos
Montejícar
Andújar
La Ropera
Los Villares
La Quintería
Los Barrios
Los Cortijuelos
Marmolejo
San Julián
Villanueva de la Reina
Cazalilla
Espelúy
Sevilleja
Jabalquinto
Tobaruela
Caserío de Torrubia
Estación de Baeza
Mengíbar
Villargordo
Matacas
Jubera
Ventosilla
Las Infantas
Fuerte del Rey
Villar de Cuevas
Garciez
Estación de Grañera
Galapagar
Cirueña
Mancha Real
Pegalajar
La Guardia de Jaén
Puente Nuevo
JAÉN
Jabalcuz
Balneario de Jabalcuz
Puente de la Sierra
La Cerradura
Puerto Alto
Grajales
Cárchel
Carchelejo
Jamilena
Torre del Campo
Torredonjimeno
Martos
Los Cortijuelos
Vado Baena
Monte Lope Álvarez
Contreras
Baños de Martos
Los Villares
Fuensanta de Martos
La Carrasca
Las Casillas
Sierra de la Grana
Arjonilla
Arjona
Lahiguera
Lopera
Santiago
Alharilla
Porcuna
Mudapelos
Escañuela
El Berrueco
Villardompardo
Puente del Villar
La Muña
Pilar de Moya
Higuera de Calatrava
Valenzuela
Santiago de Calatrava
Lendínez
Pozo de la Orden
Albendín
Bobadilla
Alcázar
Alcaudete
Caldera
Peñillas
Jaca
Vizcalmón
Valdepeñas de Jaén
Colomera
Las Palomas
Alta Coloma
Zamarrón
Sierra de Lucena
Montejícar
A 4 - E 5
A 44 E 902
A 32
A 316
A 306
A 311
A 320
A 401
N 322
CM 4111
CM 3200

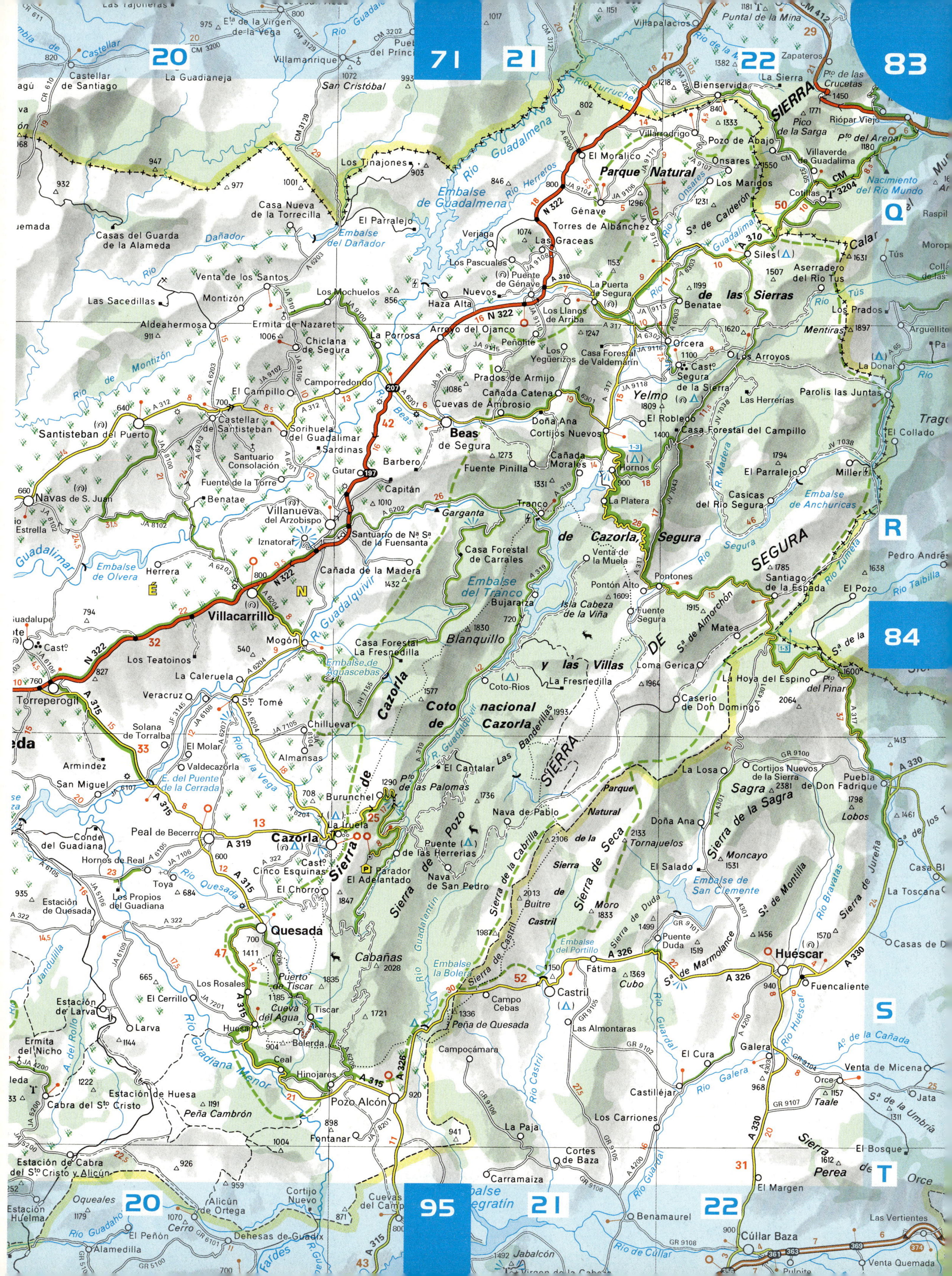
71
83
84
95
20
21
22
Q
R
S
T
Castellar de Santiago
La Guadianeja
Villamanrique
San Cristóbal
Puebla del Príncipe
Villapalacios
Puntal de la Mina
Zapateros
Bienservida
La Sierra
Pto de las Crucetas
SIERRA
Pico de la Sarga
Riópar Viejo
Pto del Arenal
Villaverde de Guadalima
Nacimiento del Río Mundo
Cotillas
Villarrodrigo
Pozo de Abajo
Onsares
El Moralico
Parque Natural
Los Marinos
Los Tinajones
Río Guadalmena
Embalse de Guadalmena
Río Herreros
Génave
Torres de Albánchez
Sa de Calderón
Casa Nueva de la Torrecilla
El Parralejo
Embalse del Dañador
Río Dañador
Casas del Guarda de la Alameda
Verjaga
Las Graceas
Los Pascuales
Puente de Génave
Siles
Aserradero del Río Tus
Calar del Mundo
Venta de los Santos
Montizón
Los Mochuelos
Haza Alta
Nuevos
La Puerta de Segura
de las Sierras
Benatae
Las Sacedillas
Aldeahermosa
Ermita de Nazaret
Chiclana de Segura
La Porrosa
Arroyo del Ojanco
Peñolite
Los Llanos de Arriba
Los Yegüerizos
Casa Forestal de Valdemarín
Orcera
Los Prados
Mentiras
Los Arroyos
Segura de la Sierra
La Donar
Río de Montizón
El Campillo
Camporredondo
Prados de Armijo
Cañada Catena
Cuevas de Ambrosio
Yelmo
Las Herrerías
Parolis las Juntas
Santisteban del Puerto
Castellar de Santisteban
Sorihuela del Guadalimar
Sardinas
Beas de Segura
Doña Ana
Cortijos Nuevos
El Robledo
Casa Forestal del Campillo
El Collado
Santuario Consolación
Gutar
Barbero
Fuente Pinilla
Cañada Morales
Hornos
El Parralejo
Miller
Navas de S. Juan
Fuente de la Torre
Benatae
Capitán
Casicas del Río Segura
Embalse de Anchuricas
Villanueva del Arzobispo
Iznatoraf
Santuario de Na Sa de la Fuensanta
Garganta
Tranco
La Platera
de Cazorla, Segura
SEGURA
Estrella
Embalse de Olvera
Herrera
Casa Forestal de Carrales
Venta de la Muela
Pedro Andrés
Río Guadalimar
Cañada de la Madera
Embalse del Tranco
Pontones
Santiago de la Espada
Río Zumeta
El Pozo
Río Taibilla
Villacarrillo
Bujaraiza
Isla Cabeza de la Viña
Pontón Alto
Fuente Segura
Sa de Amorchón
Guadalupe
Mogón
Blanquillo
Matea
Los Teatinos
Casa Forestal La Fresnedilla
Embalse de Aguascebas
Torreperogil
La Caleruela
Cazorla
Coto-Ríos
y las Villas
La Fresnedilla
DE
Loma Gerica
La Hoya del Espino
Pto del Pinar
Veracruz
Sto Tomé
Coto nacional de Cazorla
Caserío de Don Domingo
Solana de Torralba
Chilluevar
El Molar
Valdecazorla
Almansas
Río de la Vega
SIERRA
Armíndez
San Miguel
E. del Puente de la Cerrada
El Cantalar
Las Banderillas
La Losa
Cortijos Nuevos de la Sierra
Puebla de Don Fadrique
Sagra
Lobos
Buruncher
Pto de las Palomas
Parque Natural
Sierra de la Sagra
Peal de Becerro
Nava de Pablo
Conde del Guadiana
Hornos de Peal
La Iruela
Sierra de Pozo
Tornajuelos
Doña Ana
Moncayo
Toya
Cinco Esquinas
Parador El Adelantado
Puente de las Herrerías
de la Sierra Seca
El Salado
Casa Bl.
La Toscana
Estación de Quesada
Los Propios del Guadiana
Río Quesada
El Chorro
Nava de San Pedro
Sierra de la Cabrilla
Sierra de Buitre
Castril
Moro
Embalse de San Clemente
Sa de Montilla
Sierra de Jureña
Quesada
Cabañas
Embalse del Portillo
Sierra de Duda
Puente Duda
Río Bravatas
Casas de D.
Río Jandulilla
Estación de Larva
Los Rosales
El Cerrillo
Puerto de Tíscar
Cueva del Agua
Tíscar
Embalse de la Bolera
Sierra de Castril
Fátima
Cubo
Sa de Marmolance
Huéscar
Fuencaliente
Larva
Huesa
Belerda
Campo Cebas
Peña de Quesada
Las Almontaras
Río Guardal
Río Huéscar
Ermita del Nicho
Río Guadiana Menor
Ceal
Hinojares
Pozo Alcón
Campocámara
El Cura
Galera
Ao de la Cañada
Venta de Micena
Orce
Jata
Cabra del Sto Cristo
Estación de Huesa
Peña Cambrón
Fontanar
La Paja
Río Castril
Castiléjar
Río Galera
Sa de la Umbría
Los Carriones
El Bosque
Sierra Perea
Estación de Cabra del Sto Cristo y Alicún
Cortes de Baza
Carramaiza
El Margen
Orce
Estación Huelma
Oqueales
Alicún de Ortega
Cortijo Nuevo
Cuevas del Campo
Embalse Negratín
Benamaurel
Las Vertientes
Río Guadahortuna
El Peñón
Cerro
Dehesas de Guadix
Alamedilla
Jabalcón
Río de Cúllar
Cúllar Baza
Venta Quemada
N 322
A 315
A 319
A 317
A 326
A 330
A 312
A 310
A 322
CM 412
CM 3204

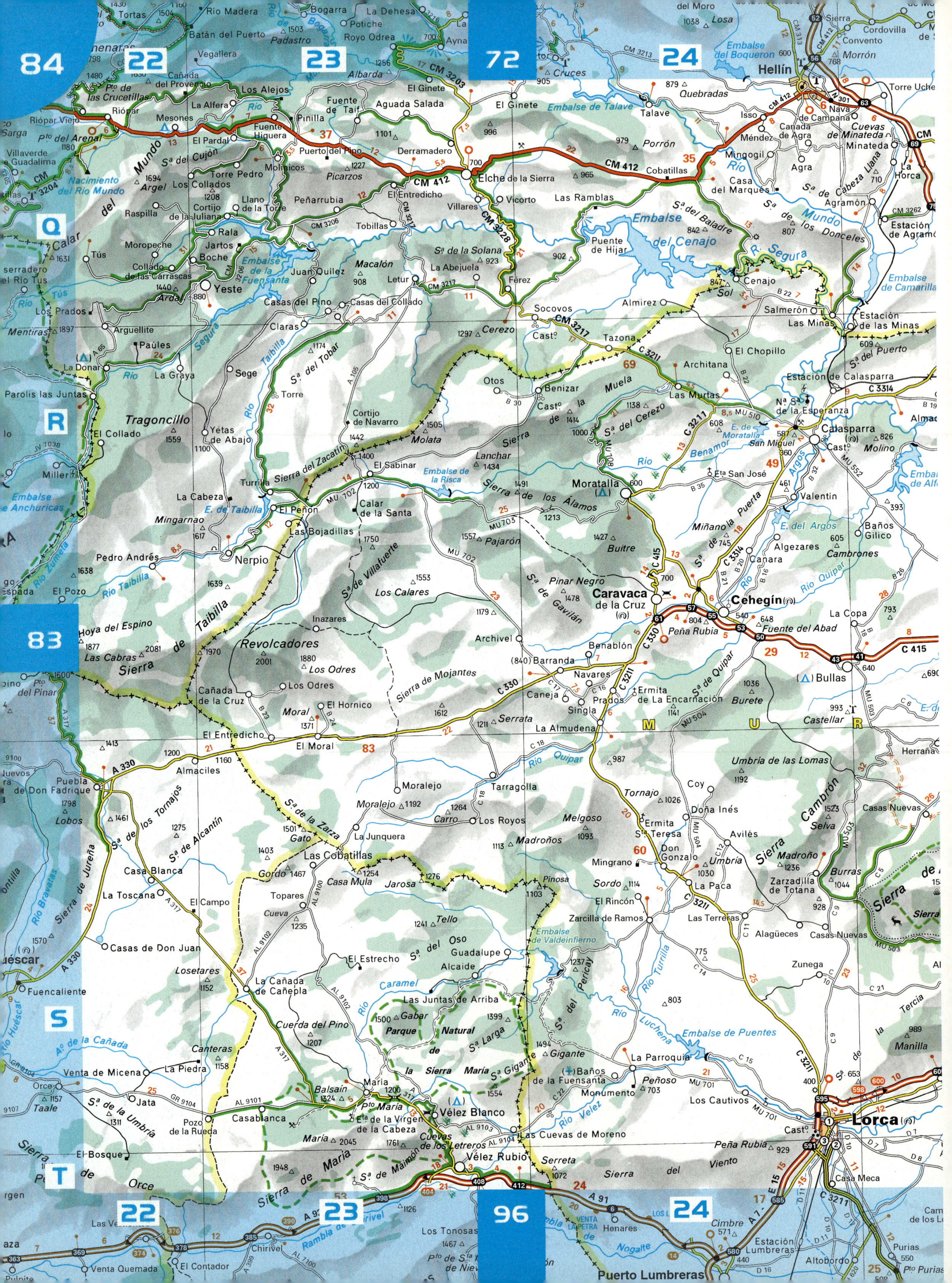

84
22
23
72
24
83
96
Q
R
S
T
Hellín
Tortas
Río Madera
Bogarra
La Dehesa
Batán del Puerto
Potiche
Padastro
Royo Odrea
Aýna
Vegallera
Albarda
Cruces
Quebradas
Embalse del Boquerón
Sierra
Cordovilla
Convento
Morrón
Torre Uchea
Nava de Campana
Cuevas de Minateda
Minateda
Canada de Agra
Méndez
Isso
Talave
Embalse de Talave
El Ginete
Riópar
Riópar Viejo
Pto de las Crucetillas
Cañada del Provencio
Los Alejos
La Alfera
Mesones
Fuente Higuera
Pinilla
Fuente de Taif
Aguada Salada
Derramadero
Puerto del Pino
Elche de la Sierra
Vicorto
Las Ramblas
Porrón
Cobatillas
Mingogil
Casa del Marqués
Agra
Sa de Cabeza Llana
La Horca
Agramón
Estación de Agramón
Pto del Arenal
Villaverde de Guadalima
Nacimiento del Río Mundo
Sa del Cujón
El Pardal
Molinicos
Torre Pedro
Los Collados
Argel
Picarzos
El Entredicho
Villares
Llano de la Torre
Peñarrubia
Cortijo de la Juliana
Raspilla
Tobillas
Calar del Mundo
Rala
Jartos
Boche
Moropeche
Collado de las Carrascas
Ardal
Embalse de la Fuensanta
Yeste
Juan Quílez
Macalón
Letur
Sa de la Solana
La Abejuela
Férez
Puente de Híjar
Embalse del Cenajo
Sa del Baladre
Río Mundo
Sa de los Donceles
R. Segura
Cenajo
Sol
Embalse de Camarillas
Túis
serradero del Río Tus
Los Prados
Mentiras
Arguellite
Paúles
Casas del Pino
Casas del Collado
Claras
Socovos
Castº
Cerezo
Almirez
Tazona
Salmerón
Las Minas
Estación de las Minas
El Chopillo
Sa del Puerto
Archirana
Estación de Calasparra
La Donar
La Graya
Sege
Sa del Tobar
Torre
Otos
Benizar
Castº de la Muela
Las Murtas
Nª Sª de la Esperanza
Calasparra
Castº
Molino
Parolis las Juntas
Tragoncillo
El Collado
Cortijo de Navarro
Yétas de Abajo
Molata
Sierra
Lanchar
Sa del Cerezo
E. de Moratalla
San Miguel
Benamor
Valentín
Millers
Embalse de Anchuricas
Sierra del Zacatín
El Sabinar
Embalse de la Risca
Sierra de los Álamos
Moratalla
Eta San José
La Cabeza
Turrilla
E. de Taibilla
El Peñón
Calar de la Santa
Mingarnao
Las Bojadillas
Pajarón
Miñano la Puerta
E. del Argos
Algezares
Cambrones
Baños Gilico
Pedro Andrés
Nerpio
Sa de Villafuerte
Buitre
Canara
Río Quípar
Río Zumeta
Río Taibilla
El Pozo
Los Calares
Pinar Negro
Sa de Gavilán
Caravaca de la Cruz
Cehegín
La Copa
Peña Rubia
Fuente del Abad
Hoya del Espino
Las Cabras
Sierra de Taibilla
Inazares
Revolcadores
Los Odres
Archivel
Barranda
Benablón
Navares
Sierra de Mojantes
Bullas
Pto del Pinar
Cañada de la Cruz
El Hornico
Moral
Caneja
Prados
Singla
Ermita de la Encarnación
Sa de Quípar
Burete
Castellar
Serrata
La Almudena
El Entredicho
El Moral
M U R
Herrana
Almaciles
Puebla de Don Fadrique
Lobos
Sa de los Tornajos
Sa de Alcantín
Moralejo
Tarragolla
Río Quípar
Umbría de las Lomas
Coy
Tornajo
Doña Inés
Sa de la Zarza
Gato
La Junquera
Carro
Los Royos
Melgoso
Madroños
Ermita
Sta Teresa
Avilés
Sierra Cambrón
Selva
Casas Nuevas
Las Cobatillas
Casa Mula
Jarosa
Gordo
Pinosa
Mingrano
Don Gonzalo
Umbría
Madroño
Burras
Sierra de...
Sa de Jureña
Casa Blanca
La Toscana
El Campo
Topares
Cueva
Tello
Sordo
El Rincón
La Paca
Zarzadilla de Totana
Río Bravatas
Casas de Don Juan
Zarcilla de Ramos
Las Terreras
Alagüeces
Casas Nuevas
Huéscar
El Estrecho
Sa del Oso
Guadalupe
Alcaide
Embalse de Valdeinfierno
Sa del Pericay
Río Turrilla
Zunega
Losetares
La Cañada de Cañepla
Fuencaliente
Caramel
Las Juntas de Arriba
Río Huéscar
Gabar
Parque Natural de la Sierra María
Sa Larga
Sa Gigante
Gigante
Río Luchena
Embalse de Puentes
Tercia
Manilla
Cuerda del Pino
Ao de la Cañada
Canteras
La Parroquia
Venta de Micena
La Piedra
Baños de la Fuensanta
Peñoso
Monumento
Orce
Taale
Jata
Sa de la Umbría
Balsain
María
Pto María
Eta de la Virgen de la Cabeza
Vélez Blanco
Río Vélez
Los Cautivos
Lorca
Casablanca
Pozo de la Rueda
Cuevas de los Letreros
Las Cuevas de Moreno
Castº
Peña Rubia
El Bosque
Sierra de Maimón
Vélez Rubio
Serreta
Sierra del Viento
Sierra de Orce
Sierra de María
Sa de Maimón
Casa Meca
Las Ves
Chirivel
Rambla de Chirivel
Los Tonosas
Pto de Sta María de Nieva
Cimbre
Estación Lumbreras
Venta Quemada
El Contador
Henares
Nogalte
Puerto Lumbreras
Altobordo
Purias
Pto Purias
Cam de los Lo...
CM 412
CM 3203
CM 3217
CM 3228
C 3211
C 415
C 330
C 3314
MU 702
MU 703
MU 504
MU 503
MU 552
MU 510
A 330
A 91
A 7
AL 9101
AL 9102
GR 9104

73
85
86
97
25
26
27
Albatana
Sta Quiteria
La Campana
Peñarrubia
Fuente del Pino
La Alquería
Las Hermanas
Sierra de Enmedio
Sierra de Las Cabras
Jumilla
Cucharón
Candil
La Celia
Sierra del Molar
Tienda
Cancarix
Monasterio de Sta Ana
Sierra Sta Ana
Casas del Puerto
Sa del Carche
El Carche
Sierra del Picacho
Rambla del Judío
Sierra de Sopalmo
Sierra Larga
El Aljunzarejo
Cabeza del Asno
Embalse del Judío
Ascoy
Casablanca
Boquerón
Autovía en obras
Estación de la Macetua
Sierra de la Pila
Pila
Fuente Blanca
La Garapacha
Hoya del Campo
La Espartosa
Cieza
La Torre
E. del Carcabo
Abarán
Estación de Blanca
Serrano
El Relaño
Lugar
Los Baños
Caprés
Baño
Sierra del Oro
Blanca
E. de Azud de Ojós
Ricote
Ojós
Ulea
Villanueva del Río Segura
Sierra de Ricote
Archena
La Algaida
E. del Mayes
Fenazar
Albarda
Fortuna
Campotéjar
Cejo Cortado
E. de la Cierva
Yechar
Lorquí
Ceutí
Alguazas
Molina de Segura
Torre Alta
Ribera de M.
Mula
Baños de Mula
Campos del Río
La Puebla de Mula
Albudeite
Río Mula
E. de los Rodeos
Los Rodeos
Las Torres de Cotillas
Los Pulpites
Barril
La Colonia
Doña Ana
El Niño
Pliego
España
Las Águilas
Los Calderones
Embalse del Pliego
Alcantarilla
La Zarza
Los Jerónimos
Nora
Espinardo
Cabezo de T.
MURCIA
Torreagüera
Beniaján
Algezares
Cresta del Gallo
Santuario de la Fuensanta
La Alberca
El Palmar
Sangonera la Verde
Barqueros
Belén
Fuente Librilla
E. de Algeciras
Gebas
Perona
El Berro
Parque Natural
Alhama de Murcia
Librilla
Embalse del Romeral
Sierra de Carrascoy
Carrascoy
Casas Nuevas
Puerto de la Cadena
Baños y Mendigo
Corvera
La Murta
Gañuelas
Monasterio La Santa
Totana
Secanos
Carlvete
La Hoya
Los Tuelas
Raguero de Bajo
Hinojar
Los Cantareros
Los Muñoces
Almagros
Los Paganes
El Escobar
Las Cánovas
Cuevas de Reillo
Rambla
Fuente Álamo
Valladolises
Balsapintada
El Estrecho
Lobosillo
Albujón
Las Lomas
Jimenado
Los Martínez del Puerto
Roldán
Lo Ferro
Torre Pacheco
Pozo Estrecho
La Palma
La Puebla
Dolores
Sta Rosalía
Roda
Balsicas
S. Cayetano
Avileses
Sucina
La Pinilia
El Pericón
Las Palas
Tallante
Cuesta Blanca
Molinos Marfagones
Perín
Los Ruices
Los Puertos de Sta Bárbara
Miranda
Sta Ana
La Aljorra
Barriada S. Cristóbal
Alumbres
Escombreras
La Unión
El Algar
Los Urrutias
Los Nietos
Islas Menores
La Manga del Mar Menor
Cabo de Palos
Los Belones
Playa Honda
Llano del Beal
Atamaría
Cenizas
Cabo Negrete
Punta Negra
CARTAGENA
Canteras
San Julián
El Portús
Isla Plana
Mazarrón
Puerto de Mazarrón
Bahía
Bolnuevo
Playa de
Las Moreras
Los Cucos de
Sierra de Almenara
Talayón
Alporchones
Gañuelas
La Atalaya
La Majada
Mar Menor
Isla Mayor
Los Alcázares
El Carmolí
Aeropuerto de Murcia-San Javier
San Javier
Santiago de la Ribera
Punta de Algas
Playa del Pudrimel
Tomás Maestre
Faro del Estacio
Playa del Pedruchillo
Hacienda Dos Mares
San Pedro del Pinatar
Lo Pagán
Las Salinas
El Mojón
Torre de la Horadada
Pilar de la Horadada
Platja las Villas
El Mirador
Pozo Aledo
Dehesa de Campoamor
Cap Roig
La Zenia
Villamartín
Punta Prima
Torrevieja
Los Balcones
Las Filipinas
San Miguel de Salinas
Torremendo
Embassament de La Pedrera
Los Montesinos
Salines de Torrevieja
Vistabella
Jacarilla
Bigastro
Benejúzar
Algorfa
Rafal
Almoradí
Callosa de Segura
Cox
Redován
Orihuela
S. Bartomeu d'Almisdrà
Riu Segura
Formentera del S.
Rojales
Benijófar
Daya Nueva
San Fulgencio
Dolores
Catral
El Saladar
Granja de Rocamora
Benferri
La Matanza
Los Vicentes
Ermita de Sta Filomena
Albatera
Sant Isidre d'Albatera
Sant Felip Neri
Marina-Oasis
Crevillent
Matola
La Alcudia
Casa del Lleó
ELX / ELCHE
El Palmeral
Hondón de los Frailes
Sa de Crevillent
El Fondó de les Neus
La Canalosa
Barbarroja
El Cantón
Sa del Cantón
Barinas
Macisvenda
El Partidor
Sa de Abanilla
Abanilla
Los Vives
Mahoya
Río Chícamo
Embalse de Santomera
Santomera
Siscar
La Aparecida
Beniel
El Mojón
Zeneta
Alquerías
Llano de Brujas
Monteagudo
Sta Cruz
Esparragal
Laderas del C.
Los Valientes
Alcaina
Margen Izquierda
Cabezo de la Plata
Estación de Cánteras
Sa de Escalona
El Pinar de C.
Pto de San Pedro
La Zarza
Peña Zafra de Arriba
Sa de Quibas
Rodriguillo
Cañada del Trigo
Solsía
Casas de Ibáñez
El Pinós
Raspay
Pansas
Las Quebradas
Guardiola
Portichuelo
Serra de Salinas
La Capilla
Úbeda
Culebrón
Encebras
Chinorlet
Cases del Senyor
Manya
Hondón
Monòver
Chinorla
Elda
Petrer
Sax
Llacuna de Salinas
Loma Badada
Penya del Sit
Agost
Almafrà
La Estació de Novelda
Castell de la Mola
Sta María Magdalena
La Romaneta
Novelda
La Romana
Alcanà
Las Cuevas
Sa del Reclot
Collado de Abril
Sa del Argallet
Algueña
Aspe
Monforte del Cid
Orito
Elda de St Pascual
Poublanc
Buenos Aires
El Rebolledo
A L A C A N T
C I A
Q
R
S
T

28
74
29
30
85
27
28
29
30
Q
R
S
T
Xixona
Peña Migjorn
Coves dels Canelobres
Tibi
Maigmó
Montnegre
Busot
Aigües
Racó de Loix
Punta de l'Escaleta
Platja de Llevant
BENIDORM
La Vila Joiosa / Villajoyosa
Platja del Paraís
Loma Badada
Penya del Sit
Agost
Ermita Don Jaume
Poublanc
La Coveta Fumá
El Campello
Mutxamel
Tàngel
Villafranqueza
Sant Joan d'Alacant
Font-Mezquitas
Platja de Muchavista
la Platja de Sant Joan
Cap de l'Horta
Platja de l'Albufereta
Verdegàs
La Canyada
Sant Vicent del Raspeig
L'Alcoraya
Orito
Monforte del Cid
Aspe
El Rebolledo
Buenos Aires
Bacarot
ALACANT / ALICANTE
Golf d'Alacant
ELCHE
Torrellano
Urbanova
L'Altet
Los Arenales del Sol
Platja los Arenales del Sol
Els Bassars
Gran Alacant
El Palmeral
Valverde
La Alcudia
La Foia
Las Bayas
Matola
Cap de Sta Pola
Sta Pola del Este
Sta Pola
Platja Lissa
Illa de Tabarca
Torre
Sant Felip Neri
Platja del Pinet
Torre de Pinet
Marina-Oasis
La Marina
Dolores
Daya Nueva
Sant Fulgenci
Formentera del S.
Guardamar del Segura
Platja de Guardamar
Rojales
Salines de la Mata
Segunda calzada en obras
La Mata
Los Montesinos
Salines de Torrevieja
Cabo Cervera-Playa La Mata
Torrevieja
Los Balcones
Punta Prima
Autovía en obras
La Zenia
Platjas de Orihuela
Cap Roig
Dehesa de Campoamor
Torre de la Horadada
Platja las Villas
El Mojón
San Pedro del Pinatar
Lo Pagán
Las Salinas
Santiago de la Ribera
Punta de Algas
AEROPUERTO DE MURCIA-SAN JAVIER
Playa del Pudrimal
Tomas Maestre
Faro del Estacio
Mar Menor
La Manga del Mar Menor
Playa del Pedrucho
Isla Mayor
Hacienda Dos Mares
Playa de Marchamalo
Islas Menores
La Manga del Mar Menor
Cabo de Palos
Playa Honda
Los Belones
Punta Espada
Atamaria
Cenizas
Cabo Negrete
COSTA BLANCA
MAR

33
34
35
O
P
Q
IBIZA
FORMENTERA
Cala de Portinatx
Punta des Gat
Cala Xarraca
Portinatx
Punta de sa Creu
Port de Sant Miquel
C 733
Sant Vicent
303
Cala de Sant Vicent
Punta Grossa
PM 811
Sant Joan de Labritja
Cala Sant Vicent
Platja des Figueral
es Figueral
Illa de Tagomago
Cap d'Albarca
400
Sant Miquel de Balansat
262
412
27
Sant Carles de Peralta
230
Sta Agnès de Corona
Camp Vell
Sant Mateu d'Albarca
PM 804
Sant Llorenç de Balafia
la Joya
Cap Roig
Cap Nunó
258
Sta Gertrudis de Fruitera
es Canar
Platja des Canar
Cala Salada
PM 812
Buscastell
16,5
278
PM 810
Illa de Sta Eulària
Cala Gració
Sant Antoni de Portmany
Sta Eulària des Riu
Cala Sant Antoni
Siesta
Illa Conillera
Cala Bassa
8,5
7,5
15
Illes Bledes
Cala de Bou
14
Sant Rafel de sa Creu
C 731
Cala Llonga
PM 810-1
182
Cap des Llibrell
Illa s' Espartar
Port des Torrent
Roca Llisa
Cala Tarida
Sant Agustí des Vedrà
Nª Sª de Jesús
340
Sant Josep de sa Talaia
263
Talamanca
Caló d'en Real
7,5
487
416
sa Carroca
Punta Grossa
Cala Vedella
Talaiassa
PM 803
Puig Gros
EIVISSA / IBIZA
Cala Vedella
13
Platja d'en Bossa
Cala Barcó
es Cubells
Cova Santa
PM 801
Sant Jordi de ses Salines
Cap Blanc
414
Sant Francesc de s' Estany
Illa Vedrà
382
Salines
160
Platja des Cavallet
sa Canal
Punta de sa Torre de ses Portes
Cap Llentrisca
Punta de sa Rana
Illa des Penjats
Illa Espardell
Illa Espalmador
Cala Savina
Punta Pedrera
Punta Prima
la Savina
Estany
es Pujols
Punta de sa Gavina
Sant Francesc de Formentera
Sant Ferran
Punta de Sa Creu
Cala Saona
2,5
14,5
PM 820
es Caló
135
Punta Rasa
el Pilar de la Mola
113
8,5
Platja de Migjorn
192
Far de la Mola
Punta des Far
Mar y Land
Mola
Punta Rotja
Cap de Barbaria

76
2
3
4
T
U
V
W
Zambujeira do Mar
Carvalhal
Estibeira
São Teotónio
Sobreiro
Mira
Brejão
Sta Bárbara
38
Oleiros
Caeiro
455
Sa da Brejeira
Praia de Odeceixe
Odeceixe
Samouqueira
Maria Vinagre
Ribª de Seixe
Foz do Arroio
516
Praia da Carreagem
Rogil
Bunheira
346
Praia de Monte Clérigo
Foz do Farelo
Ponta da Atalaia
Vale da Telha
Aljezur
Pêro Negro
Ribª da Cerca
902
Fóia
Arrifana
Vales
114
Marmelete
15
Serra
N 120
Casais
de
Alfambra
Caldas de Monchique
N 266
24
Cão
Corsino
Montes de Cima
Praia da Bordeira
N 268
Poldra
248
Samouqueira
Pontal
Bordeira
Bgem da Bravura
Pereira
Carrapateira
Porto de Lagos
A 22 - IC 4
49
Vilarinha
Serra do Espinhaço de Cão
44
Bensafrim
17
Figueira
Praia d. Mouranitos
178
Barão de S. João
Odiáxere
N 125
Praia da Cordoama
Pedralva
Meixoeira Grande
Praia do Castelejo
Barão de São Miguel
Portelas
Alvor
Torre de Aspa
156
Almádena
Espiche
Raposeira
Praia dos Três Irmãos
Vila do Bispo
31
N 125
Luz
Meia Praia
Praia da Rocha
Budens
84
109
Atalaia
Praia de Dona Ana
Figueira
Salema
Praia do Porto de Mós
Lagos
Zavial
Burgau
Ponta da Piedade
Cabo de São Vicente
N 268
Praia do Martinhal
Sagres
Ponta da Atalaia
Ponta de Sagres
A
B
ILHA DA MADEIRA
Ponta do Tristão
Porto Moniz
Santa
Ribeira da Janela
Achadas da Cruz
Seixal
Ponta Delgada
Arco de São Jorge
Ponta de São Jorge
São Jorge
Pargo
53
São Vicente
Boa Ventura
Santana
Ponta do Pargo
Remal
1320
Ruivo do Paúl
1640
869
Ponta do Clérigo
Faial
730
Ginjas
Rosário
1468
Pico Ruivo
590
Fajã da Ovelha
Rabaçal
Parque Natural
1275
1007
1862
São Roque
Porto da Cruz
Paúl do Mar
Prazeres
Pousada dos Vinháticos
Boca da Encumeada
Arieiro
1818
Portela
669
710
115
Jardim do Mar
Estreito da Calheta
(339)
1512
da Madeira
1657
39
Ribeiro Frio
42
Caniçal
Prainha
Arco da Calheta
Serra de Água
Curral das Freiras
1095
Eira do Serrado
1400
Poiso
Sto António da Serra
Machico
Y
Calheta
1436
Água de Pena
Madalena do Mar
Canhas
Estreito de Câmara de Lobos
Camacha
78
Gaula
Santa Cruz
Ponta do Sol
Campanário
Monte
Sto António
Ribeira Brava
Cabo Girão
Z
Câmara de Lobos
Caniço
São Martinho
São Gonçalo
Ponta do Garajau
Ponta da Cruz
FUNCHAL

77
89
90
4
5
6
T
U
V
W
X
C
D
7
Almodôvar
Santana da Serra
Gomes Aires
Sta Clara-a-Nova
Guedelhas
Morgadinho
Mestras
Dogueno
Sta Cruz
Pessegueiro
Martim Longo
Laborato
Alcaria Alta
Barrada
Sta Justa
Vaqueiros
Soudes
Zambujal
Lagoa
Furnazinhas
Fortes
Monte de Baixo/Grande
Amoreira
Cachopo
Garcia
Fernandilho
Portela
Peralva
Cintados
Aguas dos Fusos
Lajes
Alcaria do Cume
Monte Grande
Palheirinhos
São Marcos
Conceição
Tavira
Santa Catarina da Fonte do Bispo
São Brás de Alportel
Alportel
Almargens
Pousada de São Brás
Estói
Moncarapacho
Fuzeta
Livramento
Luz de Tavira
Ilha de Tavira
Ilha da Armona
Armona
Olhão
Quelfes
Pechão
Faro
Ilha da Culatra
Ilha da Barreta
Cabo de Sta Maria
Praia de Faro
Praia da Ilha de Faro
Ilha de Faro
Ria Formosa
Parque Natural da Ria
Montenegro
Quinta do Lago
Vale do Lobo
Quarteira
Almancil
Loulé
Boliqueime
Albufeira
Armação de Pêra
Alcantarilha
Lagoa
Estômbar
Portimão
Silves
Monchique
Serra de Monchique
São Bartolomeu de Messines
Alte
Salir
Benafim
Querença
Tor
Ameixial
Corte Figueira
Serra do Caldeirão
Serra do Mu
São Barnabé
Sítio das Éguas
Perna Seca
São Marcos da Serra
Pereiras
Nave Redonda
Sabóia
Sta Clara
Praias de Albufeira
Praia da Galé
Ponta do Castelo
Cabo Carvoeiro
Pontal
Ilha do Porto Santo
Camacha
Serra de Dentro
Pico do Castelo
Campo de Cima
la Pedreira
Ilhéu de Cima
Ilhéu de Ferro
Ponta
Vila Baleira
(Porto Santo)
Ponta da Calheta
Ilhéu de Baixo ou da Cal
São Lourenço
OCEANO
ATLÂNTICO
1/400 000

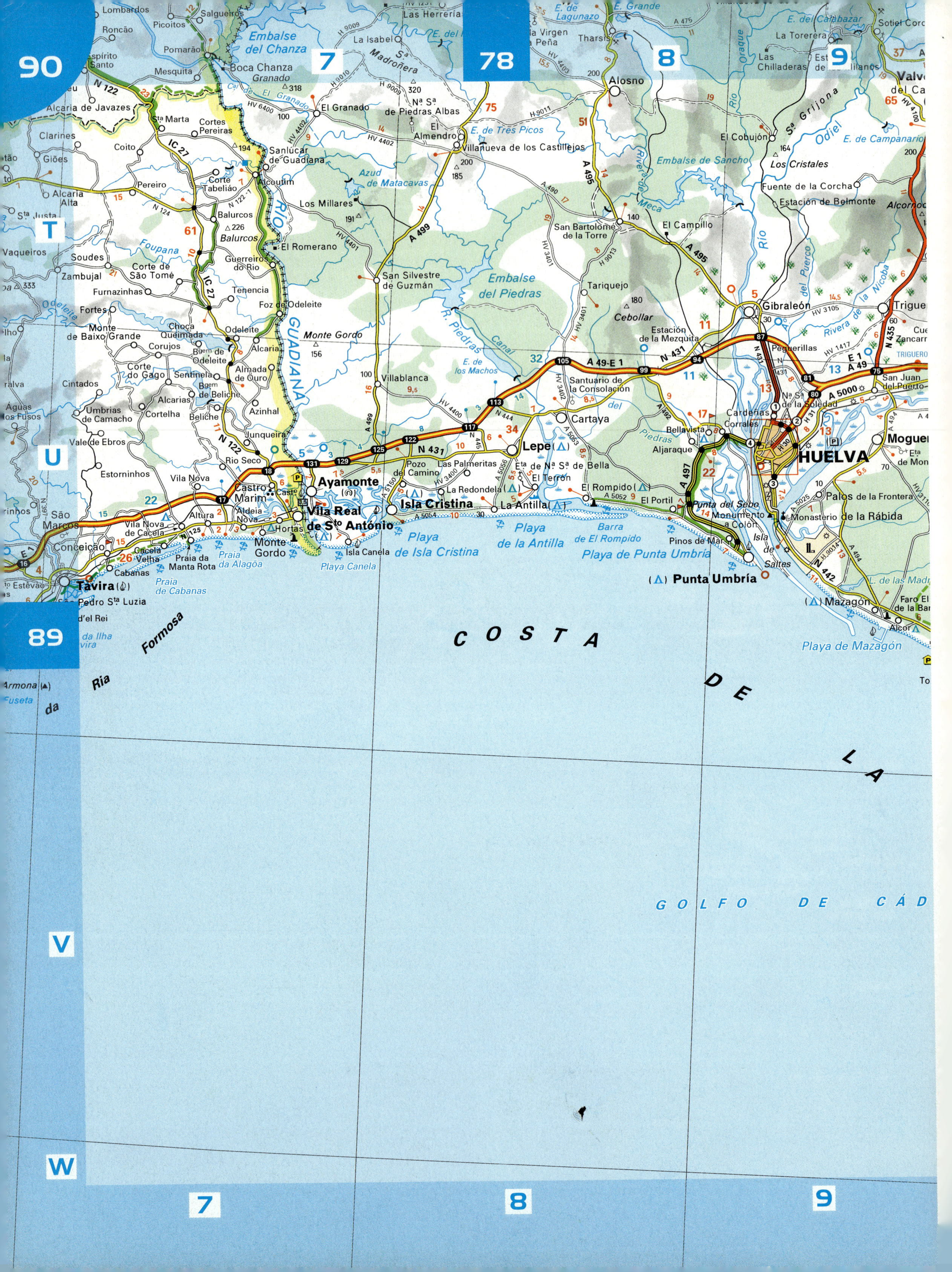
90
78
89
7
8
9
T
U
V
W
COSTA DE LA
GOLFO DE CÁD
HUELVA
Ayamonte
Vila Real de Sto António
Isla Cristina
Lepe
Cartaya
Punta Umbría
Tavira
Gibraleón
Aljaraque
Mazagón
Moguer
Palos de la Frontera
Monasterio de la Rábida
Alosno
Villanueva de los Castillejos
San Bartolomé de la Torre
San Silvestre de Guzmán
Villablanca
Sanlúcar de Guadiana
Alcoutim
El Granado
El Almendro
Castro Marim
Monte Gordo
Altura
Conceição
Cabanas
Santa Luzia
Pedro d'el Rei
Isla Canela
Playa Canela
Playa de Isla Cristina
Playa de la Antilla
Playa de Punta Umbría
Playa de Mazagón
Barra de El Rompido
El Rompido
El Portil
La Antilla
La Redondela
Pozo del Camino
Las Palmeritas
El Terrón
Bellavista
Corrales
Cardeñas
Isla de Saltes
Punta del Sebo
Monumento a Colón
Pinos de Mar
Embalse del Chanza
Embalse del Piedras
Embalse de Sancho
Río Guadiana
Ria Formosa
A 49-E 1
N 431
A 497
A 495
A 499
IC 27
N 122
N 125
E 1
Praia da Manta Rota
Praia da Alagôa
Praia de Cabanas
Vila Nova de Cacela
Cacela Velha
Tariquejo
Cebollar
Estación de la Mezquita
Santuario de la Consolación
El Campillo
Los Cristales
Fuente de la Corcha
Estación de Belmonte
El Cobujón
Trigueros
San Juan del Puerto
Peguerillas
Nª Sª de la Soledad
Los Millares
Balurcos
Guerreiros do Rio
Foz de Odeleite
Odeleite
Alcaria
Almada de Ouro
Azinhal
Junqueira
Rio Seco
Vila Nova
Monte Gordo
Hortas
Aldeia Nova
Estorninhos
Umbrias de Camacho
Cintados
Fortes
Monte de Baixo Grande
Zambujal
Soudes
Vaqueiros
Furnazinhas
Corte de São Tomé
Pereiro
Alcaria Alta
Coito
Clarines
Giões
Alcaria de Javazes
Martim Longo
Mesquita
Pomarão
Boca Chanza
Lombardos
Roncão
Picoitos
Salgueiros
Las Herrerías
La Isabel
Nª Sª de Piedras Albas
Tharsis
La Torerera
Las Chilladeras
Sotiel Coronada
Valverde del Camino
Alcornoque

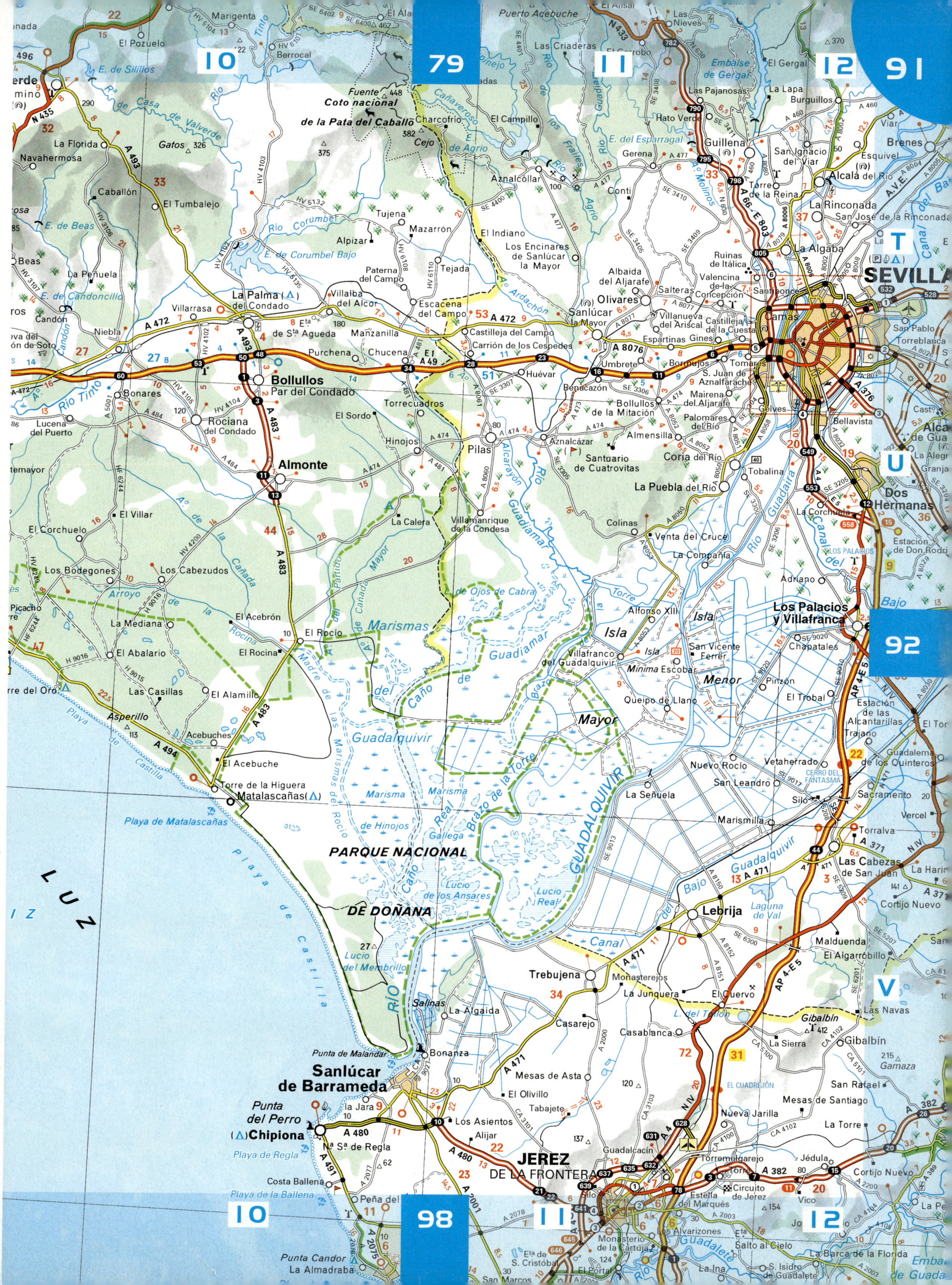

79
91
92
98
10
11
12
SEVILLA
Camas
Dos Hermanas
Los Palacios y Villafranca
Alcalá del Río
La Rinconada
San José de la Rinconada
La Algaba
Brenes
Santiponce
Guillena
Gerena
Burguillos
Aznalcóllar
Olivares
Albaida del Aljarafe
Salteras
Valencina de la Concepción
Castilleja de la Cuesta
Sanlúcar la Mayor
Umbrete
Bormujos
Espartinas
Gines
S. Juan de Aznalfarache
Tomares
Mairena del Aljarafe
Gelves
Palomares del Río
Coria del Río
La Puebla del Río
Almensilla
Bollullos de la Mitación
Benacazón
Aznalcázar
Pilas
Huévar
Carrión de los Cespedes
Castilleja del Campo
Villamanrique de la Condesa
Hinojos
Chucena
Manzanilla
Escacena del Campo
Paterna del Campo
Tejada
Villalba del Alcor
La Palma del Condado
Villarrasa
Niebla
Bollullos Par del Condado
Rociana del Condado
Bonares
Lucena del Puerto
Almonte
El Rocío
Matalascañas
Torre de la Higuera
El Acebuche
Lebrija
Trebujena
Las Cabezas de San Juan
El Cuervo
Sanlúcar de Barrameda
Chipiona
Bonanza
Punta de Malandar
Punta del Perro
Costa Ballena
Punta Candor
JEREZ DE LA FRONTERA
Mesas de Asta
El Olivillo
Los Asientos
Gibalbín
Nueva Jarilla
Isla Mayor
Isla Menor
Villafranco del Guadalquivir
Alfonso XIII
Marismas del Guadalquivir
PARQUE NACIONAL DE DOÑANA
Coto nacional de la Pata del Caballo
Río Guadalquivir
Río Guadiamar
Río Tinto
Playa de Matalascañas
Playa de Castilla
Playa de Regla
Playa de la Ballena
LUZ

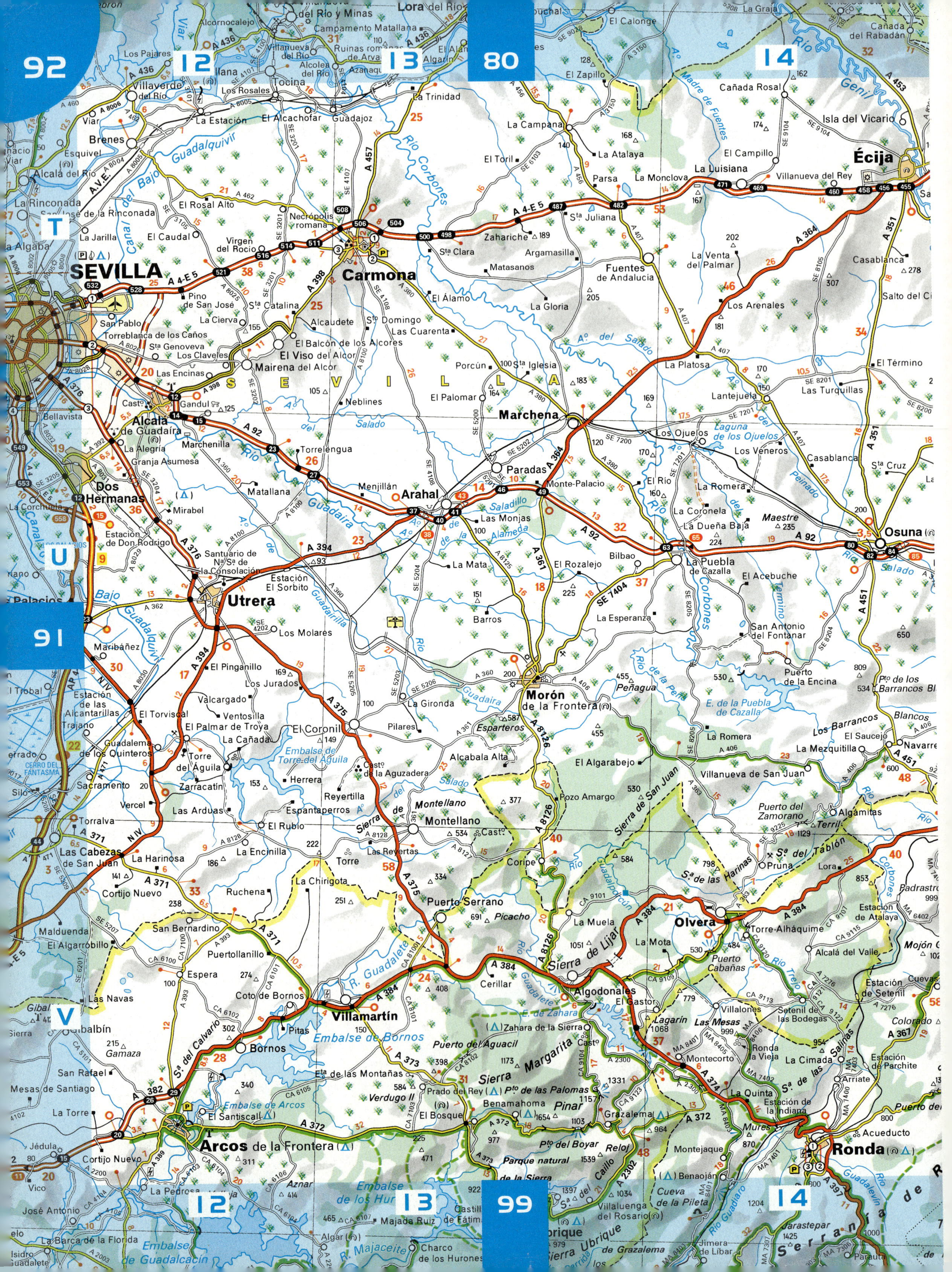
92
80
91
99
12
13
14
T
U
V
SEVILLA
Carmona
Écija
Osuna
Marchena
Arahal
Paradas
Utrera
Dos Hermanas
Alcalá de Guadaíra
Morón de la Frontera
Olvera
Ronda
Arcos de la Frontera
Villamartín
Bornos
Algodonales
Puerto Serrano
Montellano
Las Cabezas de San Juan
Lebrija
El Coronil
Los Molares
Mairena del Alcor
El Viso del Alcor
Fuentes de Andalucía
La Luisiana
La Campana
Lantejuela
La Puebla de Cazalla
El Saucejo
Villanueva de San Juan
Algámitas
Pruna
Setenil de las Bodegas
Zahara de la Sierra
Grazalema
El Bosque
Prado del Rey
Espera
Brenes
Villaverde del Río
Tocina
Los Rosales
Guadajoz
La Rinconada
Sierra de Líjar
Sierra Margarita
Embalse de Bornos
Embalse de Zahara
Embalse de Arcos
Río Guadalquivir
Río Guadaíra
Río Corbones
Río Genil
Río Guadalete
S E V I L L A
Parque natural de la Sierra de Grazalema

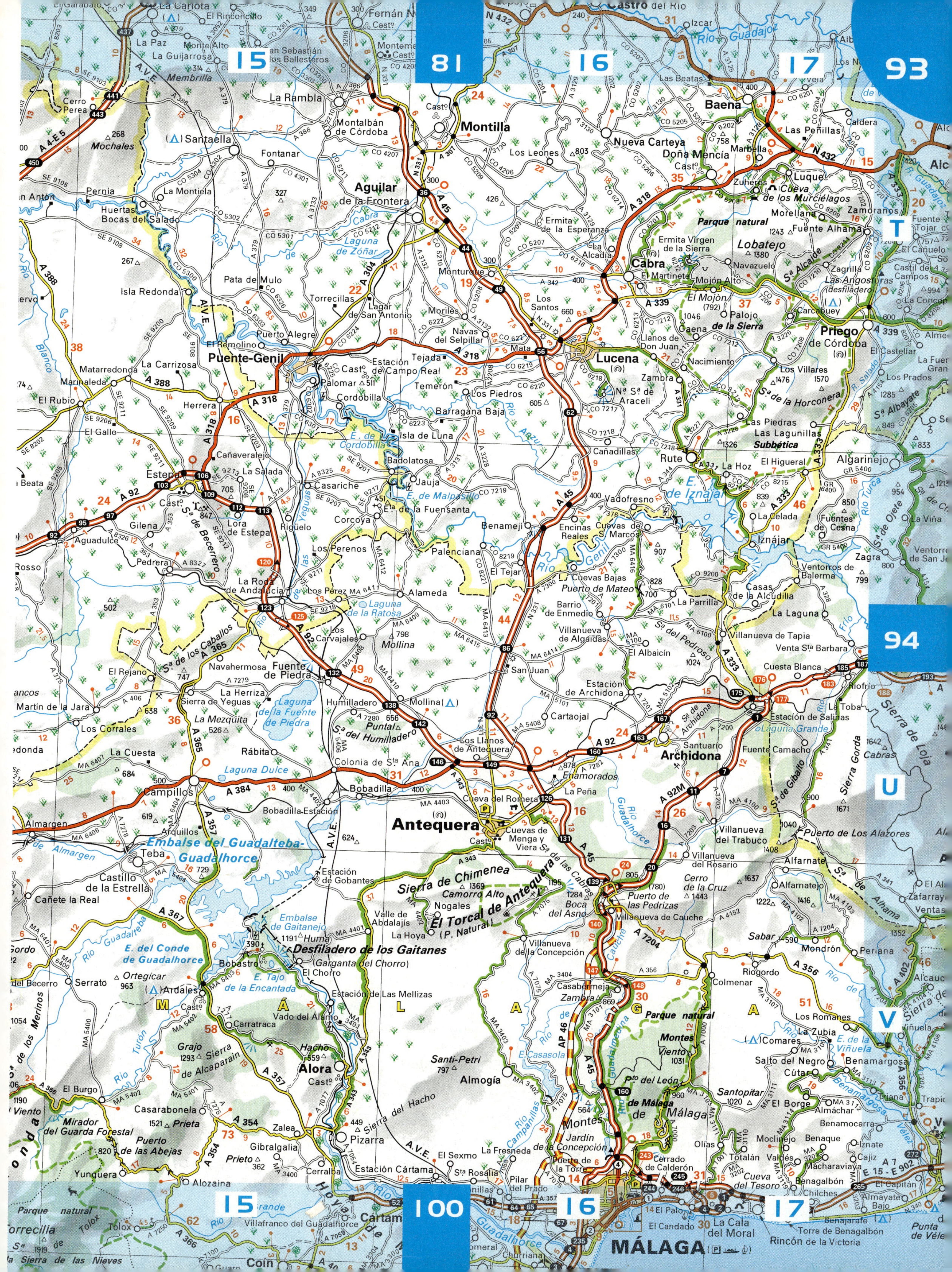

93
81
94
100
15
16
17
T
U
V
La Carlota
El Rinconcillo
Fernán Núñez
Castro del Río
Río Guadajoz
La Paz
Monte Alto
La Guijarrosa
San Sebastián de los Ballesteros
Montemayor
Membrilla
A.V.E.
Cerro Perea
La Rambla
Montalbán de Córdoba
Montilla
Nueva Carteya
Baena
Las Beatas
Mochales
Santaella
Fontanar
Aguilar de la Frontera
Los Leones
Doña Mencía
Marbella
Las Peñillas
Luque
Zuheros
Cueva de los Murciélagos
Pernia
La Montiela
Huertas Bocas del Salado
Laguna de Zóñar
Ermita de la Esperanza
Alcadia
Cabra
Parque natural
Ermita Virgen de la Sierra
Morellana
Fuente Alhama
Zamoranos
Lobatejo
Navazuelo
Zagrilla
Las Angosturas desfiladero
El Martinete
Mojón Alto
Sª Alcaide
Isla Redonda
Pata de Mulo
Torrecillas
Lagar de San Antonio
Monturque
Los Santos
El Mojón
Palojo
Carcabuey
Priego de Córdoba
Gaena
de la Sierra
Blanco
Matarredonda
Marinaleda
El Rubio
La Carrizosa
El Remolino
Puente Alegre
Puente-Genil
Moriles
Navas del Selpillar
Mata
Lucena
Llanos de Don Juan
Nacimiento
El Castellar
Los Villares
Estación de Campo Real
Tejada
Palomar
Temerón
Los Piedros
Zambra
Nª Sª de Araceli
Sª de la Horconera
Herrera
Cordobilla
Barragana Baja
El Gallo
Isla de Luna
E. de Cordobilla
Las Piedras
Las Lagunillas
Subbética
Cañadillas
Rute
La Hoz
El Higueral
Algarinejo
Cañaveralejo
La Salada
Badolatosa
Jauja
Beata
Estepa
Casariche
E. de Malpasillo
E. de Iznájar
Vadofresno
La Celada
Fuentes de Cesna
Gilena
Lora de Estepa
Rigüelo
Eª de la Fuensanta
Corcoya
Benamejí
Encinas Reales
Cuevas de S. Marcos
Iznájar
Aguadulce
Pedrera
Sª de Becerrero
Los Perenos
Palenciana
El Tejar
Río Genil
Ventorros de Balerma
Zagra
Rosso
La Roda de Andalucía
Los Pérez
Laguna de la Ratosa
Alameda
Cuevas Bajas
Puerto de Mateo
Barrio de Enmedio
Casas de la Alcudilla
La Parrilla
La Laguna
Los Carvajales
Mollina
Villanueva de Algaidas
El Albaicín
Sª del Pedroso
Villanueva de Tapia
Venta Sta Barbara
Sª de los Caballos
Navahermosa
Fuente de Piedra
San Juan
Estación de Archidona
Cuesta Blanca
Riofrío
Sierra de Loja
El Rejano
La Herriza
Sierra de Yeguas
Laguna de la Fuente de Piedra
Humilladero
Mollina
Cartaojal
Sª de Archidona
La Toba
Estación de Salinas
Laguna Grande
Martín de la Jara
Los Corrales
La Mezquita
Sª del Humilladero
Puntal
Los Llanos de Antequera
Santuario
Archidona
Fuente Camacho
Sª de Gibalto
Sierra Gorda
La Cuesta
Rábita
Laguna Dulce
Colonia de Sta Ana
Enamorados
Campillos
Bobadilla
Bobadilla-Estación
La Peña
Almargen
Cueva del Romeral
Antequera
Cuevas de Menga y Viera
Río Guadalhorce
Villanueva del Trabuco
Puerto de Los Alazores
Arquillos
Embalse del Guadalteba-Guadalhorce
Teba
Villanueva del Rosario
Alfarnate
Alfarnatejo
Castillo de la Estrella
Cañete la Real
Estación de Gobantes
Sierra de Chimenea
Camorro Alto
Nogales
El Torcal de Antequera
(P. Natural)
Valle de Abdalajís
La Hoya
Boca del Asno
Puerto de las Pedrizas
Villanueva de Cauche
Cerro de la Cruz
Sª de Alhama
Ventas de Zafarraya
E. del Conde de Guadalhorce
Embalse de Gaitanejo
Desfiladero de los Gaitanes
(Garganta del Chorro)
El Chorro
Villanueva de la Concepción
Sabar
Mondrón
Periana
Serrato
Ortegicar
Ardales
Bobastro
E. Tajo de la Encantada
Estación de Las Mellizas
Casabermeja
Zambra
Colmenar
Riogordo
Alcaucín
Carratraca
Vado del Álamo
Parque natural
Montes
Los Romanes
La Zuela
Comares
Viñuela
E. de la Viñuela
Benamargosa
Salto del Negro
Cútar
Grajo
Sierra de Alcaparaín
Hacho
Álora
Santi-Petri
Almogía
E. Casasola
El Burgo
Casarabonela
Prieta
Pto del León
Málaga
Santopitar
El Borge
Almáchar
Benamocarra
Mirador del Guarda Forestal
Puerto de las Abejas
Zalea
Gibralgalia
Prieto
Cerralba
Pizarra
Sierra del Hacho
Jardín de la Concepción
Olías
Moclinejo
Totalán
Benaque
Macharaviaya
Iznate
Cajiz
Yunquera
Alozaina
Estación Cártama
El Sexmo
Sta Rosalía
La Fresneda
Pilar del Prado
Puerto de la Torre
Cerrado de Calderón
Cueva del Tesoro
Benagalbón
Chilches
El Capitán
Almayate Bajo
Parque natural
Torrecilla
Tolox
Villafranco del Guadalhorce
Cártama
Churriana
El Palo
El Candado
La Cala del Moral
Torre de Benagalbón
Rincón de la Victoria
Punta de Vélez
MÁLAGA
Sª de las Nieves
Coín

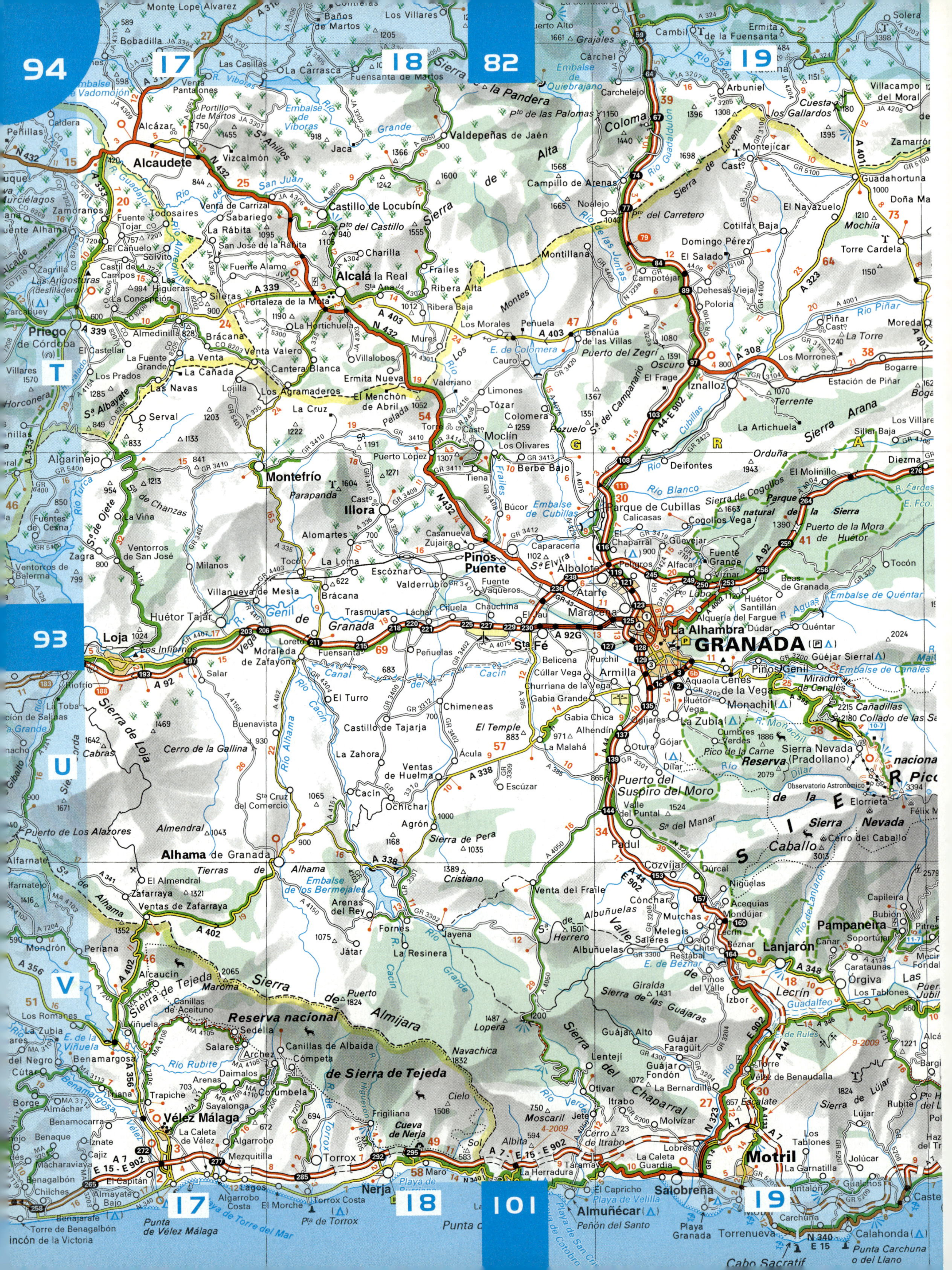

94
17
18
82
19
93
101
GRANADA
Alcaudete
Alcalá la Real
Priego de Córdoba
Montefrío
Illora
Pinos Puente
Loja
Alhama de Granada
Vélez Málaga
Nerja
Almuñécar
Salobreña
Motril
Lanjarón
Órgiva
Pampaneira
Padul
Dúrcal
Iznalloz
Guadahortuna
Sta Fé
Armilla
Maracena
Atarfe
Albolote
Huétor Tájar
Castillo de Locubín
Valdepeñas de Jaén
Campillo de Arenas
Noalejo
Montejícar
Moclín
Colomera
Deifontes
Montillana
Benalúa de las Villas
Piñar
Algarinejo
Salar
Moraleda de Zafayona
Chimeneas
Cacín
Ventas de Huelma
La Malahá
Gójar
Otura
Dílar
Monachil
Cenes de la Vega
Pinos Genil
Güéjar Sierra
Cúllar Vega
Churriana de la Vega
Gabia Grande
Alhendín
Puerto del Suspiro del Moro
Cozvíjar
Nigüelas
Lecrín
Jayena
Fornes
Arenas del Rey
Zafarraya
Periana
Alcaucín
Cómpeta
Torrox
Frigiliana
Cueva de Nerja
La Herradura
Sierra Nevada (Pradollano)
Pico de Veleta
Sierra de Loja
Sierra de Tejeda
Sierra de Almijara
Reserva nacional de Sierra de Tejeda
Sierra Arana
Sierra de Lújar
Sierra del Chaparral
Valle de Lecrín
Vega de Granada
Embalse de Cubillas
Embalse de Colomera
Embalse de Quéntar
Embalse de Canales
Embalse de los Bermejales
Embalse de Béznar
Embalse de Rules
Embalse de la Viñuela
Río Genil
Río Cacín
Río Guadalfeo
Parque natural de la Sierra de Huétor
Puerto de la Mora
Playa de Velilla
Punta de Vélez Málaga
Cabo Sacratif
Calahonda
Castell de Ferro
E 15 - E 902
A 44 - E 902
A 92
N 432
N 323
N 340
A 7

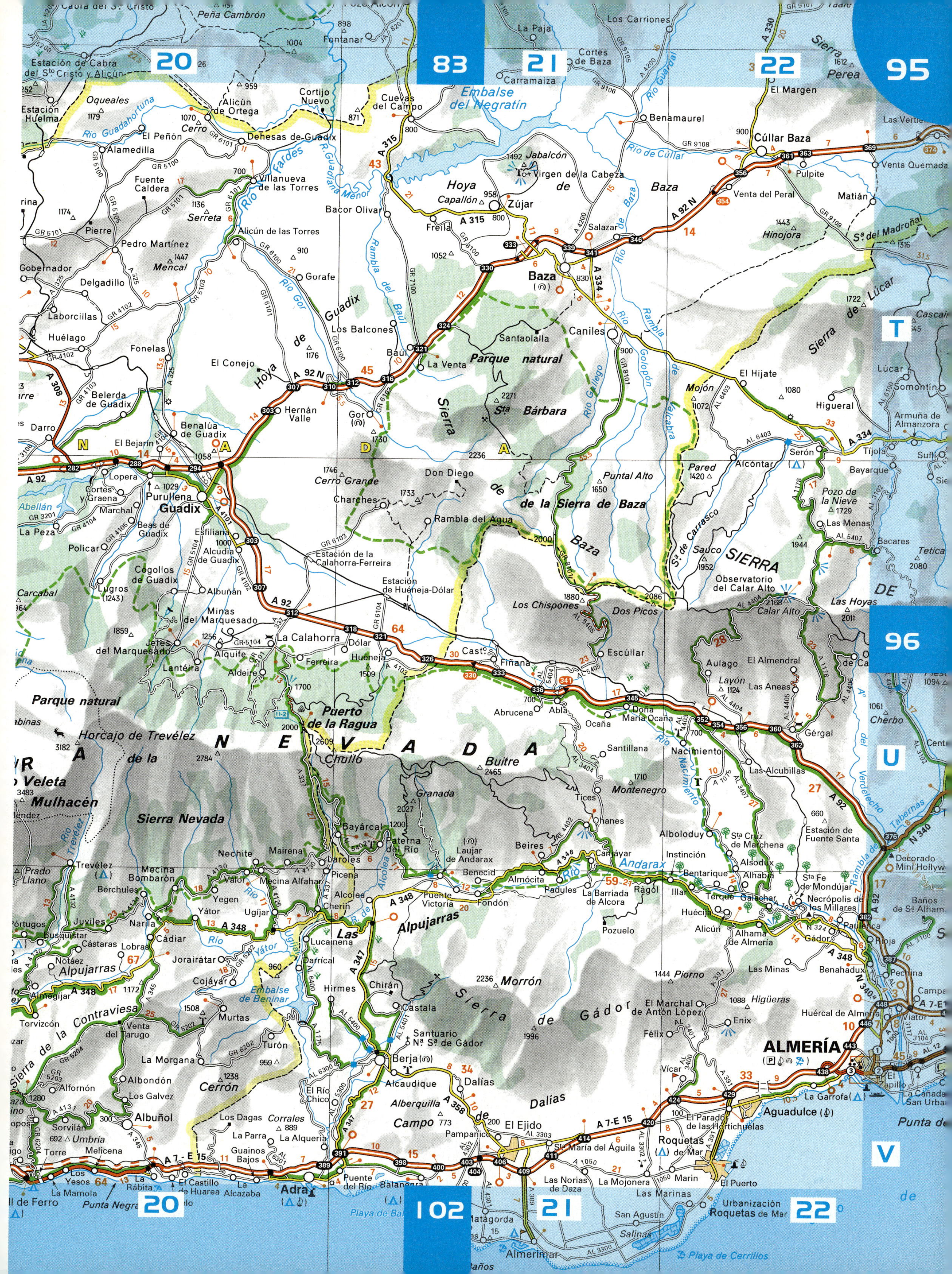

83
95
96
102
20
21
22
T
U
V
Embalse del Negratín
Cuevas del Campo
Hoya de Baza
Zújar
Jabalcón
Virgen de la Cabeza
Benamaurel
Cúllar Baza
Venta Quemada
Venta del Peral
Hinojora
Pulpite
Matián
Sª del Madroñal
El Margen
Sierra Perea
Las Vertientes
Baza
Caniles
Salazar
Freila
Capallón
Bacor Olivar
Dehesas de Guadix
Alicún de Ortega
Oqueales
Estación de Cabra del Sto Cristo y Alicún
Estación Huelma
Alamedilla
El Peñón
Fuente Caldera
Villanueva de las Torres
Alicún de las Torres
Pierre
Pedro Martínez
Mencal
Gobernador
Delgadillo
Laborcillas
Huélago
Fonelas
Gorafe
Hoya de Guadix
Los Balcones
Baúl
La Venta
El Conejo
Hernán Valle
Belerda de Guadix
Darro
Benalúa de Guadix
El Bejarín
Purullena
Guadix
Lopera
Cortes y Graena
Marchal
Beas de Guadix
La Peza
Policar
Lugros
Cogollos de Guadix
Albuñán
Esfiliana
Alcudia de Guadix
Gor
Cerro Grande
Charches
Don Diego
Rambla del Agua
Estación de la Calahorra-Ferreira
Estación de Huéneja-Dólar
Parque natural
Sierra de Baza
Santaolalla
Sta Bárbara
Puntal Alto
de la Sierra de Baza
Los Chispones
Dos Picos
Mojón
El Hijate
Higueral
Sierra de Lúcar
Lúcar
Somontín
Armuña de Almanzora
Serón
Tíjola
Bayarque
Alcóntar
Pared
Pozo de la Nieve
Las Menas
Bacares
Tetica
Sauco
Sª de Carrasco
SIERRA
Observatorio del Calar Alto
Calar Alto
Las Hoyas
DE
Minas del Marquesado
Jerez del Marquesado
Lanteira
Alquife
La Calahorra
Aldeire
Ferreira
Dólar
Huéneja
Castro
Fiñana
Abrucena
Abla
Escúllar
Ocaña
Doña María Ocaña
Nacimiento
Aulago
El Almendral
Layón
Las Aneas
Gérgal
Cherbo
Puerto de la Ragua
Parque natural
Horcajo de Trevélez
Veleta
Mulhacén
Sierra Nevada
N E V A D A
Chullo
Buitre
Granada
Santillana
Montenegro
Tices
Ohanes
Las Alcubillas
Estación de Fuente Santa
Decorado Mini Hollywood
Alboloduy
Sta Cruz de Marchena
Alsodux
Alhabia
Instinción
Rágol
Canjáyar
Beires
Laujar de Andarax
Paterna del Río
Bayárcal
Laroles
Picena
Mairena
Nechite
Válor
Yegen
Mecina Alfahar
Mecina Bombarón
Bérchules
Trevélez
Prado Llano
Juviles
Narila
Busquistar
Pórtugos
Cástaras
Lobras
Notáez
Alpujarras
Almegíjar
Cádiar
Jorairátar
Ugíjar
Yátor
Cherín
Alcolea
Las Alpujarras
Fuente Victoria
Fondón
Almócita
Padules
Benecid
La Barriada de Alcora
Pozuelo
Huécija
Alicún
Illar
Bentarique
Terque
Gádor
Alhama de Almería
Sta Fe de Mondújar
Necrópolis de los Millares
Rioja
Benahadux
Pechina
Huércal de Almería
Las Minas
Pernos
Morrón
Sierra de Gádor
El Marchal de Antón López
Félix
Enix
Higüeras
Vícar
ALMERÍA
Aguadulce
La Garrofa
Punta de
El Parador de las Hortichuelas
Roquetas de Mar
El Puerto
Urbanización Roquetas de Mar
Las Marinas
Salinas
Playa de Cerrillos
San Agustín
Almerimar
Matagorda
Balanegra
Puente del Río
Adra
El Ejido
Sta María del Águila
Las Norias de Daza
La Mojonera
Pampanico
Dalías
Campo de Dalías
Alberquilla
Berja
Alcaudique
Santuario Nª Sª de Gádor
Castala
Chirán
Hirmes
Darrical
Lucainena
Embalse de Beninar
Murtas
Turón
Cojáyar
Cerrón
Venta del Tarugo
La Morgana
Albondón
Los Galvez
Albuñol
Alfornón
Sierra de la Contraviesa
Torvizcón
Sorvilán
Umbría
Melicena
Torre
Los Yesos
La Mamola
Punta Negra
La Rábita
El Castillo de Huarea
La Alcazaba
Los Dagas
Corrales
La Parra
La Alquería
Guainos Bajos
El Río Chico
A 92
A 92 N
A 315
A 334
A 348
A 7-E 15
N 340

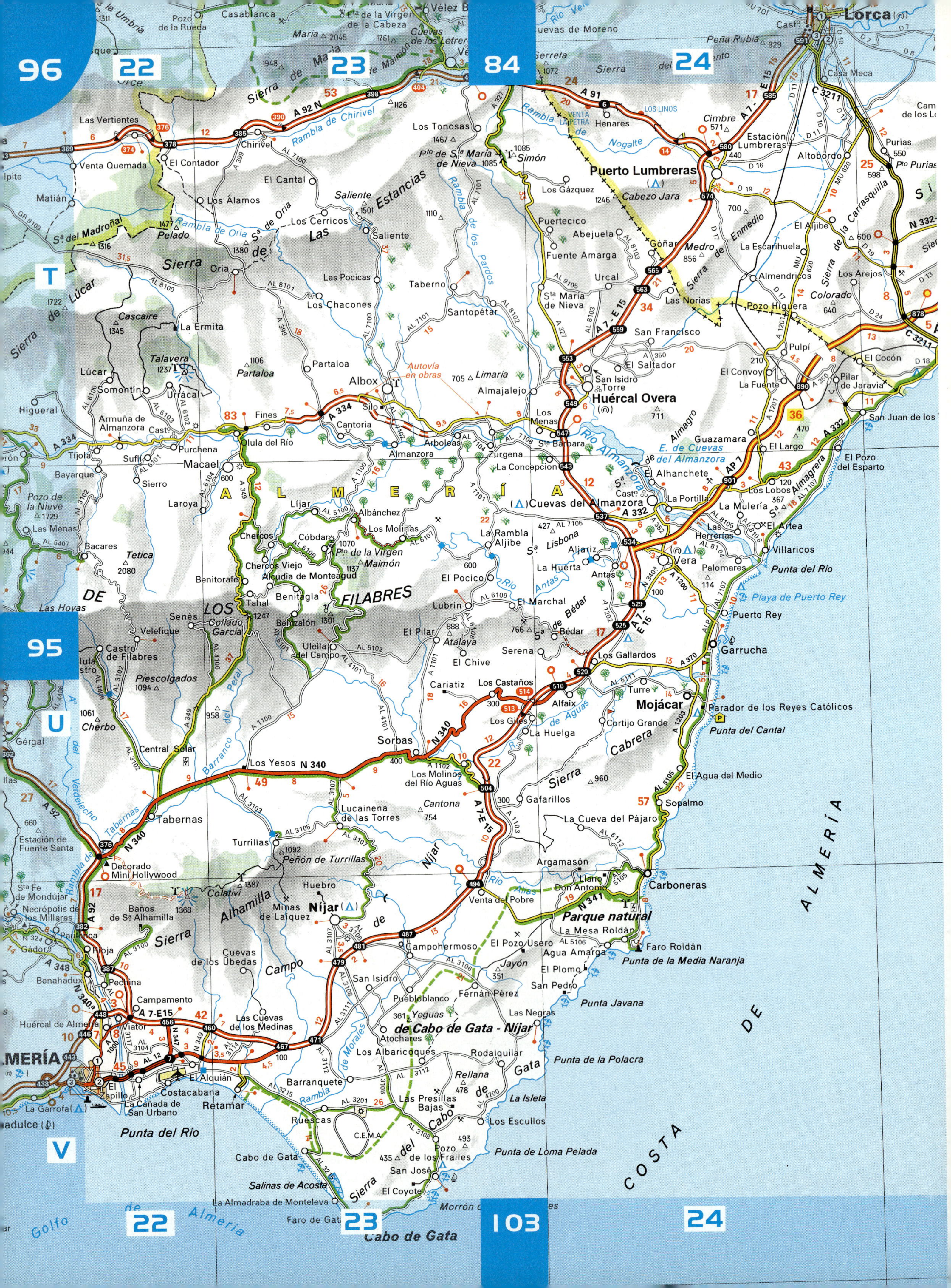

96
22
23
84
24
95
103
T
U
V
Lorca
Puerto Lumbreras
Huércal Overa
Vera
Garrucha
Mojácar
Carboneras
Cuevas del Almanzora
Albox
Macael
Tabernas
Sorbas
Níjar
Almería
Cabo de Gata
Costa de Almería
Golfo de Almería
Sierra de los Filabres
Sierra de las Estancias
Sierra de Alhamilla
Sierra Cabrera
Sierra de Lúcar
Sierra de María
Sierra del Cabo de Gata
Sierra de Enmedio
Sierra de la Carrasquilla
Sierra de Almagro
Sierra de Almagrera
Sierra de Bédar
Sierra Lisbona
Campo de Níjar
Parque natural de Cabo de Gata - Níjar
Chirivel
El Contador
Venta Quemada
Las Vertientes
Oria
Partaloa
Fines
Olula del Río
Cantoria
Almanzora
Arboleas
Zurgena
Purchena
Tíjola
Serón
Sierro
Laroya
Líjar
Albánchez
Cóbdar
Chercos
Alcudia de Monteagud
Benitagla
Tahal
Benizalón
Senés
Velefique
Uleila del Campo
Lubrín
El Pilar
Bédar
Turre
Los Gallardos
Antas
Taberno
Santopétar
Saliente
Las Pocicas
Los Chacones
Los Cerricos
Los Álamos
El Cantal
Los Tonosas
San Isidro
Pulpí
El Convoy
Pilar de Jaravía
San Juan de los Terreros
Guazamara
El Largo
Palomares
Villaricos
Punta del Río
Playa de Puerto Rey
Puerto Rey
Parador de los Reyes Católicos
Punta del Cantal
El Agua del Medio
Sopalmo
La Cueva del Pájaro
Argamasón
Faro Roldán
Punta de la Media Naranja
Agua Amarga
Punta Javana
Las Negras
Rodalquilar
Punta de la Polacra
La Isleta
Los Escullos
Punta de Loma Pelada
San José
El Coyote
Morrón
Salinas de Acosta
La Almadraba de Monteleva
Faro de Gata
Cabo de Gata
Ruescas
Retamar
Costacabana
El Alquián
La Cañada de San Urbano
El Tapillo
La Garrofa
Punta del Río
Huércal de Almería
Viator
Pechina
Rioja
Gádor
Benahadux
Baños de Sª Alhamilla
Turrillas
Lucainena de las Torres
Los Molinos del Río Aguas
Cantona
Gafarillos
Venta del Pobre
Campohermoso
El Pozo de los Frailes
Fernán Pérez
Pueblo Blanco
San Isidro
Barranquete
Atochares
Los Albaricoques
Las Presillas Bajas
C.E.M.A.
Decorado Mini Hollywood
Estación de Fuente Santa
Gérgal
Central Solar
Los Yesos
Cherbo
Castro de Filabres
Piescolgados
Tetica
Bacares
Bayarque
Armuña de Almanzora
Somontín
Úrracal
Lúcar
Higueral
La Ermita
Cascaire
Talavera
Pelado
Matián
Sª del Madroñal
Rambla de Oria
Rambla de Chirivel
Rambla de los Pardos
Río Almanzora
E. de Cuevas del Almanzora
Río Antas
Río Aguas
Río Alías
Rambla de Tabernas
Rambla de Morales
Autovía en obras
Henares
Nogalte
Los Linos
Cimbre
Estación Lumbreras
Altobordo
Purias
Pto Purias
Casa Meca
Peña Rubia
Cuevas de Moreno
Serreta
Vélez Blanco
Ermita de la Virgen de la Cabeza
Cuevas de los Letreros
Casablanca
Pozo de la Rueda
Pto de Sta María de Nieva
Simón
Los Gázquez
Cabezo Jara
Puertecico
Abejuela
Fuente Amarga
Urcal
Sta María de Nieva
Góñar
Las Norias
Pozo Higuera
El Aljibe
La Escarihuela
Almendricos
Los Arejos
Colorado
San Francisco
El Saltador
Limaria
Almajalejo
Los Menas
Sta Bárbara
La Concepción
El Alhanchete
La Portilla
Los Lobos
La Mulería
Las Herrerías
El Artea
La Rambla Aljibe
La Huerta
El Marchal
El Pocico
Atalaya
El Chive
Serena
Cariatiz
Los Castaños
Alfaix
Los Gilés
La Huelga
Cortijo Grande
El Pozo del Esparto
Los Molinas
Pto de la Virgen
Maimón
Chercos Viejo
Benitorafe
Collado García
Las Hoyas
Pozo de la Nieve
Las Menas
Sufli
Llano de Don Antonio
La Mesa Roldán
El Pozo Usero
Jayón
El Plomo
San Pedro
Rellana
Yeguas
Peñón de Turrillas
Huebro
Minas de Lajquez
Colativí
Cuevas de los Úbedas
Campamento
Las Cuevas de los Medinas
Necrópolis de los Millares
Sta Fe de Mondújar
A 7-E 15
A 92
A 92 N
A 91
A 334
A 332
A 370
AP 7
N 340
N 341
N 347
C 3211

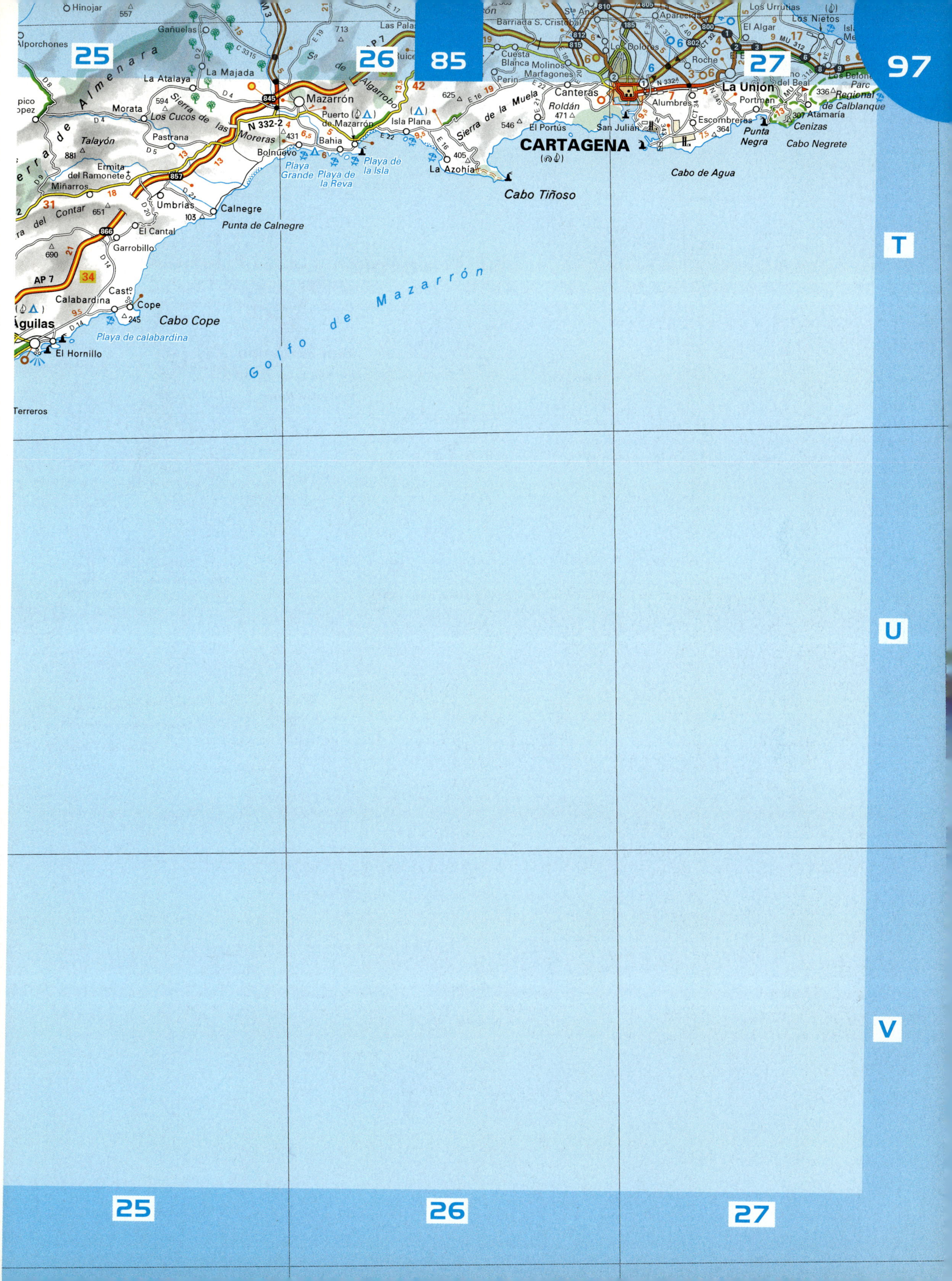
85
97
25
26
27
T
U
V
Hinojar
Gañuelas
Alporchones
Sierra de Almenara
La Atalaya
La Majada
Morata
Los Cucos
Sierra de las Moreras
Talayón
Pastrana
Ermita del Ramonete
Miñarros
Sierra del Contar
Umbrías
Calnegre
Punta de Calnegre
El Cantal
Garrobillo
AP 7
Calabardina
Cast.
Cope
Cabo Cope
Águilas
El Hornillo
Playa de calabardina
Terreros
Mazarrón
N 332-2
Puerto de Mazarrón
Bolnuevo
Bahía
Playa Grande
Playa de la Reva
Playa de la Isla
Isla Plana
Sierra de la Muela
La Azohía
Cabo Tiñoso
Golfo de Mazarrón
Barriada S. Cristóbal
Cuesta Blanca
Molinos Marfagones
Perín
Canteras
Roldán
El Portús
CARTAGENA
San Julián
Los Dolores
Aparecida
Alumbres
Roche
La Unión
El Algar
Los Urrutias
Los Nietos
Portmán
Escombreras
Punta Negra
Atamaría
Cenizas
Parc Regional de Calblanque
Cabo Negrete
Cabo de Agua

91

9 10 11

W X Y

Los Asientos
Alijar
Guadalcacín
Torremelgarejo
JEREZ
DE LA FRONTERA
del Pe
Chipi
de Regla
Playa de Re
Cos
Playa de la Ballena
Peña del Águila
Estella
del Marqués
Los Alvarizones
Monasterio
de la Cartuja
Guadalete
La Ina
Punta Candor
La Almadraba
Playa de Costilla
Rota
Fuentebravía
Eta de
S. Cristóbal
El Portal
San Marcos
Doña
Blanca
El Manantial
Playa de Fuentebravía
El Ancla
Vistahermosa
El Puerto
de Sta María
Bolaños
Valdelagrana
Bahía
CÁDIZ
Castº de San Sebastián
Puerto Real
Playa de la Victoria
Matagorda
La Carraca
La Chacona
Playa de Cortadura
Barriada
de Jarana
San Fernando
Pinar de los Franceses
Torre Gorda
Isla
Salinas
El Rosal
Chiclana
de la Frontera
Parque Natural
León
de la Bahía de Cádiz
Sta Teresa
Los Gallos
Sancti Petri
Novo
Sancti Petri
Isla Sancti Petri
Castº
La Barrosa
Pago del Humo
Playa de la Barrosa
Campano
Playa
del
Puerco
Roche
El Colorado
Fuente del Gallo
Puerto
de Conil
Cabo Roche
Playa de Fontanilla
Conil de la Frontera
Playa de Bateles
El Palmar
Eta de la Porquera
Zahora
Parque natural
La Breña y Marismas de Barbate
Cabo de Trafalgar
COSTA
DE
LA
LUZ

92
99
100
12
13
14
W
X
Y
Arcos de la Frontera
Ubrique
Sierra Ubrique
Benaocaz
Grazalema
Villaluenga del Rosario
Cueva de la Pileta
Benaoján
Jimera de Líbar
Cortes de la Frontera
Atajate
Alpandeire
Faraján
Júzcar
Cartajima
Pujerra
Benadalid
Benalauría
Algatocín
Jubrique
Genalguacil
Benarrabá
Gaucín
Puerto de Peñas Blancas
Majada de Madrid
Reales
Sierra Bermeja
Casares
Estepona
Playas de Estepona
Bahía Dorada
Buenas Noches
San Luis de Sabinillas
La Duquesa
Manilva
Punta de la Chullera
San Diego
San Enrique
Torreguadiaro
Sotogrande
Punta Mala
San Roque
Sta Margarita
La Línea de la Concepción
GIBRALTAR
Punta de Europa
Bahía de Algeciras
ALGECIRAS
Los Barrios
Palmones
El Rinconcillo
Campamento
Guadiaro
Almoraima
Castellar de la Frontera
Jimena de la Frontera
San Pablo de Buceite
Los Ángeles
Sambana
La Cólera
San Martín del Tesorillo
Marchenilla
Parque natural de los Alcornocales
Alcalá de los Gazules
Paterna de Rivera
Medina Sidonia
Vejer de la Frontera
Barbate
Los Caños de Meca
Zahara de los Atunes
Atlanterra
Cabo de Gracia
Punta Camarinal
Ruinas romanas de Baelo
El Lentiscal
Punta Paloma
Ensenada de Valdevaqueros
Tarifa
Punta Marroquí o de Tarifa
ESTRECHO DE GIBRALTAR
Punta del Carnero
Punta Acebuche
Playa de Getares
El Bujeo
Mirador El Estrecho
Ensenada del Tolmo
Facinas
Tahivilla
La Zarzuela
El Almarchal
Embalse de Almodóvar
Embalse de Barbate
Embalse del Celemín
Embalse de Charco Redondo o Palmones
Embalse del Guadarranque
Embalse de Guadalcacín
Embalse de los Hurones
Charco de los Hurones
Marismas de Barbate
Ensenada de Barbate
Ensenada de Zahara
Ensenada de Bolonia
Cuevas del Tajo de las Figuras
Benalup-Casas Viejas
Los Badalejos
Naveros
San José de Malcocinado
Cantarranas
Las Lomas
Libreros
Jandilla
Casas de los Hierros
La Sauceda
Aljibe
Puerto de Galis
Puerto de la Yegua
Reserva nacional de Cortes de la Frontera
Sierra de Grazalema
El Colmenar
Peñón del Berrueco
Tempul
Garcisobaco
La Jarda
Llanos del Valle
Pajarete
Baños de Gigonza
La Barca de la Florida
Torrecera
La Rendona
El Torno
San José del Valle
La Pedrosa
Majada Ruiz
Algar
Castillo de Fátima
Patrite
Arnao
El Jautor
Isla Verde
Momia
El Castaño
Sa de Montecoche
Sa del Niño
Puerto de Ojén
Santuario de Na Sa de la Luz
El Cuartón
Alto El Cabrito
Pto del Bujeo
Los Pastores
San Bernabé
Estación Férrea
Miraflores
Taraguilla
Carteya-Guadarranque
Puerto del Higuerón
Las Habas
El Aciscar
Camarinal
El Chaparral
Torre

100
14
15
93
16
99
V
W
X
Antequera
Archidona
Los Corrales
Rábita
La Mezquita
Laguna Dulce
Bobadilla
Bobadilla-Estación
Campillos
Algámitas
Almargen
Teba
Embalse del Guadalteba-Guadalhorce
Castillo de la Estrella
Cañete la Real
Lora
Pruna
Torre-Alháquime
Alcalá del Valle
Estación de Atalaya
Mojón Gordo
Serrato
Ortegicar
Ardales
E. del Conde de Guadalhorce
Embalse de Gaitanejo
Desfiladero de los Gaitanes
El Chorro
Bobastro
E. Tajo de la Encantada
Estación de Las Mellizas
Carratraca
Vado del Álamo
Álora
Grajo
Sierra de Alcaparain
Cuevas del Becerro
Estación de Setenil
Setenil de las Bodegas
Colorado
Ronda la Vieja
La Cimada
Arriate
Estación de Parchite
Puerto del Viento
El Burgo
Mirador del Guarda Forestal
Puerto de las Abejas
Casarabonela
Prieta
Zalea
Gibralgalia
Prieto
Pizarra
Sierra del Hacho
Santi-Petri
Almogía
Cuevas de Menga y Viera
Cueva del Romeral
Sierra de Chimenea
Camorro Alto
Nogales
El Torcal de Antequera
(P. Natural)
Valle de Abdalajís
La Hoya
Villanueva de la Concepción
Puerto de las Pedrizas
Villanueva de Cauche
Boca del Asno
Casabermeja
Zambra
Parque natural
Montes de Málaga
Pto del León
Jardín de la Concepción
Colmenar
Olías
Cerrado de Calderón
El Palo
El Candado
La Cala del Moral
Ronda
Acueducto
Yunquera
Alozaina
Estación Cártama
El Sexmo
La Fresneda
Sta Rosalía
Campanillas
Pilar del Prado
Cártama
Doña Ana
Villafranco del Guadalhorce
Río Grande
Hoya de Málaga
Tolox
Parque natural
Serranía de Ronda
Torrecilla
Sa de la Sierra de las Nieves
Cascajeres
Aranda
Armas
Sierra Real
Sierra Blanca
Guaro
Coín
Nª Sª de Fuensenta
Monda
Pto de los Pescadores
Alhaurín el Grande
Alhaurín de la Torre
El Romeral
Churriana
MÁLAGA
Guadalmar-San Julián
Parador del Golf
Benyamina
Torremolinos
Playas de Torremolinos
Arroyo de la Miel
Benalmádena Costa
La Perla-Torremuelle
Tivoli World
Benalmádena
Mijas
Sierra de Mijas
Castillejos
Puerto de Ojén
Ojén
Istán
Refugio de Juanar
Sierra Palmitera
Encinetas
Embalse de la Concepción
Sierra Bermeja
Puerto de Alijar
Benahavís
El Ángel
MARBELLA
Altos de Marbella
Herrero
Elviria
Calahonda
El Chaparral
Fuengirola
Torreblanca del Sol
Playas de Fuengirola
Carvajal
Playas de Benalmádena
Castillo
Punta de Calaburra
La Cala de Mijas
Torrenueva
Puerto Cabopino
Punta Ladrones
Los Monteros
Torre del Río Real
Las Lomas
Nueva Andalucía
Puerto Banús
Playas de Marbella
San Pedro de Alcántara
Basílica
Guadalmina
Atalaya-Isdabe
Sta Marta
Paraíso-Barronal
Cancelada
Resinera-Voladilla
Playa Bella
Saladillo-Benamara
Estepona
Playas de Estepona
Bahía Dorada
Buenas Noches
San Luis de Sabinillas
La Duquesa
Punta de la Chullera
Ensenada de Marbella
Ensenada
COSTA DEL
Puerto de Peñas Blancas
Pujerra
Júzcar
Cartajima
Igualeja
Parauta
Concepción

17
94
18
19
101
102
V
W
X
17
18
19
Laguna Grande
Sierra Gorda
Cabras
Cerro de la Gallina
Buenavista
Río Alhama
Sierra de Loja
El Temple
Gabia Chica
Alhendín
La Malahá
Escúzar
Vega
La Zubia
Cumbres Verdes
Gójar
Otura
Dílar
Monachil
Puerto del Suspiro del Moro
Valle del Puntal
Sa del Manar
Padul
Cozvíjar
Dúrcal
Nigüelas
Acequias
Mondújar
Lecrín
Béznar
Lanjarón
Pampaneira
Capileira
Bubión
Soportújar
Cáñar
Carataunas
Órgiva
Los Tablones
Sierra
Caballo
Cerro del Caballo
Sierra Nevada
Sa de Gibalto
Puerto de Los Alazores
Alfarnate
Alfarnatejo
Almendral
Alhama de Granada
Tierras de Alhama
Embalse de los Bermejales
Arenas del Rey
Fornes
Jayena
Játar
La Resinera
Río Cacín
Río Grande
Sierra de Pera
Cristiano
Cacín
Ochíchar
Agrón
Sta Cruz del Comercio
El Almendral
Zafarraya
Ventas de Zafarraya
Sa de Alhama
Venta del Fraile
Sa de Herrero
Albuñuelas
Valle
Cónchar
Murchas
Melegís
Saleres
Restábal
Chite
E. de Béznar
Pinos del Valle
Ízbor
Giralda
Sierra de las Guájaras
Guájar Alto
Guájar Faragüit
Guájar Fondón
La Bernardilla
Lentejí
Otívar
Itrabo
Molvízar
Sierra del Chaparral
Jete
Cerro de Itrabo
Moscaril
Lobres
La Caleta Guardia
Salobreña
Motril
Vélez de Benaudalla
Escalate
La Garnatilla
Jolúcar
Puntalón
Gualchos
Carchuna
Calahonda
Puerto Motril
Torrenueva
Playa Granada
Cabo Sacratif
Punta Carchuna o del Llano
Almuñécar
Peñón del Santo
El Capricho
Playa de Velilla
Playa de San Cristóbal
Playa de Cotobro
La Herradura
Las Terrazas
Punta de la Mona
Taramay
Albita
Sabar
Mondrón
Periana
Alcaucín
Sierra de Tejeda
Maroma
Sierra de Almijara
Puerto
Canillas de Aceituno
Reserva nacional de Sierra de Tejeda
Sedella
Salares
Archez
Canillas de Albaida
Cómpeta
Navachica
Lopera
Daimalos
Arenas
Río Rubite
Sayalonga
Corumbela
Cielo
Frigiliana
Cueva de Nerja
Nerja
Maro
Playa de Burriana
Torrox
Torrox Costa
Pta de Torrox
El Morche
Lagos
Mezquitilla
Algarrobo
Algarrobo Costa
Torre del Mar
Playa de Torre del Mar
Punta de Vélez Málaga
La Caleta de Vélez
Vélez Málaga
Trapiche
Viñuela
E. de la Viñuela
Los Romanes
La Zubia
Comares
Salto del Negro
Cútar
Benamargosa
Triana
El Borge
Almáchar
Benamocarra
Moclinejo
Benaque
Iznate
Cajiz
Macharaviaya
Valdés
Benagalbón
Chilches
El Capitán
Almayate Bajo
Benajarafe
Torre de Benagalbón
Rincón de la Victoria
Cueva del Tesoro
E 15 - E 902
A 7
N 340
A 356
A 402
A 338
A 348
A 44
E 902
N 323
de Málaga
SOL
M A R
M E D I

102
95
101
19
20
21
V
W
X
Horcajo de Trevélez
Pico Veleta
Mulhacén
Sierra Nevada
Trevélez
Cerro del Caballo
Pampaneira
Capileira
Bubión
Pitres
Pórtugos
Busquístar
Lanjarón
Órgiva
Soportújar
Carataunas
Los Tablones
Lecrín
Mecina Fondales
Juviles
Bérchules
Mecina Bombarón
Nechite
Mairena
Yegen
Válor
Mecina Alfahar
Yátor
Ugíjar
Laroles
Picena
Bayárcal
Paterna del Río
Alcolea
Cherín
Fuente Victoria
Laujar de Andarax
Fondón
Benecid
Almócita
Padules
Canjáyar
La Barriada de Alcora
Rágol
Beires
Ohanes
Tices
Granada
Santillana
Ocaña
Nacimiento
Montenegro
Alboloduy
Instinción
Bentarique
Illar
Terque
Huécija
Alicún
Pozuelo
Alpujarras
Las Alpujarras
Cádiar
Narila
Lobras
Cástaras
Notáez
Torvizcón
Almegíjar
Alcázar
Venta del Tarugo
Jorairátar
Cojáyar
Murtas
Turón
Darrical
Lucainena
Hirmes
Chirán
Castala
Morrón
Sierra de Gádor
Santuario Nª Sª de Gádor
Berja
Alcaudique
Dalías
Campo de Dalías
Alberquilla
El Ejido
Pampanico
Sta María del Águila
Las Norias de Daza
La Mojonera
Roquetas de Mar
Las Marinas
El Parador de las Hortichuelas
Vícar
Félix
El Marchal de Antón López
Enix
Piorno
Embalse de Benínar
La Morgana
Cerrón
Sierra de la Contraviesa
Albondón
Los Galvez
Albuñol
Alfornón
Sorvilán
Bargio
Rubite
Sierra de Lújar
Lújar
Polopos
Haza del Trigo
Pto Haza del Lino
Umbría
Torre
Melicena
Motril
La Garnatilla
Puntalón
Jolúcar
Gualchos
Carchuna
Calahonda
Castell de Ferro
La Mamola
Los Yesos
Punta Negra
La Rábita
El Pozuelo
El Castillo de Huarea
La Alcazaba
Adra
Guainos Bajos
La Parra
La Alquería
Los Dagas
Corrales
El Río Chico
Puente del Río
Balanegra
Balerma
Playa de Balerma
Matagorda
Los Baños de Guardias Viejas
Almerimar
Punta de los Baños
Punta Entinas
Punta Sabinar
Salinas
San Agustín
Playa de Cerrillos
Punta Carchuna o del Llano
Cabo Sacratif
Costa de Almería
Costa del Sol
Mediterráneo
A 348
A 7-E 15
N 340
E 15
A 347
A 358
Río Andarax
Río Yátor
Río Guadalfeo
Río Trevélez
Río Nacimiento

96
22
23
24
V
W
X
ALMERÍA
Gérgal
Tabernas
Decorado Mini Hollywood
Turrillas
Peñón de Turrillas
Lucainena de las Torres
Cantona
Sierra Cabrera
Cortijo Grande
La Huelga
Molinos
Gafarillos
Sopalmo
El Agua del Medio
Punta del Cantal
La Cueva del Pájaro
Argamasón
Carboneras
Llano Don Antonio
Venta del Pobre
Parque natural de Cabo de Gata - Níjar
La Mesa Roldán
Faro Roldán
Punta de la Media Naranja
Agua Amarga
El Pozo Usero
Jayón
El Plomo
San Pedro
Punta Javana
Las Negras
Rodalquilar
Punta de la Polacra
Gata
Rellana
La Isleta
Los Escullos
Punta de Loma Pelada
Pozo de los Frailes
San José
El Coyote
Morrón de los Genoveses
Cabo de Gata
Faro de Gata
Sierra del Cabo de Gata
La Almadraba de Monteleva
Salinas de Acosta
Cabo de Gata
C.E.M.A.
Ruescas
Las Presillas Bajas
Los Albaricoques
Barranquete
Atochares
Yeguas
Fernán Pérez
Pueblo Blanco
San Isidro
Campohermoso
Campo de Níjar
Níjar
Huebro
Minas de Lajquez
Sierra Alhamilla
Colativí
Baños de Sª Alhamilla
Cuevas de los Úbedas
Las Cuevas de los Medinas
Retamar
El Alquián
Costacabana
La Cañada de San Urbano
Punta del Río
Viator
Huércal de Almería
Pechina
Rioja
Benahadux
Gádor
Campamento
El Zapillo
La Garrofa
Aguadulce
Golfo de Almería
Estación de Fuente Santa
Sta Fe de Mondújar
Necrópolis de los Millares
Las Minas
Higüeras
Rambla de Tabernas
Rambla de Morales
COSTA DE ALMERÍA
COSTA DEL SOL
N 340
A 7-E15
A 92
N 341
A 348
AL 3106
AL 3108

36
37
38
M
N
O
MALLORCA
PALMA DE MALLORCA
Port de Sóller
Sóller
Cap Gros
Punta de Deià
Punta de sa Foradada
Son Marroig
Miramar
Deià
Port de Valldemossa
Cala de Valldemossa
Valldemossa
Port des Canonge
Banyalbufar
Mirador de ses Ànimes
Esporles
Estellencs
Mirador Ricardo Roca
Galatzó
Puigpunyent
Galilea
Morro d'Es Fabioler
Cap de Tramuntana
Illa sa Dragonera
Sant Elm
Cap d'es Llebeig
Andratx
s'Arracó
Port d'Andratx
Cap de sa Mola
Cap des Llamp
Peguera
Calvià
es Capdellà
Costa de sa Calma
Santa Ponça
Son Ferrer
el Toro
Illa del Toro
Platja de Caluià
Cala Fornells
Portals Vells
Cap de Cala Figuera
Magaluf
Palmanova
Portals Nous
Costa d'en Blanes
Sant Agustí
Gènova
Bellver
Cas Català
Son Vida
sa Vileta
Establiments
Cala Vinyes
Badia de Palma
es Coll d'en Rabassa
Can Pastilla
Cala Blava
Cap Enderrocat
les Palmeras
Badia Gran
Cap de Regana
Capocorp
Cala Pi
Cap Blanc
Cala Vallgornera
s'Estanyol de Migjorn
sa Ràpita
Punta Plana
Ansa de sa Ràpita
Colònia de Sant Jordi
Cap de Llebeig
Punta de Anciola
s'Arenal
ses Meravelles
Sant Jordi
sa Casa Blanca
Son Ferriol
Llucmajor
Algaida
Randa
Monestir de Cura
Pòrtol
sa Cabaneta
es Pont d'Inca
Son Sardina
Palmanyola
s'Esglaieta
Raixa
Bunyola
Alaró
Orient
Castell
Consell
Binissalem
Santa Maria del Camí
Biniali
Sencelles
Costitx
Lloret de Vistalegre
Pina
Santa Eugènia
Inca
Lloseta
Mancor de la Vall
Selva
Caimari
Moscari
Campanet
Búger
Santa Magdalena
Coves de Campanet
Coll de Sabataia
Monestir de Nª. Sª. de Lluc
Escorca
Tomir
Puig Roig
Morro de sa Vaca
Cala de sa Calobra
sa Calobra
Torrent de Pareis
Puig Major
Desfilada
Maçanella
Gorg Blau
P. de Cúber
Mirador de ses Barques
Fornalutx
Biniaraix
Coll de Sóller
Teix
Alfàbia
Serra de Tramuntana
Punta Beca
Port de
Sant Salvador
Pollença
Mirad
Ma 1
Ma 10
Ma 11
Ma 13
Ma 15
Ma 19
Ma 20

39
106
40
41
105
Cala en Blanes
Naveta des Tudons
Cala Santandria
Santandria
Cala Blanca
Son Olivaret
Tamarinda
Torre-saura
Cap d'Artrutx
Cala en Bosc
Cala Turqueta
Cala Macarella
Cala Galdana
MENORCA
Cap de Catalunya
Cap de Formentor
Cala Sant Vicenç
Cala Sant Vicenç
Platja de Formentor
Badia de Pollença
Pollença
Punta de l'Avançada
Cap des Pinar
es Mal Pas
Cap de Menorca
Alcúdia
Pollentia
Illa d'Alcanada
Port d'Alcúdia
Lago Menor
Badia d'Alcúdia
Platja de Muro
P. natural de s'Albufera
Can Picafort
Son Serra de Marina
Sa Pobla
Muro
Colònia de Sant Pere
Urb. Betlem
Son Morell
Cap de Ferrutx
Cala Mesquida
Cap d'es Freu
Cala Agulla
Cala Lliteres
Punta de Capdepera
Capdepera
Cala Rajada
Son Moll
Ermita de Betlem
Isla Ravenna
Ferrutx
Artà
Sta Margalida
Llubí
Maria de la Salut
Ariany
Torre
Coves d'Artà
Canyamel
Cap Vermell
Costa de Canyamel
Costa dels Pins
Cap des Pinar
Port Vell
Cala Bona
Cala Millor
Son Moro
Punta de n'Amer
Son Servera
Sant Llorenç des Cardassar
Son Carrió
sa Coma
s' Illot
Petra
Bonany
Sant Joan
Vilafranca de Bonany
Manacor
Montuïri
Sant Miquel
Coves des Hams
Porto Cristo
Coves del Drach
Cala Anguila
s' Estany d'en Mas
s'Ermita
Son Macià
Porreres
Santuari Montesión
Cales de Mallorca
es Domingos
Cala Murada
Felanitx
Monestir
Sant Salvador
Sa Punta
Punta de ses Crestes
Portocolom
Campos
Cas Concos des Cavaller
Cast de Santueri
s' Horta
Calonge
Cala Ferrera
Cala d'Or
Cala d'Or
S'Alqueria Blanca
es Palmer
Santanyí
Portopetro
Cala Mondragó
Salines de Salobrar
Banyos de Sant Joan
ses Salines
es Llombards
Cala Santanyí
Cala Figuera
Cala Figuera
Cala Santanyí
s'Avall
Costa
Cap de ses Salines
Illa Conejera
Cap Ventós
Illa de Cabrera
Serra de Llevant
MAR MEDITERRÁNEO
MAR MEDITE
M N O
39
40
41

41
42
43
L
M
N
105
MENORCA
Cap de Cavalleria
Illa dels Porros
Cala Pregonda
Illes Bledes
Cala de Algaiarens
Platja de Tirant
Badia de Fornells
Punta Pantinat
Fornells
Platjes de Fornells
Arenal d'en Castell
Urb. Coves Noves
Punta Codolar
na Macaret
Addaia
Cap de Favàritx
Cala Morell
Punta Nati
Falconera
Sta Agueda
Cap Menorca o Bajoli
Ciutadella de Menorca
Cala en Blanes
Naveta des Tudons
Cala Santandria
Santandria
Cala Blanca
Barranc d' Algendar
Son Olivaret
Cala'n Turqueta
Tamarinda
Torre-saura
Cap d'Artrutx
Cala en Bosc
Cala Turqueta
Cala Macarella
Cala Galdana
Ferreries
es Mercadal
Monte Toro
Santuari
Binifabini
Illa Colom
s' Albufera
es Grau
Punta de sa Galera
Shangri-Lá
sa Mesquida
Cala Mesquida
Cala Fonduco
Cap Negre
Maó
Alaior
Migjorn Gran
Sant Tomàs
Platja de Sant Tomàs
Platja de Son Bou
Torre-solí Nou
Son Bou
Talatí de Dalt
Sant Climent
Punta de s'Esperó
Es Castell
Fort la Mola
Cala en Porter
Coves d'en Xoroi
S'Ullastrar
Sant Lluís
s'Algar
Alcalfar
Binidalí
Cap d'en Font
Binibèquer
Punta Prima
Illa de l'Aire
Cala Binibeca
Cala en Porter
Me 1
Me 7
Me 12
Me 14
Me 15
Me 16
Me 18
Me 20
Me 22
Me 24
Me 5
Me 6
Me 8
Cf 1
Cf 5
Capdepera
R R À N I A /
Á N E O

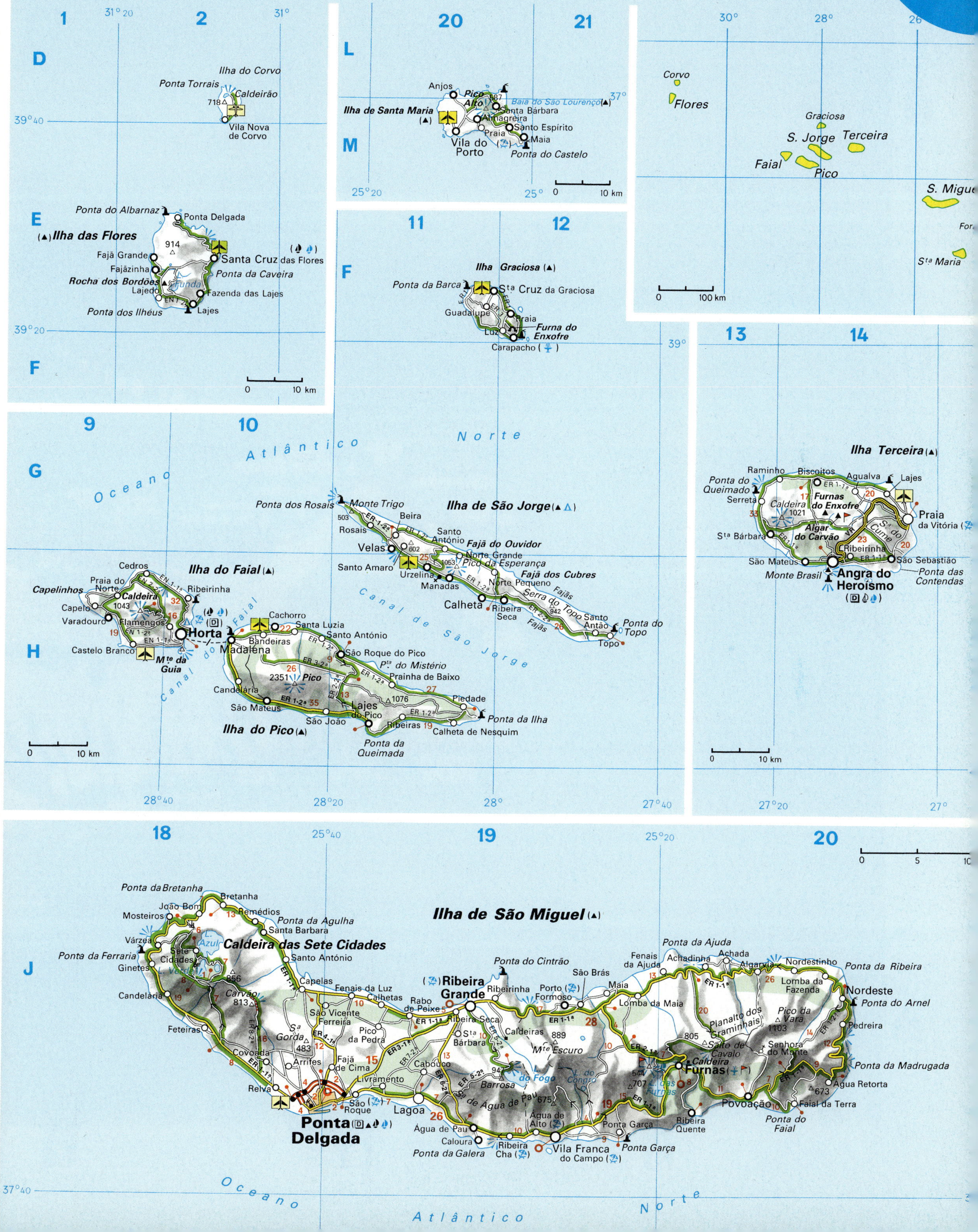
1
2
31°20
31°
D
E
F
39°40
39°20
Ilha do Corvo
Ponta Torrais
Caldeirão
718
Vila Nova de Corvo
Ponta do Albarnaz
Ponta Delgada
(▲) Ilha das Flores
914
Fajã Grande
Fajãzinha
Rocha dos Bordões
Lajedo
Santa Cruz das Flores
Ponta da Caveira
Fazenda das Lajes
Ponta dos Ilhéus
Lajes
0
10 km
20
21
L
M
Anjos
Pico Alto
587
Baía do São Lourenço (▲)
37°
Ilha de Santa Maria (▲)
Santa Bárbara
Almagreira
Santo Espírito
Praia
Maia
Vila do Porto
Ponta do Castelo
25°20
25°
0
10 km
30°
28°
26
Corvo
Flores
Graciosa
S. Jorge
Terceira
Faial
Pico
S. Miguel
Sta Maria
0
100 km
11
12
F
Ilha Graciosa (▲)
Ponta da Barca
Sta Cruz da Graciosa
Guadalupe
Praia
Furna do Enxofre
Luz
Carapacho
39°
13
14
Ilha Terceira (▲)
Raminho
Biscoitos
Agualva
Lajes
Ponta do Queimado
Serreta
Caldeira
1021
Furnas do Enxofre
Algar do Carvão
Praia da Vitória
Sta Bárbara
Serra do Cume
Ribeirinha
São Mateus
São Sebastião
Monte Brasil
Angra do Heroísmo
Ponta das Contendas
0
10 km
27°20
27°
9
10
G
H
Oceano
Atlântico
Norte
Ponta dos Rosais
Monte Trigo
503
Rosais
Beira
Ilha de São Jorge (▲ △)
Santo António
Fajã do Ouvidor
Velas
Santo Amaro
Urzelina
Manadas
Norte Grande
Pico da Esperança
1053
Fajã dos Cubres
Norte Pequeno
Serra do Topo
Fajãs
Calheta
Ribeira Seca
942
Santo Antão
Ponta do Topo
Topo
Canal de São Jorge
Cedros
Ilha do Faial (▲)
Capelinhos
Praia do Norte
Ribeirinha
Capelo
Caldeira
1043
Varadouro
Flamengos
Horta
Castelo Branco
Mte da Guia
Canal do Faial
Cachorro
Santa Luzia
Bandeiras
Madalena
Santo António
São Roque do Pico
Pta do Mistério
Prainha de Baixo
2351
Pico
Candelária
1076
Piedade
São Mateus
Lajes do Pico
Ribeiras
Ponta da Ilha
São João
Calheta de Nesquim
Ilha do Pico (▲)
Ponta da Queimada
0
10 km
28°40
28°20
28°
27°40
18
19
20
J
25°40
25°20
0
5
10
Ilha de São Miguel (▲)
Ponta da Bretanha
Bretanha
João Bom
Remédios
Mosteiros
Ponta da Agulha
Santa Bárbara
Várzea
Caldeira das Sete Cidades
Ponta da Ferraria
Sete Cidades
Santo António
Ginetes
Lagoa Azul
856
Capelas
Candelária
Carvão
813
Fenais da Luz
Calhetas
Ponta do Cintrão
Ribeira Grande
Ribeirinha
Porto Formoso
São Brás
Maia
Ponta da Ajuda
Fenais da Ajuda
Achadinha
Achada
Algarvia
Nordestinho
Ponta da Ribeira
Lomba da Fazenda
Nordeste
Ponta do Arnel
Lomba da Maia
Planalto dos Graminhais
Pico da Vara
1103
Pedreira
Rabo de Peixe
Ribeira Seca
São Vicente Ferreira
Feteiras
Sta Bárbara
Caldeiras
889
Mte Escuro
805
Salto do Cavalo
Senhora do Monte
Gorda
483
Pico da Pedra
Covoada
Arrifes
Fajã de Cima
Cabouco
Caldeira
Furnas
Ponta da Madrugada
Relva
Livramento
Barrosa
Lagoa do Fogo
L. do Congro
707
L. das Furnas
Povoação
Água Retorta
673
Ponta Delgada
São Roque
Lagoa
Serra de Água de Pau
675
Água de Alto
Faial da Terra
Água de Pau
Ponta Garça
Ribeira Quente
Ponta do Faial
Caloura
Ribeira Chã
Vila Franca do Campo
Ponta da Galera
Ponta Garça
37°40
Oceano
Atlântico
Norte

A
B
C
1
2
3
4
El Golfo **
Playa de
Punta de la Sal
Punta Arenas Blancas
Puntas de Gutiérrez
Playa la Madera
Playa de los Goranes
Playa de los Palos
Playa de los Bucios
Roque de la Sal
Punta de Tosca Amarilla
12
Mirador de Bascos
Pozo de Sabinosa
Playa del Verodal
Bahía de los Reyes
El Sabinar
6,5
8,5
Los Llanillos
Sabinosa
4
Gª Serrador
Ventejea
1236
Playa de los Negros
La Dehesa
Malpaso
1503
Punta de los Reyes
616
Ermita Nª Sª de los Reyes
Cruz de los Humilladeros
4
13,5
El Estancadero
3,5
Quemada
424
Meridiano
3
Bco
Punta del Barbudo
Faro de Orchilla
El Julán
Punta de Orchilla
Playa de las Coloradas
Playa de los Mozos
Playa de Tejeda
Playa del Cuervito
Bco de los
Cueva de
Playa de Linés
Cala de Tac

D
E
F
1
2
3
4
Punta del Guanche
Punta Norte
Bahía de las Calcosas
Punta de Amacas
Playa de Adentro
Echedo
Pozo de las Calcosas
Playa del Salto
Tamaduste
Punta de Agache
346
Roque Salmor
Mocanal
Ermita de San Pedro
Ermita de San Lázaro
Playa del Piloto
Guarazoca
Hoyo del Barrio
761
Betenama
Santiago
Playas Largas
★★ Mirador de la Peña
Erese
Valverde
Playa del Catadal
642
HI 2
HI 3
Caleta
Jarales
Pedraje
1025
Embarcadero de Punta Grande
Las Montañetas
Ventejis
1139
Punta de la Caleta
Las Puntas
1041
Tiñor
541
Ermita de San Telmo
Risco de Tibataje
Puerto de la Estaca
Mulato
La Gomera
Tenerife
Izique
1234
Guinea
San Andrés
Playa de Tijeretas
Bahía Temijiraque
Mirador de Jinama
(1180)
Los Mocanes
Temijiraque
Las Rosas
Punta de Temijiraque
La Cuesta
Frontera
Los Llanos
1327
La Torre
Toscas
Alto de Fileba
1330
Isora
HI 1
1118
Mirador de Isora
(800)
Bco del Morro
Punta de Ajones
Roque de la Bonanza
Mirador de las Playas
El Pinar ★
Las Playas
Mercadel
1253
Hoya del Morcillo
Las Casas
Parador de El Hierro
El Pinar
Playa de los Cardones
Taibique
1002
Bucarón
774
Tembargena
Playa de Miguel
Playa Brava
Roques de Los Joraditos
Playa del Pozo
Playa de Manchas Blancas
Los Lajiales
Playa del Cantadal
Restinga
197
La Restinga
Bahía de Naos
Punta de la Restinga
Punta de los Saltos
D
E
F

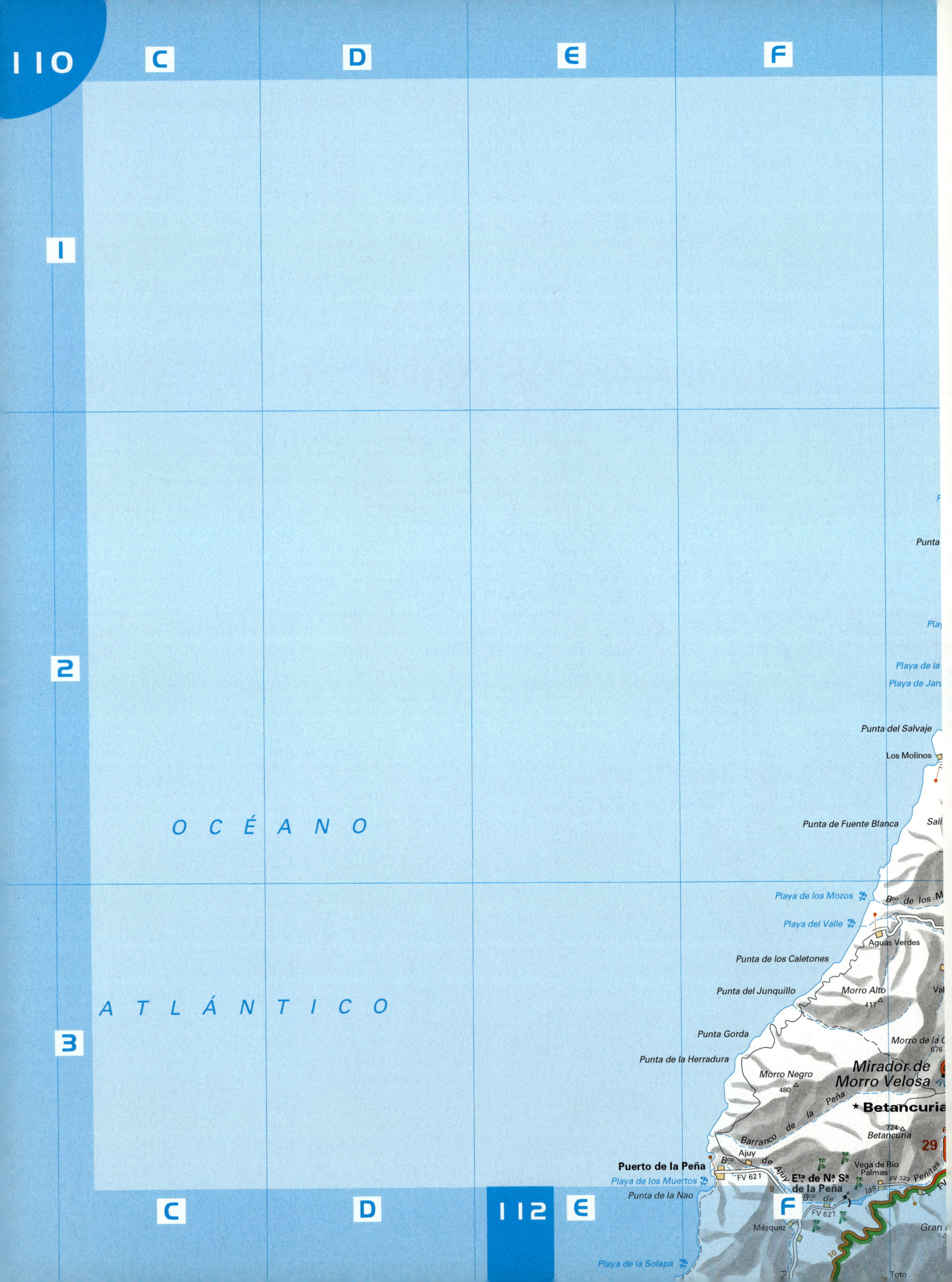

C
D
E
F
1
2
3
OCÉANO
ATLÁNTICO
Punta
Punta del Salvaje
Los Molinos
Punta de Fuente Blanca
Playa de los Mozos
Playa del Valle
Aguas Verdes
Punta de los Caletones
Punta del Junquillo
Morro Alto
417
Punta Gorda
Punta de la Herradura
Morro Negro
480
Mirador de Morro Velosa
Betancuria
Barranco de la Peña
724
Betancuria
29
Ajuy
Bco. de Ajuy
Puerto de la Peña
FV 621
Playa de los Muertos
Punta de la Nao
Eta. de Na. Sa. de la Peña
Vega de Río Palmas
FV 323
Peñitas
Bco. de las
Mézquez
FV 621
Gran
Playa de la Solapa
Toto


112

G
H
I
J
K
1
2
3
Faro de Lobos
Punta Martiño
Playa del Sobrado
Playa de la Arena
Isla de Lobos
Lobos
127
Parque Natural
El Puertito
Roques del Puertito
Punta Salidero
Punta el Marrajo
El Río
Lanzarote
Playa del Bajo de la Burra
Punta de la Tiñosa
Punta de la Vera
Playa del Majanicho
Corralejo
Majanicho
152
Montaña de la Mancha
Solyplayas
Playas de Corralejo
Punta del Rincón
La Costilla
Punta Aguda
Punta de la Ballena o de Tostón
Faro de Tostón
Punta de la Enrocadiza
Bayuyo
269
Calderon Hondo
167
FV 101
FV 1
Playa Bajo Negro
Playa de los Matos
Playa del Moro
Playa Alzada
Parque Natural de Corralejo
Los Lagos
Punta La Barra
La Costilla
Tostón
El Roque
FV 10
Lajares
El Cotillo
Castº de Rico Roque
Playa del Castillo
Playa del Aljibe de la Cueva
FV 109
16
Arriba
Peña Azul
Casilla de Costa
Los Apartaderos
Playa del Águila
Blanca
308
17
31
Roja
312
Costa Roja
Playa de Esquinzo
Taca
Barranco de Esquinzo
420
Arena
Villaverde
Montaña de Escanfraga
529
de Paso Chico
Museo del Grano
La Oliva
FV 101
Barranco Azul
Puerto de la Oliva
Playa de La Cazuela
Casa del Capellán
Casa de los Coroneles
Montaña Tindaya
401
FV 102
El Cantil
Playa del Chinchorro
Playa de Tebeto
8
Vallebrón
FV 103
Tindaya
Bco de Tebeto
Caldereta
FV 102
Bco de Tinojay
Las Llanadas
Playa del Perchel
Muda
689
Monumento a Don Miguel de Unamuno
Playa de los Valdivias
El Tío Machín
Barranco de
La Matilla
Valhondo
Guisguey
La Tía Cristina
Punta de la Tiñosa
El Time
FV 214
686
Aceitunal
Eta de las Mercedes
511
La Herradura
Playa del Charquito
Bco de
Colonia de García Escámez
Jarubio
11
15
Tetir
Bco de la Herradura
Gamón
214
FV 1
Puerto Lajas
Playa de Las Lajas
FV 221
Tefía
FV 219
Punta del Roque
los Molinos
Ermita de San Agustín
Majadas
FV 10
Rosa de la Monja
332
Embalse de los Molinos
625
Cuchillos
FV 220
La Asomada
FV 225
FV 3
Punta del Gavioto
FV 207
Casillas del Angel
13
Tesjuates
FV 20
Puerto del Rosario
Tao
425
Zurita
275
FV 30
3
Llanos de la Concepción
Los Pozos
Playa Blanca
El Almácigo
Barranco de Río Cabras
Llano del Sol
Lanzarote
Gran Canaria
La Ampuyenta
le de Sta Inés
8
593
Rosa del Taro
Punta del Viento
Barranco de Jenejey
Punta Gonzalo
FV 416
FV 20
Casa Blanca
337
FV 430
El Matorral
Playa del Matorral
Ermita San Diego
645
Centro de Artesanía
Triquivijate
FV 413
Museo Arqueológico
Antigua
Punta del Cangrejito
Las Pocetas
Escaque
Bco de Risco
Ermita de San Francisco
Boca del
Bco de la Antigua
Castillo de la Caleta de Fustes
Caleta de Fustes
La Guirra
Eta de San Roque
El Cortijo
FV 415
Morales
FV 50
12
Agua de Bueyes
Montaña
708
10
43
Finca del Vicario
FV 2
Punta del Muellito
Las Salinas


113

112
110

A
B
C
D
E
3
4
5
Punta del Peñón Blanco
Las Salinas
Playa Amanay
Punta de las Goteras
Playa de Terife
Playas Negras
Ugán
Playa de Ugán
Puerto Nuevo
Playa de la Pared
Playa del Viejo Rey
La P
Morros Negros
123
Granillo
Agua Tres Piedras
FV 605
El Jable
Costa Calma
Punta Paloma
Bahía Calma
Playa Barca
Playa de Barlovento de Jandía
FV 2
Los Verodes
El Islote
El Paso
253
Playa de Sotavento
Pecenescal
Montaña Blanca
402
23
Playa de Cofete
Los Canarios de Abajo
Risco del Paso
Punta Pesebre
Punta de Barlovento
Parque Natural Jandía
Cofete
807
Mal Nombre
Punta Cotillo o de Cachorros
435
Montaña Aguda
Fraile
683
Valle de Butihondo
Esquinzo
Tierra Dorada
Península de Jandía
Playa de Ojos
Punta del Tigre
Gran Valle
Ciervo
Marabú
Cueva de la Negra
Faro de Jandía
Puerto de la Cruz
Playa de las Pilas
Corral Bermejo
336
Playa de Butihondo
Playa de Juan Gómez
Jorós
Punta del Viento
Matorral
Butihondo
Punta de Jandía
Morro Jable
Playa del Matorral
Gran Canaria

111
113
F
G
H
I
3
4
5
Antigua
Las Pocetas
Escaque
Ermita de San Francisco
Betancuria
Barranco de
Ajuy
Puerto de la Peña
Playa de los Muertos
Punta de la Nao
Vega de Río Palmas
Eta de Nª Sª de la Peña
Peñitas
FV 30
FV 621
Mézquez
Playa de la Solapa
Punta de Don Blas
Mézquez
414
Playa de Garcey
Valles de Ortega
Eta de San Roque
Morales
FV 415
Majada Blanca
El Cortijo
Bco de la Antigua
Boca del Risco
La Guirra
FV 2
Gran Montaña
708
Agua de Bueyes
Agua Bueyes
461
356
Caldera de Gairía
Toto
Tiscamanita
Centro de Interpretación de los Molinos
Bárgeda
Pájara
FV 50
Finca del Vicario
Bco de la Torre
Punta del Muellito
Las Salinas
Puerto de la Torre
494
Agudo
Bco de la Boca
FV 605
Bco de Vigocho
Las Salinas
Vigocho
382
El Alto
Fayagua
Amanay
606
Carbón
Tuineje
300
Caldera de la Laguna
Malpaís Grande
Playa de Leandro
FV 420
Bco de Pozo Negro
Pozo Negro
Playa de Pozo Negro
El Saladillo
Playa de los Chopos
Playa de los Vallichuelos
439
Tonicosquey
Las Casitas
La Florida
354
Montañeta de Tamacite
Barranco del Pozo
Ezquen
Bco Valle de la Cueva
Casilla Blanca
FV 20
Caldera de Jacomar
435
Jacomar
Punta Gorda
Punta de las Borriquillas
Tesejerague
FV 618
Vegueta
Diego Alonso
Montaña Tirba
345
Montoña Hendida
Cardón
691
Cardón
Chilegua
Bco de los Corrales
La Cañada de Teguital
Teguital
Barranco de Gran Valle
Punta de Gran Valle
Vigán
462
Tamaretilla
FV 511
Violante
FV 520
Río Gran Tarajal
FV 512
Las Playitas
185
La Entallada
Peñón del Roque
Playa de los James
FV 611
Las Hermosas
343
FV 56
315
Caracol
464
Pablo Sánchez
FV 525
Gran Tarajal
FV 4
Playa del Pajarito
Playa de los Pobres
Barranco de Gerepe
292
Lapa
Giniginámar
Punta del Aceituno
Tarajalejo
Playa de Giniginámar
Punta del Caracol
La Lajita
Playa de Tarajalejo
Playa La Lajita
Playa de La Jaqueta
Playa de Matas Blancas
Los Molinillos
43
29
28
24
12
10
9

A
B
C
D
1
2
3
Punta de Gáldar
Punta de Guanarteme
Necrópolis de la Guancha
Puerto Nuevo
Punta de Sardina
Puerto de la Caleta
Caleta de Abajo
El Agujero
Llanos de Caleta y Sobradillo
Pico de Gáldar
La Atalaya
Punta del Mármol
Playa de San Felipe
Playa de Sardina
Puerto de Sardina
Sardina
Gáldar
Barrial
Roque Partido
Cueva Pintada
Sta María de Guía
Cenobio de Valerón
San Isidro
San Juan
Punta Marqués
Almagro
El Calabozo
Tres Palmas
Punta del Cardonal
Ets de San Isidro
El Viejo
Aguilar
Hoya de Pineda
Salinas
Cuevas de las Cruces
Paso María de Los Santos
El Palmital
Punta del Tumas
Puerto de las Nieves
Agaete
Los Llanos
Vergara
Verdejo
Tenerife
Saucillo
Dedo de Dios
Valle de Agaete
Pico de Viento
Bascamao
Montaña Alta
Playa de Guayedra
Los Tilos de Moya
San Pedro
Guayedra
El Camino
Caideros
Vecindad de Enfrente
Playa Segura
Barranco del Pinar
Barranco del Laurel
Jurada
Cruz de Dionisio
Los Berrazales
La Laja del Risco
Tamadaba
Fagajesto
El Hornillo
Playa del Risco
Cruz de Tabaibal
Casa Forestal
Embalse de Los Pérez
Fontanales
Playa de la Virgen
Pinar de Tamadaba
Lugarejos
Punta de Góngora
El Risco
Juncalillo
Pinos de Gáldar
Job
Parque
Natural
Las Hoyas
Hondo de Abajo
Coruña
Cruz de Valerón
Montañón Negro
34
Las Cuevas
El Tablero
La Fajanita
Lentisco
Tirma
Cruz de María
Moriscos
Artenara
El Majuelo
Cruz de Tejeda
Punta de la Aldea
de
Tamadaba
Guardaya de Abajo
El Rincón
Cuevas Nuevas
Altavista
Acusa Verde
La Degollada
Puerto San Nicolás
GC 200
Playa de la Aldea
El Hoyo
Las Marciegas
Embalse de El Parralillo
Candelaria
La Higuerilla
Albercón
San Nicolás de Tolentino
Roque Bentayga
Tejeda
Roque Colorado
Mederos
Los Espinos
El Carrizal
El Chorrillo
El Espinillo
El Lomo
Cuevas Caídas
Los Molinos
Embalse de El Sibarlo
Embalse Caidero de la Niña
La Solana
Amurgar
Artejévez
El Pinillo
Pino Gordo
Timagada
Punta de la Soga
Roque Nublo
Tocodomán
Lomo del Mulato
Barranco de Siberio
Punta del Peñón Bermejo
El Hoyo
El Toscón
El Juncal
Ayacata
Montaña de Hogarzales
Casa Forestal de Pajonales
Morro Pajonales
Pargana
Playa de Güigüí
La Plata
Tasartico
Tasarte
Pto de Cruz Grande
Ets de Santiago
Embalse de Cueva de Las Niñas
Embalse del Mulato
San Bartolo

116

E
F
G
H
I
2
3
Los Albarderos
Roque Negro
Las Coloradas
Montaña del Vigía
La Isleta
Punta del Confital
Isleta
Playa de las Canteras
Puerto de la Luz
Sta Catalina
Bahía del Confital
Playa de las Alcaravaneras
Tenerife
Fuerteventura
Lanzarote
Triana
LAS PALMAS
DE GRAN CANARIA
Vegueta
San Cristóbal
Punta Casa Blanca
Playa de la Laja
Punta del Palo
Punta de Jinámar
Playa de Malpaso
La Estrella
La Garita
Marpequeña
Playa del Hombre
Melenara
Punta de la Cueva
Playa de Melenara
Playa de Salinetas
Playa de la Hullera
Playa de Tufia
Playa Ojo de Garza
Punta de Ámbar
Lazareto de Gando
Roque de Gando
Punta de Gando
Bahía de Gando
AEROPUERTO DE GRAN CANARIA
Playa de San Agustín
La Costa
Punta de las Coloradas
Punta del Camello
Bañaderos
Punta de Arucas
San Andrés
Felipe
Cabo Verde
Casablanca
Cardonal
Trasmontaña
Costa Ayala
Cardones
Trapiche
Cambalud
Mña de Arucas
Juan XXIII
Ayala
Los Giles
Las Torres
Buenlugar
Los Rosales
Padilla
Arucas
Tenoya
La Caldera
Visvique
Santidad
Las Mesas
Tamaraceite
Firgas
Lance
Carretería
Los Portales
Los Castillos
La Suerte
El Toscón
Almatriche
Lomo Blanco
El Secadero
Huertas del Palmar
San Lorenzo
Tafira Baja
Zumacal
Teror
Guanchía
San José del Álamo
Dragonal
Jardín Canario
La Calzada
El Fondillo
Miraflor
Milagrosa
Siete Puertas
Tafira Alta
Mirador de Zamora
El Álamo
La Angostura
San Francisco de Paula
Los Hoyos
Arbejales
Espartero
Las Meleguinas
Monte Lentiscal
Pico de Bandama
Jinámar
Caldera de Bandama
Sta Brígida
Pino Santo
Sagrado Corazón
San Isidro
Vega de Enmedio
La Atalaya
Las Goteras
El Palmital
Cruz de la Gallina
POLÍGONO DE JINÁMAR
La Majadilla
Pardilla
San Antonio
Los Caserones
El Madroñal
Vega de San Mateo
Utiaca
Hoya del Gamonal
La Yedra
Ariñez
La Gavia
Valle de Casares y Solana
La Bodeguilla
La Solana
La Higuera Canaria
Tara
Valle de S. Roque
Montaña de las Palmas
S. José de las Longueras
La Lechuza
Lomito de Correa
La Barrera
El Helechal
La Lechucilla
Las Lagunetas
Cueva Grande
Tenteniguada
Las Casillas
Valsequillo de Gran Canaria
Los Llanetes
Valle de los Nueve
Lomo de la Herradura
TELDE
El Calero
El Caracol
Las Huesas
Camaretas
Llano de los Frailes
Era de Mota
Las Vegas
El Lomo del Frenegal
Lomo Magullo
Lomo Sala
La Colomba
Hoya del Gamonal
El Rincón
Los Mocanes
La Breña
Las Medianías
El Goro
Caldera de los Marteles
Cuatro Puertas
Pichón
Piletillas
Bco de Silva
Bco del Draguillo
Roque Redondo
Pozo de Nieves
La Culata
Cazadores
Barranco
Pasadilla
Ojos de Garza
Benítez
Risco Blanco
Lomito de Taidía
Taidía
El Morisco
Hoya Garcia
Perera
Hoya de Tunte
Roque
Guayadeque
Carrizal
117

114

A
B
C
D
3
4
5
Puerto San Nicolás
Playa de la Aldea
El Hoyo
Las Marciegas
Albercón
Mederos
San Nicolás de Tolentino
Los Espinos
Roque Colorado
Los Molinos
El Pinillo
Pino Gordo
Amurgar
790
Artejévez
Punta de la Soga
Punta del Peñón Bermejo
997
Tocodomán
El Hoyo
Montaña de Hogarzales
1065
Playa de Güigüi
Inagua
1426
GC 204
GC 210
Tasartico
Barranco de Tasartico
Tasarte
628
Las Tetas
Mogarenes
892
El Manantial
La Cogolla
Veneguera
La Huerta Nueva
Playa del Asno
Sta Brigida
GC 205
Playa de las Aneas
Playa de Tasarte
Lomo de Tasarte
El Inglés
El Zao
548
Barranco de Mogán
Mogán
932
Las Casillas
La Vistilla
El Pie de la Cuesta
Mña de Tauro
1228
Playa de Tasarte
La Postreragua de Veneguera
Los Judíos
602
Los Navarros
El Palmito
Punta del Cerrillo
Tabaibales
La Playa de Veneguera
Las Burrillas
Tauro Alto
GC 200
Perchel de Mogán
Punta del Castillette
Playa de Mogán
Puerto de Mogán
Playa de Taurito
Taurito
183
29
Punta Cruz de Piedra
Tauro
La Candelaria
Playa del Cura
Punta del Tablero
La Playa de Tauro
Playa de los Amadores
Puerto Rico
Punta de Puerto Rico
GC 1
GC 500
La Verga
Playa de Balito
Punta de los Inciensos
Cornisa del Suroeste
Playa de la Verga
Patalavaca
Arguineguín
Parchel
Punta del Parchel
Las Casas
El Llanillo
Estación de Seguimiento Espacial
Bahía de Sta Águeda
13
Pasito Blanco
Playa de las Meloneras
Sonneland
El Tablero
Salobre
Media Fanega
Aquasur
Montaña la Data
Monte León
Arguineguín
393
GC 505
GC 504
GC 503
Los Peñones
El Sao
Cercados de Espino
El Caidero
Lechugal
Barranquillo Andrés
Soria
Embalse de Soria
Embalse de Cueva de Las Niñas
Embalse del Mulato
1021
Chamoriscán
Embalse de Ayagaures
Ayagaures
Palmitos Park
Presa de Chamoriscán
Santidad
1193
Natural
Pilancones
Parque
Taginastal
Embalse de Chira
Cercados de Araña
San Bartolomé de Tirajana
Casa Forestal
1251
Pto de Cruz Grande
La Plata
Pargana
1613
Ayacata
Roque Nublo
1813
Morro Pajonales
1434
Casa Forestal de Pajonales
El Juncal
GC 661
GC 605
El Toscón
Lomo del Mulato
Barranco de Siberio
GC 606
Timagada
La Solana
El Espinillo
El Chorrillo
Roque Bentaiga
Tejeda
El Lomo
Cuevas Caidas
La Degollada
Higuerilla
El Carrizal
Embalse de El Siberio
Embalse Caidero de la Niña
Embalse de El Parralillo
Candelaria
GC 60
Playa
692

115
117
E
F
G
H
3
4
5
Las Lagunetas
La Lechuza
Lomito de Correa
La Barrera
Marpequeña
Playa del Hombre
Melenara
Punta de la Cueva
Playa de Melenara
Cueva Grande
La Lechucilla
Tenteniguada
Las Casillas
Valsequillo de Gran Canaria
TELDE
El Calero
El Caracol
Camaretas
Hoya del Gamonal
El Rincón
Llano de los Frailes
Era de Mota
Las Vegas
El Lomo del Frenegal
Magullo
Lomo Sala
Las Huesas
Playa de Salinetas
Los Mocanes
La Colomba
Playa de la Hullera
Caldera de los Marteles
La Breña
Las Medianías
El Goro
Roque Redondo
Bco de Silva
Cuatro Puertas
Playa de Tufia
Pichón
Cuatro Puertas
Cazadores
Bco del Draguillo
Piletillas
Playa Ojo de Garza
La Culata
Pasadilla
Punta de Ámbar
Risco Blanco
Roque
Ojos de Garza
Lazareto de Gando
Hoya García
Lomito de Taidía
Barranco de Guayadeque
Agüatona
Benítez
Triana
Roque de Gando
Bahía de Gando
Punta de Gando
Perera
Taidía
Guayadeque
Ingenio
AEROPUERTO DE GRAN CANARIA
Hoya de Tunte
El Morisco
Playa de San Agustín
Rosiana
Sta Lucía
Temisas
Carrizal
Los Molinos
Parral Grande
Playa del Burrero
Casas Blancas
Mondragón
La Banda
Montaña Los Vélez
Agüimes
Las Rosas
El Ingenio
Las Lagunas
Montaña de Agüimes
Llanos Pietros
Vargas
Los Sitios de Arriba
Montaña Teheral
Los Corralillos
La Goleta
Playa de Vargas
Fataga
La Sorrueda
Estación Espacial por Satélite
Cruce de Arinaga
Playa de las Cruces
Fortaleza
El Roque
Amurga
Los Sitios de Abajo
Punta de la Sal
Barranco de Balos
Arinaga
Playa del Carbón
Era del Cardón
POLÍGONO INDUSTRIAL DE ARINAGA
Roque de Arinaga
Garita
Cruce de Sardina
Arinaga
Risco Verde
Puercos
Gallegos
Playa de Arinaga
Arteara
Barranco de Tirajana
Sardina
Bahía de Arinaga
Vecindario
Bahía de Formas
Aldea Blanca
El Guincho
El Doctoral
Punta Gaviota
Pozo Izquierdo
Bahía de Pozo Izquierdo
Mundo Aborigen
Mesa de las Puntillas
Hoya de Toledo
Montaña Tabaibas
Punta de Tenefé
El Matorral
Juan Grande
Castillo del Romeral
Playa de los Tártagos
Playa de las Casillas
Playa de la Caleta
Sioux City
Playa Corral de Espino
Playa del Cardón
Berriel
AEROCLUB DE GRAN CANARIA
Bahía Feliz
Playa del Tarajalillo
Playa del Águila
Nueva Europa
Playa de San Agustín
San Agustín
Playa de las Burras
Playa del Inglés
Playa del Inglés
Maspalomas
Punta de Maspalomas
de Maspalomas

A B

1
2
3

El Roquillo
Los Órganos
Playa de Arguamul
Playa de Santa Catalina
Playa de Vallehermoso
Punta del Peligro
Cumbre de Chigueré
Chigueré
La Playa
Arguamul
Eta de Sta Clara
876
Teselinde
Valle Abajo
14
Erm
Ermita de Sta Lucía
Tazo
Vallehermoso
TF 711
TF 112
Tamargada
650
Roque Cano
Las Rosas
Cubaba
4,5
Playa del Trigo
La Quilla
9
5
Epina
Macayo
Rosa de las Piedras
Embalse La Encantadora
499
Roque Blanco
Playa de Alojera
Alojera
2,5
6,5
TF 713
El Carmen
Meriga
Punta del Viento
Banda de las Rosas
Los A
Punta Talisca Negra
Acardece
Taguluche
Arure
Parque Nacional de Garajonay
Mirador del Santo
Mirador del Palmarejo
Las Hayas
17
Eta Nª Sª de Lourdes
La Mérica
857
15
700
Lomo del Balo
El Cercado
Los Granados
Baja de Juan Amaro
La Vizcaina
Garajonay
1487
Zarci
El Guro
El Hornillo
Chipude
TF 713
Playa del Inglés
La Dehesa
Pavón
Roque de
La Calera
Bco Valle Gran Rey
Argaga
Jagüe
1243
Montaña Fortaleza
Playa de la Calera
Barranco de Argaga
Gerián
Igualero
Loma de Eretos
1355
Valle Gran Rey
Eta de Nª Sª del Buen Paso
Ermita de San Juan
Topogache
Lo del
Vueltas
Imada
Playa de Vueltas
Ermita de San Lorenzo
San Sebastián
Playa de las Arenas
El Drago
Ermita de Guarimiar
Bco de la Rajita
Bco de la Negra
Barranco de Santiago
Alajeró
Targa
Roque de Iguala
Arguayoda
La Dama
La Rajita
Almácigos
808
Calvario
Quise
Antonc
Playa de la Negra
Punta de la Nariz
La Cantera
Cala Cantera
Caldera
291
Punta Falcones
Playa de Ereses
Punta del Becerro

A B

C
D
E
1
2
3
Punta del Jurado
Playa de San Marcos
Agulo
Playa de Agulo
Playa de Santa Catalina
Cañada Grande
791
Sta Catalina
Punta Gabiña
Playa de la Caleta
E. de la Palmita
Hermigua
Eta de San Juan
Punta San Lorenzo
Llano Campos
La Palmita
Las Nuevitas
El Palmar
Playa de Tegüijuel
Taguluche
Las Casas
Playa Molino
El Estanquillo
Punta Majona
Valle de Hermigua
Parque Natural de Majona
Aceviños
Encherada
1065
Playa Majona
TF 711
Cuevas Blancas
Embalse del Mulagua
El Cedro
Encherada
Playa Zamora
Punta Llana
Ermita de Nuestra Señora de Guadalupe
24
Jaragán
Aluce
642
Jaragán
Playa del Cangrejo
Chejelipes
E. de Chejelipes
E. de Llano
Roque de Ojila
1171
1236
Punta de Avalo
TF 711
El Molinito
Playa de Avalo
El Atajo
Embalse Palacios
La Laja
San Antonio y Pilar
Matanza
268
1251
Agando
TF 713
Casas Blancas
983
Vegaipala
Degollada de Peraza
Ayamosna
384
Langrero
Punta de San Cristóbal
14
San Sebastián
de la Gomera
Jerduñe
691
Roque de Magro
663
Roque del Sombrero
TF 713
Playa de San Sebastián
Barranco de Chinguarime
La Palma
Tenerife
Las Toscas
Tejiade
Seima
Playa de la Guancha
Pastrana
El Cabrito
Bco de Santiago
15
Contrera
Playa del Cabrito
El Hierro
Punta Gorda
Playa de la Roja
El Joradillo
Playa del Guincho
Laguna de Santiago
Tecina
Punta Gaviota
Playa de Chinguarime
Playa de Santiago
Punta del Espino
C
D
E

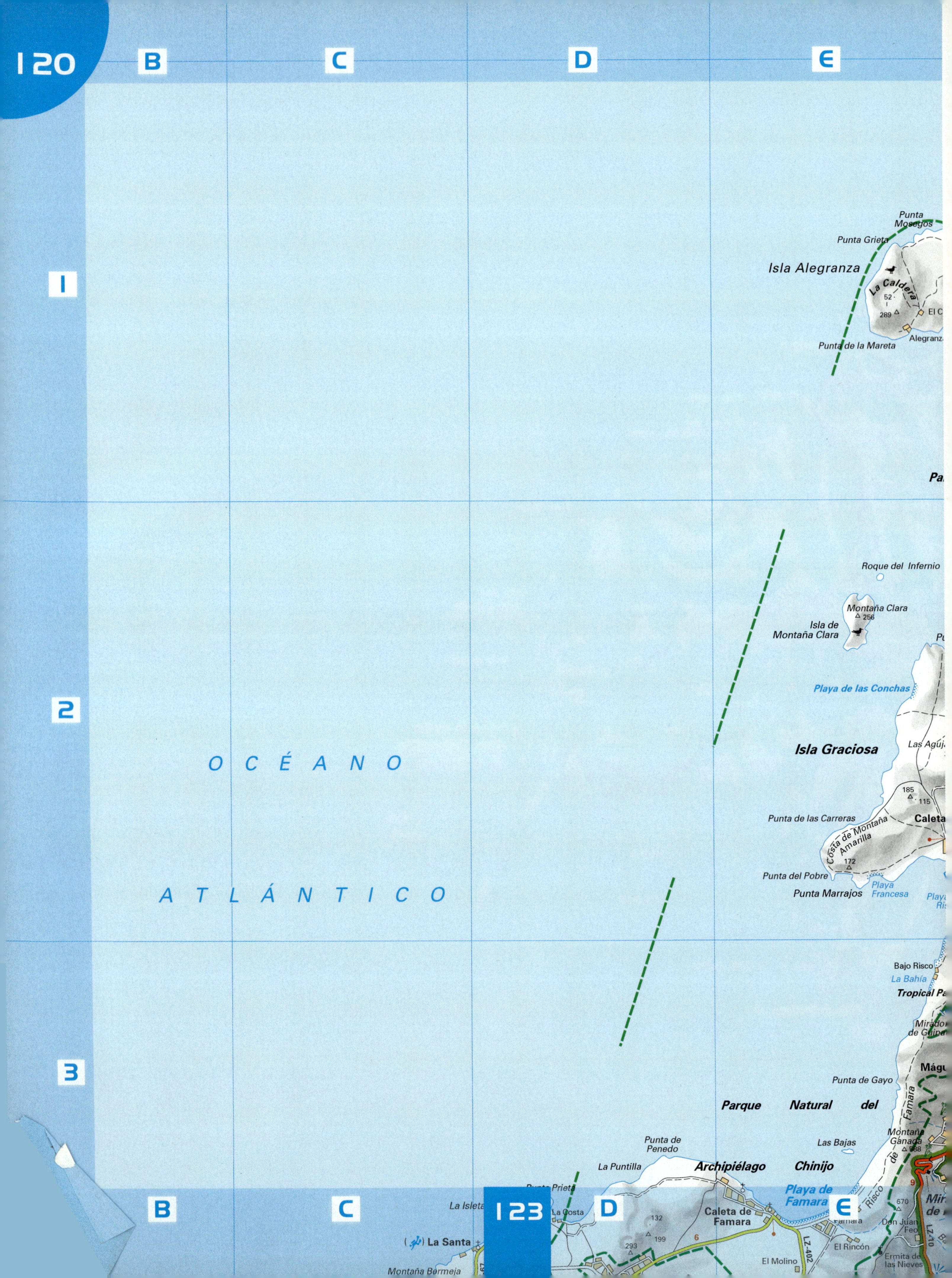
B
C
D
E
1
2
3
Punta Mosegos
Punta Grieta
Isla Alegranza
La Caldera
52
289
Punta de la Mareta
Roque del Infernio
Montaña Clara
256
Isla de Montaña Clara
Playa de las Conchas
Isla Graciosa
185
115
Punta de las Carreras
Costa de Montaña Amarilla
172
Punta del Pobre
Punta Marrajos
Playa Francesa
O C É A N O
A T L Á N T I C O
Bajo Risco
La Bahía
Punta de Gayo
Parque Natural del Archipiélago Chinijo
Famara
Montaña Ganada
Las Bajas
Punta de Penedo
La Puntilla
Punta Prieta
Playa de Famara
Caleta de Famara
La Isleta
La Costa
La Santa
Montaña Bermeja
132
199
293
LZ-402
El Rincón
El Molino
670
Don Juan Feo
Ermita de las Nieves
LZ-10
123

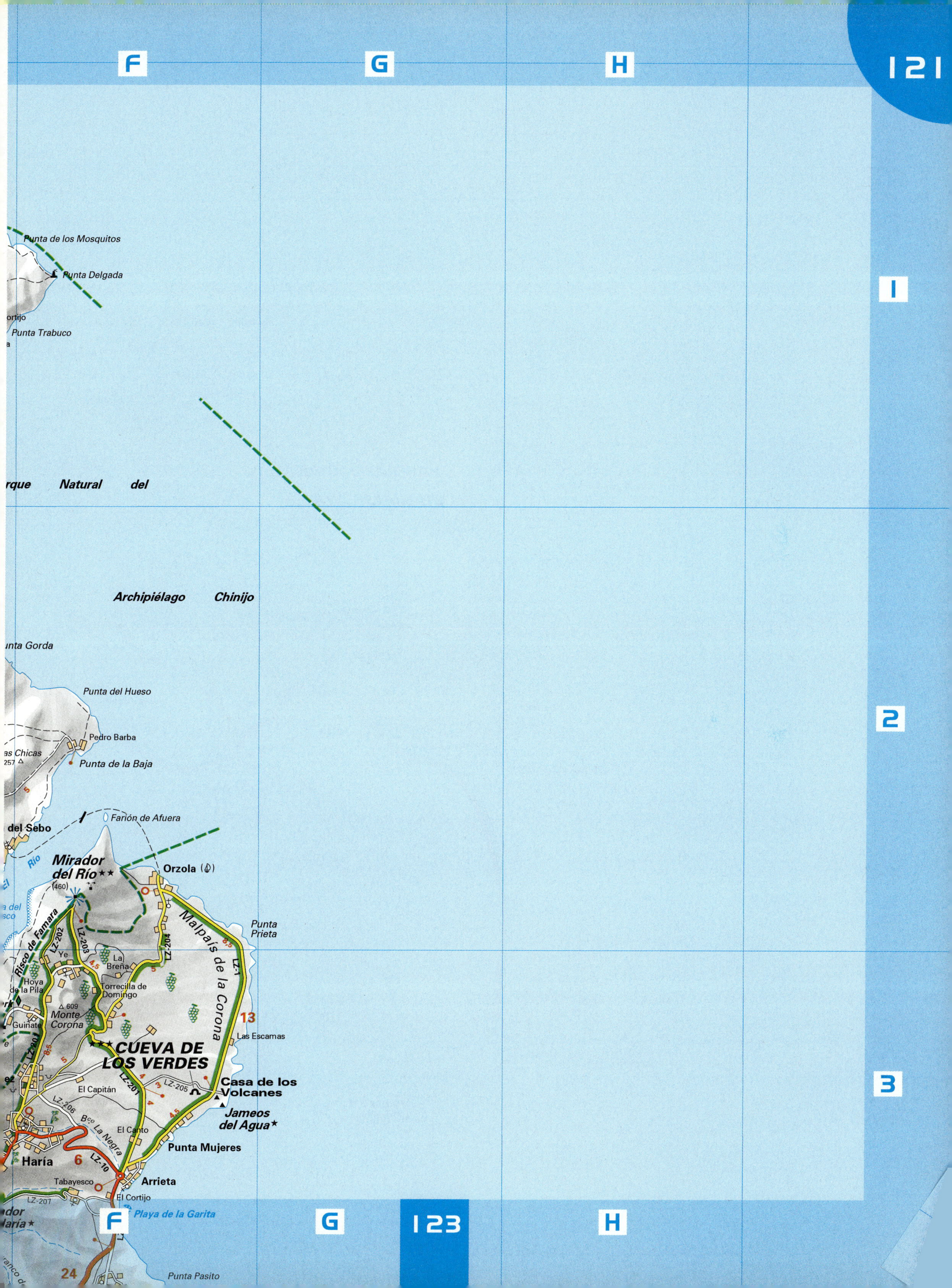
F
G
H
I
2
3
Punta de los Mosquitos
Punta Delgada
Punta Trabuco
rque Natural del
Archipiélago Chinijo
Punta del Hueso
Pedro Barba
Punta de la Baja
Farión de Afuera
del Sebo
Mirador del Río ★★
(460)
Orzola
Punta Prieta
Malpaís de la Corona
LZ-202
LZ-203
LZ-204
LZ-1
Ye
La Breña
Hoya de la Pila
Torrecilla de Domingo
609
Monte Corona
Guinate
13
Las Escamas
★★ CUEVA DE LOS VERDES
Casa de los Volcanes
LZ-205
LZ-201
LZ-206
El Capitán
Jameos del Agua ★
El Canto
Punta Mujeres
Haría
6
LZ-10
Arrieta
Tabayesco
El Cortijo
LZ-207
Playa de la Garita
24
Punta Pasito

123

A
B
C
3
4
5
La Isleta
La Santa
Montaña Bermeja
100
El Melián
LZ-67
Tenesar
Punta Gaviota
Parque Natural
Montaña de Teneza
368
Tina
Tajaste
Guiguan
Mancha Blanca
Mña Tinache
448
Playa de la Madera
de Los Volcanes
Punta del Paletón
El Islote
Montaña Caldereta
149
322
458
Caldera Blanca
Ermita de los Dolores
El Volcán
Playa del Cochino
PARQUE NACIONAL DE TIMANFAYA ★★★
9,5
435
Montaña del Cortijo
Montaña Ortiz
470
Islote de Halcones
103
Islote de Hilario
Peaje
Ruta de los Volcanes
Mña del Fuego
510
267
Caldera del Corazoncillo
Caldera Colorada
Pereyra
El Rincón
Playa del Paso
Montaña Encantada
246
Juan Perdomo
Parque Natural
16
LZ-30
Geria
El Golfo
LZ-703
230
Montaña Hernández
328
Montaña Tremesana
Montaña Diama
464
Vegas de Tegoyo
★★ El Golfo
152
Montaña del Golfo
175
de Los Volcanes
Los Morriles
432
★★ La
LZ-501
LZ-503
74
Caldera de Chozas
LZ-704
Guardilama
603
Conil
Playa de Montaña Bermeja
LZ-67
Los Hervideros
LZ-703
Uga
LZ-30
La Asomada
LZ-502
Yaiza
LZ-701
La Hoya
Mácher
★ Salinas de Janubio
Playa de Janubio
LZ-2
Bco. del Agua
7
La Degollada
Las Casitas
Cortijo Viejo
Los Mojones
LZ-504
Atalaya de Femés
608
415
Pico Naos
LZ-702
LZ-706
17
Las Breñas
LZ-703
Femés
Puerto Calero
Playa Bla
La Mareta
Punta de Piedra Alta
Playa Quemada
Barranco de la Higuera
Playa de la Arena
Maciot
LZ-2
Barranco de la Casita
Bahía de Ávila
Atlante del Sol
Punta Ginés
560
Hacha Grande
Barranco Parrado
LZ-701
Caleta Negra
Montaña Roja
194
Montaña Baja
La Punta
Punta Gorda
Costa de Rubicón
Playa Blanca
Las Coloradas
Playa de las Coloradas
Peaje
Punta Pechiguera
Punta Limones
Playa Mujeres
Playa Papagayo
Caleta del Congrio
★ Punta del Papagayo
Fuerteventura
A
B
C

121

D
E
F
G
3
4
5
Punta de Gay
Parque Natural del Archipiélago Chinijo
Casa de los Volcanes
Jameos del Agua ★
El Capitán
LZ-201
LZ-205
LZ-206
Punta Mujeres
Haría
Arrieta
Tabayesco
LZ-207
El Cortijo
Playa de la Garita
Punta de Penedo
La Puntilla
Punta Prieta
La Costa
Las Bajas
Ganada 568
Caleta de Famara
Playa de Famara
Risco de Famara
Famara
670
Don Juan Feo
Mirador de Haría ★
El Rincón
El Molino
LZ-402
Vista Graciosa
Ermita de las Nieves
Barranco de Tenegüime
Punta Pasito
Mala
24
132
199
293
Sóo
LZ-401
La Caldera
El Cuchillo
Muñique
El Jable
Las Laderas
Ermita del Valle
Los Valles
17
Jardín de Cactus ★
Guatiza
Ermita de San José
LZ-406
Ermita de San Rafael
LZ-10
Ermita de San Sebastián
Los Cocoteros
Museo Agrícola El Patio ★
Teguise
Las Cruces
El Mojón
LZ-20
Tiagua
452
LZ 404
Teseguite
Playa del Tío Joaquín
Playa de la Tía Vicenta
Sta Bárbara
La Espoleta
La Vegueta
11
Tao
LZ-407
LZ-30
Oasis de Nazaret
Barranco Mutión
550
Nazaret
8
LZ-408
Las Cabreras
10
LZ-58
Mozaga
309
Montaña Ubigue
Punta de Tierra Negra
LZ-409
La Florida
Tahiche
Ancones 52
El Islote
Al Campesino
321
Museo El Grifo
San Bartolomé
LZ-34
Playa de los Charcos
Masdache
Playa de las Cucharas
Fundación César Manrique
Playa Bastián
Montaña Blanca
LZ-302
LZ-1
Costa Teguise
Argana Alta
Manege
Ermita de la Magdalena
LZ-301
596
Montaña Blanca
LZ-35
Argana Baja
Los Geranios
LZ-14
LZ-3
Güime
LZ-101
San José
Puerto de los Marmoles
Tías
Guacimeta
El Cable
Arrecife
8,5
San Gabriel
LZ-2
LZ-40
Playa del Cable
Playa del Reducto
Playa Honda
LZ-505
Los Caserones
Los Pocillos
Playa de Guasimeta
Matagorda
Fuerteventura
Gran Canaria
13
Playa de Matagorda
Playa de los Pocillos
uerto del Carmen
D
E
F
G

E
F
G
H
1
2
127
3
Punta del Hidalgo
Playa del Arenal
Piscinas
Bajamar
Punta Gotera
Punta del Fraile
Milán
Los Pajalillos
La Barranquera
Punta La Romba
Valle de Guerra
Tejina
El Socorro
San Luis
Punta del Viento
Casa de Carta
E. de Valle Molina
La Padilla
Playa del Pris
El Pris
Mesa del Mar
Punta de la Mesa
S. Juan Perales
Tagoro
La Caridad
Guamasa
El Portezuelo
Playa del Camello
Tacoronte
Bahía de la Garañona
El Sauzal
Punta del Sauzal
Punta del Puertito
Los Naranjeros
Los Rodeos
Las Lajas
AEROPUERTO TENERIFE NORTE
Punta Pesquero Alto
Ravelo
Punta de Juan Blas
Agua García
El Ortigal
La Esperanza
(El Rosario)
Punta del Sol
La Matanza de Acentejo
Punta de Barranco Hondo
La Victoria de Acentejo
La Quinta
La Resbala
Los Altos
Mirador Montaña Grande
Lomo Pelado
Las Rosas
Mirador Pico de las Flores
Puerto de la Cruz
Jardín de Aclimatación
Sta Úrsula
Bajos y Tagoro
La Vera
Farrobillo
El Rincón
Las Raíces
Machado
Punta Brava
Loro Parque
La Corujera
Cuesta de la Villa
Mirador Ortuño
Mirador de Humboldt
El Diablillo
Bosque de La Esperanza
Barranco Hondo
San Juan de la Rambla
Playa del Socorro
El Rosario
Punta El Guindastes
El Toscal Longuera
San Vicente
Las Arenas
Los Gómez
La Orotava
La Florida
Gaitero
Igueste
San José
La Vera
Icod el Alto
Tigaiga
Cruz Santa
La Montañeta
Haciendo Perdida
Pinolerís
Mirador Chipeque
Chipeque
La Guancha
Las Rosas
Fuente del Bardo
Los Realejos
La Perdoma
San Antonio
El Bebedero
Araya
Las Caletillas
Candelaria
Palo Blanco
El Viñático
Benijos
Chasna
Aguamansa
OROTAVA
LA
DE
VALLE
Las Cuevecitas
Malpaís
Playa de Samarines
POLIGONO INDUSTRIAL
Barranco de Ruiz
Margarita de Piedra
Barranco de las Gambuesas
Arafo
Playa de la Viuda
Playa de Lima
Montaña de la Negrita
El Socorro
Montaña del Limón
Puerto de Izaña
La Hidalga
Chinico
Playa de la Entrada
Degollada del Cedro
Montaña del Alto o de Guamasa
Observatorio Astronómico de Izaña
Güímar
Volcán de Güímar
El Portillo de la Villa
Izaña
Cobre
Mirador de Don Martín
Malpaís
Punta de Güímar
Las Cañadas del Teide
Parque
Abreo
Natural
de
El Puertito de Güímar
Playa de Arriba o las Bajas
Chiqueros
Corona
Forestal
Pájara
PICO DEL TEIDE
Altavista
Montaña Rajada
Lomo de Mena
La Medida
Playa de Abajo
Punta Prieta
Playa de la Caleta
Punta del Jurado
Playa Barranco Arriba
Colmenas
El Escobonal

I
J
K
L
Roque de Fuera
Roques de Anaga
Roque de Dentro
Playa del Junquillo
Playa de El Draguillo
Faro de Anaga
Roque Bermejo
Punta El Jurado
Punta del Drago
Punta de Anaga
Las Palmas
El Draguillo
Chamorga
La Cumbrilla
Lomo de las Bodegas
Playa de Benijo
Benijo
Almáciga
Roque de las Bodegas
Playa de San Roque
Chinobre
TF 123
El Bailadero
Bco de Ijuana
Playa de Ijuana
Lomo Bermejo
Bco de Igueste
Semáforo
Playa de Antequera
Igueste de San Andrés
Embalse de Acamo
Playa de las Gaviotas
Playa de las Teresitas
San Andrés
La Palma
Cádiz
Gran Canaria
Dársena Pesquera
Dique del Este
Valleseco
Cueva Bermeja
María Jiménez
Ramonal
Los Campitos
E. de los Campitos
Valle Brosque
Valle Crispín
Valle Grande
Bco de Valle Seco
Bco Tahodio
Taganana
Punta Poyata
Playa del Tamadite
Punta de Tamadite
Punta Fajana
Playa de los Troches
Afur
Taborno
Paso
La Cumbrilla
Las Mercedes
Monte de
Tenejías
Las Carboneras
Bco del Río
Los Batanes
Mirador de Cruz del Carmen
Mirador del Pico del Inglés
Pedro Alvarez
Las Mercedes
Jardina
Ermita de Las Mercedes
Las Canteras
Español
LA LAGUNA
San Lazaro
Valle Jiménez
Valle Tabares
Gracia
Finca España
La Cuesta
San Bartolomé
Geneto
Baldíos
Las Chumberas
El Sobradillo
Taco
Barranco Grande
Sta María del Mar
San Isidro
Añaza
STA CRUZ DE TENERIFE
Punta de Roque Manzano
Playa del Muerto
Punta de la Encendida
Playa Berruguete
Playa de la Nea
Radazul
Tabaiba
Punta de Guadamojete
Eta Nª Sª del Carmen
Goleta
Caletillas
TF 1
TF 2
TF 4
TF 5
TF 11
TF 12
TF 13
TF 28
TF 111
TF 121
TF 136
TF 145
TF 180
TF 194
TF 263
TF 265

A
B
C
D
2
3
4
Punta de la Laja
Punta de Buenavista
Buenavista del Norte
Punta Negra
Playa del Fraile
Pta Morro del Diablo
Punta de la Gaviota
Faro de Teno
Punta de Teno
Roque de Marrubio
Teno
Baracán
Punta de la Hábiga
Valle de El Palmar
El Palmar
Cuevas del Palmar
Las Portelas
Los Carrizales
Cruz de Gilda
La Vica
Masca
Punta Vizcaíno
Playa de Juan López
Playa de Masca
Barranco de Masca
Punta de la Higuera
Punta de los Machos
Playa de Bco Seco
Acantilado de Los Gigantes
Los Gigantes
Puerto de Santiago
Playa de la Arena
Punta de Barbero
Punta Blanca
Punta de Alcalá
Alcalá
Playa de Alcalá
Playa de la Barrera
Playa Rosalía
Playa de San Juan
Punta de la Tixera
San Bernardo
Montaña de Taco
La Costa
Los Silos
Mña de Talavera
La Tierra del Trigo
Erjos
Erjos del Tanque
Puerto de Erjos
Santiago del Teide
Mña Bilma
El Molledo
El Retamar
Malpaís
Mña de Guama
Tamaimo
Arguayo
Chío
Chiguergue
Lomo del Balo
Guía de Isora
Aripe
Chirche
El Jaral
Acojeja
Tejina
Piedra Hincada
E. de Abana
Tijoco Bajo
Tijoco Alto
La Concepción
Taucho
Los Menores
Vera de Erques
Pta del Risco de Daute
La Caleta
San José
Garachico
Roque de Garachico
Las Cruces
Piscina
Mirador Lomo Molino
Poyo
El Tanque
La Montañeta
Ruigómez
San José de los Llanos
Eta de San José
Valle de Arriba
Las Montañas Negras
Las Manchas
San Juan del Reparo
El Guincho
Genovés
La Vega
Playa de San Marcos
San Marcos
Punta de Riquer
Icod de los Vinos
Eta de San Bernabé
El Amparo
Fuente de la Vega
Gordo
Cueva del Viento
Las Abiertas
La Mancha
Sta Bárbara
Buen Paso
Sto Domingo
Pta de Juan Centellas
Punta de la Fajana
Punta de Marrero
Sta Catalina
La Florida
Eta de la Cruz del Tronco
Castro
Redondo
Parque Natural de Corona Forestal
Montaña de las Cuevitas
Mña de los Guirres
Mña Samara
Cueva del Hielo
PICO
Pico Viejo
PARQUE NA
Montaña del Cedro
Boca de Tauce
Llano de
Parque Natural
Erques
Barranco
TF 42
TF 82
TF 436
TF 445
TF 454
TF 47
TF 375
TF 38
TF 463
TF 465
TF 585
TF 583
TF 373
TF 5
TF 342
TF 21


128

E
F
124
G
H
127
Punta del Viento
Playa del Pris
El Pris
Mesa del Mar
Punta de la Mesa
Casa de Carta
El Socorro
Valle Molina
Tagoro
La Caridad
Guamasa
S. Juan Perales
Playa del Camello
Tacoronte
Bahía de la Garañona
El Sauzal
Punta del Sauzal
Punta del Puertito
Los Naranjeros
Los Rodeos
Las Lajas
AEROPUERTO TENERIFE NORTE
Punta Pesquero Alto
Ravelo
Punta de Juan Blas
Agua García
El Ortigal
La Esperanza (El Rosario)
Los Baldíos
Punta del Sol
La Matanza de Acentejo
Punta de Barranco Hondo
La Victoria de Acentejo
La Quinta
Mirador Montaña Grande
Lomo Pelado
Llano del Moro
Las Rosas
La Resbala
Los Altos
Mirador Pico de las Flores
Sta Úrsula
Bajos y Tagoro
La Vera
Farrobillo
Mirador Ortuño
Las Raíces
Machado
Puerto de la Cruz
Jardín de Aclimatación
El Rincón
Punta Brava
Loro Parque
La Corujera
Cuesta de la Villa
Mirador de Humboldt
Barranco Hondo
Punta El Guindastes
El Toscal Longuera
San Juan
la Rambla
El Rosario
Playa del Socorro
San Vicente
La Vera
Las Arenas
El Diablillo
Bosque de la Esperanza
Los Gómez
La Orotava
La Florida
Gaitero
Tabaib
San José
La Vera
Icod el Alto
Tigaiga
Realejo Alto
Cruz Santa
La Montañeta
Hacienda Perdida
Pinolerís
Igueste
Punta del Mor
Mirador Chipeque
Chipeque
Las Caletillas
Playa de las Caletillas
Los Realejos
La Perdoma
San Antonio
El Bebedero
Fuente del Bardo
Las Rosas
Palo Blanco
El Viñático
Benijos
Chasna
Aguamansa
OROTAVA
Araya
Rincón
Candelaria
Playa de Samarines
POLIGONO IND.
Las Cuevecitas
Malpaís
VALLE DE LA
Barranco de Ruiz
Margarita de Piedra
Barranco de las Gambuesas
Arafo
Montaña de la Negrita
Montaña del Limón
Puerto de Izaña
La Hidalga
Chiñico
Degollada del Cedro
Montaña del Alto de Guamasa
Observatorio Astronómico de Izaña
Güimar
Volcán de Güimar
El Portillo de la Villa
Izaña
Cobre
Mirador de Don Martín
Malpaís
Punta de Güimar
El Puertito de Güimar
Las Cañadas del Teide
Parque
Natural
de
Abreo
DEL TEIDE
Chiqueros
Corona
Forestal
Pájara
Playa de Arriba o las Bajas
Altavista
Montaña Rajada
La Medida
Playa de Abajo
La Caleta
Punta Prieta
Lomo de Mena
Playa de la Caleta
Punta del Jurado
Colmenas
El Escobonal
Playa Barranco Arriba
CIONAL
DEL
CAÑADAS
TEIDE
El Apartadero
Herques
Playa de la Margallera
Playa de Chimaje
El Tablado
Punta del Porís
LAS
El Sanatorio
Lomo de la Gatera
Barranco de Tenazo
La Zarza
Fuente Nueva
Fasnia
Las Cañadas del Teide
Roques
Azulejos
Montaña Pasajirón
Guajara
La Sombrera
San Joaquín
Cruz del Roque
Playa del Abrigo
Los Roques
El Bueno
Icor
Barranco de Icor
Punta de la Canal
Punta de Honduras
Las Eras
Playa Honda
Playa de Las Ceras
Las Carreras
La Degollada
Arico Viejo
de
Corona
Forestal
La Sabinita
Arico el Nuevo
Los Gavilanes
Punta del Rincón
La Cancela
Punta La Ternera
Arico
La Cisnera
129
Porís de Abona
Playa Grande
Abona
Punta de Abona
Sanatorio de Abona
Vilaflor
Embalse del Río
Montaña Centinela
Las Vegas
El Río
San Juan
Abades
Cruz
E
F
G
H
2
3
4

128
126
B
C
D
E
3
4
5
6
Parque Natural de Corona Forestal
PICO DEL TEIDE
Pico Viejo
PARQUE NACIONAL DEL TEIDE
LAS CAÑADAS
Boca de Tauce
Llano de Ucanca
Los Roques
Los Azulejos
Las Cañadas del Teide
Altavista
Montaña de las Cuevitas
Mña Samara
Montaña del Cedro
Cueva del Hielo
Cueva del Viento
Redondo
La Montañeta
Ruigómez
San José de los Llanos
Las Montañas Negras
Valle de Arriba
Erjos del Tanque
Puerto de Erjos
Los Carrizales
Cruz de Gilda
Cuevas del Palmar
Las Portelas
Punta Vizcaíno
La Vica
Masca
Barranco de Masca
Playa de Juan López
Playa de Masca
Punta de la Higuera
Punta de los Machos
Playa de Bco Seco
Santiago del Teide
Mña Bilma
El Molledo
El Retamar
Las Manchas
Malpaís
Mña de Guama
Arguayo
Tamaimo
Acantilado de Los Gigantes
Los Gigantes
Puerto de Santiago
Playa de la Arena
Punta de Barbero
Chío
Chiguergue
Aripe
Chirche
Guía de Isora
Punta Blanca
Punta de Alcalá
Alcalá
Lomo del Balo
Playa de Alcalá
Playa de la Barrera
Playa Rosalía
Playa de San Juan
El Jaral
Acojeja
Tejina
Piedra Hincada
Vera de Erques
E. de Abana
Barranco de Erques
Tijoco Alto
Punta de la Tixera
Tijoco Bajo
La Concepción
Ricasa
Taucho
Marazul
Puerto de los Mozos
Iboybo
Los Menores
Callao Salvaje
Armeñime
Bco del Infierno
Playa Paraíso
Punta Negra
El Puertito
Adeje
Fañabé
Punta de las Gaviotas
La Caleta
Playa de la Enramada
Eta de San Sebastián
San Eugenio
Octopus
Playa de las Américas
Playas de Troya
El Cabezo Grande
Los Cristianos
La Gomera
El Hierro
Palm-Mar
Malpaís de la Rasca
Punta de la Rasca
Faro de Rasca
Las Galletas
Punta Negra
Punta Salema
Costa del Silencio
Ten Bel
El Fraile
Las Rosas del Guanche
Guargacho
El Guincho
Del Sur
Pta Montaña Amarilla
Playa Colmenares
Playa de los Abr
Guaza
El Cho
Valle de San Lorenzo
Jardines del Atlántico
Cactus & Animal Park
Chayofa
La Camella
Parque ecológico Las Aguilas del Teide
Cabo Blanco
Buzanada
Aldea Blanca
Las Chafiras
Las Zocas
Valle de S. Lorenzo
La Sabinita
Arona
Vento
Túnez
La Florida
El Roque
Mirador de la Centinela
Tamaide
San Miguel
Charco del Pino
Roque del Conde
Roque de los Brezos
Ifonche
La Escalona
Jama
Bco de Funes
Barranco de Orchilla
Vilaflor
Parque Natural de Corona
TF 21
TF 38
TF 82
TF 47
TF 454
TF 375
TF 436
TF 463
TF 465
TF 585
TF 583
TF 1
TF 28
TF 51
TF 565
TF 563
TF 567
TF 655
TF 653
TF 652
TF 66
TF 65
TF 657

127

F
G
H
I
3
4
5
6
VALLE
28
Margarita de Piedra
Montaña del Limón 2105
2241 Montaña
2180 Puerto de Izaña
Arafo
Chiñico
Barranco
TF 245
TF 525
TF 28
La Hidalga
POLIGONO INDUSTRIAL
Playa de Samarines
Playa de la Viuda
Playa de Lima
El Socorro
Playa de la Entrada
TF 21
Montaña del Alto de Guamasa 2146
El Portillo de la Villa 2030
2179
TF 24
Observatorio Astronómico de Izaña
2386 Izaña
2255 Cobre
Güimar
Volcán de Güimar 276
TF 61
3,5
Mirador de Don Martín
Malpaís
Punta de Güimar
El Puertito de Güimar
Las Cañadas del Teide
Parque
Abreo 2400
Natural
de
TF 514
Chiqueros 2365
Corona
Forestal
Pájara
Playa de Arriba o las Bajas
Playa de Abajo
La Medida
La Caleta
Punta Prieta
Lomo de Mena
16
Playa de la Caleta
Punta del Jurado
15
Colmenas 2305
El Escobonal
9,5
Playa Barranco Arriba
Playa de la Margallera
Playa de Chimaje
CAÑADAS
TEIDE
El Apartadero
Barranco de Tenazo
Barranco de Herques
TF 617
El Tablado
Punta del Porís
2376 Lomo de la Gatera
La Zarza
Fuente Nueva
Fasnia
TF 620
6
La Sombrera
San Joaquín
Cruz del Roque
Playa del Abrigo
Los Roques
Montaña Pasajirón 2529
Barranco de Icor
El Bueno
Icor
6,5
Punta de la Canal
TF 534
TF 28
14
las Carreras
Punta de Honduras
Las Eras
Playa Honda
Playa de Las Ceras
Forestal
La Degollada
Arico Viejo
Punta del Rincón
La Sabinita
Arico el Nuevo
6
TF 625
Los Gavilanes
La Cancela
Punta La Ternera
1161
La Cisnera
Arico
10,5
TF 627
Porís de Abona
Embalse del Río
Montaña Centinela 269
Playa Grande
Abona
21
Punta de Abona
TF 555
Las Vegas
El Río
San Juan
Abades
Sanatorio de Abona
Playa de los Abrigos
17
TF 631
Punta de Abades
La Cantera
TF 28
Chimiche
Granadilla de Abona
Los Cuervos
Los Blanquitos
Bco. de Vijigua
Pegueras
La Jaca
Playa de la Jaca
El Draguito
El Desierto
Punta del Sordo
TF 28
Las Palomas
TF 638
TF 636
Barranco las Monjas
Los Quemados
Río
San Miguel de Tajao
El Salto
Cueva Honda
Playa del Río
TF 64
645
Bco. de Callao
Montaña de Ifara 302
Yaco
7,5
TF 636
POLIGONO INDUSTRIAL DE GRANADILLA
Playa Los Tarajales
Playa del Tambor
Las Montañas
Punta del Camello
San Isidro
Chuchurumbache
TF 634
Playa del Medio
El Guirre
Playa del Vidrio
TF 1
Punta del Tanque del Vidrio
3
3,5
1
Punta de los Mejillones
AEROPUERTO TENERIFE SUR
El Médano
Los Abrigos
La Mareta
La Tejita
Playa del Médano
TF 643
Mña Roja 172
Punta del Bocinegro
Punta de los Abrigos
Playa de la Tejita
Punta Roja

A B C

2
3
4
5
Punta de Rabisca
Altura Las Hoyas
Punta del Mudo
Punta Las Maderas
Prois de Don Pedro
El Mudo
Punta de Valiero
El Palmar
Juan Adalid
Don Pedro
Roque de las Tabaibas
Garafía
El Jaral
El Tablado
Barranco Fagundo
Barranco de los Hombres
Punta y Prois de Sto Domingo
El Calvario
LP 112
982
Ermita de San Antonio
Prois de Lomada Grande
El Rito
Cueva del Agua
Llano Negro
Roque del Faro
Los Sables
La Mata
Lomada Grande
1154
Montaña Vaqueros
Casa Forestal
LP 1
Punta de Gutiérrez
El Castillo
Hoya Grande
Las Palmeras
Fuente Grande
Punta Gorda
Las Tricias
Barranco de Briestas
24
El Pinar
1209
Tricias
LP 114
Pino de la Virgen
LP 1032
Punta de las Llanadas
Fagundo
Pico de Fuente Nueva
2366
El Roque
Observatorio Astrofísico
Punta del Serradero
2426
Roque Chico
2372
ROQUE DE LOS MUCHACHOS
Tinizara
Playa de Camariño
Cascajo
Barranco de la Baranda
La Castellana
Tabladitos
1516
CALDERA
Aguatavar
Parque
Camellón
Barranco del Jorado
Somada Alta
1926
Playa de la Veta
Tabladito
El Pinillo
Tenerra
Tijarafe
DE
TABURIENTE
Playa de las Vinagreras
Cueva Bonita
El Jesús
El Pinar
Hoya Grande
1387
La Caldera
Playa de Jorado
La Capellanía
La Cumbrecita
Punta de la Corvina
El Gánigo
1601
Las Traviesas
LOMO DE LAS CHOZAS
Arecida
20
Barranco de las Angustias
Punta de los Gomeros
Las Cabezadas
La Viña
La Punta
Salto del Perro
Amagar
Los Barros
El Time
594
Punta del Moro
Pedregales
Argual
Los Llanos de Aridane
Las Angustias
LP 2
Hermosilla
Puerto de Tazacorte
Tarajal
Malpaís
El Paso
363
Montaña Triana
Las Rosas
Triana
Paso de Abajo
Cardón
Tazacorte
Marina
Tacande
La Laguna
Tajuya
Playa de la Viña
San Borondón
342
Montaña La Laguna
Tajuya
La Costa
Montaña Todoque
349
Triana
Los Barriales
Todoque
Playa Nueva
Campitos
Santuario de
Eta de San Nicolás
San Nicolás
Las Manchas
Eta del Corazón

A 132 B C

D
E
F
2
3
4
5
Punta Gaviota
Punta de Topaciegas
Faro de Punta Cumplida
Punta Cumplida
Proís de Gallegos
Barlovento
La Tosca
Gallegos
Topaciegas
Franceses
La Palmita
Las Paredes
Lomo Machín
La Cuesta
Lomo Romero
Las Cabezadas
Ramírez
La Verada
Laguna de Barlovento
Hoya Grande
El Cardal
Puerto Espíndola
Charco Azul
Punta Gorda
Los Sauces
San Andrés
Verada de las Lomadas
El Tanque
San Pedro
Llano el Pino
Los Tilos
El Salto
Orotova
San Juan
El Canal
El Roque
Garachico
Llano la Palma
El Monte
Fuente Nueva
Ermita de San Bartolomé
La Galga
Playa de Nogales
Barranco del Agua
Barranco de San Juan
Barranco de la Fuente
Parque Natural
Barranco de Galga
Barranco de Nogales
Pico de la Cruz
El Granel
Punta Salinas
Piedra Llana
Casa Forestal
Puntallana
Pico de las Nieves
Barranco del Agua
Punta Sancha
Santa Lucía
Punta Santa Lucía
Tenagua
Barranco de la Madera
Barranco del Río de las Nieves
Los Álamos
Lomo de los Gomeros
Las Toscas
Miranda
Nuestra Señora de las Nieves
Dehesa
El Morro
Lomo del Centro
Las Nieves
El Planto
Corralejo
Nieves
Punta de los Roques
Velhoco
Las Tierritas
Santa Cruz de la Palma
Buenavista de Arriba
La Cuesta
Juan Mayor
Buenavista de Abajo
Mirador de la Concepción
Tenerife
La Gomera
Ermita Virgen del Pino
Reventón
Botazo
Playa de Bajamar
Breña Alta
El Socorro
El Fuerte
Túnel de la Cumbre
Breña
El Llanito
Los Cancajos
Playa de los Cancajos
Las Ledas
Miranda
Las Ledas
San Antonio
Cumbre Nueva
Breña Baja
Beltrán
La Polvacera
La Montaña
Ermita Santa Rosalía
La Rosa
Monte de Breña
Poleal
Monte
Ermita de los Dolores
El Pilar
Parque
Lodero
Mazo
Callejones
Hoyo de Mazo
Pico Birigoyo
Vieja
132

131
B
C
D
E
5
6
7
8
LOMO DE
LAS CHOZAS
La Cumbrecita
La Caldera
Gánigo
Corralejo
Nª Sª de
las Nieves
Las Nieves
Dehesa
El Morro
Lomo del Centro
El Planto
Las Tierritas
Sta Cruz
de la Palma
Buenavista
de Arriba
Juan Mayor
Buenavista
de Abajo
La Cuesta
Mirador de la
Concepción
Tenerife
La Gomera
Playa de Bajamar
Botazo
Breña Alta
El Socorro
El Fuerte
Los Cancajos
Playa de los Cancajos
El Llanito
Las Ledas
Miranda
San Antonio
Breña Baja
Beltrán
La Polvacera
Ermita Sta Rosalía
Monte
de Breña
Ermita de los Dolores
Las Cabezadas
La Vina
Barranco de las Angustias
Amagar
Los Barros
Pedregales
El Time
Las Angustias
Argual
Los Llanos de Aridane
El Barrial
Ermita Virgen
del Pino
Nueva
Reventón
Túnel de
la Cumbre
Puerto de
Tazacorte
Tarajal
Hermosilla
Las Rosas
Montaña
Triana
Cardón
Malpaís
El Paso
Triana
Tazacorte
Marina
Paso de Abajo
Tacande de Arriba
Cumbre
Las
Ledas
Playa de la Viña
La Laguna
Tajuya
Tacande de Abajo
San Borondón
Montaña
La Laguna
La Montaña
La Rosa
La Costa
Montaña
Todoque
Triana
Tacande
Poleal
Monte
Los Barriales
Todoque
Parque
El Pilar
Monte de Pueblo
Lodero
Playa del Hoyo
Playa Nueva
Los
Campitos
Callejones
Santuario de Fátima
Vieja
Pico Birigoyo
Mazo
Hoyo de Mazo
Ermita de San Nicolás
San Nicolás
Las Manchas
Ermita del Corazón
de Jesús
San Simón
Playa La Martina
Natural
Cumbre
Montaña
Los Charcos
Roque
Niquiomo
La Bombilla
Barranco de la Palma
Lomo Oscuro
Puerto Naos
Jedey
La Sabina
Jedey
Cráter del
Hoyo Negro
Cueva de Belmaco
Playa del Pozo
Ermita de San Juan
de Belmaco
Playa del Burro
Cráter del Duraznero
Arenas Blancas
Charco Verde
Deseada
de
Malpaíses
Playa Arenas Blancas
Tigalate
Cumbre
Hoya de la
Manteca
Montaña Cabrito
Tiguerorte
Playa del Azufre
El Remo
Ermita de
Sta Cecilia
Tigalate
Punta de la Barqueta
Playa de la Barqueta
Vieja
Roque y Punta
de los Guinchos
Bahía de los Roques
Volcán Martín
Fuente del
Fuego
Bco. Mederos
Monte
de Luna
El Charco
Punta del Porís
El Puertito
Punta Banco
Fuego
Punta Martín
Punta del Hombre
Las Indias
La Fajana
Las Caletas
El Puertito
Punta Resbaladera
Los Quemados
Fuencaliente
de la Palma
Punta Larga
Volcán de
San Antonio
El Guincho
Punta Gruesa
Volcán de
Teneguía
Punta Malpaís
Faro de
Fuencaliente
Punta de
Fuencaliente

## Andorra

| | | | |
|---|---|---|---|
| Andorra la Vella | AND | 23 | E34 |
| Arinsal | AND | 23 | E34 |
| Cabanette (Pic de la) | AND | 23 | E35 |
| Cabris (Collado de) | AND | 23 | E34 |
| Canillo | AND | 23 | E34 |
| Certers | AND | 23 | E34 |
| Comapedrosa (Alt de) | AND | 23 | E34 |
| Cortinada (La) | AND | 23 | E34 |
| Encamp | AND | 23 | E34 |
| Envalira (Port d') | AND | 23 | E35 |
| Erts | AND | 23 | E34 |
| Escaldes Engordany | AND | 23 | E34 |
| Estanyó (Pic de l') | AND | 23 | E34 |
| Fontaneda | AND | 23 | E34 |
| Griu (Alt del) | AND | 23 | E34 |
| Juberri | AND | 23 | E34 |
| Llorts | AND | 23 | E34 |
| Massana (La) | AND | 23 | E34 |
| Monturull (Pic de) | AND | 23 | E34 |
| Ordino | AND | 23 | E34 |
| Pal | AND | 23 | E34 |
| Pas de la Casa | AND | 23 | E35 |
| Pessons (Pic dels) | AND | 23 | E34 |
| Port (Pic du) | AND | 23 | E34 |
| Ransol | AND | 23 | E34 |
| Rat (Port de) | AND | 23 | E34 |
| Sant Julià de Lòria | AND | 23 | E34 |
| Santa Coloma | AND | 23 | E34 |
| Serrat (El) | AND | 23 | E34 |
| Soldeu | AND | 23 | E35 |
| Valira d'Orient | AND | 23 | E34 |

## España

### A

| | | | |
|---|---|---|---|
| Abad | C | 3 | B6 |
| Abad (Fuente del) | | 84 | R24 |
| Abades | SG | 45 | J17 |
| Abades (Punta de) (Tenerife) | TF | 129 | G5 |
| Abadía | CC | 56 | L12 |
| Abadía de Lebanza | P | 17 | D16 |
| Abadín | LU | 4 | B7 |
| Abadiño | BI | 10 | C22 |
| Abaigar | NA | 19 | E23 |
| Abajas | BU | 18 | E19 |
| Abalario (El) | H | 91 | U9 |
| Abalos | LO | 19 | E21 |
| Abaltzisketa | SS | 10 | C23 |
| Abánades | GU | 47 | J22 |
| Abanco | SO | 32 | H21 |
| Abaniella | O | 5 | C10 |
| Abanilla | MU | 85 | R26 |
| Abanilla (Sierra de) | MU | 85 | R26 |
| Abanillas | S | 7 | B16 |
| Abano | LE | 15 | E11 |
| Abanqueiro | C | 12 | E3 |
| Abanto | Z | 48 | I24 |
| Abarán | MU | 85 | R25 |
| Abarca | P | 30 | F15 |
| Abárzuza | NA | 19 | D23 |
| Abastas | P | 16 | F15 |
| Abaurrea Alta / Abaurregaina | NA | 11 | D26 |
| Abaurrea Baja / Abaurrepea | NA | 11 | D26 |
| Abaurregaina / Abaurrea Alta | NA | 11 | D26 |
| Abaurrepea / Abaurrea Baja | NA | 11 | D26 |
| Abay | HU | 21 | E28 |
| Abdet (L') | A | 74 | P29 |
| Abegondo | C | 3 | C5 |
| Abejar | SO | 33 | G21 |
| Abejas (Puerto de las) | MA | 100 | V15 |
| Abejera | ZA | 29 | G11 |
| Abejuela (Almería) | AL | 96 | T24 |
| Abejuela (Teruel) | TE | 61 | M27 |
| Abejuela (La) | AB | 84 | Q23 |
| Abelgas | LE | 15 | D12 |
| Abellá | C | 3 | C5 |
| Abella | HU | 22 | E31 |
| Abella de la Conca | L | 23 | F33 |
| Abellada | HU | 21 | E29 |
| Abelleira | C | 12 | D2 |
| Abelón | ZA | 29 | H11 |
| Abena | HU | 21 | E28 |
| Abenfigo | TE | 49 | J29 |
| Abengibre | AB | 73 | O25 |
| Abengibre (Arroyo de) | AB | 73 | O25 |
| Abenilla | HU | 21 | E29 |
| Abenójar | CR | 69 | P16 |
| Abenuz | AB | 72 | Q24 |
| Aberásturi | VI | 19 | D22 |
| Abertura | CC | 68 | O12 |
| Abezames | ZA | 30 | H13 |
| Abezia | VI | 18 | D21 |
| Abia de la Obispalía | CU | 60 | L22 |
| Abia de las Torres | P | 17 | E16 |
| Abiada | S | 7 | C17 |
| Abiego | HU | 21 | F29 |
| Abiertas (Las) (Tenerife) | TF | 126 | D3 |
| Abínzano | NA | 20 | E25 |
| Abionzo | S | 7 | C18 |
| Abizanda | HU | 22 | F30 |
| Abla | AL | 95 | U21 |
| Ablanque | GU | 47 | J23 |
| Ablanquejo | | 47 | J23 |
| Ablaña | O | 5 | C12 |
| Ablitas | NA | 34 | G25 |
| Abodi | | 11 | D26 |
| Abodi (Sierra de) | | 11 | D26 |
| Abona (Punta de) (Tenerife) | TF | 129 | G4 |
| Abra de Bilbao | | 8 | B20 |
| Abreo (Tenerife) | TF | 127 | F3 |
| Abrera | B | 38 | H35 |
| Abrigos | TE | 48 | K25 |
| Abrigos (Los) (Tenerife) | TF | 129 | E5 |
| Abril (Collado de) | A | 85 | Q27 |
| Abrucena | AL | 95 | U21 |
| Abuime | LU | 13 | E7 |
| Abulagoso | CR | 81 | Q17 |
| Abusejo | SA | 43 | J11 |
| Abuzaderas | AB | 72 | P24 |
| Acaderas | BA | 69 | O15 |
| Acantilado y Pinar de Barbate (Parque natural del) | | 98 | X11-X12 |
| Acebeda (La) | M | 46 | I19 |
| Acebedo | LE | 6 | C14 |
| Acebedo del Río | | 13 | F5 |
| Acebes | LE | 15 | E12 |
| Acebo (Cáceres) | CC | 55 | L9 |
| Acebo (León) | LE | 15 | E10 |
| Acebo (Alto de) | O | 4 | C9 |
| Acebrón (El) (Cuenca) | CU | 59 | M21 |
| Acebrón (El) (Huelva) | H | 91 | U10 |
| Acebuchal (El) (Jaén) | J | 82 | R19 |
| Acebuchal (El) (Sevilla) | SE | 80 | T13 |
| Acebuche (Badajoz) | BA | 80 | Q13 |
| Acebuche (Huelva) | H | 91 | U10 |
| Acebuche (El) (Huelva) | H | 91 | U10 |
| Acebuche (El) (Sevilla) | SE | 92 | U14 |
| Acebuche (Laguna del) | | 70 | P18 |
| Acebuche (Puerto) | SE | 79 | T11 |
| Acebuche (Punta) | CA | 99 | X13 |
| Aceca | | 58 | M18 |
| Acedera | BA | 68 | O13 |
| Acedo | NA | 19 | D23 |
| Acehúche | CC | 55 | M10 |
| Aceituna | CC | 55 | L11 |
| Acequias | GR | 101 | V19 |
| Acera de la Vega | P | 16 | E15 |
| Acered | Z | 48 | I25 |
| Aceredo | OR | 27 | G5 |
| Aceuchal | BA | 67 | Q10 |
| Acibeiro | PO | 13 | E5 |
| Acilu | VI | 19 | D22 |
| Aciscar (El) | | 99 | X12 |
| Acosta (Salinas de) | AL | 103 | V23 |
| Ácula | GR | 94 | U18 |
| Acumuer | HU | 21 | E28 |
| Adahuesca | HU | 22 | F29 |
| Adaja | AV | 44 | K15 |
| Adal Treto | S | 8 | B19 |
| Adalia | VA | 30 | H14 |
| Adalid (El) | CO | 81 | S16 |
| Adamuz | CO | 81 | R16 |
| Adanero | AV | 45 | J16 |
| Adarra | SS | 10 | C24 |
| Aday | LU | 4 | D7 |
| Addaia | PM | 106 | L42 |
| Adeanueva de la Serrezuela | SG | 32 | H18 |
| Adeje (Tenerife) | TF | 128 | D5 |
| Adelán | LU | 4 | B7 |
| Adelantado (Parador El) | J | 83 | S21 |
| Ademuz | V | 61 | L26 |
| Adi | NA | 11 | C25 |
| Adina | PO | 12 | E3 |
| Adino | S | 8 | B19 |
| Adiós | NA | 11 | D24 |
| Adoáin | NA | 11 | D26 |
| Adobes | GU | 48 | J24 |
| Adra | AL | 102 | V20 |
| Adrada (La) | AV | 57 | L16 |
| Adrada de Haza | BU | 31 | H18 |
| Adrada de Pirón | SG | 45 | I17 |
| Adradas | SO | 33 | H22 |
| Adrados (León) | LE | 16 | D14 |
| Adrados (Segovia) | SG | 31 | H17 |
| Adrados de Ordás | LE | 15 | D12 |
| Adrall | L | 23 | F34 |
| Adriano | SE | 91 | U12 |
| Adsubia | A | 74 | P29 |
| Aduanas | A | 75 | P30 |
| Aduna | SS | 10 | C23 |
| Agadón | | 43 | K10 |
| Agaete (Gran Canaria) | GC | 114 | C2 |
| Agaete (Valle de) (Gran Canaria) | GC | 114 | C2 |
| Agalla (Sierra) | BA | 68 | P12 |
| Agallas | SA | 43 | K10 |
| Agaró (S') | GE | 39 | G39 |
| Àger | L | 22 | F32 |
| Aginaga | SS | 10 | C23 |
| Agoitz / Aoiz | NA | 11 | D25 |
| Agón | Z | 34 | G25 |
| Agoncillo | LO | 19 | E23 |
| Agost | A | 86 | Q28 |
| Agra | AB | 84 | Q24 |
| Agramaderos (Los) | J | 94 | T18 |
| Agramón | AB | 84 | Q25 |
| Agramunt | L | 37 | G33 |
| Agraviados (Los) | CA | 99 | W12 |
| Ágreda | SO | 34 | G24 |
| Agres | A | 74 | P28 |
| Agrio | SE | 91 | T11 |
| Agrio (Embalse de) | SE | 91 | T11 |
| Agrón | GR | 94 | U18 |
| Agua (Cabo de) | MU | 97 | T27 |
| Agua (Cueva del) | J | 83 | S20 |
| Agua (Sierra del) | | 82 | Q18 |
| Agua Amarga | AL | 103 | V24 |
| Agua de Enmedio | | 96 | U24 |
| Agua García (Tenerife) | TF | 124 | H2 |
| Aguacil (Puerto del) | CA | 99 | V13 |
| Aguada Salada | AB | 84 | Q23 |
| Aguadulce (Almería) | AL | 103 | V22 |
| Aguadulce (Sevilla) | SE | 93 | U15 |
| Aguafría | H | 79 | S9 |
| Agualada | C | 2 | C3 |
| Aguamansa (Tenerife) | TF | 127 | G3 |
| Aguarón | Z | 34 | H26 |
| Aguarón (Puerto de) | Z | 34 | I25 |
| Aguas | HU | 21 | F29 |
| Aguas (Las) (Tenerife) | TF | 127 | E3 |
| Aguas (Río de) | | 96 | U23 |
| Aguas Cándidas | BU | 18 | D19 |
| Aguas Vivas (Río) | Z | 49 | I27 |
| Aguasal | VA | 31 | I16 |
| Aguasantas (cerca de Rois) | C | 12 | D3 |
| Aguasantas (cerca de Ponte-Caldelas) | PO | 13 | E4 |
| Aguascebas (Embalse) | | 83 | R21 |
| Aguasmestas | O | 5 | C11 |
| Aguasnuevas | AB | 72 | P24 |
| Aguatón | TE | 48 | J26 |
| Aguaviva | TE | 49 | J29 |
| Aguaviva de la Vega | SO | 33 | I22 |
| Aguda (Sierra) | BA | 79 | R10 |
| Agudo (Ciudad Real) | CR | 69 | P15 |
| Agudo (Fuerteventura) | GC | 113 | H3 |
| Agudo (Zaragoza) | Z | 34 | G25 |
| Águeda (Embalse del) | | 43 | K10 |
| Águeda (Río) | | 42 | J9 |
| Águeda del Caudillo | SA | 42 | K10 |
| Agüeira (Río) | | 4 | C9 |
| Agüera (Burgos) | BU | 8 | C19 |
| Aguera (Asturias) | O | 5 | B11 |
| Agüera (Cantabria) | S | 8 | C20 |
| Agüera (Río) | | 8 | C20 |
| Agüeras (Las) | O | 5 | C11 |

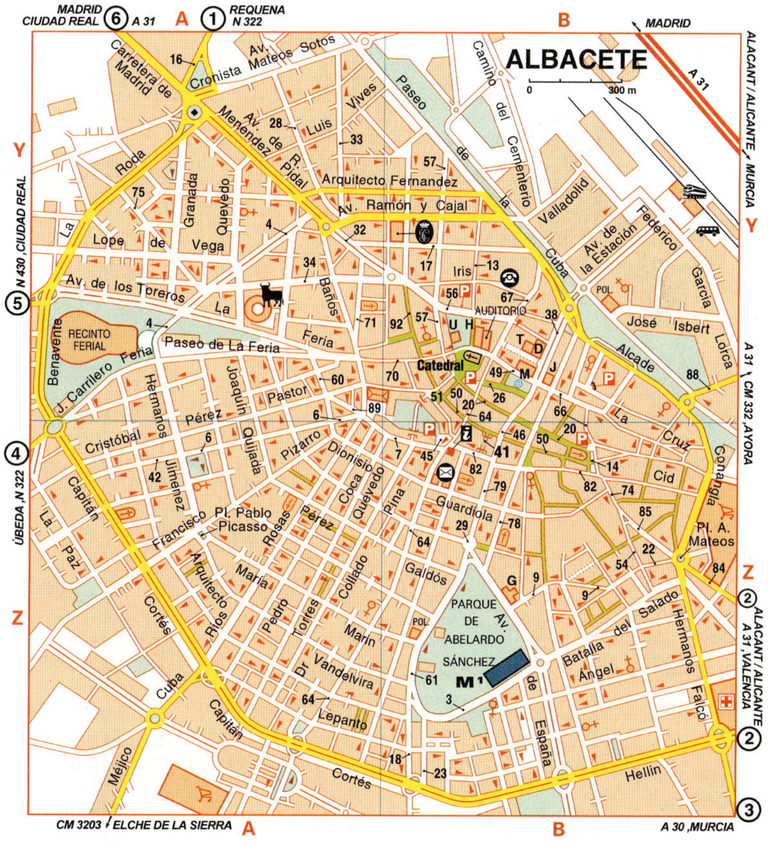


| | | |
|---|---|---|
| Arcángel San Gabriel | BZ | 3 |
| Arquitecto Julio Carrilero (Av. del) | AY | 4 |
| Blasco Ibáñez | AYZ | 6 |
| La Caba | BZ | 7 |
| Calderón de la Barca | BZ | 9 |
| Carmen | BY | 13 |
| Carretas (Pl. de las) | BZ | 14 |
| Casas Ibañez | AY | 16 |
| Comandante Molina | ABY | 17 |
| Comandante Padilla | BZ | 18 |
| La Concepción | BYZ | 20 |
| Diego de Velázquez | BZ | 22 |
| Doctor García Reyes | BZ | 23 |
| Francisco Fontecha | BY | 26 |
| Gabriel Ciscar | AY | 28 |
| Gabriel Lodares (Pl. de) | BZ | 29 |
| Isabel la Católica (Av.) | ABY | 32 |
| Juan de Toledo | AY | 33 |
| Juan Sebastián Elcano | AY | 34 |
| Libertad (Pas. de la) | BY | 38 |
| Lodares (Pje del) | BZ | 41 |
| Luis Herreros | AZ | 42 |
| Mancha (Pl. de la) | BZ | 45 |
| Marqués de Molins | BYZ | 46 |
| Martínez Villena | BY | 49 |
| Mayor | BYZ | 50 |
| Mayor (Pl.) | BY | 51 |
| Murcia (Puerta de) | BZ | 54 |
| Pablo Medina | BY | 56 |
| Padre Romano | BY | 57 |
| Pedro Martínez Gutiérrez | AY | 60 |
| Pedro Simón Abril (Pas. de) | BZ | 61 |
| Rosario | ABYZ | 64 |
| Santa Quiteria | BZ | 74 |
| Santisima Virgen (Camino de la) | AY | 75 |
| San Agustín | BYZ | 66 |
| San Antonio | BY | 67 |
| San Julián | BY | 70 |
| San Sebastián | AY | 71 |
| Teodoro Camino | BZ | 78 |
| Tesifonte Gallego | BZ | 79 |
| Tinte | BZ | 82 |
| Valencia (Carretera de) | BZ | 84 |
| Valencia (Puerta de) | BZ | 85 |
| Vasco Núñez de Balboa | BY | 88 |
| Virgen de las Maravillas | AY | 89 |
| Zapateros | BY | 92 |

Museo (Muñecas romanas articuladas) .......... BZ M¹

| | | | |
|---|---|---|---|
| Agüerina | O | 5 | C11 |
| Agüero | HU | 21 | E27 |
| Aguijón (Embalse del) | BA | 67 | Q9 |
| Águila | CR | 71 | Q19 |
| Águila (Cuevas del) | AV | 57 | L14 |
| Águila (El) (Córdoba) | CO | 81 | R15 |
| Águila (El) (Toledo) | TO | 70 | N19 |
| Águila (Punta del) | S | 8 | B19 |
| Aguilafuente | SG | 31 | I17 |
| Aguilar de Anguita | GU | 47 | I22 |
| Aguilar de Bureba | BU | 18 | E20 |
| Aguilar de Campóo | P | 17 | D17 |
| Aguilar de Campóo (Embalse de) | P | 17 | D16 |
| Aguilar de Campos | VA | 30 | G14 |
| Aguilar de la Frontera | CO | 93 | T16 |
| Aguilar de Montuenga | SO | 47 | I23 |
| Aguilar de Segarra | B | 37 | G34 |
| Aguilar de Tera | ZA | 29 | G12 |
| Aguilar del Alfambra | TE | 49 | K27 |
| Aguilar del Río Alhama | LO | 33 | G24 |
| Águilas | MU | 97 | T25 |
| Aguilas (Las) | MU | 85 | S25 |
| Aguilera (La) | BU | 32 | G18 |
| Aguillo | BU | 19 | D22 |
| Aguillós (Punta de los) | C | 3 | A6 |
| Aguiló | T | 37 | H34 |
| Aguilón | Z | 34 | I26 |
| Agüimes (Gran Canaria) | GC | 117 | F3 |
| Aguinaliu | HU | 22 | F31 |
| Aguiño | C | 12 | E2 |
| Agullana | GE | 25 | E38 |
| Agullent | V | 74 | P28 |
| Agulo (La Gomera) | TF | 119 | C1 |
| Agurain / Salvatierra | VI | 19 | D22 |
| Agustín (Lugo) | LU | 4 | D8 |
| Agustín (València) | V | 62 | M27 |
| Aguzadera | MA | 99 | W14 |
| Aguzadera (Castillo) | SE | 92 | U13 |
| Ahedo de la Sierra | BU | 32 | F19 |
| Ahedo de las Pueblas | BU | 7 | C18 |
| Ahedo de Linares | BU | 18 | C19 |
| Ahedo del Butrón | BU | 18 | D18 |
| Ahigal | CC | 55 | L11 |
| Ahigal de los Aceiteros | SA | 42 | J9 |
| Ahigal de Villarino | SA | 43 | I10 |
| Ahillas | V | 61 | M27 |
| Ahillones | BA | 80 | R12 |
| Ahillos (Sierra) | | 94 | T17 |
| Ahorcados (Illa de) | | 87 | P33 |
| Aia | SS | 19 | D23 |
| Aia (Guipúzcoa) | SS | 10 | C23 |
| Aibar / Oibar | NA | 20 | E25 |
| Aielo de Malferit | V | 74 | P28 |
| Aigua d'Ora | | 23 | F34 |
| Aigua de Valls | | 23 | F35 |
| Aiguablava | GE | 25 | G39 |
| Aiguafreda (Barcelona) | B | 38 | G36 |
| Aiguafreda (Girona) | GE | 25 | G39 |
| Aiguamolls de l'Empordà (Parc natural dels) | GE | 25 | F39 |
| Aiguamúrcia | T | 37 | I34 |
| Aiguaviva (Girona) | GE | 25 | G38 |
| Aiguaviva (Tarragona) | T | 37 | H34 |
| Aigües de Busot | A | 74 | Q28 |
| Aigües Vives (Santa María d') | V | 74 | O28 |
| Aigüestortes i Estany de Sant Maurici (Parc nacional d') | L | 23 | E32 |
| Aín | CS | 62 | M28 |
| Ainet de Besan | L | 23 | E33 |
| Ainsa | HU | 22 | E30 |
| Aintzioa | NA | 11 | D25 |
| Ainzón | Z | 34 | G25 |
| Aire (Illa de l') | | 106 | M42 |
| Aire (Puerto del) | CO | 81 | R15 |
| Aisa | HU | 21 | D28 |
| Aisa (Sierra de) | HU | 21 | D28 |
| Aisl | C | 3 | B5 |
| Aitana (Serra d') | | 74 | Q29 |
| Aitona | L | 36 | H31 |
| Aizarna | SS | 10 | C23 |
| Aizarnazabal | SS | 10 | C23 |
| Aizkorri | | 19 | D23 |
| Aja | S | 8 | C19 |
| Ajalvir | M | 46 | K19 |
| Ajamil | LO | 19 | F22 |
| Ajangiz | BI | 10 | C22 |
| Ajo | S | 8 | B19 |
| Ajo (Cabo de) | S | 8 | B19 |
| Ajo (El) | AV | 44 | J14 |
| Ajofrín | TO | 58 | M18 |
| Ajuy (Fuerteventura) | GC | 110 | F3 |
| Alacant / Alicante | A | 86 | Q28 |
| Alacón | TE | 49 | I27 |
| Aladrén | Z | 34 | I26 |
| Alaejos | VA | 30 | I14 |
| Alagón | Z | 34 | G26 |
| Alagón (Río) | | 55 | M9 |
| Alagón del Caudillo | CC | 55 | M11 |
| Alagones (Los) | TE | 49 | J29 |
| Alagüeces | MU | 84 | S24 |
| Alaior | PM | 106 | M42 |
| Alaiza | VI | 19 | D22 |
| Alájar | H | 79 | S10 |
| Alajeró (La Gomera) | TF | 118 | D3 |
| Alaló | SO | 32 | H21 |
| Alalpardo | M | 46 | K19 |
| Alameda | MA | 93 | U16 |
| Alameda (Arroyo de la) | | 92 | U13 |
| Alameda (La) (Ciudad Real) | CR | 70 | Q18 |
| Alameda (La) (Soria) | SO | 33 | H23 |
| Alameda de Cervera | CR | 71 | O20 |
| Alameda de Gardón (La) | SA | 42 | K9 |
| Alameda de la Sagra | TO | 58 | L18 |
| Alameda del Obispo | CO | 81 | S15 |
| Alameda del Valle | M | 45 | J18 |
| Alamedilla | GR | 95 | T20 |
| Alamedilla (Toledo) | TO | 58 | M17 |
| Alamedilla (La) | SA | 42 | K9 |
| Alamedilla del Berrocal (La) | AV | 44 | J15 |
| Alamillo (Ciudad Real) | CR | 69 | P15 |
| Alamillo (El) | H | 91 | U10 |
| Alamillo (Estación de) | CR | 69 | P15 |
| Alamín | M | 58 | L17 |
| Alamín (Montes de) | | 58 | L17 |
| Alaminos | GU | 47 | J21 |
| Alamitos (Los) | SE | 80 | S13 |
| Álamo | CA | 99 | W12 |
| Álamo (El) (Madrid) | M | 58 | L18 |
| Álamo (El) (cerca de El Madroño) | SE | 79 | T10 |
| Álamo (El) (cerca de Lora del Río) | SE | 80 | T13 |
| Álamos (Los) | AL | 96 | T23 |
| Álamos (Sierra de los) | | 84 | R24 |
| Alamús (Els) | L | 36 | H32 |
| Alandre | BA | 69 | O14 |
| Alange | BA | 67 | P11 |
| Alanís | SE | 80 | R12 |
| Alanís (Estación de) | SE | 80 | S12 |
| Alaquás | V | 62 | N28 |
| Alar del Rey | P | 17 | E17 |
| Alaraz | SA | 44 | J14 |
| Alarba | Z | 48 | I25 |
| Alarcia | BU | 18 | F20 |
| Alarcón | CU | 60 | N23 |
| Alarcón (Embalse de) | CU | 60 | N23 |
| Alarcones | J | 82 | R18 |
| Alares (Los) | TO | 57 | N15 |
| Alarilla | GU | 46 | J20 |
| Alarilla | M | 59 | L20 |
| Alaró | PM | 104 | M38 |
| Alàs i Cerc | L | 23 | E34 |
| Alastuey | HU | 20 | E26 |
| Alatoz | AB | 73 | O25 |
| Alazores (Puerto de los) | GR | 93 | U17 |
| Albá (cerca de Palas de Rei) | LU | 13 | D6 |
| Alba (cerca de Villalba) | LU | 3 | C6 |
| Alba (Teruel) | TE | 48 | K25 |
| Alba de Cerrato | P | 31 | G16 |
| Alba de los Cardaños | P | 17 | D15 |
| Alba de Tormes | SA | 44 | J13 |
| Alba de Yeltes | SA | 43 | J11 |
| Albacete | AB | 72 | P24 |
| Albagés (L') | L | 36 | H32 |
| Albahacar (Arroyo de) | | 78 | S8 |
| Albaicín | MA | 93 | U16 |
| Albaida | V | 74 | P28 |
| Albaida (Port d') | A | 74 | P28 |
| Albaida del Aljarafe | SE | 91 | T11 |
| Albaina | BU | 19 | D22 |
| Albal | V | 74 | N28 |
| Albalá | CC | 67 | O11 |
| Albaladejito | CU | 60 | L23 |
| Albaladejo | CR | 71 | Q21 |
| Albaladejo del Cuende | CU | 60 | M23 |
| Albalat de la Ribera | V | 74 | O28 |
| Albalate de Cinca | HU | 36 | G30 |
| Albalate de las Nogueras | CU | 47 | K23 |
| Albalate de Zorita | GU | 59 | L21 |
| Albalate del Arzobispo | TE | 49 | I28 |
| Albalatillo | HU | 35 | G29 |
| Albánchez | AL | 96 | U23 |
| Albánchez de Úbeda | J | 82 | S19 |
| Albanyà | GE | 24 | F38 |
| Albarca | T | 37 | I32 |
| Albarca (Cap d') | | 87 | O34 |
| Albarda (Albacete) | AB | 72 | Q23 |
| Albarda (Murcia) | MU | 85 | R26 |
| Albarderos (Los) (Gran Canaria) | GC | 115 | F1 |
| Albarellos (cerca de Beariz) | OR | 13 | E5 |
| Albarellos (cerca de Verín) | OR | 28 | G7 |
| Albarellos (Pontevedra) | PO | 13 | E5 |
| Albarellos (Embalse de) | OR | 13 | E5 |
| Albares | GU | 59 | L20 |
| Albares de la Ribera | LE | 15 | E10 |
| Albaricoques (Los) | AL | 103 | V23 |
| Albarín | HU | 21 | E28 |
| Albariño (Parador del) (Cambados) | PO | 12 | E3 |
| Albariza | O | 5 | C11 |
| Albarracín | TE | 48 | K25 |
| Albarracín (Sierra de) | TE | 48 | K25 |
| Albarragena (Rivera de) | | 67 | O9 |
| Albarrana (Sierra) | CO | 80 | R13 |
| Albarreal de Tajo | TO | 58 | M17 |
| Albatana | AB | 73 | Q25 |
| Albatàrrec | L | 36 | H31 |
| Albatera | A | 85 | R27 |
| Albatera (Canal de) | | 85 | R27 |
| Albayate (Sierra) | CO | 94 | T17 |
| Albeiros | LU | 4 | C7 |
| Albelda | HU | 36 | G31 |
| Albelda de Iregua | LO | 19 | E22 |
| Albendea | CU | 47 | K22 |
| Albendiego | GU | 32 | I20 |
| Albendín | CO | 81 | S17 |
| Albéniz | VI | 19 | D23 |
| Albentosa | TE | 61 | L27 |
| Alberca (La) (Murcia) | MU | 85 | S26 |
| Alberca (La) (Salamanca) | SA | 43 | K11 |
| Alberca de Záncara (La) | CU | 60 | N22 |
| Alberche (Toledo) | TO | 57 | M15 |
| Alberche (Río) | | 57 | L16 |
| Albergueria | OR | 13 | F7 |
| Alberguería de Argañán (La) | SA | 42 | K9 |
| Alberic | V | 74 | O28 |
| Alberín | | 19 | E24 |
| Alberite (La Rioja) | LO | 19 | E22 |
| Alberite (Río) | | 99 | W13 |
| Alberite de San Juan | Z | 34 | G25 |
| Albero Alto | HU | 21 | F28 |
| Albero Bajo | HU | 21 | F28 |
| Alberquilla | AL | 102 | V21 |
| Alberquillas (Sierra de las) | | 58 | N18 |
| Alberuela de la Liena | HU | 22 | F29 |
| Alberuela de Tubo | HU | 35 | G29 |
| Albesa | L | 36 | G31 |
| Albeta | Z | 34 | G25 |
| Albi (L') | L | 37 | H32 |
| Albilla (Fuente) | AB | 72 | Q24 |
| Albillos | BU | 18 | F18 |
| Albinyana | T | 37 | I34 |
| Albiña (Embalse de) | | 19 | D22 |
| Albiol (L') | T | 37 | I33 |
| Albir | A | 74 | Q29 |
| Albires | LE | 16 | F14 |
| Albita | | 101 | V18 |
| Albiztur | SS | 10 | C23 |
| Albocàsser | CS | 50 | K30 |
| Alboloduy | AL | 95 | U22 |
| Albolote | GR | 94 | U19 |
| Albondón | GR | 102 | V20 |
| Albons | GE | 25 | F39 |
| Alborache | V | 73 | N27 |
| Alboraya | V | 62 | N28 |
| Alborea | AB | 73 | O25 |
| Alboreca | GU | 47 | I22 |
| Albores | C | 2 | D3 |
| Alborge | Z | 35 | H28 |
| Albornos | AV | 44 | J15 |
| Albortú | | 34 | G24 |
| Albox | AL | 96 | T23 |
| Albudeite | MU | 85 | R25 |
| Albuera (La) | BA | 67 | P9 |
| Albuera (Laguna de la) | | 70 | O19 |
| Albuera de Feira (Embalse de) | | 67 | Q10 |
| Albufera (L') (València) | V | 74 | N28 |
| Albufera (La) (Menorca) | PM | 106 | M42 |
| Albufera (Parque natural de s') | | 105 | M39 |
| Albufera de Anna (La) | V | 74 | O28 |
| Albujón | MU | 85 | S26 |
| Albujón (Rambla de) | MU | 85 | S26 |
| Albuñán | GR | 95 | U20 |
| Albuñol | GR | 102 | V20 |
| Albuñuelas | GR | 101 | V19 |
| Albuñuelas (Sierra de) | | 101 | V18 |
| Alburquerque | BA | 67 | O9 |
| Alburrel | | 54 | N7 |
| Alcabala Alta | SE | 92 | U13 |
| Alcabón | TO | 57 | L16 |
| Alcachofar (El) | SE | 92 | T12 |
| Alcadozo | AB | 72 | Q24 |
| Alcahozo | CU | 73 | N25 |
| Alcaide | AL | 84 | S23 |
| Alcaide (Sierra) | | 93 | T17 |
| Alcaidía (La) | CO | 93 | T16 |
| Alcaina | | 85 | R26 |
| Alcaine | TE | 49 | J27 |
| Alcalá (Tenerife) | TF | 128 | C4 |
| Alcalá (Puerto de) | TE | 49 | K27 |
| Alcalá de Ebro | Z | 34 | G26 |
| Alcalá de Guadaíra | SE | 92 | T12 |
| Alcalá de Gurrea | HU | 21 | F27 |
| Alcalá de Henares | M | 46 | K19 |
| Alcalá de la Selva | TE | 49 | K27 |
| Alcalá de la Vega | CU | 61 | L25 |
| Alcalá de los Gazules | CA | 99 | W12 |
| Alcalá de Moncayo | Z | 34 | G24 |
| Alcalà de Xivert | CS | 50 | L30 |
| Alcalá del Júcar | AB | 73 | O25 |
| Alcalá del Obispo | HU | 21 | F29 |
| Alcalá del Río | SE | 91 | T12 |
| Alcalá del Valle | CA | 92 | V14 |
| Alcalá la Real | J | 94 | T18 |
| Alcalalí | A | 74 | P29 |
| Alcalde (El) | TO | 59 | M20 |
| Alcalfar | PM | 106 | M42 |
| Alcalfe (Arroyo del) | | 55 | M10 |
| Alcampel | HU | 36 | G31 |
| Alcanà | A | 85 | Q27 |
| Alcanadre (La Rioja) | LO | 19 | E23 |
| Alcanadre (Río) | HU | 21 | E29 |
| Alcanar | T | 50 | K31 |
| Alcanar Platje | T | 50 | K31 |
| Alcanó | L | 36 | H31 |
| Alcántara | CC | 55 | M9 |
| Alcántara (Embalse de) | CC | 55 | M9 |
| Alcantarilla | MU | 85 | S26 |
| Alcantarillas (Estación de las) | SE | 92 | U12 |
| Alcantín (Sierra de) | | 84 | S22 |
| Alcantud | CU | 47 | K23 |
| Alcañices | ZA | 29 | G10 |
| Alcañiz | TE | 49 | I29 |
| Alcañizo | TO | 57 | M14 |
| Alcaparain (Sierra de) | | 100 | V15 |
| Alcaparrosa | J | 82 | R17 |
| Alcaracejos | CO | 81 | Q15 |
| Alcarama | | 33 | G23 |
| Alcarama (Sierra de) | | 33 | F23 |
| Alcarayón (Arroyo de) | | 91 | U11 |
| Alcaraz | AB | 72 | P22 |
| Alcaraz (Sierra de) | | 72 | Q22 |
| Alcarrache | | 66 | Q8 |
| Alcarràs | L | 36 | H31 |
| Alcarria (La) | GU | 47 | J21 |
| Alcàsser | V | 74 | N28 |
| Alcaucín | MA | 101 | V17 |
| Alcaudete (Jaén) | J | 94 | T17 |
| Alcaudete (Sevilla) | SE | 92 | T12 |
| Alcaudete de la Jara | TO | 57 | M15 |
| Alcaudique | AL | 102 | V21 |
| Alcazaba | BA | 67 | P9 |
| Alcazaba (La) | AL | 103 | V22 |
| Alcazaba (Río) | | 67 | P10 |
| Alcázar (Granada) | GR | 102 | V19 |
| Alcázar (Jaén) | J | 94 | T17 |
| Alcázar de San Juan | CR | 71 | N20 |
| Alcázar del Rey | CU | 59 | L21 |
| Alcazarén | VA | 31 | H15 |
| Alcázares (Los) | MU | 85 | S27 |
| Alceda | S | 7 | C18 |
| Alcoba de la Torre | SO | 32 | G19 |
| Alcoba de los Montes | CR | 69 | O16 |
| Alcobendas | M | 46 | K19 |
| Alcobilla | | 69 | O16 |
| Alcocer | GU | 47 | K22 |
| Alcocero de Mola | BU | 18 | E19 |
| Alcohujate | CU | 47 | K22 |
| Alcoi / Alcoy | A | 74 | P28 |
| Alcola (Alto de) | V | 73 | O26 |
| Alcolea (Almería) | AL | 102 | V21 |
| Alcolea (Córdoba) | CO | 81 | S15 |
| Alcolea (Laguna de) | | 70 | P17 |
| Alcolea de Calatrava | CR | 70 | P17 |
| Alcolea de Cinca | HU | 36 | G30 |
| Alcolea de las Peñas | GU | 47 | I21 |
| Alcolea de Tajo | TO | 57 | M14 |
| Alcolea del Pinar | GU | 47 | I22 |
| Alcolea del Río | SE | 80 | T12 |
| Alcoleja | A | 74 | P29 |
| Alcoletge | L | 36 | H32 |
| Alcollarín | CC | 68 | O12 |
| Alcollarín (Río) | | 68 | O12 |
| Alconaba | SO | 33 | G22 |
| Alconada | SA | 44 | J13 |
| Alconada de Maderuelo | SG | 32 | H19 |
| Alconchel | BA | 66 | Q8 |
| Alconchel (Rivera de) | | 66 | Q8 |
| Alconchel de Ariza | Z | 47 | I23 |
| Alconchel de la Estrella | CU | 59 | M22 |
| Alconera | BA | 79 | Q10 |
| Alconétar (Puente romano de) | CC | 55 | M10 |
| Alcóntar | AL | 95 | T22 |
| Alcor | H | 90 | U9 |
| Alcor (El) | M | 45 | K17 |
| Alcora (Embassament de l') | | 62 | L29 |
| Alcora (L') | CS | 62 | L29 |
| Alcoraya (L') | A | 86 | Q28 |
| Alcorcillo | ZA | 29 | G10 |
| Alcorcón | M | 45 | K18 |
| Alcorisa | TE | 49 | J28 |
| Alcorlo | | 46 | J20 |
| Alcorlo (Embalse de) | GU | 46 | I20 |
| Alcorneo | CC | 66 | O8 |
| Alcorneo (Rivera de) | | 66 | O8 |
| Alcornocal | SE | 80 | S13 |
| Alcornocal (El) (Córdoba) | CO | 80 | R14 |
| Alcornocal (El) (Ciudad Real) | CR | 69 | O16 |
| Alcornocalejo | SE | 80 | T12 |
| Alcornocales (Parque natural de los) | | 99 | W13-X13 |
| Alcornocosa | CO | 80 | Q14 |
| Alcornocosa (La) | SE | 79 | S11 |
| Alcoroches | GU | 48 | K24 |
| Alcossebre | CS | 63 | L30 |
| Alcotas (Teruel) | TE | 61 | L27 |
| Alcotas (València) | V | 61 | M27 |
| Alcover | T | 37 | I33 |
| Alcoy / Alcoi | A | 74 | P28 |
| Alcozar | SO | 32 | H20 |
| Alcozarejos | AB | 73 | O25 |
| Alcubierre | HU | 35 | G28 |
| Alcubierre (Puerto de) | HU | 35 | G28 |
| Alcubierre (Sierra de) | Z | 35 | G28 |
| Alcubilla de Avellaneda | SO | 32 | G20 |
| Alcubilla de las Peñas | SO | 33 | I22 |
| Alcubilla de Nogales | ZA | 15 | F12 |
| Alcubilla del Marqués | SO | 32 | H20 |
| Alcubillas | CR | 71 | P20 |
| Alcubillas (Las) | AL | 95 | U22 |
| Alcubillete | TO | 58 | M17 |
| Alcublas | V | 62 | M27 |
| Alcúdia (Mallorca) | PM | 105 | M39 |
| Alcúdia (Badia d') | | 105 | M39 |
| Alcúdia (L') | V | 74 | O28 |
| Alcúdia (L') (Ruines d'Ilici) | A | 86 | R27 |
| Alcudia (Río) | | 69 | P15 |
| Alcudia (Sierra de) | | 69 | P16 |
| Alcudia (Valle de) | | 69 | Q16 |
| Alcúdia de Crespins (L') | V | 74 | P28 |
| Alcudia de Guadix | GR | 95 | U20 |
| Alcudia de Monteagud | AL | 96 | U23 |
| Alcúdia de Veo | CS | 62 | M28 |
| Alcuéscar | CC | 67 | O11 |
| Alcuetas | LE | 16 | F13 |
| Alcuneza | GU | 47 | I22 |
| Alda | VI | 19 | D23 |
| Aldaba | NA | 10 | D24 |
| Aldaia | V | 62 | N28 |
| Aldán | PO | 12 | F3 |
| Aldanas | BI | 9 | C21 |
| Aldaris | C | 12 | D3 |
| Aldatz | NA | 10 | C24 |
| Aldea (Lugo) | LU | 3 | C6 |
| Aldea (Soria) | SO | 32 | H20 |
| Aldea (L') | T | 50 | J31 |
| Aldea (Punta de la) (Gran Canaria) | GC | 114 | B2 |
| Aldea Blanca (Tenerife) | TF | 128 | E5 |
| Aldea de Arango | TO | 57 | L15 |
| Aldea de Arriba | OR | 13 | F6 |
| Aldea de Ebro | S | 17 | D17 |
| Aldea de Estenas | V | 61 | N26 |
| Aldea de les Coves | V | 61 | N26 |
| Aldea de los Corrales | V | 61 | N26 |
| Aldea de Pallarés | BA | 79 | R11 |
| Aldea de San Miguel | VA | 31 | H16 |
| Aldea de Trujillo | CC | 56 | N12 |
| Aldea del Cano | CC | 67 | O11 |
| Aldea del Cano (Estación de) | CC | 67 | O10 |
| Aldea del Fresno | M | 45 | L17 |
| Aldea del Obispo | SA | 42 | J9 |
| Aldea del Pinar | BU | 32 | G20 |

## ALACANT/ ALICANTE

Adolfo Muñoz Alonso (Av.) . . CY
Aguilera (Av. de) . . . . . . . . . . CZ
Alcoy (Av. de) . . . . . . . . . . . . DY
Alfonso X el Sabio (Av. de). . . DY
Ayuntamiento (Pl. del) . . . . . . EY 8
Bailén. . . . . . . . . . . . . . . . . . DY
Bazán. . . . . . . . . . . . . . . . . . DY
Benito Pérez Galdós (Av.). . . . CY
Bono Guarner . . . . . . . . . . . . CY
Calderón de la Barca . . . . . . . DY
Calvo Sotelo (Pl.). . . . . . . . . . DZ 10
Canalejas. . . . . . . . . . . . . . . . DZ
Capitán Segarra . . . . . . . . . . DY
Castaños. . . . . . . . . . . . . . . DYZ 14
Catedrático Soler (Av.) . . . . . . CZ
Churruca . . . . . . . . . . . . . . . . CZ
Condes de Soto Ameno (Av.) CY 20
Constitución (Av. de la). . . . . . DY 21
Díaz Moreu . . . . . . . . . . . . . . DY
Doctor Gadea (Av. del) . . . . . . DZ
Doctor Rico (Av.). . . . . . . . . . . CY
Elche (Av. de). . . . . . . . . . . . . CZ
Elche (Portal de) . . . . . . . . . . DZ 28
España (Explanada de). . . . . DEZ
España (Pl. de) . . . . . . . . . . . DY
Estación (Av. de la) . . . . . . . . . CY
Eusebio Sempere (Av.). . . . . . CZ
Fábrica (Cuesta de la) . . . . . . . EY
Federico Soto (Av. de) . . . . . . DZ
Foglietti . . . . . . . . . . . . . . . . CZ
Gabriel Miró (Pl. de) . . . . . . . . DZ 31
García Morato. . . . . . . . . . . . . DY
General Marvá (Av. del) . . . . . CY
Gerona. . . . . . . . . . . . . . . . . . DZ
Gomiz (Pas. de). . . . . . . . . . . . EY
Hermanos Pascual (Pl.) . . . . . DY
Isabel la Católica . . . . . . . . . . CZ
Italia . . . . . . . . . . . . . . . . . . . CZ
Jaime II (Av.). . . . . . . . . . . . . DEY
Jijona (Av. de) . . . . . . . . . . . . DY 33
Jorge Juan. . . . . . . . . . . . . . . EY
Jovellanos (Av. de) . . . . . . . . . EY 35
Juan Bautista Lafora (Av. de). BY 36
Labradores . . . . . . . . . . . . . . DY
López Torregrosa . . . . . . . . . . DY 37
Loring (Av. de). . . . . . . . . . . . . CZ
Maisonnave (Av. de). . . . . . . . CZ
Manero Mollá . . . . . . . . . . . . . DZ 39
Mayor . . . . . . . . . . . . . . . . . . EY
Méndez Núñez (Rambla) . . DYZ
Montañeta (Pl. de la) . . . . . . . DZ 41
Navas . . . . . . . . . . . . . . . . . DYZ
Oliveretes (Pl. de los) . . . . . . . DY
Oscar Esplá (Av.). . . . . . . . . . . CZ
Pablo Iglesias . . . . . . . . . . . . DY
Padre Mariana . . . . . . . . . . . . DY
Pintor Aparicio. . . . . . . . . . . . . CZ
Pintor Gisbert . . . . . . . . . . . . . CY
Pintor Murillo . . . . . . . . . . . . . DY
Poeta Carmelo Calvo (Av.). . . DY 47
Portugal . . . . . . . . . . . . . . . . . DZ
Puerta del Mar (Pl.) . . . . . . . . . EZ 48
Rafael Altamira . . . . . . . . . . . . EZ 50
Rafael Terol . . . . . . . . . . . . . . DZ
Ramiro (Pas.). . . . . . . . . . . . . . EY 51
Ramón y Cajal (Av. de) . . . . . . DZ
Reyes Católicos . . . . . . . . . . . CZ
Salamanca (Av. de). . . . . . . . . CY
Santa Teresa (Pl.) . . . . . . . . . . DY
San Carlos . . . . . . . . . . . . . . . EY
San Fernando . . . . . . . . . . . . DEZ 53
San Vicente. . . . . . . . . . . . . . . DY
Teatro Principal . . . . . . . . . . . . DY 58
Vázquez de Mella (Av.) . . . . . . EY

Colección de Arte del s. XX. Museo de La Asegurada . . . . . . . . . . . . . . . . . . . . . . M¹

| | | | |
|---|---|---|---|
| Aldea del Portillo de Busto (La) | BU | 18 | D20 |
| Aldea del Puente (La) | LE | 16 | E14 |
| Aldea del Rey | CR | 70 | P18 |
| Aldea del Rey Niño | AV | 44 | K15 |
| Aldea en Cabo | TO | 57 | L16 |
| Aldea Moret | CC | 55 | N10 |
| Aldea Quintana (Córdoba) | CO | 81 | S15 |
| Aldea Real | SG | 45 | I17 |
| Aldeacentenera | CC | 56 | N13 |
| Aldeacipreste | SA | 43 | K12 |
| Aldeacueva | BI | 8 | C19 |
| Aldeadávila (Embalse de) | SA | 28 | I10 |
| Aldeadávila de la Ribera | SA | 28 | I10 |
| Aldeahermosa | J | 83 | R20 |
| Aldealabad del Mirón | AV | 44 | K13 |
| Aldealafuente | SO | 33 | G23 |
| Aldealázaro | SG | 32 | H19 |
| Aldealbar | VA | 31 | H16 |
| Aldealcardo | SO | 33 | F23 |
| Aldealcorvo | SG | 31 | I18 |
| Aldealengua | SA | 44 | J13 |
| Aldealengua de Pedraza | SG | 45 | I18 |
| Aldealengua de Santa María | SG | 32 | H19 |
| Aldealices | SO | 33 | G23 |
| Aldealpozo | SO | 33 | G23 |
| Aldealseñor | SO | 33 | G23 |
| Aldeamayor de San Martín | VA | 31 | H16 |
| Aldeanueva de Atienza | GU | 46 | I20 |
| Aldeanueva de Barbarroya | TO | 57 | M14 |
| Aldeanueva de Cameros | LO | 19 | F22 |
| Aldeanueva de Ebro | LO | 20 | F24 |
| Aldeanueva de Figueroa | SA | 44 | I13 |
| Aldeanueva de Guadalajara | GU | 46 | J20 |
| Aldeanueva de la Sierra | SA | 43 | K11 |
| Aldeanueva de la Vera | CC | 56 | L12 |
| Aldeanueva de Portanobis | SA | 42 | J10 |
| Aldeanueva de San Bartolomé | TO | 57 | N14 |
| Aldeanueva de Santa Cruz | AV | 44 | K13 |
| Aldeanueva del Camino | CC | 56 | L12 |
| Aldeanueva del Codonal | SG | 45 | I16 |
| Aldeaquemada | J | 82 | Q19 |
| Aldearrodrigo | SA | 43 | I12 |
| Aldearrubia | SA | 44 | I13 |
| Aldeaseca | AV | 44 | I15 |
| Aldeaseca de Alba | SA | 44 | J13 |
| Aldeaseca de la Frontera | SA | 44 | J14 |
| Aldeasoña | SG | 31 | H17 |
| Aldeatejada | SA | 43 | J12 |
| Aldeavieja | AV | 45 | J16 |
| Aldeavieja de Tormes | SA | 43 | K13 |
| Aldehorno | SG | 32 | H18 |
| Aldehuela (Guadalajara) | GU | 48 | J24 |
| Aldehuela (cerca de Aliaga) | TE | 49 | J27 |
| Aldehuela (cerca de Teruel) | TE | 61 | L26 |
| Aldehuela (La) | AV | 44 | K13 |
| Aldehuela (La) (Madrid) | M | 59 | L19 |
| Aldehuela (Puerto de) | | 49 | J28 |
| Aldehuela de Ágreda | SO | 34 | G24 |
| Aldehuela de Calatañazor | SO | 33 | G21 |
| Aldehuela de Jerte | CC | 55 | L11 |
| Aldehuela de la Bóveda | SA | 43 | J11 |
| Aldehuela de Liestos | Z | 48 | I24 |
| Aldehuela de Periáñez | SO | 33 | G23 |
| Aldehuela de Yeltes | SA | 43 | K11 |
| Aldehuela del Codonal | SG | 45 | I16 |
| Aldehuelas (Las) | SO | 33 | G22 |
| Aldeire | GR | 95 | U20 |
| Aldeonsancho | SG | 31 | I18 |
| Aldeonte | SG | 32 | H18 |
| Aldeyuso | VA | 31 | H17 |
| Aldige | LU | 4 | C7 |
| Aldover | T | 50 | J31 |
| Alea | O | 6 | B14 |
| Aleas | GU | 46 | J20 |
| Aledo | MU | 85 | S25 |
| Alegia | SS | 10 | C23 |
| Alegranza (Lanzarote) | GC | 120 | E1 |
| Alegranza (Isla) (Lanzarote) | GC | 120 | E1 |
| Alegría (La) | SE | 92 | U12 |
| Alegría-Dulantzi | VI | 19 | D22 |
| Aleixar (L') | T | 37 | I33 |
| Alejos (Los) | AB | 84 | Q23 |
| Alella | B | 38 | H36 |
| Alentisque | SO | 33 | H23 |
| Aler | HU | 22 | F31 |
| Alerre | HU | 21 | F28 |
| Alesanco | LO | 19 | E21 |
| Alesón | LO | 19 | E21 |
| Alevia | O | 7 | B16 |
| Alfàbia | | 104 | M38 |
| Alfàbia (Serra d') | | 104 | M38 |
| Alfacar | GR | 94 | U19 |
| Alfacs (Port dels) | T | 50 | K31 |
| Alfafar | V | 62 | N28 |
| Alfafara | A | 74 | P28 |
| Alfaix | | 96 | U24 |
| Alfajarín | Z | 35 | H27 |
| Alfambra | TE | 49 | K26 |
| Alfambra (Río) | TE | 49 | K26 |
| Alfamén | Z | 34 | H26 |
| Alfántega | HU | 36 | G30 |
| Alfara d'Algímia | V | 62 | M28 |
| Alfara de Carles | T | 50 | J31 |
| Alfaraz de Sayago | ZA | 29 | I12 |
| Alfarb | V | 74 | O28 |
| Alfarnate | MA | 101 | V17 |
| Alfarnatejo | MA | 101 | V17 |
| Alfaro | LO | 20 | F24 |
| Alfaro (Serra d') | | 74 | P29 |
| Alfarràs | L | 36 | G31 |
| Alfarrasí | V | 74 | P28 |
| Alfàs del Pi (L') | A | 74 | Q29 |
| Alfera (La) | AB | 84 | Q23 |
| Alfés | L | 36 | H31 |
| Alfocea | Z | 35 | G27 |
| Alfondeguilla | CS | 62 | M29 |
| Alfonso XIII | SE | 91 | U11 |
| Alfonso XIII (Embalse de) | | 84 | R25 |
| Alfoquia (La) | AL | 96 | T23 |
| Alforja | T | 37 | I32 |
| Alfornón | GR | 102 | V20 |
| Alforque | Z | 35 | I28 |
| Alfoz (Castro de Ouro) | LU | 4 | B7 |
| Alfoz (Lugo) | LU | 14 | D8 |
| Algaba (La) | SE | 91 | T11 |
| Algadefe | LE | 16 | F13 |
| Algaida | PM | 104 | N38 |
| Algaida (La) (Cádiz) | CA | 91 | V11 |
| Algaida (La) (Murcia) | MU | 85 | R26 |
| Algairén (Sierra de) | | 34 | H25 |
| Algallarín | CO | 81 | R16 |
| Algámitas | SE | 92 | U14 |
| Algar | CA | 99 | W13 |
| Algar (El) | MU | 85 | T27 |
| Algar (S') | PM | 106 | M42 |
| Algar de Mesa | GU | 47 | I24 |
| Algar de Palància | V | 62 | M28 |
| Algar de Palància (Embassament d') | V | 62 | M28 |
| Algarabejo (El) | SE | 92 | U13 |
| Algarín | SE | 80 | T13 |
| Algarinejo | GR | 94 | U17 |
| Algarra | CU | 61 | L25 |
| Algarra (Río de) | | 61 | M25 |
| Algarróbillo (El) | SE | 92 | V12 |
| Algarrobo | MA | 101 | V17 |
| Algarrobo (Sierra de) | | 97 | T26 |
| Algarrobo Costa | MA | 101 | V17 |
| Algars (Riu d') | | 50 | J30 |
| Algas (Punta de) | | 85 | S27 |
| Algatocín | MA | 99 | W14 |
| Algayón | HU | 36 | G31 |
| Algecira (La) | TE | 49 | J28 |
| Algeciras | CA | 99 | X13 |
| Algeciras (Bahía de) | CA | 99 | X13 |
| Algemesí | V | 74 | O28 |
| Algendar (Barranc d') | PM | 106 | M41 |
| Algerri | L | 36 | G31 |
| Algete | M | 46 | K19 |
| Algezares (cerca de Cehegín) | MU | 84 | R24 |
| Algezares (cerca de Murcia) | MU | 85 | S26 |
| Algibillo | J | 82 | R17 |
| Algímia d'Alfara | V | 62 | M28 |
| Algimia de Almonacid | CS | 62 | M28 |
| Alginet | V | 74 | O28 |
| Algodonales | CA | 92 | V13 |
| Algodor | | 58 | M18 |
| Algodre | ZA | 30 | H13 |
| Algora | GU | 47 | J22 |
| Algorfa | A | 85 | R27 |
| Algorta | BI | 8 | B20 |
| Algozón | LU | 13 | E6 |
| Alguaire | L | 36 | G31 |
| Alguazas | MU | 85 | R26 |
| Algueña (L') | A | 85 | Q26 |
| Alhabia | AL | 102 | V22 |
| Alhama (Río) | | 33 | G23 |
| Alhama (Sierra de) | | 101 | V17 |
| Alhama (Tierras de) | GR | 101 | V17 |
| Alhama de Almería | AL | 103 | V22 |
| Alhama de Aragón | Z | 34 | I24 |
| Alhama de Granada | GR | 94 | U18 |
| Alhama de Murcia | MU | 85 | S25 |
| Alhambra | CR | 71 | P20 |
| Alhambra (La) | GR | 94 | U19 |
| Alhambra (Sierra de) | | 71 | P20 |
| Alhambras (Las) | TE | 61 | L27 |
| Alhamilla (Sierra) | | 103 | V22 |
| Alhanchete (El) | AL | 96 | U24 |

| | | | |
|---|---|---|---|
| Alhándiga | | 43 | K12 |
| Alharilla | J | 82 | S17 |
| Alhaurín de la Torre | MA | 100 | W16 |
| Alhaurín el Grande | MA | 100 | W15 |
| Alhendín | GR | 94 | U19 |
| Alhóndiga | GU | 47 | K21 |
| Alía | CC | 57 | N14 |
| Aliaga | TE | 49 | J27 |
| Aliaguilla | CU | 61 | M26 |
| Aliaguilla (Sierra de) | | 61 | M25 |
| Alías | AL | 103 | V23 |
| Alicante (Golfo de) | A | 86 | R28 |
| Alicante / Alacant | A | 86 | Q28 |
| Alicún | AL | 102 | V22 |
| Alicún de las Torres | GR | 95 | T20 |
| Alicún de Ortega | GR | 95 | T20 |
| Alienes | O | 5 | B10 |
| Alija | LE | 16 | E13 |
| Alija del Infantado | LE | 15 | F12 |
| Alijar | | 91 | V11 |
| Alijar (Puerto de) | MA | 100 | W14 |
| Alins | L | 23 | E33 |
| Alíns del Monte | HU | 22 | F31 |
| Alinyà | L | 23 | F34 |
| Alió | T | 37 | I33 |
| Alique | GU | 47 | K22 |
| Alisar (El) | SE | 79 | T11 |
| Alisas (Puerto de) | S | 8 | C19 |
| Aliseda | CC | 55 | N9 |
| Aliseda (La) | J | 82 | R19 |
| Aliseda de Tormes (La) | AV | 44 | L13 |
| Aliste | ZA | 29 | G11 |
| Aliste (Cabañas de) | ZA | 29 | G11 |
| Aliud | SO | 33 | H23 |
| Aljabaras (Las) | CO | 80 | S14 |
| Aljaraque | H | 90 | U8 |
| Aljariz | AL | 96 | U24 |
| Aljibe | CA | 99 | W13 |
| Aljibe (El) | MU | 96 | T24 |
| Aljibe (Sierra del) (Badajoz) | BA | 69 | N15 |
| Aljibe (Sierra del) (Ciudad Real) | CR | 70 | Q19 |
| Aljorra (La) | MU | 85 | S26 |
| Aljube | AB | 73 | Q25 |
| Aljucén | BA | 67 | O11 |
| Aljucén (Estación de) | BA | 67 | P10 |
| Aljucén (Río) | | 67 | O11 |
| Aljunzarejo (El) | MU | 85 | R26 |
| Alkiza | SS | 10 | C23 |
| Alkotz | NA | 11 | C24 |
| Allande | | 5 | C10 |
| Allariz | OR | 13 | F6 |
| Allariz (Alto de) | OR | 13 | F6 |
| Allepuz | TE | 49 | K27 |
| Aller | | 6 | C13 |
| Allés | O | 7 | B15 |
| Allín | NA | 19 | D23 |
| Allo | NA | 19 | E23 |
| Alloz | NA | 10 | D24 |
| Alloz (Embalse de) | | 10 | D24 |
| Alloza | TE | 49 | J28 |
| Allozo (El) | CR | 71 | P21 |
| Allueva | TE | 48 | J26 |
| Almacelles | L | 36 | G31 |
| Almáchar | MA | 101 | V17 |
| Almaciles | GR | 84 | S22 |
| Almadén | CR | 69 | P15 |
| Almadén (El) | J | 82 | S19 |
| Almadén (Sierra) | | 82 | S19 |
| Almadén de la Plata | SE | 79 | S11 |
| Almadenejos | CR | 69 | P15 |
| Almadenes | MU | 85 | R25 |
| Almadraba (La) | CA | 98 | W10 |
| Almadraba de Monteleva (La) | AL | 103 | V23 |
| Almadrava (L') | T | 51 | J32 |
| Almadrones | GU | 47 | J21 |
| Almafrà | A | 85 | Q27 |
| Almagarinos | LE | 15 | D11 |
| Almagrera (Cabeza) | BA | 68 | P14 |
| Almagrera (Sierra) | AL | 96 | U24 |
| Almagro | CR | 70 | P18 |
| Almagro (Sierra de) | | 96 | T24 |
| Almagros | MU | 85 | S26 |
| Almajalejo | AL | 96 | T24 |
| Almajano | SO | 33 | G22 |
| Almallá | GU | 48 | J24 |
| Almaluez | SO | 33 | I23 |
| Almandoz | NA | 11 | C25 |
| Almansa (Albacete) | AB | 73 | P26 |
| Almansa (Cáceres) | CC | 69 | O14 |
| Almansa (Embalse de) | AB | 73 | P26 |
| Almansas | J | 83 | S20 |
| Almanza | LE | 16 | E14 |
| Almanzor (Pico) | AV | 56 | L14 |
| Almanzora | AL | 96 | T23 |
| Almanzora (Río) | | 96 | T24 |
| Almar (Río) | | 44 | J13 |
| Almarail | SO | 33 | H22 |
| Almaraz | CC | 56 | M12 |
| Almaraz de Duero | ZA | 29 | H12 |
| Almarcha (La) | CU | 60 | M22 |
| Almarchal (El) | CA | 99 | X12 |
| Almargen | MA | 93 | U14 |
| Almarza | SO | 33 | G22 |
| Almarza de Cameros | LO | 19 | F22 |
| Almàssera | V | 62 | N28 |
| Almassora | CS | 62 | M29 |
| Almatret | L | 36 | I31 |
| Almayate Bajo | MA | 101 | V17 |
| Almazán | SO | 33 | H22 |
| Almazán (Canal de) | | 33 | H21 |
| Almazán (Pinares de) | | 33 | H22 |
| Almázcara | LE | 15 | E10 |
| Almazorre | HU | 22 | F30 |
| Almazul | SO | 33 | H23 |
| Almedíjar (cerca de Segorbe) | CS | 62 | M28 |
| Almedina | CR | 71 | Q21 |
| Almedinilla | CO | 94 | T17 |
| Almegíjar | GR | 102 | V20 |
| Almeida | ZA | 29 | I11 |
| Almenar | L | 36 | G31 |
| Almenar de Soria | SO | 33 | G23 |
| Almenara (Castelló) | CS | 62 | M29 |
| Almenara (Lleida) | L | 37 | G33 |
| Almenara (Madrid) | M | 45 | K17 |
| Almenara (Sierra de) | | 97 | T25 |
| Almenara (Sierra) | | 99 | X13 |
| Almenara de Adaja | VA | 31 | I15 |
| Almenara de Tormes | SA | 43 | I12 |
| Almenaras | AB | 72 | Q22 |
| Almendra (Salamanca) | SA | 29 | I10 |
| Almendra (Zamora) | ZA | 29 | H12 |
| Almendra (Embalse de) | SA | 29 | I11 |
| Almendral (Badajoz) | BA | 67 | Q9 |
| Almendral (Cáceres) | CC | 56 | L11 |
| Almendral (Granada) | GR | 94 | U17 |
| Almendral (El) (Almería) | AL | 95 | U22 |
| Almendral (El) (Granada) | GR | 101 | V17 |
| Almendral de la Cañada | TO | 57 | L15 |
| Almendralejo | BA | 67 | P10 |
| Almendres | BU | 18 | D19 |
| Almendricos | MU | 96 | T24 |
| Almendro (El) | H | 90 | T8 |
| Almendros | CU | 59 | M21 |
| Almensilla | SE | 91 | U11 |
| Almería | AL | 103 | V22 |
| Almería (Golfo de) | AL | 103 | V22 |
| Almerimar | AL | 102 | V21 |
| Almeza (La) | V | 61 | M27 |
| Almijara (Sierra de) | | 101 | V18 |
| Almirez | AB | 84 | Q24 |
| Almiruete | GU | 46 | I20 |
| Almochuel | Z | 35 | I28 |
| Almócita | AL | 102 | V21 |
| Almodóvar | CA | 99 | X12 |
| Almodóvar (Embalse de) | | 99 | X13 |
| Almodóvar del Campo | CR | 70 | P17 |
| Almodóvar del Pinar | CU | 60 | M24 |
| Almodóvar del Río | CO | 81 | S14 |
| Almogía | MA | 100 | V16 |
| Almoguera | GU | 59 | L21 |
| Almoguera (Embalse de) | | 59 | L21 |
| Almohaja | TE | 48 | K25 |
| Almoharín | CC | 68 | O11 |
| Almoines | V | 74 | P29 |
| Almolda (La) | Z | 35 | H29 |
| Almonacid de la Cuba | Z | 35 | I27 |
| Almonacid de la Sierra | Z | 34 | H26 |
| Almonacid de Toledo | TO | 58 | M18 |
| Almonacid de Zorita | GU | 47 | L21 |
| Almonacid del Marquesado | CU | 59 | M21 |
| Almonaster la Real | H | 79 | S9 |
| Almontaras (Las) | GR | 83 | S21 |
| Almonte (Huelva) | H | 91 | U10 |
| Almonte (Río) | | 55 | N11 |
| Almoradí | A | 85 | R27 |
| Almoraima | CA | 99 | X13 |
| Almorchón | BA | 68 | P14 |
| Almorchón (Sierra de) | | 83 | R22 |
| Almorox | TO | 57 | L16 |
| Almoster | T | 37 | I33 |
| Almudáfar | HU | 36 | H30 |
| Almudaina | A | 74 | P28 |
| Almudena (La) | MU | 84 | R24 |
| Almudévar | HU | 21 | F28 |
| Almudévar (Estación de) | | 35 | G28 |
| Almuerzo (El) | | 33 | G23 |
| Almunia de Doña Godina (La) | Z | 34 | H25 |
| Almunia de San Juan | HU | 36 | G30 |
| Almunias (Las) | HU | 21 | F29 |
| Almuniente | HU | 35 | G28 |
| Almuña | O | 5 | B10 |
| Almuñécar | GR | 101 | V18 |
| Almuradiel | CR | 82 | Q19 |
| Almurfe | O | 5 | C11 |
| Almussafes | V | 74 | O28 |
| Alobras | TE | 61 | L25 |
| Alocén | GU | 47 | K21 |
| Alojera (La Gomera) | TF | 118 | B2 |
| Alomartes | GR | 94 | U18 |
| Alonso de Ojeda | CC | 68 | O12 |
| Alonsótegi | BI | 8 | C21 |
| Aloña | | 19 | D22 |
| Alor | BA | 66 | Q8 |
| Álora | MA | 100 | V15 |
| Alós (Embalse de) | | 37 | G32 |
| Alòs d'Isil | L | 23 | D33 |
| Alòs de Balaguer | L | 37 | G32 |
| Alosno | H | 90 | T8 |
| Alovera | GU | 46 | K20 |
| Alozaina | MA | 100 | V15 |
| Alp | GE | 24 | E35 |
| Alpandeire | MA | 99 | W14 |
| Alpanseque | SO | 33 | I21 |
| Alpartir | Z | 34 | H25 |
| Alpatró | A | 74 | P29 |
| Alpedrete | M | 45 | K17 |
| Alpedroches | GU | 32 | I21 |
| Alpens | B | 24 | F36 |
| Alpeñés | TE | 48 | J26 |
| Alpera | AB | 73 | P26 |
| Alpicat | L | 36 | G31 |
| Alpizar | H | 91 | T10 |
| Alporchones | MU | 85 | T25 |
| Alpuente | V | 61 | M26 |
| Alpujarras (Las) | GR | 102 | V20 |
| Alquería (La) (Almería) | AL | 102 | V20 |
| Alquería (La) (Murcia) | MU | 73 | Q26 |
| Alquería Blanca (S') | PM | 105 | N39 |
| Alqüería del Fargue | GR | 94 | U19 |
| Alquerías | MU | 85 | R26 |
| Alquézar | HU | 22 | F30 |
| Alquián (El) | AL | 103 | V22 |
| Alquife | GR | 95 | U20 |
| Alquité | SG | 32 | I19 |
| Alsamora | L | 22 | F32 |
| Alsasua / Altsasu | NA | 19 | D23 |
| Alsodux | AL | 95 | U22 |
| Alta | LU | 3 | C7 |
| Alta (Sierra) | | 48 | K25 |
| Alta Coloma (Sierra de) | | 94 | T18 |
| Alta Gracia (Ermita de) | CC | 55 | N10 |
| Altable | BU | 18 | E20 |
| Altafulla | T | 37 | I34 |
| Altamira | BI | 9 | B21 |
| Altamira (Cuevas de) | S | 7 | B17 |
| Altamira (Sierra de) | | 56 | M13 |
| Altamiros | AV | 44 | J15 |
| Altarejos | CU | 60 | M22 |
| Altavista (Refugio) (Tenerife) | TF | 127 | E3 |
| Altea | A | 74 | Q29 |
| Altea la Vella | A | 74 | Q29 |
| Altet (L') | A | 86 | R28 |
| Altico (El) | J | 82 | R18 |
| Alto (Puntal) | GR | 95 | U21 |
| Alto de Borderas | | 35 | H27 |
| Alto de la Madera | O | 6 | B12 |
| Alto de Ter (Vall) | GE | 24 | F37 |
| Alto Iso | NA | 11 | D26 |
| Alto Rey (Sierra de) | | 46 | I20 |
| Alto Tajo (Parque natural del) | GU | 47 | J23 |
| Altobordo | MU | 96 | T24 |
| Altomira | CU | 59 | L21 |
| Altomira (Sierra de) | | 59 | L21 |
| Altorricón | HU | 36 | G31 |
| Altorricón-Tamarite | HU | 36 | G31 |
| Altos (Los) | | 18 | D19 |
| Altos (Puerto Los) | | 73 | P25 |
| Altotero | BU | 18 | D19 |
| Altron | L | 23 | E33 |
| Altsasu / Alsasua | NA | 19 | D23 |
| Altube | | 8 | C21 |
| Altura | CS | 62 | M28 |
| Altzo | SS | 10 | C23 |
| Altzola | SS | 10 | C22 |
| Aluenda | Z | 34 | H25 |
| Alueza | HU | 22 | E30 |
| Alumbres | MU | 97 | T27 |
| Alustante | GU | 48 | K25 |
| Alvarado | BA | 67 | P9 |
| Alvarizones (Los) | CA | 98 | W11 |
| Alvedro (Aeropuerto de) | C | 3 | C4 |
| Alvidrón | LU | 13 | D6 |
| Alzira | V | 74 | O28 |
| Amadòrio (Embassament d') | A | 74 | Q29 |
| Amaiur / Maya | NA | 11 | C25 |
| Amandi | O | 6 | B13 |
| Amarguillo (Río) | | 58 | N19 |
| Amasa | SS | 10 | C23 |
| Amatos | SA | 44 | J13 |
| Amatriáin | NA | 20 | E25 |
| Amavida | AV | 44 | K14 |
| Amaya | BU | 17 | E17 |
| Amayas | GU | 47 | I24 |
| Amayuelas | P | 17 | D16 |
| Ambás (cerca de Avilés) | O | 5 | B12 |
| Ambás (cerca de Villaviciosa) | O | 6 | B13 |
| Ambasaguas | LE | 16 | D13 |
| Ambasmestas | LE | 14 | E9 |
| Ambel | Z | 34 | G25 |
| Ambite | M | 46 | L20 |
| Ambosores | LU | 3 | B6 |
| Amboto | BI | 10 | C22 |
| Ambrona | SO | 47 | I22 |
| Ambroz (Río) | | 56 | L11 |
| Ameixenda | C | 2 | D2 |
| Amer | GE | 24 | F37 |
| Amer (Punta de) | | 105 | N40 |
| Ames (A Coruña) | C | 2 | D4 |
| Améscoa Baja | | 19 | D23 |
| Ametlers (Els) | CS | 50 | K31 |
| Ametlla (L') (cerca de Àguer) | L | 22 | F32 |
| Ametlla (L') (cerca de Tàrrega) | L | 37 | H33 |
| Ametlla de Casseres (L') | | 24 | F35 |
| Ametlla de Mar (L') | T | 51 | J32 |
| Ametlla de Merola (L') | B | 38 | G35 |
| Ametlla del Vallès (L') | B | 38 | G36 |
| Ameyugo | BU | 18 | E20 |
| Amezketa | SS | 10 | C23 |
| Amieva | O | 6 | C14 |
| Amil | PO | 12 | E4 |
| Amiudal | OR | 13 | E5 |
| Amoedo | PO | 12 | F4 |
| Amoeiro | OR | 13 | E6 |
| Amoladeras (Collado de las) | | 73 | N27 |
| Amorebieta | BI | 9 | C21 |
| Amoroto | BI | 10 | C22 |
| Amparo (El) (Tenerife) | TF | 126 | D3 |
| Ampolla (L') | T | 50 | J32 |
| Amposta | T | 50 | J31 |
| Ampudia | P | 30 | G15 |
| Ampuero | S | 8 | B19 |
| Ampuyenta (La) (Fuerteventura) | GC | 111 | H3 |
| Amurrio | VI | 8 | C20 |
| Amusco | P | 17 | F16 |
| Amusquillo | VA | 31 | G17 |
| Anadón | TE | 49 | J27 |
| Anafreita | LU | 3 | C6 |
| Anaga (Punta de) (Tenerife) | TF | 125 | K1 |
| Anaya | SG | 45 | J17 |
| Anaya de Alba | SA | 44 | J13 |
| Anayet (Coto nacional del) | HU | 21 | D28 |
| Ancares | CR | 69 | O15 |
| Ancares (Refugio de) | LU | 14 | D9 |
| Ancares (Río) | | 14 | D9 |
| Ancares (Sierra de) | | 14 | D9 |
| Ancares Leoneses (Reserva nacional de los) | LE | 14 | D9 |
| Anchuela del Campo | GU | 47 | I23 |
| Anchuela del Pedregal | GU | 48 | J24 |
| Anchuelo | M | 46 | K20 |
| Anchuras | CR | 57 | N15 |
| Anchuricas (Embalse de) | | 83 | R22 |
| Anchurones | CR | 69 | N16 |
| Anciles | HU | 22 | E31 |
| Ancillo | S | 8 | C19 |
| Ancín | NA | 19 | E23 |
| Anciola (Punta de) | | 104 | O38 |
| Ancla (El) | CA | 98 | W11 |
| Anclas (Las) | GU | 47 | K21 |
| Anda | VI | 18 | D21 |
| Andagoya | VI | 18 | D21 |
| Andaluz | SO | 33 | H21 |
| Andara | | 7 | C15 |
| Andarax | AL | 102 | V21 |
| Andatza | SS | 10 | C23 |
| Andavías | ZA | 29 | H12 |
| Andía (Sierra de) | | 10 | D24 |
| Andilla | V | 61 | M27 |
| Andiñuela | LE | 15 | E11 |
| Andoain | SS | 10 | C23 |
| Andoio | C | 2 | C4 |
| Andorra | TE | 49 | J28 |
| Andosilla | NA | 19 | E24 |
| Andrade (Castillo de) | C | 3 | B5 |
| Andratx | PM | 104 | N37 |
| Andrés | O | 4 | B9 |
| Andrín | O | 7 | B15 |
| Andújar | J | 82 | R17 |
| Aneas (Las) | AL | 95 | U22 |
| Anento | Z | 48 | I25 |
| Anero | S | 8 | B19 |
| Aneto (Pico de) | HU | 22 | E31 |
| Àneu (Vall d') | L | 23 | E33 |
| Angel (El) | MA | 100 | W15 |
| Ángeles (Los) (Cádiz) | CA | 99 | W13 |
| Ángeles (Los) (Córdoba) | CO | 81 | S16 |
| Ángeles (Los) / Anxeles (Os) | C | 12 | D3 |
| Ángeles (Río de Los) | | 43 | L10 |
| Ángeles (Sierra de Los) | | 55 | L10 |
| Angiozar | SS | 10 | C22 |
| Anglès | GE | 24 | G37 |
| Anglesola | L | 37 | H33 |
| Angón | GU | 47 | I21 |
| Angostura (Río de la) | M | 45 | J18 |
| Anguciana | LO | 18 | E21 |
| Anguera (Riu d') | | 37 | H33 |
| Angüés | HU | 21 | F29 |
| Anguiano | LO | 19 | F21 |
| Anguijes (Los) | AB | 72 | P24 |
| Anguila (Cala) | PM | 105 | N39 |
| Anguita | GU | 47 | I22 |
| Anguix (Burgos) | BU | 31 | G18 |
| Anguix (Guadalajara) | GU | 47 | K21 |
| Aniago | VA | 30 | H15 |
| Aniés | HU | 21 | F28 |
| Anievas | S | 7 | C17 |
| Aniezo | S | 7 | C16 |
| Aniñon | Z | 34 | H24 |
| Anleo | O | 4 | B9 |
| Anllares | LE | 15 | D10 |
| Anllarinos | LE | 15 | D10 |
| Anllóns | C | 2 | C3 |
| Anna | V | 74 | O28 |
| Anoeta | SS | 10 | C23 |
| Anoia (L') | B | 37 | H34 |
| Anorias (Las) | AB | 73 | P25 |
| Anós | C | 2 | C3 |
| Anoz | NA | 10 | D24 |
| Anquela del Ducado | GU | 47 | J23 |
| Anquela del Pedregal | GU | 48 | J24 |
| Ansares (Lucio de los) | SE | 91 | V10 |
| Anserall | L | 23 | E34 |
| Ansó | HU | 11 | D27 |
| Ansó (Valle de) | HU | 11 | D27 |
| Antas | AL | 96 | U24 |
| Antas (Río) | | 96 | U23 |
| Antas de Ulla | LU | 13 | D6 |
| Antella | V | 74 | O28 |
| Antequera | MA | 93 | U16 |
| Antes | C | 2 | D3 |
| Antezana | VI | 18 | D21 |
| Antigua (Fuerteventura) | GC | 111 | G3 |
| Antigua (La) | LE | 15 | F12 |
| Antigüedad | P | 31 | G17 |
| Antilla (La) | H | 90 | U8 |
| Antillón | HU | 21 | F29 |
| Antimio | LE | 16 | E13 |
| Antoñán del Valle | LE | 15 | E12 |
| Antoñana | VI | 19 | D22 |
| Antzuola | SS | 10 | C22 |
| Anue | BI | 11 | D25 |
| Anxeles (Os) / Ángeles (Los) | C | 12 | D3 |
| Anxeriz | C | 2 | C3 |
| Anya | L | 37 | G33 |
| Anzánigo | HU | 21 | E28 |
| Anzur (Río) | CO | 93 | T16 |
| Añana | VI | 18 | D21 |
| Añarbe (Embalse de) | | 10 | C24 |
| Añastro | BU | 19 | D21 |
| Añavieja | SO | 33 | G24 |
| Añaza (Tenerife) | TF | 125 | I2 |
| Añe | SG | 45 | I17 |
| Añes | VI | 8 | C20 |
| Añides | O | 4 | B9 |
| Añisclo (Cañon de) | HU | 22 | E30 |
| Añón | Z | 34 | G24 |
| Añora | CO | 81 | Q15 |
| Añover de Tajo | TO | 58 | M18 |
| Añover de Tormes | SA | 43 | I12 |
| Añoza | P | 16 | F15 |

| | | | |
|---|---|---|---|
| Aoiz / Agoitz | NA | 11 | D25 |
| Aós / Aos (Navarra) | NA | 11 | D25 |
| Aos / Aós (Navarra) | NA | 11 | D25 |
| Aoslos | M | 46 | I19 |
| Apadreado (El) | AB | 73 | P25 |
| Aparecida (La) (Alacant) | A | 85 | R26 |
| Aparecida (La) (Murcia) | MU | 85 | S27 |
| Apellániz | VI | 19 | D22 |
| Apiés | HU | 21 | F28 |
| Apricano | VI | 18 | D21 |
| Aqua Brava | GE | 25 | F39 |
| Aquaola | GR | 94 | U19 |
| Aquasvivas | | 49 | J27 |
| Aquijón | CC | 55 | N11 |
| Aquilianos (Montes) | | 14 | E9 |
| Aquilué | HU | 21 | E28 |
| Aquópolis | M | 45 | K18 |
| Ara | HU | 21 | E28 |
| Ara (Río) | | 21 | D29 |
| Arabayona | SA | 44 | I13 |
| Arabexo | C | 2 | C4 |
| Arabí | MU | 73 | P26 |
| Arabinejo | AB | 73 | P25 |
| Aracena | H | 79 | S10 |
| Aracena (Embalse de) | H | 79 | S10 |
| Aracena (Sierra de) | H | 79 | S9 |
| Arafo (Tenerife) | TF | 127 | G3 |
| Aragó i Catalunya (Canal d') | HU | 36 | H31 |
| Aragón (Canal Imperial de) | Z | 34 | G25 |
| Aragón (Río) | | 21 | E27 |
| Aragón Subordán | | 21 | D27 |
| Aragón y Cataluña (Canal de) | HU | 36 | F30 |
| Aragoncillo | GU | 47 | J23 |
| Aragoncillo (Monte) | GU | 47 | J23 |
| Aragoneses | SG | 45 | I16 |
| Aragosa | GU | 47 | J21 |
| Araguás | HU | 22 | E30 |
| Araguás del Solano | HU | 21 | E28 |
| Aragüés del Puerto | HU | 21 | D27 |
| Arahal (El) | SE | 92 | U13 |
| Arahuetes | SG | 45 | I18 |
| Araia | CS | 62 | L29 |
| Araia / Araya (Álava) | VI | 19 | D23 |
| Araitz | NA | 10 | C23 |
| Arakaldo | BI | 8 | C21 |
| Arakil | | 19 | D23 |
| Aralar (Sierra de) | | 19 | D23 |
| Aralla | LE | 15 | D12 |
| Aralla (Collada de) | LE | 15 | D12 |
| Aramaio | BU | 10 | C22 |
| Aramil | O | 6 | B13 |
| Aramunt | L | 23 | F32 |
| Arán | | 50 | J30 |
| Aran (Vall d') | L | 22 | D32 |
| Arana | BU | 19 | D21 |
| Arana (Sierra) | | 94 | T19 |
| Aranarache | NA | 19 | D23 |
| Arancedo | O | 4 | B9 |
| Arancón | SO | 33 | G23 |
| Aranda (Málaga) | MA | 100 | W15 |
| Aranda (Canal de) | | 32 | H19 |
| Aranda (Río) | | 34 | H25 |
| Aranda de Duero | BU | 32 | G18 |
| Aranda de Moncayo | Z | 34 | H24 |
| Arándiga | Z | 34 | H25 |
| Arandilla | BU | 32 | G19 |
| Arandilla (Río) | | 32 | G19 |
| Arandilla del Arroyo | CU | 47 | K22 |
| Aranga | C | 3 | C5 |
| Aranga (Estación de) | C | 3 | C6 |
| Arangas | O | 6 | C15 |
| Aránguiz | VI | 19 | D21 |
| Aranguren | NA | 11 | D25 |
| Aranguren | | 11 | D25 |
| Aranjuez | M | 58 | L19 |
| Arano | NA | 10 | C24 |
| Aranqüite | NA | 20 | E26 |
| Arànser | L | 23 | E34 |
| Arante | LU | 4 | B8 |
| Arantza | NA | 11 | C24 |
| Arantzazu (Vizcaya) | BI | 9 | C21 |
| Arantzazu (Guipúzcoa) | SS | 19 | D22 |
| Aranyó (L') | L | 37 | G33 |
| Aranza | LU | 14 | D8 |
| Aranzueque | GU | 46 | K20 |
| Araña (Cuevas de la) | V | 73 | O27 |
| Arañuel | CS | 62 | L28 |
| Araós | L | 23 | E33 |
| Araoz | SS | 19 | D22 |
| Arapiles | SA | 43 | J13 |
| Aras | NA | 19 | E22 |
| Aras de los Olmos | V | 61 | M26 |
| Arascués | HU | 21 | F28 |
| Aratz | | 19 | D23 |
| Aratzerreka | SS | 10 | C23 |
| Arauzo de Miel | BU | 32 | G19 |
| Arauzo de Salce | BU | 32 | G19 |
| Arauzo de Torre | BU | 32 | G19 |
| Aravaca | M | 45 | K18 |
| Aravel | L | 23 | E34 |
| Araviana | | 33 | G24 |
| Araxes | | 10 | C23 |
| Araya (Cabeza) | CC | 55 | N10 |
| Araya / Araia (Álava) | VI | 19 | D23 |
| Araya de Arriba (Embalse de) | CC | 55 | N9 |
| Arazuri | NA | 11 | D24 |
| Arba | Z | 20 | F26 |
| Arba de Biel | Z | 21 | F27 |
| Arba de Luesia | | 20 | F26 |
| Arbancón | GU | 46 | J20 |
| Arbaniés | HU | 21 | F29 |
| Arbás | LE | 5 | D12 |
| Arbayún (Hoz de) | | 11 | D26 |
| Arbeca | L | 37 | H32 |
| Arbedales (Cuevas de) | O | 5 | B12 |
| Arbejal | P | 17 | D16 |
| Arbeteta | GU | 47 | J22 |
| Arbillas (Mirador de) | AV | 57 | L14 |
| Arbizu | NA | 19 | D23 |
| Arbo | PO | 13 | F5 |
| Arboç (L') | T | 37 | I34 |
| Arboçar de Dalt (L') | B | 38 | I35 |
| Arbocet (L') | T | 51 | I32 |
| Arboleas | AL | 96 | T23 |
| Árboles (Los) | CR | 71 | O21 |
| Arbolí | T | 37 | I32 |
| Arbón | O | 4 | B9 |
| Arbón (Embalse de) | O | 4 | B9 |
| Arbúcies | GE | 38 | G37 |
| Arbujuelo | SO | 47 | I22 |
| Arbuniel | J | 94 | T19 |
| Arc de Cabanes | CS | 62 | L30 |
| Arca | PO | 13 | E4 |
| Arcade | PO | 12 | E4 |
| Arcallana | O | 5 | B11 |
| Arcamo (Sierra de) | | 18 | D20 |
| Arcángeles (Los) | M | 46 | K19 |
| Arcas | | 60 | M23 |
| Arcavell | L | 23 | E34 |
| Arce | NA | 11 | D25 |
| Arce (Valle de) | | 11 | D25 |
| Arcediano | SA | 44 | I13 |
| Arcellana | O | 5 | B11 |
| Arcenillas | ZA | 29 | H12 |
| Arcentales | BI | 8 | C20 |
| Arceo | C | 3 | C5 |
| Archena | MU | 85 | R26 |
| Archez | MA | 101 | V18 |
| Archidona (Málaga) | MA | 93 | U16 |
| Archidona (Sevilla) | SE | 79 | S11 |
| Archidona (Sierra de) | | 93 | U16 |
| Archilla | GU | 46 | J21 |
| Architana | MU | 84 | R24 |
| Archivel | MU | 84 | R23 |

## ALMERÍA

| | | |
|---|---|---|
| Alcade Muñoz | BCY | |
| Las Alfarerías | BY | |
| Alfarero (Rambla de) | BY | |
| Almedina | AZ | |
| Almería (Pas. de) | BYZ | |
| Altamira | CYZ | |
| Amatisteros (Rambla de) | CY | |
| América | CZ | |
| Andalucía | CZ | |
| Antonio Vico | BY | |
| Arapiles | BZ | 6 |
| Arquímedes | AY | |
| Artes de Arcos | CZ | |
| Azorín | CZ | |
| Barranco Bolas | AY | |
| Belén (Rambla de) | BCYZ | |
| Cabo de Gata (Av. del) | CZ | |
| Calvario | BY | |
| Cámaras | BY | |
| Caridad (Pas. de la) | BY | |
| Castro | CZ | |
| Catedral (Pl. de la) | BZ | 7 |
| Cervantes | BYZ | 8 |
| Ceuta | AY | |
| Conde Ofalia | BZ | 10 |
| Constitución (Pl. de la) | BY | 12 |
| las Cruces | BY | |
| Doctor Carracido | CY | |
| Doctor Gregorio Marañón | CZ | |
| Doctor Paco Pérez | BY | 14 |
| Eduardo Pérez | BZ | 16 |
| Emilio Pérez (Pl.) | BZ | 18 |
| España (Pl.) | CZ | |
| Estación (Av. de la) | CZ | |
| Federico Garcia Lorca (Av.) | BCYZ | |
| Flores (Pl.) | BY | 20 |
| Fuentecica (La) | AY | |
| Los Genoveses | AY | |
| Gen. Luque | AZ | |
| Gen. Segura | BZ | |
| Gen. Tamayo | BZ | |
| Gerona | BZ | |
| Granada | BCY | |
| Guadalquivir | CY | |
| Guatemala | CZ | |
| Hermanos Machado | BZC | |
| Hernanos Pinzón | CYZ | |
| Humilladero | CY | 25 |
| Javier Sanz | BCZ | |
| José Morales Abad | CZ | |
| Juan Lirola | BCY | |
| Largo Caballero (Camino de) | ABY | |
| Maria Auxiliadora | CY | |
| Marina | CZ | |
| Marítimo (Paseo) | BCZ | |
| Méndez Núñez | BZ | |
| Mercurio | CY | |
| Murcia | CY | |
| Navarro Rodrigo | BY | |
| Nicolás Salmerón (Parque) | ABZ | 28 |
| Nijar-Los Molinos (Carret.) | CY | 30 |
| Nuestra Señora de Montserrat (Av. de) | CZ | |
| Obispo Orbera (Rambla) | BCY | |
| Pablo Iglesias (Av. de) | BY | |
| Pablo Ruiz Picasso | CY | |
| Padre Méndez | CY | |
| La Palma | BY | |
| Pedro Jover | AZ | |
| Poeta Paco Aquino | CY | 33 |
| Purchena (Puerta de) | BY | 35 |
| Ramos | BY | |
| Real | BYZ | |
| Real del Barrio Alto | CY | |
| Reducto | AY | |
| Regocijos | BY | |
| Reina Regente | BZ | |
| Restoy | BY | |
| Ronda (Carret. de) | BCZ | |
| Rueda López | BZ | |
| Sagunto | CZ | |
| Santa Isabel (Av. de) | CY | |
| Santos Zárate | CY | |
| San Juan Bosco (Av. de) | CY | |
| San Leonardo | BCY | |
| Séneca | BZ | |
| Silencio | CY | |
| Tenor Iribarne | BY | 45 |
| Las Tiendas | BY | 47 |
| Trajano | BZ | 49 |
| Vichez (Av. de) | BY | 52 |
| Zagal | CY | |

## ÁVILA

| | | |
|---|---|---|
| Alemania | B | 2 |
| Caballeros | B | 6 |
| Calvo Sotelo (Pl.) | B | 8 |
| Cardenal Pla y Deniel | B | 10 |
| Cortal de las Campanas (Pl. del) | A | 12 |
| Don Geronimo | B | 13 |
| Esteban Domingo | B | 14 |
| Jimena Blásquez | A | 15 |
| López Núñez | B | 16 |
| Marqués de Benavites | AB | 18 |
| Peregrino (Bajada del) | B | 19 |
| Ramón y Cajal | A | 20 |
| Reyes Católicos | B | 21 |
| Santa (Pl. de la) | A | 25 |
| Santo Tomas (Pas. de) | B | 26 |
| San Segundo | B | 22 |
| San Vicente | B | 24 |
| Sonsoles (Bajada de) | B | 27 |
| Los Telares | A | 28 |
| Tomás luis de Victoria | B | 30 |
| Tostado | B | 31 |

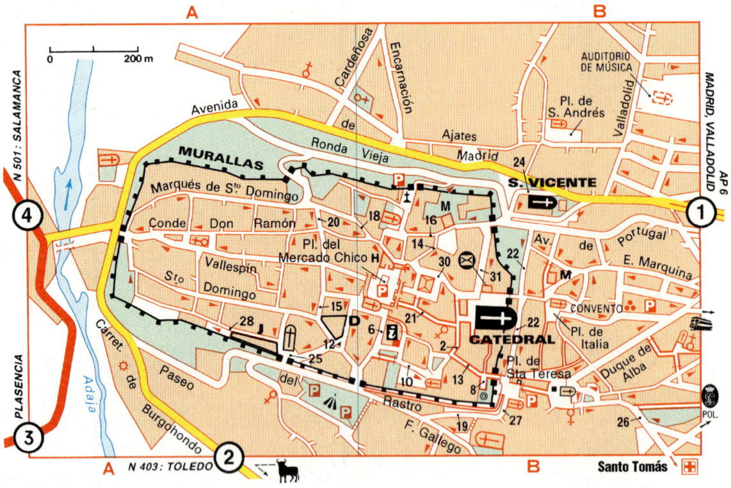

| | | | |
|---|---|---|---|
| Arcicóllar | TO | 58 | L17 |
| Arcillera | ZA | 29 | G11 |
| Arcillo | ZA | 29 | H12 |
| Arco | CC | 55 | M10 |
| Arco (El) | SA | 43 | I12 |
| Arconada (Burgos) | BU | 18 | E19 |
| Arconada (Palencia) | P | 17 | F16 |
| Arcones | SG | 46 | I18 |
| Arcos (Burgos) | BU | 18 | F18 |
| Arcos (cerca de Carnota) | C | 2 | D2 |
| Arcos (Lugo) | LU | 13 | E6 |
| Arcos (Ourense) | OR | 13 | E5 |
| Arcos (cerca de Cuntis) | PO | 12 | E4 |
| Arcos (Zamora) | ZA | 29 | G12 |
| Arcos (Embalse de) | CA | 92 | V12 |
| Arcos (Los) | NA | 19 | E23 |
| Arcos (Río) | | 61 | M26 |
| Arcos (Sierra de) | | 49 | I28 |
| Arcos de Jalón | SO | 47 | I23 |
| Arcos de la Frontera | CA | 92 | V12 |
| Arcos de la Sierra | CU | 47 | K23 |
| Arcos de las Salinas | TE | 61 | M26 |
| Arcs (Els) | L | 36 | G32 |
| Arcs (Ermita dels) | | 24 | F37 |
| Arcusa | HU | 22 | F30 |
| Ardachón (Arroyo) | | 91 | T11 |
| Ardaitz | NA | 11 | D25 |
| Ardal | | 84 | Q22 |
| Ardales | MA | 100 | V15 |
| Ardanaz | NA | 11 | D25 |
| Ardaña | C | 2 | C3 |
| Ardèvol | L | 37 | G34 |
| Ardila (R.) | | 79 | R9 |
| Ardisa | Z | 21 | F27 |
| Ardón | LE | 16 | E13 |
| Ardoncino | LE | 16 | E13 |
| Ardonsillero | SA | 43 | J11 |
| Arduas (Las) | SE | 92 | U12 |
| Area | PO | 12 | F3 |
| Areas (Lugo) | LU | 13 | D6 |
| Areas (cerca de Ponteareas) | PO | 12 | F4 |
| Areas (cerca de Tui) | PO | 12 | F4 |
| Areas (Estación de) | LU | 13 | E7 |
| Areatza | BI | 9 | C21 |
| Areeta (Vizcaya) | BI | 8 | C20 |
| Arejos (Los) | MU | 96 | T24 |
| Arellano | NA | 19 | E23 |
| Arén | HU | 22 | F32 |
| Arena (La) | O | 5 | B11 |
| Arenal (El) (Ávila) | AV | 57 | L14 |
| Arenal (El) (Segovia) | SG | 45 | I18 |
| Arenal (Puerto del) | | 83 | Q22 |
| Arenal (S') (Mallorca) | PM | 104 | N38 |
| Arenal d'en Castell | PM | 106 | L42 |
| Arenales (Los) | SE | 92 | T14 |
| Arenales de San Gregorio | CR | 71 | O20 |
| Arenales del Sol (Los) | A | 86 | R28 |
| Arenas (Málaga) | MA | 101 | V17 |
| Arenas (Refugio) | | 57 | L14 |
| Arenas de Cabrales | O | 6 | C15 |
| Arenas de Iguiña | S | 7 | C17 |
| Arenas de San Juan | CR | 70 | O19 |
| Arenas de San Pedro | AV | 57 | L14 |
| Arenas del Rey | GR | 101 | V18 |
| Arenetes (Les) | A | 75 | P30 |
| Arenillas (Sevilla) | SE | 80 | S12 |
| Arenillas (Soria) | SO | 33 | H21 |
| Arenillas de Muñó | BU | 17 | F18 |
| Arenillas de Riopisuerga | BU | 17 | E17 |
| Arenillas de Villadiego | BU | 17 | E18 |
| Arenós (Embassament de) | | 62 | L28 |
| Arenosillo (Arroyo) | | 81 | R16 |
| Arenoso | CO | 81 | R16 |
| Arens de Lledó | TE | 50 | J30 |
| Arenteiro | | 13 | E5 |
| Arenys de Mar | B | 38 | H37 |
| Arenys de Munt | B | 38 | H37 |
| Arenzana de Abajo | LO | 19 | E21 |
| Areños | P | 17 | D16 |
| Ares (A Coruña) | C | 3 | B5 |
| Ares (Coll d') | GE | 24 | E37 |
| Ares (Mola d') | CS | 50 | K29 |
| Ares del Maestrat | CS | 50 | K29 |
| Areso | NA | 10 | C24 |
| Areta | VI | 8 | C21 |
| Areta (Río) | | 11 | D26 |
| Aretxabaleta | SS | 10 | C22 |
| Areu | L | 23 | E33 |
| Arevalillo | AV | 44 | K13 |
| Arevalillo (Río) | | 44 | J15 |
| Arevalillo de Cega | SG | 45 | I18 |
| Arévalo (Ávila) | AV | 44 | I15 |
| Arévalo (Soria) | SO | 33 | G22 |
| Arga | | 11 | D25 |
| Argallanes (Sierra de) | BA | 68 | Q12 |
| Argallón | CO | 80 | R13 |
| Argalo | C | 12 | D3 |
| Argamasilla | SE | 92 | T13 |
| Argamasilla de Alba | CR | 71 | O20 |
| Argamasilla de Calatrava | CR | 70 | P17 |
| Argamasón (Albacete) | AB | 72 | P23 |
| Argamasón (Almería) | AL | 96 | U24 |
| Argamassa (S') | PM | 87 | P34 |
| Arganda del Rey | M | 59 | L19 |
| Argandoña | VI | 19 | D22 |
| Arganza (León) | LE | 14 | E9 |
| Arganza (Asturias) | O | 5 | C10 |
| Arganza (Río) | | 4 | C10 |
| Argañín | ZA | 29 | H11 |
| Argañoso (León) | LE | 15 | E11 |
| Argañoso (Asturias) | O | 6 | B13 |
| Argavieso | HU | 21 | F29 |
| Argecilla | GU | 47 | J21 |
| Argel | AB | 84 | Q22 |
| Argelaguer | GE | 24 | F37 |
| Argelita | CS | 62 | L28 |
| Argençola | B | 37 | H34 |
| Argente | TE | 48 | J26 |
| Argente (Puerto de) | | 48 | J26 |
| Argentera (L') | T | 51 | I32 |
| Argentona | B | 38 | H37 |
| Argés | TO | 58 | M17 |
| Argómaniz | VI | 19 | D22 |
| Argómaniz (Parador de) (Álava) | VI | 19 | D21 |
| Argomoso | LU | 4 | B7 |
| Argoños | S | 8 | B19 |
| Argos | MU | 84 | R24 |
| Argos (Embalse del) | | 84 | R24 |
| Argovejo | LE | 16 | D14 |
| Arguedas | NA | 20 | F25 |
| Arguedas (Estación de) | | 20 | F25 |
| Argüelles | O | 5 | B12 |
| Arguellite | AB | 84 | R22 |
| Argüeña (Serra de la) | A | 74 | Q27 |
| Argüero | O | 6 | B13 |
| Arguijuela | CC | 67 | N10 |
| Arguillos | MA | 93 | U15 |
| Arguineguín (Gran Canaria) | GC | 116 | C4 |
| Arguis | HU | 21 | F28 |
| Arguis (Embalse de) | HU | 21 | F28 |
| Arguisuelas | CU | 60 | M24 |
| Argujillo | ZA | 30 | I13 |
| Aria | NA | 11 | D26 |
| Ariany | PM | 105 | N39 |
| Aribe | NA | 11 | D26 |
| Arico (Tenerife) | TF | 129 | G4 |
| Arico El Nuevo (Tenerife) | TF | 129 | G4 |
| Arico Viejo (Tenerife) | TF | 129 | G4 |
| Arienza | LE | 15 | D11 |
| Arija | BU | 17 | D18 |
| Aríns | C | 13 | D4 |
| Ariñez | VI | 19 | D21 |
| Ariño | TE | 49 | I28 |
| Aripe (Tenerife) | TF | 128 | C4 |
| Arisgotas | TO | 58 | N18 |
| Aristebano (Alto de) | O | 5 | B10 |
| Aristot | L | 23 | E34 |
| Ariza | Z | 33 | I23 |
| Arizala | NA | 10 | D24 |
| Arizaleta | NA | 10 | D24 |
| Arizkun | NA | 11 | C25 |
| Arjona | J | 82 | S17 |
| Arjonilla | J | 82 | S17 |
| Arjuá | LU | 13 | E6 |
| Arlaban (Puerto de) | SS | 19 | D22 |
| Arlanza (León) | LE | 15 | E10 |
| Arlanza (Río) | | 32 | G20 |
| Arlanzón (Burgos) | BU | 18 | F19 |
| Arlanzón (Embalse de) | | 18 | F20 |
| Arlanzón (Río) | | 18 | F20 |
| Arlas (Arroyo de) | | 46 | K21 |
| Arlos | O | 5 | B12 |
| Arlucea | VI | 19 | D22 |
| Armada | O | 5 | C12 |
| Armada (Castillo de la) | SE | 80 | S13 |
| Armada (La) | OR | 13 | F5 |
| Armallones | GU | 47 | J23 |
| Armañanzas | NA | 19 | E23 |
| Armas | MA | 100 | W15 |
| Armellada | LE | 15 | E12 |
| Armenteira | PO | 12 | E3 |
| Armentera (L') | GE | 25 | F39 |
| Armenteros | SA | 44 | K13 |
| Armentón | C | 3 | C4 |
| Armeñime (Tenerife) | TF | 128 | C5 |
| Armilla | GR | 94 | U19 |
| Armillas | TE | 49 | J27 |
| Armindez | J | 83 | S20 |
| Armintza | BI | 8 | B21 |
| Armiñón | VI | 18 | D21 |
| Armuña | SG | 45 | I17 |
| Armuña de Almanzora | AL | 96 | T22 |
| Armuña de Tajuña | GU | 46 | K20 |
| Arnadelo | LE | 14 | E9 |
| Arnado | LE | 14 | E9 |
| Arnao | CA | 99 | W13 |
| Arnedillo | LO | 19 | F23 |
| Arnedo | LO | 19 | F23 |
| Arnego | PO | 13 | D5 |
| Arnés | T | 50 | J30 |
| Arneva | A | 85 | R27 |
| Arnicio (Puerto de) | O | 6 | C13 |
| Arnoia (Río) | OR | 13 | F5 |
| Arnostéguy (Puerto d') | | 11 | C26 |
| Arnuero | S | 8 | B19 |
| Aro | C | 2 | D3 |
| Aroche | H | 78 | S9 |
| Arona (Tenerife) | TF | 128 | D5 |
| Aróstegui | NA | 11 | D24 |
| Arou | C | 2 | C2 |
| Arousa (Isla de) | PO | 12 | E3 |
| Arousa (Ría de) | PO | 12 | E3 |
| Arques (Puig d') | | 39 | G38 |
| Arquijo | SO | 33 | G22 |
| Arquillinos | ZA | 29 | G13 |
| Arquillo de San Blas (Embalse del) | TE | 48 | K26 |
| Arquillos | J | 82 | R19 |
| Arrabal | PO | 12 | F3 |
| Arrabal de Portillo | VA | 31 | H16 |
| Arrabal Santa Barbara | TE | 48 | K25 |
| Arrabalde | ZA | 15 | F12 |
| Arracó (S') | PM | 104 | N37 |
| Arrago | | 55 | L10 |
| Arraia-Maeztu | VI | 19 | D22 |
| Arraitz-Orkin | NA | 11 | C25 |
| Arrancacepas | CU | 60 | L22 |
| Arrankudiaga | BI | 8 | C21 |
| Arrarats | NA | 10 | C24 |
| Arrasate / Mondragón | SS | 10 | C22 |
| Arrate | SS | 10 | C22 |
| Arratia | | 9 | C21 |
| Arrato (Sierra de) | | 18 | D21 |
| Arratzu | BI | 10 | C22 |
| Arrazola | BI | 10 | C22 |
| Arrebatacapas (Collado de) | CC | 56 | N14 |
| Arrebatacapas (Puerto de) | AV | 45 | K16 |
| Arrecife (Lanzarote) | GC | 123 | E4 |
| Arrecife (El) | CO | 81 | S15 |
| Arredondo | S | 8 | C19 |
| Arrés (Huesca) | HU | 21 | E27 |
| Arres (Lleida) | L | 22 | D32 |
| Arriano | VI | 18 | D21 |
| Arriate | MA | 92 | V14 |
| Arriba | TO | 58 | N17 |
| Arribe-Atallu | NA | 10 | C24 |
| Arrieta (Vizcaya) | BI | 9 | B21 |
| Arrieta (Lanzarote) | GC | 123 | F3 |
| Arrieta (Navarra) | NA | 11 | D25 |
| Arrigorriaga | BI | 8 | C21 |
| Arriondas | O | 6 | B14 |
| Arripas (Las) | CR | 69 | O16 |
| Arro | HU | 22 | E30 |
| Arroba de los Montes | CR | 69 | O16 |
| Arrobuey | CC | 43 | K11 |
| Arrocampo-Almaraz (Embalse de) | CC | 56 | M12 |
| Arrojo | O | 5 | C12 |
| Arrolobos | CC | 43 | K11 |
| Arróniz | NA | 19 | E23 |
| Arròs | L | 22 | D32 |
| Arroyal | S | 17 | D17 |
| Arroyo (Ciudad Real) | CR | 70 | Q18 |
| Arroyo (Huelva) | H | 79 | S9 |
| Arroyo (Palencia) | P | 16 | F15 |
| Arroyo (Cantabria) | S | 17 | D17 |
| Arroyo (València) | V | 61 | N26 |
| Arroyo (Valladolid) | VA | 30 | H15 |
| Arroyo Bremudo (Embalse de) | CC | 55 | M11 |
| Arroyo Cerezo | V | 61 | L25 |
| Arroyo de Cuéllar | | 31 | H16 |
| Arroyo de la Luz | CC | 55 | N10 |
| Arroyo de la Miel | MA | 100 | W16 |
| Arroyo de la Plata | SE | 79 | S11 |
| Arroyo de las Fraguas | GU | 46 | I20 |
| Arroyo de Salas | BU | 32 | F20 |
| Arroyo de San Serván | BA | 67 | P10 |
| Arroyo de Torote | ESP | 46 | K19 |
| Arroyo del Ojanco | J | 83 | R21 |
| Arroyo-Malpartida (Estación) | CC | 55 | N10 |
| Arroyo Meaques | M | 45 | K18 |
| Arroyofrío | TE | 61 | L25 |
| Arroyomolinos (Madrid) | M | 58 | L18 |
| Arroyomolinos de la Vera | CC | 56 | L12 |
| Arroyomolinos de Léon | H | 79 | R10 |
| Arroyomolinos de Montánchez | CC | 67 | O11 |
| Arroyomuerto | SA | 43 | K11 |
| Arroyos (Los) (Jaén) | J | 83 | R22 |
| Arroyos (Los) (Madrid) | M | 45 | K17 |
| Arroyuelo | BU | 18 | D19 |
| Arrozao (Sierra del) | BA | 68 | P12 |
| Arruazu | NA | 10 | D24 |
| Arrúbal | LO | 19 | E23 |
| Arruchua | | 10 | C22 |
| Ars | L | 23 | E34 |
| Arsèguel | L | 23 | E34 |
| Artà | PM | 105 | M40 |
| Artà (Coves d') | PM | 105 | N40 |
| Artaiz | NA | 11 | D25 |
| Artaj | V | 61 | M27 |
| Artajo / Artaxo | NA | 11 | D25 |
| Artajona | NA | 20 | E24 |
| Artana | CS | 62 | M29 |
| Artariáin | NA | 20 | E25 |
| Artasona (cerca de Almudévar) | HU | 21 | F28 |
| Artasona (cerca de El Grado) | HU | 22 | F30 |
| Artavia | NA | 19 | D23 |
| Artaxo / Artajo | NA | 11 | D25 |
| Artaza (cerca de Subijana) | VI | 18 | D21 |
| Artaza de F. (cerca de Vitoria-Gasteiz) | VI | 19 | D21 |
| Artazu | NA | 10 | D24 |
| Artea | BI | 9 | C21 |
| Artea (El) | AL | 96 | U24 |
| Artedo | O | 5 | B11 |
| Artedosa (Asturias) | O | 6 | C13 |
| Arteixo | C | 3 | C4 |
| Artejuela | CS | 62 | L28 |
| Artekona | BI | 8 | C20 |
| Artenara (Gran Canaria) | GC | 114 | D2 |
| Artés | B | 38 | G35 |
| Artesa | CS | 62 | M29 |
| Artesa de Lleida | L | 36 | H32 |
| Artesa de Segre | L | 37 | G33 |
| Artesiaga (Puerto de) | NA | 11 | C25 |
| Arteta | NA | 10 | D24 |
| Artibay | | 10 | C22 |
| Artichuela (La) | GR | 94 | T19 |
| Artieda (Navarra) | NA | 11 | D26 |
| Artieda (Zaragoza) | Z | 21 | E27 |
| Arties | L | 22 | D32 |
| Artikutza | NA | 10 | C24 |
| Arto | HU | 21 | E28 |
| Artómaña | VI | 18 | D21 |
| Artrutx (Cap d') | PM | 106 | M41 |
| Artziniega | VI | 8 | C20 |
| Arucas (Gran Canaria) | GC | 115 | E2 |
| Arucas (Montaña de) (Gran Canaria) | GC | 115 | E2 |
| Arure (La Gomera) | TF | 118 | B2 |
| Arvas (Ruinas romanas de) | SE | 80 | T13 |
| Arzádigos | OR | 28 | G8 |
| Arzón | C | 2 | D3 |
| Arzoz | NA | 10 | D24 |
| Arzúa | C | 3 | D5 |
| Ascara | HU | 21 | E28 |
| Ascarza | BU | 19 | D21 |
| Ascaso | HU | 22 | E30 |
| Ascó | T | 36 | I31 |
| Ascopalls | V | 74 | O28 |
| Ascoy | MU | 85 | R25 |
| Ase (Pas de l') | T | 50 | I31 |
| Aserradero del Río Tús | J | 83 | Q22 |
| Asiáin | NA | 10 | D24 |
| Asiego | O | 6 | C15 |
| Asientos (Los) | CA | 91 | V11 |
| Asín | Z | 20 | F26 |
| Asín de Broto | HU | 21 | E29 |
| Asma (cerca del Río Miño) | LU | 13 | E6 |
| Asma (Santa Eugenia) | LU | 13 | E6 |
| Asneiro | | 13 | E5 |
| Asno (Boca del) | MA | 100 | V16 |
| Asno (Boca del) | SG | 45 | J17 |
| Asno (Cabeza del) | MU | 85 | R25 |
| Aso de Sobremonte | HU | 21 | E28 |
| Asomadilla | AB | 73 | O25 |
| Asón | | 8 | C19 |
| Asón (Puerto del) | S | 8 | C19 |
| Aspa | L | 36 | H32 |
| Aspai | LU | 3 | C6 |

| | | | |
|---|---|---|---|
| Aspariegos | ZA | 30 | G13 |
| Aspárrena | VI | 19 | D22 |
| Aspe | A | 85 | Q27 |
| Asperillas | TO | 59 | M19 |
| Asperillo | H | 91 | U10 |
| Aspurz | NA | 11 | D26 |
| Assa | VI | 19 | E22 |
| Asso Veral | Z | 21 | E27 |
| Asteasu | SS | 10 | C23 |
| Astelarra | BI | 9 | C21 |
| Astigarraga | SS | 10 | C24 |
| Astigarreta | SS | 10 | C23 |
| Astillero (El) | S | 7 | B18 |
| Astor (L') | B | 37 | G34 |
| Astorga | LE | 15 | E11 |
| Astráin | NA | 10 | D24 |
| Astrana | S | 8 | C19 |
| Astudillo | P | 17 | F17 |
| Astún (Valle de) | HU | 21 | D28 |
| Asturianos | ZA | 29 | F10 |
| Asua | BI | 8 | C21 |
| Atajate | MA | 99 | W14 |
| Atalaya (Badajoz) | BA | 79 | Q10 |
| Atalaya (Málaga) | MA | 100 | W14 |
| Atalaya (València) | V | 62 | N28 |
| Atalaya (Estación de) | MA | 92 | V14 |
| Atalaya (La) (Ávila) | AV | 45 | K16 |
| Atalaya (La) (Cáceres) | CC | 55 | L10 |
| Atalaya (La) (Cuenca) | CU | 60 | M23 |
| Atalaya (La) (Gran Canaria) | GC | 114 | D1 |
| Atalaya (La) (Gran Canaria) | GC | 115 | F2 |
| Atalaya (La) (Huelva) | H | 79 | S10 |
| Atalaya (La) (Murcia) | MU | 97 | T25 |
| Atalaya (La) (Salamanca) | SA | 43 | K10 |
| Atalaya (La) (Sevilla) | SE | 92 | T13 |
| Atalaya (Monte) | | 96 | U23 |
| Atalaya del Alberche | TO | 57 | L16 |
| Atalaya del Cañavate | CU | 60 | N23 |
| Atalaya Real | M | 46 | J19 |
| Atalayassa | | 87 | P33 |
| Atamaría | MU | 97 | T27 |
| Atán | C | 2 | D3 |
| Atance (El) | GU | 47 | I21 |
| Atance (Embalse de) | GU | 47 | I21 |
| Atanzón | | 46 | J21 |
| Atapuerca | BU | 18 | E19 |
| Ataquines | VA | 44 | I15 |
| Atarés | HU | 21 | E28 |
| Atarfe | GR | 94 | U18 |
| Atarja (Rivera) | | 79 | R10 |
| Ataun | SS | 10 | C23 |
| Atauri | VI | 19 | D22 |
| Atauta | SO | 32 | H20 |
| Atazar (El) | M | 46 | J19 |
| Atazar (Embalse de El) | M | 46 | J19 |
| Atea | Z | 48 | I25 |
| Ateca | Z | 34 | H24 |
| Atez | NA | 11 | D24 |
| Atiaga | VI | 18 | D20 |
| Atienza | GU | 46 | I21 |
| Atios | C | 3 | B5 |
| Atlanterra | CA | 99 | X12 |
| Atochares | AL | 103 | V23 |
| Atrave | OR | 28 | G8 |
| Atxondo | | 10 | C22 |
| Atzeneta d'Albaida | V | 74 | P28 |
| Atzeneta del Maestrat | CS | 62 | L29 |
| Aubert | L | 22 | D32 |
| Aucanada (Illa d') | | 105 | M39 |
| Audanzas | LE | 15 | F12 |
| Audikana | VI | 19 | D22 |
| Aulá (Puerto de) | L | 23 | D32 |
| Aula Dei (La Cartuja de) | Z | 35 | G27 |
| Aulaga (La) | SE | 79 | S10 |
| Aulago | AL | 95 | U22 |
| Aulesti | BI | 10 | C22 |
| Auñón | GU | 47 | K21 |
| Aurela (Rivera) | | 54 | N8 |
| Aurín | | 21 | E28 |
| Auritz / Burguete | NA | 11 | D26 |
| Auritzberri / Espinal | NA | 11 | D25 |
| Ausejo | LO | 19 | E23 |
| Ausejo de la Sierra | SO | 33 | G22 |
| Ausines (Los) | BU | 18 | F19 |
| Autilla del Pino | P | 31 | G16 |
| Autillo de Campos | P | 30 | F15 |
| Autol | LO | 19 | F23 |
| Autza | NA | 11 | C25 |
| Auza | NA | 11 | D24 |
| Avall (S') | PM | 105 | O39 |
| Avalls (Torrent de S') | | 105 | N39 |
| Avançada (Punta de l') | | 105 | M39 |
| Ave | V | 73 | O27 |
| Aveinte | AV | 44 | J15 |
| Avellà (L') | CS | 50 | K29 |
| Avellanar (Cáceres) | CC | 43 | K10 |
| Avellanar (Toledo) | TO | 58 | N17 |
| Avellaneda (Ávila) | AV | 44 | K13 |
| Avellaneda (La Rioja) | LO | 19 | F22 |
| Avellanes (Les) | L | 36 | G32 |
| Avellanosa de Muñó | BU | 31 | G18 |
| Avellanosa del Páramo | BU | 17 | E18 |
| Aves | | 6 | C14 |
| Avià (Barcelona) | B | 24 | F35 |
| Avia (Río) | OR | 13 | E5 |
| Aviados | LE | 16 | D13 |
| Avide | LU | 13 | E7 |
| Ávila | AV | 44 | K15 |
| Ávila (Bahía de) (Lanzarote) | GC | 122 | C5 |
| Ávila (Sierra de) | | 44 | K14 |
| Avilés (Murcia) | MU | 84 | S24 |
| Avilés (Asturias) | O | 5 | B12 |
| Avileses | MU | 85 | S27 |
| Avín | O | 6 | B15 |
| Avinyó | B | 38 | G35 |
| Avinyonet | GE | 25 | F38 |
| Avinyonet del Penedès | B | 38 | H35 |
| Aviñante | P | 17 | D15 |
| Aviño | C | 3 | B5 |
| Avión (Ourense) | OR | 13 | E5 |
| Avión (Faro de) | PO | 13 | F5 |
| Avion (Río) | | 32 | H21 |
| Axpe | BI | 10 | C22 |
| Aya (Peñas de) / Harria (Aiako) | ESP | 10 | C24 |
| Ayacata (Gran Canaria) | GC | 116 | D3 |
| Ayagaures (Embalse de) (Gran Canaria) | GC | 116 | D4 |
| Ayamonte | H | 90 | U7 |
| Ayaz | LU | 13 | E7 |
| Ayechu | NA | 11 | D26 |
| Ayedo | | 33 | F23 |
| Ayegui | NA | 19 | E23 |
| Ayera | HU | 21 | F29 |
| Ayerbe | HU | 21 | F27 |
| Ayesa | NA | 20 | E25 |
| Ayllón | SG | 32 | H19 |
| Ayllón (Sierra de) | | 32 | I19 |
| Ayna | AB | 72 | Q23 |
| Ayódar | CS | 62 | L28 |
| Ayoluengo | BU | 17 | D18 |
| Ayones | O | 5 | B10 |
| Ayoó de Vidriales | ZA | 15 | F11 |
| Ayora | V | 73 | O26 |
| Ayuda | | 19 | D22 |
| Ayuela (Palencia) | P | 17 | E16 |
| Ayuela (Embalse de) | CC | 67 | O11 |
| Ayuela (Río) | | 67 | N10 |
| Ayuelas | BU | 18 | D20 |
| Azaba (Rivera de) | | 42 | K9 |
| Azáceta | VI | 19 | D22 |
| Azáceta (Puerto) | VI | 19 | D22 |
| Azafor | VC | 74 | P29 |
| Azagala | BA | 67 | O9 |
| Azagra (Navarra) | NA | 20 | F24 |
| Azagra (València) | V | 61 | M26 |
| Azaila | TE | 35 | I28 |
| Azanaque | SE | 80 | T13 |
| Azanúy | HU | 36 | G30 |
| Azañón | GU | 47 | J22 |
| Azara | HU | 22 | F29 |
| Azares del Páramo | LE | 15 | F12 |
| Azarrulla | LO | 18 | F20 |
| Azcamellas | SO | 47 | I22 |
| Azkarate | NA | 10 | C23 |
| Azkarate (Puerto de) | SS | 10 | C22 |
| Azkoitia | SS | 10 | C23 |
| Azlor | HU | 22 | F29 |
| Aznalcázar | SE | 91 | U11 |
| Aznalcóllar | SE | 91 | T11 |
| Aznar | | 99 | V12 |
| Azoberines | TO | 58 | M17 |
| Azofra | LO | 19 | E21 |
| Azohía (La) | MU | 97 | T26 |
| Azorejo | BA | 69 | P15 |
| Azparren | NA | 11 | D26 |
| Azpeitia | SS | 10 | C23 |
| Azpilkueta | NA | 11 | C25 |
| Azpirotz (Puerto de) | NA | 10 | C24 |
| Azuaga | BA | 80 | R13 |
| Azuara | Z | 35 | I27 |
| Azucaica | TO | 58 | M18 |
| Azud de Matacavas | H | 90 | T7 |
| Azuébar | CS | 62 | M28 |
| Azuel | CO | 81 | R17 |
| Azuelo | NA | 19 | E22 |
| Azuer (Río) | | 70 | O19 |
| Azul (Charco) (La Palma) | TF | 131 | D3 |
| Azuqueca de Henares | GU | 46 | K20 |
| Azután | TO | 57 | M14 |
| Azután (Embalse de) | TO | 57 | M15 |
| Azuz de Ojós (Embalse de) | | 85 | R25 |

## B

| | | | |
|---|---|---|---|
| Baamonde | LU | 3 | C6 |
| Baamorto | LU | 14 | E7 |
| Babilafuente | SA | 44 | J13 |
| Bacanera | L | 22 | D32 |
| Bacares | AL | 96 | U22 |
| Bacarot | A | 86 | R28 |
| Bachiller (El) | AB | 73 | P25 |
| Bachillera | CR | 71 | O20 |
| Bachimaña (Embalse de) | | 21 | D29 |
| Bacoco | BA | 66 | O8 |
| Bacoi | LU | 4 | B7 |
| Bacor Olivar | GR | 95 | T21 |
| Badajoz | BA | 67 | P9 |
| Badalejos (Los) | CA | 99 | W12 |
| Badalona | B | 38 | H36 |
| Bádames | S | 8 | B19 |
| Badarán | LO | 19 | E21 |
| Bádenas | TE | 48 | I26 |
| Badia Gran | PM | 104 | N38 |
| Badiel (Río) | | 46 | J20 |
| Badilla | ZA | 29 | H11 |

## BADAJOZ

| | | |
|---|---|---|
| Adelardo Covarsí | AZ | 2 |
| Afligidos | CY | 3 |
| Agustina de Aragón | BZ | 4 |
| Alféreces (Pl. de los) | AZ | 5 |
| Alonso Cárdenas Cano | CZ | 6 |
| Antonio Cortes Lavado (Pl.) | BZ | 7 |
| Antonio Juez | AZ | 9 |
| Arco Agüero | BYZ | 12 |
| Bomba (La) | BZ | 14 |
| Bravo Murillo | BCY | 15 |
| Calamón (Camino ) | CZ | 16 |
| Campillo (El) | CY | 17 |
| Canteras Calamón | CZ | 18 |
| Cardenal Fonseca | CZ | 19 |
| Carolina Coronado (Av. de) | AY | 20 |
| Cervantes (Pl.) | CY | 21 |
| Ciudad de Evora | BZ | 22 |
| Concepción | BCY | 23 |
| Corte de Peleas (Carret. de) | CY | 25 |
| Costanilla | CY | 26 |
| Cristóbal Oudrid | BYZ | 27 |
| Damián Téllez Lafuente (Av.) | BZ | 30 |
| Doroteo M. Benítez | AZ | 28 |
| Dosma | BY | 29 |
| Enrique Segura Otaño | BZ | 32 |
| Felipe Checa | BY | 35 |
| Fernández de la Puente | BZ | 36 |
| Francisco Morales Bermúdez | CZ | 41 |
| Francisco Pizarro | BY | 38 |
| Fray Antonio Gómez | CZ | 42 |
| Gabino Tejado | CY | 43 |
| García de Paredes | AY | 44 |
| Hernán Cortés | BY | 46 |
| Joaquín Costa (Av.) | BY | 48 |
| Juan Carlos I de España | BY | 49 |
| Juan de Badajoz | BCZ | 51 |
| Juan Nogre | AZ | 52 |
| Manuel García Matos | BZ | 54 |
| María Auxiliadora (Av.) | AZ | 55 |
| Nuestra Señora de Guadalupe | BZ | 57 |
| Obispo San Juan de Ribera | BY | 58 |
| Pedro de Valdivia | BZ | 61 |
| Pilar (Pl. de) | BZ | 62 |
| Pimienta (La) | CZ | 64 |
| Ramón Albarrán | BYZ | 65 |
| Regino de Miguel | ABZ | 67 |
| Regulares Marroquíes | BY | 68 |
| República Argentina | AZ | 69 |
| República del Ecuador | AZ | 71 |
| Revellín (Puente) | CY | 72 |
| Reyes Católicos (Pl.) | BY | 74 |
| Ricardo Carapeto (Av.) | CY | 75 |
| San Lorenzo | CY | 76 |
| San Roque (Puente) | CY | 78 |
| Sevilla (Carret.) | CZ | 79 |
| Soto Mancera | BY | 80 |
| Suárez de Figueroa | BY | 82 |

| | | | |
|---|---|---|---|
| Badolatosa | SE | 93 | U15 |
| Badostáin | | 11 | D25 |
| Badules | Z | 48 | I26 |
| Baell (El) | GE | 24 | F36 |
| Baélls | HU | 36 | G31 |
| Baélls (Pantà de la) | B | 24 | F35 |
| Baelo (Ruinas romanas de) | CA | 99 | X12 |
| Baena | CO | 93 | T17 |
| Baeza | J | 82 | S19 |
| Baezuela | M | 46 | K19 |
| Bàga | B | 24 | F35 |
| Bagergue | | 22 | D32 |
| Báguena | TE | 48 | I25 |
| Bagüés | Z | 21 | E27 |
| Bahabón | VA | 31 | H17 |
| Bahabón de Esgueva | BU | 32 | G18 |
| Bahia | MU | 97 | T26 |
| Bahía de Cádiz (Parque natural de la) | | 98 | W11 |
| Bahia Dorada | MA | 99 | W14 |
| Bahíllo | P | 17 | E16 |
| Baides | GU | 47 | I21 |
| Bailadero (El) (Tenerife) | TF | 125 | J1 |
| Bailén | J | 82 | R18 |
| Baíllo (Burgos) | BU | 18 | D19 |
| Baíllo (León) | LE | 15 | F10 |
| Bailo | HU | 21 | E27 |
| Baíña | O | 5 | C12 |
| Baíñas | C | 2 | C2 |
| Baio | C | 2 | C3 |
| Baiona | PO | 12 | F3 |
| Baiuca (A) (Arteixo) | C | 3 | C4 |
| Baja (Punta de la) (Lanzarote) | GC | 121 | F2 |
| Baja o de Miraflores (Cartuja) | | 35 | H27 |
| Bajamar (Tenerife) | TF | 124 | H1 |
| Bajauri | BU | 19 | E22 |
| Bajo (Collado) | CU | 60 | L24 |
| Bajo Guadalquivir (Canal del) | SE | 92 | T12 |
| Bajoz | | 30 | H14 |
| Bakaiku | NA | 19 | D23 |
| Bakio | BI | 9 | B21 |
| Baladre (Sierra del) | | 84 | Q24 |
| Balaguer | L | 36 | G32 |
| Balaguer (Pantà de) | | 36 | G32 |
| Balaïtous | HU | 21 | D29 |
| Balandrau | | 24 | E36 |
| Balanegra | AL | 102 | V21 |
| Balazote | AB | 72 | P23 |
| Balbacil | GU | 47 | I23 |
| Balbarda | AV | 44 | K15 |
| Balbases (Los) | BU | 17 | F17 |
| Balboa (Badajoz) | BA | 67 | P9 |
| Balboa (León) | LE | 14 | D9 |
| Balcarca | HU | 36 | G30 |
| Balces | | 22 | F29 |
| Balcón de Bizkaia | BI | 10 | C22 |
| Balcón de los Alcores (El) | SE | 92 | T12 |
| Balcón de Madrid (El) | M | 46 | J19 |
| Balconchán | Z | 48 | I25 |
| Balcones (Los) (Alacant) | A | 85 | S27 |
| Balcones (Los) (Granada) | GR | 95 | T21 |
| Balconete | GU | 46 | K21 |
| Baldairan (Pico de) | HU | 21 | D29 |
| Baldellou | HU | 36 | G31 |
| Baldio | CC | 56 | M13 |
| Baldomar | L | 37 | G33 |
| Baldovar | V | 61 | M26 |
| Baldrei | OR | 13 | F7 |
| Baldriz | OR | 13 | F7 |
| Baleira | LU | 4 | C8 |
| Balerma (Almería) | AL | 102 | V21 |
| Balerma (Granada) | GR | 93 | U17 |
| Baliera | | 22 | E31 |
| Balisa | SG | 45 | I16 |
| Balitres (Coll de) | GE | 25 | E39 |
| Ballabriga | HU | 22 | E31 |
| Ballabriga (Sierra de) | | 22 | E31 |
| Ballena o de Tostón (Punta de la) (Fuerteventura) | GC | 111 | G1 |
| Ballestero (El) | AB | 72 | P22 |
| Ballesteros (Ciudad Real) | CR | 70 | O18 |
| Ballesteros (Cuenca) | CU | 60 | M23 |
| Ballesteros (Toledo) | TO | 58 | N18 |
| Ballesteros de Calatrava | CR | 70 | P18 |
| Ballobar | HU | 36 | H30 |
| Ballota | O | 5 | B11 |
| Balluncar | SO | 33 | H22 |
| Balma (La) | CS | 49 | J29 |
| Balmaseda | BI | 8 | C20 |
| Balmonte (Lugo) | LU | 4 | C7 |
| Balmonte (Asturias) | O | 4 | B9 |
| Balmori | O | 6 | B15 |
| Balneario de Jabalcuz | J | 82 | S18 |
| Balneario de Panticosa | HU | 21 | D29 |
| Balneario de Raposo | BA | 79 | Q11 |
| Baloira | PO | 12 | D4 |
| Balones | A | 74 | P28 |
| Balouta | LE | 14 | D9 |
| Balsa | LU | 3 | B7 |
| Balsa de Ves | AB | 73 | O26 |
| Balsaín | AL | 84 | S23 |
| Balsapintada | MU | 85 | S26 |
| Balsareny | B | 38 | G35 |
| Balsicas | MU | 85 | S27 |
| Baltanás | P | 31 | G17 |
| Baltar (cerca de Arzua) | C | 3 | D5 |
| Baltar (cerca de Ferrol) | C | 3 | B5 |
| Baltar (Lugo) | LU | 4 | C7 |
| Baltar (Ourense) | OR | 27 | G6 |
| Baltasana (Tossal de la) | T | 37 | I33 |
| Balzaín | GR | 94 | U19 |
| Bama | C | 13 | D4 |
| Bamba | ZA | 30 | H13 |
| Bamio | PO | 12 | E3 |
| Banaguás | HU | 21 | E28 |
| Banariés | HU | 21 | F28 |
| Banastás | HU | 21 | F28 |
| Bandaliés | HU | 21 | F29 |
| Bandama (Caldera de) (Gran Canaria) | GC | 115 | F2 |
| Bandama (Pico de) (Gran Canaria) | GC | 115 | F2 |
| Bande | OR | 13 | F6 |
| Bandeira | PO | 13 | D5 |
| Bandereta (La) | CS | 62 | L29 |
| Banderillas (Las) | J | 83 | R21 |
| Banecidas | LE | 16 | E14 |
| Bangueses | OR | 13 | F5 |
| Baniel | SO | 33 | H22 |
| Banos de la Peña | P | 17 | D15 |
| Banuncias | LE | 16 | E13 |
| Bany de Tredos | L | 23 | E32 |
| Banya (Far de la) | T | 50 | K31 |
| Banyalbufar | PM | 104 | M37 |
| Banyeres de Mariola | A | 74 | P28 |
| Banyeres del Penedès | T | 37 | I34 |
| Banyoles | GE | 25 | F38 |
| Banyoles (Estany de) | GE | 25 | F38 |
| Banyuls (Coll de) | GE | 25 | E39 |
| Baña (A) | C | 2 | D3 |
| Baña (La) | LE | 14 | F9 |
| Bañaderos Cardonal (Gran Canaria) | GC | 115 | E1 |
| Bañares | LO | 18 | E21 |
| Bañeza (La) | LE | 15 | F12 |
| Bañistas | CR | 71 | P19 |
| Baño | | 85 | R26 |
| Bañobárez | SA | 42 | J10 |
| Bañón | TE | 48 | J26 |
| Bañón (Puerto de) | | 48 | J26 |
| Baños (Los) | BA | 67 | Q9 |
| Baños (Los) | MU | 85 | R26 |
| Baños (Punta de los) | AL | 102 | V21 |
| Baños de Alcantud | CU | 47 | K23 |
| Baños de Arenosillo | CO | 81 | R16 |
| Baños de Benasque | HU | 22 | E31 |
| Baños de Cerrato | P | 31 | G16 |
| Baños de Ebro | VI | 19 | E21 |
| Baños de Fitero | NA | 20 | F24 |
| Baños de Fuente Podrida | V | 73 | N25 |

## BARCELONA

| | | |
|---|---|---|
| Arnau d'Oms | CS | 4 |
| Berlin | BT | 12 |
| Bisbe Català | AT | 13 |
| Bonanova (Pas. de la) | BT | 16 |
| Borbó (Av. de) | CS | 17 |
| Carles III (Gran Via de) | BT | 38 |
| Constitució | BT | 50 |
| Creu Coberta | BT | 53 |
| Dalt (Travessera de) | CS | 56 |
| Doctor Pi i Molist | CS | 65 |
| Entença | BT | 71 |
| Estadi (Av. de l') | BCT | 75 |
| Fabra i Puig (Pas. de) | CS | 77 |
| Gavà | BT | 84 |
| Gran de Sant Andreu | CS | 88 |
| Guinardó (Ronda del) | CS | 90 |
| Josep Tarradellas (Av. de) | BT | 102 |
| Madrid (Av. de) | BT | 110 |
| Manuel Girona (Pas. de) | BT | 112 |
| Mare de Déu de Montserrat (Av. de la) | CS | 113 |
| Marina | CT | 114 |
| Marquès de Comillas (Av. del) | BT | 115 |
| Miramar (Av. de) | CT | 119 |
| Numància | BT | 129 |
| Piferrer | CS | 136 |
| Pi i Margall | CS | 138 |
| Poblenou (Rambla del) | DT | 141 |
| Príncep d'Astúries (Av. del) | BT | 144 |
| Pujades (Pas. de) | CT | 145 |
| Ramiro de Maeztu | CS | 146 |
| Ramon Albó | CS | 147 |
| Reina Elisenda de Montcada (Pas. de la) | BT | 151 |
| Reina Maria Cristina (Av. de la) | BT | 152 |
| Ribes (Carret.) | CS | 154 |
| Rio de Janeiro (Av. de) | CS | 156 |
| Santa Coloma (Pas. de) | CS | 186 |
| Sant Antoni Maria Claret | CS | 162 |
| Sant Antoni (Ronda de) | CT | 160 |
| Sant Gervasi (Pas. de) | BS | 164 |
| Sant Pau (Ronda de) | CT | 174 |
| Sardenya | CT | 191 |
| Tarragona | BT | 194 |
| Tibidabo (Av. del) | BS | 196 |
| Universitat (Pl. de la) | CT | 198 |
| Verdum (Pas. de) | CS | 200 |

| | | | |
|---|---|---|---|
| Baños de Gigonza | CA | 99 | W12 |
| Baños de Guardias Viejas (Los) | AL | 102 | V21 |
| Baños de la Encina | J | 82 | R18 |
| Baños de la Fuensanta | MU | 84 | S24 |
| Baños de los Remedios | BA | 68 | Q11 |
| Baños de Martos | J | 82 | S18 |
| Baños de Molgas | OR | 13 | F6 |
| Baños de Montemayor | CC | 43 | L12 |
| Baños de Mula | MU | 85 | R25 |
| Baños de Río Tobía | LO | 19 | F21 |
| Baños de Rioja | LO | 18 | E21 |
| Baños de Santa Alhamilla | AL | 103 | V22 |
| Baños de Tajo | GU | 47 | J24 |
| Baños de Valdearados | BU | 32 | G19 |
| Baños de Valdeganga (Los) | | 60 | M23 |
| Baños del Robledillo | TO | 57 | N16 |
| Baños Gilico | MU | 84 | R25 |
| Baños y Mendigo | MU | 85 | S26 |
| Bañuela | CR | 81 | Q17 |
| Bañuela Alta | TO | 57 | M15 |
| Bañuelos (Guadalajara) | GU | 32 | I21 |
| Bañuelos (Río) | | 32 | G19 |
| Bañuelos de Bureba | BU | 18 | E20 |
| Bañugues | O | 5 | B12 |
| Bao (Embalse de) | OR | 14 | F8 |
| Baquedano | NA | 19 | D23 |
| Baqueira | L | 23 | D32 |
| Baquerín de Campos | P | 30 | F15 |
| Barà (Arc romà de) | T | 37 | I34 |
| Baradal | O | 5 | C10 |
| Bárago | S | 7 | C16 |
| Baraguás | HU | 21 | E28 |
| Barahona | SO | 33 | I22 |
| Barahona (Altos de) | SO | 33 | H22 |
| Baraibar | NA | 10 | D24 |
| Barajas (Ávila) | AV | 44 | K14 |
| Barajas (Madrid) | M | 46 | K19 |
| Barajas de Melo | CU | 59 | L21 |
| Barakaldo | BI | 8 | C20 |
| Baralla | LU | 14 | D8 |
| Baranbio | VI | 8 | C21 |
| Baranda | BU | 8 | C19 |
| Barásoain | NA | 20 | E25 |
| Barasona (Embalse de) | HU | 22 | F31 |
| Barazar (Puerto de) | BI | 9 | C21 |
| Barbadás | OR | 13 | F6 |
| Barbadillo | SA | 43 | J12 |
| Barbadillo de Herreros | BU | 18 | F20 |
| Barbadillo del Mercado | BU | 32 | F19 |
| Barbadillo del Pez | BU | 32 | F20 |
| Barbalimpia | CU | 60 | M22 |
| Barbalos | SA | 43 | J12 |
| Barbantes | OR | 13 | E5 |
| Barbantiño | LU | 13 | E6 |
| Barbanza (Sierra de) | C | 12 | D3 |
| Barbaño | BA | 67 | P10 |
| Barbaría (Cap de) | PM | 87 | Q34 |
| Barbarroja | A | 85 | R27 |
| Barbaruéns | HU | 22 | E31 |
| Barbastro | HU | 22 | F30 |
| Barbate | CA | 99 | X12 |
| Barbate (Embalse de) | | 99 | W12 |
| Barbate (Ensenada de) | CA | 99 | X12 |
| Barbate (Marismas de) | CA | 99 | X12 |
| Barbate (Río) | | 99 | W12 |
| Barbatona | GU | 47 | I22 |
| Barbeira | C | 2 | D3 |
| Barbeitos | LU | 4 | C8 |
| Barbens | L | 37 | G33 |
| Barberà | B | 38 | H36 |
| Barberà de la Conca | T | 37 | H33 |
| Barbero | J | 83 | R21 |
| Bárboles | Z | 34 | G26 |
| Barbolla | SG | 32 | I18 |
| Barbolla (La) | GU | 47 | I21 |
| Barbudo | PO | 12 | E4 |
| Barbués | HU | 35 | G28 |
| Barbuñales | HU | 21 | F29 |
| Barca | SO | 33 | H22 |
| Barca (Embalse de la) | O | 5 | C11 |
| Barca (Punta de la) | C | 2 | C2 |
| Barca (Soto de la) | O | 5 | C10 |
| Barca de la Florida (La) | CA | 99 | W12 |
| Bárcabo | HU | 22 | F30 |
| Barcala | PO | 12 | D4 |
| Barcarrota | BA | 67 | Q9 |
| Barcebal | SO | 32 | H20 |
| Barcebalejo | SO | 32 | H20 |
| Barceino | SA | 43 | I10 |
| Barcelona | B | 38 | H36 |
| Barcena (Embalse de) | LE | 15 | E10 |
| Bárcena de Bureba | BU | 18 | E19 |
| Bárcena de Campos | P | 17 | E16 |
| Bárcena de Ebro | S | 17 | D17 |
| Bárcena de la Abadía | LE | 14 | D10 |
| Bárcena de Pié de Concha | S | 7 | C17 |
| Bárcena del Monasterio | O | 5 | B10 |
| Bárcena Mayor | S | 7 | C17 |
| Bárcena Mayor (Sierra de) | S | 7 | C17 |
| Bárcenas | BU | 8 | C19 |
| Barcenillas del Ribero | BU | 8 | C19 |
| Barceo | SA | 43 | I10 |
| Barchell (Ermita de) | A | 74 | P28 |
| Barchín del Hoyo | CU | 60 | N23 |
| Barcia | O | 5 | B10 |
| Barciademera | PO | 13 | F4 |
| Barcial de la Loma | VA | 30 | G14 |
| Barcial del Barco | ZA | 29 | G13 |
| Barcience | TO | 58 | M17 |
| Barcina | BU | 18 | D20 |
| Barcó (Cala) | PM | 87 | P33 |
| Barco (Laguna del) | | 56 | L13 |
| Barco (O) | OR | 14 | E9 |
| Barco de Ávila (El) | AV | 44 | K13 |
| Barcones | SO | 33 | I21 |
| Bardají (Valle de) | HU | 22 | E31 |
| Bardallur | Z | 34 | G26 |
| Bardaos | C | 3 | C4 |
| Bárdena | Z | 20 | F26 |
| Bardenas (Canal de las) | ESP | 20 | E26 |
| Bardenas Reales (Las) | | 20 | F25 |
| Bardullas | C | 2 | C2 |
| Baredo | PO | 12 | F3 |
| Bareyo | S | 8 | B19 |
| Bargas | TO | 58 | M17 |
| Bargis | GR | 102 | V20 |
| Bargota | NA | 19 | E23 |
| Bariáin | NA | 20 | E25 |
| Barillas | NA | 34 | G25 |
| Barinaga | BI | 10 | C22 |
| Barinas | MU | 85 | R26 |
| Bariones de la Vega | LE | 16 | F13 |
| Barizo | C | 2 | C3 |
| Barjacoba | ZA | 14 | F9 |
| Barjas | LE | 14 | E9 |
| Barjas (Río) | | 14 | E9 |
| Barlovento (La Palma) | TF | 131 | D3 |
| Barlovento (Punta de) (Fuerteventura) | GC | 112 | B5 |
| Barluenga | HU | 21 | F28 |
| Barniedo de la Reina | LE | 16 | D15 |
| Baro | L | 23 | E33 |
| Baroja | VI | 19 | E21 |
| Barona (La) | CS | 62 | L29 |
| Baroña | C | 12 | D2 |
| Barqueira (A) | C | 3 | B6 |
| Barqueiro (Ría del) | C | 3 | A6 |
| Barqueros | MU | 85 | S25 |
| Barquilla | SA | 42 | J9 |
| Barquilla de Pinares | CC | 56 | L13 |
| Barra (La) | | 50 | J32 |
| Barra (Punta de la) | GE | 25 | F39 |
| Barra de Miño | OR | 13 | E6 |
| Barraca d'Aigües Vives (La) | V | 74 | O28 |
| Barracas | CS | 62 | L27 |
| Barrachina | TE | 48 | J26 |
| Barrachinas (Las) | TE | 61 | L27 |
| Barraco | AV | 45 | K16 |
| Barrado | CC | 56 | L12 |
| Barragana Baja | CO | 93 | T16 |
| Barraix | V | 62 | M28 |
| Barral | OR | 13 | F5 |
| Barranca (La) | M | 45 | J18 |
| Barrancazo (Puerto del) | | 72 | Q22 |

## BARCELONA

| | | |
|---|---|---|
| Bacardí (Ptge de) | MY | 5 |
| Banys Nous | MX | 7 |
| Bergara | LV | 10 |
| Bisbe | MX | 15 |
| Bòria | MV | 18 |
| Born (Pas. del) | NX | 20 |
| Boters | MX | 23 |
| Canaletes (Rambla de) | LV | 27 |
| Canonge Colom (Pl. del) | LY | 28 |
| Canvis Vells | NX | 32 |
| Caputxins (Rambla dels) | MY | 35 |
| Cardenal Casañas | LX | 36 |
| Catalunya (Pl. de) | LV | |
| Catedral (Av. de la) | MV | 40 |
| Ciutat | MX | 43 |
| Comercial (Pl. de) | NV | 45 |
| Cucurulla | LX | 55 |
| Doctor Joaquím Pou | MV | 61 |
| Estudis (Rambla dels) | LX | |
| Francesc Cambó (Av. de) | MV | 79 |
| Garriga i Bachs (Pl. de) | MX | 83 |
| Isabel II (Pas. d') | NX | 98 |
| Montcada | NV | 122 |
| Montjuïc del Bisbe | MX | 123 |
| Nou de Sant Francesc | MY | 126 |
| Nova (Pl.) | MX | 128 |
| Paradís | MX | 133 |
| Pintor Fortuny | LX | 140 |
| Pi (Pl. del) | LX | 137 |
| Portal Santa Madrona | MX | 142 |
| Ramon Berenguer el Gran (Pl. de) | MX | 148 |
| Rei (Pl. del) | MX | 150 |
| Santa Maria (Pl. de) | NX | 189 |
| Santa Mònica (Rambla de) | MY | |
| Sant Felip Neri (Pl. de) | MX | 163 |
| Sant Josep Oriol (Pl. de) | LX | 171 |
| Sant Josep (Rambla de) | LX | 168 |
| Sant Lu (Pl. de) | MX | 172 |
| Sant Miquel (Pl. de) | MX | 173 |
| Sant Sever | MX | 181 |
| Seu (Pl. de la) | MX | 192 |
| Tapineria | MX | 193 |
| Universitat (Ronda de la) | LV | 199 |

Capella Santa Agata ......... F
Casa de l'Ardiaca ......... A
Castell dels Tres Dragons ....
( Museu de Zoologia )
Museu d'Història de la Ciutat . M¹
Museu Frederic Marès ...... M²

- Barranco Hondo (Tenerife) TF 127 H3
- Barrancos Blancos (Los) SE 92 U14
- Barrancos Blancos (Puerto de los) SE 92 U14
- Barranda MU 84 R24
- Barranquera (La) (Tenerife) TF 124 H1
- Barranquete AL 103 V23
- Barrax AB 72 O23
- Barreda S 7 B17
- Barreiros LU 4 B8
- Barrela (La) LU 13 E6
- Barreras SA 42 I10
- Barreros (Los) 72 P22
- Barres O 4 B9
- Barriada de Alcora (La) AL 102 V21
- Barriada de Jarana CA 98 W11
- Barriada San Cristobal (Murcia) MU 85 T25
- Barrida (Garganta de) 99 W13
- Barrié de la Maza (Embalse) C 12 D3
- Barrika BI 8 B21
- Barril 85 R25
- Barrillos LE 16 D13
- Barrillos de las Arrimadas LE 16 D14
- Barrina A 74 Q29
- Barrio (León) LE 14 D9
- Barrio (Ourense) OR 14 E8
- Barrio (Cantabria) S 7 C15
- Barrio (Álava) VI 18 D20
- Barrio de Abajo CU 72 O23
- Barrio de Enmedio MA 93 U16
- Barrio de la Estación (Cáceres) CC 54 N7
- Barrio de la Estación (Jaén) J 82 R19
- Barrio de la Puente LE 15 D11
- Barrio de Lomba ZA 14 F10
- Barrio de los Pajares BA 68 P12
- Barrio de Nuestra Señora LE 16 D13
- Barrio del Centro TE 48 J25
- Barrio del Hospital TE 48 J25
- Barrio-Panizares BU 17 D18
- Barriobusto VI 19 E22
- Barriomartín SO 33 G22
- Barriopedro GU 47 J21
- Barrios (Los) (Cádiz) CA 99 X13
- Barrios (Los) (Jaén) J 82 R17
- Barrios de Bureba (Los) BU 18 E19
- Barrios de Colina BU 18 E19
- Barrios de Gordón (Los) LE 15 D12
- Barrios de Luna (Embalse de los) LE 15 D12
- Barrios de Luna (Los) LE 15 D12
- Barrios de Villadiego BU 17 E17
- Barriosuso P 17 E16
- Barro (Asturias) O 6 B15
- Barro (Pontevedra) PO 12 E4
- Barromán AV 44 I15
- Barros (Asturias) O 6 C12
- Barros (Cantabria) S 7 C17
- Barros (Sevilla) SE 92 U13
- Barros (Tierra de) BA 67 Q10
- Barrosa (La) CA 98 W11
- Barruecopardo SA 42 I10
- Barruelo (Burgos) BU 18 D19
- Barruelo (Valladolid) VA 30 G14
- Barruelo de Santullán P 17 D17
- Barruera L 22 E32
- Barrundia 19 D22
- Barués Z 20 E26
- Barx V 74 O29
- Barxa (A) OR 28 G8
- Barxeta V 74 O28
- Bárzana O 5 C12
- Basa 21 E29
- Basabe VI 18 D20
- Basaburua NA 10 C24
- Basadre PO 13 D6
- Basal (El) 36 H30
- Basáran HU 21 E29
- Basardilla SG 45 I17
- Basauri BI 8 C21
- Bàscara GE 25 F38
- Basconcillos del Tozo BU 17 D18
- Báscones P 17 D17
- Báscones de Ojeda P 17 D16
- Bascuñana (Sierra de) 60 L23
- Bascuñana de San Pedro CU 60 L23
- Baseta (Collado de la) L 23 E33
- Basquiñuelas VI 18 D21
- Bassa (Coll de la) CS 62 L29
- Bassacs (Els) B 24 F35
- Bassars (Els) A 86 R28
- Bassegoda GE 24 F37
- Bastaras HU 21 F29
- Bastiana (La) SE 79 S11
- Bastida (La) SA 43 K11
- Bastiments (Pic de) GE 24 E36
- Batalla GU 47 J21
- Batalla (Sierra de la) 62 L28
- Batán AB 72 P23
- Batán (El) CC 55 M10
- Batán de San Pedro CU 59 M21
- Batán del Puerto AB 72 Q23
- Batea T 50 I30
- Baterna AV 44 K15
- Baterno BA 69 P15
- Batet GE 24 F37
- Batllòria (La) GE 38 G37
- Batoua (Pic de) HU 22 D30
- Batres M 58 L18
- Batuecas (Monasterio Las) SA 43 K11
- Batuecas (Reserva nacional de las) SA 43 K11
- Batxikabo VI 18 D20
- Baúl (El) GR 95 T21
- Baul (Rambla del) GR 95 T21
- Bausen L 22 D32
- Bayárcal AL 95 U21
- Bayarque AL 96 U22
- Bayas 18 D21
- Bayas (Las) A 86 R28
- Bayo O 5 B11
- Bayo (El) Z 20 F26
- Bayona (La) TO 57 M16
- Bayos (Los) LE 15 D11
- Bayubas de Abajo SO 32 H21
- Bayubas de Arriba SO 32 H21
- Baza GR 95 T21
- Baza (Hoya de) GR 95 T21
- Baza (Sierra de) 95 T21
- Bazagona (Estación de la) CC 56 M12
- Bazán CR 70 Q19
- Bazana (La) BA 79 R9
- Bazar (A Coruña) C 2 C3
- Bazar (cerca de Castro) LU 4 C7
- Bazar (cerca de Lugo) LU 3 D7
- Baztan 11 C25
- Baztan (El) 11 C25
- Bea TE 48 I26
- Beade (Ourense) OR 13 E5
- Beade (Pontevedra) PO 12 F3
- Beamud CU 60 L24
- Bearin NA 19 D23
- Beariz OR 13 E5
- Beas (Huelva) H 91 T9
- Beas (Embalse de) H 91 T9
- Beas de Granada GR 94 U19
- Beas de Guadix GR 95 U20
- Beas de Segura J 83 R21
- Beasain SS 10 C23
- Beata (La) SE 93 U14
- Beatas (Las) (Albacete) AB 72 O22
- Beatas (Las) (Córdoba) CO 93 T16
- Beba C 2 D2
- Bebares O 5 C10
- Beca (Punta) 104 M38
- Becedas AV 43 K13
- Becedillas AV 44 K14
- Beceite TE 50 J30
- Becejate CR 71 N21
- Becerra 58 N17
- Becerreá LU 14 D8
- Becerrero (Sierra de) SE 93 U15
- Becerril (Segovia) SG 32 I19
- Becerril (Monte) 15 E10
- Becerril de Campos P 17 F16
- Becerril de la Sierra M 45 J18
- Becerril del Carpio P 17 D17
- Becerro (Punta del) (La Gomera) TF 118 C3
- Becilla de Valderaduey VA 30 F14
- Bedaio SS 10 C23
- Bédar AL 96 U24
- Bédar (Sierra de) AL 96 U24
- Bedaroa BI 9 B22
- Bedia BI 9 C21
- Bedmar J 82 S19
- Bedón BU 8 C19
- Bedriñana O 6 B13
- Beget GE 24 F37
- Begíjar J 82 S19
- Begonte LU 3 C6
- Begudà GE 24 F37
- Begues B 38 I35
- Begur GE 25 G39
- Begur (Cap de) GE 25 G39
- Behobia SS 10 B24
- Beigondo C 13 D5
- Beintza-Labaien NA 10 C24
- Beire NA 20 E25
- Beires AL 95 U21
- Beizama SS 10 C23
- Béjar SA 43 K12
- Bejarín (El) GR 95 T20
- Bejes S 7 C16
- Bejís CS 62 M27
- Bel CS 50 K30
- Belabia 19 D22
- Belagua (Arroyo de) NA 11 D27
- Belalcázar CO 69 Q14
- Belalcázar (Estación de) CO 69 P14
- Belante LU 14 D7
- Belarra HU 21 E28
- Belascoáin NA 10 D24
- Belate (Puerto de) NA 11 C25
- Belauntza SS 10 C23
- Belbimbre BU 17 F17
- Belchite Z 35 I27
- Belén (Cáceres) CC 56 N12
- Belén (Lugo) LU 4 B7
- Belén (Asturias) O 5 B10
- Belén (Murcia) MU 85 S26
- Belén (Ermita de) BA 68 P14
- Beleña SA 43 J13
- Beleña (Embalse de) GU 46 J20
- Beleña de Sorbe GU 46 J20
- Beleño O 6 C14
- Belerda (Jaén) J 83 S20
- Belerda (Asturias) O 6 C14
- Belerda de Guadix GR 95 T20
- Belesar (Pontevedra) PO 12 F3
- Belesar (Lugo) LU 13 E6
- Belesar (Embalse de) 13 D7
- Bèlgida V 74 P28
- Belianes L 37 H33
- Belicena GR 94 U18
- Belinchón CU 59 L20
- Bell-lloc CS 62 L30
- Bell-lloc d'Urgell L 36 H32
- Bellaescasa (Ermita de) 59 L20
- Bellaguarda L 36 H32
- Bellavista (Huelva) H 90 U8
- Bellavista (Sevilla) SE 91 U12
- Bellcaire d'Empordà GE 25 F39
- Bellcaire d'Urgell L 37 G32
- Bellestar (cerca de Grau) HU 22 F31
- Bellestar (cerca de Huesca) HU 21 F28
- Bellestar de la Tinença (El) CS 50 K30
- Bellmunt (cerca de Bellcaire d'Urgell) L 37 G32
- Bellmunt (cerca de Sta Coloma de Queralt) L 37 H34
- Bellmunt del Priorat T 36 I32
- Bello (Asturias) O 6 C13
- Bello (Teruel) TE 48 J25
- Bellostas (Las) HU 22 E29
- Bellprat B 37 H34
- Bellpuig L 37 H33
- Bellreguard V 74 P29
- Belltall T 37 H33
- Bellús V 74 P28
- Bellús (Embalse de) V 74 P28
- Bellvei T 37 I34
- Bellver 104 N37
- Bellver de Cerdanya L 23 E35
- Bellvís L 36 G32
- Belmaco (Cueva de) (La Palma) TF 132 D6
- Bélmez (Córdoba) CO 80 R14
- Bélmez (Jaén) J 82 S19
- Bélmez de la Moraleda J 82 S19
- Belmonte (Cuenca) CU 59 N21
- Belmonte (Asturias) O 6 B15
- Belmonte (Estación de) H 90 T9
- Belmonte de Campos P 30 G15
- Belmonte de Gracian Z 34 I25
- Belmonte de Mezquín TE 50 J29
- Belmonte de Miranda O 5 C11
- Belmonte de Tajo M 59 L19
- Belmontejo CU 60 M22
- Belones (Los) MU 85 T27
- Belorado BU 18 E20
- Belsué HU 21 F28
- Beltejar SO 33 I22
- Beltrana (Puerto) BA 79 R9
- Beluso PO 12 F3
- Belver HU 36 G30
- Belver de los Montes ZA 30 G13
- Belvis de Jarama M 46 K19
- Belvís de la Jara TO 57 M15
- Belvís de Monroy CC 56 M13
- Bembézar CO 80 R13
- Bembézar (Embalse de) CO 80 S14
- Bembézar del Caudillo CO 80 S14
- Bembibre (A Coruña) C 2 C4
- Bembibre (León) LE 15 E10
- Bemil PO 12 E4
- Benabarre HU 22 F31
- Benablón MU 84 R24
- Benacazón SE 91 T11
- Benadalid MA 99 W14
- Benafarces VA 30 H14
- Benafer CS 62 M28
- Benafigos CS 62 L29
- Benagalbón MA 101 V17
- Benagéber V 61 M26
- Benaguasil V 62 N28
- Benahadux AL 103 V22
- Benahavís MA 100 W14
- Benajarafe MA 101 V17
- Benalauría MA 99 W14
- Benalija (Rivera de) 80 R12
- Benalmádena MA 100 W16
- Benalmádena-Costa MA 100 W16
- Benalúa de Guadix GR 95 T20
- Benalúa de las Villas GR 94 T18
- Benalup de Sidonia CA 99 W12
- Benamahoma CA 92 V13
- Benamargosa MA 101 V17
- Benamariel LE 16 E13
- Benamaurel GR 95 T21
- Benamejí CO 93 U16
- Benamira SO 47 I22
- Benamocarra MA 101 V17
- Benamor MU 84 R24
- Benaocaz CA 99 V13
- Benaoján MA 99 V14
- Benaque MA 101 V17
- Benarrabá MA 99 W14
- Benasau A 74 P28
- Benasque HU 22 E31
- Benasque (Reserva nacional de) HU 22 D31
- Benasque (Valle de) HU 22 E31
- Benassal CS 49 K29
- Benatae J 83 Q22
- Benavent L 23 F33
- Benavent de Segrià L 36 G31
- Benavente (Badajoz) BA 66 O8
- Benavente (Ciudad Real) CR 70 O17
- Benavente (Huesca) HU 22 F31
- Benavente (Zamora) ZA 29 F12
- Benavides LE 15 E12
- Benavites V 62 M29
- Benazolve LE 16 E13
- Benchijigua (La Gomera) TF 119 C2
- Bendinat PM 104 N37
- Bendón O 4 C9
- Benecid AL 102 V21
- Benegiles ZA 29 H13
- Beneixama A 74 P27
- Benejúzar A 85 R27
- Benés L 22 E32
- Benetússer V 62 N28
- Benferri A 85 R27
- Benia O 6 B15
- Beniaia A 74 P29
- Beniaján MU 85 S26
- Benialfaquí A 74 P28
- Beniarbeig A 74 P29
- Beniardà A 74 P29
- Beniarjó V 74 P29
- Beniarrés A 74 P28
- Beniarrés (Embassament de) 74 P28
- Beniatjar V 74 P28
- Benicadell (Serra de) 74 P28
- Benicarló CS 50 K31
- Benicasim / Benicàssim CS 62 L30
- Benicàssim / Benicasim CS 62 L30
- Benichembla A 74 P29
- Benicolet V 74 P28
- Benicull de Xúquer V 74 O28
- Benidoleig A 74 P29
- Benidorm A 74 Q29
- Beniel MU 85 R26
- Benifaió V 74 O28
- Benifairó de les Valls V 62 M29
- Benifallet T 50 J31
- Benifallim A 74 Q28
- Benifallim (Port de) A 74 Q28
- Benifassà (Convent de) CS 50 J30
- Benifato A 74 P29
- Benigànim V 74 P28
- Benijo (Tenerife) TF 125 J1
- Benijófar A 85 R27
- Benilloba A 74 P28
- Benillup A 74 P28
- Benimantell A 74 P29
- Benimarco A 74 P30
- Benimarfull A 74 P28
- Benimassot A 74 P29
- Benimaurell A 74 P29
- Benimodo V 74 O28
- Benimuslem V 74 O28
- Beninar (Embalse de) AL 102 V20
- Beniparrell V 74 N28
- Benirrama A 74 P29
- Benisanó V 62 N28
- Benissa A 74 P30
- Benissanet T 50 I31
- Benitagla AL 96 U23
- Benitorafe AL 96 U23
- Benitos AV 44 J15
- Benizalón AL 96 U23
- Benizar MU 84 R24
- Benquerencia (Cáceres) CC 68 O11
- Benquerencia (Lugo) LU 4 B8
- Benquerencia (Arroyo de) 68 Q13
- Benquerencia de la Serena BA 68 P13
- Bentaíga (Roque) (Gran Canaria) GC 114 D3
- Bentarique AL 102 V22
- Bentraces 13 F6
- Bentué de Rasal HU 21 E28
- Benuza LE 14 E9
- Benyamina MA 100 W16
- Benza C 2 C4
- Beo C 2 C3
- Beortegui NA 11 D25
- Bera / Vera de Bidasoa NA 11 C24
- Berambio 8 C21
- Beranga S 8 B19
- Berango BI 8 B21
- Berantevilla VI 18 D21
- Beranúy HU 22 E31
- Berastegi SS 10 C24
- Beratón SO 34 G24
- Berbe Bajo GR 94 U18
- Berbegal HU 36 G29
- Berberana BU 18 D20
- Berbes O 6 B14
- Berbinzana NA 20 E24
- Berbucido PO 13 E4
- Bercedo BU 8 C19
- Berceo LO 19 E21
- Bercero VA 30 H14
- Berceruelo VA 30 H14
- Bérchules GR 102 V20
- Bercial SG 45 J16
- Bercial (El) TO 57 M14
- Bercial de San Rafael (El) TO 57 M14
- Bercial de Zapardiel AV 44 I15
- Bercianos de Aliste ZA 29 G11
- Bercianos de Valverde ZA 29 G12
- Bercianos de Vidriales ZA 29 F12
- Bercianos del Páramo LE 15 E12
- Bercianos del Real Camino LE 16 E14
- Bercimuel SG 32 H19
- Bercimuelle SA 44 K13
- Berdejo Z 33 H24
- Berdeogas C 2 C2
- Berdía C 3 D4
- Berdillo C 2 C4
- Berdoias C 2 C2
- Berducedo O 4 C9
- Berdún HU 21 E27
- Berengueles (Los) GR 101 V18
- Beret L 23 D32
- Beret (Portarró de) L 23 D32
- Berga B 24 F35
- Berganciano SA 43 I11
- Berganúy HU 22 F32
- Berganza VI 8 C21
- Berganzo VI 19 E21
- Bergara SS 10 C22
- Bergasa LO 19 F23
- Bergasillas Bajeras LO 19 F23
- Bergasillas Somera LO 19 F23
- Berge TE 49 J28
- Bergondo C 3 C5
- Bergüenda VI 18 D20
- Beriaín NA 11 D25
- Beriain (Monte) 10 D24
- Berja AL 102 V21
- Berlanas (Las) AV 44 J15
- Berlanga BA 80 R12
- Berlanga de Duero SO 32 H21
- Berlanga del Bierzo LE 15 D10
- Berlangas de Roa BU 31 G18
- Bermeja (Sierra) (Badajoz) BA 67 O11
- Bermeja (Sierra) (Málaga) MA 99 W14
- Bermejales (Embalse de los) GR 101 V18
- Bermejo TO 56 M13
- Bermejo (Roque) (Tenerife) TF 125 K1
- Bermellar SA 42 J9
- Bermeo BI 9 B21

| | | | |
|---|---|---|---|
| Bermés | PO | 13 | D5 |
| Bermiego | O | 5 | C12 |
| Bermillo de Alba | ZA | 29 | H11 |
| Bermillo de Sayago | ZA | 29 | H11 |
| Bermún | C | 2 | D2 |
| Bernadilla (La) | GR | 101 | V19 |
| Bernagoitia | BI | 9 | C21 |
| Bernales | BI | 8 | C19 |
| Bernardo (El) | CR | 71 | O21 |
| Bernardos | SG | 45 | I16 |
| Bernedo | VI | 19 | E22 |
| Bèrnia | A | 74 | Q29 |
| Berninches | GU | 47 | K21 |
| Bernués | HU | 21 | E28 |
| Bernui | L | 23 | E33 |
| Bernuy | TO | 57 | M16 |
| Bernuy de Porreros | SG | 45 | I17 |
| Bernúy-Salinero | AV | 45 | J16 |
| Bernúy-Zapardiel | AV | 44 | J15 |
| Berrazales (Los) (Gran Canaria) | GC | 114 | D2 |
| Berriatúa | BI | 10 | C22 |
| Berrioplano | NA | 11 | D24 |
| Berriz | BI | 10 | C22 |
| Berrizaun | NA | 11 | C24 |
| Berro | AB | 72 | P23 |
| Berro (El) | MU | 85 | S25 |
| Berrobi | SS | 10 | C23 |
| Berrocal | H | 79 | T10 |
| Berrocal (El) | SE | 79 | S11 |
| Berrocal de Huebra | SA | 43 | J12 |
| Berrocal de Salvatierra | SA | 43 | K12 |
| Berrocalejo | CC | 56 | M13 |
| Berrocalejo de Aragona | AV | 45 | J16 |
| Berrocales del Jarama (Los) | M | 46 | K19 |
| Berroeta | NA | 11 | C25 |
| Berrosteguieta | VI | 19 | D21 |
| Berrueces | VA | 30 | G14 |
| Berrueco | Z | 48 | J25 |
| Berrueco (El) (Jaén) | J | 82 | S18 |
| Berrueco (El) (Madrid) | M | 46 | J19 |
| Berrueco (Peñón del) | MA | 99 | W13 |
| Berrús (Ermita de) | T | 36 | I31 |
| Berrús (Serra de) | | 36 | I31 |
| Bertamiráns | C | 12 | D4 |
| Beruete | NA | 10 | C24 |
| Berzalejo | CC | 56 | M12 |
| Berzocana | CC | 56 | N13 |
| Berzocana (Puerto de) | CC | 56 | N13 |
| Berzocana (Río) | | 56 | N13 |
| Berzosa (Ciudad Real) | CR | 71 | P19 |
| Berzosa (Soria) | SO | 32 | H20 |
| Berzosa de Bureba | BU | 18 | E20 |
| Berzosa de los Hidalgos | P | 17 | D16 |
| Berzosa del Lozoya | M | 46 | J19 |
| Berzosilla | P | 17 | D17 |
| Besalú | GE | 24 | F38 |
| Besande | LE | 16 | D15 |
| Besaya | | 7 | C17 |
| Bescanó | GE | 25 | G38 |
| Bescaran | L | 23 | E34 |
| Bespén | HU | 21 | F29 |
| Besteiros | OR | 13 | E6 |
| Bestracà (Serra de) | | 24 | F37 |
| Bestué | HU | 22 | E30 |
| Besullo | O | 5 | C10 |
| Betancuria (Fuerteventura) | GC | 110 | G3 |
| Betanzos | C | 3 | C5 |
| Betanzos (Ría de) | C | 3 | B5 |
| Betelu | NA | 10 | C24 |
| Bétera | V | 62 | N28 |
| Betés | HU | 21 | E28 |
| Beteta | CU | 47 | K23 |
| Betlem | PM | 105 | M39 |
| Betlem (Ermita de) | PM | 105 | M39 |
| Betolaza | VI | 19 | D21 |
| Betorz | HU | 22 | F30 |
| Betrén | L | 22 | D32 |
| Betxí | CS | 62 | M29 |
| Beuda | GE | 24 | F38 |
| Beunza | NA | 11 | D24 |
| Beyos (Desfiladero de los) | LE | 6 | C16 |
| Bezana | BU | 17 | D18 |
| Bezanes | O | 6 | C14 |
| Bezares | LO | 19 | E21 |
| Bezas | TE | 48 | K26 |
| Béznar | GR | 101 | V19 |
| Béznar (Embalse de) | GR | 101 | V19 |
| Bianditz (Alto de) | NA | 10 | C24 |
| Biar | A | 74 | Q27 |
| Biasteri | VI | 19 | E22 |
| Bibéi | OR | 14 | F8 |
| Bibey | | 14 | F9 |
| Bicorp | V | 73 | O27 |
| Bicuerca (Serra de la) | | 61 | N25 |
| Bidania | SS | 10 | C23 |
| Bidankoze / Vidángoz | NA | 11 | D26 |
| Bidasoa | | 11 | C25 |
| Bidasoa (Montes de) | NA | 10 | C24 |
| Bidaurreta | NA | 10 | D24 |
| Biduedo | OR | 13 | E6 |
| Biel-Fuencalderas | Z | 21 | E27 |
| Bielsa | HU | 22 | E30 |
| Bielsa (Túnel de) | HU | 22 | D30 |
| Bielva | S | 7 | C16 |
| Bien Aparecida (La) | S | 8 | C19 |
| Bienservida | AB | 83 | Q22 |
| Bienvenida (Badajoz) | BA | 79 | R11 |
| Bienvenida (Ciudad Real) | CR | 69 | Q16 |
| Bienvenida (Ermita de) | TO | 57 | M14 |
| Bienvenida (Monte) | BA | 79 | R11 |
| Bierge | HU | 21 | F29 |
| Biescas | HU | 21 | E29 |
| Bigastro | A | 85 | R27 |
| Bigornia (Puerto) | SO | 33 | H24 |
| Bigotera (Sierra de la) | | 70 | O17 |
| Bigues | B | 38 | G36 |
| Bigüézal | NA | 11 | D26 |
| Bijuesca | Z | 34 | H24 |
| Bilbao | BI | 8 | C21 |
| Bilbao | SE | 92 | U13 |
| Billelabaso | BI | 8 | B21 |
| Bimeda | O | 5 | C10 |
| Bimenes | | 6 | C13 |
| Bimón | S | 17 | D18 |
| Binaced | HU | 36 | G30 |
| Binacua | HU | 21 | E27 |
| Binéfar | HU | 36 | G30 |
| Biniali | PM | 104 | N38 |
| Biniaraix | PM | 104 | M38 |
| Binibèquer | PM | 106 | M42 |
| Binidali | PM | 106 | M42 |
| Biniés | HU | 21 | E27 |
| Binifabini | PM | 106 | M42 |
| Binissalem | PM | 104 | M38 |
| Biosca | L | 37 | G34 |
| Biota | Z | 20 | F26 |
| Bisaurri | HU | 22 | E31 |
| Bisbal d'Empordà (La) | GE | 25 | G39 |
| Bisbal de Falset (La) | T | 36 | I32 |
| Bisbal del Penedès (La) | T | 37 | I34 |
| Biscarrués | HU | 21 | F27 |
| Bisimbre | Z | 34 | G25 |
| Bisjueces | BU | 18 | D19 |
| Bitem | T | 50 | J31 |
| Bitoriano | VI | 19 | D21 |
| Biure | GE | 25 | E38 |
| Biurrun | NA | 11 | D24 |
| Blacos | SO | 32 | G21 |
| Blanc (Cap) | PM | 104 | N38 |
| Blanc (Mas) | CS | 62 | L29 |
| Blanca | MU | 85 | R25 |
| Blanca (Estación de) | | 85 | R26 |
| Blanca (Laguna) | AB | 71 | P21 |
| Blanca (Punta) (Fuerteventura) | GC | 111 | H2 |
| Blanca (Sierra) | MA | 100 | W15 |
| Blanca de Solanillos | GU | 47 | J23 |
| Blancafort | T | 37 | H33 |
| Blancares Nuevos | AB | 72 | O23 |
| Blancares Viejos | AB | 72 | O23 |
| Blancas | TE | 48 | J25 |
| Blanco | SE | 93 | T14 |
| Blancos | OR | 27 | G6 |
| Blanes | GE | 39 | G38 |
| Blanes (Costa d'en) | PM | 104 | N37 |

## BILBAO

Arenal (Puente) ........ EY 2
Arriaga (Pl.) ........ EYZ 3
Arriquíbar (Pl.) ........ DYZ 4
Ayuntamiento (Puente) ........ EY 5
Bidebarrieta ........ EZ 7
Bilbao la Vieja ........ EZ 8
Bombero Echániz (Pl.) ........ CDZ 9
Correo ........ EZ
Cosme Echevarrieta ........ DY 14
Cruz ........ EZ 15
General Latorre (Pl.) ........ CZ 22
Gran Vía de López de Haro ........ CEY
Jado (Pl. de) ........ DY 28
Juan Antonio Zunzunegui ........ CY 30
Ledesma ........ EY 32
Lersundi ........ DX 36
Marqués del Puerto ........ DY 38
Merced (Muelle) ........ EZ 40
Merced (Puente) ........ EZ 41
Moraza (Pl. de) ........ EX 45
Pablo Picasso ........ DZ 50
Pedro Eguillor (Pl.) ........ DY 52
Pedro Martínez Artola ........ DZ 53
Pío Baroja (Pl.) ........ EZ 55
Plaza Nueva ........ EZ 57
Puerto de la Paz (Av.) ........ DX 60
Ribera (Puente) ........ EZ 65
Santiago (Pl.) ........ EZ 71
Santos Juanes (Pl.) ........ EZ 73
San Francisco Javier (Pl.) ........ CZ 69
Sombrerería ........ EZ 75
Victor Chávarri (Pl.) ........ CY 78
Viuda de Epalza ........ EY 80

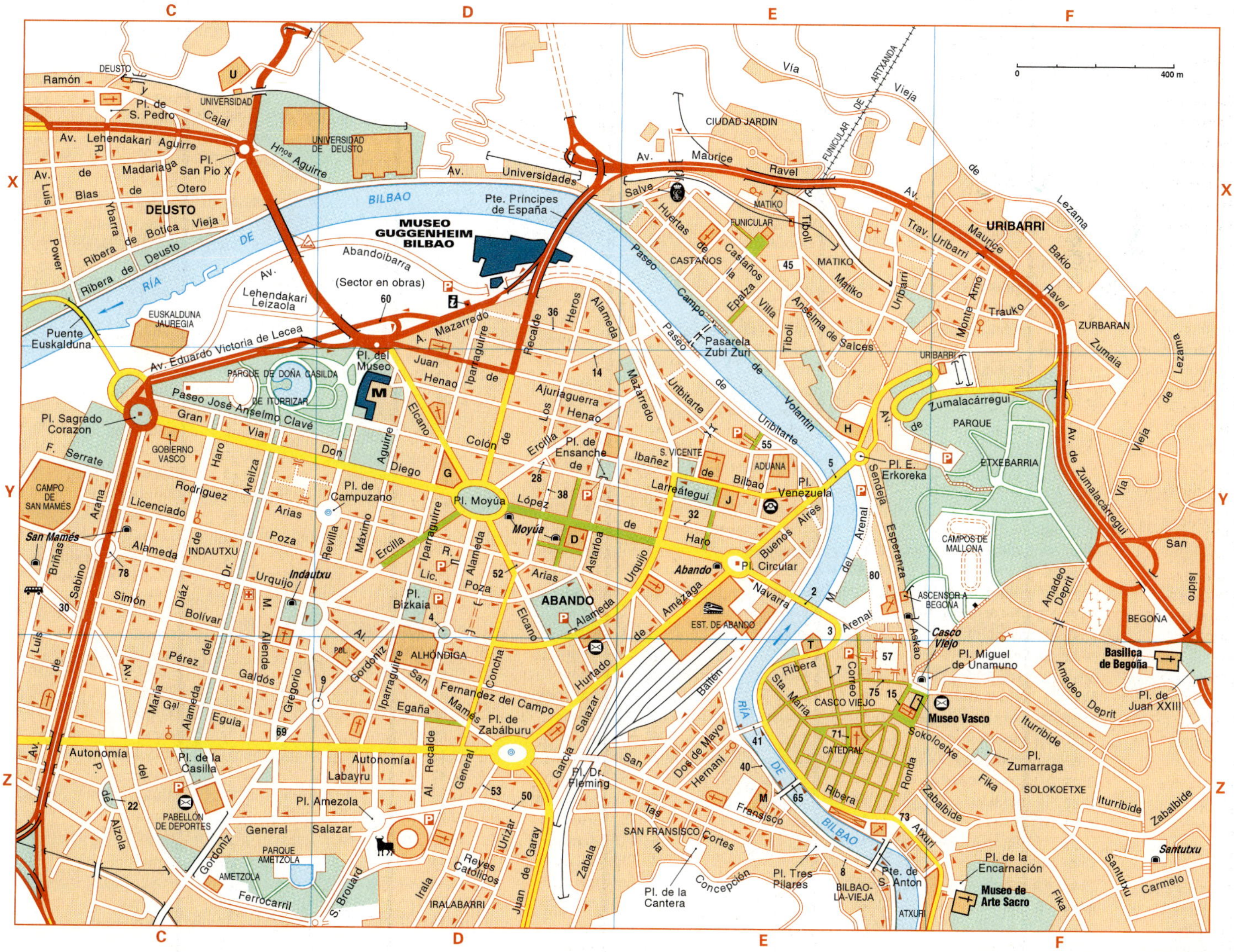
C
D
E
F
X
Y
Z
0
400 m
DEUSTO
UNIVERSIDAD DE DEUSTO
CIUDAD JARDIN
URIBARRI
MUSEO GUGGENHEIM BILBAO
Pte. Principes de España
Abandoibarra
(Sector en obras)
Puente Euskalduna
EUSKALDUNA JAUREGIA
PARQUE DE DOÑA CASILDA DE ITURRIZAR
Pl. del Museo
Pl. Sagrado Corazon
CAMPO DE SAN MAMÉS
San Mamés
GOBIERNO VASCO
Pl. Moyúa
Moyúa
INDAUTXU
Indautxu
ABANDO
Abando
EST. DE ABANDO
ALHONDIGA
Pl. de Zabálburu
Pl. Circular
Pl. de Ensanche
Pasarela Zubi Zuri
ZURBARAN
PARQUE
ETXEBARRIA
CAMPOS DE MALLONA
ASCENSOR A BEGOÑA
BEGOÑA
Basílica de Begoña
Pl. Miguel de Unamuno
Casco Viejo
CASCO VIEJO
CATEDRAL
Museo Vasco
SOLOKOETXE
Pl. Zumarraga
Pl. de Juan XXIII
Santutxu
Pl. de la Encarnación
Museo de Arte Sacro
ATXURI
BILBAO-LA-VIEJA
Pl. Tres Pilares
SAN FRANSISCO
Pl. de la Cantera
IRALABARRI
PARQUE AMETZOLA
AMETZOLA
PABELLON DE DEPORTES
Pl. de la Casilla
Pl. Amezola
Pl. Dr. Fleming
Pl. Bizkaia
Pl. de Campuzano
Gran Vía
Autonomía
Ría de Bilbao
MATIKO
CASTAÑOS
FUNICULAR
FUNICULAR DE ARTXANDA
S. VICENTE
ADUANA
Pl. Venezuela
Pl. E. Erkoreka

## BURGOS

| | | |
|---|---|---|
| Almirante Bonifaz | B | 2 |
| Alonso Martínez (Pl. de) | B | 3 |
| Aparicio y Ruiz | A | 5 |
| Arlanzón (Av. del) | B | 6 |
| Cid Campeador (Av. del) | B | 8 |
| Conde de Guadalhorce (Av.) | A | 9 |
| Eduardo Martínez del Campo | A | 10 |
| España (Pl.) | B | 12 |
| Gen. Santocildes | B | 15 |
| Libertad (Pl. de la) | B | 16 |
| Mayor (Pl.) | AB | 18 |
| Miranda | B | 20 |
| Monasterio de las Huelgas (Av. del) | A | 21 |
| Nuño Rasura | A | 23 |
| Paloma (La) | A | 24 |
| Reyes Católicos (Av. de los) | B | 26 |
| Rey San Fernando (Pl. del) | A | 27 |
| Santo Domingo de Guzmán (Pl. de) | B | 28 |
| Vitoria | B | |

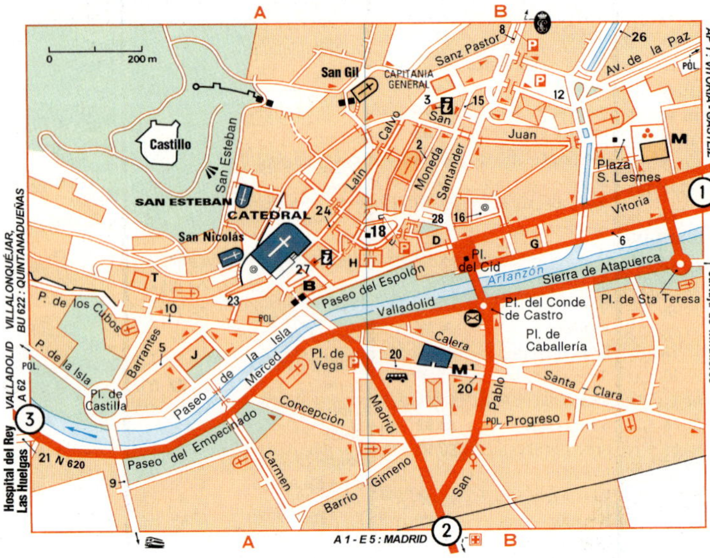

| | | |
|---|---|---|
| Arco de Santa María | A B | |
| Museo de Burgos | B | M1 |

| | | | |
|---|---|---|---|
| Blanquilla (Sierra) | | 99 | X12 |
| Blanquillas (Sierras) | | 69 | O16 |
| Blanquillo | J | 83 | R21 |
| Blanquitos (Los) (Tenerife) | TF | 129 | F5 |
| Blascoeles | AV | 45 | J16 |
| Blascomillán | AV | 44 | J14 |
| Blasconuño de Matacabras | AV | 44 | I15 |
| Blascosancho | AV | 45 | J16 |
| Blázquez (Los) | CO | 80 | Q13 |
| Blecua | HU | 21 | F29 |
| Bleda Plana (Illa) | | 87 | P33 |
| Bledes (Illes) | | 106 | L42 |
| Blesa | TE | 49 | I27 |
| Bliecos | SO | 33 | H23 |
| Blimea | O | 6 | C13 |
| Blocona | SO | 33 | I22 |
| Boa | C | 12 | D3 |
| Boada | SA | 43 | J11 |
| Boada de Campos | P | 30 | G15 |
| Boada de Roa | BU | 31 | G18 |
| Boadella (Pantà de) | GE | 25 | E38 |
| Boadella d'Empordà | GE | 25 | F38 |
| Boadilla | SA | 43 | J11 |
| Boadilla de Rioseco | P | 16 | F15 |
| Boadilla del Camino | P | 17 | F16 |
| Boadilla del Monte | M | 45 | K18 |
| Boal | O | 4 | B9 |
| Boalo (El) | M | 45 | J18 |
| Boaño | C | 2 | C2 |
| Bobadilla (Jaén) | J | 82 | T17 |
| Bobadilla (La Rioja) | LO | 19 | F21 |
| Bobadilla (Málaga) | MA | 93 | U15 |
| Bobadilla del Campo | VA | 44 | I14 |
| Bobadilla Estación | MA | 93 | U15 |
| Bobastro | MA | 100 | V15 |
| Bobia | O | 4 | B9 |
| Boborás | OR | 13 | E5 |
| Boca Chanza | H | 78 | T7 |
| Boca de Huérgano | LE | 16 | D15 |
| Bocacara | SA | 43 | J10 |
| Bocairent | V | 74 | P28 |
| Bocal (El) | NA | 20 | F25 |
| Boceguillas | SG | 32 | H19 |
| Bocelo (Montes del) | | 3 | D5 |
| Boche | AB | 84 | Q23 |
| Bochones | GU | 32 | I21 |
| Bocigas | VA | 31 | I15 |
| Bocigas de Perales | SO | 32 | H19 |
| Bocinegro (Punta del) (Tenerife) | TF | 129 | F5 |
| Bocos (Burgos) | BU | 18 | D19 |
| Bocos (Valladolid) | VA | 31 | H17 |
| Bodaño | PO | 13 | D5 |
| Bodegas de Pardanchinos | V | 61 | M27 |
| Bodegones (Los) | H | 91 | U9 |
| Bodegues del Camp (Les) | V | 62 | M27 |
| Bodera (La) | GU | 46 | I21 |
| Bodera (Sierra de La) | | 46 | I21 |
| Bodión | | 79 | R10 |
| Bodión (Arroyo) | | 79 | R10 |
| Bodón (El) | SA | 42 | K10 |
| Bodonal de la Sierra | BA | 79 | R10 |
| Boecillo | VA | 31 | H15 |
| Boedes | OR | 13 | E5 |
| Boedo | P | 17 | D16 |
| Boedo (Río) | | 17 | D16 |
| Boente | C | 3 | D5 |
| Boeza | LE | 15 | D11 |
| Bogajo | SA | 42 | J10 |
| Bogarra | AB | 72 | Q23 |
| Bogarra (Río de) | | 72 | Q23 |
| Bogarre | GR | 94 | T19 |
| Bogarre (Monte) | GR | 94 | T19 |
| Bohodón (El) | AV | 44 | J15 |
| Bohonal | BA | 69 | O15 |
| Bohonal de Ibor | CC | 56 | M13 |
| Bohoyo | AV | 44 | L13 |
| Boí | L | 22 | E32 |
| Boí (Vall de) | L | 22 | E32 |
| Boimente | LU | 4 | B7 |
| Boimorto | C | 3 | D5 |
| Boiro (A Coruña) | C | 12 | E3 |
| Boiro (Asturias) | O | 4 | D9 |
| Boix | | 37 | G33 |
| Boix (Serra del) | | 50 | J31 |
| Boixar (El) | CS | 50 | J30 |
| Bóixols | L | 23 | F33 |
| Bóixols (Coll de) | L | 23 | F33 |
| Bojadillas (Las) | AB | 84 | R23 |
| Bola (A) | OR | 13 | F6 |
| Bolaño | LU | 4 | C8 |
| Bolaños | CA | 98 | W11 |
| Bolaños de Calatrava | CR | 70 | P19 |
| Bolaños de Campos | VA | 30 | F14 |
| Bolarque (Embalse de) | CU | 47 | K21 |
| Bolbaite | V | 74 | O27 |
| Bolea | HU | 21 | F28 |
| Bolera (Embalse la) | | 83 | S21 |
| Boliches (Los) | MA | 100 | W16 |
| Bolla | CC | 43 | K10 |
| Bólliga | CU | 60 | L22 |
| Bollón | | 34 | G25 |
| Bollullos de la Mitación | SE | 91 | T11 |
| Bollullos Par del Condado | H | 91 | T10 |
| Bolmir | S | 17 | D17 |
| Bolnuevo | MU | 97 | T26 |
| Bolo (O) | OR | 14 | F8 |
| Bolón | A | 85 | Q27 |
| Bolonia (Ensenada de) | CA | 99 | X12 |
| Bolos | CR | 71 | P20 |
| Boltaña | HU | 22 | E30 |
| Bolulla | A | 74 | Q29 |
| Bolvir de Cerdanya (Girona) | GE | 24 | E35 |
| Bon Any | PM | 105 | N39 |
| Bon Jesus de Trandeiras (Monasterio) | OR | 13 | F7 |
| Bonaigua (Port de la) | L | 23 | E32 |
| Bonal (El) | CR | 70 | O17 |
| Bonales (Sierra de los) | CR | 69 | Q15 |
| Bonansa | HU | 22 | E32 |
| Bonanza (Cádiz) | CA | 91 | V10 |
| Bonanza (Roque de la) (El Hierro) | TF | 109 | D3 |
| Bonares | H | 91 | U9 |
| Bonastre | T | 37 | I34 |
| Bonete | AB | 73 | P25 |
| Bonete (Estación de) | | 73 | P25 |
| Bonge | LU | 4 | C7 |
| Bonhabal (Arroyo de) | | 67 | Q10 |
| Boniches | CU | 61 | M25 |
| Bonielles | O | 5 | B12 |
| Bonilla | CU | 59 | L22 |
| Bonilla de la Sierra | AV | 44 | K14 |
| Bonillo (El) | AB | 72 | P22 |
| Bonita (Cueva) (La Palma) | TF | 130 | B4 |
| Bonmatí | GE | 24 | G37 |
| Bono | HU | 22 | E32 |
| Boñar | LE | 16 | D14 |
| Bóo | O | 5 | C12 |
| Boo de Guarnizo | S | 7 | B18 |
| Boós | SO | 32 | H21 |
| Boqueixón | C | 13 | D4 |
| Boquerón | MU | 85 | R26 |
| Boquerón (Puerto del) | AV | 45 | K16 |
| Boquerón (Sierra del) | | 73 | O26 |
| Boquiñeni | Z | 34 | G26 |
| Borau | HU | 21 | E28 |
| Borbollón (Embalse de) | CC | 55 | L10 |
| Bordalba | Z | 33 | H23 |
| Borde (Sierra de) | | 14 | D9 |
| Bordecorex | SO | 33 | H21 |
| Bordejé | SO | 33 | H22 |
| Bórdes (Es) | L | 22 | D32 |
| Bordils | GE | 25 | F38 |
| Bordón | TE | 49 | J29 |
| Bordón (Río) | | 49 | J28 |
| Borge (El) | MA | 101 | V17 |
| Borges Blanques (Les) | L | 37 | H32 |
| Borges del Camp (Les) | T | 37 | I33 |
| Borgonyà | B | 24 | F36 |
| Borja | Z | 34 | G25 |
| Borjabad | SO | 33 | H22 |
| Borleña | S | 7 | C18 |
| Bormate | AB | 73 | O25 |
| Bormujos | SE | 91 | T11 |
| Borneiro | C | 2 | C3 |
| Bornos | CA | 92 | V12 |
| Bornos (Embalse de) | CA | 92 | V12 |
| Bornova | | 46 | I21 |
| Boroa | BI | 9 | C21 |
| Borobia | SO | 34 | H24 |
| Borox | TO | 58 | L18 |
| Borrachina | BA | 66 | Q8 |
| Borrassà | GE | 25 | F38 |
| Borredà | B | 24 | F35 |
| Borreguero (El) | | 68 | P12 |
| Borreguilla (Finca la) | CR | 71 | Q20 |
| Borrenes | LE | 14 | E9 |
| Borrés (Huesca) | HU | 21 | E28 |
| Borres (Asturias) | O | 5 | B10 |
| Borriana / Burriana | CS | 62 | M29 |
| Borriol | CS | 62 | L29 |
| Borriquillas (Punta de las) (Fuerteventura) | GC | 113 | I4 |
| Bosque | C | 2 | C3 |
| Bosque (El) (Cádiz) | CA | 92 | V13 |
| Bosque (El) (Granada) | GR | 84 | T22 |
| Bosque (El) (Madrid) | M | 45 | K18 |
| Bosque (El) (Toledo) | TO | 57 | M16 |
| Bosque Alto | Z | 35 | H27 |
| Bosques (Serra de los) | | 61 | N27 |
| Bossòst | L | 22 | D32 |
| Bot | T | 50 | I31 |
| Botarell | T | 51 | I32 |
| Botaya | HU | 21 | E28 |
| Boticario | TO | 70 | N18 |
| Botija | CC | 68 | N11 |
| Bótoa | BA | 67 | O9 |
| Bótoa (Ermita de) | BA | 67 | O9 |
| Botorrita | Z | 34 | H26 |
| Botoz (Arroyo de) | | 67 | Q11 |
| Bou (Cala de) | PM | 87 | P33 |
| Boumort (Cap de) | | 23 | F33 |
| Boumort (Serra de) | L | 23 | F33 |
| Bousés | OR | 27 | G7 |
| Boutra (Cabo de la) | C | 2 | C2 |
| Bouza | OR | 13 | E5 |
| Bouza (La) | SA | 42 | J9 |
| Bouzas (León) | LE | 15 | E10 |
| Bouzas (Pontevedra) | PO | 12 | F3 |
| Bóveda (cerca de Monforte) | LU | 14 | E7 |
| Bóveda (Álava) | VI | 18 | D20 |
| Bóveda (Monte) | | 68 | P12 |
| Bóveda de la Ribera | BU | 18 | D19 |
| Bóveda de Toro (La) | ZA | 30 | H13 |
| Bóveda del Río Almar | SA | 44 | J14 |
| Bovera | L | 36 | I31 |
| Box | O | 5 | B12 |
| Boya | ZA | 29 | G10 |
| Boyar (Puerto del) | CA | 92 | V13 |
| Bozoo | BU | 18 | D20 |
| Brabos | AV | 44 | J15 |
| Brácana (Córdoba) | CO | 94 | T17 |
| Brácana (Granada) | GR | 94 | U18 |
| Bràfim | T | 37 | I34 |
| Braguia (Puerto de) | S | 8 | C18 |
| Brahojos de Medina | VA | 30 | I14 |
| Bramadero | H | 78 | S8 |
| Bramadoras | | 49 | K28 |
| Brandeso | C | 13 | D5 |
| Brandilanes | ZA | 29 | H11 |
| Brandomil | C | 2 | C3 |
| Brandoñas | C | 2 | C3 |
| Braña (Cabeza de la) | | 46 | J18 |
| Braña (La) (León) | LE | 14 | D9 |
| Braña (La) (Asturias) | O | 4 | B9 |
| Braña Caballo | | 6 | C13 |
| Braña Vieja | S | 7 | C16 |
| Brañalonga | O | 5 | B10 |
| Brañes | O | 5 | B12 |
| Brañosera | P | 17 | D17 |
| Brañuás | O | 5 | B10 |
| Brañuelas | LE | 15 | E11 |
| Braojos | M | 46 | I19 |
| Brava (Sierra) | | 67 | O9 |
| Bravatas | GR | 83 | S22 |
| Bravo (El) | H | 78 | R9 |
| Bravos | LU | 3 | B7 |
| Brazacorta | BU | 32 | G19 |
| Brazato (Embalse de) | HU | 21 | D29 |
| Brazatortas | CR | 70 | Q17 |
| Brazomar | S | 8 | B20 |
| Brazuelo | LE | 15 | E11 |
| Brea | Z | 34 | H25 |
| Brea de Tajo | M | 59 | L20 |
| Breda | GE | 38 | G37 |
| Brence | LU | 14 | E7 |
| Brenes | SE | 92 | T12 |
| Breña (Embalse de la) | CO | 81 | S14 |
| Breña Alta (La Palma) | TF | 132 | D5 |
| Breña Baja (La Palma) | TF | 132 | D5 |
| Breñas (Las) (Lanzarote) | GC | 122 | B5 |
| Bres | O | 4 | B8 |
| Bretó | ZA | 29 | G12 |
| Bretocino | ZA | 29 | G12 |
| Bretoña | LU | 4 | B8 |
| Bretún | SO | 33 | F22 |
| Brezo (Sierra del) | | 16 | D15 |
| Brias | SO | 32 | H21 |
| Bricia | BU | 17 | D18 |
| Brieva (Ávila) | AV | 45 | J16 |
| Brieva (Segovia) | SG | 45 | I17 |
| Brieva de Cameros | LO | 19 | F21 |
| Brieva de Juarros | BU | 18 | F19 |
| Brieves | O | 5 | B10 |
| Brihuega | GU | 46 | J21 |
| Brime de Sog | ZA | 29 | F11 |
| Brime de Urz | ZA | 29 | F12 |
| Brimeda | LE | 15 | E11 |
| Brincones | SA | 43 | I10 |
| Briñas | LO | 19 | E21 |
| Briones | LO | 19 | E21 |
| Briongos | BU | 32 | G19 |
| Brisas (Las) | GU | 47 | K21 |
| Brisos (Puerto de los) | BA | 67 | O9 |
| Briviesca | BU | 18 | E20 |
| Brizuela | BU | 18 | D19 |
| Brocos | PO | 13 | D5 |
| Bronco (El) | CC | 55 | L11 |
| Bronco (Rivera del) | | 55 | L11 |
| Brosquil (El) | V | 74 | O29 |
| Broto | HU | 21 | E29 |
| Brovales | BA | 79 | Q9 |
| Brovales (Arroyo) | | 79 | Q9 |
| Brovales (Embalse de) | BA | 79 | Q9 |
| Broza | LU | 13 | E7 |
| Brozas | CC | 55 | N9 |
| Bruc (El) | B | 38 | H35 |
| Brués | OR | 13 | E5 |
| Brugent (El) (Girona) | GE | 24 | F37 |
| Brugent (El) (Tarragona) | T | 37 | I33 |
| Bruguera | GE | 24 | F36 |
| Bruis | HU | 22 | F30 |
| Brujas (Cuevas de) | NA | 11 | C25 |
| Brújula (Puerto de la) | | 18 | E19 |
| Brull (El) | B | 38 | G36 |
| Brullés | BU | 17 | E18 |
| Brullés (Río) | | 17 | E17 |
| Brunales (Los) | V | 73 | P27 |
| Brunete | M | 45 | K18 |
| Brunyola | GE | 24 | G38 |
| Búbal | HU | 21 | D29 |
| Búbal (Embalse de) | HU | 21 | D29 |
| Buberos | SO | 33 | H23 |
| Bubierca | Z | 34 | I24 |
| Bubión | GR | 102 | V19 |
| Bucher | TO | 57 | L14 |
| Buciegas | CU | 47 | K22 |
| Búcor | GR | 94 | U18 |
| Buda (Illa de) | T | 51 | J32 |
| Budia | GU | 47 | K21 |
| Budián | LU | 4 | B7 |
| Budiño (A Coruña) | C | 3 | D4 |
| Budiño (Pontevedra) | PO | 12 | F4 |
| Buelna | O | 7 | B16 |
| Buen Amor | SA | 43 | I12 |
| Buen Retiro | CR | 71 | O21 |
| Buena Leche | V | 61 | M26 |
| Buenache de Alarcón | CU | 60 | N23 |
| Buenache de la Sierra | CU | 60 | L24 |
| Buenafuente (Monasterio de) | GU | 47 | J23 |
| Buenamadre | SA | 43 | J11 |
| Buenas Noches | MA | 99 | W14 |
| Buenasbodas | TO | 57 | N15 |
| Buenaventura | TO | 57 | L15 |
| Buenavista (Granada) | GR | 94 | U18 |
| Buenavista (Salamanca) | SA | 43 | J13 |
| Buenavista (Monte) | AB | 72 | O24 |
| Buenavista (Punta de) (Tenerife) | TF | 126 | C3 |
| Buenavista-Cala Abogat | A | 75 | P30 |
| Buenavista de Valdavia | P | 17 | E16 |
| Buenavista del Norte (Tenerife) | TF | 126 | B3 |
| Buendía | CU | 47 | K21 |
| Buendía (Embalse de) | CU | 47 | K21 |
| Bueno (El) (Tenerife) | TF | 129 | G4 |
| Buenos Aires | A | 86 | R28 |
| Bueña | TE | 48 | J26 |
| Buera | HU | 22 | F30 |
| Buerba | HU | 22 | E30 |
| Bueres | O | 6 | C13 |
| Buesa | HU | 21 | E29 |
| Bueu | PO | 12 | F3 |
| Buey | TO | 58 | M18 |
| Buey (Sierra del) | | 85 | Q26 |
| Bufali | V | 74 | P28 |

Bugallido C 12 D4
Bugarra V 61 N27
Bugedo BU 18 E20
Búger PM 104 M38
Búhos (Sierra de los) 72 Q24
Buitrago SO 33 G22
Buitrago (Pinilla de) M 46 J18
Buitrago del Lozoya M 46 J19
Buitre (Almería) AL 95 U21
Buitre (Murcia) MU 84 R24
Buitre (Monte) TE 61 L26
Buitrera GU 32 I19
Buitrón (El) H 79 T9
Buitrón (El) (Monte) H 78 S8
Buiza LE 16 D12
Bujalance CO 81 S16
Bujalaro GU 46 J21
Bujalcayado GU 47 I21
Buján C 2 D2
Bujaraiza J 83 R21
Bujaraloz Z 35 H29
Bujarda (La) H 78 S8
Bujardo BA 78 Q9
Bujarrabal GU 47 I22
Bujaruelo HU 21 D29
Bujeda (Embalse de la) 59 L21
Bujeda (La) GU 59 L21
Bujeo (El) CA 99 X13
Bujeo (Puerto del) CA 99 X13
Bujo BA 79 R11
Bularros AV 44 J15
Bulbuente Z 34 G25
Bullaque (El) CR 70 O17
Bullaque (Río) 70 O17
Bullas MU 84 R24
Bullones 47 J24
Bulnes 6 C15
Buniel BU 17 F18
Bunyola PM 104 M38
Buñales HU 21 F28
Buño C 2 C3
Buñol V 61 N27
Buñuel NA 34 G25
Burbáguena TE 48 I25
Burbia LE 14 D9
Burbia (Río) 14 D9
Burceat HU 22 F30
Burceña BU 8 C19
Burdalo 68 O11
Burela LU 4 B7
Burela (Cabo) LU 4 A7
Burés C 12 D3
Bureta Z 34 G25
Burete MU 84 R24
Burgal (El) V 61 N27
Burganes de Valverde ZA 29 G12
Burgi / Burgui NA 11 D26
Burgo LU 3 D7
Burgo (El) MA 100 V15
Burgo de Ebro (El) Z 35 H27
Burgo de Osma (El) SO 32 H20
Burgo Ranero (El) LE 16 E14
Burgohondo AV 44 K15
Burgomillodo SG 31 H18
Burgos BU 18 E18
Burgueira PO 12 F3
Burguete / Auritz NA 11 D26
Burgui / Burgi NA 11 D26
Burguilla CC 57 M1
Burguillo (Embalse de) 45 K16
Burguillos SE 91 T12
Burguillos de Toledo TO 58 M18
Burguillos del Cerro BA 79 Q10
Buriz LU 3 C6
Burjassot V 62 N28
Burlada / Burlata NA 11 D25
Burlata / Burlada NA 11 D25
Burón LE 6 C14
Burras MU 84 S24
Burres C 3 D5
Burriana / Borriana CS 62 M29
Burro (Collado del) 69 O15
Burrueco AB 72 P23
Buruaga VI 19 D21
Burujón TO 58 M17
Burunchel J 83 S21
Busante O 4 D9
Buscastell PM 87 O34
Busdongo LE 15 D12
Buseo (Embassament de) 61 N27
Busloñe (Asturias) O 5 C12
Busmente O 4 B9
Busot A 86 Q28
Busquil 20 E24
Busquístar GR 102 V20
Bustablado S 8 C19
Bustamante S 17 C17
Bustantigo O 4 B9
Bustares GU 46 I20
Bustarviejo M 46 J18
Bustasur S 17 D17
Buste (Balcón de El) 34 G25
Buste (El) Z 34 G25
Bustidoño S 17 D18
Bustillo de Cea LE 16 E14
Bustillo de Chaves VA 16 F14
Bustillo de la Vega P 16 E15
Bustillo del Monte S 17 D17
Bustillo del Oro ZA 30 G13
Bustillo del Páramo LE 15 E12
Bustillo del Páramo de Carrión P 16 E15
Busto (cerca de Luarca) O 5 B10
Busto (cerca de Villaviciosa) O 6 B13
Busto (Cabo) O 5 B10
Busto (El) NA 19 E23
Busto de Bureba BU 18 E20
Bustoburniego O 5 B10
Bustriguado S 7 C16
Busturia BI 9 B21
Butihondo (Fuerteventura) GC 112 D5
Butrera BA 79 R10
Butróe BI 8 B21
Buxán (cerca de Rois) C 12 D3
Buxán (cerca de Val do Dubra) C 2 C4
Buxantes (Monte de) C 2 D2
Buxu (Cueva del) O 6 B14

C

Caamaño C 12 E2
Caaveiro C 3 B5
Cabaco (El) SA 43 K11
Cabaleiros C 2 C4
Caballa (Sierra de la) 73 O25
Caballar SG 45 I18
Caballera 21 F28
Caballero (Sierra del) 34 H24
Caballeros J 82 Q18
Caballo (Granada) GR 94 U19
Caballo (Cerro del) GR 94 U19
Caballo (Monte) 55 M9
Caballó (Serra El) V 74 O27
Caballón H 91 T9
Caballos (Sierra de los) MA 93 U15
Cabalos (Sierra de los) LU 14 E8
Cabana C 2 C3
Cabanabona L 37 G33
Cabanamoura C 2 D3
Cabanas (A Coruña) C 3 B5
Cabanas (Lugo) LU 3 B6
Cabanelas OR 13 E5
Cabanelles GE 25 F38
Cabanes (Castelló) CS 62 L30
Cabanes (Girona) GE 25 F38
Cabanes (Barranc de) CS 62 L29
Cabaneta (Sa) 104 N38
Cabanillas (Navarra) NA 20 F25
Cabanillas (Soria) SO 33 H22
Cabanillas de la Sierra M 46 J19
Cabanillas del Campo GU 46 K20
Cabanyes (Les) B 37 H35
Cabañaquinta O 6 C13
Cabañas (León) LE 16 F13
Cabañas (Zaragoza) Z 34 G26
Cabañas (Monte) J 83 S21
Cabañas (Puerto) CA 92 V14
Cabañas de Castilla (Las) P 17 E16
Cabañas de la Dordilla LE 15 E10
Cabañas de la Sagra TO 58 L18
Cabañas de Polendos SG 45 I17
Cabañas de Sayago ZA 29 I12
Cabañas de Yepes TO 58 M19
Cabañas del Castillo CC 56 N13
Cabañas Raras LE 14 E9
Cabañeros (Ciudad Real) CR 69 N16
Cabañeros (León) LE 16 F13
Cabañeros (Parque nacional) CR 69 N16
Cabañes de Esgueva BU 32 G18
Cabarceno (Parque de) S 7 B18
Cabarga (Peña) S 8 B18
Cabassers T 36 I32
Cabdella L 23 E32
Cabe LU 14 E7
Cabeza (La) AB 84 R23
Cabeza de Béjar (La) SA 43 K13
Cabeza de Buey CR 71 Q20
Cabeza de Campo LE 14 E9
Cabeza de Diego Gómez SA 43 J11
Cabeza de la Viña (Isla) J 83 R21
Cabeza del Asno 85 R25
Cabeza del Buey BA 68 P14
Cabeza del Caballo SA 42 I10
Cabeza Gorda 49 I28
Cabeza Herrera 32 F21
Cabeza la Vaca BA 79 R10
Cabeza Llana (Sierra de) (Albacete) AB 84 Q25
Cabezabellosa CC 56 L12
Cabezabellosa de la Calzada SA 44 I13
Cabezadas (Las) GU 46 I20
Cabezamesada TO 59 M20
Cabezarados CR 70 P17
Cabezarrubias CR 70 Q17
Cabezas de Alambre AV 44 J15
Cabezas de Bonilla AV 44 K14
Cabezas de San Juan (Las) SE 91 V12
Cabezas del Pasto H 78 T7
Cabezas del Pozo AV 44 I15
Cabezas del Villar AV 44 J14
Cabezas Rubias H 78 S8
Cabezas Rubias (Embalse de) 78 S8
Cabezo (Cáceres) CC 43 K11
Cabezo (Monte) TE 61 L26
Cabezo Alto 49 K27
Cabezo de la Plata MU 85 S27
Cabezo de Torres MU 85 R26
Cabezo Jara AL 96 T24
Cabezón VA 31 G16
Cabezón de Cameros LO 19 F22
Cabezón de la Sal S 7 C17
Cabezón de la Sierra BU 32 G20
Cabezón de Liébana S 7 C16
Cabezón de Valderaduey VA 16 F14
Cabezón del Oro (Serra de) A 74 Q28
Cabezudos (Los) H 91 U10
Cabezuela SG 31 I18
Cabezuela (La) V 73 O26
Cabezuela del Valle CC 56 L12
Cabezuelas (Las) M 45 K17
Cabezuelos (Los) GU 47 K22
Cabi Monteros 19 F23
Cabigordo (Puerto de) 49 K27
Cabizuela AV 44 J15
Cable (Mirador del) 6 C15
Cabó L 23 F33
Cabo Blanco (Tenerife) TF 128 D5
Cabo Cervera-Playa La Mata A 86 R28
Cabo de Gata AL 103 V23
Cabo de Gata (Sierra del) 103 V23
Cabo de Gato-Níjar (Parque natural de) 103 V23-V24
Cabo de Palos MU 86 T27
Caboalles de Abajo LE 15 D10
Caboalles de Arriba LE 15 D10
Cabolafuente Z 47 I23
Cabornera LE 15 D12
Caborno O 5 B10
Caborredondo (Burgos) BU 18 E19
Cabra CO 93 T16
Cabra (Cinto) V 73 O27
Cabra (Río) 93 T15
Cabra (Sierra de la) 5 C10
Cabra de Mora TE 49 L27
Cabra del Camp T 37 H33
Cabra del Santo Cristo J 83 S20
Cabrales 6 C15
Cabranes O 6 B13
Cabras (Granada) GR 94 U17
Cabras (Las) AB 84 R22
Cabras (Monte) 56 N14
Cabras (Sierra de las) (Cádiz) CA 99 W12
Cabras (Sierra de las) (Málaga) MA 100 V16
Cabras (Sierra de las) (Murcia) MU 85 Q25
Cabredo NA 19 E22
Cabreiroá OR 28 G7
Cabreiros LU 3 B6
Cabrejas CU 60 L22
Cabrejas (Altos de) CU 60 L22
Cabrejas (Puerto de) CU 60 L23
Cabrejas (Sierra de) 32 G20
Cabrejas del Campo SO 33 G23
Cabrejas del Pinar SO 33 G21
Cabrera (Badajoz) BA 79 R11
Cabrera (Illa de) 105 O38
Cabrera (La) (Guadalajara) GU 47 I22
Cabrera (La) (Madrid) M 46 J19
Cabrera (La) (València) V 61 N27
Cabrera (Monte) 34 H24
Cabrera (Río de la) J 82 R17
Cabrera (Río) 14 E9
Cabrera (Sierra de la) 14 F9
Cabrera (Sierra) 96 U24
Cabrera de Mar B 38 H37
Cabrerizos SA 43 J13
Cabrero CC 56 L12
Cabreros del Monte VA 30 G14
Cabreros del Río LE 16 E13
Cabretón LO 34 G24
Cabriel (Río) 73 O26
Cabril (El) CO 80 R13
Cabrilla (Río de la) CO 81 S14
Cabrilla (Sierra de la) 83 S21
Cabrillanes LE 15 D11
Cabrillas (Salamanca) SA 43 J11
Cabrillas (Puerto de las) TE 49 K29
Cabrillas (Río) 48 K24
Cabrillas (Serra de las) 61 N26

## CÁCERES

América (Pl. de) AZ 2
Amor de Dios BZ 3
Ancha BZ 4
Antonio Reyes Huertas BZ 6
Arturo Aranguren AZ 7
Ceres BY 9
Colón BZ 10
Compañía (Cuesta de la) BY 12
Diego María Crehuet BZ 14
Fuente Nueva BZ 15
Gabino Muriel AZ 17
Gen. Primo de Rivera (Av. del) AZ 22
Isabel de Moctezuma (Av.) AZ 24
José L. Cotallo AY 25
Juan XXIII AZ 26
Lope de Vega BY 28
Marqués (Cuesta del) BY 30
Mayor (Pl.) BY
Médico Sorapán BZ 31
Millán Astray (Av.) BZ 32
Mono BY 33
Perreros BZ 35
Pintores BY 36
Portugal (Av. de) AZ 37
Profesor Hdez Pacheco BZ 39
Ramón y Cajal (Pas. de) AY 42
Reyes Católicos AY 43
San Antón AZ 47
San Blas (Av. de) BY 45
San Jorge AY 49
San Juan (Pl. de) BZ 51
San Pedro BZ 53
San Pedro de Alcántara (Av.) AZ 54
San Roque BZ 56
Tiendas BY 58
Trabajo AY 59
Universidad (Av. de la) BY 60
Viena AZ 62

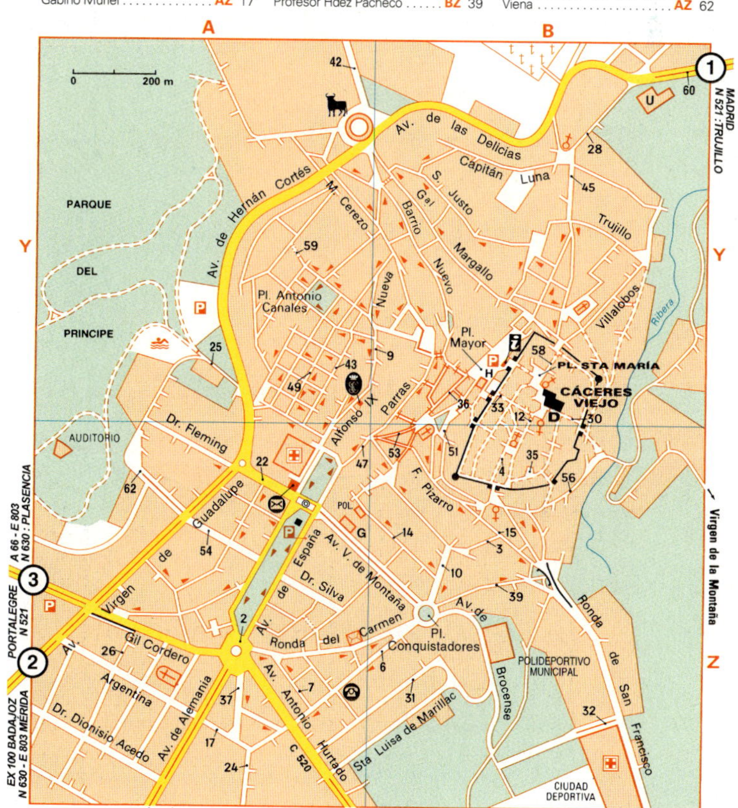

Palacio de Los Golfines de Abajo BY D

| | | | |
|---|---|---|---|
| Cabrils | B | 38 | H37 |
| Cabrito (Alto El) | CA | 99 | X13 |
| Cabruñana | O | 5 | B11 |
| Cabuérniga | S | 7 | C17 |
| Cacabelos | LE | 14 | E9 |
| Cáceres | CC | 55 | N10 |
| Cáceres (Embalse de) | CC | 55 | N11 |
| Caceruela | CR | 69 | O16 |
| Cachafeiro | PO | 13 | E4 |
| Cachaza | CC | 55 | L9 |
| Cacheiras | C | 12 | D4 |
| Cachorilla | CC | 55 | M9 |
| Cacín | GR | 94 | U18 |
| Cacín (Canal del) | GR | 94 | U18 |
| Cacín (Río) | | 101 | V18 |
| Cadabedo | LU | 4 | B7 |
| Cádabo (O) | LU | 4 | C8 |
| Cadafresnas | LE | 14 | E9 |
| Cadagua | BU | 8 | C19 |
| Cadagua (Río) | | 8 | C20 |
| Cadalso | | 55 | L10 |
| Cadalso de los Vidrios | M | 57 | L16 |
| Cadaqués | GE | 25 | F39 |
| Cadavedo | O | 5 | B10 |
| Cádavos | OR | 28 | G8 |
| Cadena (Puerto de la) | MU | 85 | S26 |
| Cadí | L | 23 | F34 |
| Cadí (Reserva nacional de) | | 23 | F34 |
| Cadí (Serra de) | L | 23 | F34 |
| Cadí (Túnel de) | GE | 24 | F35 |
| Cadí-Moixeró (Parc natural de) | B | 24 | F35 |
| Cádiar | GR | 102 | V20 |
| Cadiñanos | BU | 18 | D19 |
| Cadiretes (Puig de) | | 39 | G38 |
| Cádiz | CA | 98 | W11 |
| Cádiz (Bahía de) | CA | 98 | W11 |
| Cadreita | NA | 20 | F24 |
| Cadrete | Z | 35 | H27 |
| Caicedo Yuso | VI | 18 | D21 |
| Caídero de la Niña (Embalse) (Gran Canaria) | GC | 114 | C3 |
| Caillo (Sierra del) | | 99 | V13 |
| Caimari | PM | 104 | M38 |
| Caimodorro | TE | 48 | K24 |
| Caín | LE | 6 | C15 |
| Caión | C | 2 | C4 |
| Cajigar | HU | 22 | F31 |
| Cajigar (Río) | | 22 | F31 |
| Cajiz | MA | 101 | V17 |
| Cal Marcal | | 38 | G35 |
| Cala | H | 79 | S11 |
| Cala (Embalse de) | SE | 79 | S11 |
| Cala (La) | A | 74 | Q29 |
| Cala (Río) | | 79 | S11 |
| Cala (Rivera de) | | 79 | S11 |
| Cala Agulla | PM | 105 | M40 |
| Cala Bassa | | 87 | P33 |
| Cala Blanca (Menorca) | PM | 106 | M41 |
| Cala Blava | PM | 104 | N38 |
| Cala Bona | PM | 105 | N40 |
| Cala d'Or | PM | 105 | N39 |
| Cala de Algaiarens | | 106 | L41 |
| Cala de los Tiestos | A | 75 | P30 |
| Cala de Portinatx | | 87 | O34 |
| Cala de Sa Calobra | | 104 | M38 |
| Cala de Salionç | GE | 39 | G38 |
| Cala de Valldemossa | | 104 | M37 |
| Cala Deía | PM | 104 | M37 |
| Cala del Moral (cerca de Rincón de la V.) | MA | 100 | V17 |
| Cala en Blanes | PM | 106 | L41 |
| Cala en Bosc | | 106 | M41 |
| Cala en Porter | PM | 106 | M42 |
| Cala Ferrera | PM | 105 | N39 |
| Cala Figuera | PM | 105 | O39 |
| Cala Figuera (Cap de) | | 104 | N37 |
| Cala Fonduco | PM | 106 | M42 |
| Cala Fornells | PM | 104 | N37 |
| Cala Galdana | PM | 106 | M41 |
| Cala Gració | PM | 87 | P33 |
| Cala Llonga (Ibiza) | PM | 87 | P34 |
| Cala Mesquida (Mallorca) | PM | 105 | M40 |
| Cala Mesquida (Menorca) | PM | 106 | M42 |
| Cala Millor | PM | 105 | N40 |
| Cala Montjoi | GE | 25 | F39 |
| Cala Morell | PM | 106 | L41 |
| Cala Murada | PM | 105 | N39 |
| Cala Pi | PM | 104 | N38 |
| Cala Pregonda | | 106 | L42 |
| Cala Puntal | CS | 50 | K31 |
| Cala Rajada | PM | 105 | M40 |
| Cala Sahona | PM | 87 | P34 |
| Cala Sant Antoni | | 87 | P33 |
| Cala Sant Vicenç | PM | 105 | M39 |
| Cala Sant Vicent (Localidad) | PM | 87 | O34 |
| Cala Sant Vicent | | 87 | O34 |
| Cala Santa Galdana | PM | 106 | M41 |
| Cala Santandria | | 106 | M41 |
| Cala Santanyí | PM | 105 | O39 |
| Cala Savina | | 87 | P34 |
| Cala Tarida | PM | 87 | P33 |
| Cala Turqueta | PM | 106 | M41 |
| Cala Vallgornera | PM | 104 | N38 |
| Cala Vedella | PM | 87 | P33 |
| Cala Vinyes | PM | 104 | N37 |
| Calabardina | MU | 97 | T25 |
| Calabazar (Embalse del) | H | 78 | T9 |
| Calabazares | H | 79 | S9 |
| Calabazas (Segovia) | SG | 31 | H17 |
| Calabazas (Valladolid) | VA | 30 | H15 |
| Calabor | ZA | 28 | G9 |
| Calaburra (Punta de) | MA | 100 | W16 |
| Calaceite | TE | 50 | I30 |
| Caladrones | HU | 22 | F31 |
| Calaf | B | 37 | G34 |
| Calafat | T | 51 | J32 |
| Calafell | T | 37 | I34 |
| Calafell Platja | T | 37 | I34 |
| Calahonda (Granada) | GR | 102 | V19 |
| Calahonda (Málaga) | MA | 100 | W15 |
| Calahorra (La Rioja) | LO | 19 | F24 |
| Calahorra (Estación de La) | GR | 95 | U20 |
| Calahorra (La) (Granada) | GR | 95 | U20 |
| Calahorra de Boedo | P | 17 | E16 |
| Calalberche | TO | 58 | L17 |
| Calama | CC | 43 | K11 |
| Calamocha | TE | 48 | J26 |
| Calamocos | LE | 15 | E10 |
| Calamonte | BA | 67 | P10 |
| Calanda | TE | 49 | J29 |
| Calanda (Embalse de) | TE | 49 | J29 |
| Calañas | H | 78 | T9 |
| Calar Alto | AL | 95 | U22 |
| Calar de la Santa | MU | 84 | R23 |
| Calar del Mundo | AB | 84 | Q22 |
| Calares (Los) | CR | 71 | Q21 |
| Calares (Los) (Monte) | | 84 | R23 |
| Calasanz | HU | 22 | F31 |
| Calasparra | MU | 84 | R24 |
| Calasparra (Estación de) | MU | 84 | R24 |
| Calatañazor | SO | 33 | G21 |
| Calatayud | Z | 34 | H25 |
| Calatorao | Z | 34 | H25 |
| Calatrava (Campo de) | CR | 70 | P18 |
| Calatrava (Puerto de) | CR | 70 | P18 |
| Calatrava (Sierra de) | | 70 | P18 |
| Calatraveño (Puerto) | CO | 81 | R15 |
| Calaveruela | CO | 80 | R13 |
| Calbinyà | L | 23 | E34 |
| Calcena | Z | 34 | H24 |
| Caldas (Las) | O | 5 | C12 |
| Caldas de Besayas (Las) | S | 7 | C17 |
| Caldas de Luna | LE | 15 | D12 |
| Caldas de Reis | PO | 12 | E4 |
| Calde | LU | 3 | D7 |
| Caldearenas | HU | 21 | E28 |
| Caldebarcos | C | 12 | D2 |
| Caldebarcos (Punta de) | | 12 | D2 |
| Caldelas | PO | 12 | F4 |
| Caldera | CO | 93 | T17 |
| Caldereros (Sierra de) | | 48 | J24 |
| Caldereta (Fuerteventura) | GC | 111 | I2 |
| Calderín (El) | TO | 70 | O18 |
| Calderina (Sierra de la) | | 70 | O18 |
| Calderón | V | 61 | L26 |
| Calderón (Sierra de) | | 83 | Q22 |
| Calderones (Los) | MU | 85 | S25 |
| Calders | B | 38 | G35 |
| Calders (Riera de) | | 38 | G35 |
| Calderuela | SO | 33 | G23 |
| Caldés (Riu) | | 49 | K29 |
| Caldes d'Estrac | B | 38 | H37 |
| Caldes de Boí | L | 22 | E32 |
| Caldes de Malavella | GE | 25 | G38 |
| Caldes de Montbui | B | 38 | H36 |
| Caldones | O | 6 | B13 |
| Caldueño | O | 6 | B15 |
| Caleao | O | 6 | C13 |
| Calella | B | 38 | H37 |
| Calella de Palafrugell | GE | 25 | G39 |
| Calera (Collado de la) | | 61 | N26 |
| Calera (La) (Badajoz) | BA | 67 | P10 |
| Calera (La) (Cáceres) | CC | 56 | N14 |
| Calera (La) (Ciudad Real) | CR | 71 | P20 |
| Calera (La) (Huelva) | H | 91 | U10 |
| Calera de León | BA | 79 | R11 |
| Calera del Prado (La) (Vizcaya) | BI | 8 | C19 |
| Calera y Chozas | TO | 57 | M15 |
| Caleruega | BU | 32 | G19 |

Ancha ........ BY 2
Ántonio López ........ BCY
Apodaca (Alameda de) ........ BY
Argüelles (Pl.) ........ CY
Benito Pérez Galdós ........ AY
Benjumeda ........ BY
Calderón de la Barca ........ BY 3
Calesas ........ CZ
Campo del Sur ........ ABZ
Candelaria (Pl.) ........ BZ 4
Cardoso ........ BZ
Carlos III (Paseo) ........ ABY
Ceballos ........ ABY
Cervantes ........ BY
Columela ........ BYZ
Compañía ........ BZ 5
Concepcíon Arenal ........ CZ
Constitución (Pl. de la) ........ CZ
Cristóbal Colón ........ CZ 6
Diego Arias ........ AY
Doctor G. Ulla (Av.) ........ AY
Doctor Marañón ........ AY 7
Duque de Najera (Av.) ........ AYZ
España (Pl. de) ........ CY
Falla (Pl.) ........ AY
Fernando el Católico ........ CY 8
Fray Félix (Pl.) ........ BZ 9
Honduras ........ CY
Marqués de Comillas (Alameda) ........ BY
Mentidero (Pl. del) ........ BY 10
Mesón Nueva ........ CZ 12
Mina (Pl. de) ........ BY
Montañés ........ BZ 13
Moreno de Mora ........ AYZ
Novena ........ BY 15
Nueva ........ CZ 16
Pelota ........ CZ 17
Piratas (Callejón de los) ........ BZ 18
Plocia ........ CZ
Puerto (Av. del) ........ CYZ
Ramón de Carranza (Av.) ........ CZ 19
Rep. Argentina ........ CY
Rosario ........ BY
Sacramento ........ BY
Sagasta ........ ABYZ
Santa Maria ........ CZ 28
Santo Cristo ........ BCZ 29
San Agustin (Pl.) ........ CY 20
San Antonio (Pl. ) ........ BY 21
San Francisco ........ BCY 22
San Francisco (Pl. de) ........ BY 23
San José ........ ABYZ
San Juan ........ BZ
San Juan de Dios ........ CZ 24
San Juan de Dios (Pl.) ........ CZ 25
San Martín (Pl.) ........ CZ 26
San Roque (Pl.) ........ CZ 27
Sopranis ........ CZ 30
Topete (Pl. de) ........ BZ 31
Vea Murguia ........ BY
Virgen de la Palma ........ AZ
Viudas (Pl. de las) ........ BY

Ayuntamiento ........ CZ H
Cárcel Real (Palacio de Justicia) ........ CZ J
Casa de la Contaduría (Museo Catedralicio) ........ BZ M¹
Museo de Cádiz ........ BY M²
Museo Iconográfico e Histórico de las Cortes y Sitio de Cádiz ........ BY M³

| | | | |
|---|---|---|---|
| Caleruela (cerca de Los Yébenes) | TO | 58 | N18 |
| Caleruela (Toledo) | TO | 56 | M14 |
| Caleruela (La) | J | 83 | R20 |
| Cales de Mallorca | PM | 105 | N39 |
| Caleta (El Hierro) | TF | 109 | E2 |
| Caleta (La) | GR | 101 | V19 |
| Caleta (La) (Tenerife) | TF | 126 | C3 |
| Caleta (La) (Tenerife) | TF | 128 | C5 |
| Caleta de Famara (Lanzarote) | GC | 123 | E3 |
| Caleta de Fustes (Castillo de) (Fuerteventura) | GC | 111 | I3 |
| Caleta de Vélez (La) | MA | 101 | V17 |
| Caleta del Sebo (Lanzarote) | GC | 121 | E2 |
| Caletas (Las) (La Palma) | TF | 132 | D7 |
| Caletillas (Las) (Tenerife) | TF | 127 | H3 |
| Caleyos (Los) | O | 6 | C13 |
| Calicasas | GR | 94 | U19 |
| Càlig | CS | 50 | K31 |
| Callao Salvaje (Tenerife) | TF | 128 | C5 |
| Calldetenes | B | 38 | G36 |
| Callejas | CU | 60 | N24 |
| Callejones (La Palma) | TF | 132 | D5 |
| Callejos (Los) | O | 6 | B15 |
| Callén | HU | 35 | G28 |
| Calleras | O | 5 | B10 |
| Calles | V | 61 | M27 |
| Callezuela | O | 5 | B12 |
| Callobre (A Coruña) | C | 3 | C5 |
| Callobre (Pontevedra) | PO | 13 | D4 |
| Callosa d'en Sarrià | A | 74 | Q29 |
| Callosa de Segura | A | 85 | R27 |
| Callús | B | 37 | G35 |
| Calmarza | Z | 48 | I24 |
| Calnegre | MU | 97 | T25 |
| Calnegre (Punta de) | MU | 97 | T25 |
| Calo | C | 2 | C2 |
| Calo | C | 12 | D4 |
| Calobra (Sa) | PM | 104 | M38 |
| Calomarde | TE | 48 | K25 |
| Calonge (Girona) | GE | 25 | G39 |
| Calonge (Mallorca) | PM | 105 | N39 |
| Calonge (El) | CO | 80 | T13 |
| Calonge de Segarra | B | 37 | G34 |
| Calp | A | 74 | Q30 |
| Calpes (Los) | CS | 62 | L28 |
| Caltojar | SO | 33 | H21 |
| Calvario (Sierra del) | | 92 | V12 |
| Calvarrasa de Abajo | SA | 44 | J13 |
| Calvarrasa de Arriba | SA | 44 | J13 |
| Calvera | HU | 22 | E31 |
| Calvera (Monte) | | 22 | F31 |
| Calvestra | V | 61 | N26 |
| Calvià | PM | 104 | N37 |
| Calvín Bajo | TO | 58 | M17 |
| Calvo | BA | 79 | Q11 |
| Calvos de Randín | OR | 27 | G6 |
| Calypo | TO | 58 | L17 |
| Calzada (Atayala de la) | CR | 70 | Q18 |
| Calzada de Béjar (La) | SA | 43 | K12 |
| Calzada de Bureba | BU | 18 | E20 |
| Calzada de Calatrava | CR | 70 | P18 |
| Calzada de los Molinos | P | 17 | F16 |
| Calzada de Oropesa (La) | TO | 56 | M14 |
| Calzada de Tera | LE | 29 | G11 |
| Calzada de Valdunciel | SA | 43 | I12 |
| Calzada de Vergara | AB | 73 | O25 |
| Calzada del Coto | LE | 16 | E14 |
| Calzadilla | CC | 55 | L10 |
| Calzadilla de la Cueza | P | 16 | F15 |
| Calzadilla de los Barros | BA | 79 | R11 |
| Calzadilla de los Hermanillos | LE | 16 | E14 |
| Calzadilla de Tera | ZA | 29 | G11 |
| Calzadilla del Campo | SA | 43 | I11 |
| Camaces | | 42 | J9 |
| Camaleño | S | 7 | C15 |
| Camallera | GE | 25 | F38 |
| Camañas | TE | 48 | K26 |
| Cámaras | | 35 | I26 |
| Camarasa | L | 37 | G32 |
| Camarasa (Pantà de) | L | 36 | G32 |
| Camarena (Toledo) | TO | 58 | L17 |
| Camarena (Río de) | | 61 | L26 |
| Camarena (Sierra de) | TE | 61 | L27 |
| Camarena de la Sierra | TE | 61 | L26 |
| Camarenilla | TO | 58 | L17 |
| Camarillas | TE | 49 | K27 |
| Camarillas (Embalse de) | AB | 84 | Q25 |
| Camarinal | | 99 | X12 |
| Camarinal (Punta) | CA | 99 | X12 |
| Camariñas | C | 2 | C2 |
| Camariñas (Ría de) | C | 2 | C2 |
| Camarles | T | 50 | J32 |
| Camarma de Esteruelas | M | 46 | K19 |
| Camarmeña | O | 6 | C15 |
| Camarma del Caño | M | 46 | K19 |
| Camarzana de Tera | ZA | 29 | G11 |
| Camás (Asturias) | O | 6 | B13 |
| Camas (Sevilla) | SE | 91 | T11 |
| Camasobres | P | 7 | C16 |
| Camba | OR | 14 | F8 |
| Cambados | PO | 12 | E3 |
| Cambás | C | 3 | C6 |
| Cambela | OR | 14 | F8 |
| Cambeo | OR | 13 | E6 |
| Cambil | J | 82 | S19 |
| Cambre (A Coruña) | C | 3 | C4 |
| Cambre (cerca de Malpica) | C | 2 | C3 |
| Cambrils | L | 23 | F34 |
| Cambrils de Mar | T | 51 | I33 |
| Cambrón | CR | 83 | Q20 |
| Cambrón (Peña) | J | 83 | S20 |
| Cambrón (Sierra del) | CO | 80 | Q13 |
| Cambrón (Sierra) | | 84 | S24 |
| Cambrones | | 84 | R24 |
| Camelle | C | 2 | C2 |
| Camello (Punta del) (Tenerife) | TF | 129 | G5 |
| Cameno | BU | 18 | E20 |
| Camero Nuevo (Sierra de) | | 19 | F21 |
| Camero Viejo (Sierra de) | | 19 | F22 |
| Cameros (Reserva nacional de) | | 18 | F21 |
| Camino | S | 7 | C17 |
| Camino de Villafranca (Laguna del) | | 59 | N20 |
| Caminomorisco | CC | 43 | L11 |
| Caminreal | TE | 48 | J26 |
| Camocha (La) | O | 6 | B13 |
| Camocho | CC | 56 | L12 |
| Camorro Alto | MA | 100 | V16 |
| Camós | GE | 25 | F38 |
| Camp d'Abaix | V | 61 | M26 |
| Camp d'Arcís | V | 61 | N26 |
| Camp de Mar | PM | 104 | N37 |
| Camp de Mirra (El) | A | 74 | P27 |
| Camp-redo | T | 50 | J31 |
| Camp Vey | | 87 | O34 |
| Campalbo | CU | 61 | M26 |
| Campamento | AL | 103 | V22 |
| Campamento (El) | CA | 99 | X13 |
| Campamento Matallana | SE | 80 | T13 |
| Campana (La) (Ciudad Real) | CR | 71 | P20 |
| Campana (La) (Murcia) | MU | 85 | Q25 |
| Campana (La) (Sevilla) | SE | 92 | T13 |
| Campana (Río de) | J | 82 | R18 |
| Campanario | BA | 68 | P13 |
| Campanario (Embalse de) | H | 90 | T9 |
| Campanario (Sierra del) | | 94 | T19 |
| Campanas | NA | 11 | D25 |
| Campanet | PM | 104 | M38 |
| Campanet (Coves de) | PM | 104 | M38 |
| Campanillas | MA | 100 | V16 |
| Campanillas (Río) | | 100 | V16 |
| Campano | CA | 98 | W11 |
| Camparañón | SO | 33 | G22 |
| Campaspero | VA | 31 | H17 |
| Campazas | LE | 16 | F13 |
| Campdevànol | GE | 24 | F36 |
| Campelles | GE | 24 | F36 |
| Campello (El) | A | 86 | Q28 |
| Campezo | VI | 19 | D22 |
| Campico de los López | MU | 97 | T25 |
| Campillejo | GU | 46 | I20 |
| Campillo (Ciudad Real) | CR | 69 | P16 |
| Campillo (Teruel) | TE | 48 | L26 |
| Campillo (Casa Forestal del) | J | 83 | R22 |
| Campillo (El) (Huelva) | H | 79 | S10 |
| Campillo (El) (Jaén) | J | 83 | R20 |
| Campillo (El) (Sevilla) | SE | 92 | T14 |
| Campillo (El) (Valladolid) | VA | 30 | I14 |
| Campillo (El) (Zamora) | ZA | 29 | H12 |
| Campillo (El) (Cáceres) | CC | 67 | O10 |
| Campillo de Altobuey | CU | 60 | N24 |
| Campillo de Aragón | Z | 48 | I24 |
| Campillo de Aranda | BU | 32 | H18 |
| Campillo de Arenas | J | 94 | T19 |
| Campillo de Azaba | SA | 42 | K9 |
| Campillo de Deleitosa | CC | 56 | M13 |
| Campillo de Dueñas | GU | 48 | J24 |
| Campillo de la Jara (El) | TO | 57 | N14 |
| Campillo de la Virgen | AB | 72 | P24 |
| Campillo de las Doblas | AB | 72 | P24 |
| Campillo de Llerena | BA | 68 | Q12 |
| Campillo de Ranas | GU | 46 | I20 |
| Campillo de Salvatierra | SA | 43 | K12 |
| Campillo del Negro (El) | AB | 73 | P24 |
| Campillo del Río | J | 82 | S19 |
| Campillos (Málaga) | MA | 93 | U15 |
| Campillos (Río) | CU | 60 | L24 |
| Campillos Paravientos | CU | 61 | M25 |
| Campillos Sierra | CU | 60 | L24 |
| Campino | BU | 17 | D18 |
| Campins | B | 38 | G37 |
| Campiña | | 32 | F20 |
| Campirme | L | 23 | E33 |
| Campisábalos | GU | 32 | I20 |
| Camplongo | LE | 16 | D12 |
| Campo (A Coruña) | C | 2 | C3 |
| Campo (Huesca) | HU | 22 | E31 |
| Campo (León) | LE | 6 | D13 |
| Campo (Cantabria) | S | 17 | D18 |
| Campo (El) (Granada) | GR | 84 | S22 |
| Campo (El) (Teruel) | TE | 61 | L26 |
| Campo (Los) | SO | 33 | G22 |
| Campo (O) | C | 3 | D5 |
| Campo Cebas | GR | 83 | S21 |
| Campo da Árbore (Porto de) | LU | 14 | D8 |
| Campo de Arriba | V | 61 | M26 |
| Campo de Caso | O | 6 | C13 |
| Campo de Criptana | CR | 71 | N20 |
| Campo de Cuéllar | SG | 31 | I16 |
| Campo de la Lomba | LE | 15 | D12 |
| Campo de Ledesma (El) | SA | 43 | I11 |
| Campo de Melchor (El) | | 61 | M26 |
| Campo de Peñaranda (El) | SA | 44 | J14 |
| Campo de San Pedro | SG | 32 | H19 |
| Campo de Villavidel | LE | 16 | E13 |
| Campo del Agua | LE | 14 | D9 |
| Campo del Cartagena (Canal) | | 85 | S27 |
| Campo del Hospital | C | 3 | B6 |
| Campo del Turia (Canal Principal del) | | 61 | M27 |
| Campo Lameiro | PO | 12 | E4 |
| Campo Lugar | CC | 68 | O12 |
| Campo Real | M | 46 | K19 |
| Campo Real (Estación de) | CO | 93 | T15 |
| Campo Xestada | C | 3 | C4 |
| Campoalbillo | AB | 73 | O25 |
| Campobecerros | OR | 14 | F8 |
| Campocámara | GR | 83 | S21 |
| Campocerrado | SA | 43 | J11 |
| Campofrío | H | 79 | S10 |
| Campogrande de Aliste | ZA | 29 | G11 |
| Campohermoso | AL | 103 | V23 |
| Campolar | LE | 16 | E13 |
| Campolara | BU | 32 | F19 |
| Campollo | S | 7 | C16 |
| Campolongo | C | 3 | B5 |
| Campomanes | O | 5 | C12 |
| Campomojado | CR | 70 | O18 |
| Camponaraya | LE | 14 | E9 |
| Campóo (Alto) | S | 7 | C16 |
| Camporredondo (Jaén) | J | 83 | R20 |
| Camporredondo (Valladolid) | VA | 31 | H16 |
| Camporredondo (Embalse de) | P | 17 | D15 |
| Camporredondo de Alba | P | 16 | D15 |
| Camporrélls | HU | 36 | G31 |
| Camporrobles | V | 61 | N25 |
| Campos (Mallorca) | PM | 105 | N39 |
| Campos (Teruel) | TE | 49 | J27 |
| Campos (Canal de) | | 16 | F15 |
| Campos (Los) | O | 5 | B12 |
| Campos del Río | MU | 85 | R25 |
| Camposancos | PO | 26 | G3 |
| Camposo | LU | 14 | D7 |
| Campotéjar (Granada) | GR | 94 | T19 |
| Campotéjar (Murcia) | MU | 85 | R26 |
| Camprodon | GE | 24 | F37 |
| Camprovín | LO | 19 | E21 |
| Camuñas | TO | 70 | N19 |
| Can Amat | B | 38 | H35 |
| Can Bondia | B | 24 | F36 |
| Can Ferrer | T | 37 | I34 |
| Can Pastilla | PM | 104 | N38 |
| Can Picafort | PM | 105 | M39 |
| Can Vidal | | 38 | G35 |
| Cana (Riu de la) | | 36 | I31 |
| Canabal | LU | 13 | E7 |
| Canajela | CC | 67 | O10 |
| Canal (La) (Cantabria) | S | 7 | C18 |
| Canal (Sa) (Ibiza) | PM | 87 | P34 |
| Canaleja | AB | 72 | P22 |
| Canaleja (La) | CO | 81 | R15 |
| Canalejas | LE | 16 | D15 |
| Canalejas de Peñafiel | VA | 31 | H17 |
| Canalejas del Arroyo | CU | 47 | K22 |
| Canales (Ávila) | AV | 44 | I15 |
| Canales (Castelló) | CS | 61 | M27 |
| Canales (León) | LE | 15 | D12 |
| Canales (La Rioja) | LO | 18 | F20 |
| Canales (Embalse) | GR | 94 | U19 |
| Canales (Mirador de) | GR | 94 | U19 |
| Canales de Molina | GU | 47 | J24 |
| Canales del Ducado | GU | 47 | J22 |
| Canaletes | B | 37 | H35 |
| Canalizos (Sierra de los) | | 69 | P16 |
| Canalosa (La) | A | 85 | R27 |
| Canals | V | 74 | P28 |
| Canar (es) | PM | 87 | O34 |
| Canara | MU | 84 | R24 |
| Canario (Jardín) (Gran Canaria) | GC | 115 | F2 |
| Cancarix | AB | 85 | Q25 |
| Cancelada (Lugo) | LU | 14 | D8 |
| Cancelada (Málaga) | MA | 100 | W14 |
| Cances | C | 2 | C3 |
| Canchera | CC | 43 | K10 |
| Canchera (Sierra de la) | | 43 | K10 |
| Cancho del Fresno (Embalse de) | | 56 | N13 |
| Cancías | HU | 21 | E29 |
| Canda (Portilla de la) | ZA | 28 | F9 |
| Candado (El) | MA | 100 | V16 |
| Candai | LU | 3 | C6 |
| Candamil | LU | 3 | B6 |
| Candamo | O | 5 | B11 |
| Candán (Alto de) | PO | 13 | E5 |
| Cándana de Curueño (La) | LE | 16 | D13 |
| Candanal | O | 6 | B13 |
| Candanchú | HU | 21 | D28 |
| Candanedo de Fenar | LE | 16 | D13 |
| Candanosa | O | 4 | C9 |
| Candás | O | 5 | B12 |
| Candasnos | HU | 36 | H30 |
| Candela | | 14 | E9 |
| Candelaria (Tenerife) | TF | 127 | H3 |
| Candelario | SA | 43 | K12 |
| Candelario (Sierra de) | | 43 | L12 |
| Candeleda | AV | 57 | L14 |
| Candieira (Punta) | C | 3 | A5 |
| Candil | AB | 85 | Q25 |
| Candilichera | SO | 33 | G23 |
| Candín | LE | 14 | D9 |
| Cando (Sierra del) | | 13 | E4 |
| Candolias | S | 8 | C18 |
| Candón | H | 91 | T9 |
| Candón (Arroyo) | | 91 | T9 |
| Candoncillo (Embalse de) | H | 91 | T9 |
| Candor (Punta) | CA | 98 | W10 |
| Cánduas | C | 2 | C3 |
| Canedo (A Coruña) | C | 3 | C5 |
| Canedo (Lugo) | LU | 14 | E7 |
| Caneja | MU | 84 | R24 |
| Caneján | L | 22 | D32 |
| Canelles (Pantà de) | L | 36 | G31 |
| Canena | J | 82 | R19 |
| Canencia | M | 46 | J18 |
| Canencia (Puerto de) | M | 46 | J18 |
| Canero | O | 5 | B10 |
| Canet d'Adri | GE | 24 | F38 |
| Canet d'en Berenguer | V | 62 | M29 |
| Canet de Mar | B | 38 | H37 |
| Canet lo Roig | CS | 50 | K30 |
| Canfranc | HU | 21 | D28 |
| Canfranc-Estación | HU | 21 | D28 |
| Cangas (cerca de Burela) | LU | 4 | B7 |
| Cangas (cerca de Pontón) | LU | 13 | E7 |
| Cangas (cerca de Vigo) | PO | 12 | F3 |
| Cangas de Onís | O | 6 | B14 |
| Cangas del Narcea | O | 5 | C10 |
| Canicosa de la Sierra | BU | 32 | G20 |
| Canido | PO | 12 | F3 |
| Caniellas | | 5 | C10 |
| Caniles | GR | 95 | T21 |
| Canillas | TO | 58 | M17 |
| Canillas de Abajo | SA | 43 | J12 |
| Canillas de Albaida | MA | 101 | V18 |
| Canillas de Esgueva | VA | 31 | G17 |
| Canizo (Alto do) | OR | 14 | F8 |
| Canizo (O) | OR | 14 | F8 |
| Canizo (Sierra do) | | 14 | F8 |
| Canjáyar | AL | 95 | U21 |
| Cano | J | 82 | S19 |
| Canós (El) | L | 37 | G33 |
| Cánovas (Las) | MU | 85 | S26 |
| Cànoves | B | 38 | G37 |
| Canredondo | GU | 47 | J22 |
| Canseco | LE | 6 | D13 |
| Cansinos (Estación de los) | CO | 81 | S16 |
| Cantabán (Riu) | | 73 | O26 |
| Cantabria (Provincia) | | 7 | C17 |
| Cantabria (Sierra de) | | 19 | E22 |
| Cantábrica (Cordillera) | | 5 | C12 |
| Cantacucos | AB | 72 | P22 |
| Cantagallo (Madrid) | M | 46 | J18 |
| Cantagallo (Salamanca) | SA | 43 | K12 |
| Cantal (El) (Almería) | AL | 96 | T23 |
| Cantal (El) (Murcia) | MU | 97 | T25 |
| Cantal (Punta del) | AL | 96 | U24 |
| Cantalapiedra | SA | 44 | I14 |
| Cantalar (El) | J | 83 | S21 |
| Cantalejo | SG | 31 | I18 |
| Cantalgallo | BA | 79 | R11 |
| Cantallops | GE | 25 | E38 |
| Cantalobos | HU | 35 | G28 |
| Cantalojas | GU | 32 | I20 |
| Cantalpino | SA | 44 | I14 |
| Cantalucía | SO | 32 | G21 |
| Cantaracillo | SA | 44 | J14 |
| Cantareros (Los) | MU | 85 | S25 |
| Cantarranas (Cádiz) | CA | 99 | X12 |
| Cantarranas (Salamanca) | SA | 43 | K10 |
| Cantavieja (Teruel) | TE | 49 | K28 |
| Cantavieja (Riu) | | 49 | K29 |
| Cantera (La) | SE | 80 | S12 |
| Cantera Blanca | J | 94 | T18 |
| Canteras (Granada) | GR | 84 | S23 |
| Canteras (Murcia) | MU | 97 | T26 |
| Canteras (Estación de) | MU | 85 | S27 |
| Canteras (Monte) | | 60 | N22 |
| Cantillana | SE | 80 | T12 |
| Cantimpalos | SG | 45 | I17 |
| Cantiveros | AV | 44 | J15 |
| Cantó (Coll del) | L | 23 | E33 |
| Cantoblanco | AB | 73 | O26 |
| Cantoblanco Universidad | M | 46 | K18 |
| Cantón (El) | MU | 85 | R27 |
| Cantón (Sierra del) | | 85 | R26 |
| Cantona (Monte) | | 96 | U23 |
| Cantonigròs | B | 24 | F37 |
| Cantoña (Ourense) | OR | 13 | F6 |
| Cantoral | P | 17 | D16 |
| Cantoria | AL | 96 | T23 |
| Canya (La) | GE | 24 | F37 |
| Canyada (La) (cerca de Sant Vicent) | A | 86 | Q28 |
| Canyamars | B | 38 | H37 |
| Canyamel | PM | 105 | N40 |
| Canyelles | B | 37 | I35 |
| Cañada (cerca de Villena) | A | 73 | P27 |
| Cañada (Arroyo de la) (Granada) | GR | 84 | S22 |
| Cañada (Arroyo de la) (Huelva) | H | 91 | U10 |
| Cañada (la) (Cuenca) | CU | 61 | N25 |
| Cañada (La) (València) | V | 62 | N28 |
| Cañada (La) (Monte) | | 73 | O27 |
| Cañada (Puerto) | BA | 79 | R11 |
| Cañada Catena | J | 83 | R21 |
| Cañada de Agra | AB | 84 | Q24 |
| Cañada de Benatanduz | TE | 49 | K28 |
| Cañada de Caballeros | SE | 81 | S14 |
| Cañada de Calatrava | CR | 70 | P17 |
| Cañada de Cañepla (La) | AL | 84 | S23 |
| Cañada de Herradón (La) | AV | 45 | K16 |
| Cañada de la Cruz | MU | 84 | R23 |
| Cañada de la Madera | J | 83 | R21 |
| Cañada de San Urbano (La) (Almería) | AL | 103 | V22 |
| Cañada de Verich (La) | TE | 50 | J29 |
| Cañada del Gamo | CO | 80 | R13 |
| Cañada del Hoyo | CU | 60 | M24 |
| Cañada del Provencio | AB | 84 | Q22 |
| Cañada del Rabadán | SE | 80 | T14 |
| Cañada del Trigo | MU | 85 | Q26 |
| Cañada Juncosa | AB | 72 | P23 |
| Cañada Mayor (Arroyo de) | | 91 | U10 |
| Cañada Morales | J | 83 | R21 |
| Cañada Rosal | SE | 92 | T14 |
| Cañada Vellida | TE | 49 | J27 |
| Cañadajuncosa | CU | 60 | N23 |
| Cañadas (Las) (Sevilla) | SE | 79 | T10 |
| Cañadas (Las) (Tenerife) | TF | 128 | E4 |
| Cañadas de Haches de Abajo | AB | 72 | Q23 |
| Cañadas de Haches de Arriba | AB | 72 | Q23 |
| Cañadas del Romero | SE | 80 | S12 |
| Cañadas del Teide (Las) (Tenerife) | TF | 127 | F3 |
| Cañadilla (La) | TE | 49 | J28 |
| Cañadillas | CO | 93 | T16 |
| Cañadillas (Monte) | GR | 94 | U19 |
| Cañamaque | SO | 33 | H23 |
| Cañamares (Ciudad Real) | CR | 71 | P21 |
| Cañamares (Cuenca) | CU | 47 | K23 |
| Cañamares (Guadalajara) | GU | 46 | I21 |
| Cañamares (Río de) (Guadalajara) | GU | 46 | I21 |
| Cañamares (Río) | | 71 | P21 |
| Cañamero | CC | 68 | N13 |
| Cañar | GR | 102 | V19 |
| Cañares (Embalse de) | TO | 57 | M16 |
| Cañas | LO | 19 | E21 |
| Cañavate (El) | CU | 60 | N23 |

## CARTAGENA

| | |
|---|---|
| América (Av. de) | B 3 |
| Bastarreche (Pl.) | B 4 |
| Cuatro Santos | A |
| Duque | B 6 |
| Isaac Peral | A 7 |
| Jacinto Benavente | B 9 |
| Juan Fernández | A 10 |
| Juan Muñoz Delgado | B 12 |
| Mayor | A |
| Menéndez y Pelayo | A 13 |
| Parque | A 15 |
| Puertas de Murcia | A 16 |
| Ronda | A 18 |
| Santa Florentina | A 21 |
| San Fernando | A |
| San Francisco (Pl.) | A 19 |
| Serreta | A 22 |
| Universidad (Pl. de la) | B 24 |

| | | | |
|---|---|---|---|
| Cañaveral | CC | 55 | M10 |
| Cañaveral de Léon | H | 79 | R10 |
| Cañaveralejo | SE | 93 | U15 |
| Cañaveras | CU | 47 | K22 |
| Cañaveroso (Arroyo) | | 91 | T10 |
| Cañaveruelas | CU | 47 | K22 |
| Cañeda | S | 7 | C17 |
| Cañete | CU | 60 | L25 |
| Cañete de las Torres | CO | 81 | S17 |
| Cañete la Real | MA | 93 | V14 |
| Cañetejo (Arroyo del) | | 81 | S17 |
| Cañicera | SO | 32 | H20 |
| Cañigral (El) | TE | 61 | L25 |
| Cañijal (Sierra de) | BA | 79 | Q10 |
| Cañiza (A) | PO | 13 | F5 |
| Cañizal | ZA | 44 | I13 |
| Cañizar | GU | 46 | J20 |
| Cañizar (Collado de) | | 49 | J27 |
| Cañizar (El) | CU | 60 | M24 |
| Cañizar de Argaño | BU | 17 | E18 |
| Cañizar del Olivar | TE | 49 | J28 |
| Cañizares (Cuenca) | CU | 47 | K23 |
| Cañizares (Guadalajara) | GU | 48 | J24 |
| Cañizo | ZA | 30 | G13 |
| Cañoles (Riu) | | 74 | P28 |
| Cañon del Río Lobos (Parque natural) | | 32 | G20 |
| Caños de Meca (Los) | CA | 99 | X12 |
| Cañuelo (El) (Córdoba) | CO | 94 | T17 |
| Cañuelo (El) (Sevilla) | SE | 79 | T11 |
| Cap d'en Font | PM | 106 | M42 |
| Cap de Creus (Parc natural de) | GE | 25 | F39 |
| Cap i Corp | CS | 63 | L30 |
| Cap i Corp (Punta de) | | 63 | L30 |
| Cap Roig | A | 85 | S27 |
| Cap-roig (Punta del) | | 50 | J32 |
| Capafonts | T | 37 | I33 |
| Capallón | GR | 95 | T21 |
| Caparacena | GR | 94 | U18 |
| Caparra (Ruinas de) | CC | 56 | L11 |
| Caparroso | NA | 20 | E25 |
| Caparroso (Estación de) | | 20 | E25 |
| Capçanes | T | 50 | I32 |
| Capdellà (es) | | 104 | N37 |
| Capdepera | PM | 105 | M40 |
| Capdepera (Punta de) | PM | 105 | M40 |
| Capdesaso | HU | 35 | G29 |
| Capela | C | 3 | B5 |
| Capelada (Sierra de la) | C | 3 | A6 |
| Capella | HU | 22 | F31 |
| Capellades | B | 37 | H35 |
| Capellanes (Laguna de los) | | 59 | N22 |
| Capeza de Framontanos | SA | 29 | I10 |
| Capileira | GR | 102 | V19 |
| Capilla | BA | 69 | P14 |
| Capilla (La) | MU | 85 | Q26 |
| Capillas | P | 30 | F15 |
| Capitán | J | 83 | R21 |
| Capitán (El) (Albacete) | AB | 72 | O22 |
| Capitán (El) (Málaga) | MA | 101 | V17 |
| Capmany | GE | 25 | E38 |
| Capocorp | PM | 104 | N38 |
| Capolat | B | 23 | F35 |
| Capones | J | 82 | R19 |
| Caprés | MU | 85 | R26 |
| Capricho (El) | GR | 101 | V18 |
| Capsacosta (Coll de) | GE | 24 | F37 |
| Capsec | GE | 24 | F37 |
| Carabanchel | M | 46 | K18 |
| Carabantes | SO | 33 | H24 |
| Carabanzo | O | 5 | C12 |
| Carabaña | M | 59 | L20 |
| Carabias (Guadalajara) | GU | 47 | I21 |
| Carabias (Segovia) | SG | 32 | H19 |
| Caracena de Valle | CU | 60 | L22 |
| Caracenilla | CU | 59 | L22 |
| Caracollera (Estación de) | CR | 69 | P16 |

| | | | |
|---|---|---|---|
| Caracuel (Laguna de) | | 70 | P17 |
| Caracuel de Calatrava | CR | 70 | P17 |
| Caramel | AL | 84 | S23 |
| Caranca | VI | 18 | D20 |
| Caranga de Abajo | O | 5 | C11 |
| Carantoña | C | 2 | C2 |
| Caraño | LU | 4 | C8 |
| Caraquiz | GU | 46 | J19 |
| Carasa | S | 8 | B19 |
| Carataunas | GR | 102 | V19 |
| Caravaca de la Cruz | MU | 84 | R24 |
| Caravia | O | 6 | B14 |
| Carazo | BU | 32 | G19 |
| Carazo (Sierra del) | | 43 | K10 |
| Carazuelo | SO | 33 | G23 |
| Carba (Sierra de la) | LU | 3 | B7 |
| Carbajal de Rueda | LE | 16 | D14 |
| Carbajales de Alba | ZA | 29 | H12 |
| Carbajalinos | ZA | 15 | F10 |
| Carbajo | CC | 54 | N8 |
| Carbajosa | ZA | 29 | H11 |
| Carbajosa de Armuña | SA | 43 | I13 |
| Carbajosa de la Sagrada | SA | 43 | J13 |
| Carballal | LU | 3 | D6 |
| Carballeda | OR | 13 | E5 |
| Carballeda de Avia | OR | 13 | F5 |
| Carballedo (Pontevedra) | PO | 13 | E4 |
| Carballedo (Lugo) | LU | 13 | E6 |
| Carballido (cerca de Lugo) | LU | 4 | C7 |
| Carballido (cerca de Villalba) | LU | 4 | C7 |
| Carballiño | OR | 13 | E5 |
| Carballo (A Coruña) | C | 2 | C3 |
| Carballo (Lugo) | LU | 3 | C6 |
| Carballo (Asturias) | O | 5 | C10 |
| Carballo (Ourense) | OR | 13 | F6 |
| Carbasí | B | 37 | H34 |
| Carbayín | O | 6 | B13 |
| Carbayo (El) | O | 6 | C12 |
| Carbellino | ZA | 29 | I11 |
| Carbes | O | 6 | C14 |
| Carbia | PO | 13 | D5 |
| Carboeiro | PO | 13 | D5 |
| Carbón (Fuerteventura) | GC | 113 | G4 |
| Carbonera (Palencia) | P | 16 | E15 |
| Carbonera (Monte) | | 48 | K25 |
| Carbonera de Frentes | SO | 33 | G22 |
| Carboneras (Almería) | AL | 103 | V24 |
| Carboneras (Huelva) | H | 79 | S10 |
| Carboneras (Las) | BA | 67 | P9 |
| Carboneras de Guadazaón | CU | 60 | M24 |
| Carbonero Ahusín | SG | 45 | I17 |
| Carbonero el Mayor | SG | 45 | I17 |
| Carboneros | J | 82 | R19 |
| Carcabada | O | 6 | B13 |
| Carcabal | GR | 95 | U20 |
| Carcaboso | CC | 55 | L11 |
| Carcabuey | CO | 93 | T17 |
| Carcagente / Carcaixent | V | 74 | O28 |
| Carcaixent / Carcagente | V | 74 | O28 |
| Cárcar | NA | 19 | E24 |
| Carcastillo | NA | 20 | E25 |
| Carcedo (cerca de Luarca) | O | 5 | B10 |
| Carcedo (Sierra de) | | 6 | C14 |
| Carcedo de Bureba | BU | 18 | E19 |
| Carcedo de Burgos | BU | 18 | F19 |
| Carcelén | AB | 73 | O26 |
| Càrcer | V | 74 | O28 |
| Carche (El) | MU | 85 | Q26 |
| Carche (Sierra del) | | 85 | Q26 |
| Cárchel | J | 82 | T19 |
| Carchelejo | J | 94 | T19 |
| Carchuna | GR | 102 | V19 |
| Carchuna o del Llano (Punta) | GR | 102 | V19 |
| Cardaño de Abajo | P | 16 | D15 |
| Cardaño de Arriba | P | 16 | D15 |
| Cardedeu | B | 38 | H37 |
| Cardejón | SO | 33 | H23 |
| Cárdenas (La Rioja) | LO | 19 | E21 |

| | | | |
|---|---|---|---|
| Cárdenas (Río) | | 18 | F21 |
| Cardenchosa (La) (Córdoba) | CO | 80 | R13 |
| Cardenchosa (La) (Badajoz) | BA | 80 | R13 |
| Cardenete | CU | 60 | M24 |
| Cardeña | CO | 81 | R17 |
| Cardeñadijo | BU | 18 | F19 |
| Cardeñajimeno | BU | 18 | F19 |
| Cardeñas (Huelva) | H | 90 | U9 |
| Cardeñosa (Ávila) | AV | 44 | J15 |
| Cardeñosa (Guadalajara) | GU | 47 | I21 |
| Cardeñosa de Volpejera | P | 17 | F15 |
| Cardet (Serra de) | | 22 | E32 |
| Cardiel de los Montes | TO | 57 | L16 |
| Cardó | T | 50 | J31 |
| Cardo (Serra de) | | 50 | J31 |
| Cardón (Fuerteventura) | GC | 113 | F4 |
| Cardona | B | 37 | G35 |
| Cardonal (Punta del) (Gran Canaria) | GC | 114 | C2 |
| Cardones (Gran Canaria) | GC | 115 | E2 |
| Cardós (Vall de) | L | 23 | E33 |
| Cardosa (Balcón de la) | S | 7 | C17 |
| Cardoso de la Sierra (El) | GU | 46 | I19 |
| Caregue | L | 23 | E33 |
| Carenas | Z | 34 | I24 |
| Careñes | O | 6 | B13 |
| Careón (Sierra del) | | 3 | D6 |
| Cares | | 6 | C15 |
| Cargadero (El Cerro del) | BU | 32 | G21 |
| Cariatiz | AL | 96 | U23 |
| Caridad (La) (Ciudad Real) | CR | 70 | P18 |
| Caridad (La) (Asturias) | O | 4 | B9 |
| Carija | BA | 67 | P10 |
| Cariñena | Z | 34 | H26 |
| Cariño | C | 3 | A6 |
| Cariseda | LE | 15 | D10 |
| Caritel | PO | 13 | E4 |
| Carivete | MU | 85 | S25 |
| Carla Alto (Observatorio del) | AL | 95 | U22 |
| Carlet | V | 74 | O28 |
| Carlota (La) | CO | 81 | S15 |
| Carme | B | 37 | H34 |
| Carme (Museu del) | CS | 62 | M29 |
| Carmen (Convento del) | | 46 | K21 |
| Carmen (Ermita del) (Sevilla) | SE | 80 | S12 |
| Carmen (Ermita del) (cerca de Cantavieja) | TE | 49 | K28 |
| Carmen (Ermita del) (cerca de Monreal del Campo) | TE | 48 | J25 |

| | | | |
|---|---|---|---|
| Carmena | TO | 57 | M16 |
| Cármenes | LE | 16 | D13 |
| Carmolí (El) | MU | 85 | S27 |
| Carmona (Cantabria) | S | 7 | C16 |
| Carmona (Sevilla) | SE | 92 | T13 |
| Carmonita | BA | 67 | O10 |
| Carne (Pico de la) | GR | 94 | U19 |
| Carnero (Punta del) | CA | 99 | X13 |
| Carneros (Puerto de los) | BA | 69 | O14 |
| Carnés | C | 2 | C2 |
| Carnoedo | C | 3 | B5 |
| Carnota | C | 12 | D2 |
| Caro | T | 50 | J31 |
| Caro (Refugio) | | 50 | J31 |
| Caroch | V | 73 | O27 |
| Caroi | PO | 13 | E4 |
| Carolina (La) (Jaén) | J | 82 | R19 |
| Carolina (La) (Salamanca) | SA | 44 | I14 |
| Carollo | C | 3 | D4 |
| Carondio (Sierra de) | O | 4 | C9 |
| Carpio | VA | 30 | I14 |
| Carpio (El) (Córdoba) | CO | 81 | S16 |
| Carpio (El) (Huelva) | H | 78 | S9 |
| Carpio (Embalse de El) (Córdoba) | CO | 81 | S16 |
| Carpio (Embalse de El) (Toledo) | TO | 57 | M16 |
| Carpio de Azaba | SA | 42 | K10 |
| Carpio de Tajo (El) | TO | 57 | M16 |
| Carraca (La) | CA | 98 | W11 |
| Carracedelo | LE | 14 | E9 |
| Carracedo (León) | LE | 14 | E9 |
| Carracedo (Ourense) | OR | 13 | F5 |
| Carracedo (Pontevedra) | PO | 12 | E4 |
| Carral | C | 3 | C4 |
| Carrales (Casa Forestal de) | J | 83 | R21 |
| Carrales (Puerto de) | BU | 17 | D18 |
| Carramaiza | GR | 83 | T21 |
| Carrandi | O | 6 | B14 |
| Carranque | TO | 58 | L18 |
| Carrasca (La) | J | 82 | T18 |
| Carrascal (Segovia) | SG | 45 | I18 |
| Carrascal (Zamora) | ZA | 29 | H12 |
| Carrascal (El) | T | 50 | J31 |
| Carrascal (Puerto del) | NA | 20 | E25 |
| Carrascal de Barregas | SA | 43 | J12 |
| Carrascal del Obispo | SA | 43 | J12 |
| Carrascal del Río | SG | 31 | H18 |
| Carrascalejo | CC | 57 | N14 |
| Carrascalejo (El) | BA | 67 | O10 |
| Carrascalejo (Estación de El) | BA | 67 | O10 |

| | | | |
|---|---|---|---|
| Carrascalejo de Huebra | SA | 43 | J11 |
| Carrasco (Sierra de) | | 95 | U22 |
| Carrascosa (Cuenca) | CU | 47 | K23 |
| Carrascosa (Sierra) | | 49 | K28 |
| Carrascosa de Abajo | SO | 32 | H20 |
| Carrascosa de Haro | CU | 60 | N22 |
| Carrascosa de Henares | GU | 46 | J20 |
| Carrascosa de la Sierra (Soria) | SO | 33 | G23 |
| Carrascosa de Tajo | GU | 47 | J22 |
| Carrascosa del Campo | CU | 59 | L21 |
| Carrascosilla | CU | 59 | L22 |
| Carrascoy | MU | 85 | S26 |
| Carrascoy (Sierra de) | | 85 | S26 |
| Carrasqueta (Port de la) | A | 74 | Q28 |
| Carrasquilla (Collado de la) | CU | 60 | L22 |
| Carrasquilla (La) | AB | 72 | Q24 |
| Carrasquilla (Sierra de la) | | 96 | T24 |
| Carratraca | MA | 100 | V15 |
| Carrea | O | 5 | C11 |
| Carreira (cerca de Ribeira) | C | 12 | E2 |
| Carreira (cerca de Zás) | C | 2 | C3 |
| Carrenza | BI | 8 | C19 |
| Carrenza (Vizcaya) | BI | 8 | C19 |
| Carreña | O | 6 | C15 |
| Carreño | O | 5 | B12 |
| Carrera (La) | AV | 44 | K13 |
| Carreros | SA | 43 | J12 |
| Carretero (Puerto del) | J | 94 | T19 |
| Carreu (Riu de) | | 23 | F33 |
| Carrias | BU | 18 | E20 |
| Carriches | TO | 57 | M16 |
| Carrícola | V | 74 | P28 |
| Carril | PO | 12 | E3 |
| Carriles (Los) | O | 6 | B15 |
| Carrió (Bergondo) | C | 3 | C5 |
| Carrión | P | 17 | D16 |
| Carrión (Ermita de) | BA | 66 | O8 |
| Carrión de Calatrava | CR | 70 | O18 |
| Carrión de los Céspedes | SE | 91 | T11 |
| Carrión de los Condes | P | 17 | E16 |
| Carriones (Los) | GR | 83 | S21 |
| Carrizal (cerca de Cistierna) | LE | 16 | D15 |
| Carrizal (cerca de Soto y Amío) | LE | 15 | D12 |
| Carrizal (El) (Gran Canaria) | GC | 114 | C3 |
| Carrizales (Los) (Tenerife) | TF | 126 | B3 |
| Carrizo de la Ribera | LE | 15 | E12 |
| Carrizos (Los) | SE | 80 | S12 |
| Carrizosa | CR | 71 | P21 |

| | | | |
|---|---|---|---|
| Carrizosa (La) | SE | 93 | T15 |
| Carro (Albacete) | AB | 72 | O22 |
| Carro (Monte) | | 84 | S23 |
| Carrodilla (Sierra de) | | 22 | F30 |
| Carroja (La) | A | 74 | P29 |
| Carrova (La) | T | 50 | J31 |
| Cartagena | MU | 97 | T27 |
| Cartajima | MA | 100 | W14 |
| Cártama | MA | 100 | V16 |
| Cartaojal | MA | 93 | U16 |
| Cartavio | O | 4 | B9 |
| Cartaya | H | 90 | U8 |
| Cartelle (Ourense) | OR | 13 | F5 |
| Cartes | S | 7 | C17 |
| Carteya-Guadarranque (Cádiz) | CA | 99 | X13 |
| Cartirana | HU | 21 | E28 |
| Cartuja (Monasterio de la) | CA | 98 | W11 |
| Cartuja de Monegros (La) | HU | 35 | G29 |
| Carucedo | LE | 14 | E9 |
| Carvajal | MA | 100 | W16 |
| Carvajales (Los) | MA | 93 | U15 |
| Cas Concos | PM | 105 | N39 |
| Casa Blanca (Albacete) | AB | 72 | Q24 |
| Casa Blanca (Ciudad Real) | CR | 69 | O16 |
| Casa Blanca (Cuenca) | CU | 60 | N22 |
| Casa Blanca (Granada) | GR | 84 | S22 |
| Casa Blanca (sa) | PM | 104 | N38 |
| Casa Cañete | AB | 72 | P23 |
| Casa de Campo | M | 46 | K18 |
| Casa de Carta (Tenerife) | TF | 124 | H2 |
| Casa de la Sierra | BU | 18 | F20 |
| Casa de Navamarin | AB | 72 | P22 |
| Casa de Uceda | GU | 46 | J19 |
| Casa de Valdepalacios | CC | 68 | O13 |
| Casa de Valverde (Rivera de) | | 91 | T10 |
| Casa del Barón (Parador) (Pontevedra) | PO | 12 | E4 |
| Casa del Egidillo | CU | 60 | M23 |
| Casa del Llèo | A | 85 | R27 |
| Casa Grande (Albacete) | AB | 72 | O24 |
| Casa Grande (Palencia) | P | 31 | G16 |
| Casa la Carriza | CR | 71 | O21 |
| Casa Longa | CU | 59 | M22 |
| Casa Meca | MU | 84 | T24 |
| Casa Mula | AL | 84 | S23 |
| Casa Nueva (Granada) | GR | 94 | U18 |
| Casa Nueva (Toledo) | TO | 58 | M17 |
| Casa Nueva de la Torrecilla | J | 83 | Q20 |

## CASTELLÓ DE LA PLANA/CASTELLÓN DE LA PLANA

Arrufat Alonso . . . . A 2
Barrachina . . . . A 3
Benasal . . . . A 4
Buenavista (Pas. de) . . . . B 7
Burriana (Av.) . . . . A 8
Cardenal Costa (Av.) . . . . A 13
Carmen (Pl. del) . . . . B 14
Churruca . . . . B 18
Doctor Clará (Av.) . . . . A 23
Enmedio . . . . A
Espronceda (Av.) . . . . A 24
Guitarrista Tárrega . . . . A 28
Joaquín Costa . . . . A 29
Maestro Ripollés . . . . A 30
María Agustina (Pl.) . . . . A 32
Mar (Av. del) . . . . A 31
Morella (Pas.) . . . . A 33
Oeste (Parque del) . . . . A 34
Orfebres Santalínea . . . . A 35
País Valencià (Pl.) . . . . A 36
Rafalafena . . . . A 37
Sanahuja . . . . A 39
San Pedro . . . . B 38
Sebastián El Cano . . . . B 40
Tarragona . . . . A 42
Teodoro Llorens . . . . A 44
Trevalladors del Mar . . . . B 45
Vinatea (Ronda) . . . . A 48
Zaragoza . . . . A 49

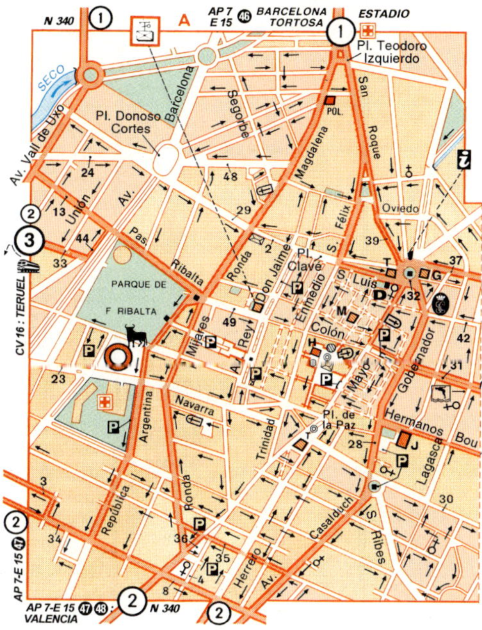

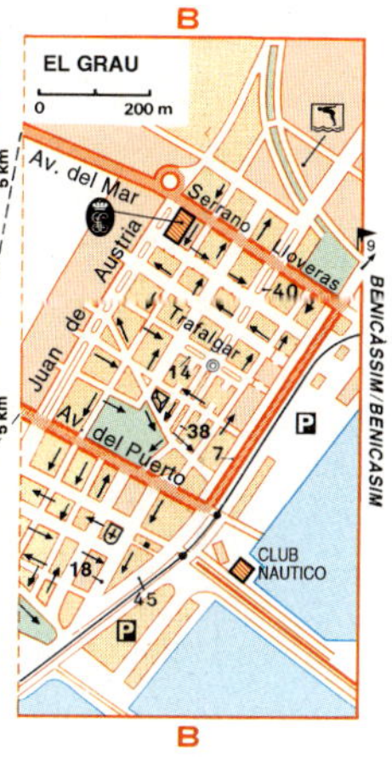

| | | | |
|---|---|---|---|
| Casa Sola | AB | 72 | Q23 |
| Casabermeja | MA | 100 | V16 |
| Casablanca (Almería) | AL | 84 | S23 |
| Casablanca (Cádiz) | CA | 91 | V11 |
| Casablanca (Lugo) | LU | 4 | C7 |
| Casablanca (Murcia) | MU | 85 | R26 |
| Casafranca | SA | 43 | K12 |
| Casaio | OR | 14 | E9 |
| Casalarreina | LO | 18 | E21 |
| Casalgordo | TO | 58 | N18 |
| Casalobos (Sierra de) | | 70 | O17 |
| Casalonga | C | 12 | D4 |
| Casanova (Burgos) | BU | 32 | G19 |
| Casanova (A Coruña) | C | 13 | D4 |
| Casaño | | 6 | C15 |
| Casar | S | 7 | B17 |
| Casar de Cáceres | CC | 55 | N10 |
| Casar de Cáceres (Estación de) | CC | 55 | N10 |
| Casar de Escalona (El) | TO | 57 | L16 |
| Casar de Miajadas | CC | 68 | O12 |
| Casar de Palomero | CC | 43 | L11 |
| Casar de Talavera (El) | | 57 | M15 |
| Casarabonela | MA | 100 | V15 |
| Casarejo | CA | 91 | V11 |
| Casarejo (El) | CR | 69 | O16 |
| Casarejo (Monte) | | 18 | F19 |
| Casarejos | SO | 32 | G20 |
| Casares | MA | 99 | W14 |
| Casares (Cueva de los) | GU | 47 | J23 |
| Casares de Arbás | LE | 15 | D12 |
| Casares de las Hurdes | CC | 43 | K11 |
| Casariche | SE | 93 | U15 |
| Casariego | O | 4 | B9 |
| Casarrubios del Monte | TO | 58 | L17 |
| Casarrubuelos | M | 58 | L18 |
| Casas (Las) (Ciudad Real) | CR | 70 | O18 |
| Casas (Las) (Soria) | SO | 33 | G22 |
| Casas Altas | V | 61 | L26 |
| Casas Bajas | V | 61 | L26 |
| Casas Blancas | | 71 | P21 |
| Casas de Belvis | CC | 56 | M13 |
| Casas de Benalí (Las) | V | 73 | O27 |
| Casas de Benítez | | 72 | N23 |
| Casas de Búcar | TE | 48 | K24 |
| Casas de Don Antonio | CC | 67 | O11 |
| Casas de Don Gómez | CC | 55 | L10 |
| Casas de Don Juan | GR | 84 | S22 |
| Casas de Don Pedro (Albacete) | AB | 73 | O25 |
| Casas de Don Pedro (Badajoz) | BA | 68 | O14 |
| Casas de Esper | Z | 21 | F27 |
| Casas de Eufemia | V | 61 | N26 |
| Casas de Felipe | CC | 55 | L9 |
| Casas de Fernando Alonso | CU | 72 | N23 |
| Casas de Garcimolina | CU | 61 | M25 |
| Casas de Guijarro | CU | 72 | N23 |
| Casas de Haches (Las) | AB | 72 | Q23 |
| Casas de Haro | CU | 72 | O23 |
| Casas de Ibañez | A | 85 | Q26 |
| Casas de Juan Fernández | CU | 72 | N24 |
| Casas de Juan Gil | AB | 73 | O26 |
| Casas de Juan Núñez | AB | 73 | O25 |
| Casas de la Alcudilla | CO | 93 | U17 |
| Casas de la Higuera | AB | 72 | Q24 |
| Casas de la Peña | AB | 72 | O22 |
| Casas de Lázaro | AB | 72 | P23 |
| Casas de los Hierros | CA | 99 | X12 |
| Casas de los Pinos | CU | 72 | N22 |
| Casas de los Puercos | AB | 71 | O22 |
| Casas de Luján | CU | 59 | M21 |
| Casas de Medina | V | 61 | N26 |
| Casas de Millán | CC | 55 | M11 |
| Casas de Miravete | CC | 56 | M12 |
| Casas de Moya | V | 61 | N25 |
| Casas de Orán | AB | 72 | P24 |
| Casas de Penen | V | 73 | N26 |
| Casas de Pradas | V | 61 | N25 |
| Casas de Reina | BA | 79 | R12 |
| Casas de Roldán | CU | 72 | O22 |
| Casas de San Galindo | GU | 46 | J21 |
| Casas de Santa Cruz | CU | 72 | N24 |
| Casas de Soto | V | 73 | O26 |
| Casas de Ves | AB | 73 | O25 |
| Casas de Villalobillos | CO | 81 | S15 |
| Casas de Villava Perea | CU | 59 | M21 |
| Casas del Campillo | AB | 73 | P26 |
| Casas del Castañar | CC | 56 | L12 |
| Casas del Cerro | AB | 73 | O25 |
| Casas del Collado | AB | 84 | Q23 |
| Casas del Conde (Las) | SA | 43 | K11 |
| Casas del Embalse de Alarcón | CU | 60 | N23 |
| Casas del Matado | AB | 72 | O23 |
| Casas del Monte (Cáceres) | CC | 56 | L12 |
| Casas del Monte (Ciudad Real) | CR | 71 | Q20 |
| Casas del Monte (Toledo) | TO | 58 | M19 |
| Casas del Olmo | CU | 72 | O24 |
| Casas del Pino | AB | 84 | Q23 |
| Casas del Puerto (Albacete) | AB | 72 | P23 |
| Casas del Puerto (Murcia) | MU | 85 | Q26 |
| Casas del Puerto | AV | 44 | K14 |
| Casas del Rey | V | 61 | N25 |
| Casas del Río | V | 73 | O26 |
| Casas El Pozo | TE | 61 | M27 |
| Casas Ibáñez | AB | 73 | O25 |
| Casas Nuevas (Cuenca) | CU | 61 | L25 |
| Casas Nuevas (cerca de Librilla) | MU | 85 | S25 |
| Casas Nuevas (cerca de Lorca) | MU | 84 | S24 |
| Casas Viejas | AB | 72 | P24 |
| Casasana | GU | 47 | K22 |
| Casasbuenas | TO | 58 | M17 |
| Casaseca de Campeán | ZA | 29 | H12 |
| Casaseca de las Chanas | ZA | 29 | H12 |
| Casasimarro | CU | 72 | N23 |
| Casasnovas | HU | 36 | G30 |
| Casasoá | OR | 13 | F6 |
| Casasola | AV | 44 | J15 |
| Casasola (Embalse) | MA | 100 | V16 |
| Casasola de Arión | VA | 30 | H14 |
| Casasuertes | LE | 6 | C15 |
| Casatejada | CC | 56 | M12 |
| Casavegas | P | 7 | C16 |
| Casavieja | AV | 57 | L15 |
| Casbas de Huesca | HU | 21 | F29 |
| Cascaire | AL | 96 | T22 |
| Cascajares | MA | 100 | W14 |
| Cascajares de Bureba | BU | 18 | D20 |
| Cascajares de la Sierra | BU | 32 | F19 |
| Cascajosa | SO | 33 | H21 |
| Cascante | NA | 34 | G24 |
| Cascante del Río | TE | 61 | L26 |
| Cascantes | LE | 16 | D13 |
| Cascón de la Nava | P | 31 | F16 |
| Cáseda | NA | 20 | E25 |
| Caseiro | OR | 13 | E5 |
| Caseres | T | 50 | I30 |
| Caserío de Don Domingo | J | 83 | R22 |
| Caserío de Embid | CU | 60 | L23 |
| Caserío de la Magdalena | | 71 | P21 |
| Caserío de Torrubia | J | 82 | R19 |
| Caserío los Molinares | TE | 48 | L25 |
| Caserío San José | SG | 31 | H18 |
| Caserres | B | 24 | F35 |
| Cases d'Alcanar (Les) | T | 50 | K31 |
| Cases de Sitjar | CS | 62 | L29 |
| Cases del Senyor (Les) | A | 85 | Q27 |
| Caseta del Frare | | 50 | J30 |
| Casetas | Z | 34 | G26 |
| Casica del Madroño | AB | 72 | P23 |
| Casicas del Río Segura | J | 83 | R22 |
| Casilla de Moya | V | 61 | N25 |
| Casillas (Ávila) | AV | 45 | L16 |
| Casillas (Guadalajara) | GU | 32 | I21 |
| Casillas (Embalse de) | CC | 56 | N12 |
| Casillas (Las) (Gran Canaria) | GC | 116 | C3 |
| Casillas (Las) (Guadalajara) | GU | 47 | J23 |
| Casillas (Las) (Huelva) | H | 91 | U10 |
| Casillas (Las) (Jaén) | J | 82 | T17 |
| Casillas (Puerto de) | | 45 | K16 |
| Casillas (Río) | | 55 | N10 |
| Casillas de Berlanga | SO | 33 | H21 |
| Casillas de Coria | CC | 55 | M10 |
| Casillas de Flores | SA | 42 | K9 |
| Casillas de Marín de Abajo | AB | 73 | P26 |
| Casillas de Marín de Arriba | AB | 73 | P25 |
| Casillas de Ranera | CU | 61 | M26 |
| Casillas de Velasco | CO | 81 | R16 |
| Casillas del Angel (Fuerteventura) | GC | 111 | H3 |
| Casinos | V | 62 | M27 |
| Casiñas (Las) | CC | 54 | N8 |
| Casitas (Las) (Fuerteventura) | GC | 113 | G4 |
| Casla | SG | 46 | I19 |
| Caso | | 6 | C13 |
| Casoio | OR | 14 | E9 |
| Casomera | O | 6 | C13 |
| Caspe | Z | 36 | I29 |
| Caspe (Embalse de) | TE | 50 | I29 |
| Caspe (Sierra de) | | 36 | I30 |
| Caspueñas | GU | 46 | J21 |
| Cassà de la Selva | GE | 25 | G38 |
| Castadón | OR | 13 | E6 |
| Castala | AL | 102 | V21 |
| Castalla | A | 74 | Q27 |
| Castanesa | HU | 22 | E31 |
| Castanyet | GE | 24 | G37 |
| Castañar (Convento de El) | | 58 | N17 |
| Castañar (El) | TO | 58 | N17 |
| Castañar (Sierra del) | | 58 | N17 |
| Castañar de Ibor | CC | 56 | N13 |
| Castañares | BU | 18 | E19 |
| Castañares de Rioja | LO | 18 | E21 |
| Castañeda (A Coruña) | C | 3 | D5 |
| Castañeda (Cantabria) | S | 7 | C18 |
| Castañedo | S | 8 | B18 |
| Castaño | CO | 81 | R15 |
| Castaño (El) | CA | 99 | X13 |
| Castaño del Robledo | H | 79 | S9 |
| Castaños (Los) | AL | 96 | U23 |
| Castaños (Puerto de los) | CC | 55 | M10 |
| Castañuelo | H | 79 | S10 |
| Cástaras | GR | 102 | V20 |
| Castejón (Cuenca) | CU | 47 | K22 |
| Castejón (Navarra) | NA | 20 | F24 |
| Castejón (Soria) | SO | 33 | G23 |
| Castejón (Montes de) | | 34 | G26 |
| Castejón (Sierra de) | | 19 | F21 |
| Castejón de Alarba | Z | 48 | I25 |
| Castejón de Arbaniés | HU | 21 | F29 |
| Castejón de Henares | GU | 47 | J21 |
| Castejón de las Armas | Z | 34 | I24 |
| Castejón de Monegros | HU | 35 | H29 |
| Castejón de Sobrarbe | HU | 22 | F30 |
| Castejón de Sos | HU | 22 | E31 |
| Castejón de Tornos | TE | 48 | J25 |
| Castejón de Valdejasa | Z | 35 | G27 |
| Castejón del Puente | HU | 36 | G30 |
| Castel de Cabra | TE | 49 | J27 |
| Castelflorite | HU | 36 | G29 |
| Castelfrío | | 49 | K27 |
| Castell (Cap del) | | 25 | F39 |
| Castell (El) | T | 50 | K31 |
| Castell (es) | PM | 106 | M42 |
| Castell d'Aro | GE | 25 | G39 |
| Castell de Cabres | CS | 50 | K30 |
| Castell de Castells | A | 74 | P29 |
| Castell de Ferro | GR | 102 | V19 |
| Castell de Guadalest (El) | A | 74 | P29 |
| Castell de l'Areny | B | 24 | F35 |
| Castelladral | B | 37 | G35 |
| Castellana | C | 3 | C5 |
| Castellano | V | 61 | M27 |
| Castellanos (Ciudad Real) | CR | 71 | P19 |
| Castellanos (León) | LE | 16 | E14 |
| Castellanos (Montes) | CR | 71 | Q21 |
| Castellanos de Castro | BU | 17 | F17 |
| Castellanos de Moriscos | SA | 44 | I13 |
| Castellanos de Villiquera | SA | 43 | I12 |
| Castellanos de Zapardiel | AV | 44 | I15 |
| Castellar (Barcelona) | B | 37 | G34 |
| Castellar (Toledo) | TO | 59 | L19 |
| Castellar (El) (Córdoba) | CO | 94 | T17 |
| Castellar (El) (Teruel) | TE | 49 | K27 |
| Castellar (El) (Zaragoza) | Z | 34 | G26 |
| Castellar (Monte) | | 84 | R24 |
| Castellar de la Frontera | CA | 99 | X13 |
| Castellar de la Muela | GU | 48 | J24 |
| Castellar de la Ribera | L | 23 | F34 |
| Castellar de N'Hug | B | 24 | F36 |
| Castellar de Santiago | CR | 71 | Q20 |
| Castellar de Santisteban | J | 83 | R20 |
| Castellar de Tost | L | 23 | F34 |
| Castellar del Riu | B | 23 | F35 |
| Castellar del Vallès | B | 38 | H36 |
| Castellás | | 23 | F33 |
| Castellbell | B | 38 | H35 |
| Castellbisbal | B | 38 | H35 |
| Castellbó | L | 23 | E34 |
| Castellcir | B | 38 | G36 |
| Castellciutat | L | 23 | E34 |
| Castelldans | L | 36 | H32 |
| Castelldefels | B | 38 | I35 |
| Castellet | B | 37 | I34 |
| Castellfollit de la Roca | GE | 24 | F37 |
| Castellfollit de Riubregós | B | 37 | G34 |
| Castellfollit del Boix | B | 37 | G35 |
| Castellfort | CS | 49 | K29 |
| Castellgalí | B | 38 | G35 |
| Castellnou de Bages | B | 38 | G35 |
| Castellnou de Montsec | L | 22 | F32 |
| Castellnou de Seana | L | 37 | H32 |
| Castellnovo | CS | 62 | M28 |
| Castelló d'Empúries | GE | 25 | F39 |
| Castelló de Farfanya | L | 36 | G32 |
| Castelló de la Plana / Castellón de la Plana | CS | 62 | M29 |
| Castelló de la Ribera | V | 74 | O28 |
| Castelló de Rugat | V | 74 | P28 |
| Castellolí | B | 37 | H35 |
| Castellón de la Plana / Castelló de la Plana | CS | 62 | M29 |
| Castellote | TE | 49 | J29 |
| Castells | L | 23 | F33 |
| Castellserà | L | 37 | G32 |
| Castelltallat (Serra de) | | 37 | G34 |
| Castellterçol | B | 38 | G36 |
| Castellvell | T | 37 | I33 |
| Castellví de la Marca | B | 37 | H34 |
| Castellví de Rosanes | B | 38 | H35 |
| Castelnóu | TE | 35 | I28 |
| Castelo (cerca de Cervo) | LU | 4 | B7 |
| Castelo (cerca de Taboada) | LU | 13 | D6 |
| Castelserás | TE | 49 | J29 |
| Castelvispal | TE | 62 | L28 |
| Castielfabib | V | 61 | L26 |
| Castiello de Jaca | HU | 21 | E28 |
| Castigaleu | HU | 22 | F31 |
| Castil de Campos | CO | 94 | T17 |
| Castil de Carrias | BU | 18 | E20 |
| Castil de Lences | BU | 18 | E19 |
| Castil de Peones | BU | 18 | E19 |
| Castil de Tierra | SO | 33 | H23 |
| Castil de Vela | P | 30 | G15 |
| Castilblanco | BA | 69 | O14 |
| Castilblanco de los Arroyos | SE | 79 | S12 |
| Castildelgado | BU | 18 | E20 |
| Castilfalé | LE | 16 | F13 |
| Castilforte | GU | 47 | K22 |
| Castilfrío de la Sierra | SO | 33 | G23 |
| Castiliscar | Z | 20 | E26 |
| Castilla (Canal de) | VA | 31 | G15 |
| Castilla (Mar de) | | 47 | K21 |
| Castillazuelo | HU | 22 | F30 |
| Castilleja de la Cuesta | SE | 91 | T11 |
| Castilleja del Campo | SE | 91 | T11 |
| Castilléjar | GR | 83 | S22 |
| Castillejo | M | 58 | M18 |
| Castillejo-Añover (Estación de) | | 58 | M18 |
| Castillejo de Azaba | SA | 42 | K9 |
| Castillejo de Dos Casas | SA | 42 | J9 |
| Castillejo de Iniesta | CU | 60 | N24 |
| Castillejo de Martín Viejo | SA | 42 | J10 |
| Castillejo de Mesleón | SG | 32 | I19 |
| Castillejo de Robledo | SO | 32 | H19 |
| Castillejo de San Pedro | SO | 33 | G23 |
| Castillejo del Romeral | CU | 60 | L22 |
| Castillejo Sierra | CU | 47 | K23 |
| Castillejos | MA | 100 | W15 |
| Castillo (cerca de Garbayuela) | BA | 69 | O15 |
| Castillo (cerca de Monesterio) | BA | 79 | R11 |
| Castillo (Cáceres) | CC | 43 | K10 |
| Castillo (Cueva del) | | 7 | C18 |
| Castillo (Puerto del) | J | 94 | T18 |
| Castillo Albaráñez | CU | 60 | L22 |
| Castillo de Alba (El) | ZA | 29 | H11 |
| Castillo de Bayuela | TO | 57 | L15 |

Castillo de Calatrava la Nueva (Convento) CR 70 P18
Castillo de Don Juan A 85 S27
Castillo de Escalona TO 57 L16
Castillo de Garcimuñoz CU 60 N22
Castillo de Huarea (El) GR 102 V20
Castillo de la Mezquita HU 21 F28
Castillo de la Zuda (Parador) (Tarragona) T 50 J31
Castillo de Laguarrés (Sierra del) 22 F31
Castillo de las Guardas (El) SE 79 S11
Castillo de Leres HU 21 E28
Castillo de Locubín J 94 T18
Castillo de Tajarja GR 94 U18
Castillo de Tajo M 59 L20
Castillo de Villamalefa CS 62 L28
Castillo del Plá HU 22 F31
Castillo del Romeral (Gran Canaria) GC 117 F4
Castillo-Nuevo NA 11 D26
Castillo-Pedroso S 7 C18
Castillón LU 13 E7
Castillonroy HU 36 G31
Castilmimbre GU 47 J21
Castilnuevo GU 48 J24
Castilruiz SO 33 G23
Castilsabás HU 21 F29
Castilseco LO 18 E21
Castiltierra SG 32 H19
Castiñeira OR 14 F8
Castiñeiras C 12 E3
Castiñeiros LU 3 B6
Castralvo TE 61 L26
Castraz SA 43 J10
Castrecias BU 17 D17
Castrejón (Toledo) TO 57 M16
Castrejón (Valladolid) VA 30 I14
Castrejón (Embalse de) TO 58 M17
Castrejón de la Peña P 17 D16
Castrelo (Estación de) OR 14 F8
Castrelo de Abajo OR 28 G8
Castrelo de Miño OR 13 F5
Castrelo do Val OR 28 G7
Castrelos (Pontevedra) PO 12 F3
Castrelos (Zamora) ZA 28 G9
Castril GR 83 S21
Castril (Sierra de) 83 S21
Castrillo (Burgos) BU 32 G19
Castrillo (Cantabria) S 17 D17
Castrillo de Cabrera LE 15 E10
Castrillo de Cepeda LE 15 E11
Castrillo de Don Juan P 31 G17
Castrillo de Duero VA 31 H17
Castrillo de la Guareña ZA 30 I14
Castrillo de la Reina BU 32 G20
Castrillo de la Ribera LE 16 E13
Castrillo de la Valduerna LE 15 F11
Castrillo de la Vega BU 32 H18
Castrillo de los Polvazares LE 15 E11
Castrillo de Matajudios BU 17 F17
Castrillo de Murcia BU 17 E17
Castrillo de Onielo P 31 G17
Castrillo de Porma LE 16 E13
Castrillo de Riopisuerga BU 17 E17
Castrillo de Rucios BU 18 E18
Castrillo de Sepúlveda SG 31 H18
Castrillo de Villavega P 17 E16
Castrillo del Haya S 17 D17
Castrillo del Val BU 18 F19
Castrillo-Tejeriego VA 31 G16
Castrillón O 4 B9
Castrillón O 5 B12
Castriz C 2 C3
Castro (A Coruña) C 3 B5
Castro (Carballedo) LU 13 E6
Castro (cerca de Lugo) LU 4 C7
Castro (Pantón) LU 13 E7
Castro O 4 C9
Castro (Ourense) OR 13 F5
Castro (Dozón) PO 13 E5
Castro (El) LE 14 D8
Castro (Embalse de El) TO 58 M18
Castro (Embalse de) 29 H11
Castro (Río) C 2 C2
Castro Caldelas OR 14 E7
Castro de Alcañices ZA 29 H11
Castro de Amarante LU 13 D6
Castro de Filabres AL 96 U22
Castro de Fuentidueña SG 31 H18
Castro de Ouro LU 4 B7
Castro de Rei LU 4 C7
Castro del Río CO 81 S16
Castro-Urdiales S 8 B20
Castrobarto BU 8 C19
Castrobol VA 16 F14
Castrocalbón LE 15 F12
Castrocontrigo LE 15 F11
Castrodeza VA 30 H15
Castrofuerte LE 16 F13
Castrogonzalo ZA 30 G13
Castrojeriz BU 17 F17
Castrojimeno SG 31 H18
Castromaior LU 4 B7
Castromao OR 14 F8
Castromembibre VA 30 G14
Castromil ZA 28 F9
Castromocho P 30 F15
Castromonte VA 30 G14
Castromudarra LE 16 E14
Castrón 29 G11
Castroncán LU 14 D7
Castronuevo ZA 30 G13
Castronuevo de Esgueva VA 31 G16
Castronuño VA 30 H14
Castropepe ZA 30 G13
Castropodame LE 15 E10
Castropol O 4 B8
Castroponce VA 16 F14
Castroquilame LE 14 E9
Castroserna de Abajo SG 46 I18
Castroserracín SG 31 H18
Castrotierra (cerca de la Bañeza) LE 15 F12
Castrotierra (cerca de Sahagún) LE 16 E14
Castrove PO 12 E3
Castrovega de Valmadrigal LE 16 F14
Castroverde LU 4 C8
Castroverde de Campos ZA 30 G14
Castroverde de Cerrato VA 31 G17
Castrovido BU 32 F20
Castroviejo LO 19 F22
Castuera BA 68 P13
Castuera (Puerto de) BA 68 Q13
Catadau V 74 O28
Catalunya (Cap de) 105 M39
Catarroja V 62 N28
Cataveral (Embalse de) 79 S11
Catí CS 50 K30
Catllar (El) T 37 I33
Catoira PO 12 E3
Catoute 15 D11
Catral A 85 R27
Cauche (Río de) MA 100 V16
Caudal (El) SE 92 T12
Caudé TE 48 K26
Caudete AB 73 P27
Caudete de las Fuentes V 61 N26
Caudiel CS 62 M28
Caudilla TO 58 L17
Caunedo O 5 C11
Cauro GR 94 T18
Cautivos (Los) MU 84 S24
Cava L 23 F34
Cava (La) T 50 J32
Cavada (La) S 8 B18
Cavallera (Serra) 24 F36
Cavalleria (Cap de) PM 106 L42
Cavalls (Serra de) 50 I31
Cavia BU 17 F18
Caxado C 3 B6
Cayes O 5 B12
Cayuela BU 17 F18
Caza de Sonsaz (Reserva nacional de) 46 I19
Cazadores (Gran Canaria) GC 117 E3
Cazalegas TO 57 L15
Cazalegas (Embalse de) TO 57 L15
Cazalilla J 82 S18
Cazalla de la Sierra SE 80 S12
Cazalla y Constantina (Estación de) SE 80 S12
Cazanuecos LE 15 F12
Cazás LU 3 C6
Cazo O 6 C14
Cazorla J 83 S21
Cazorla (Coto nacional de) J 83 R21
Cazorla (Sierra de) J 83 R21
Cazurra ZA 29 H12
Cea (León) LE 16 E14
Cea (Ourense) OR 13 E6
Cea (Pontevedra) PO 12 E3
Cea (Río) 16 F13
Ceadea ZA 29 G11
Ceal J 83 S20
Cebanico LE 16 D14
Cebes (Cabo) O 4 B9
Cebolla TO 57 M16
Cebollar H 90 T8
Cebollera (Sierra) 33 G21
Cebolleros BU 18 D19
Cebrecos BU 32 G19
Cebreiro (Ourense) OR 27 G6
Cebreiro (O) (Lugo) LU 14 D8
Cebreros AV 45 K16
Cebrón SE 80 T12
Cebrones del Río LE 15 F12
Cecebre C 3 C5
Ceceda O 6 B13
Ceclavín CC 55 M9
Cecos O 4 C9
Cedeira C 3 B5
Cedeira (Monte) (cerca de Laracha) 3 C4
Cedeira (Ría de) C 3 A5
Cedemonio O 4 B9
Cedena (Río) TO 57 M16
Cedillo CC 54 N7
Cedillo (Embalse de) CC 54 N8
Cedillo de la Torre SG 32 H19
Cedillo del Condado TO 58 L18
Cedofeita LU 4 B8
Cedramán CS 62 L28
Cedrillas TE 49 K27
Cedrón LU 14 D8
Cedrón (Arroyo) 58 M19
Cee C 2 D2
Cefiñas (Las) H 78 S9
Cega SG 45 I18
Cegarrón (Sierra El) 73 P26
Cegoñal LE 16 D15
Ceguilla SG 45 I18
Cehegín MU 84 R24
Ceinos VA 30 F14
Ceja del Palancar (La) CU 60 L24
Cejancas S 17 D18
Cejo H 91 T10
Cejo Cortado 85 R25
Cela (León) LE 14 D9
Cela (cerca de Becerreá) LU 14 D9
Cela (cerca de Sarria) LU 14 D7
Cela (Ourense) OR 27 G5
Celada (León) LE 15 E11
Celada (Cantabria) S 17 D17
Celada (La) CO 93 U17
Celada de Cea LE 16 E15
Celada de la Torre BU 18 E19
Celada de Roblecedo P 17 D16
Celada del Camino BU 17 F18
Celadas TE 48 K26
Celadas (Las) BU 17 E18
Celadilla LE 15 E12
Celadilla del Río P 16 E15
Celanova OR 13 F6
Celas C 3 C4
Celemín (Embalse del) 99 X12
Celia (La) MU 85 Q25
Celis S 7 C16
Cella TE 48 K26
Cella (Puerto de) 48 K26
Celladilla-Sotobrín BU 18 E18
Cellera de Ter (La) GE 24 G37
Cellers L 23 F32
Cellórigo LO 18 E20
Celorio O 6 B15
Celrà GE 25 F38
Celtigos LU 14 D7
Cembranos LE 16 E13
Cenajo MU 84 Q24
Cenajo (Embalse del) AB 84 Q24
Cenegro SO 32 H19
Cenes de la Vega GR 94 U19
Cenicero LO 19 E22
Cenicientos M 57 L16
Cenizas MU 97 T27
Cenizate AB 73 O25
Cenlle OR 13 E5
Cenobio de Valerón (Gran Canaria) GC 114 D1
Centcelles (Mausoleu de) T 37 I33
Centelles B 38 G36
Centenales O 4 C9
Centenera (Guadalajara) GU 46 K20
Centenera (Huesca) HU 22 F31
Centenera de Andaluz SO 33 H21
Centenera del Campo SO 33 H22
Centenero HU 21 E28
Centenillo (El) J 82 Q18
Centinela (Mirador de la) (Tenerife) TF 128 E5
Cepeda (Pontevedra) PO 12 F4
Cepeda (Salamanca) SA 43 K11
Cepeda la Mora AV 44 K14
Cepero (El) CR 70 O17
Cepillo (El) AB 71 P22
Cequeril PO 12 E4
Cera O 5 C10
Cerbi L 23 E33
Cerbón SO 33 G23
Cerca (La) BU 18 D19
Cerca (La) (Monte) 18 F19
Cercadillo GU 47 I21
Cerceda (A Coruña) C 3 D5
Cerceda (Antemil) C 3 C4
Cerceda (Madrid) M 45 J18
Cerceda (Estación de) C 3 C4
Cercedilla M 45 J17
Cercio PO 13 D5
Cercs B 24 F35
Cerdà V 74 P28
Cerdanya (Reserva nacional de) L 23 E34
Cerdanyola B 38 H36
Cerdedelo OR 14 F7
Cerdedo PO 13 E4
Cerdeira (A Coruña) C 2 C4
Cerdeira (Ourense) OR 13 F6
Cerdeira (Puerto de) OR 14 E8
Cerdido C 3 B6
Cerdido (Estación de) C 3 B6
Cerdigo S 8 B20
Cereceda (Burgos) BU 18 D19
Cereceda (Guadalajara) GU 47 K22
Cereceda (Asturias) O 6 B14
Cereceda (Cantabria) S 8 C19
Cereceda de la Sierra SA 43 K11
Cerecedo LE 16 D14
Cerecinos de Campos ZA 30 G13
Cerecinos del Carrizal ZA 29 G13
Cereixal LU 14 D8
Cereixedo LU 14 D9
Cerengo 14 E8
Cereo C 2 C3
Cerésola HU 21 E29
Cerezal de Alba ZA 29 H11
Cerezales del Condado LE 16 D13
Cerezo CC 55 L11
Cerezo (Monte) 84 R23
Cerezo (Sierra del) 84 R24
Cerezo de Abajo SG 46 I19
Cerezo de Arriba SG 32 I19
Cerezo de Mohernando GU 46 J20
Cerezo de Riotirón BU 18 E20
Cerezos (Los) TE 61 L27
Cerillar (El) CA 92 V13
Cerler HU 22 E31
Cerler (Pico de) HU 22 E31
Cermoño O 5 B11
Cernadilla ZA 29 F10
Cernadilla (Embalse de) ZA 29 G10
Cernégula BU 18 E19
Cerollera TE 50 J29
Cerponzons PO 12 E4
Cerqueda C 2 C3
Cerrada OR 13 E7
Cerrado de Calderon MA 100 V16
Cerradura (La) J 82 S19
Cerrajos MU 73 Q25
Cerralba MA 100 V15
Cerralbo SA 42 J10
Cerralbos (Los) TO 57 M16
Cerrata CR 69 P15
Cerratón de Juarros BU 18 E19
Cerrazo S 7 B17
Cerredo O 15 D10
Cerredo (Alto de) LU 4 C8
Cerredo (Puerto de) LE 15 D10
Cerricos (Los) AL 96 T23
Cerrillo (El) J 83 S20
Cerrillo (Punta del) (Gran Canaria) GC 116 B4
Cerro (Granada) GR 95 T20
Cerro (El) (Burgos) BU 32 G20
Cerro (El) (Salamanca) SA 43 L12
Cerro (El) (Teruel) TE 48 J26
Cerro (Monte) 47 K22
Cerro Alarcón M 45 K17
Cerro Alberche TO 57 L16
Cerro Andévalo (Estación de El) 78 S9
Cerro de Andévalo (El) H 78 S9
Cerro del Hierro SE 80 S13
Cerro Grande GR 95 U21
Cerro Muriano CO 81 R15
Cerro Perea SE 93 T15
Cerroblanco 72 P22
Cerrolobo AB 72 P24
Cerrón GR 102 V20
Cerroso (Pico) 16 D14
Certascan (Pico de) L 23 D33
Cervales CC 56 N14
Cervantes (Ciudad Real) CR 71 Q19
Cervantes (Lugo) LU 14 D8
Cervatos S 17 D17
Cervatos de la Cueza P 16 F15
Cervela LU 14 D7
Cervelló B 38 H35
Cervera L 37 G33
Cervera (La) TE 61 M27
Cervera (Peñas de) BU 32 G19
Cervera (Rambla de) CS 50 K30
Cervera de Buitrago M 46 J19
Cervera de la Cañada Z 34 H24
Cervera de los Montes TO 57 L15
Cervera de Pisuerga P 17 D16
Cervera del Llano CU 60 M22
Cervera del Maestrat CS 50 K30
Cervera del Rincón TE 49 J27
Cervera del Río Alhama LO 33 F24
Cervero O 4 C9
Cerveruela Z 34 I26
Cervià GE 25 F38
Cervià de les Garrigues L 37 H32
Cervillego de la Cruz VA 44 I15
Cerviñuelo (Casa Forestal del) CU 47 K24
Cervo LU 4 A7
Cérvol (Riu) 50 K30
Cesantes PO 12 F4
César Manrique (Fundación) (Lanzarote) GC 123 E4
Céspedes (Burgos) BU 18 D19
Céspedes (Córdoba) CO 80 S14
Cespedosa SA 44 K13
Cespedosa de Agadones SA 42 K10
Cespón C 12 D3
Cesuras C 3 C5
Cetina Z 33 I24
Ceutí MU 85 R26
Cevico de la Torre P 31 G16
Cevico Navero P 31 G17
Cezeral de Peñahorcada SA 42 I10
Cezura P 17 D17
Chacín C 2 D3
Chacón SE 80 S12
Chacona (La) CA 98 W11
Chacones (Los) AL 96 T23
Chagarcía Medianero SA 44 K13
Chaguazoso OR 14 F8
Chaherrero AV 44 J15
Chalamera HU 36 G30
Chamartín AV 44 J15
Chamorga (Tenerife) TF 125 K1
Chamorro BA 69 O14
Chan (A) PO 13 E4
Chana LE 15 E10
Chanca (La) BA 78 Q9
Chandávila (Ermita de) BA 66 O8
Chandrexa OR 14 F7
Chandrexa (Embalse de) OR 14 F7
Chano LE 14 D9
Chantada LU 13 E6
Chanteiro C 3 B5
Chanza (Embalse del) H 78 T7
Chanza (Rivera de) 78 S8
Chanzas (Sierra de) GR 94 U17
Chañe SG 31 H16
Chaorna SO 47 I23
Chapa PO 13 D5
Chaparral GR 94 U19
Chaparral (El) (Cádiz) CA 99 X12
Chaparral (El) (Madrid) M 46 J19
Chaparral (Sierra del) 101 V18
Chapatales SE 91 U12
Chapela PO 12 F3
Chapinería M 45 K17
Chapiteles (Los) 17 F17
Charca (La) TO 70 O18
Charches GR 95 U21
Charco (El) (La Palma) TF 132 C6
Charco de los Hurones CA 99 W13
Charco del Pino (Tenerife) TF 128 E5
Charco Redondo o Palmones (Embalse de) 99 X13
Charcofrío SE 91 T10
Charilla J 94 T18
Charpona TO 57 L16
Chatún SG 31 I16
Chauchina GR 94 U18
Chavaga LU 14 E7
Chavaler SO 33 G22
Chave LU 13 D7
Chavín LU 4 B7
Chayofa (Tenerife) TF 128 D5
Checa GU 48 K24
Cheles BA 66 Q8
Chella V 74 O28
Chelva V 61 M27
Chenlo PO 12 F3
Chequilla GU 48 K24
Chera (Guadalajara) GU 48 J24
Chera (València) V 61 N27
Cherbo AL 96 U22
Chércoles SO 33 H23

Chercos AL 96 U23
Chercos Viejo AL 96 U23
Cherín GR 102 V20
Cheste V 62 N27
Chía HU 22 E31
Chica (Laguna) 59 N20
Chica Carlota (La) CO 81 S15
Chícamo MU 85 R26
Chiclana de la Frontera CA 98 W11
Chiclana de Segura J 83 R20
Chiguergue (Tenerife) TF 128 C4
Chilches (Málaga) MA 101 V17
Chilches / Xilxes CS 62 M29
Chilladeras (Las) H 78 T9
Chillarón de Cuenca CU 60 L23
Chillarón del Rey GU 47 K21
Chillizarrias 18 F21
Chillón CR 69 P15
Chilluevar J 83 R20
Chiloeches GU 46 K20
Chimenea (Sierra de la) BA 68 O14
Chimenea (Sierra de) 100 V16
Chimeneas GR 94 U18
Chimeneas (Las) CR 71 O20
Chimiche (Tenerife) TF 129 F5
Chimillas HU 21 F28
Chimorra CO 81 R15
Chimparra C 3 A5
Chinar AB 73 P26
Chinas (Las) H 79 S9
Chinchilla de Monte Aragón AB 72 P24
Chinchón M 59 L19
Chinorla A 85 Q27
Chinorlet A 85 Q27
Chío (Tenerife) TF 128 C4
Chipeque (Tenerife) TF 127 G3
Chipiona CA 91 V10
Chiprana Z 35 I29
Chipude (La Gomera) TF 118 B2
Chiquero (El) CR 69 O16
Chira (Embalse de) (Gran Canaria) GC 114 D3
Chirán 102 V21
Chirigota (La) CA 92 V12
Chirivel AL 96 T23
Chirivel (Rambla de) AL 96 T23
Chirlateira (Punta) C 3 B5
Chispones (Los) AL 95 U21
Chite GR 101 V19
Chiva V 62 N27
Chive (El) AL 96 U23
Chodes Z 34 H25
Chopillo (El) MU 84 R24
Chorillo (El) CS 62 L28
Chorito (Sierra del) 69 N16
Chorlo BA 67 O9
Chorrera (Embalse de la) 47 K24
Chorreras CR 69 Q16
Chorro (El) (Jaén) J 83 S20
Chorro (El) (Málaga) MA 100 V15
Chorro (Garganta del) MA 100 V15
Chortal (Sierra del) 72 P24
Chospes (Los) AB 72 P22
Chóvar CS 62 M29
Chozas (Lomo de las) (La Palma) TF 130 C4
Chozas de Abajo LE 15 E12
Chozas de Canales TO 58 L17
Chucena H 91 T10
Chucho Alto 20 E25
Chuchurumbache (Tenerife) TF 129 F5
Chueca TO 58 M18
Chulilla V 61 N27
Chulilla (Baños de) V 61 N27
Chullera (Punta de la) CA 99 X14
Chullo GR 95 U20
Chumillas CU 60 M23
Churriana MA 100 V16
Churriana de la Vega GR 94 U19
Ciadoncha BU 17 F18
Ciaño O 6 C12
Ciaurriz NA 11 D25
Cibanal ZA 29 I11
Cibea O 5 C10
Cibuyo O 5 C10
Cicero S 8 B19
Cicujano VI 19 D22
Cidacos (Río) 19 F23
Cidad de Ebro BU 18 D18
Cidad de Valdeporres BU 18 C18
Cidones SO 33 G22
Cielo MA 101 V18
Ciempozuelos M 58 L19
Cienfuegos (Puerto de) LE 14 D9
Cierva (Embalse de la) 85 R25
Cierva (La) (Cuenca) CU 60 L24
Cierva (La) (Sevilla) SE 92 T12
Cíes (Islas) PO 12 F3
Cieza (Vizcaya) BI 7 C17
Cieza (Murcia) MU 85 R25
Cifuentes (Guadalajara) GU 47 J22
Cifuentes (León) LE 16 E14
Cigales VA 31 G15
Cigudosa SO 33 G23
Cigüela 70 O19
Cigüenza BU 18 D19
Ciguñuela VA 30 H15
Cihuela SO 33 H24
Cijara (Badajoz) BA 69 O14
Cijara (Cáceres) CC 57 N14
Cijara (Embalse de) CC 69 N15
Cijara (Reserva nacional de) BA 69 O15
Cijuela GR 94 U18
Cildoz NA 11 D24
Cillamayor P 17 D17
Cillán AV 44 J15
Cillaperlata BU 18 D19
Cillas GU 48 J24
Cillero S 7 C18
Cilleros CC 55 L9
Cilleros de la Bastida SA 43 K11
Cilleros el Hondo SA 43 J12
Cilleruelo AB 72 P22
Cilleruelo de Abajo BU 31 G18
Cilleruelo de Arriba BU 32 G19
Cilleruelo de Bezana BU 17 D18
Cilleruelo de San Mamés SG 32 H19
Cillorigo-Castro 7 C16
Cima da Vila LU 3 C6
Cimada (La) MA 92 V14
Cimanes de la Vega LE 16 F13
Cimanes del Tejar LE 15 E12
Cimballa Z 48 I24
Cimbre MU 96 T24
Cinca (Canal del) HU 21 F28
Cinca (Río) HU 22 E30
Cinco (Acequia de las) 20 F25
Cinco Casas CR 71 O20
Cinco Casas (Colonia de) TO 70 O19
Cinco Esquinas (Castillo) J 83 S20
Cinco Lindes BA 79 R9
Cinco Olivas Z 35 H28
Cinco Villas M 46 J19
Cinco Villas (Las) Z 20 F26
Cincovillas GU 47 I21
Cinctorres CS 49 K29
Cinqueta 22 E31
Cintruénigo NA 20 F24
Ciñera LE 16 D13
Cional ZA 29 G10
Cipérez SA 43 J11
Cirat CS 62 L28
Ciraugui NA 10 D24
Cirbanal 15 D12
Circos (Reserva nacional de los) HU 22 D30
Cirera L 23 F34
Ciria SO 33 H24
Cirio LU 4 C7
Ciriza NA 10 D24
Ciruela (Ciudad Real) CR 70 P18
Ciruela (Soria) SO 33 H21
Ciruelas GU 46 J20
Ciruelos (Segovia) SG 32 H18
Ciruelos (Toledo) TO 58 M19
Ciruelos de Cervera BU 32 G19
Ciruelos de Coca SG 31 I16
Ciruelos del Pinar GU 47 I23
Cirueña (Jaén) J 82 S19
Cirueña (La Rioja) LO 18 E21
Cirugeda TE 49 J27
Cirujales LE 15 D11
Ciscar HU 22 F31
Cisla AV 44 J14
Cisneros P 16 F15
Cistella GE 25 F38
Cistérniga VA 31 H15
Cistierna LE 16 D14
Citolero (El) CR 70 O17
Citores BU 17 E18
Ciudad OR 13 E5
Ciudad Celtibera (Ruinas) 35 H27
Ciudad de Osma SO 32 H20
Ciudad Ducal AV 45 K16
Ciudad Encantada (La) CU 60 L23
Ciudad Real CR 70 P18
Ciudad Rodrigo SA 42 K10
Ciudadeja (Ribera de) SE 80 S13
Ciudalcampo M 46 K19
Ciutadella de Menorca PM 106 M41
Ciutadilla L 37 H33
Cívica GU 47 J21
Civis L 23 E34
Clamor (Barranco de la) 22 F30
Clamor de Almacelles 36 G31
Clamor Vieja (La) 36 G30
Claras (Albacete) AB 84 R23
Claravàlls (Huesca) HU 22 F32
Claravàlls (Lleida) L 37 G33
Clares GU 47 I23
Clarés de Ribota Z 34 H24
Clariana (Barcelona) B 37 H34
Clariana (Lleida) L 37 G34
Clariano (Riu) 74 P28
Claveles (Los) SE 92 T12
Clavería CC 54 N8
Claverol L 23 F32
Clavijo LO 19 E22
Clavín (El) GU 46 K20
Clavín (Puerto del) CC 67 O10
Cloterons (Els) 23 F34
Clotes (Les) 50 J30
Clunia BU 32 G19
Coalla O 5 B11
Coaña O 4 B9
Coba (Lugo) LU 3 C6
Coba (Ourense) OR 14 F8
Coba da Serpe (Sierra de) 3 C6
Coballes O 6 C13
Cobas OR 13 E6
Cobatillas (Albacete) AB 84 Q24
Cobatillas (Teruel) TE 49 J27
Cobatillas (Las) (Almería) AL 84 S23
Cobatillas (Las) (Cádiz) CA 99 W12
Cóbdar AL 96 U23
Cobeja TO 58 L18
Cobeña M 46 K19
Cobertelada SO 33 H22
Cobeta GU 47 J23
Cobica (Rivera de la) 78 T8
Cobisa TO 58 M17
Cobos de Cerrato P 31 F17
Cobos de Fuentidueña SG 31 H18
Cobos de Segovia SG 45 J16
Cóbreces S 7 B17
Cobreros ZA 14 F9
Cobres PO 12 F4
Cobres (San Adrián de) PO 12 F4
Cobujón (El) H 90 T9
Coca SG 31 I16
Coca de Alba SA 44 J13
Cocentaina A 74 P28
Cocoll A 74 P29
Cocón (El) AL 96 T24
Cocosa (La) BA 66 P9
Coculina BU 17 E18
Codes (Guadalajara) GU 47 I23
Codesal ZA 29 G10
Codeseda PO 13 E4
Codeso C 13 D4
Codo Z 35 H27
Codolar (Punta) 106 L42
Codoñera (La) TE 50 J29
Codornillos LE 16 E14
Codorniz SG 45 I16
Codos Z 34 I25
Codosera (La) BA 66 O8
Coedo OR 13 F6
Coelleira (Isla) LU 4 A7
Coeo LU 4 D7
Coeses LU 4 D7
Cofete (Fuerteventura) GC 112 C5
Cofiñal LE 6 C14
Cofio M 45 K17
Cofita HU 36 G30
Cofrentes V 73 O26
Cofrentes (Embalse de) AB 73 O26
Cogeces de Iscar VA 31 H16
Cogeces del Monte VA 31 H17
Cogollor GU 47 J21
Cogollos BU 18 F18
Cogollos (Río) 17 F18
Cogollos (Sierra de) GR 94 U19
Cogollos de Guadix GR 95 U20
Cogollos Vega GR 94 U19
Cogolludo GU 46 J20
Cogorderos LE 15 E11
Cogul (El) L 36 H32
Cogullada (La) V 74 O28
Cogulló 37 H33
Coín MA 100 W15
Coiro PO 12 F3
Coirós C 3 C5
Coitelada (Punta) C 3 B5
Cojáyar GR 102 V20
Cojóbar BU 18 F19
Colativí AL 103 V23
Colera GE 25 E39
Cólera (La) 99 W13
Colgada (Laguna de la) AB 71 P21
Colgadizos ESP 46 I19
Colilla (La) AV 44 K15
Colinas SE 91 U11
Colinas (Las) M 58 L18
Colinas de Trasmonte ZA 29 F12
Colindres S 8 B19
Colio S 7 C16
Coll d'en Rabassa (es) PM 104 N38
Coll de Nargó L 23 F33
Collada O 6 B13
Colladico (El) TE 48 I26
Collado (Cáceres) CC 56 L12
Collado (Cantabria) S 7 C17
Collado (El) (Albacete) AB 84 R22
Collado (El) (Soria) SO 33 G23
Collado (El) (València) V 61 M26
Collado de Contreras AV 44 J15
Collado de las Carrascas AB 84 Q22
Collado del Mirón AV 44 K13
Collado Hermoso SG 45 I18
Collado Mediano M 45 J17
Collado Royo y Poviles TE 62 L27
Collado Villalba M 45 K18
Colladona (La) O 6 C13
Collados (Cuenca) CU 60 L23
Collados (Teruel) TE 48 J26
Collados (Los) AB 84 Q23
Collarada HU 21 D28
Collbató B 38 H35
Colldejou T 51 I32
Colldelrat L 37 G33
Collegats (Congost de) L 23 F33
Collera O 6 B14
Collformic B 38 G37
Collfred L 37 G33
Collía O 6 B14
Cólliga CU 60 L23
Colliguilla CU 60 L23
Colloto O 5 B12
Collsuspina B 38 G36
Colmenar MA 100 V17
Colmenar (El) MA 99 W13
Colmenar de la Sierra GU 46 I19
Colmenar de Montemayor SA 43 K12
Colmenar de Oreja M 59 L19
Colmenar del Arroyo M 45 K17
Colmenar Viejo M 46 K18
Colmenarejo M 45 K17
Colmenares P 17 D16
Colodro J 82 R17
Colom (Illa) 106 M42
Colombres O 7 B16
Colomer (Mirador des) 105 M39
Colomera GR 94 T18
Colomera (Embalse de) GR 94 T18
Colomers GE 25 F38
Colón (Monumento a) H 90 U9
Colonia (La) (Murcia) MU 85 R25
Colonia Cinto de los Abates V 73 N27
Colonia de la Estación 42 K9
Colònia de Sant Jordi PM 105 O38
Colònia de Sant Pere PM 105 M39
Colonia de Santa Ana MA 93 U15
Colonia Iberia (Toledo) TO 58 M18
Colònia Rosal 24 F35
Colonia Santa Eulalia (La) (Alacant) A 73 Q27
Coloradas (Las) (Lanzarote) GC 122 B5
Coloradas (Punta de las) (Gran Canaria) GC 115 E1
Colorado (Badajoz) BA 68 P13
Colorado (Murcia) MU 96 T24
Colorado (El) CA 98 W11
Colorado (Monte) (Córdoba) CO 81 R16
Colorado (Monte) (Málaga) MA 92 V14
Colsa S 7 C17
Columbrets (Els) CS 63 M32
Columbrianos LE 15 E10
Colunga O 6 B14
Colungo HU 22 F30
Coma (La) (Castelló) CS 62 L29
Coma (La) (Lleida) L 23 F34
Coma (Sa) PM 105 N40
Coma-ruga T 37 I34
Comabona 23 F35
Comaloforno (Pic de) L 22 E32
Comanegra 24 F37
Comares MA 101 V17
Combarro PO 12 E3
Combarros LE 15 E11
Comendador (El) V 74 P27
Comillas S 7 B17
Comiols (Coll de) L 23 F33
Compañía (La) SE 91 U11
Comparada C 12 D3
Cómpeta MA 101 V18
Compuerto (Embalse de) P 16 D15
Comtat de Sant Jordi GE 25 G39
Con O 6 C14
Concabella L 37 G33
Concejera 31 F17
Concepción (Embalse de la) 100 W15
Concepción (Ermita de la) GU 48 J24
Concepción (Finca de la) MA 100 V16
Concepción (La) AL 96 U24
Concepción (La) (Córdoba) CO 94 T17
Concepción (La) (Soria) SO 33 H22
Concepción (Mirador de la) (La Palma) TF 131 D4
Concha (Vizcaya) BI 8 C19
Concha (Guadalajara) GU 47 I24
Concha (La) (cerca de San Roque de Riomeira) S 8 C18
Cónchar GR 101 V19
Conchas (Embalse de las) OR 27 G6
Conchel HU 36 G30
Concilio Z 21 F27
Concud TE 48 K26
Condado BU 18 D19
Condado (El) O 6 C13
Condado de Castilnovo SG 32 I18
Conde (Casas del) AB 73 O26
Conde (Sierra de) BA 67 P11
Conde de Gondomar (Parador) (Baiona) PO 12 F3
Conde de Guadalhorce (Embalse del) 100 V15
Conde de Guadiana J 83 S20
Condemios de Abajo GU 46 I20
Condemios de Arriba GU 46 I20
Condes de Alba y Aliste (Parador) (Zamora) ZA 29 H12
Condesa (La) J 82 R18
Conejera SA 42 K10
Conejera (Illa) (Mallorca) PM 105 O38
Conejeros TO 57 L16
Conejeros (Puerto de los) BA 67 O9
Conejo (El) GR 95 T20
Conesa T 37 H33
Confital (Punta del) (Gran Canaria) GC 115 F1
Conforto LU 4 B8
Confrentes 78 Q9
Confrides A 74 P29
Congost (El) 38 G36
Congosta ZA 15 F11
Congosto (Burgos) BU 17 E17
Congosto (León) LE 15 E10
Congosto (El) CU 59 M22
Congosto (Monte) 33 G21
Congosto de Valdavia P 17 D16
Congostrina GU 46 I21
Conil (Lanzarote) GC 122 C4
Conil de la Frontera CA 98 X11
Conill B 37 G34
Conillera (Illa) (Ibiza) PM 87 P33
Connio (Puerto del) O 4 C9
Conques L 23 F33
Conquezuela SO 47 I22
Conquista CO 81 Q16
Conquista de la Sierra CC 68 N12
Conquista del Guadiana BA 68 O11
Consell PM 104 M38
Conso 14 F8
Consolación (Ermita de la) TE 50 J29
Consolación (Ermita de) CR 71 P19
Consolación (Santuario de la) H 90 U8
Consolación (Santuario) J 83 R20
Constantí T 37 I33
Constantina SE 80 S13
Constanzana AV 44 J15
Consuegra TO 58 N19
Contadero (Coto nacional de) 82 Q18
Contador (El) AL 96 T22
Contamina Z 34 I24
Contar (Sierra del) MU 97 T25
Conti SE 91 T11
Contienda (La) H 78 R9
Contiendas (Sierra de las) 78 R9
Contrasta VI 19 D23
Contraviesa (Sierra de la) 102 V20
Contreras (Burgos) BU 32 F19
Contreras (Jaén) J 82 S18
Contreras (Embalse de) CU 61 N25
Contreras (Venta de) CU 61 N25

| | | | |
|---|---|---|---|
| Convoy (El) | AL | 96 | T24 |
| Coo | S | 7 | C17 |
| Coomonte | ZA | 15 | F12 |
| Copa (La) | MU | 84 | R25 |
| Cope | MU | 97 | T25 |
| Cope (Cabo) | MU | 97 | T25 |
| Copernal | GU | 46 | J20 |
| Copons | B | 37 | H34 |
| Corao | O | 6 | B14 |
| Coratxà | CS | 50 | J30 |
| Corb (Riu) | T | 37 | H33 |
| Corbalán | TE | 49 | K27 |
| Corbatón | TE | 48 | J26 |
| Corbelle (Lugo) | LU | 14 | D7 |
| Corbelle (Ourense) | OR | 13 | F5 |
| Corbera | V | 74 | O28 |
| Corbera (Punta de la) | LU | 4 | B8 |
| Corbera d'Ebre | T | 50 | I31 |
| Corbera de Dalt | B | 38 | H35 |
| Corbera de Llobregat | B | 38 | H35 |
| Corbillos de los Oteros | LE | 16 | E13 |
| Corbins | L | 36 | G32 |
| Corboeira | LU | 4 | B7 |
| Corbones (Río) | | 92 | V14 |
| Corça (Girona) | GE | 25 | G39 |
| Corçà (Lleida) | L | 22 | F32 |
| Corcho | BA | 68 | Q12 |
| Corchuela (Badajoz) | BA | 66 | P8 |
| Corchuela (Toledo) | TO | 57 | M14 |
| Corchuela (La) | SE | 91 | U12 |
| Corchuela (Monte) | | 56 | M12 |
| Corchuelo (El) | H | 91 | U9 |
| Corcoesto | C | 2 | C3 |
| Córcoles | GU | 47 | K22 |
| Córcoles (Río) (Albacete) | AB | 71 | O21 |
| Corcoles (Río) (Cuenca) | CU | 60 | N23 |
| Corcolilla | V | 61 | M26 |
| Corconte | S | 7 | C18 |
| Corcos | VA | 31 | G15 |
| Corcoya | SE | 93 | U15 |
| Corcubión | C | 2 | D2 |
| Cordel (Sierra del) | | 7 | C16 |
| Cordido | LU | 4 | B7 |
| Cordillera Cantábrica | | 14 | E8 |
| Cordiñanes | LE | 6 | C15 |
| Córdoba | CO | 81 | S15 |
| Cordobilla | CO | 93 | T15 |
| Cordobilla (Embalse de) | CO | 93 | U15 |
| Cordobilla de Lácara | BA | 67 | O10 |
| Cordobillas | CO | 81 | S16 |
| Cordovilla (Albacete) | AB | 73 | Q25 |
| Cordovilla (Palencia) | P | 17 | D17 |
| Cordovilla (Salamanca) | SA | 44 | J13 |
| Cordovilla la Real | P | 31 | F17 |
| Cordovín | LO | 19 | E21 |
| Corduente | GU | 47 | J24 |
| Corella | NA | 20 | F24 |
| Corera | LO | 19 | E23 |
| Cores | C | 2 | C3 |
| Coreses | ZA | 30 | H13 |
| Corgo | LU | 4 | D7 |
| Coria | CC | 55 | M10 |
| Coria (Sierra de) | CC | 55 | L10 |
| Coria del Río | SE | 91 | U11 |
| Corias (cerca de Cangas de Narcea) | O | 5 | C10 |
| Corias (cerca de Pravia) | O | 5 | B11 |
| Coripe | SE | 92 | V13 |
| Coriscao | | 6 | C15 |
| Coristanco | C | 2 | C3 |
| Corme Aldea | C | 2 | C3 |
| Corme-Porto | C | 2 | C3 |
| Corme y Laxe (Ría de) | C | 2 | C3 |
| Corna | OR | 13 | E5 |
| Cornadelo (Pico de) | HU | 22 | E32 |
| Cornago | LO | 33 | F23 |
| Cornalvo (Embalse de) | BA | 67 | P11 |
| Cornanda | C | 12 | D3 |
| Corneda | C | 3 | D5 |
| Corneira | C | 2 | D3 |
| Corneira (Peña) | | 13 | E5 |
| Cornejo | BU | 8 | C19 |
| Cornellà de Terri | GE | 25 | F38 |
| Cornellana | O | 5 | B11 |
| Corniero | LE | 16 | D14 |
| Cornollo | O | 4 | C9 |
| Cornón (Palencia) | P | 16 | D15 |
| Cornón (Monte) | | 5 | C11 |
| Cornoncillo | P | 17 | D15 |
| Cornudella de Montsant | T | 37 | I32 |
| Cornudilla | BU | 18 | D19 |
| Corona de la Reina | | 35 | G28 |
| Coronada (La) (Badajoz) | BA | 68 | P12 |
| Coronada (La) (Córdoba) | CO | 80 | R13 |
| Coronas | | 49 | I28 |
| Coronas (Puerto Las) | NA | 11 | D26 |
| Coronela (La) | SE | 92 | U14 |
| Coroneles (Casa de los) (Fuerteventura) | GC | 111 | H2 |
| Coronil (El) | SE | 92 | U13 |
| Corpa | M | 46 | K20 |
| Corporales (León) | LE | 15 | F10 |
| Corporales (La Rioja) | LO | 18 | E21 |
| Corral de Almaguer | TO | 59 | M20 |
| Corral de Ayllón | SG | 32 | H19 |
| Corral de Calatrava | CR | 70 | P17 |
| Corral de Cantos | TO | 57 | N16 |
| Corral de Garciñigo | SA | 43 | K12 |
| Corral Rubio | AB | 73 | P25 |
| Corralejo (Fuerteventura) | GC | 111 | I1 |
| Corralejo (El) | TO | 58 | M19 |
| Corrales | H | 90 | U9 |
| Corrales | LE | 14 | E9 |
| Corrales (Los) (Sevilla) | SE | 93 | U15 |
| Corrales (Monte) | | 102 | V20 |
| Corrales de Buelna (Los) | S | 7 | C17 |
| Corrales de Duero | VA | 31 | G17 |
| Corrales del Vino | ZA | 29 | H12 |
| Corralín | O | 4 | D9 |
| Corrals (Els) | V | 74 | O28 |
| Correderas (Las) | J | 82 | Q19 |
| Corredoira | PO | 13 | E4 |
| Corredoiras | C | 3 | C5 |
| Corredor (El) | | 38 | H37 |
| Correpoco | S | 7 | C17 |
| Corres | VI | 19 | D22 |
| Corrocera | LE | 15 | D12 |
| Corrochana | TO | 57 | M14 |
| Corrubedo | C | 12 | E2 |
| Corrubedo (Cabo de) | C | 12 | E2 |
| Corte (La) | H | 79 | S9 |
| Corte de Peleas | BA | 67 | P9 |
| Corteconcepción | H | 79 | S10 |
| Cortegada (cerca de Ribadavia) | OR | 13 | F5 |
| Cortegada (cerca de Xinzo de Limia) | OR | 13 | F7 |
| Cortegada (Pontevedra) | PO | 13 | E5 |
| Cortegana (Badajoz) | BA | 67 | P10 |
| Cortegana (Huelva) | H | 78 | S9 |
| Corteguero (Sierra de) | | 6 | C13 |
| Cortelazor | H | 79 | S10 |
| Corterrangel | H | 79 | S10 |
| Cortes (Navarra) | NA | 34 | G25 |
| Cortés (València) | V | 61 | M26 |
| Cortes (Albacete) | AB | 72 | P22 |
| Cortes de Aragón | TE | 49 | J27 |
| Cortes de Arenoso | CS | 62 | L28 |
| Cortes de Baza | GR | 83 | T21 |
| Cortes de la Frontera | MA | 99 | W13 |
| Cortes de la Frontera (Reserva nacional de) | MA | 99 | W13 |
| Cortes de Pallás | V | 73 | O27 |
| Cortes de Tajuña | GU | 47 | J22 |
| Cortes y Graena | GR | 95 | U20 |
| Cortesa (La) | AB | 72 | P24 |
| Cortijillo (El) | TO | 70 | O18 |
| Cortijo (El) (Lanzarote) | GC | 120 | E1 |
| Cortijo (El) (La Rioja) | LO | 19 | E22 |
| Cortijo (Embalse del) | | 19 | E22 |
| Cortijo de la Herrera | CC | 56 | M11 |
| Cortijo de la Juliana | AB | 84 | Q23 |
| Cortijo de la Onza (Córdoba) | CO | 81 | R16 |
| Cortijo de Navarro | AB | 84 | R23 |
| Cortijo Grande | AL | 96 | U24 |
| Cortijo Nuevo (Jaén) | J | 95 | T20 |
| Cortijo Nuevo (Sevilla) | SE | 92 | V12 |
| Cortijo Nuevo (Cádiz) | CA | 92 | V12 |
| Cortijos (Los) | CU | 61 | L25 |
| Cortijos de Abajo (Los) | CR | 70 | O17 |
| Cortijos de Arriba (Los) | CR | 70 | O17 |
| Cortijos Nuevos | J | 83 | R21 |
| Cortijos Nuevos de la Sierra | GR | 83 | S22 |
| Cortijuelos (Los) (cerca de Andújar) | J | 82 | R18 |
| Cortijuelos (Los) (cerca de Martos) | J | 82 | S17 |
| Cortos (Ávila) | AV | 45 | J16 |
| Cortos (Soria) | SO | 33 | G23 |
| Cortos de la Sierra | SA | 43 | J12 |
| Corullón | LE | 14 | E9 |
| Corumbel | H | 91 | T10 |
| Corumbela | MA | 101 | V17 |
| Coruña (A) | C | 3 | B4 |
| Coruña (Ría de La) | C | 3 | B4 |
| Coruña del Conde | BU | 32 | G19 |
| Coruxou | C | 3 | C5 |
| Corvelle | LU | 4 | B7 |
| Corvera | MU | 85 | S26 |
| Corvera de Asturias | O | 5 | B12 |
| Corvera de Toranzo | S | 7 | C18 |
| Corvillón | OR | 13 | F6 |
| Corvio | P | 17 | D17 |
| Corvite | LU | 4 | C7 |
| Corzos | OR | 14 | F8 |
| Cosa | TE | 48 | J26 |
| Coscó | L | 37 | G33 |
| Coscojuela | HU | 22 | E30 |
| Coscojuela de Fantova | HU | 22 | F30 |
| Coscollet (El) | L | 23 | F33 |
| Cosculluno | HU | 21 | F29 |
| Coscurita | SO | 33 | H22 |
| Cosgaya | S | 7 | C15 |
| Cosio | S | 7 | C16 |
| Coslada | M | 46 | K19 |
| Cospedal | LE | 15 | D11 |
| Cospeito | LU | 4 | C7 |
| Cospindo | C | 2 | C3 |
| Costa | | 105 | O39 |
| Costa Ballena | CA | 91 | V10 |
| Costa Blanca | VC | 86 | R29 |
| Costa Blanca (Parador) (Jávea) | A | 75 | P30 |
| Costa Brava | CT | 39 | H39 |
| Costa Brava (Parador de la) (Aiguablava) | GE | 25 | G39 |
| Costa Calma (Fuerteventura) | GC | 112 | E5 |
| Costa Daurada / Costa Dorada | CT | 51 | I33 |
| Costa de Almería | AL | 102 | V21 |
| Costa de Cantabria | S | 7 | B17 |
| Costa de Canyamel | PM | 105 | N40 |
| Costa de Fora | | 50 | K31 |
| Costa de la Calma | PM | 104 | N37 |
| Costa de la Luz | AN | 90 | U8 |
| Costa de Madrid | M | 45 | K16 |
| Costa de Maresme | B | 38 | H37 |
| Costa del Azahar (Parador) (Benicarló) | CS | 50 | K31 |
| Costa del Azahar / Costa dels Tarongers | VC | 63 | M30 |
| Costa del Montseny (La) | B | 38 | G37 |
| Costa del Silencio (Tenerife) | TF | 128 | E5 |
| Costa del Sol | AN | 100 | X14 |
| Costa dels Pins | PM | 105 | N40 |
| Costa dels Tarongers / Costa del Azahar | VC | 63 | M30 |
| Costa Dorada / Costa Daurada | CT | 51 | I33 |
| Costa Teguise (Lanzarote) | GC | 123 | F4 |
| Costa Vasca | PV | 9 | B22 |
| Costa Verde | O | 5 | B10 |
| Costabona | GE | 24 | E37 |
| Costacabana | AL | 103 | V22 |
| Costalinero | | 79 | S11 |
| Costana (La) | S | 7 | C17 |
| Costanazo | | 33 | H23 |
| Costas de Garraf | B | 38 | I35 |
| Costeán | HU | 22 | F30 |
| Costitx | PM | 104 | N38 |
| Costur | CS | 62 | L29 |
| Cosuenda | Z | 34 | H26 |
| Cota | LU | 3 | C6 |
| Cotanes | ZA | 30 | G14 |
| Cotefablo (Puerto de) | HU | 21 | E29 |
| Cotelas | OR | 13 | E6 |
| Cotiella | HU | 22 | E30 |
| Cotilfar Baja | GR | 94 | T19 |
| Cotillas (Albacete) | AB | 83 | Q22 |
| Cotillas (Cuenca) | CU | 60 | L24 |
| Cotillo | S | 7 | C17 |
| Cotillo (El) (Fuerteventura) | GC | 111 | G1 |
| Coto | O | 5 | C11 |
| Coto (Sierra del) | | 15 | D11 |
| Coto de Bornos | CA | 92 | V12 |
| Coto de Buzalén | BA | 67 | Q11 |
| Coto de Puenteviejo | AV | 45 | J16 |
| Coto Redondo | PO | 12 | E3 |
| Cotobade | PO | 13 | E4 |
| Cotorillo | | 85 | S27 |
| Cotorios | J | 83 | R21 |
| Cotorredondo | M | 58 | L18 |
| Cotos (Puerto de) | ESP | 45 | J18 |
| Cotos de Monterrey (Los) | M | 46 | J19 |
| Coubet (Coll de) | GE | 24 | F37 |
| Courel (Sierra del) | LU | 14 | E8 |
| Couso (Alto del) | OR | 13 | F6 |
| Couso (Punta de) | PO | 12 | F3 |
| Couto (Lugo) | LU | 13 | D6 |
| Couto (Pontevedra) | PO | 13 | F5 |
| Couzadoiro | C | 3 | B6 |
| Couzo (Punta de) | C | 12 | E2 |
| Cova Santa (La) | CS | 62 | M28 |
| Covacha | BA | 67 | N9 |
| Covacha (Puerto de la) | CC | 67 | O10 |
| Covadonga | O | 6 | C14 |
| Covadonga (Sierra de) | | 6 | C14 |
| Covalanas (Cuevas de) | S | 8 | C19 |
| Covaleda | SO | 32 | G21 |
| Covarrubias (Burgos) | BU | 32 | F19 |
| Covarrubias (Soria) | SO | 33 | H22 |
| Covas (cerca de Vivero) | LU | 4 | A7 |
| Covas (cerca de Carucedo) | OR | 14 | E9 |
| Covas (cerca de Pereiro) | OR | 13 | E6 |
| Covas (cerca de Xinzo) | OR | 27 | G6 |
| Covas (As) | PO | 12 | E3 |

## CIUDAD REAL

| | | |
|---|---|---|
| Alarcos | Z | |
| Alcántara | Z | 2 |
| Antonio Blázquez | Z | 3 |
| Azucena | YZ | 5 |
| Bernardo Mulleras | Z | 6 |
| Caballeros | YZ | 8 |
| Calatrava | YZ | |
| Camarín | YZ | 10 |
| Cañas | YZ | 12 |
| Cardenal Monescillo | Z | 13 |
| Corazón de María | YZ | 15 |
| Cruz | Z | 16 |
| Elisa Cendreros | Y | 18 |
| General Aguilera | Z | 21 |
| General Rey | Z | 23 |
| Infantes | Y | 24 |
| Inmaculada Concepción | Y | 26 |
| Lanza | Z | 27 |
| Lirio | YZ | 29 |
| Mayor (Pl.) | Z | |
| Norte | Y | 31 |
| Olivo | Z | 32 |
| Ramón y Cajal | Z | 34 |
| Refugio | YZ | 35 |
| Reyes | YZ | 37 |
| Rosa | Y | 38 |
| Sancho Rey (Camino) | Y | 39 |
| Tinte | Z | 41 |
| Vásquez | Z | 42 |

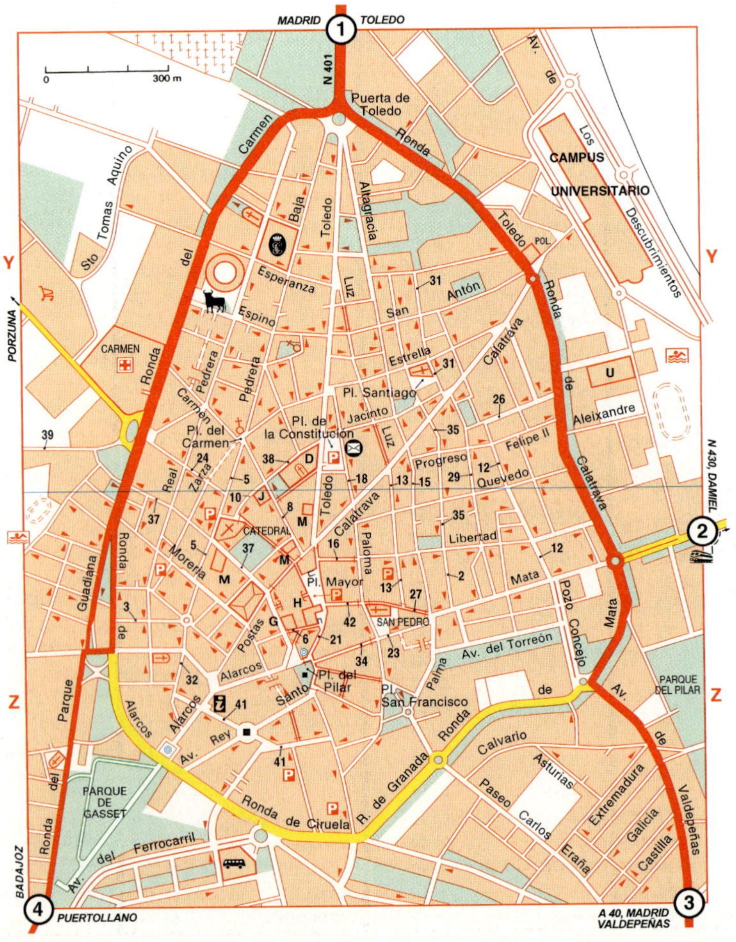

| | | | |
|---|---|---|---|
| Covelo | PO | 13 | F4 |
| Covelo (Alto de) | OR | 14 | F8 |
| Coves (Punta de les) | | 38 | I35 |
| Coves de Vinromà (Les) | CS | 50 | L30 |
| Coves dels Canelobres | A | 74 | Q28 |
| Coves Noves (Urbanització) | PM | 106 | L42 |
| Covet | L | 23 | F33 |
| Coveta Fumá (La) | A | 86 | Q28 |
| Cox | A | 85 | R27 |
| Coy | MU | 84 | S24 |
| Coyote (El) | AL | 103 | V23 |
| Cózar | CR | 71 | Q20 |
| Cozcurrita | ZA | 29 | H11 |
| Cozuelos de Fuentidueña | SG | 31 | H17 |
| Cozuelos de Ojeda | P | 17 | D16 |
| Cozvíjar | GR | 101 | V19 |
| Crecente | PO | 13 | F5 |
| Cregenzán | HU | 22 | F30 |
| Creixell | T | 37 | I34 |
| Crémenes | LE | 16 | D14 |
| Crende | LU | 4 | C8 |
| Crendes | C | 3 | C5 |
| Crespos | AV | 44 | J15 |
| Crestellina (Sierra) | | 99 | W14 |
| Cretas | TE | 50 | J30 |
| Creu (Punta de sa) (Formentera) | PM | 87 | P34 |
| Creu (Punta de sa) (Ibiza) | PM | 87 | O34 |
| Creu (Serra de la) (Castelló) | CS | 62 | L29 |
| Creu (Serra de la) (Tarragona) | T | 50 | J32 |
| Creu de Codo | L | 23 | F34 |
| Creu de Perves (Coll de) | L | 22 | E32 |
| Creus (Cap de) | GE | 25 | F39 |
| Crevillent | A | 85 | R27 |
| Crevillent (Serra de) | | 85 | R27 |
| Criaderas (Las) | SE | 79 | T11 |
| Criales | BU | 18 | D20 |
| Criptana (Ermita de) | CR | 71 | N20 |
| Crispinejo | SE | 79 | T11 |
| Cristal | L | 23 | F34 |
| Cristales (Los) | H | 90 | T9 |
| Cristiano | GR | 101 | V18 |
| Cristianos (Los) (Tenerife) | TF | 128 | D5 |
| Cristina | BA | 68 | P11 |
| Cristiñade | PO | 12 | F4 |
| Cristo | CR | 71 | P20 |
| Cristo (Ermita del) | GU | 46 | L20 |
| Cristo de la Laguna | SA | 43 | J11 |
| Cristo de Villajos (Ermita del) | | 59 | N20 |
| Cristo del Espíritu Santo | CR | 70 | O17 |
| Cristóbal | SA | 43 | K12 |
| Crivillén | TE | 49 | J28 |
| Crivillén (Mases de) | TE | 49 | J28 |
| Cruceiro | OR | 13 | E5 |
| Cruceras (Las) | AV | 45 | K16 |
| Crucero (El) | O | 5 | B10 |
| Crucero de Róo | | 12 | D3 |
| Cruces (Albacete) | AB | 72 | Q24 |
| Cruces (A Coruña) | C | 3 | C5 |
| Cruces (Córdoba) | CO | 81 | R15 |
| Cruces (Casa de las) | | 71 | O21 |
| Cruces (Cuevas de las) (Gran Canaria) | GC | 114 | C2 |
| Cruces (Ermita de las) | BA | 68 | P12 |
| Cruces (Las) | O | 5 | B12 |
| Cruces (Monte) | | 62 | L28 |
| Cruceta (Puerto de las) | | 83 | Q22 |
| Cruceta (Puerto de) | VI | 10 | C22 |
| Crucetillas (Puerto de las) | | 84 | Q22 |
| Crüilles | GE | 25 | G39 |
| Cruz (cerca de Puebla de Almenara) | CU | 59 | M21 |
| Cruz (Murcia) | MU | 84 | R24 |
| Cruz (cerca de Villar de Humo) | | 61 | M25 |
| Cruz (Cerro de la) | MA | 100 | V16 |
| Cruz (Ermita de la) | CR | 70 | O17 |
| Cruz (La) (Córdoba) | CO | 81 | S16 |
| Cruz (La) (Ciudad Real) | CR | 70 | P17 |
| Cruz (La) (Granada) | GR | 94 | T18 |
| Cruz (La) (Jaén) | J | 82 | R19 |
| Cruz (La) (Asturias) | O | 6 | B13 |
| Cruz (Pico de la) (La Palma) | TF | 131 | C3 |
| Cruz (Puerto de la) | PO | 12 | D4 |
| Cruz (Sierra de la) (Jaén) | J | 82 | S19 |
| Cruz de Alpera | AB | 73 | P26 |
| Cruz de Cancela (Puerto) | LU | 4 | B8 |
| Cruz de Cofrentes (Puerto de) | V | 73 | N26 |
| Cruz de Hierro (Puerto) | AV | 45 | J16 |
| Cruz de Incio | LU | 14 | E7 |
| Cruz de Piedra | CR | 70 | O18 |
| Cruz de Tea (Tenerife) | TF | 129 | E4 |
| Cruz de Tejeda (Gran Canaria) | GC | 114 | D2 |
| Cruz del Carmen (Mirador de) (Tenerife) | TF | 125 | I2 |
| Cruz del Roque (Tenerife) | TF | 129 | G4 |
| Cruz Grande (Puerto de) (Gran Canaria) | GC | 116 | D3 |
| Cruz Uzano | S | 8 | C19 |
| Cua | | 14 | D9 |
| Cuacos de Yuste | CC | 56 | L12 |
| Cuadradillo | CO | 81 | S16 |
| Cuadrado (Cerro) | AB | 73 | P25 |
| Cuadramón | LU | 4 | B7 |
| Cuadrón (El) | M | 46 | J19 |
| Cuadros (Jaén) | J | 82 | S19 |
| Cuadros (León) | LE | 16 | D13 |
| Cualedro | OR | 27 | G7 |
| Cuarenta (Las) | SE | 92 | T13 |
| Cuarte | HU | 21 | F28 |
| Cuarte de Huerva | Z | 35 | H27 |
| Cuartico (El) | AB | 72 | P23 |
| Cuartillejo | TO | 58 | M18 |
| Cuarto Pelado (Puerto de) | TE | 49 | K28 |
| Cuartón (El) | CA | 99 | X13 |
| Cuatro Calzadas | SA | 43 | J13 |
| Cuatro Puertas (Gran Canaria) | GC | 117 | G3 |
| Cuatrocorz | HU | 36 | G31 |
| Cuatrovitas (Santuario de) | SE | 91 | U11 |
| Cuba (La) | TE | 49 | K29 |
| Cuba (Río de la) | | 49 | K29 |
| Cubas (Albacete) | AB | 73 | O25 |
| Cubas (Córdoba) | CO | 81 | S16 |
| Cubas de la Sagra (Madrid) | M | 58 | L18 |
| Cubel | Z | 48 | I25 |
| Cubelles | B | 37 | I35 |
| Cubells | L | 37 | G32 |
| Cubells (es) | PM | 87 | P33 |
| Cúber (Pantà de) | | 104 | M38 |
| Cubia | | 5 | C11 |
| Cubilar | | 68 | O13 |
| Cubilla (Burgos) | BU | 18 | D20 |
| Cubilla (Soria) | SO | 32 | G21 |
| Cubilla (Puerto de la) | O | 5 | D12 |
| Cubillas (Guadalajara) | GU | 47 | I22 |
| Cubillas (Embalse del) | GR | 94 | U18 |
| Cubillas de Cerrato | P | 31 | G16 |
| Cubillas de los Oteros | LE | 16 | E13 |
| Cubillas de Rueda | LE | 16 | E14 |
| Cubillas de Santa Marta | VA | 31 | G16 |
| Cubillejo de la Sierra | GU | 48 | J24 |
| Cubillejo del Sitio | GU | 48 | J24 |
| Cubillo (Palencia) | P | 17 | D16 |
| Cubillo (Segovia) | SG | 45 | I18 |
| Cubillo (El) (Albacete) | AB | 72 | P22 |
| Cubillo (El) (Cuenca) | CU | 61 | L25 |
| Cubillo (Puerto de El) | | 48 | K24 |
| Cubillo (Río) | | 31 | F18 |
| Cubillo de Uceda(El) | GU | 46 | J19 |
| Cubillo del Campo | BU | 18 | F19 |
| Cubillos (Burgos) | BU | 18 | C19 |
| Cubillos (Zamora) | ZA | 29 | H12 |
| Cubillos del Rojo | BU | 18 | D18 |
| Cubillos del Sil | LE | 15 | E10 |
| Cubla | TE | 61 | L26 |
| Cubo | GR | 83 | S21 |
| Cubo de Benavente | ZA | 15 | F11 |
| Cubo de Bureba | BU | 18 | E20 |
| Cubo de Don Sancho (El) | SA | 43 | J11 |
| Cubo de Hogueras | SO | 33 | G22 |
| Cubo de la Sierra | SO | 33 | G22 |
| Cubo de la Solana | SO | 33 | H22 |
| Cubo de Tierra del Vino (El) | ZA | 29 | I12 |
| Cucalón | TE | 48 | I26 |
| Cucalón (Sierra de) | TE | 48 | J26 |
| Cucayo | S | 7 | C16 |
| Cucharal | AB | 72 | P23 |
| Cucharas (Laguna de) | CR | 70 | P17 |
| Cucharón | MU | 85 | Q25 |
| Cuchía | S | 7 | B17 |
| Cuchillo (El) (Lanzarote) | GC | 123 | D3 |
| Cucho | | 19 | D21 |
| Cucos (Los) | MU | 97 | T25 |
| Cucuta | | 34 | H24 |
| Cucutas | | 49 | I27 |
| Cudillero | O | 5 | B11 |
| Cué | O | 7 | B15 |
| Cuelgamures | ZA | 29 | I13 |
| Cuéllar | SG | 31 | H17 |
| Cuénabres | LE | 6 | C15 |
| Cuenca (Córdoba) | CO | 80 | R13 |
| Cuenca (Cuenca) | CU | 60 | L23 |
| Cuenca (La) | SO | 33 | G21 |
| Cuenca Alta del Manzanares (Parque Regional) | M | 45 | K18 |
| Cuenca de Campos | VA | 30 | F14 |
| Cuencabuena | TE | 48 | I26 |
| Cuera (Sierra de) | O | 6 | B15 |
| Cuerda del Pozo (Embalse de la) | | 33 | G21 |
| Cuerdas (Sierra de las) | | 61 | M25 |
| Cuérigo | O | 6 | C13 |
| Cuerlas (Las) | Z | 48 | J25 |
| Cuerpo de Hombre (Río) | | 43 | K12 |
| Cuerva | TO | 58 | N17 |
| Cuervo (Ciudad Real) | CR | 70 | Q19 |
| Cuervo (Cuenca) | CU | 47 | K23 |
| Cuervo (El) (Sevilla) | SE | 91 | V11 |
| Cuervo (El) (Teruel) | TE | 61 | L26 |
| Cuervo (Nacimiento del) | CU | 48 | K24 |
| Cuesta | LU | 4 | B7 |
| Cuesta (La) | BI | 8 | B20 |
| Cuesta (La) (Málaga) | MA | 93 | U15 |
| Cuesta (La) (Segovia) | SG | 45 | I18 |
| Cuesta (La) (Soria) | SO | 33 | F23 |
| Cuesta (La) (Tenerife) | TF | 125 | I2 |
| Cuesta Blanca | MU | 85 | T26 |
| Cuesta de la Villa (Tenerife) | TF | 124 | F2 |
| Cueta (La) | LE | 5 | C11 |
| Cueto | BI | 8 | C20 |
| Cueto (Ermita de El) | SA | 43 | J12 |
| Cueto Negro | LE | 15 | D12 |
| Cueva (Almería) | AL | 84 | S23 |
| Cueva (Burgos) | BU | 8 | C19 |
| Cueva (La) | CU | 48 | K24 |
| Cueva (Punta de la) (Gran Canaria) | GC | 115 | G3 |
| Cueva de Ágreda | SO | 34 | G24 |
| Cueva de Juarros | BU | 18 | F19 |
| Cueva de la Mora | H | 79 | S9 |
| Cueva de la Mora (Embalse) | H | 78 | S9 |
| Cueva de Roa (La) | BU | 31 | G18 |
| Cueva del Agua (La Palma) | TF | 130 | B3 |
| Cueva del Beato (Ermita de la) | GU | 47 | J22 |
| Cueva del Hierro | CU | 47 | K23 |
| Cueva del Pájaro (La) | AL | 96 | U24 |
| Cueva Foradada (Embalse de) | TE | 49 | J27 |
| Cuevarruz (La) | V | 61 | M27 |
| Cuevas (Asturias) | O | 5 | C11 |
| Cuevas (Soria) | SO | 32 | H20 |
| Cuevas (Las) | A | 85 | Q27 |
| Cuevas Bajas | MA | 93 | U16 |
| Cuevas de Almudén | TE | 49 | J27 |
| Cuevas de Amaya | BU | 17 | E17 |

| | | |
|---|---|---|
| Amador de los Ríos | AZ | 5 |
| Ángel Saavedra | ABZ | 7 |
| Blanco Belmonte | AZ | 13 |
| Buen Pastor | AZ | 15 |
| Capitulares | BY | 17 |
| Cardenal González | BZ | 19 |
| Conde de Gondomar | AY | 21 |
| Conde de Torres | BY | 22 |
| Cruz Conde | ABY | |
| Deanes | AZ | 23 |
| Diario de Córdoba | BY | 25 |
| Enrique Redel | BY | 27 |
| Hermanos López Dieguez | BY | 31 |
| Judería | AZ | 38 |
| Judíos | AZ | 39 |
| Lineros | BZ | 41 |
| Maimónides (Pl. del) | AZ | 46 |
| M. González Francés | BZ | 43 |
| San Andrés (Pl. de) | BY | 68 |
| Toril (Calleja del) | BY | 80 |
| Torrijos | AZ | 81 |

Museo Julio Romero de Torres ........ BZ M7

| | | | |
|---|---|---|---|
| Cuevas de Ambrosio | J | 83 | R21 |
| Cuevas de Cañart (Las) | TE | 49 | J28 |
| Cuevas de los Medinas (Las) | AL | 103 | V23 |
| Cuevas de los Úbedas | AL | 103 | V23 |
| Cuevas de Moreno (Las) | AL | 84 | S23 |
| Cuevas de Portalrubio | TE | 49 | J27 |
| Cuevas de Provanco | SG | 31 | H18 |
| Cuevas de Reillo | MU | 85 | S26 |
| Cuevas de San Clemente | BU | 18 | F19 |
| Cuevas de San Marcos | MA | 93 | U16 |
| Cuevas de Soria (Las) | SO | 33 | G22 |
| Cuevas de Velasco | CU | 60 | L22 |
| Cuevas del Almanzora | AL | 96 | U24 |
| Cuevas del Almanzora (Embalse de) | | 96 | U24 |
| Cuevas del Becerro | MA | 92 | V14 |
| Cuevas del Campo | GR | 95 | T21 |
| Cuevas del Sil | LE | 15 | D10 |
| Cuevas del Valle | AV | 57 | L14 |
| Cuevas Labradas (Guadalajara) | GU | 47 | J23 |
| Cuevas Labradas (Teruel) | TE | 48 | K26 |
| Cuevas Minidas | GU | 47 | J23 |
| Cueza | | 16 | F15 |
| Cuiña (A Coruña) | C | 3 | A6 |
| Cuiña (Lugo) | LU | 4 | A7 |
| Cujón (Sierra del) | | 84 | Q22 |
| Culebra (Reserva nacional de la Sierra de la) | ZA | 29 | G11 |
| Culebra (Sierra de la) | | 29 | G11 |
| Culebras | CU | 60 | L22 |
| Culebrón | A | 85 | Q27 |
| Culebros | LE | 15 | E11 |
| Culla | CS | 49 | K29 |
| Cullar | GR | 95 | T21 |
| Cúllar Baza | GR | 95 | T22 |
| Cúllar Vega | GR | 94 | U18 |
| Cullera | V | 74 | O29 |
| Cullera (Far de) | V | 74 | O29 |
| Culleredo | C | 3 | C4 |
| Cumbre (La) | CC | 56 | N12 |
| Cumbre Alta | TO | 57 | N15 |
| Cumbre del Sol | A | 75 | P30 |
| Cumbrecita (La) (La Palma) | TF | 131 | C4 |
| Cumbres de Calicanto | V | 62 | N28 |
| Cumbres de En Medio | H | 79 | R9 |
| Cumbres de San Bartolomé | H | 79 | R9 |
| Cumbres de Valencia | V | 73 | P27 |
| Cumbres Mayores | H | 79 | R10 |
| Cumplida (Punta) (La Palma) | TF | 131 | D2 |
| Cuna (Peñón de la) | J | 82 | R17 |
| Cunas (León) | LE | 15 | F10 |
| Cunchillos | Z | 34 | G24 |
| Cuncos (Arroyo de) | | 66 | Q8 |
| Cundins | C | 2 | C3 |
| Cunit | T | 37 | I34 |
| Cuntis | PO | 12 | E4 |
| Cuñas (Ourense) | OR | 13 | E5 |
| Cura (Casas del) | M | 58 | L19 |
| Cura (El) (Ciudad Real) | CR | 70 | P18 |
| Cura (El) (Granada) | GR | 83 | S22 |
| Cura (Monestir de) | PM | 104 | N38 |
| Curavacas | | 16 | D14 |
| Curbe | HU | 35 | G29 |
| Cures | C | 12 | D3 |
| Curiel | VA | 31 | H17 |
| Curillas | LE | 15 | E11 |
| Curota (Mirador de la) | C | 12 | E3 |

Currás PO 12 E4
Currelos LU 13 D7
Curtis (Teixeiro) C 3 C5
Curueño 16 D13
Cusanca OR 13 E5
Cutamilla (Estación de) 47 I21
Cutanda TE 48 J26
Cútar MA 101 V17
Cuzcurrita BU 32 G19
Cuzcurrita de Río Tirón LO 18 E21
Cuzna CO 81 R15

## D

Dacón OR 13 E5
Dadín OR 13 E5
Daganzo de Arriba M 46 K19
Dagas (Los) 102 V20
Daimalos MA 101 V17
Daimiel CR 70 O19
Daimús V 74 P29
Dalías AL 102 V21
Dalías (Campo de) AL 102 V21
Dallo VI 19 D22
Dalt (Conca de) L 23 F32
Dama (La) (La Gomera) TF 118 B3
Damas (Las) AV 45 K17
Damil LU 3 C7
Dantxarinea NA 11 C25
Dañador J 83 Q20
Dañador (Embalse del) 83 Q20
Darnius GE 25 E38
Daró (El) GE 25 G39
Daroca Z 48 I25
Daroca de Rioja LO 19 E22
Darrícal AL 102 V20
Darro GR 95 T20
Das GE 24 E35
Daya Nueva A 85 R27
Deba SS 10 C22
Deba (Río) 10 C22
Degaña O 15 D10
Degaña (Reserva nacional de) 15 D10
Degollada (La) (Tenerife) TF 129 G4
Degollados (Puerto Los) NA 20 F24
Degrada (A) LU 14 D9
Dehesa BA 68 P12
Dehesa (La) (cerca de Casa del Pino) AB 84 Q23
Dehesa (La) (cerca de El Griego) AB 72 Q23
Dehesa (La) (Ciudad Real) CR 70 P19
Dehesa (La) (Huelva) H 79 S10
Dehesa (La) (El Hierro) TF 108 B3
Dehesa de Campoamor A 85 S27
Dehesa de Montejo P 17 D16
Dehesa de Romanos P 17 E16
Dehesa del Horcajo TO 57 M14
Dehesa del Moncayo (Parque natural de la) Z 34 G24
Dehesa Mayor SG 31 H17
Dehesa Media Matilla BA 67 Q9
Dehesa Nueva TO 57 M14
Dehesas LE 14 E9
Dehesas de Guadix GR 95 T20
Dehesas Viejas GR 94 T19
Dehesilla CU 47 K22
Dehesilla (La) CU 59 M20
Dehesón (El) TO 57 L15
Deifontes GR 94 U19
Deleitosa CC 56 N13
Delgada (Punta) (Lanzarote) GC 121 F1
Delgadas (Las) H 79 T10
Delgadillo GR 95 T20
Delgollados (Sierra de) 59 L21
Délika VI 18 D21
Delta de l'Ebre (Coto nacional) 50 K32
Delta de l'Ebre (Parque natural del) 50 J32
Deltebre T 50 J32
Demanda (Reserva nacional de la Sierra de la) BU 18 F20
Demanda (Sierra de la) 18 F20
Demúes O 6 C15
Dena PO 12 E3
Dénia A 75 P30
Denúy HU 22 E31
Derio BI 8 C21
Derramadero AB 84 Q23
Derramador V 61 N26
Derrasa (La) OR 13 F6
Desamparados (Los) CR 71 P21
Descargamaría CC 42 L10
Desesperada CR 82 Q19
Desierto (El) (Tenerife) TF 129 F5
Deskarga (Alto) SS 10 C22
Desojo NA 19 E23
Despeñaperros (Desfiladero de) J 82 Q19
Despeñaperros (Parque natural de) 82 Q19
Destriana LE 15 F11
Deva (Ourense) OR 13 F5
Deva (Pontevedra) PO 13 F5
Deva (Río) (Asturias) O 7 C16
Dévanos SO 33 G24
Devesa (Lugo) LU 4 B8
Devesa (Ourense) OR 13 E5
Deveso C 3 B6
Devesos C 3 B6
Devotas (Congosto de las) HU 22 E30
Deyá PM 104 M37
Deza (Soria) SO 33 H23
Deza (Río) PO 13 D5
Diamondi LU 13 E6
Dichoso (Punta del) S 7 B17
Diego Álvaro AV 44 J14
Diego del Carpio AV 44 J14
Diezma GR 94 U20
Diezmo (Peña del) M 45 J18
Dílar GR 94 U19
Dílar (Río) 94 U19
Dima BI 9 C21
Dios le Guarde SA 43 K11
Dique (El) Z 36 I29
Discatillo NA 19 E23
Distriz LU 3 C6
Diustes SO 33 F22
Divisa 36 H32
Doade (Lugo) LU 14 E7
Doade (Ourense) OR 13 E5
Doade (Pontevedra) PO 13 E5
Dobro BU 18 D19
Doctor (Casas del) V 73 N26
Doctor (El) CR 70 P19
Doctoral (El) (Gran Canaria) GC 117 F4
Dodro C 12 D3
Doiras (Lugo) LU 14 D9
Doiras (Asturias) O 4 B9
Doiras (Embalse de) O 4 B9
Dólar GR 95 U21
Dolores (Alacant) A 85 R27
Dolores (Murcia) MU 85 S27
Dolores (Los) MU 85 T26
Domaio PO 12 F3
Domeño (Navarra) NA 11 D26
Domeño (València) V 61 M27
Dómez ZA 29 G11
Domingo García SG 45 I16
Domingo Pérez (Granada) GR 94 T19
Domingo Pérez (Toledo) TO 57 M16
Domingos (es) PM 105 N39
Don Álvaro BA 67 P11
Don Benito BA 68 P12
Don Diego GR 95 U21
Don Gaspar de Portolá (Parador de) (Artiés) L 22 D32
Don Gonzalo MU 84 S24
Don Jaume (Ermita) A 86 Q28
Don Jerónimo CR 71 O20
Don Jerónimo Tapia (Casa de) TO 70 N18
Don Juan (Ciudad Real) CR 71 O19
Don Juan (Albacete) AB 72 P23
Don Juan (Cueva de) V 73 O26
Don Martin (Mirador de) (Tenerife) TF 127 H3
Don Miguel de Unamuno (Monumento a) (Fuerteventura) GC 111 H2
Don Pedro MA 99 W14
Don Pedro (Cabeza de) CU 60 L24
Don Pedro (Casas de) AB 72 O24
Don Rodrigo (Estación de) SE 92 U12
Donadío J 82 S19
Donado ZA 15 F10
Donalbai LU 3 C6
Donamaria NA 11 C24
Donar (La) AB 84 R22
Donarque (Puerto de) TE 48 K25
Donas PO 12 F3
Donceles (Sierra de los) 84 Q24
Doncos LU 14 D8
Done Bikendi Harana VI 19 D22
Doney de la Requejada ZA 15 F10
Doneztebe / Santesteban NA 11 C24
Donhierro SG 44 I15
Doniños C 3 B5
Donis LU 14 D9
Donjimeno AV 44 J15
Donón PO 12 F3
Donostia-San Sebastián SS 10 C24
Donramiro PO 13 E5
Donvidas AV 44 I15
Donzell L 37 G33
Doña Aldonza (Embalse de) J 83 S20
Doña Ana (Granada) GR 83 S22
Doña Ana (Jaén) J 83 R21
Doña Blanca CA 98 W11
Doña Blanca de Navarra (Castillo de) NA 20 F25
Doña Inés MU 84 S24
Doña Justa CR 69 P15
Doña María BA 66 P8
Doña María Cristina (Canal de) 72 O24
Doña María Ocaña AL 95 U21
Doña Marina GR 95 T20
Doña Mencía CO 93 T16
Doña Rama CO 80 R14
Doña Santos BU 32 G19
Doñana MA 100 V16
Doñana (Parque Nacional de) H 91 V10
Doñinos de Ledesma SA 43 I11
Doñinos de Salamanca SA 43 J12
Dóriga O 5 B11
Dormea C 3 D5
Dornillas ZA 15 F10
Doroño BU 19 D21
Dorrao / Torrano NA 19 D23
Dòrria GE 24 E36
Dos Aguas V 73 O27
Dos Hermanas SE 91 U12
Dos Picos AL 95 U21
Dos Torres CO 81 Q15
Dos Torres de Mercader TE 49 J28
Dosante BU 8 C18
Dosbarrios TO 58 M19
Dosrius B 38 H37
Dozón PO 13 E5
Drach (Coves del) PM 105 N39
Dragonera (Illa sa) 104 N36
Dragonte LE 14 E9
Draguillo (El) (Tenerife) TF 125 J1
Driebes GU 59 L20
Drova (La) V 74 O29
Duañez SO 33 G23
Dúas Igréxas PO 13 E4
Ducs (Els) V 61 N26
Duda (Sierra de) GR 83 S21
Dúdar GR 94 U19
Dueña Baja (La) SE 92 U14
Dueñas P 31 G16
Dueñas (Las) TE 61 L26
Duerna LE 15 F11
Duero (Canal del) 30 H15
Duero (Río) 28 I9
Duesaigües T 51 I32
Dueso S 8 B19
Dulce 47 J21
Dulce (Laguna) 93 U15
Dumbría C 2 C2
Duques de Cardona (Parador de) (Cardona) B 37 G35
Duquesa (La) (Ciudad Real) CR 70 O19
Duquesa (La) (Málaga) MA 99 W14
Durana VI 19 D22
Duranes CR 69 P16
Durango BI 10 C22
Duratón SG 32 I18
Duratón (Río) 32 I19
Dúrcal GR 101 V19
Durón GU 47 K21
Durro L 22 E32
Duruelo (Soria) SO 32 G21
Duxame PO 13 D5

## E

Ea BI 9 B22
Ebre (Delta de l') T 50 J32
Ebre (Riu) (El) / Ebro (Río) 50 J31
Ebrillos 33 G21
Ebro (Embalse del) 7 C18
Ebro (Fuente del) 7 C17
Ebro (Río) 17 D17
Ebro (Río) / Ebre (El) (Riu) 50 J31
Ebrón V 61 L26
Ecay / Ekai de Lóguida NA 11 D25
Echagüe NA 20 E25
Echálaz NA 11 D25
Echarren de Guirguillano (cerca de Puente la Reina) NA 10 D24
Echedo (El Hierro) TF 109 D1
Écija SE 92 T14
Edrada OR 13 F7
Ega 19 D22
Egea HU 22 E31
Egino VI 19 D23
Egozkue NA 11 D25
Eguaras NA 11 D24
Egüés NA 11 D25
Eguilaz VI 19 D23
Eguileor VI 19 D22
Eguileta VI 19 D22
Eibar SS 10 C22
Eidos PO 12 F4
Eiras OR 13 E5
Eiras (Embalse de) PO 12 E4
Eiré LU 13 E7
Eirón C 2 D3
Eivissa / Ibiza PM 87 P34
Eixe (Sierra del) 14 F9
Ejea de los Caballeros Z 20 F26
Ejeme SA 44 J13
Ejep HU 22 F30
Ejido (El) (Almería) AL 102 V21
Ejido (El) (Toledo) TO 57 M14
Ejulve TE 49 J28
Ekai de Lóguida / Ecay NA 11 D25
Ekain SS 10 C23
El Casar GU 46 J19
Elantxobe BI 9 B22
Elbete NA 11 C25
Elburgo VI 19 D22
Elche / Elx A 85 R27
Elche de la Sierra AB 84 Q23
Elciego VI 19 E22
Elcóaz NA 11 D26
Elda A 85 Q27
Elduain SS 10 C24
Elgeta SS 10 C22
Elgoibar SS 10 C22
Elgorriaga NA 11 C24
Eliana (L') V 62 N28
Elice (Puerto) CC 55 N9
Elizondo NA 11 C25
Eljas CC 55 L9
Eller L 23 E35
Elorregi SS 10 C22
Elorrieta GR 94 U19
Elorrio BI 10 C22
Elortz / Elorz NA 11 D25
Elorz / Elortz NA 11 D25
Elosu VI 19 D21
Elosua SS 10 C22
Eltzaburu NA 11 C24
Elvillar VI 19 E22
Elvira (Sierra) GR 94 U18
Elviria MA 100 W15
Elx / Elche A 85 R27
Embarcaderos (Embassament de Los) 73 O26
Embid GU 48 J24
Embid de Ariza Z 33 H24
Embid de la Ribera Z 34 H25
Embún HU 21 E27
Empalme (El) H 90 U8
Emperador (El) TO 70 O18
Emperador (Parador El) (Fuenterrabía) SS 10 B24
Empuriabrava GE 25 F39
Empúries GE 25 F39
Ena HU 21 E27
Ena (Río) 22 E30
Enamorados MA 93 U16
Encanadé 50 J30
Encantada (Embalse de) CO 81 S15
Encarnación (Ermita de La) MU 84 R24
Encarnación (La) CR 70 O18
Encebras A 85 Q27
Encima-Angulo BU 8 C20
Encina (La) A 73 P27
Encina (La) (Salamanca) SA 42 K10
Encina (Sierra de la) 14 E8
Encina de San Silvestre SA 43 I11
Encinacaida CR 57 N15
Encinacorba Z 34 I26
Encinar (El) M 46 K19
Encinar (Ermita del) CC 55 M9
Encinar del A. M 58 L16
Encinarejo CO 81 S15
Encinarejo (El) J 82 R18
Encinarejo (Embalse del) J 82 R18

## A CORUÑA

Cantón Grande AZ 7
Cantón Pequeño AZ 8
Compostela AZ 13
Damas BY 14
Ferrol AZ 18
Finisterre (Av. de) AZ 19
Gómez Zamalloa AZ 20
Herrerías BY 23
Juana de Vega (Av.) AZ 26
Juan Canalejo AY 25
Maestranza BY 27
María Pita (Pl. de) BY 28
Padre Feijóo AZ 32
Payo Gómez AZ 36
Picavia AZ 37
Pontevedra (Pl. de) AZ 40
Real AY
Riego del Agua BY 42
Rubine (Av. de) AZ 45
Sánchez Bregua AZ 50
Santa Catalina AZ 52
Santa María BY 51
San Agustín BY 46
San Agustín (Cuesta de) BY 47
San Andrés AYZ
Teresa Herrera AZ 55

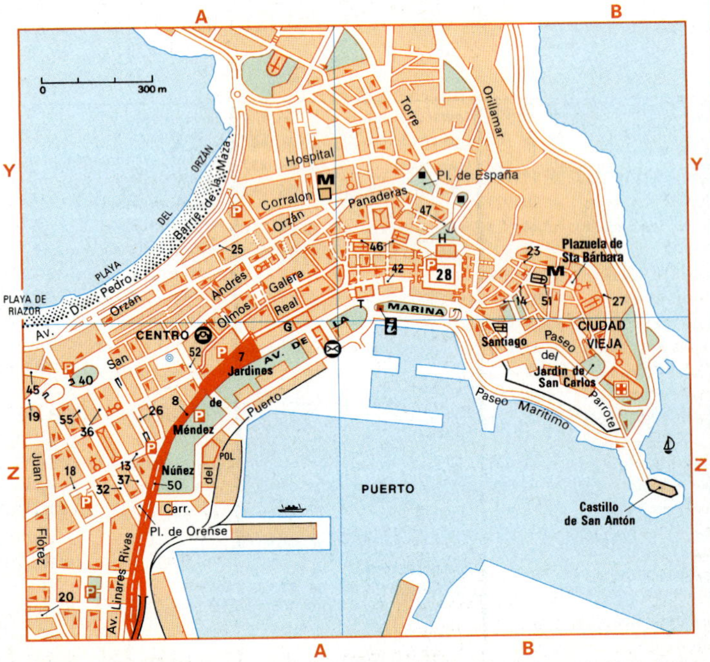

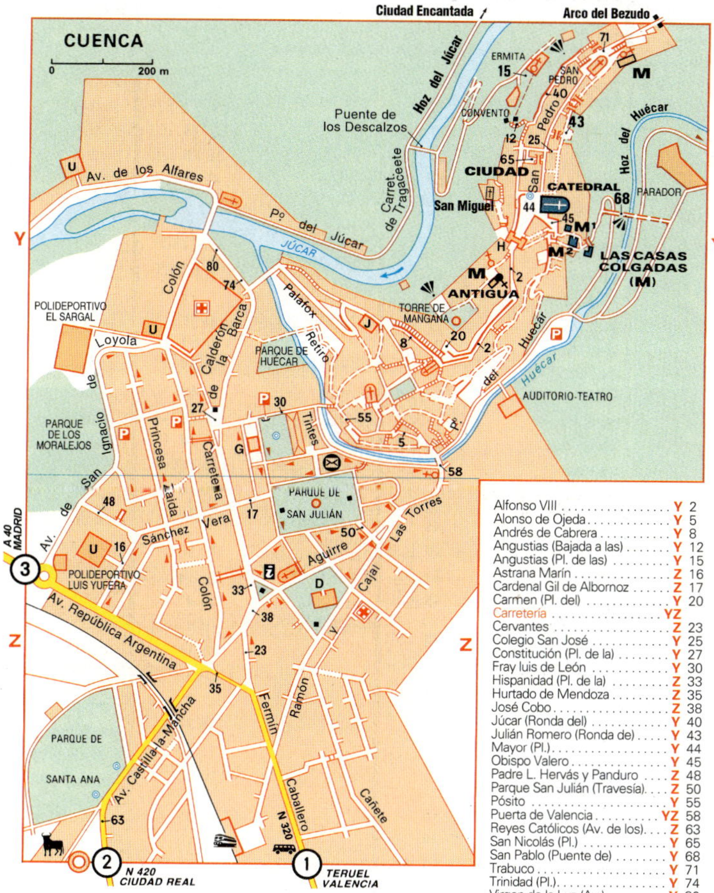

| | | |
|---|---|---|
| Alfonso VIII | Y | 2 |
| Alonso de Ojeda | Y | 5 |
| Andrés de Cabrera | Y | 8 |
| Angustias (Bajada a las) | Y | 12 |
| Angustias (Pl. de las) | Y | 15 |
| Astrana Marín | Z | 16 |
| Cardenal Gil de Albornoz | Z | 17 |
| Carmen (Pl. del) | Y | 20 |
| Carretería | YZ | |
| Cervantes | Z | 23 |
| Colegio San José | Y | 25 |
| Constitución (Pl. de la) | Y | 27 |
| Fray luis de León | Y | 30 |
| Hispanidad (Pl. de la) | Z | 33 |
| Hurtado de Mendoza | Z | 35 |
| José Cobo | Z | 38 |
| Júcar (Ronda del) | Y | 40 |
| Julián Romero (Ronda del) | Y | 43 |
| Mayor (Pl.) | Y | 44 |
| Obispo Valero | Y | 45 |
| Padre L. Hervás y Panduro | Z | 48 |
| Parque San Julián (Travesía) | Z | 50 |
| Pósito | Y | 55 |
| Puerta de Valencia | YZ | 58 |
| Reyes Católicos (Av. de los) | Z | 63 |
| San Nicolás (Pl.) | Y | 65 |
| San Pablo (Puente de) | Y | 68 |
| Trabuco | Y | 71 |
| Trinidad (Pl.) | Y | 74 |
| Virgen de la Luz (Av.) | Y | 80 |

| | | |
|---|---|---|
| Museo de Arte Abstracto Español | Y | M |
| Museo de Cuenca | Y | M² |
| Museo Diocesano | Y | M¹ |

| | | | |
|---|---|---|---|
| Encinares | AV | 44 | K13 |
| Encinares de Sanlúcar la Mayor (Los) | SE | 91 | T11 |
| Encinas (Segovia) | SG | 32 | H19 |
| Encinas (Embalse de) | | 31 | G17 |
| Encinas (Las) | SE | 92 | T12 |
| Encinas (Monte) | CR | 82 | Q18 |
| Encinas de Abajo | SA | 44 | J13 |
| Encinas de Arriba | SA | 44 | J13 |
| Encinas de Esgueva | VA | 31 | G17 |
| Encinas Reales | CO | 93 | U16 |
| Encinasola | H | 78 | R9 |
| Encinasola de los Comendadores | SA | 42 | I10 |
| Encinedo | LE | 15 | F10 |
| Encinetas | MA | 100 | W14 |
| Encinilla (La) | SE | 92 | V12 |
| Encinillas | SG | 45 | I17 |
| Encío | BU | 18 | E20 |
| Enciso | LO | 19 | F23 |
| Encomienda (La) (cerca de Badajoz) | BA | 66 | P8 |
| Encomienda (La) (cerca de Villanueva de la Serena) | BA | 68 | O12 |
| Enderrocat (Cap) | | 104 | N38 |
| Endrinal | SA | 43 | K12 |
| Endrinales (Los) | M | 46 | J18 |
| Enériz | NA | 11 | D24 |
| Enfesta | C | 3 | D4 |
| Enguera | V | 74 | P27 |
| Enguera (Serra de) | V | 73 | P27 |
| Enguídanos | CU | 61 | M25 |
| Enguídanos (Estación de) | | 61 | M25 |
| Enillas (Las) | ZA | 29 | H12 |
| Enix | AL | 102 | V22 |
| Enjambre (La) | CR | 57 | N15 |
| Enmedio (Toledo) | TO | 70 | N18 |
| Enmedio (València) | V | 61 | M26 |
| Enmedio (Cantabria) | S | 17 | D17 |
| Enmedio (Sierra de) (Albacete) | AB | 85 | Q25 |
| Enmedio (Sierra de) (Alacant) | A | 73 | Q26 |
| Enmedio (Sierra de) (Murcia) | MU | 96 | T24 |
| Enol (Lago de) | O | 6 | C15 |
| Ènova (L') | V | 74 | O28 |
| Enrique II (Parador) (Ciudad Rodrigo) | | 42 | K10 |
| Enroig | CS | 50 | K30 |
| Entallada (La) (Fuerteventura) | GC | 113 | H4 |
| Enterrias | S | 7 | C15 |
| Entinas (Punta) | AL | 102 | V21 |
| Entis | C | 2 | D3 |
| Entrago | O | 5 | C11 |
| Entrala | ZA | 29 | H12 |
| Entrambasaguas | S | 8 | B18 |
| Entrambasmestas | S | 7 | C18 |
| Entrecinsa | OR | 14 | F8 |
| Entrecruces | C | 2 | C3 |
| Entredicho (El) (Albacete) | AB | 84 | Q23 |
| Entredicho (El) (Córdoba) | CO | 80 | R14 |
| Entredicho (Embalse de) | CR | 69 | P15 |
| Entredichos | CU | 60 | M22 |
| Entrego (El) | O | 6 | C13 |
| Entremont (Congosto del) | HU | 22 | F30 |
| Entrena | LO | 19 | E22 |
| Entrepeñas (Embalse de) | GU | 47 | K21 |
| Entrepinos | M | 57 | L16 |
| Entrerrios | BA | 68 | P12 |
| Entrimo | OR | 27 | G5 |
| Entrín | | 67 | P9 |
| Entrín (Arroyo del) | | 67 | Q9 |
| Entrines (Los) | BA | 67 | Q9 |
| Envernallas | LU | 4 | D9 |
| Envía (Ermita de la) | CU | 47 | K22 |
| Enviny | L | 23 | E33 |
| Eo | LU | 4 | B8 |
| Epároz | NA | 11 | D26 |
| Épila | Z | 34 | H26 |
| Epina (La Gomera) | TF | 118 | B2 |
| Eras (Las) (Albacete) | AB | 73 | O25 |
| Eras (Las) (Teruel) | TE | 61 | L26 |
| Eratsun | NA | 10 | C24 |
| Eraul | NA | 19 | D23 |
| Erbecedo | C | 2 | C3 |
| Erbedeiro | LU | 13 | E6 |
| Ercina (La) | LE | 16 | D14 |
| Ercina (Lago de la) | O | 6 | C15 |
| Erdoizta | SS | 10 | C23 |
| Ereño | BI | 9 | B22 |
| Ereñozu | SS | 10 | C24 |
| Eresma | SG | 45 | J17 |
| Ergoien | BI | 9 | C21 |
| Ería | CL | 15 | F12 |
| Erias | CC | 43 | K10 |
| Erice (cerca de Eguaras) | NA | 10 | D24 |
| Erice (Navarra) | NA | 11 | D24 |
| Erice (cerca de Irurtzun) | | 10 | D24 |
| Erill la Vall | L | 22 | E32 |
| Erillas | CO | 80 | R14 |
| Erinyà | L | 23 | F32 |
| Eripol | HU | 22 | F30 |
| Eripol (Collado de) | HU | 22 | F30 |
| Eriste | HU | 22 | E31 |
| Erjas | CC | 55 | L9 |
| Erjos (Tenerife) | TF | 126 | C3 |
| Erla | Z | 21 | F27 |
| Erla (Sierra de) | | 20 | F26 |
| Erloz | | 11 | D25 |
| Ermida | LU | 14 | E8 |
| Ermida (A) | OR | 13 | E5 |
| Ermita | T | 50 | J31 |
| Ermita (La) | AL | 96 | T22 |
| Ermita (S') | PM | 105 | N39 |
| Ermita Nueva | J | 94 | T18 |
| Ermitas (Las) | CO | 81 | S15 |
| Ermua | BI | 10 | C22 |
| Eroles | L | 22 | F32 |
| Erratzu | NA | 11 | C25 |
| Errazkin | NA | 10 | C24 |
| Errea | NA | 11 | D25 |
| Errenteria / Renteria | SS | 10 | C24 |
| Errezil | SS | 10 | C23 |
| Errigoiti | BI | 9 | C21 |
| Erro | NA | 11 | D25 |
| Erro (Río) | | 11 | D25 |
| Erronkari / Roncal | NA | 11 | D27 |
| Errotz | NA | 10 | D24 |
| Erustes | TO | 57 | M16 |
| Es Caló | PM | 87 | P34 |
| Esanos | S | 7 | C16 |
| Esblada | T | 37 | H34 |
| Esca | | 11 | D27 |
| Escabas (Río) | | 47 | K23 |
| Escacena del Campo | H | 91 | T10 |
| Escairón | LU | 13 | E7 |
| Escala (L') / La Escala | GE | 25 | F39 |
| Escalada | BU | 18 | D18 |
| Escaladei | T | 36 | I32 |
| Escalante | S | 8 | B19 |
| Escalar (Garganta del) | HU | 21 | D29 |
| Escalate | | 101 | V19 |
| Escale (Pantà d') | HU | 22 | E32 |
| Escalera | GU | 47 | J23 |
| Escalerilla | | 34 | G26 |
| Escaleta (Punta de l') | A | 74 | Q29 |
| Escaló | L | 23 | E33 |
| Escalona (Huesca) | HU | 22 | E30 |
| Escalona (Toledo) | TO | 57 | L16 |
| Escalona (Sierra de) | | 85 | S27 |
| Escalona del Prado | SG | 45 | I17 |
| Escalonilla | TO | 57 | M16 |
| Escambrons (Puntal dels) | | 36 | I31 |
| Escamilla | GU | 47 | K22 |
| Escandón (Puerto de) | TE | 61 | L27 |
| Escañuela | J | 82 | S17 |
| Escarabajosa de Cabezas | SG | 45 | I17 |
| Escarabote | C | 12 | E3 |
| Escariche | GU | 46 | K20 |
| Escarihuela (La) | MU | 96 | T24 |
| Escaro | LE | 6 | C14 |
| Escarra (Embalse del) | | 21 | D28 |
| Escarrilla | HU | 21 | D29 |
| Escatrón | Z | 35 | I29 |
| Escatrón (Estación de) | TE | 35 | I29 |
| Esclavitud | C | 12 | D4 |
| Escó | Z | 20 | E26 |
| Escobar | SE | 91 | U11 |
| Escobar (El) | MU | 85 | S26 |
| Escobar de Campos | LE | 16 | F15 |
| Escobar de Polendos | SG | 45 | I17 |
| Escobedo | S | 7 | B18 |
| Escober | ZA | 29 | G12 |
| Escobonal (El) (Tenerife) | TF | 129 | G4 |
| Escobosa | SO | 33 | H22 |
| Escombreras | MU | 97 | T27 |
| Escopete | GU | 46 | K20 |
| Escorca | PM | 104 | M38 |
| Escorial (El) | M | 45 | K17 |
| Escorial (Monasterio de El) | M | 45 | K17 |
| Escoriales (Los) | J | 82 | R18 |
| Escorihuela | TE | 49 | K27 |
| Escornabois | OR | 13 | F7 |
| Escóznar | GR | 94 | U18 |
| Escriche | TE | 49 | K27 |
| Escrita (La) | S | 8 | C20 |
| Escuadro de Sayago | ZA | 29 | I11 |
| Escuaín | HU | 22 | E30 |
| Escucha | TE | 49 | J27 |
| Escudero | V | 73 | P27 |
| Escudo (Puerto del) | S | 7 | C18 |
| Escudo (Sierra del) | | 7 | C18 |
| Escudo de Cabuérniga (Sierra del) | | 7 | C16 |
| Escuelas (Las) | J | 82 | S19 |
| Escuernavacas | SA | 43 | J10 |
| Escullar | AL | 95 | U21 |
| Escullos (Los) | AL | 103 | V23 |
| Esculqueira | OR | 28 | G8 |
| Escunhau | L | 22 | D32 |
| Escuredo (León) | LE | 15 | D12 |
| Escuredo (Zamora) | ZA | 15 | F10 |
| Escurial | CC | 68 | O12 |
| Escurial de la Sierra | SA | 43 | K12 |
| Escuriza | | 49 | J28 |
| Escusa | PO | 12 | E3 |
| Escúzar | GR | 94 | U18 |
| Esdolomada | HU | 22 | F31 |
| Esera | HU | 22 | F31 |
| Esfiliana | GR | 95 | U20 |
| Esgleieta (S') | PM | 104 | N37 |
| Esgos | OR | 13 | F6 |
| Esgueva | BU | 32 | G19 |
| Esguevillas de Esgueva | VA | 31 | G16 |
| Eskoriatza | SS | 10 | C22 |
| Esla (Canal del) | | 16 | F13 |
| Esla (Río) | | 6 | C14 |
| Esla o de Ricobayo (Embalse del) | | 29 | G12 |
| Eslava | NA | 20 | E25 |
| Esles | S | 8 | C18 |
| Eslida | CS | 62 | M29 |
| Eslida (Port d'en) | | 62 | M29 |
| Esmerode | C | 2 | C3 |
| Esnotz | NA | 11 | D25 |
| Espà (L') | B | 23 | F35 |
| Espadà | CS | 62 | M28 |
| Espada (Punta) | | 86 | T27 |
| Espadà (Serra d') | | 62 | M28 |
| Espadaña | SA | 43 | I11 |
| Espadañedo | ZA | 15 | F10 |
| Espadilla | CS | 62 | L28 |
| Espaén | L | 23 | F33 |
| Espalmador (Illa) | | 87 | P34 |
| Espantaperros | SE | 92 | U12 |
| España (Ensenada de) | O | 6 | B13 |
| Espardell (Illa) | | 87 | P34 |
| Esparra (L') | GE | 24 | G37 |
| Esparragal (Embalse del) | SE | 91 | T11 |
| Esparragalejo | BA | 67 | P10 |
| Esparragosa de la Serena | BA | 68 | Q13 |
| Esparragosa de Lares | BA | 68 | P14 |
| Esparreguera | B | 38 | H35 |
| Esparreguera (Monte) | CS | 62 | L29 |
| Espart (Illa de s') | | 87 | P33 |
| Espartal (El) | M | 46 | J19 |
| Esparteros | SE | 92 | U13 |
| Espartinas | SE | 91 | T11 |
| Espartosa (La) | MU | 85 | R26 |
| Esparza de Salazar (cerca de Ochagavía) | NA | 11 | D26 |
| Espasante | C | 3 | A6 |
| Espeja | SA | 42 | K9 |
| Espeja de San Marcelino | SO | 32 | G20 |
| Espejo (Córdoba) | CO | 81 | S16 |
| Espejo (Álava) | VI | 18 | D20 |
| Espejón | SO | 32 | G20 |
| Espelt (L') | B | 37 | H34 |
| Espelúy | J | 82 | R18 |
| Espera | CA | 92 | V12 |
| Esperante | C | 12 | D3 |
| Esperanza (Bosque de La) (Tenerife) | TF | 127 | H3 |
| Esperanza (Ermita de la) | CO | 93 | T16 |
| Esperanza (La) (Sevilla) | SE | 92 | U14 |
| Esperanza (La) (Tenerife) | TF | 124 | H2 |
| Espero (Punta de S') | | 106 | M42 |
| Espés | HU | 22 | E31 |
| Espiel | CO | 81 | R14 |
| Espiel (Puerto de) | CO | 81 | R14 |
| Espierba | HU | 22 | E30 |
| Espigüete | | 16 | D15 |
| Espín | HU | 21 | E29 |
| Espina (Collado de) | HU | 22 | E31 |
| Espina (L') | | 50 | J31 |
| Espina (La) (León) | LE | 16 | D15 |
| Espina (La) (Asturias) | O | 5 | B10 |
| Espina de Tremor | LE | 15 | D11 |
| Espinal / Auritzberri | NA | 11 | D25 |
| Espinama | S | 6 | C15 |
| Espinar (El) | SG | 45 | J17 |
| Espinardo | MU | 85 | R26 |
| Espinaredo (Asturias) | O | 6 | C13 |
| Espinavell | GE | 24 | E37 |
| Espinelves | GE | 24 | G37 |
| Espinilla | S | 7 | C17 |
| Espino (Cuesta del) | CO | 81 | S15 |
| Espino (Ermita Virgen del) | AV | 44 | J14 |
| Espino de la Orbada | SA | 44 | I13 |
| Espino de los Doctores | SA | 43 | I12 |
| Espinosa de Bricia | S | 17 | D18 |
| Espinosa de Cerrato | P | 31 | G18 |
| Espinosa de Cervera | BU | 32 | G19 |
| Espinosa de Henares | GU | 46 | J20 |
| Espinosa de la Ribera | LE | 15 | D12 |
| Espinosa de los Caballeros | AV | 45 | I16 |
| Espinosa de los Monteros | BU | 8 | C19 |
| Espinosa de Villagonzalo | P | 17 | E16 |
| Espinosa del Camino | BU | 18 | E20 |
| Espinosa del Monte | BU | 18 | E20 |
| Espinoso de Compludo | LE | 15 | E10 |
| Espinoso del Rey | TO | 57 | N15 |
| Espiñaredo (A Coruña) | C | 3 | B6 |
| Espirdo | SG | 45 | J17 |
| Espíritu Santo (Ermita del) | O | 5 | B11 |
| Esplegares | GU | 47 | J22 |
| Espluga | HU | 22 | E31 |
| Espluga Calba (L') | L | 37 | H33 |
| Espluga de Francolí (L') | T | 37 | H33 |
| Espluga de Serra | L | 22 | F32 |
| Esplús | HU | 36 | G30 |
| Espolla | GE | 25 | E39 |
| Esponellà | GE | 25 | F38 |
| Esporles | PM | 104 | M37 |
| Esposa | HU | 21 | E28 |
| Espot | L | 23 | E33 |
| Espot (Portarró d') | L | 23 | E32 |

## DONOSTIA-SAN SEBASTIÁN

| | | |
|---|---|---|
| Andía | DZ | 2 |
| Argentinako Errepublikaren (Pas.) | EY | 6 |
| Askatasunaren (Hiribidea) | DEZY | |
| Bulebar Zumardia | DY | 14 |
| Errigina Erregentearen | EY | 17 |
| Euskadi (Pl.) | EY | 18 |
| Fermin Calbetón | DY | 19 |
| Garibai | DY | |
| Hernani | DY | |
| Konstituzio (Pl.) | DY | 28 |
| Maria Kristina (Zubia) | EZ | 31 |
| Miramar | DZ | 32 |
| Portu | DY | 36 |
| Ramón Maria Lili (Pas.) | EY | 38 |
| Santa Katalina (Zubia) | EY | 45 |
| San Jerónimo | DY | 42 |
| San Juan | DEY | 43 |
| Urbieta | DEZ | |
| Urdaneta | EZ | 49 |
| Zabaleta | EY | 53 |
| Zurriola (Zubia) | EY | 58 |

| | | | |
|---|---|---|---|
| Espotz / Espoz | NA | 11 | D25 |
| Espoz / Espotz | NA | 11 | D25 |
| Espronceda | NA | 19 | E23 |
| Espuéndolas | HU | 21 | E28 |
| Espui | L | 23 | E32 |
| Espunyola (L') | B | 23 | F35 |
| Espuña (Sierra de) | | 84 | S25 |
| Esquedas | HU | 21 | F28 |
| Esquinazo (Puerto del) | TE | 49 | J27 |
| Esquivel | SE | 91 | T12 |
| Esquivias | TO | 58 | L18 |
| Establés | GU | 47 | I23 |
| Establiments | PM | 104 | N37 |
| Estaca de Bares (Punta de la) | C | 3 | A6 |
| Estacas (cerca de Cuntis) | PO | 12 | E4 |
| Estacas (cerca de Ponte-Caldelas) | PO | 13 | E4 |
| Estacas de Trueba (Puerto de las) | BU | 8 | C18 |
| Estacio (Faro del) | MU | 86 | S27 |
| Estació de Novelda (La) | A | 85 | Q27 |
| Estación (La) (cerca de Arévalo) | AV | 44 | I15 |
| Estación (La) (cerca de Sanchidrián) | AV | 45 | J16 |
| Estación (La) | M | 45 | K17 |
| Estación (La) (Madrid) | M | 45 | K18 |
| Estación (La) (Madrid) | M | 45 | K17 |
| Estación (La) (Sevilla) | SE | 92 | T12 |
| Estación Cártama | MA | 100 | V16 |
| Estación de Agramón | AB | 84 | Q25 |
| Estación de Algodor | M | 58 | M18 |
| Estación de Archidona | MA | 93 | U16 |
| Estación de Baeza | J | 82 | R19 |
| Estación de Cabra del Santo Cristo y Alicún | J | 83 | T20 |
| Estación de Chinchilla | | 72 | P24 |
| Estación de Huelma | J | 95 | T20 |
| Estación de la Puebla de Híjar | TE | 35 | I28 |
| Estación de Las Mellizas | MA | 100 | V15 |
| Estación de las Minas | AB | 84 | R25 |
| Estación de los Molinos | M | 45 | J17 |
| Estación de Matallana | LE | 16 | D13 |
| Estación de Mora de Rubielos | TE | 61 | L27 |
| Estación de Obejo | CO | 81 | R15 |
| Estación de Ordes | C | 3 | C4 |
| Estación de Páramo | LE | 15 | D10 |
| Estación de Salinas | MA | 93 | U17 |
| Estación de San Roque | CA | 99 | X13 |
| Estación y Pajares (La) (Madrid) | M | 45 | K17 |
| Estada | HU | 22 | F30 |
| Estadilla | HU | 22 | F30 |
| Estallo | HU | 21 | E28 |
| Estamariu | L | 23 | E34 |
| Estana (Lleida) | L | 23 | F34 |
| Estanca (Embalse de la) | TE | 49 | I29 |
| Estancias (Sierra de las) | | 96 | T23 |
| Estany (Barranc de l') | | 50 | J32 |
| Estany (L') | B | 38 | G36 |
| Estany d'en Mas (S') | PM | 105 | N39 |
| Estanyol (S') (Ibiza) | PM | 87 | P33 |
| Estanyol (S') (Mallorca) | PM | 104 | N38 |
| Estaña (Huesca) | HU | 22 | F31 |
| Estaon | L | 23 | E33 |
| Estaràs | L | 37 | G34 |
| Estartit (L') | GE | 25 | F39 |
| Estasen (L') | B | 23 | F35 |
| Estats (Pico d') | L | 23 | E34 |
| Estavillo | VI | 18 | D21 |
| Esteban | | 35 | G27 |
| Estebanvela | SG | 32 | H20 |
| Esteiro (cerca de Cedeira) | C | 3 | B5 |
| Esteiro (cerca de Muros) | C | 12 | D3 |
| Estelas (As) | PO | 12 | F3 |
| Estella / Lizarra | NA | 19 | D23 |
| Estella del Marqués | CA | 98 | V11 |
| Estellencs | PM | 104 | N37 |
| Estena (Cáceres) | CC | 67 | O10 |
| Estena (Río) (Ciudad Real) | CR | 69 | N16 |
| Estepa | SE | 93 | U15 |
| Estepa de San Juan | SO | 33 | G23 |
| Estépar | BU | 17 | F18 |
| Estepas (Los) | CO | 81 | S15 |
| Estepona | MA | 100 | W14 |
| Esteras (Soria) | SO | 33 | G23 |
| Esteras (Puerto) | SO | 47 | I22 |
| Esteras (Río) | | 69 | P15 |
| Esteras de Medinaceli | SO | 47 | I22 |
| Estercuel | TE | 49 | J28 |
| Esteribar | NA | 11 | D25 |
| Esteros (Los) | AB | 71 | P22 |
| Esterri d'Àneu | L | 23 | E33 |
| Esterri de Cardós | L | 23 | E33 |
| Estévez (Las) | BA | 67 | P10 |
| Estiche | HU | 36 | G30 |
| Estivadas | OR | 27 | F7 |
| Estivadas (Alto de) | OR | 27 | F7 |
| Estivella | V | 62 | M28 |
| Estiviel | TO | 58 | M17 |
| Esto | C | 2 | C3 |
| Estollo | LO | 19 | F21 |
| Estopiñán | HU | 36 | G31 |
| Estopiñán del Castillo | | 36 | G31 |
| Estorninos | CC | 55 | M9 |
| Estrada (A) | PO | 13 | D4 |
| Estrecho (El) (Almería) | AL | 84 | S23 |
| Estrecho (El) (cerca de Lobosillo) | MU | 85 | S26 |
| Estrecho (Mirador El) | CA | 99 | X13 |
| Estrecho de San Ginés (El) (cerca de Llano del Beal) | MU | 85 | T27 |
| Estrella | | 57 | M14 |
| Estrella (Castillo de la) | MA | 100 | V15 |
| Estrella (La) | TO | 57 | M14 |
| Estremera | M | 59 | L20 |
| Estremera (Canal de) | | 59 | L20 |
| Estremera (Embalse de) | CU | 59 | L21 |
| Estriégana | GU | 47 | I22 |
| Estubeny | V | 74 | O28 |
| Etayo | NA | 19 | E23 |
| Eterna | BU | 18 | E20 |
| Etreros | SG | 45 | J16 |
| Etsain | NA | 11 | D25 |
| Etxabarri-Ibiña | VI | 19 | D21 |
| Etxalar | NA | 11 | C25 |
| Etxaleku | NA | 10 | D24 |
| Etxano | BI | 9 | C21 |
| Etxarri-Aranatz | NA | 19 | D23 |
| Etxauri | NA | 10 | D24 |
| Etxebarri | BI | 8 | C21 |
| Etxebarria | BI | 10 | C22 |
| Etxeberri | NA | 10 | D24 |
| Etxegarate (Puerto de) | SS | 19 | D23 |
| Euba | BI | 9 | C21 |
| Eugenio (Casa de) | AB | 71 | O21 |
| Eugi | NA | 11 | D25 |
| Eugi (Embalse de) | | 11 | D25 |
| Eulate | NA | 19 | D23 |
| Eume | C | 3 | B5 |
| Eume (Embalse de) | C | 3 | B6 |
| Eume (Río) | C | 3 | B5 |
| Eunate (Ermita de) | | 10 | D24 |
| Europa (Picos de) | O | 6 | C15 |
| Eurovillas-Las Villas | M | 46 | K20 |
| Extramiana | BU | 18 | D20 |
| Ézaro | C | 2 | D2 |
| Ezcaray | LO | 18 | F20 |
| Ezcaray (Coto nacional de) | | 18 | F20 |
| Ezcároz / Ezkaroze | NA | 11 | D26 |
| Ezkaroze / Ezcároz | NA | 11 | D26 |
| Ezkio | SS | 10 | C23 |
| Ezkurra | NA | 10 | C24 |
| Ezprogui | NA | 20 | E25 |
| **F** | | | |
| Faba (La) | LE | 14 | D8 |
| Fabara | Z | 36 | I30 |
| Fabara (Estación de) | Z | 36 | I30 |
| Fabares | O | 6 | B13 |
| Fabero | LE | 15 | D10 |
| Fabioler (Punta d'es) | | 104 | N37 |
| Fábrica de Orbaitzeta | NA | 11 | D26 |
| Fábrica del Pedroso | SE | 80 | S12 |
| Fábricas (Las) | TE | 49 | J28 |
| Fábricas de Riópar | AB | 84 | Q22 |
| Facheca | A | 74 | P29 |
| Facinas | CA | 99 | X12 |
| Fadas (Collado de) | HU | 22 | E31 |
| Fado | TO | 58 | L17 |
| Fadón | ZA | 29 | H11 |
| Faedo | O | 5 | B11 |
| Faeira | C | 3 | B6 |
| Fago | HU | 11 | D27 |
| Faidella (Coll de) | L | 23 | F33 |
| Faido | VI | 19 | D22 |
| Fajanita (La) (Gran Canaria) | GC | 114 | B2 |
| Faladoira (Sierra de) | C | 3 | B6 |
| Falces | NA | 20 | E24 |
| Falconera | | 106 | L41 |
| Falconera (Punta) | | 25 | F39 |
| Falcones (Punta) (La Gomera) | TF | 118 | B3 |
| Falgons | GE | 24 | F37 |
| Falset | T | 51 | I32 |
| Famara (Lanzarote) | GC | 123 | E3 |
| Famorca | A | 74 | Q29 |
| Fanadix | A | 75 | Q30 |
| Fangar (El) | T | 51 | J32 |
| Fanlo | HU | 22 | E29 |
| Fanzara | CS | 62 | L29 |
| Fañanás | HU | 21 | F29 |
| Fao | C | 13 | D5 |
| Faraján | MA | 99 | W14 |
| Farallós (Isla Os) | LU | 4 | A7 |
| Faramontanos de Tábara | ZA | 29 | G12 |
| Faramontaos | OR | 13 | E6 |
| Farasdués | Z | 20 | F26 |
| Fardes (Río) | | 94 | U20 |
| Farelo | | 13 | D6 |
| Farena | T | 37 | I33 |
| Farfanya (Riu) | | 36 | G32 |
| Farga de Moles (La) | | 23 | E34 |
| Fariza | ZA | 29 | H11 |
| Farlete | Z | 35 | G28 |
| Faro (Lugo) | LU | 4 | A7 |
| Faro (Pontevedra) | PO | 13 | E6 |
| Faro (Porto do) | PO | 13 | E6 |
| Faro (Sierra del) | LU | 13 | E6 |
| Farrera | L | 23 | E33 |
| Fasgar | LE | 15 | D11 |
| Fasnia (Tenerife) | TF | 129 | G4 |
| Fastias | O | 5 | B10 |
| Fataga (Barranco de) (Gran Canaria) | GC | 116 | D4 |
| Fatarella (La) | T | 50 | I31 |
| Fatarella (Serra de la) | | 36 | I31 |
| Fates (Sierra de) | | 99 | X12 |
| Fátima | GR | 83 | S21 |
| Fátima (Castillo de) | CA | 99 | V13 |
| Faura | | 62 | M29 |
| Faustino | SE | 79 | S12 |
| Favara | V | 74 | O29 |
| Favàritx (Cap de) | PM | 106 | M42 |
| Faxilda (Punta) | PO | 12 | E3 |
| Fayón | Z | 36 | I31 |
| Fayón-Pobla de Massaluca (Estació) | T | 36 | I31 |
| Fayos (Los) | Z | 34 | G24 |
| Fazay | LU | 4 | C7 |
| Fazouro | LU | 4 | B8 |
| Féa | OR | 13 | F6 |
| Feáns | C | 3 | C4 |
| Feás (A Coruña) | C | 3 | A6 |
| Feás (Ourense) | OR | 13 | E5 |
| Febró (La) | T | 37 | I32 |
| Feixa | L | 23 | E33 |
| Felanitx | PM | 105 | N39 |
| Felechares | LE | 15 | F11 |
| Felechas | LE | 16 | D14 |
| Felechosa | O | 6 | C13 |
| Felguera (La) | O | 6 | C13 |
| Felgueras | O | 5 | C12 |
| Felipa (La) | AB | 72 | O24 |
| Felipes (Los) | V | 61 | M26 |
| Felix | AL | 102 | V22 |
| Félix Méndez | GR | 94 | U19 |
| Felmín | LE | 16 | D13 |
| Femés (Lanzarote) | GC | 122 | B5 |
| Fenazar | MU | 85 | R26 |
| Fene | C | 3 | B5 |
| Férez | AB | 84 | Q23 |
| Feria | BA | 67 | Q10 |
| Feria do Monte | LU | 4 | C7 |
| Ferial (Embalse de El) | NA | 20 | F25 |
| Fermoselle | ZA | 29 | I10 |
| Fernán Caballero | CR | 70 | O18 |
| Fernán Núñez | CO | 81 | S15 |
| Fernán Núñez (Estación de) | CO | 81 | S16 |
| Fernán Pérez | AL | 103 | V23 |
| Fernandina | J | 82 | R19 |
| Fernandina (Embalse de la) | J | 82 | R19 |
| Fernando de Aragón (Parador) (Sos del Rey Católico) | Z | 20 | E26 |
| Ferral del Bernesga | LE | 16 | E13 |
| Ferreira (Granada) | GR | 95 | U20 |
| Ferreira (Lugo) | LU | 3 | D6 |
| Ferreira (Valadouro) | LU | 4 | B7 |
| Ferreira (Río) | | 13 | D7 |
| Ferreiras | LU | 14 | D8 |
| Ferreiravella | LU | 4 | C8 |
| Ferreiro | C | 3 | D5 |
| Ferreiros (cerca de Baralla) | LU | 14 | D8 |
| Ferreiros (cerca de Puebla de Brollón) | LU | 14 | E7 |
| Ferrer (Son) | PM | 104 | N37 |
| Ferrera (Sierra) | | 22 | E30 |
| Ferreras (Rio) | | 15 | E12 |
| Ferreras de Abajo | ZA | 29 | G11 |
| Ferreras de Arriba | ZA | 29 | G11 |
| Ferreres (Aqüeducte de les) | T | 37 | I33 |
| Ferreries | PM | 106 | M42 |
| Ferreruela | ZA | 29 | G11 |
| Ferreruela de Huerva | TE | 48 | I26 |
| Ferro (Monte) | PO | 12 | F3 |
| Ferrol | C | 3 | B5 |
| Ferrol (Ría de) | C | 3 | B5 |
| Ferrossa (Punta) | | 38 | I35 |
| Ferrutx | | 105 | M39 |
| Ferrutx (Cap) | | 105 | M40 |
| Fervenza (Embalse de) | C | 12 | D3 |
| Fesnedo | O | 5 | C11 |
| Figal (La) | O | 5 | B10 |
| Figaredo | O | 5 | C12 |
| Figaró (El) | B | 38 | G36 |
| Figarol | NA | 20 | E25 |
| Fígols (Barcelona) | B | 24 | F35 |
| Figols (Lleida) | L | 22 | F32 |
| Fígols d'Organyà | L | 23 | F34 |
| Figueirido | PO | 12 | E4 |
| Figuera (La) | T | 36 | I32 |
| Figuera (Punta de sa) | | 25 | F39 |
| Figueral (es) | PM | 87 | O34 |
| Figueras | O | 4 | B8 |
| Figueres | GE | 25 | F38 |
| Figuerola d'Orcau | L | 23 | F32 |
| Figuerola del Camp | T | 37 | H33 |
| Figueroles | CS | 62 | L29 |
| Figuerosa (La) | L | 37 | G33 |
| Figueruela de Arriba | ZA | 29 | G10 |
| Figueruela de Sayago | ZA | 29 | I12 |
| Figueruelas | Z | 34 | G26 |
| Filabres (Sierra de los) | | 96 | U22 |
| Filera (Sierra de la) | | 15 | D12 |
| Filgueira (Lugo) | LU | 13 | D6 |
| Filgueira (Pontevedra) | PO | 13 | F5 |
| Filgueiras | C | 3 | B5 |
| Filiel | LE | 15 | E11 |
| Filipinas (Las) | A | 85 | S27 |
| Finca Villalpardillo | CU | 72 | O23 |
| Fincas la Dehesilla y Carazo | BA | 66 | Q8 |
| Fines | AL | 96 | T23 |
| Finestrat | A | 74 | Q29 |
| Finestrelles (Pic de) | GE | 24 | E36 |
| Finestres | | 24 | F37 |
| Finisterre (Cabo) / Fisterra (Cabo) | C | 2 | D2 |
| Finisterre (Embalse de) | TO | 58 | N19 |
| Finolledo | LE | 15 | E10 |
| Fiñana | AL | 95 | U21 |
| Fiobre | C | 3 | C5 |
| Fiolleda | LU | 14 | E7 |
| Fión | LU | 13 | E7 |
| Fíos | O | 6 | B14 |
| Firgas (Gran Canaria) | GC | 115 | E2 |
| Fiscal | HU | 21 | E29 |
| Fisterra | C | 2 | D2 |
| Fisterra (Cabo) / Finisterre (Cabo) | C | 2 | D2 |
| Fistéus | LU | 14 | E8 |
| Fitero | NA | 20 | F24 |
| Fito (Mirador del) | O | 6 | B14 |
| Fitoiro | OR | 14 | F7 |
| Flaçà | GE | 25 | F38 |
| Flamisell (El) | | 23 | F32 |
| Flariz | OR | 27 | G7 |
| Flix | T | 36 | I31 |
| Flix (Pantà de) | T | 36 | I31 |
| Florderrei | OR | 28 | G8 |
| Florejacs | L | 37 | G33 |
| Flores de Ávila | AV | 44 | J14 |
| Floresta (La) | L | 37 | H32 |
| Florida (La) (Huelva) | H | 91 | T9 |
| Florida (La) (Tenerife) | TF | 127 | G3 |
| Florida de Liébana | SA | 43 | I12 |
| Flumen | HU | 21 | F28 |
| Flumen (Canal del) | | 35 | G29 |
| Fluvià (El) | GE | 24 | F37 |
| Fofe | PO | 13 | F4 |
| Fogars | B | 38 | G38 |
| Fogars de Montclús | B | 38 | G37 |
| Foia (La) (Alacant) | A | 86 | R27 |
| Foia (La) (Castelló) | CS | 62 | L29 |
| Foix (El) | | 37 | H34 |

Foixà GE 25 F38
Folch 23 E35
Foldada P 17 D16
Folgosa LU 4 D8
Folgoso PO 13 E4
Folgoso de la Ribera LE 15 E11
Folgoso do Courel LU 14 E8
Folgueiras O 4 B8
Folgueiro LU 4 A7
Folgueras O 5 B11
Folgueroles B 38 G36
Folladela C 3 D5
Folledo LE 15 D12
Fombellida (Cantabria) S 17 D17
Fombellida VA 31 G17
Fombuena Z 48 I26
Fompedraza VA 31 H17
Foncastín VA 30 H14
Foncea LO 18 E20
Foncebadón LE 15 E10
Fondarella L 37 H32
Fondevila OR 27 G5
Fondón AL 102 V21
Fondos de Vega O 15 D10
Fonelas GR 95 T20
Fonfría (cerca de Fonsagrada) LU 4 C9
Fonfría (cerca de Triacastela) LU 14 D8
Fonfría (Teruel) TE 48 J26
Fonfría (Puerto de) TE 48 J26
Fonolleres 37 H33
Fonollosa B 37 G35
Fonsagrada (A) LU 4 C8
Font Calders B 23 F35
Font d'en Carròs (La) V 74 P29
Font d'en Segures (La) CS 50 K29
Font de la Figuera (Estació de la) V 73 P27
Font de la Figuera (La) V 73 P27
Font-Mezquitas A 86 Q28
Font Roja (Santuari de la) A 74 Q28
Font-rubí B 37 H34
Fontán C 3 B5
Fontanar (Córdoba) CO 93 T15
Fontanar (Guadalajara) GU 46 J20
Fontanar (Jaén) J 83 S21
Fontanarejo CR 69 O16
Fontanars dels Alforins V 74 P27
Fontaneira LU 4 C8
Fontanella (Serra de la) A 74 P27
Fontanil de los Oteros LE 16 E13
Fontanillas de Castro ZA 29 G12
Fontanilles GE 25 F39
Fontanosas CR 69 P16
Fontañera (La) CC 54 N8
Fontcoberta GE 25 F38
Fontdepou L 36 G32
Fonte da Cova LE 14 F9
Fontecha (León) LE 15 E12
Fontecha (Palencia) P 17 D15
Fontecha (Cantabria) S 7 C17
Fontecha (Álava) VI 18 D20
Fontefría OR 14 F7
Fontellas NA 20 F25
Fontelles B 37 G34
Fontenebro-Mirador de la Sierra (Dominio de) M 45 K18
Fonteo LU 4 C8
Fontibre S 7 C17
Fontihoyuelo VA 16 F14
Fontioso BU 32 G18
Fontiveros AV 44 J15
Fontllonga L 36 G32
Fontoria LE 14 D10
Fontoria de Cepeda LE 15 E11
Fonts (Les) (Castelló) CS 63 L30
Fontscaldes T 37 I33
Fonz HU 22 F30
Fonzaleche LO 18 E20
Foradada (Lleida) L 37 G33
Foradada (Mallorca) PM 104 M37
Foradada (Collado de) HU 22 E31
Foradada del Toscar HU 22 E31
Forata (Embassament de) 73 N27
Forca 21 D27
Forcadas (Embalse de) C 3 B5
Forcadela PO 12 G3
Forcall CS 49 K29
Forcarei PO 13 E4
Forcat HU 22 E32
Forcayao (Alto de) O 5 B10
Forès T 37 H33
Forfoleda SA 43 I12
Forgoselo (Sierra de) C 3 B5
Formariz ZA 29 H11
Formentera del Segura A 85 R27
Formentor (Cap de) PM 105 N39
Formiche Alto TE 49 L27
Formiche Bajo TE 61 L27
Formiga 21 F29
Formigal (El) HU 21 D28
Formigales HU 22 E30
Formigones LE 15 D12
Formigueiro 14 F8
Forna (Alacant) A 74 P29
Forna (León) LE 14 F10
Fornalutx PM 104 M38
Fornelas LU 14 E7
Fornells (cerca de Girona) GE 25 G38
Fornells (cerca de Ribes) GE 24 F36
Fornells (Menorca) PM 106 L42
Fornells (Badía de) PM 106 L42
Fornells de Mar GE 25 G39
Fornelos (A Coruña) C 2 C3
Fornelos (cerca de A Garda) PO 26 G3
Fornelos (cerca de Ponteareas) PO 12 F4
Fornelos de Montes PO 13 E4
Fornes GR 101 V18
Fornillos HU 36 G30
Fornillos de Alba ZA 29 H11
Fornillos de Fermoselle ZA 29 H11
Fornis C 2 D2
Fórnoles TE 50 J30
Fórnols L 23 F34
Foronda VI 19 D21
Forriolo (Alto de) OR 13 F6
Fortaleny V 74 O29
Fortanete TE 49 K28
Fortià GE 25 F39
Fortuna MU 85 R26
Forua BI 9 C21
Forxa (A) (A Porqueira) OR 13 F6
Forxa (A) (Punxín) 13 E6
Forzans PO 13 E4
Fosado HU 22 E30
Fosca (Vall) L 23 E32
Foxo PO 13 D4
Foz LU 4 B8
Foz Calanda TE 49 J29
Foz de Biniés HU 21 E27
Foz de Mieres (La) O 5 C12
Fradellos ZA 29 G11
Frades (A Coruña) C 3 C5
Frades (Lugo) LU 14 D7
Frades de la Sierra SA 43 K12
Fraella HU 35 G29
Fraga HU 36 H31
Fraga (A) OR 13 F5
Frage (El) GR 94 T19
Fragén HU 21 E29
Frago (El) Z 21 F27
Fragosa CC 43 K11
Fraguas (Las) (Cantabria) S 7 C17
Fraguas (Las) (Soria) SO 33 G21
Fraile (Peña del) S 8 B19
Fraile (Rivera del) BA 66 O8
Frailes J 94 T18
Frailes (Los) (Ciudad Real) CR 71 O19
Frailes (Río de los) (Sevilla) SE 91 T11
Frailes (Río) 94 T18
Frairia LU 4 C8
Fraja CA 99 W12
Frameán LU 13 D6
Franca (La) O 7 B16
Francas (Las) SE 80 S13
Francelos OR 13 F5
Franceses (La Palma) TF 131 C3
Francho Z 20 F25
Franco 31 F18
Franco (El) O 4 B9
Francolí (El) T 37 H33
Francos (Lugo) LU 14 D8
Francos (Segovia) SG 32 H19
Frandoviñez BU 17 F18
Franqueira (A) PO 13 F4
Franza C 3 B5
Frasno (El) Z 34 H25
Frasno (Puerto del) Z 34 H25
Fraussa (Roc de) GE 24 E38
Frayás LU 4 B7
Frecha (La) O 5 C12
Frechilla (Palencia) P 16 F15
Frechilla (Soria) SO 33 H22
Fredes CS 50 J30
Fregenal de la Sierra BA 79 R10
Fregeneda (La) SA 42 J9
Freginals T 50 J31
Freigamuñoz (Arroyo) BA 66 Q8
Freila GR 95 T21
Freixeiro (A Coruña) C 2 C3
Freixeiro (Lugo) LU 14 E7
Freixial BA 66 P8
Freixido OR 14 E8
Freixo (A Coruña) C 3 B6
Freixo (Lugo) LU 14 D8
Freixo (Ourense) OR 13 F6
Frequela (Sierra de) 33 F21
Fréscano Z 34 G25
Freser (El) 24 F36
Freser i Setcases (Reserva nacional de) GE 24 E36
Fresnadillo ZA 29 H11
Fresneda (Burgos) BU 18 F20
Fresneda (Ciudad Real) CR 82 Q19
Fresneda (Álava) VI 18 D20
Fresneda (Embalse de) 70 Q18
Fresneda (La) (Málaga) MA 100 V16
Fresneda (La) (Teruel) TE 50 J30
Fresneda (La) (Toledo) TO 57 M15
Fresneda (Río) 70 Q18
Fresneda de Altarejos CU 60 M23
Fresneda de Cuéllar SG 31 I16
Fresneda de la Sierra CU 47 K23
Fresnedelo LE 15 D10
Fresnedilla AV 57 L16
Fresnedilla (Casa Forestal La) J 83 R21
Fresnedilla (La) J 83 R21
Fresnedillas de la Oliva M 45 K17
Fresnedo (León) LE 15 D10
Fresnedo (Cantabria) S 8 C19
Fresnedo de Valdellorma LE 16 D14
Fresnedosa (Rivera de) 55 M10
Fresnedoso SA 43 K12
Fresnedoso de Ibor CC 56 M13
Fresneña BU 18 E20
Fresnillo de las Dueñas BU 32 H19
Fresno (El) (Ávila) AV 44 K15
Fresno (El) (Cáceres) CC 55 L10
Fresno (El) (Ciudad Real) CR 69 P16
Fresno (Portillo de) BU 18 E18
Fresno Alhándiga SA 43 J13
Fresno de Cantespino SG 32 H19
Fresno de Caracena SO 32 H20
Fresno de la Fuente SG 32 H19
Fresno de la Polvorosa ZA 29 F12
Fresno de la Ribera ZA 30 H13
Fresno de la Vega LE 16 E13
Fresno de Riotirón BU 18 E20
Fresno de Rodilla BU 18 E19
Fresno de Sayago ZA 29 I12
Fresno de Torote M 46 K19
Fresno del Río P 16 D15
Fresno el Viejo VA 44 I14
Freu (Cap d'es) PM 105 M40
Frexulfe LU 4 B7
Frías BU 18 D20
Frías de Albarracín TE 48 K25
Frieira (Embalse de) OR 13 F5
Friera LE 14 E9
Friera de Valverde ZA 29 G12
Frigiliana MA 101 V18
Frio GR 93 U17
Friol LU 3 C6
Frixe C 2 C2
Frollais LU 14 D7
Frómista P 17 F16
Fronfría ZA 29 H11
Frontera (El Hierro) TF 108 C2
Frontera (La) CU 47 K23
Frontón LU 13 E7
Frouxeira (Punta) C 3 B5
Fruiz BI 9 C21
Frula HU 35 G28
Frumales SG 31 H17
Fuego (Montañas del) (Lanzarote) GC 122 C4
Fuejo O 5 B12
Fuembellida GU 47 J24
Fuen del Cepo TE 61 L27
Fuen-Vich V 73 N26
Fuencalderas Z 21 E27
Fuencalenteja BU 17 E17
Fuencaliente (cerca de Bañuela) CR 81 Q17
Fuencaliente (cerca de Las Peralosas) CR 70 O17
Fuencaliente (Granada) GR 83 S22
Fuencaliente (Soria) SO 32 G20
Fuencaliente (Punta de) (La Palma) TF 132 C7
Fuencaliente de la Palma (La Palma) TF 132 C7
Fuencaliente de Lucio BU 17 D17
Fuencarral M 46 K19
Fuencemillán 46 J20
Fuencubierta CO 81 S15
Fuendecampo HU 22 E30
Fuendejalón Z 34 G25
Fuendelada (La) TE 49 K27
Fuendetodos Z 35 H27
Fuenferrada TE 49 J26
Fuenfría (Puerto de) 45 J17
Fuengirola MA 100 W16
Fuenlabrada (Albacete) AB 72 Q23
Fuenlabrada (Madrid) M 58 L18
Fuenlabrada de los Montes BA 69 O15
Fuenllana CR 71 P21
Fuenmayor LO 19 E22
Fuensaldaña VA 30 G15

## ELCHE

Alfonso XII Z 3
Almórida Z 4
Antonio Machado (Av. d') Z 6
Baix (Pl. de) Z 7
Bassa dels Moros (Camí) Y 8
Camino del Gato Z 13
Camino de l'Almassera Z 12
Canalejas (Puente de) Z 15
Clara de Campoanor Y 16
Conrado del Campo Z 17
Corredora Z
Diagonal del Palau Y 18
Eres de Santa Llucia Y 19
Escultor Capuz Z 20
Estació (Pas. de l') Y 21
Federico García Lorca Z 23
Fernanda Santamaría Z 24
Jiménez Díaz (Doctor) Y 28
Jorge Juan YZ 29
José María Pemán Z 31
Juan Ramón Jiménez Z 32
Luis Gonzaga Llorente Y 33
Maestro Albéniz Y 35
Major de la Vila Y 36
Marqués de Asprella Y 37
Ntra Sra de la Cabeza Y 39
Pont dels Ortissos Y 40
Porta d'Alacant Y 41
Rector Z 43
Reina Victoria Z
Santa Anna Z 45
Santa Pola (Av. de) Y 47
Santa Teresa (Puente) Z 48
Sant Joan (Pl. de) Z 44
Vicente Blasco Ibáñez Y 51
Xop II. Licitá Z 52

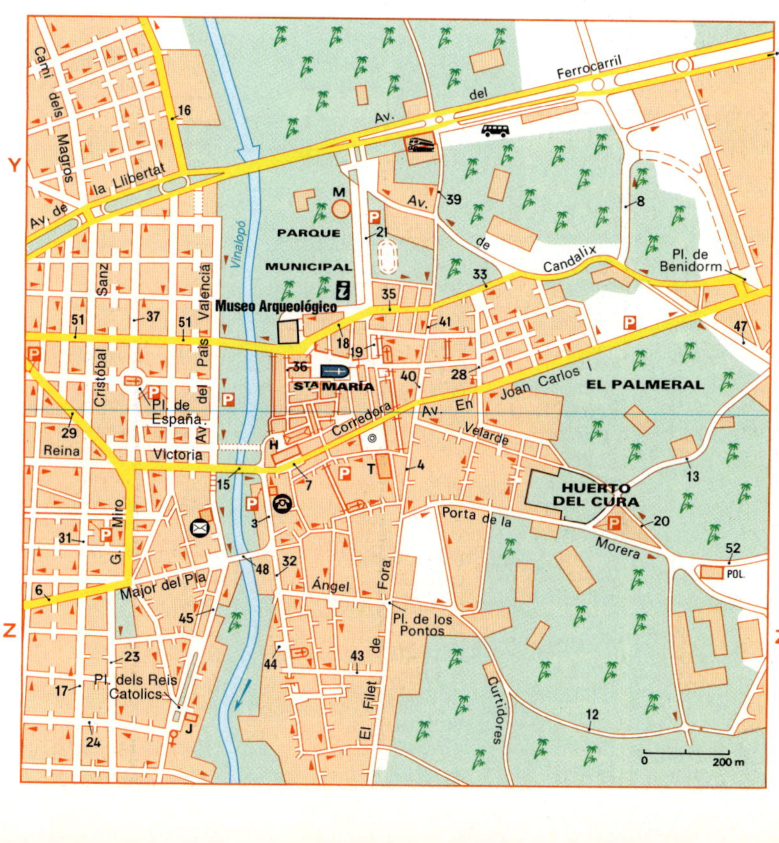

| | | | |
|---|---|---|---|
| Fuensalida | TO 58 | L17 |
| Fuensanta (Albacete) | AB 72 | O23 |
| Fuensanta (Granada) | GR 94 | U18 |
| Fuensanta (Asturias) | O 6 | B13 |
| Fuensanta (Embalse de la) | 84 | Q23 |
| Fuensanta (Ermita de la) (Jaén) | J 82 | S19 |
| Fuensanta (Ermita de la) (Sevilla) | SE 93 | U15 |
| Fuensanta (La) | AB 72 | P23 |
| Fuensanta (Santuario de la) | MU85 | S26 |
| Fuensanta de Martos | J 82 | T18 |
| Fuensaúco | SO 33 | G22 |
| Fuensaviñán (La) | GU 47 | J22 |
| Fuente | H 91 | T10 |
| Fuente (La) | AL 96 | T24 |
| Fuente (Santibáñez de la) | O 6 | C13 |
| Fuente Álamo (Albacete) | AB 73 | P25 |
| Fuente Alamo (Jaén) | J 94 | T17 |
| Fuente Álamo (Murcia) | MU85 | S26 |
| Fuente Alhama | CO 93 | T17 |
| Fuente Amarga (Almería) | AL 96 | T24 |
| Fuente Arcada (Ermita de) | CC 55 | L9 |
| Fuente Blanca | MU85 | R26 |
| Fuente Blanca (Sierra de) | 58 | N18 |
| Fuente Caldera | GR 95 | T20 |
| Fuente Camacho | GR 93 | U17 |
| Fuente Carreteros | CO 80 | S14 |
| Fuente Dé | S 6 | C15 |
| Fuente de Cantos | BA 79 | R11 |
| Fuente de la Corcha | H 90 | T9 |
| Fuente de la Torre | J 83 | R20 |
| Fuente de Pedro Naharro | CU 59 | M20 |
| Fuente de Piedra | MA93 | U15 |
| Fuente de Piedra (Laguna de la) | 93 | U15 |
| Fuente de San Esteban (La) | SA 43 | J11 |
| Fuente de Santa Cruz | SG 45 | I16 |
| Fuente de Taif | AB 84 | Q23 |
| Fuente del Arco | BA 80 | R12 |
| Fuente del Ebro | 7 | C17 |
| Fuente del Fresno | M 46 | K19 |
| Fuente del Gallo | CA 98 | X11 |
| Fuente del Maestre | BA 67 | Q10 |
| Fuente del Pino | MU73 | Q26 |
| Fuente del Villar | CU 60 | M24 |
| Fuente El Carnero | ZA 29 | I12 |
| Fuente el Fresno | CR 70 | O18 |
| Fuente el Olmo de Fuentidueña | SG 31 | H18 |
| Fuente el Olmo de Iscar | SG 31 | I16 |
| Fuente el Sauz | AV 44 | J15 |
| Fuente el Saz de Jarama | M 46 | K19 |
| Fuente el Sol | VA 44 | I15 |
| Fuente Encalada | ZA 15 | F12 |
| Fuente Grande | GR 94 | U19 |
| Fuente Higuera | AB 84 | Q23 |
| Fuente la Lancha | CO 81 | Q14 |
| Fuente la Reina | CS 62 | L28 |
| Fuente Librilla | MU85 | S25 |
| Fuente Obejuna | CO 80 | R13 |
| Fuente Olmedo | VA 31 | I16 |
| Fuente Palmera | CO 80 | S14 |
| Fuente Pardiñas (Balneario de) | LU 3 | C6 |
| Fuente Pinilla | J 83 | R21 |
| Fuente Rey | 99 | W12 |
| Fuente Santa (Estación de) | AL 95 | U22 |
| Fuente Segura | J 83 | R21 |
| Fuente Tójar | CO 94 | T17 |
| Fuente-Urbel | BU 17 | E18 |
| Fuente Vaqueros | GR 94 | U18 |
| Fuente Victoria | AL 102 | V21 |
| Fuentealbilla | AB 73 | O25 |
| Fuentearmegil | SO 32 | G20 |
| Fuentebravía | CA 98 | W11 |
| Fuentecambrón | SO 32 | H20 |
| Fuentecantales | SO 32 | G21 |
| Fuentecantos | SO 33 | G22 |
| Fuentecén | BU 31 | H18 |
| Fuentefría (Puerto de) | PO 13 | F5 |
| Fuentegelmes | SO 33 | H22 |
| Fuenteguinaldo | SA 42 | K9 |
| Fuenteheridos | H 79 | S10 |
| Fuentelahiguera de Albatages | GU 46 | J20 |
| Fuentelapeña | ZA 30 | I13 |
| Fuentelárbol | SO 33 | H21 |
| Fuentelcarro | SO 33 | H22 |
| Fuentelcésped | BU 32 | H19 |
| Fuentelencina | GU 46 | K21 |
| Fuentelespino de Haro | CU 59 | M21 |
| Fuentelespino de Moya | CU 61 | M25 |
| Fuenteliante | SA 42 | J10 |
| Fuentelmonge | SO 33 | H23 |
| Fuentelsaz (Guadalajara) | GU 48 | I24 |
| Fuentelsaz (Soria) | SO 33 | G22 |
| Fuentelviejo | GU 46 | K21 |
| Fuentemilanos | SG 45 | J17 |
| Fuentemizarra | SG 32 | H19 |
| Fuentemolinos | BU 31 | H18 |
| Fuentenebro | BU 32 | H18 |
| Fuentenovilla | GU 46 | K20 |
| Fuentepelayo | SG 31 | I17 |
| Fuentepinilla | SO 33 | H21 |
| Fuentepiñel | SG 31 | H17 |
| Fuenterrabía / Hondarribia | SS 10 | B24 |
| Fuenterrabiosa | BU 8 | C19 |
| Fuenterrebollo | SG 31 | I18 |
| Fuenterroble de Salvatierra | SA 43 | K12 |
| Fuenterrobles | V 61 | N25 |
| Fuentes (Cuenca) | CU 60 | M23 |
| Fuentes (Toledo) | TO 57 | M14 |
| Fuentes (Las) (Albacete) | AB 73 | O26 |
| Fuentes (Las) (Ciudad Real) | CR 82 | Q19 |
| Fuentes (Puerto de las) | AV 44 | K14 |
| Fuentes Calientes | TE 49 | J27 |
| Fuentes Carrionas | P 17 | D16 |
| Fuentes Carrionas (Reserva nacional) | P 17 | D15 |
| Fuentes Claras | TE 48 | J26 |
| Fuentes de Ágreda | SO 34 | G24 |
| Fuentes de Andalucía | SE 92 | T13 |
| Fuentes de Año | AV 44 | I15 |
| Fuentes de Ayódar | CS 62 | L28 |
| Fuentes de Béjar | SA 43 | K12 |
| Fuentes de Carbajal | LE 16 | F13 |
| Fuentes de Cesna | GR 93 | U17 |
| Fuentes de Cuéllar | SG 31 | H17 |
| Fuentes de Ebro | Z 35 | H28 |
| Fuentes de Invierno (Sierra de las) | 6 | C13 |
| Fuentes de Jiloca | Z 34 | I25 |
| Fuentes de la Alcarria | GU 46 | J21 |
| Fuentes de Léon | BA 79 | R10 |
| Fuentes de los Oteros | LE 16 | E13 |
| Fuentes de Nava | P 30 | F15 |
| Fuentes de Oñoro | SA 42 | K9 |
| Fuentes de Piedralá | CR 70 | O17 |
| Fuentes de Ropel | ZA 30 | F13 |
| Fuentes de Rubielos | TE 62 | L28 |
| Fuentes de Valdepero | P 31 | F16 |
| Fuentesanta (Ermita de) | CC 68 | O12 |
| Fuentesaúco | ZA 30 | I13 |
| Fuentesaúco de Fuentidueña | SG 31 | H17 |
| Fuentesbuenas | CU 60 | L22 |
| Fuentesclaras | CU 60 | L23 |
| Fuentesecas | ZA 30 | H13 |
| Fuentesoto | SG 31 | H18 |
| Fuentespalda | TE 50 | J30 |
| Fuentespina | BU 32 | H18 |
| Fuentespreadas | ZA 29 | I13 |
| Fuentestrún | SO 33 | G23 |
| Fuentetecha | SO 33 | G23 |

# GIJÓN

| | | |
|---|---|---|
| Alfredo Truán | AZ | 2 |
| Álvarez Garaya | AY | 3 |
| Asturias | AY | 4 |
| Begoña | AYZ | 5 |
| Campinos de Begoña (Pl. de los) | AZ | 6 |
| Campo Valdés | AX | 7 |
| Carmen (Pl. del) | AY | 8 |
| Claudio Alvargonzález | AX | 9 |
| Constitución (Av. de la) | AZ | 10 |
| Corrida | AY | 12 |
| Covadonga | ABYZ | 13 |
| Fernández Vallín | AY | 17 |
| García Bernardo (Av.) | CY | 18 |
| Instituto | AXY | 20 |
| Instituto (Pl. del) | AY | 21 |
| José las Clotas | AZ | 23 |
| Jovellanos | AY | 24 |
| Jovellanos (Pl. de) | AX | 25 |
| Libertad | AY | 26 |
| Marqués de San Esteban | AY | 27 |
| Mayor (Pl.) | AX | 28 |
| Menéndez Pelayo | BYZ | 29 |
| Menéndez Valdes | AY | 30 |
| Molinón (Av. del) | CYZ | 32 |
| Moros | AY | 33 |
| Munuza | AY | 34 |
| Muro de San Lorenzo (Pas. de) | AZ | 35 |
| Óscar Olavarría | AX | 36 |
| Salle (Av. de la) | AX | 38 |
| Santa Doradia | BZ | 41 |
| Santa Lucía | AY | 42 |
| San Bernardo | AYZ | |
| San José (Pas. de) | AZ | 40 |
| Subida al Cerro | AX | 43 |
| Torcuato F. Miranda (Av. de) | CZ | 44 |
| Villaviciosa (Carret.) | CZ | 45 |
| 6 de Agosto (Pl. del) | AYZ | 46 |

| | | | |
|---|---|---|---|
| Fuentetoba | SO 33 | G22 |
| Fuentetovar | SO 33 | H21 |
| Fuentidueña (Córdoba) | CO 81 | S17 |
| Fuentidueña (Segovia) | SG 31 | H18 |
| Fuentidueña de Tajo | M 59 | L20 |
| Fuera (Roque de) (Tenerife) | TF 125 | K1 |
| Fuerte del Rey | J 82 | S18 |
| Fuertescusa | CU 47 | K23 |
| Fueva (La) | HU 22 | E30 |
| Fuliola (La) | L 37 | G33 |
| Fulleda | L 37 | H33 |
| Fumaces (Alto de) | OR 28 | G7 |
| Funes | NA 20 | F24 |
| Furco | LU 13 | E6 |
| Furnás | 87 | O34 |
| Fustiñana | NA 20 | F25 |

## G

| | | |
|---|---|---|
| Gabaldón | CU 60 | N24 |
| Gabar | AL 84 | S23 |
| Gabarda | V 74 | O28 |
| Gabarda / Gavarda | V 74 | O28 |
| Gabardiella | 21 | F29 |
| Gabás | HU 22 | E31 |
| Gabasa | HU 22 | F31 |
| Gabia la Chica | GR 94 | U19 |
| Gabia la Grande | GR 94 | U18 |
| Gabica | BI 9 | B22 |
| Gabiria | SS 10 | C23 |
| Gabriel Y Galán (Embalse de) | CC 56 | L11 |
| Gádor | AL 103 | V22 |
| Gádor (Sierra de) | 102 | V21 |
| Gaena | CO 93 | T16 |
| Gafarillos | AL 96 | U23 |
| Gaià (Barcelona) | B 38 | G35 |
| Gaià (El) | T 37 | H34 |
| Gaianes | A 74 | P28 |
| Gaibiel | CS 62 | M28 |
| Gaintza (Guipúzcoa) | SS 10 | C23 |
| Gainzta (Navarra) | NA 10 | C23 |
| Gaioso | LU 3 | C6 |
| Gaitanejo (Embalse de) | MA 100 | V15 |
| Gaitanes (Desfiladero de los) | MA 100 | V15 |
| Gajanejos | GU 46 | J21 |
| Gajates | SA 44 | J13 |
| Galachar | AL 103 | V22 |
| Galapagar (Jaén) | J 82 | S18 |
| Galapagar (Madrid) | M 45 | K17 |
| Galapagares | SO 32 | H21 |
| Galápagos | GU 46 | J19 |
| Galarde | BU 18 | E19 |
| Galardón (Sierra del) | 21 | E29 |
| Galaroza | H 79 | S9 |
| Galatzó | 104 | N37 |
| Galbarra | NA 19 | D23 |
| Galbarros | BU 18 | E19 |
| Galbárruli | LO 18 | E21 |
| Galceran (Serra d'en) | 62 | L29 |
| Galdakao | BI 9 | C21 |
| Galdames | BI 8 | C20 |
| Gáldar (Gran Canaria) | GC 114 | D1 |
| Galende | ZA 14 | F10 |
| Galera | GR 83 | S22 |
| Galera (Barranc de la) | 50 | J31 |
| Galera (La) | T 50 | J31 |
| Galera (Punta de Sa) | 106 | M42 |
| Galga (La) (La Palma) | TF 131 | D3 |
| Galho (Cresta del) | MU85 | S26 |
| Galilea (La Rioja) | LO 19 | E23 |
| Galilea (Mallorca) | PM 104 | N37 |
| Galinduste | SA 44 | K13 |
| Galiñeiro | PO 12 | F3 |
| Galisancho | SA 44 | J13 |
| Galisteo | CC 55 | M11 |
| Galiz (Puerto de) | CA 99 | W13 |
| Galizano | S 8 | B18 |
| Galizuela | BA 68 | P14 |
| Gallardo | AB 72 | P22 |
| Gallardos (Cuesta los) | J 94 | T19 |
| Gallardos (Los) | AL 96 | U24 |
| Gallartu | BI 9 | C21 |
| Gallega (La) | BU 32 | G20 |
| Gallega (Marisma) | SE 91 | U11 |
| Gállego (Río) (Huesca) | HU 21 | E29 |
| Gallego (Río) (Granada) | GR 95 | T21 |
| Gallego (Sierra del) | 70 | O17 |
| Gallegos (La Palma) | TF 131 | C3 |
| Gallegos (Segovia) | SG 45 | I18 |
| Gallegos de Altamiros | AV 44 | J15 |
| Gallegos de Argañán | SA 42 | K9 |
| Gallegos de Hornija | VA 30 | H14 |
| Gallegos de San Vicente | AV 45 | J16 |
| Gallegos de Sobrinos | AV 44 | J14 |
| Gallegos de Solmirón | SA 44 | K13 |
| Gallegos del Campo | ZA 29 | G10 |
| Gallegos del Pan | ZA 30 | H13 |
| Gallegos del Río | ZA 29 | G11 |
| Galleguillos | SA 44 | J13 |
| Galleguillos de Campos | LE 16 | F14 |
| Galleiro | PO 12 | F4 |
| Gallejones | BU 18 | D18 |
| Galletas (Las) (Tenerife) | TF 128 | E5 |
| Gallifa | B 38 | G36 |
| Gallina (Cerro de la) | GR 94 | U17 |
| Gallina Pelada | 23 | F35 |
| Gallinera (Serra de) | 74 | P29 |
| Gallinero (Albacete) | AB 73 | P26 |
| Gallinero (Soria) | SO 33 | G22 |
| Gallinero de Cameros | LO 19 | F22 |
| Gallinero de Rioja | LO 18 | E21 |
| Galliners | GE 25 | F38 |
| Gallipienzo | NA 20 | E25 |
| Gallipienzo Nuevo | NA 20 | E25 |
| Gallipuén (Embalse de) | 49 | J28 |
| Gallo (El) | SE 93 | T15 |
| Gallo (Río) | 47 | J23 |
| Gallocanta | Z 48 | J25 |
| Gallocanta (Laguna de) | 48 | J25 |
| Gallos (Los) | CA 98 | W11 |
| Gallués / Galoze | NA 11 | D26 |
| Gallur | Z 34 | G26 |
| Galoze / Gallués | NA 11 | D26 |
| Galve | TE 49 | K27 |
| Galve de Sorbe | GU 46 | I20 |
| Galves (Los) (Granada) | GR 102 | V20 |
| Gálvez | TO 58 | M17 |
| Gama | S 8 | B19 |
| Gamarra | 19 | D22 |
| Gamaza | 92 | V12 |
| Gamero | CR 58 | N17 |
| Gamiz-Fika | BI 9 | C21 |
| Gamo | 44 | J14 |
| Gamonal (Ávila) | AV 44 | J14 |
| Gamonal (Burgos) | BU 18 | E18 |
| Gamonal (Cantabria) | S 7 | C18 |
| Gamonal (Toledo) | TO 57 | M15 |
| Gamonero | CR 69 | N15 |
| Gamones | ZA 29 | H11 |
| Gamoniteiro | 5 | C12 |
| Ganadera | TO 57 | L15 |
| Gáname | ZA 29 | H11 |
| Ganchoza (La) | SE 80 | S12 |
| Gándara (Boimorto) | C 3 | C5 |
| Gándara (Narón) | C 3 | B5 |
| Gándara (Río) | 8 | C19 |
| Gandarela | PO 13 | F5 |
| Gandarilla | S 7 | B16 |
| Gandesa | T 50 | I31 |
| Gandia | V 74 | P29 |
| Gando (Punta de) (Gran Canaria) | GC 117 | G3 |
| Gandul | SE 92 | T12 |
| Gandullas | M 46 | I19 |
| Gangueras (Estación de) | 71 | O21 |
| Ganillas de Aceituno | MA 101 | V17 |
| Ganso (El) | LE 15 | E11 |
| Ganuza | NA 19 | D23 |
| Gañidoira (Porto da) | LU 3 | B6 |
| Gañinas | P 17 | E15 |
| Gañuelas (cerca de Alhama de Murcia) | MU85 | S25 |
| Gañuelas (cerca de La Majada) | MU85 | T25 |
| Garaballa | CU 61 | M25 |
| Garabanja | 3 | C5 |
| Garabás | OR 13 | E5 |
| Garabato (El) | CO 81 | S15 |
| Garachico (Tenerife) | TF 126 | C3 |
| Garachico (La Palma) | TF 131 | D3 |
| Garafía (La Palma) | TF 130 | B3 |
| Garai | BI 10 | C22 |
| Garaioa | NA 11 | D26 |
| Garajonay (La Gomera) | TF 118 | C2 |
| Garajonay (Parque nacional de) (La Gomera) | TF 118 | B2 |
| Garapacha (La) | MU85 | R26 |
| Garapinillos | Z 34 | G26 |
| Garbayuela | BA 69 | O15 |
| Garcia | T 50 | I31 |
| García (Collado) | AL 96 | U23 |

García de Sola (Embalse de) BA 69 O14
Garciaz CC 56 N13
Garciaz (Río) 56 N13
Garcibuey SA 43 K12
Garcíez (cerca de Jaén) J 82 S18
Garcíez (cerca de Jódar) J 82 S19
Garcíez Jimena (Estación de) J 82 S19
Garcihernández SA 44 J13
Garcillán 45 J17
Garcinarro CU 59 L21
Garciotún TO 57 L16
Garcipollera (La) HU 21 E28
Garcirrey SA 43 J11
Garcisobaco CA 99 W13
Garde NA 11 D27
Garfín LE 16 D14
Gargaligas BA 68 O13
Gargáligas (Río) 68 O13
Gargallà B 37 G35
Gargallo TE 49 J28
Garganchón BU 18 F20
Garganta BA 69 P15
Garganta (La) (Cáceres) CC 43 L12
Garganta (La) (Ciudad Real) CR 81 Q16
Garganta (Puerto de la) O 4 B8
Garganta (Sierra de la) 81 Q16
Garganta de la Yecla BU 32 G19
Garganta de los Montes M 46 J18
Garganta del Júcar 60 L24
Garganta del Villar AV 44 K14
Garganta Fría (Arroyo de la) 79 S11
Garganta la Olla CC 56 L12
Gargantiel CR 69 P15
Gargantilla (Cáceres) CC 56 L12
Gargantilla (Toledo) TO 57 N15
Gargantilla del Lozoya M 46 J18
Gargantón (El) CR 70 O17
Gárgoles de Abajo GU 47 J22
Gárgoles de Arriba 47 J22
Gargüera CC 56 L12
Gargüera (Embalse de) CC 56 M12
Garidells (Els) T 37 I33
Garínoain NA 20 E25
Garísoain NA 10 D24
Garlitos BA 69 P14
Garnatilla (La) GR 102 V19
Garona (Río) 21 E28
Garos L 22 D32
Garraf B 38 I35
Garraf (Parc natural de) B 38 I35
Garrafe de Torío LE 16 D13
Garralda NA 11 D26
Garrapata (Sierra de la) CC 55 M9
Garray SO 33 G22
Garriga (La) B 38 G36
Garrigàs GE 25 F38
Garrigoles GE 25 F39
Garriguella GE 25 E39
Garrobillo MU 97 T25
Garrobo (El) SE 79 T11
Garrofa (La) AL 103 V22
Garrotxa (Parc natural de la) GE 24 F37
Garrovilla (La) BA 67 P10
Garrovillas de Alconétar CC 55 M10
Garrucha AL 96 U24
Garsola L 37 G33
Garvín CC 56 M13
Garza (Embalse de la) BA 68 P11
Garza (La) BA 68 P11
Gasco (El) 43 K11
Gascones M 46 I19
Gasconilla (Ermita de) TE 49 L27
Gascueña CU 60 L22
Gascueña de Bornova GU 46 I20
Gasset (Embalse de) CR 70 O18
Gastiáin NA 19 D23
Gastor (El) CA 92 V14
Gasulla (Barranc de la) CS 50 K29
Gata CC 55 L10
Gata (Cabo de) AL 103 V23
Gata (Faro de) AL 103 V23
Gata (Rivera de) 55 L9
Gata (Sierra de) 42 L10
Gata de Gorgos A 74 P30
Gatika BI 8 B21
Gato (Córdoba) CO 81 R15
Gato (Granada) GR 84 S23
Gatón de Campos VA 30 F15
Gatos H 91 T10
Gátova V 62 M28
Gaucín MA 99 W14
Gautegiz-Arteaga BI 9 B22
Gavà B 38 I36
Gavarda V 74 O28
Gavarda / Gabarda V 74 O28
Gavarra L 23 F33
Gavarres (Les) GE 25 G38
Gavarresa (Riera) 38 G35
Gavàs L 23 E33
Gavet L 23 F32
Gavilán (Collado de El) 61 L26
Gavilán (Sierra de) 84 R24
Gavilanes (Ávila) AV 57 L15
Gavilanes (Río) 43 J10
Gavilanes (Sierra de los) 73 Q26
Gavín HU 21 E29
Gavina (Punta) 87 P34
Gaviota (Punta) (La Gomera) TF 119 D3
Gaviotas (Las) GU 47 K21
Gayangos BU 18 C19
Gazeo VI 19 D22
Gázquez (Los) AL 96 T24
Gaztelu SS 10 C23
Gaztelugatxe BI 9 B21
Gea de Albarracín TE 48 K25
Gébalo 57 M15
Gebas MU 85 S25
Gejo de Diego Gómez SA 43 J11
Gejo de los Reyes (El) SA 43 I11
Gejuelo del Barro SA 43 I11
Geldo CS 62 M28
Gelgaiz LU 3 B6
Gelida B 38 H35
Gelsa Z 35 H28
Gelves SE 91 T11
Gema ZA 29 H13
Gemuño AV 44 K15
Genal MA 100 W14
Genalguacil MA 99 W14
Génave J 83 Q21
Genestacio LE 15 F12
Genestosa LE 5 C11
Genestoso O 5 C10
Genevilla NA 19 E22
Genicera LE 16 D13
Genil (Río) 94 U17
Génova (Coves de) 104 N37
Genovés (El) V 74 P28
Gento (Estany) 23 E33
Ger GE 24 E35
Geras LE 15 D12
Gerb L 36 G32
Gerbe HU 22 E30
Gerena SE 91 T11
Gérgal AL 95 U22
Gergal (El) SE 79 T11
Gergal (Embalse de) SE 91 T11
Geria VA 30 H15
Geria (La) (Lanzarote) GC 122 C4
Gerindote TO 58 M17
Gernika (Ría de) BI 9 B21
Gernika-Lumo BI 9 C21
Gerona / Girona GE 25 G38
Gerri de la Sal L 23 F33
Gertusa Z 35 I28
Ges (El) L 23 F34
Gesalibar (Guipúzcoa) SS 10 C22
Gésera HU 21 E29
Gessa L 22 D32
Gestalgar V 61 N27
Gestoso LE 14 E8
Getafe M 58 L18
Getaria SS 10 C23
Gete BU 32 G20
Getxo BI 8 B21
Gévora 66 O8
Gévora del Caudillo BA 67 P9
Gibaja S 8 C19
Gibalbín CA 91 V12
Gibalto (Sierra de) 93 U17
Gibarrayo SE 80 S13
Giblaniella (Sierra de) 6 C13
Gibraleón H 90 T9
Gibralgalia MA 100 V15
Gibraltar (Great Britain) 99 X13
Gibraltar (Estrecho de) CA 99 X13
Gibraltar (Monte) 78 S7
Gigante MU 84 S24
Gigante (Sierra) AL 84 S23
Gigantes (Acantilado de los) (Tenerife) TF 128 B4
Gigantes (Los) (Tenerife) TF 128 B4
Gigonza BA 79 R10
Gijano BU 8 C20
Gijón O 6 B13
Gil Blas (Parador) (Santillana del Mar) S 7 B17
Gil-García AV 43 L13
Gil Márquez H 78 S9
Gila (La) (Albacete) AB 73 O25
Gila (La) (Toledo) TO 57 N15
Gilbuena AV 43 K13
Gilena SE 93 U15
Giles (Los) AL 96 U23
Gilet V 62 M29
Gilierna VI 18 D21
Gimenells L 36 H31
Gimialcón AV 44 J14
Ginebrosa (La) TE 49 J29
Ginel 35 H28
Ginés SE 91 T11
Ginés (Punta) (Lanzarote) GC 122 A5
Ginesta (La) B 38 I35
Ginestar T 50 I31
Gineta (La) AB 72 O23
Ginete (El) AB 84 Q23
Giniginamar (Fuerteventura) GC 113 G4
Gío O 4 B9
Giraba CS 62 L28
Giralda GR 101 V19
Giribaile (Embalse de) 82 R19
Girona (Riu) 74 P29
Girona / Gerona GE 25 G38
Gironda (La) SE 92 U13
Gironella B 24 F35
Gisclareny B 23 F35
Gistaín HU 22 E30
Gistreo (Sierra de) 15 D10
Gizaburuaga BI 10 C22
Gloria (La) SE 92 T13
Gobantes BU 18 D19
Gobantes (Estación de) MA 100 V15
Gobernador GR 95 T20
Gobiendes O 6 B14
Godall T 50 K31
Godall (Serra) (Tarragona) T 50 K31
Godán O 5 B11
Godelleta V 62 N27
Godojos Z 34 I24
Godolid (Río) 78 R8
Godóns PO 13 F5
Godos TE 48 J26
Goente C 3 B6
Goián (Lugo) LU 14 D7
Goián (Pontevedra) PO 26 G3
Goiás PO 13 D5
Goiriz LU 3 C7
Goizueta NA 10 C24
Gójar GR 94 U19
Gola de Migjorn T 51 J32
Gola del Nord T 51 J32
Gola del Perelló V 74 O29
Golada PO 13 D5
Golán C 3 D5
Golfo (El) (Lanzarote) GC 122 B4
Golfo (El) (El Hierro) TF 108 C2
Golfo (El)(Localidad) (Lanzarote) GC 122 B4
Golilla BA 67 O9
Gollino TO 59 M20
Golmayo SO 33 G22
Golmés L 37 H32
Golondrinas (Las) 56 N11
Golopón (R.) GR 95 T21
Golosalvo AB 73 O25
Goloso (El) M 46 K18
Golpejas SA 43 I12
Gómara SO 33 H23
Gombrèn GE 24 F36
Gomeán LU 4 D7
Gomecello SA 44 I13
Gomeciego SA 43 I11
Gomesende OR 13 F5
Gómez Yáñez AB 73 P25
Gómeznarro (Segovia) SG 32 I19
Gómeznarro (Valladolid) VA 30 I15
Gomezserracín SG 31 I17
Gonce LU 3 C6
Gondar (Lugo) LU 4 C7
Gondar (Pontevedra) PO 12 E3
Gondomar PO 12 F3
Gondrame LU 14 D7
Gondulfes OR 28 G7
Góngora (Punta de) (Gran Canaria) GC 114 B2
Gontán LU 4 B7
Gonte C 2 D3
Gonzar LU 13 D6
Goñar MU 96 T24
Goñi NA 10 D24
Gopegui VI 19 D21
Gor GR 95 T21
Gorafe GR 95 T20
Gorbea (Sierra de) 9 C21
Gorbeia PV 9 C21
Gorbeia (Parque Natural de) PV 9 C21
Gorda (Punta) (Lanzarote) GC 120 E2
Gorda (Punta) (La Palma) TF 130 A3
Gorda (Sierra) (Granada) GR 93 U17
Gorda (Sierra) (Guadalajara) GU 46 I20
Gorda (Sierra) (Toledo) TO 58 N18
Gordaliza de la Loma VA 16 F14
Gordaliza del Pino LE 16 E14
Gordéliz VI 8 C20
Gordexola 8 C20
Gordo AL 84 S23
Gordo (Cabezo) H 78 S8
Gordo (El) CC 56 M13
Gordo (Monte) H 90 T7
Gordoa VI 19 D22
Gordoncillo LE 16 F13
Gorg Blau (Pantà de) 104 M38
Gorga A 74 P28
Gorgos (Riu) 75 P30
Gorgullos Tordoia (Estación de) C 3 C4
Gorliz BI 8 B21
Gormaz SO 32 H20
Gornal (La) B 37 I34
Goroeta SS 10 C22
Gorozika BI 9 C21
Gorramakil (Pico) NA 11 C25
Gorriti NA 10 C24
Gorza / Güesa NA 11 D26
Gósol L 23 F34
Gossan (Embalse de) 79 S10
Gost (Punta del) 87 O34
Gotarrendura AV 44 J15
Gotor Z 34 H25
Gozón O 5 B12
Gozón de Ucieza P 17 E16
Gózquez de Abajo M 58 L19
Gózquez de Arriba M 58 L19
Graba PO 13 D5
Graceas (Las) J 83 Q21
Gracia (Cabo de) CA 99 X12
Graciosa (Isla) (Lanzarote) GC 120 E2
Gradefes LE 16 E14
Graderas (Cueva de las) TE 49 J28
Grado O 5 B11
Grado (El) HU 22 F30
Grado del Pico SG 32 I20
Grado I (Embalse de) HU 22 F30
Grado II (Embalse de) 22 F30
Graja (Cueva de la) J 82 S19
Graja (La) CO 80 S14
Graja de Campalbo CU 61 M26
Graja de Iniesta CU 60 N24
Grajal LE 15 F12
Grajal de Campos LE 16 F14
Grajalejo de las Matas LE 16 E13
Grajales J 82 S18
Grajera SG 32 H19

## GIRONA

Álvarez de Castro ........ AZ 2
Argenteria ........ BY 3
Ballesteries ........ BY 4
Bellaire ........ BY 6
Berenguer Carnicer ........ AY 7
Bonastruc de Porta ........ AY 9
Carme ........ BZ 10
Ciutadans ........ BZ 12
Cúndaro ........ BY 13
Devesa (Pas. de la) ........ AY 14
Eduard Marquina (Pl. de) ........ AZ 15
General Fournàs ........ BY 16
General Peralta (Pas. del) ........ BZ 17
Joaquim Vayreda ........ AY 18
Juli Garreta ........ AZ 19
Libertat (Rambla de la) ........ BZ 23
Nou ........ AZ
Nou del Teatre ........ BZ 27
Oliva i Prat ........ BY 26
Palafrugell ........ BY 28
Pedreres (Pujada de les) ........ BZ 29
Ramon Folch (Av. d'en) ........ AY 31
Reina Isabel la Católica ........ BZ 36
Reina Joana (Pas. de la) ........ BY 37
Rei Ferran el Católic ........ BY 33
Rei Martí (Pujada del) ........ BY 34
Santa Clara ........ ABYZ
Santa Eugènia ........ AZ 49
Sant Cristòfol ........ BY 39
Sant Daniel ........ BY 40
Sant Domènec (Pl. de) ........ BY 42
Sant Feliu (Pujada de) ........ BY 44
Sant Francesc (Av. de) ........ AZ 45
Sant Pere (Pl. de) ........ BY 48
Ultònia ........ AZ 53

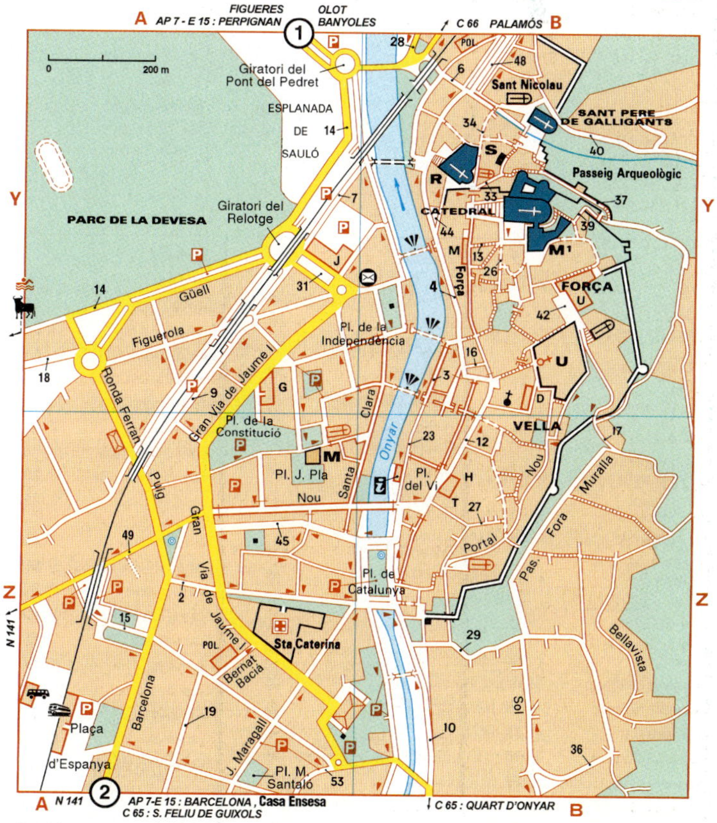

Banys Àrabs ........ S
Colegiata de Sant Feliu ........ R
Museu d'Art ........ M¹

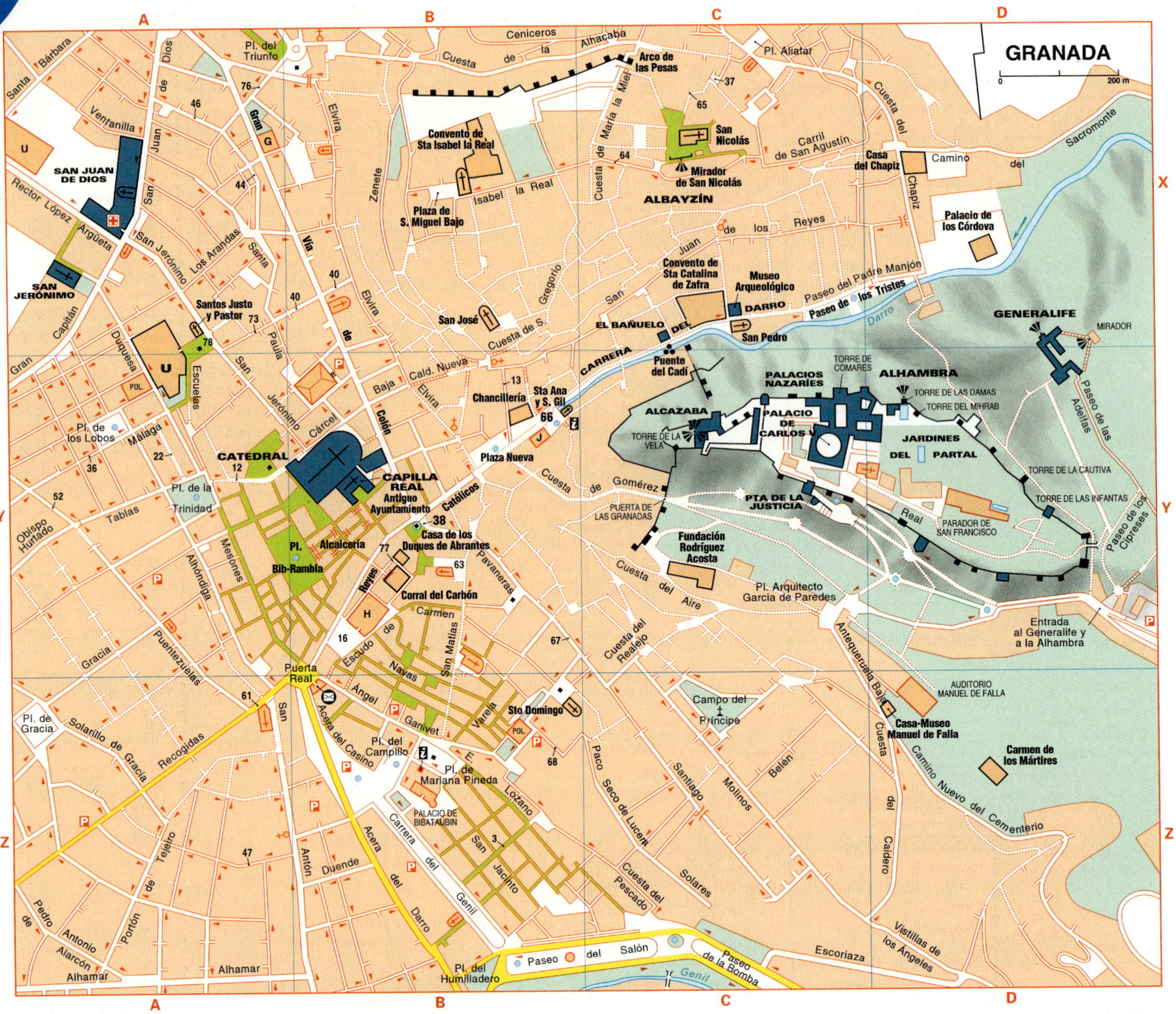

| | | |
|---|---|---|
| Ancha de la Virgen | BZ | 3 |
| Ángel Ganivet | BZ | |
| Capuchinas | AY | 12 |
| Cárcel Alta | BY | 13 |
| Carmen (Pl. del) | BY | 16 |
| Colón (Gran Vía de) | BXY | |
| Conde las Infantas | AY | 22 |
| Homo de la Charca | CX | 37 |
| Horno de Abad | AY | 36 |
| Isabel la Católica (Pl. de) | BY | 38 |
| Marqués de Falces | BX | 40 |
| Navarrete | AX | 44 |
| Nueva del Santísimo | AX | 46 |
| Nueva San Antón | AZ | 47 |
| Picón (Carril del) | AY | 52 |
| Real (Puerta) | BYZ | |
| Reyes Católicos | BY | |
| Santa Ana (Pl. de) | BY | 66 |
| Santa Escolástica | BY | 67 |
| Santo Domingo (Callejón de) | BZ | 68 |
| San Antón (Pl. de) | AZ | 61 |
| San Juan de la Cruz (Pl.) | BY | 63 |
| San Nicolás (Camino Nuevo de) | CX | 64 |
| San Nicolás (Cuesta de) | CX | 65 |
| Tendillas de Santa Paula | AX | 73 |
| Tinajilla | AX | 76 |
| Tovar (Pl.) | BY | 77 |
| Universidad (Pl. de la) | AX | 78 |

| | | | |
|---|---|---|---|
| Grajera (Embalse de la) | | 19 | E22 |
| Grajo | MA | 100 | V15 |
| Grajuela (La) | AB | 72 | O24 |
| Gramedo | P | 17 | D16 |
| Gramuntell | L | 37 | H33 |
| Gran Alacant | A | 86 | R28 |
| Gran Canaria (Aeropuerto de) (Gran Canaria) | GC | 117 | G3 |
| Gran Montaña (Fuerteventura) | GC | 113 | G3 |
| Gran Tarajal (Fuerteventura) | GC | 113 | G4 |
| Grana (La Casa de la) | AB | 73 | O25 |
| Grana (Serra de la) (Alacant) | A | 74 | Q28 |
| Grana (Sierra de la) (Córdoba) | CO | 80 | Q13 |
| Grana (Sierra de la) (Jaén) | J | 82 | S18 |
| Granada (Granada) | GR | 94 | U19 |
| Granada (Almería) | AL | 95 | U21 |
| Granada (La) | B | 37 | H35 |
| Granada (Vega de) | GR | 94 | U17 |
| Granada de Riotinto (La) | H | 79 | S10 |
| Granadella (La) (Alacant) | A | 75 | P30 |
| Granadella (La) (Lleida) | L | 36 | H31 |
| Granadilla | CC | 56 | L11 |
| Granadilla de Abona (Tenerife) | TF | 129 | F5 |
| Granado | H | 90 | T7 |
| Granado (Canal de El) | H | 90 | T7 |
| Granado (El) | H | 90 | T7 |
| Granátula de Calatrava | CR | 70 | P18 |
| Grandas de Salime | O | 4 | C9 |
| Grande | C | 2 | C2 |
| Grande (Embalse) | H | 78 | T8 |
| Grande (Laguna) (Toledo) | TO | 59 | N19 |
| Grande (Laguna) (Málaga) | MA | 93 | U17 |
| Grande (Puerto) | CR | 69 | P15 |
| Grande (Río) (Jaén) | J | 82 | Q18 |
| Grande (Río) (Málaga) | MA | 100 | V15 |
| Grande (Sierra) (Badajoz) | BA | 68 | Q11 |
| Grande (Sierra) (Cáceres) | CC | 55 | M10 |
| Grande de Europa (Punta) (Great Britain) | | 99 | X14 |
| Grande de Gredos (Laguna) | | 56 | L14 |
| Grande Fache | HU | 21 | D29 |
| Grandes | AV | 44 | J15 |
| Grandes (Salamanca) | SA | 43 | J11 |
| Grandiella | O | 5 | C12 |
| Grandoso | LE | 16 | D14 |
| Granera | B | 38 | G36 |
| Granja (La) (Cáceres) | CC | 56 | L12 |
| Granja (La) (Cantabria) | S | 8 | B20 |
| Granja (La) (Mallorca) | PM | 104 | N37 |
| Granja (Puerto de la) | BA | 79 | R10 |
| Granja Asumesa | SE | 92 | U12 |
| Granja d'Escarp (La) | L | 36 | H31 |
| Granja de Moreruela | ZA | 29 | G12 |
| Granja de Rocamora | A | 85 | R27 |
| Granja de San Ildefonso (Los Jardines de La) | SG | 45 | J18 |
| Granja de Torrehermosa | BA | 80 | R13 |
| Granja Muedra | VA | 31 | G16 |
| Granjas (Las) | TE | 48 | K26 |
| Granjuela (La) | CO | 80 | Q13 |
| Granollers | B | 38 | H36 |
| Granón | LO | 18 | E20 |
| Granucillo | ZA | 29 | F12 |
| Granyanella | L | 37 | H33 |
| Granyena de les Garrigues | L | 36 | H31 |
| Granyena de Segarra | L | 37 | H33 |
| Graña (A) | PO | 13 | F5 |
| Grañas | C | 3 | B6 |
| Grañén | HU | 35 | G28 |
| Grañena (Estación de) | J | 82 | S18 |
| Grañeras | LE | 16 | E14 |
| Grao de Gandía | V | 74 | P29 |
| Gratal Peña | | 21 | F28 |
| Gratallops | T | 36 | I32 |
| Grau (es) (Menorca) | PM | 106 | M42 |
| Grau d'Almassora (El) | CS | 62 | M29 |
| Grau de Borriana (El) | CS | 62 | M29 |
| Grau de Castelló | CS | 62 | M30 |
| Grau de la Granta | L | 23 | F33 |
| Grau de València (El) | V | 62 | N29 |
| Graus | HU | 22 | F31 |
| Grávalos | LO | 33 | F24 |
| Graya (La) | AB | 84 | R22 |
| Grazalema | CA | 92 | V13 |
| Greda | | 31 | G17 |
| Gredilla | BU | 18 | D18 |
| Gredos (Parador de) | AV | 44 | K14 |
| Gredos (Reserva nacional de) | AV | 57 | L14 |
| Gredos (Sierra de) | | 56 | L14 |
| Gregorio (Pontevedra) | PO | 13 | F5 |
| Gregorio (Córdoba) | CO | 69 | P15 |
| Gréixer | B | 24 | F35 |
| Gresande | PO | 13 | E5 |
| Griego (El) | AB | 72 | Q23 |
| Griegos | TE | 48 | K24 |
| Grijalba | BU | 17 | E17 |
| Grijona (Sierra) | | 90 | T9 |
| Grijota | P | 31 | F16 |
| Grimaldo | CC | 55 | M10 |
| Griñón | M | 58 | L18 |
| Grío | | 34 | H25 |
| Grisel | Z | 34 | G24 |
| Grisén | Z | 34 | G26 |
| Grisuela | ZA | 29 | G11 |
| Grisuela del Páramo | LE | 15 | E12 |
| Gritos | | 60 | M23 |
| Grivalleras | | 37 | H34 |
| Grixoa | C | 2 | C3 |
| Groba | | 12 | F3 |
| Grolos | LU | 13 | D7 |
| Gromejón | | 32 | G19 |
| Gros (Cap) (Girona) | GE | 25 | E39 |
| Gros (Cap) (Mallorca) | PM | 104 | M38 |
| Gros (Puig) | | 87 | P34 |
| Grossa (Punta) (cerca de Cala Sant Vicent) | | 87 | O34 |
| Grossa (Punta) (cerca de Ibiza) | | 87 | P34 |
| Grossa (Punta) (Girona) | GE | 25 | F39 |
| Grossa (Serra) (València) | V | 74 | P27 |
| Grossa (Serra) (Lleida) | L | 36 | H31 |
| Grovas | OR | 13 | E5 |
| Grove (O) | PO | 12 | E3 |
| Grulla (La) | BA | 66 | Q8 |
| Grullos | O | 5 | B11 |
| Gúa | O | 5 | C11 |
| Guadahortuna | GR | 94 | T19 |
| Guadahortuna (Río) | | 95 | T20 |
| Guadaira (Río) | | 92 | U13 |
| Guadairilla (Arroyo de) | | 92 | U12 |
| Guadajira | BA | 67 | P9 |
| Guadajira (Embalse de) | | 79 | Q10 |
| Guadajira (Río) | | 67 | P10 |
| Guadajoz | SE | 92 | T13 |
| Guadajoz (Río) | | 81 | T17 |
| Guadalajara | GU | 46 | K20 |
| Guadalaviar | TE | 48 | K24 |
| Guadalaviar (Río) | | 48 | K25 |
| Guadalbarbo | CO | 81 | R15 |
| Guadalbullón (Río) | | 94 | T19 |
| Guadalcacín | CA | 91 | V11 |

| | |
|---|---|
| Alvarfáñez de Minaya | AY 3 |
| Arcipreste de Hita | BY 4 |
| Arrabal del Agua | BZ 6 |
| Aviación Militar Española | AY 7 |
| Barcelona (Av. de) | BY 9 |
| Barrio Nuevo | AZ 10 |
| Bejanaque (Pl. de) | BY 12 |
| Caídos (Pl. de los) | AY 13 |
| Calderón (Cuesta) | BY 15 |
| Cap. Boixereu Rivera | BZ 16 |
| Cap. Diego de Urbina | BZ 18 |
| Carmen | BY 19 |
| Dávalos (Pl. de) | AY 21 |
| Doctor Fléming | BZ 22 |
| Doctor Mayoral | AY 24 |
| Dr. Benito Hernando | BY 25 |
| Dr. Ramón Atienza | AY 27 |
| Enrique Benito Chávarri | BY 28 |
| Enrique Fluiters Aguado | AZ 30 |
| Fernando Beladiez (Calle, Pl.) | BY 31 |
| Gen. Moscardó Guzmán | AY 33 |
| Hermanos Fernández Galiano | AY 34 |
| Jazmín | AZ 36 |
| Juan Diges Antón | AZ 37 |
| Matadero (Cuesta del) | AZ 39 |
| Mayor | BY |
| Miguel de Cervantes | AY 40 |
| Miguel Fluiters | AY 42 |
| Padre Tabernero | BZ 43 |
| Pedro Pascual | BY 45 |
| Salazaras | BY 46 |
| Santo Domingo (Pl. de) | BZ 52 |
| Santo Domingo (Travesía) | BY 54 |
| San Antonio (Ronda de) | AY 48 |
| San Esteban | BY 49 |
| San Sebastian | BY 51 |
| Vega del Pozo | BY 55 |
| Vizcondesa de Jorbalan | BY 57 |
| Zaragoza | BY 58 |

| | | | |
|---|---|---|---|
| Guadalcacín (Canal del) | CA | 98 | W1 |
| Guadalcacín (Embalse de) | | 99 | W1 |
| Guadalcanal | SE | 80 | R12 |
| Guadalcanal (Sierra de) | | 80 | R12 |
| Guadalcázar | CO | 81 | S15 |
| Guadalefra (Arroyo de) | | 68 | P13 |
| Guadalema de los Quinteros | SE | 92 | U12 |
| Guadalemar (Río) | | 69 | O14 |
| Guadalén (Embalse de) | J | 82 | R19 |
| Guadalén (Río) | | 82 | R19 |
| Guadalén del Caudillo | J | 82 | R19 |
| Guadalentín (Río) (Jaén) | J | 83 | S21 |
| Guadalentín (Río) (Murcia) | MU | 85 | S25 |
| Guadalerzas (Castillo de) | | 58 | N18 |
| Guadalerzas (Las) | | 70 | N17 |
| Guadalest (Riu) | | 74 | Q29 |
| Guadalete (Río) | | 92 | V13 |
| Guadalevin | MA | 100 | V14 |
| Guadalfeo (Río) | | 101 | V19 |
| Guadalhorce (Río) | | 93 | U16 |
| Guadalimar | J | 82 | R19 |
| Guadalimar (Río) | | 83 | Q22 |
| Guadalix | | 46 | J19 |
| Guadalix de la Sierra | M | 46 | J18 |
| Guadalmansa | MA | 100 | W1 |
| Guadalmar-San Julián (Málaga) | MA | 100 | W1 |
| Guadalmedina | MA | 100 | V16 |
| Guadalmellato (Canal del) | CO | 81 | S15 |
| Guadalmellato (Embalse del) | CO | 81 | R16 |
| Guadalmena | J | 83 | Q21 |
| Guadalmena (Embalse de) | | 83 | Q21 |
| Guadalmez (Río) | | 69 | Q15 |
| Guadalmez-Los Predroches | CR | 69 | P15 |
| Guadalmina | MA | 100 | W1 |
| Guadalope | TE | 49 | K27 |
| Guadalopillo | | 49 | J28 |
| Guadalperales (Los) | BA | 68 | O13 |
| Guadalporcún | SE | 92 | V13 |
| Guadalquivir (Garganta) | J | 83 | R21 |
| Guadalquivir (Marismas del) | H | 91 | U10 |
| Guadalquivir (Río) | | 83 | R21-V11 |
| Guadalteba | MA | 100 | V15 |
| Guadalteba-Guadalhorce (Embalse del) | MA | 100 | V15 |
| Guadalupe (Almería) | AL | 84 | S23 |
| Guadalupe (Cáceres) | CC | 56 | N14 |
| Guadalupe (Monasterio de) | CC | 56 | N14 |
| Guadalupe (Santuario de) | J | 82 | R19 |
| Guadalupe (Sierra de) | CC | 56 | N13 |
| Guadalupejo (Río) | | 57 | N14 |
| Guadamajud | | 60 | L22 |
| Guadamatilla | CO | 69 | Q14 |
| Guadamez (Río) | | 68 | P12 |
| Guadamojete (Punta de) (Tenerife) | TF | 125 | I3 |
| Guadamur | TO | 58 | M17 |
| Guadapero | SA | 43 | K10 |
| Guadarrama | M | 45 | J17 |
| Guadarrama (Puerto de) | | 45 | J17 |
| Guadarrama (Sierra de) | | 45 | K17 |
| Guadarranque (Embalse del) | | 99 | X13 |
| Guadarranque (Río) (Cáceres) | CC | 57 | N14 |
| Guadassuar | V | 74 | O28 |
| Guadazaón (Río) | | 60 | M24 |
| Guadiamar (Caño de) | SE | 91 | U11 |
| Guadiamar (Río) | | 91 | T11 |
| Guadiana (Canal del) | | 71 | O20 |
| Guadiana (Río) | | 90 | U7 |
| Guadiana del Caudillo | BA | 67 | P9 |
| Guadiana Menor (Río) | | 95 | T21 |
| Guadianeja (La) | CR | 71 | Q20 |
| Guadiaro | CA | 99 | X14 |
| Guadiaro (Río) | | 99 | V14 |
| Guadiato (Río) | | 80 | R14 |
| Guadiel | J | 82 | R18 |
| Guadiela (Río) | | 47 | K22 |
| Guadilla de Villamar | BU | 17 | E17 |
| Guadiloba | | 55 | N11 |
| Guadix | GR | 95 | U20 |
| Guadix (Hoya de) | GR | 95 | T20 |
| Guadramiro | SA | 43 | I10 |
| Guadyerbas | | 57 | L15 |
| Guainos Bajos | AL | 102 | V20 |
| Guájar Alto | GR | 101 | V19 |
| Guájar Faragüit | GR | 101 | V19 |
| Guájar Fondón | GR | 101 | V19 |
| Guajara (Tenerife) | TF | 128 | E4 |
| Guájaras (Sierra de las) | | 101 | V19 |
| Guajaraz (Embalse de) | TO | 58 | M17 |
| Guajardo y Malhincada | CC | 55 | L10 |
| Gualba | B | 38 | G37 |
| Gualchos | GR | 102 | V19 |
| Gualda | GU | 47 | J21 |
| Gualija | | 56 | M13 |
| Gualta | GE | 25 | F39 |
| Gualter | L | 37 | G33 |
| Guamasa (Tenerife) | TF | 124 | H2 |
| Guancha (La) (Tenerife) | TF | 126 | E3 |
| Guancha (Necrópolis de la) (Gran Canaria) | GC | 114 | D1 |
| Guara | | 21 | F29 |
| Guara (Sierra de) | HU | 21 | F29 |
| Guarazoca (El Hierro) | TF | 109 | D2 |
| Guarbes (Sierra de) | L | 22 | D32 |
| Guarda (A) | PO | 26 | G3 |
| Guarda (La) | BA | 68 | P12 |
| Guarda de la Alameda (Casas del) | J | 83 | Q20 |
| Guarda Forestal (Mirador del) | MA | 100 | V15 |
| Guardal (Río) | | 83 | S22 |
| Guardamar de la Safor | V | 74 | P29 |
| Guardamar del Segura | A | 86 | R28 |
| Guàrdia (La) | L | 37 | G33 |
| Guardia (La) (Toledo) | TO | 58 | M19 |
| Guàrdia (La)(Monte) | | 23 | F34 |
| Guàrdia d'Ares (La) | L | 23 | F33 |
| Guardia de Jaén (La) | J | 82 | S18 |
| Guàrdia de Tremp | L | 22 | F32 |
| Guàrdia dels Prats (La) | T | 37 | H33 |
| Guàrdia Lada (La) | L | 37 | H33 |
| Guardilama (Lanzarote) | GC | 122 | C4 |
| Guardiola | MU | 85 | Q26 |
| Guardiola de Berguedà | B | 24 | F35 |
| Guardiola de Font-rubí | B | 37 | H34 |
| Guardo | P | 16 | D15 |
| Guareña (Ávila) | AV | 44 | K15 |
| Guareña (Badajoz) | BA | 67 | P11 |
| Guareña (Río) | | 30 | H13 |
| Guarga | | 21 | E29 |
| Guaro | MA | 100 | W15 |
| Guarrate | ZA | 30 | I13 |
| Guarrizas | J | 82 | R19 |
| Guarromán | J | 82 | R18 |
| Guasa | HU | 21 | E28 |
| Guaso | HU | 22 | E30 |
| Guatiza (Lanzarote) | GC | 123 | F3 |
| Guatizalema | | 35 | G29 |
| Guayente | HU | 22 | E31 |
| Guaza (Tenerife) | TF | 128 | D5 |
| Guaza de Campos | P | 16 | F15 |
| Guazamara | AL | 96 | T24 |
| Gúdar | TE | 49 | K27 |
| Gúdar (Puerto de) | TE | 49 | K27 |
| Gúdar (Sierra de) | TE | 49 | K27 |
| Gudillos | SG | 45 | J17 |
| Gudín | | 44 | J13 |
| Gudiña (A) | OR | 14 | F8 |
| Guéa (La) | TE | 48 | K26 |
| Güéjar Sierra | GR | 94 | U19 |
| Güeñes | BI | 8 | C20 |
| Gueral | OR | 13 | E6 |
| Guerechal (El) | BA | 68 | P12 |
| Guereñu | VI | 19 | D22 |
| Guerra (Ciudad Real) | CR | 71 | O20 |
| Guerragos (Santa Cruz de los) | ZA | 29 | G10 |
| Guerrero | | 67 | O9 |
| Güesa / Gorza | NA | 11 | D26 |
| Guesálaz | NA | 10 | D24 |
| Guevara | VI | 19 | D22 |
| Güevéjar | GR | 94 | U19 |
| Guía de Isora (Tenerife) | TF | 128 | C4 |
| Guiamets (Els) | T | 50 | I32 |
| Guiana | LE | 15 | E10 |
| Guiar | O | 4 | B8 |
| Guijar (El) | SG | 45 | I18 |
| Guijarral | AB | 72 | P23 |
| Guijarro (Collado del) | CC | 68 | N12 |
| Guijarrosa (La) | CO | 81 | T15 |
| Guijasalbas | SG | 45 | J17 |
| Guijo | GU | 47 | J23 |
| Guijo (El) | CO | 81 | Q15 |
| Guijo de Ávila | SA | 43 | K13 |
| Guijo de Coria | CC | 55 | L10 |
| Guijo de Galisteo | CC | 55 | L10 |
| Guijo de Granadilla | CC | 55 | L11 |
| Guijo de Santa Bárbara | CC | 56 | L13 |
| Guijosa (Guadalajara) | GU | 47 | I22 |
| Guijosa (Soria) | SO | 32 | G20 |
| Guijoso | BU | 32 | G20 |
| Guijoso (El) | AB | 71 | P21 |
| Guijuelo | SA | 43 | K12 |
| Guilfrei | LU | 14 | D8 |
| Guillade | PO | 13 | F4 |
| Guillar | PO | 13 | D6 |
| Guillarei | PO | 12 | F4 |
| Guillena | SE | 91 | T11 |
| Guillena (Embalse de) | SE | 79 | T11 |
| Guils | L | 23 | E33 |
| Guils de Cerdanya | GE | 24 | E35 |
| Guilué | HU | 21 | E29 |
| Güímar (Tenerife) | TF | 127 | G3 |
| Guimara | LE | 14 | D9 |
| Guimarei | LU | 3 | D6 |
| Güime (Lanzarote) | GC | 123 | D4 |
| Guimerà | L | 37 | H33 |
| Guincho (El) (Tenerife) | TF | 126 | D3 |
| Guincho (El) (Tenerife) | TF | 128 | E5 |
| Guindos (Los) | J | 82 | R18 |
| Guindos (Sierra de los) | CR | 69 | O16 |
| Guinea | VI | 18 | D20 |
| Guingueta (La) | L | 23 | E33 |
| Guinicio | BU | 18 | D20 |
| Guipúzcoa (Provincia) | | 10 | C23 |
| Guirguillano | NA | 10 | D24 |
| Guisando | AV | 57 | L14 |
| Guisatecha | LE | 15 | D11 |
| Guisguey (Fuerteventura) | GC | 111 | I2 |
| Guissona | L | 37 | G33 |
| Guistolas (Embalse de) | OR | 14 | E7 |
| Guitiriz | LU | 3 | C6 |
| Guixaró (El) | | 38 | G35 |
| Guixers | L | 23 | F34 |
| Guizán | PO | 12 | F4 |
| Guláns | PO | 12 | F4 |
| Gumiel de Hizán | BU | 32 | G18 |
| Gumiel de Mercado | BU | 31 | G18 |
| Guntín de Pallares | LU | 13 | D6 |
| Gurb | B | 38 | G36 |
| Guriezo | | 8 | B20 |
| Gurp | L | 22 | F32 |
| Gurrea de Gállego | HU | 21 | F27 |
| Gurri | | 38 | G36 |
| Gurugu (El) | M | 46 | K19 |
| Gusandanos | ZA | 15 | F10 |
| Gusendos de los Oteros | LE | 16 | E13 |

## HUELVA

| | |
|---|---|
| Alameda Sundheim | BZ 2 |
| Arquitecto Pérez Carasa | BZ 4 |
| Las Bocas | AZ 25 |
| Concepción | AZ 9 |
| La Fuente | BZ 22 |
| Independencia (Pas.) | AZ 18 |
| José Nogales | ABZ 20 |
| Marina | AZ 28 |
| Martín Alonso Pinzón (Av. de) | BZ 29 |
| Méndez Núñez | AZ 31 |
| Las Monjas (Pl. de) | AZ 26 |
| Pablo Rada | BZ 33 |
| Padre Jesús de la Pasión | BZ 34 |
| Palacios | AZ 35 |
| La Palma | AZ 23 |
| Plus Ultra | AZ 37 |
| Rábida | BZ 39 |
| Sanlúcar de Barrameda | AZ 44 |
| Santa Fé (Pas. de) | ABZ 46 |
| San Sebastián | AY 45 |
| Tomás Domínguez Ortiz (Av. de) | AZ 50 |
| Vázquez López | AZ 51 |
| 3 de Agosto | BZ 52 |

| | | | |
|---|---|---|---|
| Guspí | L | 37 | G34 |
| Gustei | OR | 13 | E6 |
| Gutar | J | 83 | R21 |
| Gutierre Muñoz | AV | 45 | J16 |
| Gutur | LO | 33 | G24 |
| Guxinde | OR | 27 | G5 |
| Guzmán | BU | 31 | G18 |
| **H** | | | |
| Haba (La) | BA | 68 | P12 |
| Habas (Las) | | 99 | X12 |
| Hacho | MA | 100 | V15 |
| Hacho (Sierra del) | | 100 | V15 |
| Hachueta | | 10 | D24 |
| Hacinas | BU | 32 | G20 |
| Haedillo | | 32 | F20 |
| Hamapega | SE | 80 | R12 |
| Hams (Coves des) | PM | 104 | N38 |
| Haría (Lanzarote) | GC | 123 | F3 |
| Harinas (Sierra de las) | | 92 | V14 |
| Harinosa (La) | SE | 92 | V12 |
| Haro | LO | 19 | E21 |
| Harria (Aiako) / Aya (Peñas de) | ESP | 10 | C24 |
| Hato Verde | SE | 91 | T11 |
| Hatoqueo | CC | 67 | O10 |
| Haza | BU | 31 | H18 |
| Haza Alta | J | 83 | Q21 |
| Haza del Trigo | GR | 102 | V20 |
| Hazas de Cesto | S | 8 | B19 |
| Hazuelas (Las) | CO | 81 | S16 |
| Hecho | HU | 21 | D27 |
| Hecho (Valle de) | HU | 21 | D27 |
| Hedradas (Las) | ZA | 28 | F9 |
| Hedroso | ZA | 28 | F9 |
| Helado (El) | CR | 70 | P18 |
| Helechal | BA | 68 | P13 |
| Helechosa | BA | 69 | O15 |
| Helgueras | S | 8 | B19 |
| Hellín | AB | 84 | Q24 |
| Henajeros | CU | 61 | M25 |
| Henar (Río) (Burgos) | BU | 31 | G18 |
| Henar (Río) (Soria) | SO | 33 | H23 |
| Henar (Río) (Zaragoza) | Z | 33 | H24 |
| Henares (Murcia) | MU | 96 | T24 |
| Henares (Cuenca) | CU | 61 | M25 |
| Henares (Río) | | 46 | K20 |
| Henche | GU | 47 | J21 |
| Herada | S | 8 | C19 |
| Heras (Guadalajara) | GU | 46 | J20 |
| Heras (Las) | P | 16 | D15 |
| Herbés | CS | 50 | J29 |
| Herbeset | CS | 50 | K29 |
| Herbogo | C | 12 | D3 |
| Herbón | C | 12 | D4 |
| Herbosa | BU | 17 | D18 |
| Herce | LO | 19 | F23 |
| Hércules (Torre de) | C | 3 | B4 |
| Herdadiña | OR | 27 | G5 |
| Heredia | VI | 19 | D22 |
| Herencia | CR | 71 | N19 |
| Herencias (Las) | TO | 57 | M15 |
| Hereña | VI | 18 | D21 |
| Herguijuela | CC | 68 | N12 |
| Herguijuela (La) | AV | 44 | K14 |
| Herguijuela de Ciudad Rodrigo | SA | 42 | K10 |
| Herguijuela de la Sierra | SA | 43 | K11 |
| Herguijuela del Campo | SA | 43 | K12 |
| Hermanas (Dos) | BA | 67 | O9 |
| Hermanas (Las) | AB | 85 | Q25 |
| Hérmedes de Cerrato | P | 31 | G17 |
| Hermida (Desfiladero de la) | S | 7 | C16 |
| Hermida (La) | S | 7 | C16 |
| Hermigua (La Gomera) | TF | 118 | C1 |
| Hermigua (Valle de) (La Gomera) | TF | 119 | C2 |
| Hermisende | ZA | 28 | G9 |
| Hermo (Monasterio de) | O | 5 | D10 |
| Hermosilla | BU | 18 | E19 |
| Hernán Cortés | BA | 68 | O12 |
| Hernán Pérez | CC | 55 | L10 |
| Hernán Valle | GR | 95 | T20 |
| Hernani | SS | 10 | C24 |
| Hernansancho | AV | 44 | J15 |
| Hernialde | SS | 10 | C23 |
| Hernio | | 10 | C23 |
| Herradón (El) | AV | 45 | K16 |
| Herradura (La) (Granada) | GR | 101 | V18 |
| Herradura (La) (Toledo) | TO | 70 | O18 |
| Herradura (Punta de la) (Fuerteventura) | GC | 110 | F3 |
| Herramélluri | LO | 18 | E21 |
| Herraña | MU | 85 | S25 |
| Herrera (Jaén) | J | 83 | R20 |
| Herrera (cerca de El Coronil) | SE | 92 | U12 |
| Herrera (cerca de Estepa) | SE | 93 | T15 |
| Herrera (Zaragoza) | Z | 48 | I26 |
| Herrera (La) | AB | 72 | P23 |
| Herrera (Puerto de) | VI | 19 | E22 |
| Herrera de Alcántara | CC | 54 | N7 |
| Herrera de Duero | VA | 31 | H16 |
| Herrera de la Mancha | CR | 71 | O20 |
| Herrera de los Navarros | Z | 34 | I26 |
| Herrera de Pisuerga | P | 17 | E17 |
| Herrera de Soria | SO | 32 | G20 |
| Herrera de Valdecañas | P | 31 | F17 |
| Herrera del Duque | BA | 69 | O14 |
| Herrería (Guadalajara) | GU | 47 | J24 |
| Herrería (Lugo) | LU | 14 | E8 |
| Herrería (La) (Albacete) | AB | 72 | Q23 |
| Herrería (La) (Córdoba) | CO | 80 | S14 |
| Herrerías | | 7 | C16 |
| Herrerías (Las) (Almería) | AL | 96 | U24 |
| Herrerías (Las) (Huelva) | H | 78 | T8 |
| Herrerías (Las) (Jaén) | J | 83 | R22 |
| Herrero | GR | 101 | V18 |
| Herreros (Soria) | SO | 33 | G21 |
| Herreros (Los) | V | 73 | O27 |
| Herreros (Río) | | 83 | Q21 |
| Herreros de Jamuz | LE | 15 | F12 |
| Herreros de Rueda | LE | 16 | E14 |
| Herreros de Suso | AV | 44 | J14 |
| Herreruela | CC | 55 | N9 |
| Herreruela (Estación de) | | 55 | N9 |
| Herreruela de Castillería | P | 17 | D16 |
| Herreruela de Oropesa | TO | 57 | M14 |
| Herrezuelo | SA | 44 | J13 |
| Herrín de Campos | VA | 16 | F15 |
| Herriza (La) | MA | 93 | U15 |
| Herrumblar (El) | CU | 73 | N25 |
| Herruzo (Sierra del) | | 82 | Q18 |
| Hervás | CC | 56 | L12 |
| Herves | C | 3 | C4 |
| Hervías | LO | 18 | E21 |
| Hervideros (Los) (Lanzarote) | GC | 122 | B4 |
| Hervideros (Los) (València) | V | 73 | O26 |
| Hez (Sierra de la) | | 19 | F23 |
| Hidalgo (Punta del) (Tenerife) | TF | 125 | I1 |
| Hiendelaencina | GU | 46 | I20 |
| Hierro | BU | 18 | D19 |
| Hierro | M | 45 | J18 |
| Hierro (Puerto del) | SO | 32 | G21 |
| Higa | | 11 | D25 |
| Higares | TO | 58 | M18 |
| Higuer (Cabo) | SS | 10 | B24 |
| Higuera (La) (Albacete) | AB | 73 | P25 |
| Higuera (La) (Segovia) | SG | 45 | I17 |
| Higuera (Sierra de la) | | 70 | N17 |
| Higuera de Albalat | CC | 56 | M13 |
| Higuera de Calatrava | J | 82 | S17 |
| Higuera de la Serena | BA | 68 | Q12 |
| Higuera de la Sierra | H | 79 | S10 |
| Higuera de las Dueñas | AV | 57 | L16 |
| Higuera de Llerena | BA | 79 | Q11 |
| Higuera de Vargas | BA | 78 | Q9 |
| Higuera la Real | BA | 79 | R9 |
| Higueral | AL | 95 | T22 |
| Higueral (El) | CO | 93 | U17 |
| Higueras | CS | 62 | M28 |
| Higueras (Las) | CO | 94 | T17 |
| Higuerón | MA | 101 | V18 |
| Higuerón (El) | CO | 81 | S15 |
| Higuerón (Puerto del) | CA | 99 | X13 |
| Higüeros | AL | 103 | V22 |
| Higueruela | AB | 73 | P25 |
| Higueruela (La) (cerca de Belvís de la Jara) | TO | 57 | M15 |
| Higueruela (La) (cerca de Toledo) | TO | 58 | M17 |
| Higueruelas | V | 61 | M27 |
| Hija de Dios (La) | AV | 44 | K15 |
| Híjar (Albacete) | AB | 72 | Q23 |
| Híjar (Teruel) | TE | 49 | I28 |
| Híjate (El) | AL | 95 | T22 |
| Hijes | GU | 32 | I21 |
| Hijosa | P | 17 | E17 |
| Hilario (Islote de) (Lanzarote) | GC | 122 | C4 |
| Hincada (Puerto) | LO | 19 | F21 |
| Hinestrosa | BU | 17 | F17 |
| Hiniesta (La) | ZA | 29 | H12 |
| Hinodejo | | 33 | G21 |
| Hinojal | CC | 55 | M10 |
| Hinojales | H | 79 | R10 |
| Hinojales (Sierra) | | 79 | S10 |
| Hinojar (Ciudad Real) | CR | 70 | Q17 |
| Hinojar (Murcia) | MU | 85 | S25 |
| Hinojar del Rey | BU | 32 | G20 |
| Hinojares | J | 83 | S20 |
| Hinojedo | S | 7 | B17 |
| Hinojora | GR | 95 | T22 |
| Hinojos | H | 91 | U10 |
| Hinojos (Marisma de) | H | 91 | U10 |
| Hinojosa | GU | 48 | I24 |
| Hinojosa (La) (Cuenca) | CU | 60 | M22 |
| Hinojosa (La) (Soria) | SO | 32 | G20 |
| Hinojosa de Duero | SA | 42 | J9 |
| Hinojosa de Jarque | TE | 49 | J27 |
| Hinojosa de la Sierra | SO | 33 | G22 |
| Hinojosa de San Vicente | TO | 57 | L15 |
| Hinojosa del Campo | SO | 33 | G23 |
| Hinojosa del Cerro | SG | 31 | H18 |
| Hinojosa del Duque | CO | 80 | Q14 |
| Hinojosa del Valle | BA | 67 | Q11 |
| Hinojosas de Calatrava | CR | 70 | Q17 |
| Hinojosos (Los) | CU | 59 | N21 |
| Hío | PO | 12 | F3 |
| Hiriberri / Villanueva de Aézkoa | NA | 11 | D26 |
| Hirmes | AL | 102 | V21 |
| Hiruela (La) | M | 46 | I19 |
| Hita | GU | 46 | J20 |
| Hito (El) | CU | 59 | M21 |
| Hito (Laguna de El) | CU | 59 | M21 |
| Hitos (Estación de Los) | | 72 | P24 |
| Hoces (Desfiladero Las) | LE | 16 | D13 |
| Hoces de Bárcena | S | 7 | C17 |
| Hoja (Embalse de la) | H | 78 | T9 |
| Holguera | CC | 55 | M10 |
| Hombrados | GU | 48 | J24 |
| Home (Cabo de) | PO | 12 | F3 |
| Homino | | 18 | E19 |
| Hondarribia / Fuenterrabía | SS | 10 | B24 |
| Hondón | A | 85 | Q27 |
| Hondón de las Nieves | A | 85 | R27 |
| Hondón de los Frailes | A | 85 | R27 |
| Hondura | SA | 43 | K12 |
| Honduras (Puerto de) | CC | 56 | L12 |
| Honduras (Punta de) (Tenerife) | TF | 129 | G4 |
| Honquilana | VA | 44 | I15 |
| Honrubia | CU | 60 | N23 |
| Honrubia de la Cuesta | SG | 32 | H18 |
| Hontalbilla | SG | 31 | H17 |
| Hontana (El) | V | 61 | M26 |
| Hontanar (Toledo) | TO | 57 | N16 |
| Hontanar (València) | V | 61 | L25 |
| Hontanar (Collado de) | J | 82 | Q17 |
| Hontanar (El) (cerca de La Hunde) | V | 73 | O26 |
| Hontanares (Ávila) | AV | 57 | L15 |
| Hontanares (Guadalajara) | GU | 47 | J21 |
| Hontanares de Eresma | SG | 45 | J17 |
| Hontanas | BU | 17 | F17 |
| Hontanaya | CU | 59 | M21 |
| Hontangas | BU | 31 | H18 |
| Hontecillas | CU | 60 | M23 |
| Hontoba | GU | 46 | K20 |
| Hontomín | BU | 18 | E19 |
| Hontoria (Asturias) | O | 6 | B15 |
| Hontoria (Segovia) | SG | 45 | J17 |
| Hontoria de Cerrato | P | 31 | G16 |
| Hontoria de la Cantera | BU | 18 | F19 |
| Hontoria de Valdearados | BU | 32 | G19 |
| Hontoria del Pinar | BU | 32 | G20 |
| Horca (La) | AB | 84 | Q25 |
| Horcajada (La) | AV | 44 | K13 |
| Horcajada de la Torre | CU | 59 | L22 |
| Horcajo (Cáceres) | CC | 43 | K10 |
| Horcajo (Ciudad Real) | CR | 81 | Q16 |
| Horcajo (El) | AB | 72 | P22 |
| Horcajo de la Ribera | AV | 44 | K13 |
| Horcajo de la Sierra | M | 46 | I19 |
| Horcajo de las Torres | AV | 44 | I14 |
| Horcajo de los Montes | CR | 69 | O16 |
| Horcajo de Montemayor | SA | 43 | K12 |
| Horcajo de Santiago | CU | 59 | M21 |
| Horcajo Medianero | SA | 44 | K13 |
| Horcajuelo de la Sierra | M | 46 | I19 |
| Horche | GU | 46 | K20 |
| Horcón | CO | 69 | Q15 |
| Horconera (Sierra de la) | CO | 93 | T17 |
| Hormazas (Las) | BU | 17 | E18 |
| Hormazas (Sierra de las) | | 33 | F21 |
| Hormazuela | BU | 17 | E18 |
| Hormigos | TO | 57 | L16 |
| Hormilla | LO | 19 | E21 |
| Hormilleja | LO | 19 | E21 |
| Horna (Albacete) | AB | 73 | P25 |
| Horna (Burgos) | BU | 18 | D19 |
| Horna (Guadalajara) | GU | 47 | I22 |
| Hornachos | BA | 68 | Q11 |
| Hornachuelos | CO | 80 | S14 |
| Hornachuelos (Estación de) | CO | 80 | S14 |
| Hornajos (Los) | | 102 | V21 |
| Hornias Bajas | CR | 70 | O17 |
| Hornico (El) | MU | 84 | R23 |
| Hornija (León) | LE | 14 | E9 |
| Hornija (Río) | | 30 | H15 |
| Hornijo (Sierra del) | | 8 | C19 |
| Hornillatorre | BU | 8 | C19 |
| Hornillayuso | BU | 18 | C19 |
| Hornillo (El) (Ávila) | AV | 57 | L14 |
| Hornillo (El) (Murcia) | MU | 97 | T25 |
| Hornillos | VA | 30 | H15 |
| Hornillos de Cameros | LO | 19 | F22 |
| Hornillos de Cerrato | P | 31 | G17 |
| Hornillos del Camino | BU | 17 | E18 |
| Hornos | J | 83 | R21 |
| Hornos (Garganta de los) | AV | 44 | K14 |
| Hornos de la Mata | S | 7 | C17 |
| Hornos de Peal | J | 83 | S20 |
| Horra (La) | BU | 31 | G18 |
| Horsavinyà | B | 38 | G37 |
| Hort de la Rabassa (L') | V | 74 | N28 |
| Horta (Cap de l') | A | 86 | Q28 |
| Horta (S') | PM | 105 | N39 |
| Horta de Sant Joan | T | 50 | J30 |
| Hortas | C | 13 | D5 |
| Hortells | CS | 49 | J29 |
| Hortezuela | SO | 32 | H21 |
| Hortezuela de Océn (La) | GU | 47 | J22 |
| Hortezuelos | BU | 32 | G19 |
| Hortichuela (La) | J | 94 | T18 |
| Hortigüela | BU | 32 | F19 |
| Hortizuela | CU | 60 | L23 |
| Hortoneda | L | 23 | F33 |
| Hortons (Riera de) | | 37 | G35 |
| Hortunas de Arriba | V | 73 | N26 |
| Hospital (cerca de Fonsagrada) | LU | 4 | C8 |
| Hospital (cerca de Linares) | LU | 14 | D8 |
| Hospital (Collado del) | CC | 56 | N14 |
| Hospital de Órbigo | LE | 15 | E12 |
| Hospitalet de l'Infant (L') | T | 51 | J32 |
| Hospitalet de Llobregat (L') | B | 38 | H36 |
| Hosquillo (El) | CU | 48 | K24 |
| Hostal de Ipiés | HU | 21 | E28 |
| Hostalets (Els) (cerca de Esparreguera) | B | 38 | H35 |
| Hostalets (Els) (cerca de Tona) | B | 38 | G36 |
| Hostalets (Els) (Lleida) | L | 23 | F34 |
| Hostalets d'En Bas (Els) | GE | 24 | F37 |
| Hostalric | GE | 38 | G37 |
| Hoya (La) (Lanzarote) | GC | 122 | B4 |
| Hoya (La) (Madrid) | M | 45 | K17 |
| Hoya (La) (Málaga) | MA | 100 | V16 |
| Hoya (La) (Murcia) | MU | 84 | S25 |
| Hoya (La) (Salamanca) | SA | 43 | K12 |
| Hoya de la Carrasca | TE | 61 | L26 |
| Hoya del Campo | MU | 85 | R25 |
| Hoya del Espino (La) | GR | 83 | R22 |
| Hoya del Espino (Sierra de la) | | 83 | R22 |
| Hoya del Peral | CU | 61 | L25 |
| Hoya Gonzalo | AB | 73 | P25 |
| Hoya Santa Ana | AB | 73 | P25 |
| Hoyales de Roa | BU | 31 | H18 |
| Hoyas (Altura Las) (La Palma) | TF | 130 | C2 |
| Hoyas (Las) | AL | 95 | U22 |
| Hoyo (El) (Córdoba) | CO | 80 | R14 |
| Hoyo (El) (Ciudad Real) | CR | 82 | Q18 |
| Hoyo (Sierra del) | | 45 | K18 |
| Hoyo de Manzanares | M | 45 | K18 |
| Hoyo de Pinares (El) | AV | 45 | K16 |
| Hoyocasero | AV | 44 | K15 |
| Hoyorredondo | AV | 44 | K13 |
| Hoyos | CC | 55 | L9 |
| Hoyos de Miguel Muñoz | AV | 44 | K14 |
| Hoyos del Collado | AV | 44 | K14 |
| Hoyos del Espino | AV | 44 | K14 |
| Hoyuelos | SG | 45 | I16 |
| Hoyuelos (Los) | CR | 71 | P21 |
| Hoz (Collado de) | S | 7 | C16 |
| Hoz (Cueva de la) | GU | 47 | J23 |
| Hoz (La) (Albacete) | AB | 72 | P22 |
| Hoz (La) (Córdoba) | CO | 93 | U16 |
| Hoz de Abajo | SO | 32 | H20 |
| Hoz de Anero | S | 8 | B19 |
| Hoz de Arreba | BU | 18 | D18 |
| Hoz de Arriba | SO | 32 | H20 |
| Hoz de Barbastro | HU | 22 | F30 |
| Hoz de Beteta (Desfiladero) | CU | 47 | K23 |
| Hoz de Jaca | HU | 21 | D29 |
| Hoz de la Vieja (La) | TE | 49 | J27 |
| Hoz de Valdivielso | BU | 18 | D19 |
| Hoz Seca | | 48 | K24 |
| Hozabejas | BU | 18 | D19 |
| Hozgarganta | CA | 99 | W13 |
| Hoznayo | S | 8 | B18 |
| Huarte / Uharte | NA | 11 | D25 |
| Huebra | SA | 42 | I10 |
| Huebro | | 103 | V23 |
| Huécar (Río) | | 60 | L24 |
| Huecas | TO | 58 | L17 |
| Huecha | | 34 | G24 |
| Huechaseca | | 34 | G25 |
| Huécija | AL | 102 | V22 |
| Huefor Tájar | GR | 94 | U17 |
| Huegas | | 36 | H30 |
| Huélaga | CC | 55 | L10 |
| Huélago | GR | 95 | T20 |
| Huélamo | CU | 60 | L24 |
| Huelga (La) | AL | 96 | U23 |
| Huelgas Reales (Las) | BU | 18 | F18 |
| Huelgueras | S | 7 | B16 |
| Huelma | J | 82 | T19 |
| Huelva | H | 90 | U9 |
| Huelva (Rivera de) | | 79 | S10 |
| Huelves | CU | 59 | L21 |
| Huéneja | GR | 95 | U21 |
| Huéneja (Estación de) | GR | 95 | U21 |
| Huércal de Almería | AL | 103 | V22 |
| Huércal Overa | AL | 96 | T24 |
| Huércanos | LO | 19 | E21 |
| Huerce (La) | GU | 46 | I20 |
| Huércemes | CU | 60 | M24 |
| Huerces | O | 6 | B12 |
| Huerga de Frailes | LE | 15 | E12 |
| Huergas | LE | 15 | D11 |
| Huérguina | CU | 61 | L25 |
| Huérmeces | BU | 18 | E18 |
| Huérmeces del Cerro | GU | 47 | I21 |
| Huérmeda | Z | 34 | H25 |
| Hueros (Los) | M | 46 | K19 |
| Huerrios | HU | 21 | F28 |
| Huerta (Salamanca) | SA | 44 | J13 |
| Huerta (Segovia) | SG | 46 | I18 |
| Huerta (La) | AL | 96 | U24 |
| Huerta (Sierra de) | | 73 | Q25 |
| Huerta de Abajo | BU | 32 | F20 |
| Huerta de Arriba | BU | 32 | F20 |
| Huerta de Cuarto Holgado | CC | 55 | L11 |
| Huerta de la Obispalía | CU | 60 | M22 |
| Huerta de Valdecarábanos | TO | 58 | M19 |
| Huerta de Vero | HU | 22 | F30 |
| Huerta del Marquesado | CU | 60 | L24 |
| Huerta del Rey | BU | 32 | G19 |
| Huertahernando | GU | 47 | J23 |
| Huertapelayo | GU | 47 | J23 |
| Huertas (Ermita Las) | MU | 85 | S25 |
| Huertas (Las) | CC | 54 | N8 |
| Huertas Bocas del Salado | CO | 93 | T15 |
| Huertas de Ánimas | CC | 56 | N12 |
| Huertas de la Magdalena | CC | 56 | N12 |
| Huérteles | SO | 33 | F23 |
| Huertezuelas | CR | 82 | Q18 |
| Huerto | HU | 35 | G29 |
| Huertos (Los) | SG | 45 | I17 |
| Huerva (La) | Z | 48 | I26 |
| Huesa | J | 83 | S20 |
| Huesa (Estación de) | J | 83 | S20 |
| Huesa del Común | TE | 49 | I27 |
| Huesas (Las) | CR | 70 | Q18 |
| Huesca | HU | 21 | F28 |
| Huéscar | GR | 83 | S22 |
| Huescar (Río) | | 60 | L24 |
| Huesna (Embalse de) | SE | 80 | S12 |
| Huéspeda | BU | 18 | D19 |
| Huete | CU | 59 | L21 |
| Huétor Santillán | GR | 94 | U19 |
| Huétor Tájar | GR | 94 | U17 |
| Huétor-Vega | GR | 94 | U19 |
| Huetos | GU | 47 | J22 |
| Hueva | | 46 | K21 |
| Huévar | SE | 91 | T11 |
| Huéznar (Rivera de) | | 80 | S12 |
| Huma | MA | 100 | V15 |
| Humada | BU | 17 | D17 |
| Humanes | GU | 46 | J20 |
| Humanes de Madrid | M | 58 | L18 |
| Humboldt (Mirador de) (Tenerife) | TF | 124 | F2 |
| Humera | M | 45 | K18 |
| Humilladero | MA | 93 | U15 |
| Humilladero (Ermita del) | CC | 56 | N13 |
| Humilladero (Sierra del) | | 93 | U15 |
| Humo de Muro (El) | HU | 22 | E30 |
| Humosa (La) | AB | 72 | P24 |
| Hunde (La) | V | 73 | O26 |
| Hurchillo | A | 85 | R27 |
| Hurdano (Río) | | 43 | K11 |
| Hurdes (Las) | CC | 43 | K11 |
| Hurones | BU | 18 | E19 |
| Hurones (Embalse de los) | CA | 99 | V13 |
| Hurtado | CR | 71 | O19 |

| | | | |
|---|---|---|---|
| Hurtumpascual | AV | 44 | J14 |
| Husillos | P | 31 | F16 |
| Huso | | 57 | M14 |
| **I** | | | |
| Ibahernando | CC | 68 | O12 |
| Ibañeta (Puerto) | NA | 11 | C26 |
| Ibardin | | 11 | C24 |
| Ibarra (Vizcaya) | BI | 8 | C21 |
| Ibarra (Guipúzcoa) | SS | 10 | C23 |
| Ibarra (Álava) | VI | 10 | C22 |
| Ibarrangelu | BI | 9 | B22 |
| Ibárruri | BI | 9 | C21 |
| Ibdes | Z | 34 | I24 |
| Ibeas de Juarros | BU | 18 | F19 |
| Ibi | A | 74 | Q28 |
| Ibias | | 4 | C9 |
| Ibias (Río) | | 4 | D9 |
| Ibieca | HU | 21 | F29 |
| Ibiricu | NA | 19 | D23 |
| Ibisate | VI | 19 | D22 |
| Ibiur (Embalse de) | SS | 10 | C23 |
| Ibiza / Eivissa | PM | 87 | P34 |
| Ibor | | 56 | M13 |
| Ibrillos | BU | 18 | E20 |
| Ibros | J | 82 | R19 |
| Icod de los Vinos (Tenerife) | TF | 126 | D3 |

| | | | |
|---|---|---|---|
| Idafe (Roque de) (La Palma) | TF | 130 | C4 |
| Idiazabal | SS | 10 | C23 |
| Idocín | NA | 11 | D25 |
| Ifach (Peñón de) | A | 75 | Q30 |
| Ifonche (Tenerife) | TF | 128 | D4 |
| Igal / Igari | NA | 11 | D26 |
| Igantzi | NA | 11 | C24 |
| Igari / Igal | NA | 11 | D26 |
| Igea | LO | 33 | F23 |
| Igeldo | SS | 10 | C23 |
| Iglesiarrubia | BU | 31 | G18 |
| Iglesias | BU | 17 | F18 |
| Iglesuela (La) | TO | 57 | L15 |
| Iglesuela del Cid (La) | TE | 49 | K29 |
| Igorre | BI | 9 | C21 |
| Igrexafeita | C | 3 | B5 |
| Igriés | HU | 21 | F28 |
| Igualada | B | 37 | H34 |
| Igualeja | MA | 100 | W14 |
| Igualero (La Gomera) | TF | 118 | B2 |
| Igueldo (Monte) | | 10 | C23 |
| Igüeña | LE | 15 | D11 |
| Igueste (Tenerife) | TF | 127 | H3 |
| Igueste de San Andrés (Tenerife) | TF | 125 | K2 |
| Igúzquiza | NA | 19 | E23 |
| Ihabar | NA | 10 | D24 |

| | | | |
|---|---|---|---|
| Ikaztegieta | SS | 10 | C23 |
| Ilarraza | VI | 19 | D22 |
| Ilche | HU | 36 | G30 |
| Illa | OR | 27 | G5 |
| Illa (L') | T | 37 | H33 |
| Illa de Arousa | PO | 12 | E3 |
| Illán de Vacas | TO | 57 | M16 |
| Illana | GU | 59 | L21 |
| Illano | O | 4 | C9 |
| Illar | AL | 102 | V22 |
| Illas | O | 5 | B12 |
| Illaso | O | 4 | B9 |
| Illescas | TO | 58 | L18 |
| Illón (Sierra de) | | 11 | D26 |
| Illora | GR | 94 | U18 |
| Illot (S') | PM | 105 | N40 |
| Illueca | Z | 34 | H25 |
| Ilurdotz | NA | 11 | D25 |
| Imaña (Val) | | 49 | I28 |
| Imón | GU | 47 | I21 |
| Imotz | NA | 10 | D24 |
| Ina (La) | CA | 98 | W11 |
| Inagua (Gran Canaria) | GC | 114 | C3 |
| Inazares | MU | 84 | R23 |
| Inca | PM | 104 | M38 |
| Incinillas | BU | 18 | D19 |
| Incio | LU | 14 | E7 |

| | | | |
|---|---|---|---|
| Indiana (Estación de la) | MA | 92 | V14 |
| Indiano (El) | SE | 91 | T11 |
| Indias (Las) (La Palma) | TF | 132 | C6 |
| Induráin | NA | 11 | D25 |
| Ines | SO | 32 | H20 |
| Inestrillas | LO | 33 | G24 |
| Infantas (La) | J | 82 | S18 |
| Infantas (Las) | M | 58 | L18 |
| Infernio (Roque del) (Lanzarote) | GC | 120 | E2 |
| Infierno (Barranco del) (Tenerife) | TF | 128 | D4 |
| Infierno (Picos del) | HU | 21 | D29 |
| Infiernos (Los) | GR | 94 | U17 |
| Infiesto | O | 6 | B13 |
| Ingenio (Gran Canaria) | GC | 117 | F3 |
| Iniesta | CU | 60 | N24 |
| Iniéstola | GU | 47 | J22 |
| Inogés | Z | 34 | H25 |
| Inoso | VI | 18 | C21 |
| Instinción | AL | 102 | V22 |
| Insúa (A Coruña) | C | 3 | B6 |
| Insúa (cerca de Taboada) | LU | 13 | D6 |
| Insúa (cerca de Villalba) | LU | 3 | C6 |
| Insúa (Punta) | C | 2 | C2 |
| Intza | NA | 10 | C24 |
| Inviernas (Las) | GU | 47 | J21 |
| Iñigo | SA | 43 | K12 |

| | | | |
|---|---|---|---|
| Ip (Embalse de) | | 21 | D28 |
| Irabiako (Embalse de) | | 11 | D26 |
| Irache (Monasterio de) | | 19 | E23 |
| Iragi | NA | 11 | D25 |
| Iranzu (Monasterio de) | NA | 19 | D23 |
| Irañeta | NA | 10 | D24 |
| Irati | | 11 | D26 |
| Irati (Bosque del) | | 11 | D26 |
| Irati (Valle del) | | 11 | D25 |
| Ircio | BU | 18 | E21 |
| Irede | LE | 15 | D12 |
| Iregua | | 33 | F21 |
| Iregua (Valle de) | LO | 19 | F22 |
| Iribas | NA | 10 | D24 |
| Iriépal | GU | 46 | K20 |
| Irixo | OR | 13 | E5 |
| Irixoa | C | 3 | C5 |
| Irles (Les) | | 37 | I32 |
| Irta (Cap d') | CS | 50 | L31 |
| Irta (Serra de) | | 50 | L30 |
| Iruecha | SO | 47 | I23 |
| Iruela | LE | 15 | F10 |
| Iruela (La) | J | 83 | S21 |
| Iruelos | SA | 43 | I11 |
| Irueste | GU | 46 | K21 |
| Irumugarrieta | NA | 10 | C23 |
| Irún | SS | 10 | B24 |

| | | | |
|---|---|---|---|
| Iruña / Pamplona | NA | 11 | D25 |
| Iruña de Oca | | 19 | D21 |
| Irura | SS | 10 | C23 |
| Iruraiz-Gauna | VI | 19 | D22 |
| Irurita | NA | 11 | C25 |
| Irurozqui | NA | 11 | D26 |
| Irurtzun | NA | 10 | D24 |
| Irús | BU | 8 | C19 |
| Iruz | S | 7 | C18 |
| Iruzubieta | BI | 10 | C22 |
| Isaba / Izaba | NA | 11 | D27 |
| Isabel (La) | H | 78 | T7 |
| Isabela | J | 82 | R19 |
| Isábena | | 22 | E31 |
| Isar | BU | 17 | E18 |
| Isbert (Embalse de) | | 74 | P29 |
| Iscar | VA | 31 | H16 |
| Isidro | BA | 78 | R9 |
| Isidros (Los) | V | 61 | N26 |
| Isil | L | 23 | D33 |
| Isín | HU | 21 | E28 |
| Isla | S | 8 | B19 |
| Isla (La) | O | 6 | B14 |
| Isla Canela | H | 90 | U7 |

## JAÉN

| | | |
|---|---|---|
| Adarves Bajos | CZ | 2 |
| Álamos | BZ | 3 |
| Alcalde García Segovia | CX | 5 |
| Alféreces Provisionales | BX | 8 |
| Alhama | BY | 58 |
| Ángel (Puerta del) | CZ | 9 |
| Bernabé Soriano | BZ | 12 |
| Capitán Aranda Alta | BZ | 13 |
| Carmello Torres | BY | 14 |
| Castilla | BY | 16 |
| Coca de la Piñera (Pl.) | BY | 17 |
| Condestable Iranzo | AX | 18 |
| Correa Weglison | BY | 20 |
| Doctor Civera | BZ | 21 |
| Doctor Eduardo Arroyo | BY | 22 |
| Doctor Eduardo García Triviño López | BX | 24 |
| Ejido de Alcantarilla | BZ | 25 |
| Extremadura | BX | 26 |
| Francisco Coello | BZ | 27 |
| Frente a Jesús | BZ | 44 |
| Fuerte del Rey | AX | 30 |
| Hermanos Pinzón | BX | 31 |
| Ignacio Figueroa | BZ | 32 |
| Juanito el Practicante | AY | 34 |
| Juan Pedro Gutiérrez Higueras | AX | 35 |
| Madre de Dios | BZ | 36 |
| Madre Soledad Torres Acosta | BY | 38 |
| Maestra | BZ | 39 |
| Magdalena Baja | AY | 40 |
| Manuel Caballero Venzala | CX | 41 |
| Manuel Jontoya | BZ | 43 |
| Molino de la Condesa | AY | 45 |
| Muñoz Garnica | BZ | 47 |
| Navas de Tolosa | BY | 48 |
| Núñez de Balboa | BY | 49 |
| Obispo Alonso Suárez | CY | 51 |
| Obispo García de Castro (Pl.) | CYZ | 54 |
| Obispo González | BZ | 55 |
| Obispo Stúñiga | BZ | 52 |
| Puerta del Sol | BY | 56 |
| Salvador Vicente de la Torre | AX | 59 |
| Santa Luisa de Marillac (Pl. de) | AY | 70 |
| Santo Domingo | AY | 71 |
| San Agustín (Pl. de) | BY | 61 |
| San Andrés | BY | 62 |
| San Bartolomé (Pl.) | BZ | 63 |
| San Clemente | BYZ | 65 |
| San Francisco (Pl.) | BZ | 67 |
| San Juan (Pl. de) | BY | 68 |
| Vicente Montuno | CZ | 72 |
| Virgen Capilla | BCY | 74 |
| Virgen de la Cabeza | BX | 73 |

## JEREZ DE LA FRONTERA

Algarve . . . . BZ 2
Angustias (Pl. de las) . . . . BZ 5
Arenal (Pl. del) . . . . BZ 8
Armas . . . . ABZ 10
Arroyo (Calzada del) . . . . AZ 12
Asunción (Pl. del) . . . . BZ 13
Beato Juan Grande . . . . BY 15
Cabezas . . . . AYZ 18
Conde de Bayona . . . . BZ 21
Consistorio . . . . BZ 23
Cordobeses . . . . AY 26
Cristina (Alameda) . . . . BY 28
Doña Blanca . . . . BZ 31
Duque de Abrantes (Av.) . . . . BY 32
Eguilaz . . . . BYZ 33
Encarnación (Pl. de la) . . . . AZ 35
Gaspar Fernández . . . . BYZ 40
José Luis Díez . . . . AZ 42
Lancería . . . . BZ 45
Larga . . . . BZ 47
Letrados . . . . ABZ 50
Luis de Isasy . . . . AYZ 52
Manuel María González . . . . AZ 55
Mercado (Pl. del) . . . . AYZ 56
Monti (Pl.) . . . . BZ 57
Nuño de Cañas . . . . BY 60
Pedro Alonso . . . . BZ 62
Peones (Pl.) . . . . AZ 65
Plateros (Pl.) . . . . BZ 67
Pozuelo . . . . ABZ 70
Rafael Bellido Caro . . . . AZ 71
Rafael Rivero (Pl.) . . . . BY 72
Santiago (Pl.) . . . . AY 81
San Agustín . . . . BZ 75
San Fernando . . . . AZ 77
San Lucas (Pl.) . . . . AYZ 80
Tornería . . . . BY 82
Vieja (Alameda) . . . . AZ 84

| | | | |
|---|---|---|---|
| Isla Cristina | H | 90 | U8 |
| Isla de Luna | CO | 93 | T15 |
| Isla del Vicario | SE | 92 | T14 |
| Isla Plana | MU | 97 | T26 |
| Isla Playa (Cantabria) | S | 8 | B19 |
| Isla Ravenna | PM | 105 | M39 |
| Isla Redonda | SE | 93 | T15 |
| Isla Verde | | 99 | W12 |
| Islares | S | 8 | B20 |
| Islas Menores | MU | 85 | T27 |
| Isleta (La) (Almería) | AL | 103 | V23 |
| Isleta (La) (Gran Canaria) | GC | 115 | G1 |
| Isleta (La) (Lanzarote) | GC | 122 | D3 |
| Islote (El) (Fuerteventura) | GC | 112 | C5 |
| Isoba | LE | 6 | C14 |
| Isona | L | 23 | F33 |
| Isora (El Hierro) | TF | 109 | D3 |
| Isóvol | GE | 23 | E35 |
| Ispater | BI | 9 | B22 |
| Isso | AB | 84 | Q24 |
| Istán | MA | 100 | W15 |
| Isuela | | 21 | F28 |
| Isuerre | Z | 20 | E26 |
| Itálica (Ruinas de) | SE | 91 | T11 |
| Itero de la Vega | P | 17 | F17 |
| Itero del Castillo | BU | 17 | F17 |
| Itoiz (Embalse de) | NA | 11 | D26 |
| Itoiz (Embalse de) | | 11 | D26 |
| Itrabo | GR | 101 | V19 |
| Itrabo (Cerro de) | GR | 101 | V19 |
| Itsaso | SS | 10 | C23 |
| Itsasondo | SS | 10 | C23 |
| Ituero (Albacete) | AB | 72 | P23 |
| Ituero (Soria) | SO | 33 | H22 |
| Ituero de Azaba | SA | 42 | K9 |
| Ituero y Lama | SG | 45 | J16 |
| Ituren | NA | 11 | C24 |
| Iturgoyen | NA | 10 | D24 |
| Iturmendi | NA | 19 | D23 |

| | | | |
|---|---|---|---|
| Iturreta | BI | 10 | C22 |
| Itzalle / Izal | NA | 11 | D26 |
| Itzaltzu / Izalzu | NA | 11 | D26 |
| Itzarri (Punta) | SS | 10 | C23 |
| Itziar | SS | 10 | C23 |
| Iurreta | BI | 10 | C22 |
| Ivars d'Urgell | L | 37 | G32 |
| Ivars de Noguera | L | 36 | G31 |
| Ivarsos (Els) | CS | 62 | L29 |
| Ivorra | L | 37 | G34 |
| Izaba / Isaba | NA | 11 | D27 |
| Izade | | 8 | C20 |
| Izaga | | 11 | D25 |
| Izagaondoa | NA | 11 | D25 |
| Izagre | LE | 16 | F14 |
| Izal / Itzalle | NA | 11 | D26 |
| Izalzu / Itzaltzu | NA | 11 | D26 |
| Izana | SO | 33 | G22 |
| Izaña (Tenerife) | TF | 127 | F3 |
| Izarra | VI | 18 | D21 |
| Izarraitz (Monte) | SS | 10 | C23 |
| Ízbor | GR | 101 | V19 |
| Izcar | CO | 81 | S16 |
| Izco | NA | 20 | E25 |
| Izco (Sierra de) | | 20 | E25 |
| Izki (Parque natural de) | VI | 19 | D22 |
| Iznájar | CO | 93 | U17 |
| Iznalloz | GR | 94 | T19 |
| Iznate | MA | 101 | V17 |
| Iznatoraf | J | 83 | R20 |
| Izpegui (Puerto de) | | 11 | C25 |
| Izurtza | BI | 10 | C22 |

**J**

| | | | |
|---|---|---|---|
| Jábaga | CU | 60 | L23 |
| Jabalcón | GR | 95 | T21 |
| Jabalcuz | J | 82 | S18 |
| Jabalera | CU | 59 | L21 |
| Jabalón (Río) | | 70 | P17 |
| Jabaloyas | TE | 61 | L25 |
| Jabalquinto | J | 82 | R18 |
| Jabarrella | HU | 21 | E28 |
| Jabarrella (Embalse de) | | 21 | E28 |
| Jabarriega | BA | 67 | O9 |
| Jabata | H | 79 | S10 |
| Jable (El) (Lanzarote) | GC | 123 | D3 |
| Jabugo | H | 79 | S9 |
| Jabuguillo | H | 79 | S10 |
| Jaca (Huesca) | HU | 21 | E28 |
| Jaca (Jaén) | J | 94 | T18 |
| Jacarilla | A | 85 | R27 |
| Jacintos | BA | 79 | R10 |
| Jadraque | GU | 46 | J21 |
| Jaén | J | 82 | S18 |
| Jafre | GE | 25 | F39 |
| Jaganta | TE | 49 | J29 |
| Jaizkibel (Monte) | SS | 10 | B24 |
| Jalama | CC | 55 | L9 |
| Jalance | V | 73 | O26 |
| Jalón (Río) | Z | 33 | I23 |
| Jalón de Cameros | LO | 19 | F22 |
| Jalvegada | CR | 82 | Q18 |
| Jama (Tenerife) | TF | 128 | E5 |
| Jamara (Canal del) | | 58 | L19 |
| Jambrina | ZA | 29 | H13 |
| Jameos del Agua (Lanzarote) | GC | 121 | F3 |
| Jamilena | J | 82 | S18 |
| Jamuz | | 15 | F12 |
| Jana (La) | CS | 50 | K30 |
| Jandía (Fuerteventura) | GC | 112 | C5 |
| Jandía (Península de) (Fuerteventura) | GC | 112 | B5 |
| Jandía (Punta de) (Fuerteventura) | GC | 112 | A5 |
| Jandilla | CA | 99 | X12 |
| Jándula (Embalse del) | | 82 | R18 |
| Jándula (Río) | | 82 | Q18 |
| Jandulilla | J | 83 | S20 |
| Janubio (Salinas de) (Lanzarote) | GC | 122 | B4 |

| | | | |
|---|---|---|---|
| Jara (La) (Cádiz) | CA | 91 | V10 |
| Jara (La) (Toledo) | TO | 57 | M14 |
| Jaraba | Z | 48 | I24 |
| Jarafuel | V | 73 | O26 |
| Jaraguas | V | 61 | N25 |
| Jaraicejo | CC | 56 | N12 |
| Jaraiz de la Vera | CC | 56 | L12 |
| Jarales (El Hierro) | TF | 109 | D2 |
| Jarama (Circuito del) | M | 46 | K19 |
| Jarama (Río) | | 46 | I19 |
| Jaramillo de la Fuente | BU | 32 | F20 |
| Jaramillo Quemado | BU | 32 | F19 |
| Jarandilla de la Vera | CC | 56 | L13 |
| Jaras (Las) | CO | 81 | S15 |
| Jarastepar | MA | 99 | V14 |
| Jaray | SO | 33 | G23 |
| Jarceley | O | 5 | C10 |
| Jarda (La) | | 99 | W13 |
| Jardín (El) | AB | 72 | P23 |
| Jardín (Río del) | | 72 | P23 |
| Jardines (Puerto de los) | J | 82 | Q19 |
| Jarilla | CC | 56 | L11 |
| Jarilla (La) | SE | 92 | T12 |
| Jarillas (Las) | SE | 80 | S12 |
| Jarlata | HU | 21 | E28 |
| Jarosa | AL | 84 | S23 |
| Jarosa (Embalse de la) | M | 45 | J17 |
| Jarosa (La) | CR | 71 | P20 |
| Jarque | Z | 34 | H24 |
| Jarque de la Val | TE | 49 | J27 |
| Jartín (Arroyo) | | 55 | M9 |
| Jártos | AB | 84 | Q23 |
| Jasa | HU | 21 | D28 |
| Jata | GR | 84 | S22 |
| Játar | GR | 101 | V18 |
| Jatiel | TE | 35 | I28 |
| Jau (El) | GR | 94 | U18 |
| Jauja | CO | 93 | U16 |
| Jaulín | Z | 35 | H27 |
| Jauntsarats | NA | 10 | C24 |
| Jaurrieta | NA | 11 | D26 |
| Jautor (El) | CA | 99 | W13 |
| Javalambre | TE | 61 | L26 |
| Javalambre (Sierra de) | TE | 61 | L27 |
| Javalón | TE | 61 | L25 |
| Javana (Punta) | AL | 103 | V24 |
| Jávea / Xàbia | A | 75 | P30 |
| Javier | NA | 20 | E26 |
| Javierre | HU | 21 | E29 |
| Javierre del Obispo | HU | 21 | E29 |
| Javierregay | HU | 21 | E27 |
| Javierrelatre | HU | 21 | E28 |
| Javierrelatre (Embalse de) | | 21 | E28 |
| Jayena | GR | 101 | V18 |
| Jayón | | 103 | V23 |
| Jedey (La Palma) | TF | 132 | C5 |
| Jédula | CA | 91 | V12 |
| Jemenuño | SG | 45 | J16 |
| Jerea | | 8 | C20 |
| Jerez de la Frontera | CA | 98 | V11 |
| Jerez de los Caballeros | BA | 79 | R9 |
| Jerez del Marquesado | GR | 95 | U20 |
| Jérica | CS | 62 | M28 |
| Jerte | CC | 56 | L12 |
| Jerte (Río) | | 55 | L11 |
| Jesús (Iglesia) | PM | 87 | P34 |
| Jesús i María | T | 50 | J32 |
| Jesús Pobre | A | 74 | P30 |
| Jete | GR | 101 | V18 |
| Jiloca | Z | 48 | I25 |
| Jimena | J | 82 | S19 |
| Jimena de la Frontera | CA | 99 | W13 |
| Jimenado | MU | 85 | S26 |
| Jiménez de Jamuz | LE | 15 | F12 |
| Jimera de Líbar (La) | MA | 99 | W14 |
| Jinama (Mirador de) (El Hierro) | TF | 109 | D2 |
| Jinamar (Gran Canaria) | GC | 115 | F2 |
| Jinetes (Los) | SE | 92 | T12 |
| Jistredo (Sierra de) | | 15 | D11 |
| Joanetes | | 24 | F37 |

| | | | |
|---|---|---|---|
| Joanín | LU | 13 | E6 |
| Joara | LE | 16 | E15 |
| Joarilla de las Matas | LE | 16 | F14 |
| Jócano | VI | 18 | D21 |
| Jódar | J | 82 | S19 |
| Jodra de Cardos | SO | 33 | H22 |
| Jola | CC | 66 | O8 |
| Jolúcar | GR | 102 | V19 |
| Joncosa de Montmell (La) | T | 37 | I34 |
| Jonquera (La) | GE | 25 | E38 |
| Jorairátar | GR | 102 | V20 |
| Jorba | B | 37 | H34 |
| Jorcas | TE | 49 | K27 |
| Jorquera | AB | 73 | O25 |
| Josa | TE | 49 | J27 |
| Josa del Cadí | L | 23 | F34 |
| José Antonio | CA | 99 | V12 |
| José Antonio Elola | | 56 | L14 |
| José Díez | BA | 79 | R10 |
| Jose Toran (Embalse de) | SE | 80 | S13 |
| Jou | L | 23 | E33 |
| Jou (Coll de) | L | 23 | F34 |
| Joya (La) (Huelva) | H | 78 | S8 |
| Joya (La) (Ibiza) | PM | 87 | O34 |
| Joyosa (La) | Z | 34 | G26 |
| Juan Antón | SE | 79 | T10 |
| Juan Gallego | SE | 79 | T10 |
| Juan Grande (Gran Canaria) | GC | 117 | F4 |
| Juan Martín | CO | 81 | S16 |
| Juan Navarro | V | 61 | N26 |
| Juan Quílez | AB | 84 | Q23 |
| Juán Rico (Casas de) | A | 73 | Q27 |
| Juanar (Refugio de) | MA | 100 | W15 |
| Juarros de Riomoros | SG | 45 | J17 |
| Juarros de Voltoya | SG | 45 | I16 |
| Jubera (Jaén) | J | 82 | S18 |
| Jubera (La Rioja) | LO | 19 | F23 |
| Jubera (Soria) | SO | 47 | I22 |
| Jubiley (Puerto) | GR | 102 | V19 |
| Jubrique | MA | 99 | W14 |
| Júcar (Garganta) | | 60 | L24 |
| Júcar (Río) | | 60 | L24 |
| Judes | SO | 47 | I23 |
| Judio | CR | 69 | Q16 |
| Judío (Embalse del) | MU | 85 | R25 |
| Jumadiel (Arroyo de) | | 55 | N9 |
| Jumilla | MU | 85 | Q26 |
| Jumilla (Puerto de) | MU | 73 | Q26 |
| Juncalillo (Gran Canaria) | GC | 114 | D2 |
| Juncar (El) | CS | 62 | L29 |
| Junciana | AV | 44 | K13 |
| Juncosa | L | 36 | H32 |
| Juneda | L | 36 | H32 |
| Junquera (La) (Murcia) | MU | 84 | S23 |
| Junquera (La) (Sevilla) | SE | 91 | V11 |
| Junquera de Tera | ZA | 29 | F11 |
| Junquillo | J | 82 | R17 |
| Juntas | J | 94 | T18 |
| Juntas de Arriba (Las) | AL | 84 | S23 |
| Junzano | HU | 21 | F29 |
| Jurado | CO | 81 | R16 |
| Jurados (Los) | SE | 92 | U12 |
| Jureña (Sierra de) | | 83 | S22 |
| Juseu | HU | 22 | F31 |
| Juslibol | Z | 35 | G27 |
| Justel | ZA | 15 | F11 |
| Justo (San) | LO | 19 | F23 |
| Juviles | GR | 102 | V20 |
| Juzbado | SA | 43 | I12 |
| Júzcar | MA | 100 | W14 |

**K**

| | | | |
|---|---|---|---|
| Kanala | BI | 9 | B21 |
| Kanpazar (Puerto de) | SS | 10 | C22 |
| Kintoa Real (Coto nacional de) | | 11 | C25 |
| Kortezubi | BI | 9 | B22 |
| Kripan | VI | 19 | E22 |

**L**

| | | | |
|---|---|---|---|
| La Escala / Escala (L') | GE | 25 | F39 |
| La Rada | NA | 20 | F25 |
| Labacengos | C | 3 | B6 |
| Labacolla | C | 3 | D4 |
| Labajos | SG | 45 | J16 |
| Labarces | S | 7 | C16 |
| Labastida | VI | 19 | E21 |
| Labata | HU | 21 | F29 |
| Labia (Sierra de) | | 11 | D25 |
| Labiano | NA | 11 | D25 |
| Labor de Acequión | AB | 72 | O23 |
| Laborcillas | GR | 95 | T20 |
| Labores (Las) | CR | 70 | O19 |
| Labra | O | 6 | B14 |
| Labrada (cerca de Abadín) | LU | 4 | B7 |
| Labrada (cerca de Germade) | LU | 3 | C6 |
| Labraza | VI | 19 | E22 |
| Labros | GU | 48 | I24 |
| Labuerda | HU | 22 | E30 |
| Lacabe | NA | 11 | D25 |
| Lácara | BA | 67 | P10 |
| Lácara (Rivera de) | | 67 | P10 |
| Lacervilla | VI | 19 | D21 |
| Láchar | GR | 94 | U18 |
| Lacorvilla | Z | 21 | F27 |
| Lada | O | 5 | C12 |
| Ladines | O | 6 | C13 |
| Ladrillar | CC | 43 | K11 |
| Ladronera | CO | 81 | R16 |
| Ladrones | MU | 73 | P25 |
| Ladrones (Punta) | MA | 100 | W15 |
| Ladruñán | TE | 49 | J28 |
| Lafortunada | HU | 22 | E30 |
| Lafuente | S | 7 | C16 |
| Lagar | O | 4 | B9 |
| Lagar de San Antonio | CO | 93 | T15 |
| Lagarejos | ZA | 29 | F10 |
| Lagarín | CA | 92 | V14 |
| Lagartera | TO | 57 | M14 |
| Lagartos | P | 16 | E15 |
| Lagata | Z | 35 | I27 |
| Lago (Lugo) | LU | 4 | A7 |
| Lago (Asturias) | O | 4 | C9 |
| Lago Menor | PM | 105 | M39 |
| Lagoa (A) | PO | 12 | E4 |
| Lagos | MA | 101 | V17 |
| Lagrán | VI | 19 | E22 |
| Laguarres | HU | 22 | F31 |
| Laguarta | HU | 21 | E29 |
| Lagueruela | TE | 48 | I26 |
| Laguna (La) (Ciudad Real) | CR | 70 | P18 |
| Laguna (La) (Granada) | GR | 93 | U17 |
| Laguna (La) (Tenerife) | TF | 125 | I2 |
| Laguna (La) (La Palma) | TF | 132 | C5 |
| Laguna (La) (Huesca) | HU | 35 | G29 |
| Laguna Dalga | LE | 15 | F12 |
| Laguna de Cameros | LO | 19 | F22 |
| Laguna de Contreras | SG | 31 | H17 |
| Laguna de Duero | VA | 30 | H15 |
| Laguna de Negrillos | LE | 16 | F13 |
| Laguna de Somoza | LE | 15 | E11 |
| Laguna del Marquesado | CU | 60 | L24 |
| Laguna Grande | CU | 71 | N21 |
| Laguna Negra de Neila | BU | 32 | F20 |
| Laguna Negra de Urbión | SG | 33 | F21 |
| Laguna Rodrigo | SG | 45 | J16 |
| Lagunarrota | HU | 36 | G29 |
| Lagunas de Ruidera (Parque natural) | CR | 71 | P21 |
| Lagunaseca | CU | 47 | K23 |
| Lagunazo | H | 78 | T8 |
| Lagunazo (Embalse de) | H | 78 | T8 |
| Lagunica (La) | | 48 | J25 |
| Lagunilla | SA | 43 | L12 |
| Lagunilla (La) | CR | 69 | O16 |
| Lagunilla del Jubera | LO | 19 | E23 |
| Lagunillas (Las) | CO | 93 | T17 |
| Lahiguera | J | 82 | S18 |
| Laida | BI | 9 | B21 |
| Laíño | C | 12 | D3 |

## LEÓN

Alcalde Miguel Castaño . . . . . . . B 2
Almirante Martín-Granizo (Av. del) . . . . . . . . . . A 3
Ancha . . . . . . . . . . B 16
Arquitecto Ramón Cañas del Rio B 4
Caño Badillo . . . . . . . . . . B 8
Cruz Roja de León . . . . . . . . . . A 9
Espolón (Pl. de) . . . . . . . . . . B 12
Facultad (Av. de la) . . . . . . . . . . A 15
González de Lama . . . . . . . . . . B 18
Guzmán el Bueno (Glorieta de) . . . . . . . . . . A 23
Independencia (Av. de) . . . . . . . . B 25
Inmaculada (Pl. de) . . . . . . . . . . A 5
Jorge de Montemayor . . . . . . . . B 26
Mariano Andrés (Av. de) . . . . . . . B 28
Murias de Paredes . . . . . . . . . . B 30
Ordoño II . . . . . . . . . . A
Padre Isla (Av. del) . . . . . . . . . . AB
Palomera . . . . . . . . . . B 31
Papalaguinda (Pas. de) . . . . . . . . A 33
Quevedo (Av. de) . . . . . . . . . . A 40
Ramiro Valbuena . . . . . . . . . . A 45
Rúa . . . . . . . . . . B
Sáez de Miera (Pas. de) . . . . . . . A 47
Santo Domingo (Pl. de) . . . . . . . . . . B 58
Santo Martino (Pl. de) . . . . . . . . B 61
San Francisco (Pas. de) . . . . . . . . B 48
San Isidoro (Pl. de) . . . . . . . . . . B 50
San Marcelo (Pl. de) . . . . . . . . . . B 52
San Marcos (Pl. de) . . . . . . . . . . A 55
San Pedro . . . . . . . . . . B 38

| | | | |
|---|---|---|---|
| Laiosa | LU | 14 | E7 |
| Laíquez (Minas de) | | 103 | V23 |
| Lajares (Fuerteventura) | GC | 111 | H1 |
| Lajita (La) (Fuerteventura) | GC | 113 | F4 |
| Lakuntza | NA | 19 | D23 |
| Lalastra | VI | 18 | D20 |
| Lalín | PO | 13 | E5 |
| Laluenga | HU | 22 | F29 |
| Lalueza | HU | 35 | G29 |
| Lama | PO | 13 | E4 |
| Lamalonga | OR | 14 | F9 |
| Lamas (cerca de San Sadurniño) | C | 3 | B5 |
| Lamas (cerca de Zás) | C | 2 | C3 |
| Lamas (Lugo) | LU | 3 | C6 |
| Lamas (Ourense) | OR | 13 | E6 |
| Lamas (As) | OR | 13 | F6 |
| Lamas (Las) | | 14 | D9 |
| Lamas de Moreira | LU | 4 | C8 |
| Lamasón | | 7 | C16 |
| Lamata | HU | 22 | F30 |
| Laminoria (Cantera de) | VI | 19 | D22 |
| Lamosa | PO | 13 | F4 |
| Lana | | 19 | D23 |
| Lanaja | HU | 35 | G29 |
| Lanaja (Sierra de) | | 35 | G28 |
| Lanave | HU | 21 | E28 |
| Láncara (Lugo) | LU | 14 | D7 |
| Lancha (La) | J | 82 | R18 |
| Lancha (Puerto de la) | AV | 45 | K16 |
| Lanchar | MU | 84 | R23 |
| Lanchares | S | 7 | C18 |
| Lanciego | VI | 19 | E22 |
| Landete | CU | 61 | M25 |
| Landrove | LU | 4 | B7 |
| Landrove (Río) | LU | 4 | B7 |
| Lanestosa | BI | 8 | C19 |
| Langa | AV | 44 | I15 |
| Langa (La) | CU | 59 | L22 |
| Langa de Duero | SO | 32 | H19 |
| Langa del Castillo | Z | 34 | I25 |
| Langayo | VA | 31 | H17 |
| Langosto | SO | 33 | G22 |
| Langre | LE | 15 | D10 |
| Langreo | | 6 | C13 |
| Languilla | SG | 32 | H19 |
| Lanjarón | GR | 101 | V19 |
| Lanseros | ZA | 29 | F10 |
| Lantadilla | P | 17 | E17 |
| Lantaño | PO | 12 | E3 |
| Lantarón | VI | 18 | D20 |
| Lantéira | GR | 95 | U20 |
| Lantejuela | SE | 92 | T14 |
| Lantz | NA | 11 | D25 |
| Lanuza (Embalse de) | HU | 21 | D29 |
| Lanza | C | 3 | C5 |
| Lanzahita | AV | 57 | L15 |
| Lanzas Agudas | BI | 8 | C19 |
| Lanzós | LU | 3 | B7 |
| Lanzuela | TE | 48 | I26 |
| Laño | BU | 19 | E22 |
| Lapa (La) (Badajoz) | BA | 79 | Q10 |
| Lapa (La) (Sevilla) | SE | 91 | T11 |
| Lapa (Sierra de la) | BA | 68 | P12 |
| Lapela | OR | 13 | F5 |
| Laperdiguera | HU | 36 | G29 |
| Lapoblación | NA | 19 | E22 |
| Lapones | CC | 54 | N8 |
| Lapuebla de Labarca | VI | 19 | E22 |
| Lara (Burgos) | BU | 18 | F19 |
| Lara (Ciudad Real) | CR | 70 | O18 |
| Laracha | C | 2 | C4 |
| Laranueva | GU | 47 | J22 |
| Laraxe | C | 3 | B5 |
| Lardero | LO | 19 | E22 |
| Laredo | S | 8 | B19 |
| Larga (Laguna) | TO | 59 | N20 |
| Larga (Sierra) (Almería) | AL | 84 | S23 |
| Larga (Sierra) (Murcia) | MU | 85 | Q25 |
| Largas | TO | 58 | N19 |
| Largo (El) | AL | 96 | T24 |
| Lariño | C | 12 | D2 |
| Lario | LE | 6 | C14 |
| Laro | PO | 13 | E5 |
| Laroá | OR | 27 | F6 |
| Laroles | GR | 95 | U20 |
| Larón | O | 5 | D10 |
| Larouco | OR | 14 | E8 |
| Laroya | AL | 96 | U23 |
| Larrabasterra | BI | 8 | B21 |
| Larrabetzu | BI | 9 | C21 |
| Larraga | NA | 20 | E24 |
| Larraintzar | NA | 11 | D24 |
| Larraitz (Ermita de) | SS | 10 | C23 |
| Larraona | NA | 19 | D23 |
| Larrau (Puerto de) | NA | 11 | D27 |
| Larraul | SS | 10 | C23 |
| Larraun | NA | 10 | D24 |
| Larráun | | 10 | D24 |
| Lárrede | HU | 21 | E29 |
| Larreineta | BI | 8 | C20 |
| Larrés | HU | 21 | E28 |
| Larriba | LO | 19 | F22 |
| Larrión | NA | 19 | D23 |
| Larrodrigo | SA | 44 | J13 |
| Larruskain | BI | 10 | C22 |
| Larués | HU | 21 | E27 |
| Larumbe | NA | 10 | D24 |
| Larva | J | 83 | S20 |
| Larva (Estación de) | J | 83 | S20 |
| Larxentes | LU | 4 | D9 |
| Las Mestas | CC | 43 | K11 |
| Lasao | SS | 10 | C23 |
| Lasaosa | HU | 21 | E29 |
| Lasarte-Oria | SS | 10 | C23 |
| Lascasas | HU | 21 | F28 |
| Lascellas | HU | 21 | F29 |
| Lascuarre | HU | 22 | F31 |
| Lasieso | HU | 21 | E28 |
| Laspaúles | HU | 22 | E31 |
| Laspuña | HU | 22 | E30 |
| Laspuña (Embalse de) | HU | 22 | E30 |
| Lastanosa | HU | 35 | G29 |
| Lastra (A) | LU | 4 | C8 |
| Lastra (La) (Palencia) | P | 17 | D16 |
| Lastra (La) (Cantabria) | S | 7 | C16 |
| Lastra (Sierra de la) | | 49 | K28 |
| Lastra del Cano (La) | AV | 44 | K13 |
| Lastras | S | 8 | C19 |
| Lastras de Cuéllar | SG | 31 | I17 |
| Lastras de la Torre | BU | 18 | C20 |
| Lastras de las Eras | BU | 8 | C19 |
| Lastras del Pozo | SG | 45 | J16 |
| Lastres | O | 6 | B14 |
| Lastres (Cabo) | O | 6 | B14 |
| Lastrilla (La) | SG | 45 | J17 |
| Latasa (cerca de Lekunberri) | NA | 10 | D24 |
| Latasa (cerca de Lizaso) | NA | 11 | D25 |
| Latedo | ZA | 29 | G10 |
| Latorrecilla | HU | 22 | E30 |
| Latre | HU | 21 | E28 |
| Laujar de Andarax | AL | 102 | V21 |
| Laukiz | BI | 8 | B21 |
| Lavaderos | TE | 49 | J27 |
| Lavadores | PO | 12 | F3 |
| Lavandeira | C | 3 | B5 |
| Lavansa (Riu de) | | 23 | F34 |
| Lavern | B | 38 | H35 |
| Laviana | | 6 | C13 |
| Lavid de Ojeda | P | 17 | E16 |
| Lavio | O | 5 | B10 |
| Laxe (A Coruña) | C | 2 | C2 |
| Laxe (Lugo) | LU | 13 | E6 |
| Laxosa | LU | 4 | D7 |
| Layana | Z | 20 | F26 |
| Layna | SO | 47 | I23 |
| Layón | AL | 95 | U22 |
| Layos | TO | 58 | M17 |
| Laza | OR | 14 | F7 |
| Laza (Alto) | | 11 | D27 |
| Lazagurría | NA | 19 | E23 |
| Lázaro | CU | 60 | M24 |
| Lazkao | SS | 10 | C23 |
| Lea | LU | 4 | C7 |
| Leache | NA | 20 | E25 |
| Lebanza | P | 17 | D16 |
| Lebeña | S | 7 | C16 |
| Leboreiro (A Coruña) | C | 13 | D6 |
| Leboreiro (Ourense) | OR | 14 | F7 |
| Lebozán (Ourense) | OR | 13 | E5 |
| Lebozán (Pontevedra) | PO | 13 | E5 |
| Lebrancón | GU | 47 | J23 |
| Lebredo | O | 4 | B9 |
| Lebrija | SE | 91 | V11 |
| Lécera | Z | 35 | I27 |
| Leces | O | 6 | B14 |
| Lechago | TE | 48 | J26 |
| Lechina | AB | 72 | O22 |
| Lechón | Z | 48 | I26 |
| Lechugales (Morra de) | ESP | 7 | C15 |
| Lecina | HU | 22 | F30 |
| Leciñena | Z | 35 | G28 |
| Lecrín | GR | 101 | V19 |
| Lecrín (Valle de) | GR | 101 | V19 |
| Ledanca | GU | 47 | J21 |
| Ledaña | CU | 72 | N24 |
| Ledesma | SA | 43 | I11 |
| Ledesma de la Cogolla | LO | 19 | F21 |
| Ledesma de Soria | SO | 33 | H23 |
| Ledigos | P | 16 | E15 |
| Ledrada | SA | 43 | K12 |
| Leganés | M | 46 | L18 |
| Leganiel | CU | 59 | L21 |
| Legarda | NA | 10 | D24 |
| Legazpi | SS | 10 | C22 |
| Legorreta | SS | 10 | C23 |
| Legutiano | VI | 19 | D22 |
| Leiloio | C | 2 | C3 |
| Leintz-Gatzaga | SS | 19 | D22 |
| Leioa | BI | 8 | B20 |
| Leioa | BI | 8 | B21 |
| Leioa | BI | 8 | C21 |
| Leira | C | 3 | C4 |
| Leirado | PO | 13 | F4 |
| Leiro (A Coruña) | C | 3 | B5 |
| Leiro (Ourense) | OR | 13 | E5 |
| Leis | C | 2 | C2 |
| Leitariegos | O | 5 | D10 |
| Leitariegos (Puerto de) | LE | 5 | D10 |
| Leitza | NA | 10 | C24 |
| Leiva | LO | 18 | E20 |
| Leizarán | | 10 | C24 |
| Lekeitio | BI | 9 | B22 |
| Lekunberri | NA | 10 | C24 |
| Lemoa | BI | 9 | C21 |
| Lemoiz | BI | 8 | B21 |
| Lena | | 5 | C12 |
| Lences | BU | 18 | E19 |
| Lendínez | J | 82 | S17 |
| Lengua (Sierra) | | 73 | P26 |
| Lentejí | GR | 101 | V18 |
| Lentellais | OR | 14 | F8 |
| Lentiscal (El) | CA | 99 | X12 |
| León | LE | 16 | E13 |
| León (Isla de) | CA | 98 | W11 |
| León (Montes de) | LE | 15 | E10 |

## LLEIDA

Almadi Vell . . . . . . . . . . Z 3
Bisbe Messeguer . . . . . . . . . . YZ 5
Canyeret . . . . . . . . . . YZ 7
Cardenal Cisneros . . . . . . . . . . Z 8
Carme . . . . . . . . . . Y 9
Catedral (Pl. de la) . . . . . . . . . . Z 10
Comtes d'Urgell . . . . . . . . . . Y 12
Exèrcit (Av. de l') . . . . . . . . . . Z 14
Exèrcit (Pl. de l') . . . . . . . . . . Z 15
Francesc Macià . . . . . . . . . . Y 16
Gov. Montcada . . . . . . . . . . Z 18
Magdalena . . . . . . . . . . Y 24
Major . . . . . . . . . . Z
Missions (Pl. de les) . . . . . . . . . . Y 26
Mossèn Jacint Verdaguer (Pl. del) . . . . . . . . . . Y 27
Paeria (Pl. de la) . . . . . . . . . . Z 29
Pallars . . . . . . . . . . Y 30
Pi i Margall . . . . . . . . . . Y 31
Ramon Berenguer IV (Pl. de) . . . Y 32
República del Paraguai . . . . . . . . Z 33
Ricard Vinyes (Pl. de) . . . . . . . . . . Y 34
Sal (Pl. de la) . . . . . . . . . . Y 36
Sant Andreu . . . . . . . . . . YZ 38
Sant Antoni . . . . . . . . . . Z
Sant Crist . . . . . . . . . . Z 39
Sant Joan . . . . . . . . . . Y 41
Sant Joan (Pl. de) . . . . . . . . . . YZ 42
Sant Josep (Pl. de) . . . . . . . . . . Z 43
Sant Llorenç (Pl. de) . . . . . . . . . . Z 45
Sant Martí (Ronda) . . . . . . . . . . Y 46
Saragossa . . . . . . . . . . YZ 49
Vallcalent . . . . . . . . . . Y 55

## LOGROÑO

Alférez Provisional (Pl. del) . . . . . A 2
Autonomía de la Rioja (Av. de la) B 3
Bretón de los Herreros . . . . . . . . A 4
Capitán Gaona . . . . . . . . . . . . . B 5
Carmen (Muro del) . . . . . . . . . . B 6
Cervantes (Muro de) . . . . . . . . . B 7
Daniel Trevijano . . . . . . . . . . . . A 9
Doce Ligero de Artillería (Av. del) B 12
Duquesa de la Victoria . . . . . . . B 13
España (Av. de) . . . . . . . . . . . . B 14
Fausto Elhuyar . . . . . . . . . . . . A 15
Francisco de la Mata (Muro) . . . . . . . . . . . . . . . . B 16
Ingenieros Pino y Amorena . . . . B 19
Juan XXIII (Av. de) . . . . . . . . . . B 22
Marqués de Murrieta . . . . . . . . A 23
Marqués de San Nicolás . . . . . AB 25
Mercado (Pl. del) . . . . . . . . . . . B 26
Miguel Villanueva . . . . . . . . . . AB 27
Navarra (Av. de) . . . . . . . . . . . . B 28
Navarra (Carret. de) . . . . . . . . . B 29
Once de Junio . . . . . . . . . . . . . A 30
Pío XII (Av. de) . . . . . . . . . . . . B 31
Portales . . . . . . . . . . . . . . . . . B 32
Portugal (Av. de) . . . . . . . . . . . A 33
Rioja (Av. de la) . . . . . . . . . . . A 34
Rodríguez Paterna . . . . . . . . . . . . . . . . B 35
Sagasta . . . . . . . . . . . . . . . . . A 36
Teniente Coronel Santos Ascarza . . . . . . . . . . . . . . . B 40
Tricio . . . . . . . . . . . . . . . . . . . B 41
Viana (Av. de) . . . . . . . . . . . . . B 42

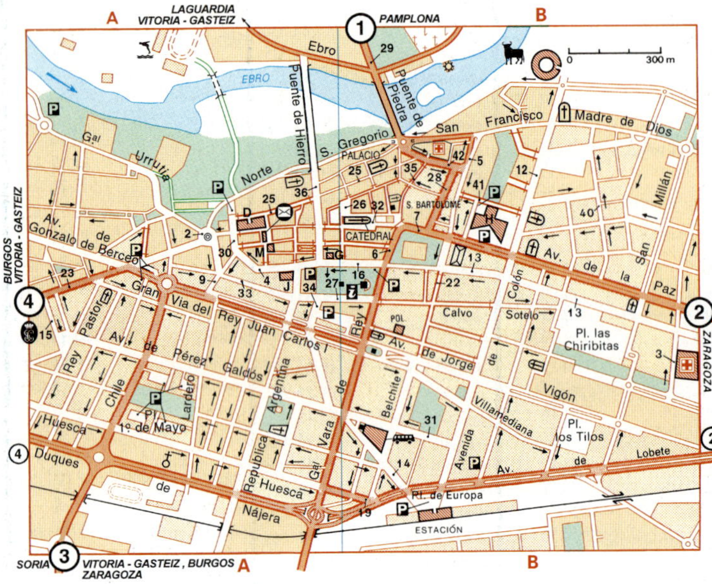


| | | | |
|---|---|---|---|
| León (Puerto del) | MA | 100 | V16 |
| Leones (Los) | CO | 93 | T16 |
| Leoz | NA | 20 | E25 |
| Lepe | H | 90 | U8 |
| Leranotz | NA | 11 | D25 |
| Lérez | PO | 12 | E4 |
| Lerga | NA | 20 | E25 |
| Lerga (Alto) | | 20 | E25 |
| Lérida / Lleida | L | 36 | H31 |
| Lerín | NA | 19 | E24 |
| Lerma | BU | 32 | F18 |
| Lermilla | BU | 18 | E19 |
| Lerones | S | 7 | C16 |
| Les | L | 22 | D32 |
| Les Marines (Platjas) | A | 74 | Q30 |
| Lesaka | NA | 11 | C24 |
| Lesón | C | 12 | E3 |
| Letreros (Cuevas de los) | AL | 84 | S23 |
| Letur | AB | 84 | Q23 |
| Letux | Z | 35 | I27 |
| Levante (Peñas de) | CC | 55 | L10 |
| Levante (Serres de) | | 105 | N39 |
| Levinco | O | 6 | C13 |
| Leyre (Monasterio de) | NA | 20 | E26 |
| Leyre (Sierra de) | | 20 | E26 |
| Leza | VI | 19 | E22 |
| Leza (Río) | | 19 | F22 |
| Leza de Río Leza | LO | 19 | F22 |
| Lezama (Vizcaya) | BI | 9 | C21 |
| Lezama (Álava) | VI | 8 | C21 |
| Lezáun | NA | 10 | D24 |
| Lezna (La) | | 34 | H25 |
| Lezo | SS | 10 | C24 |
| Lezuza | AB | 72 | P22 |
| Lezuza (Río de) | | 72 | P23 |
| Liandres | S | 7 | B17 |
| Libardón | O | 6 | B14 |
| Liber | LU | 14 | D8 |
| Librán | LE | 15 | D10 |
| Libreros | CA | 99 | X12 |
| Librilla | MU | 85 | S25 |
| Libros | TE | 61 | L26 |
| Liceras | SO | 32 | H20 |
| Lidón | TE | 48 | J26 |
| Lidón (Sierra de) | | 48 | J26 |
| Liebres | BA | 67 | O9 |
| Liédena | NA | 20 | E26 |
| Liegos | LE | 6 | C14 |

| | | | |
|---|---|---|---|
| Liencres | S | 7 | B18 |
| Liendo | S | 8 | B19 |
| Lieres | O | 6 | B13 |
| Liérganes | S | 8 | B18 |
| Lierta | HU | 21 | F28 |
| Liesa | HU | 21 | F29 |
| Liétor | AB | 72 | Q24 |
| Ligos | SO | 32 | H20 |
| Ligüerre de Ara | HU | 21 | E29 |
| Ligüerzana | P | 17 | D16 |
| Líjar | AL | 96 | U23 |
| Líjar (Sierra de) | | 92 | V13 |
| Lillo | TO | 59 | M20 |
| Lillo del Bierzo | LE | 15 | D10 |
| Limaria | AL | 96 | T23 |
| Limia | | 27 | G5 |
| Limo (Punta del) | C | 3 | A6 |
| Limodre | C | 3 | B5 |
| Limones | GR | 94 | T18 |
| Limonetes de Villalobos (Los) | BA | 67 | P9 |
| Limpias | S | 8 | B19 |
| Linarejos (Jaén) | J | 82 | R19 |
| Linarejos (Zamora) | ZA | 29 | G10 |
| Linares (Jaén) | J | 82 | R19 |
| Linares (cerca de Cangas de Narcea) | O | 5 | C10 |
| Linares (cerca de Salas) | O | 5 | B11 |
| Linares (Cantabria) | S | 7 | C16 |
| Linares (Puerto de) | TE | 49 | L28 |
| Linares (Río) | | 33 | F23 |
| Linares de la Sierra | H | 79 | S10 |
| Linares de Mora | TE | 49 | L28 |
| Linares de Riofrío | SA | 43 | K12 |
| Linares del Arroyo (Embalse de) | SG | 32 | H19 |
| Linás de Broto | HU | 21 | E29 |
| Linás de Marcuello | HU | 21 | F27 |
| Linde (La) | | 5 | C10 |
| Lindín | LU | 4 | B8 |
| Línea de la Concepción (La) | CA | 99 | X13 |
| Lintzoain | NA | 11 | D25 |
| Linyola | L | 37 | G32 |
| Liñaio | C | 2 | D3 |
| Liñares (Lugo) | LU | 14 | D8 |
| Liñares (cerca de Beariz) | OR | 13 | E5 |
| Liñares (cerca de Orense) | OR | 13 | E6 |
| Lira | C | 12 | D2 |

| | | | |
|---|---|---|---|
| Lires | C | 2 | D2 |
| Liri | HU | 22 | E31 |
| Liria / Llíria | V | 62 | N28 |
| Lisbona (Sierra) | | 96 | U24 |
| Litago | Z | 34 | G24 |
| Litera | HU | 22 | F31 |
| Litos | ZA | 29 | G11 |
| Lituelo | TE | 48 | J26 |
| Lituénigo | Z | 34 | G24 |
| Lizarra / Estella | NA | 19 | D23 |
| Lizarraga (cerca de Echarri Aranaz) | NA | 19 | D23 |
| Lizarraga (cerca de Urroz) | NA | 11 | D25 |
| Lizarraga (Puerto de) | NA | 19 | D23 |
| Lizarrieta | NA | 11 | C25 |
| Lizarrusti (Puerto de) | ESP | 19 | D23 |
| Lizartza | SS | 10 | C23 |
| Lizaso | NA | 11 | D24 |
| Lizóain | NA | 11 | D25 |
| Lizuniaga | | 11 | C25 |
| Llabería | T | 51 | I32 |
| Llacuna (La) | B | 37 | H34 |
| Lladó | GE | 25 | F38 |
| Lladorre | L | 23 | E33 |
| Lladrós | L | 23 | E33 |
| Lladurs | L | 23 | F34 |
| Llafranc | GE | 25 | G39 |
| Llagosta (La) | B | 38 | H36 |
| Llagostera (Girona) | GE | 25 | G38 |
| Llagunes | L | 23 | E33 |
| Llamas | O | 6 | C13 |
| Llamas de Cabrera | LE | 14 | E10 |
| Llamas de la Ribera | LE | 15 | E12 |
| Llamas de Rueda | LE | 16 | E14 |
| Llamas del Mouro | O | 5 | C10 |
| Llambilles | GE | 25 | G38 |
| Llames | O | 6 | B15 |
| Llamo | O | 5 | C12 |
| Llamoso | O | 5 | C11 |
| Llamp (Cap des) | | 104 | N37 |
| Llana (Punta) (La Gomera) | TF | 119 | D2 |
| Llana (Sierra de la) (Burgos) | BU | 18 | D19 |
| Llana (Sierra) (Soria) | SO | 33 | G22 |
| Llanars | GE | 24 | F37 |
| Llanas (Las) | BI | 8 | C20 |
| Llánaves de la Reina | LE | 6 | C15 |

| | | | |
|---|---|---|---|
| Llançà | GE | 25 | E39 |
| Llanelo | O | 14 | D9 |
| Llanera (Asturias) | O | 5 | B12 |
| Llanera (Riera de) | | 37 | G34 |
| Llanera de Ranes | V | 74 | O28 |
| Llanes | O | 6 | B15 |
| Llanillo | BU | 17 | D17 |
| Llano | S | 17 | D18 |
| Llano (El) | O | 4 | B8 |
| Llano (Puerto) (Badajoz) | BA | 67 | Q11 |
| Llano (Puerto) (Cáceres) | CC | 68 | N14 |
| Llano de Brujas | MU | 85 | R26 |
| Llano de Bureba | BU | 18 | E19 |
| Llano de la Torre | AB | 84 | Q23 |
| Llano de las Menorcas | | 36 | H30 |
| Llano de Olmedo | VA | 31 | I16 |
| Llano del Beal | MU | 85 | T27 |
| Llano des Calderes | | 23 | F33 |
| Llano Don Antonio | AL | 103 | V24 |
| Llano Negro (La Palma) | TF | 130 | B3 |
| Llanos (Los) | AB | 72 | P24 |
| Llanos de Antequera (Los) | MA | 93 | U16 |
| Llanos de Aridane (Los) (La Palma) | TF | 132 | C5 |
| Llanos de Arriba (Los) | J | 83 | Q21 |
| Llanos de Don Juan | CO | 93 | T16 |
| Llanos de la Concepción (Fuerteventura) | GC | 111 | G3 |
| Llanos de la Plana | | 35 | H27 |
| Llanos de Tormes (Los) | AV | 44 | L13 |
| Llanos del Caudillo | CR | 71 | O19 |
| Llanos del Valle | CA | 99 | W12 |
| Llanteno | VI | 8 | C20 |
| Llanuces | O | 5 | C12 |
| Llardecans | L | 36 | H31 |
| Llares (Los) | S | 7 | C17 |
| Llaurí | V | 74 | O29 |
| Llauset (Sierra de) | | 22 | E31 |
| Llavorsí | L | 23 | E33 |
| Llebeig (Cap de) | | 104 | O38 |
| Llebeitx (Cap) | | 104 | N36 |
| Lledó | TE | 50 | J30 |
| Lleida / Lérida | L | 36 | H31 |
| Llémena (Riera de) | | 24 | F37 |
| Llén | SA | 43 | J12 |
| Llena (Pic de) | L | 23 | E32 |
| Llena (Serra la) | | 32 | H32 |
| Llentrisca (Cap) | | 87 | P33 |
| Llera | BA | 79 | Q11 |
| Llerana | S | 7 | C18 |
| Llerandi | O | 6 | C14 |
| Llerena | BA | 79 | R11 |
| Llers | GE | 25 | F38 |
| Llert | HU | 22 | E31 |
| Lles de Cerdanya | L | 23 | E35 |
| Llesba (Mirador de) | | 6 | C15 |
| Llesp | L | 22 | E32 |
| Llessui | L | 23 | E33 |
| Llessui (Vall de) | L | 23 | E33 |

| | | | |
|---|---|---|---|
| Llíber | A | 74 | P30 |
| Llibrell (Cap) | | 87 | P34 |
| Llicà d'Amunt | B | 38 | H36 |
| Llierca (El)(Riu) | | 24 | F37 |
| Llimiana | L | 23 | F32 |
| Llinars | L | 23 | F34 |
| Llinars de l'Aigua d'Ora | B | 23 | F35 |
| Llinars del Vallès | B | 38 | H37 |
| Llíria / Liria | V | 62 | N28 |
| Llívia | GE | 24 | E35 |
| Lloà | T | 36 | I32 |
| Llobera (cerca de Organyà) | L | 23 | F34 |
| Llobera (cerca de Solsona) | L | 37 | G34 |
| Llobregat (Girona) | GE | 25 | F38 |
| Llobregat (El)(Riu) | B | 24 | F35 |
| Llobregós (El) | | 37 | G33 |
| Llocnou d'en Fenollet | V | 74 | O28 |
| Llocnou de Sant Jeroni | V | 74 | P29 |
| Llodio | VI | 8 | C21 |
| Llodio | VI | 8 | C21 |
| Lloma (La) (cerca de Marines) | V | 62 | M28 |
| Lloma (La) (cerca de Nàquera) | V | 62 | N28 |
| Llombai | V | 74 | O28 |
| Llombarts (es) | PM | 105 | N39 |
| Llombera | LE | 16 | D13 |
| Llonín | O | 7 | B16 |
| Llor (El) | L | 37 | G33 |
| Llorac | T | 37 | H33 |
| Lloreda | S | 7 | C18 |
| Llorenç de Vallbona | L | 37 | H33 |
| Llorenç del Penedès | T | 37 | I34 |
| Llorengoz | BU | 18 | D20 |
| Lloret de Mar | GE | 39 | G38 |
| Lloret de Vistalegre | PM | 104 | N38 |
| Llosa (La) | CS | 62 | M29 |
| Llosa de Camacho | A | 74 | P29 |
| Llosa de Ranes (La) | V | 74 | O28 |
| Lloseta | PM | 104 | M38 |
| Llosses (Les) | GE | 24 | F36 |
| Llovio | O | 6 | B14 |
| Llubí | PM | 105 | M39 |
| Lluçà | B | 24 | F36 |
| Lluçars | L | 37 | G33 |
| Llucena | CS | 62 | L29 |
| Llucena (Riu de) (Castelló) | CS | 62 | L29 |
| Llucmajor | PM | 104 | N38 |
| Llumes | Z | 48 | I24 |
| Llusias (Monte) | S | 8 | C19 |
| Llutxent | V | 74 | P28 |
| Lo Ferro | MU | 85 | S27 |
| Loarre | HU | 21 | F28 |
| Loarre (Castillo de) | HU | 21 | F28 |
| Loarre (Sierra de) | | 21 | E28 |
| Loba (Puerto de la) | BA | 79 | R10 |
| Loba (Sierra de la) | LU | 3 | C6 |
| Lobatejo | CO | 93 | T17 |

| | | | |
|---|---|---|---|
| Lobeira | OR | 27 | G5 |
| Lobeira (Mirador de) | PO | 12 | E3 |
| Lobeira Grande (Isla) | C | 2 | D2 |
| Lobeiras | LU | 4 | B7 |
| Lobera (Canal de la) | | 72 | P23 |
| Lobera de Onsella | Z | 20 | E26 |
| Loberuela (La) | V | 61 | M25 |
| Lobillas (Puerto de las) | | 79 | S11 |
| Lobillo (El) | CR | 71 | P20 |
| Lobios | OR | 27 | G5 |
| Lobo (Pico del) | GU | 46 | I19 |
| Lobo (Pilón del) | CR | 69 | P15 |
| Lobo (Puerto) | GR | 94 | U19 |
| Lobón | BA | 67 | P10 |
| Lobón (Canal de) | | 67 | P10 |
| Lobos (Granada) | GR | 83 | S22 |
| Lobos (Isla de los) (Fuerteventura) | GC | 111 | J1 |
| Lobos (Los) | AL | 96 | U24 |
| Lobos (Río) | | 32 | G20 |
| Lobosillo | MU | 85 | S26 |
| Lobras | GR | 102 | V20 |
| Lobres | GR | 101 | V19 |
| Lodares (cerca de El Burgo de Osma) | SO | 32 | H20 |
| Lodares (cerca de Medinaceli) | SO | 47 | I22 |
| Lodares del Monte | SO | 33 | H22 |
| Lodosa | NA | 19 | E23 |
| Lodosa (Canal de) | | 19 | E23 |
| Lodoso | BU | 17 | E18 |
| Loeches | M | 46 | K19 |
| Logroño | LO | 19 | E22 |
| Logrosán | CC | 68 | N13 |
| Loiba | C | 3 | A6 |
| Lois | LE | 16 | D14 |
| Loiti (Puerto) | NA | 20 | E25 |
| Loiu | BI | 8 | C21 |
| Loja | GR | 94 | U17 |
| Loja (Sierra de) | | 94 | U17 |
| Lojilla | GR | 94 | T17 |
| Loma (La) (Granada) | GR | 94 | U18 |
| Loma (La) (Guadalajara) | GU | 47 | J23 |
| Loma Badada | A | 85 | Q27 |
| Loma de Piqueras | AB | 72 | Q22 |
| Loma del Ucieza | P | 17 | E16 |
| Loma Gerica | J | 83 | R22 |
| Loma Gorda | TE | 61 | L26 |
| Loma Negra | | 20 | F25 |
| Loma Pelada (Punta de) | AL | 103 | V23 |
| Lomana | BU | 18 | D20 |
| Lomas | P | 17 | F16 |
| Lomas (Las) (Cádiz) | CA | 99 | X12 |
| Lomas (Las) | M | 45 | K18 |
| Lomas (Las) (Málaga) | MA | 100 | W15 |
| Lomas (Las) (Murcia) | MU | 85 | S26 |
| Lomas (Las) (Zaragoza) | Z | 35 | G27 |
| Lomaza | | 35 | G27 |
| Lomba (La) | S | 7 | C17 |
| Lomeña | S | 7 | C16 |

## LUGO

Ánxel López Pérez (Av.) . . Z 2
Bispo Aguirre . . . . . . . . . . . Z 3
Bolaño Rivadeneira . . . . . Y 5
Campo (Pr. do) . . . . . . . . . Z 8
Comandante Manso (Pr.) Z 12
Conde Pallarés . . . . . . . . . Z 15
Coruña (Av. da) . . . . . . . . Y 21
Cruz . . . . . . . . . . . . . . . . Z 23
Dezaoito de Xullo (Av. do) Y 24
Doctor Castro . . . . . . . . . . Z 27
Marior (Pr.) . . . . . . . . . . . Z 30
Montero Ríos (Av.) . . . . . . Z 37
Paxariños . . . . . . . . . . . . Z 39
Pío XII (Pr. de) . . . . . . . . . Z 43
Progreso . . . . . . . . . . . . . Y 47
Quiroga Ballesteros . . . . . Y 50
Raíña . . . . . . . . . . . . . . . Y 53
Ramón Ferreiro . . . . . . . . Z 56
Rodríguez Mourelo (Av.) . Z 62
Santa María (Pr. de) . . . . . Z 74
Santo Domingo (Pr. de) YZ 77
San Fernando . . . . . . . . . Y 65
San Marcos . . . . . . . . . . . Y 68
San Pedro . . . . . . . . . . . . Z 71
Teatro . . . . . . . . . . . . . . . Y 78
Teniente Coronel Teijeiro . . . . . . . . . . . . YZ 79
Tinería . . . . . . . . . . . . . . . Z 80
Vilalba . . . . . . . . . . . . . . . Z 83

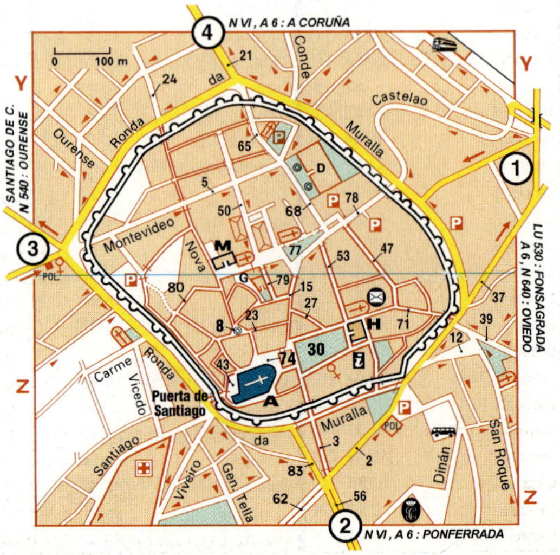

Lomero H 78 S9
Lominchar TO 58 L18
Lomo de Mena (Tenerife) TF 127 G3
Lomoviejo VA 44 I15
Longa (Sierra) 11 D27
Longares Z 34 H26
Longás Z 21 E27
Loña del Monte OR 13 E6
Lope Amargo CO 81 S16
Lopera (Granada) GR 95 U20
Lopera (Jaén) J 81 S17
Loporzano HU 21 F29
Lor LU 14 E7
Lora CA 92 V14
Lora de Estepa SE 93 U15
Lora del Río SE 80 T13
Loranca de Tajuña GU 46 K20
Loranca del Campo CU 59 L21
Loranquillo BU 18 E20
Lorbé C 3 B5
Lorca (Murcia) MU 84 S24
Loredo S 8 B18
Lorenzana LE 16 D13
Lores P 17 D16
Loreto GR 94 U18
Lorianilla (Arroyo) 67 P9
Loriguilla V 62 N28
Loriguilla (Embassament de) 61 M27
Loriguilla (Ruinas del pueblo de) V 61 M27
Lorilla BU 17 D18
Lorqui MU 85 R26
Losa AB 72 Q24
Losa (La) (Granada) GR 83 S22
Losa (La) (Segovia) SG 45 J17
Losa del Obispo V 61 M27
Losacino ZA 29 G11
Losacio ZA 29 G11
Losadilla LE 14 F10
Losana del Pirón SG 45 I17
Losar (El) AV 44 K13
Losar de la Vera CC 56 L13
Losares CU 60 L23
Loscorrales HU 21 F28
Loscos TE 48 I26
Losetares GR 84 S23
Losilla ZA 29 G12
Losilla (La) (Albacete) AB 72 P24
Losilla (La) (Soria) SO 33 G23
Losilla de Aras V 61 M26
Lougares PO 13 F4
Loureda C 13 D4
Loureiro (Lugo) LU 14 D7
Loureiro (Pontevedra) PO 13 E4
Lourenzá LU 4 B8
Loureza PO 12 G3
Louro C 12 D2
Louro (Punta) C 12 D2
Louro (Río) 12 F4
Lousada LU 13 D7
Lousadela LU 13 D6
Lousado 12 F3
Lousame (Portobravo) C 12 D3
Lousame (A Coruña) C 12 D3
Louseiro LU 14 D8
Loza VI 19 E21
Lozoya M 45 J18
Lozoyuela M 46 J19
Luaces LU 4 C7
Luanco O 5 B12
Luarca O 5 B10
Lubia SO 33 H22
Lubián ZA 28 F9
Lubrín AL 96 U23
Lucainena AL 102 V20
Lucainena de las Torres AL 96 U23
Lúcar AL 96 T22
Lúcar (Sierra de) 95 T22
Lucena CO 93 T16
Lucena (Sierra de) 94 T19
Lucena de Jalón Z 34 H26
Lucena del Puerto H 91 U9
Lucencia LU 13 D6
Luceni Z 34 G26
Lucenza OR 27 G7
Luces O 6 B14
Luchena MU 84 S24
Luciana CR 70 P17
Lucillo LE 15 E11
Lucillos TO 57 M16
Luco de Bordón TE 49 J29
Luco de Jiloca TE 48 J26
Ludiente CS 62 L28
Ludrio LU 4 C7
Lueje O 6 C15
Luelmo ZA 29 H11
Luesia Z 20 E26
Luesma Z 48 I26
Lugán LE 16 D13
Lugar 85 R26
Lugar Nuevo (Coto nacional de) J 82 R17
Lugar Nuevo (El) J 82 R17
Lugareja (Ermita La) AV 44 I15
Lugo LU 4 C7
Lugo de Llanera O 5 B12
Lugones O 5 B12
Lugros GR 95 U20
Lugueros LE 16 D13
Luintra 13 E6
Luiña O 14 D9
Luis Díaz CO 81 S16
Luisiana (La) SE 92 T14
Luján HU 22 E30
Lújar GR 102 V19
Lújar (Sierra de) 102 V19
Lumajo LE 5 D11
Lumbier NA 20 E26
Lumbier (Hoz de) NA 20 E26
Lumbrales SA 42 J9
Lumbreras LO 33 F22
Lumbreras (Estación de) 96 T24
Lumbreras (Las) 85 R26
Lumias SO 32 H21
Lumpiaque Z 34 H26
Luna (Zaragoza) Z 21 F27
Luna (Monte) (Cádiz) CA 99 X13
Luna (Río) 15 D12
Luna (Sierra de) 21 F27
Lunada (Portillo de) BU 8 C19
Luneda PO 13 F5
Luou C 12 D4
Lupiana GU 46 K20
Lupiñén HU 21 F28
Lupiñén-Ortilla HU 21 F28
Lupión J 82 S19
Luque CO 93 T17
Luquiano VI 18 D21
Luquin NA 19 E23
Lurda (La) SA 44 J13
Luriana BA 67 O10
Luriana (Monte) 67 O10
Lusio LE 14 E9
Luyando VI 8 C21
Luyego LE 15 E11
Luz BA 66 Q8
Luz (La) VA 31 H15
Luzaga GU 47 J22
Luzaide / Valcarlos NA 11 C26
Luzás HU 22 F31
Luzmela S 7 C17
Luzón GU 47 I23

## M

Mabegondo C 3 C5
Macael AL 96 U23
Macalón AB 84 Q23
Maçanet de Cabrenys GE 24 E38
Maçanet de la Selva GE 39 G38
Macarra CC 56 M12
Macastre V 73 N27
Maceda (cerca de Corgo) LU 14 D7
Maceda (cerca de Palas de Rei) LU 13 D6
Maceda (cerca de Orense) OR 13 F7
Maceira PO 13 F4
Macetua (Estación de la) MU 85 R25
Machacón SA 44 J13
Machal (El) BA 67 O10
Macharaviaya MA 101 V17
Mácher (Lanzarote) GC 122 C4
Machero CR 70 N17
Machichaco (Cabo) BI 9 B21
Machimala HU 22 D31
Macías Picavea (Canal de) 30 G14
Macisvenda MU 85 R26
Macotera SA 44 J14
Madarcos M 46 I19
Madariaga SS 10 C22
Madera J 83 R22
Maderal (El) ZA 29 I13
Madero (Puerto del) SO 33 G23
Madero (Sierra del) 33 G23
Maderuelo SG 32 H19
Madre de Fuentes (Arroyo) 92 T14
Madre de las Marismas del Rocío H 91 U10
Madremanya GE 25 G38
Madrero (El) TO 57 N15
Madres (Laguna de las) 90 U9
Madrid M 46 K19
Madridanos ZA 30 H13
Madridejos TO 58 N19
Madrideña (La) CR 70 P19
Madrigal (Guadalajara) GU 33 I21
Madrigal (Toledo) TO 57 M16
Madrigal de la Vera CC 56 L13
Madrigal de las Altas Torres AV 44 I15
Madrigal del Monte BU 18 F18
Madrigalejo CC 68 O13
Madrigalejo del Monte BU 18 F18
Madriguera SG 32 I20
Madrigueras AB 72 O24
Madrigueras (Estacion de) J 82 R19
Madroa PO 12 F3
Madrona SG 45 J17
Madrona (Riera de ) 37 G33
Madrona (Sierra) 82 Q17
Madroñal SA 43 K11
Madroñal (Sierra del) 96 T22
Madroñera (Badajoz) BA 67 Q10
Madroñera (Cáceres) CC 56 N12
Madroñera (Embalse de) CC 56 N12
Madroñera (Sierra) H 78 T7
Madroño (Albacete) AB 73 Q25
Madroño (Murcia) MU 84 S24
Madroño (El) (Albacete) AB 72 P23
Madroño (El) (Sevilla) SE 79 T10
Madroños MU 84 S23
Madruédano SO 32 H20
Maella Z 50 I30
Maello AV 45 J16
Maestrat (El) CS 49 K29
Maestre SE 92 U14
Mafet L 37 G33
Magacela BA 68 P12
Magallón Z 34 G25
Magaluf PM 104 N37
Magán TO 58 M18
Magaña SO 33 G23
Magasca 56 N11
Magaz P 31 G16
Magaz de Abajo LE 14 E9
Magaz de Cepeda LE 15 E11
Magazos (Ávila) AV 44 I15
Magazos (Lugo) LU 4 B7
Magdalena (Ermita de la) (cerca de Aguaviva) TE 49 J29
Magdalena (Ermita de la) (cerca de Mora de Rubielos) TE 62 L27
Magdalena (Ermita) C 12 E3
Magdalena (La) LE 15 D12
Magdalena (Puerto de la) LE 15 D11
Magdalena (Sierra de la) 73 Q26
Mágina J 82 S19
Magre (Riu) 61 N26
Magrero CR 70 P19
Maguilla BA 80 Q12
Maguma BI 10 C22
Mahamud BU 17 F18
Mahide ZA 29 G10
Mahón / Maó PM 106 M42
Mahora AB 72 O24
Mahoya MU 85 R26
Maià de Montcal GE 24 F38
Maials L 36 H31
Maians B 37 H35
Maicas TE 49 J27
Maidevera (Embalse de) 34 H24
Maigmó A 74 Q28
Maigmó (Serra del) 74 Q27
Maíllo (El) SA 43 K11
Maimón AL 96 U23
Maimón (Sierra de) 84 T23
Mainar Z 48 I26
Mainar (Puerto de) Z 34 I26
Maior (Riera) 38 G37
Maire de Castroponce ZA 15 F12
Mairena GR 95 U20
Mairena del Alcor SE 92 T12
Mairena del Aljarafe SE 91 T11
Maitena GR 95 U19
Maito (Sierra de) 21 D27
Majaceite (Río) 99 W13
Majada (La) MU 85 T25
Majada Blanca (Fuerteventura) GC 113 H3
Majada de la Peña BA 68 P14
Majada Madrid MA 99 W14
Majada Ruiz CA 99 V13
Majadahonda M 45 K18
Majadas CC 56 M12
Majadas (Las) CU 60 L23
Majadas (Sierra de Las) 60 L23
Majaelrayo GU 46 I20
Majalinos (Puerto de) TE 49 J28
Maján SO 33 H23
Majanicho (Fuerteventura) GC 111 H1
Majano AB 72 O24
Majazul TO 58 L17
Majogazas AB 72 P23
Majona (Punta) (La Gomera) TF 119 D2
Majones HU 21 E27
Major (Puig) 104 M38
Majúa (La) LE 5 D11
Majuges SA 43 I10
Mal Burgo (Rambla de) 49 K28
Mal Pas (es) PM 105 M39
Mala (Lanzarote) GC 123 F3
Mala (Punta) CA 99 X14
Malacara (Serra de) 61 N27
Malacuera GU 47 J21
Maladeta HU 22 D31
Maladeta (Pico de la) HU 22 E31
Málaga MA 100 V16
Málaga (Ensenada de) MA 100 W16
Málaga (Hoya de) MA 100 V15
Málaga (Montes de) 100 V16
Málaga del Fresno GU 46 J20
Malagón CR 70 O18
Malagón (Río) 78 S7
Malagón (Sierra de) 45 K16
Malagraner CS 50 J30
Malaguilla GU 46 J20
Malahá (La) GR 94 U18
Malandar (Punta de) CA 91 V10
Malanquilla Z 34 H24
Malcocinado BA 80 R12
Maldà L 37 H33
Malduenda 91 V12
Malefatón AB 73 O25
Maleján Z 34 G25
Malgrat de Mar B 39 H38
Maliaño S 7 B18
Malillos (León) LE 16 E13
Malillos (Zamora) ZA 29 H12
Malla B 38 G36
Mallabia BI 10 C22
Mallades (Les) V 62 N28
Mallas C 2 D2
Mallén Z 34 G25
Malleza O 5 B11
Mallo LE 15 D12
Mallol (El) GE 24 F37
Mallón C 2 C3
Mallona (La) SO 33 G21
Mallorca PM 104 O37
Mallos (Los) HU 21 E27
Malón Z 34 G25
Malpaís Grande (Fuerteventura) GC 113 H4
Malpaíses (La Palma) TF 132 D6
Malpartida SA 44 J14
Malpartida de Cáceres CC 55 N10
Malpartida de Corneja AV 44 K13
Malpartida de la Serena BA 68 P13
Malpartida de Plasencia CC 56 M11
Malpás L 22 E32
Malpasillo (Embalse de) CO 93 U16
Malpaso (El Hierro) TF 108 C3
Malpelo AB 72 O24
Malpica de Arba Z 20 F26
Malpica de Bergantiños C 2 C3
Malpica de España BA 66 P8
Malpica de Tajo TO 57 M16
Malucas 31 I16
Maluenda Z 34 I25
Maluque SG 32 H19
Malva ZA 30 H13
Malva-rosa (La) V 62 M29
Malvana (Sierra de la) CC 55 L9
Malvas PO 12 F3
Malvedo O 5 C12
Mamblas AV 44 I14
Mamblas (Sierra de las) 32 F19
Mambliga BU 18 D20
Mambrilla de Castrejón BU 31 H18
Mambrillas de Lara BU 32 F19
Mamillas Z 20 E26
Mamola (La) GR 102 V20
Mamolar BU 32 G19
Mámoles ZA 29 H11
Mampodre 6 C14
Mampodre (Reserva nacional de) LE 6 C13
Manacor PM 105 N39
Manán LU 4 D7
Manantial (El) CA 98 W11
Manar (Sierra del) GR 94 U19
Mancera de Abajo SA 44 J14
Mancera de Arriba AV 44 J14
Mancha (La) 70 O19
Mancha Real J 82 S19
Manchas (Las) (Tenerife) TF 126 C3
Manchego (Collado) CU 48 K24
Manchica (A) OR 13 F6
Manchita BA 68 P11
Manchones Z 48 I25
Manchoya HU 21 E29
Manciles BU 17 E18
Mancor de la Vall PM 104 M38
Mandaio C 3 C5
Mandayona GU 47 J21
Mandeo C 3 C5
Mandiá C 3 B5
Mandín OR 28 G7
Manelic 24 E36
Maneta MU 73 Q26
Manga (Cañada de la) AB 71 P21
Manga del Mar Menor (La) MU 86 T27
Manganese ZA 29 F12
Manganeses de la Lampreana ZA 29 G12
Màniga (Serra de) 23 E33
Manilla MU 84 S25
Manilva MA 99 W14
Maniños C 3 B5
Manises V 62 N28
Manjabálago AV 44 K14
Manjarín LE 15 E10
Manjarrés LO 19 E21
Manjavacas (Ermita de) CU 59 N21
Manjavacas (Laguna de) 71 N21
Manjirón M 46 J19
Manlleu B 24 F36
Manojar (El) CR 70 N17
Manol (El) 25 F38
Manquillo (Collado El) BU 18 F20
Manquillos P 17 F16
Manresa B 38 G35
Mansilla (Burgos) BU 17 E18
Mansilla (Segovia) SG 46 I19
Mansilla (Embalse de) 18 F21
Mansilla de la Sierra (La Rioja) LO 18 F21
Mansilla de las Mulas LE 16 E13
Mansilla del Páramo LE 15 E12
Mansilla Mayor LE 16 E13
Manteca (Peña) 5 C11
Mantet (Portella de) GE 24 E36
Mantiel GU 47 K22
Mantinos P 16 D15
Manubles 34 H24
Manuel V 74 O28
Manuelas CO 81 R16
Manurga VI 19 D21
Manyà A 85 Q27
Manzalvos OR 28 G8
Manzanal (Puerto de) LE 15 E11
Manzanal de los Infantes ZA 29 F10
Manzanal del Barco ZA 29 H12
Manzanal del Puerto LE 15 E11
Manzanares CR 71 O19
Manzanares (Río) 45 K18
Manzanares de Rioja LO 18 E21
Manzanares el Real M 45 J18
Manzaneda (cerca de Truchas) LE 15 F11
Manzaneda (Asturias) O 5 C12
Manzaneda (Ourense) OR 14 F8
Manzaneda (Cabeza de) OR 14 F8
Manzaneda de Torío (cerca de Garrafe de Torío) LE 16 D13
Manzanedo BU 18 D18
Manzaneque TO 58 N18
Manzanera TE 61 L27
Manzaneruela CU 61 M26
Manzanilla H 91 T10
Manzanillo VA 31 H17
Manzano SA 42 K10
Manzano (El) SA 29 I11
Mañaria BI 10 C22
Mañeru NA 10 D24
Mañón C 3 B6
Mao OR 14 F7
Maó / Mahón PM 106 M42
Maqueda TO 57 L16
Mar Cantabrico 8 B20
Mar y Land PM 87 Q34
Mara Z 34 I25
Maracena GR 94 U19
Marachón (Puerto de) GU 47 I23
Maranchón GU 47 I23
Maraña LE 6 C14
Maraña (La) MU 85 R25
Marañón (Ciudad Real) CR 71 O20
Marañón (Navarra) NA 19 E22
Marañosa (La) M 58 L19
Marauri BU 19 D22
Maravillas (Gruta de las) H 79 S10

| | | | |
|---|---|---|---|
| Marazoleja | SG | 45 | J16 |
| Marazovel | SO | 33 | I21 |
| Marazuela | SG | 45 | J16 |
| Marbella (Córdoba) | CO | 93 | T17 |
| Marbella (Málaga) | MA | 100 | W15 |
| Marbella (Ensenada de) | MA | 100 | W15 |
| Marboré | HU | 22 | D30 |
| Marçà | T | 50 | I32 |
| Marcaláin | NA | 11 | D24 |
| Marce | LU | 13 | E6 |
| Marcén | HU | 35 | G29 |
| Marchagaz | CC | 55 | L11 |
| Marchal (El) | AL | 96 | U23 |
| Marchal de Antón López (El) | AL | 102 | V22 |
| Marchamalo | GU | 46 | J20 |
| Marchena | SE | 92 | U13 |
| Marchenilla | CA | 99 | W13 |
| Marchenilla (Castillo) | SE | 92 | U12 |
| Marcilla | NA | 20 | F24 |
| Marcilla de Campos | P | 17 | F16 |
| Marco | LU | 13 | D6 |
| Marco (El) | BA | 66 | O8 |
| Marco (Puerto El) | PO | 13 | D6 |
| Marco de Alvare (Puerto) | LU | 4 | C8 |
| Marco Fabio Quintiliano (Parador) (Calahorra) | LO | 19 | F24 |
| Marcón | PO | 12 | E4 |
| Marcos (Los) | V | 61 | N26 |
| Marea (La) | O | 6 | C13 |
| Marentes | O | 4 | C9 |
| Mareny Blau (El) | V | 74 | O29 |
| Mareny de Barraquetes (El) | V | 74 | O29 |
| Mareny de Sant Llorenç (El) | V | 74 | O29 |
| Mareny de Vilxes | V | 74 | O29 |
| Mareo | O | 6 | B12 |
| Mares (Hacienda Dos) | MU | 86 | S27 |
| Mareta (Punta de la) (Lanzarote) | GC | 120 | E1 |
| Marey | LU | 14 | D7 |
| Margalef | T | 36 | I32 |
| Marganell | B | 38 | H35 |
| Margañán | | 44 | J14 |
| Margarida | A | 74 | P29 |
| Margarita (Sierra) | | 92 | V13 |
| Margen (El) | GR | 83 | T22 |
| Margen Derecha (Canal) | | 85 | S25 |
| Margen Izquierda (Canal) | | 85 | R26 |
| Margolles | O | 6 | B14 |
| María | AL | 84 | S23 |
| María (Puerto) | | 84 | S23 |
| María (Sierra de) | | 84 | T23 |
| María Andrés (Sierra de) | BA | 67 | Q9 |
| María Cristina (Embassament de) | CS | 62 | L29 |
| María de Huerva | Z | 35 | H27 |
| Maria de la Salut | PM | 105 | M39 |
| Mariana | CU | 60 | L23 |
| Marías (Las) | GU | 47 | K21 |
| Maribáñez (Badajoz) | BA | 68 | O13 |
| Maribáñez (Sevilla) | SE | 92 | U12 |
| Maridos (Los) | J | 83 | Q22 |
| Marifranca | CC | 55 | L10 |
| Marigenta | H | 79 | T10 |
| Marigutiérrez | AB | 72 | O22 |
| Marimínguez | AB | 73 | O25 |
| Marin | AL | 103 | V22 |
| Marín | PO | 12 | E3 |
| Marina (La) (Tarragona) | T | 51 | I33 |
| Marina (La) (València) | V | 74 | O29 |
| Marina (La) | A | 86 | R28 |
| Marina-Oasis | A | 86 | R27 |
| Marinaleda | SE | 93 | T15 |
| Marinas (Las) (Almería) | AL | 102 | V22 |
| Marines (Llíria) | V | 62 | M28 |
| Marines (Olocau) | V | 62 | M28 |
| Marines (Les) (Alacant) | A | 74 | P30 |
| Marines (Los) | H | 79 | S10 |
| Mariña (A) | C | 3 | B5 |
| Mariola (Serra de) | | 74 | P28 |
| Maripérez | AB | 72 | O23 |
| Marisán | V | 62 | N28 |
| Marisánchez | CR | 71 | P20 |
| Marismas (Puerto de las) | BA | 79 | S11 |
| Marismilla | SE | 91 | U12 |
| Mariz | LU | 3 | C6 |
| Marjaliza | TO | 58 | N18 |
| Markina | BI | 10 | C22 |
| Marlín | AV | 44 | J15 |
| Marmellar de Abajo | BU | 17 | E18 |
| Marmellar de Arriba | BU | 18 | E18 |
| Mármol | J | 82 | R19 |
| Marmolance (Sierra de) | | 83 | S22 |
| Marmolejo | J | 82 | R17 |
| Marmolejo (Embalse de) | | 82 | R17 |
| Maro | MA | 101 | V18 |
| Maroma | MA | 101 | V17 |
| Maroñas | C | 2 | D3 |
| Marqués (Casa del) | AB | 84 | Q24 |
| Marqués (Sierra) | | 22 | E30 |
| Marqués de Vallejo | LO | 19 | E22 |
| Marquina | VI | 19 | D21 |
| Marquínez | VI | 19 | D22 |
| Marracos | Z | 21 | F27 |
| Marroquí o de Tarifa (Punta) | CA | 99 | X13 |
| Marrupe | TO | 57 | L15 |
| Martés | HU | 21 | E27 |
| Martes (Serra) | | 73 | N26 |
| Martiago | SA | 43 | K10 |
| Martialay | SO | 33 | G22 |
| Martiherrero | AV | 44 | J15 |
| Martillán | SA | 42 | J9 |
| Martimporra | O | 6 | C13 |
| Martín | LU | 4 | C8 |
| Martín (Arroyo) | | 81 | R17 |
| Martín (Río) (Cuenca) | CU | 61 | M25 |
| Martín (Río) (Teruel) | TE | 49 | I28 |
| Martín de la Jara | SE | 93 | U15 |
| Martín de Yeltes | SA | 43 | J11 |
| Martín del Río | TE | 49 | J27 |
| Martín Malo | J | 82 | R19 |
| Martín Miguel | SG | 45 | J17 |
| Martín Muñoz | SG | 32 | I19 |
| Martín Muñoz de la Dehesa | SG | 45 | I15 |
| Martín Muñoz de las Posadas | SG | 45 | J16 |
| Martinet | L | 23 | E35 |
| Martinete | CO | 93 | T16 |
| Martínez | AV | 44 | K13 |
| Martínez del Puerto (Los) | MU | 85 | S26 |
| Martiñán | LU | 4 | B7 |
| Martiño (Punta) (Fuerteventura) | GC | 111 | J1 |
| Martorell | B | 38 | H35 |
| Martorelles | B | 38 | H36 |
| Martos | J | 82 | S18 |
| Martos (Portillo de) | J | 94 | T17 |
| Martul | LU | 3 | C7 |
| Maruanas | CO | 81 | S16 |
| Marugán | SG | 45 | J16 |
| Maruri-Jatabe | BI | 8 | B21 |
| Marzà | GE | 25 | F39 |
| Marzales | VA | 30 | H14 |
| Marzán | LE | 15 | D11 |
| Marzoa | C | 3 | C4 |
| Mas Buscà | GE | 25 | F39 |
| Mas de Barberáns | T | 50 | J31 |
| Mas de Batxero (El) | CS | 62 | L29 |
| Mas de Bondia (El) | L | 37 | H33 |
| Mas de Caballero | V | 61 | N26 |
| Mas de Cortitxelles (El) | V | 74 | N28 |
| Mas de Flors | CS | 62 | L29 |
| Mas de Jacinto | V | 61 | L26 |
| Mas de la Montalvana | CS | 50 | K29 |
| Mas de las Altas | TE | 49 | J29 |
| Mas de las Matas | TE | 49 | J29 |
| Mas de Llorenç | CS | 62 | L29 |

## MADRID

| | | |
|---|---|---|
| Andalucía (Av. de) | BM | 12 |
| Andes (Av. de los) | CL | 13 |
| Atocha (R. de) | BM | 22 |
| Ciudad de Barcelona (Av. de la) | BM | 46 |
| Complutense (Av.) | AL | 51 |
| Delicias (Pas. de las) | BM | 66 |
| Estación de Hortaleza (Carret. a la) | CL | 89 |
| Florida (Pas. de la) | BL | 100 |
| General Ricardos | BM | 110 |
| Ginzo de Limia | BL | 113 |
| Infanta Isabel (Pas. de la) | BM | 119 |
| Isla de Oza | BL | 120 |
| Manzanares (Av. del) | BM | 142 |
| Mar de Cristal (Glta del) | CL | 144 |
| Miraflores (Av. de) | AL | 161 |
| Monforte de Lemos (Av. de) | BL | 165 |
| Raimundo Fernández Villaverde | BT | 195 |
| Reina Cristina (Pas. de la) | BM | 198 |
| Reina Victoria (Av. de la) | BL | 200 |
| Reyes Católicos (Av. de los) | BL | 204 |
| Ribera del Sena | CL | 205 |
| Santa María de la Cabeza (Pas. de) | BM | 229 |
| San Francisco de Sales (Pas. de) | BL | 216 |
| San Luis (Av. de) | CL | 223 |
| Toledo (Ronda de) | BM | 235 |
| Valdetorres de Jarama | CL | 241 |
| Valladolid (Av. de) | AL | 244 |
| Veinticinco de Septiembre (Av. del) | CL | 247 |

| | | | |
|---|---|---|---|
| Mas de Llosa | CS | 62 | L29 |
| Mas de Pessetes | CS | 49 | K29 |
| Mas-de-riudoms | T | 51 | I32 |
| Mas del Carril | V | 62 | N27 |
| Mas del Olmo | V | 61 | L26 |
| Mas Llunés | GE | 24 | G38 |
| Mas Nou | GE | 25 | G39 |
| Masa | BU | 18 | E18 |
| Masada (La) | CS | 62 | L28 |
| Masada del Sordo | CS | 62 | M28 |
| Masadas (Alto de) | NA | 20 | F25 |
| Masarac | GE | 25 | E38 |
| Masca (Tenerife) | TF | 126 | B3 |
| Mascaraque | TO | 58 | M18 |
| Mascarat (Barranc del) | A | 74 | Q30 |
| Mascún (Barranco de) | HU | 21 | F29 |
| Masdenverge | T | 50 | J31 |
| Masegosa | CU | 47 | K23 |
| Masegoso | AB | 72 | P23 |
| Masegoso de Tajuña | GU | 47 | J21 |
| Masella | GE | 24 | E35 |
| Masía de los Pérez | CS | 62 | M27 |
| Maside | OR | 13 | E5 |
| Masies de Voltregà (Les) | B | 24 | F36 |
| Masllorenç | T | 37 | I34 |
| Masma | LU | 4 | B8 |
| Masma (Golfo de la) | LU | 4 | B8 |
| Masnou (El) | B | 38 | H36 |
| Masos (Els) | GE | 25 | G39 |
| Maspalomas (Gran Canaria) | GC | 117 | E4 |
| Masquefa | B | 38 | H35 |
| Masroig (El) | T | 50 | I32 |
| Massalavés | V | 74 | O28 |
| Massalcoreig | L | 36 | H31 |
| Massalfassar | V | 62 | N29 |
| Massamagrell | V | 62 | N29 |
| Massanassa | V | 62 | N28 |
| Massanella | | 104 | M38 |
| Massanes | GE | 38 | G37 |
| Massoteres | L | 37 | G33 |
| Masueco | SA | 28 | I10 |
| Mata (Burgos) | BU | 18 | E18 |
| Mata (Córdoba) | CO | 93 | T16 |
| Mata (Cantabria) | S | 7 | C17 |
| Mata (La) (Alacant) | A | 86 | R28 |
| Mata (La) (Castelló) | CS | 49 | K29 |
| Mata (La) (León) | LE | 16 | D13 |
| Mata (La) (Sevilla) | SE | 92 | U13 |
| Mata (La) (Segovia) | SG | 45 | I18 |
| Mata (La) (cerca de Carmena) | TO | 57 | M16 |
| Mata (La) (cerca de Los Yébenes) | TO | 58 | N18 |
| Mata (Salines de la) | A | 86 | R27 |
| Mata (Sierra de la) | | 33 | I22 |
| Mata de Alcántara | CC | 55 | M9 |
| Mata de Armuña (La) | SA | 43 | I13 |
| Mata de Cuéllar | SG | 31 | H16 |
| Mata de Hoz | S | 17 | D17 |
| Mata de la Riba (La) | LE | 16 | D13 |
| Mata de Ledesma (La) | SA | 43 | J12 |
| Mata de los Olmos (La) | TE | 49 | J28 |
| Mata de Monteagudo (La) | LE | 16 | D14 |
| Mata del Páramo (La) | LE | 15 | E12 |
| Mata Lagarto | | 32 | F19 |
| Matabuena | SG | 46 | I18 |
| Matacas | J | 82 | S18 |
| Matachel (Río) | | 80 | Q12 |
| Matadeón de los Oteros | LE | 16 | E13 |
| Matadepera | B | 38 | H36 |
| Mataelpino | M | 45 | J18 |
| Matagalls | B | 38 | G37 |
| Matagorda (Almería) | AL | 102 | V21 |
| Matagorda (Cádiz) | CA | 98 | W11 |
| Matal de Toscal | CO | 81 | S16 |
| Matalascañas | H | 91 | U10 |
| Matalavilla | LE | 15 | D10 |
| Matalebreras | SO | 33 | G23 |
| Matalindo | BU | 18 | F19 |
| Matallana (Guadalajara) | GU | 46 | I19 |
| Matallana (Sevilla) | SE | 92 | U12 |
| Matallana de Torío | LE | 16 | D13 |
| Matallana de Valmadrigal | LE | 16 | E13 |
| Matalloso | CR | 69 | P16 |
| Matalobos del Páramo | LE | 15 | E12 |
| Mataluenga | LE | 15 | D12 |
| Matamá | PO | 12 | F3 |
| Matamala | SG | 46 | I18 |
| Matamala de Almazán | SO | 33 | H22 |
| Matamorisca | P | 17 | D17 |
| Matamorosa | S | 17 | D17 |
| Matanela (Puerto de) | | 7 | C18 |
| Matanza | LE | 16 | F13 |
| Matanza (La) | A | 85 | R26 |
| Matanza de Acentejo (La) (Tenerife) | TF | 124 | G2 |
| Matanza de Soria | SO | 32 | H20 |
| Matanzas | TE | 49 | K28 |
| Mataparta | V | 61 | M26 |
| Mataporquera | S | 17 | D17 |
| Matapozuelos | VA | 30 | H15 |
| Matapuercas | CO | 81 | R16 |
| Mataró | B | 38 | H37 |
| Matarraña | TE | 50 | J30 |
| Matarredonda | SE | 93 | T15 |
| Matarrosa del Sil | LE | 15 | D10 |
| Matarrubia | GU | 46 | J20 |
| Matas (Las) | M | 45 | K18 |
| Matas Blancas (Fuerteventura) | GC | 113 | E4 |
| Matas de Lubia (Alto de) | SO | 33 | H22 |
| Matas Verdes | AB | 72 | O22 |
| Matasanos | SE | 92 | T13 |
| Matasejún | SO | 33 | G23 |
| Matea | J | 83 | R22 |
| Mateo (Puerto de) | MA | 93 | U16 |
| Matet | CS | 62 | M28 |
| Matián | GR | 96 | T22 |
| Matienzo | S | 8 | C19 |
| Matilla (La) (Fuerteventura) | GC | 111 | H2 |
| Matilla (La) (Segovia) | SG | 45 | I18 |
| Matilla de Arzón | ZA | 16 | F13 |
| Matilla de los Caños | VA | 30 | H15 |
| Matilla de los Caños del Río | SA | 43 | J12 |
| Matilla la Seca | ZA | 30 | H13 |
| Matillas | GU | 47 | J21 |
| Mato | LU | 3 | C7 |
| Matola | A | 85 | R27 |
| Matorro (Puerto El) | BU | 18 | F19 |
| Matueca de Torío | LE | 16 | D13 |
| Matute (La Rioja) | LO | 19 | F21 |
| Matute (Soria) | SO | 33 | H22 |
| Mauberme (Pic de) | L | 22 | D32 |
| Maus de Salas | OR | 27 | G6 |
| Mave | P | 17 | D17 |
| Maxal | LU | 13 | D6 |
| Maya (La) | SA | 43 | J13 |
| Maya / Amaiur | NA | 11 | C25 |
| Mayalde | ZA | 29 | I12 |
| Mayes (Embalse de) | | 85 | R25 |
| Mayor (Lugo) | LU | 4 | B8 |
| Mayor (Cuenca) | CU | 59 | L22 |
| Mayor (Soria) | SO | 33 | F21 |
| Mayor (Cabo) | S | 8 | B18 |
| Mayor (Isla) (Murcia) | MU | 85 | S27 |
| Mayor (Isla) (Sevilla) | SE | 91 | U11 |
| Mayorga (Badajoz) | BA | 66 | O8 |
| Mayorga (Valladolid) | VA | 16 | F14 |
| Maz | | 11 | D27 |
| Mazagón | H | 90 | U9 |
| Mazaleón | TE | 50 | I30 |
| Mazalvete | SO | 33 | G23 |
| Mazarabeas Altas | TO | 58 | M17 |
| Mazarambroz | TO | 58 | M17 |
| Mazarete | GU | 47 | I23 |
| Mazaricos | C | 2 | D3 |
| Mazariegos | P | 31 | F15 |
| Mazariegos (Puerto) | BU | 32 | F19 |
| Mazarracín | TO | 58 | M18 |
| Mazarrón (Huelva) | H | 91 | T10 |
| Mazarrón (Murcia) | MU | 97 | T26 |
| Mazarrón (Golfo de) | MU | 97 | T26 |
| Mazarulleque | CU | 59 | L21 |
| Mazaterón | SO | 33 | H23 |
| Mazcuerras | | 7 | C17 |

## MADRID

| | | |
|---|---|---|
| Alcalá | MX | |
| Alvarez Gato | LY | 9 |
| Arenal | KY | |
| Arrieta | KX | 18 |
| Augusto Figueroa | MV | 24 |
| Ayala | NV | 25 |
| Bárbara de Braganza | NV | 27 |
| Bordadores | KY | 32 |
| Callao (Pl. del) | LX | 36 |
| Carmen | LX | |
| Cava Alta | KZ | 42 |
| Cava Baja | KZ | 43 |
| Cava de San Miguel | KY | 45 |
| Ciudad de Barcelona (Av. de la) | NZ | 46 |
| Colón (Pl. de) | NV | 49 |
| Concepción Jerónima | LY | 52 |
| Conde de Romanones | LY | 53 |
| Cordón (Pl. del) | KY | 54 |
| Cortes (Pl. de las) | MY | 57 |
| Cuchilleros | KY | 60 |
| Duque de Alba | LZ | 78 |
| Duque de Medinaceli | MY | 79 |
| Echegaray | LY | 81 |
| Espoz y Mina | LY | 88 |
| Estudios | KZ | 91 |
| Felipe IV | NY | |
| Fernando el Santo | NV | 99 |
| Fuencarral | LV | |
| General Vara del Rey (Pl. del) | KZ | 112 |
| Goya | NV | 114 |
| Gran Vía | LX | |
| Herradores (Pl. de los) | KY | 116 |
| Hortaleza | LX | |
| Independencia (Pl. de la) | NX | 118 |
| Infanta Isabel (Pas. de la) | NZ | 119 |
| Jesús del Valle | LV | 123 |
| Libreros | KX | 133 |
| Madrazo | MY | 141 |
| Marqués de Cubas | MY | 145 |
| Mayor | KY | |
| Mayor (Pl.) | KY | |
| Mejía Lequerica | LMV | 159 |
| Montera | LX | |
| Núñez de Arce | LY | 168 |
| Preciados | LX | 186 |
| Príncipe | LY | 188 |
| Puerta Cerrada (Pl. de) | KY | 191 |
| Puerta del Sol (Pl. de la) | LY | |
| Puerta de Moros (Pl. de) | KZ | 192 |
| Recoletos | NX | 196 |
| Santa Engracia | MV | 226 |
| Santo Domingo (Cuesta de) | KX | 230 |
| Santo Domingo (Pl. de) | KX | 231 |
| San Bernardino | KV | 211 |
| San Francisco (Carrera de) | KZ | 214 |
| San Jerónimo (Carrera de) | LMY | 218 |
| San Justo | KY | 220 |
| San Lorenzo | LV | 222 |
| San Millán | KZ | 225 |
| Sevilla | LY | 232 |
| Tudescos | LX | 238 |
| Valverde | LV | 246 |
| Ventura de la Vega | LY | 249 |
| Ventura Rodríguez | KV | 250 |
| Vergara | KY | 252 |
| Villa de París (Pl. de la) | NV | 255 |
| Virgen de los Peligros | LX | 256 |

| | |
|---|---|
| Museo Municipal | M10 |
| Museo Nacional de Artes Decorativas | M8 |
| Museo Naval | M3 |
| Museo Thyssen-Bornemisza | M6 |
| Real Academia de Bellas Artes de San Fernando | M2 |

| | | | |
|---|---|---|---|
| Mazo (La Palma) | TF | 132 | D5 |
| Mazo (Asturias) | O | 7 | C16 |
| Mazo (Collado del) | CC | 56 | N13 |
| Mazores | | 44 | I14 |
| Mazorra (Puerto de La) | BU | 18 | D19 |
| Mazos | | 33 | H22 |
| Mazueco | BU | 18 | F19 |
| Mazuecos | GU | 59 | L20 |
| Mazuecos de Valdeginate | P | 16 | F15 |
| Mazuela | BU | 17 | F18 |
| Mazuelo de M. | BU | 17 | F18 |
| Meabia | PO | 13 | E4 |
| Meaga | SS | 10 | C23 |
| Meano (Navarra) | NA | 19 | E22 |
| Meaño (Pontevedra) | PO | 12 | E3 |
| Meca | | 98 | X11 |
| Meca (Rivera de) | | 90 | T8 |
| Mecerreyes | BU | 32 | F19 |
| Mecina Alfahar | GR | 102 | V20 |
| Mecina Bombarón | GR | 102 | V20 |
| Mecina Fondales | GR | 102 | V20 |
| Meco | M | 46 | K20 |
| Meda (Lugo) | LU | 4 | C7 |
| Meda (Ourense) | OR | 13 | E7 |
| Meda (Pico de) | C | 2 | C3 |
| Médano (El) (Tenerife) | TF | 129 | F5 |
| Medeiros | OR | 27 | G7 |
| Medellín | BA | 68 | P12 |
| Medes (Illes) | GE | 25 | F39 |
| Media Naranja (Punta de la) | AL | 103 | V24 |
| Mediana | Z | 35 | H27 |
| Mediana (La) | H | 91 | U10 |
| Mediana de Voltoya | AV | 45 | J16 |
| Medianero (Carpio) | AV | 44 | K13 |
| Mediano (Embalse de) | HU | 22 | E30 |
| Medida (La) (Tenerife) | TF | 127 | H3 |
| Medín | C | 3 | D5 |
| Medina (Laguna de) | | 98 | W11 |
| Medina Azahara | CO | 81 | S15 |
| Medina de las Torres | BA | 79 | Q10 |
| Medina de Pomar | BU | 18 | D19 |
| Medina de Rioseco | VA | 30 | G14 |
| Medina del Campo | VA | 30 | I15 |
| Medina-Sidonia | CA | 99 | W12 |
| Medinaceli | SO | 47 | I22 |
| Medinaceli (Estación de) | | 47 | I22 |
| Medinilla | AV | 43 | K13 |
| Medinyà | GE | 25 | F38 |
| Mediona | B | 37 | H34 |
| Medranda | GU | 46 | J21 |
| Medrano | LO | 19 | E22 |
| Medro | MU | 96 | T24 |
| Medua | OR | 14 | E9 |
| Médulas (Las) | LE | 14 | E9 |
| Médulas (Las) (Localidad) | LE | 14 | E9 |
| Megeces | VA | 31 | H16 |
| Megina | GU | 48 | K24 |
| Megorrón (Sierra) | | 47 | J22 |
| Meilán (Lugo) | LU | 4 | C7 |
| Meilán (Mondoñedo) | LU | 4 | B8 |
| Meira (Lugo) | LU | 4 | C8 |
| Meira (Pontevedra) | PO | 12 | F3 |
| Meira (Sierra de) | LU | 4 | C8 |
| Meirama | C | 3 | C4 |
| Meirás (cerca de Sada) | C | 3 | B5 |
| Meirás (cerca de Valdoviño) | C | 3 | B5 |
| Meis | PO | 12 | E3 |
| Mejara (Puerto) | BA | 68 | P13 |
| Mejorada | TO | 57 | L15 |
| Mejorada del Campo | M | 46 | K19 |
| Melegís | GR | 101 | V19 |
| Melegriz | AB | 72 | P24 |
| Melendreros | O | 6 | C13 |
| Melgar de Abajo | VA | 16 | F14 |
| Melgar de Arriba | VA | 16 | F14 |
| Melgar de Fernamental | BU | 17 | E17 |
| Melgar de Tera | ZA | 29 | G11 |
| Melgar de Yuso | P | 17 | F17 |
| Melgarejo | CR | 71 | P20 |
| Melgosa (La) | CU | 60 | L23 |
| Melgoso | MU | 84 | S24 |
| Meliana | V | 62 | N28 |
| Melias | OR | 13 | E6 |
| Melicena | GR | 102 | V20 |
| Mélida | NA | 20 | E25 |
| Melide | C | 3 | D5 |
| Mellanzos | LE | 16 | E14 |
| Melón | OR | 13 | F5 |
| Melones (Sierra de los) | | 99 | W13 |
| Melque | SG | 45 | I16 |
| Membibre de la Hoz | SG | 31 | H17 |
| Membribe | SA | 43 | J12 |
| Membrilla (Córdoba) | CO | 81 | T15 |
| Membrilla (Ciudad Real) | CR | 71 | P19 |
| Membrillar | P | 17 | E15 |
| Membrillera | GU | 46 | J21 |
| Membrillo (El) (Sevilla) | SE | 79 | S12 |
| Membrillo (El) (Toledo) | TO | 57 | M15 |
| Membrillo (Lucio del) | CA | 91 | V10 |
| Membrillo Alto | H | 79 | T10 |
| Membrío | CC | 54 | N8 |
| Mena | | 29 | G11 |
| Menagaray | VI | 8 | C20 |
| Menàrguens | L | 36 | G32 |
| Menas (Las) | AL | 95 | U22 |
| Menas (Los) | AL | 96 | T24 |
| Menasalbas | TO | 58 | N17 |
| Menaza | P | 17 | D17 |
| Mencal | GR | 95 | T20 |
| Menchón de Abril (El) | GR | 94 | T18 |
| Mencilla | | 18 | F20 |
| Mencilla (Sierra) | | 18 | F19 |
| Mendaro | SS | 10 | C22 |
| Mendata | BI | 10 | C22 |
| Mendavia | NA | 19 | E23 |
| Mendaza | NA | 19 | E23 |
| Mendeika | BI | 8 | C20 |
| Mendexa | BI | 9 | B22 |
| Méndez | AB | 84 | Q24 |
| Mendigorría | NA | 20 | E24 |
| Mendíjur | VI | 19 | D22 |
| Mendióroz | NA | 11 | D25 |
| Mendo | | 3 | C5 |
| Mendoza | VI | 19 | D21 |
| Menera (Sierra de) | TE | 48 | J25 |
| Meneses | CU | 60 | N23 |
| Meneses de Campos | P | 30 | G15 |
| Menga (Puerto de) | AV | 44 | K14 |
| Menga y Viera (Cuevas de) | MA | 93 | U16 |
| Mengabril | BA | 68 | P12 |
| Mengamuñoz | AV | 44 | K15 |
| Mengíbar | J | 82 | S18 |
| Menjillán | SE | 92 | U13 |
| Menor (Isla) | SE | 91 | U11 |
| Menor (Mar) | MU | 85 | S27 |
| Menorca | PM | 106 | M41 |
| Menorca (Cap de) | | 105 | M39 |
| Menorca o Bajoli (Cap) | | 106 | L41 |
| Menoyo | VI | 8 | C20 |
| Mens | C | 2 | C3 |
| Mentera | S | 8 | C19 |
| Mentiras | J | 83 | R22 |
| Méntrida | TO | 58 | L17 |
| Menudero | O | 5 | B10 |
| Menuza (Ermita de) | Z | 35 | I28 |
| Meñaka | BI | 9 | B21 |
| Meotz / Meoz | NA | 11 | D25 |
| Meoz / Meotz | NA | 11 | D25 |
| Mequinenza | Z | 36 | H30 |
| Mequinenza (Embalse de) | Z | 36 | H30 |
| Mera (cerca de Ortigueira) | C | 3 | A6 |
| Mera (cerca de Santa Cruz) | C | 3 | B4 |
| Mera (Lugo) | LU | 3 | D6 |
| Mera (Río) | | 3 | B6 |
| Meranges | GE | 23 | E35 |
| Merás | O | 5 | B10 |
| Merca (A) | OR | 13 | F6 |
| Mercadal (es) | PM | 106 | M42 |
| Mercadillo (Vizcaya) | BI | 8 | C20 |
| Mercadillo (Burgos) | BU | 8 | C20 |
| Mercadillos de Abajo | AB | 72 | P24 |
| Mercedes (Monte de las) (Tenerife) | TF | 125 | I1 |
| Meré | O | 6 | B15 |
| Meredo | O | 4 | B8 |
| Merelas | C | 3 | C5 |
| Merendero | LU | 3 | C6 |
| Meréns | OR | 13 | F5 |
| Mérida | BA | 67 | P10 |
| Merille | LU | 4 | B7 |
| Merinos (Sierra de los) | | 93 | V14 |
| Merlán | LU | 3 | D6 |
| Merlès (Riera de) | | 38 | G35 |
| Merli | HU | 22 | E31 |
| Mero | C | 3 | C5 |
| Merodio | O | 7 | C16 |
| Merolla (Coll de) | GE | 24 | F36 |

CÓRDOBA, GRANADA
A 45 Finca de la Concepción
COLMENAR
A 6103 Santuario de la Virgen de la Victoria
CENTRO CULTURAL PROVINCIAL
Guadalmedina
Los Mártires
Pl. de la Merced
Museo Casa Natal Picasso
CASTILLO DE GIBRALFARO
PARADOR
Santiago
Museo Picasso
El Sagrario
CATEDRAL
ALCAZABA
Puente de la Aurora
Cementerio inglés
Plaza Gen. Torrijos
Paseo de Reding
Parque
PUERTO
ESTACIÓN MARÍTIMA
MAR MEDITERRÁNEO
CAC MÁLAGA
MELILLA
A 7 - E 15 : ALMERÍA
CALETA, EL PALO
A 6106 : ÁLORA
A 7 - E 15 : MARBELLA
MÁLAGA
300 m

Aduana (Pl. de la) EY 2
Arriola (Pl. de la) CZ 5
Atocha (Pasillo) CZ 8
Calderería DY 13
Cánovas del Castillo (Pas.) FZ 18
Cárcer DY 27
Casapalma DY 30
Chinitas (Pasaje) DY 31
Cólon (Alameda de) CZ 32
Compañía DY 37
Constitución (Pl. de la) DY 40
Cortina del Muelle DZ 42
Especerías DY 56
Frailes EY 61
Granada DEY
Huerto del Conde EY 67
Mariblanca DY 77
Marina (Pl. de la) DZ 80
Marqués de Larios DYZ 84
Martínez DZ 86
Molina Larios DZ 95
Nueva DY
Postigo de los Abades DY 106
Santa Isabel (Pasillo de) CYZ 120
Santa Lucía DY 123
Santa María CY 125
Sebastián Souvirón CDZ 130
Strachan DYZ 133
Teatro (Pl. del) DY 135
Tejón y Rodríguez DY 138
Tetuán (Puente de) CZ 140

| | | | |
|---|---|---|---|
| Merou | O | 4 | B9 |
| Merujal | O | 6 | C13 |
| Merza | PO | 13 | D5 |
| Mesa (La) (Jaén) | J | 82 | R19 |
| Mesa (La) (La Rioja) | LO | 33 | F22 |
| Mesa (Río) | | 47 | I24 |
| Mesa del Mar (Tenerife) | TF | 124 | G2 |
| Mesa Roldán (La) | AL | 103 | V24 |
| Mesas (Las) (Cuenca) | CU | 71 | N21 |
| Mesas (Las) (Málaga) | MA | 92 | V14 |
| Mesas de Asta | CA | 91 | V11 |
| Mesas de Ibor | CC | 56 | M13 |
| Mesas de Santiago | CA | 91 | V12 |
| Mesas del Guadalora | CO | 80 | S14 |
| Mesegar de Corneja | AV | 44 | K14 |
| Mesegar de Tajo | TO | 57 | M16 |
| Mesía | C | 3 | C5 |
| Mesillas | CC | 56 | L12 |
| Mesón do Vento | C | 3 | C4 |
| Mesones (Albacete) | AB | 84 | Q22 |
| Mesones (Guadalajara) | GU | 46 | J19 |
| Mesones (Los) | SA | 43 | I12 |
| Mesones de Isuela | Z | 34 | H25 |
| Mesquida | | 106 | M42 |
| Mesta | AB | 72 | Q22 |
| Mesta (Río de la) | | 71 | Q22 |
| Mesta de Con | O | 6 | B14 |
| Mestanza | CR | 70 | Q17 |
| Mestanza (Puerto de) | CR | 70 | Q17 |
| Mestas | O | 5 | C10 |
| Mestas de Ardisana | O | 6 | B15 |
| Metauten | NA | 19 | D23 |
| Mezalocha | Z | 34 | H26 |
| Mezalocha (Embalse de) | | 34 | H26 |
| Mezas (Las) | | 42 | L9 |
| Mezkiritz | NA | 11 | D25 |
| Mezpelerreka-El Regato | BI | 8 | C20 |
| Mezquetillas | SO | 33 | I22 |
| Mezquín | | 50 | J29 |
| Mezquita (A) | OR | 28 | F8 |
| Mezquita (Estación de la) | H | 90 | T9 |
| Mezquita (La) | MA | 93 | U15 |
| Mezquita de Jarque | TE | 49 | J27 |
| Mezquita de Loscos | TE | 48 | I26 |
| Mezquitilla | MA | 101 | V17 |
| Mezquitilla (La) | SE | 92 | U14 |
| Miajadas | CC | 68 | O12 |
| Miami Platja | T | 51 | I32 |
| Mianos | Z | 21 | E27 |
| Micereces de Tera | ZA | 29 | G12 |
| Michos | CR | 69 | P16 |
| Micieces de Ojeda | P | 17 | D16 |
| Miedes | Z | 34 | I25 |
| Miedes de Atienza | GU | 32 | I21 |
| Miengo | S | 7 | B18 |
| Miera (Cantabria) | S | 8 | C18 |
| Miera (La) | CR | 71 | O21 |
| Miera (Río) | | 8 | C18 |
| Mieres (Girona) | GE | 24 | F37 |
| Mieres (Asturias) | O | 5 | C12 |
| Mierla (La) | GU | 46 | J20 |
| Mieza | SA | 28 | I9 |
| Migjorn Gran (es) | PM | 106 | M42 |
| Miguel Esteban | TO | 59 | N20 |
| Miguel Ibáñez | SG | 45 | I16 |
| Miguelagua | TO | 58 | N18 |
| Miguelánez | SG | 45 | I16 |
| Miguelturra | CR | 70 | P18 |
| Mijancas | VI | 19 | D21 |
| Mijares (Ávila) | AV | 57 | L15 |
| Mijares (València) | V | 73 | N27 |
| Mijares (Teruel) | TE | 61 | L27 |
| Mijares (Puerto de) | AV | 44 | K15 |
| Mijares (Río) | | 62 | M29 |
| Mijas | MA | 100 | W16 |
| Mijas (Sierra de) | | 100 | W15 |
| Mila (El) | | 37 | I33 |
| Milagres (Santuario Os) | OR | 13 | F7 |
| Milagro | NA | 20 | F24 |
| Milagro (El) | CR | 58 | N17 |
| Milagro (Puerto del) | TO | 58 | N17 |
| Milagro (Río) | | 58 | N17 |
| Milagros | BU | 32 | H18 |
| Milán (Tenerife) | TF | 124 | H1 |
| Milano (Albacete) | AB | 71 | P22 |
| Milano (Salamanca) | SA | 42 | I10 |
| Milanos | GR | 94 | U17 |
| Milanos (Estación de los) | H | 78 | T9 |
| Miliana | T | 50 | K31 |
| Miliario del Caudillo | SG | 32 | H18 |
| Milla (Perales de) | M | 45 | K17 |
| Milladoiro | C | 12 | D4 |
| Millana | GU | 47 | K22 |
| Millanes | CC | 56 | M13 |
| Millarada (A) | PO | 13 | E5 |
| Millares | V | 73 | O27 |
| Millares (Embassament de) | | 73 | O27 |
| Millares (Los) | H | 90 | T7 |
| Millares (Necrópolis de los) | | 103 | V22 |
| Millares (Salto de) | V | 74 | O27 |
| Millarón (El) | CC | 54 | N8 |
| Miller | J | 83 | R22 |
| Milles de la Polvorosa | ZA | 29 | G12 |
| Millón | C | 12 | D3 |
| Milmarcos | GU | 48 | I24 |
| Mina (La) | HU | 21 | D27 |
| Mina Concepcion | | 79 | S9 |
| Mina de Rodes | A | 73 | Q27 |
| Minas (La) | TE | 49 | J27 |
| Minas (Las) (Albacete) | AB | 84 | R24 |
| Minas (Las) (Almería) | AL | 103 | V22 |
| Minas (Las) (Cuenca) | CU | 61 | M25 |
| Minas de Cala | H | 79 | S10 |
| Minas de Riotinto | H | 79 | S10 |
| Minas del Castillo | | 79 | S10 |
| Minas del Marquesado | GR | 95 | U20 |
| Minateda | AB | 84 | Q25 |
| Minateda (Cuevas de) | AB | 84 | Q25 |
| Minaya | AB | 72 | O23 |
| Minaya (Estación de) | | 72 | O22 |
| Mingarnao | AB | 84 | R23 |
| Minglanilla | CU | 61 | N25 |
| Mingo Chico | | 42 | K9 |
| Mingogil | AB | 84 | Q24 |
| Mingorría | AV | 45 | J15 |
| Mingorrubio | M | 45 | K18 |
| Mingrano | MU | 84 | S24 |
| Mínguez (Puerto) | TE | 49 | J26 |
| Mini Hollywood | AL | 96 | U22 |
| Minilla (Embalse de la) | SE | 79 | S11 |
| Mínima (Isla) | SE | 91 | U11 |
| Ministra (Sierra) | | 47 | I22 |
| Miñagón | O | 4 | B9 |
| Miñana | SO | 33 | H23 |
| Miñana (Sierra de) | | 33 | H23 |
| Miñano | MU | 84 | R24 |
| Miñano Mayor | VI | 19 | D22 |
| Miñarros | MU | 97 | T25 |
| Miño | C | 3 | B5 |
| Miño (Río) | | 13 | F5 |
| Miño Cuevo | ZA | 29 | G11 |
| Miño de Medina | SO | 47 | I22 |
| Miño de San Esteban | SO | 32 | H19 |
| Miñóns | C | 2 | D2 |
| Miñosa (La) | GU | 46 | I21 |
| Miñotos | LU | 4 | B7 |
| Mioma | VI | 18 | D20 |
| Mioño | S | 8 | B20 |
| Mira | CU | 61 | M25 |
| Mira (Barranco de) | | 34 | G26 |
| Mira (La) (Ciudad Real) | CR | 70 | P17 |
| Mira (Río) | | 61 | M25 |
| Mira (Sierra de) | | 61 | M25 |
| Mirabel (Cáceres) | CC | 55 | M11 |
| Mirabel (Sevilla) | SE | 92 | U12 |
| Mirabel (Ermita de) | CC | 56 | N13 |
| Mirabueno | GU | 47 | J21 |
| Miracle (El) | L | 37 | G34 |
| Miradera (Sierra de la) | BA | 68 | Q11 |
| Mirador (El) | MU | 85 | S27 |
| Mirador (Sierra del) | LU | 4 | C8 |
| Mirador de Oseja | LE | 6 | C14 |
| Mirador de Uña | | 60 | L24 |
| Mirador del Romero (El) | M | 45 | K17 |
| Miraelrío | J | 82 | R19 |
| Miraflores | BU | 18 | E19 |
| Miraflores de la Sierra | M | 46 | J18 |
| Mirafuentes | NA | 19 | E23 |
| Miralcamp | L | 37 | H32 |
| Miralcampo | AB | 72 | O24 |
| Miralrío | GU | 46 | J21 |
| Miralsot de Abajo | HU | 36 | H30 |
| Miramar | | 104 | M37 |
| Mirambel | TE | 49 | K28 |
| Miranda (Lugo) | LU | 4 | D8 |
| Miranda (Murcia) | MU | 85 | S26 |
| Miranda de Arga | NA | 20 | E24 |
| Miranda de Azán | SA | 43 | J12 |
| Miranda de Ebro | BU | 18 | D21 |
| Miranda del Castañar | SA | 43 | K12 |
| Miranda del Rey | J | 82 | Q19 |
| Mirandilla | BA | 67 | O11 |
| Mirantes de Luna | LE | 15 | D12 |
| Miravalles (León) | LE | 14 | D9 |
| Miraveche | BU | 18 | D20 |
| Miravet | T | 50 | I31 |
| Miravete | TE | 49 | K27 |
| Miravete (Puerto de) | CC | 56 | M12 |
| Miraz (cerca de Guitiriz) | LU | 3 | C6 |
| Miraz (cerca de Xermade) | LU | 3 | B6 |
| Miro (El) | | 15 | D10 |
| Mirón (El) | AV | 44 | K13 |
| Mironcillo | AV | 44 | K15 |
| Mirones | S | 8 | C18 |
| Mirones (Los) | CR | 70 | Q18 |
| Mirueña de los Infanzones | AV | 44 | J14 |
| Miyares | O | 6 | B14 |
| Moal | O | 5 | C10 |
| Moanes | O | 5 | B10 |
| Moaña | PO | 12 | F3 |
| Moar | C | 3 | C5 |
| Moarves | P | 17 | D16 |
| Mocanal (El Hierro) | TF | 109 | D2 |
| Mocasilla | GU | 47 | J22 |
| Mocejón | TO | 58 | M18 |
| Mochales (Guadalajara) | GU | 47 | I23 |
| Mochales (Sevilla) | SE | 80 | T13 |
| Mochales (Monte) | | 93 | T15 |
| Mochila | GR | 94 | T19 |
| Mochuelos (Los) | J | 83 | Q20 |
| Moclín | GR | 94 | T18 |
| Moclinejo | MA | 101 | V17 |
| Modino | LE | 16 | D14 |
| Modorra | | 48 | I26 |
| Modubar | BU | 18 | F19 |
| Modúbar de San Cibrián | BU | 18 | F19 |
| Moeche | C | 3 | B6 |
| Mogábar | CO | 81 | Q16 |
| Mogán (Gran Canaria) | GC | 116 | C3 |
| Mogán (Barranco de) (Gran Canaria) | GC | 114 | C3 |
| Mogarraz | SA | 43 | K11 |
| Mogatar | ZA | 29 | H12 |
| Mogón | J | 83 | R20 |
| Mogor | PO | 12 | E3 |
| Mogorrita (Cuenca) | CU | 48 | K24 |
| Mogorrita (Guadalajara) | GU | 47 | J23 |
| Mogro | S | 7 | B18 |
| Moguer | H | 90 | U9 |
| Moharras | AB | 72 | O22 |
| Moheda (La) | CC | 55 | L10 |
| Mohedas | CC | 55 | L11 |
| Mohedas (Las) | AB | 72 | Q23 |
| Mohedas de la Jara | TO | 57 | N14 |
| Mohernando | GU | 46 | J20 |
| Mohias | O | 4 | B9 |
| Mohorte | CU | 60 | L23 |
| Moià | B | 38 | G36 |
| Moixent | V | 74 | P27 |
| Mojácar | AL | 96 | U24 |
| Mojados | VA | 31 | H16 |
| Mojantes (Sierra de) | | 84 | R23 |
| Mojares | GU | 47 | I22 |
| Mojina (Sierra de) | | 70 | Q18 |
| Mojón | AL | 95 | T22 |
| Mojón (El) (Alacant) | A | 85 | S27 |
| Mojón (El) (Murcia) | MU | 85 | R27 |
| Mojón (El) (València) | V | 61 | L25 |
| Mojón Alto (Córdoba) | CO | 93 | T16 |
| Mojón Alto (Cuenca) | CU | 60 | M22 |
| Mojón Blanco | TE | 48 | K24 |
| Mojón Gordo | MA | 92 | V14 |
| Mojón Pardo (Puerto) | SO | 32 | G21 |
| Mojonera | AL | 102 | V21 |
| Mola | | 87 | Q34 |
| Mola (Cap de Sa) | PM | 104 | N37 |
| Mola (Castell de la) | A | 85 | Q27 |
| Mola (Far de la) | PM | 87 | Q34 |
| Mola (La) (Barcelona) | B | 38 | H36 |
| Mola (La) (Menorca) | PM | 106 | M42 |
| Molacillos | ZA | 29 | H13 |
| Molar (El) (Jaén) | J | 83 | S20 |
| Molar (El) (Madrid) | M | 46 | J19 |
| Molar (El) (Tarragona) | T | 36 | I32 |
| Molar (Sierra del) | | 85 | Q25 |
| Molares | H | 79 | S9 |
| Molares (Los) | SE | 92 | U12 |
| Molata | MU | 84 | R23 |
| Molata (La) | AB | 72 | P23 |
| Molatón | AB | 73 | P25 |
| Moldes | C | 13 | D5 |
| Moldones | ZA | 29 | G10 |
| Molezuelas de la Carballeda | ZA | 15 | F11 |
| Moli (es) | PM | 87 | P33 |
| Molí Azor (El) | CS | 49 | L28 |
| Molí de l'Abad (El) | CS | 50 | J30 |
| Molina (La) (Burgos) | BU | 18 | D20 |
| Molina (La) (Girona) | GE | 24 | E35 |
| Molina (Sierra de) | | 48 | K24 |
| Molina de Aragón | GU | 48 | J24 |
| Molina de Segura | MU | 85 | R26 |
| Molina de Ubierna (La) | BU | 18 | E19 |
| Molinaferrera | LE | 15 | E10 |
| Molinas (Los) | AL | 96 | U23 |
| Molinaseca | LE | 15 | E10 |
| Molinicos | AB | 84 | Q23 |
| Molinilla | VI | 18 | D21 |
| Molinillo | SA | 43 | K12 |
| Molinillo (El) | CR | 58 | N17 |
| Molinillo (El) | GR | 94 | U19 |
| Molino | | 84 | R25 |
| Molino (El) | BA | 66 | P8 |
| Molino Blanco | TO | 57 | M16 |
| Molino Viejo (Parador del) (Gijón) | O | 6 | B13 |
| Molinos (A Coruña) | C | 2 | C2 |
| Molinos (Teruel) | TE | 49 | J28 |
| Molinos (Arroyo) | | 91 | T11 |
| Molinos (Los) (Fuerteventura) | GC | 110 | G2 |
| Molinos (Los) (Gran Canaria) | GC | 114 | B3 |
| Molinos (Los) (Huesca) | HU | 22 | E30 |
| Molinos (Los) (Madrid) | M | 45 | J17 |
| Molinos de Duero | SO | 33 | G21 |
| Molinos de Matachel (Embalse de los) | BA | 67 | Q11 |
| Molinos de Papel | CU | 60 | L23 |
| Molinos de Razón | SO | 33 | G22 |
| Molinos del Río Aguas (Los) | AL | 96 | U23 |
| Molinos Marfagones | MU | 85 | T26 |
| Molins de Rei | B | 38 | H36 |
| Molledo | S | 7 | C17 |
| Mollerussa | L | 37 | H32 |
| Mollet (Barcelona) | B | 38 | H36 |
| Mollet (Girona) | GE | 25 | E39 |
| Mollina | MA | 93 | U16 |
| Mollinedo | S | 8 | C20 |
| Molló | GE | 24 | E37 |
| Molló (Sierra del) | | 50 | K30 |
| Molsosa (La) | L | 37 | G34 |
| Moluengo | V | 61 | N25 |
| Molvízar | GR | 101 | V19 |
| Momán (cerca de Cospeito) | LU | 4 | C7 |
| Momán (cerca de Xermade) | LU | 3 | C6 |
| Mombeltrán | AV | 57 | L14 |
| Momblona | SO | 33 | H22 |
| Mombuey | ZA | 29 | F11 |
| Momediano | BU | 18 | D19 |
| Momia | CA | 99 | W12 |
| Mompichel | AB | 73 | P25 |
| Mona (Punta de la) | GR | 101 | V18 |
| Monachil | GR | 94 | U19 |
| Monasterejos | | 91 | V11 |
| Monasterio (Guadalajara) | GU | 46 | J20 |
| Monasterio (Soria) | SO | 33 | H21 |
| Monasterio de la Sierra | BU | 32 | F20 |
| Monasterio de Rodilla | BU | 18 | E19 |
| Monasterio de Vega | VA | 16 | F14 |
| Monasterio del Coto | O | 4 | C9 |
| Monasterioguren | | 19 | D22 |
| Moncalián | S | 8 | B19 |
| Moncalvillo | BU | 32 | G20 |
| Moncalvillo del Huete | CU | 59 | L21 |
| Moncalvo | | 14 | F9 |
| Moncayo | GR | 83 | S22 |
| Moncayo (Santuario del) | Z | 34 | G24 |
| Moncayo (Sierra del) | | 34 | G24 |
| Moncelos | LU | 4 | C7 |
| Moncelos (Puerto de) | PO | 13 | F5 |
| Monclova (La) | SE | 92 | T14 |
| Moncofa | CS | 62 | M29 |
| Monda | MA | 100 | W15 |
| Mondalindo | M | 46 | J18 |
| Mondariz | PO | 13 | F4 |
| Mondéjar | GU | 59 | L20 |
| Mondoñedo | LU | 4 | B7 |
| Mondragón / Arrasate | SS | 10 | C22 |
| Mondreganes | LE | 16 | D14 |
| Mondriz | LU | 4 | C7 |
| Mondrón | MA | 101 | V17 |
| Mondújar | GR | 101 | V19 |
| Mondúver (El) | V | 74 | O29 |
| Monegre | | 34 | H25 |
| Monegrillo | Z | 35 | H28 |
| Monegros (Canal de) | HU | 21 | F28-H29 |
| Monegros (Los) | Z | 35 | H28 |
| Monells | GE | 25 | G38 |
| Moneo | BU | 18 | D19 |
| Mones | O | 5 | B10 |
| Monesma | HU | 36 | G30 |
| Monesma | | 21 | F28 |
| Monesma y Cajigar | | 22 | F31 |
| Monesterio | BA | 79 | R11 |
| Moneva | Z | 49 | I27 |
| Moneva (Embalse de) | Z | 49 | I27 |
| Monfarracinos | ZA | 29 | H12 |
| Monfero | C | 3 | C5 |
| Monfero (Monasterio de) | C | 3 | B5 |
| Monflorite | HU | 21 | F28 |
| Monforte de la Sierra | SA | 43 | K11 |
| Monforte de Lemos | LU | 14 | E7 |
| Monforte de Moyuela | TE | 49 | I26 |
| Monforte del Cid | A | 85 | Q27 |
| Monfragüe (Parque Natural de) | | 56 | M13 |
| Monfragüe (Santuario de) | CC | 56 | M11 |
| Mongay (Sierra de) | | 22 | F31 |
| Monigón | | 33 | G23 |
| Monistrol de Calders | B | 38 | G36 |
| Monistrol de Montserrat | B | 38 | H35 |
| Monistrolet | | 37 | G35 |
| Monjas (Las) (Ciudad Real) | CR | 71 | O19 |
| Monjas (Las) (Sevilla) | SE | 92 | U13 |
| Monjas (Las) (València) | V | 61 | N26 |
| Monleón (Salamanca) | SA | 43 | K12 |
| Monleras | SA | 29 | I11 |
| Monmeneu | | 36 | H31 |
| Monnegre (Río) | | 86 | Q28 |
| Monòver | A | 85 | Q27 |
| Monrabana | V | 62 | M27 |
| Monreal (Navarra) | NA | 11 | D25 |
| Monreal (Cuenca) | CU | 59 | N21 |
| Monreal de Ariza | Z | 33 | I23 |
| Monreal del Campo | TE | 48 | J25 |
| Monreal del Llano | CU | 59 | N21 |
| Monrepós (Puerto de) | HU | 21 | E28 |
| Monroy | CC | 55 | N11 |
| Monroyo | TE | 50 | J29 |
| Monsaete (Puerto de) | | 47 | K23 |
| Monsagro | SA | 43 | K11 |
| Monsalud | BA | 67 | Q9 |
| Monsalud (Monasterio de) | | 47 | K22 |
| Monsalupe | AV | 44 | J15 |
| Mont Cristina | CS | 62 | L29 |
| Mont Horquera | V | 62 | N28 |
| Mont-i-sol (València) | V | 62 | N28 |
| Mont-ral | T | 37 | I33 |
| Mont-ras | GE | 25 | G39 |
| Mont-roig | | 36 | G32 |
| Mont-roig del Camp | T | 51 | I32 |
| Mont-ros | L | 23 | E32 |
| Monta (La) | TO | 70 | O18 |
| Montagut (Monte) | | 37 | H34 |
| Montagut i Oix | GE | 24 | F37 |
| Montalbán (Teruel) | TE | 49 | J27 |
| Montalbán (Toledo) | TO | 57 | M16 |
| Montalbán de Córdoba | CO | 93 | T15 |
| Montalbanejo | CU | 60 | M22 |
| Montalbo | CU | 59 | M21 |
| Montalbos | TE | 49 | J28 |
| Montalvos | | 72 | O23 |
| Montamarta | ZA | 29 | H12 |
| Montán (Castelló) | CS | 62 | L28 |
| Montan (Lleida) | L | 23 | F34 |
| Montánchez | CC | 67 | O11 |
| Montánchez (Sierra de) | | 68 | O11 |
| Montanchuelos | CR | 70 | P19 |
| Montanejos | CS | 62 | L28 |
| Montanúy | HU | 22 | E32 |
| Montaña Blanca (Lanzarote) | GC | 123 | D4 |
| Montaña Clara (Isla de) (Lanzarote) | GC | 120 | E2 |
| Montaña de Covadonga (Parque nacional de la) | | 6 | C14 |
| Montañana (Huesca) | HU | 22 | F32 |
| Montañana (Zaragoza) | Z | 35 | G27 |
| Montañas (Ermita de las) | CA | 92 | V13 |
| Montañesa (Peña) | HU | 22 | E30 |
| Montañeta (La) (Tenerife) | TF | 127 | F3 |
| Montaos | C | 3 | C4 |
| Montardo | L | 22 | E32 |
| Montareño | L | 23 | E33 |
| Montargull | L | 37 | G33 |
| Montarrón | GU | 46 | J20 |
| Montaverner | V | 74 | P28 |
| Montaves | SO | 33 | F23 |
| Montblanc | T | 37 | H33 |
| Montblanquet | L | 37 | H33 |
| Montbrió de la Marca | T | 37 | H33 |
| Montbrió del Camp | T | 51 | I33 |
| Montcada | V | 62 | N28 |
| Montcada i Reixac | B | 38 | H36 |
| Montcau (El) | | 38 | G36 |
| Montclar | B | 23 | F35 |
| Montclar d'Urgell | L | 37 | G33 |
| Montcortès | L | 23 | E33 |
| Monte (A Coruña) | C | 3 | B5 |
| Monte (Lugo) | LU | 4 | B7 |
| Monte (El) | AB | 72 | P23 |
| Monte (Ermita del) | SE | 80 | S12 |
| Monte Aloya (Parque natural del) | PO | 12 | F3 |
| Monte Alto | CO | 81 | T15 |
| Monte Aragón (Cordillera de) | AB | 73 | P24 |

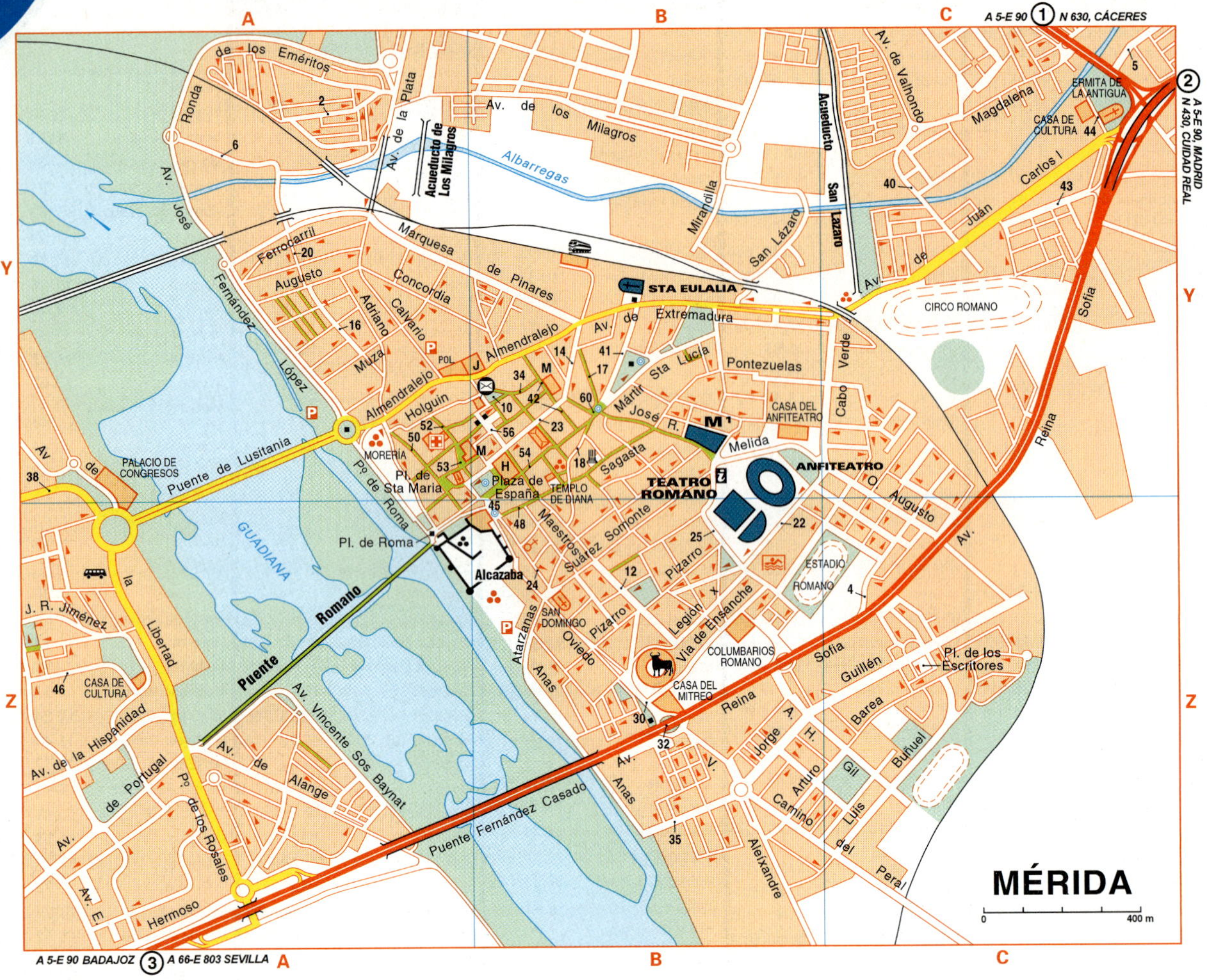
MÉRIDA
A 5-E 90 (1) N 630, CÁCERES
(2) A 5-E 90, MADRID N 430, CUIDAD REAL
A 5-E 90 BADAJOZ (3) A 66-E 803 SEVILLA
STA EULALIA
CIRCO ROMANO
TEATRO ROMANO
ANFITEATRO
Alcazaba
Pl. de Roma
Puente Romano
GUADIANA
Albarregas
Acueducto de Los Milagros
Acueducto San Lázaro
PALACIO DE CONGRESOS
CASA DE CULTURA
ERMITA DE LA ANTIGUA
TEMPLO DE DIANA
MORERÍA
CASA DEL ANFITEATRO
ESTADIO ROMANO
COLUMBARIOS ROMANO
CASA DEL MITREO
Plaza de España
0 400 m

Abadias (Av. de las). . . . . . . . . AY 2
Artes y Oficios . . . . . . . . . . . . CZ 4
Ausonio . . . . . . . . . . . . . . . . . CY 5
Avenal de Pancaliente . . . . . . AY 6
Berzocana . . . . . . . . . . . . . . . BY 18
Calderon de la Barca. . . . . . . . BZ 12
Camillo José Cela . . . . . . . . . . BY 14
Capitan Francesco de Almaraz . . . . . . . . . . . . AY 16
Cervantes . . . . . . . . . . . . . . . BY 17
Constitucion (Pl. de la) . . . . . . BY 10
Don César Lozano . . . . . . . . . AY 20
Estudiantes (Av. de los) . . . . . BZ 22
Félix Valverde Lillo . . . . . . . . . BY 23
John Lennon . . . . . . . . . . . . . . BZ 24
José A. Saez de Buruaga . . . . BZ 25
Juan de Avalos (Glorieta) . . . . BZ 30
Juan de Avalos (Pl.). . . . . . . . . BZ 32
Louis Braille. . . . . . . . . . . . . . BY 34
Lusitania (Av. de). . . . . . . . . . . BZ 35
Manga del Matadero . . . . . . . AY 38
Marques de Paterna. . . . . . . . CY 40
Mártir Sta. Eulalia (Rambla) . . BY 41
Moreno de Vargas . . . . . . . . . BY 42
Muestra Senora de la Antigua CY 43
Nerja . . . . . . . . . . . . . . . . . . . CY 44
Rastro (Pl. del) . . . . . . . . . . . . BZ 45
Reyes Catolicos (Av. de los). . AZ 46
Romero Leal . . . . . . . . . . . . . . BZ 48
Salvador . . . . . . . . . . . . . . . . . AY 50
Sancho Pèrez . . . . . . . . . . . . . AY 52
Santa Clara (Pl. de) . . . . . . . . BY 53
Santa Eulalia . . . . . . . . . . . . . AY 54
Trajano. . . . . . . . . . . . . . . . . . BY 56
Villa (Puerta de la) . . . . . . . . . BY 60

Museo Nacional de Arte Romano . . . . . . . BY M1

| | | | |
|---|---|---|---|
| Monte Aragón (Monasterio de) | HU | 21 | F28 |
| Monte Calderón | GU | 46 | J19 |
| Monte de Luna (La Palma) | TF | 132 | D6 |
| Monte de Meda | LU | 3 | D7 |
| Monte Hueco | GU | 46 | J20 |
| Monte la Reina | ZA | 30 | H13 |
| Monte Lope Álvarez | J | 82 | S17 |
| Monte Perdido (Parador de) (Bielsa) | HU | 22 | D30 |
| Monte Redondo | GU | 47 | J21 |
| Monte Robledal | M | 59 | L20 |
| Monteagú | CR | 82 | Q19 |
| Monteagudo (Murcia) | MU | 85 | R26 |
| Monteagudo (Navarra) | NA | 34 | G24 |
| Monteagudo (Embalse) | | 33 | H23 |
| Monteagudo (Isla de) | PO | 12 | F3 |
| Monteagudo de las Salinas | CU | 60 | M24 |
| Monteagudo de las Vicarías | SO | 33 | H23 |
| Monteagudo del Castillo | TE | 49 | K27 |
| Montealegre | VA | 30 | G15 |
| Montealegre del Castillo | AB | 73 | P26 |
| Montearagón | TO | 57 | M16 |
| Montecillo | S | 17 | D18 |
| Monteclaro-La Cabaña | M | 45 | K18 |
| Montecoche (Sierra de) | | 99 | X13 |
| Montecorto | MA | 92 | V14 |
| Montecubeiro | LU | 4 | C8 |
| Montederramo | OR | 14 | F7 |
| Montefrío | GR | 94 | U17 |
| Montehermoso | CC | 55 | L10 |
| Monteixo | L | 23 | E34 |
| Montejaque | MA | 92 | V14 |
| Montejícar | GR | 94 | T19 |
| Montejo | SA | 43 | K13 |
| Montejo de Arévalo | SG | 45 | I16 |
| Montejo de Bricia | BU | 17 | D18 |
| Montejo de Cebas | BU | 18 | D20 |
| Montejo de la Sierra | M | 46 | I19 |
| Montejo de la Vega | SG | 32 | H19 |
| Montejo de Tiermes | SO | 32 | H20 |
| Montejos del Camino | LE | 15 | E12 |
| Montellà | L | 23 | E35 |
| Montellano (Vizcaya) | BI | 8 | C20 |
| Montellano (Sevilla) | SE | 92 | V13 |
| Montellano (Sierra de) | | 92 | V13 |
| Montemayor (Albacete) | AB | 73 | P23 |
| Montemayor (Córdoba) | CO | 81 | T15 |
| Montemayor (València) | V | 72 | O26 |
| Montemayor (Ermita de) | H | 90 | U9 |
| Montemayor de Pililla | VA | 31 | H16 |
| Montemayor del Río | SA | 43 | K12 |
| Montemolín | BA | 79 | R11 |
| Montenartró | L | 23 | E33 |
| Montenebro | M | 46 | J19 |
| Montenegro | AL | 95 | U21 |
| Montenegro de Cameros | SO | 33 | F21 |
| Montepalacio | SE | 92 | U13 |
| Monterde | Z | 48 | I24 |
| Monterde de Albarracín | TE | 48 | K25 |
| Monteros (Los) (Málaga) | MA | 100 | W15 |
| Monteros (Los) (Toledo) | TO | 57 | L16 |
| Monterreal | PO | 12 | F3 |
| Monterredondo | OR | 13 | F5 |
| Monterrei | OR | 28 | G7 |
| Monterrey | TO | 58 | M17 |
| Monterroso | LU | 13 | D6 |
| Monterrubio | SG | 45 | J16 |
| Monterrubio | ZA | 15 | F10 |
| Monterrubio de Armuña | SA | 43 | I13 |
| Monterrubio de Demanda | BU | 18 | F20 |
| Monterrubio de la Serena | BA | 68 | Q13 |
| Monterrubio de la Sierra | SA | 43 | J12 |
| Montes (Los) | GR | 94 | T18 |
| Montes de Málaga (Parque natural de los) | | 100 | V16 |
| Montes de Mora | TO | 70 | N17 |
| Montes de San Benito | H | 78 | S8 |
| Montes de Valdueza | LE | 15 | E10 |
| Montes Universales (Reserva nacional de los) | TE | 48 | K24 |
| Montesa | V | 74 | P28 |
| Montesalgueiro | C | 3 | C5 |
| Montesclaros | TO | 57 | L15 |
| Montesinho (Parque natural de) | | 28 | G9 |
| Montesinos (Los) | A | 85 | R27 |
| Montesión (Santuari de) | PM | 105 | N39 |
| Montesol (Alacant) | A | 74 | P28 |
| Montesquiu | B | 24 | F36 |
| Montesusín | HU | 35 | G28 |
| Monteviejo (Puerto de) | LE | 16 | D15 |
| Montferrer i Castellbò | L | 23 | E34 |
| Montferri | T | 37 | I34 |
| Montgai | L | 37 | G32 |
| Montgarri | L | 23 | D33 |
| Montgat | B | 38 | H36 |
| Montgó | GE | 25 | F39 |
| Montgó (El) | A | 75 | P30 |
| Montiano | BU | 8 | C20 |
| Montiel | CR | 71 | P21 |
| Montiel (Campo de) | AB | 71 | P21 |
| Montiela (La) | CO | 93 | T15 |
| Montijo | BA | 67 | P10 |
| Montijo (Canal de) | | 67 | P9 |
| Montilla | CO | 93 | T16 |
| Montilla (Sierra de) | | 83 | S22 |
| Montillana | GR | 94 | T18 |
| Montinier | HU | 22 | E30 |
| Montitxelvo | V | 74 | P28 |
| Montizón | J | 83 | Q20 |
| Montjuïc | B | 38 | H36 |
| Montllats (Els) | CS | 49 | K29 |
| Montlleó (Riu de) (Castelló) | CS | 62 | L29 |
| Montmagastre | L | 37 | G33 |
| Montmajor | B | 23 | F35 |
| Montmaneu | B | 37 | H34 |
| Montmany | B | 38 | G36 |
| Montmeló | B | 38 | H36 |
| Montnegre (Alacant) | A | 86 | Q28 |
| Montnegre (Barcelona) | B | 38 | G37 |
| Montnegre (Girona) | GE | 25 | G38 |
| Montnegre (Zaragoza) | Z | 36 | H30 |
| Montnegre (Serra de) (Barcelona) | B | 38 | H37 |
| Montnoso | BA | 79 | Q11 |
| Montolar | | 34 | H26 |
| Montoliu | L | 36 | H31 |
| Montón | Z | 48 | I25 |
| Montorio | BU | 18 | E18 |
| Montornès | B | 38 | H36 |
| Montornès de Segarra | L | 37 | H33 |
| Montoro | CO | 81 | R16 |
| Montoro (Embalse de) | CR | 70 | Q17 |
| Montoro (Río) | | 82 | Q18 |
| Montoro de Mezquita | TE | 49 | J28 |
| Montortal | V | 74 | O28 |
| Montoso | CR | 71 | P20 |
| Montoto | P | 17 | D16 |
| Montouto (A Coruña) | C | 3 | C5 |
| Montouto (Lugo) | LU | 4 | B7 |
| Montouto (León) | LE | 14 | E8 |
| Montoxo (San Román) | C | 3 | B6 |
| Montoxo (San Xulián) | C | 3 | B6 |
| Montpalau | L | 37 | H34 |
| Montroi | V | 74 | N28 |
| Montsant (Riu de) | | 37 | I32 |
| Montsant (Serra) | T | 36 | I32 |
| Montsec d'Ares | L | 22 | F32 |
| Montsec de Rúbies | L | 23 | F32 |
| Montsent (Serra de) | B | 38 | G37 |
| Montsent de Pallars | | 23 | E33 |
| Montseny | B | 38 | G37 |
| Montseny (Parc natural del) | B | 38 | G36-G37 |
| Montserrat | V | 74 | N28 |
| Montserrat (Monestir) | B | 38 | H35 |
| Montserrat (Serra de) | B | 38 | H35 |
| Montsià (Serra del) | T | 50 | K31 |
| Montuenga (Burgos) | BU | 18 | F18 |
| Montuenga (Segovia) | SG | 45 | I16 |
| Montuenga de Soria | SO | 33 | I23 |
| Montuïri | PM | 104 | N38 |
| Monturque | CO | 93 | T16 |
| Monumenta | ZA | 29 | H11 |
| Monzalbarba | Z | 35 | G27 |
| Monzón | HU | 36 | G30 |
| Monzón de Campos | P | 17 | F16 |
| Moñux | SO | 33 | H22 |
| Mor | LU | 4 | B7 |
| Mora (León) | LE | 15 | D12 |
| Mora (Toledo) | TO | 58 | M18 |
| Mora (Teruel) | TE | 61 | L27 |
| Mora (La) | T | 51 | I34 |
| Mora (Puerto de la) | GR | 94 | U19 |
| Móra d'Ebre | T | 50 | I31 |
| Mora de Rubielos | TE | 61 | L27 |
| Mora de Santa Quiteria | AB | 73 | Q25 |
| Móra la Nova | T | 50 | I31 |
| Moradas | TO | 57 | N15 |
| Moradillo | BU | 18 | D18 |
| Moradillo de Roa | BU | 31 | H18 |
| Moradillo del Castillo | BU | 17 | D18 |
| Moragete | V | 73 | O26 |
| Moraira | A | 75 | P30 |
| Moral | MU | 84 | R23 |
| Moral (El) | MU | 84 | S23 |
| Moral (Sierra del) | | 70 | P19 |
| Moral de Calatrava | CR | 70 | P19 |
| Moral de Hornuez | SG | 32 | H19 |
| Moral de la Reina | VA | 30 | G14 |
| Moral de Sayago | ZA | 29 | H11 |
| Moraleda de Zafayona | GR | 94 | U18 |
| Moraleja | CC | 55 | L9 |
| Moraleja (Sierra de la) | | 69 | P14 |
| Moraleja de Coca | SG | 45 | I16 |
| Moraleja de Cuéllar | SG | 31 | H17 |
| Moraleja de Enmedio | M | 58 | L18 |
| Moraleja de las Panaderas | VA | 30 | I15 |
| Moraleja de Matacabras | AV | 44 | I15 |
| Moraleja de Sayago | ZA | 43 | I11 |
| Moraleja del Vino | ZA | 29 | H13 |
| Moralejo | MU | 84 | S23 |
| Moralejo (Monte) | | 84 | S23 |
| Morales (Ciudad Real) | CR | 82 | Q18 |
| Morales (León) | LE | 15 | E11 |
| Morales (Soria) | SO | 32 | H21 |
| Morales (Los) | GR | 94 | T18 |
| Morales (Rambla de) | AL | 103 | V23 |
| Morales de Campos | VA | 30 | G14 |
| Morales de Rey | ZA | 29 | F12 |
| Morales de Toro | ZA | 30 | H14 |
| Morales de Valverde | ZA | 29 | G12 |
| Morales del Vino | ZA | 29 | H12 |
| Moralico (El) | J | 83 | Q21 |
| Moralina | ZA | 29 | H11 |
| Moralita (La) | SA | 43 | J11 |
| Moralzarzal | M | 45 | J18 |
| Morancelle | C | 2 | D2 |
| Moranchel | GU | 47 | J22 |
| Morante | H | 78 | T9 |
| Moraña | PO | 12 | E4 |
| Morás | LU | 4 | A7 |
| Morás (Punta de) | LU | 4 | A7 |
| Morasverdes | SA | 43 | K11 |
| Morasverdes (Río) | | 43 | K11 |

| | | | |
|---|---|---|---|
| Morata | MU | 97 | T25 |
| Morata (Puerto de) | Z | 34 | H25 |
| Morata de Jalón | Z | 34 | H25 |
| Morata de Jiloca | Z | 34 | I25 |
| Morata de Tajuña | M | 59 | L19 |
| Moratalla (Córdoba) | CO | 80 | S14 |
| Moratalla (Murcia) | MU | 84 | R24 |
| Moratilla de Henares | GU | 47 | I21 |
| Moratilla de los Meleros | GU | 46 | K21 |
| Moratillas (Las) | V | 73 | N27 |
| Moratinos | P | 16 | E15 |
| Moratones | ZA | 29 | F12 |
| Morche (El) | MA | 101 | V18 |
| Morcillo | CC | 55 | L10 |
| Morcín | | 5 | C12 |
| Morcuera | SO | 32 | H20 |
| Morcuera (Puerto de la) | M | 45 | J18 |
| Morcuera (Sierra de la) | | 45 | J18 |
| Moreda (Granada) | GR | 94 | T20 |
| Moreda (Lugo) | LU | 13 | D6 |
| Moreda de Álava | VI | 19 | E22 |
| Moreda de Aller | O | 5 | C12 |
| Moredo (Pico de) | L | 23 | D33 |
| Moreiras (cerca de Orense) | OR | 13 | F6 |
| Moreiras (cerca de Xinzo de Limia) | OR | 13 | F6 |
| Morell (El) | T | 37 | I33 |
| Morella | CS | 50 | K29 |
| Morella (La) | | 38 | I35 |
| Morella (Riu) | | 49 | K29 |
| Morella la Vella | CS | 49 | K29 |
| Morellana | CO | 93 | T17 |
| Morena | BA | 79 | R11 |
| Morena (Sierra) | | 79 | S11 |
| Morenilla | GU | 48 | J24 |
| Morenos (Los) | CO | 80 | R13 |
| Morente | CO | 81 | S16 |
| Morentin | NA | 19 | E23 |
| Morera (Ermita) | V | 74 | P27 |
| Morera (La) | BA | 67 | Q10 |
| Morera de Montsant (La) | T | 37 | I32 |
| Moreras (Sierra de las) | | 97 | T25 |
| Moreruela (Monasterio de) | ZA | 29 | G12 |
| Moreruela de los Infanzones | ZA | 29 | H12 |
| Moreruela de Tábara | ZA | 29 | G12 |
| Morés | Z | 34 | H25 |
| Morey | | 105 | M40 |
| Morga | BI | 9 | C21 |
| Morgana (La) | GR | 102 | V20 |
| Morgovejo | LE | 16 | D15 |
| Moriles | CO | 93 | T16 |
| Morilla | HU | 36 | G30 |
| Morilla | S | 8 | C18 |
| Morille | SA | 43 | J12 |
| Morillejo | GU | 47 | J22 |
| Morillo de Liena | HU | 22 | E31 |
| Morillo de Monclús | HU | 22 | E30 |
| Morillo de Tou | HU | 22 | E30 |
| Moriñigo | SA | 44 | J13 |
| Moriscote | AB | 72 | Q23 |
| Morla | LE | 15 | F11 |
| Moro (Granada) | GR | 83 | S21 |
| Moro (Huesca) | HU | 21 | E28 |
| Moro (Coll del) | T | 50 | I31 |
| Moro (El) | CR | 70 | P19 |
| Moro (Rambla del) | MU | 85 | R25 |
| Morón (Rio) | | 33 | H22 |
| Morón de Almazán | SO | 33 | H22 |
| Morón de la Frontera | SE | 92 | U13 |
| Moronta | SA | 43 | J10 |
| Moropeche | AB | 84 | Q22 |
| Moror | L | 22 | F32 |
| Moros | Z | 34 | H24 |
| Moros (Monte) | | 44 | K14 |
| Moros (Río) | | 45 | J17 |
| Morquitián | C | 2 | C2 |
| Morrablancar | AB | 73 | P25 |
| Morrano | HU | 21 | F29 |
| Morras (Las) | CO | 81 | Q15 |
| Morrazo (Península de) | PO | 12 | F3 |
| Morredero (Alto El) | LE | 15 | E10 |
| Morredero (El) | LE | 15 | E10 |
| Morriondo | LE | 15 | E12 |
| Morro Jable (Fuerteventura) | GC | 112 | C5 |
| Morrón (Albacete) | AB | 73 | Q24 |
| Morrón (Almería) | AL | 102 | V21 |
| Morrón de los Genoveses | AL | 103 | V23 |
| Morrón del Puerto | MU | 73 | Q26 |
| Morrones (Los) (Ciudad Real) | CR | 71 | Q20 |
| Morrones (Los) (Granada) | GR | 94 | T19 |
| Mortera (La) | O | 5 | C10 |
| Mos (Pontevedra) | PO | 12 | F4 |
| Moscán | LU | 14 | D7 |
| Moscardón | TE | 48 | L25 |
| Moscari | PM | 104 | M38 |
| Moscaril | GR | 101 | V18 |
| Moscoso | PO | 12 | F4 |
| Mosende (Lugo) | LU | 3 | A7 |
| Mosende (Pontevedra) | PO | 12 | F4 |
| Mosqueruela | TE | 49 | K28 |
| Mosqueruela (Puerto de) | TE | 49 | K28 |
| Mosquete | C | 12 | E3 |
| Mosquíl (Embalse de) | | 79 | Q11 |
| Mosteiro (Pol) | LU | 4 | C7 |
| Mosteiro (Ourense) | OR | 13 | F5 |
| Mosteiro (Meis) | PO | 12 | E3 |
| Móstoles | M | 58 | L18 |
| Mota (Fortaleza de la) | J | 94 | T18 |
| Mota (La) (Girona) | GE | 25 | F38 |
| Mota (La) (Cádiz) | CA | 92 | V14 |
| Mota de Altarejos | CU | 60 | M23 |
| Mota del Cuervo | CU | 59 | N21 |
| Mota del Marqués | VA | 30 | H14 |
| Motilla del Palancar | CU | 60 | N24 |
| Motilleja | AB | 72 | O24 |
| Motos | GU | 48 | K25 |
| Motril | GR | 101 | V19 |
| Moucide | LU | 4 | B7 |
| Mougás | PO | 12 | F3 |
| Mourentán | PO | 13 | F5 |
| Mourisca | OR | 14 | F8 |
| Mouriscados | PO | 13 | F4 |
| Mourulle | LU | 13 | D6 |
| Mousende | LU | 4 | B8 |
| Moutas | O | 5 | B11 |
| Moveros | ZA | 29 | H11 |
| Moya (Cuenca) | CU | 61 | M25 |
| Moya (Gran Canaria) | GC | 115 | D2 |
| Moyas (Las) | CR | 71 | O20 |
| Moyuela | Z | 49 | I27 |
| Mozaga (Lanzarote) | GC | 123 | D4 |
| Mózar de Valverde | ZA | 29 | G12 |
| Mozárbez | SA | 43 | J13 |
| Mozas (Monte de las) | CU | 72 | O23 |
| Mozoncillo | SG | 45 | I17 |
| Mozóndiga | LE | 15 | E12 |
| Mozos de Cea | LE | 16 | E14 |
| Mozota | Z | 34 | H26 |
| Muchachos (Roque de los) (La Palma) | TF | 130 | C3 |
| Mucientes | VA | 30 | G15 |
| Mudá | P | 17 | D16 |
| Mudapelos | J | 82 | S17 |
| Mudela | CR | 70 | Q19 |
| Muduex | GU | 46 | J21 |
| Mudurra (La) | VA | 30 | G15 |
| Muel | Z | 34 | H26 |
| Muela (Albacete) | AB | 73 | P25 |
| Muela (Córdoba) | CO | 80 | R13 |
| Muela (Murcia) | MU | 85 | S25 |
| Muela (cerca de Cantavieja) | TE | 49 | K28 |
| Muela (cerca de Manzanera) | TE | 61 | L27 |
| Muela (Burgos) | BU | 32 | F19 |
| Muela (cerca de San Martin) | | 61 | M25 |
| Muela (cerca de Tortola) | | 60 | M23 |
| Muela (La) (cerca de Algodonales) | CA | 92 | V13 |
| Muela (La) (cerca de Vejer) | CA | 99 | X12 |
| Muela (La) (València) | V | 61 | M26 |
| Muela (La) (Zaragoza) | Z | 34 | H26 |
| Muela (Meseta de la) | | 34 | H26 |
| Muela (Sierra de la) (Guadalajara) | GU | 47 | I21 |
| Muela (Sierra de la) (cerca de Cartagena) | MU | 97 | T26 |
| Muela (Sierra de la) (cerca de las Murtas) | | 84 | R23 |
| Muela (Sierra de la) (Zaragoza) | Z | 34 | H26 |
| Muela de Cortes (Reserva nacional de la) | V | 73 | O27 |
| Muelas de los Caballeros | ZA | 15 | F10 |
| Muelas del Pan | ZA | 29 | H12 |
| Muelle de Vega Terrón | | 42 | I9 |
| Mués | NA | 19 | E23 |
| Muez | NA | 10 | D24 |
| Muga | | 34 | G24 |
| Muga (La) (Riu) | GE | 24 | E37 |
| Muga de Alba | ZA | 29 | G11 |
| Muga de Sayago | ZA | 29 | H11 |
| Mugardos | C | 3 | B5 |
| Mugares | OR | 13 | F6 |
| Mugrón (Sierra del) | | 73 | P26 |
| Mugueimes | OR | 27 | G6 |
| Muides | O | 4 | B9 |
| Muimenta (Lugo) | LU | 4 | C7 |
| Muimenta (Pontevedra) | PO | 13 | D5 |
| Muiña | LU | 4 | C8 |
| Muiños | OR | 27 | G6 |
| Mujer Muerta (La) | | 45 | J17 |
| Mujeres Muertas (Pozo de las) | O | 4 | C9 |
| Mula | MU | 85 | R25 |
| Mula (Río) | | 85 | R25 |
| Mulato (Embalse del) (Gran Canaria) | GC | 116 | C3 |
| Mulato (Lomo del) (Gran Canaria) | GC | 114 | C3 |
| Mulería (La) | AL | 96 | U24 |
| Mulhacén | GR | 95 | U20 |
| Mullidar | AB | 72 | Q24 |
| Mulva (Castillo de) | SE | 80 | S12 |
| Munárriz | NA | 10 | D24 |
| Mundaka | BI | 9 | B21 |
| Mundo (Nacimiento del Río) | AB | 84 | Q22 |
| Mundo (Río) | | 84 | Q24 |
| Munébrega | Z | 34 | I24 |
| Munera | AB | 72 | O22 |
| Mungia | BI | 9 | B21 |
| Múnia (La) | B | 37 | I34 |
| Munia (Mont la) | HU | 22 | D30 |
| Muniáin de la Solana | NA | 19 | E23 |
| Muniellos (Coto natio-nal de) | O | 4 | C9 |
| Muniesa | TE | 49 | I27 |
| Muniferral | C | 3 | C5 |
| Munilla | LO | 19 | F23 |
| Munitibar-Arbatzegui Gerrikaitz | BI | 10 | C22 |
| Muntanyeta dels Sants (La) | | 74 | O29 |
| Muntanyola | B | 38 | G36 |
| Muntells (Els) | T | 50 | K32 |
| Muña (La) | J | 82 | S18 |
| Muñana | AV | 44 | K14 |
| Muñas | O | 5 | B10 |
| Muñecas | SO | 32 | G20 |
| Muñecas (Las) | BI | 8 | C20 |
| Múñez | AV | 44 | K15 |
| Muñico | AV | 44 | J14 |
| Muñique (Lanzarote) | GC | 123 | D3 |
| Muñis | LU | 4 | D9 |
| Muño | O | 6 | B13 |
| Muñoces (Los) | MU | 85 | S26 |
| Muñogalindo | AV | 44 | K15 |
| Muñogrande | AV | 44 | J15 |
| Muñomer del Peco | AV | 44 | J15 |
| Muñopedro | SG | 45 | J16 |
| Muñopepe | AV | 44 | K15 |
| Muñosancho | AV | 44 | J14 |
| Muñotello | AV | 44 | K14 |
| Muñoveros | SG | 45 | I18 |
| Muñoyerro | AV | 44 | J15 |
| Muñoz | SA | 43 | J11 |
| Mur (Castell de) | L | 22 | F32 |
| Mura | B | 38 | G35 |
| Muradelle | LU | 13 | E6 |
| Muras | LU | 3 | B6 |
| Murchante | NA | 20 | F25 |
| Murchas | GR | 101 | V19 |
| Murcia | MU | 85 | S26 |
| Murciélagos (Cueva de los) | CO | 93 | T17 |
| Murero | Z | 48 | I25 |
| Mures | J | 94 | T18 |
| Mures (Monte) | | 92 | V14 |
| Murguía | VI | 19 | D21 |
| Murias (León) | LE | 15 | E11 |
| Murias (cerca de Santibáñez) | O | 6 | C12 |
| Murias (Zamora) | ZA | 14 | F10 |
| Murias de Paredes | LE | 15 | D11 |
| Murias de Ponjos | LE | 15 | D11 |
| Muriedas | S | 7 | B18 |
| Muriel | GU | 46 | J20 |
| Muriel de la Fuente | SO | 32 | G21 |
| Muriel de Zapardiel | VA | 44 | I15 |
| Muriel Viejo | SO | 32 | G21 |
| Muriellos | O | 5 | C12 |
| Murieta | NA | 19 | E23 |
| Murillo Berroya | NA | 11 | D26 |
| Murillo de Calahorra | LO | 19 | E24 |
| Murillo de Gállego | Z | 21 | E27 |
| Murillo de Río Leza | LO | 19 | E23 |
| Murillo el Cuende | NA | 20 | E25 |
| Murillo el Fruto | NA | 20 | E25 |
| Murla | A | 74 | Q29 |
| Muro | PM | 105 | M39 |
| Muro (Torrent de) | | 105 | M39 |
| Muro de Ágreda | SO | 33 | G24 |
| Muro de Aguas | LO | 19 | F23 |
| Muro de Alcoy | A | 74 | P28 |
| Muro en Cameros | LO | 19 | F22 |
| Muros | C | 12 | D2 |
| Muros de Nalón | O | 5 | B11 |
| Muros y Noia (Ría de) | PO | 12 | D2 |
| Murta (La) | MU | 85 | S26 |
| Murtas | GR | 102 | V20 |
| Murtas (Las) | MU | 84 | R24 |
| Murtiga | H | 78 | R9 |
| Muruarte de Reta | NA | 11 | D25 |
| Murueta | BI | 9 | B21 |
| Muruzábal | NA | 10 | D24 |
| Muruzábal de Andión | NA | 20 | E24 |
| Musel (El) | O | 6 | B12 |
| Museros | V | 62 | N28 |
| Musitu | VI | 19 | D22 |
| Muskilda (Santuario de) | NA | 11 | D26 |
| Mussara (La) | T | 37 | I33 |
| Mussara (Serra de la) | T | 37 | I33 |
| Mustio (El) | H | 78 | S8 |
| Mutiloa | SS | 10 | C23 |
| Mutiloagoiti / Mutilva Alta | NA | 11 | D25 |
| Mutilva Alta / Mutiloagoiti | NA | 11 | D25 |
| Mutriku | SS | 10 | C22 |
| Mutxamel | A | 86 | Q28 |
| Muxavén | | 5 | D11 |
| Muxia | C | 2 | C2 |
| Muxika | | 9 | C21 |
| Muyo (El) | SG | 32 | I20 |

## N

| | | | |
|---|---|---|---|
| Na Macaret | PM | 106 | L42 |
| Na Xamena | | 87 | O34 |
| Nabarniz | BI | 10 | C22 |
| Nacha | HU | 36 | G31 |
| Nacimiento (Almería) | AL | 95 | U22 |
| Nacimiento (Córdoba) | CO | 93 | T16 |
| Nadela | LU | 4 | D7 |
| Nafría de Ucero | SO | 32 | G20 |
| Nafría la Llana | SO | 33 | H21 |
| Nágima | | 33 | H23 |
| Naharros (Cuenca) | CU | 60 | L22 |
| Naharros (Guadalajara) | GU | 46 | I21 |
| Najarra | M | 45 | J18 |
| Nájera | LO | 19 | E21 |
| Najurrieta | NA | 11 | D25 |
| Nalda | LO | 19 | E22 |
| Nalec | L | 37 | H33 |
| Nalón | O | 5 | B11 |
| Nambroca | TO | 58 | M18 |
| Nambroca (Sierra de) | TO | 58 | M18 |
| Nanclares (cerca de Ariñez) | VI | 19 | D21 |
| Nanclares de Gamboa (cerca de Embalse de Ullíva) | VI | 19 | D22 |
| Nansa | | 7 | C16 |
| Napal | NA | 11 | D26 |
| Náquera | V | 62 | N28 |
| Naraío | C | 3 | B5 |
| Naranco (Sierra del) | O | 5 | B12 |
| Naranjal (Sierra del) | BA | 66 | O8 |
| Naranjeros (Los) (Tenerife) | TF | 124 | H2 |
| Naranjo de Bulnes | | 6 | C15 |
| Naraval | O | 5 | B10 |
| Narbarte | NA | 11 | C25 |
| Narboneta | CU | 61 | M25 |
| Narboneta (Arroyo de) | | 61 | M25 |
| Narcea | O | 5 | B11 |
| Nariga (Punta de) | C | 2 | C3 |
| Narila | GR | 102 | V20 |
| Nariz (Punta de la) (La Gomera) | TF | 118 | B3 |
| Narla | LU | 3 | C6 |
| Narón (A Coruña) | C | 3 | B5 |
| Narón (Lugo) | LU | 13 | D6 |
| Narrillos del Álamo | AV | 44 | K13 |
| Narrillos del Rebollar | AV | 44 | K15 |
| Narros | SO | 33 | G23 |
| Narros de Cuéllar | SG | 31 | I16 |
| Narros de Matalayegua | SA | 43 | J12 |
| Narros de Saldueña | AV | 44 | J15 |
| Narros del Castillo | AV | 44 | J14 |
| Narros del Puerto | AV | 44 | K15 |
| Narvaja | VI | 19 | D22 |
| Nati (Punta) | PM | 106 | L41 |
| Natón | C | 2 | C3 |
| Natxitua | BI | 9 | B22 |
| Nau (Cap de la) | A | 75 | P30 |
| Nava | O | 6 | B13 |
| Nava (Embalse de) | | 20 | F24 |
| Nava (Estación de la) | H | 79 | S9 |
| Nava (La) (Badajoz) | BA | 68 | P13 |
| Nava (La) (Ciudad Real) | CR | 82 | Q19 |
| Nava (La) (Huelva) | H | 79 | S9 |
| Nava (La) (Sevilla) | SE | 80 | R13 |
| Nava (Laguna la) | CR | 70 | O18 |
| Nava (Puerto de la) | BA | 68 | P14 |
| Nava Alta (Sierra de) | | 34 | H25 |
| Nava de Abajo | AB | 72 | Q24 |
| Nava de Arévalo | AV | 44 | J15 |
| Nava de Arriba | AB | 72 | P24 |
| Nava de Béjar | SA | 43 | K12 |
| Nava de Campana | AB | 84 | Q25 |
| Nava de Francia | SA | 43 | K11 |
| Nava de Jadraque (La) | GU | 46 | I20 |
| Nava de la Asunción | SG | 45 | I16 |
| Nava de los Caballeros | LE | 16 | E14 |
| Nava de Mena | BU | 8 | C20 |
| Nava de Pablo | J | 83 | S21 |
| Nava de Ricomalillo (La) | TO | 57 | N15 |
| Nava-de Roa | BU | 31 | H18 |
| Nava de San Pedro | J | 83 | S21 |
| Nava de Santiago (La) | BA | 67 | O10 |
| Nava de Sotrobal | SA | 44 | J14 |
| Nava del Barco | AV | 56 | L13 |
| Nava del Rey | VA | 30 | I14 |
| Nava el Zar | J | 82 | Q18 |
| Navacarros | SA | 43 | K12 |
| Navacepeda de Tormes | AV | 44 | K14 |
| Navacepedilla de Corneja | AV | 44 | K14 |
| Navacerrada (Ciudad Real) | CR | 69 | P16 |
| Navacerrada (Madrid) | M | 45 | J17 |
| Navacerrada (Puerto de) | M | 45 | J17 |
| Navacerrada (Sierra de) | | 69 | P16 |
| Navachica | MA | 101 | V18 |
| Navaconcejo | CC | 56 | L12 |
| Navadijos | AV | 44 | K14 |
| Navaescurial | AV | 44 | K14 |
| Navafría (León) | LE | 16 | E13 |
| Navafría (Segovia) | SG | 45 | I18 |
| Navafría (Puerto de) | M | 45 | J18 |
| Navahermosa (cerca de Aracena) | H | 79 | S9 |
| Navahermosa (cerca de Valdeverde del C.) | H | 91 | T9 |
| Navahermosa (Málaga) | MA | 93 | U15 |
| Navahermosa (Toledo) | TO | 57 | N16 |
| Navaholguín | SE | 80 | S12 |
| Navahombela | SA | 44 | K13 |
| Navahondilla | AV | 45 | L16 |
| Navajarra | CR | 69 | O16 |
| Navajarra (Sierra de) | CR | 69 | O16 |
| Navajas | CS | 62 | M28 |
| Navajuelos (Sierra de los) | | 72 | Q24 |
| Navajún | LO | 33 | G23 |
| Naval | HU | 22 | F30 |
| Navalacruz | AV | 44 | K15 |
| Navalafuente | M | 46 | J18 |
| Navalagamella | M | 45 | K17 |
| Navalatienda | CR | 69 | P15 |
| Navalavaca | CR | 71 | Q20 |
| Navalcaballo | SO | 33 | G22 |
| Navalcán | TO | 57 | L14 |
| Navalcán (Embalse de) | TO | 57 | L14 |
| Navalcarnero | M | 58 | L17 |
| Navalcuervo | CO | 80 | R14 |
| Navalengua | AB | 72 | P23 |
| Navaleno | SO | 32 | G20 |
| Navales | SA | 44 | J13 |
| Navalguijo | AV | 56 | L13 |
| Navalices | CR | 58 | N17 |
| Navaliego (Sierra de) | | 6 | C13 |
| Navalilla | SG | 31 | H18 |
| Navalmanzano | SG | 45 | I17 |
| Navalmanzano (Sierra de) | | 82 | Q17 |
| Navalmoral | AV | 44 | K15 |
| Navalmoral (Puerto de) | AV | 44 | K15 |
| Navalmoral de Béjar | SA | 43 | K12 |
| Navalmoral de la Mata | CC | 56 | M13 |
| Navalmoral de la Mata (Embalse de) | | 56 | L13 |
| Navalmoralejo | TO | 57 | M14 |
| Navalmorales (Los) | TO | 57 | M16 |
| Navalón | CU | 60 | L23 |
| Navalón de Abajo | V | 73 | P27 |
| Navalón de Arriba | V | 73 | P27 |
| Navalonguilla | AV | 56 | L13 |
| Navalonguilla (Sierra de) | | 70 | P17 |
| Navalosa | AV | 44 | K15 |
| Navalperal de Pinares | AV | 45 | K16 |
| Navalperal de Tormes | AV | 44 | K14 |
| Navalpino | CR | 69 | O16 |
| Navalpotro | | 47 | J22 |
| Navalrincón | CR | 69 | O16 |
| Navalsáuz | AV | 44 | K14 |
| Navaltoril | TO | 57 | N15 |
| Navalucillos (Los) | TO | 57 | M16 |
| Navaluenga | AV | 44 | K15 |
| Navalvillar | SE | 80 | S13 |
| Navalvillar de Ibor | CC | 56 | N13 |
| Navalvillar de Pela | BA | 68 | O13 |
| Navamorales | SA | 44 | K13 |
| Navamorcuende | TO | 57 | L15 |
| Navamuel | S | 17 | D17 |
| Navandrinal | AV | 44 | K15 |
| Navapalos | SO | 32 | H20 |

## MURCIA

Alfonso X el Sabio (Gran Vía) DY 2
Cardenal Belluga (Pl.) DY 5
Colón (Alameda de) DZ
España (Glorieta de) DZ 15
Floridablanca DZ 18
Garay (Pas. de) DZ 20
Gómez Cortina CY 28
Infante Don Juan Manuel (Av.) DZ 33
Isidoro de la Cierva DY 40
José Antonio Ponzoa DY 44
Licenciado Cascales DY 56
Marcos Redondo CY 60
Martínez Tornel (Pl.) DZ 65
Platería DY
Proclamación DZ 75
San Francisco (Plano de) CYZ 78
Sociedad DY 80
Teniente Flomesta (Av.) DZ 83
Trapería DY

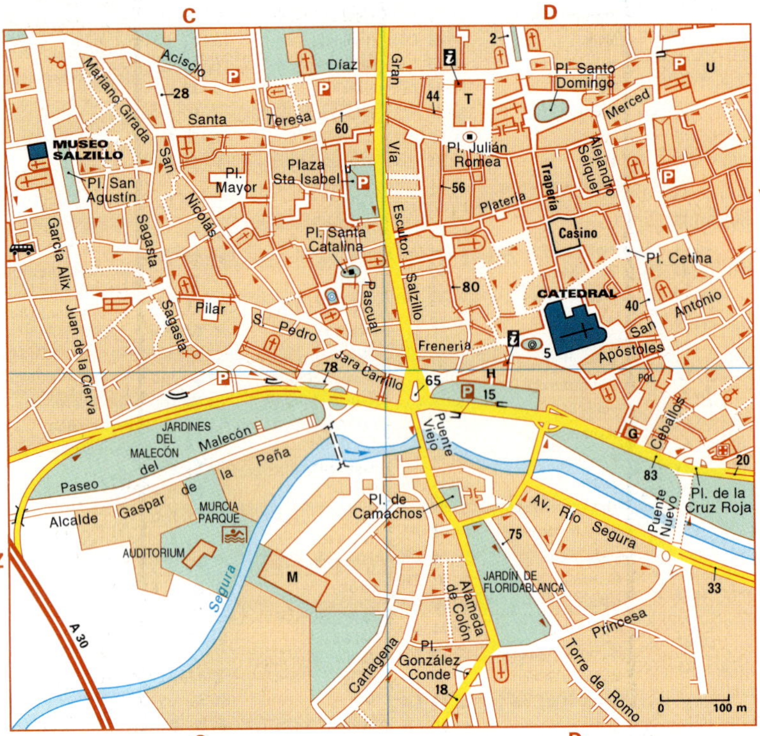
C
D
Y
Z
Acisclo
Díaz
Gran Vía
Pl. Santo Domingo
Merced
Mariano Girada
Santa Teresa
MUSEO SALZILLO
Pl. San Agustín
San Nicolás
Pl. Mayor
Plaza Sta Isabel
Pl. Julián Romea
Alejandro Seiquer
Trapería
Platería
Casino
Pl. Cetina
García Alix
Sagasta
Pl. Santa Catalina
Pascual
Escultor Salzillo
CATEDRAL
San Antonio
Apóstoles
Juan de la Cierva
Pilar
S. Pedro
Jara Carrillo
Frenería
Caballos
JARDINES DEL MALECÓN
Paseo del Malecón
Puente Viejo
Alcalde Gaspar de la Peña
MURCIA PARQUE
AUDITORIUM
Segura
Pl. de Camachos
Av. Río Segura
Puente Nuevo
Pl. de la Cruz Roja
JARDÍN DE FLORIDABLANCA
Alameda de Colón
Princesa
Cartagena
Pl. González Conde
Torre de Romo
A 30
0 100 m

| | | | |
|---|---|---|---|
| Navaquesera | AV | 44 | K15 |
| Navarcles | B | 38 | G35 |
| Navardún | Z | 20 | E26 |
| Navares | MU | 84 | R24 |
| Navares de Ayuso | SG | 32 | H18 |
| Navares de Enmedio | SG | 32 | H18 |
| Navares de las Cuevas | SG | 32 | H18 |
| Navaridas | VI | 19 | E22 |
| Navarra (Provincia) | | 19 | E23 |
| Navarra (Acequia de) | | 20 | F25 |
| Navarredonda (Madrid) | M | 46 | J18 |
| Navarredonda (Sevilla) | SE | 92 | U14 |
| Navarredonda de Gredos | AV | 44 | K14 |
| Navarredonda de la Rinconada | SA | 43 | K11 |
| Navarredonda de Salvatierra | SA | 43 | K12 |
| Navarredondilla | AV | 44 | K15 |
| Navarrés | V | 74 | O27 |
| Navarrete (La Rioja) | LO | 19 | E22 |
| Navarrete (Álava) | VI | 19 | E22 |
| Navarrete del Río | TE | 48 | J26 |
| Navarrevisca | AV | 44 | K15 |
| Navàs | B | 38 | G35 |
| Navas (Embalse de las) | HU | 21 | F28 |
| Navas (Las) (Córdoba) | CO | 94 | T17 |
| Navas (Las) (Sevilla) | SE | 91 | V12 |
| Navas (Las) (Toledo) | TO | 70 | N17 |
| Navas (Las) (Monte) | | 55 | L9 |
| Navas (Río de las) | | 70 | N17 |
| Navas de Buitrago | M | 46 | J19 |
| Navas de Bureba | BU | 18 | D20 |
| Navas de Estena | CR | 57 | N16 |
| Navas de Jadraque | GU | 46 | I20 |
| Navas de Jorquera | AB | 72 | O24 |
| Navas de la Concepción (Las) | SE | 80 | S13 |
| Navas de Oro | SG | 45 | I16 |
| Navas de Riofrío | SG | 45 | J17 |
| Navas de San Antonio | SG | 45 | J17 |
| Navas de San Juan | J | 83 | R20 |
| Navas de Selpillar | CO | 93 | T16 |
| Navas de Tolosa (Las) | J | 82 | R19 |
| Navas del Madroño | CC | 55 | N10 |
| Navas del Marqués (Las) | AV | 45 | K17 |
| Navas del Pinar | BU | 32 | G20 |
| Navas del Rey | M | 45 | K17 |
| Navasa | HU | 21 | E28 |
| Navascués | NA | 11 | D26 |
| Navasfrías | SA | 42 | L9 |
| Navata | GE | 25 | F38 |
| Navata (La) | M | 45 | K18 |
| Navatalgordo | AV | 44 | K15 |
| Navatejares | AV | 44 | K13 |
| Navatrasierra | CC | 56 | N14 |
| Navazo (Alto) | | 18 | F19 |
| Navazos (Los) | CR | 71 | P21 |
| Navazuelo | CO | 93 | T16 |
| Navazuelo (El) | GR | 94 | T19 |
| Nave (Cabo de la) | C | 2 | D2 |
| Návea | OR | 14 | F7 |
| Navelgas | O | 5 | B10 |
| Navelonga (Ermita de) | CC | 55 | L9 |
| Naveros | CA | 99 | W12 |
| Navès | L | 37 | G34 |
| Naveta des Tudons | PM | 106 | M41 |
| Navezuelas (cerca de Mirabel) | CC | 56 | M11 |
| Navezuelas (cerca de Roturas) | CC | 56 | N13 |
| Navia | O | 4 | B9 |
| Navia (Ría de) | O | 4 | B9 |
| Navia (Río) | ESP | 4 | C9 |
| Navia (Valle del) | O | 4 | C9 |
| Navia de Suarna | LU | 4 | D8 |
| Navianos de Alba | ZA | 29 | G12 |
| Navianos de Valverde | ZA | 29 | G12 |
| Navilla | BA | 68 | P11 |
| Navillas (Las) | TO | 57 | N16 |
| Naya (La) | H | 79 | S10 |
| Nazar | NA | 19 | E23 |
| Nazaret | V | 62 | N29 |
| Nazaret (Ermita de) | J | 83 | Q20 |
| Neblines | SE | 92 | T13 |
| Nebra | C | 12 | D3 |
| Nebreda | BU | 32 | G19 |
| Nechite | GR | 95 | U20 |
| Neda | C | 3 | B5 |
| Neda (Cordal de) | LU | 4 | B7 |
| Negra (Punta) (Granada) | GR | 102 | V20 |
| Negra (Punta) (Murcia) | MU | 97 | T27 |
| Negra (Punta) (Tenerife) | TF | 126 | B3 |
| Negra (Punta) (Tenerife) | TF | 128 | E5 |
| Negra (Punta) (Tenerife) | TF | 128 | C5 |
| Negra (Serra) (Castelló) | CS | 49 | K29 |
| Negra (Sierra) (Huesca) | HU | 22 | E31 |
| Negradas | LU | 3 | A6 |
| Negrales-Los Llanos (Los) | M | 45 | K17 |
| Negras (Las) | AL | 103 | V23 |
| Negratín (Embalse del) | | 95 | T21 |
| Negre (Cap) | | 106 | M42 |
| Negredo | GU | 46 | I21 |
| Negredo (El) | SG | 32 | I20 |
| Negreira | C | 2 | D3 |
| Negrete (Cabo) | MU | 97 | T27 |
| Negrilla de Palencia | SA | 44 | I13 |
| Negro (Zamora) | ZA | 15 | F10 |
| Negro (Río) | O | 5 | B10 |
| Negrón | V | 61 | L25 |
| Negrón (Túnel de) | LE | 15 | D12 |
| Negueira de Muñiz | LU | 4 | C9 |
| Neguillas | SO | 33 | H22 |
| Neila | BU | 32 | F21 |
| Neila (Sierra de) | | 32 | F20 |
| Neila de San Miguel | AV | 43 | K13 |
| Neira | LU | 4 | D8 |
| Neiro | LU | 4 | C8 |
| Nela | | 18 | D19 |
| Nembro | O | 5 | B12 |
| Nemeño | C | 2 | C3 |
| Nemiña | C | 2 | C2 |
| Nepas | SO | 33 | H22 |
| Nerín | HU | 22 | E30 |
| Nerja | MA | 101 | V18 |
| Nerja (Cueva de) | MA | 101 | V18 |
| Nerpio | AB | 84 | R23 |
| Nerva | H | 79 | S10 |
| Nerva (Embalse de) | | 79 | S10 |
| Nervión | | 8 | C21 |
| Nespereira | LU | 13 | D6 |
| Nestar | P | 17 | D17 |
| Nestares | LO | 19 | F22 |
| Neulos (Pic) | GE | 25 | E38 |
| Nevada (Sierra) | | 94 | U19 |
| Neves (As) (A Coruña) | C | 3 | B6 |
| Neves (As) (Pontevedra) | PO | 13 | F4 |
| Nevosa (Alto de) | | 27 | G5 |
| Niajo | | 6 | C14 |
| Nicho (Ermita del) | J | 83 | S20 |
| Nicova (Rivera de la) | | 90 | T9 |
| Niebla | H | 91 | T9 |
| Niefla (Puerto de) | CR | 69 | Q16 |
| Nietos (Los) | MU | 85 | T27 |
| Nieva | SG | 45 | I16 |
| Nieva de Cameros | LO | 19 | F21 |
| Nieve (Pozo de la) | AL | 95 | U22 |
| Nieves (A Coruña) | C | 3 | B5 |
| Nieves (Cuenca) | CU | 60 | L24 |
| Nieves (Ermita de las) (Lanzarote) | GC | 123 | E3 |
| Nieves (Las) (Sevilla) | SE | 79 | T11 |
| Nieves (Las) (Toledo) | TO | 58 | M18 |
| Nieves (Pozo de las) (Gran Canaria) | GC | 117 | E3 |
| Nigoi | PO | 13 | E4 |
| Nigrán | PO | 12 | F3 |
| Nigüelas | GR | 101 | V19 |
| Nigüella | Z | 34 | H25 |
| Niharra | AV | 44 | K15 |
| Níjar | AL | 103 | V23 |
| Níjar (Campo de) | AL | 103 | V23 |
| Niñas (Las) | CO | 81 | S15 |
| Niño (El) | MU | 85 | R25 |
| Niño (Sierra del) | | 99 | X13 |
| Niñodaguia | OR | 13 | F7 |
| Niñons | C | 2 | C3 |
| Nistal | LE | 15 | E11 |
| Niveiro | C | 2 | C4 |
| Noáin | NA | 11 | D25 |
| Noalejo | J | 94 | T19 |
| Noalla | PO | 12 | E3 |
| Noarre | L | 23 | D33 |
| Nobeda | CU | 60 | L23 |
| Nobla (Sierra) | | 20 | E27 |
| Noblejas | TO | 59 | M19 |
| Noceco (cerca de Espinosa de los M.) | BU | 8 | C19 |
| Noceda (cerca de Castrillo de Cabrera) | LE | 15 | E10 |
| Noceda (Lugo) | LU | 14 | D8 |
| Noceda del Bierzo (cerca de Toreno) | LE | 15 | D10 |
| Nocedo (cerca de Sedano) | BU | 18 | D18 |
| Nocedo de Curueño | LE | 16 | D13 |
| Nocedo do Val | OR | 28 | F7 |
| Noche | LU | 3 | C6 |
| Nocito | HU | 21 | F29 |
| Nódalo | SO | 33 | G21 |
| Nodar | LU | 3 | C6 |
| Noez | TO | 58 | M17 |
| Nofuentes | BU | 18 | D19 |
| Nogais (As) | LU | 14 | D8 |
| Nogal de las Huertas | P | 17 | E16 |
| Nogales (Badajoz) | BA | 67 | Q9 |
| Nogales (Málaga) | MA | 100 | V16 |
| Nogales (Palencia) | P | 17 | D17 |
| Nogales (Embalse de) | BA | 67 | Q9 |
| Nogales (Los) | TO | 57 | L16 |
| Nogales (Rivera de) | | 67 | Q9 |
| Nogalte (Rambla de) | MU | 96 | T24 |
| Nogar | LE | 15 | F10 |
| Nogarejas | LE | 15 | F11 |
| Nograles | SO | 32 | H21 |
| Nograro | VI | 18 | D20 |
| Nogueira (Lugo) | LU | 13 | E6 |
| Nogueira (Ourense) | OR | 13 | E5 |
| Nogueira (Pontevedra) | PO | 12 | E3 |
| Nogueira de Ramuín | OR | 13 | E6 |
| Noguera | TE | 48 | K25 |
| Noguera (Puerto de) | | 48 | K25 |
| Noguera de Cardós (La) (Riu) | | 23 | E33 |
| Noguera de Tort (La) (Riu) | L | 22 | E32 |
| Noguera Pallaresa (La) (Riu) | | 23 | D33 |
| Noguera Pallaresa (Vall de la) | L | 23 | E33-F33 |
| Noguera Ribagorçana (Vall del) | HU | 22 | E32 |
| Nogueras | TE | 48 | I26 |
| Nogueras (Las) | V | 61 | N26 |
| Noguero | HU | 22 | F31 |
| Noguerones (Los) | J | 82 | T17 |
| Nogueruela (La) | CU | 61 | L25 |
| Nogueruelas | TE | 62 | L28 |
| Nogueruelas (Sierra de) | | 62 | L28 |
| Nohalos | TO | 58 | M17 |
| Noharre | AV | 44 | J15 |
| Noia | C | 12 | D3 |
| Noicela | C | 2 | C4 |
| Nois | LU | 4 | B8 |
| Noja | S | 8 | B19 |
| Nolay | SO | 33 | H22 |
| Nombela | TO | 57 | L16 |
| Nombrevilla | Z | 48 | I25 |
| Nompáredes | SO | 33 | H23 |
| Nonaspe | Z | 36 | I30 |
| Nonó (Cap) | | 87 | O33 |
| Nora | BA | 78 | R9 |
| Nora (La) (León) | LE | 15 | F12 |
| Noreña | O | 5 | B12 |
| Norfeu (Cap de) | GE | 25 | F39 |
| Norias (Embalse de las) | | 19 | E22 |
| Norias (Las) (cerca de Huércal Overa) | AL | 96 | T24 |
| Norias (Las) (Ciudad Real) | CR | 70 | Q19 |
| Norias de Daza (Las) (cerca de Almerimar) | AL | 102 | V21 |
| Noriega | O | 7 | B16 |
| Norís | L | 23 | E34 |
| Norte (Punta) (El Hierro) | TF | 109 | D1 |
| Nostra Senyora de Bellmunt | B | 24 | F36 |
| Nostra Senyora de la Misericòrdia (Barcelona) | B | 38 | H37 |
| Nostra Senyora de la Salut | GE | 24 | F37 |
| Nostra Senyora de Lluc (Monestir de) | PM | 104 | M38 |
| Nostra Senyora de Queralt | B | 24 | E35 |
| Nostra Senyora del Far | GE | 24 | F37 |
| Nostra Senyora del Gresolet | | 23 | F35 |
| Nostra Senyora del Mont | GE | 24 | F38 |
| Nostra Senyora dels Àngels | GE | 25 | G38 |
| Notáez | GR | 102 | V20 |
| Nou (La) | B | 24 | F35 |
| Nou de Gaià (La) | T | 37 | I34 |
| Novales (Huesca) | HU | 21 | F29 |
| Novales (Cantabria) | S | 7 | B17 |
| Novaliches | CS | 62 | M28 |
| Novallas | Z | 34 | G24 |
| Novelda | A | 85 | Q27 |
| Novelda del Guadiana | BA | 67 | P9 |
| Novellaco | Z | 20 | E26 |
| Novellana | O | 5 | B11 |
| Novés (Huesca) | HU | 21 | E28 |
| Novés (Toledo) | TO | 58 | L17 |
| Noves de Segre | L | 23 | F34 |
| Noviales | SO | 32 | H20 |
| Noviercas | SO | 33 | G23 |
| Novillas | Z | 34 | G25 |
| Novo Sancti Petri | | 98 | W11 |
| Noya (Riera de) | | 37 | G34 |
| Nuarbe | SS | 10 | C23 |
| Nubledo | O | 5 | B12 |
| Nublo (Roque) (Gran Canaria) | GC | 116 | D3 |
| Nucia (La) | A | 74 | Q29 |
| Nueno | HU | 21 | F28 |
| Nueros | TE | 48 | J26 |
| Nuestra Santa Fátima (Ermita de) | BA | 80 | Q13 |
| Nuestra Señora del Castillo (Ermita de) | SA | 43 | I11 |
| Nuestra Señora de Alarcos | CR | 70 | P17 |
| Nuestra Señora de Altagracia (Ermita de) | BA | 69 | P14 |
| Nuestra Señora de Angosto | VI | 18 | D20 |
| Nuestra Señora de Araceli | CO | 93 | T16 |
| Nuestra Señora de Aranz (Ermita de) | GU | 47 | J22 |
| Nuestra Señora de Argavanzal (Embalse) | | 29 | G11 |
| Nuestra Señora de Arnotegui | NA | 10 | D24 |
| Nuestra Señora de Bella | H | 90 | U8 |
| Nuestra Señora de Chilla (Santuario de) | AV | 56 | L14 |
| Nuestra Señora de Codés | NA | 19 | E22 |
| Nuestra Señora de Cortés (Santuario) | AB | 72 | P22 |
| Nuestra Señora de Escardiel (Ermita) | SE | 79 | S11 |
| Nuestra Señora de Fuensanta | MA | 100 | W15 |
| Nuestra Señora de Gador | AL | 102 | V21 |
| Nuestra Señora de Garón (Ermita de) | P | 31 | G17 |
| Nuestra Señora de Gracia | BA | 78 | R9 |
| Nuestra Señora de Gràcia (Ermita de) | CS | 62 | M29 |
| Nuestra Señora de Guadalupe | SS | 10 | B24 |
| Nuestra Señora de Guadalupe (Ermita de) (La Gomera) | TF | 119 | E2 |
| Nuestra Señora de Guadalupe (Ermita de) (Ciudad Real) | CR | 69 | O16 |
| Nuestra Señora de Hontanares (Ermita de) | SG | 32 | I19 |
| Nuestra Señora de la Antigua (Ermita de) | BA | 68 | P12 |
| Nuestra Señora de la Antigua (Santuario de) | CR | 71 | P20 |
| Nuestra Señora de la Anunciada | VA | 30 | G14 |
| Nuestra Señora de la Bienvenida | GU | 47 | K22 |

Nuestra Señora de la Cabeza GU 48 J24
Nuestra Señora de la Carrasca 71 P21
Nuestra Señora de la Carrasca (Ermita) TE 48 J25
Nuestra Señora de la Consolación SE 92 U12
Nuestra Señora de la Esperanza MU 84 R24
Nuestra Señora de la Estrella J 82 R19
Nuestra Señora de la Fuensanta (Córdoba) CO 81 S15
Nuestra Señora de la Fuensanta (Jaén) J 83 R21
Nuestra Señora de la Hoz GU 47 J23
Nuestra Señora de la Luz (Ermita de) CC 55 N10
Nuestra Señora de la Luz (Santuario de) CA 99 X13
Nuestra Señora de la Misericordia (Santuario de) Z 34 G25
Nuestra Señora de la Peña (Ermita de) (Cáceres) CC 55 L9
Nuestra Señora de la Peña (Ermita de) (Fuerteventura) GC 110 F3
Nuestra Señora de la Rosa (Ermita de) TE 49 J27
Nuestra Señora de la Sierra (Ermita de) CO 93 T16
Nuestra Señora de la Soledad H 90 U9
Nuestra Señora de las Fuentes (Monasterio de) 35 G29
Nuestra Señora de las Nieves BU 8 C19
Nuestra Señora de las Nieves (Ciudad Real) CR 70 P19
Nuestra Señora de las Nieves (La Palma) TF 131 D4
Nuestra Señora de las Nieves (Navarra) NA 11 C26
Nuestra Señora de las Nieves (Refugio de) 56 L13
Nuestra Señora de las Viñas (Burgos) BU 18 F19
Nuestra Señora de las Viñas (Zaragoza) Z 34 H26
Nuestra Señora de Lebeña S 7 C16
Nuestra Señora de Linares CO 81 S15
Nuestra Señora de los Ángeles H 79 S9
Nuestra Señora de los Desamparados CU 47 K21
Nuestra Señora de los Hilos (Ermita de) CC 55 M9
Nuestra Señora de los Reyes (Ermita) (El Hierro) TF 108 B3
Nuestra Señora de Melque TO 57 M16
Nuestra Señora de Monlora (Santuario de) Z 21 F27
Nuestra Señora de Oca BU 18 E20
Nuestra Señora de Piedras Albas H 90 T8
Nuestra Señora de Pineta HU 22 D30
Nuestra Señora de Regla CA 91 V10
Nuestra Señora de Setefilla SE 80 S13
Nuestra Señora de Sonsoles (Ermita) 45 K16
Nuestra Señora de Valvanera (Monasterio) LO 18 F21
Nuestra Señora de Vico (Monasterio de) LO 19 F23
Nuestra Señora de Zuqueca CR 70 P18
Nuestra Señora del Campo (Ermita de) (Cáceres) CC 55 N9
Nuestra Señora del Campo (Ermita de) (Teruel) TE 48 J26
Nuestra Señora del Castillo BU 17 E18
Nuestra Señora del Llano AB 72 O23
Nuestra Señora del Oro VI 19 D21
Nuestra Señora del Pasico (Ermita) MU 85 S27
Nuestra Señora del Pilar (Ermita de) 73 P27
Nuestra Señora del Prado (Ermita de) H 79 S10
Nuestra Señora del Puerto H 79 S11
Nuestra Señora del Puerto (Ermita de) CC 56 L11
Nuestra Señora del Pueyo Z 35 I27
Nuestra Señora del Puig 105 M39
Nuestra Señora del Remedio (Ermita de) V 61 N26
Nuestra Señora del Remedio (Santuario) V 61 M27
Nuestra Señora del Tremedal (Ermita de) TE 48 K25
Nuestra Señora del Yugo NA 20 F25
Nuestra Senyora dels Àngels (Ermita de) CS 50 K30
Nueva O 6 B15
Nueva (La) O 6 C12
Nueva Andalucía MA 100 W15
Nueva Carteya CO 93 T16
Nueva Jarilla CA 91 V11
Nueva Villa de las Torres VA 30 I14
Nuévalos Z 48 I24
Nuevo (Puerto) 42 K10
Nuevo Baztán M 46 K20
Nuevo Chinchón M 59 L19
Nuevo Guadiaro CA 99 X14
Nuevo Rocío SE 91 U11
Nuevo Toboso M 46 K18
Nuevos J 83 Q21
Nuez ZA 29 G10
Nuez de Abajo (La) BU 17 E18
Nuez de Arriba (La) BU 17 E18
Nuez de Ebro Z 35 H27
Nules CS 62 M29
Nullán LU 14 D8
Nulles T 37 I33
Numancia SO 33 G22
Numancia de la Sagra TO 58 L18
Nuño Gómez TO 57 L16
Nuñomoral CC 43 K11
Núria GE 24 E36
Ñora (La) (Murcia) MU 85 S26

O

O Burgo C 3 C4
Oba BI 9 C21
Obando BA 68 O13
Obanos NA 10 D24
Obarenes (Montes) 18 E20
Obejo CO 81 R15
Obispo (Torre del) J 82 R19
Obispo Hernandez V 61 M26
Oblea SA 43 J11
Obón TE 49 J27
Obona O 5 B10
Obra C 13 D4
Obregón S 7 B18
Oca 18 E19
Oca (Montes de) BU 18 E19
Ocaña (Almería) AL 95 U21
Ocaña (Toledo) TO 58 M19
Oceja de Valdellorma LE 16 D14
Ocejo de la Peña LE 16 D14
Ocejón GU 46 I20
Ocentejo GU 47 J22
Ocero LE 14 D10
Ochagavía NA 11 D26
Ochando SG 45 I16
Ochavillo del Río CO 80 S14
Ochíchar GR 94 U18
Ocio VI 19 E21
Oco AV 44 K15
Oco NA 19 E23
Ocón LO 19 F23
Odèn L 23 F34
Odena B 37 H34
Oderitz NA 10 D24
Odiel (Embalse de) H 79 S10
Odiel (Río) 79 S9
Odollo LE 15 E10
Odón TE 48 J25
Odra 17 E17
Odres (Los) MU 84 R23
Odres (Los) (Monte) 84 R23
Odrilla 17 E17
Odrón 19 E23
Oencia LE 14 E9
Ogassa GE 24 F36
Ogern L 23 F34
Ogíjares GR 94 U19
Ogoño (Cabo) 9 B22
Oguina VI 19 D22
Ohanes AL 95 U21
Oia PO 12 F3
Oiartzun SS 10 C24
Oibar / Aibar NA 20 E25
Oieregi NA 11 C25
Oimbra OR 28 G7
Oíns C 3 D5
Oirán LU 4 B7
Oirás LU 4 B7
Ois C 3 C5
Oitura Z 34 G26
Oitz NA 11 C24
Oix GE 24 F37
Oja 18 E21
Ojacastro LO 18 E20
Ojailén 70 Q18
Ojebar S 8 C19
Ojedo S 7 C16
Ojén MA 100 W15
Ojén (Puerto de) (Cádiz) CA 99 X13
Ojén (Puerto de) (Málaga) MA 100 W15
Ojén (Sierra de) 99 X13
Ojete (Sierra de) 94 U17
Ojo Guareña BU 8 C19
Ojós MU 85 R25
Ojos-Albos AV 45 J16
Ojos de Cabra (Laguna de) 91 U11
Ojos de Moya (Los) 61 M25
Ojos Negros TE 48 J25
Ojuel SO 33 G23
Ojuelos CO 80 R13
Ojuelos (Laguna de los) 92 U14
Ojuelos (Los) SE 92 U14
Okondo BI 8 C20
Ola HU 21 F29
Olaberri NA 11 D25
Olaberria SS 10 C23
Olaeta VI 10 C22
Olagato 11 D26
Olague NA 11 D25
Oláibar 11 D25
Oláiz NA 11 D25
Olalla TE 48 J26
Olas (Punta de las) C 2 C4
Olatz SS 10 C22
Olave NA 11 D25
Olaz (Puerto) NA 20 E25
Olazagutia / Olazti NA 19 D23
Olazti / Olazagutia NA 19 D23
Olba TE 62 L28
Olcoz NA 20 E24
Olea S 17 D17
Olea de Boedo P 17 E16
Oleiros (cerca de Ribeira) C 12 E2
Oleiros (cerca de Sada) C 3 B5
Oleiros (Lugo) LU 3 C7
Olejua NA 19 E23
Olelas OR 27 G5
Olèrdola 37 I35
Olesa de Bonesvalls B 38 H35
Olesa de Montserrat B 38 H35
Oliana L 23 F33
Oliana (Pantà d') L 23 F34
Olías MA 100 V17
Olias del Rey TO 58 M18
Oliete TE 49 J27
Oliola L 37 G33
Olite NA 20 E25
Olius L 23 F34
Oliva V 74 P29
Oliva (Ermita de la) CA 99 X12
Oliva (La) (Fuerteventura) GC 111 H2
Oliva (Monasterio de la) NA 20 E25
Oliva (Sierra de) 73 P26
Oliva de la Frontera BA 78 R9
Oliva de Mérida BA 67 P11
Oliva de Plasencia CC 56 L11
Oliván HU 21 E29
Olivar (Convento del) TE 49 J28
Olivar (El) (Guadalajara) GU 47 K21
Olivar (El) (La Rioja) LO 19 E23
Olivares SE 91 T11
Olivares (Los) GR 94 T18
Olivares de Duero VA 31 H16
Olivares de Júcar CU 60 M22
Oliveira PO 12 F4
Olivella B 38 I35
Olivenza BA 66 P8
Olivenza (Río de) 67 Q9
Olives PO 13 D4
Olivillo (El) CA 91 V11
Olivos NA 20 F24
Olla (L') A 74 Q29
Ollauri LO 19 E21
Olleria (L') V 74 P28
Olleria (Port de l') 74 P28
Olleros (León) LE 16 D14
Olleros (Ullíbarri de los) VI 19 D22
Olleros de Alba LE 15 D12
Olleros de Paredes Rubias P 17 D17
Olleros de Pisuerga P 17 D17
Olleros de Tera ZA 29 G11
Olleta NA 20 E25
Ollo NA 10 D24
Olloniego O 5 C12
Olmeda (La) (Cuenca) CU 61 M26
Olmeda (La) (Soria) SO 32 H20
Olmeda de Cobeta GU 47 J23
Olmeda de Eliz CU 60 L22
Olmeda de Jadraque (La) GU 47 I21
Olmeda de la Cuesta CU 60 L22
Olmeda de las Fuentes M 46 K20
Olmeda del Extremo GU 47 J21
Olmeda del Rey CU 60 M23
Olmedilla de Alarcón CU 60 N23
Olmedilla del Campo CU 59 L21
Olmedillas GU 47 I22
Olmedillas (Las) V 61 M26
Olmedillo de Roa BU 31 G18
Olmedo VA 31 I15
Olmedo de Camaces SA 42 J10
Olmillos SO 32 H20
Olmillos de Castro ZA 29 G12
Olmillos de Muñó BU 17 F18
Olmillos de Sasamón BU 17 E17
Olmillos de Valverde ZA 29 G12
Olmo (El) SG 32 I19
Olmo de la Guareña ZA 44 I14
Olmos (Los) TE 49 J28
Olmos de Esgueva VA 31 G16
Olmos de la Picaza BU 17 E18
Olmos de Ojeda P 17 D16
Olmos de Peñafiel VA 31 H17
Olmos de Pisuerga P 17 E17
Oló (Riera d') 38 G36
Olocau V 62 M28
Olocau (Barranco de) V 62 N28
Olocau del Rey CS 49 K28
Olombrada SG 31 H17
Olóriz NA 20 E25
Olost B 38 G36
Olot GE 24 F37
Olp L 23 E33
Olsón HU 22 F30
Oluges (Les) L 37 G33
Olula de Castro AL 95 U22
Olula del Río AL 96 T23
Olvan B 24 F35
Olveda LU 13 D6
Ólvega SO 33 G24
Olveira C 12 E2
Olveiroa C 2 D2
Olvena HU 22 F30
Olvera CA 92 V14
Olvera (Embalse de) 83 R20
Olvés Z 34 I25
Olza NA 10 D24
Olzinelles B 38 H37
Omañas 15 D11
Omañas (Embalse de) LE 15 D12
Omañas (Las) LE 15 D12
Omañón LE 15 D11
Ombreiro LU 3 C7

## OVIEDO

Adelantado de la Florida BY 2
Alcalde G. Conde BY 3
Alfonso II (Pl.) BZ 4
Antiguo Hospital del Principado AY
Argüelles ABY 5
Arzobispo Guisasola BZ 6
Cabo Noval AZ 7
Campo de los Patos (Pl.) BY 8
Canóniga BZ 9
Cimadevilla BZ 10
Constitución (Pl. de la) BZ 12
Covadonga AY 13
Daoiz y Velarde (Pl. de) BZ 14
División Azul AZ 15
Fruela ABZ 17
Ingeniero Marquina AY 18
Marqués de Gastañaga BZ 20
Marqués de Santa Cruz AZ 21
Martínez Marina ABZ 22
Martínez Vigil BY 23
Melquíades Álvarez AY 25
Monumentos (Av. de los) AY 27
Museo de Bellas Artes de Asturias BZ
Padre Vinjoy AZ 28
Palacio Valdés AY 29
Pelayo AYZ 30
Pérez de la Sala AZ 31
Porlier (Pl. de) BZ 32
Postigo Alto BZ 33
Riego (Pl.) BZ 34
San Antonio BZ 36
San Francisco ABZ 37
San José BZ 38
San Vicente BYZ 39
Tenderina (La) BY 42
Teniente Alfonso Martínez BY 44
Uría AY 45

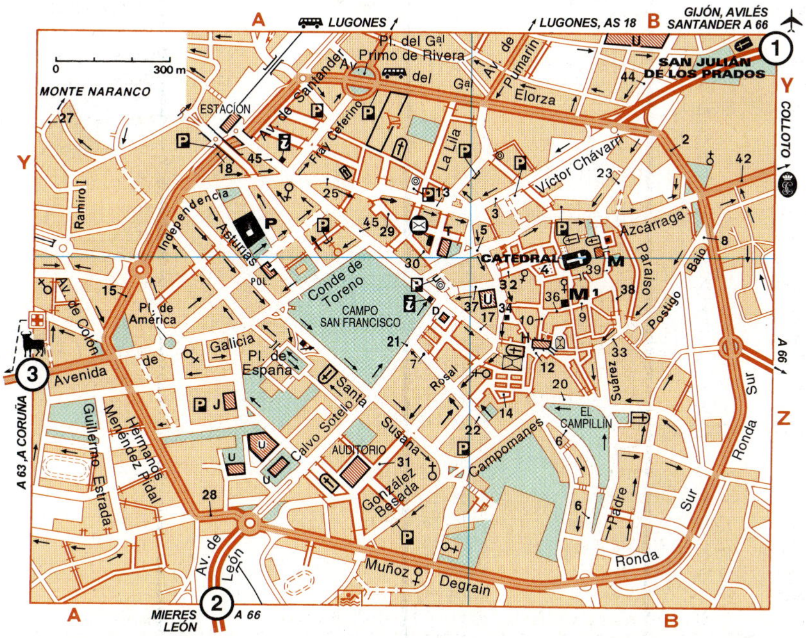

| | | | |
|---|---|---|---|
| Omecillo | | 18 | D20 |
| Omellons (Els) | L | 37 | H32 |
| Omells de Na Gaia (Els) | L | 37 | H33 |
| Omeñaca | SO | 33 | G23 |
| Onamio | LE | 15 | E10 |
| Oncala | SO | 33 | G23 |
| Oncala (Puerto de) | SO | 33 | G23 |
| Oncebreros | AB | 73 | P25 |
| Onceta (Isla de) | PO | 12 | E3 |
| Onda | CS | 62 | M29 |
| Ondara (Alacant) | A | 74 | P30 |
| Ondara(Riu d') (Lleida) | L | 37 | H33 |
| Ondarroa | BI | 10 | C22 |
| Ondes | | 5 | C11 |
| Ongoz | NA | 11 | D26 |
| Onil | A | 74 | Q27 |
| Onís | O | 6 | B15 |
| Onón | O | 5 | C10 |
| Ons | PO | 12 | E3 |
| Ons (Isla de) | PO | 12 | E3 |
| Onsares | J | 83 | Q22 |
| Onsella | | 21 | E27 |
| Ontalafia (Laguna de) | AB | 72 | P24 |
| Ontalafia (Sierra de) | AB | 72 | P24 |
| Ontalvilla de Almazan | SO | 33 | H22 |
| Ontaneda | S | 7 | C18 |
| Ontano (El) | TO | 70 | O18 |
| Ontígola | TO | 58 | L19 |
| Ontinar del Salz | Z | 35 | G27 |
| Ontinyent | V | 74 | P28 |
| Ontiñena | HU | 36 | G30 |
| Onton | S | 8 | B20 |
| Ontur | AB | 73 | Q25 |
| Onza | SE | 80 | R13 |
| Onzonilla | LE | 16 | E13 |
| Oña | BU | 18 | D19 |
| Oña (Sierra de) | BU | 18 | D19 |
| Oñati | SS | 10 | C22 |
| Opacua | VI | 19 | D22 |
| Opacua (Puerto de) | VI | 19 | D23 |
| Oqueales | GR | 95 | T20 |
| Oquillas | BU | 32 | G18 |
| Orallo | LE | 15 | D10 |
| Oraque | H | 90 | T9 |
| Orba | A | 74 | P29 |
| Orba (Sierra de) | | 20 | E27 |
| Orbada (La) | SA | 44 | I13 |
| Orbaitzeta | NA | 11 | D26 |
| Orbaneja del Castillo | BU | 18 | D18 |
| Orbaneja-Ríopico | BU | 18 | E19 |
| Orbara | NA | 11 | D26 |
| Órbigo | CL | 15 | F12 |
| Orbiso | VI | 19 | D23 |
| Orbita | AV | 45 | I16 |
| Orcajo | Z | 48 | I25 |
| Orcau | L | 23 | F32 |
| Orce | GR | 83 | S22 |
| Orce (Sierra de) | | 83 | S22 |
| Orcera | J | 83 | R22 |
| Orchilla (Punta de) (El Hierro) | TF | 108 | B3 |
| Ordal | B | 38 | H35 |
| Ordaliego | O | 6 | C13 |
| Ordejón de Arriba | BU | 17 | E17 |
| Orden (Pozo de la) | J | 82 | S17 |
| Ordes | C | 3 | C4 |
| Ordes (Les) | T | 37 | H34 |
| Ordesa (Valle de) | HU | 21 | E29 |
| Ordesa y Monte Perdido (Parque nacional de) | HU | 22 | D29 |
| Ordial (El) | GU | 46 | I20 |
| Ordis | GE | 25 | F38 |
| Ordizia | SS | 10 | C23 |
| Ordoeste | C | 2 | D3 |
| Ordunte (Embalse de) | BU | 8 | C20 |
| Ordunte (Montes de) | BU | 8 | C19 |
| Orduña (Vizcaya) | BI | 18 | D20 |
| Orduña (Monte) (Granada) | GR | 94 | U19 |

| | | | |
|---|---|---|---|
| Orduña (Puerto de) | BU | 18 | D20 |
| Orea | GU | 48 | K24 |
| Oreja (Toledo) | TO | 58 | L19 |
| Orejana | SG | 46 | I18 |
| Orejanilla | SG | 45 | I18 |
| Orellan | LE | 14 | E9 |
| Orellana (Canal de) | | 68 | O12 |
| Orellana (Embalse de) | BA | 68 | P13 |
| Orellana de la Sierra | BA | 68 | O13 |
| Orellana la Vieja | BA | 68 | O13 |
| Oreña | S | 7 | B17 |
| Orera | Z | 34 | I25 |
| Orés | Z | 20 | F27 |
| Orexa (Guipúzcoa) | SS | 10 | C24 |
| Orfes | GE | 25 | F38 |
| Órganos (Los) (La Gomera) | TF | 118 | B1 |
| Organos de Montoro | TE | 49 | J28 |
| Organyà | L | 23 | F33 |
| Orgaz | TO | 58 | N18 |
| Orgiva | GR | 102 | V19 |
| Orhí | | 11 | D26 |
| Oria (Almería) | AL | 96 | T23 |
| Oria (Rambla de) | AL | 96 | T22 |
| Oria (Río) (Guipúzcoa) | SS | 19 | D23 |
| Oria (Sierra de) | AL | 96 | T23 |
| Oricáin | NA | 11 | D25 |
| Oriche (Sierra de) | | 48 | I26 |
| Orient | PM | 104 | M38 |
| Orihuela | A | 85 | R27 |
| Orihuela (Puerto) | | 48 | K25 |
| Orihuela del Tremedal | TE | 48 | K25 |
| Orillares | SO | 32 | G20 |
| Orille | OR | 13 | F6 |
| Orillena | HU | 35 | G29 |
| Oriñón | S | 8 | B20 |
| Orio | SS | 10 | C23 |
| Orís | B | 24 | F36 |
| Orísoain | NA | 20 | E25 |
| Oristà | B | 38 | G36 |
| Orito | A | 86 | Q27 |
| Orjal | C | 3 | D5 |
| Orlé | O | 6 | C14 |
| Ormaiztegi | SS | 10 | C23 |
| Ormijana | VI | 18 | D21 |
| Orna de Gállego | HU | 21 | E28 |
| Orniz (Peña) | | 5 | C11 |
| Oro | | 4 | C9 |
| Oro (El) | V | 73 | O27 |
| Oro (Sierra del) (Badajoz) | BA | 68 | Q13 |
| Oro (Sierra del) (Murcia) | MU | 85 | R25 |
| Oroel | HU | 21 | E28 |
| Oroel (Puerto de) | HU | 21 | E28 |
| Orokieta-Erbiti | NA | 10 | C24 |
| Orón | BU | 18 | D21 |
| Oronoz-Mugairi | NA | 11 | C25 |
| Oronz | NA | 11 | D26 |
| Oropesa | TO | 57 | M14 |
| Oropesa del Mar / Orpesa | CS | 62 | L30 |
| Ororbia | NA | 10 | D24 |
| Oros | HU | 21 | E29 |
| Orosa | LU | 13 | D6 |
| Oroso | OR | 13 | E5 |
| Orotava (La) (Tenerife) | TF | 127 | F3 |
| Orotava (Valle de la) (Tenerife) | TF | 127 | F3 |
| Oroz-Betelu | NA | 11 | D26 |
| Orozketa | BI | 9 | C21 |
| Orpesa / Oropesa del Mar | CS | 62 | L30 |
| Orpí | B | 37 | H34 |
| Orreaga / Roncesvalles | NA | 11 | C26 |
| Orriols | GE | 25 | F38 |
| Orrios | TE | 49 | K27 |
| Òrrius | B | 38 | H37 |
| Ortedó | L | 23 | E34 |
| Ortegal (Cabo) | C | 3 | A6 |
| Ortegas (Los) | CO | 80 | S14 |
| Ortegicar | MA | 100 | V15 |
| Ortiga | BA | 68 | P12 |
| Ortigosa (Albacete) | AB | 71 | P21 |

| | | | |
|---|---|---|---|
| Ortigosa (La Rioja) | LO | 19 | F21 |
| Ortigosa de Pestaño | SG | 45 | I16 |
| Ortigosa de Rioalmar | AV | 44 | J14 |
| Ortigosa del Monte | SG | 45 | J17 |
| Ortigueira | C | 3 | A6 |
| Ortiguera | O | 4 | B9 |
| Ortilla | HU | 21 | F28 |
| Ortuella | BI | 8 | C20 |
| Orús | HU | 21 | E29 |
| Orusco de Tajuña | M | 59 | L20 |
| Orxa (L') | A | 74 | P29 |
| Orxeta | A | 74 | Q29 |
| Orzanzurieta | NA | 11 | C26 |
| Orzola (Lanzarote) | GC | 121 | F2 |
| Orzonaga | LE | 16 | D13 |
| Os de Balaguer | L | 36 | G32 |
| Os de Civis (Lleida) | L | 23 | E34 |
| Osa (Sierra de la) | | 69 | P15 |
| Osa de la Vega | CU | 59 | N21 |
| Osácar | NA | 10 | D24 |
| Oscuro | GR | 94 | T19 |
| Oseja | Z | 34 | H24 |
| Oseja de Sajambre | LE | 6 | C14 |
| Oselle | LU | 14 | D8 |
| Osera | Z | 35 | H28 |
| Oset | V | 61 | M27 |
| Osia | | 21 | E27 |
| Osinaga | NA | 10 | D24 |
| Osma | VI | 18 | D20 |
| Oso (El) | AV | 44 | J15 |
| Oso (Sierra del) | | 84 | S23 |
| Osona | SO | 33 | H21 |
| Osonilla | SO | 33 | H21 |
| Osor | GE | 24 | G37 |
| Osor (Riera d') | | 38 | G37 |
| Osornillo | P | 17 | E17 |
| Osorno la Mayor | P | 17 | E16 |
| Ossa de Montiel | AB | 71 | P21 |
| Ossero (El) | AB | 71 | P21 |

| | | | |
|---|---|---|---|
| Osso | HU | 36 | G30 |
| Ossó de Sió | L | 37 | G33 |
| Ostiz | NA | 11 | D25 |
| Osuna | SE | 92 | U14 |
| Otano | NA | 11 | D25 |
| Otañes | S | 8 | C20 |
| Otazu | VI | 19 | D22 |
| Otchogorrigagna | | 11 | D27 |
| Oteiza | NA | 19 | E24 |
| Oteo (Burgos) | BU | 18 | C20 |
| Oter | GU | 47 | J22 |
| Oterico | LE | 15 | D12 |
| Otero (León) | LE | 15 | E11 |
| Otero (Lugo) | LU | 4 | C7 |
| Otero (Toledo) | TO | 57 | L16 |
| Otero (El) | VA | 31 | H16 |
| Otero de Bodas | ZA | 29 | G11 |
| Otero de Guardo | P | 16 | D15 |
| Otero de Herreros | SG | 45 | J17 |
| Otero de las Dueñas | LE | 15 | D12 |
| Otero de Naragantes | LE | 15 | D10 |
| Otero de Sanabria | ZA | 29 | F10 |
| Otero de Sariegos | ZA | 30 | G13 |
| Oteros (Los) | CU | 60 | L24 |
| Oteruelo del Valle | M | 45 | J18 |
| Oteruelos | SO | 33 | G22 |
| Otilla | GU | 48 | J24 |
| Otiñano | NA | 19 | E23 |
| Otita Leitzaran | SS | 10 | C24 |
| Otívar | GR | 101 | V18 |
| Oto | HU | 21 | E29 |
| Oto Goien | VI | 19 | D21 |
| Otones de Benjumez | SG | 45 | I17 |
| Otos (Murcia) | MU | 84 | R23 |
| Otos (València) | V | 74 | P28 |
| Otur | O | 5 | B10 |
| Otura | GR | 94 | U19 |
| Oturia | HU | 21 | E29 |
| Otxandio | BI | 10 | C22 |

| | | | |
|---|---|---|---|
| Otxaran | BI | 8 | C20 |
| Otxondo (Puerto de) | NA | 11 | C25 |
| Oubiña | PO | 12 | E3 |
| Oulego | OR | 14 | E9 |
| Oural | LU | 14 | D7 |
| Ourense | OR | 13 | E6 |
| Ouría | O | 4 | B8 |
| Ouro | LU | 4 | B7 |
| Ourol | LU | 3 | B7 |
| Outara | LU | 14 | E7 |
| Outeiro (Lugo) | LU | 14 | E8 |
| Outeiro (Ourense) | OR | 13 | E6 |
| Outeiro de Augas (Puerto de) | OR | 13 | F5 |
| Outeiro de Rei | LU | 3 | C7 |
| Outeiro Mayor | | 4 | C7 |
| Outes | C | 12 | D3 |
| Outomuro | OR | 13 | F5 |
| Ouviaño | LU | 4 | C9 |
| Ouzande | PO | 13 | D4 |
| Ovanes | O | 5 | B11 |
| Ove | LU | 4 | B8 |
| Oviedo | O | 5 | B12 |
| Oville | LE | 16 | D13 |
| Oyón | VI | 19 | E22 |
| Oza (cerca de Carballo) | C | 2 | C3 |
| Oza (cerca de Teo) | C | 12 | D4 |
| Oza dos Ríos | C | 3 | C5 |
| Ozaeta | VI | 19 | D22 |
| Ozón | C | 2 | C2 |
| Ozuela | LE | 14 | E10 |

## P

| | | | |
|---|---|---|---|
| Paca (La) | MU | 84 | S24 |
| Pachecas (Las) | CR | 71 | O20 |
| Pacios (cerca de Baamonde) | LU | 3 | C6 |
| Pacios (cerca de Castro de Rei) | LU | 4 | C7 |
| Pacios (Paradella) | LU | 14 | D7 |
| Pacs del Penedès | B | 37 | H35 |

| | | | |
|---|---|---|---|
| Padastro | MA | 93 | V14 |
| Paderne | C | 3 | C5 |
| Paderne de Allariz | OR | 13 | F6 |
| Padiernos | AV | 44 | K15 |
| Padilla de Abajo | BU | 17 | E17 |
| Padilla de Arriba | BU | 17 | E17 |
| Padilla de Duero | VA | 31 | H17 |
| Padilla de Hita | GU | 46 | J21 |
| Padilla del Ducado | GU | 47 | J22 |
| Padornelo | ZA | 28 | F9 |
| Padrastro | AB | 72 | Q23 |
| Padre Caro | H | 79 | S10 |
| Padrenda | OR | 13 | F5 |
| Padrón | C | 12 | D4 |
| Padrón (O) | LU | 4 | C8 |
| Padrón (Sierra del) | | 14 | D9 |
| Padrona (Puerto) | SE | 79 | S11 |
| Padrones de Bureba | BU | 18 | D19 |
| Padróns | PO | 12 | F4 |
| Padul | GR | 94 | U19 |
| Padules | AL | 102 | V21 |
| Pagán (Lo) | MU | 85 | S27 |
| Paganes (Los) | MU | 85 | S26 |
| Páganos | VI | 19 | E22 |
| Pago del Humo | CA | 98 | W11 |
| Pagoaga | SS | 10 | C24 |
| Pagoeta | SS | 10 | C23 |
| Paja (La) | GR | 83 | S21 |
| Pajanosas (Las) | SE | 91 | T11 |
| Pajar de Marta | AB | 71 | P22 |
| Pájara (Fuerteventura) | GC | 113 | F3 |
| Pajareiras | C | 2 | D2 |
| Pajarejos | SG | 32 | H19 |
| Pajares (Cuenca) | CU | 60 | L23 |
| Pajares (Guadalajara) | GU | 47 | J21 |
| Pajares (Asturias) | O | 5 | C12 |
| Pajares (Valladolid) | VA | 30 | F14 |
| Pajares (Embalse de) | | 33 | F22 |
| Pajares (Los) | SE | 80 | T12 |

## PALENCIA

| | | |
|---|---|---|
| Antigua Florida (Av. de la) | AY | 2 |
| Asturias (Av. de) | AY | 3 |
| Barrio y Mier | AY | 4 |
| Cardenal Almaraz | AZ | 5 |
| Cervantes (Pl.) | AY | 8 |
| La Castilla | AZ | 23 |
| Eduardo Dato | AY | 14 |
| Gil de Fuentes | AZ | 17 |
| Ignacio Martínez de Azcoitia | BY | 20 |
| Jorge Manrique | AY | 21 |
| Juan de Castilla | AY | 22 |
| Mayor | AYZ | |
| Mayor (Pl.) | AY | 24 |
| Mayor (Puente) | AZ | 25 |
| Menéndez Pelayo | AY | 26 |
| Padre Faustino Calvo (Pas. del) | AZ | 28 |
| Salvino Sierra | AY | 32 |
| Santander (Av. de) | ABY | 38 |
| Santo Domingo de Guzmán | AY | 40 |
| San Francisco (Pl.) | BZ | 6 |
| San Juan de Dios | BZ | 33 |
| San Marcos | BZ | 34 |

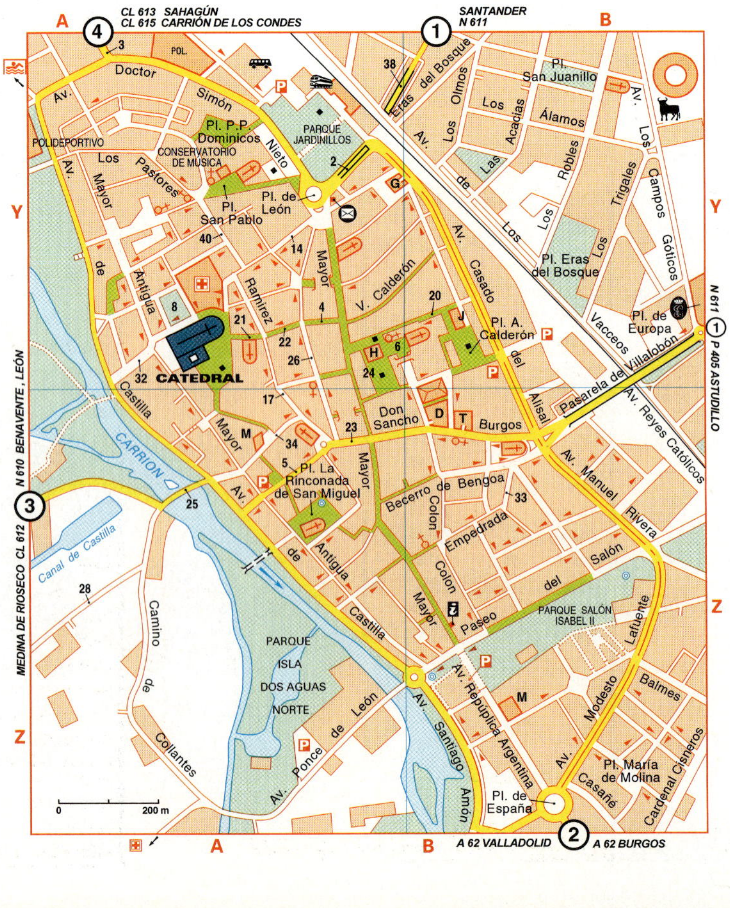

| | | | |
|---|---|---|---|
| Pajares (Puerto de) | LE | 5 | D12 |
| Pajares de Adaja | AV | 45 | J16 |
| Pajares de Fresno | SG | 32 | H19 |
| Pajares de Hinojosos de Abajo | TO | 57 | M14 |
| Pajares de la Laguna | SA | 44 | I13 |
| Pajares de la Lampreana | ZA | 29 | G12 |
| Pajares de los Oteros | LE | 16 | F13 |
| Pajarete | CA | 99 | W12 |
| Pajarón (Cuenca) | CU | 60 | M24 |
| Pajarón (Monte) (Murcia) | MU | 84 | R23 |
| Pajaroncillo | CU | 60 | M24 |
| Pajonales (Morro) (Gran Canaria) | GC | 116 | D3 |
| Pal (Coll de) (Girona) | GE | 24 | E37 |
| Pal (Collado de) (Barcelona) | B | 24 | F35 |
| Palacio de Jamuz | LE | 15 | F11 |
| Palacio de las Cabezas | CC | 56 | M12 |
| Palacio de Torío | LE | 16 | D13 |
| Palacio de Valdellorma | LE | 16 | D14 |
| Palacio Quemado | BA | 67 | P11 |
| Palacios (Los) | CR | 71 | P20 |
| Palacios de Benaver | BU | 17 | E18 |
| Palacios de Campos | VA | 30 | G15 |
| Palacios de Goda | AV | 44 | I15 |
| Palacios de la Sierra | BU | 32 | G20 |
| Palacios de la Valduerna | LE | 15 | E12 |
| Palacios de Riopisuerga | BU | 17 | E17 |
| Palacios de Salvatierra | SA | 43 | K12 |
| Palacios de Sanabria | ZA | 29 | F10 |
| Palacios del Alcor | P | 17 | F16 |
| Palacios del Arzobispo | SA | 43 | I12 |
| Palacios del Pan | ZA | 29 | H12 |
| Palacios del Sil | LE | 15 | D10 |
| Palacios Rubios | AV | 44 | I15 |
| Palacios y Villafranca (Los) | SE | 91 | U12 |
| Palaciosrubios | SA | 44 | I14 |
| Palafolls | B | 39 | G38 |
| Palafrugell | GE | 25 | G39 |
| Palamós | GE | 25 | G39 |
| Palancar | CC | 55 | M10 |
| Palancares | GU | 46 | I20 |
| Palancares (Estación de) | CU | 60 | M24 |
| Palancas | CR | 71 | O19 |
| Palancia (Embalse de) | | 62 | M28 |
| Palancia (Riu) | | 61 | M27 |
| Palanques | CS | 49 | J29 |
| Palas (Las) | MU | 85 | T26 |
| Palas de Rei | LU | 13 | D6 |
| Palau d'Anglesola (El) | L | 37 | H32 |
| Palau de Noguera | L | 23 | F32 |
| Palau de Plegamans | B | 38 | H36 |
| Palau-sator | GE | 25 | F39 |
| Palau-saverdera | GE | 25 | F39 |
| Palazuelo (Badajoz) | BA | 68 | O12 |
| Palazuelo (cerca de Boñar) | LE | 16 | D14 |
| Palazuelo de las Cuevas | ZA | 29 | G11 |
| Palazuelo de Torío (cerca de León) | LE | 16 | D13 |
| Palazuelo de Vedija | VA | 30 | G14 |
| Palazuelo-Empalme (Estación de) | CC | 56 | M11 |
| Palazuelos | GU | 47 | I21 |
| Palazuelos de Eresma | SG | 45 | J17 |
| Palazuelos de la Sierra | BU | 18 | F19 |
| Palazuelos de Muñó | BU | 17 | F18 |
| Palazuelos de Villadiego | BU | 17 | E17 |
| Paleira | LU | 3 | B6 |
| Palencia | P | 31 | F16 |
| Palencia de Negrilla | SA | 44 | I13 |
| Palenciana | CO | 93 | U16 |
| Palenzuela | P | 31 | F17 |
| Pallaresos (Els) | T | 37 | I33 |
| Pallargues (Les) | L | 37 | G33 |
| Pallars-Aran (Reserva nacional de Alto) | L | 23 | D32 |
| Pallaruelo (Sierra de) | | 35 | G29 |
| Pallaruelo de Monegros | HU | 35 | G29 |
| Pallejà | B | 38 | H35 |
| Paller | B | 24 | F35 |
| Pallerol | HU | 22 | E32 |
| Pallerols | L | 23 | E33 |
| Palm-Mar (Tenerife) | TF | 128 | D5 |
| Palma | PM | 104 | N37 |
| Palma (Badia de) | | 104 | N37 |
| Palma (La) | MU | 85 | S27 |
| Palma d'Ebre (La) | T | 36 | I31 |
| Palma de Gandia | V | 74 | P29 |
| Palma del Condado (La) | H | 91 | T10 |
| Palma del Río | CO | 80 | S14 |
| Pálmaces (Embalse de) | GU | 46 | I21 |
| Pálmaces de Jadraque | GU | 46 | I21 |
| Palmanova | PM | 104 | N37 |
| Palmanyola | PM | 104 | N37 |
| Palmar (El) (Cádiz) | CA | 98 | X11 |
| Palmar (El) (Murcia) | MU | 85 | S26 |
| Palmar (El) (Tenerife) | TF | 126 | B3 |
| Palmar (El) (València) | V | 74 | O29 |
| Palmar (Valle de El) (Tenerife) | TF | 126 | B3 |
| Palmar de Troya (El) | SE | 92 | U12 |
| Palmas de Gran Canaria (Las) (Gran Canaria) | GC | 115 | G2 |
| Palmeira | C | 12 | E3 |
| Palmer (es) | PM | 105 | N39 |
| Palmeral (El) | A | 86 | R27 |
| Palmeras (Las) (Mallorca) | PM | 104 | N38 |
| Palmeres (Les) (València) | V | 74 | O29 |
| Palmeritas (Las) | H | 90 | U8 |
| Palmerola | GE | 24 | F36 |
| Palmés | OR | 13 | E6 |
| Palmes (Desert de les) | CS | 62 | L29 |
| Palmitera (Sierra) | | 100 | W14 |
| Palmitos Park (Gran Canaria) | GC | 116 | D4 |
| Palmones | CA | 99 | X13 |
| Palmosa (La) | | 99 | W12 |
| Palo | HU | 22 | F30 |
| Palo (El) | MA | 100 | V16 |
| Palo (Puerto del) | O | 4 | C9 |
| Palo (Punta del) (Gran Canaria) | GC | 115 | G2 |
| Palojo | CO | 93 | T16 |
| Palol de Revardit | GE | 25 | F38 |
| Paloma (Lagunas de) | TO | 59 | N20 |
| Paloma (Punta) | CA | 99 | X12 |
| Palomar (Córdoba) | CO | 93 | T15 |
| Palomar (El) (Albacete) | AB | 71 | Q22 |
| Palomar (El) (Sevilla) | SE | 92 | T13 |
| Palomar (El) (València) | V | 74 | P28 |
| Palomar de Arroyos | TE | 49 | J27 |
| Palomarejos | | 62 | L27 |
| Palomares | AL | 96 | U24 |
| Palomares de Alba | SA | 44 | J13 |
| Palomares del Campo | CU | 59 | M22 |
| Palomares del Río | SE | 91 | U11 |
| Palomas | BA | 67 | P11 |
| Palomas (Las) (Tenerife) | TF | 129 | F5 |
| Palomas (Puerto de las) (Cádiz) | CA | 92 | V13 |
| Palomas (Puerto de las) (Sierra de Cazorla) | | 83 | S21 |
| Palombera (Puerto de) | S | 7 | C17 |
| Palomeque | TO | 58 | L18 |
| Palomera | CU | 60 | L23 |
| Palomera (Monte) | V | 73 | O26 |
| Palomera (Sierra) | TE | 48 | K26 |
| Palomero | CC | 55 | L11 |
| Palomes (Puerto de Las) | J | 94 | T18 |
| Palomillas | | 68 | Q11 |
| Palomitas (Casas de) | TE | 49 | K28 |
| Palos de la Frontera | H | 90 | U9 |
| Palou de Sanaüja | L | 37 | G33 |
| Palou de Torà | L | 37 | G34 |
| Pals | GE | 25 | G39 |
| Pámanes | S | 8 | B18 |
| Pampaneira | GR | 102 | V19 |
| Pampanico | AL | 102 | V21 |
| Pampliega | BU | 17 | F18 |
| Pamplona / Iruña | NA | 11 | D25 |
| Panadella (La) | B | 37 | H34 |
| Pánchez (Los) | CO | 80 | R14 |
| Pancorbo | BU | 18 | E20 |
| Pancorbo (Sierra de) | | 18 | D20 |
| Pancrudo (Teruel) | TE | 49 | J26 |
| Pancrudo (Monte) (La Rioja) | LO | 18 | F21 |
| Pancrudo (Río) | | 48 | J26 |
| Pandenes | O | 6 | B13 |
| Pandera (Sierra de la) | | 94 | T18 |
| Panderruedas (Puerto de) | LE | 6 | C15 |
| Pandetrave (Puerto de) | LE | 6 | C15 |
| Pando | BI | 8 | C20 |
| Pando (Puerto del) | LE | 16 | D14 |
| Pàndols (Serra de) | | 50 | I31 |
| Pandorado | LE | 15 | D12 |
| Pandos (Casa de los) | AB | 73 | P26 |
| Panera | CC | 56 | L12 |
| Panes | O | 7 | C16 |
| Panillo | HU | 22 | F30 |
| Paniza | Z | 34 | I26 |
| Paniza (Puerto de) | Z | 34 | I26 |
| Panizares | BU | 18 | D19 |
| Pano | HU | 22 | F30 |
| Pansas | MU | 85 | Q26 |
| Pantano de Navabuena | CC | 56 | M12 |
| Panticosa | HU | 21 | D29 |
| Pantiné (Punta) | | 106 | L42 |
| Pantoja | TO | 58 | L18 |
| Pantón | LU | 13 | E7 |
| Pantono | | 49 | J29 |
| Pantorrillas | | 50 | I30 |
| Panxón | PO | 12 | F3 |
| Panzacola (Embalse de) | | 82 | R19 |
| Panzano | HU | 21 | F29 |
| Paones | SO | 32 | H21 |
| Papagayo (Punta del) (Lanzarote) | GC | 122 | B5 |
| Papatrigo | AV | 44 | J15 |
| Papiol (El) | B | 38 | H36 |
| Paracuellos | CU | 60 | M24 |
| Paracuellos de Jarama | M | 46 | K19 |
| Paracuellos de Jiloca | Z | 34 | I25 |
| Paracuellos de la Ribera | Z | 34 | H25 |
| Parada (A Coruña) | C | 3 | C4 |
| Parada (Monte) (Cuenca) | CU | 60 | M24 |
| Parada de Arriba | SA | 43 | J12 |
| Parada de Rubiales | SA | 44 | I13 |
| Parada do Sil | OR | 13 | E7 |
| Parada dos Montes | LU | 14 | E8 |
| Paradas | SE | 92 | U13 |
| Paradaseca (León) | LE | 14 | D9 |
| Paradaseca (Ourense) | OR | 14 | F7 |
| Paradasolana | LE | 15 | E10 |
| Paradavella | LU | 4 | C8 |
| Paradela (A Coruña) | C | 3 | D6 |
| Paradela (Lugo) | LU | 13 | D7 |
| Paradela (Pontevedra) | PO | 13 | D4 |
| Paradilla | LE | 16 | E13 |
| Paradilla (La) | M | 45 | K17 |
| Paradilla de Gordón | LE | 15 | D12 |
| Paradinas | SG | 45 | I16 |
| Paradinas de San Juan | SA | 44 | J14 |
| Parador (El) | AL | 102 | V22 |
| Paraisás | OR | 14 | F8 |
| Paraíso (Balneario del) | TE | 61 | L27 |
| Paraíso (El) | M | 45 | K17 |
| Paraíso Alto | TE | 61 | L27 |
| Paraíso Bajo | TE | 61 | L27 |
| Paraiso-Barronal | MA | 100 | W14 |
| Parajas | O | 5 | C10 |
| Parajes | LU | 4 | C8 |
| Paralacuesta | BU | 18 | D19 |
| Paramera (Puerto de la) | AV | 45 | K16 |
| Paramera (Sierra de la) | | 44 | K15 |
| Paramíos | O | 4 | B8 |
| Páramo (Lugo) | LU | 14 | D7 |
| Páramo (Asturias) | O | 5 | C11 |
| Páramo (Monte) (Lugo) | LU | 14 | D7 |
| Paramo de Boedo | P | 17 | E16 |
| Parámo de Masa (Puerto de) | BU | 18 | E18 |
| Páramo del Sil | LE | 15 | D10 |
| Paramos | C | 2 | D3 |
| Paraño (Alto de) | OR | 13 | E5 |
| Paraños | PO | 13 | F4 |
| Parapanda | GR | 94 | U18 |
| Parauta | MA | 100 | W14 |
| Paraya (La) | O | 6 | C13 |
| Parbayón | S | 7 | B18 |
| Parcelas (Las) | CR | 81 | Q16 |
| Parcent | A | 74 | P29 |
| Parchel (Punta del) (Gran Canaria) | GC | 116 | C4 |
| Parchite (Estación de) | MA | 92 | V14 |
| Parda (Cabeza) | J | 82 | R18 |
| Parda (Sierra) | | 73 | Q25 |
| Pardal (El) | AB | 84 | Q23 |
| Pardavé | LE | 16 | D13 |
| Pardellas | LU | 3 | C6 |
| Pardemarín | PO | 13 | D4 |
| Pardesivil | LE | 16 | D13 |
| Pardilla | BU | 32 | H18 |
| Pardines | GE | 24 | F36 |
| Pardo (El) | M | 45 | K18 |
| Pardo (Embalse de El) | M | 45 | K18 |
| Pardo (Monte de El) | | 45 | K18 |
| Pardornelo (Portilla de) | ZA | 28 | F9 |
| Pardos | GU | 48 | J24 |
| Pardos (Rambla de los) | AL | 96 | T23 |
| Pardos (Sierra de) | | 48 | I24 |
| Pared | AL | 95 | U22 |
| Pared (La) (Albacete) | AB | 73 | O26 |
| Pared (La) (Fuerteventura) | GC | 112 | E4 |
| Paredes (Cuenca) | CU | 59 | L21 |
| Paredes (Asturias) | O | 5 | B10 |
| Paredes (Ourense) | OR | 14 | F7 |
| Paredes (Pontevedra) | PO | 12 | E4 |
| Paredes de Buitrago | M | 46 | I19 |
| Paredes de Escalona | TO | 57 | L16 |
| Paredes de Monte | P | 31 | G16 |
| Paredes de Nava | P | 17 | F15 |
| Paredes de Sigüenza | GU | 33 | I21 |
| Paredesroyas | SO | 33 | H23 |
| Paredón | BA | 69 | O14 |
| Pareis (Torrent de) | | 104 | M38 |
| Pareja | GU | 47 | K22 |
| Parellades (Les) | T | 50 | J31 |
| Parets | B | 38 | H36 |
| Parga | LU | 3 | C6 |
| Parga (Río) | | 3 | C6 |
| Parilla (La) | MA | 93 | U16 |
| Parla | M | 58 | L18 |
| Parladé | SE | 79 | S11 |
| Parlavà | GE | 25 | F39 |
| Parlero | O | 4 | B9 |
| Parolis las Juntas | AB | 84 | R22 |
| Parque Calablanca (Alacant) | A | 75 | P30 |
| Parque Coimbra | M | 58 | L18 |
| Parque del Cubillas | GR | 94 | U18 |
| Parque natural de Cabañeros | | 58 | N17 |
| Parque natural de la Sierra de Baza | | 95 | T21 |
| Parque natural de la Sierra de Castril | | 83 | S21 |
| Parque natural de la Sierra María | | 84 | S23 |
| Parque natural de las Sierras de Cazorla,Segura y las Villas | | 83 | R21 |
| Parque regional del Sureste | | 46 | K19-L19 |
| Parque Robledo | | 45 | J17 |
| Parquelagos (Madrid) | M | 45 | K18 |
| Parra | TO | 70 | N19 |
| Parra (La) (Almería) | AL | 102 | V20 |
| Parra (La) (Ávila) | AV | 57 | L14 |
| Parra (La) (Badajoz) | BA | 67 | Q10 |
| Parra de las Vegas (La) | CU | 60 | M23 |
| Parral (El) | AV | 44 | J15 |
| Parralejo (El) (cerca de Casicas del Río Segura) | J | 83 | R22 |
| Parralejo (El) (cerca de Embalse de Guadalmena) | | 83 | Q21 |
| Parralejo Nuevo | CA | 99 | W12 |
| Parras de Castellote (Las) | TE | 49 | J29 |
| Parras de Martín (Las) | TE | 49 | J27 |
| Parres (Asturias) | O | 6 | B15 |
| Parres (Arriondas) | O | 6 | B14 |

## LAS PALMAS DE GRAN CANARIA

Alfonso XII ..... AU 2
Ansite (Av.) ..... AT 4
Cornisa (Pas.) ..... AT 12
Doctor Marañón ..... AU 14
Don Benito (Pl. de) ..... AU 17
Fernando Guanarteme ..... AS 20
Ingeniero Léon y Castillo (Pl.) ..... AU 28
Juan Rejón ..... AS 36
Juan XXIII (Av.) ..... AT 37
Léon y Castillo ..... AT 40
Lugo (Pas. de) ..... AT 44
Luis Correa Medina ..... AU 46
Maritima del Sur (Av.) ..... AU 52
Mata (Carret. de) ..... AU 53
M. González Martin ..... AT 49
La Naval ..... AS
Ortiz de Zàrate ..... AT 59
Pérez Muñoz ..... AS 63
Pino Apolinario ..... AU 65
Pio XII ..... AT 66
San José (Pas.) ..... AU 76
Secretario Padilla ..... AT 80
Simancas ..... AT 81
Tecen ..... AS 83
Tomás Morales (Pas.) ..... ATU 85
Zaragoza ..... AU 90

| | | | |
|---|---|---|---|
| Parrilla (La) (Sevilla) | SE | 79 | S12 |
| Parrilla (La) (Valladolid) | VA | 31 | H16 |
| Parrillas | TO | 57 | L14 |
| Parrillas (Las) | CU | 60 | L24 |
| Parroquia (La) | MU | 84 | S24 |
| Parróquia d'Hortó (La) | L | 23 | F34 |
| Parroso (Arroyo del) | | 80 | S12 |
| Parsa | SE | 92 | T13 |
| Partaloa | AL | 96 | T23 |
| Parte de Bureba (La) | BU | 18 | D19 |
| Parte de Sotoscueva (La) | BU | 8 | C18 |
| Partido (Arroyo del) | | 91 | U10 |
| Partidor (El) | MU | 85 | R26 |
| Partidores (Los) | AB | 72 | P23 |
| Partija-Santa Mónica (La) | M | 46 | K19 |
| Partovía | OR | 13 | E5 |
| Parzán | HU | 22 | E30 |
| Pas | | 8 | C18 |
| Pas (El) | T | 50 | K31 |
| Pasai Donibane | SS | 10 | C24 |
| Pasai San Pedro / Pasajes de San Pedro | SS | 10 | C24 |
| Pasaia | SS | 10 | C24 |
| Pasajes de San Pedro / Pasai San Pedro | SS | 10 | C24 |
| Pasarela | C | 2 | C2 |
| Pasariegos | ZA | 29 | H11 |
| Pasarón de la Vera | CC | 56 | L12 |
| Pascualcobo | AV | 44 | K14 |
| Pascuales | SG | 45 | I16 |
| Pascuales (Los) | J | 83 | Q21 |
| Paso (Tenerife) | TF | 125 | J1 |
| Paso (El) (La Palma) | TF | 132 | C5 |
| Paso Chico (Punta de) (Fuerteventura) | GC | 111 | G2 |
| Passanant | T | 37 | H33 |
| Pasteral (El) | GE | 24 | G37 |
| Pasteral (Pantà del) | GE | 24 | G37 |
| Pastillos (Sierra de los) | BA | 68 | O14 |
| Pastor (A Coruña) | C | 3 | C5 |
| Pastor (Monte) (Ávila) | AV | 56 | L13 |
| Pastor (Monumento al) | BU | 18 | E20 |
| Pastores | SA | 42 | K10 |
| Pastores (Los) (Cádiz) | CA | 99 | X13 |
| Pastores (Los) (Teruel) | TE | 62 | L28 |
| Pastoriza (A Coruña) | C | 3 | A6 |
| Pastoriza (Lugo) | LU | 4 | C7 |
| Pastrana (Guadalajara) | GU | 46 | K21 |
| Pastrana (Murcia) | MU | 97 | T25 |
| Pastriz | Z | 35 | H27 |
| Pata de Mulo | CO | 93 | T15 |
| Pata del Caballo (Coto nacional de la) | H | 91 | T10 |
| Paterna | V | 62 | N28 |
| Paterna de Rivera | CA | 99 | W12 |
| Paterna del Campo | H | 91 | T10 |
| Paterna del Madera | AB | 72 | Q22 |
| Paterna del Río | AL | 95 | U21 |
| Paternáin | NA | 10 | D24 |
| Patones de Abajo | M | 46 | J19 |
| Patrás | H | 79 | S9 |
| Patrite | CA | 99 | W12 |
| Patrocinio (El) | J | 82 | Q18 |
| Patudas (Las) | CO | 80 | Q14 |
| Pau | GE | 25 | F39 |
| Paul (El) | TE | 61 | L27 |
| Paúl (La) | HU | 35 | G27 |
| Paular (El) | M | 45 | J18 |
| Paulenca | AL | 103 | V22 |
| Paúles (Albacete) | AB | 84 | R22 |
| Paúles (Huesca) | HU | 22 | F30 |
| Paules (Zaragoza) | Z | 21 | F27 |
| Paules de Lara | BU | 18 | F19 |
| Paules del Agua | BU | 31 | F18 |
| Paúls | T | 50 | J31 |
| Pava | MU | 73 | Q26 |
| Pavías | CS | 62 | M28 |
| Pavos (Los) | | 85 | R26 |
| Paymogo | H | 78 | S7 |
| Payo (El) | SA | 42 | L9 |
| Payo de Ojeda | P | 17 | D16 |
| Payosaco | C | 3 | C4 |
| Payueta | VI | 19 | E21 |
| Paz (La) | CO | 81 | T15 |
| Pazo | LU | 3 | B6 |
| Pazo de Mariñan | C | 3 | C5 |
| Pazo de Oca | PO | 13 | D4 |
| Pazos (cerca de Lamas) | C | 2 | C3 |
| Pazos (cerca de Ponte-Ceso) | C | 2 | C3 |
| Pazos (cerca de Cortegada) | OR | 13 | F7 |
| Pazos (cerca de Leiro) | OR | 13 | E5 |
| Pazos de Borbén | PO | 12 | F4 |
| Pazuengos | LO | 18 | F21 |
| Peal de Becerro | J | 83 | S20 |
| Peares (Embalse de los) | LU | 13 | E6 |
| Peares (Os) | OR | 13 | E6 |
| Pecá | CU | 60 | L23 |
| Pechina | AL | 103 | V22 |
| Pechiquera (Punta) (Lanzarote) | GC | 122 | A5 |
| Pechón | S | 7 | B16 |
| Pedernoso (El) | CU | 59 | N21 |
| Pedra | C | 3 | A6 |
| Pedra (La) | L | 23 | F34 |
| Pedrafita Camporredondo | LU | 4 | D8 |
| Pedrafita do Cebreiro | LU | 14 | D8 |
| Pedrafita do Cebreiro (Puerto de) | LU | 14 | D8 |
| Pedrafonca | | 23 | F35 |
| Pedraja | SO | 32 | H20 |
| Pedraja de Portillo (La) | VA | 31 | H16 |
| Pedrajas | SO | 33 | G22 |
| Pedrajas de San Esteban | VA | 31 | H16 |
| Pedralba | V | 62 | N27 |
| Pedralba de la Pradería | ZA | 28 | F9 |
| Pedraza | LU | 13 | D6 |
| Pedraza de Alba | SA | 44 | J13 |
| Pedraza de Campos | P | 30 | G15 |
| Pedraza de la Sierra | SG | 45 | I18 |
| Pedre | PO | 13 | E4 |
| Pedredo | LE | 15 | E11 |
| Pedregal (El) (Guadalajara) | GU | 48 | J25 |
| Pedregal (El) (Asturias) | O | 5 | B10 |
| Pedregosa (Sierra) | | 49 | J27 |
| Pedreguer | A | 74 | P30 |
| Pedreira (A Coruña) | C | 13 | D5 |
| Pedreira (Pontevedra) | PO | 13 | E4 |
| Pedreiro | LU | 3 | B6 |
| Pedreña | S | 8 | B18 |
| Pedrera (Sevilla) | SE | 93 | U15 |
| Pedrera (Toledo) | TO | 58 | N18 |
| Pedrera (Embassament de la) | A | 85 | R27 |
| Pedrera (Punta) | | 87 | P34 |
| Pedret | GE | 25 | F39 |
| Pedrezuela | M | 46 | J19 |
| Pedrezuela (Embalse de) | M | 46 | J19 |
| Pedriza (Sierra de la) | | 45 | J18 |
| Pedrizas (Puerto de las) | | 100 | V16 |
| Pedro | SO | 32 | I20 |
| Pedro Abad | CO | 81 | S16 |
| Pedro Andrés | AB | 84 | R22 |
| Pedro Barba (Lanzarote) | GC | 121 | F2 |
| Pedro Bernardo | AV | 57 | L15 |
| Pedro Díaz | CO | 80 | S14 |
| Pedro Gómez (Sierra de) | CC | 56 | N12 |
| Pedro Izquierdo | CU | 61 | M25 |

## PALMA DE MALLORCA

Almoina (Pl.) GZ 6
Antoni Maura (Av.) GZ 12
Antoni Planas i Franch HZ 13
Apuntadors FZ 15
Arnau Rossiñol EY 18
Balanguera FX 24
Ballester (Travessia) HY 25
Baro de Pinopar GX 27
Bayarte EY 28
Bisbe Berenguer de Palou (Pl.) GX 31
Bisbe Campins GX 33
Born (Pas. des) GY
Bosseria HY 34
Cadena GZ 36
Calatrava HZ 37
Can Pueyo GY 40
Can Savellà HZ 42
Can Serra HZ 43
Catalunya FY 46
Cerdanya FX 48
Conquistador GZ 50
Constitució GY 51
Convent dels Caputxins HX 52
Convent de Santa Magdalena GY 55
Convent de Sant Francesc HZ 54
Corderia HY 57
Drassana (Pl.) FZ 58
Ducs de Palma de Mallorca (Rambla dels) GXY 60
Enric Alzamora HX 63
Escola Graduada HY 64
Forn de la Gloria FZ 69
General Ricardo Ortega HY 81
Jaume II GY 85
Jaume III (Av.) FY
Joan March (Av.) HX 91
Josep Maria Quadrado (Pl.) HZ 94
Josep Tous i Ferrer HY 95
Llibertat EX 97
Monsenyor Palmer EZ 106
Monti-Sion HZ 108
Palau Reial GZ 109
Pasqual Ribot FX 110
Porta de Santa Catalina (Pl.) FX 112
Portella GZ 114
Rafael Rodríguez Méndez FX 117
Ramón Llull HZ 118
Reina (Pl.) GZ 120
Rei Joan Carles I (Pl.) GY 119
Riera GY 121
Rodriguez de Arias FX 123
Rubén Dario FX 126
Ruiz de Alda FX 127
Santa Clara HZ 135
Sant Bartomeu GY 130
Sant Francesc (Pl.) HZ 132
Sant Pere Nolasc GZ 133
Sastre Roig GY 136
Temple HZ 141
Teodor Llorente FY 142
Tous i Maroto GY 144
Weyler (Pl.) GY 148

Ayuntamiento GZ H
Casa Berga GY J
Museo del Mallorca GZ M1
Museo Diocesano GZ M2
Palau Solleric GY Z

| | | | |
|---|---|---|---|
| Pedro Malo | CR | 71 | O20 |
| Pedro Marín (Embalse de) | J | 82 | S19 |
| Pedro Martínez | GR | 95 | T20 |
| Pedro Muñoz | CR | 71 | N21 |
| Pedro Pidal | O | 6 | C15 |
| Pedro Rodríguez | AV | 44 | J15 |
| Pedroche | CO | 81 | Q15 |
| Pedrola | Z | 34 | G26 |
| Pedrones (Los) | V | 73 | N26 |
| Pedroñeras (Las) | CU | 59 | N21 |
| Pedrosa (La) | CA | 99 | V12 |
| Pedrosa de Duero | BU | 31 | G18 |
| Pedrosa de la Vega | P | 16 | E15 |
| Pedrosa de Muñó | BU | 17 | F18 |
| Pedrosa de Río Urbel | BU | 17 | E18 |
| Pedrosa de Tobalina | BU | 18 | D19 |
| Pedrosa del Páramo | BU | 17 | E18 |
| Pedrosa del Príncipe | BU | 17 | F17 |
| Pedrosa del Rey | VA | 30 | H14 |
| Pedrosas (Las) | Z | 21 | F27 |
| Pedrosillo (El) | SE | 79 | T10 |
| Pedrosillo de Alba | SA | 44 | J13 |
| Pedrosillo de los Aires | SA | 43 | J12 |
| Pedrosillo el Ralo | SA | 44 | I13 |
| Pedroso (A Coruña) | C | 3 | B5 |
| Pedroso (La Rioja) | LO | 19 | F21 |
| Pedroso (Asturias) | O | 6 | B15 |
| Pedroso (El) (Cádiz) | CA | 99 | W12 |
| Pedroso (El) (Asturias) | O | 6 | B13 |
| Pedroso (El) (Sevilla) | SE | 80 | S12 |
| Pedroso (Río) | | 32 | F20 |
| Pedroso (Sierra del) | MA | 93 | U16 |
| Pedroso de Acim | CC | 55 | M10 |
| Pedroso de la Armuña (El) | SA | 44 | I13 |
| Pedroso de la Carballeda | ZA | 29 | G10 |
| Pedrotoro | SA | 43 | K10 |
| Pedrouzo (O) | C | 3 | D4 |
| Pedrouzos | C | 12 | D3 |
| Pedroveya | O | 5 | C12 |
| Pedrún de Torío | LE | 16 | D13 |
| Pegalajar | J | 82 | S19 |
| Pego | A | 74 | P29 |
| Pego (El) | ZA | 30 | I13 |
| Peguera | PM | 104 | N37 |
| Peguera (Monte) | | 23 | F35 |
| Peguerillas | H | 90 | T9 |
| Peguerinos | AV | 45 | K17 |
| Peinao (El) | TE | 48 | K25 |
| Pela (Sierra de) (Badajoz) | BA | 68 | O13 |
| Pela (Sierra de) (Guadalajara) | GU | 32 | I20 |
| Pelabravo | SA | 44 | J13 |
| Pelada (Sierra) (Ciudad Real) | CR | 70 | P19 |
| Pelada (Sierra) (Huelva) | H | 78 | S9 |
| Pelado | AL | 96 | T22 |
| Pelahustán | TO | 57 | L16 |
| Pelarda (Santuario de) | TE | 48 | J26 |
| Pelarrodríguez | SA | 43 | J11 |
| Pelayo | CO | 81 | R14 |
| Pelayos | SA | 44 | K13 |
| Pelayos de la Presa | M | 45 | K17 |
| Pelayos del Arroyo | SG | 45 | I18 |
| Peleagonzalo | ZA | 30 | H13 |
| Peleas de Abajo | ZA | 29 | H12 |
| Peleas de Arriba | ZA | 29 | I12 |
| Pelegrina | GU | 47 | I22 |
| Pelejaneta (La) | CS | 62 | L29 |
| Peligro (Punta del) (La Gomera) | TF | 118 | B1 |
| Peligros | GR | 94 | U19 |
| Pellila | SA | 29 | I11 |
| Peloche | BA | 69 | O14 |
| Pelugano | O | 6 | C13 |
| Pembes | S | 6 | C15 |
| Pena (Lugo) | LU | 3 | C6 |
| Pena (A) (A Coruña) | C | 2 | D3 |
| Pena (A) (Ourense) | OR | 13 | F6 |
| Penacaballera | SA | 43 | K12 |
| Penagos | S | 7 | B18 |
| Penàguila | A | 74 | P28 |
| Penamil | LU | 14 | D8 |
| Penarrubia (Lugo) | LU | 4 | D8 |
| Penas | LU | 13 | D6 |
| Pendilla | LE | 5 | C12 |
| Pendón (Sierra del) | | 66 | Q8 |
| Pendones | O | 6 | C14 |
| Pendueles | O | 7 | B16 |
| Penedo (Punta de) (Lanzarote) | GC | 123 | D3 |
| Penela | LU | 14 | E7 |
| Penelles | L | 37 | G32 |
| Penilla (Cantabria) | S | 7 | C18 |
| Penilla (La) | S | 7 | C18 |
| Peníscola (Estació de) | CS | 50 | K31 |
| Peníscola / Peñíscola | CS | 50 | K31 |
| Penoselo | LE | 14 | D9 |
| Penouta | O | 4 | B9 |
| Pentedura | BU | 32 | F19 |
| Pentes | OR | 28 | F8 |
| Penya (Monte la) (Castelló) | CS | 62 | L29 |
| Penyagolosa | CS | 62 | L28 |
| Penyal d'Ifac | A | 74 | Q30 |
| Penzol | O | 4 | B9 |
| Peña (Embalse de la) | | 21 | E27 |
| Peña (Embalse de) | | 50 | J30 |
| Peña (La) (Salamanca) | SA | 29 | I10 |
| Peña (Mirador de la) (El Hierro) | TF | 109 | D2 |
| Peña (Montes La) | BU | 8 | C19 |
| Peña (Rivera de la) | | 29 | I10 |
| Peña (Sierra de la) | HU | 21 | E27 |
| Peña de Cabra | SA | 43 | J12 |
| Peña de Francia | SA | 43 | K11 |
| Peña de Francia (Sierra) | | 43 | K12 |
| Peña del Águila | CA | 98 | V10 |
| Peña del Águila (Embalse de) | | 67 | O9 |
| Peña Hueca (Laguna de) | | 59 | N19 |
| Peña Labra (Sierra de) | | 7 | C17 |
| Peña Migjorn | A | 74 | Q28 |
| Peña Mira | ZA | 29 | G10 |
| Peña Negra (León) | LE | 15 | F10 |
| Peña Negra (Asturias) | O | 5 | C11 |
| Peña Negra (Soria) | SO | 33 | F21 |
| Peña Negra (Puerto de la) | AV | 44 | K14 |
| Peña Nofre | | 28 | F7 |
| Peña Sacra | M | 45 | J18 |
| Peña Sagra (Sierra de) | | 7 | C16 |
| Peña Santa | LE | 6 | C15 |
| Peña-Tú | O | 7 | B15 |
| Peña Utrera | BA | 67 | Q9 |
| Peña Vieja | | 6 | C15 |
| Peñablanca | TE | 48 | K24 |
| Peñacerrada | VI | 19 | E21 |
| Peñadiz | OR | 13 | F7 |
| Peñafiel | VA | 31 | H17 |
| Peñaflor (Asturias) | O | 5 | B11 |
| Peñaflor (Sevilla) | SE | 80 | S13 |
| Peñaflor (Zaragoza) | Z | 35 | G27 |
| Peñaflor de Hornija | VA | 30 | G15 |
| Peñafuente | O | 4 | C9 |
| Peñagua | SE | 92 | U13 |
| Peñahorada | BU | 18 | E19 |
| Peñalagos | GU | 47 | K21 |
| Peñalajos | CR | 70 | Q19 |
| Peñalara | | 45 | J18 |
| Peñalba (Castelló) | CS | 62 | M28 |
| Peñalba (Huesca) | HU | 36 | H29 |
| Peñalba (Soria) | SO | 32 | H20 |
| Peñalba de Ávila | AV | 44 | J15 |
| Peñalba de Castro | BU | 32 | G19 |
| Peñalba de Cilleros | LE | 15 | D11 |
| Peñalba de la Sierra | GU | 46 | I19 |
| Peñalba de Santiago | LE | 15 | E10 |
| Peñalén | GU | 47 | K23 |
| Peñalosa | CO | 80 | S14 |
| Peñalosa (Sierra de) | | 33 | F23 |
| Peñaloscintos | LO | 19 | F21 |
| Peñalsordo | BA | 69 | P14 |
| Peñalver | | 46 | K21 |
| Peñamellera Alta | O | 7 | B15 |
| Peñamellera Baja | | 7 | C16 |
| Peñaparda | SA | 42 | L9 |
| Peñaranda de Bracamonte | SA | 44 | J14 |
| Peñaranda de Duero | BU | 32 | G19 |
| Peñarandilla | SA | 44 | J13 |
| Peñarrodrigo | CR | 81 | Q16 |
| Peñarroya | TE | 49 | K28 |
| Peñarroya (Embalse de) | CR | 71 | O21 |
| Peñarroya (Ermita de) | CR | 71 | O20 |
| Peñarroya (Sierra de) | | 50 | J30 |
| Peñarroya de Tastavins | TE | 50 | J30 |
| Peñarroya-Pueblonuevo | CO | 80 | R14 |
| Peñarroyas | TE | 49 | J27 |
| Peñarrubia (cerca de Elche) | AB | 84 | Q23 |
| Peñarrubia (cerca de Peñascosa) | AB | 72 | P23 |
| Peñarrubia (Cantabria) | S | 7 | C16 |
| Peñarrubia (Embalse de) | | 14 | E9 |
| Peñarrubia (Monte) (Albacete) | AB | 73 | O25 |
| Peñarrubia (Monte) (Lugo) | LU | 14 | D9 |
| Peñarrubia (Monte) (Murcia) | MU | 73 | Q26 |
| Peñarrubias de Pirón | SG | 45 | I17 |
| Peñas (Cabo de) | O | 5 | B12 |
| Peñas Blancas (Puerto de) | MA | 99 | W14 |
| Peñas Blancas (Sierra de) | | 67 | P11 |
| Peñas de Riglos (Las) | HU | 21 | E27 |
| Peñas de San Pedro | AB | 72 | P23 |
| Peñas Libres (Sierra de) | | 28 | G8 |
| Peñas Negrillas (Coto nacional de) | CR | 82 | Q19 |
| Peñascales (Los) | M | 45 | K18 |
| Peñascosa | AB | 72 | P22 |
| Peñaullán | O | 5 | B11 |
| Peñausende | ZA | 29 | I12 |
| Peñaza (La) | | 34 | H26 |
| Peñillas | CO | 93 | T17 |
| Peñíscola / Peníscola | CS | 50 | K31 |
| Peñita | CO | 80 | R13 |
| Peñolite | J | 83 | R21 |
| Peñón (Alto del) | ZA | 15 | F10 |
| Peñón (El) (Albacete) | AB | 84 | R23 |
| Peñón (El) (Granada) | GR | 95 | T20 |
| Peñoso | MU | 84 | S24 |
| Peñota (La) | | 45 | J17 |
| Peñuela | GR | 94 | T18 |
| Peñuela (La) | H | 91 | T9 |
| Peñuelas | GR | 94 | U18 |
| Peón | O | 6 | B13 |
| Pepino | TO | 57 | L15 |
| Pepino (El) | GU | 46 | K20 |
| Peque | ZA | 15 | F11 |
| Pequeño | | 17 | D15 |
| Pera | | 23 | E34 |
| Pera (La) | GE | 25 | F38 |
| Pera (Sierra de) | GR | 94 | U18 |
| Peracense | TE | 48 | K25 |
| Perafita (cerca de Calaf) | B | 37 | G34 |
| Perafita (cerca de Prats de Lluçanes) | B | 24 | F36 |
| Perafort | T | 37 | I33 |
| Peral (Barranco del) | AL | 96 | U23 |
| Peral (El) | CU | 60 | N24 |
| Peral (La) | O | 5 | B12 |
| Peral de Arlanza | BU | 31 | F17 |
| Peralada | GE | 25 | F39 |
| Peralba | L | 37 | G32 |
| Peraleda de la Mata | CC | 56 | M13 |
| Peraleda de San Román | CC | 56 | M13 |
| Peraleda del Zaucejo | BA | 80 | Q13 |
| Peraleja (La) | CU | 59 | L22 |
| Peralejo (Madrid) | M | 45 | K17 |
| Peralejo (Soria) | SO | 32 | I20 |
| Peralejo (El) | SE | 79 | S10 |
| Peralejos | TE | 49 | K26 |
| Peralejos de Abajo | SA | 43 | I10 |
| Peralejos de Arriba | SA | 43 | I10 |
| Peralejos de las Truchas | GU | 48 | K24 |
| Perales (Palencia) | P | 17 | F16 |
| Perales (Los) | CC | 55 | N9 |
| Perales (Puerto de) | CC | 55 | L9 |
| Perales (Río) | | 45 | K17 |
| Perales de Tajuña | M | 59 | L19 |
| Perales del Alfambra | TE | 49 | K26 |
| Perales del Puerto | CC | 55 | L9 |
| Perales del Río | M | 58 | L19 |
| Peralosa (Puerto de la) | CR | 70 | O17 |
| Peralosas (Las) | CR | 70 | O17 |
| Peralta | NA | 20 | E24 |
| Peralta de Alcofea | HU | 35 | G29 |
| Peralta de la Sal | HU | 36 | G31 |
| Peraltilla | HU | 22 | F29 |
| Peralveche | GU | 47 | K22 |
| Peralvillo Alto | CR | 70 | O18 |
| Peramato | SA | 43 | J11 |
| Peramea | L | 23 | F33 |
| Peramola | L | 23 | F33 |
| Peramora (Rivera de) | | 78 | S8 |
| Peranzanes | LE | 15 | D10 |
| Perarrúa | HU | 22 | F31 |
| Peratallada | GE | 25 | G39 |
| Perazancas | P | 17 | D16 |
| Perbes | C | 3 | B5 |
| Perdices | SO | 33 | H22 |
| Perdices (Sierra de las) | | 67 | O9 |
| Perdido (Monte) | HU | 22 | D30 |
| Perdigón | BA | 78 | R8 |
| Perdigón (El) | ZA | 29 | H12 |
| Perdiguera | Z | 35 | G28 |
| Perdiguero | HU | 22 | D31 |
| Perdiguero (Embalse de) | | 19 | F24 |
| Perdiz (Alto la) | | 34 | H25 |
| Perdoma (La) (Tenerife) | TF | 127 | F3 |
| Perdón | NA | 11 | D24 |
| Perdón (Puerto del) | NA | 10 | D24 |
| Perea | GR | 83 | T22 |
| Pereda (La) | O | 6 | B15 |
| Pereda de Ancares | LE | 14 | D9 |
| Peredilla | LE | 16 | D13 |
| Peregrina (La) | LE | 16 | E14 |
| Pereira (A Coruña) | C | 2 | D3 |
| Pereira (Lugo) | LU | 13 | E6 |
| Pereiriña | C | 2 | C2 |
| Pereiro | OR | 28 | F8 |
| Pereiro de Aguiar | OR | 13 | E6 |
| Pereje | LE | 14 | E9 |
| Perelló (El) (Tarragona) | T | 50 | J32 |
| Perelló (El) (València) | V | 74 | O29 |
| Perellonet (El) | V | 74 | O29 |
| Perenos (Los) | SE | 93 | U15 |
| Pereña | SA | 29 | I10 |
| Perera (La) | SO | 32 | H20 |
| Perero | H | 78 | S8 |
| Pereruela | ZA | 29 | H12 |
| Perex | BU | 18 | D20 |
| Pérez (Los) | SE | 93 | U15 |
| Periana | MA | 101 | V17 |
| Pericay (Sierra del) | MU | 84 | S24 |
| Pericón (El) | MU | 85 | S26 |
| Perilla de Castro | ZA | 29 | G12 |
| Perín | MU | 85 | T26 |
| Perla-Torremuelle (La) | MA | 100 | W16 |
| Pernía | SE | 93 | T15 |
| Pernia (La) | P | 17 | D16 |
| Perobéques | TO | 58 | M16 |
| Perogordo | SG | 45 | J17 |
| Peromingo | SA | 43 | K12 |
| Perona (Monte) (Murcia) | MU | 85 | S25 |
| Perorrubio | SG | 32 | I18 |
| Perosillo | SG | 31 | H17 |
| Peroxa (A) | OR | 13 | E6 |
| Perra (Sierra) | | 19 | E23 |
| Perro (Punta del) | CA | 91 | V10 |
| Perrunal (El) | H | 78 | S9 |
| Pertusa | HU | 35 | G29 |
| Perul (El) | | 17 | E18 |
| Peruyes | O | 6 | B14 |
| Pesadas de Burgos | BU | 18 | D19 |
| Pesadoira | C | 2 | D3 |
| Pesaguero | S | 7 | C16 |
| Pescadores (Puerto de los) | MA | 100 | W15 |
| Pescadores (Refugio de) | HU | 36 | H30 |
| Pescueza | CC | 55 | M10 |
| Pesebre | AB | 72 | P22 |
| Pesebre (Punta) (Fuerteventura) | GC | 112 | B5 |
| Pesga (La) | CC | 43 | L11 |
| Pesoz | O | 4 | C9 |
| Pesqueira | C | 12 | E3 |
| Pesquera (Burgos) | BU | 18 | D18 |
| Pesquera (León) | LE | 16 | D14 |
| Pesquera (Cantabria) | S | 7 | C17 |
| Pesquera (Dársena) (Tenerife) | TF | 125 | J2 |
| Pesquera (La) | CU | 61 | N25 |
| Pesquera de Duero | VA | 31 | H17 |
| Pesquerín | O | 6 | B14 |
| Pesqueruela | VA | 30 | H15 |
| Pessó (Pic del) | L | 23 | E32 |
| Pesués | S | 7 | B16 |
| Petilla de Aragón | NA | 20 | E26 |
| Petín | OR | 14 | E8 |
| Petit I (Embalse de) | CC | 55 | N10 |
| Petra | PM | 105 | N39 |
| Petrer | A | 85 | Q27 |
| Petrés | V | 62 | M29 |
| Pétrola | AB | 73 | P25 |
| Pétrola (Laguna de) | AB | 73 | P25 |
| Peza (La) | GR | 95 | U20 |
| Pezuela de las Torres | M | 46 | K20 |
| Pi de Sant Just (El) | L | 37 | G34 |
| Piapaxaro (Pico) | | 14 | E8 |
| Pías | ZA | 14 | F9 |
| Pías (Embalse de) | ZA | 14 | F9 |
| Piatones (Sierra de) | CC | 56 | M12 |
| Pica (Sierra de la) | | 33 | G23 |
| Picacho | CA | 92 | V13 |
| Picacho (Sierra del) | | 85 | Q25 |
| Picacho de la Barre (Faro El) | H | 90 | U9 |
| Picaio | V | 62 | N29 |
| Picamoixons | T | 37 | I33 |
| Picanya | V | 62 | N28 |
| Picassent | V | 74 | N28 |
| Picato | | 3 | D7 |
| Picaza (Montes de) | | 48 | J24 |
| Picazo | GU | 47 | J21 |
| Picazo (El) | CU | 60 | N23 |
| Picazo (Embalse de El) | CU | 60 | N23 |
| Picena | GR | 102 | V20 |
| Pico (Puerto del) | AV | 44 | L14 |
| Pico de las Flores (Mirador) (Tenerife) | TF | 124 | H2 |
| Pico del Castrón (Mirador del) | S | 7 | C17 |
| Pico del Inglés (Mirador de) (Tenerife) | TF | 125 | I2 |
| Picón | CR | 70 | O17 |
| Piconcillo | CO | 80 | R13 |
| Picones | SA | 42 | I10 |
| Picorzo | CU | 59 | M21 |
| Picorzos | AB | 84 | Q23 |
| Picos de Europa (Parque nacional de los) | LE | 6 | C15 |
| Picos de Europa (Reserva nacional de los) | | 6 | C15 |
| Picota | C | 2 | D3 |
| Picouto | OR | 13 | F6 |
| Piedra | Z | 48 | I24 |
| Piedra (La) (Burgos) | BU | 17 | E18 |
| Piedra (La) (Granada) | GR | 84 | S22 |
| Piedra (Monasterio de) | Z | 48 | I24 |
| Piedra Aguda (Embalse de) | BA | 66 | Q8 |
| Piedra del Sol | OR | 14 | E7 |
| Piedra Escrita (Ermita de) | BA | 68 | P13 |
| Piedra San Martin (Collado de la) | NA | 11 | D27 |
| Piedrabuena (Badajoz) | BA | 67 | O9 |
| Piedrabuena (Ciudad Real) | CR | 70 | O17 |
| Piedraescrita | TO | 57 | N15 |
| Piedrafita (Huesca) | HU | 21 | D29 |
| Piedrafita (León) | LE | 6 | C13 |
| Piedrafita (Puerto de) | | 6 | C13 |
| Piedrafita de Babia | LE | 15 | D11 |
| Piedrafitas (Mirador de) | LE | 6 | C15 |
| Piedrahita (Ávila) | AV | 44 | K14 |
| Piedrahita (Teruel) | TE | 48 | I26 |
| Piedrahita de Castro | ZA | 29 | G12 |
| Piedralá | CR | 70 | O17 |
| Piedralaves | AV | 44 | L15 |
| Piedramillera | NA | 19 | E23 |
| Piedras | H | 90 | U8 |
| Piedras (Canal del) | H | 90 | U8 |
| Piedras (Embalse) | H | 90 | T8 |
| Piedras (Las) | CO | 93 | T17 |
| Piedras Albas | CC | 55 | M9 |
| Piedras Blancas | O | 5 | B12 |
| Piedrasluengas | P | 7 | C16 |
| Piedrasluengas (Puerto de) | P | 7 | C16 |
| Piedratajada | Z | 21 | F27 |
| Piedros (Los) | CO | 93 | T16 |
| Piera | B | 37 | H35 |
| Piérnigas | BU | 18 | E19 |
| Pierola | B | 38 | H35 |
| Pieros | LE | 14 | E9 |
| Pierre | GR | 95 | T20 |
| Piescolgados | AL | 96 | U22 |
| Pigüeña | O | 5 | C11 |
| Pigüeña (Río) | | 5 | C11 |
| Pijotilla (La) | BA | 67 | P10 |
| Pila | MU | 85 | R26 |
| Pila (Sierra de la) (Guadalajara) | GU | 47 | I21 |
| Pila (Sierra de la) (Murcia) | MU | 85 | R26 |
| Pilar (El) | AL | 96 | U23 |
| Pilar (Ermita del) | TE | 49 | K27 |
| Pilar de Jaravia | AL | 96 | T24 |
| Pilar de la Horadada | A | 85 | S27 |
| Pilar de Moya | J | 82 | S17 |
| Pilar del Prado | MA | 100 | V16 |
| Pilares | SE | 92 | U13 |
| Pilas | SE | 91 | U11 |
| Pilas (Casas de) | BA | 80 | R12 |
| Pilas (Puerto de las) | AV | 45 | K16 |
| Pilas Verdes | AB | 71 | Q21 |
| Piles | V | 74 | P29 |
| Piles (Les) | T | 37 | H34 |
| Pileta (Cueva de la) | MA | 99 | V14 |
| Pililla | CU | 60 | M23 |
| Pilillas | CO | 81 | S15 |
| Piloña | O | 6 | B13 |
| Piloña (Río) | O | 6 | B13 |
| Piloño | PO | 13 | D5 |
| Pilzán | HU | 22 | F31 |
| Pimpollar (El) | M | 45 | K17 |
| Pina (Mallorca) | PM | 104 | N38 |
| Pina (Monte) (Castelló) | CS | 62 | L28 |
| Pina de Ebro | Z | 35 | H28 |
| Pina de Montalgrao | CS | 62 | L28 |
| Pinar (Cádiz) | CA | 92 | V13 |
| Pinar (Cap des) (cerca de Alcúdia) | PM | 105 | M39 |
| Pinar (Cap des) (cerca de Cala Millor) | | 105 | N40 |
| Pinar (El) (Castelló) | CS | 63 | L30 |
| Pinar (El) (Madrid) | M | 45 | K18 |
| Pinar (El) (El Hierro) | TF | 109 | C3 |
| Pinar (Ermita del) | SG | 31 | I18 |
| Pinar (Monte) (Cuenca) | CU | 59 | L21 |
| Pinar (Monte) (Castelló) | CS | 62 | M28 |
| Pinar (Monte) (Zaragoza) | Z | 34 | H26 |
| Pinar (Puerto del) | | 83 | R22 |
| Pinar de Almorox (El) | TO | 57 | L16 |
| Pinar de Antequera | VA | 30 | H15 |
| Pinar de C. (El) (Alacant) | A | 85 | S27 |
| Pinar de la Mola (El) | PM | 87 | P34 |
| Pinar de los Franceses | CA | 98 | W11 |
| Pinar de Puenteviejo | AV | 45 | J16 |
| Pinar Grande (Estación de) | | 32 | G21 |
| Pinar Negro | MU | 84 | R24 |

## PAMPLONA

| | | |
|---|---|---|
| Amaya | BYZ | 4 |
| Ansoleaga | AY | 5 |
| Bayona (Av. de) | AY | 13 |
| Carlos III (Av. de) | BYZ | |
| Castillo de Maya | BZ | 16 |
| Chapitela | BY | 17 |
| Conde Oliveto (Av. del) | AZ | 19 |
| Cortes de Navarra | BY | 20 |
| Cruz (Pl. de la) | BZ | 22 |
| Esquiroz | AZ | 25 |
| Estafeta | BY | 26 |
| García Castañón | ABY | 30 |
| Juan de Labrit | BY | 33 |
| Leyre | BYZ | 36 |
| Mayor | AY | 40 |
| Mercaderes | BY | 43 |
| Navarrería | BY | 48 |
| Navas de Tolosa | AY | 50 |
| Paulino Caballero | BZ | 51 |
| Príncipe de Viana (Pl. del) | BZ | 54 |
| Reina (Cuesta de la) | AY | 56 |
| Roncesvalles (Av. de) | BY | 59 |
| Sancho el Mayor | ABZ | 60 |
| Sangüesa | BZ | 69 |
| Santo Domingo | AY | 70 |
| San Fermín | BZ | 63 |
| San Francisco (Pl. de) | AY | 65 |
| San Ignacio (Av. de) | BYZ | 66 |
| Sarasate (Paseo de) | AY | 72 |
| Taconera (Recta de) | AY | 73 |
| Vínculo (Pl. del) | AYZ | 78 |
| Zapatería | AY | 89 |

Museo de Navarra ........ M

| | | | |
|---|---|---|---|
| Pinarejo | CU | 60 | N22 |
| Pinarejos | SG | 31 | I17 |
| Pinarnegrillo | SG | 45 | I17 |
| Pindal (Cueva del) | | 7 | B16 |
| Pindo (O) | C | 2 | D2 |
| Pineda de Gigüela | CU | 60 | L22 |
| Pineda de la Sierra | BU | 18 | F20 |
| Pineda de Mar | B | 38 | H38 |
| Pineda-Trasmonte | BU | 32 | G18 |
| Pinedas | SA | 43 | K12 |
| Pinedas (Las) | CO | 81 | S15 |
| Pinedillo | BU | 31 | F18 |
| Pinel | LU | 14 | E7 |
| Pinell | L | 37 | G34 |
| Pinell de Brai (El) | T | 50 | I31 |
| Pinet (El) | V | 86 | R28 |
| Pineta (Valle de) | HU | 22 | E30 |
| Pinganillo | SE | 92 | U12 |
| Pinilla (cerca de Fuente Álamo) | AB | 73 | P25 |
| Pinilla (cerca de Fuente-Higuera) | AB | 84 | Q23 |
| Pinilla (cerca de Salinas de Pinilla) | AB | 71 | P22 |
| Pinilla (León) | LE | 15 | F11 |
| Pinilla (Embalse de) | M | 45 | J18 |
| Pinilla (La) (Murcia) | MU | 85 | S26 |
| Pinilla (La) (Segovia) | SG | 46 | I19 |
| Pinilla (Río) | | 71 | P21 |
| Pinilla Ambroz | SG | 45 | I16 |
| Pinilla de Fermoselle | | 29 | H10 |
| Pinilla de Jadraque | GU | 46 | I21 |
| Pinilla de los Barruecos | BU | 32 | G20 |
| Pinilla de los Moros | BU | 32 | F20 |
| Pinilla de Molina | GU | 48 | J24 |
| Pinilla de Toro | ZA | 30 | H13 |
| Pinilla del Campo | SO | 33 | G23 |
| Pinilla del Olmo | SO | 33 | I22 |
| Pinilla del Valle | M | 45 | J18 |
| Pinilla-Trasmonte | BU | 32 | G19 |
| Pinillos (Burgos) | BU | 31 | G18 |
| Pinillos (La Rioja) | LO | 19 | F22 |
| Pinillos de Polendos | SG | 45 | I17 |
| Pinjat | | 36 | H31 |
| Pino (Burgos) | BU | 18 | D19 |
| Pino (Lugo) | LU | 14 | E7 |
| Pino (Cuerda del) | AL | 84 | S23 |
| Pino (El) | BA | 67 | P10 |
| Pino (O) | C | 3 | D4 |
| Pino (Puerto del) | HU | 22 | F30 |
| Pino Alto | M | 45 | K17 |
| Pino de Tormes (El) | SA | 43 | I12 |
| Pino de Valencia | CC | 66 | O8 |
| Pino del Oro (Zamora) | ZA | 29 | H11 |
| Pino del Río | P | 16 | E15 |
| Pino do Val | C | 2 | D3 |
| Pino Grande | SE | 92 | T12 |
| Pinofranqueado | CC | 43 | L10 |
| Pinós | L | 37 | G34 |
| Pinos (León) | LE | 5 | D12 |
| Pinós (Alacant) | A | 74 | P29 |
| Pinos (Los) (Cáceres) | CC | 68 | O13 |
| Pinos (Los) (Toledo) | TO | 58 | M18 |
| Pinos (Monte Los) (Málaga) | MA | 99 | W13 |
| Pinós (Serra de) | | 37 | G34 |
| Pinos de Mar | H | 90 | U9 |
| Pinos del Valle | GR | 101 | V19 |
| Pinos Genil | GR | 94 | U19 |
| Pinos Puente | GR | 94 | U18 |
| Pinosa | AL | 84 | S24 |
| Pinoso (Alacant) | A | 85 | Q26 |
| Pinoso (Monte) (Guadalajara) | GU | 47 | J22 |
| Pinseque | Z | 34 | G26 |
| Pinsoro | Z | 20 | F25 |
| Pintado (Contraembalse de) | SE | 80 | S12 |
| Pintado (El) | SE | 79 | S12 |
| Pintado (Embalse del) | SE | 80 | S12 |
| Pintano | Z | 20 | E26 |
| Pintín | LU | 14 | D7 |
| Pinto (Madrid) | M | 58 | L18 |
| Pinto (O) | OR | 13 | F6 |
| Pinto (Río) (Jaén) | J | 82 | R18 |
| Pintueles | O | 6 | B13 |
| Pinzales | O | 5 | B12 |
| Pinzón | SE | 91 | U11 |
| Piña (A Coruña) | C | 2 | C4 |
| Piña de Campos | P | 17 | F16 |
| Piña de Esgueva | VA | 31 | G16 |
| Piñar (Granada) | GR | 94 | T19 |
| Piñar (Estación de) | GR | 94 | T19 |
| Piñeira (Lugo) | LU | 14 | E7 |
| Piñeira (Ourense) | OR | 13 | F6 |
| Piñeiro (cerca de Germadé) | LU | 3 | B6 |
| Piñeiro (cerca de Lugo) | LU | 14 | D7 |
| Piñeiro (cerca de Meira) | LU | 4 | C8 |
| Piñeiro (cerca de Marín) | PO | 12 | E3 |
| Piñeiro (cerca de Mondariz) | PO | 13 | F4 |
| Piñel de Abajo | VA | 31 | G17 |
| Piñel de Arriba | VA | 31 | G17 |
| Piñera | O | 4 | B9 |
| Piñeres | O | 6 | C12 |
| Piñero (El) | ZA | 30 | H13 |
| Piñor | OR | 13 | E5 |
| Piñuécar | M | 46 | I19 |
| Piñuel | ZA | 29 | H11 |
| Pío | LE | 6 | C14 |
| Piornal | CC | 56 | L12 |
| Piornal (Puerto del) | CC | 56 | L12 |
| Piornedo | OR | 28 | F7 |
| Piorno | AL | 102 | V22 |
| Pioz | GU | 46 | K20 |
| Pipaón | VI | 19 | E22 |
| Piquera | SO | 32 | H20 |
| Piqueras | GU | 48 | K24 |
| Piqueras (Puerto de) | LO | 33 | F22 |
| Piqueras del Castillo | CU | 60 | M23 |
| Pira | T | 37 | H33 |
| Piracés | HU | 21 | F29 |
| Pirón | | 45 | I17 |
| Pisueña | S | 8 | C18 |
| Pisueña (Río) | | 7 | C18 |
| Pisuerga (Río) | | 17 | D17 |
| Pitarque | TE | 49 | K28 |
| Pitas | | 92 | V12 |
| Pitiegua | SA | 44 | I13 |
| Pitillas | NA | 20 | E25 |
| Pitillas (Laguna de) | | 20 | E25 |
| Pitres | GR | 102 | V20 |
| Piúca (A) | OR | 13 | F6 |
| Piúgos | LU | 4 | D7 |
| Pixeiros | OR | 14 | F8 |
| Pizarra | MA | 100 | V15 |
| Pizarral | SA | 43 | K13 |
| Pizarrera (La) | M | 45 | K17 |
| Pizarro | CC | 68 | O12 |
| Pizarroso (Embalse del) | CC | 56 | M14 |
| Pla (El) | | 36 | H30 |
| Pla de la Font | L | 36 | G31 |
| Pla de Manlleu (El) | T | 37 | H34 |
| Pla de Sant Tirs (El) | L | 23 | F34 |
| Pla de Santa Maria (El) | T | 37 | H33 |
| Pla del Penedès (El) | B | 37 | H35 |
| Pla dels Hospitalets | GE | 24 | E36 |
| Pla dels Pitxells | CS | 50 | K31 |
| Placín | OR | 14 | F8 |
| Plan | HU | 22 | E31 |
| Plana (La) | L | 23 | E32 |
| Plana (Punta) (Mallorca) | PM | 104 | N38 |
| Plana (Punta) (Zaragoza) | Z | 36 | I30 |
| Planas (Las) | TE | 49 | J29 |
| Plandogau | L | 37 | G33 |
| Planes | A | 74 | P28 |
| Planes (Les) | T | 51 | I32 |
| Planes d'Hostoles (Les) | GE | 24 | F37 |
| Planoles | GE | 24 | F36 |
| Plantío (El) | M | 45 | K18 |
| Plasencia | CC | 56 | L11 |
| Plasencia (Embalse de) | CC | 56 | L11 |
| Plasencia de Jalón | Z | 34 | G26 |
| Plasencia del Monte | HU | 21 | F28 |
| Plasenzuela | | 56 | N11 |
| Plata (Sierra de la) | | 99 | X12 |
| Platera (La) | J | 83 | R21 |
| Platgetes (Les) | CS | 62 | L30 |
| Platja Ben Afeli | CS | 62 | M30 |
| Platja d'Alboraya | V | 62 | N29 |
| Platja d'Aro (Ciutat) | GE | 25 | G39 |
| Platja d'en Bossa | | 87 | P34 |
| Platja d'Oliva | V | 74 | P29 |
| Platja de Bellreguard | V | 74 | P29 |
| Platja de Binibèquer | | 106 | M42 |
| Platja de Canyelles | GE | 39 | G38 |
| Platja de Casa Blanca | CS | 62 | M29 |
| Platja de Corint | V | 62 | M29 |
| Platja de Covafumada | B | 38 | I35 |
| Platja de Daimús | V | 74 | P29 |
| Platja de Fanals | GE | 39 | G38 |
| Platja de Formentor | PM | 105 | M39 |
| Platja de Gavamar | B | 38 | I36 |
| Platja de Guardamar | A | 86 | R28 |
| Platja de l'Albufereta | A | 86 | Q28 |
| Platja de la Ampolla | | 50 | J32 |
| Platja de la Conxa | CS | 62 | L30 |
| Platja de la Devesa | V | 74 | N29 |
| Platja de la Fosca | GE | 25 | G39 |
| Platja de la Granadella | A | 75 | P30 |
| Platja de la Malvarrosa | V | 62 | N29 |
| Platja de la Pineda | T | 51 | I33 |
| Platja de la Pobla de Farnals | V | 62 | N29 |
| Platja de les Fonts | CS | 63 | L30 |
| Platja de les Villes | CS | 62 | L30 |
| Platja de Llevante (Alacant) | A | 74 | Q29 |
| Platja de Marianeta Cassiana | A | 75 | P30 |
| Platja de Moncofa | CS | 62 | M29 |
| Platja de Moraira | A | 75 | P30 |
| Platja de Muro | | 105 | M39 |
| Platja de Mutxavista | A | 86 | Q28 |
| Platja de Nules | CS | 62 | M29 |
| Platja de Pals | GE | 25 | F39 |
| Platja de Peníscola | | 50 | K31 |
| Platja de Piles | V | 74 | P29 |
| Platja de Pinedo | V | 62 | N29 |
| Platja de Ponente | A | 74 | Q29 |
| Platja de Puçol | V | 62 | N29 |
| Platja de Rifa | T | 51 | I32 |
| Platja de Sabanell | GE | 39 | H38 |
| Platja de Salou | T | 51 | I33 |
| Platja de Sant Joan | A | 86 | Q28 |
| Platja de Sant Pol | GE | 39 | G39 |
| Platja de Sant Tomás | PM | 106 | M42 |
| Platja de Son Bou | PM | 106 | M42 |
| Platja de Tavernes | | 74 | O29 |
| Platja de Tirant | | 106 | L42 |
| Platja de Xeresa | V | 74 | O29 |
| Platja de Xilxes | CS | 62 | M29 |
| Platja del Arenal | A | 75 | P30 |
| Platja del Carregador | CS | 63 | L30 |
| Platja del Morro de Gos | CS | 62 | L30 |
| Platja del Parais | A | 86 | Q29 |
| Platja del Pinar | CS | 62 | M30 |
| Platja del Pinet | A | 86 | R28 |
| Platja del Saler | V | 74 | N29 |
| Platja dels Eucaliptus | TE | 49 | K32 |
| Platja des Canar | | 87 | O34 |
| Platja des Cavallet | | 87 | P34 |
| Platja des Figueral | | 87 | O34 |
| Platja des Trenc | | 104 | N38 |
| Platja i Grau de Gandia | V | 74 | O29 |
| Platja Larga | T | 51 | I33 |
| Platja Lissa (La) | A | 86 | R28 |
| Platja los Arenales del Sol | A | 86 | R28 |
| Platja Miramar | V | 74 | P29 |
| Platja Mitjorn | PM | 87 | P34 |
| Platjas de Orihuela | A | 86 | S28 |
| Platosa (La) | SE | 92 | T14 |
| Playa (Laguna la) | | 35 | H29 |
| Playa Amanay (Fuerteventura) | GC | 112 | E4 |
| Playa América | PO | 12 | F3 |
| Playa Barca (Fuerteventura) | GC | 112 | E5 |
| Playa Bella | MA | 100 | W14 |
| Playa Berruguete (Tenerife) | TF | 125 | I2 |
| Playa Blanca (Fuerteventura) | GC | 111 | I3 |
| Playa Blanca (Lanzarote) | GC | 122 | B5 |
| Playa Canela | H | 90 | U7 |
| Playa Colmenares (Tenerife) | TF | 128 | E5 |
| Playa de Alcalá (Tenerife) | TF | 128 | C4 |
| Playa de Area | LU | 4 | A7 |
| Playa de Arinaga (Gran Canaria) | GC | 117 | G4 |
| Playa de Aro (Platja) | | 25 | G39 |
| Playa de Arriba o las Bajas (Tenerife) | TF | 127 | H3 |
| Playa de Avalo (La Gomera) | TF | 119 | D2 |
| Playa de Balarés | C | 2 | C3 |
| Playa de Baldaio | C | 2 | C3 |
| Playa de Balerma | AL | 102 | V21 |
| Playa de Balito (Gran Canaria) | GC | 116 | C4 |
| Playa de Barlovento de Jandía (Fuerteventura) | GC | 112 | C5 |
| Playa de Bateles | CA | 98 | X11 |
| Playa de Benalmádena | MA | 100 | W16 |
| Playa de Ber | C | 3 | B5 |
| Playa de Bozo | O | 5 | B10 |
| Playa de Burriana | MA | 101 | V18 |
| Playa de Butihondo (Fuerteventura) | GC | 112 | D5 |
| Playa de Calabardina | MU | 97 | T25 |
| Playa de Canelas | PO | 12 | E3 |
| Playa de Carnota | C | 12 | D2 |
| Playa de Castilla | H | 91 | U9 |
| Playa de Cerillos | AL | 102 | V22 |
| Playa de Cofete (Fuerteventura) | GC | 112 | C5 |
| Playa de Cortadura | CA | 98 | W11 |
| Playa de Cuevas del Mar | O | 6 | B15 |
| Playa de Doniños | C | 3 | B5 |
| Playa de Ereses (La Gomera) | TF | 118 | C3 |
| Playa de Estepona | MA | 100 | W14 |
| Playa de Famara (Lanzarote) | GC | 123 | E3 |
| Playa de Fontanilla | CA | 98 | X11 |
| Playa de Fuentebravía | CA | 98 | W11 |
| Playa de Getares | CA | 99 | X13 |
| Playa de Guayedra (Gran Canaria) | GC | 114 | C2 |
| Playa de Isla Cristina | H | 90 | U8 |
| Playa de Janubio (Lanzarote) | GC | 122 | B4 |
| Playa de Juan Gómez (Fuerteventura) | GC | 112 | B5 |
| Playa de la Antilla | H | 90 | U8 |
| Playa de la Ballena | CA | 98 | V10 |
| Playa de la Barqueta (La Palma) | TF | 132 | D6 |
| Playa de la Barrosa | CA | 98 | W11 |
| Playa de la Calera (La Gomera) | TF | 118 | A2 |
| Playa de la Caleta (La Gomera) | TF | 119 | D1 |
| Playa de la Costilla | CA | 98 | W10 |
| Playa de la Enramada (Tenerife) | TF | 128 | C5 |
| Playa de la Entrada (Tenerife) | TF | 127 | H3 |
| Playa de la Garita (Lanzarote) | GC | 123 | F3 |
| Playa de la Guancha (La Gomera) | TF | 119 | D3 |
| Playa de la Hullera (Gran Canaria) | GC | 117 | G3 |
| Playa de la Laja (Gran Canaria) | GC | 115 | G2 |
| Playa de la Lanzada | PO | 12 | E3 |
| Playa de la Madera (Lanzarote) | GC | 122 | B4 |
| Playa de la Margallera (Tenerife) | TF | 129 | H4 |
| Playa de la Reya | MU | 97 | T26 |
| Playa de la Tejita (Tenerife) | TF | 129 | F5 |
| Playa de la Verga (Gran Canaria) | GC | 116 | C4 |
| Playa de la Victoria | CA | 98 | W11 |
| Playa de Ladeira | C | 12 | E2 |
| Playa de Lapamán | PO | 12 | E3 |
| Playa de Laredo | S | 8 | B19 |
| Playa de Lariño | C | 12 | D2 |
| Playa de las Américas (Tenerife) | TF | 128 | D5 |
| Playa de las Bajas o de Arriba (Tenerife) | TF | 127 | H3 |
| Playa de las Canteras (Gran Canaria) | GC | 115 | F1 |
| Playa de las Casillas (Gran Canaria) | GC | 117 | F4 |
| Playa de las Conchas (Lanzarote) | GC | 120 | E2 |
| Playa de las Cruces (Gran Canaria) | GC | 117 | G3 |
| Playa de las Pilas (Fuerteventura) | GC | 112 | B5 |
| Playa de las Teresitas (Tenerife) | TF | 125 | J2 |
| Playa de Levante (Cádiz) | CA | 98 | W11 |
| Playa de Linés (El Hierro) | TF | 108 | C3 |
| Playa de Llas | | 4 | B8 |
| Playa de los Abrigos (Tenerife) | TF | 128 | E5 |
| Playa de los Abrigos (Tenerife) | TF | 129 | G4 |
| Playa de los Cancajos (La Palma) | TF | 132 | D5 |
| Playa de los Cardones (El Hierro) | TF | 109 | D3 |
| Playa de los Mozos (El Hierro) | TF | 108 | B3 |
| Playa de los Palos (El Hierro) | TF | 108 | B2 |
| Playa de los Pocillos (Lanzarote) | GC | 123 | D5 |
| Playa de los Troches (Tenerife) | TF | 125 | I1 |
| Playa de Louro | C | 12 | D2 |
| Playa de Marchamalo | MU | 86 | S27 |
| Playa de Maspalomas (Gran Canaria) | GC | 116 | D5 |

| | | | |
|---|---|---|---|
| Playa de Matagorda (Lanzarote) | GC | 123 | D5 |
| Playa de Matalascañas | CA | 91 | V10 |
| Playa de Mazagón | H | 90 | U9 |
| Playa de Mont-roig | T | 51 | I32 |
| Playa de Montalvo | PO | 12 | E3 |
| Playa de Ojos (Fuerteventura) | GC | 112 | B5 |
| Playa de Oyambre | S | 7 | B17 |
| Playa de Puerto Rey | AL | 96 | U24 |
| Playa de Punta Umbría | H | 90 | U8 |
| Playa de Rapadoira | LU | 4 | B8 |
| Playa de Regla | CA | 91 | V10 |
| Playa de Riazor | C | 3 | B4 |
| Playa de Ris | S | 8 | B19 |
| Playa de Roda | PO | 12 | F3 |
| Playa de Rodiles | O | 6 | B13 |
| Playa de Salinas | O | 5 | B12 |
| Playa de Samil | PO | 12 | F3 |
| Playa de San Antolín | O | 6 | B15 |
| Playa de San Cristóbal | GR | 101 | V18 |
| Playa de San Juan (Tenerife) | TF | 128 | C4 |
| Playa de San Marcos (Tenerife) | TF | 126 | D3 |
| Playa de San Xorxe | C | 3 | B5 |
| Playa de Santa Catalina (La Gomera) | TF | 118 | B1 |
| Playa de Santa Comba | C | 3 | B5 |
| Playa de Santiago (La Gomera) | TF | 119 | C3 |
| Playa de Sotavento (Fuerteventura) | GC | 112 | E5 |
| Playa de Tarajalejo (Fuerteventura) | GC | 113 | F4 |
| Playa de Tasarte (Gran Canaria) | GC | 116 | B3 |
| Playa de Tebeto (Fuerteventura) | GC | 111 | G2 |
| Playa de Torre del Mar | MA | 101 | V17 |
| Playa de Torremolinos | MA | 100 | W16 |
| Playa de Traba | C | 2 | C2 |
| Playa de Vallehermoso (La Gomera) | TF | 118 | C1 |
| Playa de Velilla | GR | 101 | V19 |
| Playa de Vila-seca | T | 51 | I33 |
| Playa del Abrigo (Tenerife) | TF | 129 | H4 |
| Playa del Asno (Gran Canaria) | GC | 116 | B3 |
| Playa del Azufre (La Palma) | TF | 132 | D6 |
| Playa del Bajo de la Burra (Fuerteventura) | GC | 111 | I1 |
| Playa del Cabrito (La Gomera) | TF | 119 | D3 |
| Playa del Cantadal (El Hierro) | TF | 109 | D2 |
| Playa del Cardón (Gran Canaria) | GC | 117 | F4 |
| Playa del Castro | LU | 4 | B8 |
| Playa del Hoyo (La Palma) | TF | 132 | D5 |
| Playa del Inglés (Gran Canaria) | GC | 117 | E4 |
| Playa del Matorral (Fuerteventura) | GC | 111 | I3 |
| Playa del Matorral (Fuerteventura) | GC | 112 | D5 |
| Playa del Médano (Tenerife) | TF | 129 | F5 |
| Playa del Medio (Tenerife) | TF | 129 | G5 |
| Playa del Mojón | A | 85 | S27 |
| Playa del Muerto (Tenerife) | TF | 125 | I2 |
| Playa del Pedrucho | MU | 85 | S27 |
| Playa del Pudrimal | MU | 85 | S27 |
| Playa del Puerco | CA | 98 | X11 |
| Playa del Reducto (Lanzarote) | GC | 123 | E4 |
| Playa del Río (Tenerife) | TF | 129 | G5 |
| Playa del Risco (Gran Canaria) | GC | 114 | C2 |
| Playa del Risco (Lanzarote) | GC | 121 | F2 |
| Playa del Rostro | C | 2 | D2 |
| Playa del Socorro (Tenerife) | TF | 127 | E3 |
| Playa del Tarajalillo (Gran Canaria) | GC | 117 | E4 |
| Playa Francesa (Lanzarote) | GC | 120 | E2 |
| Playa Granada | GR | 101 | V19 |
| Playa Honda (Lanzarote) | GC | 123 | D4 |
| Playa Honda (Murcia) | MU | 85 | T27 |
| Playa Pita | | 33 | G21 |
| Playa Pozo Negro (Fuerteventura) | GC | 113 | I4 |
| Playa Quemada (Lanzarote) | GC | 122 | C5 |
| Playa Río Sieira | C | 12 | E2 |
| Playas (Las) (El Hierro) | TF | 109 | D3 |
| Playas (Mirador de las) (El Hierro) | TF | 109 | D3 |
| Playas de Chacón | Z | 36 | I29 |
| Playas de Corralejo (Fuerteventura) | GC | 111 | I1 |
| Playas de Fuengirola | MA | 100 | W16 |
| Playas de Marbella | MA | 100 | W15 |
| Playas de Troya (Tenerife) | TF | 128 | D5 |
| Playas Largas (El Hierro) | TF | 109 | E2 |
| Playas Negras (Fuerteventura) | GC | 112 | E4 |
| Playitas (Las) (Fuerteventura) | GC | 113 | H4 |
| Plaza (Ciudad Real) | CR | 70 | O19 |
| Plaza (Cuenca) | CU | 59 | M20 |
| Plaza (La) | O | 5 | C11 |
| Pleitas | Z | 34 | G26 |
| Plenas | Z | 49 | I27 |
| Plentzia | BI | 8 | B21 |
| Pliego | MU | 85 | S25 |
| Plomo (El) | AL | 103 | V24 |
| Plou | TE | 49 | J27 |
| Poal (El) | L | 37 | G32 |
| Pobelnou del Delta (El) | T | 50 | K32 |
| Pobes | VI | 18 | D21 |
| Pobla (A) | OR | 14 | E8 |
| Pobla (Sa) | PM | 105 | M39 |
| Pobla de Benifassà (La) | CS | 50 | K30 |
| Pobla de Cérvoles (La) | L | 37 | H32 |
| Pobla de Claramunt (La) | B | 37 | H35 |
| Pobla de Farnals (La) / Puebla de Farnals | V | 62 | N29 |
| Pobla de Lillet (La) | B | 24 | F35 |
| Pobla de Mafumet (La) | T | 37 | I33 |
| Pobla de Massaluca (La) | T | 36 | I31 |
| Pobla de Montornès (La) | T | 37 | I34 |
| Pobla de Segur (La) | L | 23 | F32 |
| Pobla de Vallbona (La) | V | 62 | N28 |
| Pobla del Duc (La) | V | 74 | P28 |
| Pobla Llarga (La) | V | 74 | O28 |
| Pobla Tornesa (La) | CS | 62 | L29 |
| Población (La) | S | 7 | C18 |
| Población de Abajo | S | 17 | D18 |
| Población de Arroyo | P | 16 | E15 |
| Población de Campos | P | 17 | F16 |
| Población de Cerrato | P | 31 | G16 |
| Población de Valdivielso | BU | 18 | D19 |
| Poblado de Santiago | CR | 69 | O16 |
| Pobladura de Aliste | ZA | 29 | G10 |
| Pobladura de la Sierra | LE | 15 | E10 |
| Pobladura de las Regueras | LE | 15 | D11 |
| Pobladura de Pelayo García | LE | 15 | F12 |
| Pobladura de Sotiedra | VA | 30 | H14 |
| Pobladura de Valderaduey | ZA | 30 | G13 |
| Pobladura del Valle | ZA | 15 | F12 |
| Poble de Tous | V | 74 | O28 |
| Poble Nou de Benitatxell (El) | A | 75 | P30 |
| Pobles (Les) | T | 37 | H34 |
| Poblet (Monestir de) | T | 37 | H33 |
| Pobleta (La) (Castelló) | CS | 50 | J29 |
| Pobleta (La) (cerca de Andilla) | V | 61 | M27 |
| Pobleta (La) (cerca de Serra) | V | 62 | M28 |
| Pobleta de Bellveí (La) | L | 23 | E32 |
| Poblete | CR | 70 | P18 |
| Poblets (Els) | A | 74 | P30 |
| Pobo (El) | TE | 49 | K27 |
| Pobo (Sierra del) | TE | 49 | K27 |
| Pobo de Dueñas (El) | GU | 48 | J25 |
| Poboleda | T | 37 | I32 |
| Pobra de Brollón (A) | LU | 14 | E7 |
| Pobra do Caraminãl (A) | C | 12 | E3 |
| Pobre (Punta del) (Lanzarote) | GC | 120 | E2 |
| Pocicas (Las) | AL | 96 | T23 |
| Pocico (El) | AL | 96 | U23 |
| Pocicos (Los) | AB | 72 | P24 |
| Pocicos (Puerto de los) | | 72 | P22 |
| Pocito (Sierra del) | | 70 | N17 |
| Podes | O | 5 | B12 |
| Pogallinero | | 34 | G26 |
| Poio | PO | 12 | E3 |
| Pol (cerca de Reguntille) | LU | 4 | C8 |
| Pol (Ourense) | OR | 13 | E5 |
| Pola de Allande | O | 5 | C10 |
| Pola de Gordón (La) | LE | 16 | D13 |
| Pola de Laviana | O | 6 | C13 |
| Pola de Lena | O | 5 | C12 |
| Pola de Siero | O | 6 | B13 |
| Pola de Somiedo | O | 5 | C11 |
| Pola del Pino | O | 6 | C13 |
| Polaciones | | 7 | C16 |
| Polacra (Punta de la) | AL | 103 | V24 |
| Polán | TO | 58 | M17 |
| Polanco | S | 7 | B17 |
| Polentinos | P | 17 | D16 |
| Poleñino | HU | 35 | G29 |
| Polícar | GR | 95 | U20 |
| Polientes | S | 17 | D18 |
| Polinyà de Xúquer | V | 74 | O28 |
| Polinyà del Vallès | B | 38 | H36 |
| Pollença | PM | 104 | M39 |
| Pollença (Badía de) | | 105 | M39 |
| Pollos | VA | 30 | H14 |
| Pollosa (Coll de la) | B | 38 | G36 |
| Polop | A | 74 | Q29 |
| Polop (Ermita del) | A | 74 | P28 |
| Polopos | GR | 102 | V20 |
| Poloria | GR | 94 | T19 |
| Polvoredo | LE | 6 | C14 |
| Polvorosa | P | 17 | E16 |
| Pomaluengo | S | 7 | C18 |
| Pomar | HU | 36 | G30 |
| Pomar de Valdivia | P | 17 | D17 |
| Pombeiro | LU | 13 | E6 |
| Pombriego | LE | 14 | E9 |
| Pomer | Z | 34 | H24 |
| Pompajuela | TO | 57 | M15 |
| Pompenillo | HU | 21 | F28 |
| Poncebos | O | 6 | C15 |
| Ponferrada | LE | 15 | E10 |
| Ponga | | 6 | C14 |
| Ponga (Río) | | 6 | C14 |
| Ponjos | LE | 15 | D11 |
| Pons (Tarragona) | T | 50 | J32 |
| Pont d'Armentera (El) | T | 37 | H34 |
| Pont d'Arròs | L | 22 | D32 |
| Pont d'Inca (es) | PM | 104 | N38 |
| Pont de Bar (El) | L | 23 | E34 |
| Pont de Molins | GE | 25 | F38 |
| Pont de Suert | L | 22 | E32 |
| Pont de Vilomara (El) | B | 38 | G35 |
| Ponte (A) (Arnoia) | OR | 13 | F5 |
| Ponte (A) (Ourense) | OR | 14 | F9 |
| Ponte Albar | C | 2 | D4 |
| Ponte Ambía | OR | 13 | F6 |
| Ponte Barxas | OR | 13 | F5 |
| Ponte-Caldelas | PO | 12 | E4 |
| Ponte Carreira | C | 3 | C5 |
| Ponte do Porto | C | 2 | C2 |
| Ponte Ledesma | PO | 13 | D4 |
| Ponte Nafonso | C | 12 | D3 |
| Ponte Ulla | C | 13 | D4 |
| Ponte Valga | PO | 12 | D4 |
| Ponteareas | PO | 12 | F4 |
| Ponteceso | C | 2 | C3 |
| Pontecesures | PO | 12 | D4 |
| Pontedeume | C | 3 | B5 |
| Pontedeva | OR | 13 | F5 |
| Pontedo | LE | 16 | D13 |
| Pontejos | ZA | 29 | H12 |
| Pontenova (A) | LU | 4 | B8 |
| Pontes de García Rodríguez (As) | C | 3 | B6 |
| Pontevedra | PO | 12 | E4 |
| Pontevedra (Ría de) | PO | 12 | E3 |
| Ponticiella | O | 4 | B9 |
| Pontigón | O | 5 | B10 |
| Pontils | T | 37 | H34 |
| Pontón (El) | V | 61 | N26 |
| Pontón (Puerto del) | LE | 6 | C14 |
| Pontón Alto | J | 83 | R21 |
| Pontón de la Oliva (Embalse del) | M | 46 | J19 |
| Pontones | J | 83 | R21 |
| Pontons | B | 37 | H34 |
| Pontós | GE | 25 | F38 |
| Ponts (Lleida) | L | 37 | G33 |
| Ponzano | HU | 21 | F29 |
| Póo | O | 6 | B15 |
| Porciles (Alto de) | O | 5 | C10 |
| Porcún | SE | 92 | T13 |
| Porcuna | J | 82 | S17 |
| Poreño | O | 6 | B13 |
| Porís de Abona (Tenerife) | TF | 129 | G4 |
| Porma | | 16 | E13 |
| Porma (Embalse del) | LE | 16 | D14 |
| Porqueira (A) | OR | 13 | F6 |
| Porquera | P | 17 | D17 |
| Porquera (Ermita de la) | CA | 99 | X12 |
| Porqueres | GE | 24 | F38 |
| Porqueriza | SA | 43 | J12 |
| Porquero | LE | 15 | E11 |
| Porrejón | M | 46 | I19 |
| Porrera | T | 37 | I32 |
| Porreres | PM | 105 | N39 |
| Porriño | PO | 12 | F4 |
| Porrón | AB | 84 | Q24 |
| Porros (Illa dels) | | 106 | L42 |
| Porrosa (La) | J | 83 | R21 |
| Porrosillo | J | 82 | R19 |
| Porrúa | O | 6 | B15 |
| Port (El) (Castelló) | CS | 62 | M29 |
| Port Ainé | L | 23 | E33 |
| Port Aventura | T | 51 | I33 |
| Port d'Alcúdia | PM | 105 | M39 |
| Port d'Andratx | PM | 104 | N37 |
| Port de Beseit (Reserva nacional de) | T | 50 | J30 |
| Port de la Selva (El) | GE | 25 | E39 |
| Port de Llançà (El) | GE | 25 | E39 |
| Port de Pollença / Puerto de Pollença | PM | 105 | M39 |
| Port de Sagunt (El) | V | 62 | N29 |
| Port de Sant Miquel | PM | 87 | O34 |
| Port de Sóller / Puerto de Sóller | PM | 104 | M38 |
| Port de Valldemossa | PM | 104 | M37 |
| Port del Balís | B | 38 | H37 |
| Port del Comte | L | 23 | F34 |
| Port des Canonge | PM | 104 | M37 |

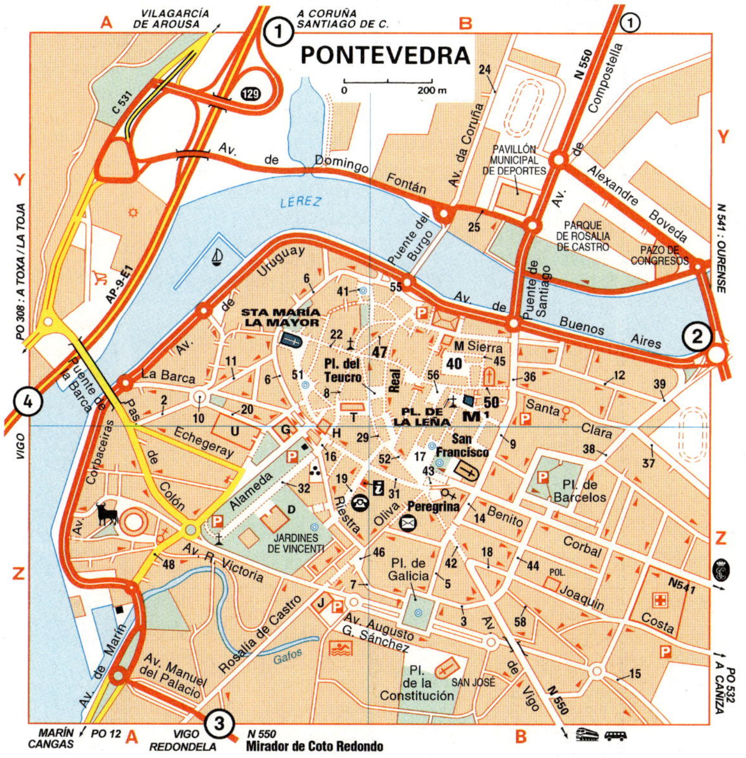
PONTEVEDRA
VILAGARCÍA DE AROUSA
A CORUÑA SANTIAGO DE C.
LEREZ
Av. de Domingo Fontán
Av. de Coruña
Puente del Burgo
Puente de Santiago
Av. de Buenos Aires
Alexandre Boveda
PABELLÓN MUNICIPAL DE DEPORTES
PARQUE DE ROSALÍA DE CASTRO
PAZO DE CONGRESOS
N 541 : OURENSE
STA MARÍA LA MAYOR
Av. Uruguay
La Barca
Pl. del Teucro
PL. DE LA LEÑA
San Francisco
Peregrina
Pl. de Barcelos
Echegeray
Alameda
JARDINES DE VINCENT
Av. R. Victoria
Rosalía de Castro
Pl. de Galicia
Av. Augusto G. Sánchez
Pl. de la Constitución
SAN JOSÉ
Av. de Vigo
N 550
Joaquín Costa
Corbal
Benito
Santa Clara
Av. Manuel del Palacio
Av. de Marín
Corbaceiras
PO 308 : A TOXA / LA TOJA
AP-9-E1
VIGO
PO 532 A CAÑIZA
MARÍN CANGAS
PO 12
VIGO REDONDELA
N 550
Mirador de Coto Redondo

Alfonso XIII ... AY 2
Andrés Mellado ... BZ 3
Andrés Muruais ... BZ 5
Arzobispo Malvar ... AY 6
Augusto González Besada ... AZ 7
Benito Corbal ... BZ
Buenos Aires (Av. de) ... BY
Charino (Paio Gómez) ... AY 8
Cobián Roffignac ... BZ 9
Concepción Arenal (Pl.) ... AY 10
Condesa Pardo Bazán ... AY 11
Cruz Vermella ... BY 12
Daniel de la Sota ... BZ 14
Eduardo Pondal (Av. de) ... BZ 15
España (Pr. de) ... AZ 16
Ferrería (Pl. de la) ... BZ 17
Fray Juan de Navarrete ... BZ 18
General Martitegui ... AY 20
Gen. Gutiérrez Mellado ... AZ 19
Isabel II ... AY 22
Juan Bautista Andrade ... BY 24
Juan Manuel Pintos ... BY 25
Manuel Quirogaz ... BZ 29
Michelena ... BZ 31
Montero Rios (Gran Vía de) ... AZ 32
Oliva ... BZ
Padre Amoedo Carballo ... BY 36
Padre Feijóo ... BZ 38
Padre Fernando Olmedo ... BZ 37
Padre Gaite ... BY 39
Pedreira (Pr. de la) ... BY 40
Peirao (Pr. do) ... AY 41
Peregrina ... BZ 42
Peregrina (Pr.) ... BZ 43
Real ... BY
Sagasta ... BZ 44
Santa María (Av. de) ... AY 51
San Bartolomé (Arcos de) ... BY 45
San José (Pl. de) ... AZ 46
San Nicolás ... BY 47
San Roque ... AZ 48
Sarmiento ... BY 50
Soportales da Ferrería ... BZ 52
Valentín García Escudero (Pr.) ... BY 55
Verdura (Pr. da) ... BY 56
Virgen del Camino ... BZ 58

Port des Torrent PM 87 P33
Port Vell PM 105 N40
Portaceli (Monestir de) V 62 M28
Portaje CC 55 M10
Portaje (Embalse de) CC 55 M10
Portal (El) CA 98 W11
Portalet (Puerto del) HU 21 D28
Portalrubio TE 49 J26
Portalrubio de Guadamajud CU 59 L22
Portals Nous PM 104 N37
Portals Vells PM 104 N37
Portas PO 12 E4
Portas (Embalse de Las) OR 14 F8
Portazgo Z 35 G27
Portbou GE 25 E39
Portela (A Coruña) C 3 D5
Portela (Ourense) OR 14 E9
Portela (cerca de Barro) PO 12 E4
Portela (cerca de Bueu) PO 12 F3
Portela de Aguiar 14 E9
Portelárbol SO 33 G22
Portell L 37 G34
Portell de Morella CS 49 K29
Portell dels Terradets 23 F32
Portella (La) L 36 G31
Portellada (La) TE 50 J30
Portera (La) V 73 N26
Portes (Punta de) 87 P34
Portet de Moraira (El) A 75 P30
Portezuelo CC 55 M10
Porticholl A 85 Q27
Portichuelo MU 73 Q26
Portil (El) H 90 U8
Portilla (Cuenca) CU 60 L23
Portilla (Álava) VI 19 D21
Portilla (La) (Almería) AL 96 U24
Portilla (La) (León) LE 15 F12
Portilla Alta CC 43 K11
Portilla de la Reina LE 6 C15
Portilla de Luna LE 15 D12
Portillas (Alto de las) LE 16 D15
Portillejo P 17 E16
Portillinas (Alto Las) LE 15 E10
Portillo VA 31 H16
Portillo (El) (Salamanca) SA 43 K11
Portillo (El) (València) V 61 N27
Portillo (El) (Teruel) TE 48 K24
Portillo de la Villa (El) (Tenerife) TF 127 F3
Portillo de Pinochos (Sierra del) 33 G21
Portillo de Soria SO 33 H23
Portillo de Toledo TO 58 L17
Portillón (Collado del) L 22 D31
Portinatx 87 O34
Portiña (Embalse de la) TO 57 L15
Portlligat GE 25 F39
Portman MU 97 T27
Porto ZA 14 F9
Porto Cristo PM 105 N40
Porto de Abaixo LU 4 B8
Porto de Bares C 3 A6
Porto de Celeiro LU 4 A7
Porto de Espasante C 3 A6
Porto do Barqueiro C 3 A6
Porto do Son C 12 D2
Portobravo C 12 D3
Portocamba 14 F7
Portocelo LU 4 A7
Portocolom PM 105 N39
Portocristo Novo PM 105 N39
Portodemouros (Embalse de) C 13 D5
Portol PM 104 N38
Portomarín LU 13 D7
Portomourisco OR 14 E8
Portomouro C 2 D4
Portonovo PO 12 E3
Portopetro PM 105 N39
Portosín C 12 D3
Ports (Els) CS 50 K29
Portugalete BI 8 C20
Portugos GR 102 V20
Portuguesa (La) BA 67 P9
Pórtus (Coll de) GE 25 E38
Portús (El) MU 97 T26
Porvenir (El) CO 80 R14
Porzomillos C 3 C5
Porzún O 4 B8
Porzuna CR 70 O17
Posada (Asturias) O 5 B12
Posada de Llanes O 6 B15
Posada de Omaña LE 15 D11
Posada de Valdeón LE 6 C15
Posadas (Córdoba) CO 80 S14
Posadas (La Rioja) LO 18 F20
Posadilla (Córdoba) CO 80 R14
Posadilla (León) LE 15 E12
Posets HU 22 E31
Potes S 7 C16
Potiche AB 72 Q23
Potries V 74 P29
Poublanc A 85 Q27
Poulo OR 13 F5
Poutomillos LU 3 D7
Poveda (Ávila) AV 44 K14
Poveda (Salamanca) SA 44 I14
Poveda (La) M 58 L19
Poveda de la Obispalía CU 60 M22
Poveda de la Sierra GU 47 K23
Poveda de las Cintas SA 44 I14
Póveda de Soria (La) SO 33 F22
Povedilla AB 71 P22
Povedillas (Las) CR 70 O17
Poyales del Hoyo AV 57 L14
Poyatas (Las) BA 67 P11
Poyato MA 99 W14
Poyatos CU 47 K23
Poyo (El) ZA 29 G10
Poyo (Puerto El) LU 14 D8
Poyo del Cid (El) TE 48 J25
Poza de la Sal BU 18 E19
Poza de la Vega P 16 E15
Pozal de Gallinas VA 30 I15
Pozáldez VA 30 H15
Pozalet (Mas de) V 62 N28
Pozalmuro SO 33 G23
Pozán de Vero HU 22 F30
Pozancos (Guadalajara) GU 47 I22
Pozancos (Palencia) P 17 D17
Pozazal (Puerto) S 17 D17
Pozo (El) AB 83 R22
Pozo (Sierra de) 83 S21
Pozo Alcón J 83 S21
Pozo Aledo MU 85 S27
Pozo Amargo CA 92 U13
Pozo Cañada AB 72 P24
Pozo de Abajo AB 83 Q22
Pozo de Almoguera GU 46 K20
Pozo de Guadalajara GU 46 K20
Pozo de la Peña AB 72 P24
Pozo de la Rueda GR 84 S23
Pozo de la Serna CR 71 P20
Pozo de las Calcosas (El Hierro) TF 109 D1
Pozo de los Frailes AL 103 V23
Pozo de Sabinosa (El Hierro) TF 108 B2
Pozo de Urama P 16 F15
Pozo del Camino H 90 U8
Pozo del Esparto (El) AL 96 T24
Pozo Estrecho MU 85 S27
Pozo Higuera MU 96 T24
Pozo Lorente AB 73 O25
Pozo Negro (Fuerteventura) GC 113 I4
Pozo Usero (El) AL 103 V23
Pozoamargo CU 72 N23
Pozoantiguo ZA 30 H13
Pozoblanco (Córdoba) CO 81 Q15
Pozohondo AB 72 P24
Pozondón TE 48 K25
Pozondón (Puerto de) 48 K25
Pozorrubio CU 59 M21
Pozos LE 15 F11
Pozos de Hinojo SA 43 J10
Pozoseco CU 60 N24
Pozuel de Ariza Z 33 H23
Pozuel del Campo TE 48 J25
Pozuelo (Albacete) AB 72 P23
Pozuelo (El) (Cuenca) CU 47 K23
Pozuelo (El) (Granada) GR 102 V20
Pozuelo (El) (Huelva) H 79 T9
Pozuelo (Monte) (Granada) GR 94 T18
Pozuelo de Alarcón M 45 K18
Pozuelo de Aragón Z 34 G25
Pozuelo de Calatrava CR 70 P18
Pozuelo de la Orden VA 30 G14
Pozuelo de Tábara ZA 29 G12
Pozuelo de Vidriales ZA 29 F12
Pozuelo de Zarzón CC 55 L10
Pozuelo del Páramo LE 15 F12
Pozuelo del Rey M 46 K20
Pozuelos de Calatrava (Los) CR 70 P17
Pozuelos del Rey P 16 F15
Prada (Ourense) OR 14 F8
Prada (Embalse de) OR 14 F8
Pradairo 4 C8
Pradales SG 32 H18
Pradales (Sierra de) 31 H18
Prádanos de Bureba BU 18 E19
Prádanos de Ojeda P 17 D16
Pradejón LO 19 E23
Pradela LE 14 E9
Pradell T 37 I32
Prádena SG 46 I18
Prádena de Atienza GU 46 I20
Prádena del Rincón M 46 I19
Pradera de Navalhorno (La) SG 45 J17
Prades T 37 I32
Pradet L 22 D32
Pradilla GU 48 J24
Pradilla de Ebro Z 34 G26
Prado (Lugo) LU 3 C6
Prado (Asturias) O 5 C11
Prado (Caravia) O 6 B14
Prado (Ourense) OR 13 F7
Prado (cerca de Maceira) PO 13 F5
Prado (cerca de Ponteareas) PO 12 F4
Prado (cerca de Silleda) PO 13 D5
Prado (Zamora) ZA 30 G13
Prado (Sierra del) BA 80 Q12
Prado de la Guzpeña LE 16 D14
Prado del Rey CA 92 V13
Prado Llano GR 94 U19
Prado Norte M 46 K19
Prado y Eritas H 78 S9
Pradoalvar OR 14 F8
Pradochano CC 55 L11
Pradolongo OR 14 F8
Pradoluengo BU 18 F20
Pradorredondo AB 72 P23
Pradorrey LE 15 E11
Prados MU 84 R24
Prados (Los) (Albacete) AB 84 Q22
Prados (Los) (Córdoba) CO 94 T17
Prados de Armijo J 83 R21
Prados Redondos GU 48 J24
Pradosegar AV 44 K14
Pradoviejo (Alto de) BU 17 E18
Pradreiro C 2 C3
Prat de Llobregat (El) B 38 I36
Prat del Comte T 50 J31
Pratdip T 51 I32
Prats de Cerdanya L 24 E35
Prats de Lluçanès B 24 F36
Prats de Rei (Els) B 37 G34
Praves S 8 B19
Pravia O 5 B11
Predaja (Puerto de la) BU 18 E19
Preixana L 37 H33
Preixens L 37 G33
Préjano LO 19 F23
Premià de Dalt B 38 H37
Premià de Mar B 38 H37
Prenafeta T 37 H33
Prendes O 5 B12
Prendones O 4 B9
Prenyanosa (La) L 37 G33
Présaras C 3 C5
Presas (Las) CO 81 R17
Presedo C 3 C5
Presencio BU 17 F18
Preses (Les) GE 24 F37
Presillas Bajas (Las) AL 103 V23
Preso (El) CR 71 O20
Presqueira PO 13 E4
Prevediños C 13 D4
Prexigueiro OR 13 F5
Priaranza de la Valduerna LE 15 F11
Priaranza del Bierzo LE 14 E10
Priego CU 47 K23
Priego de Córdoba CO 93 T17
Priero O 5 B11
Priesca O 6 B13
Priescas O 6 C14
Prieta MA 100 V15
Prieta (Peña) 6 C15
Prieta (Punta) (Lanzarote) GC 121 F2
Prieta (Sierra) 70 P19
Prietas (Sierras) 70 N17
Prieto MA 100 V15
Prieto (Cabo) O 6 B15
Prim (Castillo de) CR 70 N17
Prima (Punta) 87 P34
Primajas LE 16 D14
Príncipe de Viana (Parador) (Olite) NA 20 E25
Prioiro C 3 B5
Prior (Cabo) C 3 B5
Prior (Sierra del) 69 P15
Priorato SE 80 S13
Prioriño (Cabo) C 3 B4
Prioro LE 16 D15
Pris (El) (Tenerife) TF 124 G2
Proacina (cerca de Proaza) O 5 C11
Proaño 7 C17
Proaza O 5 C11
Progo OR 28 G8
Propios del Guadiana (Los) J 83 S20
Proserpina (Embalse de) BA 67 P10
Provadura OR 13 E6
Provencio (El) CU 71 N22
Providencia (La) O 6 B13
Pruit B 24 F37
Prullans L 23 E35
Pruna SE 92 V14
Pruvia O 5 B12
Púbol GE 25 F38
Puch (Ermita del) 48 K26
Puçol V 62 N29
Pudent (Estany) 87 P34
Puebla (La) (Ciudad Real) CR 70 P18
Puebla (La) (Murcia) MU 85 S27
Puebla de Albortón Z 35 H27
Puebla de Alcocer BA 68 P14
Puebla de Alcollarín BA 68 O12
Puebla de Alfindén Z 35 H27
Puebla de Almenara CU 59 M21
Puebla de Almoradiel (La) TO 59 N20
Puebla de Arenoso CS 62 L28
Puebla de Arganzón (La) BU 19 D21
Puebla de Argeme CC 55 M10
Puebla de Azaba SA 42 K9
Puebla de Beleña GU 46 J20
Puebla de Castro (La) HU 22 F30
Puebla de Cazalla (Embalse de la) SE 92 U14
Puebla de Cazalla (La) SE 92 U14
Puebla de Don Fadrique GR 84 S22
Puebla de Don Rodrigo CR 69 O16
Puebla de Eca SO 33 H22
Puebla de Fantova (La) HU 22 F31
Puebla de Farnals / Pobla de Farnals (La) V 62 N29
Puebla de Guzmán H 78 T8
Puebla de Híjar (La) TE 35 I28
Puebla de la Calzada BA 67 P10
Puebla de la Reina BA 67 Q11
Puebla de la Sierra M 46 I19
Puebla de Lillo LE 6 C14
Puebla de los Infantes (La) SE 80 S13
Puebla de Montalbán (La) TO 57 M16
Puebla de Mula (La) MU 85 R25
Puebla de Obando BA 67 O10
Puebla de Pedraza SG 45 I18
Puebla de Roda (La) HU 22 F31
Puebla de San Julián LU 14 D7
Puebla de San Medel SA 43 K12
Puebla de Sanabria ZA 28 F10
Puebla de Sancho Pérez BA 79 Q10
Puebla de Trives OR 14 E8
Puebla de Valdavia (La) P 17 D16
Puebla de Valles GU 46 J20
Puebla de Valverde (La) TE 61 L27
Puebla de Yeltes SA 43 K11
Puebla del Maestre BA 79 R11
Puebla del Príncipe CR 71 Q21
Puebla del Prior BA 67 Q11
Puebla del Río (La) SE 91 U11
Puebla del Salvador CU 60 N24
Pueblanueva (La) TO 57 M15
Pueblica de Valverde ZA 29 G12
Pueblo 30 H13
Pueblo Nuevo de Miramontes CC 56 L13
Puebloblanco AL 103 V23
Pueblonuevo del Guadiana BA 67 P9
Puelo O 5 C10
Puendeluna Z 21 F27
Puentalarra (Embalse de) 18 D20
Puente (El) S 8 B20
Puente (La) CR 71 O20
Puente Agüera O 6 B14
Puente Almuhey LE 16 D15
Puente Arce S 7 B18
Puente de Domingo Flórez LE 14 E9
Puente de Génave J 83 Q21
Puente de Híjar AB 84 Q24
Puente de la Cerrada (Embalse del) J 83 S20
Puente de la Sierra J 82 S18
Puente de la Sierra M 45 K17
Puente de las Herrerías J 83 S21
Puente de los Fierros O 5 C12
Puente de Montañana HU 22 F32
Puente de San Martín O 5 B11
Puente de San Miguel S 7 B17
Puente de Sanabria ZA 14 F10
Puente de Vadillos (Cuenca) CU 47 K23
Puente de Valderredible S 17 D18
Puente del Arzobispo (El) TO 57 M14
Puente del Congosto SA 44 K13
Puente del Obispo J 82 S19
Puente del Río AL 102 V21
Puente del Villar J 82 S18
Puente Duda GR 83 S22
Puente Duero VA 30 H15
Puente-Genil CO 93 T15
Puente Grande CO 94 T17
Puente la Reina NA 10 D24
Puente la Reina de Jaca HU 21 E27
Puente Navarro (Embalse de) 70 O18
Puente Nuevo (Ávila) AV 45 K16
Puente Nuevo (Jaén) J 82 S18
Puente Nuevo (Embalse de) CO 81 R14
Puente Porto (Embalse de) ZA 14 F9
Puente Pumar S 7 C16
Puente Torres AB 73 O25
Puente Viesgo S 7 C18
Puenteblanca 31 H16
Puenteciella O 5 C10
Puentedey BU 18 D18
Puentenansa S 7 C16
Puentes (Embalse de) MU 84 S24
Puentevea C 12 D4
Puercas ZA 29 G11
Puerco (Arroyo del) 90 T9
Puerta (La) GU 47 K22
Puerta (Sierra de la) 84 R24
Puerta de Segura (La) J 83 Q21
Puertas SA 43 I11
Puertas de Villafranca (Las) TO 59 N19
Puerte de San Miguel S 7 B17
Puertecico AL 96 T24
Puertito (El) (Fuerteventura) GC 111 J1
Puertito de Güímar (El) (Tenerife) TF 127 H3
Puerto GR 101 V18
Puerto (El) (Almería) AL 102 V22
Puerto (El) (Cuenca) CU 61 M26
Puerto (El) (Huelva) H 78 S9
Puerto (Sierra del) 84 R25
Puerto Alegre CO 93 T15
Puerto Alto J 82 S18
Puerto Banús MA 100 W15
Puerto Cabopino MA 100 W15
Puerto Calero (Lanzarote) GC 122 C5
Puerto Castilla AV 56 L13
Puerto de Béjar SA 43 K12
Puerto de la Cruz (Fuerteventura) GC 112 B5
Puerto de la Cruz (Tenerife) TF 124 F2
Puerto de la Encina SE 92 U14
Puerto de la Estaca (El Hierro) TF 109 E2
Puerto de la Peña (Fuerteventura) GC 110 F3
Puerto de la Torre MA 100 V16
Puerto de las Nieves (Gran Canaria) GC 114 C2
Puerto de Mazarrón MU 97 T26
Puerto de Mogán (Gran Canaria) GC 116 B4
Puerto de Motril GR 101 V19
Puerto de Pollença / Port de Pollença PM 105 M39
Puerto de San Vicente TO 57 N14

| | | | |
|---|---|---|---|
| Puerto de Santa Cruz | CC | 68 | O12 |
| Puerto de Santa María (El) | CA | 98 | W11 |
| Puerto de Santiago (Tenerife) | TF | 128 | B4 |
| Puerto de Sardina (Gran Canaria) | GC | 114 | C1 |
| Puerto de Sóller / Port de Sóller | PM | 104 | M38 |
| Puerto de Tazacorte (La Palma) | TF | 130 | B5 |
| Puerto de Vega | O | 5 | B10 |
| Puerto del Carmen (Lanzarote) | GC | 123 | D5 |
| Puerto del Centinela (Sierra del) | | 67 | O9 |
| Puerto del Pino | AB | 84 | Q23 |
| Puerto del Rosario (Fuerteventura) | GC | 111 | I3 |
| Puerto Espíndola (La Palma) | TF | 131 | D3 |
| Puerto Gil | H | 79 | S10 |
| Puerto Haza de Lino | GR | 102 | V20 |
| Puerto Hurraco | BA | 68 | Q13 |
| Puerto Lajas (Fuerteventura) | GC | 111 | I2 |
| Puerto Lápice | CR | 70 | O19 |
| Puerto López | GR | 94 | T18 |
| Puerto Lumbreras | MU | 96 | T24 |
| Puerto Moral | H | 79 | S10 |
| Puerto Naos (La Palma) | TF | 132 | C5 |
| Puerto Nuevo (Gran Canaria) | GC | 114 | D1 |
| Puerto Real | CA | 98 | W11 |
| Puerto Rey (Almería) | AL | 96 | U24 |
| Puerto Rey (Toledo) | TO | 57 | N14 |
| Puerto Rico (Gran Canaria) | GC | 116 | C4 |
| Puerto San Nicolás (Gran Canaria) | GC | 114 | B2 |
| Puerto Seguro | SA | 42 | J9 |
| Puerto Serrano | CA | 92 | V13 |
| Puértolas | HU | 22 | E30 |
| Puertollanillo | CA | 92 | V12 |
| Puertollano | CR | 70 | P17 |
| Puertollano (Sierra de) | | 70 | Q17 |
| Puertomingalvo | TE | 62 | L28 |
| Puertos (Los) (Tarragona) | T | 50 | J31 |
| Pueyo (Navarra) | NA | 20 | E25 |
| Pueyo (El) | HU | 21 | D29 |
| Pueyo (Monasterio de) | HU | 22 | F30 |
| Pueyo (Monte) (Huesca) | HU | 21 | E29 |
| Pueyo de Araguás (El) | HU | 22 | E30 |
| Pueyo de Fañanás | HU | 21 | F29 |
| Pueyo de Santa Cruz | HU | 36 | G30 |
| Puibolea | HU | 21 | F28 |
| Puiburell | | 35 | H29 |
| Puig | V | 62 | N29 |
| Puig campana | A | 74 | Q29 |
| Puig Moreno | | 49 | I29 |
| Puig-reig | B | 38 | G35 |
| Puig Rom | GE | 25 | F39 |
| Puigcerdà | GE | 24 | E35 |
| Puigdàlber | B | 37 | H35 |
| Puiggròs | L | 37 | H32 |
| Puigllançada | | 24 | F35 |
| Puigmal | GE | 24 | E36 |
| Puigmoreno de Franco | TE | 49 | I29 |
| Puigpedrós | GE | 23 | E35 |
| Puigpelat | T | 37 | I33 |
| Puigpunyent | PM | 104 | N37 |
| Puigsacalm | GE | 24 | F37 |
| Puigverd d'Agramunt | L | 37 | G33 |
| Puigverd de Lleida | L | 36 | H32 |
| Puilatos | Z | 35 | G27 |
| Pujal (El) | L | 23 | F33 |
| Pujalt | B | 37 | G34 |
| Pujarnol | GE | 24 | F38 |
| Pujayo | S | 7 | C17 |
| Pujerra | MA | 100 | W14 |
| Pujols (es) | PM | 87 | P34 |
| Pulgar | TO | 58 | M17 |
| Pulgosa (La) | AB | 72 | P24 |
| Pulido (Puerto) | CR | 69 | Q16 |
| Pulpí | AL | 96 | T24 |
| Pulpite | GR | 95 | T22 |
| Pulpites (Los) | MU | 85 | R26 |
| Pumalverde | S | 7 | C17 |
| Pumarejo de Tera | ZA | 29 | G11 |
| Pumares | OR | 14 | E9 |
| Punta (La) | | 36 | H30 |
| Punta (Sa) (Girona) | GE | 25 | G39 |
| Punta (Sa) (Mallorca) | PM | 105 | N39 |
| Punta Alta | L | 22 | E32 |
| Punta Bombarda | A | 74 | Q29 |
| Punta Brava (Tenerife) | TF | 124 | F2 |
| Punta de Deía | PM | 104 | M37 |
| Punta de Moraira | A | 75 | P30 |
| Punta Mala | | 99 | X14 |
| Punta Mujeres (Lanzarote) | GC | 121 | F3 |
| Punta ó Sénia Sevilla (La) | CS | 62 | L30 |
| Punta Prima (Alacant) | A | 86 | S27 |
| Punta Prima (Menorca) | PM | 106 | M42 |
| Punta Umbría | H | 90 | U9 |
| Puntagorda (La Palma) | TF | 130 | B3 |
| Puntal | MA | 93 | U16 |
| Puntal (El) (Asturias) | O | 6 | B13 |
| Puntal (El) (València) | V | 73 | P27 |
| Puntal de la Mina | AB | 71 | Q22 |
| Puntales (Sierra de los) | CO | 81 | R15 |
| Puntallana (La Palma) | TF | 131 | E4 |
| Puntalón | GR | 101 | V19 |
| Puntillas (Mesa de las) (Gran Canaria) | GC | 117 | E4 |
| Punxín | OR | 13 | E5 |
| Puras (Burgos) | BU | 18 | E20 |
| Puras (Valladolid) | VA | 45 | I16 |
| Purchena (Almería) | AL | 96 | T22 |
| Purchena (Huelva) | H | 91 | T10 |
| Purchil | GR | 94 | U19 |
| Purias | MU | 96 | T25 |
| Purias (Puerto) | MU | 96 | T25 |
| Purón (Asturias) | O | 7 | B15 |
| Purón (Río) | | 18 | D20 |
| Purroy | Z | 34 | H25 |
| Purroy de la Solana | HU | 22 | F31 |
| Purujosa | Z | 34 | G24 |
| Purullena | GR | 95 | U20 |
| Pusa (Río) | | 57 | M16 |
| Puyalón | | 34 | H25 |
| Puyarruego | HU | 22 | E30 |

## Q

| | | | |
|---|---|---|---|
| Quar (La) | B | 24 | F35 |
| Quart d'Onyar | GE | 25 | G38 |
| Quart de les Valls | V | 62 | M29 |
| Quart de Poblet | V | 62 | N28 |
| Quatretonda | V | 74 | P28 |
| Quatretondeta | A | 74 | P29 |
| Quebrada (Sierra) | BA | 79 | R11 |
| Quebradas | AB | 84 | Q24 |
| Quecedo | BU | 18 | D19 |
| Queguas | OR | 27 | G5 |
| Queiles (Río) | | 34 | G24 |
| Queimada | C | 3 | C5 |
| Queipo de Llano | SE | 91 | U11 |
| Queirogás | OR | 28 | G7 |
| Queiruga | C | 12 | D2 |
| Queixa (Sierra de) | OR | 14 | F7 |
| Queixans | GE | 24 | E35 |
| Queixas | C | 3 | C4 |
| Queizán | LU | 4 | D8 |
| Quejana | VI | 8 | C20 |
| Quejana | VI | 8 | C20 |
| Quejigal | | 43 | J12 |
| Quejigo | BA | 69 | O15 |
| Quejo (Álava) | VI | 18 | D20 |
| Quejo (Cabo) | S | 8 | B19 |
| Quejola | | 72 | P23 |
| Quel | LO | 19 | F23 |
| Quemada | BU | 32 | G19 |
| Quéntar | GR | 94 | U19 |
| Quéntar (Embalse de) | GR | 94 | U19 |
| Quer | GU | 46 | K20 |
| Quer Foradat (El) | L | 23 | F34 |
| Queralbs | GE | 24 | E36 |
| Queralt | | 37 | H34 |
| Querencia | GU | 47 | I21 |
| Quero | TO | 59 | N20 |
| Querol | T | 37 | H34 |
| Querol (Port de) | | 49 | K29 |
| Querolt | L | 23 | F34 |
| Ques | O | 6 | B13 |
| Quesa | V | 74 | O27 |
| Quesada | J | 83 | S20 |
| Quesada (Estación de) | J | 83 | S20 |
| Quesada (Peña de) | GR | 83 | S21 |
| Quesada (Río) | | 83 | S20 |
| Quesera (Collado de la) | GU | 46 | I19 |
| Queveda | S | 7 | B17 |
| Quibas (Sierra de) | | 85 | R26 |
| Quicena | HU | 21 | F28 |
| Quiebrajano (Embalse de) | J | 94 | T18 |
| Quijas | S | 7 | B17 |
| Quijorna | M | 45 | K17 |
| Quiles (Los) | CR | 70 | O18 |
| Quilmas | C | 2 | D2 |
| Quilós | LE | 14 | E9 |
| Quincoces de Yuso | BU | 18 | D20 |
| Quindous | LU | 14 | D9 |
| Quines | OR | 13 | F5 |
| Quinta (la) (Madrid) | M | 46 | K18 |
| Quinta (La) | MA | 92 | V14 |
| Quintana (cerca de Albariza) | O | 5 | C11 |
| Quintana (cerca de Nava) | O | 6 | B13 |
| Quintana (cerca de Vega) | O | 6 | B13 |
| Quintana (cerca de Astrana) | S | 8 | C19 |
| Quintana (cerca de Villegar) | S | 7 | C18 |
| Quintana (Álava) | VI | 19 | E22 |
| Quintana (Zamora) | ZA | 14 | F9 |
| Quintana (La) | S | 17 | D17 |
| Quintana (Sierra de) | J | 81 | Q17 |
| Quintana de Fuseros | LE | 15 | D11 |
| Quintana de la Serena | BA | 68 | P12 |
| Quintana de Rueda | LE | 16 | E14 |
| Quintana del Castillo | LE | 15 | E11 |
| Quintana del Marco | LE | 15 | F12 |
| Quintana del Monte | LE | 16 | E14 |
| Quintana del Pidio | BU | 32 | G18 |
| Quintana del Puente | P | 31 | F17 |
| Quintana María | BU | 18 | D20 |
| Quintana-Martín Galíndez | BU | 18 | D20 |
| Quintana Redonda | SO | 33 | H22 |
| Quintana y Congosto | LE | 15 | F11 |
| Quintanabureba | BU | 18 | E19 |
| Quintanadueñas | BU | 18 | E18 |
| Quintanaélez | BU | 18 | E20 |
| Quintanaloranco | BU | 18 | E20 |
| Quintanamanvirgo | BU | 31 | G18 |
| Quintanaopio | BU | 18 | D19 |
| Quintanaortuño | BU | 18 | E18 |
| Quintanapalla | BU | 18 | E19 |
| Quintanar (Collado de) | BU | 32 | F20 |
| Quintanar (Sierra del) | | 45 | J17 |
| Quintanar de la Orden | TO | 59 | N20 |
| Quintanar de la Sierra | BU | 32 | G20 |
| Quintanar del Rey | CU | 72 | N24 |
| Quintanarejo (El) | SO | 33 | G21 |
| Quintanarraya | BU | 32 | G19 |
| Quintanarruz | BU | 18 | E19 |
| Quintanas de Gormaz | SO | 32 | H21 |
| Quintanas de Valdelucio | BU | 17 | D17 |
| Quintanas Rubias de Abajo | SO | 32 | H20 |
| Quintanas Rubias de Arriba | SO | 32 | H20 |
| Quintanatello de Ojeda | P | 17 | D16 |
| Quintanavides | BU | 18 | E19 |
| Quintanilla (Burgos) | BU | 17 | F18 |
| Quintanilla (Cantabria) | S | 7 | C16 |
| Quintanilla de Arriba | VA | 31 | H17 |
| Quintanilla de Babia | LE | 15 | D11 |
| Quintanilla de Flórez | LE | 15 | F11 |
| Quintanilla de la Berzosa | P | 17 | D16 |
| Quintanilla de la Cueza | P | 16 | F15 |
| Quintanilla de la Mata | BU | 32 | G18 |
| Quintanilla de las Torres | P | 17 | D17 |
| Quintanilla de las Viñas | BU | 18 | F19 |
| Quintanilla de los Oteros | LE | 16 | F13 |
| Quintanilla de Losada | LE | 15 | F10 |
| Quintanilla de Nuño Pedro | SO | 32 | G20 |
| Quintanilla de Onésimo | VA | 31 | H16 |
| Quintanilla de Onsoña | P | 17 | E16 |
| Quintanilla de Pienza | BU | 18 | D19 |
| Quintanilla de Riopisuerga | BU | 17 | E17 |
| Quintanilla de Rueda | LE | 16 | D14 |
| Quintanilla de Sollamas | LE | 15 | E12 |
| Quintanilla de Somoza | LE | 15 | E11 |
| Quintanilla de Tres Barrios | SO | 32 | H20 |
| Quintanilla de Trigueros | VA | 31 | G16 |
| Quintanilla de Urz | ZA | 29 | F12 |
| Quintanilla de Yuso | LE | 15 | F10 |
| Quintanilla del Agua | BU | 32 | F19 |
| Quintanilla del Coco | BU | 32 | G19 |
| Quintanilla del Molar | VA | 30 | G13 |
| Quintanilla del Monte (León) | LE | 15 | E12 |
| Quintanilla del Monte (Zamora) | ZA | 30 | G13 |
| Quintanilla del Olmo | ZA | 30 | G13 |
| Quintanilla del Valle | LE | 15 | E12 |
| Quintanilla la Ojada | BU | 18 | D20 |
| Quintanilla-Pedro Abarca | BU | 17 | E18 |
| Quintanilla San García | BU | 18 | E20 |
| Quintanilla-Sobresierra | BU | 18 | E18 |
| Quintanilla-Vivar | BU | 18 | E18 |
| Quintanillabón | BU | 18 | E20 |
| Quintanillas (Las) | BU | 17 | E18 |
| Quintás (A Coruña) | C | 3 | C5 |
| Quintás (Ourense) | OR | 27 | G5 |
| Quintela (León) | LE | 14 | D9 |
| Quintela (Lugo) | LU | 4 | C7 |
| Quintela de Leirado | OR | 13 | F5 |
| Quintera (La) | SE | 80 | S13 |
| Quintería (La) | J | 82 | R18 |
| Quintes | O | 6 | B13 |
| Quintillo (El) | CR | 70 | P19 |
| Quintinilla-Rucandio | S | 17 | D18 |
| Quinto | Z | 35 | H28 |
| Quintos de Mora (Coto nacional) | TO | 70 | N17 |
| Quintueles | O | 6 | B13 |
| Quinzano | HU | 21 | F28 |
| Quiñonería (la) | SO | 33 | H23 |
| Quipar (Río) | | 84 | R24 |
| Quipar (Sierra de) | | 84 | R24 |
| Quireza | PO | 13 | E4 |
| Quiroga | LU | 14 | E8 |
| Quirós | | 5 | C12 |
| Quiruelas | ZA | 29 | F12 |
| Quismondo | TO | 58 | L17 |

## R

| | | | |
|---|---|---|---|
| Rabadá y Navarro | TE | 61 | L26 |
| Rábade | LU | 3 | C7 |
| Rabadeira | C | 2 | C3 |
| Rábago | S | 7 | C16 |
| Rabal (cerca de Chandrexa) | OR | 14 | F7 |
| Rabal (cerca de Verín) | OR | 28 | G7 |
| Rabanal (Punta del) | | 8 | B20 |
| Rabanal de Fenar | LE | 16 | D13 |
| Rabanal del Camino | LE | 15 | E11 |
| Rabanales | ZA | 29 | G11 |
| Rabanera | LO | 19 | F22 |
| Rabanera del Pinar | BU | 32 | G20 |
| Rábano | VA | 31 | H17 |
| Rábano de Aliste | ZA | 29 | G10 |
| Rábano de Sanabria | ZA | 14 | F10 |
| Rábanos | BU | 18 | F20 |
| Rábanos (Embalse de Los) | | 33 | G22 |
| Rábanos Los) | SO | 33 | G22 |
| Rabassa (La) (Badajoz) | BA | 66 | O8 |
| Rabassa (La) (Lleida) | L | 37 | H34 |
| Rabé | BU | 32 | G18 |
| Rabera (Sierra de la) | | 58 | N18 |
| Rábida (Monasterio de la) | H | 90 | U9 |
| Rabinadas (Las) | CR | 70 | O17 |
| Rabisca (Punta de) (La Palma) | TF | 130 | B2 |
| Rábita | MA | 93 | U15 |
| Rábita (La) (Granada) | GR | 102 | V20 |
| Rábita (La) (Jaén) | J | 94 | T17 |
| Rabizo (Alto del) | LE | 16 | D13 |
| Rabo | | 5 | C10 |
| Rabós | GE | 25 | E39 |
| Racó de Loix | A | 74 | Q29 |
| Racó de Santa Llucía | B | 37 | I35 |
| Rad (La) | SA | 43 | J12 |
| Rada de Haro | CU | 59 | N22 |
| Radiquero | HU | 22 | F30 |
| Radona | SO | 33 | I22 |
| Rafal | A | 85 | R27 |
| Ráfales | TE | 50 | J30 |
| Rafalet | A | 75 | P30 |
| Rafelbunyol | V | 62 | N28 |
| Rafelguaraf | V | 74 | O28 |
| Ràfol d'Almunia (El) | A | 74 | P29 |
| Rágama | SA | 44 | J14 |
| Rágol | AL | 102 | V21 |
| Ragua (Puerto de la) | GR | 95 | U20 |
| Ragudo (Cuesta de) | CS | 62 | M28 |
| Raguero de Bajo | MU | 85 | S25 |
| Raices | C | 12 | D4 |
| Raíces (Las) (Tenerife) | TF | 124 | H2 |
| Raigada | OR | 14 | F8 |
| Raïmat | L | 36 | G31 |
| Rairiz de Veiga | OR | 13 | F6 |
| Raixa | PM | 104 | M38 |
| Rajadell | B | 37 | G35 |
| Rajadell (Riera de) | | 37 | G34 |
| Rajita (La) (La Gomera) | TF | 118 | B3 |
| Rala | AB | 84 | Q23 |
| Ram | | 104 | N37 |
| Ramacastañas | AV | 57 | L14 |
| Ramales de la Victoria | S | 8 | C19 |
| Ramallosa | C | 12 | D4 |
| Ramallosa (A) | PO | 12 | F3 |
| Rambla | | 70 | P19 |
| Rambla (Barranco La) | | 73 | O26 |
| Rambla (La) (Albacete) | AB | 72 | P23 |
| Rambla (La) (Córdoba) | CO | 93 | T15 |
| Rambla Aljibe (La) | GR | 95 | U23 |
| Rambla de Castellar | CR | 71 | Q20 |
| Rambla de Martín (La) | TE | 49 | J27 |
| Rambla del Agua | AL | 95 | U21 |
| Rambla Seca | | 73 | O27 |
| Ramblas (Las) | AB | 84 | Q24 |
| Ramil | LU | 4 | C7 |
| Ramilo | OR | 14 | F9 |
| Ramirás | OR | 13 | F5 |
| Ramiro | VA | 30 | I15 |
| Ramonete (Ermita del) | MU | 97 | T25 |
| Rancajales (Los) | M | 46 | J18 |
| Ranchón (Peña del) | | 5 | C12 |
| Randa | PM | 104 | N38 |
| Randín | OR | 27 | G6 |
| Ranedo | BU | 18 | D20 |
| Ranera (Burgos) | BU | 18 | D20 |
| Ranera (Monte) (Cuenca) | CU | 61 | M26 |
| Ranero | BI | 8 | C19 |
| Raneros | LE | 16 | E13 |
| Ranin | HU | 22 | E30 |
| Rante | OR | 13 | F6 |
| Rañadoiro (Puerto de) | O | 4 | C9 |
| Rañadoiro (Sierra de) | O | 4 | C9 |
| Rañas del Avellanar | CR | 57 | N15 |
| Rao | LU | 4 | D9 |
| Rapariegos | SG | 45 | I16 |
| Ràpita (Ansa de sa) | | 104 | N38 |
| Ràpita (La) (Barcelona) | B | 37 | I34 |
| Ràpita (Les Salines de la) | | 50 | K32 |
| Ràpita (sa) (Mallorca) | PM | 104 | N38 |
| Ras (Cap) | | 25 | E39 |
| Rasa (La) | SO | 32 | H20 |
| Rasal | HU | 21 | E28 |
| Rasca (Faro de la) (Tenerife) | TF | 128 | D6 |
| Rasca (Punta de la) (Tenerife) | TF | 128 | D5 |
| Rascafría | M | 45 | J18 |
| Rascanya (La) | V | 62 | N28 |
| Rasillo (El) | LO | 19 | F21 |
| Rasines | S | 8 | C19 |
| Raso (El) | AV | 56 | L13 |
| Rasos de Peguera | B | 23 | F35 |
| Raspay | MU | 85 | Q26 |
| Raspilla | AB | 84 | Q22 |
| Rasquera | T | 50 | I31 |
| Rasueros | AV | 44 | I14 |
| Rates (Coll de) | A | 74 | P29 |
| Rauric | T | 37 | H34 |
| Raval de Crist | T | 50 | J31 |
| Raval de Jesús | T | 50 | J31 |
| Raxo | PO | 12 | E3 |
| Raxón | C | 3 | B5 |
| Raya del Palancar-Guadamonte (La) | M | 45 | K18 |
| Rayo (Puerto del) | CR | 69 | P15 |
| Rayo (Sierra del) | TE | 49 | K28 |
| Razbona | GU | 46 | J20 |
| Razo | C | 2 | C3 |
| Razón | | 33 | G22 |
| Real (Caño) | SE | 91 | V10 |
| Real (Lucio) | CA | 91 | V11 |
| Real (Sierra) | | 100 | W14 |
| Real Cortijo de San Isidro (cerca de Aranjuez) | M | 58 | L19 |
| Real de la Jara (El) | SE | 79 | S11 |
| Real de Montroi | V | 74 | N28 |
| Real de San Vicente (El) | TO | 57 | L15 |
| Realejo Alto (Tenerife) | TF | 127 | E3 |
| Realejo Bajo (Tenerife) | TF | 127 | E3 |
| Realejos (Los) (Tenerife) | TF | 127 | E3 |
| Reales | MA | 99 | W14 |
| Reatillo o de Sot (Riu) | | 61 | N26 |
| Rebalsadors | | 62 | M28 |
| Rebanal de las Llantas | P | 17 | D16 |
| Rebide | LU | 14 | E8 |
| Reboiró | LU | 14 | D7 |
| Rebolado de Traspeña | BU | 17 | D17 |
| Rebollada (cerca de Laviana) | O | 6 | C13 |
| Rebollada (cerca de Mieres) | O | 5 | C12 |
| Rebollar (Cáceres) | CC | 56 | L12 |
| Rebollar (Asturias) | O | 15 | D10 |
| Rebollar (Soria) | SO | 33 | G22 |
| Rebollar (València) | V | 61 | N26 |
| Rebollarejo (Sierra del) | | 58 | N18 |
| Rebolledo (El) | A | 86 | Q28 |
| Rebolledo de la Torre | BU | 17 | D17 |
| Rebollera | CR | 82 | Q17 |
| Rebollo (Segovia) | SG | 45 | I18 |
| Rebollo (Soria) | SO | 33 | H21 |
| Rebollo (Monte) | CU | 61 | M25 |
| Rebollo (Monte) (Cuenca) | CU | 60 | M22 |

Rebollosa de Hita GU 46 J20
Rebollosa de Jadraque GU 47 I21
Rebollosa de Pedro SO 32 I20
Reboredo (cerca de Boiro) C 12 D3
Reboredo (cerca de Oza dos Ríos) C 3 C5
Reboredo (cerca de O Grove) PO 12 E3
Rebost B 24 F35
Recajo LO 19 E23
Recaré LU 4 B7
Recas TO 58 L18
Reclot (Serra del) 85 Q27
Recueja (La) AB 73 O25
Recuenco (El) GU 47 K22
Recuerda SO 32 H21
Redal (El) LO 19 E23
Redecilla del Campo BU 18 E20
Redipollos LE 6 C14
Redipuertas LE 6 C13
Redonda C 2 D2
Redonda (La) SA 42 J9
Redonda (Peña) LU 14 E8
Redondal LE 15 E10
Redondela PO 12 F4
Redondela (La) H 90 U8
Redondo (Burgos) BU 8 C19
Redondo (Tenerife) TF 126 D3
Redondo (Puerto) BU 32 G20
Redován A 85 R27
Redueña M 46 J19
Refoxos PO 13 E5
Refugi (El) CS 62 L30
Regadas OR 13 F5
Regajo (Embassament de) 62 M28
Regal 20 E26
Regallo (Arroyo de) 49 I29
Regana (Cap de) 104 N38
Regencós GE 25 G39
Regla (La) O 5 C10
Régola (La) L 36 G32
Reguengo PO 12 F4
Regueral O 5 B12
Regueras (Las) O 5 B12
Regueras de Arriba LE 15 F12
Reguérs (Els) T 50 J31
Regumiel de la Sierra BU 32 G21
Reguntille LU 4 C7
Reigada O 5 C10
Reigosa LU 4 C7
Reillo CU 60 M24
Reina BA 80 R12
Reina (Mirador de la) O 6 C14
Reinante LU 4 B8
Reino (El) OR 13 E5
Reinosa S 17 C17
Reinosilla S 17 D17
Reinoso BU 18 E19
Reinoso de Cerrato P 31 G16
Rejano SE 93 U15
Rejas SO 32 H20
Rejas de Ucero SO 32 G20
Relance (Pico) 16 D14
Relaño (El) MU 85 R26
Relea P 17 E15
Reliegos LE 16 E13
Rellana 103 V23
Rellanos O 5 B10
Relleu A 74 Q29
Rellinars B 38 H35
Rello SO 33 H21
Reloj CA 92 V13
Relumbrar 71 Q21
Remedios (Ermita de los) BA 79 R10
Remedios (Punta dos) C 12 D2
Remendia 11 D26
Remolcador (Port del) 62 L28
Remolina LE 16 D14
Remolino (El) CO 93 T15
Remolinos Z 34 G26
Remondo SG 31 H16
Rena BA 68 O12
Renales GU 47 J22
Renales (Cabeza) SG 45 J17
Renche LU 14 D8
Rendona (La) CA 99 W12
Renedo (Cantabria) S 7 B18
Renedo (Valladolid) VA 31 H16
Renedo de Cabuérniga S 7 C17
Renedo de la Vega P 17 E15
Renedo de Valdavia P 17 E16
Renedo de Valderaduey LE 16 E15
Renedo de Valdetuéjar LE 16 D14
Renera GU 46 K20
Rengos O 5 C10
Renieblas SO 33 G22
Renodo P 17 D17
Renteria / Errenteria SS 10 C24
Renúñez Grande CR 71 P20
Reocín S 7 B17
Reolid AB 71 Q22
Repilado (El) H 79 S9
Repollés (Masía del) TE 49 K28
Repostería LU 13 D6
Represa LE 16 E13
Requejada (Embalse de la) P 17 D16
Requejo (Cantabria) S 17 C17
Requejo (Zamora) ZA 28 F9
Requena V 61 N26
Requena de Campos P 17 F16
Requiás OR 27 G6
Requijada SG 45 I18
Reres (Coto nacional de) 6 C14
Resconorio S 7 C18
Residencial Montelar GU 46 J19
Resinera (La) GR 101 V18
Resinera-Voladilla MA 100 W14
Resoba P 17 D16
Respaldiza VI 8 C20
Respenda de la Peña P 17 D15
Respomuso (Embalse de) 21 D29
Restábal GR 101 V19
Restiello O 5 C11
Restinga (La) (El Hierro) TF 109 D4
Retama CR 69 O16
Retamal BA 67 P10
Retamal de Llerena BA 68 Q12
Retamar (Almería) AL 103 V23
Retamar (Ciudad Real) CR 70 P17
Retamar (El) (Tenerife) TF 126 C3
Retamosa CC 56 N13
Retamosa (La) CR 69 P16
Retamoso TO 57 M15
Retascón Z 48 I25
Retiendas GU 46 J20
Retín 79 Q11
Retorno (El) V 73 N25
Retorta (Lugo) LU 3 D6
Retorta (Ourense) OR 28 F7
Retortillo (Cantabria) S 17 D17
Retortillo (Salamanca) SA 43 J10
Retortillo (Embalse de derivación del) SE 80 S14
Retortillo (Embalse del) 80 S13
Retortillo (Río) (Sevilla) SE 80 S13
Retortillo de Soria SO 32 I21
Retriñón 6 C13
Retuerta (Burgos) BU 32 F19
Retuerta (Monte) (Teruel) TE 48 J26
Retuerta del Bullaque CR 57 N16
Retuerto LE 6 C14
Reus T 37 I33
Revalbos SA 44 K13
Revell (Coll de) GE 24 G37
Revellinos ZA 30 G13
Revenga (Burgos) BU 17 F18
Revenga (Segovia) SG 45 J17
Revenga de Campos P 17 F16
Reventón M 45 J18
Reventón (Puerto del) CR 70 P18
Revilla (Huesca) HU 22 E30
Revilla (Palencia) P 17 D17
Revilla (Cantabria) S 7 B18
Revilla (La) (Burgos) BU 32 F20
Revilla (La) (Cantabria) S 7 B16
Revilla de Calatañazor (La) SO 33 H21
Revilla de Campos P 31 F15
Revilla de Collazos P 17 E16
Revilla del Campo BU 18 F19
Revilla-Vallegera BU 17 F17
Revillaruz BU 18 F19
Revolcadores MU 84 R23
Rey (Barranco del) (Tenerife) TF 128 D4-D5
Rey (Embalse del) M 58 L19
Rey (Sierra del) CR 81 Q17
Rey Fernando II de León (Parador) (Benavente) 29 F12
Reyero LE 16 D14
Reyertas (Las) SE 92 V13
Reyertilla SE 92 U13
Reyes (Bahía de los) (El Hierro) TF 108 B3
Reznos SO 33 H23
Ría de Abres O 4 B8
Riaguas de San Bartolomé SG 32 H19
Riahuelas SG 32 H19
Rial (A Coruña) C 2 C4
Rial (cerca de Rianxo) C 12 E3
Rial (Soutomaior) PO 12 F4
Rialb (Pantà de) L 23 F33
Rialp L 23 E33
Riancho S 8 C19
Riano (Asturias) O 5 C12
Riánsares (Estación de) CU 59 L21
Riánsares (Río) 59 N20
Rianxo C 12 E3
Riaño (León) LE 16 D15
Riaño (Cantabria) S 8 B19
Riaño (Embalse de) LE 16 D14
Riaño (Reserva nacional de) LE 6 C14
Riaño (Sierra de) 6 C15
Rías Altas C 3 B4
Rías Baixas / Rías Bajas PO 12 E2
Rías Bajas / Rías Baixas PO 12 E2
Rías Gallegas C 2 C2
Riaza SG 32 I19
Riaza (Canal del) 31 H18
Riaza (Río) 32 I19
Riba S 8 C19
Riba (La) T 37 I33
Riba de Escalote (La) SO 33 H21
Riba de Saelices GU 47 J23
Riba de Santiuste GU 47 I21
Riba de Valdelucio (La) BU 17 D17
Riba-roja (Pantà de) T 36 I31
Riba-roja d'Ebre T 36 I31
Riba-roja de Túria V 62 N28
Ribabellosa VI 18 D21
Ribadavia OR 13 F5
Ribadedeva 7 B16
Ribadelago ZA 14 F9
Ribadeo LU 4 B8
Ribadeo (Ría de) LU 4 B8
Ribadesella O 6 B14
Ribadeume C 3 B6
Ribadulla C 13 D4
Ribadumia PO 12 E3
Ribaforada NA 34 G25
Ribafrecha LO 19 E22
Ribagorda CU 47 K23
Ribagorda (Ermita de) GU 48 K24
Ribarredonda GU 47 J23
Ribarroya SO 33 H22
Ribarteme PO 13 F4
Ribas (León) LE 15 F12
Ribas de Campos P 17 F16
Ribas de Miño LU 13 E6
Ribas de Sil LU 14 E8
Ribas de Sil (Monasterio de) OR 13 E6
Ribas Pequeñas LU 14 E7
Ribasaltas LU 14 E7
Ribatajada CU 47 K23
Ribatajadilla CU 60 L23
Ribatejada M 46 K19
Ribeira (A Coruña) C 12 E3
Ribeira (Lugo) LU 14 D8
Ribeira (Embalse de la) C 3 B6
Ribera (Jaén) J 94 T18
Ribera (La) LE 15 E10
Ribera de Arriba O 5 C12
Ribera de Cabanes CS 62 L30
Ribera de Cardós L 23 E33
Ribera de Los Molinos BA 79 R11
Ribera de Molina MU 85 R26
Ribera de Piquín LU 4 C8
Ribera de Vall HU 22 F32
Ribera del Fresno BA 67 Q11
Ribera-Oveja CC 43 L11
Riberas O 5 B11
Riberas de Lea LU 4 C7
Ribereta (Portarró de) L 22 E32
Riberos de la Cueza P 16 F15
Ribes de Freser GE 24 F36
Ribesalbes CS 62 L29
Ribota (Burgos) BU 8 C20
Ribota (Segovia) SG 32 H19
Ribota (Rambla de) 34 H24
Ricabo O 5 C12
Ricardo Roca (Mirador) PM 104 N37
Ricla Z 34 H25
Ricobayo ZA 29 H12
Ricote MU 85 R25
Ricote (Sierra de) 85 R25
Riego de Ambros LE 15 E10
Riego de la Vega LE 15 E12
Riego del Camino ZA 29 G12
Riego del Monte LE 16 E13
Riegoabajo O 5 B11
Riello LE 15 D12
Riells (cerca de Breda) GE 38 G37
Riells (cerca de l'Escala) GE 25 F39
Riells del Fai B 38 G36
Rielves TO 58 M17
Rienda GU 33 I21
Riensena O 6 B14
Riera (La) (León) LE 15 D11
Riera (La) (cerca de Aguasmestas) O 5 C11
Riera (La) (cerca de Covadonga) O 6 C14
Riera (La) (Tarragona) T 37 I34
Riera (Sa) GE 25 G39
Riglos HU 21 E27
Rigueira LU 4 B7
Riguel (Río) 20 F26
Rigüelo SE 93 U15
Rilleira C 3 C6
Rillo TE 49 J27
Rillo de Gallo GU 48 J24
Rincón (El) (Albacete) AB 73 P25
Rincón (El) (Murcia) MU 84 S24
Rincón de Ballesteros CC 67 O10
Rincón de la Victoria MA 101 V17
Rincón de Olivedo LO 33 F24
Rincón de Soto LO 20 F24
Rincón del Moro AB 72 Q24
Rincón del Obispo CC 55 M10
Rinconada (Ávila) AV 44 J14
Rinconada (La) (Albacete) AB 72 P23
Rinconada (La) (Ávila) AV 45 K16
Rinconada (La) (Sevilla) SE 91 T12
Rinconada (Sierra de la) 69 O15
Rinconada de la Sierra (La) SA 43 K11
Rinconadas (Las) CU 61 M26
Rinconcillo (El) (Cádiz) CA 99 X13
Rinconcillo (El) (Córdoba) CO 81 S15
Riner L 37 G34
Rinlo LU 4 B8
Río (Lugo) LU 14 D8
Río (Ourense) OR 14 E8
Río (El) (Ciudad Real) CR 70 O17
Río (El) (La Rioja) LO 18 F21
Río (El) (Tenerife) TF 129 F4
Río (El) (Lanzarote) GC 121 F2
Río (Mirador del) (Lanzarote) GC 121 F2
Río (Punta del) AL 103 V22
Río Cedena TO 57 N16
Río Chico (El) AL 102 V21
Río Cofio M 45 K17
Río de Losa BU 18 D20
Río de Lunada BU 8 C19
Río de Trueba BU 8 C19
Río Deva (Parador del) 6 C15
Río Frío CR 69 O16
Río Juanes V 73 N27
Río Madera AB 72 Q23
Río Tajo (Estación de) CC 55 M10
Río Záncara (Estación de) 71 N21
Riobarba LU 3 A6
Riocabado AV 44 J15
Riocavado de la Sierra BU 18 F20
Riocerezo BU 18 E19
Riocobo LU 4 A7
Rioconejos ZA 15 F10
Riocorvo S 7 C17
Riodeva (Teruel) TE 61 L26
Riodeva (Río de) (València) V 61 L26
Riofabar O 6 C13
Riofrío (Ávila) AV 44 K15
Riofrío (Granada) GR 93 U17
Riofrío (León) LE 15 E12
Riofrío de Aliste ZA 29 G11
Riofrío de Riaza SG 32 I19
Riofrío del Llano GU 47 I21
Riogordo MA 101 V17
Rioja AL 103 V22
Rioja (Balcón de la) 19 E21
Riola V 74 O29
Riolago LE 15 D11
Riolobos CC 55 M11
Riomalo 43 K11
Riomalo de Arriba CC 43 K11
Riomanzanas ZA 29 G10
Ríomao OR 14 E8
Rionansa 7 C16
Rionegro del Puente ZA 29 F11
Riópar AB 84 Q22
Riós OR 28 G8
Ríos (Los) (Jaén) J 82 R18
Ríos de Abajo CS 62 M27
Ríos Menudos P 17 D16
Riosa 5 C12
Riosalido GU 47 I21
Rioscuro LE 15 D11
Rioseco (Asturias) O 6 C13
Rioseco (cerca de Laredo) S 8 B20
Rioseco (cerca de Reinosa) S 7 C17
Rioseco de Soria SO 33 H21
Rioseco de Tapia LE 15 D12
Riosequillo (Embalse de ) M 46 J18
Riosequino de Torío LE 16 D13
Rioseras BU 18 E19
Riospaso O 5 C12
Riotorto LU 4 B8
Rioxuán LU 4 C8
Rípodas NA 11 D26
Ripoll GE 24 F36
Ripoll (El)(Riu) 38 H36
Ripollet B 38 H36
Ris S 8 B19
Risco BA 69 P14
Risco (Embalse del) H 78 T8
Risco de las Moras CC 57 N14
Rituerto 33 H23
Riudarenes GE 24 G38
Riudaura GE 24 F37
Riudecanyes T 51 I32
Riudecols T 37 I32
Riudellots de la Selva GE 25 G38
Riumar T 51 J32
Riumors GE 25 F39
Riva (La) S 7 C18
Rivas (Zaragoza) Z 20 F26
Rivas de Tereso LO 19 E21
Rivas-Vaciamadrid M 46 L19
Rivero S 7 C17
Rivero de Posadas CO 80 S14
Rivilla de Barajas AV 44 J15
Roa de Duero BU 31 G18
Roales (Valladolid) VA 30 F13
Roales (Zamora) ZA 29 H12
Robaliceira (Punta) C 3 A6
Robla (La) LE 16 D13
Robladillo VA 30 H15
Robladillo de Ucieza P 17 E16
Roble AB 72 P23
Robleda SA 42 K10
Robleda-Cervantes ZA 14 F10
Robledal (Sierra del) 46 I20
Robledillo (Ávila) AV 44 K15
Robledillo (Toledo) TO 57 N15
Robledillo (El) TO 70 N18
Robledillo (Río) 82 Q17
Robledillo de Gata CC 43 L10
Robledillo de la Jara M 46 J19
Robledillo de la Vera CC 56 L13
Robledillo de Mohernando GU 46 J20
Robledillo de Trujillo CC 68 O12
Robledo (Albacete) AB 72 P22
Robledo (León) LE 15 F11
Robledo (Lugo) LU 14 D9
Robledo (Asturias) O 6 B14
Robledo (Ourense) OR 14 E9
Robledo (Zamora) ZA 29 F10
Robledo (Arroyo del) 59 M20
Robledo (El) (Ciudad Real) CR 70 O17
Robledo (El) (Jaén) J 83 R21
Robledo (Sierra del) 58 N18
Robledo de Caldas LE 15 D12
Robledo de Chavela M 45 K17
Robledo de Corpes GU 46 I21
Robledo de las Traviesas LE 15 D10
Robledo del Buey TO 57 N15
Robledo del Mazo TO 57 N15
Robledo Hermoso SA 43 I10
Robledollano CC 56 N13
Robledondo M 45 K17
Roblelacasa GU 46 I20
Robleluengo GU 46 I20
Robles de la Valcueva LE 16 D13
Roblido OR 14 E8
Robliza de Cojos SA 43 J12
Robredo BU 18 D20
Robredo-Temiño BU 18 E19
Robregordo M 46 I19
Robres HU 35 G28
Robres del Castillo LO 19 F23
Robriguero O 7 C16
Roca LU 3 C6
Roca (La) M 45 J18
Roca de la Sierra (La) BA 67 O9
Roca del Vallès (La) B 38 H36
Roca Grossa GE 39 G38
Roca Llisa PM 87 P34
Rocabruna GE 24 E37
Rocacorba GE 24 F38
Rocafort (Barcelona) B 38 G35
Rocafort (Lleida) L 37 H33
Rocafort (València) V 62 N28
Rocafort de Queralt T 37 H33
Rocaforte NA 20 E26
Rocallaura L 37 H33

| | | | |
|---|---|---|---|
| Rocamudo | S | 17 | D18 |
| Rocas Doradas | T | 50 | J32 |
| Rocha (Puerto de la) | PO | 13 | E5 |
| Roche (Cádiz) | CA | 98 | W11 |
| Roche (Murcia) | MU | 85 | T27 |
| Roche (Cabo) | CA | 98 | X11 |
| Rocho (Puerto de) | | 60 | M24 |
| Rociana del Condado | H | 91 | U10 |
| Rocina (Arroyo de la) | | 91 | U10 |
| Rocina (El) | H | 91 | U10 |
| Rocío (El) | H | 91 | U10 |
| Roda | MU | 85 | S27 |
| Roda (La) (Albacete) | AB | 72 | O23 |
| Roda (La) (Asturias) | O | 4 | B9 |
| Roda de Andalucía (La) | SE | 93 | U15 |
| Roda de Barà | T | 37 | I34 |
| Roda de Eresma | SG | 45 | I17 |
| Roda de Isábena | HU | 22 | F31 |
| Roda de Ter | B | 38 | G36 |
| Rodalquilar | AL | 103 | V23 |
| Rodanas (Santuario de) | Z | 34 | H25 |
| Rodanillo | LE | 15 | E10 |
| Rodeche | TE | 62 | L28 |
| Rodeiro | PO | 13 | E6 |
| Rodellar | HU | 21 | F29 |
| Rodén | Z | 35 | H28 |
| Ródenas | TE | 48 | K25 |
| Rodeos (Embalse de los) | MU | 85 | R26 |
| Rodeos (Los) | MU | 85 | R26 |
| Rodezno | LO | 19 | E21 |
| Rodical (El) | O | 5 | C10 |
| Rodicio (Alto del) | OR | 13 | F7 |
| Rodiezmo | LE | 15 | D12 |
| Rodilana | VA | 30 | H15 |
| Rodiles | O | 5 | B11 |
| Rodillazo | LE | 16 | D13 |
| Rodiño | C | 13 | D4 |
| Rodonyà | T | 37 | I34 |
| Rodrigas | LU | 4 | B8 |
| Rodrigatos de la Obispalía | LE | 15 | E11 |
| Rodrigatos de las Regueras | LE | 15 | D11 |
| Rodriguillo | A | 85 | Q26 |
| Roelos | ZA | 29 | I11 |
| Roglà i Corberà | V | 74 | O28 |
| Roig (Cap) (Ibiza) | PM | 87 | O34 |
| Roig (Cap)(Jardín botànic) | GE | 25 | G39 |
| Roig (Puig) | | 104 | M38 |
| Roimil | LU | 3 | C6 |
| Rois | C | 12 | D3 |
| Roitegui | VI | 19 | D22 |
| Roiz | S | 7 | C16 |
| Roja (Punta) (Tenerife) | TF | 129 | F5 |
| Rojal (El) | C | 3 | B5 |
| Rojales | A | 85 | R27 |
| Rojals | T | 37 | H33 |
| Rojas | BU | 18 | E19 |
| Roldán | MU | 85 | S26 |
| Roldán (Faro) | AL | 103 | V24 |
| Roldán (Monte) | | 97 | T26 |
| Roldán (Salto de) | HU | 21 | F28 |
| Rollamienta | SO | 33 | G22 |
| Rollán | SA | 43 | J12 |
| Rollo (Arroyo del) | | 83 | S20 |
| Roma | V | 61 | N26 |
| Roma (Punta) | | 87 | P34 |
| Romai | PO | 12 | D3 |
| Romana (La) | A | 85 | Q27 |
| Romana (Villa) | VA | 45 | I15 |
| Romancos | GU | 46 | J21 |
| Romanes (Los) | MA | 101 | V17 |
| Romaneta (La) | A | 85 | Q27 |
| Romangordo | CC | 56 | M12 |
| Romaní (El) | V | 74 | O28 |
| Romanillos de Atienza | GU | 32 | I21 |
| Romanillos de Medinaceli | SO | 33 | I22 |
| Romanones | GU | 46 | K21 |
| Romanos | Z | 48 | I26 |
| Romanyà de la Selva | GE | 25 | G38 |
| Romariz | LU | 4 | B7 |
| Romeán | LU | 4 | C7 |
| Romedales (Los) | CU | 60 | L23 |
| Romedios (Ermita de los) | BA | 68 | P12 |
| Romelle | C | 2 | C3 |
| Romera | AB | 71 | O21 |
| Romeral | TO | 59 | N19 |
| Romeral (Cueva del) | MA | 93 | U16 |
| Romeral (El) (Málaga) | MA | 100 | V16 |
| Romeral (El) (Toledo) | TO | 59 | M19 |
| Romeral (El) (València) | V | 62 | M28 |
| Romerano (El) | H | 90 | T7 |
| Romeros (Los) | H | 79 | S9 |
| Rompido (Barra de El) | H | 90 | U8 |
| Rompido (El) | H | 90 | U8 |
| Roncadoira (Punta) | LU | 4 | A7 |
| Roncal (Valle del) | | 11 | D27 |
| Roncal / Erronkari | NA | 11 | D27 |
| Roncesvalles / Orreaga | NA | 11 | C26 |
| Roncudo (Punta) | C | 2 | C3 |
| Ronda | MA | 92 | V14 |
| Ronda (Serranía de) | MA | 100 | V14 |
| Ronda la Vieja | MA | 92 | V14 |
| Rondín | CR | 70 | P18 |
| Roní | L | 23 | E33 |
| Ronquillo (El) (Badajoz) | BA | 67 | P9 |
| Ronquillo (El) (Sevilla) | SE | 79 | S11 |
| Ropera (La) | J | 82 | R17 |
| Roperuelos del Páramo | LE | 15 | F12 |
| Roque (Fuerteventura) | GC | 111 | H1 |
| Roque del Faro (La Palma) | TF | 130 | C3 |
| Roquerole (Serra de) | | 37 | I33 |
| Roques (Bahía de los) (La Palma) | TF | 132 | D6 |
| Roquetas de Mar | AL | 102 | V22 |
| Roquetas de Mar (Urbanización) | AL | 102 | V22 |
| Roquetes | T | 50 | J31 |
| Ros | BU | 17 | E18 |
| Rosa (La) | BA | 67 | P9 |
| Rosal | PO | 26 | G3 |
| Rosal (El) | CO | 81 | S15 |
| Rosal Alto (El) | SE | 92 | T12 |
| Rosal de la Frontera | H | 78 | S8 |
| Rosalejo | CC | 56 | M13 |
| Rosales | BU | 18 | D19 |
| Rosales (Los) (Jaén) | J | 83 | S20 |
| Rosales (Los) (Sevilla) | SE | 92 | T12 |
| Rosales (Los) (Toledo) | TO | 57 | L16 |
| Rosamar | GE | 39 | G38 |
| Rosario (El) (Tenerife) | TF | 124 | H2 |
| Rosario (Ermita del) | V | 73 | O26 |
| Rosarito (Embalse de) | TO | 56 | L14 |
| Rosas (Las) (La Gomera) | TF | 118 | C1 |
| Rosas (Las) (Tenerife) | TF | 124 | H2 |
| Rosas / Roses | GE | 25 | F39 |
| Roscales | P | 17 | D16 |
| Roses (Golf de) | GE | 25 | F39 |
| Roses / Rosas | GE | 25 | F39 |
| Rosildos (Els) | CS | 50 | L29 |

## SALAMANCA

| | | |
|---|---|---|
| Álvaro Gil | BY | 3 |
| Anaya (Pl.) | BZ | 4 |
| Ancha | ABY | |
| Ángel (Pl.) | BY | 6 |
| Azafranal | CY | |
| Balmes | AZ | |
| Bandos (Pl. de los) | BY | 7 |
| Bordadores | BY | 9 |
| Caldereros | BZ | 10 |
| Calderón de la Barca | BZ | 12 |
| Campaña | BY | |
| Canalejas (Pas. de) | CYZ | |
| Carmelitas (Pas. de las) | ABY | |
| Carmen (Cuesta del) | BY | 13 |
| Cervantes | BY | |
| Champagnat (Av. de) | AY | |
| Comuneros (Av. de los) | CY | 16 |
| Concilio de Trento (Pl.) | BZ | 18 |
| Condes de Crespo Rascón | BY | 19 |
| Constitución (Pl. de la) | CY | 21 |
| Corillo (Pl.) | BY | 22 |
| Desengaño (Pas.) | AZ | 24 |
| Diego de Cobarrubias (Pl.) | AY | |
| Dr. Gregorio Marañón (Av.) | AY | |
| Dr. Torres Villarroel (Pas. del) | BY | 25 |
| Enrique Esteban (Puente) | BZ | 27 |
| España (Pl. del) | CY | |
| Espoz y Mina | BY | 28 |
| Estación (Pas. de la) | CY | 30 |
| Federico Anaya (Av. de) | CY | 31 |
| Filiberto Villalobos (Av. de) | AY | 33 |
| Fray Luis de Granada | BY | 34 |
| Fregeneda | AZ | |
| Fuente (Pl. de la) | BY | 36 |
| García Tejado | AY | |
| Gran Via | CY | |
| Grillo | CYZ | |
| Italia (Av. de) | BY | |
| Juan de la Fuente | BZ | 37 |
| Libertad (Pl. de la) | BY | 39 |
| Libreros | BZ | 40 |
| María Auxiliadora | CY | 42 |
| Marquesa de Almarza | CZ | 43 |
| Mayor (Pl.) | BY | |
| Meléndez | BY | 45 |
| Mirat (Av. de) | BCY | |
| Monterrey (Pl. de) | BY | 46 |
| Obispo Jarrín | BY | 48 |
| Padilla | CY | 49 |
| Palominos | BZ | 51 |
| Patio Chico | BZ | 52 |
| Pedro Mendoza | CY | 54 |
| Poeta Iglesias (Pl.) | BY | 57 |
| Portugal (Av. de) | CY | |
| Pozo Amarillo | BY | 58 |
| Principe de Asturias (Puente) | BZ | 59 |
| Prior | BY | |
| Progreso (Pas. del) | AZ | |
| Puerta de Zamora (Pl.) | BY | |
| Ramón y Cajal | AY | 60 |
| Rector Esperabe (Pas. del) | BZ | |
| Rector Lucena | BY | 15 |
| Reina (Pl. de la) | CY | 61 |
| Reyes de España (Av.) | BZ | 63 |
| Rosario | BCZ | |
| Rúa Mayor | BZ | |
| Sánchez Fabres (Puente) | AZ | 73 |
| Sancti Spiritus (Cuesta) | CY | 75 |
| Santa Clara | CZ | |
| Santa Eulalia (Pl.) | CY | 69 |
| Santa Teresa (Pl. de) | BY | 70 |
| Santo Domingo (Pl.) | BZ | 72 |
| San Antonio (Pas. de) | CY | |
| San Blas | AY | 64 |
| San Gregorio | AZ | |
| San Isidro (Pl. de) | BYZ | 66 |
| San Julián (Pl.) | CY | 67 |
| San Justo | BY | |
| San Pablo | BZ | |
| San Vicente (Pas. de) | AY | |
| Serranos | BZ | 76 |
| Sorias | BY | |
| Toro | BCY | |
| Tostado | BZ | 78 |
| Vergara | CYZ | |
| Villamayor (Av. de) | AY | |
| Wences Moreno | BY | 79 |
| Zamora | BY | |

Convento de las Dueñas ......... BZ F
Convento de las Úrsulas ......... BY X
Escuelas menores ............. BZ U¹
Palacio de Fonseca (Diputación) ........... BY D
Purísima Concepción ..... BY P
Universidad ............. BZ U

| | | | |
|---|---|---|---|
| Rosinos de la Requejada | ZA | 15 | F10 |
| Rosomo (Sierra de) | | 32 | G21 |
| Rossa (Punta) | | 87 | P34 |
| Rossell | CS | 50 | K30 |
| Rosselló | L | 36 | G31 |
| Rosso | SE | 93 | U14 |
| Rostro (El) | CR | 69 | O16 |
| Rota | CA | 98 | W10 |
| Rotasa (Laguna de la) | | 93 | U15 |
| Rotes (Les) | A | 75 | P30 |
| Rotja (Punta) | | 87 | Q34 |
| Ròtova | V | 74 | P29 |
| Roturas (Cáceres) | CC | 56 | N13 |
| Roturas (Valladolid) | VA | 31 | G17 |
| Rouch (Monte) | L | 23 | D33 |
| Roupar | LU | 3 | B6 |
| Rourell (El) | T | 37 | I33 |
| Rovelló (Serra de) | | 36 | I31 |
| Royo | AB | 72 | P23 |
| Royo (El) | SO | 33 | G22 |
| Royo Odrea | AB | 72 | Q23 |
| Royos (Los) | MU | 84 | S23 |
| Royuela | TE | 48 | K25 |
| Royuela de Río Franco | BU | 31 | G18 |
| Rozadas (cerca de Boal) | O | 4 | B9 |
| Rozadas (cerca de El Pedroso) | O | 6 | B13 |
| Rozadas (cerca de Sotrondio) | O | 6 | C13 |
| Rozadio | S | 7 | C16 |
| Rozalejo (El) | SE | 92 | U13 |
| Rozalén del Monte | CU | 59 | M21 |
| Rozas (Cantabria) | S | 8 | C19 |
| Rozas (Zamora) | ZA | 14 | F10 |
| Rozas (Embalse de las) | LE | 15 | D10 |
| Rozas (Las) (Cantabria) | S | 17 | D17 |
| Rozas (Monte Las) (Ourense) | OR | 14 | F8 |
| Rozas (Monte) | M | 45 | K18 |
| Rozas de Madrid (Las) | M | 45 | K18 |
| Rozas de Puerto Real | M | 57 | L16 |
| Rúa | LU | 4 | B7 |
| Rúa (A) | OR | 14 | E8 |
| Rúanales | S | 17 | D18 |
| Ruanes | CC | 68 | O11 |
| Rubalcaba | S | 8 | C18 |
| Rubayo | S | 8 | B18 |
| Rubena | BU | 18 | E19 |
| Rubí | B | 38 | H36 |
| Rubí de Bracamonte | VA | 30 | I15 |
| Rubia | OR | 14 | E9 |
| Rubia (La) | SO | 33 | G22 |
| Rubia (Peña) (cerca de Lorca) | MU | 84 | T24 |
| Rubia (Peña) (cerca de Cehegín) | | 84 | R24 |
| Rubia (Peña) (Ourense) | OR | 13 | F5 |
| Rubiales (Badajoz) | BA | 80 | Q12 |
| Rubiales (Teruel) | TE | 61 | L26 |
| Rubián | LU | 14 | E7 |
| Rubiáns | PO | 12 | E3 |
| Rubiás (Lugo) | LU | 4 | C7 |
| Rubiás (Ourense) | OR | 14 | F8 |
| Rubielos Altos | CU | 60 | N23 |
| Rubielos Bajos | CU | 60 | N23 |
| Rubielos de la Cérida | TE | 48 | J26 |
| Rubielos de Mora | TE | 62 | L28 |
| Rubillas Bajas | CO | 81 | S16 |
| Rubinat | L | 37 | H33 |
| Rubió (Barcelona) | B | 37 | H34 |
| Rubió (cerca de Foradada) | L | 37 | G32 |
| Rubió (cerca de Sort) | L | 23 | E33 |
| Rubio (El) (cerca de Montellano) | SE | 92 | V12 |
| Rubio (El) (cerca de Osuna) | SE | 93 | T15 |
| Rubiós | PO | 13 | F4 |
| Rubios (Los) | BA | 80 | R13 |
| Rubite | GR | 102 | V19 |
| Rublacedo de Abajo | BU | 18 | E19 |
| Rucandio (Burgos) | BU | 18 | D19 |
| Rucandio (Cantabria) | S | 8 | B18 |
| Rucayo | LE | 16 | D14 |
| Ruchena | | 92 | V12 |
| Ruda (Arriu de) | | 23 | E32 |
| Ruda (Punta de Sa) | | 87 | Q34 |
| Rudilla | TE | 49 | J26 |
| Rudilla (Puerto de) | TE | 48 | I26 |
| Rudrón | | 17 | D18 |
| Ruecas (Badajoz) | BA | 68 | O12 |
| Ruecas (Río) (Badajoz) | BA | 68 | O12 |
| Rueda (Guadalajara) | GU | 48 | J24 |
| Rueda (Valladolid) | VA | 30 | H15 |
| Rueda (Monasterio de) | Z | 35 | I29 |
| Rueda de Jalón | Z | 34 | H26 |
| Rueda de Pisuerga | P | 17 | D16 |
| Ruedas de Ocón (Las) | LO | 19 | F23 |
| Ruenes | O | 7 | C15 |
| Ruente | S | 7 | C17 |
| Rúerrero | S | 17 | D18 |
| Ruesca | Z | 34 | I25 |
| Ruescas | AL | 103 | V23 |
| Ruesga | P | 17 | D16 |
| Rugat | V | 74 | P28 |
| Ruguilla | GU | 47 | J22 |
| Ruices (Los) (Albacete) | AB | 73 | P25 |
| Ruices (Los) (Murcia) | MU | 85 | T26 |
| Ruices (Los) (València) | V | 61 | N26 |
| Ruidarenes | | 38 | G38 |
| Ruidera | CR | 71 | P21 |
| Ruidera (Lagunas de) | AB | 71 | P21 |
| Ruidera (Río) | | 71 | P21 |
| Ruidoms | T | 51 | I33 |
| Ruiforco de Torío | LE | 16 | D13 |
| Ruiloba | S | 7 | B17 |
| Ruiseñada | S | 7 | B17 |
| Rumblar | J | 82 | R18 |
| Rumblar (Embalse del) | J | 82 | R18 |
| Ruña (Montes de la) | C | 2 | D2 |
| Rupià | GE | 25 | F39 |
| Rupit | B | 24 | F37 |
| Rus (A Coruña) | C | 2 | C3 |
| Rus (Jaén) | J | 82 | R19 |
| Rus (Río) (Cuenca) | CU | 60 | N22 |
| Rute | CO | 93 | U16 |
| Ruyales del Agua | BU | 31 | F18 |
| Ruyales del Páramo | BU | 17 | E18 |
| **S** | | | |
| Saavedra | LU | 3 | C7 |
| Sabadell | B | 38 | H36 |
| Sabadelle (Lugo) | LU | 13 | E6 |
| Sabadelle (Ourense) | OR | 13 | E6 |
| Sabando | VI | 19 | D22 |
| Sabar | MA | 101 | V17 |
| Sabardes | C | 12 | D3 |
| Sabariego | J | 94 | T17 |
| Sabataia (Coll de) | PM | 104 | M38 |
| Sabatera (La) | A | 75 | Q30 |
| Sabayés | HU | 21 | F28 |
| Sabero | LE | 16 | D14 |
| Sabinar | Z | 20 | F26 |
| Sabinar (El) (Albacete) | AB | 71 | P21 |
| Sabinar (El) (Murcia) | MU | 84 | R23 |
| Sabinar (Punta) | AL | 102 | V21 |
| Sabinas (Collado de las) | GR | 94 | U19 |
| Sabinita (La) (Tenerife) | TF | 129 | G4 |
| Sabinosa (El Hierro) | TF | 108 | B3 |
| Sabiñánigo | HU | 21 | E28 |
| Sabiote | J | 83 | R20 |
| Sable | | 36 | H30 |
| Saboredo (Tuc de) | L | 23 | E32 |
| Sabucedo (Ourense) | OR | 13 | F6 |
| Sabucedo (Pontevedra) | PO | 13 | E4 |
| Sacañet | CS | 62 | M27 |
| Sacecorbo | GU | 47 | J22 |
| Saceda | LE | 15 | F10 |
| Saceda del Río | CU | 59 | L22 |
| Saceda Trasierra | CU | 59 | L21 |
| Sacedillas (Las) | J | 83 | Q20 |
| Sacedón | GU | 47 | K21 |
| Sacedoncillo | CU | 60 | L23 |
| Saceruela | CR | 69 | P16 |
| Saceruela (Sierra de) | CR | 69 | O16 |
| Sacos | PO | 12 | E4 |
| Sacramenia | SG | 31 | H18 |
| Sacramento | SE | 92 | U12 |
| Sacratif (Cabo) | GR | 101 | V19 |
| Sacristanía (La) | CR | 70 | P18 |
| Sacro (Pico) | | 13 | D4 |
| Sada | C | 3 | B5 |
| Sada | NA | 20 | E25 |
| Sádaba | Z | 20 | F26 |
| Sadernes | GE | 24 | F37 |
| Saelices | CU | 59 | M21 |
| Saelices de la Sal | GU | 47 | J22 |
| Saelices de Mayorga | VA | 16 | F14 |
| Saelices del Payuelo | LE | 16 | E14 |
| Saelices del Río | LE | 16 | E14 |
| Saelices el Chico | SA | 42 | J10 |
| Safari Madrid | M | 58 | L17 |
| Sagallos | ZA | 29 | G10 |
| Saganta | HU | 36 | G31 |
| Sagàs | B | 24 | F35 |
| Sagides | SO | 47 | I23 |
| Sagra (Alacant) | A | 74 | P29 |
| Sagra (Granada) | GR | 83 | S22 |
| Sagra (Sierra de la) | | 83 | S22 |
| Sagrada (La) | SA | 43 | J11 |
| Sagrajas | BA | 67 | P9 |
| Sagunt / Sagunto | V | 62 | M29 |
| Sagunto / Sagunt | V | 62 | M29 |
| Sahagún | LE | 16 | E14 |
| Sahechores | LE | 16 | E14 |
| Sahuco (El) | AB | 72 | P23 |
| Sahuco (Sierra del) | | 72 | P23 |
| Sahún | HU | 22 | E31 |
| Saja | S | 7 | C17 |
| Saja (Monte) | | 7 | C17 |
| Saja (Reserva nacional de) | | 7 | C16 |
| Saja-Besaya (Parque natural) | | 7 | C17 |
| Sajazarra | LO | 18 | E21 |
| Sal (Punta de la) (Gran Canaria) | GC | 117 | G3 |
| Sal (Sierra de la) | | 99 | W12 |
| Salada (Cerro) | | 61 | M27 |
| Salada (La) | SE | 93 | U15 |
| Salada (Laguna) | | 35 | I29 |
| Salada (Ribera) | | 23 | F34 |
| Salada Grande | | 49 | I29 |
| Saladar (El) | A | 85 | R27 |
| Saladillo (Arroyo del) | | 92 | U13 |
| Saladillo-Benamara | MA | 100 | W14 |
| Salado (Arroyo del) (Jaén) | J | 82 | S17 |
| Salado (Arroyo del) (Río Corbones) | | 92 | U13 |
| Salado (Arroyo del) (Río Guadaira) | | 92 | U13 |
| Salado (Arroyo del) (cerca de Osuna) | | 92 | U14 |
| Salado (El) | GR | 83 | S22 |
| Salado (Río) (Guadalajara) | GU | 47 | I21 |
| Salado (Río) (Córdoba) | CO | 93 | T17 |
| Salado de los Villares | J | 82 | S17 |
| Salamanca | SA | 43 | J12 |
| Salamir | O | 5 | B11 |
| Salamón | LE | 16 | D14 |
| Salanova | HU | 22 | F31 |
| Salar | GR | 94 | U17 |
| Salardú | L | 22 | D32 |
| Salares | MA | 101 | V17 |
| Salas | O | 5 | B11 |
| Salas (Embalse de) | OR | 27 | G6 |
| Salas (Las) | LE | 16 | D14 |
| Salas Altas | HU | 22 | F30 |
| Salas Bajas | HU | 22 | F30 |
| Salas de Bureba | BU | 18 | D19 |
| Salas de la Ribera | LE | 14 | E9 |
| Salas de los Barios | LE | 15 | E10 |
| Salas de los Infantes | BU | 32 | F20 |
| Salàs de Pallars | L | 23 | F32 |
| Salave | O | 4 | B9 |
| Salazar (Burgos) | BU | 18 | D19 |
| Salazar (Granada) | GR | 95 | T21 |
| Salazar (Río) | | 11 | D26 |
| Salazar (Valle de) | | 11 | D26 |
| Salce (León) | LE | 15 | D11 |
| Salce (Zamora) | ZA | 29 | I11 |
| Salceda (Convento de la) | | 46 | K21 |
| Salceda de Caselas | PO | 12 | F4 |
| Salcedillo (Palencia) | P | 17 | D17 |
| Salcedillo (Teruel) | TE | 49 | J26 |
| Salcedo | VI | 18 | D21 |
| Salcedo (El) | J | 82 | R18 |
| Salces | S | 17 | C17 |
| Salcidos | PO | 26 | G3 |
| Saldaña | P | 16 | E15 |
| Saldaña de Ayllón | SG | 32 | H19 |
| Saldeana | SA | 42 | I10 |
| Saldes | B | 23 | F35 |
| Saldías | NA | 10 | C24 |
| Saldoira | LU | 4 | B8 |
| Saldón | TE | 48 | L25 |
| Salduero | SO | 33 | G21 |
| Salem | V | 74 | P28 |
| Saler (El) | V | 74 | N29 |
| Saler (Parador de El) | V | 74 | O29 |
| Saleres | GR | 101 | V19 |
| Sales de Llierca | GE | 24 | F37 |
| Salgueiros (A Coruña) | C | 2 | C2 |
| Salgueiros (Lugo) | LU | 13 | D6 |
| Salguerias | C | 2 | C3 |
| Salgüero de Juarros | BU | 18 | F19 |
| Salí (El) | B | 37 | G35 |
| Salicor (Laguna de) | CR | 59 | N20 |
| Saliencia | O | 5 | C11 |
| Saliencia (Lagos de) | | 5 | C11 |
| Saliente | AL | 96 | T23 |
| Salientes | LE | 15 | D11 |
| Salillas | HU | 35 | G29 |
| Salillas de Jalón | Z | 34 | H26 |
| Salime (Embalse de) | O | 4 | C9 |
| Salina Grande | ZA | 30 | G13 |
| Salinas (Alacant) | A | 73 | Q27 |
| Salinas (Asturias) | O | 5 | B12 |
| Salinas (Las) (Cuenca) | CU | 59 | L20 |
| Salinas (Las) (Fuerteventura) | GC | 113 | I3 |
| Salinas (Monte) (Fuerteventura) | GC | 111 | G2 |
| Salinas (Punta) (La Palma) | TF | 131 | E4 |
| Salinas (Sierra de las) | | 92 | V14 |
| Salinas (Sierra de) | | 73 | Q26 |
| Salinas de Hoz | HU | 22 | F30 |
| Salinas de Ibargoiti (Navarra) | NA | 11 | D25 |
| Salinas de Jaca | HU | 21 | E27 |
| Salinas de Medinaceli | SO | 47 | I22 |
| Salinas de Oro | NA | 10 | D24 |
| Salinas de Pinilla | AB | 71 | P22 |
| Salinas de Pisuerga | P | 17 | D16 |
| Salinas de Sin | HU | 22 | E30 |
| Salinas del Manzano | CU | 61 | L25 |
| Salines | GE | 24 | E36 |
| Salines (Les) | | 24 | E38 |
| Salinillas de Buradón | VI | 19 | E21 |
| Salinillas de Bureba | BU | 18 | E19 |
| Salíñas (Llacuna de) | A | 85 | Q27 |
| Salitja | GE | 25 | G38 |
| Sallent | B | 38 | G35 |
| Sallent (El) | GE | 24 | F37 |
| Sallent (Riera de) | | 37 | G33 |
| Sallent de Gállego | HU | 21 | D29 |
| Sallfort (Pic de) | GE | 25 | E39 |
| Salmanquinos de Arriba (Los) | | 69 | N16 |
| Salmantón | VI | 8 | C20 |
| Salmerón (Guadalajara) | GU | 47 | K22 |
| Salmerón (Murcia) | MU | 84 | Q24 |
| Salmeroncillos de Abajo | CU | 47 | K22 |
| Salmeroncillos de Arriba | CU | 47 | K22 |
| Salmor (Roque) (El Hierro) | TF | 109 | D2 |
| Salmoral | SA | 44 | J14 |
| Salo | B | 37 | G34 |
| Salobral | AV | 44 | K15 |
| Salobral (El) | AB | 72 | P24 |
| Salobralejo | AV | 44 | K15 |
| Salobralejo (Laguna del) | AB | 73 | P25 |
| Salobre (cerca de Alcaraz) | AB | 72 | Q22 |
| Salobre (cerca de Munera) | AB | 72 | O22 |
| Salobre (Río) | | 71 | Q22 |
| Salobreña | GR | 101 | V19 |
| Salomó | T | 37 | I34 |
| Salón | | 8 | C19 |
| Salor (Embalse del) | CC | 67 | N11 |
| Salor (Río) | | 54 | N8 |
| Salória | | 23 | E34 |
| Salória (Refugi) | | 23 | E34 |
| Salorino | CC | 55 | N8 |
| Salou | T | 51 | I33 |
| Salou (Cabo) | T | 51 | I33 |
| Salse (El) | A | 74 | P27 |
| Salt | GE | 25 | G38 |
| Saltador (El) | AL | 96 | T24 |
| Salteras | SE | 91 | T11 |
| Saltes (Isla de) | H | 90 | U9 |
| Salto (Estación del) | | 43 | K10 |
| Salto al Cielo (Ermita) | CA | 99 | W11 |
| Salto de Bolarque | GU | 47 | K21 |
| Salto de Villalba | CU | 60 | L23 |
| Salto de Villora | CU | 61 | M25 |
| Salto del Ciervo | SE | 93 | T14 |
| Salto del Negro | MA | 101 | V17 |
| Salto Saucelle | SA | 42 | I9 |
| Saltor | GE | 24 | F36 |
| Saltos (Punta de los) (El Hierro) | TF | 109 | D4 |
| Saludes de Castroponce | LE | 15 | F12 |
| Salvacañete | CU | 61 | L25 |
| Salvada (Sierra) | | 18 | D20 |
| Salvadiós | AV | 44 | J14 |
| Salvador (Ermita El) | CS | 62 | M29 |
| Salvador de Zapardiel | VA | 44 | I15 |
| Salvaje (Punta del) (Fuerteventura) | GC | 110 | G2 |
| Salvaleón | BA | 67 | Q9 |
| Salvaterra de Miño | PO | 12 | F4 |
| Salvatierra / Agurain | VI | 19 | D22 |
| Salvatierra de Escá | Z | 11 | D26 |
| Salvatierra de los Barros | BA | 67 | Q9 |
| Salvatierra de Santiago | CC | 68 | O11 |
| Salvatierra de Tormes | SA | 43 | K13 |
| Sálvora (Isla de) | C | 12 | E2 |
| Salzadella (La) | CS | 50 | K30 |
| Sama de Grado | O | 5 | C11 |
| Sama de Langreo | O | 6 | C12 |
| Samaniego | VI | 19 | E21 |
| Sámano | S | 8 | B20 |
| Samara (Montaña) (Tenerife) | TF | 126 | D3 |
| Sambana | CA | 99 | W13 |
| Samboal | SG | 31 | I16 |
| Sambreixo | LU | 13 | D6 |
| Sames | O | 6 | C14 |
| Samieira | PO | 12 | E3 |
| Samir de los Caños | ZA | 29 | G11 |
| Samos | LU | 14 | D8 |
| Samper | HU | 22 | E30 |
| Samper de Calanda | TE | 49 | I28 |
| Samper del Salz | Z | 35 | I27 |
| Samprizón | PO | 13 | E5 |
| San Adrián (León) | LE | 16 | D14 |
| San Adrián (Navarra) | NA | 19 | E24 |
| San Adrián (Cabo de) | C | 2 | B3 |
| San Adrián de Juarros | BU | 18 | F19 |
| San Adrián de Sasabe (Ermita de) | HU | 21 | D28 |
| San Adrián del Valle | LE | 15 | F12 |
| San Adriano | LU | 4 | B8 |
| San Agustín (Almería) | AL | 102 | V21 |
| San Agustín (Gran Canaria) | GC | 117 | E4 |
| San Agustín (Teruel) | TE | 62 | L27 |
| San Agustín (Convento de) | CU | 60 | L24 |
| San Agustín (Ermita de) (Fuerteventura) | GC | 111 | H2 |
| San Agustín del Guadalix | M | 46 | J19 |
| San Agustín del Pozo | ZA | 30 | G13 |
| San Amancio (Ermita de) | GU | 48 | J24 |
| San Amaro | OR | 13 | E5 |
| San Andres (La Rioja) | LO | 33 | F22 |
| San Andrés | O | 6 | C13 |
| San Andrés (Asturias) | O | 5 | C12 |
| San Andrés (cerca de Potes) | S | 7 | C16 |
| San Andrés (cerca de San Miguel) | S | 7 | C18 |
| San Andrés (El Hierro) | TF | 109 | D2 |
| San Andrés (Tenerife) | TF | 125 | J2 |
| San Andrés (La Palma) | TF | 131 | D3 |
| San Andrés (Sierra de) | | 82 | Q18 |
| San Andrés de Arroyo | P | 17 | D16 |
| San Andrés de la Regla | P | 16 | E15 |
| San Andrés de las Puentes | LE | 15 | E10 |
| San Andrés de San Pedro (Soria) | SO | 33 | G23 |
| San Andrés de Teixido | C | 3 | A6 |
| San Andrés del Congosto | GU | 46 | J20 |
| San Andrés del Rabanedo | LE | 16 | E13 |
| San Andrés del Rey | GU | 47 | K21 |
| San Antolín (Monasterio de) | O | 6 | B15 |
| San Antolín de Ibias | O | 4 | C9 |
| San Antón (Sevilla) | SE | 93 | T14 |
| San Antón (Burgos) | BU | 17 | D18 |
| San Antón (Ciudad Real) | CR | 71 | P20 |
| San Antón (Ermita de) (Cáceres) | CC | 54 | N8 |
| San Antón (Ermita de) (Guadalajara) | GU | 47 | K21 |
| San Antón (Puerto de) | SS | 10 | C24 |
| San Antoniño | PO | 12 | E4 |
| San Antonio (Córdoba) | CO | 81 | S16 |
| San Antonio (València) | V | 61 | N26 |
| San Antonio (Ermita de) (A Coruña) | C | 3 | B6 |
| San Antonio (Ermita de) (cerca de Aliaguilla) | CU | 61 | M26 |
| San Antonio (Ermita de) (cerca de Cardenete) | CU | 60 | M25 |
| San Antonio (Ermita de) (La Palma) | TF | 130 | C3 |
| San Antonio (Sierra de) | | 18 | F20 |
| San Antonio (Volcán de) (La Palma) | TF | 132 | C7 |
| San Antonio de Banaixeve | V | 62 | N28 |
| San Antonio de Portmany / Sant Antoni de Portmany | PM | 87 | P33 |
| San Antonio del Fontanar | SE | 92 | U14 |
| San Asensio | LO | 19 | E21 |
| San Bartolomé (Cuenca) | CU | 59 | L21 |
| San Bartolomé (Lanzarote) | GC | 123 | D4 |
| San Bartolomé (Guadalajara) | GU | 47 | J21 |
| San Bartolomé | LO | 19 | F23 |
| San Bartolomé (Embalse de) | | 20 | F26 |
| San Bartolomé (Ermita de) (Cáceres) | CC | 68 | O12 |
| San Bartolomé (Ermita de) (Teruel) | TE | 48 | J26 |
| San Bartolomé de Béjar | AV | 43 | K13 |
| San Bartolomé de Corneja | AV | 44 | K13 |
| San Bartolomé de la Torre | H | 90 | T8 |
| San Bartolomé de las Abiertas | TO | 57 | M15 |
| San Bartolomé de Pinares | AV | 45 | K16 |
| San Bartolomé de Rueda | LE | 16 | D14 |
| San Bartolomé de Tirajana (Gran Canaria) | GC | 117 | E3 |
| San Bartolomé de Tormes | AV | 44 | K14 |
| San Baudelio (Ermita de) | SO | 33 | H21 |
| San Benito (cerca de Almadén) | CR | 69 | Q15 |
| San Benito (cerca de Ciudad Real) | CR | 70 | P17 |

| | | | |
|---|---|---|---|
| San Benito (València) | V | 73 | P26 |
| San Benito (Convento) | CC | 55 | M9 |
| San Benito (Ermita de) (Sevilla) | SE | 80 | S12 |
| San Benito (Ermita de) (Teruel) | TE | 49 | K27 |
| San Benito (Ermita de) (Cáceres) | CC | 55 | N10 |
| San Benito de la Contienda | BA | 66 | Q8 |
| San Bernabé | CA | 99 | X13 |
| San Bernabé (Ermita de) | | 48 | J25 |
| San Bernabé (Sierra de) | CC | 56 | L11 |
| San Bernado de Valbuena | VA | 31 | H17 |
| San Bernardino | CA | 92 | V12 |
| San Bernardo (Sierra de) | BA | 79 | R11 |
| San Blas (Teruel) | TE | 48 | K26 |
| San Blas (Zamora) | ZA | 29 | G10 |
| San Bruno | CR | 82 | Q18 |
| San Calixto | CO | 80 | S14 |
| San Caprasio | | 35 | G28 |
| San Caprasio (Collado de) | HU | 22 | F30 |
| San Carlos (Burgos) | BU | 32 | G19 |
| San Carlos del Valle | CR | 71 | P20 |
| San Cebrián | P | 17 | D16 |
| San Cebrián de Campos | P | 17 | F16 |
| San Cebrián de Castro | ZA | 29 | G12 |
| San Cebrián de Mazote | VA | 30 | G14 |
| San Cibrao | OR | 14 | F8 |
| San Cibrau | OR | 28 | G7 |
| San Cibrián de Arriba | LE | 16 | E13 |
| San Cibrián de la Somoza | LE | 16 | D14 |
| San Ciprián (Lugo) | LU | 4 | A7 |
| San Ciprían (cerca de Hermisende) | ZA | 28 | G9 |
| San Ciprián (Zamora) | ZA | 14 | F10 |
| San Ciprián (Cabo de) | LU | 4 | A7 |
| San Ciprián de Viñas | OR | 13 | F6 |
| San Cipriano del Condado | LE | 16 | E13 |
| San Claudio (A Coruña) | C | 3 | B6 |
| San Claudio (Asturias) | O | 5 | B12 |
| San Clemente (Cuenca) | CU | 72 | N22 |
| San Clemente (Convento de) | | 56 | N12 |
| San Clemente (Embalse de) | | 83 | S22 |
| San Clemente de Valdueza | LE | 15 | E10 |
| San Clodio | LU | 14 | E8 |
| San Cosme (Lugo) | LU | 4 | B8 |
| San Cosme (Asturias) | O | 5 | B11 |
| San Crispín | M | 46 | K18 |
| San Cristóbal (Badajoz) | BA | 79 | R9 |
| San Cristóbal (Cáceres) | CC | 68 | O13 |
| San Cristóbal (Ciudad Real) | CR | 71 | Q21 |
| San Cristóbal (Cuenca) | CU | 60 | L22 |
| San Cristóbal (Gran Canaria) | GC | 115 | G2 |
| San Cristóbal (Navarra) | NA | 11 | D25 |
| San Cristóbal (Sevilla) | SE | 80 | S13 |
| San Cristóbal (Ermita de) (Cádiz) | CA | 98 | W11 |
| San Cristóbal (Ermita de) (cerca de Andorra) | TE | 49 | J28 |
| San Cristóbal (Ermita de) (cerca de Barrachina) | TE | 48 | J26 |
| San Cristóbal (Ermita de) (cerca de Bronchales) | TE | 48 | K25 |
| San Cristóbal (Ermita de) (cerca de Sarrión) | TE | 61 | L27 |
| San Cristóbal (Ermita de) (cerca de Lagueruela) | | 48 | I26 |
| San Cristóbal (Ermita de) (cerca de Monreal de Campo) | | 48 | J25 |
| San Cristóbal (Ermita de) (Ciudad Real) | CR | 71 | N19 |
| San Cristóbal (Monte) | | 19 | E24 |
| San Cristóbal (Santuario) | Z | 48 | I25 |
| San Cristóbal de Boedo | P | 17 | E16 |
| San Cristóbal de Cea | OR | 13 | E6 |
| San Cristóbal de Chamoso | LU | 4 | D7 |
| San Cristóbal de Cuéllar | SG | 31 | H16 |
| San Cristóbal de Entreviñas | ZA | 30 | F13 |
| San Cristóbal de la Cuesta | | 43 | I13 |
| San Cristóbal de la Polantera | LE | 15 | E12 |
| San Cristóbal de la Vega | SG | 45 | I16 |
| San Cristóbal de Segovia | SG | 45 | J17 |
| San Cristóbal de Trabancos | AV | 44 | J14 |
| San Cristóbal de Valdueza | LE | 15 | E10 |
| San Cristóbal del Monte | BU | 18 | E20 |
| San Cristóbal I | TE | 48 | J26 |
| San Cristobo | OR | 28 | G8 |
| San Cucao | O | 5 | B12 |
| San Diego | CA | 99 | X14 |
| San Diego (Ermita de) | SE | 80 | R13 |
| San Emiliano (León) | LE | 15 | D12 |
| San Emiliano (Asturias) | O | 4 | C9 |
| San Enrique de Guadiaro | CA | 99 | X14 |
| San Esteban | O | 5 | B11 |
| San Esteban de Gormaz | SO | 32 | H20 |
| San Esteban de la Sierra | SA | 43 | K12 |
| San Esteban de Litera | HU | 36 | G30 |
| San Esteban de los Buitres | O | 4 | C9 |
| San Esteban de los Patos | AV | 45 | J16 |
| San Esteban de Nogales | LE | 15 | F12 |
| San Esteban de Saviñao | | 13 | E6 |
| San Esteban de Valdueza | LE | 15 | E10 |
| San Esteban de Zapardiel | AV | 44 | I15 |
| San Esteban del Molar | ZA | 30 | G13 |
| San Esteban del Valle | AV | 57 | L15 |
| San Facundo | OR | 13 | E5 |
| San Felices (Burgos) | BU | 17 | D18 |
| San Felices (Soria) | SO | 33 | G23 |
| San Felices de los Gallegos | SA | 42 | J9 |
| San Felipe (A Coruña) | C | 3 | B5 |
| San Felipe (Cuenca) | CU | 48 | K24 |
| San Feliú | HU | 22 | E31 |
| San Feliú de Guixols / Sant Feliu de Guíxols | GE | 39 | G39 |
| San Feliz de las Lavanderas | LE | 15 | D12 |
| San Feliz de Torío | LE | 16 | D13 |
| San Fernando (Cádiz) | CA | 98 | W11 |
| San Fernando (Gran Canaria) | GC | 115 | D2 |
| San Fernando de Henares | M | 46 | K19 |
| San Fiz do Seo | LE | 14 | E9 |
| San Francisco (Almería) | AL | 96 | T24 |
| San Francisco (Mallorca) | PM | 104 | N38 |
| San Francisco (Convento de) | VA | 30 | G14 |
| San Francisco (Mirador) | BU | 32 | F20 |
| San Francisco de Olivenza | BA | 66 | P8 |
| San Franscisco (Ermita de) (Fuerteventura) | GC | 111 | H3 |
| San Frutos (Ermita de) | SG | 31 | I18 |
| San Fulgencio | A | 85 | R27 |
| San Gabriel (Lanzarote) | GC | 123 | E4 |
| San García de Ingelmos | AV | 44 | J14 |
| San Gil (Cáceres) | CC | 55 | M11 |
| San Gil (Ermita de) (Zaragoza) | Z | 21 | F27 |
| San Ginés | TE | 48 | K25 |
| San Glorio (Puerto de) | S | 6 | C15 |
| San Gregorio (Córdoba) | CO | 81 | Q16 |
| San Gregorio (Guipúzcoa) | SS | 19 | D23 |
| San Gregorio (Toledo) | TO | 59 | N20 |
| San Gregorio (Basilica de) | NA | 19 | E23 |
| San Gregorio (Ermita de) (Badajoz) | BA | 67 | P10 |
| San Gregorio (Ermita de) (Guadalajara) | GU | 48 | J24 |
| San Gregorio y Balneario | | 55 | N9 |
| San Ignacio de Loiola | SS | 10 | C23 |
| San Ignacio del Viar | SE | 91 | T12 |
| San Ildefonso o la Granja | SG | 45 | J17 |
| San Isidoro (Ermita de) | BA | 68 | P13 |
| San Isidro (Albacete) | AB | 73 | O25 |
| San Isidro (cerca de Huérca Overa) | AL | 96 | T24 |
| San Isidro (cerca de Níjar) | AL | 103 | V23 |

## SANTA CRUZ DE TENERIFE

| | | |
|---|---|---|
| Alférez Provisional (Pl.) | CY | 3 |
| Bethencourt Alfonso | CY | 5 |
| Bravo Murillo (Av. de) | DY | 6 |
| Candelaria (Pl. de la) | DY | 8 |
| Castillo | CY | |
| Costa y Grijalba | BY | 10 |
| Doctor Guigou | CX | 12 |
| Doctor José Naveiras | CX | 13 |
| Domínguez Alfonso | CY | 15 |
| Fragata Danmark | AZ | 18 |
| General Galcerán (Puente) | BY | 19 |
| General Gutiérrez | DY | 20 |
| General O'Donnell | BX | 23 |
| General Serrador (Puente) | CY | 24 |
| General Weyler (Pl. del) | BY | 26 |
| Heliodoro Rodríguez López | AZ | 27 |
| Iglesia (Pl. de la) | DY | 30 |
| Imeldo Seris | CY | 31 |
| José Murphy | CY | 34 |
| Numancia | BX | 39 |
| Paz (Pl. de la) | AY | 42 |
| Pérez Galdós | CY | 43 |
| República Dominicana (Pl.) | AY | 45 |
| Saludo | DX | 46 |
| Santo Domingo (Pl.) | CY | 51 |
| San Francisco (Pl.) | DY | 49 |
| San Isidro | DX | 50 |
| Tomé Cano | AZ | 52 |
| Valentín Sanz | CY | 53 |
| 29 de Mayo (Pl. del) | AY | 55 |

## SANTANDER

| | | |
|---|---|---|
| Alfonso XIII (Av.) | EZ | 4 |
| Andrés del Rio | FZ | 6 |
| Arrabal | EFZ | 10 |
| Atalaya (Cuesta de la) | EZ | 12 |
| Atilano Rodríguez | EZ | 13 |
| Calderón de la Barca (Av.) | EZ | 15 |
| Calvo Sotelo (Av.) | EZ | |
| Cañadio (Pl.) | FZ | 19 |
| Casimiro Sáinz | FZ | 21 |
| Daoíz y Velarde | FZ | 27 |
| Escalantes | EZ | 30 |
| Francisco de Quevedo | EZ | 32 |
| Hospital (Cuesta del) | EZ | 37 |
| Jesús de Monasterio | EZ | 42 |
| José Antonio (Pl.) | FZ | 44 |
| Juan de Herrera | EZ | 46 |
| Juan de la Cosa | FZ | 47 |
| Lealtad | EZ | 49 |
| Marcelino Sautuola | FZ | 55 |
| Matías Montero (Pl.) | FZ | 56 |
| Peña Herbosa | FZ | 69 |
| Porticada (Pl.) | EZ | 72 |
| Ramón Dóriga | FZ | 75 |
| Rúalasal | EZ | |
| Rubio | EZ | 78 |
| San Francisco | EZ | 82 |
| Valliciergo | FZ | 90 |

Museo Regional de Prehistoria y Arqueología ..... FZ M¹

| | | | |
|---|---|---|---|
| San Isidro (cerca de Berlangua) | BA | 80 | R12 |
| San Isidro (Ciudad Real) | CR | 70 | P19 |
| San Isidro (Gran Canaria) | GC | 114 | D2 |
| San Isidro (Gran Canaria) | GC | 115 | E2 |
| San Isidro (Guadalajara) | GU | 59 | L21 |
| San Isidro (Tenerife) | TF | 125 | I2 |
| San Isidro (Tenerife) | TF | 129 | F5 |
| San Isidro (cerca de Navalmorales) | TO | 57 | M16 |
| San Isidro (cerca de Piedrabuena) | | 70 | O17 |
| San Isidro (cerca de Quero) | | 59 | N20 |
| San Isidro (Ermita de) (Badajoz) | BA | 79 | R10 |
| San Isidro (Ermita de) (Cuenca) | CU | 60 | N24 |
| San Isidro (Ermita de) (València) | V | 61 | M26 |
| San Isidro (Ermita de) (Ciudad Real) | CR | 71 | N20 |
| San Isidro (Puerto de) | LE | 6 | C13 |
| San Isidro de Guadalete | CA | 99 | W12 |
| San Isidro del Pinar | NA | 20 | E25 |
| San Javier | MU | 85 | S27 |
| San Jerónimo (Córdoba) | CO | 81 | S15 |
| San Jeronimo (Murcia) | MU | 85 | S26 |
| San Jerónimo de Lagar (Ermita de) | CC | 55 | N10 |
| San Joaquím | GU | 59 | L20 |
| San Jorge (Badajoz) | BA | 67 | Q10 |
| San Jorge (Huesca) | HU | 35 | G28 |
| San Jorge (Ermita de) (València) | V | 61 | N27 |
| San Jorge (Ermita de) (Zaragoza) | Z | 36 | I30 |
| San Jorge / Sant Jordi | CS | 50 | K30 |
| San Jorge de Alor | BA | 66 | Q8 |
| San José (Albacete) | AB | 71 | P21 |
| San José (Almería) | AL | 103 | V23 |
| San José (Badajoz) | BA | 79 | Q9 |
| San José (Lanzarote) | GC | 123 | E4 |
| San José (Canal de) | | 30 | H13 |
| San José (Embalse de) | VA | 30 | H14 |
| San José (Ermita de) (Jaén) | J | 82 | R17 |
| San José (Ermita de) (Teruel) | TE | 50 | J29 |
| San José (Ermita de) (Tenerife) | TF | 126 | C3 |
| San José (Ermita) | MU | 84 | R24 |
| San José de la Rábita | J | 94 | T17 |
| San José de la Rinconada | SE | 91 | T12 |
| San José de Malcocinado | CA | 99 | W12 |

| | | | |
|---|---|---|---|
| San José del Valle | CA | 99 | W12 |
| San Juan (Cáceres) | CC | 55 | L10 |
| San Juan (Madrid) | M | 45 | K17 |
| San Juan (Málaga) | MA | 93 | U16 |
| San Juan (València) | V | 61 | N26 |
| San Juan (Embalse de) | | 45 | K17 |
| San Juan (Ermita de) (cerca de Cedrillas) | TE | 49 | K27 |
| San Juan (Ermita de) (cerca de Montalbán) | TE | 49 | J28 |
| San Juan (Río de) | | 68 | P11 |
| San Juan (Río) | | 94 | T17 |
| San Juan (Sierra de) | SE | 92 | U13 |
| San Juan de Gredos | AV | 44 | K14 |
| San Juan de la Cuesta | ZA | 14 | F10 |
| San Juan de la Encinilla | AV | 44 | J15 |
| San Juan de la Mata | LE | 14 | E10 |
| San Juan de la Nava | AV | 44 | K15 |
| San Juan de la Peña (Monasterio de) | HU | 21 | E27 |
| San Juan de la Rambla (Tenerife) | TF | 126 | E3 |
| San Juan de los Terreros | AL | 96 | T25 |
| San Juan de Mozarrifar | Z | 35 | G27 |
| San Juan de Nieva | O | 5 | B12 |
| San Juan de Ortega | BU | 18 | E19 |
| San Juan de Plan | HU | 22 | E31 |
| San Juan del Flumen | HU | 35 | G29 |
| San Juan del Molinillo | AV | 44 | K15 |
| San Juan del Monte | BU | 32 | G19 |
| San Juan del Olmo | AV | 44 | K14 |
| San Juan del Puerto | H | 90 | U9 |
| San Juan del Rebollar | ZA | 29 | G10 |
| San Juan-Los Vallejos (Valle de) | M | 59 | L19 |
| San Juan Muskiz | BI | 8 | C20 |
| San Juan Perales (Tenerife) | TF | 124 | H2 |
| San Juanico el Nuevo | ZA | 29 | F11 |
| San Julián (A Coruña) | C | 12 | D2 |
| San Julián (Jaén) | J | 81 | R17 |
| San Julián (Murcia) | MU | 97 | T27 |
| San Julián (Asturias) | O | 6 | B13 |
| San Julián de Banzo | HU | 21 | F28 |
| San Julián de Sales / San Xulian de Sales | C | 13 | D4 |
| San Just (Ermita de) | TE | 49 | J27 |
| San Just (Puerto de) | TE | 49 | J27 |
| San Just (Sierra de) | TE | 49 | J27 |
| San Justo | ZA | 14 | F10 |
| San Justo de Cabanillas | LE | 15 | D10 |
| San Justo de la Vega | LE | 15 | E11 |
| San Leandro | SE | 91 | U12 |
| San Leonardo de Yagüe | SO | 32 | G20 |

| | | | |
|---|---|---|---|
| San Llorente | VA | 31 | G17 |
| San Llorente de la Vega | BU | 17 | E17 |
| San Llorente del Páramo | P | 16 | E15 |
| San Lorenzo (Gran Canaria) | GC | 115 | F2 |
| San Lorenzo (Huesca) | HU | 35 | G29 |
| San Lorenzo (Zamora) | ZA | 29 | G12 |
| San Lorenzo (Ourense) | OR | 28 | G8 |
| San Lorenzo (La Rioja) | LO | 18 | F21 |
| San Lorenzo (Ermita de) (Guadalajara) | GU | 48 | K24 |
| San Lorenzo (Ermita de) (Teruel) | TE | 48 | J26 |
| San Lorenzo de Calatrava | CR | 82 | Q18 |
| San Lorenzo de El Escorial | M | 45 | K17 |
| San Lorenzo de la Parrilla | CU | 60 | M22 |
| San Lorenzo de Tormes | AV | 44 | K13 |
| San Lourenzo | OR | 28 | G8 |
| San Luis (Tenerife) | TF | 124 | H2 |
| San Luis de Sabinillas | MA | 99 | W14 |
| San Mamed (cerca de Viana do Bolo) | OR | 14 | F8 |
| San Mamed (cerca de Xinzo) | OR | 27 | F6 |
| San Mamed (Zamora) | ZA | 29 | G10 |
| San Mamede | C | 3 | B6 |
| San Mamede (Sierra de) | | 14 | F7 |
| San Mamés (Burgos) | BU | 17 | E18 |
| San Mamés (Madrid) | M | 46 | J18 |
| San Mamés (Ermita de) | | 48 | I25 |
| San Mamés de Abar | BU | 17 | D17 |
| San Mamés de Campos | P | 17 | E16 |
| San Mamés de Meruelo (Cantabria) | S | 8 | B19 |
| San Marcial (Zamora) | ZA | 29 | H12 |
| San Marco | C | 3 | C5 |
| San Marcos (A Coruña) | C | 3 | B5 |
| San Marcos (Cádiz) | CA | 98 | W11 |
| San Marcos (Cáceres) | CC | 56 | M13 |
| San Marcos (Navarra) | NA | 19 | E24 |
| San Marcos (Ermita de) (cerca de Alustante) | GU | 48 | K24 |
| San Marcos (Ermita de) (cerca de Tordesilos) | GU | 48 | J25 |
| San Marcos (Sierra de) | | 33 | G22 |
| San Martin (Ávila) | AV | 44 | J15 |
| San Martin (Burgos) | BU | 18 | D18 |
| San Martín (Huesca) | HU | 22 | E31 |
| San Martín (Navarra) | NA | 19 | D23 |
| San Martín (Asturias) | O | 5 | C11 |
| San Martín de Boniches | CU | 61 | M25 |
| San Martín de Castañeda | ZA | 14 | F9 |

| | | | |
|---|---|---|---|
| San Martín de Don | BU | 18 | D20 |
| San Martín de Elines | S | 17 | D18 |
| San Martín de Galvarín | BU | 19 | D21 |
| San Martín de la Falamosa | LE | 15 | D12 |
| San Martín de la Tercia | LE | 15 | D12 |
| San Martín de la Vega | M | 58 | L19 |
| San Martín de la Vega del Alberche | AV | 44 | K14 |
| San Martín de la Virgen de Moncayo | Z | 34 | G24 |
| San Martín de los Herreros | P | 17 | D16 |
| San Martín de Luiña | O | 5 | B11 |
| San Martín de Mondoñedo | LU | 4 | B8 |
| San Martín de Montalbán | TO | 57 | M16 |
| San Martín de Moreda | LE | 14 | D9 |
| San Martín de Oscos | O | 4 | C9 |
| San Martín de Pusa | TO | 57 | M16 |
| San Martín de Rubiales | BU | 31 | H18 |
| San Martín de Tábara | ZA | 29 | G12 |
| San Martín de Torres | LE | 15 | F12 |
| San Martín de Trevejo | CC | 55 | L9 |
| San Martín de Unx | NA | 20 | E25 |
| San Martín de Valdeiglesias | M | 45 | K16 |
| San Martín de Valderaduey | ZA | 30 | G13 |
| San Martín de Valvení | VA | 31 | G16 |
| San Martín del Camino | LE | 15 | E12 |
| San Martín del Castañar | SA | 43 | K11 |
| San Martín del Monte | P | 17 | E16 |
| San Martín del Pedreso | ZA | 29 | G10 |
| San Martín del Pimpollar | AV | 44 | K14 |
| San Martín del Rey Aurelio | | 6 | C13 |
| San Martín del Río | TE | 48 | I25 |
| San Martín del Rojo | BU | 18 | D18 |
| San Martín del Tesorillo | CA | 99 | W14 |
| San Martín y Mudrián | SG | 31 | I17 |
| San Martiño (cerca de Castro Caldelas) | OR | 14 | E7 |
| San Martiño (cerca de Cualedro) | OR | 27 | G7 |
| San Martiño (Embalse de) | | 14 | E8 |
| San Martiño (Isla de) | PO | 12 | F3 |
| San Martzial (Guipúzcoa) | SS | 10 | C24 |
| San Mateo de Gállego | Z | 35 | G27 |
| San Mauro | C | 3 | C5 |
| San Medel | SA | 43 | K12 |
| San Miguel (Huesca) | HU | 36 | G30 |
| San Miguel (Jaén) | J | 83 | S20 |
| San Miguel (Madrid) | M | 58 | L19 |
| San Miguel (Asturias) | O | 5 | C12 |
| San Miguel (Ourense) | OR | 14 | F8 |
| San Miguel (Cantabria) | S | 7 | C18 |
| San Miguel (Tenerife) | TF | 128 | E5 |
| San Miguel (Zaragoza) | Z | 34 | H26 |
| San Miguel (Murcia) | MU | 84 | R24 |
| San Miguel (Ermita de) (Cuenca) | CU | 47 | K22 |
| San Miguel (Ermita de) (cerca de la Virgen de la Vega) | TE | 49 | K28 |
| San Miguel (Ermita de) (cerca de Orrios) | TE | 61 | K27 |
| San Miguel (Ermita de) (cerca de Valderrobres) | TE | 50 | J30 |
| San Miguel (Ermita de) (cerca de Teruel) | | 61 | L26 |
| San Miguel (Ermita de) (Cuenca) | CU | 60 | L22 |
| San Miguel (Sierra de) (Badajoz) | BA | 80 | R12 |
| San Miguel (Sierra de) (Navarra) | NA | 11 | D27 |
| San Miguel de Aguayo | S | 7 | C17 |
| San Miguel de Aralar (Santuario de) | NA | 10 | D24 |
| San Miguel de Aras | S | 8 | C19 |
| San Miguel de Bernuy | SG | 31 | H18 |
| San Miguel de Corneja | AV | 44 | K14 |
| San Miguel de Escalada | LE | 16 | E14 |
| San Miguel de Foces | HU | 21 | F29 |
| San Miguel de la Dueñas | LE | 15 | E10 |
| San Miguel de la Puebla | CS | 49 | K29 |

| | | | |
|---|---|---|---|
| San Miguel de la Ribera | ZA | 30 | I13 |
| San Miguel de las Victorias | | 47 | K23 |
| San Miguel de Lillo | O | 5 | B12 |
| San Miguel de Meruelo | S | 8 | B19 |
| San Miguel de Montañán | LE | 16 | F14 |
| San Miguel de Pedroso | BU | 18 | E20 |
| San Miguel de Serrezuela | AV | 44 | J14 |
| San Miguel de Tajao (Tenerife) | TF | 129 | G5 |
| San Miguel de Valero | SA | 43 | K12 |
| San Miguel del Arroyo | VA | 31 | H16 |
| San Miguel del Camino | LE | 15 | E12 |
| San Miguel del Pino | VA | 30 | H15 |
| San Miguel del Valle | ZA | 30 | F13 |
| San Millán (Burgos) | BU | 18 | D20 |
| San Millán (Ourense) | OR | 27 | G7 |
| San Millán (Monte) | BU | 18 | F20 |
| San Millán de Juarros | BU | 18 | F19 |
| San Millán de la Cogolla | LO | 18 | F21 |
| San Millán de Lara | BU | 18 | F19 |
| San Millán de los Caballeros | LE | 16 | F13 |
| San Millán de Yécora | LO | 18 | E20 |
| San Morales | SA | 44 | J13 |
| San Muñoz | SA | 43 | J11 |
| San Nicolás (La Palma) | TF | 132 | C5 |
| San Nicolás de Tolentino (Gran Canaria) | GC | 114 | B3 |
| San Nicolás del Puerto | SE | 80 | S13 |
| San Pablo (Sevilla) | SE | 92 | T12 |
| San Pablo de Buceite | CA | 99 | W13 |
| San Pablo de la Moraleja | VA | 44 | I15 |
| San Pablo de los Montes | TO | 58 | N17 |
| San Paio | OR | 27 | G6 |
| San Pantaleón de Losa | BU | 18 | D20 |
| San Pascual | AV | 44 | J15 |
| San Payo | LU | 4 | C7 |
| San Pedro (Almería) | AL | 103 | V24 |
| San Pedro (Cáceres) | CC | 54 | N8 |
| San Pedro (Lugo) | LU | 14 | D8 |
| San Pedro (cerca de Grado) | O | 5 | B11 |
| San Pedro (cerca de Oviedo) | O | 5 | B12 |
| San Pedro (cerca de Parres) | O | 6 | B14 |
| San Pedro (Palencia) | P | 17 | D16 |
| San Pedro (Pontevedra) | PO | 13 | E5 |
| San Pedro (Cantabria) | S | 8 | C19 |
| San Pedro (cerca de Segovia) | SG | 45 | I17 |
| San Pedro (Embalse de) | OR | 13 | E6 |
| San Pedro (Ermita de) | LU | 4 | C8 |
| San Pedro (Monte) | | 46 | J18 |
| San Pedro (Puerto de) | MU | 85 | S27 |
| San Pedro (Sierra de) (Cáceres) | CC | 67 | O10 |
| San Pedro (Sierra de) (Navarra) | NA | 20 | E25 |
| San Pedro (Torrico de) | CC | 55 | N9 |
| San Pedro Bercianos | LE | 15 | E12 |
| San Pedro Cansoles | P | 16 | D15 |
| San Pedro de Alcantara (Ávila) | AV | 57 | L14 |
| San Pedro de Alcántara (Málaga) | MA | 100 | W15 |
| San Pedro de Arlanza (Ermita) | BU | 32 | F19 |
| San Pedro de Cardeña | BU | 18 | F19 |
| San Pedro de Ceque | ZA | 29 | F11 |
| San Pedro de Gaíllos | SG | 31 | I18 |
| San Pedro de la Nave | ZA | 29 | H12 |
| San Pedro de la Viña | ZA | 15 | F11 |
| San Pedro de las Herrerías | ZA | 29 | G10 |
| San Pedro de Latarce | VA | 30 | G14 |
| San Pedro de Mérida | BA | 67 | P11 |
| San Pedro de Olleros | LE | 14 | D9 |
| San Pedro de Paradela | LE | 15 | D10 |
| San Pedro de Rozados | SA | 43 | J12 |
| San Pedro de Rudaguera | S | 7 | B17 |
| San Pedro de Valderaduey | LE | 16 | E15 |
| San Pedro de Viveiro | LU | 4 | B7 |

| | | | |
|---|---|---|---|
| San Pedro de Zamudia | ZA | 29 | G12 |
| San Pedro del Arroyo | AV | 44 | J15 |
| San Pedro del Pinatar | MU | 85 | S27 |
| San Pedro del Romeral | S | 7 | C18 |
| San Pedro del Valle | SA | 43 | I12 |
| San Pedro Manrique | SO | 33 | F23 |
| San Pedro Palmiches | CU | 47 | K22 |
| San Pedro Samuel | BU | 17 | E18 |
| San Pelayo (Vizcaya) | BI | 9 | B21 |
| San Pelayo (Burgos) | BU | 8 | C19 |
| San Pelayo (Valladolid) | VA | 30 | G14 |
| San Pelayo (Convento de) | | 31 | G17 |
| San Pelayo (Monte) | | 20 | E25 |
| San Pelayo de Guareña | SA | 43 | I12 |
| San Quintín | CR | 70 | P17 |
| San Quirce de Riopisuerga | P | 17 | E17 |
| San Rafael (Segovia) | SG | 45 | J17 |
| San Rafael (Cádiz) | CA | 92 | V12 |
| San Rafael de Navallana (Embalse de) | CO | 81 | S16 |
| San Rafael de Olivenza | BA | 66 | P8 |
| San Ramón (A Coruña) | C | 3 | B5 |
| San Ramón (Madrid) | M | 45 | K16 |
| San Román (cerca de Bembibre) | LE | 15 | E10 |
| San Román (cerca de Santas Martas) | LE | 16 | E13 |
| San Román (cerca de Portomarín) | LU | 14 | D7 |
| San Román (Cervantes) | LU | 14 | D8 |
| San Román (cerca de Piloña) | O | 6 | B14 |
| San Román (cerca de Pravia) | O | 5 | B11 |
| San Román (Cantabria) | S | 7 | B18 |
| San Román (Zamora) | ZA | 29 | F12 |
| San Román (Embalse de) | | 29 | H12 |
| San Román de Basa | HU | 21 | E29 |
| San Román de Cameros | LO | 19 | F22 |
| San Román de Campezo | VI | 19 | D22 |
| San Román de Castro | HU | 22 | F30 |
| San Román de Hornija | VA | 30 | H14 |
| San Román de la Cuba | P | 16 | F15 |
| San Román de la Vega | LE | 15 | E11 |
| San Román de los Caballeros | LE | 15 | E12 |
| San Román de los Infantes | ZA | 29 | H12 |
| San Román de los Montes | TO | 57 | L15 |
| San Román de San Millán (Álava) | VI | 19 | D22 |
| San Roque (A Coruña) | C | 2 | C3 |
| San Roque (Cádiz) | CA | 99 | X13 |
| San Roque (Asturias) | O | 7 | B15 |
| San Roque (Ourense) | OR | 13 | F5 |
| San Roque (Ermita de) (cerca de Alustante) | GU | 48 | K25 |
| San Roque (Ermita de) (cerca de la Yunta) | GU | 48 | J24 |
| San Roque (Ermita de) (Teruel) | TE | 61 | L26 |
| San Roque de Riomiera | S | 8 | C18 |
| San Roque Torre Guadiaro | CA | 99 | X14 |
| San Sadurniño | C | 3 | B5 |
| San Salvador (Lugo) | LU | 3 | C6 |
| San Salvador (cerca de Teverga) | O | 5 | C11 |
| San Salvador (Valladolid) | VA | 30 | H14 |
| San Salvador (Sierra de) | | 79 | R9 |
| San Salvador de Cantamuda | P | 17 | D16 |
| San Salvador de Meis | PO | 12 | E3 |
| San Salvador de Poyo (Pontevedra) | PO | 12 | E3 |
| San Saturio (Ermita de) | SO | 33 | G22 |
| San Sebastián (Pontevedra) | PO | 13 | D4 |
| San Sebastián (Castillo de) | CA | 98 | W11 |
| San Sebastián (Embalse de) | ZA | 14 | F9 |
| San Sebastián (Ermita de) (Badajoz) | BA | 69 | P14 |
| San Sebastían (Ermita de) (Zaragoza) | Z | 34 | G25 |

| | | | |
|---|---|---|---|
| San Sebastián de Garabandal | S | 7 | C16 |
| San Sebastián de la Gomera (La Gomera) | TF | 119 | D2 |
| San Sebastián de los Ballesteros | CO | 81 | T15 |
| San Sebastián de los Reyes | M | 46 | K19 |
| San Segundo (Ermita de) | GU | 48 | J24 |
| San Serván | BA | 67 | P10 |
| San Silvestre (Castillo) | | 58 | L17 |
| San Silvestre de Guzmán | H | 90 | T7 |
| San Telmo (Huelva) | H | 78 | S9 |
| San Telmo (Parador) (Tui) | PO | 12 | F4 |
| San Tirso (León) | LE | 14 | E9 |
| San Tirso (cerca de Oviedo) | O | 5 | C12 |
| San Tirso (cerca de Pravia) | O | 5 | B11 |
| San Tirso de Abres | | 4 | B8 |
| San Torcuato | LO | 18 | E21 |
| San Urbez (Santuario de) | HU | 21 | F29 |
| San Vicente (Navarra) | NA | 11 | D26 |
| San Vicente (Ourense) | OR | 14 | E8 |
| San Vicente (Salamanca) | SA | 44 | J13 |
| San Vicente de Alcántara | BA | 54 | N8 |
| San Vicente de Arévalo | AV | 44 | J15 |
| San Vicente de la Barquera | S | 7 | B16 |
| San Vicente de la Sonsierra | LO | 19 | E21 |
| San Vicente de León | S | 7 | C17 |
| San Vicente de Robres (La Rioja) | LO | 19 | F23 |
| San Vicente de Toranzo (Cantabria) | S | 7 | C18 |
| San Vicente del Grove | PO | 12 | E3 |
| San Vicente del Mar | PO | 12 | E3 |
| San Vicente del Monte | S | 7 | C17 |
| San Vicente del Palacio | VA | 30 | I15 |
| San Vicente Ferrer | SE | 91 | U11 |
| San Vicentejo | BU | 19 | D21 |
| San Victorian (Monasterio de) | HU | 22 | E30 |
| San Vincente de la Cabeza | ZA | 29 | G11 |
| San Vincente del Valle | BU | 18 | E20 |
| San Vitero | ZA | 29 | G10 |
| San Xulian de Sales / San Julián de Sales | C | 13 | D4 |
| San Xurxo | LU | 4 | C8 |
| San Zadornil | BU | 18 | D20 |
| Sanabria (Lago de) | ZA | 14 | F9 |
| Sanabria (Valle de) | ZA | 14 | F9 |
| Sanatorio de Abona (Tenerife) | TF | 129 | G4 |
| Sanaüja | L | 37 | G33 |
| Sancedo | LE | 14 | E10 |
| Sánchez Gomez (Laguna de) | | 59 | N21 |
| Sanchicorto | AV | 44 | K15 |
| Sanchidrián | AV | 45 | J16 |
| Sancho (Embalse de) | H | 90 | T8 |
| Sancho Abarca | Z | 34 | G26 |
| Sancho Abarca (Monte) | Z | 20 | F26 |
| Sancho Leza (Collado de) | LO | 19 | F22 |
| Sanchogómez | SA | 43 | J12 |
| Sanchón de la Ribera | SA | 43 | I10 |
| Sanchón de la Sagrada | SA | 43 | J11 |
| Sanchonuño | SG | 31 | I17 |
| Sanchorreja | AV | 44 | K15 |
| Sanchotello | SA | 43 | K12 |
| Sancti Petri | CA | 98 | W11 |
| Sancti Petri (Isla) | CA | 98 | W11 |
| Sancti Spíritus (Badajoz) | BA | 69 | P14 |
| Sancti-Spíritus (Salamanca) | SA | 43 | J10 |
| Sandamias | O | 5 | B11 |
| Sande | OR | 13 | F5 |
| Sandiás | OR | 13 | F6 |
| Sandiche | O | 5 | B11 |
| Sandín | ZA | 29 | G10 |
| Sandinies | HU | 21 | D29 |
| Sando | SA | 43 | J11 |
| Sandoval de la Reina | BU | 17 | E17 |
| Sanet y Negrals | A | 74 | P29 |
| Sangarcía | SG | 45 | J16 |
| Sangarrén | HU | 21 | F28 |
| Sangenjo / Sanxenxo | PO | 12 | E3 |
| Sangonera la Verde | MU | 85 | S26 |
| Sangrera | | 57 | M15 |
| Sangüesa / Zangoza | NA | 20 | E26 |
| Sangusín | | 43 | K12 |
| Sanlúcar de Barrameda | CA | 91 | V10 |
| Sanlúcar de Guadiana | H | 90 | T7 |
| Sanlúcar la Mayor | SE | 91 | T11 |
| Sansoáin (cerca de Lumbier) | NA | 11 | D26 |
| Sansoáin (cerca de Taffala) | NA | 20 | E25 |
| Sansol | NA | 19 | E23 |
| Sansomain | NA | 20 | E25 |
| Sansustre (Rivera del) | | 67 | O9 |
| Sant Adrià de Besòs | B | 38 | H36 |
| Sant Agustí (Ibiza) | PM | 87 | P33 |
| Sant Agustí de Lluçanès | B | 24 | F36 |
| Sant Alís | | 22 | F32 |
| Sant Andreu | L | 23 | E33 |
| Sant Andreu de la Barca | B | 38 | H35 |
| Sant Andreu de Llavaneres | B | 38 | H37 |
| Sant Andreu Salou | GE | 25 | G38 |
| Sant Aniol | | 24 | F37 |
| Sant Aniol de Finestres | GE | 24 | F37 |
| Sant Antolí i Vilanova | L | 37 | H34 |
| Sant Antoni (Cap de) | A | 75 | P30 |
| Sant Antoni (Ermita de) (Alacant) | A | 74 | P28 |
| Sant Antoni (Pantà de) | L | 23 | F32 |
| Sant Antoni de Calonge | GE | 25 | G39 |
| Sant Antoni de Portmany / San Antonio de Portmany | PM | 87 | P33 |
| Sant Bartolomeu del Grau | B | 38 | G36 |
| Sant Bartomeu d'Almisdrà | A | 85 | R27 |
| Sant Bernabé de les Tenes | GE | 24 | F36 |
| Sant Boi | B | 38 | H36 |
| Sant Boi de Lluçanès | B | 24 | F36 |
| Sant Carles (Ibiza) | PM | 87 | O34 |
| Sant Carles de la Ràpita | T | 50 | K31 |
| Sant Cebrià de Vallalta | B | 38 | H37 |
| Sant Celoni | B | 38 | G37 |
| Sant Cerni | L | 23 | F32 |
| Sant Climent (Menorca) | PM | 106 | M42 |
| Sant Climent de Llobregat | B | 38 | H35 |
| Sant Climent Sescebes | GE | 25 | E38 |
| Sant Cristòfol (València) | V | 74 | O28 |
| Sant Cugat del Vallès | B | 38 | H36 |
| Sant Doménec (València) | V | 62 | N28 |
| Sant Elm (Mallorca) | PM | 104 | N37 |
| Sant Esperit (Monestir) | V | 62 | M28 |
| Sant Esteve d'En Bas | GE | 24 | F37 |
| Sant Esteve de la Sarga | L | 22 | F32 |
| Sant Esteve de Palautordera | B | 38 | G37 |
| Sant Esteve Sesrovires | B | 38 | H35 |
| Sant Felip de Neri | A | 85 | R27 |
| Sant Feliu | B | 38 | H36 |
| Sant Feliu de Boada | GE | 25 | G39 |
| Sant Feliu de Buixalleu | GE | 38 | G37 |
| Sant Feliu de Codines | B | 38 | G36 |
| Sant Feliu de Guíxols / San Feliú de Guixols | GE | 39 | G39 |
| Sant Feliu de Pallerols | GE | 24 | F37 |
| Sant Feliu del Racó | B | 38 | H36 |
| Sant Feliu Sasserra | B | 38 | G36 |
| Sant Ferran (Formentera) | PM | 87 | P34 |
| Sant Francesc | PM | 87 | P34 |
| Sant Francesc de s'Estany | PM | 87 | P34 |
| Sant Fruitós de Bages | B | 38 | G35 |
| Sant Genís | B | 39 | H38 |
| Sant Gerard | V | 62 | N28 |
| Sant Gervás (Serra de) | | 22 | F32 |
| Sant Grau | GE | 39 | G38 |
| Sant Gregori | GE | 24 | G38 |
| Sant Gregori (Mont) | GE | 24 | G37 |
| Sant Guim de Freixenet | L | 37 | H34 |
| Sant Guim de la Plana | L | 37 | G33 |
| Sant Hilari Sacalm | GE | 24 | G37 |
| Sant Hipòlit de Voltregà | B | 24 | F36 |
| Sant Iscle de Vallalta | B | 38 | H37 |
| Sant Isidre (València) | V | 62 | N28 |
| Sant Isidre d'Albatera | A | 85 | R27 |
| Sant Jaume | | 24 | F37 |
| Sant Jaume (Ermita de) | V | 74 | P28 |
| Sant Jaume d'Enveja | T | 50 | J32 |
| Sant Jaume de Frontanyà | B | 24 | F36 |
| Sant Jaume de Llierca | GE | 24 | F37 |
| Sant Jaume dels Domenys | T | 37 | I34 |
| Sant Jeroni | B | 38 | H35 |
| Sant Jeroni (Convent de) | V | 74 | P29 |
| Sant Joan | PM | 105 | N39 |
| Sant Joan (Banyos de) | PM | 105 | N39 |
| Sant Joan d'Alacant | A | 86 | Q28 |
| Sant Joan de l'Erm | L | 23 | E33 |
| Sant Joan de Labritja | PM | 87 | O34 |
| Sant Joan de les Abadesses | GE | 24 | F36 |
| Sant Joan de Mollet | GE | 25 | F38 |
| Sant Joan de Moró | CS | 62 | L29 |
| Sant Joan de Penyagolosa | CS | 62 | L28 |
| Sant Joan de Vilatorrada | B | 38 | G35 |
| Sant Joan de Vinyafrescal | L | 23 | F32 |
| Sant Joan Fumat | L | 23 | E34 |
| Sant Joan les Fonts | GE | 24 | F37 |
| Sant Joaquim | CS | 49 | J29 |
| Sant Jordi (Alacant) | A | 74 | Q29 |
| Sant Jordi (Ibiza) | PM | 87 | P34 |
| Sant Jordi (Mallorca) | PM | 104 | N38 |
| Sant Jordi (Barcelona) | B | 23 | F35 |
| Sant Jordi (Golf de) | T | 51 | J32 |
| Sant Jordi / San Jorge | CS | 50 | K30 |
| Sant Jordi d'Alfama | T | 51 | J32 |
| Sant Jordi Desvalls | GE | 25 | F38 |
| Sant Josep (Ibiza) | PM | 87 | P33 |
| Sant Josep (Grutes de) | CS | 62 | M29 |
| Sant Julià | GE | 24 | F37 |
| Sant Julià de Cerdanyola | B | 24 | F35 |
| Sant Julià de Vilatorta | B | 38 | G36 |
| Sant Llorenç (Girona) | GE | 25 | G38 |
| Sant Llorenç (Ibiza) | PM | 87 | O34 |
| Sant Llorenç d'Hortons | B | 38 | H35 |
| Sant Llorenç de la Muga | GE | 25 | F38 |
| Sant Llorenç de Montgai | L | 36 | G32 |
| Sant Llorenç de Montgai (Pantà de) | | 36 | G32 |
| Sant Llorenç de Morunys | L | 23 | F34 |
| Sant Llorenç del Munt | B | 38 | H36 |
| Sant Llorenç del Munt (Parc natural de) | B | 38 | G35 |
| Sant Llorenç des Cardassar | PM | 105 | N39 |
| Sant Llorenç Savall | B | 38 | G36 |
| Sant Lluís | PM | 106 | M42 |
| Sant Magí (Santuari) | T | 37 | H34 |
| Sant Mamet (Serra de) | | 37 | G32 |
| Sant Marçal (Ermita) | B | 38 | G37 |
| Sant Martí (Cap de) | A | 75 | P30 |
| Sant Martí d'Albars | B | 24 | F36 |
| Sant Martí de Barcedana | L | 23 | F32 |
| Sant Martí de Centelles | B | 38 | G36 |
| Sant Martí de Llémena | GE | 24 | F37 |
| Sant Martí de Ogassa | GE | 24 | F36 |
| Sant Martí de Riucorb | L | 37 | H33 |
| Sant Martí de Surroca | GE | 24 | F36 |
| Sant Martí de Torroella | B | 38 | G35 |
| Sant Martí de Tous | B | 37 | H34 |
| Sant Martí Sacalm | GE | 24 | F37 |
| Sant Martí Sapresa | GE | 24 | G37 |
| Sant Martí Sarroca | B | 37 | H34 |
| Sant Martí Sescorts | B | 24 | F36 |
| Sant Martí Sesgueioles | B | 37 | G34 |
| Sant Martí Sesserres | GE | 25 | F38 |
| Sant Martí Vell | GE | 25 | F38 |
| Sant Mateu (Castelló) | CS | 50 | K30 |
| Sant Mateu (Girona) | GE | 25 | G38 |
| Sant Mateu (Ibiza) | PM | 87 | O34 |
| Sant Mateu de Bages | B | 37 | G35 |
| Sant Maurici | B | 24 | F35 |
| Sant Maurici (Estany de) | L | 23 | E32 |
| Sant Miquel de Salinas | A | 85 | S27 |
| Sant Miquel (Ibiza) | PM | 87 | O34 |
| Sant Miquel (Mallorca) | PM | 105 | N39 |
| Sant Miquel (Lleida) | L | 37 | G34 |
| Sant Miquel (Ermita de) (Castelló) | CS | 63 | L30 |
| Sant Miquel (Torrent de) | | 105 | M39 |
| Sant Miquel de Campmajor | GE | 24 | F38 |
| Sant Miquel de Cladells | GE | 24 | G37 |
| Sant Miquel de Fluvià | GE | 25 | F38 |
| Sant Miquel de la Pobla | V | 61 | L26 |
| Sant Miquel del Fai | B | 38 | G36 |
| Sant Mori | GE | 25 | F38 |
| Sant Nicolau | L | 22 | E32 |
| Sant Pasqual (Ermita de) | A | 86 | Q28 |
| Sant Pau | CS | 50 | K29 |
| Sant Pau d'Ordal | B | 38 | H35 |
| Sant Pau de Segúries | GE | 24 | F37 |
| Sant Pere de Casserres | B | 24 | G37 |
| Sant Pere de Ribes | B | 38 | I35 |
| Sant Pere de Riudebitlles | B | 37 | H35 |
| Sant Pere de Rodes (Monestir de) | GE | 25 | F39 |
| Sant Pere de Torelló | B | 24 | F36 |
| Sant Pere de Vilamajor | B | 38 | G37 |
| Sant Pere Despuig | GE | 24 | F37 |
| Sant Pere i Sant Pau | T | 51 | I33 |
| Sant Pere Pescador | GE | 25 | F39 |
| Sant Pere Sallavinera | B | 37 | G34 |
| Sant Pol de Mar | B | 38 | H37 |
| Sant Ponç (Pantà de) | L | 37 | G34 |
| Sant Privat d'En Bas | GE | 24 | F37 |
| Sant Quintí de Mediona | B | 37 | H34 |
| Sant Quirze | B | 38 | H36 |
| Sant Quirze de Besora | B | 24 | F36 |
| Sant Quirze de Pedret | B | 24 | F35 |
| Sant Quirze Safaja | B | 38 | G36 |
| Sant Rafael (Alacant) | A | 74 | Q29 |
| Sant Rafel (Alacant) | A | 74 | P28 |
| Sant Rafel (Ibiza) | PM | 87 | P34 |
| Sant Rafel del Riu | CS | 50 | K31 |
| Sant Ramon | L | 37 | G34 |
| Sant Romà d'Abella | L | 23 | F33 |
| Sant Sadurní d'Anoia | B | 38 | H35 |
| Sant Sadurní d'Osormort | B | 24 | G37 |
| Sant Sadurní de l'Heura | GE | 25 | G38 |
| Sant Salvador | T | 37 | I34 |
| Sant Salvador (Monestir) (Mallorca) | PM | 105 | N39 |
| Sant Salvador (Monte) | GE | 25 | F39 |
| Sant Salvador de Bianya | GE | 24 | F37 |
| Sant Salvador de Guardiola | B | 37 | G35 |
| Sant Salvador de Toló | L | 23 | F33 |
| Sant Sebastià (Cap de) | GE | 25 | G39 |
| Sant Sebastià (Ermita de) (València) | V | 74 | P27 |
| Sant Sebastià de Montmajor | B | 38 | H36 |
| Sant Tomàs | PM | 106 | M42 |
| Sant Vicenç (Serra de) | | 105 | M39 |
| Sant Vicenç de Castellet | B | 38 | G35 |
| Sant Vicenç de Montalt | B | 38 | H37 |
| Sant Vicenç de Torelló | B | 24 | F36 |
| Sant Vicenç dels Horts | B | 38 | H36 |
| Sant Vicent (Castelló) | CS | 62 | L28 |
| Sant Vicent (Ibiza) | PM | 87 | O34 |
| Sant Vicent (Ermita de) (Alacant) | A | 86 | R28 |
| Sant Vicent (Ermita de) (València) | V | 62 | N28 |
| Sant Vicent del Raspeig | A | 86 | Q28 |
| Santa (Cova) | PM | 87 | P33 |
| Santa (La) (Lanzarote) | GC | 122 | C3 |
| Santa (La) (La Rioja) | LO | 19 | F22 |
| Santa (Monasterio La) | MU | 85 | S25 |
| Santa Afra | GE | 24 | F38 |
| Santa Àgata (Castelló) | CS | 50 | K30 |
| Santa Agnès (Ibiza) | PM | 87 | O34 |
| Santa Agnès de Malanyanes | B | 38 | H37 |
| Santa Agueda (Menorca) | PM | 106 | L42 |
| Santa Agueda (Ermita de) | H | 91 | T10 |
| Santa Amalia | BA | 68 | O11 |
| Santa Ana (cerca de Albacete) | AB | 72 | P24 |
| Santa Ana (cerca de Alcadozo) | AB | 72 | P23 |
| Santa Ana (Cáceres) | CC | 68 | O12 |
| Santa Ana (Jaén) | J | 94 | T18 |
| Santa Ana (Murcia) | MU | 85 | S26 |
| Santa Ana (Asturias) | O | 6 | C13 |
| Santa Ana (Toledo) | TO | 58 | L17 |
| Santa Ana (Zamora) | ZA | 29 | G10 |
| Santa Ana (León) | LE | 14 | E10 |
| Santa Ana (Ermita de) (Cáceres) | CC | 68 | O12 |
| Santa Ana (Ermita de) (cerca de Rubielos de la Cérida) | GU | 48 | J26 |
| Santa Ana (Ermita de) (cerca de Alfambra) | TE | 48 | K26 |
| Santa Ana (Ermita de) (Guadalajara) | GU | 48 | K24 |
| Santa Ana (Ermita de) (Madrid) | M | 58 | L19 |
| Santa Ana (Monasterio de) | MU | 85 | Q26 |
| Santa Ana (Sierra) | MU | 85 | Q26 |
| Santa Ana de Abajo | AB | 72 | P24 |
| Santa Ana de Arriba | AB | 72 | P23 |
| Santa Ana de Pusa | TO | 57 | M15 |
| Santa Ana la Real | H | 79 | S9 |
| Santa Anastasia | Z | 20 | F26 |
| Santa Anna (Pantà de) | L | 36 | G31 |
| Santa Baia (Embalse de) | | 14 | E8 |
| Santa Bárbara (Almería) | AL | 96 | T24 |
| Santa Bárbara (Cáceres) | CC | 56 | L11 |
| Santa Bárbara (Asturias) | O | 6 | C13 |
| Santa Bárbara (Tarragona) | T | 50 | J31 |
| Santa Bárbara (Navarra) | NA | 11 | D27 |
| Santa Barbara (Alto de) | HU | 21 | E27 |
| Santa Bárbara (Ermita de) (Cuenca) | CU | 47 | L22 |
| Santa Bárbara (Ermita de) (Girona) | GE | 24 | G37 |
| Santa Bárbara (Ermita de) (Huesca) | HU | 21 | E27 |
| Santa Bárbara (Ermita de) (cerca de Alcañiz) | TE | 50 | J29 |
| Santa Bárbara (Ermita de) (cerca de Calamocha) | TE | 48 | J25 |
| Santa Bárbara (Ermita de) (cerca de Camarena de la Sierra) | TE | 61 | L26 |
| Santa Bárbara (Ermita de) (cerca de Celadas) | TE | 49 | K26 |
| Santa Bárbara (Ermita de) (cerca de Perales del Alfambra) | TE | 48 | K26 |
| Santa Bárbara (Ermita de) (cerca de Teruel) | TE | 48 | K26 |
| Santa Bárbara (Ermita de) (cerca de Villalba Baja) | TE | 49 | K26 |
| Santa Bárbara (Ermita de) (cerca de la Puebla de Valverde) | | 61 | L27 |
| Santa Bárbara (Ermita de) (cerca de Visiedo) | | 48 | J26 |
| Santa Bárbara (Monte) | GR | 95 | T21 |
| Santa Bárbara de Casa | H | 78 | S8 |
| Santa Brígida (Gran Canaria) | GC | 115 | F2 |
| Santa Brígida (Ermita de) | CR | 70 | P17 |
| Santa Casilda (Santuario de) | BU | 18 | E19 |
| Santa Catalina (A Coruña) | C | 2 | C3 |
| Santa Catalina (Jaén) | J | 82 | S18 |
| Santa Catalina (Sevilla) | SE | 92 | T12 |
| Santa Catalina (Toledo) | TO | 58 | M17 |
| Santa Catalina (Teruel) | TE | 48 | I26 |
| Santa Catalina (Ermita de) | V | 61 | M26 |
| Santa Catalina (Monte) | | 69 | O14 |
| Santa Cecilia (Burgos) | BU | 31 | F18 |
| Santa Cecilia (Soria) | SO | 33 | F22 |
| Santa Cecilia (Ermita) | B | 38 | H35 |

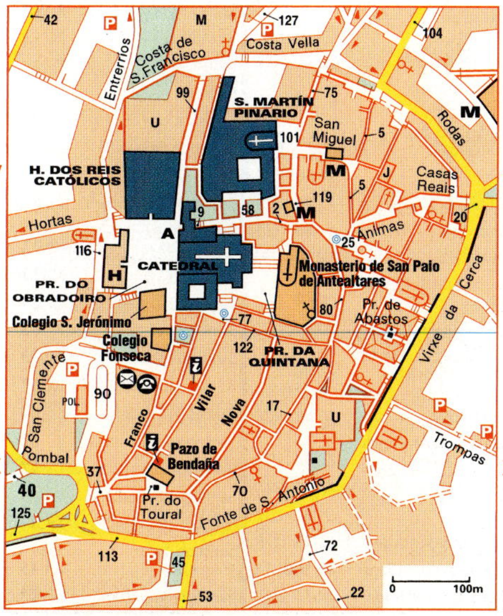

## SANTIAGO DE COMPOSTELA

| | | |
|---|---|---|
| Acibechería | V | 2 |
| Algalia de Arriba | V | 5 |
| Arco de Palacio | V | 9 |
| Caldeirería | X | 17 |
| Camiño (Porta do) | V | 20 |
| Castrón Douro | X | 22 |
| Cervantes (Pr. de) | V | 25 |
| Faxeiras (Porta da) | X | 37 |
| Ferradura (Pas. da) | X | 40 |
| Galeras | V | 42 |
| Galicia (Pr. de) | X | 45 |
| Hórreo | X | 53 |
| Immaculada (Pr. da) | V | 58 |
| Nova (R.) | X | |
| Orfas | X | 70 |
| Palacio Gelmírez | | |
| Patio de Madres | X | 72 |
| Pena (Porta da) | V | 75 |
| Praterías (Pr. das) | VX | 77 |
| Preguntoiro | V | 80 |
| Rodrigo de Padrón (Av. de) | X | 90 |
| San Francisco | V | 99 |
| San Martíño (Pr. de) | V | 101 |
| San Roque | V | 104 |
| Senra | X | 113 |
| Trinidade | V | 116 |
| Troia | V | 119 |
| Vilar (R. do) | X | |
| Xelmírez | X | 122 |
| Xoán Carlos I (Av.) | V | 125 |
| Xoán XXIII (Av. de) | V | 127 |

Santa Cecília de Voltregà B 38 G36
Santa Cecilia del Alcor P 31 G16
Santa Cilia HU 21 F29
Santa Cilia de Jaca HU 21 E27
Santa Clara (Córdoba) CO 69 Q14
Santa Clara (Ciudad Real) CR 69 P16
Santa Clara de Avedillo ZA 29 H12
Santa Coloma LO 19 E22
Santa Coloma (Riera de) 38 G37
Santa Coloma de Farners GE 24 G38
Santa Coloma de Queralt T 37 H34
Santa Colomba de Curueño LE 16 D13
Santa Colomba de la Carabias ZA 30 F13
Santa Colomba de las Monjas ZA 29 G12
Santa Colomba de Somoza LE 15 E11
Santa Comba (A Coruña) C 2 C3
Santa Comba (Lugo) LU 4 D7
Santa Comba de Bande OR 27 G6
Santa Cova B 38 H35
Santa Cristina CU 47 K23
Santa Cristina (Ermita de) GE 39 G38
Santa Cristina d'Aro GE 25 G39
Santa Cristina de la Polvorosa ZA 29 F12
Santa Cristina de Lena O 5 C12
Santa Cristina de Valmadrigal LE 16 E14
Santa Croya de Tera ZA 29 G12
Santa Cruz (Vizcaya) BI 8 C20
Santa Cruz (cerca de A Coruña) C 3 B4
Santa Cruz (cerca de Espiñaredo) C 3 B6
Santa Cruz (Córdoba) CO 81 S16
Santa Cruz (Murcia) MU 85 R26
Santa Cruz (Asturias) O 5 B12
Santa Cruz (Segovia) SG 32 I18
Santa Cruz (Ermita de) TE 49 K27
Santa Cruz (Sierra de) (Cáceres) CC 68 O12
Santa Cruz (Sierra de) (Burgos) BU 18 F20
Santa Cruz (Sierra de) (Zaragoza) Z 48 I25
Santa Cruz de Abranes ZA 28 G9
Santa Cruz de Bezana S 7 B18
Santa Cruz de Boedo P 17 E16
Santa Cruz de Campezo (Álava) VI 19 D22
Santa Cruz de Grío Z 34 H25
Santa Cruz de Juarros BU 18 F19
Santa Cruz de la Palma (La Palma) TF 131 D4
Santa Cruz de la Salceda BU 32 H19
Santa Cruz de la Serós HU 21 E27
Santa Cruz de la Sierra CC 68 N12
Santa Cruz de la Zarza TO 59 M20
Santa Cruz de los Cañamos CR 71 Q21
Santa Cruz de Marchena AL 95 U22
Santa Cruz de Mieres O 5 C12
Santa Cruz de Moncayo Z 34 G24
Santa Cruz de Moya CU 61 M26
Santa Cruz de Mudela CR 70 Q19
Santa Cruz de Nogueras TE 48 I26
Santa Cruz de Paniagua CC 55 L11
Santa Cruz de Pinares AV 45 K16
Santa Cruz de Tenerife (Tenerife) TF 125 J2
Santa Cruz de Yanguas SO 33 F22
Santa Cruz del Comercio GR 94 U18
Santa Cruz del Monte P 17 E16
Santa Cruz del Retamar TO 58 L17
Santa Cruz del Tozo BU 17 E18
Santa Cruz del Valle AV 57 L15
Santa Cruz del Valle Urbión BU 18 F20
Santa Elena (Huesca) HU 21 D29
Santa Elena (Jaén) J 82 Q19

Santa Elena (Ermita de) TE 61 L26
Santa Elena (Monasterio de) HU 21 E29
Santa Elena de Jamuz LE 15 F12
Santa Emilia TO 57 M15
Santa Engracia (Huesca) HU 21 E27
Santa Engracia (Zaragoza) Z 34 G26
Santa Engracia del Jubera LO 19 F23
Santa Eufemia CO 69 Q15
Santa Eufemia del Arroyo VA 30 G14
Santa Eufemia del Barco ZA 29 G12
Santa Eugenia (A Coruña) C 12 E3
Santa Eugènia (Mallorca) PM 104 N38
Santa Eugenia (Lugo) LU 13 E6
Santa Eugènia de Berga B 38 G36
Santa Eulalia (Jaén) J 82 R19
Santa Eulalia (Cabranes) O 6 B13
Santa Eulalia (Morcín) O 5 C12
Santa Eulalia (Cantabria) S 7 C16
Santa Eulalia (Teruel) TE 48 K26
Santa Eulalia (Zamora) ZA 29 F11
Santa Eulalia (Ermita de) H 79 S10
Santa Eulalia Bajera LO 19 F23
Santa Eulalia de Bóveda LU 3 D6
Santa Eulalia de Cabrera LE 15 F10
Santa Eulalia de Gállego Z 21 F27
Santa Eulalia de la Peña HU 21 F28
Santa Eulalia de Oscos O 4 C8
Santa Eulàlia de Puig-oriol B 24 F36
Santa Eulàlia de Riuprimer B 38 G36
Santa Eulàlia de Ronçana B 38 H36
Santa Eulalia de Tábara ZA 29 G12
Santa Eulalia del Río / Santa Eulària des Riu PM 87 P34
Santa Eulalia La Mayor HU 21 F29
Santa Eulària (Illa de) 87 P34
Santa Eulària des Riu / Santa Eulalia del Río PM 87 P34
Santa Euxea LU 13 D7
Santa Faç A 86 Q28
Santa Fé (Granada) GR 94 U18
Santa Fe (Lleida) L 37 G34
Santa Fe (Pantà de) B 38 G37
Santa Fe de Mondújar AL 103 V22
Santa Filomena (Ermita de) A 85 R27
Santa Florentina 38 H37
Santa Gadea BU 17 D18
Santa Gadea del Cid BU 18 D20
Santa Genoveva SE 92 T12
Santa Gertrudis PM 87 P34
Santa Iglesia SE 92 T13
Santa Inés (Badajoz) BA 68 Q13
Santa Inés (Burgos) BU 32 F18
Santa Inés (Salamanca) SA 44 J13
Santa Inés (Puerto de) SO 33 F21
Santa Isabel Z 35 H27
Santa Juliana SE 92 T13
Santa Lecina HU 36 G30
Santa Liestra y San Quilez HU 22 F31
Santa Linya L 36 G32
Santa Lucía (Gran Canaria) GC 117 E3
Santa Lucía (La Rioja) LO 19 F23
Santa Lucía (Pontevedra) PO 12 E4
Santa Lucía (Ermita de) TE 48 K25
Santa Lucía de Valdueza LE 14 E10
Santa Magdalena PM 104 M38
Santa Magdalena (Ermita de) (Tarragona) T 50 J31
Santa Magdalena (Ermita de) (Lleida) L 23 E34
Santa Magdalena (Serra de) 24 F36
Santa Magdalena de Pulpís CS 50 K30
Santa Margalida (Mallorca) PM 105 M39
Santa Margarida (Girona) GE 25 F39
Santa Margarida de Montbui B 37 H34

SEGOVIA

Azoguejo (Pl. de) BY 8
Cervantes BY 15
Colón BY 18
Conde de Cheste (Pl. del) BY 21
Cronista Lecea BY 23
Doctor Laguna BY 24
Escuderos AY 25
Fernández Ladreda (Av.) BY 27
Gobernador F. Jiménez BY 30
Independencia BY 36
Isabel la Católica BY 39
Juan Bravo BY 47
Judería Vieja AY 51
Marqués del Arco AY 56
Mayor (Pl.) ABY 59
Merced (Pl. de la) AX 62
Obispo Gandasegui BY 67
Padre Claret (Av.) BY 70
Ruiz de Alda BY 73
Salón (Pas. del) BY 76
Santiago (Puerta de) AX 83
San Martín (Pl.) BY 78
San Quirze BX 81
Serafín BY 88
Socorro AY 91
Valdeláguila BX 94
Zuloaga BY 96

Santa Margarida i els Monjós B 37 I35
Santa Margarita (Cádiz) CA 99 X14
Santa Margarita (Ermita de) TE 61 M27
Santa Margarita (Portillo de) ESP 20 F25
Santa María (Badajoz) BA 67 P10
Santa María (cerca de Luciana) CR 69 O16
Santa María (Ciudad Real) CR 71 P21
Santa María (Huesca) HU 21 E27
Santa María (Asturias) O 5 B12
Santa María (Palencia) P 17 D16
Santa María (Ermita de) (Segovia) SG 31 I17
Santa María (Sierra de) BA 67 Q9
Santa Maria d'Oló B 38 G36
Santa Maria de Bellpuig L 36 G32
Santa María de Belsué (Embalse de) 21 F28
Santa María de Bendones O 5 B12
Santa Maria de Besora B 24 F36
Santa María de Cayón S 7 C18
Santa Maria de Corcó B 24 F37
Santa María de Dulcis 22 F30
Santa María de Guía (Gran Canaria) GC 114 D1
Santa María de Huerta SO 33 I23
Santa María de la Alameda M 45 K17
Santa María de la Isla LE 15 E12
Santa María de la Vega ZA 15 F12
Santa María de las Hoyas SO 32 G20
Santa María de las Lomas CC 56 L13
Santa María de Llorell GE 39 G38
Santa María de los Caballeros AV 44 K13
Santa María de los Llanos 59 N21
Santa María de Mave P 17 D17
Santa Maria de Meià L 37 G32
Santa María de Mercadillo BU 32 G19
Santa Maria de Merlès B 24 F35
Santa María de Mezonzo C 3 C5
Santa Maria de Miralles B 37 H34
Santa María de Nieva AL 96 T24
Santa María de Nieva (Puerto de) 96 T23

Santa María de Ordás LE 15 D12
Santa Maria de Palautordera B 38 G37
Santa María de Redondo P 17 D16
Santa María de Riaza SG 32 H19
Santa María de Sando SA 43 J11
Santa María de Siones (Burgos) BU 8 C20
Santa María de Tentudía (Santuario de) BA 79 R10
Santa María de Trassierra CO 81 S15
Santa María de Valverde ZA 29 G12
Santa María de Zújar (Ermita de) BA 68 P12
Santa María del Águila AL 102 V21
Santa María del Arroyo AV 44 K15
Santa María del Berrocal AV 44 K13
Santa Maria del Camí (Barcelona) B 37 H34
Santa Maria del Camí (Mallorca) PM 104 N38
Santa María del Campo BU 17 F18
Santa María del Campo Rus CU 60 N22
Santa María del Cerro SG 46 I18
Santa María del Cubillo AV 45 J16
Santa María del Espino GU 47 J23
Santa María del Invierno BU 18 E19
Santa María del Mar O 5 B11
Santa María del Monte de Cea LE 16 E14
Santa María del Monte del Condado LE 16 D13
Santa María del Páramo LE 15 E12
Santa María del Prado SO 33 H22
Santa María del Puerto (Asturias) O 5 C11
Santa María del Río LE 16 E14
Santa María del Tietar AV 57 L16
Santa María del Val CU 47 K23
Santa María la Real de Nieva SG 45 I16
Santa María La Real de Oseira (Monasterio) OR 13 E6
Santa María Magdalena A 85 Q27
Santa María-Ribarredonda BU 18 E20
Santa Marina (León) LE 15 E10
Santa Marina (La Rioja) LO 19 F22
Santa Marina (Asturias) O 5 C12
Santa Marina (Pontevedra) PO 12 D4
Santa Marina de Somoza LE 15 E11

Santa Marina de Valdeón LE 6 C15
Santa Marina del Rey LE 15 E12
Santa Mariña (A Coruña) C 2 C3
Santa Mariña de Augas Santas OR 13 F6
Santa Marta (Albacete) AB 72 O23
Santa Marta (Badajoz) BA 67 Q10
Santa Marta (Málaga) MA 100 W14
Santa Marta de Magasca CC 56 N11
Santa Marta de Ortigueira (Ría de) C 3 A6
Santa Marta de Tera ZA 29 G12
Santa Marta de Tormes SA 43 J13
Santa Olaja (Burgos) BU 8 C20
Santa Olaja (León) LE 16 D14
Santa Olaja de la Varga LE 16 D14
Santa Olaja de la Vega P 16 E15
Santa Olalla TO 57 L16
Santa Olalla (Sierra de) CC 55 L9
Santa Olalla de Bureba BU 18 E19
Santa Olalla de Yeltes SA 43 J11
Santa Olalla del Cala H 79 S11
Santa Oliva T 37 I34
Santa Pau GE 24 F37
Santa Paula TO 57 M15
Santa Pelada (Ermita de la) CR 70 P19
Santa Pellaia GE 25 G38
Santa Perpètua (Barcelona) B 38 H36
Santa Perpètua (Tarragona) T 37 H34
Santa Pola A 86 R28
Santa Pola (Cap de) A 86 R28
Santa Pola de l'Est A 86 R28
Santa Ponça PM 104 N37
Santa Quiteria (Ciudad Real) CR 69 O16
Santa Quiteria (Toledo) TO 57 N15
Santa Quiteria (Ermita de) (Guadalajara) GU 48 K24
Santa Quiteria (Ermita de) (Teruel) TE 49 K27
Santa Quiteria (Ermita de) (Zaragoza) Z 34 H24
Santa Rita AB 71 P21
Santa Rosa O 5 C12
Santa Rosa (Casa de) AB 73 P26
Santa Rosalía (Málaga) MA 100 V16
Santa Rosalía (Murcia) MU 85 S27

Santa Sabiña C 2 C3
Santa Susanna B 38 H38
Santa Tecla PO 26 G3
Santa Teresa (Cádiz) CA 98 W11
Santa Teresa (Salamanca) SA 44 J13
Santa Teresa (Embalse de) SA 43 K13
Santa Teresa (Ermita) MU 84 S24
Santa Úrsula (Tenerife) TF 124 G2
Santaballa LU 3 C6
Santacara NA 20 E25
Santaella CO 93 T15
Santalavilla LE 14 E10
Santamera 47 I21
Santander S 8 B18
Santandria PM 106 M41
Santanyí PM 105 N39
Santaolalla GR 95 T21
Santas (Las) OR 13 E5
Santas Martas LE 16 E13
Santaya C 3 C5
Sante (Lugo) LU 4 B8
Sante (Asturias) O 4 B9
Santed Z 48 I25
Santed (Puerto de) Z 48 I25
Santeles PO 13 D4
Santelices BU 18 D18
Santervás SO 32 G20
Santervás de Campos VA 16 F14
Santervás de la Vega P 16 E15
Santes Creus 37 G33
Santes Creus (Monestir) T 37 H34
Santesteban / Doneztebe NA 11 C24
Santi Petri MA 100 V16
Santiago (Cáceres) CC 54 N8
Santiago (Jaén) J 82 S17
Santiago (Ermita de) CR 70 P19
Santiago (Sierra de) BA 67 O9
Santiago de Alcántara CC 54 N8
Santiago de Calatrava J 82 S17
Santiago de Compostela C 12 D4
Santiago de la Espada J 83 R22
Santiago de la Puebla SA 44 J14
Santiago de la Requejada ZA 15 F10
Santiago de la Ribera MU 85 S27

| | | | |
|---|---|---|---|
| Santiago de Loquiz (Sierra de) | | 19 | D23 |
| Santiago de Mora | AB | 73 | Q25 |
| Santiago de Tormes | AV | 44 | L13 |
| Santiago del Arroyo | VA | 31 | H16 |
| Santiago del Campo | | 55 | N10 |
| Santiago del Collado | AV | 44 | K13 |
| Santiago del Monte | O | 5 | B11 |
| Santiago del Teide (Tenerife) | TF | 126 | C3 |
| Santiago Millas | LE | 15 | E11 |
| Santiagos (Los) | CR | 70 | P17 |
| Santiagos (Sierra de los) | | 70 | P17 |
| Santianes (cerca de Tineo) | O | 5 | C10 |
| Santianes (cerca de Pravia) | O | 5 | B11 |
| Santianes (cerca de Ribadesella) | O | 6 | B14 |
| Santianes (cerca de Santo Adriano) | O | 5 | C11 |
| Santibánez (Cantabria) | S | 7 | C18 |
| Santibáñez (León) | LE | 16 | D13 |
| Santibáñez (Asturias) | O | 6 | C13 |
| Santibañez de Ayllón | SG | 32 | H20 |
| Santibáñez de Béjar | SA | 43 | K13 |
| Santibañez de Ecla | P | 17 | D16 |
| Santibáñez de Esgueva | BU | 32 | G18 |
| Santibáñez de la Peña | P | 17 | D15 |
| Santibáñez de la Sierra | SA | 43 | K12 |
| Santibáñez de Montes | LE | 15 | E11 |
| Santibáñez de Porma | LE | 16 | E13 |
| Santibáñez de Resoba | P | 17 | D16 |
| Santibáñez de Rueda | LE | 16 | D14 |
| Santibáñez de Tera | ZA | 29 | G12 |
| Santibáñez de Valcorba | VA | 31 | H16 |
| Santibáñez de Vidriales | ZA | 29 | F11 |
| Santibáñez del Val | BU | 32 | G19 |
| Santibáñez el Alto | CC | 55 | L10 |
| Santibáñez el Bajo | CC | 55 | L11 |
| Santibáñez-Zarzaguda | BU | 18 | E18 |
| Santidad (Gran Canaria) | GC | 115 | E2 |
| Santigosa (Coll de) | GE | 24 | F36 |
| Santigoso | OR | 14 | E9 |
| Santillán | P | 17 | E15 |
| Santillana | AL | 95 | U21 |
| Santillana (Embalse de) | M | 45 | J18 |
| Santillana de Castilla | P | 17 | E16 |
| Santillana del Mar | S | 7 | B17 |
| Santimamiñe | BI | 9 | B22 |
| Santiorxo | LU | 13 | E7 |
| Santiponce | SE | 91 | T11 |
| Santiscal (El) | CA | 92 | V12 |
| Santisima Trinidad | NA | 10 | D24 |
| Santiso | C | 13 | D5 |
| Santisteban del Puerto | J | 83 | R20 |
| Santiurde de Reinosa | S | 7 | C17 |
| Santiurde de Toranzo | S | 7 | C18 |
| Santiuste (Guadalajara) | GU | 47 | I21 |
| Santiuste (Soria) | SO | 32 | H21 |
| Santiuste de Pedraza | SG | 45 | I18 |
| Santiuste de San Juan Bautista | SG | 45 | I16 |
| Santiz | SA | 29 | I12 |
| Santo (Ermita del) | CC | 68 | O12 |
| Santo (Peñon del) | GR | 101 | V18 |
| Santo Adriano | | 5 | C11 |
| Santo Domingo (Badajoz) | BA | 66 | Q8 |
| Santo Domingo (Córdoba) | CO | 81 | S15 |
| Santo Domingo | M | 46 | K19 |
| Santo Domingo (Sevilla) | SE | 92 | T13 |
| Santo Domingo (Zaragoza) | Z | 21 | E27 |
| Santo Domingo (Ermita de) (Cáceres) | CC | 55 | N10 |
| Santo Domingo (Ermita de) (Guadalajara) | GU | 48 | J24 |
| Santo Domingo (Ermita de) (Ourense) | OR | 13 | E5 |
| Santo Domingo (Puerto de) | BA | 79 | Q10 |
| Santo Domingo (Punta y Prois de) (La Palma) | TF | 130 | B3 |
| Santo Domingo de Huebra | SA | 43 | K12 |
| Santo Domingo de la Calzada | LO | 18 | E21 |
| Santo Domingo de las Posadas | AV | 45 | J16 |
| Santo Domingo de Moya | CU | 61 | M25 |
| Santo Domingo de Pirón | SG | 45 | I18 |
| Santo Domingo de Silos | BU | 32 | G19 |
| Santo Estevo (Embalse de) | LU | 14 | E7 |
| Santo Niño (Ermita del) | TO | 58 | M19 |
| Santo Tomé (Jaén) | J | 83 | R20 |
| Santo Tomé (Lugo) | LU | 4 | B8 |
| Santo Tomé (Ourense) | OR | 13 | F5 |
| Santo Tomé de Rozados | SA | 43 | J12 |
| Santo Tomé de Zabarcos | AV | 44 | J15 |
| Santo Tomé del Puerto | SG | 46 | I19 |
| Santo Toribio de Liébana | S | 7 | C16 |
| Santolea | TE | 49 | J28 |
| Santolea (Embalse de) | TE | 49 | J29 |
| Santomera | MU | 85 | R26 |
| Santomera (Embalse de) | | 85 | R26 |
| Santoña | S | 8 | B19 |
| Santopétar | AL | 96 | T23 |
| Santopitar | MA | 101 | V17 |
| Santorcaz | M | 46 | K20 |
| Santoréns | HU | 22 | E32 |
| Santos (Ermita de los) (Cádiz) | CA | 99 | W12 |
| Santos (Ermita de los) (Teruel) | TE | 50 | J30 |
| Santos (Los) (Córdoba) | CO | 93 | T16 |
| Santos (Los) (Salamanca) | SA | 43 | K12 |
| Santos (Los) (València) | V | 61 | L26 |
| Santos (Sierra de los) (Badajoz) | BA | 79 | Q11 |
| Santos (Sierra de los) (Córdoba) | CO | 80 | R13 |
| Santos de la Humosa (Los) | M | 46 | K20 |
| Santos de la Piedra (Ermita de los) | TE | 48 | K25 |
| Santos de Maimona (Los) | BA | 79 | Q10 |
| Santoseco | O | 5 | B11 |
| Santotis (Burgos) | BU | 18 | D19 |
| Santotis (Cantabria) | S | 7 | C16 |
| Santovenia (Segovia) | SG | 45 | J16 |
| Santovenia (Zamora) | ZA | 29 | G12 |
| Santovenia de la Valdoncina | LE | 16 | E13 |
| Santovenia de Oca | BU | 18 | E19 |
| Santovenia de Pisuerga | VA | 31 | G15 |
| Santovenia del Monte | LE | 16 | E13 |
| Santoveña | O | 6 | B15 |
| Santoyo | P | 17 | F16 |
| Santpedor | B | 38 | G35 |
| Santuario de Belén | AB | 73 | P26 |
| Santuario de la Incarnación | | 72 | Q24 |
| Santueri (Castillo de) | | 105 | N39 |
| Santullán | S | 8 | B20 |
| Santullano | O | 5 | B12 |
| Santurde de Rioja | LO | 18 | E21 |
| Santurdejo | LO | 18 | E21 |
| Santurio | O | 6 | B13 |
| Santurtzi | BI | 8 | B20 |
| Sanxenxo / Sangenjo | PO | 12 | E3 |
| Sanxián | PO | 26 | G3 |
| Sanzo | O | 4 | C9 |
| Sanzoles | ZA | 30 | H13 |
| Saornil de Voltoya | AV | 45 | J16 |
| Sapeira | L | 22 | F32 |
| Sar | C | 12 | D4 |
| Sarandón | C | 13 | D4 |
| Sarasa | NA | 10 | D24 |
| Saraso | BU | 19 | D22 |
| Saratxo | VI | 8 | C20 |
| Saravillo | HU | 22 | E30 |
| Sarceda | S | 7 | C16 |
| Sarces | C | 2 | C2 |
| Sardas | HU | 21 | E29 |

MÉRIDA
LA ALGABA
BRENES
SANTIPONCE
SAN JERÓNIMO
VALDEZORRAS
PARQUE DEL ALAMILLO
ISLA MÁGICA
La Cartuja
CAMAS
Puente de la Corta
Puente del Patrocinio
TRIANA
BARRIO DE STA CRUZ
GIRALDA
ALCÁZAR
PARQUE DE MARÍA LUISA
Museo Arqueológico
PALACIO DE DEPORTES
STA JUSTA
PSIQUIÁTRICO
PARQUE DE MIRAFLORES
PARQUE ALCOSA
SEVILLA ESTE
POLÍGONO AEROPUERTO
MERCASEVILLA
PALACIO DE CONGRESOS
PARQUE AMATE
LA NEGRILLA
POLÍGONO INDUSTRIAL EL PINO
Puente Reina Sofía
Puente Rey J. Carlos
AERODROMO DE TABLADA
SAN JUAN DE AZNALFARACHE
UNIVERSIDAD LABORAL
PINEDA
Puente del V Centenario
GELVES
MADRID
SAN PABLO
MÁLAGA
HUELVA
CORIA DEL RIO
CÁDIZ
MARBELLA, RONDA, UTRERA

## SEVILLA

Ada . . . . FR 3
Alameda de Hércules . . . . FR 5
Alcade Juan Fernández . . . . FR 8
América (Pl. de) . . . . FR 24
Antonio Bienvenida . . . . FR 28
Asunción . . . . FR 33
Borbolla (Av. de) . . . . FR 38
Capuchinos (Ronda) . . . . FR 45
Cardenal Ilundain . . . . FS 46
Carlos V (Av.de) . . . . FR 52
Castilla . . . . ER 57
Chapina (Puente) . . . . FR 59
Ciudad Jardín (Av.) . . . . FR 60
Cristóbal Colón (Pas. de) . . . . FR 72
Cruz del Campo (Av.) . . . . FR 80
Delicias (Pas. de las) . . . . FR 82
Diego Martínez Barrio . . . . FR 85
Doctor Fedriani . . . . FP 87
Don Fabrique . . . . FP 92
Eduardo Dato (Av.) . . . . FR 100
Éfeso . . . . FR 102
Enramadilla . . . . FR 107
Eritaña (Av.) . . . . FR 110
España (Pl. de) . . . . FR 114
Federico Mayo Gayarre . . . . GR 117
Felipe II . . . . FR 120
Francisco Buendía . . . . FR 125
Generalísimo (Puente del) . . . . FR 136
General Merry . . . . FR 132
El Greco (Av.) . . . . FR 139
Isabel II o de Triana (Puente) . . . . FR 145
López de Gomara . . . . ER 157
Luis de Morales . . . . FR 161
Manuel Fal Conde . . . . FS 165
Manuel Siurot (Av.) . . . . FS 167
Maqueda . . . . GR 170
María Auxiliadora . . . . FR 175
María Luisa (Av.) . . . . FR 177
Marqués de Luca de Tena . . . . FS 182
Marqués de Paradas (Av.) . . . . FR 185
Marqués de Pickman . . . . FR 187
Menéndez Pelayo . . . . FR 195
Miraflores (Av.) . . . . FR 198
Padre García Tejero (Av.) . . . . FS 212
Páez de Rivera . . . . FS 215
Pagés del Corro . . . . FR 217
Pedro Gual Villalbi (Av.) . . . . FP 225
Pío XII (Ronda) . . . . FP 229
Quintillo (Camino) . . . . FS 244
Ramón de Carranza (Av.) . . . . FR 249
Ramón y Cajal (Av.) . . . . FR 247
Recaredo . . . . FR 252
República Argentina (Av.) . . . . ER 255
Resolana . . . . FR 257
Rubén Darío . . . . ER 265
Sánchez Pizjuán (Av.) . . . . FP 292
Santa Fé . . . . FR 295
San Fernando . . . . FR 267
San Francisco Javier (Av.) . . . . FR 270
San Juan de la Cruz (Av.) . . . . GR 275
San Juan de la Salle . . . . FP 282
San Juan de Ribera . . . . FP 283
San Luis . . . . FR 285
San Telmo (Puente de) . . . . FR 290
Tesalónica . . . . GR 305
Virgen de Luján . . . . FPR 322

| | | | |
|---|---|---|---|
| Sardina (Gran Canaria) | GC | 117 | F4 |
| Sardina (Punta de) (Gran Canaria) | GC | 114 | C1 |
| Sardinas | J | 83 | R20 |
| Sardinero | SE | 80 | S13 |
| Sardinero (El) | S | 8 | B18 |
| Sardineros (Los) | V | 73 | N26 |
| Sardinilla | J | 82 | R17 |
| Sardiñeiro de Abaixo | C | 2 | D2 |
| Sardón de Duero | VA | 31 | H16 |
| Sardón de los Frailes | SA | 29 | I11 |
| Sarga (Pico de la) | AB | 83 | Q22 |
| Sargadelos | LU | 4 | B7 |
| Sargentes de la Lora | BU | 17 | D18 |
| Sargilla (La) | AB | 72 | Q23 |
| Sariego | O | 6 | B13 |
| Sariegos | LE | 16 | E13 |
| Sariñena | HU | 35 | G29 |
| Saro | S | 7 | C18 |
| Sarón | S | 7 | C18 |
| Sarrablo (Puerto del) | HU | 21 | E29 |
| Sarracín | BU | 18 | F18 |
| Sarracín de Aliste | ZA | 29 | G11 |
| Sarral | T | 37 | H33 |
| Sarreaus | OR | 13 | F7 |
| Sarria | LU | 14 | D7 |
| Sarrià de Ter | GE | 25 | F38 |
| Sarriés / Sartze | NA | 11 | D26 |
| Sarrión | TE | 61 | L27 |
| Sarroca de Bellera | L | 22 | E32 |
| Sarroca de Lleida | L | 36 | H31 |
| Sarroqueta | L | 22 | E32 |
| Sarsamarcuello | HU | 21 | F27 |
| Sartaguda | NA | 19 | E23 |
| Sartajada | TO | 57 | L15 |
| Sartze / Sarriés | NA | 11 | D26 |
| Sarvisé | HU | 21 | E29 |
| Sarzol | O | 4 | C9 |
| Sas de Penelas | OR | 14 | E7 |
| Sasa del Abadiado | HU | 21 | F29 |
| Sasal | HU | 21 | E28 |
| Sasamón | BU | 17 | E17 |
| Sasdónigas | LU | 4 | B7 |
| Sáseta | BU | 19 | D22 |
| Sástago | Z | 35 | I28 |
| Sastres | CR | 69 | O16 |
| Saturrarán | SS | 10 | C22 |
| Sau (Pantà de) | B | 24 | G37 |
| Sauca | GU | 47 | I22 |
| Saúca (Ermita de) | GU | 47 | K21 |
| Sauceda | CC | 43 | L10 |
| Sauceda (La) | MA | 99 | W13 |
| Saucedilla | CC | 56 | M12 |
| Saucedilla (Embalse de) | | 81 | Q16 |
| Saucejo (El) | SE | 92 | U14 |
| Saucelle | SA | 42 | I9 |
| Saucelle (Embalse de) | | 42 | I9 |
| Sauceral (El) | TO | 58 | N17 |
| Sauces (Los) (La Palma) | TF | 131 | D3 |
| Sauco | AL | 95 | U22 |
| Saúgo (El) | SA | 42 | K10 |
| Sauquillo de Boñices | SO | 33 | H22 |
| Sauquillo de Cabezas | SG | 45 | I17 |
| Sauquillo de Paredes | SO | 32 | H21 |
| Sauquillo del Campo | SO | 33 | H22 |
| Saus | GE | 25 | F38 |
| Sauvegarde (Pico de) | HU | 22 | D31 |
| Sauzal (El) (Tenerife) | TF | 124 | G2 |
| Savallà del Comtat | T | 37 | H33 |
| Savina (La) | PM | 87 | P34 |
| Saviñán | Z | 34 | H25 |
| Saviñao | LU | 13 | E7 |
| Sax | A | 73 | Q27 |
| Sayago (Palazuelo de) | ZA | 29 | H11 |
| Sayalonga | MA | 101 | V17 |
| Sayatón | GU | 47 | K21 |
| Sazadón (Portillo de) | ZA | 29 | G10 |
| Seadur | OR | 14 | E8 |
| Seara | LU | 14 | E8 |
| Seara (A) | OR | 13 | F5 |
| Seares | O | 4 | B8 |
| Seavia | C | 2 | C3 |
| Sebo (Punta del) | H | 90 | U9 |
| Sebúlcor | SG | 31 | I18 |
| Sec de Betxí (Riu) | | 62 | M29 |
| Seca (La) (León) | LE | 16 | D13 |
| Seca (La) (Soria) | SO | 33 | H21 |
| Seca (La) (Valladolid) | VA | 30 | H15 |
| Secà (Pantà de) | | 36 | H31 |
| Seca (Sierra de) | | 83 | S21 |
| Secanos | | 85 | S25 |
| Secastilla | HU | 22 | F30 |
| Seco (Burgos) | BU | 18 | F19 |
| Seco (Salamanca) | SA | 43 | J12 |
| Seco (Pico) | | 13 | E5 |
| Secuita (La) | T | 37 | I33 |
| Sedano | BU | 18 | D18 |
| Sedella | MA | 101 | V17 |
| Sedes | C | 3 | B5 |
| Sediles | Z | 34 | H25 |
| Segán | LU | 13 | D6 |
| Segarró (El) | CS | 50 | K29 |
| Segart | V | 62 | M28 |
| Sege | AB | 84 | R23 |
| Segóbriga (Ruinas romanas de) | CU | 59 | M21 |
| Segorbe | CS | 62 | M28 |
| Segovia | SG | 45 | J17 |
| Segoyuela de los Cornejos | SA | 43 | K11 |
| Segre (El)(Río) | | 24 | E36 |
| Segre (Vall du) | L | 23 | E34 |
| Segundera (Sierra) | | 14 | F9 |
| Segur de Calafell | T | 37 | I34 |
| Segura (Guipúzcoa) | SS | 10 | C23 |
| Segura (Tarragona) | T | 37 | H33 |
| Segura (Puerto de) | TE | 49 | J27 |
| Segura (Riu) | | 85 | R27 |
| Segura (Riu) | | 85 | R26 |
| Segura (Sierra de) | | 83 | S21 |
| Segura de la Sierra | J | 83 | R22 |
| Segura de Léon | BA | 79 | R10 |
| Segura de los Baños | TE | 49 | J27 |
| Segura de Toro | CC | 56 | L12 |
| Segurilla | TO | 57 | L15 |
| Seguro (El) | S | 7 | C18 |
| Seira | HU | 22 | E31 |
| Seixido | PO | 13 | E4 |
| Seixo (Pontevedra) | PO | 12 | E3 |
| Seixo (Ourense) | OR | 14 | F7 |
| Seixo (O) | PO | 12 | G3 |
| Seixón | LU | 3 | C6 |
| Sejas de Aliste | ZA | 29 | G10 |
| Sel de la Carrera | S | 7 | C18 |
| Sela | PO | 13 | F4 |
| Selas | GU | 47 | J23 |
| Selaya | S | 7 | C18 |
| Selgas | O | 5 | B11 |
| Selgua | HU | 36 | G30 |
| Sella (Alacant) | A | 74 | Q29 |
| Sella (Río) (Asturias) | O | 6 | B14 |
| Sella (Riu) | | 74 | Q29 |
| Selladores (Casa Forestal de) | J | 82 | Q18 |
| Sellent | V | 74 | O28 |
| Selmo | | 14 | E9 |
| Selorio | O | 6 | B13 |
| Selva (Murcia) | MU | 84 | S24 |
| Selva (Mallorca) | PM | 104 | M38 |
| Selva de Mar (La) | GE | 25 | F39 |
| Selva del Camp (La) | T | 37 | I33 |
| Selvanera | L | 37 | G33 |
| Selviella | O | 5 | C11 |
| Semillas | GU | 46 | I20 |
| Sena (Huesca) | HU | 36 | G29 |
| Sena de Luna | LE | 15 | D12 |
| Senan | T | 37 | H33 |
| Senande | C | 2 | C2 |
| Sencelles | PM | 104 | N38 |
| Sendadiano | VI | 18 | D21 |
| Sendelle | C | 3 | D5 |
| Senegúe | HU | 21 | E28 |
| Senés | AL | 96 | U22 |
| Senés de Alcubierre | HU | 35 | G28 |
| Senet | L | 22 | E32 |
| Senet (Pantà de) | HU | 22 | E32 |

## SEVILLA

| | | |
|---|---|---|
| Agua (Callejón del) | CY | 4 |
| Alemanes | BX | 12 |
| Alfaro (Pl. de) | CXY | 15 |
| Alianza (Pl.) | BX | 19 |
| Almirante Apodaca | CV | 20 |
| Almirante Lobo | BY | 21 |
| Álvarez Quintero | BX | 22 |
| Amador de los Ríos | CV | 23 |
| Antillano Campos | AX | 26 |
| Aposentadores | BV | 29 |
| Arco de la Judería | BY | 30 |
| Argote de Molina | BX | 31 |
| Banderas (Patio de las) | BXY | 35 |
| Capitán Vigueras | CY | 42 |
| Cardenal Spínola | AV | 47 |
| Castelar | AX | 55 |
| Chapina (Puente) | AX | 59 |
| Doña Elvira (Pl. de) | BX | 95 |
| Doña Guiomar | AX | 97 |
| Escuelas Pías | CV | 112 |
| Farmaceútico E. Murillo Herrera | AY | 115 |
| Feria | BV | |
| Francisco Carrión Mejías | CV | 126 |
| Francos | BX | |
| Fray Ceferino González | BX | 127 |
| García de Vinuesa | BX | 130 |
| General Polavieja | BX | 135 |
| Gloria | BXY | 137 |
| Gonzalo Bílbao | CV | 138 |
| Hospital de los Venerables | BX | |
| Jesús de la Vera Cruz | AV | 147 |
| José Laguillo (Av.) | CV | 302 |
| José María Martínez Sánchez Arjona | AY | 150 |
| Julio César | AX | 152 |
| Júpiter | CV | 153 |
| Luis Montoto | CX | 160 |
| Marcelino Champagnat | AY | 172 |
| Marqués de Paradas (Av.) | AVX | 185 |
| Martín Villa | BV | 190 |
| Mateos Gago | BX | 192 |
| Mesón del Moro | BX | 197 |
| Murillo | AV | 202 |
| Museo (Pl. del) | AV | 205 |
| Navarros | CVX | 207 |
| O'Donnell | BV | 210 |
| Pascual de Gayangos | AV | 220 |
| Pastor Landero | AX | 222 |
| Pedro del Toro | AV | 227 |
| Pimienta o Susona | BCY | 228 |
| Ponce de León (Pl.) | CV | 234 |
| Puente y Pellón | BV | 242 |
| Puerta de Jerez | BY | 243 |
| República Argentina (Av.) | AY | 255 |
| Reyes Católicos | AX | 260 |
| Rodrigo Caro (Callejón de) | BX | 261 |
| Romero Morube | BX | 264 |
| Santander | BY | 300 |
| Santa Isabel (Pl. de) | CV | 296 |
| Santa María La Blanca | CX | 297 |
| Santa Marta (Pl. de) | BX | 298 |
| Santa Teresa | CX | 299 |
| San Gregorio | BY | 272 |
| San Juan de la Palma | BV | 277 |
| San Pedro (Pl.) | BV | 286 |
| San Sebastián (Pl.) | CY | 287 |
| Sierpes | BVX | |
| Temprado | BY | 304 |
| Tetuán | BX | |
| Tres Cruces (Pl. de las) | CX | 306 |
| Triunfo (Pl. del) | BX | 307 |
| Velázquez | BV | 310 |
| Venerables (Pl. de los) | BCX | 312 |
| Virgen de los Reyes (Pl. de la) | BX | 324 |
| Viriato | BV | 329 |

A
B
C
V
X
Y
200 m
CONVENTO DE SANTA PAULA
PALACIO DE LAS DUEÑAS
MUSEO DE BELLAS ARTES
PALACIO DE LEBRIJA
Pl. de la Encarnación
Pl. del Duque de la Victoria
Pl. de la Concordia
Pl. de Gavidia
Pl. Cristo de Burgos
Pl. San Leandro
Convento S. Leandro
CASA DE PILATOS
Pl. de Pilatos
EL SALVADOR
Pl. del Salvador
CAPILLA DE SAN JOSÉ
La Magdalena
Pl. Legión
Pl. Nueva
Pl. San Francisco
EL ARENAL
GIRALDA
CATEDRAL
La Maestranza
Monumento a la Tolerancia
BARRIO DE STA CRUZ
STA MARÍA LA BLANCA
Pl. de Sta Cruz
Pl. de los Refinadores
REAL ALCÁZAR
Galería del Grutesco
JARDINES DEL ALCÁZAR
Pabellón de Carlos V
LABERINTO
HOSPITAL DE LA CARIDAD
Teatro de la Maestranza
Torre de la Plata
Torre del Oro
Capilla de los Marineros
Pl. del Altozano
TRIANA
Sta Ana
CANAL DE ALFONSO XIII
PUERTO
Palacio de S. Telmo
Universidad
Pl. Don Juan de Austria
Pl. de Cuba
Pl. Callao
JARDINES DEL VALLE
Sierpes
Tetuán
Paseo de Cristóbal Colón
Torneo
Resolana
Feria
Castellar
Imagen
Laraña
Cuna
Francos
Constitución
Av. de Cádiz
San Fernando
Av. de Carlos V
Av. de Portugal
Av. del Cid
Paseo de las Delicias
La Florida
Recaredo
Menéndez Pelayo
Pagés del Corro
San Jacinto
Betis
Pureza
Castilla
Alfarería
Evangelista
Febo
Salado
Ardilla
Trabajo
Troya
Pl. de la Encarnación

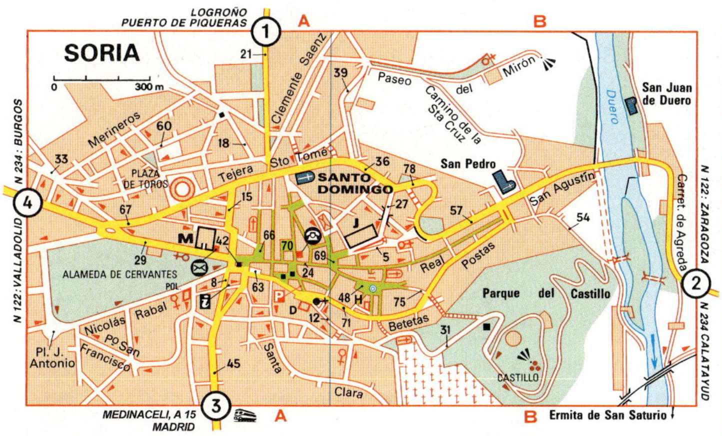
SORIA
LOGROÑO
PUERTO DE PIQUERAS
N 234 : BURGOS
N 122 : VALLADOLID
N 122 : ZARAGOZA
N 234 CALATAYUD
MEDINACELI, A 15
MADRID
Ermita de San Saturio
San Juan de Duero
Duero
SANTO DOMINGO
San Pedro
Parque del Castillo
CASTILLO
ALAMEDA DE CERVANTES
PLAZA DE TOROS
Carret. de Agreda
300 m

| | | |
|---|---|---|
| Aguirre | B | 5 |
| Alfonso VIII | A | 8 |
| Caballeros | A | 12 |
| Campo | A | 15 |
| Cardenal Frías | A | 18 |
| Casas | A | 21 |
| Collado | A | 24 |
| Condes de Gómara | B | 27 |
| Espolón (Pas. del) | A | 29 |
| Fortún López | B | 31 |
| García Solier | A | 33 |
| Hospicio | B | 36 |
| Logroño (Carret.) | B | 39 |
| Mariano Granados (Pl.) | A | 42 |
| Mariano Vicén (Av.) | A | 45 |
| Mayor (Pl.) | B | 48 |
| Nuestra Señora de Calatañazor | B | 54 |
| Obispo Augustín | B | 57 |
| Pedrizas | A | 60 |
| Ramón Benito Aceña (Pl.) | A | 66 |
| Ramón y Cajal (Pl.) | A | 63 |
| San Benito | A | 67 |
| San Blás y el Rosel (Pl.) | A | 69 |
| San Clemente | A | 70 |
| San Juan de Rabanera | B | 71 |
| Sorovega | B | 75 |
| Tirso de Molina | B | 78 |

| | | | |
|---|---|---|---|
| Sénia (La) | T | 50 | K30 |
| Sénia (Riu de la) | CS | 50 | K31 |
| Senija | A | 74 | P30 |
| Seno | TE | 49 | J29 |
| Senra | LE | 15 | D11 |
| Senterada | L | 23 | F32 |
| Sentfores | B | 38 | G36 |
| Sentiu de Sió (La) | L | 37 | G32 |
| Sentmenat | B | 38 | H36 |
| Senz | HU | 22 | E31 |
| Seña (Cantabria) | S | 8 | B19 |
| Señales (Las) | LE | 6 | C14 |
| Señora | BA | 66 | Q8 |
| Señorio de Bertiz (Parque natural) | | 11 | C25 |
| Señuela | SO | 33 | H22 |
| Señuela (La) | SE | 91 | U11 |
| Seo de Urgel / Seu d'Urgell (La) | L | 23 | E34 |
| Seoane (cerca de Fonsagrada) | LU | 4 | C8 |
| Seoane (cerca de Monforte) | LU | 14 | E7 |
| Seoane (cerca del Puerto El Buey) | LU | 14 | E8 |
| Sepulcro Hilario | SA | 43 | J11 |
| Sepúlveda | SG | 32 | I18 |
| Sequeiros (Embalse de) | | 14 | E8 |
| Sequera de Fresno | SG | 32 | H19 |
| Sequera de Haza (La) | BU | 31 | H18 |
| Sequero (Ermita de) | CC | 55 | M9 |
| Sequeros | SA | 43 | K11 |
| Sequillo (Río) (Soria) | SO | 32 | H21 |
| Sequillo (Río) (Zamora) | ZA | 30 | G13 |
| Ser (A Coruña) | C | 2 | C3 |
| Ser (El) (Girona) | GE | 24 | F38 |
| Serandinas | O | 4 | B9 |
| Seranillo | CR | 70 | Q18 |
| Seráns | C | 12 | E2 |
| Serantes (cerca de Ferrol) | C | 3 | B5 |
| Serantes (cerca de Melide) | C | 13 | D5 |
| Serantes (Madrid) | M | 58 | L17 |
| Serantes (Asturias) | O | 4 | B9 |
| Serena | AL | 96 | U24 |
| Serena (La) | BA | 68 | P13 |
| Serín | O | 5 | B12 |
| Serinyà | GE | 24 | F38 |
| Serna (La) | P | 17 | E16 |
| Serna del Monte (La) | M | 46 | I19 |
| Serón (Almería) | AL | 95 | T22 |
| Serón de Nágima | SO | 33 | H23 |
| Serones (Embalse de) | AV | 45 | J16 |
| Serós | L | 36 | H31 |
| Serpis (Riu) | | 74 | P29 |
| Serpos | H | 79 | S9 |
| Serra | V | 62 | M28 |
| Serra d'Almos (La) | T | 50 | I32 |
| Serra d'en Galceran | CS | 62 | L29 |
| Serra d'Ensija | | 23 | F35 |
| Serra de Daró | GE | 25 | F39 |
| Serra de Outes | C | 12 | D3 |
| Serra Perenxisa | V | 62 | N28 |
| Serracines | M | 46 | K19 |
| Serrada | VA | 30 | H15 |
| Serrada (La) | AV | 44 | K15 |
| Serrada de la Fuente | M | 46 | J19 |
| Serradell | L | 23 | F32 |
| Serradero | | 19 | F22 |
| Serradero (Punta del) (La Palma) | TF | 130 | A3 |
| Serradiel | AB | 73 | O25 |
| Serradilla | CC | 56 | M11 |
| Serradilla del Arroyo | SA | 43 | K10 |
| Serradilla del Llano | SA | 43 | K10 |
| Serradúy | HU | 22 | F31 |
| Serral (Sierra del) | | 73 | Q26 |
| Serramo | C | 2 | C3 |
| Serrana (Puerto de la) | CC | 56 | M11 |
| Serranía de Cuenca | CU | 47 | K23 |
| Serranía de Cuenca (Reserva nacional) | CU | 60 | L23 |
| Serranillo (Ciudad Real) | CR | 71 | P20 |
| Serranillo (Salamanca) | SA | 42 | J9 |
| Serranillos | AV | 44 | K15 |
| Serranillos (Collado de) | AV | 44 | L15 |
| Serranillos del Valle | M | 58 | L18 |
| Serranillos Playa | TO | 57 | L15 |
| Serrano | MU | 85 | R26 |
| Serrantina (Sierra de la) | | 5 | C10 |
| Serrapio | PO | 13 | E4 |
| Serrata | MU | 84 | R23 |
| Serrateix | B | 37 | G35 |
| Serratella (La) | CS | 50 | L30 |
| Serrato | MA | 100 | V15 |
| Serrejón | CC | 56 | M12 |
| Serrejón (Sierra de) | CC | 56 | M12 |
| Serrella (La) | A | 74 | P29 |
| Serres | C | 12 | D2 |
| Serreta (Granada) | GR | 95 | T20 |
| Serreta (Murcia) | MU | 96 | T24 |
| Serrota | | 44 | K14 |
| Serué | HU | 21 | E28 |
| Serval | GR | 94 | T17 |
| Serveto | HU | 22 | E30 |
| Servoi | OR | 28 | F7 |
| Ses Ánimes (Mirador de) | | 104 | M37 |
| Ses Crestes (Punta de) | | 105 | N39 |
| Ses Illetes | PM | 104 | N37 |
| Ses Meravelles | PM | 104 | N38 |
| Ses Salines | PM | 105 | N39 |
| Ses Salines (Cap de) | PM | 105 | O39 |
| Sesa | HU | 35 | G29 |
| Sésamo | LE | 14 | D10 |
| Seseña | TO | 58 | L18 |
| Seseña Nuevo | TO | 58 | L19 |
| Sesga | V | 61 | L26 |
| Sesma | NA | 19 | E23 |
| Sesnández | ZA | 29 | G11 |
| Sestao | BI | 8 | C21 |
| Sestorraso | O | 5 | C10 |
| Sestrica | Z | 34 | H25 |
| Sesué | HU | 22 | E31 |
| Set (Riu de) | | 36 | H31 |
| Setcases | GE | 24 | E36 |
| Setefilla | SE | 80 | S13 |
| Setenil (Estación de) | CA | 92 | V14 |
| Setenil de las Bodegas | CA | 92 | V14 |
| Seteventos | LU | 14 | D8 |
| Setiles | GU | 48 | J25 |
| Seu d'Urgell (La) / Seo de Urgel | L | 23 | E34 |
| Seva | B | 38 | G36 |
| Sevares | O | 6 | B14 |
| Sever | CC | 54 | N7 |
| Sevilla | SE | 91 | T12 |
| Sevilla (Puerto de) | BA | 67 | P10 |
| Sevilla la Nueva | M | 45 | K17 |
| Sevilleja | J | 82 | R18 |
| Sevilleja de la Jara | TO | 57 | N15 |
| Sevillejas (Sierra de) | TO | 57 | N15 |
| Sexmiro | SA | 42 | J9 |
| Sexmo (El) | MA | 100 | V16 |
| Shangril-La | PM | 106 | M42 |
| Sía (Puerto de la) | S | 8 | C19 |
| Sidamon | L | 36 | H32 |
| Sienes | GU | 47 | I22 |
| Siero | O | 6 | B13 |
| Siero de la Reina | LE | 16 | D15 |
| Sierpe (La) | SA | 43 | K12 |
| Sierra | AB | 73 | Q25 |
| Sierra (Faramontanos de la) | ZA | 15 | F10 |
| Sierra (La) (Albacete) | AB | 83 | Q22 |
| Sierra (La) (Cádiz) | CA | 91 | V12 |
| Sierra (La) (Huesca) | HU | 22 | E30 |
| Sierra (Pico de la) | BU | 32 | G19 |
| Sierra (Villarejo de la) | ZA | 15 | F10 |
| Sierra Boyera (Embalse de) | CO | 80 | R14 |
| Sierra Brava (Embalse de) | CC | 68 | O13 |
| Sierra de Andújar (Parque natural de la) | | 82 | Q17-R18 |
| Sierra de Aracena y Picos de Aroche (Parque natural de la) | | 79 | R9-S11 |
| Sierra de Cardeña y Montero (Parque natural de la) | | 81 | R16-R17 |
| Sierra de Espuña (Parque natural de la) | MU | 85 | S25 |
| Sierra de Fuentes | CC | 55 | N11 |
| Sierra de Grazalema (Parque natural de la) | | 92 | V13-W14 |
| Sierra de Hornachuelos (Parque natural de la) | | 80 | S13-T14 |
| Sierra de Huétor (Parque natural) | | 94 | U19 |
| Sierra de las Nieves | SE | 92 | V14 |
| Sierra de Luna | Z | 21 | F27 |
| Sierra de Tejeda (Reserva nacional de) | MA | 101 | V18 |
| Sierra de Yeguas | MA | 93 | U15 |
| Sierra Mágina (Parque natural de la) | | 82 | S19 |
| Sierra Mayor (Puerto) | HU | 21 | F27 |
| Sierra Nevada | AN | 95 | U19 |
| Sierra Nevada (Parque natural de la) | | 94 | U19-W21 |
| Sierra Nevada (Reserva nacional de) | GR | 94 | U19 |
| Sierra Norte de Sevilla (Parque natural de la) | | 79 | S11-T13 |
| Sierra Subbética (Parque natural de la) | | 93 | T17-U18 |
| Sierro | AL | 96 | U22 |
| Sieso de Huesca | HU | 21 | F29 |
| Siesta | PM | 87 | P34 |
| Siétamo | HU | 21 | F29 |
| Siete Aguas | V | 61 | N27 |
| Siete Iglesias de Trabancos | VA | 30 | H14 |
| Sieteiglesias | M | 46 | J19 |
| Sieteiglesias de Tormes | SA | 44 | J13 |
| Sietes | O | 6 | B13 |
| Sigena | | 36 | H29 |
| Sigena (Monasterio de) | HU | 36 | G29 |
| Sigeres | AV | 44 | J15 |
| Sigrás | C | 3 | C4 |
| Sigüeiro | C | 3 | D4 |
| Sigüenza | GU | 47 | I22 |
| Siguero | SG | 46 | I19 |
| Sigueruelo | SG | 46 | I19 |
| Sigüés | Z | 20 | E26 |
| Sigüeya | LE | 14 | E10 |
| Sil (Gargantas del) | OR | 13 | E6 |
| Sil (Río) | ESP | 14 | E7 |
| Silán | LU | 4 | B7 |
| Silanes | BU | 18 | D20 |
| Sileras | CO | 94 | T17 |
| Siles | J | 83 | Q22 |
| Silillos | CO | 80 | S14 |
| Silillos (Embalse de) | H | 79 | T9 |
| Silió | S | 7 | C17 |
| Silla | V | 74 | N28 |
| Silla de Felipe II | M | 45 | K17 |
| Silladores | J | 82 | Q18 |
| Sillar Baja | GR | 94 | T19 |
| Silleda | PO | 13 | D5 |
| Silleiro (Cabo) | PO | 12 | F3 |
| Silleta | CC | 55 | M10 |
| Sillo (Arroyo del) | | 79 | R9 |
| Silos (Los) (Huelva) | H | 78 | S9 |
| Silos (Los) (Tenerife) | TF | 126 | C3 |
| Sils | GE | 39 | G38 |
| Silva | C | 2 | C4 |
| Silva (La) | LE | 15 | E11 |
| Silván | LE | 14 | E9 |
| Silvón | O | 4 | B9 |
| Silvosa | C | 12 | D3 |
| Silvoso | PO | 12 | E4 |
| Simancas | VA | 30 | H15 |
| Simarro (El) | CU | 72 | N23 |
| Simat de la Valldigna | V | 74 | O29 |
| Simón | AL | 96 | T23 |
| Sín | HU | 22 | E30 |
| Sinarcas | V | 61 | M26 |
| Sineu | PM | 105 | N39 |
| Singla | MU | 84 | R24 |
| Singra | TE | 48 | K26 |
| Singra (Puerto de) | | 48 | K26 |
| Sinlabajos | AV | 44 | I15 |
| Sinués | HU | 21 | E28 |
| Sió (El) (Riu) | L | 37 | G33 |
| Sios | LU | 13 | E7 |
| Sipán | HU | 21 | F29 |
| Siresa | HU | 21 | D27 |
| Siruela | BA | 69 | P14 |
| Siruela (Río) | | 69 | O14 |
| Siruela (Sierra de) | | 69 | P14 |
| Sisamo | C | 2 | C3 |
| Sisamón | Z | 47 | I23 |
| Sisante | CU | 72 | N23 |
| Sisargas (Illas) | C | 2 | B3 |
| Sisca (Masía de la) | TE | 49 | J28 |
| Siscar | MU | 85 | R26 |
| Sistallo | LU | 4 | C7 |
| Sisterna | O | 14 | D10 |
| Sistín | OR | 14 | E7 |
| Sisto | LU | 3 | B6 |
| Sit (Penya del) | A | 85 | Q27 |
| Sitges | B | 38 | I35 |
| Sitjar (Embassament de) | | 62 | L29 |
| Sitrama de Trasmonte | ZA | 29 | F12 |
| Siurana | GE | 25 | F38 |
| Siurana (Pantá de) | | 37 | I32 |
| Siurana de Prades | T | 37 | I32 |
| Sivil | | 22 | F29 |
| Sober | LU | 13 | E7 |
| Sobia (Sierra de) | | 5 | C11 |
| Sobradelo | OR | 14 | E9 |
| Sobradiel | Z | 34 | G26 |
| Sobradillo | SA | 42 | J9 |
| Sobradillo (El) (Tenerife) | TF | 125 | I2 |
| Sobradillo de Palomares | ZA | 29 | H12 |
| Sobrado (León) | LE | 14 | E9 |
| Sobrado (Lugo) | LU | 14 | D7 |
| Sobrado (Asturias) | O | 5 | C10 |
| Sobrado (Ourense) | OR | 14 | F8 |
| Sobrado dos Monxes | C | 3 | C5 |
| Sobredo | LE | 14 | E9 |
| Sobrefoz | O | 6 | C14 |
| Sobrelapeña | S | 7 | C16 |
| Sobremunt | B | 24 | F36 |
| Sobrescobio | | 6 | C13 |
| Sobrón | VI | 18 | D20 |
| Sobrón (Embalse de) | | 18 | D20 |
| Socorro (El) | SE | 92 | T12 |
| Socorro (El) (Tenerife) | TF | 124 | H2 |
| Socorro (El) (Tenerife) | TF | 127 | H3 |
| Socorro (Sierra del) | | 60 | L23 |
| Socovos | AB | 84 | Q24 |
| Socuéllamos | CR | 71 | O21 |
| Sodupe | BI | 8 | C20 |
| Sofán | C | 2 | C4 |
| Sofuentes | Z | 20 | E26 |
| Soga (Punta de la) (Gran Canaria) | GC | 116 | B3 |
| Sogo | ZA | 29 | H12 |
| Sogos | | 43 | J12 |
| Sograndio | O | 5 | B12 |
| Soguillo | LE | 15 | F12 |
| Sojo | VI | 8 | C20 |
| Sojuela | LO | 19 | E22 |
| Sol (Murcia) | MU | 84 | Q24 |
| Sol (Málaga) | MA | 101 | V18 |
| Sol (Punta del) (Tenerife) | TF | 124 | G2 |
| Sol (Valle del) | M | 45 | K17 |
| Sol i Mar | CS | 62 | L30 |
| Solà (Serra del) | | 50 | K30 |
| Solán de Cabras | CU | 47 | K23 |
| Solana | CC | 56 | N13 |
| Solana (La) (Albacete) | AB | 72 | P23 |
| Solana (La) (Ciudad Real) | CR | 71 | P20 |
| Solana (Serra de la) (València) | V | 73 | P27 |
| Solana (Sierra de la) (Albacete) | AB | 84 | Q23 |
| Solana (Valle de) | | 21 | E29 |
| Solana de Alcudia (Sierra de la) | | 69 | P16 |
| Solana de Ávila | AV | 43 | L13 |
| Solana de los Barros | BA | 67 | P10 |
| Solana de Rioalmar | AV | 44 | J14 |
| Solana del Pino | CR | 82 | Q17 |
| Solana del Valle | SE | 80 | S12 |
| Solanara | BU | 32 | G19 |
| Solanas de Valdelucio | BU | 17 | D17 |
| Solanazo | CR | 69 | O16 |
| Solanell | L | 23 | E34 |
| Solanilla | AB | 72 | P22 |
| Solanillos del Extremo | GU | 47 | J21 |
| Solares | S | 8 | B18 |
| Solbeira | OR | 14 | F8 |
| Solduengo | BU | 18 | E19 |
| Solenaga | | 20 | E25 |
| Solera | J | 82 | S19 |
| Solera del Gabaldón | CU | 60 | M24 |
| Soleràs (El) | L | 36 | H32 |
| Soliedra | SO | 33 | H22 |
| Solipueyo | HU | 22 | E30 |
| Solius | GE | 25 | G38 |
| Solivella | T | 37 | H33 |
| Sollana | V | 74 | O28 |
| Sollavientos | TE | 49 | K28 |
| Sollavientos (Puerto de) | TE | 49 | K27 |
| Sóller | PM | 104 | M38 |
| Sóller (Port de) | | 104 | M38 |
| Sollube | BI | 9 | B21 |
| Sollube (Alto del) | BI | 9 | B21 |
| Solorio (Sierra de) | | 47 | I23 |
| Solórzano | S | 8 | B19 |
| Solosancho | AV | 44 | K15 |
| Solsía | MU | 85 | Q26 |
| Solsona | L | 37 | G34 |
| Solsona (Riera de) | | 37 | G34 |
| Solvito | CO | 94 | T17 |
| Solyplayas (Fuerteventura) | GC | 111 | I1 |
| Somaén | SO | 47 | I23 |
| Somanés | HU | 21 | E27 |
| Sombrera (La) (Tenerife) | TF | 129 | G4 |
| Somiedo | | 5 | C11 |
| Somiedo (Parque natural de) | | 5 | C11 |
| Somiedo (Puerto de) | | 5 | C11 |
| Somiedo (Reserva nacional de) | | 5 | C11 |
| Somió | O | 6 | B13 |
| Somo | S | 8 | B18 |
| Somocueva (Punta de) | S | 7 | B18 |
| Somolinos | GU | 32 | I20 |
| Somontín | AL | 96 | T22 |
| Somosierra | M | 46 | I19 |
| Somosierra (Monte) | | 46 | J19 |
| Somosierra (Puerto de) | M | 46 | I19 |
| Somozas | C | 3 | B6 |
| Somport (Puerto de) | HU | 21 | D28 |
| Somport (Túnel de) | HU | 21 | D28 |
| Son (Lleida) | L | 23 | E33 |
| Son (Lugo) | LU | 14 | D8 |
| Son Bou | PM | 106 | M42 |
| Son Carrió | PM | 105 | N39 |
| Son Catlar (Torrent de) | | 104 | N38 |
| Son del Puerto | TE | 49 | J27 |
| Son Ferriol | PM | 104 | N38 |
| Son Marroig | | 104 | M37 |
| Son Moll | PM | 105 | M40 |
| Son Moro | PM | 105 | N40 |
| Son Olivaret | PM | 106 | M41 |
| Son Sardina | PM | 104 | N37 |
| Son Serra de Marina | PM | 105 | M39 |
| Son Servera | PM | 105 | N40 |
| Son Vida | PM | 104 | N37 |
| Sonabia (Punta de) | | 8 | B20 |
| Soncillo | BU | 18 | D18 |
| Sondika | BI | 8 | C21 |
| Soneja | CS | 62 | M28 |
| Sonseca | TO | 58 | M18 |
| Sonsoto | SG | 45 | J17 |
| Sóo (Lanzarote) | GC | 123 | D3 |
| Sopalmo | | 96 | U24 |
| Sopalmo (Sierra de) | | 85 | Q26 |
| Sopeira | HU | 22 | F32 |
| Sopelana | BI | 8 | B21 |
| Soportújar | GR | 102 | V19 |
| Sopuerta | BI | 8 | C20 |
| Sor | C | 3 | B6 |

| | | | |
|---|---|---|---|
| Sora | B | 24 | F36 |
| Soraluze-Placencia de las Armas | SS | 10 | C22 |
| Sorana de Torralba | J | 83 | S20 |
| Sorbas | AL | 96 | U23 |
| Sorbe (Río) | | 46 | J20 |
| Sorbeda | LE | 15 | D10 |
| Sorbeira | LE | 14 | D9 |
| Sorbito (Estación El) | SE | 92 | U12 |
| Sordillos | BU | 17 | E17 |
| Sordo | MU | 84 | S24 |
| Sordo (El) | H | 91 | U10 |
| Sordo (Monte) | | 18 | E20 |
| Soria | SO | 33 | G22 |
| Soria (Embalse de) (Gran Canaria) | GC | 116 | D3 |
| Soria (Parador) (Soria) | SO | 33 | G22 |
| Soriguera | L | 23 | E33 |
| Sorihuela | SA | 43 | K12 |
| Sorihuela del Guadalimar | J | 83 | R20 |
| Sorita | CS | 49 | J29 |
| Sorlada | NA | 19 | E23 |
| Sorogain-Lastur | NA | 11 | C25 |
| Sorpe | L | 23 | E33 |
| Sorre | L | 23 | E33 |
| Sorriba | LE | 16 | D14 |
| Sorribes | L | 23 | F34 |
| Sorribos de Alba | LE | 16 | D13 |
| Sort | L | 23 | E33 |
| Sorvilán | GR | 102 | V20 |
| Sorzano | LO | 19 | E22 |
| Sos (Puerto de) | Z | 20 | E26 |
| Sos del Rey Católico | Z | 20 | E26 |
| Sosa | | 36 | G30 |
| Sosas del Cumbral | LE | 15 | D11 |
| Soses | L | 36 | H31 |
| Sot de Chera | V | 61 | N27 |
| Sot de Ferrer | CS | 62 | M28 |
| Sotalvo | AV | 44 | K15 |
| Sotés | LO | 19 | E22 |
| Sotiel (Embalse de) | | 78 | S9 |
| Sotiel Coronada | H | 78 | T9 |
| Sotiello (cerca de Gijón) | O | 5 | B12 |
| Sotiello (cerca de Lena) | O | 5 | C12 |
| Sotillo (Ciudad Real) | CR | 70 | O17 |
| Sotillo (Segovia) | SG | 32 | I19 |
| Sotillo (El) | GU | 47 | J22 |
| Sotillo (Río) | | 80 | R12 |
| Sotillo (Sierra de) | CR | 82 | Q19 |
| Sotillo de la Adrada | AV | 57 | L16 |
| Sotillo de la Ribera | BU | 31 | G18 |
| Sotillo de las Palomas | TO | 57 | L15 |
| Sotillo de Sanabria | ZA | 14 | F9 |
| Sotillo del Rincón | SO | 33 | G22 |
| Sotillos (León) | LE | 16 | D14 |
| Sotillos (Soria) | SO | 32 | I20 |
| Soto | SO | 32 | H20 |
| Soto (El) (Madrid) | M | 46 | K19 |
| Soto (El) (Cantabria) | S | 7 | C18 |
| Soto de Cangas | O | 6 | B14 |
| Soto de Caso | O | 6 | C14 |
| Soto de Cerrato | P | 31 | G16 |
| Soto de Congas | O | 6 | B14 |
| Soto de Dueñas | O | 6 | B14 |
| Soto de la Marina | S | 7 | B18 |
| Soto de la Vega | LE | 15 | F12 |
| Soto de los Infantes | O | 5 | B11 |
| Soto de Luiña | O | 5 | B11 |
| Soto de Ribera | | 5 | C12 |
| Soto de Sajambre | LE | 6 | C14 |
| Soto de Trevias | O | 5 | B10 |
| Soto de Viñuelas | M | 46 | K18 |
| Soto del Barco | O | 5 | B11 |
| Soto del Real | M | 45 | J18 |
| Soto en Cameros | LO | 19 | F22 |
| Soto y Amío | LE | 15 | D12 |
| Sotobañado y Priorato | P | 17 | E16 |
| Sotoca | CU | 60 | L22 |
| Sotoca de Tajo | GU | 47 | J22 |
| Sotodosos | GU | 47 | J22 |
| Sotogrande | CA | 99 | X14 |
| Sotojusto | PO | 12 | F4 |
| Sotón (Río) | HU | 21 | F28 |
| Sotonera (Embalse de) | HU | 21 | F27 |
| Sotonera (La) | HU | 21 | F28 |
| Sotopalacios | BU | 18 | E18 |
| Sotos | CU | 60 | L23 |
| Sotos del Burgo | SO | 32 | H20 |
| Sotosalbos | SG | 45 | I18 |
| Sotoserrano | SA | 43 | K11 |
| Sotovellanos | BU | 17 | E17 |
| Sotragero | BU | 18 | E18 |
| Sotres | O | 7 | C15 |
| Sotresgudo | BU | 17 | E17 |
| Sotrondio | O | 6 | C13 |
| Sotuélamos | AB | 71 | O22 |
| Sousas | OR | 28 | G7 |
| Soutelo | PO | 13 | E5 |
| Soutelo Verde | OR | 14 | F7 |
| Souto (cerca de Betanzos) | C | 3 | C5 |
| Souto (Toques) | C | 3 | D6 |
| Soutochao | OR | 28 | G8 |
| Soutolongo | PO | 13 | E5 |
| Soutomaior | PO | 12 | E4 |
| Soutopenedo | OR | 13 | F6 |
| Spinola | | 99 | W12 |
| Su | L | 37 | G34 |
| Suances | S | 7 | B17 |
| Suano | S | 17 | D17 |
| Suarbol | LE | 14 | D9 |
| Suarna | LU | 4 | C8 |
| Subijana | VI | 18 | D21 |
| Subirats | | 38 | H35 |
| Subiza | NA | 11 | D24 |
| Sucina | MU | 85 | S27 |
| Sudanell | L | 36 | H31 |
| Sueca | V | 74 | O29 |
| Sueiro | O | 4 | B9 |
| Suellacabras | SO | 33 | G23 |
| Suelta Alta | | 35 | G28 |
| Suelza (Punta) | HU | 22 | E30 |
| Suera | CS | 62 | M28 |
| Sueros de Cepeda | LE | 15 | E11 |
| Suertes | LE | 14 | D9 |
| Sueve (Reserva nacional de) | O | 6 | B14 |
| Suevos (cerca de Carnota) | C | 2 | D2 |
| Suevos (cerca de La Coruña) | C | 3 | B4 |
| Suflí | AL | 96 | T22 |
| Suido (Sierra del) | PO | 13 | F4 |
| Sukarieta | BI | 9 | B21 |
| Sumacàrcer | V | 74 | O28 |
| Sumoas | LU | 4 | A7 |
| Sunbilla | NA | 11 | C24 |
| Sunyer | L | 36 | H31 |
| Super Molina | GE | 24 | F35 |
| Suquets | L | 36 | G31 |
| Súria | B | 37 | G35 |
| Suró (Tossal) | | 37 | H33 |
| Surp | L | 23 | E33 |

## TERUEL

Abadía . . . . . . . . . . . . . . . Z 2
Amantes. . . . . . . . . . . . . . Y 3
Amantes (Pl. de los). . . . Z 4
Ambeles (Ronda de) . . . Z 5
Bretón (Pl.) . . . . . . . . . . . Z 6
Carlos Castel o del Torico (Pl.) . . . . YZ 7
Catedral (Pl. de la) . . . . . Y 8
Chantria . . . . . . . . . . . . . Z 9
Comte Fortea. . . . . . . . . . Y 10
Cristo Rey (Pl. de) . . . . . Y 12
Dámaso Torán (Ronda de) . . . . . . . . . Y 13
Fray Anselmo Polanco (Pl.) . . . . . . . . . Y 14
General Pizarro. . . . . . . . Z 20
Joaquín Costa . . . . . . . . . Y 15
Miguel Ibáñez . . . . . . . . . Y 16
Óvalo (Pas.) . . . . . . . . . . Z 18
Pérez Prado (Pl.) . . . . . . Y 19
Ramón y Cajal . . . . . . . . Z 22
Rubio . . . . . . . . . . . . . . . Y 23
Salvador . . . . . . . . . . . . . Z 24
San Francisco. . . . . . . . . Z 25
San Juan (Pl.) . . . . . . . . . Z 27
San Martín . . . . . . . . . . . Y 28
San Miguel. . . . . . . . . . . . Y 29
Temprado. . . . . . . . . . . . . Y 30
Venerable F. de Aranda (Pl.). . . . . . . . . . Y 35
Yagüe de Salas . . . . . . . . Y 37

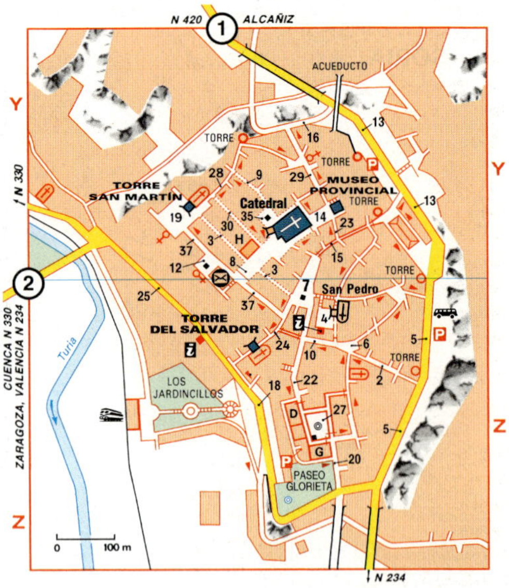


| | | | |
|---|---|---|---|
| Susana | C | 13 | D4 |
| Susañe | LE | 15 | D10 |
| Susinos del Páramo | BU | 17 | E18 |
| Suso (Monasterio de) | LO | 18 | F21 |
| Suspiro del Moro (Puerto del) | GR | 94 | U19 |
| Susqueda (Pantà de) | GE | 24 | G37 |
| Suterranya | L | 23 | F32 |

## T

| | | | |
|---|---|---|---|
| Taale | GR | 83 | S22 |
| Tabagón | PO | 26 | G3 |
| Tabajete | | 91 | V11 |
| Tabanera de Cerrato | P | 31 | F17 |
| Tabanera de Valdavia | P | 17 | E15 |
| Tabanera la Luenga | SG | 45 | I17 |
| Tabaqueros | AB | 73 | N25 |
| Tabar | NA | 11 | D25 |
| Tábara | ZA | 29 | G12 |
| Tabarca (Illa de) | A | 86 | R28 |
| Tabayesco (Lanzarote) | GC | 121 | F3 |
| Tabaza | O | 5 | B12 |
| Tabeaio | C | 3 | C4 |
| Tabeirós | PO | 13 | E4 |
| Tabera de Abajo | SA | 43 | J11 |
| Tabera de Arriba | SA | 43 | J11 |
| Tabernanova | C | 2 | C2 |
| Tabernas | AL | 96 | U22 |
| Tabernas (Rambla de) | AL | 103 | V22 |
| Tabernas de Isuela | HU | 21 | F28 |
| Taberno | AL | 96 | T23 |
| Tablada | M | 45 | J17 |
| Tablada de Villadiego | BU | 17 | E18 |
| Tablada del Rudrón | BU | 17 | D18 |
| Tabladillo (Guadalajara) | GU | 47 | K21 |
| Tabladillo (León) | LE | 15 | E11 |
| Tabladillo (Segovia) | SG | 45 | I16 |
| Tablado (El) (La Palma) | TF | 130 | C3 |
| Tablado (Puerto de) | BA | 79 | R9 |
| Tablado de Riviella | O | 5 | B10 |
| Tablas de Daimiel (Parque nacional) | CR | 70 | O19 |
| Tablero (El) (Gran Canaria) | GC | 116 | D4 |
| Tablillas (Embalse de) | CR | 70 | Q17 |
| Tablón (Sierra del) | | 92 | V14 |
| Tablones (Los) | GR | 102 | V19 |
| Taboada (A Coruña) | C | 3 | B5 |
| Taboada (Lugo) | LU | 13 | D6 |
| Taboada (Pontevedra) | PO | 13 | D5 |
| Taboada dos Freires | LU | 13 | D6 |
| Taboadela | OR | 13 | F6 |
| Taborno (Tenerife) | TF | 125 | I1 |
| Tabuenca | Z | 34 | G25 |
| Taburiente (Caldera de) (La Palma) | TF | 130 | C4 |
| Tabuyo del Monte | LE | 15 | F11 |
| Taca (Fuerteventura) | GC | 111 | G2 |
| Taco (Tenerife) | TF | 125 | I2 |
| Tacones | TO | 57 | M16 |
| Tacoronte (Tenerife) | TF | 124 | H2 |
| Tafalla | NA | 20 | E24 |
| Tafira Alta (Gran Canaria) | GC | 115 | F2 |
| Tagamanent | B | 38 | G36 |
| Taganana (Tenerife) | TF | 125 | J1 |
| Tagarabuena | ZA | 30 | H13 |
| Tagle | S | 7 | B17 |
| Tagomago (Illa de) | | 87 | O34 |
| Taguluche (La Gomera) | TF | 118 | B2 |
| Tahal | AL | 96 | U23 |
| Tahiche (Lanzarote) | GC | 123 | E4 |
| Tahivilla | CA | 99 | X12 |
| Taialà | GE | 25 | F38 |
| Taibilla (Embalse de) | AB | 84 | R23 |
| Taibilla (Río) | | 84 | R22 |
| Taibilla (Sierra de) | | 84 | R22 |
| Taibique (El Hierro) | TF | 109 | D3 |
| Taja | O | 5 | C11 |
| Tajahuerce | SO | 33 | G23 |
| Tajera (Embalse de la) | GU | 47 | J22 |
| Tajo (Nacimiento del Río) | | 60 | L24 |
| Tajo (Río) | | 54 | N7 |
| Tajo de la Encantada (Embalse) | MA | 100 | V15 |
| Tajo de las Figuras (Cuevas del) | CA | 99 | X12 |
| Tajo Segura | | 60 | M22 |
| Tajo-Urtajo (Balcón del) | M | 58 | L19 |
| Tajonar / Taxoare | NA | 11 | D25 |
| Tajonera | TO | 59 | M20 |
| Tajoneras (Las) | CR | 71 | Q20 |
| Tajueco | SO | 33 | H21 |
| Tajuña (Río) | | 47 | J22 |
| Tajuya (La Palma) | TF | 132 | C5 |
| Tal | C | 12 | D2 |
| Tala (La) | SA | 44 | K13 |
| Talaies (Les) | CS | 50 | K31 |
| Talaies d'Alcalà (Les) | CS | 50 | K30 |
| Talamanca (Barcelona) | B | 38 | G35 |
| Talamanca (Ibiza) | PM | 87 | P34 |
| Talamanca de Jarama | M | 46 | J19 |
| Talamantes | Z | 34 | G24 |
| Talamillo | | 17 | E18 |
| Talamillo del Tozo | BU | 17 | E18 |
| Talarn | L | 23 | F32 |
| Talarrubias | BA | 68 | O14 |
| Talatí de Dalt | PM | 106 | M42 |
| Talaván | CC | 55 | M11 |
| Talaván (Embalse de) | CC | 55 | M11 |
| Talave | AB | 84 | Q24 |
| Talave (Embalse de) | AB | 84 | Q24 |
| Talavera (Almería) | AL | 95 | T22 |
| Talavera (Lleida) | L | 37 | H34 |
| Talavera de la Reina | TO | 57 | M15 |
| Talavera la Nueva | TO | 57 | M15 |
| Talavera la Real | BA | 67 | P9 |
| Talaveruela | CC | 56 | L13 |
| Talayón (Cuenca) | CU | 61 | L25 |
| Talayón (Murcia) | MU | 97 | T25 |
| Talayuela | CC | 56 | M13 |
| Talayuelas | CU | 61 | M26 |
| Talayuelo | CU | 60 | M23 |
| Talegones (Río) | | 32 | H21 |
| Tales | CS | 62 | M29 |
| Táliga | BA | 66 | Q8 |
| Talisca Negra (Punta) (La Gomera) | TF | 118 | A2 |
| Tallada (La) | GE | 25 | F39 |
| Tallante | MU | 85 | T26 |
| Tállara | C | 12 | D3 |
| Tallón | HU | 21 | D29 |
| Talltendre | L | 23 | E35 |
| Talveila | SO | 32 | G21 |
| Tama | S | 7 | C16 |
| Tamadaba (Gran Canaria) | GC | 114 | C2 |
| Tamadaba (Pinar de) (Gran Canaria) | GC | 114 | C2 |
| Tamadite (Punta de) (Tenerife) | TF | 125 | I1 |
| Tamaduste (El Hierro) | TF | 109 | E2 |
| Tamaguelos | OR | 28 | G7 |
| Tamaimo (Tenerife) | TF | 128 | C4 |
| Tamajón | GU | 46 | I20 |
| Tamallancos | OR | 13 | E6 |
| Tamallanes | O | 5 | C10 |
| Tamame | ZA | 29 | I12 |
| Tamames | SA | 43 | K11 |
| Támara | P | 17 | F16 |
| Tamaraceite (Gran Canaria) | GC | 115 | F2 |
| Tamaral (El) | CR | 82 | Q18 |
| Tamarinda | PM | 106 | M41 |
| Tamarite de Litera | HU | 36 | G31 |
| Tamariu | GE | 25 | G39 |
| Tamariz de Campos | VA | 30 | G14 |
| Tamarón | BU | 17 | F18 |
| Tamayo | V | 73 | N25 |
| Tambor (Monumento al) | TE | 49 | I29 |
| Tambre | C | 3 | D3 |
| Támega | | 14 | F7 |
| Tameirón | OR | 28 | F8 |
| Támoga | LU | 3 | C7 |
| Támoga (Río) | | 4 | C7 |
| Tamuja (Río) | | 56 | N11 |
| Tamurejo | BA | 69 | P15 |
| Tanes (Embalse de) | O | 6 | C13 |
| Tangel | A | 86 | Q28 |
| Taniñe | SO | 33 | F23 |
| Tanorio | PO | 12 | E4 |
| Tanque (El) (Tenerife) | TF | 126 | C3 |
| Tanque del Vidrio (Punta del) (Tenerife) | TF | 129 | F5 |

## TARRAGONA

Àngels (Pl.) . . . . . . . . . . . . . . . DZ 2
Baixada de Misericòrdia . . . . . DZ 3
Baixada de Toro . . . . . . . . . . . DZ 5
Baixada Roser . . . . . . . . . . . . . DZ 8
Cavallers . . . . . . . . . . . . . . . . . DZ 9
Civadería . . . . . . . . . . . . . . . . . DZ 10
Coques (Les) . . . . . . . . . . . . . . DZ 12
Enginyer Cabestany . . . . . . . . CZ 14
López Peláez . . . . . . . . . . . . . . CZ 19
Mare de Déu del Claustre . . . DZ 22
Nova (Rambla) . . . . . . . . . . . . CDZ
Pau Casals (Av.) . . . . . . . . . . . CZ 27
Pla de la Seu . . . . . . . . . . . . . . DZ 29
Pla de Palau . . . . . . . . . . . . . . DZ 32
Ponç d'Icart . . . . . . . . . . . . . . CZ 33
Portalet . . . . . . . . . . . . . . . . . . DZ 34
Ramón i Cajal (Av.) . . . . . . . . . . . . . . . . . CZ 40
Roser (Portal del) . . . . . . . . . . DZ 43
Sant Agustí . . . . . . . . . . . . . . . DZ
Sant Antoni (Portal de) . . . . . . DZ 46
Sant Joan (Pl.) . . . . . . . . . . . . . DZ 52
Unió . . . . . . . . . . . . . . . . . . . . . CZ
William J. Bryant . . . . . . . . . . DZ 55

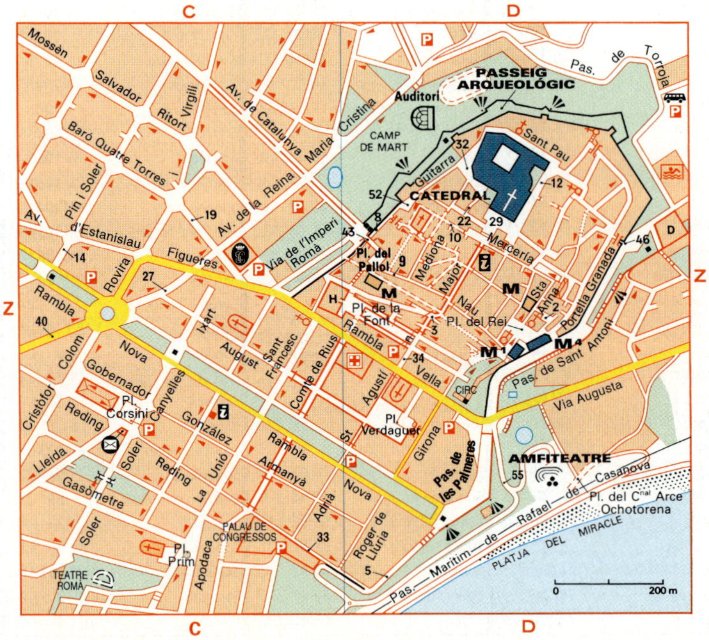

| | | | |
|---|---|---|---|
| Tañabuyes | BU | 18 | F19 |
| Tao (Lanzarote) | GC | 123 | D4 |
| Tapia | BU | 17 | E17 |
| Tapia (Paso) | NA | 11 | D26 |
| Tapia de Casariego | O | 4 | B9 |
| Tapioles | ZA | 30 | G13 |
| Tàpis | GE | 24 | E38 |
| Tapuelo (El) | TO | 57 | L16 |
| Tara | LE | 14 | E9 |
| Taracena | GU | 46 | K20 |
| Taradell | B | 38 | G36 |
| Taragoña | C | 12 | D3 |
| Taragudo | GU | 46 | J20 |
| Taraguilla | CA | 99 | X13 |
| Tarajalejo (Fuerteventura) | GC | 113 | F4 |
| Taramay | GR | 101 | V18 |
| Taramundi | O | 4 | B8 |
| Tarancón | CU | 59 | L20 |
| Tarancueña | SO | 32 | H20 |
| Taranes | O | 6 | C14 |
| Taranilla | LE | 16 | D15 |
| Taravilla | GU | 47 | J24 |
| Taray (Laguna del) | TO | 59 | N20 |
| Tarayuela | TE | 49 | K28 |
| Tarayuela (Sierra de) | | 69 | Q16 |
| Tarazona | Z | 34 | G24 |
| Tarazona de Guareña | SA | 44 | I14 |
| Tarazona de la Mancha | AB | 72 | O24 |
| Tàrbena | A | 74 | P29 |
| Tardáguila | SA | 44 | I13 |
| Tardajos | BU | 17 | E18 |
| Tardajos de Duero | SO | 33 | G22 |
| Tardelcuende | SO | 33 | H22 |
| Tardesillas | SO | 33 | G22 |
| Tardienta | HU | 35 | G28 |
| Tardobispo | ZA | 29 | H12 |
| Tariego de Cerrato | P | 31 | G16 |
| Tarifa | CA | 99 | X13 |
| Tariquejo | H | 90 | T8 |
| Tarna | O | 6 | C14 |
| Tarna (Puerto de) | LE | 6 | C14 |
| Taroda | SO | 33 | H22 |
| Tarragolla | MU | 84 | S23 |
| Tarragona | T | 51 | I33 |
| Tarrasa / Terrassa | B | 38 | H36 |
| Tàrrega | L | 37 | H33 |
| Tarrés | L | 37 | H33 |
| Tarrío | C | 3 | C4 |
| Tarro (El) | BA | 67 | O9 |
| Tarroja de Segarra | L | 37 | G33 |
| Tarrós (El) | L | 37 | G33 |
| Tartanedo | GU | 48 | J24 |
| Tasarte (Gran Canaria) | GC | 116 | B3 |
| Tasarte (Lomo de) (Gran Canaria) | GC | 116 | B3 |
| Tastavins (Río) | | 50 | J30 |
| Tauce (Boca de) (Tenerife) | TF | 128 | D4 |
| Taüll | L | 22 | E32 |
| Taús | L | 23 | F33 |
| Tauste | Z | 34 | G26 |
| Tauste (Canal) | Z | 34 | G26 |
| Tavascan | L | 23 | E33 |
| Tavernes Blanques | V | 62 | N28 |
| Tavernes de la Valldigna | V | 74 | O29 |
| Tavèrnoles | B | 38 | G36 |
| Tavertet | B | 24 | G37 |
| Taxoare / Tajonar | NA | 11 | D25 |
| Tazacorte (La Palma) | TF | 130 | B5 |
| Tazo (La Gomera) | TF | 118 | B1 |
| Tazona | AB | 84 | R24 |
| Tazones | O | 6 | B13 |
| Tazones (Punta de) | O | 6 | B13 |
| Tea | PO | 13 | F4 |
| Teatoinos (Los) | J | 83 | R20 |
| Teayo | C | 12 | D3 |
| Teba | MA | 100 | V15 |
| Tébar | CU | 60 | N23 |
| Tebongo | O | 5 | C10 |
| Tebra | PO | 12 | F3 |
| Tedín | C | 2 | D2 |
| Tefía (Fuerteventura) | GC | 111 | H2 |
| Tegueste (Tenerife) | TF | 124 | H2 |
| Teguise (Lanzarote) | GC | 123 | E4 |
| Teià | B | 38 | H36 |
| Teide (Parque Nacional del) (Tenerife) | TF | 128 | D4 |
| Teide (Pico del) (Tenerife) | TF | 127 | E3 |
| Teix (Monte) | | 104 | M37 |
| Teixeira (A) | OR | 14 | E7 |
| Teixeiro (A Coruña) | C | 3 | C5 |
| Teixeiro (Lugo) | LU | 4 | C7 |
| Teixeta (Coll de la) | T | 37 | I32 |
| Teja Chueca | CR | 69 | O16 |
| Tejada (Burgos) | BU | 32 | G19 |
| Tejada (Huelva) | H | 91 | T10 |
| Tejadillos | CU | 61 | L25 |
| Tejadillos (Casa Forestal de) | | 47 | K24 |
| Tejado | SO | 33 | H23 |
| Tejado (El) | SA | 44 | K13 |
| Tejados | LE | 15 | E11 |
| Tejar (El) | CO | 93 | U16 |
| Tejarejo | BA | 67 | N9 |
| Tejares (Salamanca) | SA | 43 | J12 |
| Tejares (Segovia) | SG | 31 | H18 |
| Tejares Abarca | V | 73 | O26 |
| Tejeda (Gran Canaria) | GC | 114 | D3 |
| Tejeda (Sierra de) | | 101 | V17 |
| Tejeda de Tiétar | CC | 56 | L12 |
| Tejeda y Segoyuela | SA | 43 | K11 |
| Tejedo de Ancares | LE | 14 | D9 |
| Tejedo del Sil | LE | 15 | D10 |
| Tejera (La) | ZA | 28 | G9 |
| Tejerina | LE | 16 | D14 |
| Tejerizas | SO | 33 | H22 |
| Tejina (Tenerife) | TF | 124 | H2 |
| Tejina (Tenerife) | TF | 128 | C4 |
| Tejo | V | 61 | N27 |
| Telde (Gran Canaria) | GC | 115 | G3 |
| Teleno (El) | | 15 | E10 |
| Teleno (Sierra del) | | 15 | F11 |
| Tella | HU | 22 | E30 |
| Telledo | O | 5 | C12 |
| Tello | AL | 84 | S23 |
| Tembleque | TO | 58 | M19 |
| Temerón | CO | 93 | T16 |
| Temijiraque (Punta de) (El Hierro) | TF | 109 | E2 |
| Temiño | BU | 18 | E19 |
| Temple (El) (Granada) | GR | 94 | U18 |
| Temple (El) (Huesca) | HU | 35 | G27 |
| Tempul | CA | 99 | W12 |
| Ten-Bel (Tenerife) | TF | 128 | E5 |
| Tena (Valle de) | | 21 | E28 |
| Tendeñera (Sierra de) | HU | 21 | D29 |
| Tendilla | GU | 46 | K21 |
| Tenebrón | SA | 43 | K10 |
| Tenefé (Punta de) (Gran Canaria) | GC | 117 | F4 |
| Teneguía (Volcán de) (La Palma) | TF | 132 | C7 |
| Tenerife Norte (Aeropuerto) (Tenerife) | TF | 124 | H2 |
| Tenerife Sur (Aeropuerto) (Tenerife) | TF | 129 | F5 |
| Tenes (El) (Riu) | | 38 | H36 |
| Teno (Punta de) (Tenerife) | TF | 126 | A3 |
| Tenoya (Gran Canaria) | GC | 115 | F2 |
| Tentudia | BA | 79 | R10 |
| Teo | C | 12 | D4 |
| Ter (El) (Riu) | B | 24 | F36 |
| Tera (Zamora) | ZA | 14 | F9 |
| Tera (Soria) | SO | 33 | G22 |
| Tera (Espejo de) | SO | 33 | G22 |
| Tercia (Sierra de la) | | 84 | S24 |
| Terenosa (La) | O | 6 | C15 |
| Teresa | CS | 62 | M28 |
| Teresa de Cofrentes | V | 73 | O26 |
| Térmens | L | 36 | G32 |
| Término (El) | SE | 92 | T14 |
| Terminón | BU | 18 | D19 |
| Teroleja | GU | 48 | J24 |

## TOLEDO

Alcántara (Puente de) . . . . . . . . CX
Alfileritos . . . . . . . . . . . . . . . . . BY
Alfonso VI (Pl. de) . . . . . . . . . . BX
Alfonso XII . . . . . . . . . . . . . . . . BY 3
Alfonso X el Sabio . . . . . . . . . . BY 2
América (Av. de) . . . . . . . . . . . AX
Ángel . . . . . . . . . . . . . . . . . . . . AY
Ave María . . . . . . . . . . . . . . . . BZ
Ayuntamiento (Pl. del) . . . . . . BY 4
Azarquiel (Puente de) . . . . . . . CX
Cabestreros (Pas. de) . . . . . . . CZ
Cadenas . . . . . . . . . . . . . . . . . BY 7
Campana (Travesía) . . . . . . . . BY 8
Cardenal Lorenzana . . . . . . . . BY 9
Cardenal Tavera . . . . . . . . . . . BX
Carlos III (Av. de) . . . . . . . . . . AX
Carlos V (Cuesta de) . . . . . . . . BY 13
Carmelitas . . . . . . . . . . . . . . . . AY 14
Cava (Av. de la) . . . . . . . . . . . . AX
Cervantes . . . . . . . . . . . . . . . . CY
Circo Romano (Pas. del) . . . . AX
Colegio de Doncellas . . . . . . . AY 17
Comercio . . . . . . . . . . . . . . . . . BY
Conde (Pl. del) . . . . . . . . . . . . . AY 18
Consistorio (Pl. del) . . . . . . . . . BY 19
Cordonerías . . . . . . . . . . . . . . . BY 20
Cruz Verde (Pas. de la) . . . . . . BZ
Duques de Lerma (Av. de los) BX
Esteban Illán . . . . . . . . . . . . . . BY 24
Gerardo Lobo . . . . . . . . . . . . . BX
Hombre de Palo . . . . . . . . . . . BY 27
Honda . . . . . . . . . . . . . . . . . . . BX 28
Juanelo (Ronda de) . . . . . . . . . CY
Mas del Ribero (Av. de) . . . . . AX
Matías Moreno . . . . . . . . . . . . AY
Merced . . . . . . . . . . . . . . . . . . BY
Nuncio Viejo . . . . . . . . . . . . . . BY 29
Núñez de Arce . . . . . . . . . . . . BX 32
Padilla (Pl. y Calle de) . . . . . . ABY 33
Padre Mariana (Pl.) . . . . . . . . . BY 34
Pascuales (Cuesta de los) . . . CY 36
Plata . . . . . . . . . . . . . . . . . . . . BY
Pozo Amargo . . . . . . . . . . . . . BZ
Real del Arrabal . . . . . . . . . . . BX
Recaredo (Pas. de) . . . . . . . . . AX
Reconquista (Av. de la) . . . . ABX
Reyes Católicos . . . . . . . . . . . AY
Rosa (Pas. de la) . . . . . . . . . . . CX
El Salvador . . . . . . . . . . . . . . . BY 22
Santa Leocadia (Cuesta de) . . AY
Santo Tomé . . . . . . . . . . . . . ABY
San Cristóbal (Pas.) . . . . . . . . . BZ 38
San Juan de Dios . . . . . . . . . . AY 40
San Justo (Cuesta) . . . . . . . . . CY
San Justo (Pl.) . . . . . . . . . . . . . BY 41
San Marcos . . . . . . . . . . . . . . . BY 42
San Martín (Puente) . . . . . . . . AY
San Román . . . . . . . . . . . . . . . BY 44
San Sebastián (Carreras de) . . BZ
San Torcuato . . . . . . . . . . . . . . BZ
San Vicente (Pl. de) . . . . . . . . . BY 45
Sillería . . . . . . . . . . . . . . . . . . BX
Sixto Ramón Parro . . . . . . . . . BY 46
Sola . . . . . . . . . . . . . . . . . . . . BZ
Taller del Moro . . . . . . . . . . . . BY 48
Tendillas . . . . . . . . . . . . . . . . . BY 10
Toledo de Ohio . . . . . . . . . . . . BY 49
Tornerías . . . . . . . . . . . . . . . . BY 50
Tránsito (Pas. del) . . . . . . . . . AYZ 52
Trinidad . . . . . . . . . . . . . . . . . BY
Venancio González . . . . . . . . . CX 53
Zocodover (Pl. de) . . . . . . . . . . CY

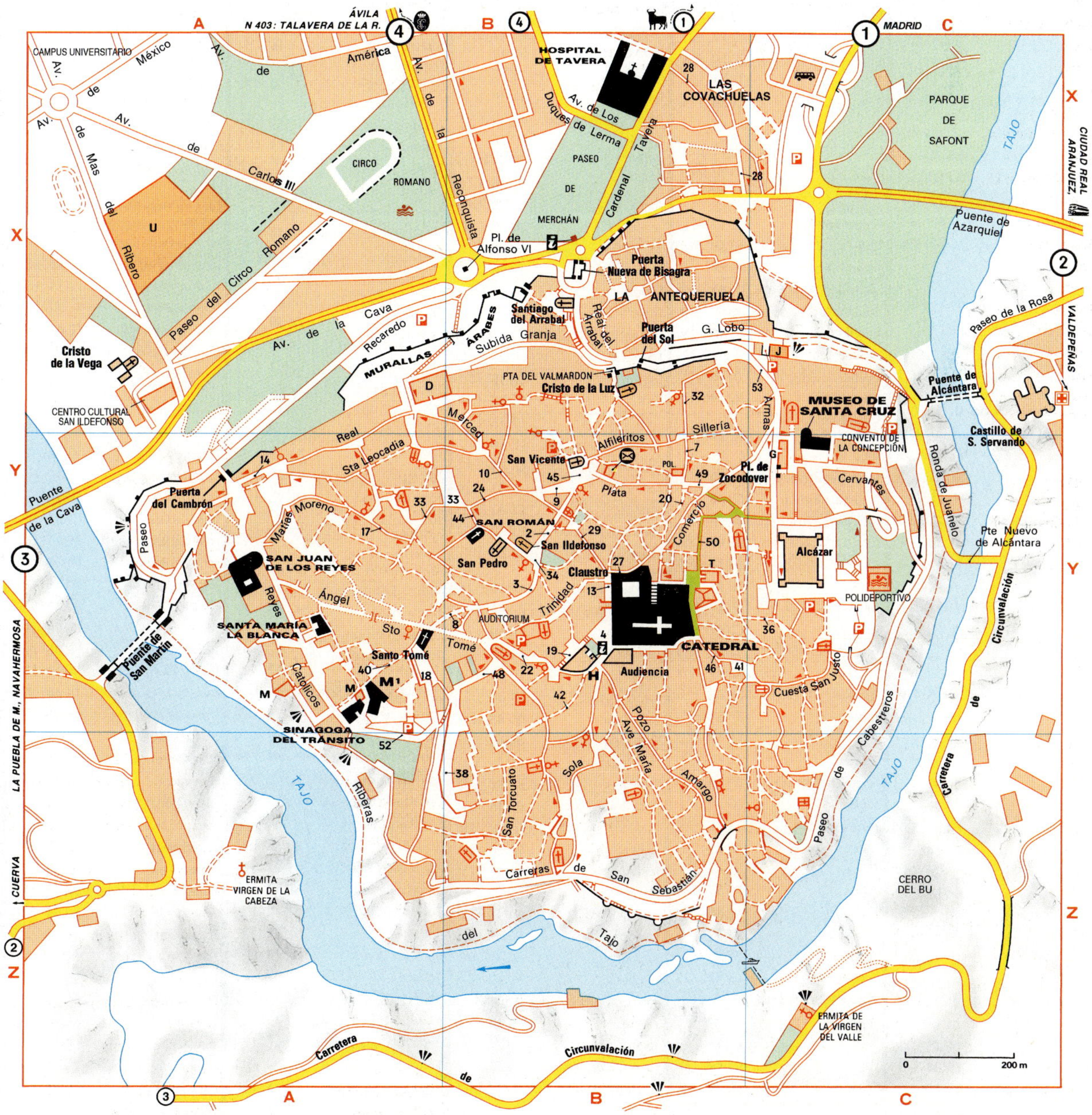


Casa y Museo de El Greco. AY M1

| | | | |
|---|---|---|---|
| Teror (Gran Canaria) | GC | 115 | E2 |
| Terque | AL | 102 | V22 |
| Terrachán | OR | 27 | G5 |
| Terrades | GE | 25 | F38 |
| Terradets (Pantà del) | L | 23 | F32 |
| Terradillos | SA | 44 | J13 |
| Terradillos de Esgueva | BU | 31 | G18 |
| Terradillos de los Templarios | P | 16 | E15 |
| Terradillos de Sedano | BU | 17 | E18 |
| Terrassa / Tarrasa | B | 38 | H36 |
| Terrateig | V | 74 | P29 |
| Terraza | GU | 48 | J24 |
| Terrazas | | 33 | G22 |
| Terrazos | BU | 18 | E19 |
| Terrente | GR | 94 | T19 |
| Terreorgaz | CC | 55 | N11 |
| Terrer | Z | 34 | I24 |
| Terreras (Las) | MU | 84 | S24 |
| Terrerazo | V | 61 | N26 |
| Terreros | | 31 | F18 |
| Terriente | TE | 61 | L25 |
| Terriente (Puerto) | TE | 61 | L25 |
| Terril | SE | 92 | U14 |
| Terrinches | CR | 71 | Q21 |
| Terroba | LO | 19 | F22 |
| Terrón (El) | H | 90 | U8 |
| Tertanga | VI | 18 | D20 |
| Teruel | TE | 48 | K26 |
| Terzaga | GU | 48 | J24 |
| Tesejerague (Fuerteventura) | GC | 113 | F4 |
| Tesjuates (Fuerteventura) | GC | 111 | H3 |
| Tesoro (Cueva del) | MA | 101 | V17 |
| Testa (Sierra de la) | BU | 18 | D19 |
| Testeiro (Montes del) | | 13 | E5 |
| Testillos (Arroyo de) | | 59 | M20 |
| Tetas | GU | 47 | K22 |
| Tetas (Las) (Gran Canaria) | GC | 116 | A3 |
| Tetica | AL | 96 | U22 |
| Tetir (Fuerteventura) | GC | 111 | H2 |
| Teulada (Alacant) | A | 75 | P30 |
| Teulada (València) | V | 62 | N27 |
| Teverga | O | 5 | C11 |
| Teverga (Desfiladero del) | O | 5 | C11 |
| Texós | OR | 27 | G6 |
| Teza | BU | 18 | D20 |
| Tezanos | S | 7 | C18 |
| Tharsis | H | 78 | T8 |
| Tiagua (Lanzarote) | GC | 123 | D4 |
| Tiana | B | 38 | H36 |
| Tias (Lanzarote) | GC | 123 | D4 |
| Tibi | A | 74 | Q28 |
| Tibidabo | B | 38 | H36 |
| Tices | AL | 95 | U21 |
| Tiebas | NA | 11 | D25 |
| Tiedra | VA | 30 | H14 |
| Tielmes | M | 59 | L20 |
| Tielve | O | 6 | C15 |
| Tiemblo (El) | AV | 45 | K16 |
| Tiena | GR | 94 | U18 |
| Tienda | AB | 85 | Q25 |
| Tiendas (Las) | BA | 67 | P10 |
| Tienera Vieja (La) | CA | 99 | W13 |
| Tierga | Z | 34 | H25 |
| Tiermas | Z | 20 | E26 |
| Tiermes | SO | 32 | I20 |
| Tierra de Campos (Mirador de) | P | 31 | F16 |
| Tierra del Trigo (La) (Tenerife) | TF | 126 | C3 |
| Tierra Negra (Punta de) (Lanzarote) | GC | 123 | F4 |
| Tierrantona | HU | 22 | E30 |
| Tierz | HU | 21 | F28 |
| Tierzo | GU | 48 | J24 |
| Tiesa | CO | 80 | S13 |
| Tietar | | 56 | L13 |
| Tietar del Caudillo | CC | 56 | L13 |
| Tigaday (El Hierro) | TF | 108 | C2 |
| Tigalate (La Palma) | TF | 132 | D6 |
| Tiguerorte (La Palma) | TF | 132 | D6 |
| Tijarafe (La Palma) | TF | 130 | B4 |
| Tíjola | AL | 96 | T22 |
| Tilos (Los) (La Palma) | TF | 131 | D3 |
| Time (El) (Fuerteventura) | GC | 111 | I2 |
| Time (El) (La Palma) | TF | 130 | B5 |
| Tinadas | GU | 32 | I20 |
| Tinajas | CU | 47 | K22 |
| Tinajeros | AB | 72 | O24 |
| Tinajo (Lanzarote) | GC | 122 | C3 |
| Tinajones (Los) | J | 83 | Q21 |
| Tindaya (Fuerteventura) | GC | 111 | H2 |
| Tineo | O | 5 | C10 |
| Tines | C | 2 | C3 |
| Tinieblas | BU | 18 | F19 |
| Tinto (Río) | | 79 | T10 |
| Tiñor (El Hierro) | TF | 109 | D2 |
| Tiñosa (Punta de la) (Fuerteventura) | GC | 111 | J2 |
| Tiñosillos | AV | 44 | J15 |
| Tiñoso (Cabo) | MU | 97 | T26 |
| Tirajana (Barranco de) (Gran Canaria) | GC | 117 | E3 |
| Tirajana (Embalse de) (Gran Canaria) | GC | 117 | E3 |
| Tiraña | O | 6 | C13 |
| Tirapu | NA | 20 | E24 |
| Tirez (Laguna de) | TO | 59 | N19 |
| Tirgo | LO | 18 | E21 |
| Tiriez | AB | 72 | P23 |
| Tirig | CS | 50 | K30 |
| Tirón | ESP | 18 | F20 |
| Tiros | BA | 68 | P14 |
| Tiros (Sierra de) | BA | 68 | P13 |
| Tirteafuera | CR | 70 | P17 |
| Tirteafuera (Río) | | 69 | P16 |
| Tirvia | L | 23 | E33 |
| Tiscamanita (Fuerteventura) | GC | 113 | G3 |
| Tiscar | J | 83 | S20 |
| Tiscar (Puerto de) | J | 83 | S20 |
| Titaguas | V | 61 | M26 |
| Tito Bustillo (Cuevas de) | O | 6 | B14 |
| Titulcia | M | 58 | L19 |
| Tivenys | T | 50 | J31 |
| Tivissa | T | 50 | I32 |
| Tivoli World | MA | 100 | W16 |
| Tixera (Punta de la) (Tenerife) | TF | 128 | C4 |
| Toba | C | 2 | D2 |
| Toba (Embalse de la) | | 60 | L24 |
| Toba (La) (Cuenca) | CU | 60 | L24 |
| Toba (La) (Granada) | GR | 93 | U17 |
| Toba (La) (Guadalajara) | GU | 46 | I21 |
| Toba de Valdivielso | BU | 18 | D19 |
| Tobalina | SE | 91 | U11 |
| Tobar | BU | 17 | E18 |
| Tobar (El) | CU | 47 | K23 |
| Tobar (Sierra del) | | 84 | R23 |
| Tobarra | AB | 72 | Q24 |
| Tobaruela | J | 82 | R18 |
| Tobed | Z | 34 | H25 |
| Tobera | VI | 19 | D21 |
| Tobes | GU | 47 | I22 |
| Tobes y Rahedo | BU | 18 | E19 |
| Tobia | LO | 19 | F21 |
| Tobia (Arroyo) | | 18 | F21 |
| Tobillas | AB | 84 | Q23 |
| Tobillos | GU | 47 | J23 |
| Toboso (El) | TO | 59 | N21 |
| Tocina | SE | 80 | T12 |
| Tocinillos | BA | 79 | R10 |
| Tocón | GR | 94 | U19 |
| Todolella (La) | CS | 49 | K29 |
| Todoque (La Palma) | TF | 132 | C5 |
| Todosaires | CO | 94 | T17 |
| Toén | OR | 13 | F6 |
| Toga | CS | 62 | L28 |
| Toiríz | PO | 13 | D5 |
| Toja (La) / A Toxa | PO | 12 | E3 |
| Tojo (El) | S | 7 | C17 |
| Tojos (Los) | S | 7 | C17 |
| Tol | O | 4 | B9 |
| Tola | ZA | 29 | G10 |
| Tolbaños | AV | 45 | J16 |
| Tolbaños de Arriba | BU | 32 | F20 |
| Toldaos | LU | 14 | D8 |
| Toledana (La) | CR | 70 | O17 |
| Toledillo | SO | 33 | G22 |
| Toledo | TO | 58 | M17 |
| Toledo (Hoya de) (Gran Canaria) | GC | 117 | E4 |
| Toledo (Montes de) | | 70 | N17 |
| Tolibia de Abajo | LE | 16 | D13 |
| Tolibia de Arriba | LE | 16 | D13 |
| Tolilla | ZA | 29 | G11 |
| Tolinas | O | 5 | C11 |
| Tolivia | O | 6 | C13 |
| Tollón (Laguna del) | CA | 91 | V11 |
| Tollos | A | 74 | P29 |
| Tolmo (Ensenada del) | CA | 99 | X13 |
| Tolocirio | SG | 45 | I16 |
| Toloño | | 19 | E21 |
| Toloriu | L | 23 | E34 |
| Tolosa (Albacete) | AB | 73 | O25 |
| Tolosa (Guipúzcoa) | SS | 10 | C23 |
| Tolox | MA | 100 | V15 |
| Tolox (Sierra de) | | 100 | V15 |
| Tolva | HU | 22 | F31 |
| Tomares | SE | 91 | T11 |
| Tomas Maestre | MU | 85 | S27 |
| Tombrio de Abajo | LE | 15 | D10 |
| Tomellosa | GU | 46 | K21 |
| Tomelloso | CR | 71 | O20 |
| Tomillar (El) | SA | 44 | J13 |
| Tomillosas (Sierra de) | BA | 68 | Q12 |
| Tomiño | PO | 12 | G3 |
| Tomir | | 104 | M38 |
| Tona | B | 38 | G36 |
| Tonda | | 34 | G24 |
| Tondos | CU | 60 | L23 |
| Tonín | LE | 6 | C12 |
| Tonosas (Los) | AL | 96 | T23 |
| Topares | AL | 84 | S23 |
| Topas | SA | 43 | I13 |
| Toques | C | 3 | D6 |
| Tor (Lleida) | L | 23 | E34 |
| Tor (Lugo) | LU | 13 | E7 |
| Torà | L | 37 | G34 |
| Toral | LE | 15 | E12 |
| Toral de los Guzmanes | LE | 16 | F13 |
| Toral de los Vados | LE | 14 | E9 |
| Toranzo | | 33 | G24 |
| Torás | CS | 62 | M27 |
| Torás Bejís (Estación de) | CS | 62 | M27 |
| Torazo | O | 6 | B13 |
| Torcal de Antequera (Parque Natural) | MA | 100 | V16 |
| Torcas (Embalse de las) | Z | 34 | I26 |
| Torcas (Las) | CU | 60 | L24 |
| Torcón | | 57 | M16 |
| Torcón (Embalse del) | TO | 57 | N16 |
| Tordehumos | VA | 30 | G14 |
| Tordellego | GU | 48 | J24 |
| Tordelpalo | GU | 48 | J24 |
| Tordelrábano | GU | 47 | I21 |
| Tordera | B | 39 | G38 |
| Tordera (La) (Riu) | B | 38 | G37 |
| Tordera (Punta del) | | 39 | H38 |
| Tordesillas | VA | 30 | H14 |
| Tordesilos | GU | 48 | J25 |
| Tórdiga (Puerto de) | | 60 | M23 |
| Tordillos | SA | 44 | J13 |
| Tordoia | C | 2 | C4 |
| Tordómar | BU | 31 | F18 |
| Tordueles | BU | 32 | F19 |
| Torelló | B | 24 | F36 |
| Toreno | LE | 15 | D10 |
| Torerera (La) | H | 78 | T9 |
| Torete (Guadalajara) | GU | 47 | J23 |
| Torete (Río) (Soria) | SO | 33 | H21 |
| Torga | O | 4 | D9 |
| Torija | GU | 46 | J20 |
| Toril | CC | 56 | M12 |
| Toril (El) | SE | 92 | T13 |
| Torina (Embalse de) | S | 7 | C18 |
| Torío | LE | 6 | C13 |
| Torla | HU | 21 | E29 |
| Torlengua | SO | 33 | H23 |
| Tormaleo | O | 14 | D9 |
| Tormantos | LO | 18 | E20 |
| Tormantos (Sierra de) | | 56 | L12 |
| Torme | BU | 18 | D19 |
| Tormellas | AV | 44 | L13 |
| Tormes (Río) | | 29 | I10 |
| Tormillo (El) | HU | 36 | G29 |
| Tormo (El) | CS | 62 | L28 |
| Tormón | TE | 61 | L25 |
| Tormos | HU | 21 | F27 |
| Torms (Els) | L | 36 | H32 |
| Torn (El) | GE | 24 | F37 |
| Tornabous | L | 37 | G33 |
| Tornadijo | BU | 18 | F19 |
| Tornadizo (El) | SA | 43 | K12 |
| Tornadizos de Ávila | AV | 45 | K16 |
| Tornafort | L | 23 | E33 |
| Tornajo | MU | 84 | S24 |
| Tornajos (Sierra de los) | | 84 | S22 |
| Tornajuelos | GR | 83 | S21 |
| Tornavacas | CC | 56 | L12 |
| Tornavacas (Puerto de) | CC | 56 | L13 |
| Torneiros (Lugo) | LU | 4 | C7 |
| Torneiros (Ourense) | OR | 27 | G5 |
| Tornera (La) | | 46 | I19 |
| Torneros (cerca de Castrocontrigo) | LE | 15 | F11 |
| Torneros (cerca de León) | LE | 16 | E13 |
| Torneros (Sierra de los) | | 58 | N17 |
| Torneros de Jamuz | LE | 15 | F11 |
| Tornín | O | 6 | C14 |
| Torno (El) (Cádiz) | CA | 99 | W12 |
| Torno (El) (Cáceres) | CC | 56 | L12 |
| Torno (El) (Ciudad Real) | CR | 70 | O17 |
| Tornos | TE | 48 | J25 |
| Tornos (Alto de los) | S | 8 | C19 |
| Toro (Ourense) | OR | 14 | F7 |
| Toro (Zamora) | ZA | 30 | H13 |
| Toro (Canal de) | | 30 | H13 |
| Toro (El) (Castelló) | CS | 61 | M27 |
| Toro (El) (Huelva) | H | 78 | S8 |
| Toro (El) (Mallorca) | PM | 104 | N37 |
| Toro (Illa del) | | 104 | N37 |
| Toro (Mont) | PM | 106 | M42 |
| Torongil | BA | 67 | P10 |
| Toros de Guisando | AV | 45 | K16 |
| Torozo (Sierra del) (Badajoz) | BA | 69 | P14 |
| Torozo (Sierra del) (Ciudad Real) | CR | 69 | P16 |
| Torozos (Montes de) | | 30 | G15 |
| Torquemada | P | 31 | F17 |
| Torralba (Cuenca) | CU | 60 | L23 |
| Torralba (cerca de Mecinaceli) | SO | 47 | I22 |
| Torralba (cerca de Soria) | SO | 33 | H23 |
| Torralba de Aragón | HU | 35 | G28 |
| Torralba de Calatrava | CR | 70 | O18 |
| Torralba de los Frailes | Z | 48 | I25 |
| Torralba de los Sisones | TE | 48 | J25 |
| Torralba de Oropesa | TO | 57 | M14 |
| Torralba de Ribota | Z | 34 | H24 |
| Torralba del Burgo | SO | 32 | H21 |
| Torralba del Pinar | CS | 62 | M28 |
| Torralba del Río | NA | 19 | E23 |
| Torralbilla | Z | 48 | I25 |
| Torralva | | 91 | V12 |
| Torrano / Dorrao | NA | 19 | D23 |
| Torraño | SO | 32 | H20 |
| Torrassa (Pantà de la) | | 23 | E33 |
| Torre (cerca de Taboada) | LU | 13 | D6 |
| Torre (cerca de Villalba) | LU | 3 | C6 |
| Torre (Brazo de la) | SE | 91 | U11 |
| Torre (Collado de la) | | 49 | K28 |
| Torre (La) (Ávila) | AV | 44 | K15 |
| Torre (La) (Murcia) | MU | 85 | R25 |
| Torre (La) (cerca de Losilla de Aras) | V | 61 | M26 |
| Torre (La) (cerca de Utiel) | V | 61 | M26 |
| Torre (La) (Cádiz) | CA | 92 | V13 |
| Torre (Rambla de la) | A | 86 | Q28 |
| Torre Abraham (Embalse) | CR | 70 | N17 |
| Torre Alháquime | CA | 92 | V14 |
| Torre Alta (Murcia) | MU | 85 | R26 |
| Torre Alta (València) | V | 61 | L26 |
| Torre Arboles | CO | 81 | S15 |
| Torre Cardela | GR | 94 | T19 |
| Torre Castiel | TE | 49 | J29 |
| Torre Cerredo | LE | 6 | C15 |
| Torre d'en Besora (La) | CS | 50 | L29 |
| Torre d'en Doménec (La) | CS | 62 | L30 |
| Torre de Alcotas | TE | 61 | M27 |
| Torre de Arcas | TE | 50 | J29 |
| Torre de Babia | LE | 5 | D11 |
| Torre de Benagalbón | MA | 101 | V17 |
| Torre de Cabdella (La) | L | 23 | E32 |
| Torre de Claramunt (La) | B | 37 | H34 |
| Torre de Cullera (La) | V | 74 | O29 |
| Torre de Don Miguel | CC | 55 | L10 |
| Torre de Esgueva | VA | 31 | G17 |
| Torre de Esteban Hambrán (La) | TO | 58 | L17 |
| Torre de Fluvià (La) | L | 37 | G32 |
| Torre de Fontaubella (La) | T | 51 | I32 |
| Torre de Juan Abad | CR | 71 | Q20 |
| Torre de l'Espanyol (La) | T | 36 | I31 |
| Torre de la Higuera | H | 91 | U10 |
| Torre de la Horadada | A | 85 | S27 |
| Torre de la Reina | SE | 91 | T11 |
| Torre de la Sal | CS | 63 | L30 |
| Torre de la Vall | V | 74 | O29 |
| Torre de las Arcas | TE | 49 | J27 |
| Torre de les Maçanes (La) | A | 74 | Q28 |
| Torre de Miguel Sesmero | BA | 67 | Q9 |
| Torre de Oristà (La) | B | 38 | G36 |
| Torre de Peña | NA | 20 | E26 |
| Torre de Peñafiel | VA | 31 | H17 |
| Torre de Pinet | A | 74 | P28 |
| Torre de Santa María | CC | 68 | O11 |
| Torre del Águila | SE | 92 | U12 |
| Torre del Águila (Embalse de) | SE | 92 | U12 |
| Torre del Bierzo | LE | 15 | E11 |
| Torre del Burgo | GU | 46 | J20 |
| Torre del Campo | J | 82 | S18 |
| Torre del Compte | TE | 50 | J30 |
| Torre del Mar | MA | 101 | V17 |
| Torre del Oro | H | 91 | U9 |
| Torre del Rei | CS | 63 | L30 |
| Torre del Río Real | MA | 100 | W15 |
| Torre del Valle (La) | ZA | 15 | F12 |
| Torre en Cameros | LO | 19 | F22 |
| Torre Gorda | CA | 98 | W11 |
| Torre la Cárcel | TE | 48 | K26 |
| Torre la Ribera | HU | 22 | E31 |
| Torre los Negros | TE | 48 | J26 |
| Torre Miró (Port de) | | 50 | J29 |
| Torre Pacheco | MU | 85 | S27 |
| Torre Pedro | AB | 84 | Q23 |
| Torre-saura | PM | 106 | M41 |
| Torre-serona | L | 36 | G31 |
| Torre-solí Nou | | 106 | M42 |
| Torre Tallada | V | 73 | P27 |
| Torre Uchea | AB | 84 | Q25 |
| Torre Val de San Pedro | SG | 45 | I18 |
| Torreadrada | SG | 31 | H18 |
| Torreagüera | MU | 85 | S26 |
| Torrealba (Ermita de) | CC | 67 | N11 |
| Torreandaluz | SO | 33 | H21 |
| Torrearévalo | SO | 33 | G22 |
| Torrebaja | V | 61 | L26 |
| Torrebarrio | LE | 5 | C12 |
| Torrebeleña | GU | 46 | J20 |
| Torrebesses | L | 36 | H31 |
| Torreblacos | SO | 32 | G21 |
| Torreblanca | CS | 63 | L30 |
| Torreblanca de los Caños | SE | 92 | T12 |
| Torreblanca del Sol | MA | 100 | W16 |
| Torreblascopedro | J | 82 | S19 |
| Torrebuceit | CU | 60 | M22 |
| Torrec | L | 37 | G33 |
| Torrecaballeros | SG | 45 | J17 |
| Torrecampo | CO | 81 | Q15 |
| Torrecera | CA | 99 | W12 |
| Torrechiva | CS | 62 | L28 |
| Torrecica (La) | AB | 72 | O24 |
| Torrecilla (Ciudad Real) | CR | 70 | P18 |
| Torrecilla (Cuenca) | CU | 60 | L23 |
| Torrecilla (Málaga) | MA | 100 | V14 |
| Torrecilla de Alcañiz | TE | 50 | J29 |
| Torrecilla de la Abadesa | VA | 30 | H14 |
| Torrecilla de la Jara | TO | 57 | M15 |
| Torrecilla de la Orden | VA | 30 | I14 |
| Torrecilla de la Torre | VA | 30 | H14 |
| Torrecilla de los Ángeles | CC | 55 | L10 |
| Torrecilla de Valmadrid | Z | 35 | H27 |
| Torrecilla del Ducado | GU | 47 | I22 |
| Torrecilla del Monte | BU | 32 | F18 |
| Torrecilla del Pinar (Guadalajara) | GU | 47 | J23 |
| Torrecilla del Pinar (Segovia) | SG | 31 | H17 |
| Torrecilla del Rebolar | TE | 48 | J26 |
| Torrecilla del Valle | VA | 30 | H14 |
| Torrecilla en Cameros | LO | 19 | F22 |
| Torrecillas | CO | 93 | T15 |
| Torrecillas (Las) (cerca de Badajoz) | BA | 67 | P9 |
| Torrecillas (Las) (cerca de Mengaloril) | BA | 68 | P12 |
| Torrecillas de la Tiesa | CC | 56 | N12 |
| Torrecitores | BU | 31 | G18 |
| Torreciudad | HU | 22 | F30 |
| Torrecuadrada de los Valles | GU | 47 | J22 |
| Torrecuadrada de Molina | GU | 48 | J24 |
| Torrecuadradilla | GU | 47 | J22 |
| Torrecuadros | H | 91 | U10 |
| Torredembarra | T | 37 | I34 |
| Torredonjimeno | J | 82 | S18 |
| Torrefarrera | L | 36 | G31 |
| Torrefeta | L | 37 | G33 |
| Torrefrades | ZA | 29 | H11 |
| Torrefresneda | BA | 67 | P11 |
| Torrefuente | CU | 61 | L25 |
| Torregalindo | BU | 32 | H18 |
| Torregamones | ZA | 29 | H11 |
| Torregrossa | L | 36 | H32 |
| Torrehermosa | Z | 33 | I23 |
| Torreiglesias | SG | 45 | I17 |
| Torrejón | CC | 66 | N8 |
| Torrejón de Ardoz | M | 46 | K19 |
| Torrejón de la Calzada | M | 58 | L18 |
| Torrejón de Velasco | M | 58 | L18 |
| Torrejón del Rey | GU | 46 | K19 |
| Torrejón el Rubio | CC | 56 | M11 |
| Torrejón-Tajo (Embalse de) | CC | 56 | M12 |
| Torrejón-Tiétar (Embalse de) | CC | 56 | M12 |
| Torrejoncillo | CC | 55 | M10 |
| Torrejoncillo del Rey | CU | 59 | L22 |
| Torrelaguna | M | 46 | J19 |
| Torrelameu | L | 36 | G32 |
| Torrelapaja | Z | 33 | H24 |
| Torrelara | BU | 18 | F19 |
| Torrelavandeira | C | 3 | C5 |
| Torrelavega | S | 7 | B17 |
| Torrelavit | B | 37 | H35 |
| Torrelengua (Cuenca) | CU | 59 | M21 |
| Torrelengua (Sevilla) | SE | 92 | U12 |
| Torrellano | A | 86 | R28 |
| Torrellas | Z | 34 | G24 |
| Torrelles de Foix | B | 37 | H34 |
| Torrelles de Llobregat | B | 38 | H35 |
| Torrelobatón | VA | 30 | H14 |
| Torrelodones | M | 45 | K18 |

Torremayor BA 67 P10
Torremegía BA 67 P10
Torremendo A 85 S27
Torremenga CC 56 L12
Torremocha CC 67 N11
Torremocha de Ayllón SO 32 H20
Torremocha de Jadraque GU 46 I21
Torremocha de Jarama M 46 J19
Torremocha de Jiloca TE 48 K26
Torremocha del Campo 47 J22
Torremocha del Pinar GU 47 J23
Torremochuela GU 48 J24
Torremolinos MA 100 W16
Torremontalbo LO 19 E21
Torremormojón P 30 G15
Torrenostra CS 63 L30
Torrent (Girona) GE 25 G39
Torrent (València) V 62 N28
Torrente de Cinca HU 36 H31
Torrenueva (Ciudad Real) CR 71 Q19
Torrenueva (Granada) GR 101 V19
Torrenueva (Málaga) MA 100 W15
Torrepadre BU 31 F18
Torreparedones CO 81 S16
Torreperogil J 83 R20
Torrequebradilla J 82 S19
Torrequemada CC 67 N11
Torres (Jaén) J 82 S19
Torres (Navarra) NA 11 D25
Torres (Zaragoza) Z 34 H25
Torres (Cabo) O 6 B12
Torres (Las) (Salamanca) SA 43 J13
Torres (Las) (Zaragoza) Z 34 H26
Torres (Monte) 36 H31
Torres (Río) 82 S19
Torres Cabrera CO 81 S15
Torres de Albánchez J 83 Q21
Torres de Albarracín TE 48 K25
Torres de Alcanadre HU 35 G29
Torres de Aliste (Las) ZA 29 G11
Torres de Barbués HU 35 G28
Torres de Berellén Z 34 G26
Torres de Cotillas (Las) MU 85 R26
Torres de la Alameda M 46 K19
Torres de Montes HU 21 F29
Torres de Segre L 36 H31
Torres del Carrizal ZA 29 H12
Torres del Obispo HU 22 F31
Torres del Río NA 19 E23
Torres-Torres V 62 M28
Torresandino BU 31 G18
Torresaviñán (La) GU 47 J22
Torrescárcela VA 31 H17
Torresmenudas SA 43 I12
Torrestio LE 5 C11
Torresuso SO 32 H20
Torreta de l'Orri L 23 E33
Torrevelilla TE 50 J29
Torrevicente SO 32 H21
Torrevieja A 86 S27
Torrevieja (Salines de) A 85 S27
Torrico TO 57 M14
Torrijas TE 61 L27
Torrijas (Río) 61 L27
Torrijo Z 34 H24
Torrijo del Campo TE 48 J25
Torrijos TO 58 M17
Torroella de Fluvià GE 25 F39
Torroella de Montgrí GE 25 F39
Torroja del Priorat T 36 I32
Torronteras GU 47 K22
Torroña PO 12 F3
Torrox MA 101 V18
Torrox (Punta de) MA 101 V18
Torrox Costa MA 101 V18
Torrubia (Córdoba) CO 81 Q16
Torrubia (Guadalajara) GU 48 J24
Torrubia de Soria SO 33 H23
Torrubia del Campo CU 59 M21
Torrubia del Castillo CU 60 M23
Tortajada TE 48 K26
Tortas AB 72 Q22
Tortellà GE 24 F37
Tórtola CU 60 M23
Tórtola de Henares GU 46 J20
Tórtoles (Ávila) AV 44 K14
Tórtoles (Zaragoza) Z 34 G24
Tórtoles de Esgueva BU 31 G17
Tortonda GU 47 J22
Tortosa T 50 J31
Tortosa (Cap de) T 51 J32
Tortuera GU 48 J24
Tortuero GU 46 J19
Torviscal BA 68 O12
Torviscal (El) SE 92 U12
Torvizcón GR 102 V20
Tosa d'Alp B 24 F35
Tosalet A 75 P30
Tosantos BU 18 E20
Tosca (Embalse de la) CU 47 K23
Toscana (La) GR 84 S22
Toscas (Las) (La Gomera) TF 119 C3
Toscón (El) (Gran Canaria) GC 115 F2
Toscón (El) (Gran Canaria) GC 116 C3
Tosende OR 27 G6
Toses GE 24 F36
Toses (Collada de) GE 24 E35
Tosos Z 34 I26
Tospe O 6 C14
Tossa de Mar GE 39 G38
Tossa de Montbui (La) B 37 H34
Tossa Pelada L 23 F34
Tossal (El) (Alacant) A 74 Q29
Tossal (El) (Lleida) L 37 G33
Tossal de la Nevera CS 50 K29
Tosto (Cabo) C 2 C2
Totalán MA 101 V17
Totana MU 85 S25
Totanés TO 58 M17
Toto (Fuerteventura) GC 113 F3
Toural PO 12 E4
Touriñán C 2 C2
Touriñán (Cabo) C 2 C2
Touro C 13 D5
Tourón PO 12 E4
Tous V 74 O28
O27-
Tous (Embassament de) V 74 O28
Tóvedas V 61 L25
Tox O 5 B10
Toxa (A) / La Toja PO 12 E3
Toya J 83 S20
Tozalmoro SO 33 G23
Tózar GR 94 T18
Tozo 56 N11
Tozo (Embalse del) CC 56 N12
Traba C 2 C2
Traba (La) LU 4 C8
Trabada LU 4 B8
Trabadelo LE 14 E9
Trabakua (Puerto de) BI 10 C22
Trabanca SA 29 I10
Trabancos 44 I14
Trabaque (Río) 47 K23
Trabazos ZA 29 G10
Trabucador (El) 50 K32
Tracastro LU 14 E8
Trafalgar (Cabo de) CA 98 X11
Tragacete CU 48 K24
Tragó L 23 F33
Tragoncillo AB 84 R22
Traguntía SA 43 J10
Traibuenas NA 20 E25
Traid GU 48 J24
Traiguera CS 50 K30
Trajano SE 92 U12
Tramacastilla (Teruel) TE 48 K25
Tramacastilla de Tena (Huesca) HU 21 D29
Tramaced HU 35 G29
Tramascatiel TE 61 L26
Tramuntana (Cap de) 104 N36
Tramuntana (Serra de) 104 M38
Tranco J 83 R21
Tranco (Embalse del) 83 R21
Tranquera (Embalse de la) Z 34 I24
Tranquera (La) Z 34 I24
Trapera CO 80 Q13
Trapiche MA 101 V17
Tras la Sierra (Montes de) CC 56 L12
Trasancos C 3 B5
Trasanquelos C 3 C5
Trascastro (León) LE 14 D10
Trascastro (Asturias) O 5 C10
Trascatro (Pontevedra) PO 13 D6
Trashaedo BU 17 D18
Trasierra BA 79 R12
Traslaloma BU 8 C19
Traslasierra (Badajoz) BA 67 P11
Traslasierra (Huelva) H 79 S10
Trasmiras OR 27 F7
Trasmonte (A Coruña) C 3 C4
Trasmonte (Lugo) LU 3 C6
Trasmoz Z 34 G24
Trasmulas GR 94 U18
Trasobares Z 34 H25
Traspeña P 17 D16
Traspinedo VA 31 H16
Trasvase (Canal de) 59 L21
Trasvase Tajo Segura (Canal de) 72 O23
Travesas C 2 C3
Traviesa (Sierra) SE 80 S12
Traviesas C 3 C4
Traviesas (Puerto de las) 49 J28
Travieso (El) SE 80 S13
Trazo C 2 C4
Trebujena CA 91 V11
Treceño S 7 C17
Tredós L 23 D32
Trefacio ZA 14 F10
Treguà de Dalt GE 24 E36
Trejo CA 92 V14
Trelle OR 13 F6
Trelles O 4 B9
Trema 18 D19
Tremañes O 6 B12
Tremedal AV 43 K13
Tremedal (Puerto) AV 43 K13
Tremedal de Tormes SA 43 I11
Tremor 15 E11
Tremor de Abajo LE 15 E11
Tremor de Arriba LE 15 D11
Tremp L 23 F32
Tres Arroyos BA 67 P9
Tres Cantos M 46 K18
Tres Huelgas (Mirador de las) Z 35 G28
Tres Mares (Pico de) P 7 C16
Tres Mugas 20 F25
Tres Picos (Embalse de) H 90 T8
Tres Provincias 32 F21
Tresabuela S 7 C16
Trescares O 7 C15
Trescasas SG 45 J17
Tresgrandas O 7 B16
Tresjuncos CU 59 M21
Tresmonte O 6 B14
Trespaderne BU 18 D19
Trespons (Congost de) L 23 F34
Trespuentes VI 19 D21
Tresviso S 7 C15
Trévago SO 33 G23
Trevejo CC 55 L9
Trevélez GR 95 U20
Trevélez (Horcajo de) GR 95 U20
Trevélez (Río) 95 U20
Treviana LO 18 E20
Trevijano LO 19 F22
Trevinca (Peña) 14 F9
Treviño BU 19 D21
Triacastela LU 14 D8
Triana (Gran Canaria) GC 115 G2
Triana (Málaga) MA 101 V17
Tribaldos CU 59 M21
Tricias (Las) (La Palma) TF 130 B3
Tricio LO 19 E21
Trigaza BU 18 F20
Trigueros H 90 T9
Trigueros del Valle VA 31 G16
Trijueque GU 46 J21
Trillo GU 47 J22
Trincheto (El) CR 70 O17
Trinidad (La) SE 92 T13
Triollo P 17 D15
Triongo O 6 B14
Triquivijate (Fuerteventura) GC 111 H3
Triste HU 21 E27
Trobajo LE 16 E13
Trobal (El) SE 91 U12
Trobo (cerca de Cospeito) LU 3 C7
Trobo (O) (cerca de Fonsagrada) LU 4 C8
Tronceda C 13 D5
Troncedo (Huesca) HU 22 F30
Troncedo (Asturias) O 5 B11
Tronchón TE 49 K28
Trubia O 5 B12
Trubia (Río) 5 C11
Truchas LE 15 F10
Truchillas LE 15 F10
Trucios-Turtzioz BI 8 C20
Trueba 18 D19
Trujillanos BA 67 P11
Trujillo CC 56 N12
Tubilla del Agua BU 17 D18
Tubilla del Lago BU 32 G19
Tubilleja BU 18 D18
Tuca L 22 D32
Tuda (La) ZA 29 H12
Tudanca S 7 C16
Tudela (Girona) GE 25 F39
Tudela (Navarra) NA 20 F25
Tudela Agüeria O 5 C12
Tudela de Duero VA 31 H16
Tudela de Segre L 37 G33
Tudelilla LO 19 F23
Tudera ZA 29 H11
Tudia (Sierra de) 79 R10
Tudons (Port de) 74 Q29
Tuéjar V 61 M26
Tuéjar (Riu) 61 M26
Tuela ZA 14 F9
Tuelas (Los) MU 85 S25
Tuerto LE 15 E11
Tuesta VI 18 D20
Tufiones C 2 C2
Tui PO 12 F4
Tuilla O 6 C13
Tuineje (Fuerteventura) GC 113 G4
Tuiriz LU 13 E7
Tuiza O 5 C12
Tujena H 91 T10
Tulebras NA 34 G24
Tumbalejo (El) H 91 T10
Tumbo LU 4 C7
Tuna (Sa) GE 25 G39
Túnez (Tenerife) TF 128 E5
Tuña O 5 C10
Tuñón O 5 C12
Turbón HU 22 E31
Turca GR 94 U17
Turces C 13 D5
Turcia LE 15 E12
Turégano SG 45 I17
Turia (Riu) 61 L26
Turieno S 7 C16
Turienzo (Río) 15 E11
Turienzo Castañero LE 15 E10
Turillas AL 96 U23
Turillas (Peñón de) AL 96 U23
Turís V 74 N27
Turiso VI 18 D21
Turleque TO 58 N19
Turmell (El) CS 50 K30
Turmell (Serra del) 50 K29
Turmiel GU 47 I23
Turó de l'Home B 38 G37
Turón (Granada) GR 102 V20
Turón (Asturias) O 5 C12
Turón (Río) 100 V15
Turones SA 42 J9
Turquillas (Las) SE 92 T14
Turra de Alba SA 44 J13
Turre AL 96 U24
Turrilla (Albacete) AB 84 R23
Turrilla (Murcia) MU 84 S24
Turro (El) GR 94 U18
Turrubuelo SG 32 I19
Turruchel 83 Q21
Turruncún LO 19 F23
Tús AB 84 Q22
Tús (Balneario de) AB 84 Q22
Tús (Río) 83 Q22
Txindoki (Pico) SS 10 C23

## U

Ubeda (Alacant) A 85 Q27
Úbeda (Jaén) J 82 R19
Ubide BI 9 C21
Ubierna BU 18 E18
Ubierna (Río) 18 E18
Ubiña (Peña) LE 5 C12
Ubrique CA 99 V13
Ubrique (Sierra) 99 W13
Úcar NA 11 D24
Uceda GU 46 J19
Ucedo LE 15 E11
Ucero SO 32 G20
Ucero (Río) 32 G20
Uces (Las) SA 43 I10
Ucieda S 7 C17
Ucieza (Río) 17 E16
Uclés CU 59 M21
Udalla S 8 C19
Udías 7 C17
Udra (Cabo de) PO 12 E3
Uestra (S') 106 M42
Uga (Lanzarote) GC 122 C4
Ugalde VI 8 C21
Ugao-Miraballes (Vizcaya) BI 8 C21
Ugarteberri SS 10 C23
Ugena TO 58 L18
Uges C 3 C4
Ugíjar GR 102 V20
Uharte / Huarte NA 11 D25
Uharte-Arakil NA 10 D24
Uitzi NA 10 C24
Uitzi (Alto) NA 10 C24
Ujados GU 32 I20
Ujo O 5 C12
Ujué NA 20 E25
Ulea MU 85 R26
Uleila del Campo AL 96 U23
Ulía (Monte) SS 10 B24
Ulibarri NA 19 D23
Ullà GE 25 F39
Ulla (Río) C 13 D4
Ullastrell B 38 H35
Ullastret GE 25 F39
Ulldecona T 50 K31
Ulldecona (Embassament d') 50 J30
Ulldemolins T 37 I32
Ullíbarri (Embalse de) VI 19 D22
Ullíbarri-Arrazua VI 19 D22
Ullíbarri-Gamboa VI 19 D22
Ulloa LU 3 D6
Ultramort GE 25 F39
Ultzama NA 11 C24
Ulzurrun (Puerto de) NA 10 D24
Umán (Collado de) 61 N27
Umbralejo GU 46 I20
Umbrete SE 91 T11
Umbría (Murcia) MU 84 S24
Umbría (Teruel) TE 49 K28
Umbría (Granada) GR 102 V20
Umbría (La) H 79 S10
Umbría (Sierra de la) GR 84 S22
Umbría de Fresnedas CR 70 Q19
Umbría de las Lomas MU 84 S24
Umbría del Oso CU 60 L25
Umbrías (Ávila) AV 43 L13
Umbrías (Murcia) MU 97 T25
Umia PO 13 E4
Unarre L 23 E33
Uncastillo Z 20 E26
Unciti NA 11 D25
Undués de Lerda Z 20 E26
Undués-Pintano Z 20 E26
Undurraga BI 9 C21
Ungilde ZA 28 F10
Unión (La) MU 85 T27
Unión de Campos (La) VA 30 F14
Universales (Montes) TE 48 K24
Unquera S 7 B16
Unzué NA 20 E25
Uña CU 60 L24
Uña (La) LE 6 C14
Uña de Quintana ZA 15 F11
Urbanova A 86 R28
Urbasa (Puerto de) NA 19 D23
Urbasa (Sierra de) 19 D23
Urbel 17 E18
Urbel del Castillo BU 17 E18
Urberuaga BI 10 C22
Urbies O 6 C12
Urbina VI 19 D22
Urbión 32 F21
Urbión (Monte) SG 32 F21
Urbión (Reserva nacional de) SG 33 G21
Urbión (Sierra de) SO 33 G21
Urcal AL 96 T24
Urculu NA 11 C26
Urda (Toledo) TO 70 N18
Urda (Guipúzcoa) SS 10 C23
Urda (Estación de) 17 N18
Urdaburu (Monte) SS 10 C24
Urdaitz / Urdániz NA 11 D25
Urdanta LO 18 F21
Urdazubi / Urdax NA 11 C25
Urdelar SS 10 C24
Urdiales del Páramo LE 15 E12
Urdian NA 19 D23
Urdilde C 12 D3
Urdués HU 21 D27
Urduliz BI 8 B21
Ures GU 47 I21
Ures de Medina SO 47 I23
Urgell (Canal auxiliar d') L 37 G32
Urgell (Canal d') L 37 G33
Urgón CR 70 Q17
Uria (Sierra de) LU 4 C9
Uribarri-Debiña VI 19 D21
Urigoiti BI 9 C21
Uritz / Úriz (Navarra) NA 11 D25
Uriz (Lugo) LU 3 C7
Úriz / Uritz (Navarra) NA 11 D25
Urkabustaiz VI 18 D21
Urkiaga (Coll de) 11 C25
Urkuleta BI 10 C22
Urmella HU 22 E31
Urmi CS 50 K31
Urnieta SS 10 C24
Urola 10 C23
Urones de Castroponce VA 16 F14
Uroz NA 11 D25

| | | | |
|---|---|---|---|
| Urquilla (Sierra de) | | 19 | D22 |
| Urquiola (Puerto) | BI | 10 | C22 |
| Urraca-Miguel | AV | 45 | J16 |
| Urrácal | AL | 96 | T22 |
| Urrea de Gaén | TE | 49 | I28 |
| Urrea de Jalón | Z | 34 | H26 |
| Urrestieta-Avellaneda (Vizcaya) | BI | 8 | C20 |
| Urrestilla | SS | 10 | C23 |
| Urretxu | SS | 10 | C23 |
| Urrexola | SS | 10 | C22 |
| Urrez | BU | 18 | F19 |
| Urria | BU | 18 | D19 |
| Urría (Río) | | 32 | F20 |
| Urriello (Vega de) | O | 6 | C15 |
| Urriés | Z | 20 | E26 |
| Urrobi | | 11 | D25 |
| Urrotz | NA | 11 | C24 |
| Urroz | NA | 11 | D25 |
| Urrúnaga | VI | 19 | D22 |
| Urrúnaga (Embalse de) | | 19 | D22 |
| Urrutias (Los) | MU | 85 | S27 |
| Urtasun | NA | 11 | D25 |
| Urturi | VI | 19 | E22 |
| Urtx | GE | 24 | E35 |
| Urueña | VA | 30 | G14 |
| Urueñas | SG | 32 | H18 |
| Urumea | | 10 | C24 |
| Uruñuela | LO | 19 | E21 |
| Urús | GE | 24 | E35 |
| Urz (La) | LE | 15 | D12 |
| Urzainqui | NA | 11 | D27 |
| Usagre | BA | 79 | Q11 |
| Usagre (Rivera de) | | 79 | Q11 |
| Usana | HU | 22 | E30 |
| Usanos | GU | 46 | J20 |
| Usánsolo | BI | 9 | C21 |
| Usategueta (Puerto de) | NA | 10 | C24 |
| Uscarrés / Uskartze | NA | 11 | D26 |
| Used | Z | 48 | I25 |
| Used (Puerto de) | Z | 48 | I25 |
| Useres (Les) | CS | 62 | L29 |
| Usi | NA | 11 | D24 |
| Uskartze / Uscarrés | NA | 11 | D26 |
| Usón | HU | 35 | G29 |
| Ustés | NA | 11 | D26 |
| Usún | NA | 20 | E26 |
| Usurbil | SS | 10 | C23 |
| Utande | GU | 46 | J21 |
| Utebo | Z | 35 | G27 |
| Uterga | NA | 10 | D24 |
| Utero | | 18 | E19 |
| Utiel | V | 61 | N26 |
| Utiel (Serra d') | | 61 | N26 |
| Utrera (Badajoz) | BA | 68 | P12 |
| Utrera (Sevilla) | SE | 92 | U12 |
| Utrilla | SO | 33 | I23 |
| Utrillas | TE | 49 | J27 |
| Utxesa (Pantà d') | L | 36 | H31 |
| Uznayo | S | 7 | C16 |
| Uzquiano | BU | 19 | D21 |
| Uztárroz (Sierra de) | | 11 | D26 |
| Uztárroz / Uztarroze | NA | 11 | D27 |
| Uztarroze / Uztárroz | NA | 11 | D27 |
| **V** | | | |
| Vaca (La) | H | 78 | S7 |
| Vaca (Morro de sa) | | 104 | M38 |
| Vacaloura (Montes de) | | 13 | D6 |
| Vacar (El) | CO | 81 | R15 |
| Vacarisses | B | 38 | H35 |
| Vadiello (Embalse de) | HU | 21 | F29 |
| Vadillo | SO | 32 | G20 |
| Vadillo de la Guareña | ZA | 30 | I13 |
| Vadillo de la Sierra | AV | 44 | K14 |
| Vadillos (La Rioja) | LO | 19 | F22 |
| Vado (Embalse de El) | GU | 46 | I20 |
| Vado Baena | J | 82 | S17 |
| Vado de las Hoyas (Embalse de) | | 82 | R19 |
| Vado del Álamo | MA | 100 | V15 |
| Vadocondes | BU | 32 | H19 |
| Vadofresno | CO | 93 | U16 |
| Vadollano (Estación de) | J | 82 | R19 |
| Vados (Los) | MA | 101 | V17 |
| Vados de Torralba | J | 82 | S19 |
| Vajol (La) | GE | 25 | E38 |
| Val | C | 3 | B5 |
| Val (Embalse de El) | Z | 34 | G24 |
| Val (Laguna de) | | 91 | V11 |
| Val (Río) | SO | 34 | G24 |
| Val de Algoso | | 29 | H10 |
| Val de Castillo | LE | 16 | D14 |
| Val de la Sabina | V | 61 | L26 |
| Val de San García | GU | 47 | J22 |
| Val de San Lorenzo | LE | 15 | E11 |
| Val de San Martín | Z | 48 | I25 |
| Val de San Román | LE | 15 | E11 |
| Val de San Vicente | | 7 | B16 |
| Val de Santa María | ZA | 29 | G11 |
| Val de Santo Domingo | | 58 | L17 |
| Val do Dubra | C | 2 | C4 |
| Valacloche | TE | 61 | L26 |
| Valadares (A Coruña) | C | 2 | D3 |
| Valadares (Pontevedra) | PO | 12 | F3 |
| Valadouro | LU | 4 | B7 |
| Valareña | Z | 20 | F26 |
| Valberzoso | P | 17 | D17 |
| Valboa | PO | 13 | D4 |
| Valbona | TE | 61 | L27 |
| Valbona (Río) | | 61 | L27 |
| Valbonilla | BU | 17 | F17 |
| Valbuena | SA | 43 | K12 |
| Valbuena de Duero | VA | 31 | H17 |
| Valbuena de Pisuerga | P | 17 | F17 |
| Valbueno | GU | 46 | K20 |
| Valbuxán | OR | 14 | F8 |
| Valcabadillo | P | 16 | E15 |
| Valcabado | ZA | 29 | H12 |
| Valcabra (Rambla de) | GR | 95 | T21 |
| Valcaliente | CC | 56 | N12 |
| Valcarce (Moral de) | LE | 14 | E9 |
| Valcárceres (Los) | BU | 17 | E18 |
| Valcarlos / Luzaide | NA | 11 | C26 |
| Valcavado | LE | 15 | F12 |
| Valchillón | CO | 81 | S15 |
| Valcotos | M | 45 | J18 |
| Valcovero | P | 16 | D15 |
| Valcuerna | | 36 | H30 |
| Valcueva-Palazuelo (La) | LE | 16 | D13 |
| Valdabra | | 21 | F28 |
| Valdajos | TO | 59 | L20 |
| Valdániga | | 7 | C16 |
| Valdanzo | SO | 32 | H19 |
| Valdanzuelo | SO | 32 | H19 |
| Valdaracete | M | 59 | L20 |
| Valdarachas | GU | 46 | K20 |
| Valdastillas | CC | 56 | L12 |
| Valdavia | | 17 | D15 |
| Valdavida | LE | 16 | E14 |
| Valde-Ucieza | P | 17 | E16 |
| Valdeagorfa | TE | 50 | J29 |
| Valdeajos | BU | 17 | D18 |
| Valdealbín | SO | 32 | G20 |
| Valdealcón | LE | 16 | E14 |
| Valdealiso | LE | 16 | E14 |
| Valdealvillo | SO | 32 | H21 |
| Valdeande | BU | 32 | G19 |
| Valdearcos (León) | LE | 16 | E13 |
| Valdearcos (Valladolid) | VA | 31 | H17 |
| Valdearenas | GU | 46 | J21 |
| Valdeavellano | GU | 46 | J21 |
| Valdeavellano de Tera | SO | 33 | G22 |
| Valdeavellano de Ucero | SO | 32 | G20 |
| Valdeavero | M | 46 | K20 |
| Valdeaveruelo | GU | 46 | K20 |
| Valdeazogues | CR | 69 | P16 |
| Valdeazogues (Río) | | 69 | P15 |
| Valdeazores (Toledo) | TO | 57 | N15 |
| Valdeazores(Montes) | | 68 | O13 |
| Valdebótoa | BA | 67 | P9 |
| Valdecaballeros | BA | 69 | O14 |
| Valdecabras | CU | 60 | L23 |
| Valdecabras (Sierra de) | | 60 | L23 |
| Valdecabrillas | CU | 60 | L22 |
| Valdecañas (Ciudad Real) | CR | 70 | P18 |
| Valdecañas (Cuenca) | CU | 60 | L23 |
| Valdecañas (Centro Agronómico de) | TO | 56 | L14 |
| Valdecañas (Embalse de) | CC | 56 | M13 |
| Valdecañas de Campos | P | 31 | G17 |
| Valdecañas de Tajo | CC | 56 | M13 |
| Valdecarpinteros | SA | 43 | K10 |
| Valdecarros | SA | 44 | J13 |
| Valdecasa | AV | 44 | K14 |
| Valdecazorla | J | 83 | S20 |
| Valdecebollas | | 17 | D16 |
| Valdecebro | TE | 49 | K26 |
| Valdecevillo (Yacimientos de) | LO | 19 | F23 |
| Valdecilla | S | 8 | B18 |
| Valdecolmenas de Abajo | CU | 60 | L22 |
| Valdecolmenas de Arriba | CU | 60 | L22 |
| Valdeconcha | GU | 46 | K21 |
| Valdeconejos | TE | 49 | J27 |
| Valdecuenca | TE | 61 | L25 |
| Valdecuenca (Puerto de) | TE | 61 | L25 |
| Valdecuna | O | 5 | C12 |
| Valdedios | O | 6 | B13 |
| Valdedo | O | 4 | B9 |
| Valdefinjas | ZA | 30 | H13 |
| Valdeflores | SE | 79 | S10 |
| Valdeforcas | | 35 | I29 |
| Valdefresno | LE | 16 | E13 |
| Valdefuentes | CC | 67 | O11 |
| Valdefuentes (Santuario de) | CC | 55 | L11 |
| Valdefuentes de Sangusín | SA | 43 | K12 |
| Valdefuentes del Páramo | LE | 15 | F12 |
| Valdeganga | AB | 72 | O24 |
| Valdeganga de Cuenca | CU | 60 | M23 |
| Valdegeña | SO | 33 | G23 |
| Valdegovía | VI | 18 | D20 |
| Valdegrudas | GU | 46 | J20 |
| Valdegutur | LO | 34 | G24 |
| Valdehermoso de la Fuente | CU | 60 | N23 |
| Valdeherreros | BA | 67 | O10 |
| Valdehierro | CR | 70 | O17 |
| Valdehijaderos | SA | 43 | K12 |
| Valdehorna | Z | 48 | I25 |
| Valdehornillo | BA | 68 | O12 |
| Valdehoyas | TO | 58 | L18 |
| Valdehúncar | CC | 56 | M13 |
| Valdeinede (Arroyo de) | | 67 | Q11 |
| Valdeinfierno (Embalse de) | | 84 | S24 |
| Valdeíñigos | | 56 | M12 |
| Valdejimena (Ermita de) | SA | 44 | K13 |
| Valdejimeno | | 34 | H26 |
| Valdelacalzada | BA | 67 | P9 |
| Valdelacasa | SA | 43 | K12 |
| Valdelacasa de Tajo | CC | 56 | M14 |
| Valdelafuente | LE | 16 | E13 |
| Valdelageve | SA | 43 | K12 |
| Valdelagrana | CA | 98 | W11 |
| Valdelagua (Guadalajara) | GU | 47 | J21 |
| Valdelagua (Madrid) | M | 46 | K19 |
| Valdelagua del Cerro (Soria) | SO | 33 | G23 |
| Valdeláguila-El Robledal | M | 46 | K20 |
| Valdelaguna | M | 59 | L19 |
| Valdelamadera | CR | 70 | O17 |
| Valdelamusa | H | 78 | S9 |
| Valdelarco | H | 79 | S9 |
| Valdelatas | M | 46 | K17 |
| Valdelateja | | 18 | D18 |
| Valdelavia (Alto de) | AV | 45 | K16 |
| Valdelcubo | GU | 33 | I21 |
| Valdelinares | SO | 32 | G20 |
| Valdelinares | TE | 49 | K28 |
| Valdellosa | TE | 48 | J25 |
| Valdelobos (Cañada de) | AB | 71 | O22 |
| Valdelosa | SA | 43 | I12 |
| Valdelosica (Sierra) | | 21 | F27 |
| Valdelosjugos | | 35 | H28 |
| Valdeltormo | TE | 50 | J30 |
| Valdelugueros | LE | 16 | D13 |
| Valdemadera | LO | 33 | G23 |
| Valdemaluque | SO | 32 | G20 |
| Valdemanco | M | 46 | J19 |
| Valdemanco del Esteras | CR | 69 | P15 |
| Valdemaqueda | M | 45 | K17 |
| Valdemarías | TO | 57 | M16 |
| Valdemarín (Casa Forestal de) | J | 83 | R21 |
| Valdemeca | CU | 60 | L24 |
| Valdemeca (Sierra de) | | 60 | L24 |
| Valdemembra (Río) | | 72 | O24 |
| Valdemerilla | ZA | 29 | F10 |
| Valdemierque | SA | 44 | J13 |
| Valdemora | LE | 16 | F13 |
| Valdemorales | CC | 68 | O11 |
| Valdemorilla | LE | 16 | F14 |
| Valdemorillo | M | 45 | K17 |
| Valdemorillo de la Sierra | CU | 60 | L24 |
| Valdemoro | M | 58 | L18 |
| Valdemoro del Rey | CU | 59 | L22 |
| Valdemoro Sierra | CU | 60 | L24 |
| Valdenarros | SO | 32 | H21 |
| Valdenebro | SO | 32 | H21 |
| Valdenebro de los Valles | VA | 30 | G15 |
| Valdenegrillos | SO | 33 | G23 |
| Valdenoceda | BU | 18 | D19 |
| Valdenoches | GU | 46 | J20 |
| Valdenoguera | SA | 42 | J9 |
| Valdenuño Fernández | GU | 46 | J19 |
| Valdeobispo | CC | 55 | L11 |
| Valdeobispo (Embalse de) | CC | 55 | L11 |
| Valdeolea | | 17 | D17 |
| Valdeolivas | CU | 47 | K22 |
| Valdeolmillos | P | 31 | F16 |
| Valdeolmos | M | 46 | K19 |
| Valdepalacios | TO | 57 | M14 |
| Valdepares | O | 4 | B9 |
| Valdepeñas | CR | 71 | P19 |
| Valdepeñas de Jaén | J | 94 | T18 |
| Valdepeñas de la Sierra | GU | 46 | J19 |
| Valdeperales | M | 59 | L19 |
| Valdeperdices | ZA | 29 | H12 |
| Valdeperillo | LO | 33 | F23 |
| Valdepiélago | LE | 16 | D13 |
| Valdepiélagos | M | 46 | J19 |
| Valdepolo | LE | 16 | E14 |
| Valdeprado (Cantabria) | S | 7 | C16 |
| Valdeprado (Soria) | SO | 33 | G23 |
| Valdeprado del Río | S | 17 | D17 |
| Valdeprados | SG | 45 | J17 |
| Valderaduey | CL | 16 | E15 |
| Valderas | LE | 30 | F13 |
| Valderías | BU | 17 | D18 |
| Valderrábano | P | 17 | E16 |
| Valderrama | BU | 18 | D20 |
| Valderrebollo | GU | 47 | J21 |
| Valderredible | | 17 | D18 |
| Valderrepisa (Puerto) | CR | 81 | Q16 |
| Valderrey | LE | 15 | E11 |
| Valderrobres | TE | 50 | J30 |
| Valderrodilla | SO | 33 | H21 |
| Valderrodrigo | SA | 43 | I10 |
| Valderrosas | CC | 55 | L11 |
| Valderrubio | GR | 94 | U18 |
| Valderrueda (León) | LE | 16 | D15 |
| Valderrueda (Soria) | SO | 33 | H21 |
| Valdés | MA | 101 | V17 |
| Valdesalor | | 55 | N10 |
| Valdesamario | LE | 15 | D12 |
| Valdesamario (Embalse Azud de) | LE | 15 | D11 |
| Valdesaz | GU | 46 | J21 |
| Valdescorriel | ZA | 30 | F13 |
| Valdesimonte | SG | 31 | I18 |
| Valdesoto | O | 6 | B13 |
| Valdesotos | GU | 46 | J20 |
| Valdespina (Palencia) | P | 17 | F16 |
| Valdespina (Soria) | SO | 33 | H22 |
| Valdespino Cerón | LE | 16 | F13 |
| Valdespino de Somoza | LE | 15 | E11 |
| Valdesquí | M | 45 | J18 |
| Valdestillas | VA | 30 | H15 |
| Valdeteja | LE | 16 | D13 |
| Valdeteja (Collada de) | LE | 16 | D13 |
| Valdeterrazo del Marqués | BA | 78 | Q8 |
| Valdetorres | BA | 68 | P11 |
| Valdetorres de Jarama | M | 46 | J19 |
| Valdevacas de Montejo | SG | 32 | H19 |
| Valdevacas y Guijar | SG | 45 | I18 |
| Valdevaqueros (Ensenada de) | CA | 99 | X12 |
| Valdeverdeja | TO | 57 | M14 |
| Valdevimbre | LE | 16 | E13 |
| Valdezate | BU | 31 | H18 |
| Valdezcaray | LO | 18 | F21 |
| Valdezufre | H | 79 | S10 |
| Valdihuelo | | 45 | K16 |
| Valdilecha | M | 59 | L20 |
| Valdín | OR | 14 | F9 |
| Valdivia | BA | 68 | O12 |
| Valdomar | LU | 3 | C6 |
| Valdoré | LE | 16 | D14 |
| Valdoro (Sierra de) | CR | 82 | Q17 |
| Valdorros | BU | 18 | F18 |
| Valdoviño | C | 3 | B5 |
| Valdunciel | SA | 43 | I12 |
| Valdunquillo | VA | 30 | F14 |
| Valduro Nuevo | BA | 67 | P9 |
| Valduvieco | LE | 16 | E14 |
| Valeixe | PO | 13 | F5 |
| València | V | 62 | N29 |
| València (Golf de) | V | 62 | N29 |
| València d'Àneu | L | 23 | E33 |
| Valencia de Alcántara | CC | 54 | N8 |
| Valencia de Don Juan | LE | 16 | F13 |
| Valencia de las Torres | BA | 79 | Q12 |
| Valencia del Mombuey | BA | 78 | R8 |
| Valencia del Ventoso | BA | 79 | R10 |
| Valencina de la Concepción | SE | 91 | T11 |
| Valenoso | P | 17 | E16 |
| Valentín | MU | 84 | R24 |
| Valentins (Els) | T | 50 | K31 |
| Valenzuela | CO | 81 | S17 |
| Valenzuela de Calatrava | CR | 70 | P18 |
| Valer | ZA | 29 | G11 |
| Valera | BA | 79 | R10 |
| Valera de Abajo | CU | 60 | M23 |
| Valeria | CU | 60 | M23 |
| Valeriano | GR | 94 | T18 |
| Valero | SA | 43 | K12 |
| Vales | OR | 13 | E6 |
| Valfarta | HU | 35 | H29 |
| Valfermoso de las Monjas | GU | 46 | J21 |
| Valfermoso de Tajuña | GU | 46 | K21 |
| Valfonda de Santa Ana | HU | 35 | G28 |
| Valga | PO | 12 | D4 |
| Valgañón | LO | 18 | F20 |
| Valgrande | O | 15 | D12 |
| Valhermoso | GU | 47 | J24 |
| Valientes (Los) | MU | 85 | R26 |
| Valiñas | PO | 12 | E4 |
| Valjunquera | TE | 50 | J30 |
| Vall d'Alba | CS | 62 | L29 |
| Vall d'Alcalà | A | 74 | P28 |
| Vall d'Àngel (Serra de la) | CS | 50 | K30 |
| Vall d'Uixó (La) | CS | 62 | M29 |
| Vall de Almonacid | CS | 62 | M28 |
| Vall de Bianya (La) | GE | 24 | F37 |
| Vall de Ebo | A | 74 | P29 |
| Vall de Gallinera | A | 74 | P29 |
| Vall de Laguart | A | 74 | P29 |
| Vall Ferrera | | 23 | E34 |
| Vall Llebrera | L | 37 | G33 |
| Vall-Llobrega | GE | 25 | G39 |
| Vallada | V | 74 | P27 |
| Valladares | | 33 | I22 |
| Vallado | O | 5 | C10 |
| Valladolid | VA | 30 | H15 |
| Valladolises | MU | 85 | S26 |
| Vallador (cerca de Negueira) | O | 4 | C9 |
| Vallanca | V | 61 | L25 |
| Vallarta de Bureda | BU | 18 | E20 |
| Vallat | CS | 62 | L28 |
| Vallbona d'Anoia | B | 37 | H35 |
| Vallbona de les Monges | L | 37 | H33 |
| Vallcarca | B | 38 | I35 |
| Vallcebre | B | 23 | F35 |
| Vallclara | T | 37 | H32 |
| Valldan (La) | B | 24 | F35 |
| Valldebous (Barranc de) | | 50 | K31 |
| Valldemossa | PM | 104 | M37 |
| Valldoreix | B | 38 | H36 |
| Valle | S | 8 | C19 |
| Valle (El) (Cádiz) | CA | 99 | X12 |
| Valle (El) (León) | LE | 15 | E10 |
| Valle (Sierra del) (Cádiz) | CA | 99 | W12 |
| Valle-Brosque (Tenerife) | TF | 125 | J2 |
| Valle de Abdalajís | MA | 100 | V15 |
| Valle de Arán (Parador de) (Vielha) | L | 22 | D32 |
| Valle de Arriba (Tenerife) | TF | 126 | C3 |
| Valle de Cabuerniga | S | 7 | C17 |
| Valle de Cerrato | P | 31 | G16 |
| Valle de Finolledo | LE | 14 | D9 |
| Valle de Guerra (Tenerife) | TF | 124 | H2 |
| Valle de la Serena | BA | 68 | P12 |
| Valle de la Venta | CC | 55 | L9 |
| Valle de la Viuda (El) | CR | 69 | O16 |
| Valle de Lago | O | 5 | C11 |
| Valle de las Casas (El) | LE | 16 | D14 |
| Valle de Lierp | | 22 | E31 |
| Valle de los Caídos | M | 45 | K17 |
| Valle de Matamoros | BA | 79 | Q9 |
| Valle de S. Augustin (El) | O | 4 | B9 |
| Valle de Santa Ana | BA | 79 | Q9 |
| Valle de Santullan | P | 17 | D16 |
| Valle de Tabladillo | SG | 31 | H18 |
| Valle de Trapaga | BI | 8 | C20 |
| Valle de Vegacervera | LE | 16 | D13 |
| Valle de Zamancas | | 18 | D18 |
| Valle Gran Rey (Barranco) (La Gomera) | TF | 118 | B2 |
| Valle Retortillo | P | 16 | F15 |
| Vallebrón (Fuerteventura) | GC | 111 | H2 |
| Vallecas | M | 46 | K19 |
| Vallecillo | LE | 16 | E14 |
| Vallecillo (El) | TE | 61 | L25 |
| Valledor | O | 4 | C9 |
| Valledor (Sierra de) | O | 4 | C9 |
| Vallegera | BU | 17 | F17 |
| Vallehermoso (La Gomera) | TF | 118 | C1 |
| Vallehermoso (Toledo) | TO | 57 | M16 |
| Vallehondo (Arroyo de) | | 16 | E15 |
| Valleja | | 99 | V12 |
| Vallejera de Riofrío | SA | 43 | K12 |
| Vallejimeno | BU | 32 | F20 |
| Vallejo | P | 17 | D17 |
| Vallejo de Mena | BU | 8 | C20 |
| Vallelado | SG | 31 | H16 |
| Valleluengo | ZA | 29 | F11 |
| Vallequillas | M | 58 | L19 |
| Valleruela de Pedraza | SG | 45 | I18 |
| Valleruela de Sepúlveda | SG | 46 | I18 |
| Valles | S | 7 | B17 |
| Valles (Los) (Lanzarote) | GC | 123 | E3 |
| Valles (Reserva nacional de los) | HU | 21 | D27 |
| Valles de Ortega (Fuerteventura) | GC | 113 | G3 |
| Valles de Palenzuela | BU | 17 | F17 |
| Valles de Valdavia | P | 17 | E16 |
| Vallesa | ZA | 44 | I14 |

| | | | |
|---|---|---|---|
| Vallespinosa | T | 37 | H34 |
| Vallespinoso de Aguilar | P | 17 | D16 |
| Vallfogona | | 24 | F36 |
| Vallfogona de Balaguer | L | 36 | G32 |
| Vallfogona de Ripolles | GE | 24 | F36 |
| Vallfogona de Riucorb | T | 37 | H33 |
| Vallgorguina | B | 38 | H37 |
| Vallibierna (Pico de) | HU | 22 | E31 |
| Vallibona | CS | 50 | K30 |
| Vallirana | B | 38 | H35 |
| Vallivana | CS | 50 | K30 |
| Vallivana (Serra de) | | 50 | K30 |
| Vallmanya (cerca de Cardona) | L | 37 | G34 |
| Vallmanya (cerca de Lérida) | L | 36 | H31 |
| Vallmoll | T | 37 | I33 |
| Vallobal | O | 6 | B14 |
| Valloria | SO | 33 | F22 |
| Vallromanas | B | 38 | H36 |
| Valls | T | 37 | I33 |
| Vallter 2000 | GE | 24 | E36 |
| Valltorta (Barranc de la) | CS | 50 | K30 |
| Valluerca | VI | 18 | D20 |
| Valluercanes | BU | 18 | E20 |
| Vallunquera | BU | 17 | F17 |
| Vallverd (Lleida) | L | 37 | G32 |
| Vallverd (Tarragona) | T | 37 | H33 |
| Valmadrid | Z | 35 | H27 |
| Valmala | BU | 18 | F20 |
| Valmartino | LE | 16 | D14 |
| Valmayor | J | 81 | Q17 |
| Valmayor (Embalse de) | M | 45 | K17 |
| Valmojado | TO | 58 | L17 |
| Valmuel del Caudillo | TE | 49 | I29 |
| Valonga | HU | 36 | G30 |
| Válor | GR | 102 | V20 |
| Valoria de Aguilar | P | 17 | D17 |
| Valoria del Alcor | P | 30 | G15 |
| Valoria la Buena | VA | 31 | G16 |
| Valpalmas | Z | 21 | F27 |
| Valparaiso (cerca de Cuelgamures) | ZA | 29 | I12 |
| Valparaiso (cerca de Mombuey) | ZA | 29 | G11 |
| Valparaiso (Embalse de) | | 29 | G10 |
| Valparaíso de Abajo | CU | 59 | L22 |
| Valparaíso de Arriba | CU | 59 | L22 |
| Valporquero de Rueda | LE | 16 | D14 |
| Valporquero de Torío | LE | 16 | D13 |
| Valrío | CC | 55 | L10 |
| Valronquillo | CR | 70 | O17 |
| Valsain | SG | 45 | J17 |
| Valsalabroso | SA | 43 | I10 |
| Valsalada | HU | 21 | F28 |
| Valsalobre (Cuenca) | CU | 47 | K23 |
| Valsalobre (Guadalajara) | GU | 48 | J24 |
| Valseca | SG | 45 | I17 |
| Valseco | LE | 15 | D10 |
| Valsemana | LE | 16 | D12 |
| Valsequillo | CO | 80 | Q13 |
| Valsequillo de Gran Canaria (Gran Canaria) | GC | 115 | F3 |
| Valtablado del Río | GU | 47 | J22 |
| Valtajeros | SO | 33 | G23 |
| Valtiendas | SG | 31 | H18 |
| Valtierra | NA | 20 | F25 |
| Valtorres | Z | 34 | I24 |
| Valtueña | SO | 33 | H23 |
| Valuengo | BA | 79 | R9 |
| Valuengo (Embalse de) | BA | 79 | R10 |
| Valvaler | O | 4 | C9 |
| Valvenedizo | SO | 32 | I20 |
| Valverde (Alacant) | A | 86 | R28 |
| Valverde (Burgos) | BU | 32 | G19 |
| Valverde (Ciudad Real) | CR | 70 | P17 |
| Valverde (Soria) | SO | 34 | G24 |
| Valverde (Teruel) | TE | 48 | J26 |
| Valverde (El Hierro) | TF | 109 | D2 |
| Valverde | LO | 34 | G24 |
| Valverde de Alcalá | M | 46 | K20 |
| Valverde de Burguillos | BA | 79 | R10 |
| Valverde de Campos | VA | 30 | G14 |
| Valverde de Júcar | CU | 60 | M23 |
| Valverde de la Sierra | LE | 16 | D15 |
| Valverde de la Vera | CC | 56 | L13 |
| Valverde de la Virgen | LE | 15 | E12 |
| Valverde de Leganés | BA | 66 | P9 |
| Valverde de Llerena | BA | 80 | R12 |
| Valverde de los Arroyos | GU | 46 | I20 |
| Valverde de Mérida | BA | 67 | P11 |
| Valverde de Valdelacasa | SA | 43 | K12 |
| Valverde del Camino | H | 91 | T9 |
| Valverde del Fresno | CC | 55 | L9 |
| Valverde del Majano | SG | 45 | J17 |
| Valverde Enrique | LE | 16 | F14 |
| Valverdejo | CU | 60 | N23 |
| Valverdín | LE | 16 | D13 |
| Valverdón | SA | 43 | I12 |
| Valvieja | SG | 32 | H19 |
| Vanacloig | V | 61 | M27 |
| Vandellós | T | 51 | I32 |
| Vanidodes | LE | 15 | E11 |
| Vara | C | 12 | D3 |
| Vara (Alto de la) | GU | 32 | I21 |
| Vara de Rey | CU | 72 | N23 |
| Varas | CO | 81 | R16 |
| Varelas | C | 13 | D5 |
| Vargas | S | 7 | C18 |
| Varona | | 34 | H24 |
| Vascos (Ruinas romanas) | TO | 57 | M14 |
| Veciana | B | 37 | H34 |
| Vecilla (La) | LE | 16 | D13 |
| Vecindario (Gran Canaria) | GC | 117 | F4 |
| Vecinos | SA | 43 | J12 |
| Vedao | | 35 | G28 |
| Vedao (Sierra del) | | 21 | D27 |
| Vedat de Torrent (El) | V | 62 | N28 |
| Vedra | C | 13 | D4 |
| Vedrà (Illa) | | 87 | P33 |
| Vega (Cantabria) | S | 7 | C18 |
| Vega (Alto de la) | | 48 | K24 |
| Vega (Ermita de la) | AV | 44 | K13 |
| Vega (La) (cerca de Ribadesella) | O | 6 | B14 |
| Vega (La) (cerca de Tineo) | O | 5 | C11 |
| Vega (La) (Riosa) | O | 5 | C12 |
| Vega (La) (Sariego) | O | 6 | B13 |
| Vega (La) (Cantabria) | S | 7 | C16 |
| Vega (La) (Badajoz) | BA | 66 | O8 |
| Vega de Almanza (La) | LE | 16 | D14 |
| Vega de Anzo | O | 5 | B11 |
| Vega de Bur | P | 17 | D16 |
| Vega de Caballeros | LE | 15 | D12 |
| Vega de Doña Olimpa | P | 17 | E16 |
| Vega de Espinareda | LE | 14 | D10 |
| Vega de Gordón | LE | 16 | D13 |
| Vega de Infanzones | LE | 16 | E13 |
| Vega de Liébana | | 7 | C16 |
| Vega de los Viejos (La) | LE | 15 | D11 |
| Vega de Magaz | LE | 15 | E11 |
| Vega de Matalobos | | 55 | L9 |
| Vega de Pas | S | 8 | C18 |
| Vega de Rengos | O | 5 | C10 |
| Vega de Río Palmas (Fuerteventura) | GC | 110 | F3 |
| Vega de Ruiponce | VA | 16 | F14 |
| Vega de San Mateo (Gran Canaria) | GC | 115 | E2 |
| Vega de Santa María | AV | 45 | J16 |
| Vega de Tera | ZA | 29 | G11 |
| Vega de Tirados | SA | 43 | I12 |
| Vega de Valcarce | LE | 14 | E9 |
| Vega de Valdetronco | VA | 30 | H14 |
| Vega de Villalobos | ZA | 30 | G13 |
| Vega de Yeres | | 14 | E9 |
| Vega del Castillo | ZA | 15 | F10 |
| Vega del Codorno | | 47 | K24 |
| Vega del Jabalón (Embalse) | | 70 | P18 |
| Vega del Rey | O | 5 | C12 |
| Vega Esquivia | TO | 70 | N18 |
| Vegacerneja | LE | 6 | C14 |
| Vegacervera | LE | 16 | D13 |
| Vegadeo | O | 4 | B8 |
| Vegafría | SG | 31 | H17 |
| Vegalagar | O | 4 | C10 |
| Vegalatrave | ZA | 29 | G11 |
| Vegallera | AB | 72 | Q23 |
| Vegameoro | O | 5 | C10 |
| Veganzones | SG | 45 | I18 |
| Vegaquemada | LE | 16 | D14 |
| Vegarada (Puerto de) | LE | 6 | C13 |
| Vegarienza | LE | 15 | D11 |
| Vegarredonda | O | 6 | C14 |
| Vegas Altás | BA | 68 | O13 |
| Vegas de Almenara | SE | 80 | S13 |
| Vegas de Coria | CC | 43 | K11 |
| Vegas de Domingo Rey | | 43 | K10 |
| Vegas de Matute | SG | 45 | J17 |
| Vegas de San Antonio (Las) | TO | 57 | M15 |
| Vegas del Condado | LE | 16 | D13 |
| Vegaviana | CC | 55 | L9 |
| Veguellina de Órbigo | LE | 15 | E12 |
| Veguilla | S | 8 | C19 |
| Veguillas | GU | 46 | J20 |
| Veguillas (Las) | SA | 43 | J12 |
| Veguillas de la Sierra | TE | 61 | L25 |
| Veiga | C | 3 | C4 |
| Veiga (A) (cerca de Celanova) | OR | 13 | F6 |
| Veiga (A) (cerca de O Barco) | OR | 14 | E9 |
| Veiga (A) (cerca de Viana do Bolo) | OR | 14 | F8 |
| Veiga de Logares (A) | LU | 4 | C8 |
| Vejer de la Frontera | CA | 99 | X12 |
| Vejo | S | 7 | C15 |
| Vela | CO | 93 | T17 |
| Velada | TO | 57 | M15 |
| Velamazán | SO | 33 | H21 |
| Velascálvaro | VA | 30 | I15 |
| Velate (Castillo de) | NA | 11 | C25 |

## VALÈNCIA

| | | |
|---|---|---|
| Alcade Reig | BV | 2 |
| Ángel Guimerá | AU | 7 |
| Burjassot (Av. de) | AU | 9 |
| Campanar (Av.) | AU | 10 |
| Cavanilles | BU | 14 |
| Constitución (Av. de la) | BU | 15 |
| Doctor Peset Aleixandre (Av.) | BU | 20 |
| Doctor Tomás Sala (Av. del) | AV | 21 |
| Fernando el Católico (G. Vía) | AU | 26 |
| Filipinas | BV | 29 |
| Gaspar Aguilar (Av. de) | AV | 31 |
| General Avilés (Av.) | AU | 32 |
| General Urrutia | BV | 36 |
| Giorgeta (Av.) | AV | 37 |
| Guadalaviar | BU | 38 |
| Hermanos Maristas (Av. de) | BV | 42 |
| Ingeniero Manuel Soto (Av.) | CV | 43 |
| José Soto Mico | AV | 46 |
| Junta de Murs y Valls | BV | 44 |
| Liano de la Zaidia | BU | 47 |
| Maestro Rodrigo (Av.) | AU | 51 |
| Mandingora (Av. de) | AV | 52 |
| Manuel de Falla (Av.) | AU | 53 |
| Menéndez Pidal (Av.) | AU | 58 |
| Morenas (Camino) | CV | 60 |
| Pechina (Paseo) | AU | 68 |
| Pérez Galdós (Av. de) | AU | 69 |
| Peris y Valero (Av. de) | BV | 71 |
| Pianista Martinez Carrasco (Av. del) | BV | 72 |
| Plata (Av. de la) | BV | 76 |
| Primado Reig (Av. del) | BU | 78 |
| San josé de Calasanz | AU | 82 |
| San Vicente Mártir (Av.) | AV | 84 |
| Tirso de Molina (Av.) | AU | 92 |
| 9 de Octubre | AU | 99 |

| | | | |
|---|---|---|---|
| Velayos | AV | 45 | J16 |
| Veldedo | LE | 15 | E11 |
| Velefique | AL | 96 | U22 |
| Veleta (Pico) | GR | 94 | U19 |
| Vélez (Río) (Málaga) | MA | 101 | V17 |
| Vélez (Río) (Murcia) | MU | 84 | S24 |
| Vélez Blanco | AL | 84 | S23 |
| Vélez de Benaudalla | GR | 101 | V19 |
| Vélez Málaga | MA | 101 | V17 |
| Vélez Málaga (Punta de) | MA | 101 | V17 |
| Vélez Rubio | AL | 84 | T23 |
| Velilla (cerca de San Esteban de Gormaz) | SO | 32 | H20 |
| Velilla (cerca de Soria) | SO | 33 | G22 |
| Velilla (Valladolid) | VA | 30 | H14 |
| Velilla (La) | SG | 45 | I18 |
| Velilla de Cinca | HU | 36 | H30 |
| Velilla de Ebro | Z | 35 | H28 |
| Velilla de Jiloca | Z | 34 | I25 |
| Velilla de la Reina | LE | 15 | E12 |
| Velilla de los Ajos | SO | 33 | H23 |
| Velilla de los Oteros | LE | 16 | E13 |
| Velilla de Medinaceli | SO | 47 | I22 |
| Velilla de San Antonio | M | 46 | K19 |
| Velilla de Valderaduey | LE | 16 | E15 |
| Velilla del Río Carrión | P | 16 | D15 |
| Velillas | HU | 21 | F29 |
| Velle (Embalse de) | OR | 13 | E6 |
| Vellés (La) | SA | 44 | I13 |
| Velilla de Tarilonte | P | 17 | D15 |
| Vellisca | CU | 59 | L21 |
| Velliza | VA | 30 | H15 |
| Vellón (El) | M | 46 | J19 |
| Vellos | | 22 | E30 |
| Vellosillo | SG | 32 | I18 |
| Vences | OR | 28 | G7 |
| Vencías (Embalse de las) | | 31 | H18 |
| Vencillon | HU | 36 | G30 |
| Vendas da Barreira | OR | 28 | G8 |
| Vendelaras de Abajo | AB | 72 | P23 |
| Vendelaras de Arriba | AB | 72 | P23 |
| Vendoval | | 79 | R11 |
| Vendrell (El) | T | 37 | I34 |
| Venero | CC | 68 | N13 |
| Veneros (Los) | SE | 92 | U14 |
| Venialbo | ZA | 30 | H13 |
| Venta (La) (cerca de Almedinilla) | CO | 94 | T17 |
| Venta (La) (Ciudad Real) | CR | 70 | O18 |
| Venta (La) (cerca de Baza) | GR | 95 | T21 |
| Venta Cerezo | CO | 81 | R17 |
| Venta de Ballerías | HU | 35 | G29 |
| Venta de Baños | P | 31 | G16 |
| Venta de Cañete | SE | 92 | U14 |
| Venta de Cárdenas | CR | 82 | Q19 |
| Venta de Culebrín | BA | 79 | R11 |
| Venta de Don Quijote | TO | 59 | N21 |
| Venta de Gaeta (La) | V | 73 | O27 |
| Venta de la Muela | J | 83 | R21 |
| Venta de los Santos | J | 83 | Q20 |
| Venta de Micena | GR | 84 | S22 |
| Venta del Charco | CO | 81 | R17 |
| Venta del Cruce | SE | 91 | U11 |
| Venta del Fraile | GR | 101 | V18 |
| Venta del Moro | V | 61 | N25 |
| Venta del Obispo | AV | 44 | K14 |
| Venta del Ojo de Mierla | TE | 48 | J25 |
| Venta del Palmar (La) | SE | 92 | T14 |
| Venta del Peral (La) | GR | 95 | T22 |
| Venta del Probe | AL | 103 | V23 |
| Venta del Puerto | CO | 81 | R16 |
| Venta del Tarugo | GR | 102 | V20 |
| Venta Nueva | O | 5 | C10 |
| Venta Pantalones | J | 82 | T17 |
| Venta Quemada (Granada) | GR | 96 | T22 |
| Venta Quemada (València) | V | 61 | N27 |
| Venta Santa Bárbara | GR | 93 | U17 |
| Venta Valero | CO | 94 | T17 |
| Ventalles (Les) | T | 50 | K31 |
| Ventalló | GE | 25 | F39 |
| Ventamillo (Congosto de) | HU | 22 | E31 |
| Ventamira (València) | V | 61 | N27 |
| Ventana (Puerto) | LE | 5 | C11 |
| Ventaniella (Puerto de) | O | 6 | C14 |
| Ventanilla | P | 17 | D16 |
| Ventano del Diablo | | 60 | L23 |
| Ventas (Las) | O | 5 | C11 |
| Ventas Blancas | LO | 19 | E23 |
| Ventas con Peña Aguilera | TO | 58 | N17 |
| Ventas de Arriba | H | 79 | S10 |
| Ventas de Huelma | GR | 94 | U18 |
| Ventas de Muniesa | TE | 49 | I27 |
| Ventas de Retamosa (Las) | TO | 58 | L17 |
| Ventas de San Julián (Las) | TO | 56 | L14 |
| Ventas de Zafarraya | GR | 101 | V17 |
| Ventas del Carrizal | J | 94 | T18 |
| Vente de las Ranas | O | 6 | B13 |
| Ventilla (La) (Córdoba) | CO | 80 | S14 |
| Ventilla (La) (Ciudad Real) | CR | 71 | O20 |
| Ventillas | CR | 81 | Q17 |
| Ventín | PO | 13 | F4 |
| Ventolà | GE | 24 | F36 |
| Ventorrillo (El) | S | 7 | C17 |
| Ventorros de Balerma (Córdoba) | CO | 93 | U17 |
| Ventorros de San José | GR | 94 | U17 |
| Ventós (Cap) | | 105 | O38 |
| Ventosa (Guadalajara) | GU | 47 | J24 |
| Ventosa (Pontevedra) | PO | 13 | D6 |
| Ventosa (cerca de Medinaceli) | SO | 47 | I22 |
| Ventosa (cerca de Soria) | SO | 33 | G22 |
| Ventosa (La) | CU | 60 | L22 |
| Ventosa de Fuentepinilla | SO | 33 | H21 |
| Ventosa de la Cuesta | VA | 30 | H15 |
| Ventosa de Pisuerga | P | 17 | E17 |
| Ventosa de San Pedro | SO | 33 | F23 |
| Ventosa del Río Almar | SA | 44 | J13 |
| Ventosela | OR | 13 | F5 |
| Ventoses (Les) | L | 37 | G33 |
| Ventosilla (Jaén) | J | 82 | S18 |
| Ventosilla (Soria) | SO | 33 | G22 |
| Ventosilla (La) | TO | 58 | M17 |
| Ventosilla y Tejadilla | SG | 46 | I18 |
| Ventoso | O | 4 | C8 |
| Ventrosa | LO | 19 | F21 |
| Venturada | M | 46 | J19 |
| Veo | CS | 62 | M28 |
| Veo (Cabo) | C | 2 | C2 |
| Ver | LU | 14 | E7 |
| Vera (Almería) | AL | 96 | U24 |
| Vera (Badajoz) | BA | 69 | P14 |
| Vera (La) | CC | 56 | L13 |
| Vera de Bidasoa / Bera | NA | 11 | C24 |
| Vera de Moncayo | Z | 34 | G24 |
| Veracruz (Jaén) | J | 83 | R20 |
| Veracruz (Huesca) | HU | 22 | E31 |
| Veral | | 21 | E27 |
| Verde | GR | 101 | V18 |
| Verdegàs | A | 86 | Q28 |
| Verdelecho (Arroyo del) | | 95 | U22 |
| Verdelpino de Huete | CU | 59 | L22 |
| Verdeña | P | 17 | D16 |
| Verdes (Cueva de los) (Lanzarote) | GC | 121 | F3 |
| Verdiago | LE | 16 | D14 |
| Verdicio | O | 5 | B12 |
| Verdú | L | 37 | H33 |
| Verdugo II | | 92 | V13 |
| Verdugo Rio | PO | 12 | E4 |
| Verea | OR | 13 | F6 |
| Veredas (Ciudad Real) | CR | 69 | Q16 |
| Veredas (Huelva) | H | 78 | S9 |
| Veredón | CO | 81 | S15 |
| Vergaño | P | 17 | D16 |
| Vergel | A | 74 | P30 |
| Verges | GE | 25 | F39 |
| Vergós | L | 37 | H33 |
| Verín | OR | 28 | G7 |
| Veriña | O | 5 | B12 |
| Verís | C | 3 | C5 |

## VALÈNCIA

Almirante . . . . . EX 3
Almudín . . . . . EX 4
Ángel Guimerá . . . . . DY 7
Ayuntamiento (Pl. del) . . . . . EY
Bolsería . . . . . DX 8
Carmen (Pl. del) . . . . . DX 13
Doctor Collado (Pl.) . . . . . EY 18
Doctor Sanchis Bergón . . . DX 19
Embajador Vich . . . . . EY 23
Esparto (Pl. del) . . . . . DX 24
Garrigues . . . . . DY 30
General Palanca . . . . . FY 35
Guillem Sorolla . . . . . DY 41
Maestres . . . . . FX 48
Maestro Palau . . . . . DY 49
María Cristina (Av.) . . . . . EY 54
Marqués de Dos Aguas . . . EY 55
Marqués de Sotelo (Av.) . . . EZ
Micalet . . . . . EX 59
Moro Zeit . . . . . DX 61
Músico Peydró . . . . . DY 64
Nápoles y Sicilia (Pl.) . . . . . EX 65
Padre Huérfanos . . . . . EX 66
Palau . . . . . EX 67
Pascual y Genís . . . . . EYZ
Paz . . . . . EFY
Periodista Azzati . . . . . DY 70
Pie de la Cruz . . . . . DY 74
Poeta Quintana . . . . . FY 77
Salvador Giner . . . . . DX 81
Santa Ana (Muro) . . . . . EX 87
Santa Teresa . . . . . DY 88
Santo Tomás . . . . . DX 89
San Vicente Ferrer (Pl.) . . . . . EY 83
San Vicente Mártir . . . . . DY
Transits . . . . . EY 93
Universidad . . . . . EY 94
Virgen de la Paz (Pl.) . . . . . EY 98
Virgen (Pl. de la) . . . . . EX 95

Colegio del Patriarca o del Corpus Christi . . EY N
Museo Nacional de Cerámica . . . . . EY M1
Universidad . . . . . EY U

| | | | |
|---|---|---|---|
| Verjaga | J | 83 | Q21 |
| Vermell (Cap) | | 105 | N40 |
| Vero | | 22 | E30-F30 |
| Vertavillo | P | 31 | G17 |
| Vertientes (Las) | GR | 96 | T22 |
| Veruela (Monasterio de) | Z | 34 | G24 |
| Vescar (Sierra El) | BA | 78 | R8 |
| Vesgas (Las) | BU | 18 | E19 |
| Vespella | T | 37 | I34 |
| Vetaherrado | SE | 91 | U12 |
| Vezdemarbán | ZA | 30 | H13 |
| Viacamp | HU | 22 | F31 |
| Viados | HU | 22 | E31 |
| Viana (Navarra) | NA | 19 | E22 |
| Viana de Cega | VA | 30 | H15 |
| Viana de Duero | SO | 33 | H22 |
| Viana de Jadraque | GU | 47 | I21 |
| Viana de Mondéjar | GU | 47 | K22 |
| Viana do Bolo | OR | 14 | F8 |
| Viandar de la Vera | CC | 56 | L13 |
| Vianos | AB | 72 | Q22 |
| Viaña (Cantabria) | S | 7 | C17 |
| Viaño Pequeño | C | 3 | C4 |
| Viar (Sevilla) | SE | 92 | T12 |
| Viar (Badajoz) | | 79 | R11 |
| Viar (Canal del) | SE | 80 | S12 |
| Viar (Río) | | 79 | R11 |

| | | | |
|---|---|---|---|
| Viariz | LE | 14 | E9 |
| Viascón | PO | 12 | E4 |
| Viator | AL | 103 | V22 |
| Víboras | J | 94 | T17 |
| Vic | B | 38 | G36 |
| Vic (Parador) | B | 24 | G37 |
| Vícar | AL | 102 | V22 |
| Vicario (Embalse de El) | CR | 70 | O18 |
| Vicedo | LU | 3 | A6 |
| Vicente | TO | 57 | N16 |
| Vicentes (Los) | A | 85 | R27 |
| Vicfred | L | 37 | G34 |
| Vicién | HU | 21 | F28 |
| Vicinte | LU | 3 | C6 |
| Vico | CA | 91 | V12 |
| Vicolozano | AV | 45 | J16 |
| Vicort (Sierra de) | | 34 | H25 |
| Vicorto | AB | 84 | Q23 |
| Victoria (La) | CO | 81 | S15 |
| Victoria de Acentejo (La) (Tenerife) | TF | 124 | G2 |
| Victory (A.) | | 57 | L14 |
| Vid (Arroyo de la) | | 56 | M12 |
| Vid (La) (Burgos) | BU | 32 | H19 |
| Vid (La) (León) | LE | 16 | D13 |
| Vid de Bureba (La) | BU | 18 | E20 |
| Vid III (Embalse de la) | CC | 56 | M12 |
| Vidanes | LE | 16 | D14 |
| Vidángoz / Bidankoze | NA | 11 | D26 |

| | | | |
|---|---|---|---|
| Vidayanes | ZA | 30 | G13 |
| Vide (cerca de Cenlle) | OR | 13 | F5 |
| Vide (cerca de Maceda) | OR | 13 | F7 |
| Vide de Alba | ZA | 29 | G11 |
| Videferre | OR | 27 | G7 |
| Videmala | ZA | 29 | H11 |
| Vidiago | O | 7 | B16 |
| Vidio (Cabo) | O | 5 | B11 |
| Vídola (La) | SA | 43 | I10 |
| Vidrà | GE | 24 | F36 |
| Vidre (Port del) | | 62 | L29 |
| Vidreres | GE | 39 | G38 |
| Vidrieros | P | 17 | D15 |
| Vidrio (Sierra del) | BA | 67 | O10 |
| Vidural | O | 5 | B10 |
| Vieiro (Alto de) | OR | 13 | F6 |
| Vieja (Cueva de la) | AB | 73 | O26 |
| Vieja (Sierra) | BA | 67 | Q10 |
| Viejas | CR | 71 | O20 |
| Viejas (Sierra de) | CC | 56 | N13 |
| Viejo (El) | TO | 59 | N20 |
| Viejo (Pico) (Tenerife) | TF | 128 | D4 |
| Viejo (Puerto) | | 43 | K10 |
| Vielha | L | 22 | D32 |
| Vielha (Túnel de) | L | 22 | E32 |
| Viella | O | 5 | B12 |
| Viento | MA | 100 | V16 |
| Viento (Puerto del) | MA | 92 | V14 |

| | | | |
|---|---|---|---|
| Viento (Punta del) (Tenerife) | TF | 124 | G2 |
| Viento (Sierra del) (Sevilla) | SE | 80 | R12 |
| Viento (Sierra del) (Huelva) | H | 79 | R9 |
| Viento (Sierra del) (Murcia) | MU | 84 | T24 |
| Viergol | BU | 8 | C20 |
| Vierlas | Z | 34 | G24 |
| Viernoles | S | 7 | C17 |
| Viforcos | LE | 15 | E11 |
| Vigaña (cerca de Grado) | O | 5 | C11 |
| Vigaña (cerca de Peña Manteca) | O | 5 | C11 |
| Vigas | | 20 | E25 |
| Vignemale | HU | 21 | D29 |
| Vigo (A Coruña) | C | 3 | C5 |
| Vigo (Pontevedra) | PO | 12 | F3 |
| Vigo (El) | BU | 8 | C20 |
| Vigo (Ría de) | PO | 12 | F3 |
| Viguera | LO | 19 | F22 |
| Vila (Lleida) | L | 22 | D32 |
| Vila de Bares | C | 3 | A6 |
| Vila de Cruces | PO | 13 | D5 |
| Vila Joiosa (La) / Villajoyosa | A | 74 | Q29 |
| Vila-real / Villarreal | CS | 62 | M29 |
| Vila-rodona | T | 37 | I34 |
| Vila-sacra | GE | 25 | F39 |

| | | | |
|---|---|---|---|
| Vila-sana | L | 37 | H32 |
| Vila-seca | T | 51 | I33 |
| Vilabade (Lugo) | LU | 4 | C8 |
| Vilabella | T | 37 | I33 |
| Vilabertran | GE | 25 | F38 |
| Vilablareix | GE | 25 | G38 |
| Vilaboa (A Coruña) | C | 3 | B5 |
| Vilaboa | LU | 4 | C8 |
| Vilaboa (Pontevedra) | PO | 12 | E4 |
| Vilac | L | 22 | D32 |
| Vilacampa | LU | 4 | B7 |
| Vilachá (A Coruña) | C | 3 | B5 |
| Vilachá (cerca de Liber) | LU | 14 | D8 |
| Vilachá (cerca de Monforte) | LU | 14 | E7 |
| Vilachá de Mera | LU | 3 | D7 |
| Vilacoba | PO | 13 | F4 |
| Vilacova | C | 12 | D3 |
| Vilada | B | 24 | F35 |
| Viladabade (A Coruña) | C | 2 | C4 |
| Viladamat | GE | 25 | F39 |
| Viladasens | GE | 25 | F38 |
| Viladavil | C | 3 | D5 |
| Viladecans | B | 38 | I36 |
| Viladecavalls | B | 38 | H35 |
| Vilademuls | GE | 25 | F38 |
| Viladequinta | OR | 14 | E9 |
| Viladordis | B | 38 | G35 |

| | | | |
|---|---|---|---|
| Viladrau | GE | 24 | G37 |
| Vilaesteva | LU | 14 | D8 |
| Vilaestrofe | LU | 4 | B7 |
| Vilafamés | CS | 62 | L29 |
| Vilafant | GE | 25 | F38 |
| Vilaflor (Tenerife) | TF | 128 | E4 |
| Vilaformán | LU | 4 | B8 |
| Vilaframil | LU | 4 | B8 |
| Vilafranca | CS | 49 | K29 |
| Vilafranca de Bonany | PM | 105 | N39 |
| Vilafranca del Penedès | B | 37 | H35 |
| Vilagarcía de Arousa | PO | 12 | E3 |
| Vilagrassa | L | 37 | H33 |
| Vilajuïga | GE | 25 | F39 |
| Vilalba / Villalba (Lugo) | LU | 3 | C6 |
| Vilalba dels Arcs | T | 50 | I31 |
| Vilalba Sasserra | B | 38 | H37 |
| Vilalbite | LU | 3 | C6 |
| Vilaleo | LU | 14 | D7 |
| Vilalle | LU | 4 | C8 |
| Vilalleons | B | 38 | G36 |
| Vilaller | L | 22 | E32 |
| Vilallobent | GE | 24 | E35 |
| Vilallonga | V | 74 | P29 |
| Vilallonga de Ter | GE | 24 | E36 |

## VALLADOLID

Arco de Ladrillo (Pas. del) . . . . BZ 2
Arzobispo Gandásegui . . . . . . CY 3
Bailarín Vicente Escudero . . . CY 5
Bajada de la Libertad . . . . . . BCY 6
Cadenas de San Gregorio . . . CX 8
Cánovas del Castillo. . . . . . . BCY 9
Cardenal Mendoza . . . . . . . . . CY 10
Chancillería . . . . . . . . . . . . . . . CX 13
Claudio Moyano . . . . . . . . . . . BY 14
Colegio de Santa Cruz (Pl. ) . . CY 40
Doctrinos. . . . . . . . . . . . . . . . . BY 16
Duque de la Victoria . . . . . . . . BY 17
España (Pl. de) . . . . . . . . . . . . BY 18
Fuente Dorada (Pl. de) . . . . . . BY 20
Gondomar. . . . . . . . . . . . . . . . . CX 21
Industrias. . . . . . . . . . . . . . . . . CY 23
Jorge Guillén . . . . . . . . . . . . BXY 24
Maldonado . . . . . . . . . . . . . . . CY 25
Marqués del Duero . . . . . . . CXY 26
Miguel Iscar . . . . . . . . . . . . . . BY 29
Pasión . . . . . . . . . . . . . . . . . . . BY 30
Portillo de Balboa . . . . . . . . . . CX 32
Santiago . . . . . . . . . . . . . . . . . BY 41
Santuario . . . . . . . . . . . . . . . . . CY 42
Sanz y Forés. . . . . . . . . . . . . CXY 45
San Ildefonso . . . . . . . . . . . . . BY 36
San Pablo (Pl. de) . . . . . . . . . . BX 37
Teresa Gil. . . . . . . . . . . . . . . . . BY
Zorrilla (Pas. de) . . . . . . . . . . ABZ 47

FUENSALDAÑA
A 62 - E 80
PALENCIA, BURGOS
LA VICTORIA
RONDILLA
0
200 m
LEÓN
MUSEO DE ESCULTURA
San Pablo
Palacio de Villena
PALACIO DE CONGRESOS
GIRON
FERIA DE MUESTRAS
Pl. de San Nicolás
Pl. del Poniente
CATEDRAL
Pl. Mayor
HUERTA DEL REY
Museo Fundación Cristóbal Gabarrón
N 601, LEÓN
Av. Padre José Acosta
Pl. Zorrilla
Pl. de Madrid
Pl. Circular
CAMPO GRANDE
Paseo de Filipinos
Pl. de Colón
A 62 - E 80, SALAMANCA, PALENCIA
PISUERGA
PARQUESOL
DELICIAS
A 11, SORIA
VA 100, CASTRONUEVO DE E.
A 62 - E80, SALAMANCA
MEDINA DEL CAMPO
MADRID
SEGOVIA

| | | | |
|---|---|---|---|
| Vilalonga del Camp | T | 37 | I33 |
| Vilalonga | PO | 12 | E3 |
| Vilalpape | LU | 14 | E7 |
| Vilamacolum | GE | 25 | F39 |
| Vilamaior (A Coruña) | C | 3 | B5 |
| Vilamaior (Lugo) | LU | 14 | D7 |
| Vilamaior (Ourense) | OR | 27 | G6 |
| Vilamaior de Negral | LU | 3 | D6 |
| Vilamajor | B | 38 | G37 |
| Vilamalla | GE | 25 | F38 |
| Vilamaniscle | GE | 25 | E39 |
| Vilamarín | OR | 13 | E6 |
| Vilamartín | LU | 4 | B8 |
| Vilamartín de Valdeorras | OR | 14 | E8 |
| Vilamarxant | V | 62 | N28 |
| Vilamateo | C | 3 | B5 |
| Vilameá | LU | 4 | B8 |
| Vilameá | OR | 27 | G5 |
| Vilameán | PO | 12 | F3 |
| Vilamitjana | L | 23 | F32 |
| Vilamor | C | 3 | D6 |
| Vilamós | L | 22 | D32 |
| Vilamur | L | 23 | E33 |
| Vilán (Cabo) | C | 2 | C2 |
| Vilanant | GE | 25 | F38 |
| Vilanova (cerca de Monterroso) | LU | 13 | D6 |
| Vilanova (cerca de Sarria) | LU | 14 | D7 |
| Vilanova (Lourenzá) | LU | 4 | B8 |
| Vilanova (Ourense) | OR | 14 | F9 |
| Vilanova (Pontevedra) | PO | 12 | F3 |
| Vilanova (València) | V | 61 | M26 |
| Vilanova d'Alcolea | CS | 62 | L30 |
| Vilanova d'Escornalbou | T | 51 | I32 |
| Vilanova de Arosa | PO | 12 | E3 |
| Vilanova de Bellpuig | L | 37 | H32 |
| Vilanova de l'Aguda | L | 37 | G33 |
| Vilanova de la Barca | L | 36 | G32 |
| Vilanova de les Avellanes | L | 36 | G32 |
| Vilanova de Meià | L | 37 | G33 |
| Vilanova de Prades | T | 37 | H32 |
| Vilanova de Sau | B | 24 | G37 |
| Vilanova de Segrià | L | 36 | G31 |
| Vilanova i la Geltrú / Villanueva y Geltrú | B | 37 | I35 |
| Vilaosende | LU | 4 | B8 |
| Vilapedre (cerca de Sarria) | LU | 14 | D7 |
| Vilapedre (cerca de Villalba) | LU | 3 | B7 |
| Vilapene | LU | 4 | C7 |
| Vilaplana | T | 37 | I33 |
| Vilaquinte | LU | 13 | E6 |
| Vilar (Ourense) | OR | 27 | G6 |
| Vilar (cerca de A Cañiza) | PO | 13 | F5 |
| Vilar (cerca de Vigo) | PO | 12 | F4 |
| Vilar (El) | L | 23 | F33 |
| Vilar de Barrio | OR | 13 | F7 |
| Vilar de Canes | CS | 50 | K29 |
| Vilar de Cervos | OR | 28 | G7 |
| Vilar de Donas | LU | 13 | D6 |
| Vilar de Lor | LU | 14 | E8 |
| Vilar de Moros | LU | 4 | C8 |
| Vilar de Rei | OR | 27 | F7 |
| Vilar de Santos | OR | 13 | F6 |
| Vilarbacu | LU | 14 | E8 |
| Vilarchán | PO | 12 | E4 |
| Vilarchao | LU | 4 | C8 |
| Vilardevós | OR | 28 | G8 |
| Vilardíaz | LU | 4 | C8 |
| Vilares | LU | 3 | C6 |
| Vilarig | GE | 25 | F38 |
| Vilarino de Conso (Estación de) | OR | 14 | F8 |
| Vilariño | PO | 12 | E3 |
| Vilariño das Poldras | OR | 13 | F6 |
| Vilariño de Conso | OR | 14 | F8 |
| Vilariño Frío | OR | 13 | F7 |
| Vilarmeao | OR | 14 | F8 |
| Vilarmide | LU | 4 | C8 |
| Vilarrube | C | 3 | B5 |
| Vilarrubín | OR | 13 | E6 |
| Vilarxoán | LU | 14 | D8 |
| Vilasantar | C | 3 | C5 |
| Vilaseco | OR | 14 | F8 |
| Vilasobroso | PO | 13 | F4 |
| Vilasouto (Embalse de) | LU | 14 | D7 |
| Vilassar de Mar | B | 38 | H37 |
| Vilaster | LU | 14 | E8 |
| Vilatán | LU | 13 | E6 |
| Vilatuxe | PO | 13 | E5 |
| Vilaür | GE | 25 | F38 |
| Vilaúxe | LU | 13 | E6 |
| Vilavella | OR | 28 | F8 |
| Vilavella (La) | CS | 62 | M29 |
| Vilaverd | T | 37 | H33 |
| Vilaxoán | PO | 12 | E3 |
| Vilches | J | 82 | R19 |
| Vildé | SO | 32 | H20 |
| Vileiriz | LU | 14 | D7 |
| Vilela (A Coruña) | C | 2 | C4 |
| Vilela (cerca de Ribadeo) | LU | 4 | B8 |
| Vilela (cerca de Taboada) | LU | 13 | D6 |
| Vilela (Pontevedra) | PO | 13 | D6 |
| Vilella (La) | T | 36 | I32 |
| Vileña | BU | 18 | E20 |
| Vileta (La) | PM | 104 | N37 |
| Villa de Don Fadrique (La) | TO | 59 | N20 |
| Villa de Ves | AB | 73 | O26 |
| Villa del Campo | CC | 55 | L10 |
| Villa del Prado | M | 58 | L17 |
| Villa del Rey | CC | 55 | N9 |
| Villa del Río | CO | 81 | S17 |
| Villa Tardo Romana | | 33 | H22 |
| Villabalter | | 16 | E13 |
| Villabandín (Sierra de) | | 15 | D11 |
| Villabáñez | VA | 31 | H16 |
| Villabaruz de Campos | VA | 30 | F15 |
| Villabáscones de Bezana | BU | 18 | D18 |
| Villabasil | BU | 8 | C20 |
| Villabasta | P | 17 | E16 |
| Villabermudo | P | 17 | E16 |
| Villablanca | H | 90 | U7 |
| Villablino | LE | 15 | D11 |
| Villabona (Asturias) | O | 5 | B12 |
| Villabona (Guipúzcoa) | SS | 10 | C23 |
| Villabrágima | VA | 30 | G14 |
| Villabraz | LE | 16 | F13 |
| Villabrázaro | ZA | 29 | F12 |
| Villabre | O | 5 | C11 |
| Villabuena (León) | LE | 14 | E9 |
| Villabuena (Soria) | SO | 33 | G22 |
| Villabuena de Álava (Álava) | VI | 19 | E22 |
| Villabuena del Puente | ZA | 30 | H13 |
| Villacadima | GU | 32 | I20 |
| Villacalbiel | LE | 16 | E13 |
| Villacampo del Moral | J | 94 | T19 |
| Villacañas | TO | 59 | N19 |
| Villacarli | HU | 22 | E31 |
| Villacarralón | VA | 16 | F14 |
| Villacarriedo | S | 7 | C18 |
| Villacarrillo | J | 83 | R20 |
| Villacastín | SG | 45 | J16 |
| Villace | LE | 16 | E13 |
| Villaceca | | 31 | I18 |
| Villacelama | LE | 16 | E13 |
| Villacián | BU | 18 | D20 |
| Villacibrán | O | 5 | C10 |
| Villacid de Campos | VA | 30 | F14 |
| Villacidaler | P | 16 | F15 |
| Villacidayo | LE | 16 | E14 |
| Villaciervitos | SO | 33 | G22 |
| Villaciervos | SO | 33 | G22 |
| Villacil | LE | 16 | E13 |
| Villacintor | LE | 16 | E14 |
| Villaco | VA | 31 | G17 |
| Villaconancio | P | 31 | G17 |
| Villacondide | O | 4 | B9 |
| Villaconejos | M | 58 | L19 |
| Villaconejos de Trabaque | CU | 47 | K23 |
| Villacorta | SG | 32 | I19 |
| Villacorza | GU | 47 | I21 |
| Villacreces | VA | 16 | F14 |
| Villacuende | P | 17 | E15 |
| Villada | P | 16 | F15 |
| Villadangos del Páramo | LE | 15 | E12 |
| Villadecanes | LE | 14 | E9 |
| Villademor de la Vega | LE | 16 | F13 |
| Villadepalos | LE | 14 | E9 |
| Villadepán | LE | 15 | D11 |
| Villadepera | ZA | 29 | H11 |
| Villadesuso | PO | 12 | F3 |
| Villadevelle | O | 4 | B8 |
| Villadiego | BU | 17 | E17 |
| Villadiego de Cea | LE | 16 | E15 |
| Villadiezma | P | 17 | E16 |
| Villadonga | LU | 4 | C7 |
| Villadoz | Z | 48 | I26 |
| Villaeles de Valdavia | P | 17 | E16 |
| Villaescobedo | BU | 17 | D17 |
| Villaescusa (Cantabria) | S | 17 | D17 |
| Villaescusa (Zamora) | ZA | 30 | I13 |
| Villaescusa de Haro | CU | 59 | N21 |
| Villaescusa de Palositos | GU | 47 | K22 |
| Villaescusa de Roa | BU | 31 | G17 |
| Villaescusa del Butrón | BU | 18 | D19 |
| Villaescusa la Sombría | BU | 18 | E19 |
| Villaespasa | BU | 32 | F19 |
| Villaesper | VA | 30 | G14 |
| Villaestrigo | LE | 15 | F12 |
| Villafáfila | ZA | 30 | G13 |
| Villafalé | LE | 16 | E13 |
| Villafañé | LE | 16 | E13 |
| Villafeliche (Zaragoza) | Z | 48 | I25 |
| Villafeliche (Puerto de) | Z | 48 | I25 |
| Villafeliz de la Sobarriba | LE | 16 | E13 |
| Villafer | LE | 16 | F13 |
| Villaferrueña | ZA | 15 | F12 |
| Villafiz | LU | 3 | D6 |
| Villaflor (Ávila) | AV | 44 | J15 |
| Villaflor (Zamora) | ZA | 29 | H12 |
| Villaflores (Guadalajara) | GU | 46 | K20 |
| Villaflores (Salamanca) | SA | 44 | I14 |
| Villafrades de Campos | VA | 30 | F15 |
| Villafranca (Navarra) | NA | 20 | F24 |
| Villafranca (Segovia) | SG | 32 | I18 |
| Villafranca (Embalse de) | CO | 81 | S16 |
| Villafranca (Sierra de) | | 44 | K14 |
| Villafranca de Córdoba | CO | 81 | S16 |
| Villafranca de Duero | VA | 30 | H14 |
| Villafranca de Ebro | Z | 35 | H28 |
| Villafranca de la Sierra | AV | 44 | K14 |
| Villafranca de los Barros | BA | 67 | Q10 |
| Villafranca de los Caballeros | TO | 71 | N19 |
| Villafranca del Bierzo | LE | 14 | E9 |
| Villafranca del Campo | TE | 48 | J25 |
| Villafranca del Castillo | M | 45 | K18 |
| Villafranca-Montes de Oca | BU | 18 | E20 |
| Villafranco del Guadalhorce | MA | 100 | V15 |
| Villafranco del Guadalquivir | SE | 91 | U11 |
| Villafranco del Guadiana | BA | 67 | P9 |
| Villafranqueza | A | 86 | Q28 |
| Villafrechós | VA | 30 | G14 |
| Villafría (cerca de Burgos) | BU | 18 | E19 |
| Villafría (cerca de San Zardonil) | BU | 18 | D20 |
| Villafría (Álava) | VI | 19 | E22 |
| Villafruel | P | 17 | E15 |
| Villafruela | BU | 31 | G18 |
| Villafuerte | VA | 31 | G17 |
| Villafuerte (Sierra de) | | 84 | R23 |
| Villafuertes | BU | 17 | F18 |
| Villagalijo | BU | 18 | E20 |
| Villagarcía | LE | 15 | E12 |
| Villagarcía de Campos | VA | 30 | G14 |
| Villagarcía de la Torre | BA | 79 | R11 |
| Villagatón | LE | 15 | E11 |
| Villagellegos | LE | 16 | E13 |
| Villager de Laciana | LE | 15 | D10 |
| Villageriz | ZA | 15 | F12 |
| Villagómez | BU | 18 | F18 |
| Villágomez la Nueva | VA | 16 | F14 |
| Villagonzalo | BA | 67 | P11 |
| Villagonzalo de Coca | SG | 45 | I16 |
| Villagonzalo de Tormes | SA | 44 | J13 |
| Villagonzalo-Pedernales | BU | 18 | F18 |
| Villagrufe | O | 5 | C10 |
| Villagudín (Embalse de) | | 3 | C4 |
| Villagutiérrez | BU | 17 | F18 |
| Villahán | P | 31 | F17 |
| Villaharta | CO | 81 | R15 |
| Villahermosa | CR | 71 | P21 |
| Villahermosa del Campo | TE | 48 | I26 |
| Villahermosa del Río | CS | 62 | L28 |
| Villaherreros | P | 17 | E16 |
| Villahizán de Treviño | BU | 17 | E17 |
| Villahoz | BU | 31 | F18 |
| Villajimena | P | 31 | F16 |
| Villajoyosa / Vila Joiosa (La) | A | 74 | Q29 |
| Villalaco | P | 17 | F17 |
| Villalacre | BU | 8 | C19 |
| Villalaín | BU | 18 | D19 |
| Villalambrús | BU | 18 | D20 |
| Villalán de Campos | VA | 30 | F14 |
| Villalangua | HU | 21 | E27 |
| Villalar | O | 5 | C10 |
| Villalar de los Comuneros | VA | 30 | H14 |
| Villalazán | ZA | 30 | H13 |
| Villalba (Soria) | SO | 33 | H22 |
| Villalba (Parador de) | LU | 3 | C6 |
| Villalba / Vilalba (Lugo) | LU | 3 | C6 |
| Villalba Alta | TE | 49 | K27 |
| Villalba Baja | TE | 48 | K26 |
| Villalba Calatrava | CR | 70 | Q19 |
| Villalba de Adaja | VA | 30 | H15 |
| Villalba de Duero | BU | 32 | G18 |
| Villalba de Guardo | P | 16 | D15 |
| Villalba de la Lampreana | ZA | 29 | G13 |
| Villalba de la Sierra | CU | 60 | L23 |
| Villalba de Loma | VA | 16 | F14 |
| Villalba de los Alcores | VA | 30 | G15 |
| Villalba de los Barros | BA | 67 | Q10 |
| Villalba de los Llanos | SA | 43 | J12 |
| Villalba de los Morales | TE | 48 | J25 |
| Villalba de Losa | BU | 18 | D20 |
| Villalba de Perejiles | Z | 34 | I25 |
| Villalba de Rioja | LO | 18 | E21 |
| Villalba del Alcor | H | 91 | T10 |
| Villalba del Rey | CU | 47 | K22 |
| Villalbarba | VA | 30 | H14 |
| Villalbilla (Burgos) | BU | 18 | E18 |
| Villalbilla (Madrid) | M | 46 | K20 |
| Villalbilla de Gumiel | BU | 32 | G19 |
| Villalbilla de Villadiego | BU | 17 | E18 |
| Villalbilla Sobresierra | BU | 18 | E19 |
| Villalcampo | ZA | 29 | H11 |
| Villalcampo (Embalse de) | ZA | 29 | H11 |
| Villalcázar de Sirga | P | 17 | F16 |
| Villalcón | P | 16 | F15 |
| Villaldemiro | | 17 | F18 |
| Villalebrín | LE | 16 | E15 |
| Villalfeide | LE | 16 | D13 |
| Villalgordo del Júcar | AB | 72 | O23 |
| Villalgordo del Marquesado | CU | 60 | M22 |
| Villalibre de la Jurisdicción | LE | 14 | E10 |
| Villalís | LE | 15 | F11 |
| Villallana | O | 5 | C12 |
| Villallano | P | 17 | D17 |
| Villalmanzo | BU | 32 | F18 |
| Villalobar de Rioja | LO | 18 | E21 |
| Villalobón | P | 31 | F16 |
| Villalobos (Jaén) | J | 94 | T18 |
| Villalobos (Zamora) | ZA | 30 | G13 |
| Villalómez | BU | 18 | E20 |
| Villalón | CO | 80 | S14 |
| Villalón de Campos | VA | 30 | F14 |
| Villalones | MA | 92 | V14 |
| Villalonso | ZA | 30 | H14 |
| Villalpando | ZA | 30 | G13 |
| Villalpardo | CU | 61 | N25 |
| Villalquite | LE | 16 | E14 |
| Villalta | BU | 18 | D19 |
| Villalube | ZA | 30 | H13 |
| Villaluenga | Z | 34 | H24 |
| Villaluenga de la Sagra | TO | 58 | L18 |
| Villaluenga de la Vega | P | 16 | E15 |
| Villaluenga del Rosario | CA | 99 | V13 |
| Villalumbroso | P | 16 | F15 |
| Villalval | BU | 18 | E19 |
| Villálvaro | SO | 32 | H20 |
| Villalverde | ZA | 15 | F11 |
| Villalveto | P | 17 | D15 |
| Villalvilla de Montejo | SG | 32 | H19 |
| Villamalea | AB | 73 | N25 |
| Villamalur | CS | 62 | M28 |
| Villamandos | LE | 16 | F13 |
| Villamanín | LE | 16 | D13 |
| Villamanrique | CR | 71 | Q21 |
| Villamanrique de la Condesa | SE | 91 | U11 |
| Villamanrique de Tajo | M | 59 | L20 |
| Villamanta | M | 58 | L17 |
| Villamantilla | M | 45 | K17 |
| Villamañán | LE | 16 | F13 |
| Villamar | LU | 4 | B8 |
| Villamarciel | VA | 30 | H15 |
| Villamarco | LE | 16 | E14 |
| Villamarín | O | 5 | C11 |
| Villamartín (Alacant) | A | 85 | S27 |
| Villamartín (Burgos) | BU | 8 | C18 |
| Villamartín (Cádiz) | CA | 92 | V13 |
| Villamartín de Campos | P | 31 | F16 |
| Villamartín de Don Sancho | LE | 16 | E14 |
| Villamartín de Villadiego | BU | 17 | D17 |
| Villamayor | AV | 44 | J14 |
| Villamayor (Asturias) | O | 6 | B14 |
| Villamayor (Asturias) | O | 5 | C11 |
| Villamayor (Salamanca) | SA | 43 | J12 |
| Villamayor (Zaragoza) | Z | 35 | G27 |
| Villamayor de Calatrava | CR | 70 | P17 |
| Villamayor de Campos | ZA | 30 | G13 |
| Villamayor de los Montes | BU | 32 | F18 |
| Villamayor de Monjardín | NA | 19 | E23 |
| Villamayor de Santiago | CU | 59 | M21 |
| Villamayor de Treviño | BU | 17 | E17 |
| Villamayor del Condado | LE | 16 | E13 |
| Villamayor del Río | BU | 18 | E20 |
| Villambrán de Cea | P | 16 | E15 |
| Villambrosa | VI | 18 | D20 |
| Villambroz | P | 16 | E15 |
| Villameca | LE | 15 | E11 |
| Villameca (Embalse de) | LE | 15 | E11 |
| Villamediana | P | 31 | F16 |
| Villamediana de Iregua | LO | 19 | E22 |
| Villamedianilla | BU | 17 | F17 |
| Villamején | O | 5 | B11 |
| Villamejil | LE | 15 | E11 |
| Villamejín | O | 5 | C11 |
| Villamejor | M | 58 | M18 |
| Villameriel (León) | LE | 15 | D11 |
| Villameriel (Palencia) | P | 17 | E16 |
| Villamesías | CC | 68 | O12 |
| Villamiel | CC | 55 | L9 |
| Villamiel de la Sierra | BU | 18 | F19 |
| Villamiel de Toledo | TO | 58 | M17 |
| Villaminaya | TO | 58 | M18 |
| Villamizar | LE | 16 | E14 |
| Villamol | LE | 16 | E14 |
| Villamontán de la Valduerna | LE | 15 | F12 |
| Villamor | BU | 18 | D19 |
| Villamor de Cadozos | ZA | 29 | I11 |
| Villamor de la Ladre | ZA | 29 | H11 |
| Villamor de los Escuderos | ZA | 30 | I13 |
| Villamoratiel de las Matas | LE | 16 | E14 |
| Villamorco | P | 17 | E16 |
| Villamorey | O | 6 | C13 |
| Villamorisca | LE | 16 | D15 |
| Villamoronta | P | 17 | E15 |
| Villamudria | BU | 18 | E20 |
| Villamuelas | TO | 58 | M18 |
| Villamuera de la Cueza | P | 17 | F15 |
| Villamuñío | LE | 16 | E14 |
| Villamuriel de Campos | VA | 30 | G14 |
| Villamuriel de Cerrato | P | 31 | G16 |
| Villán de Tordesillas | VA | 30 | H15 |
| Villanañe | VI | 18 | D20 |
| Villanasur | BU | 18 | E20 |
| Villanázar | ZA | 29 | G12 |
| Villandás | O | 5 | C11 |
| Villandiego | BU | 17 | E17 |
| Villandín | TO | 59 | L20 |
| Villaneceriel | P | 17 | E16 |
| Villano (Cabo) | | 8 | B21 |
| Villanova | HU | 22 | E31 |
| Villanova (Lugo) | LU | 14 | D8 |
| Villanova del Pedragal | LU | 14 | D9 |
| Villanovilla | HU | 21 | E28 |
| Villanúa | HU | 21 | D28 |
| Villanubla | VA | 30 | G15 |
| Villanueva (cerca de Boal) | O | 4 | B9 |
| Villanueva (cerca de Cangas) | O | 6 | B14 |
| Villanueva (cerca de Luarca) | O | 5 | B10 |
| Villanueva (cerca de Ribadedeva) | O | 7 | B16 |
| Villanueva (cerca de Teverga) | O | 5 | C11 |
| Villanueva (Santo Adriano) | O | 5 | C11 |
| Villanueva de Abajo | P | 17 | D15 |
| Villanueva de Aézkoa / Hiriberri | NA | 11 | D26 |
| Villanueva de Alcardete | TO | 59 | M20 |
| Villanueva de Alcorón | GU | 47 | J23 |
| Villanueva de Algaidas | MA | 93 | U16 |
| Villanueva de Argaño | BU | 17 | E18 |
| Villanueva de Argecilla | GU | 46 | J21 |
| Villanueva de Arriba | P | 16 | D15 |
| Villanueva de Ávila | AV | 44 | K15 |
| Villanueva de Azoague | ZA | 29 | G12 |
| Villanueva de Bogas | TO | 58 | M19 |
| Villanueva de Cameros | LO | 19 | F22 |
| Villanueva de Campeán | ZA | 29 | H12 |
| Villanueva de Cañedo | SA | 43 | I12 |
| Villanueva de Carazo | BU | 32 | G20 |
| Villanueva de Carrizo | LE | 15 | E12 |
| Villanueva de Cauche | MA | 100 | V16 |
| Villanueva de Córdoba | CO | 81 | R16 |
| Villanueva de Duero | VA | 30 | H15 |
| Villanueva de Franco | CR | 71 | P19 |
| Villanueva de Gállego | Z | 35 | G27 |
| Villanueva de Gómez | AV | 44 | J15 |
| Villanueva de Gormaz | SO | 32 | H20 |
| Villanueva de Guadamajud | CU | 60 | L22 |
| Villanueva de Gumiel | BU | 32 | G19 |
| Villanueva de Henares | P | 17 | D17 |
| Villanueva de Jamuz | LE | 15 | F12 |
| Villanueva de Jiloca | Z | 48 | I25 |
| Villanueva de la Cañada | M | 45 | K17 |
| Villanueva de la Concepción | MA | 100 | V16 |
| Villanueva de la Condesa | VA | 16 | F14 |
| Villanueva de la Fuente | CR | 71 | P21 |
| Villanueva de la Jara | CU | 60 | N24 |
| Villanueva de la Nia | S | 17 | D17 |
| Villanueva de la Peña | S | 7 | C17 |
| Villanueva de la Reina | J | 82 | R18 |
| Villanueva de la Serena | BA | 68 | P12 |
| Villanueva de la Sierra (Cáceres) | CC | 55 | L10 |
| Villanueva de la Sierra (Zamora) | ZA | 14 | F8 |
| Villanueva de la Tercia | LE | 16 | D12 |
| Villanueva de la Torre | GU | 46 | K20 |

| | | | |
|---|---|---|---|
| Villanueva de la Vera | CC | 56 | L13 |
| Villanueva de las Cruces | H | 78 | T8 |
| Villanueva de las Manzanas | LE | 16 | E13 |
| Villanueva de las Peras | ZA | 29 | G12 |
| Villanueva de las Torres | GR | 95 | T20 |
| Villanueva de los Caballeros | VA | 30 | G14 |
| Villanueva de los Castillejos | H | 90 | T8 |
| Villanueva de los Escuderos | CU | 60 | L23 |
| Villanueva de los Infantes (Ciudad Real) | CR | 71 | P20 |
| Villanueva de los Infantes (Valladolid) | VA | 31 | G16 |
| Villanueva de los Montes | BU | 18 | D19 |
| Villanueva de los Nabos | P | 17 | E16 |
| Villanueva de Mena | BU | 8 | C20 |
| Villanueva de Mesia | GR | 94 | U17 |
| Villanueva de Odra | BU | 17 | E17 |
| Villanueva de Omaña | LE | 15 | D11 |
| Villanueva de Oscos | O | 4 | C9 |
| Villanueva de Perales | M | 45 | K17 |
| Villanueva de Puerta | BU | 17 | E18 |
| Villanueva de San Carlos | CR | 70 | Q18 |
| Villanueva de San Juan | SE | 92 | U14 |
| Villanueva de San Mancio | VA | 30 | G14 |
| Villanueva de Sigena | HU | 36 | G29 |
| Villanueva de Tapia | MA | 93 | U17 |
| Villanueva de Valdueza | LE | 15 | E10 |
| Villanueva de Valrojo | ZA | 29 | G11 |
| Villanueva de Viver | CS | 62 | L28 |
| Villanueva de Zamajón | SO | 33 | H23 |
| Villanueva del Aceral | AV | 44 | I15 |
| Villanueva del Arbol | LE | 16 | E13 |
| Villanueva del Ariscal | SE | 91 | T11 |
| Villanueva del Arzobispo | J | 83 | R20 |
| Villanueva del Campillo | AV | 44 | K14 |
| Villanueva del Campo | ZA | 30 | G13 |
| Villanueva del Conde | SA | 43 | K11 |
| Villanueva del Duque | CO | 81 | Q14 |
| Villanueva del Fresno | BA | 78 | Q8 |
| Villanueva del Huerva | Z | 34 | H26 |
| Villanueva del Pardillo | M | 45 | K18 |
| Villanueva del Rebolar de la Sierra | TE | 49 | J26 |
| Villanueva del Rebollar | P | 16 | F15 |
| Villanueva del Rey (Córdoba) | CO | 80 | R14 |
| Villanueva del Rey (Sevilla) | SE | 92 | T14 |
| Villanueva del Río | SE | 80 | T12 |
| Villanueva del Río Segura | MU | 85 | R26 |
| Villanueva del Río y Minas | SE | 80 | T12 |
| Villanueva del Rosario | MA | 100 | V16 |
| Villanueva del Trabuco | MA | 93 | U16 |
| Villanueva Soportilla | BU | 18 | D20 |
| Villanueva y Geltrú / Vilanova i la Geltrú | B | 37 | I35 |
| Villanuevas (Los) | TE | 62 | L28 |
| Villanuño de Valdavia | P | 17 | E16 |
| Villaobispo | LE | 15 | E11 |
| Villaornate y Castro | LE | 16 | F13 |
| Villapaderne | S | 7 | C17 |
| Villapadierna | LE | 16 | D14 |
| Villapalacios | AB | 71 | Q22 |
| Villapeceñil | LE | 16 | E14 |
| Villapedre | O | 5 | B10 |
| Villaprovedo | P | 17 | E16 |
| Villaquejida | LE | 16 | F13 |
| Villaquilambre | LE | 16 | E13 |
| Villaquirán de la Puebla | BU | 17 | F17 |
| Villaquirán de los Infantes | BU | 17 | F17 |
| Villar (El) (Albacete) | AB | 72 | O24 |
| Villar (El) (Ciudad Real) | CR | 70 | Q17 |
| Villar (El) (Huelva) | H | 79 | S9 |
| Villar (El) (La Rioja) | LO | 19 | F23 |
| Villar (Embalse de El) | M | 46 | J19 |
| Villar (Rivera del) | | 79 | T9 |
| Villar (Santuario de la Virgen del) | LO | 33 | F23 |
| Villar da Torre | C | 2 | D3 |
| Villar de Acero | LE | 14 | D9 |
| Villar de Argañán | SA | 42 | J9 |
| Villar de Arnedo (El) | LO | 19 | F23 |
| Villar de Cantos | CU | 60 | N22 |
| Villar de Cañas | CU | 59 | M22 |
| Villar de Chinchilla | | 73 | P25 |
| Villar de Ciervo | SA | 42 | J9 |
| Villar de Ciervos | LE | 15 | E11 |
| Villar de Cobeta | GU | 47 | J23 |
| Villar de Corneja | AV | 44 | K13 |
| Villar de Cuevas | J | 82 | S18 |
| Villar de Domingo García | CU | 60 | L23 |
| Villar de Farfón | ZA | 29 | G11 |
| Villar de Gallimazo | SA | 44 | J14 |
| Villar de Golfer | LE | 15 | E11 |
| Villar de la Encina | CU | 60 | N22 |
| Villar de la Yegua | SA | 42 | J9 |
| Villar de las Traviesas | LE | 15 | D10 |
| Villar de los Navarros | Z | 48 | I26 |
| Villar de Matacabras | AV | 44 | I14 |
| Villar de Maya | SO | 33 | F22 |
| Villar de Mazarife | LE | 15 | E12 |
| Villar de Olalla | CU | 60 | L23 |
| Villar de Olmos | V | 61 | N26 |
| Villar de Peralonso | SA | 43 | I11 |
| Villar de Plasencia | CC | 56 | L11 |
| Villar de Pozo Rubio | AB | 72 | O24 |
| Villar de Rena | BA | 68 | O12 |
| Villar de Samaniego | SA | 43 | I10 |
| Villar de Santiago (El) | LE | 15 | D11 |
| Villar de Sobrepeña | SG | 31 | I18 |
| Villar de Tejas | V | 61 | N26 |
| Villar de Torre | LO | 18 | E21 |
| Villar del Águila | CU | 60 | M22 |
| Villar del Ala | SO | 33 | G22 |
| Villar del Arzobispo | V | 61 | M27 |
| Villar del Buey | ZA | 29 | I11 |
| Villar del Campo | SO | 33 | G23 |
| Villar del Cobo | TE | 48 | K24 |
| Villar del Horno | CU | 60 | L22 |
| Villar del Humo | CU | 61 | M25 |
| Villar del Infantado | CU | 47 | K22 |
| Villar del Maestre | CU | 60 | L22 |
| Villar del Monte | LE | 15 | F11 |
| Villar del Olmo | M | 46 | K20 |
| Villar del Pedroso | CC | 57 | M14 |
| Villar del Pozo | CR | 70 | P18 |
| Villar del Rey | BA | 67 | O9 |
| Villar del Río | SO | 33 | F22 |
| Villar del Salz | TE | 48 | J25 |
| Villar del Saz de Arcas | CU | 60 | M23 |
| Villar del Saz de Navalón | CU | 60 | L22 |
| Villaralbo | ZA | 29 | H12 |
| Villaralto | CO | 81 | Q15 |
| Villarcayo | BU | 18 | D19 |
| Villardeciervos | ZA | 29 | G11 |
| Villardefallaves | ZA | 30 | G14 |
| Villardefrades | VA | 30 | G14 |
| Villardiegua de la Ribera | ZA | 29 | H11 |
| Villárdiga | ZA | 30 | G13 |
| Villardompardo | J | 82 | S17 |
| Villardondiego | ZA | 30 | H13 |
| Villarejo (Albacete) | AB | 72 | Q23 |
| Villarejo (Ávila) | AV | 44 | K15 |
| Villarejo (La Rioja) | LO | 18 | E21 |
| Villarejo (El) | TE | 61 | L25 |
| Villarejo de Fuentes | CU | 59 | M21 |
| Villarejo de la Peñuela | CU | 60 | L22 |
| Villarejo de Medina | GU | 47 | J22 |
| Villarejo de Montalbán | TO | 57 | M16 |
| Villarejo de Órbigo | LE | 15 | E12 |
| Villarejo de Salvanés | M | 59 | L20 |
| Villarejo del Espartal | CU | 60 | L22 |
| Villarejo del Valle | AV | 57 | L15 |
| Villarejo Periesteban | CU | 60 | M22 |
| Villarejo Seco | CU | 60 | M22 |
| Villarejo Sobrehuerta | CU | 60 | L22 |
| Villarejos (Los) | TO | 57 | M15 |
| Villarente | LE | 16 | E13 |
| Villares | AB | 84 | Q23 |
| Villares (Los) (Córdoba) | CO | 93 | T17 |
| Villares (Los) (Ciudad Real) | CR | 71 | P21 |
| Villares (Los) (Granada) | GR | 94 | T20 |
| Villares (Los) (cerca de Andújar) | J | 82 | R18 |
| Villares (Los) (cerca de Jaén) | J | 82 | S18 |
| Villares de Jadraque | GU | 46 | I20 |
| Villares de la Reina | SA | 43 | I13 |
| Villares de Órbigo | LE | 15 | E12 |
| Villares de Yeltes | SA | 43 | J10 |
| Villares del Saz | CU | 60 | M22 |
| Villargarcía del Llano | CU | 72 | O24 |
| Villargordo (Jaén) | J | 82 | S18 |
| Villargordo (Salamanca) | SA | 43 | I11 |
| Villargordo (Sevilla) | SE | 79 | T10 |
| Villargordo del Cabriel | V | 61 | N25 |
| Villargusán | LE | 5 | D12 |
| Villarias | BU | 18 | D19 |
| Villaricos | AL | 96 | U24 |
| Villariezo | BU | 18 | F18 |
| Villarín | LE | 15 | E12 |
| Villarino (León) | LE | 15 | F10 |
| Villarino (Salamanca) | SA | 29 | I10 |
| Villarino de Cebal | ZA | 29 | G11 |
| Villarino de Manzanas | ZA | 29 | G10 |
| Villarino del Sil | LE | 15 | D10 |
| Villarino Tras la Sierra | ZA | 29 | G10 |
| Villarluengo | TE | 49 | K28 |
| Villarluengo (Puerto de) | TE | 49 | K28 |
| Villarmayor | SA | 43 | I12 |
| Villarmentero de Campos | P | 17 | F16 |
| Villarmentero de Esgueva | VA | 31 | G16 |
| Villarmid | C | 2 | C2 |
| Villarmuerto | SA | 43 | I10 |
| Villarmún | LE | 16 | E13 |
| Villarodrigo de Ordás | LE | 15 | D12 |
| Villaronte | LU | 4 | B8 |
| Villaroya (Puerto de) | TE | 49 | K28 |
| Villaroya de los Pinares | TE | 49 | K27 |
| Villarpedre | O | 4 | C9 |
| Villarquemado | TE | 48 | K26 |
| Villarrabé | P | 16 | E15 |
| Villarrabines | LE | 16 | F13 |
| Villarramiel | P | 30 | F15 |
| Villarrasa | H | 91 | T10 |
| Villarreal | BA | 66 | P8 |
| Villarreal / Vila-real | CS | 62 | M29 |
| Villarreal de Huerva | Z | 48 | I26 |
| Villarreal de la Canal | HU | 21 | E27 |
| Villarreal de San Carlos | CC | 56 | M11 |
| Villarrín de Campos | ZA | 30 | G13 |
| Villarroañe | LE | 16 | E13 |
| Villarrobejo | P | 16 | E15 |
| Villarrobledo | AB | 71 | O22 |
| Villarrodrigo (Jaén) | J | 83 | Q22 |
| Villarrodrigo (Palencia) | P | 16 | E15 |
| Villarroquel | LE | 15 | E12 |
| Villarroya | LO | 19 | F23 |
| Villarroya de la Sierra | Z | 34 | H24 |
| Villarroya del Campo | Z | 48 | I26 |
| Villarrubia | CO | 81 | S15 |
| Villarrubia de los Ojos | CR | 70 | O19 |
| Villarrubia de Santiago | TO | 59 | M19 |
| Villarrubin | LE | 14 | E8 |
| Villarrubín | | 14 | E8 |
| Villarrubio | CU | 59 | M21 |
| Villarta | CU | 61 | N25 |
| Villarta de Escalona | TO | 57 | L16 |
| Villarta de los Montes | BA | 69 | O15 |
| Villarta de San Juan | CR | 71 | O19 |
| Villarta-Quintana | LO | 18 | E20 |
| Villartelín | LU | 14 | D8 |
| Villartorey | O | 4 | B9 |
| Villartoso | SO | 33 | F22 |
| Villarué | HU | 22 | E31 |
| Villarueva de la Torre | GU | 46 | K20 |
| Villas de Turbón (Las) | HU | 22 | E31 |
| Villas Viejas | CU | 59 | M21 |
| Villasabariego | LE | 16 | E13 |
| Villasabariego de Ucieza | P | 17 | E16 |
| Villasana de Mena | BU | 8 | C20 |
| Villasandino | BU | 17 | E17 |
| Villasante de Montija | BU | 8 | C19 |
| Villasar | B | 38 | H37 |
| Villasarracino | P | 17 | E16 |
| Villasayas | SO | 33 | H22 |
| Villasbuenas | SA | 42 | I10 |
| Villasbuenas de Gata | CC | 55 | L10 |
| Villasdardo | SA | 43 | I11 |
| Villaseca (Córdoba) | CO | 81 | S14 |
| Villaseca (Cuenca) | CU | 60 | L23 |
| Villaseca (La Rioja) | LO | 18 | E21 |
| Villaseca (Segovia) | SG | 31 | I18 |
| Villaseca de Arciel | SO | 33 | H23 |
| Villaseca de la Sagra | TO | 58 | M18 |
| Villaseca de Laciana | LE | 15 | D11 |
| Villaseca de Uceda | GU | 46 | J19 |
| Villasecino | LE | 15 | D11 |
| Villaseco | ZA | 29 | H12 |
| Villaseco de los Gamitos | SA | 43 | I11 |
| Villaseco de los Reyes | SA | 43 | I11 |
| Villaselán | LE | 16 | E14 |
| Villasequilla | TO | 58 | M18 |
| Villasevil | S | 7 | C18 |
| Villasexmir | VA | 30 | H14 |
| Villasidro | BU | 17 | E17 |
| Villasila | P | 17 | E16 |
| Villasilos | BU | 17 | F17 |
| Villasimpliz | LE | 16 | D13 |
| Villasinde | LE | 14 | E9 |
| Villaspesa | TE | 61 | L26 |
| Villasrubias | SA | 42 | K10 |
| Villastar | TE | 61 | L26 |
| Villasur | P | 17 | E15 |
| Villasur de Herreros | BU | 18 | F19 |
| Villasuso | S | 7 | C17 |
| Villatobas | TO | 59 | M20 |
| Villatoro (Ávila) | AV | 44 | K14 |
| Villatoro (Burgos) | BU | 18 | E18 |
| Villatoya | AB | 73 | O25 |
| Villatresmil | O | 5 | B10 |
| Villatuerta | NA | 19 | E24 |
| Villaturde | P | 17 | E15 |
| Villaturiel | LE | 16 | E13 |
| Villaumbrales | P | 31 | F16 |
| Villaute | BU | 17 | E18 |
| Villava | NA | 11 | D25 |
| Villavaler | O | 5 | B11 |
| Villavaliente | AB | 73 | O25 |
| Villavaquerín | VA | 31 | H16 |
| Villavedón | BU | 17 | E17 |
| Villavelasco de Valderaduey | LE | 16 | E15 |
| Villavelayo | LO | 18 | F21 |
| Villavellid | VA | 30 | G14 |
| Villavendimio | ZA | 30 | H13 |
| Villavente | LE | 16 | E13 |
| Villaventín | BU | 8 | C19 |
| Villaverde (Fuerteventura) | GC | 111 | I2 |
| Villaverde (León) | LE | 14 | E9 |
| Villaverde (Madrid) | M | 46 | K18 |
| Villaverde (Asturias) | O | 6 | B13 |
| Villaverde (Castillo de) | | 21 | F27 |
| Villaverde de Abajo | LE | 16 | D13 |
| Villaverde de Arcayos | LE | 16 | E14 |
| Villaverde de Guadalimar | AB | 83 | Q22 |
| Villaverde de Iscar | SG | 31 | I16 |
| Villaverde de Medina | VA | 30 | I14 |
| Villaverde de Montejo | SG | 32 | H19 |
| Villaverde de Pontanes | S | 8 | B18 |
| Villaverde de Pontones | S | 8 | B18 |
| Villaverde de Rioja | LO | 19 | F21 |
| Villaverde de Sandoval | LE | 16 | E13 |
| Villaverde de Trucios | S | 8 | C20 |
| Villaverde del Ducado | GU | 47 | I22 |
| Villaverde del Monte (Soria) | SO | 33 | G21 |
| Villaverde del Monte (Burgos) | BU | 17 | F18 |
| Villaverde del Río | SE | 92 | T12 |
| Villaverde la Chiquita | LE | 16 | E14 |
| Villaverde-Mogina | BU | 17 | F17 |
| Villaverde-Peñahoradada | | 17 | E18 |
| Villaverde y Pasaconsol | CU | 60 | M23 |
| Villaveta | BU | 17 | E17 |
| Villaveta | NA | 11 | D25 |
| Villaveza de Valverde | ZA | 29 | G12 |
| Villaveza del Agua | ZA | 29 | G12 |
| Villavicencio de los Caballeros | VA | 30 | F14 |
| Villaviciosa (Ávila) | AV | 44 | K15 |
| Villaviciosa (Asturias) | O | 6 | B13 |
| Villaviciosa (Ría de) | O | 6 | B13 |
| Villaviciosa de Córdoba | CO | 81 | R14 |
| Villaviciosa de la Ribera | LE | 15 | E12 |
| Villaviciosa de Odón | M | 45 | K18 |
| Villaviciosa de Tajuña | GU | 47 | J21 |
| Villavieja de Muñó | BU | 17 | F18 |
| Villavieja de Yeltes | SA | 43 | J10 |
| Villavieja del Cerro | VA | 30 | H14 |
| Villavieja del Lozoya | M | 46 | I18 |
| Villaviudas | P | 31 | G16 |
| Villayón | O | 4 | B9 |
| Villayuste | LE | 15 | D12 |
| Villaza | OR | 28 | G7 |
| Villazala | LE | 15 | E12 |
| Villazanzo de Valderaduey | LE | 16 | E15 |
| Villazón | O | 5 | B11 |
| Villazopeque | BU | 17 | F17 |
| Villegar | S | 7 | C18 |
| Villegas | BU | 17 | E17 |
| Villegas o Mardos | AB | 73 | Q25 |
| Villeguillo | SG | 31 | I16 |
| Villel | TE | 61 | L26 |
| Villel de Mesa | GU | 47 | I24 |
| Villela | BU | 17 | D17 |
| Villelga | P | 16 | F15 |
| Villena | A | 73 | Q27 |
| Villeriás | P | 30 | G15 |
| Villes de Benicàssim (Les) | | 62 | L30 |
| Villeza | LE | 16 | F14 |
| Villiguer | LE | 16 | E13 |
| Villimer | LE | 16 | E13 |
| Villivañe | LE | 16 | E13 |
| Villobas | HU | 21 | E29 |
| Villodas | VI | 19 | D21 |
| Villodre | P | 17 | F17 |
| Villodrigo | P | 17 | F17 |
| Villoldo | P | 17 | F16 |
| Villomar | LE | 16 | E13 |
| Villora | CU | 61 | M25 |
| Villora (Cabeza de) | CU | 61 | M25 |
| Villores | CS | 49 | J29 |
| Villoria (Asturias) | O | 6 | C13 |

## VIGO

Alfonso XII (Pas. de) . . . . AZ 2
Cánovas del Castillo . . . . AY 4
Carral . . . . AY 9
Cervantes . . . . BZ 10
Colón . . . . BY
Concepción Arenal . . . . BY 12
J. Elduayen . . . . AY 14
Lepanto . . . . BZ 15
Luis Taboada . . . . AY 16
Marqués de Valladares . . . . AY 17
Montero Ríos . . . . AY 18
Policarpo Sanz . . . . ABY
Porta do Sol . . . . AY 19
Príncipe . . . . AYZ
Reconquista . . . . AY 20
República Argentina . . . . BZ 21
Ribeira . . . . AY 22
Urzaiz . . . . BZ
Urzaiz (Pl.) . . . . BZ 23
Velázquez Moreno . . . . AYZ 24
Victoria . . . . AY 25

## VITORIA-GASTEIZ

| | | |
|---|---|---|
| Angulema | BZ | 2 |
| Becerro de Bengoa | AZ | 5 |
| Cadena y Eleta | AZ | 8 |
| Dato | BZ | |
| Diputación | AZ | 12 |
| Escuelas | BY | 15 |
| España (Pl. de) | BZ | 18 |
| Gasteiz (Av. de) | AYZ | |
| Herrería | AY | 24 |
| Independencia | BZ | 27 |
| Machete (Pl. del) | BZ | 30 |
| Madre Vedruna | AZ | 33 |
| Nueva Fuera | BY | 34 |
| Ortiz de Zárate | BZ | 36 |
| Pascual de Andagoya (Pl. de) | AY | 39 |
| Portal del Rey | BZ | 42 |
| Postas | BZ | |
| Prado | AZ | 45 |
| Santa María (Cantón de) | BY | 51 |
| San Francisco | BZ | 48 |
| Virgen Blanca (Pl. de la) | BZ | 55 |

Museo "Fournier" de Naipes de Álava M⁴

| | | | |
|---|---|---|---|
| Villoria (Salamanca) | SA | 44 | J13 |
| Villoria de Boada | SA | 43 | J11 |
| Villorquite de Herrera | P | 17 | E16 |
| Villoruebo | BU | 18 | F19 |
| Villoruela | SA | 44 | I13 |
| Villoslada | SG | 45 | J16 |
| Villoslada de Cameros | LO | 33 | F21 |
| Villota del Duque | P | 17 | E16 |
| Villota del Páramo | P | 16 | E15 |
| Villotilla | P | 17 | E15 |
| Villovela | BU | 31 | G18 |
| Villoviado | BU | 32 | G18 |
| Villovieco | P | 17 | F16 |
| Villuercas | CC | 56 | N13 |
| Viloalle | LU | 4 | B7 |
| Vilobí d'Onyar | GE | 25 | G38 |
| Vilopriu | GE | 25 | F38 |
| Viloria (Navarra) | NA | 19 | D23 |
| Viloria (Valladolid) | VA | 31 | H16 |
| Viloria de Rioja | BU | 18 | E20 |
| Vilosell (El) | L | 37 | H32 |
| Vilouriz | C | 3 | D6 |
| Vilouzás | C | 3 | C5 |
| Vilueña (La) | Z | 34 | I24 |
| Vilvarejo (El) | TE | 48 | J26 |
| Vilves | L | 37 | G33 |
| Vilvestre | SA | 42 | I9 |
| Vilviestre de los Nabos | SO | 33 | G22 |
| Vilviestre de Muñó | BU | 17 | F18 |
| Vilviestre del Pinar | BU | 32 | G20 |
| Vilvis | TO | 58 | L17 |
| Vimbodí | T | 37 | H33 |
| Vimianzo | C | 2 | C2 |
| Vinaceite | TE | 35 | I28 |
| Vinaderos | AV | 44 | I15 |
| Vinaixa | L | 37 | H32 |
| Vinallop | T | 50 | J31 |
| Vinalopó (Riu) | | 74 | P27 |
| Vinarós | CS | 50 | K31 |
| Vincios | PO | 12 | F3 |
| Vindel | CU | 47 | K22 |
| Vinebre | T | 36 | I31 |
| Viniegra de Abajo | LO | 18 | F21 |
| Viniegra de Arriba | LO | 33 | F21 |
| Vinseiro | PO | 13 | D4 |
| Vinuesa | SO | 33 | G21 |
| Vinyoles | V | 73 | O26 |
| Vinyoles d'Orís | | 24 | F36 |
| Vinyols | T | 51 | I33 |
| Viña | C | 3 | C5 |
| Viña (La) | GR | 94 | U17 |
| Viñales | LE | 15 | E10 |
| Viñamala (Reserva nacional de) | HU | 21 | D29 |
| Viñas | ZA | 29 | G10 |
| Viñas (Las) | J | 82 | R18 |
| Viñegra | AV | 44 | J14 |
| Viñegra de Moraña | AV | 44 | J15 |
| Viñón (Asturias) | O | 6 | B13 |
| Viñón (Cantabria) | S | 7 | C16 |
| Viñuela | MA | 101 | V17 |
| Viñuela (Embalse de la) | MA | 101 | V17 |
| Viñuela (La) (Ciudad Real) | CR | 69 | P17 |
| Viñuela (La) (Sevilla) | SE | 80 | S13 |
| Viñuela de Sayago | ZA | 29 | I12 |
| Viñuelas (Guadalajara) | GU | 46 | J19 |
| Viñuelas (Castillo de) | M | 46 | K19 |
| Violada (Canal de la) | | 21 | F27 |
| Virgala Mayor | VI | 19 | D22 |
| Virgen (Ermita de la) | GU | 47 | J22 |
| Virgen (Puerto de la) | | 96 | U23 |
| Virgen (Sierra de la) | | 34 | H24 |
| Virgen Coronada (Ermita de la) | BA | 68 | O14 |
| Virgen de Ara (Ermita) | BA | 80 | R12 |
| Virgen de Fabana (Ermita de la) | HU | 21 | F29 |
| Virgen de la Cabeza | GR | 95 | T21 |
| Virgen de la Cabeza (Ermita de la) (Almería) | AL | 84 | S23 |
| Virgen de la Cabeza (Ermita de la) (Ciudad Real) | CR | 71 | Q19 |
| Virgen de la Cabeza (Santuario) | J | 82 | R17 |
| Virgen de la Columna | Z | 35 | H27 |
| Virgen de la Estrella (Santuario de la) | TE | 49 | K29 |
| Virgen de la Montaña (La) | CC | 55 | N10 |
| Virgen de la Muela | TO | 59 | M20 |
| Virgen de la Peña | | 11 | D26 |
| Virgen de la Peña (Ermita de la) (Huelva) | H | 78 | T8 |
| Virgen de la Peña (Ermita de la) (Teruel) | TE | 49 | K28 |
| Virgen de la Sierra (Ermita de la) | CR | 70 | O18 |
| Virgen de la Sierra (Santuario de) | Z | 34 | H24 |
| Virgen de la Vega (Ciudad Real) | CR | 71 | Q20 |
| Virgen de la Vega (Guadalajara) | GU | 47 | J22 |
| Virgen de la Vega (Ermita de la) | TE | 50 | J30 |
| Virgen de la Vega (La) | TE | 49 | K27 |
| Virgen de Lagunas (Ermita de la) | Z | 34 | H26 |
| Virgen de las Cruces | CR | 70 | O18 |
| Virgen de las Viñas | CR | 71 | O21 |
| Virgen de Lomos de Orios (La) | LO | 33 | F22 |
| Virgen de los Ángeles (Ermita de la) | TE | 48 | K25 |
| Virgen de los Santos | CR | 70 | P18 |
| Virgen de Luna | CO | 81 | R15 |
| Virgen de Montesinos (Ermita de la) | GU | 47 | J23 |
| Virgen de Nieves Tara Mazas (Ermita) | TE | 49 | J29 |
| Virgen de Suceso | BI | 8 | C20 |
| Virgen del Buen Suceso (Ermita de la) | TE | 49 | K28 |
| Virgen del Buenlabrado (Ermita de) | GU | 47 | J23 |
| Virgen del Camino (La) | LE | 16 | E13 |
| Virgen del Campo (Ermita de la) (cerca de Camarillas) | TE | 48 | K27 |
| Virgen del Campo (Ermita de la) (cerca de Argente) | | 48 | J26 |
| Virgen del Castillo | CR | 69 | P15 |
| Virgen del Castillo (Ermita de la) (Segovia) | SG | 45 | I17 |
| Virgen del Castillo (Ermita de la) (Teruel) | TE | 48 | K26 |
| Virgen del Molino (Ermita de la) | TE | 48 | K26 |
| Virgen del Pinar (Ermita de la) | CU | 47 | K22 |
| Virgen del Poral (Ermita de la) | GU | 47 | K21 |
| Virgen del Prado (Ermita de la) | CC | 55 | N10 |
| Virgen del Robledo (Ermita de la) | SE | 80 | S13 |
| Virgen del Rocío | SE | 92 | T12 |
| Virgen del Rosario (Ermita de la) | TE | 48 | J26 |
| Virtudes (Las) (Alacant) | A | 73 | Q27 |
| Virtudes (Las) (Ciudad Real) | CR | 71 | Q19 |
| Virtus | BU | 17 | D18 |
| Visantoña | C | 3 | C5 |
| Visaurin | HU | 21 | D28 |
| Visiedo | TE | 48 | J26 |
| Viso (El) (Albacete) | AB | 73 | O26 |
| Viso (El) (Córdoba) | CO | 81 | Q15 |
| Viso (O) (A Coruña) | C | 12 | D2 |
| Viso de San Juan (El) | TO | 58 | L18 |
| Viso del Alcor (El) | SE | 92 | T12 |
| Viso del Marqués | CR | 82 | Q19 |
| Vista Alegre | C | 3 | B5 |
| Vistabella | Z | 34 | I26 |
| Vistabella del Maestrat | CS | 49 | L29 |
| Vistahermosa | CA | 98 | W11 |
| Vistalegre | TO | 57 | M15 |
| Vita | AV | 44 | J14 |
| Vitigudino | SA | 43 | I10 |
| Vitoria (Montes de) | | 19 | D22 |
| Vitoria-Gasteiz | VI | 19 | D21 |
| Víu | HU | 22 | E31 |
| Viu de Llevata | L | 22 | E32 |
| Viuda (Rambla de la) | CS | 62 | L29 |
| Vivar de Fuentidueña | SG | 31 | H17 |
| Vivar del Cid | BU | 18 | E18 |
| Vivares | BA | 68 | O11 |
| Vivedro | O | 4 | B9 |
| Viveiro | LU | 4 | B7 |
| Viveiró (Sierra del Xistral) | LU | 3 | B7 |
| Viveiró (Ría de) | LU | 4 | A7 |
| Vivel del Río Martín | TE | 49 | J27 |
| Viver (Barcelona) | B | 38 | G35 |
| Viver (Castelló) | CS | 62 | M28 |
| Viver de la Sierra | Z | 34 | H25 |
| Vivero | CR | 69 | P15 |
| Viveros | AB | 71 | P22 |
| Vives (Los) | A | 85 | R27 |
| Vivinera | ZA | 29 | G11 |
| Vixán | C | 12 | E2 |
| Vizcaina (La) (La Gomera) | TF | 118 | B2 |
| Vizcainos | BU | 32 | F20 |
| Vizcalmón | J | 94 | T17 |
| Vizcaya (Golfo de) | | 9 | B22 |
| Vizcodillo | ZA | 15 | F10 |
| Vizcuerno (Sierra de) | | 50 | I29 |
| Vizmanos | SO | 33 | F22 |
| Víznar | GR | 94 | U19 |
| Voltoya | | 45 | J16 |
| Vorcel | SE | 92 | U12 |
| Vozmediano | SO | 34 | G24 |
| Voznuevo | LE | 16 | D14 |
| Vueltas (La Gomera) | TF | 118 | A3 |
| Vulpellac | GE | 25 | G39 |

## W

| | | | |
|---|---|---|---|
| Wamba | VA | 30 | G15 |
| Warner Bros | M | 58 | L19 |

## X

| | | | |
|---|---|---|---|
| Xàbia / Jávea | A | 75 | P30 |
| Xallas | C | 2 | D2 |
| Xaló | A | 74 | P29 |
| Xanceda | C | 3 | C5 |
| Xara (La) | A | 74 | P30 |
| Xares (Ourense) | OR | 14 | F9 |
| Xares (Río) | | 14 | E8 |
| Xarrié | CR | 70 | O18 |
| Xàtiva | V | 74 | P28 |
| Xaviña | C | 2 | C2 |
| Xendive | OR | 27 | G5 |
| Xeraco | V | 74 | O29 |
| Xerdiz | LU | 4 | B7 |
| Xeresa | V | 74 | O29 |
| Xermade | LU | 3 | B6 |
| Xermar | LU | 4 | C7 |
| Xert | CS | 50 | K30 |
| Xerta | T | 50 | J31 |
| Xesta (cerca de Lalín) | PO | 13 | E5 |
| Xesta (cerca de Lama) | PO | 13 | E4 |
| Xesta (Porto da) | LU | 4 | B7 |
| Xestal | C | 3 | C5 |
| Xesteira | PO | 12 | E4 |
| Xesteiras | | 12 | D4 |
| Xestosa | OR | 13 | F6 |
| Xestoso | C | 3 | C6 |
| Xeve | PO | 12 | E4 |
| Xiá | LU | 3 | C6 |
| Xiabre | | 12 | E3 |
| Xilxes / Chilches | CS | 62 | M29 |
| Xinzo de Limia | OR | 13 | F6 |
| Xirivella | V | 62 | N28 |
| Xironda | OR | 27 | G7 |
| Xistral | LU | 4 | B7 |
| Xistral (Sierra del) | LU | 4 | B7 |
| Xiva de Morella | CS | 50 | K29 |
| Xivana (La) | V | 74 | O28 |
| Xivert (Castell de) | CS | 50 | L30 |
| Xixona | A | 74 | Q28 |
| Xodos | CS | 62 | L29 |
| Xoroi (Coves d'en) | | 106 | M42 |
| Xortà (Serra de la) | | 74 | P29 |
| Xove | LU | 4 | A7 |
| Xuances | LU | 4 | A7 |
| Xubia | C | 3 | B5 |
| Xunqueira de Ambía | OR | 13 | F6 |
| Xunqueira de Espadañedo | OR | 13 | F7 |
| Xuño | C | 12 | E2 |
| Xúquer (Riu) | | 74 | O28 |
| Xúquer-Túria (Canal de) | | 74 | O28 |
| Xurés (Sierra de) | | 27 | G6 |
| Xustás | LU | 4 | C7 |
| Xuvencos | LU | 13 | E7 |

## Y

| | | | |
|---|---|---|---|
| Yaco (Tenerife) | TF | 129 | F5 |
| Yaiza (Lanzarote) | GC | 122 | B4 |
| Yanguas | SO | 33 | F22 |
| Yanguas de Eresma | SG | 45 | I17 |
| Yaso | HU | 21 | F29 |
| Yátor | GR | 102 | V20 |
| Yátova | V | 73 | N27 |
| Yébenes (Los) | TO | 58 | N18 |
| Yébenes (Sierra de los) | | 58 | N17 |
| Yebes | GU | 46 | K20 |
| Yebra | GU | 46 | K21 |
| Yebra de Basa | HU | 21 | E29 |
| Yechar | MU | 85 | R25 |
| Yecla | MU | 73 | Q26 |
| Yecla de Yeltes | SA | 43 | J10 |

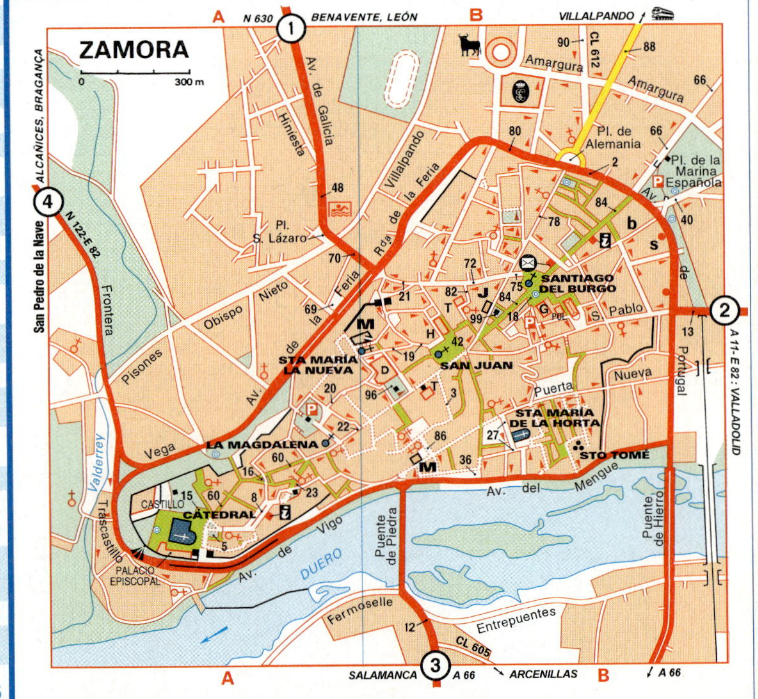


| | | |
|---|---|---|
| Alfonso IX | B | 2 |
| Alfonso XII | B | 3 |
| Antonio del Águila (Pl.) | A | 5 |
| Arias Gonzalo (Pl. de) | A | 8 |
| Cabañales | B | 12 |
| Candelaria (Pas.) | B | 13 |
| Catedral (Pl. de la) | A | 15 |
| Ciento (Pl. de los) | A | 16 |
| Constitución (Pl. de) | B | 18 |
| Corral Pintado | B | 19 |
| Damas | A | 20 |
| Feria | B | 21 |
| Francos (Rúa de los) | A | 22 |
| Fray Diego de Deza (Pl.) | A | 23 |
| Horta | B | 27 |
| Ignacio Gazapo | B | 36 |
| Leopoldo Alas Clarín | B | 40 |
| Mayor (Pl.) | B | 42 |
| Morana (Cuesta de la) | A | 48 |
| Notarios (Rúa de los) | A | 60 |
| Príncipe de Asturias (Av.) | B | 66 |
| Puebla de Sanabria | A | 70 |
| Puentica (Pl. de la) | A | 69 |
| Riego | B | 72 |
| Sacramento | B | 74 |
| Santa Clara | B | 84 |
| Santa Lucía (Pl.) | B | 86 |
| Santiago | B | 75 |
| San Torcuato | B | 78 |
| San Tortucato (Ronda de) | B | 80 |
| San Vicente | B | 82 |
| Tres Cruces (Av.) | B | 88 |
| Víctor Gallego | B | 90 |
| Viriato (Pl.) | B | 96 |
| Zorilla (Pl. de) | B | 99 |

## ZARAGOZA

Alfonso I . . . . . . . . . . . . . . . . . . YZ
Alfonso V . . . . . . . . . . . . . . . . . . Z 6
Candalija . . . . . . . . . . . . . . . . . . Z 10
Capitán Portolés . . . . . . . . . . . . Z 13
César Augusto (Av.) . . . . . . . . . . Z 15
Cinco de Marzo . . . . . . . . . . . . . Z 18
Conde de Aranda . . . . . . . . . . . . Z
Coso . . . . . . . . . . . . . . . . . . . . . Z
Don Jaime I . . . . . . . . . . . . . . . YZ
Independencia (Pas.) . . . . . . . . . Z
Magdalena . . . . . . . . . . . . . . . . . Z 42
Manifestación . . . . . . . . . . . . . . Y 43
Sancho y Gil . . . . . . . . . . . . . . . Z 58
San Pedro Nolasco (Pl. de) . . . . . Z 63
San Vicente de Paul . . . . . . . . . YZ
Teniente Coronel Valenzuela . . . . Z 67

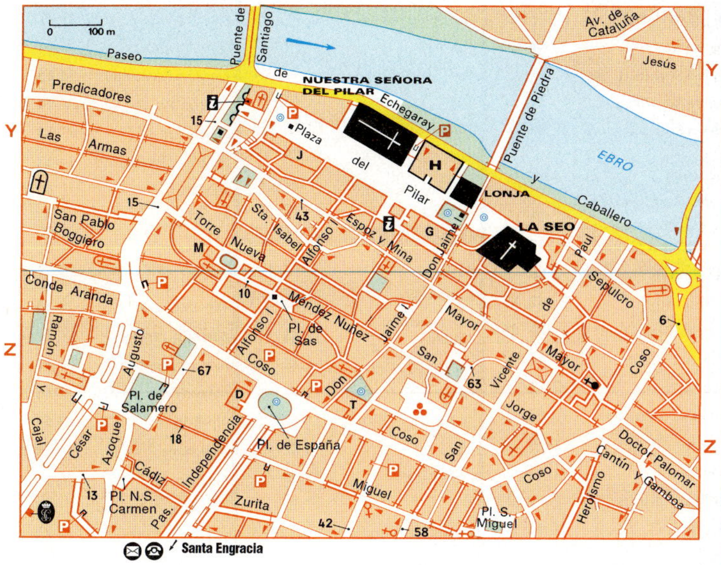


| | | | |
|---|---|---|---|
| Yécora | VI | 19 | E22 |
| Yedra (La) | J | 82 | R19 |
| Yegas (Laguna de Las) | | 94 | U19 |
| Yegen | GR | 102 | V20 |
| Yegua (Cabeza de la) | | 15 | E10 |
| Yegua (Puerto de la) | | 99 | W13 |
| Yeguas | AL | 103 | V23 |
| Yeguas (Embalse de) | CO | 81 | R17 |
| Yeguas (Las) (Málaga) | MA | 93 | U15 |
| Yeguas (Las) (Toledo) | TO | 58 | L17 |
| Yeguas (Río de las) | | 81 | R17 |
| Yegüerizos (Los) | J | 83 | R21 |
| Yela | GU | 47 | J21 |
| Yélamos de Abajo | GU | 47 | K21 |
| Yélamos de Arriba | GU | 47 | K21 |
| Yelbes | BA | 68 | P11 |
| Yeles | TO | 58 | L18 |
| Yeles (Estación de) | TO | 58 | L18 |
| Yelmo | J | 83 | R21 |
| Yelo | SO | 47 | I22 |
| Yeltes | | 43 | J10 |
| Yelves (Sierra de) | BA | 68 | P11 |
| Yémeda | CU | 60 | M24 |
| Yepes | TO | 58 | M19 |
| Yéqueda | HU | 21 | F28 |
| Yera | S | 8 | C18 |
| Yerga | | 19 | F24 |
| Yermo | S | 7 | C17 |
| Yernes | O | 5 | C11 |
| Yernes y Tameza | | 5 | C11 |
| Yerri | NA | 10 | D24 |
| Yerri | | 10 | D24 |
| Yesa | NA | 20 | E26 |
| Yesa (Embalse de) | Z | 20 | E26 |
| Yesa (La) | V | 61 | M27 |
| Yesares (Los) | AB | 72 | O24 |
| Yésero | HU | 21 | E29 |
| Yesos (Los) (Almería) | AL | 96 | U23 |
| Yesos (Los) (Granada) | GR | 102 | V20 |
| Yeste (Albacete) | AB | 84 | Q23 |
| Yeste (Huesca) | HU | 21 | E27 |
| Yetas de Abajo | AB | 84 | R23 |
| Yezosa | CR | 70 | P19 |
| Yudego | BU | 17 | E17 |
| Yugueros | LE | 16 | D14 |
| Yuncler | TO | 58 | L18 |
| Yunclillos | TO | 58 | L18 |
| Yuncos | TO | 58 | L18 |
| Yunquera | MA | 100 | V15 |
| Yunquera (La) | AB | 72 | P23 |
| Yunquera de Henares | GU | 46 | J20 |
| Yunta (La) | GU | 48 | J24 |
| Yuso | | 6 | C15 |
| Yuso (Monasterio de) | LO | 18 | F21 |
| Yuste (Monasterio de) | CC | 56 | L12 |

### Z

| | | | |
|---|---|---|---|
| Zabalza (cerca de Lumbier) | NA | 11 | D26 |
| Zabalza (cerca de Pamplona) | NA | 10 | D24 |
| Zacatín (Sierra del) | | 84 | R23 |
| Zael | BU | 31 | F18 |
| Zafara | ZA | 29 | H11 |
| Zafarraya | GR | 101 | V17 |
| Zafra | BA | 79 | Q10 |
| Zafra (La) | A | 73 | P27 |
| Zafra de Záncara | CU | 59 | M22 |
| Zafrilla | CU | 61 | L25 |
| Zafrón | SA | 43 | I11 |
| Zagra | GR | 94 | U17 |
| Zagrilla | CO | 93 | T17 |
| Zahara (Embalse de) | CA | 92 | V13 |
| Zahara (Ensenada de) | CA | 99 | X12 |
| Zahara de la Sierra | CA | 92 | V13 |
| Zahara de los Atunes | CA | 99 | X12 |
| Zahariche | SE | 92 | T13 |
| Zahinos | BA | 78 | R9 |
| Zahora | CA | 98 | X11 |
| Zahora (La) | GR | 94 | U18 |
| Zaida (La) | Z | 35 | I28 |
| Zaida (Laguna de) | | 48 | I25 |
| Zaidín | HU | 36 | H30 |
| Zaidín (Canal de) | | 36 | G30 |
| Zaitegi | VI | 19 | D21 |
| Zajarrón Bajo | BA | 67 | O9 |
| Zalamea de la Serena | BA | 68 | Q13 |
| Zalamea la Real | H | 79 | S10 |
| Zalamillas | LE | 16 | F13 |
| Zaldibar | BI | 10 | C22 |
| Zaldibia | SS | 10 | C23 |
| Zalduendo (Burgos) | BU | 18 | E19 |
| Zalduondo (Álava) | VI | 19 | D22 |
| Zalea | MA | 100 | V15 |
| Zalla | BI | 8 | C20 |
| Zamajón | SO | 33 | H22 |
| Zamarra | SA | 43 | K10 |
| Zamarramala | SG | 45 | J17 |
| Zamarrón | GR | 95 | T20 |
| Zamayón | SA | 43 | I12 |
| Zambra | CO | 93 | T16 |
| Zambrana | VI | 18 | E21 |
| Zamora | ZA | 29 | H12 |
| Zamora (Mirador de) (Gran Canaria) | GC | 115 | E2 |
| Zamora (Puerto del) | SE | 92 | U14 |
| Zamoranos | CO | 94 | T17 |
| Zamores (Embalse de) | CC | 54 | N8 |
| Zamudio | BI | 8 | C21 |
| Záncara (Río) | | 71 | O20 |
| Zancarrón de Soto (Cueva del) | H | 91 | T9 |
| Zandio | NA | 11 | D25 |
| Zangallón (El) | BA | 67 | O9 |
| Zángano (Puerto del) | BA | 67 | O9 |
| Zangoza / Sangüesa | NA | 20 | E26 |
| Zanzabornín | O | 5 | B12 |
| Zaorejas | GU | 47 | J23 |
| Zaos (Arroyo) | | 78 | R8 |
| Zapadiel (Río) | | 30 | H14 |
| Zapardiel | | 44 | I15 |
| Zapardiel de la Cañada | AV | 44 | K13 |
| Zapardiel de la Ribera | AV | 44 | K14 |
| Zapateras (Las) | BA | 67 | P11 |
| Zapateros | AB | 72 | Q22 |
| Zapatón | | 67 | O9 |
| Zapillo (El) (Almería) | AL | 103 | V22 |
| Zapillo (El) (Sevilla) | SE | 92 | T13 |
| Zárabes | SO | 33 | H23 |
| Zaragoza | Z | 35 | H27 |
| Zaragozana | | 49 | K28 |
| Zarapicos | SA | 43 | I12 |
| Zaratán | VA | 30 | H15 |
| Zaratomo | BI | 8 | C21 |
| Zarautz | SS | 10 | C23 |
| Zarcilla de Ramos | MU | 84 | S24 |
| Zarcita (La Gomera) | TF | 119 | C2 |
| Zariquieta (Sierra de) | | 11 | D26 |
| Zarra | V | 73 | O26 |
| Zarracatín | SE | 92 | U12 |
| Zarratón | LO | 18 | E21 |
| Zarza (La) (Albacete) | AB | 72 | P23 |
| Zarza (La) (Ávila) | AV | 43 | L13 |
| Zarza (La) (cerca de Alcantarilla) | MU | 85 | S25 |
| Zarza (La) (Valladolid) | VA | 30 | I15 |
| Zarza (Puerto de la) | H | 78 | S8 |
| Zarza (Sierra de la) | | 84 | S23 |
| Zarza Capilla | BA | 69 | P14 |
| Zarza de Alange | BA | 67 | P11 |
| Zarza de Granadilla | CC | 56 | L11 |
| Zarza de Montánchez | CC | 68 | O11 |
| Zarza de Pumareda (La) | SA | 28 | I10 |
| Zarza de Tajo | CU | 59 | L20 |
| Zarza la Mayor | CC | 55 | M9 |
| Zarzadilla de Totana | MU | 84 | S24 |
| Zarzal | TO | 57 | N16 |
| Zarzalejo | M | 45 | K17 |
| Zarzosa | LO | 19 | F22 |
| Zarzosa de Riopisuerga | BU | 17 | E17 |
| Zarzoso (Sierra del) | BA | 78 | Q9 |
| Zarzuela | CU | 60 | L23 |
| Zarzuela (La) (Cádiz) | CA | 99 | X12 |
| Zarzuela (La) (Madrid) | M | 45 | K18 |
| Zarzuela de Jadraque | GU | 46 | I20 |
| Zarzuela del Monte | SG | 45 | J16 |
| Zarzuela del Pinar | SG | 31 | I17 |
| Zás | C | 2 | C3 |
| Zayas de Báscones | SO | 32 | G20 |
| Zayas de Torre | SO | 32 | G20 |
| Zayuelas | SO | 32 | G20 |
| Zazuar | BU | 32 | G19 |
| Zeanuri | BI | 9 | C21 |
| Zeberio | BI | 9 | C21 |
| Zegama | SS | 19 | D23 |
| Zegrí (Puerto del) | GR | 94 | T19 |
| Zenia (La) | A | 85 | S27 |
| Zerain | SS | 10 | C23 |
| Zestoa | SS | 10 | C23 |
| Ziga | NA | 11 | C25 |
| Zigoitia | VI | 19 | D21 |
| Zilbeti | NA | 11 | D25 |
| Ziordia | NA | 19 | D23 |
| Ziorraga | VI | 8 | C21 |
| Zizur Mayor | NA | 11 | D24 |
| Zizur Menor | NA | 11 | D24 |
| Zizurkil | SS | 10 | C23 |
| Zocueca | J | 82 | R18 |
| Zollo-Elexalde | BI | 8 | C21 |
| Zoma (La) | TE | 49 | J28 |
| Zomas (Las) | CU | 60 | M23 |
| Zóñar (Laguna de) | | 93 | T15 |
| Zorelle | OR | 13 | F7 |
| Zorita (Cáceres) | CC | 68 | O12 |
| Zorita (Salamanca) | SA | 43 | I12 |
| Zorita (Embalse de) | GU | 46 | K21 |
| Zorita de la Frontera | SA | 44 | I14 |
| Zorita de la Loma | VA | 16 | F14 |
| Zorita de los Canes | | 59 | L21 |
| Zorita de los Molinos | AV | 44 | J15 |
| Zorraquín | LO | 18 | F20 |
| Zorrillas (Las) | BA | 79 | R11 |
| Zotes del Páramo | LE | 15 | F12 |
| Zuazo | VI | 19 | D22 |
| Zub Isabal | BI | 9 | C21 |
| Zubia (La) (Granada) | GR | 94 | U19 |
| Zubia (La) (Málaga) | MA | 101 | V17 |
| Zubiaur | BI | 9 | C21 |
| Zubielqui | NA | 19 | D23 |
| Zubieta | NA | 10 | C24 |
| Zubiri | NA | 11 | D25 |
| Zucaina | CS | 62 | L28 |
| Zudaire | NA | 19 | D23 |
| Zuera | Z | 35 | G27 |
| Zufre | H | 79 | S10 |
| Zugarramurdi | NA | 11 | C25 |
| Zuhatzu-Kuartango | VI | 18 | D21 |
| Zuheros | CO | 93 | T17 |
| Zuia | VI | 19 | D21 |
| Zujaira | GR | 94 | U18 |
| Zújar (Córdoba) | CO | 68 | Q14 |
| Zújar (Granada) | GR | 95 | T21 |
| Zújar (Canal del) | | 68 | P12 |
| Zújar (Embalse del) | BA | 68 | P13 |
| Zújar (Río) | | 69 | P14 |
| Zulema | AB | 73 | O25 |
| Zulueta | NA | 11 | D25 |
| Zumaia | SS | 10 | C23 |
| Zumarraga | SS | 10 | C23 |
| Zumelzu | VI | 19 | D21 |
| Zumeta | J | 83 | R22 |
| Zunega | MU | 84 | S24 |
| Zunzarren | NA | 11 | D25 |
| Zuñeda | BU | 18 | E20 |
| Zúñiga | NA | 19 | D23 |
| Zurbaran | BA | 68 | O12 |
| Zurbitu | BU | 19 | D21 |
| Zureda | O | 5 | C12 |
| Zurgena | AL | 96 | T23 |
| Zurita | HU | 36 | G31 |
| Zuriza | HU | 11 | D27 |
| Zurucuáin | NA | 10 | D24 |
| Zuzones | BU | 32 | H19 |

# Portugal

## A

À-da-Velha 16 13 F5
A de Barros 18 41 J7
A-do-Pinto 2 78 S7
A dos Cunhados 11 64 O2
A. dos Ferreiros 1 40 K4
A Ver-o-mar 13 26 H3
Abaças 17 27 I6
Abade de Neiva 3 26 H4
Abadia (Nossa Senhora d') 3 27 G5
Abambres 4 28 H8
Abela 15 77 S4
Abitureiras 14 53 O3
Abiúl 10 53 M4
Aboadela 13 27 I6
Aboboreira 14 53 N5
Aboim 3 27 H5
Aboim da Nóbrega 3 27 G4
Aboim das Choças 16 26 G4
Aborim 3 26 H4
Abrã 14 53 N3
Abragão 13 27 I5
Abrantes 14 53 N5
Abreiro 4 28 H8
Abrigada 11 64 O2
Abrilongo (Ribeira de) PRT 66 O8
Abrunheira 6 53 L3
Abrunhosa-a-Velha 18 41 K7
Abuxanas 14 52 O3
Achada 11 64 P1
Achada 20 107 J20
Achada do Gamo 2 78 T7
Achadas da Cruz 31 88 AY
Achadinha 20 107 J20
Achete 14 53 O3
Acoreira 4 42 I8
Adão 9 42 K8
Adaúfe 3 27 H4
Ade 9 42 K9
Adiça (Serra da) 2 78 S7
Adorigo 18 27 I7
Adoufe 17 27 H6
Adraga 11 64 P1
Adrão 16 27 G5
Afife 16 26 G3
Afonsim 17 27 H6
Agadão 1 41 K5
Agroal 14 53 M4
Agrochão 4 28 G8
Água de Madeiros 10 52 M2
Agua de Pau 20 107 J19
Agua de Pau (Serra da) 20 107 J19
Água de Peixes 2 77 R6
Água de Pena 31 88 BY
Água do Alto 20 107 J19
Água Longa 13 26 I4
Água Negra 2 78 S7
Água Retorta 20 107 J20
Água Travessa 14 65 O5
Aguada de Baixo 1 40 K4
Aguada de Cima 1 40 K4
Agualva 20 107 G14
Agualva-Cacém 11 64 P2
Águas Belas (Guarda) 9 42 K8
Águas Belas (Santarém) 14 53 M5
Águas Boas 18 41 J7
Águas de Moura 15 65 Q3
Águas dos Fusos 8 89 U6
Águas Frias (Faro) 8 89 U5
Águas Frias (Vila Real) 17 28 G7
Águas Réves-e-Castro 17 28 H7
Águas Santas 13 26 I4
Aguçadoura 13 26 H3
Aguda 10 53 M5
Águeda 1 40 K4
Águeda (Rio) (Aveiro) 1 40 K4
Águeda (Rio) (Guarda) 9 42 J9
Aguiã 16 26 G4
Aguiar 7 77 Q6
Aguiar da Beira 9 41 J7
Aguiar de Sousa 13 26 I4
Aguiar (Ribeira de) 9 42 J9
Aguieira (Barragem da) PRT 41 K5
Agulha (Ponta da) 20 107 I18
Airães 13 27 I5
Aire (Serra de) 14 53 N4
Ajuda (Ponta da) 20 107 J20
Alagoa 12 54 N7
Alamo PRT 78 Q7
Alandroal 7 66 P7
Alares 5 54 M8
Albarnaz (Ponta do) 20 107 E2
Albergaria 10 52 M3
Albergaria-a-Nova 1 40 J4
Albergaria-a-Velha 1 40 J4
Albergaria dos Doze 10 53 M4
Albergaria dos Fusos 2 77 R6
Albernoa 2 77 S6
Albufeira 8 89 U5
Albufeira (Lagoa de) 15 64 Q2
Alburitel 14 53 N4
Alcabideche 11 64 P1
Alcácer do Sal 15 77 Q4
Alcáçovas 7 77 Q5
Alcáçovas (Estação de) 7 77 Q5
Alcáçovas (Ribeira das) PRT 65 Q5
Alcafozes 5 54 M8
Alcaide 5 54 L7
Alcains 5 54 M7
Alcanede 14 52 N3
Alcanena 14 53 N3
Alcanhões 14 53 O4
Alcantarilha 8 89 U4
Alcaravela 14 53 N5
Alcaraviça 7 66 P7
Alcaria (Beja) 2 77 R6
Alcaria (Castelo Branco) 5 54 L7
Alcaria (Leiria) 10 53 N3
Alcaria (perto de Boliqueime) 8 89 U5
Alcaria (perto de Odeleite) 8 90 T7
Alcaria Alta 8 89 T6
Alcaria de Javazes 2 90 T7
Alcaria do Cume 8 89 U6
Alcaria Longa 2 77 T6
Alcaria Ruiva 2 77 S6
Alcarias 8 90 U7
Alcarrache (R.) PRT 78 R7
Alcobaça 10 52 N3
Alcobertas 14 52 N3
Alcochete 15 64 P3
Alcoentre 11 64 O3
Alcofra 18 41 K5
Alcongosta 5 54 L7
Alcorochel 14 53 N4
Alcoutim 8 90 T7
Alcôvo das Várzeas 41 L6
Aldeia da Mata 12 66 O6
Aldeia da Ponte 9 42 K9
Aldeia da Ribeira (Guarda) 9 42 K9
Aldeia da Ribeira (Santarém) 14 52 N3
Aldeia da Serra (Évora) 7 66 P7
Aldeia da Serra (Leiria) 10 53 M4
Aldeia da Serra (perto de São Gregório) 7 65 P6
Aldeia da Tor 8 89 U5
Aldeia das Amoreiras 2 77 T4
Aldeia das Dez 6 41 L6
Aldeia de Ana de Avis 10 53 M5
Aldeia de Eiras 14 53 N5
Aldeia de Irmãos 15 64 Q2
Aldeia de Joanes 5 54 L7
Aldeia de João Pires 5 54 L8
Aldeia de Nacomba 18 41 J7
Aldeia de Santa Margarida 5 54 L8
Aldeia de São Francisco de Assis 5 54 L6
Aldeia do Bispo (Castelo Branco) 5 54 L8
Aldeia do Bispo (Guarda) 9 42 L9
Aldeia do Carvalho 5 41 L7
Aldeia do Corvo 2 77 T6
Aldeia do Mato 14 53 N5
Aldeia do Neves 2 77 T6
Aldeia do Ronquenho 2 77 S5
Aldeia dos Delbas 2 77 S5
Aldeia dos Fernandes 2 77 T5
Aldeia dos Francos 10 52 O2
Aldeia dos Grandaços 2 77 T5
Aldeia dos Neves 2 77 T5
Aldeia dos Palheiros 2 77 T5
Aldeia dos Pescadores 10 52 N2
Aldeia dos Ruins 2 77 R5
Aldeia Gavinha 11 64 O2
Aldeia Nova (Beja) 2 77 S5
Aldeia Nova (Bragança) 4 29 H11
Aldeia Nova (Faro) 8 90 U7
Aldeia Nova (perto de Almeida) 9 42 J9
Aldeia Nova (perto de Trancoso) 9 41 J7
Aldeia Velha (Guarda) 9 42 K9
Aldeia Velha (Portalegre) 12 65 O5
Aldeia Viçosa 9 42 K8
Aldeias (Beja) 2 78 R6
Aldeias (Guarda) 9 41 K7
Aldeias (Viseu) 18 41 I6
Aldeias de Montoito 7 66 Q7
Alegrete 12 66 O8
Alenquer 11 64 O2
Alenquer (Ribeira de) 11 64 O2
Alentisca 12 66 P8
Alfafar 6 53 L4
Alfaião 4 28 G9
Alfaiates 9 42 K9
Alfambra 8 88 U3
Alfândega da Fé 4 28 H9
Alfarela de Jales 17 27 H7
Alfarelos 6 53 L4
Alfarim 15 64 Q2
Alfeizerão 10 52 N2
Alferce 8 89 U4
Alferrarede 14 53 N5
Alfrivida 5 54 M7
Alfundão 2 77 R5
Alfusqueiro PRT 40 K4
Algaça 6 40 L5
Algar do Carvão 20 107 G14
Algar Seco 8 89 U4
Algarvia 20 107 J20
Alge (Ribeira de) 10 53 M5
Algeriz 17 28 H7
Algeruz 15 64 Q3
Algibre (Ribeira de) 8 89 U5
Algodor 2 77 S6
Algodres 9 42 J8
Algoso 4 28 H10
Algoz 8 89 U5
Alguber 11 52 O2
Algueirão-Mem Martins 11 64 P1
Alhadas 6 40 L3
Alhais 18 41 J6
Alhandra 11 64 P2
Alhões 18 41 J5
Alhos Vedros 15 64 Q2
Alijó 17 27 I7
Aljezur 8 88 U3
Aljubarrota 10 52 N3
Aljustrel 2 77 S5
Almaça 18 41 K5
Almaceda 5 54 L7
Almada 15 64 P2
Almada de Ouro 8 90 U7
Almadafe (Ribeira do) PRT 66 P6
Almádena 8 88 U3
Almagreira (Azores) 20 107 M20
Almagreira (Leiria) 10 53 M4
Almalaguês 6 53 L4
Almancil 8 89 U5
Almargem do Bispo 11 64 P2
Almargens 8 89 U6
Almeida 9 42 J9
Almeirim 65 O4
Almeirim (Beja) 2 77 S5
Almeirim (Évora) 7 65 Q6
Almeirim (Santarém) 14 65 O4
Almendra 9 42 I8
Almodôvar 2 89 T5
Almofala (Guarda) 9 42 J9
Almofala (Leiria) 10 52 N2
Almofala (Viseu) 18 41 J6
Almograve 2 76 T3
Almonda 14 53 N4
Almoster (Leiria) 10 53 M4
Almoster (Santarém) 14 64 O3
Almourol (Castelo de) 14 53 N4
Almuro (Ribeira do) 12 66 P7
Alpalhão 12 54 N7
Alpedrinha 5 54 L7
Alpedriz 10 52 N3
Alpendres de Lagares 2 78 S7
Alpiarça 14 65 O4
Alportel 8 89 U6
Alportel (Ribeira de) 8 89 U6
Alpreade (Ribeira de) 5 54 M7
Alqueidão 6 53 L3
Alqueidão da Serra 10 53 N3
Alqueidão do Arrimal 10 52 N3
Alqueva 7 78 R7
Alqueva (Barragem de) PRT 78 R7
Alte 8 89 U5
Alter do Chão 12 66 O7
Alter Pedroso 12 66 O7
Alto Cávado (Barragem de) 17 27 G6

## AVEIRO

Antónia Rodrigues (R.) . . . Y 3
Apresentação (Largo da) . . . Y 4
Belém do Pará . . . Y 6
Capitão Sousa Pizarro (R.) . . . Z 9
Clube dos Galitos (R.) . . . Y 10
Coimbra (R.) . . . Y 12
Comb. da Grande Guerra (R.) . . . Z 13
Dr Lourenço Peixinho (Av.) . . . Y
Eça de Queiroz (R.) . . . Z 15
Eng. Pereira da Silva (R.) . . . Y 17
Gustavo F. P.-Basto (R.) . . . Z 18
Humberto Delgado (Pr.) . . . Y 21
Jorge de Lencastre (R.) . . . Y 22
José Estevão (R.) . . . Y 24
José Rabumba (R.) . . . Y 27
Luis de Magalhães (R. do C.) . . . Y 28
Marquês de Pombal (Pr.) . . . Z 31
República (Pr. da) . . . Y 34
Santa Joana (R.) . . . Z 37
Santo António (Largo de) . . . Z 39
Viana do Castelo (R.) . . . Y 42
5 de Outubro (Av.) . . . Y 44
14 de Julho (Pr.) . . . Y

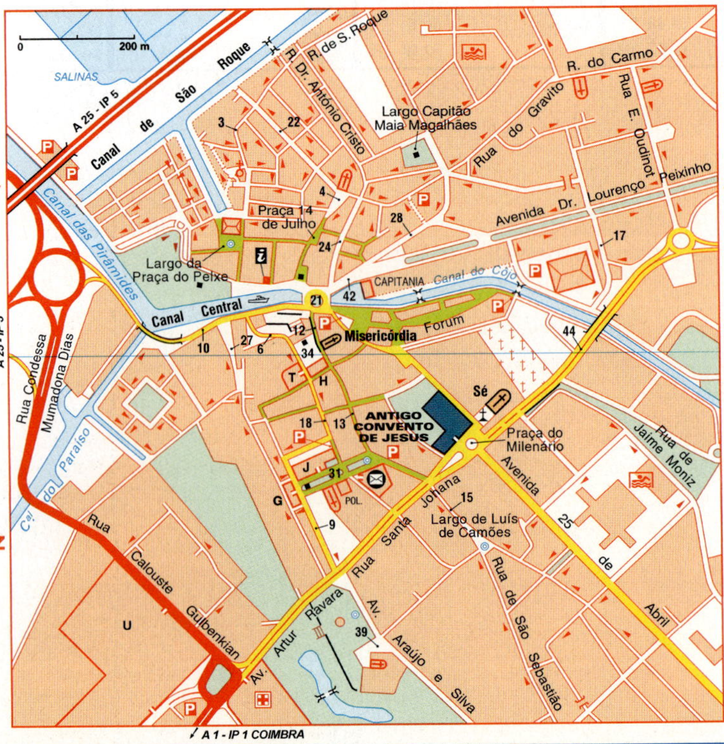

| | | | |
|---|---|---|---|
| Alto Ceira (Barragem do) | 6 | 54 | L6 |
| Alto Fica | 8 | 89 | U5 |
| Alto Rabagão (Barragem do) | 17 | 27 | G6 |
| Altura | 8 | 90 | U7 |
| Alturas do Barroso | 17 | 27 | G6 |
| Alva | 18 | 41 | J6 |
| Alva (Rio) | PRT | 41 | L5 |
| Alvacar (Ribeira de) | 2 | 77 | T6 |
| Alvações do Corgo | 17 | 27 | I6 |
| Alvadia | 17 | 27 | H6 |
| Alvados | 10 | 53 | N3 |
| Alvaiade | 5 | 54 | M6 |
| Alvaiázere | 10 | 53 | M4 |
| Alvalade | 15 | 77 | S4 |
| Alvão (Serra de) | 17 | 27 | H6 |
| Alvarães | 16 | 26 | H3 |
| Alvarelhos | 17 | 28 | G7 |
| Alvarenga | 1 | 41 | J5 |
| Alvares (Beja) | 2 | 77 | T6 |
| Alvares (Coimbra) | 6 | 53 | L5 |
| Álvaro | 5 | 53 | M6 |
| Alvarrão | 2 | 78 | R7 |
| Alvarrões | 12 | 54 | N7 |
| Alvega | 14 | 53 | N5 |
| Alvelos (Serra de) | 5 | 54 | M6 |
| Alvendre | 9 | 42 | K8 |
| Alverca da Beira | 9 | 42 | J8 |
| Alverca do Ribatejo | 11 | 64 | P2 |
| Alves | 2 | 78 | T7 |
| Alviela | 14 | 53 | N4 |
| Alviobeira | 14 | 53 | M4 |
| Alvite | 18 | 41 | J6 |
| Alvito | 2 | 77 | R6 |
| Alvito (Barragem do) | 2 | 77 | R6 |
| Alvito da Beira | 5 | 54 | M6 |
| Alvoco da Serra | 9 | 41 | L6 |
| Alvoco das Várzeas | 6 | 41 | L6 |
| Alvor | 8 | 88 | U4 |
| Alvorge | 10 | 53 | M4 |
| Alvorninha | 10 | 52 | N2 |
| Amadora | 11 | 64 | P2 |
| Amarante | 13 | 27 | I5 |
| Amarela (Serra) | PRT | 27 | G5 |
| Amareleja | 2 | 78 | R8 |
| Amares | 3 | 27 | H4 |
| Ameada | 7 | 78 | R8 |
| Amedo | 4 | 28 | I8 |
| Ameixial | 8 | 89 | T6 |
| Amêndoa | 14 | 53 | N5 |
| Amendoeira (Beja) | 2 | 77 | S6 |
| Amendoeira (Faro) | 8 | 89 | U6 |
| Amiães de Baixo | 14 | 53 | N3 |
| Amiães de Cima | 14 | 53 | N3 |
| Amieira (Castelo Branco) | 5 | 54 | M6 |
| Amieira (Évora) | 7 | 78 | R7 |
| Amieira Cova | 12 | 53 | N6 |
| Amieira do Tejo | 12 | 54 | N6 |
| Amieiro (Coimbra) | 6 | 40 | L4 |
| Amieiro (Vila Real) | 17 | 28 | I7 |
| Amonde | 16 | 26 | G3 |
| Amor | 10 | 52 | M3 |
| Amora | 15 | 64 | Q2 |
| Amoreira (Faro) | 8 | 89 | T6 |
| Amoreira (Guarda) | 9 | 42 | K8 |
| Amoreira (Leiria) | 10 | 52 | N2 |
| Amoreira (Santarém) | 14 | 53 | N5 |
| Amoreira (Aqueduto da) | 12 | 66 | P8 |
| Amoreira da Gândara | 1 | 40 | K4 |
| Amoreiras | 2 | 77 | S4 |
| Amoreirinha | 12 | 66 | P8 |
| Amorim | 13 | 26 | H3 |
| Amorosa | 16 | 26 | H3 |
| Anadia | 1 | 40 | K4 |
| Ançã | 6 | 40 | L4 |
| Ancas | 1 | 40 | K4 |
| Âncora | 16 | 26 | G3 |
| Andam | 10 | 52 | N3 |
| Andorinha | 6 | 40 | L4 |
| Andrães | 17 | 27 | I6 |
| Andreus | 14 | 53 | N5 |
| Anelhe | 17 | 27 | G7 |
| Angeja | 1 | 40 | J4 |
| Angra do Heroísmo | 20 | 107 | H14 |
| Angueira | 4 | 29 | H10 |
| Angueira (Rio) | PRT | 29 | H10 |
| Anhões | 16 | 12 | G4 |
| Anissó | 3 | 27 | H5 |
| Anjos | 20 | 107 | L20 |
| Anobra | 6 | 53 | L4 |
| Anreade | 18 | 41 | I6 |
| Ansiães | 4 | 28 | I8 |
| Ansião | 10 | 53 | M4 |
| Antanhol | 6 | 53 | L4 |
| Antas (perto de Fornos de Algodres) | 18 | 41 | K7 |
| Antas (perto de Penedono) | 18 | 42 | J7 |
| Apostiça | 15 | 64 | Q2 |
| Apúlia | 3 | 26 | H3 |
| Arada | 1 | 40 | J4 |
| Arada (Serra da) | PRT | 41 | J5 |
| Aradas | 1 | 40 | K4 |
| Arade (Barragem de) | 8 | 89 | U4 |
| Arades (Ribeira de) | 5 | 55 | M9 |
| Aranhas | 5 | 54 | L8 |
| Aravil (Ribiera do) | 5 | 54 | M8 |
| Arazede | 6 | 40 | L4 |
| Arca | 18 | 41 | K5 |
| Arcas (Bragança) | 4 | 28 | H8 |
| Arcas (Viseu) | 18 | 41 | J6 |
| Arco da Calheta | 31 | 88 | AY |
| Arco de Baulhe | 3 | 27 | H6 |
| Arco de São Jorge | 31 | 88 | BY |
| Arcos (Évora) | 7 | 66 | P7 |
| Arcos (Vila Real) | 17 | 27 | G6 |
| Arcos (Viseu) | 18 | 41 | I7 |
| Arcos de Valdevez | 16 | 27 | G4 |
| Arcossó | 17 | 27 | H7 |
| Arcozelo | 9 | 41 | K7 |
| Arcozelo das Maias | 18 | 41 | J5 |
| Arcozelos | 18 | 41 | J7 |
| Arda | 1 | 41 | J5 |
| Ardãos | 17 | 27 | G7 |
| Ardila | PRT | 78 | R7 |
| Arega | 10 | 53 | M5 |
| Areia | 12 | 53 | N6 |
| Areia de Baixo | 14 | 53 | N5 |
| Areias | 14 | 53 | M4 |
| Areias de Vilar | 3 | 26 | H4 |
| Arelho | 10 | 52 | N2 |
| Areosa | 16 | 26 | G3 |
| Arez | 12 | 54 | N6 |
| Arga (Serra de) | 16 | 26 | G3 |
| Arganil (Coimbra) | 6 | 41 | L5 |
| Arganil (Santarém) | 14 | 53 | M6 |
| Argemil | 17 | 28 | H7 |
| Argomil | 9 | 42 | K8 |
| Argozelo | 4 | 28 | H10 |
| Aricera | 18 | 41 | I7 |
| Arieiro | 31 | 64 | Q2 |
| Arieiro (Pico) | 15 | 88 | BY |
| Ariz | 18 | 41 | J7 |
| Armação de Pêra | 8 | 89 | U4 |
| Armada | 17 | 27 | G6 |
| Armadouro | 6 | 54 | L6 |
| Armamar | 18 | 41 | I6 |
| Armil | 3 | 27 | H5 |
| Armona | 8 | 89 | U6 |
| Armona (Ilha de) | 8 | 89 | U6 |
| Arnas | 18 | 41 | J7 |
| Arneiro (Portalegre) | 12 | 54 | N6 |
| Arneiro (Santarém) | 14 | 53 | M4 |
| Arneiro das Milhariças | 14 | 53 | N3 |
| Arnel (Ponta do) | 20 | 107 | J20 |
| Arnoso | 3 | 26 | H4 |
| Arões (Aveiro) | 1 | 41 | J5 |
| Arões (Braga) | 3 | 27 | H5 |
| Arosa | 3 | 27 | H5 |
| Arouca | 1 | 41 | J5 |
| Arrabal | 10 | 53 | M3 |
| Arrábida (Parque Natural da) | 15 | 65 | Q3 |
| Arrábida (Serra da) | 15 | 64 | Q2 |
| Arraiolos | 7 | 65 | P6 |
| Arranhó | 11 | 64 | P2 |
| Arreciadas | 14 | 53 | N5 |
| Arrentela | 15 | 64 | Q2 |
| Arripiado | | 53 | N4 |
| Arrifana (Aveiro) | 1 | 40 | J4 |
| Arrifana (Coimbra) | 6 | 41 | L5 |
| Arrifana (Faro) | 8 | 88 | U3 |
| Arrifana (Faro) | 8 | 88 | U3 |
| Arrifana (Guarda) | 9 | 42 | K8 |
| Arrifes | 20 | 107 | J18 |
| Arripiado | 14 | 53 | N4 |
| Arronches | 12 | 66 | O8 |
| Arrouquelas | 14 | 64 | O3 |
| Arruda dos Pisões | 14 | 52 | O3 |
| Arruda dos Vinhos | 11 | 64 | P2 |
| Arunca | PRT | 53 | M4 |
| Árvore | 13 | 26 | H3 |
| Arzila | 6 | 53 | L4 |
| Assafarge | 6 | 53 | L4 |
| Assafora | 11 | 64 | P1 |
| Asseca | 14 | 52 | O3 |
| Asseca (Ribeira de) | PRT | 66 | P7 |
| Asseiceira (perto de Rio Maior) | 14 | 52 | O3 |
| Asseiceira (perto de Tomar) | 14 | 53 | N4 |
| Assentiz (perto de Rio Maior) | 14 | 64 | O3 |
| Assentiz (Santarém) | 14 | 53 | N4 |
| Assumar | 12 | 66 | O7 |
| Assureira | 17 | 27 | G6 |
| Atalaia (Castelo Branco) | 5 | 54 | M7 |
| Atalaia (Évora) | 7 | 77 | Q6 |
| Atalaia (Guarda) | 9 | 42 | K8 |
| Atalaia (Lisboa) | 11 | 64 | O2 |
| Atalaia (Portalegre) | 12 | 54 | N6 |
| Atalaia (Santarém) | 14 | 53 | N4 |
| Atalaia (Setúbal) | 15 | 64 | P3 |
| Atalaia do Campo | 5 | 54 | L7 |
| Atalaia (Monte) | 8 | 88 | U3 |
| Atalaia (Monte) (Setúbal) | 15 | 76 | R4 |
| Atalaia (Ponta da) | 8 | 88 | U3 |
| Atalaia (Ponta da) (perto de Aljezur) | | 88 | U3 |
| Atei | 17 | 27 | H6 |
| Atenor | 4 | 29 | H10 |
| Atouguia da Baleia | 10 | 52 | N2 |
| Avanca | 1 | 40 | J4 |
| Avantos | 4 | 28 | H8 |
| Ave | PRT | 27 | H5 |
| Aveiras de Baixo | 11 | 64 | O3 |
| Aveiras de Cima | 11 | 64 | O3 |
| Aveiro | 1 | 40 | K4 |
| Aveiro (Ria de) | 1 | 40 | J3 |
| Avelanoso | 4 | 29 | H10 |
| Avelar | 10 | 53 | M4 |
| Avelãs da Ribeira | 9 | 42 | J8 |
| Avelãs de Caminho | 1 | 40 | K4 |
| Avelãs de Cima | 1 | 40 | K4 |
| Aveleda | 4 | 28 | G9 |
| Aveledas | 17 | 28 | G7 |
| Aveloso | 9 | 42 | J8 |
| Avenal | 10 | 52 | N2 |
| Aves | 13 | 26 | H4 |
| Avessadas | 13 | 27 | I5 |
| Avidagos | 4 | 28 | H8 |
| Avidos | 3 | 26 | H4 |
| Avintes | 13 | 26 | I4 |
| Avis | 12 | 65 | O6 |
| Avô | 6 | 41 | L6 |
| Azambuja | 11 | 64 | O3 |
| Azambuja (Ribeira da) | 7 | 65 | Q6 |
| Azambuja (Vala da) | PRT | 65 | O3 |
| Azambujeira | 14 | 65 | O3 |
| Azaruja | 7 | 66 | P6 |
| Azeitada | 14 | 65 | O3 |
| Azenha | 6 | 53 | L3 |
| Azenhas do Mar | 11 | 64 | P1 |
| Azere | 6 | 41 | K5 |
| Azervadinha | 14 | 65 | P4 |
| Azevedo | 16 | 26 | G3 |
| Azevel | 7 | 66 | Q7 |
| Azevo | 9 | 42 | J8 |
| Azias | 16 | 27 | G4 |
| Azibo | 4 | 28 | H9 |
| Azibo (Barragem de) | 4 | 28 | H9 |
| Azinhaga | 14 | 53 | N4 |
| Azinhal (Beja) | 2 | 77 | S6 |
| Azinhal (Faro) | 8 | 90 | U7 |
| Azinheira | 14 | 52 | O3 |
| Azinheira dos Barros | 15 | 77 | R4 |
| Azinheiro | 8 | 89 | U6 |
| Azinhoso | 4 | 28 | H9 |
| Azoia (Leiria) | 10 | 53 | M3 |
| Azóia (Setúbal) | 15 | 64 | Q2 |
| Azóia de Baixo | 14 | 53 | O3 |
| Azóia de Cima | 14 | 53 | N3 |
| Azul (Lagoa) | 20 | 107 | J18 |
| Azurara | 13 | 26 | H3 |
| **B** | | | |
| Babe | 4 | 28 | G10 |
| Baçal | 4 | 28 | G9 |
| Bacalhoa (Quinta da) | 15 | 65 | Q3 |
| Badamalos | 9 | 42 | K9 |
| Bagueixe | 4 | 28 | H9 |
| Baião | 13 | 27 | I5 |
| Bairrada | 5 | 53 | M6 |
| Bairro | 14 | 53 | N4 |
| Baixa da Banheira | 15 | 64 | Q2 |
| Baixo ou da Cal (Ilhéu de) | 31 | 89 | CX |
| Balancho | 7 | 66 | Q7 |
| Balazar | 13 | 26 | H4 |
| Baldos | 18 | 41 | J7 |
| Baleal | 10 | 52 | N1 |
| Baleizão | 2 | 77 | R6 |
| Balsa | 17 | 27 | H7 |
| Balsemão | 4 | 28 | H9 |
| Balugães | 3 | 26 | H4 |
| Balurco | 8 | 90 | T7 |
| Balurcos | | 90 | T7 |
| Bandeiras | 20 | 107 | H10 |
| Bando dos Santos | 14 | 53 | N6 |
| Baraçal | 9 | 42 | J8 |
| Barão de São João | 8 | 88 | U3 |
| Barão de São Miguel | 8 | 88 | U3 |
| Barbacena | 12 | 66 | P8 |
| Barbaído | 5 | 54 | M7 |
| Barca de Alva | 9 | 42 | I9 |
| Barca (Ponta da) | 20 | 107 | F11 |
| Barcarena | 11 | 64 | P2 |
| Barcel | 4 | 28 | H8 |
| Barcelinhos | 3 | 26 | H4 |
| Barcelos | 3 | 26 | H4 |
| Barco | 5 | 54 | L7 |
| Barcos | 18 | 41 | I7 |
| Barcouço | 1 | 40 | L4 |
| Bardeiras | 7 | 65 | P6 |
| Barosa | 10 | 52 | M3 |
| Barqueiro | 10 | 53 | M4 |
| Barqueiros | 3 | 26 | H3 |
| Barra de Mira | 6 | 40 | K3 |
| Barracão | 10 | 53 | M3 |
| Barrada (Évora) | 7 | 66 | Q7 |
| Barrada (Faro) | 8 | 89 | T6 |
| Barrada (Santarém) | 14 | 53 | N5 |
| Barrancão | 15 | 65 | Q4 |
| Barranco | 2 | 89 | T6 |
| Barranco Velho | 8 | 89 | U6 |
| Barrancos | 2 | 78 | R9 |
| Barreira (Guarda) | 9 | 42 | J8 |
| Barreira (Leiria) | 10 | 53 | M3 |
| Barreiras | 12 | 65 | O5 |
| Barreiro (Leiria) | 10 | 53 | M4 |
| Barreiro (Setúbal) | 15 | 64 | Q2 |
| Barreiros (Leiria) | 10 | 52 | M3 |
| Barreiros (Viseu) | 18 | 41 | J6 |
| Barreta (Ilha da) | 8 | 90 | V6 |
| Barril | 11 | 64 | O1 |
| Bárrio | 16 | 26 | G4 |
| Barrô | 18 | 27 | I6 |
| Barro Branco | 7 | 66 | P7 |
| Barroca | 5 | 54 | L6 |
| Barrocal | 7 | 66 | Q7 |
| Barrocal do Douro | 4 | 29 | H11 |
| Barrocaria | 14 | 53 | M4 |
| Barroças e Taias | 16 | 12 | F4 |
| Barrosa | 14 | 65 | P3 |
| Barrosa | 20 | 107 | J19 |
| Barroselas | 16 | 26 | H3 |
| Barrosinha | 15 | 77 | Q4 |
| Barroso (Serra do) | 17 | 27 | H6 |
| Barrossas | 13 | 27 | I5 |
| Barulho | 12 | 66 | O8 |
| Batalha | 10 | 53 | N3 |
| Batocas | 9 | 42 | K9 |
| Bebedouro | 6 | 40 | L3 |
| Beberriqueira | 14 | 53 | N4 |
| Beça | 17 | 27 | G6 |
| Beça (Rio) | 17 | 27 | H6 |
| Beijós | 18 | 41 | K6 |
| Beirã | 12 | 54 | N7 |
| Beira (São Jorge) | 20 | 107 | G11 |
| Beja | 2 | 77 | R6 |
| Belas | 11 | 64 | P2 |
| Belazaima | 1 | 40 | K4 |
| Belém | 11 | 64 | P2 |
| Beliche | 8 | 90 | U7 |
| Beliche (Barragem de) | 8 | 90 | U7 |
| Belide | 6 | 53 | L4 |
| Belinho | 3 | 26 | H3 |
| Belmeque | 2 | 78 | R7 |
| Belmonte | 5 | 42 | K7 |
| Belo | 2 | 77 | T6 |
| Belver | 12 | 53 | N6 |
| Belver (Barragem de) | 12 | 53 | N6 |
| Bemposta (Bragança) | 4 | 29 | I10 |
| Bemposta (Castelo Branco) | 5 | 54 | L8 |
| Bemposta (Santarém) | 14 | 53 | N5 |
| Bemposta (Barragem de) | 4 | 29 | I10 |
| Benafim | 8 | 89 | U5 |
| Benavente | 14 | 64 | P3 |
| Benavila | 12 | 66 | O6 |
| Bencatel | 7 | 66 | P7 |
| Bendada | 9 | 42 | K8 |
| Benedita | 10 | 52 | N3 |
| Benespera | 9 | 42 | K8 |
| Benfeita | 6 | 41 | L6 |
| Benfica do Ribatejo | 14 | 65 | O3 |
| Benquerença | 5 | 54 | L8 |
| Benquerenças | 5 | 54 | M7 |
| Bens | 2 | 78 | T7 |
| Bensafrim | 8 | 88 | U3 |
| Beringel | 2 | 77 | R6 |
| Berlenga | 10 | 52 | N1 |
| Beselga | 14 | 53 | N4 |
| Besteiros (Bragança) | 4 | 28 | I8 |
| Besteiros (Faro) | 8 | 89 | U6 |
| Bicada | 2 | 77 | T6 |
| Bicas | 14 | 53 | N5 |
| Bico (Aveiro) | 1 | 40 | J4 |
| Bico (Viana do Castelo) | 16 | 26 | G4 |
| Bicos | 2 | 77 | S4 |
| Bigas | 18 | 41 | J6 |
| Bigorne | 18 | 41 | I6 |
| Bigorne (Serra de) | 18 | 41 | J6 |
| Bilhó | 17 | 27 | H6 |
| Biscoitos | 20 | 107 | G14 |
| Bismula | 9 | 42 | K9 |
| Bitarães | 13 | 27 | I5 |
| Bizarril | 9 | 42 | J8 |
| Boa Aldeia | 18 | 41 | K5 |
| Boa Ventura | 31 | 88 | BY |
| Boa Viagem | 6 | 40 | L3 |
| Boa Vista | 10 | 53 | M3 |
| Boa Vista (Miradouro da) | 18 | 27 | I6 |
| Boalhosa | 16 | 26 | G4 |
| Boavista do Paiol | 15 | 76 | S3 |
| Boavista dos Pinheiros | 2 | 76 | T4 |
| Bobadela (Coimbra) | 6 | 41 | K6 |
| Bobadela (perto de Águas Frias) | 17 | 28 | G8 |
| Bobadela (Vila Real) | 17 | 27 | G7 |
| Boca do Inferno | 11 | 64 | P1 |
| Boco | | 40 | K4 |
| Bodiosa | 18 | 41 | J6 |
| Boelhe | 13 | 27 | I5 |
| Bogalhal | 9 | 42 | J8 |
| Bogas de Baixo | 5 | 54 | L6 |
| Bogas de Cima | 5 | 54 | L6 |
| Boialvo | 1 | 40 | K4 |
| Boiças | 14 | 52 | O3 |
| Boivão | 16 | 12 | F4 |
| Boleiros | 14 | 53 | N4 |
| Boliqueime | 8 | 89 | U5 |

| | | | |
|---|---|---|---|
| Bom Jesus do Monte | 3 | 27 | H4 |
| Bombarral | 10 | 52 | O2 |
| Bombel | PRT | 65 | P4 |
| Bombel (Estação de) | 7 | 65 | P4 |
| Borba | 7 | 66 | P7 |
| Borba da Montanha | 3 | 27 | H5 |
| Borbela | 17 | 27 | I6 |
| Bordeira | 8 | 88 | U3 |
| Bornes | 4 | 28 | H8 |
| Borralha (Aveiro) | 1 | 40 | K4 |
| Borralha (Vila Real) | 17 | 27 | H6 |
| Borralhal | 18 | 41 | K5 |
| Botão | 6 | 40 | L4 |
| Boticas | 17 | 27 | G7 |
| Bouça | 4 | 28 | H8 |
| Bouçã (Barragem da) | PRT | 53 | M5 |
| Bouças | 15 | 76 | R4 |
| Bouceguedim | 1 | 41 | J5 |
| Bouceiros | 10 | 53 | N3 |
| Bouçoães | 17 | 28 | G8 |
| Bouro | 3 | 27 | H5 |
| Boxinos | 5 | 54 | L6 |
| Bracial | 15 | 76 | S3 |
| Braga | 3 | 26 | H4 |
| Bragadas | 17 | 27 | H6 |
| Bragado | 17 | 27 | H7 |
| Bragança | 4 | 28 | G9 |
| Branca | 14 | 65 | P4 |
| Brasfemes | 6 | 40 | L4 |
| Bravães | 16 | 26 | G4 |
| Bravo | 5 | 53 | M5 |

| | | | |
|---|---|---|---|
| Bravura (Barragem da) | 8 | 88 | U3 |
| Brejão | 2 | 76 | T3 |
| Brejeira (Serra da) | 2 | 88 | T4 |
| Brejo | 15 | 77 | R4 |
| Brenha | 6 | 40 | L3 |
| Brenhas | 2 | 78 | R7 |
| Bretanha | 20 | 107 | J18 |
| Bretanha (Ponta da) | 20 | 107 | J18 |
| Brinches | 2 | 78 | R7 |
| Brinço | 4 | 28 | H8 |
| Briteiros | 3 | 27 | H5 |
| Britelo | 16 | 27 | G5 |
| Britiande | 18 | 41 | I6 |
| Brito | 3 | 27 | H4 |
| Brogueira | 14 | 53 | N4 |
| Brotas | 7 | 65 | P5 |
| Brucó | 4 | 28 | I9 |
| Brufe | 3 | 27 | G5 |
| Brunheda | 4 | 28 | I7 |
| Brunheira | 15 | 77 | R4 |
| Brunheiras | 2 | 76 | S3 |
| Brunhós | 6 | 53 | L3 |
| Brunhosinho | 4 | 29 | H10 |
| Brunhoso | 4 | 28 | H9 |
| Buarcos | 6 | 40 | L3 |
| Buarcos (Monte) | 6 | 40 | L3 |
| Buçaco | 1 | 40 | K4 |
| Bucelas | 11 | 64 | P2 |
| Bucos | 3 | 27 | H5 |
| Budens | 8 | 88 | U3 |
| Bugio | 15 | 64 | Q2 |
| Bugios | 5 | 54 | M6 |
| Bunheira | 8 | 88 | T3 |
| Bunheiro | 1 | 40 | J4 |

| | | | |
|---|---|---|---|
| Burga | 4 | 28 | H8 |
| Burgau | 8 | 88 | U3 |
| Burgo | 1 | 41 | J5 |
| Burinhosa | 10 | 52 | M3 |
| Bustelo (Vila Real) | 17 | 28 | G7 |
| Bustelo (Viseu) | 18 | 41 | I5 |
| Bustos | 1 | 40 | K4 |
| **C** | | | |
| Cabaços (Leiria) | 10 | 53 | M4 |
| Cabaços (Viana do Castelo) | 16 | 26 | G4 |
| Cabaços (Viseu) | 18 | 41 | I7 |
| Cabana Maior | 16 | 27 | G4 |
| Cabanas (Faro) | 8 | 90 | U7 |
| Cabanas (Viseu) | 18 | 41 | K6 |
| Cabanas de Torres | 11 | 64 | O2 |
| Cabanões | 18 | 41 | K6 |
| Cabeça | 9 | 41 | L6 |
| Cabeça Alta | 9 | 41 | K7 |
| Cabeça Boa | 4 | 28 | I8 |
| Cabeça da Velha | 9 | 41 | K6 |
| Cabeça das Pombas | 10 | 53 | N3 |
| Cabeça de Carneiro | 7 | 66 | Q7 |
| Cabeça do Velho | 9 | 41 | K7 |
| Cabeça Gorda | 2 | 77 | S6 |
| Cabeção | 7 | 65 | P5 |
| Cabeças | 10 | 53 | M5 |
| Cabeceiras de Basto | 3 | 27 | H6 |
| Cabeço | 6 | 40 | K3 |
| Cabeço Alto (Castelo Branco) | 5 | 55 | M8 |
| Cabeço Alto (Vila Real) | 17 | 27 | G6 |
| Cabeço da Neve | 18 | 41 | K5 |
| Cabeço de Vide | 12 | 66 | O7 |
| Cabeçudo | 5 | 53 | M5 |

| | | | |
|---|---|---|---|
| Cabouco | 20 | 107 | J19 |
| Cabração | 16 | 26 | G4 |
| Cabras (Ribeira das) | PRT | 42 | K8 |
| Cabreira | 6 | 53 | L5 |
| Cabreira (Serra da) | 3 | 27 | H5 |
| Cabreiro | 16 | 27 | G4 |
| Cabreiro (Monte) | 17 | 27 | H7 |
| Cabrela | 7 | 65 | Q4 |
| Cabril (Coimbra) | 6 | 54 | L6 |
| Cabril (Vila Real) | 17 | 27 | G5 |
| Cabril (Viseu) | 18 | 41 | J5 |
| Cabril (Barragem do) | PRT | 53 | M5 |
| Caçarelhos | 4 | 29 | H10 |
| Caçarilhe | 3 | 27 | H5 |
| Cacela Velha | 8 | 90 | U7 |
| Cachão | 4 | 28 | H8 |
| Cachopo | 8 | 89 | U6 |
| Cachorro | 20 | 107 | H10 |
| Cacia | 1 | 40 | J4 |
| Cacilhas | 15 | 64 | P2 |
| Cadafais | 11 | 64 | O2 |
| Cadafaz (Coimbra) | 6 | 53 | L5 |
| Cadafaz (Portalegre) | 12 | 53 | N6 |
| Cadaval | 11 | 64 | O2 |
| Cadima | 6 | 40 | L4 |
| Cadraço | 18 | 41 | K5 |
| Caeirinha | 15 | 65 | Q5 |
| Caeiro | 2 | 88 | T4 |
| Cafede | 5 | 54 | M7 |
| Caia (Barragem do) | 12 | 66 | P8 |
| Caia e São Pedro | 12 | 66 | P8 |
| Caiada | 2 | 77 | T6 |
| Caíde de Rei | 13 | 27 | I5 |
| Caima | 1 | 40 | J4 |

| | | | |
|---|---|---|---|
| Caixeiro | 12 | 66 | P7 |
| Caldas da Cavaca | 9 | 41 | J7 |
| Caldas da Felgueira | 18 | 41 | K6 |
| Caldas da Rainha | 10 | 52 | N2 |
| Caldas das Taipas | 3 | 27 | H4 |
| Caldas de Aregos | 18 | 41 | I5 |
| Caldas de Manteigas | 9 | 41 | K7 |
| Caldas de Monchique | 8 | 88 | U4 |
| Caldas de Vizela | 3 | 27 | H5 |
| Calde | 18 | 41 | J6 |
| Caldeira (Faial) | 20 | 107 | H9 |
| Caldeira (São Miguel) | 20 | 107 | J20 |
| Caldeira (Terceira) | 20 | 107 | G14 |
| Caldeirão | 20 | 107 | D2 |
| Caldeirão (Serra do) | PRT | 89 | T5 |
| Caldeiras | 20 | 107 | J19 |
| Caldelas | 3 | 27 | G4 |
| Calhariz | 15 | 64 | Q2 |
| Calheiros | 16 | 26 | G4 |
| Calheta | 31 | 88 | AY |
| Calheta de Nesquim | 20 | 107 | H11 |
| Calheta de Nesquim | | 107 | H11 |
| Calhetas | 20 | 107 | J19 |
| Caloura | 20 | 107 | J19 |
| Calvão (Aveiro) | 1 | 40 | K3 |
| Calvão (Vila Real) | 17 | 27 | G7 |
| Calvaria de Cima | 10 | 52 | N3 |
| Calvelhe | 4 | 28 | H9 |
| Calvos | 3 | 27 | H5 |
| Camacha | 31 | 88 | BY |
| Camacha | | 89 | CX |
| Camachos | 2 | 76 | T4 |
| Câmara de Lobos | 31 | 88 | BZ |
| Cambas | 5 | 54 | L6 |
| Cambra | 18 | 41 | J5 |
| Cambres | 18 | 27 | I6 |
| Caminha | 16 | 26 | G3 |
| Campanário | 31 | 88 | AY |
| Campelo | 10 | 53 | L5 |
| Campelos | 11 | 64 | O2 |
| Campilhas (Barragem de) | 15 | 76 | S4 |
| Campilhas (Ribeira de) | PRT | 77 | S4 |
| Campinho | 7 | 78 | Q7 |
| Campo (perto de Roriz) | 13 | 27 | H4 |
| Campo (perto de Valongo) | 13 | 26 | I4 |
| Campo (Viseu) | 18 | 41 | J6 |
| Campo de Besteiros | 18 | 41 | K5 |
| Campo de Cima | 32 | 89 | CX |
| Campo de Víboras | 4 | 29 | H10 |
| Campo do Gerês | 3 | 27 | G5 |
| Campo Maior | 12 | 66 | O8 |
| Campo Redondo | 2 | 76 | S4 |
| Campos (Viana do Castelo) | 16 | 26 | G3 |
| Campos (Vila Real) | 17 | 27 | H6 |
| Camposa | 13 | 26 | I4 |
| Canadelo | 13 | 27 | I6 |
| Canal-Caveira (Estação) | 15 | 77 | R4 |
| Canas de Santa Maria | 18 | 41 | K5 |
| Canas de Senhorim | 18 | 41 | K6 |
| Canaveses | 17 | 28 | H7 |
| Canaviais | 7 | 65 | Q6 |
| Candal (Coimbra) | 6 | 53 | L5 |
| Candal (Leiria) | 10 | 53 | M4 |
| Candedo | 17 | 28 | H7 |
| Candeeiros (Serra dos) | 10 | 53 | N3 |
| Candelária | 20 | 107 | H10 |
| Candelária | 20 | 107 | J18 |
| Candemil (Porto) | 13 | 27 | I6 |

| | | | |
|---|---|---|---|
| Candemil (Viana do Castelo) | 16 | 26 | G3 |
| Candosa | 6 | 41 | K6 |
| Caneças | 11 | 64 | P2 |
| Canedo | 1 | 40 | I4 |
| Canedo de Basto | 3 | 27 | H6 |
| Caneiro | 14 | 53 | N4 |
| Canelas | 1 | 41 | J5 |
| Canha | 15 | 65 | P4 |
| Canha (Ribeira de) | PRT | 65 | P4 |
| Canhas | 31 | 88 | AY |
| Canhestros | 2 | 77 | R5 |
| Caniçada | 3 | 27 | H5 |
| Caniçada (Barragem de) | 3 | 27 | H5 |
| Caniçal | 31 | 88 | BY |
| Caniceira | 6 | 40 | K3 |
| Caniço | 31 | 88 | BZ |
| Canidelo | 13 | 26 | I4 |
| Cano | 12 | 66 | P6 |
| Cantanhede | 6 | 40 | K4 |
| Cantanhede (Dunas de) | 6 | 40 | K3 |
| Canto | 10 | 53 | M3 |
| Caparica | 15 | 64 | Q2 |
| Caparrosa | 18 | 41 | K5 |
| Capela (Portalegre) | 12 | 66 | O7 |
| Capela (Porto) | 13 | 27 | I4 |
| Capela (Santarém) | 14 | 53 | N6 |
| Capelas | 20 | 107 | J18 |
| Capelinhos | 20 | 107 | H9 |
| Capelins | 7 | 66 | Q7 |
| Capelo | 20 | 107 | H9 |
| Capeludos | 17 | 27 | H7 |
| Capinha | 5 | 54 | L7 |
| Caramulinho | 18 | 41 | K5 |
| Caramulo | 18 | 41 | K5 |
| Caramulo (Serra do) | 18 | 41 | K5 |
| Caranguejeira | 10 | 53 | M3 |
| Carapacho | 20 | 107 | F12 |
| Carapeços | 3 | 26 | H4 |
| Carapetosa | 5 | 54 | M7 |
| Carapinha (Serra da) | 8 | 89 | T4 |
| Carapinheira | 6 | 40 | L4 |
| Carapito | 9 | 41 | J7 |
| Caratão | 6 | 53 | L5 |
| Caravelas | 4 | 28 | H8 |
| Carcalhinho | 6 | 53 | L4 |
| Carção | 4 | 28 | H10 |
| Carcavelos | 11 | 64 | P1 |
| Cardanha | 4 | 28 | I8 |
| Cardigos | 14 | 53 | M5 |
| Cardosa | 5 | 54 | M6 |
| Caria (Castelo Branco) | 5 | 42 | L7 |
| Caria (Viseu) | 18 | 41 | J7 |
| Caria (Ribeira de) | 5 | 42 | L7 |
| Caridade | 7 | 66 | Q7 |
| Carlão | 17 | 28 | I7 |
| Carmões | 11 | 64 | O2 |
| Carnaxide | 11 | 64 | P2 |
| Carneiro | 13 | 27 | I6 |
| Carnicães | 9 | 42 | J8 |
| Carnide | 10 | 53 | M3 |
| Carnide (Rio de) | PRT | 53 | M3 |
| Carnota | 11 | 64 | O2 |
| Carquejo | 1 | 40 | L4 |
| Cárquere | 18 | 41 | I6 |
| Carragosa | 4 | 28 | G9 |
| Carralcova | 16 | 27 | G4 |
| Carrapatas | 4 | 28 | H9 |
| Carrapateira | 8 | 88 | U3 |
| Carrapatelo | 7 | 66 | Q7 |

## BRAGA

Abade Loureira (R.) . . . . . . . . . . Y 3
Biscainhos (R. dos) . . . . . . . . . . Y 4
Caetano Brandão (R.) . . . . . . . . Z 6
Capelistas (R. dos) . . . . . . . . . . Y 7
Carmo (R. do) . . . . . . . . . . . . . . Y 9
Central (Av.) . . . . . . . . . . . . . . . . Y 10
Chãos (R. dos) . . . . . . . . . . . . . . Y 12
Conde de Agrolongo (Pr.) . . . . . . Y 13
Dom Afonso Henriques (R.) . . . . Z 15
Dom Diogo de Sousa (R.) . . . . YZ 16
Dom Gonç. Pereira (R.) . . . . . . . Z 18
Dom Paio Mendes (R.) . . . . . . . . Z 19
Dr Gonçalo Sampaio (R.) . . . . . . Z 21
Franc. Sanches (R.) . . . . . . . . . . Z 22
General Norton de Matos (Av.) . . Y 24
Nespereira (Av.) . . . . . . . . . . . . . Y 25
São João do Souto (Pr.) . . . . . . . Z 27
São Marcos (R.) . . . . . . . . . . . . YZ 28
São Martinho (R. de) . . . . . . . . . Y 30
São Tiago (Largo de) . . . . . . . . . Z 31
Souto (R. do) . . . . . . . . . . . . . . YZ 33

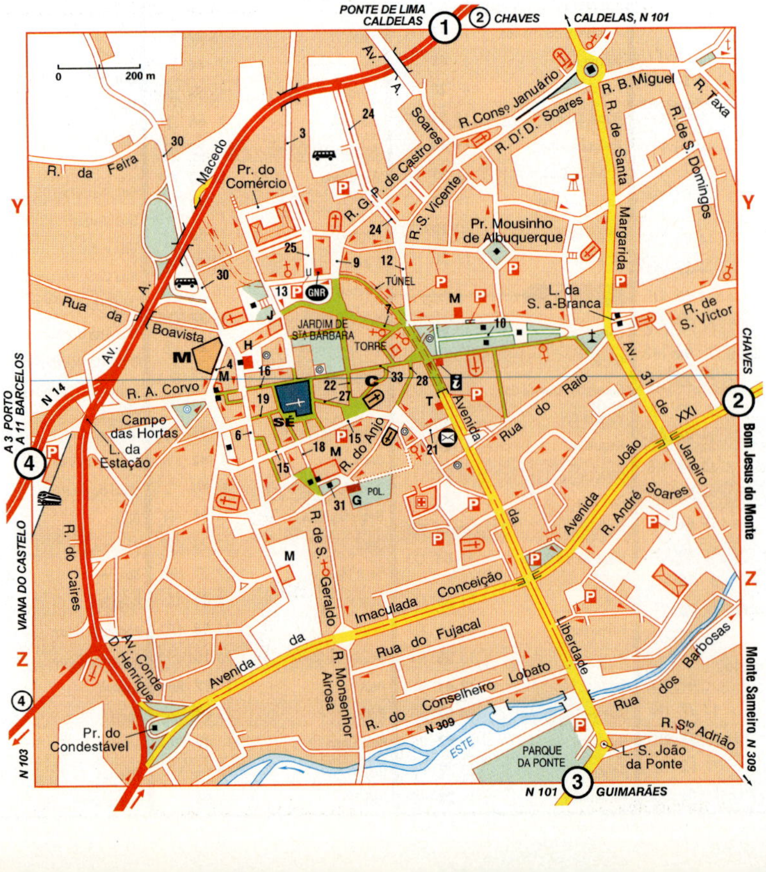

| | | | |
|---|---|---|---|
| Carrapatelo (Barragem de) | 13 | **41** | I5 |
| Carrapichana | 9 | **41** | K7 |
| Carrascais | 15 | **77** | R5 |
| Carrascal | 14 | **54** | N6 |
| Carrazeda de Ansiães | 4 | **28** | I8 |
| Carrazede | 14 | **53** | N4 |
| Carrazedo | 4 | **28** | G9 |
| Carrazedo de Montenegro | 17 | **28** | H7 |
| Carreço | 16 | **26** | G3 |
| Carregado | 11 | **64** | O3 |
| Carregal | 18 | **41** | J7 |
| Carregal do Sal | 18 | **41** | K6 |
| Carregosa | 1 | **40** | J4 |
| Carregueira | 14 | **53** | N4 |
| Carregueiros | 14 | **53** | N4 |
| Carreiras | 12 | **54** | N7 |
| Carreiras (Ribeira de) | 2 | **89** | T6 |
| Carriço | 10 | **53** | M3 |
| Carril | 18 | **41** | I5 |
| Carroqueiro | 5 | **54** | L8 |
| Carros | 2 | **77** | T6 |
| Cartaxo | 14 | **64** | O3 |
| Carva | 17 | **27** | H7 |
| Carvalha | 18 | **41** | J6 |
| Carvalhais (Bragança) | 4 | **28** | H8 |
| Carvalhais (Coimbra) | 6 | **53** | L3 |
| Carvalhais (Vila Real) | 17 | **27** | G6 |
| Carvalhais (Viseu) | 18 | **41** | J5 |
| Carvalhais (Rio de) | 4 | **28** | H8 |
| Carvalhal (Beja) | 2 | **76** | T3 |
| Carvalhal (Coimbra) | 6 | **53** | L5 |
| Carvalhal (Leiria) | 10 | **52** | O2 |
| Carvalhal (perto de Belmonte) | 5 | **42** | L8 |
| Carvalhal (perto de Castro Daire) | 18 | **41** | J6 |
| Carvalhal (perto de Guarda) | 9 | **42** | K8 |
| Carvalhal (perto de Mêda) | 9 | **42** | J8 |
| Carvalhal (perto de Sertã) | 5 | **53** | M5 |
| Carvalhal (perto de Viseu) | 18 | **41** | J6 |
| Carvalhal (Santarém) | 14 | **53** | N5 |
| Carvalhal (Setúbal) | 15 | **76** | R3 |
| Carvalhal Benfeito | 10 | **52** | N2 |
| Carvalhal de Vermilhas | 18 | **41** | K5 |
| Carvalhal do Estanho | 18 | **41** | J5 |
| Carvalhal Redondo | 18 | **41** | K6 |
| Carvalhelhos | 17 | **27** | G6 |
| Carvalho (Braga) | 3 | **27** | H5 |
| Carvalho (Coimbra) | 6 | **40** | L5 |
| Carvalho de Egas | 4 | **28** | I8 |
| Carvalhos | 13 | **40** | I4 |
| Carvalhosa | 13 | **27** | I4 |
| Carvalhoso | 4 | **28** | I9 |
| Carvão | 20 | **107** | J18 |
| Carvas | 17 | **27** | H7 |
| Carvela | 17 | **28** | G7 |
| Carviçais | 4 | **28** | I9 |
| Carvide | 10 | **52** | M3 |
| Carvoeira (perto de Mafra) | 11 | **64** | P1 |
| Carvoeira (perto de Torres Vedras) | 11 | **64** | O2 |
| Carvoeiro (Faro) | 8 | **89** | U4 |
| Carvoeiro (Santarém) | 14 | **54** | N6 |
| Carvoeiro (Cabo) (Faro) | 8 | **89** | U4 |
| Carvoeiro (Cabo) (Leiria) | 10 | **52** | N1 |
| Casa Branca | | **77** | R4 |
| Casa Branca (Évora) | 7 | **65** | Q5 |
| Casa Branca (Portalegre) | 12 | **66** | P6 |
| Casa Branca (Setúbal) | 15 | **76** | R3 |
| Casa Nova | 15 | **76** | S4 |
| Casais (Faro) | 8 | **88** | U4 |
| Casais (Santarém) | 14 | **53** | N4 |
| Casais do Chafariz | 10 | **52** | O2 |
| Casal Comba | 1 | **40** | K4 |
| Casal de Cinza | 9 | **42** | K8 |
| Casal de Ermio | 6 | **53** | L5 |
| Casal dos Bernardos | 14 | **53** | M4 |
| Casal Novo (Coimbra) | 6 | **53** | L5 |
| Casal Novo (Leiria) | 10 | **53** | M3 |
| Casal Velho | 10 | **52** | N2 |
| Casalinho (Santarém) | 14 | **65** | O4 |
| Casas | 8 | **89** | U5 |
| Casas de Fonte Cova | 10 | **53** | M3 |
| Casas Louras | 14 | **53** | N5 |
| Casas Novas | 12 | **66** | P8 |
| Cascais | 11 | **64** | P1 |
| Cascalho | 14 | **65** | P3 |
| Casebres | 15 | **65** | Q4 |
| Casegas | 5 | **54** | L6 |
| Casével (Beja) | 2 | **77** | S5 |
| Casével (Santarém) | 14 | **53** | N4 |
| Castainço | 18 | **41** | J7 |
| Castanheira (Bragança) | 4 | **28** | H10 |
| Castanheira (Guarda) | 9 | **42** | K8 |
| Castanheira (perto de Trancoso) | 9 | **42** | J7 |
| Castanheira (Vila Real) | 17 | **27** | G6 |
| Castanheira de Pêra | 10 | **53** | L5 |
| Castanheira do Ribatejo | 11 | **64** | P3 |
| Castanheira do Vouga | 1 | **40** | K4 |
| Castanheiro | 6 | **40** | L3 |
| Castanheiro do Sul | 18 | **41** | I7 |
| Castedo (Bragança) | 4 | **28** | I8 |
| Castedo (Vila Real) | 17 | **27** | I7 |
| Casteição | 9 | **42** | J8 |
| Castelãos | 4 | **28** | H9 |
| Casteleiro | 9 | **42** | L8 |
| Castelejo | 5 | **54** | L7 |
| Castelhanas | 10 | **53** | M3 |
| Castelhanos | 8 | **89** | T6 |
| Castelo (Castelo Branco) | 5 | **53** | M5 |
| Castelo (Santarém) | 14 | **53** | N5 |
| Castelo (Viseu) | 18 | **41** | I7 |
| Castelo Bom | 9 | **42** | K9 |
| Castelo Branco | 20 | **107** | H9 |
| Castelo Branco (Bragança) | 4 | **28** | I9 |
| Castelo Branco (Castelo Branco) | 5 | **54** | M7 |
| Castelo de Bode (Barragem do) | 14 | **53** | N5 |
| Castelo de Maia | 13 | **26** | I4 |
| Castelo de Paiva | 1 | **41** | I5 |
| Castelo de Vide | 12 | **54** | N7 |
| Castelo do Neiva | 16 | **26** | H3 |
| Castelo Melhor | 9 | **42** | I8 |
| Castelo Mendo | 9 | **42** | K9 |
| Castelo Novo | 5 | **54** | L7 |
| Castelo (Pico do) | 32 | **89** | DX |
| Castelo (Ponta do) | 8 | **89** | U5 |
| Castelo (Ponta do) | 20 | **107** | M20 |
| Castelo Rodrigo | 9 | **42** | J9 |
| Castelões | 1 | **40** | J4 |
| Castrelos | 4 | **28** | G9 |
| Castro Daire | 18 | **41** | J6 |
| Castro de Avelãs | 4 | **28** | G9 |
| Castro Laboreiro | 16 | **13** | F5 |
| Castro Marim | 8 | **90** | U7 |
| Castro Verde | 2 | **77** | S5 |
| Castro Verde-Almodôvar (Estação) | 2 | **77** | S5 |
| Castro Vicente | 4 | **28** | H9 |
| Catalão | 7 | **65** | Q4 |
| Cativelos | 9 | **41** | K6 |
| Catrão | 5 | **54** | L7 |
| Cava | 5 | **53** | M5 |
| Cavadoude | 9 | **42** | K8 |
| Cavaleiro | 2 | **76** | T3 |
| Cavalinhos | 10 | **52** | M3 |
| Caveira (Ponta da) | 20 | **107** | E2 |
| Cavernães | 18 | **41** | J6 |
| Cavês | 3 | **27** | H6 |
| Caxarias | 14 | **53** | M4 |
| Caxias | 11 | **64** | P2 |
| Cebolais de Baixo | 5 | **54** | M7 |
| Cebolais de Cima | 5 | **54** | M7 |
| Cedães | 4 | **28** | H8 |
| Cedillo (Barragem de) | PRT | **54** | N7 |
| Cedovim | 9 | **42** | I8 |
| Cedrim | 1 | **40** | J4 |
| Cedros | 20 | **107** | H9 |
| Cegonhas Novas | 5 | **54** | M8 |
| Ceira | 6 | **53** | L4 |
| Ceira (Rio) | PRT | **53** | L4 |
| Ceivães | 16 | **13** | F4 |
| Cela | 10 | **52** | N2 |
| Cela Velha | 10 | **52** | N2 |
| Celas | 4 | **28** | G9 |
| Celavisa | 6 | **53** | L5 |
| Celeiro | 3 | **27** | H5 |
| Celeirós (Braga) | 3 | **26** | H4 |
| Celeirós (Vila Real) | 17 | **27** | I7 |
| Celorico da Beira | 9 | **42** | K7 |
| Celorico de Basto | 3 | **27** | H6 |
| Centum Cellas | 5 | **42** | K8 |
| Cepães | 3 | **27** | H5 |
| Cepelos | 1 | **40** | J4 |
| Cepões | 18 | **41** | J6 |
| Cepos | 6 | **53** | L6 |
| Cerca (Ribeira da) | 8 | **88** | U3 |
| Cercal (Leiria) | 10 | **53** | M5 |
| Cercal (Lisboa) | 11 | **64** | O2 |
| Cercal (Setúbal) | 15 | **76** | S3 |
| Cercal (Serra do) | 2 | **76** | S3 |
| Cercio | 4 | **29** | H11 |
| Cerdal | 16 | **12** | G4 |
| Cerdeira (Coimbra) | 6 | **41** | L6 |
| Cerdeira (Guarda) | 9 | **42** | K8 |
| Cerdeirinhas | 3 | **27** | H5 |
| Cerejais | 4 | **28** | I9 |
| Cernache | 6 | **53** | L4 |
| Cernache de Bonjardim | 5 | **53** | M5 |
| Cerro (perto de Alte) | 8 | **89** | U5 |
| Cerro (perto de Loulé) | 8 | **89** | U5 |
| Cerro da Vila | 8 | **89** | U5 |
| Cerros | 7 | **78** | Q7 |
| Cerva | 17 | **27** | H6 |
| Cervães | 3 | **26** | H4 |
| Cervos | 17 | **27** | G6 |
| Cete | 13 | **27** | I4 |
| Cetóbriga (Ruinas Romanas de) | 15 | **64** | Q3 |
| Cevadais | 12 | **66** | O8 |
| Chã | 17 | **27** | I7 |
| Chacim (Braga) | 3 | **27** | H6 |
| Chacim (Bragança) | 4 | **28** | H9 |
| Chamusca | 14 | **53** | N4 |
| Chança | 12 | **66** | O6 |
| Chança (Estação de) | 12 | **66** | O6 |
| Chança (Rio) | PRT | **78** | S7 |
| Chancelaria | 14 | **53** | N4 |
| Chão da Parada | 10 | **52** | N2 |
| Chão da Vã | 5 | **54** | M7 |
| Chão da Velha | 12 | **54** | N6 |
| Chão das Servas | 5 | **54** | M6 |
| Chão de Codes | 14 | **53** | N5 |
| Chão de Couce | 10 | **53** | M4 |
| Chão de Lopes | 14 | **53** | N5 |
| Chãos | 14 | **53** | M4 |
| Charneca | 2 | **78** | S7 |
| Chãs | 9 | **42** | J8 |
| Chãs de Tavares | 18 | **41** | K7 |
| Chãs (Monte) | 18 | **41** | J5 |
| Chavães | 18 | **41** | I7 |
| Chaves | 17 | **28** | G7 |
| Cheleiros | 11 | **64** | P2 |
| Choça Queimada | 8 | **90** | U7 |
| Chorente | 3 | **26** | H4 |
| Chosendo | 18 | **41** | J7 |
| Chouto | 14 | **65** | O4 |
| Ciborro | 7 | **65** | P5 |
| Cicouro | 4 | **29** | H11 |
| Cid Almeida | 2 | **78** | R7 |
| Cidade | 10 | **52** | N2 |
| Cidadelhe (Guarda) | 9 | **42** | J8 |
| Cidadelhe (Viana do Castelo) | 16 | **27** | G5 |
| Ciladas | 7 | **66** | P8 |
| Cima (Ilhéu de) | 31 | **89** | DX |
| Cimadas Fundeiras | 5 | **53** | M6 |
| Cimbres | 18 | **41** | I6 |
| Cinco Vilas | 9 | **42** | J9 |
| Cinfães | 18 | **41** | I5 |
| Cintados | 8 | **90** | U7 |
| Cintrão (Ponta do) | 20 | **107** | J19 |
| Cisterna | 4 | **28** | G8 |
| Clarines | 8 | **90** | T7 |
| Clérigo (Ponta do) | 20 | **88** | BY |
| Côa (R.) | PRT | **42** | L8 |
| Cobres (Ribeira de) | 2 | **77** | T5 |
| Codaval | 17 | **27** | H7 |
| Codeçais | 4 | **28** | I8 |
| Codeçoso | 3 | **27** | H5 |
| Codessoso | 17 | **27** | H6 |
| Coelheira | 18 | **41** | J5 |
| Coelhoso | 4 | **28** | H10 |
| Coentral | 10 | **53** | L5 |
| Cogula | 9 | **42** | J8 |
| Coimbra | 6 | **40** | L4 |
| Coimbrão | 10 | **52** | M3 |
| Coina | 15 | **64** | Q2 |
| Coito | 8 | **90** | T7 |
| Coja | 6 | **41** | L6 |
| Coja (Ribeira de) | PRT | **41** | J7 |
| Colar de Perdizes | 15 | **65** | P3 |
| Colares | 11 | **64** | P1 |
| Colcorinho (Monte) | PRT | **41** | L6 |
| Colmeal (Castelo Branco) | 5 | **42** | K8 |
| Colmeal (Coimbra) | 6 | **53** | L5 |
| Colmeias (Leiria) | 10 | **53** | M3 |
| Colorada | 2 | **78** | R9 |
| Colos | 2 | **77** | S4 |
| Comeira | 10 | **52** | M3 |
| Comenda | 12 | **54** | N6 |
| Comporta | 15 | **64** | Q3 |
| Concavada | 14 | **53** | N5 |
| Conceição (Beja) | 2 | **77** | S5 |
| Conceição (perto de Faro) | 8 | **89** | U6 |
| Conceição (perto de Tavira) | 8 | **90** | U7 |
| Condeixa-a-Nova | 6 | **53** | L4 |
| Condeixa-a-Velha | 6 | **53** | L4 |
| Congro (Lagoa do) | 20 | **107** | J19 |
| Conímbriga | 6 | **53** | L4 |
| Conlelas | 4 | **28** | G9 |
| Cónqueiros | 5 | **54** | M6 |
| Consolação | 10 | **52** | O1 |
| Constância | 14 | **53** | N4 |
| Constantim (Bragança) | 4 | **29** | H11 |
| Constantim (Vila Real) | 17 | **27** | I6 |
| Contenda | 12 | **66** | O8 |
| Contendas (Ponta das) | 20 | **107** | H14 |
| Contensas de Baixo | 18 | **41** | K6 |
| Corchas (Portela das) | 8 | **88** | T4 |
| Cordinhã | 6 | **40** | K4 |
| Corgas | 5 | **54** | M6 |
| Corgas (Barragem de) | 5 | **54** | M6 |
| Corgo | | **27** | H6 |
| Coriscada | 9 | **42** | J8 |
| Coroa | 4 | **28** | G8 |
| Coroa (Serra da) | 4 | **28** | G8 |
| Corona (Ribeira de) | 15 | **77** | S4 |
| Coronado | 13 | **26** | I4 |
| Correias | 14 | **53** | N3 |

## COIMBRA

Ameias (Largo) . . . . . . . . . . . . . . . Z 2
Antero de Quental (R.) . . . . . . . . V 3
Borges Carneiro (R.) . . . . . . . . . . Z 10
Colégio Novo (R. do) . . . . . . . . . . Y 12
Comércio (P. do) . . . . . . . . . . . . . Z
Coutinhos (R. ) . . . . . . . . . . . . . . . Y 15
Dr João Jacinto (R.) . . . . . . . . . . . Y 18
Fernandes Tomás (R.) . . . . . . . . . Z 25
Fernão de Magalhães (Av.) . . . . . Y
Ferreira Borges (R.) . . . . . . . . . . . Z 27
Guilherme Moreira (R.) . . . . . . . . Z 31
José Falcão (R.) . . . . . . . . . . . . . . Z 35
Manutenção Militar (R.) . . . . . . . Y 37
Portagem (Largo da) . . . . . . . . . . Z 42
Quebra-Costas (Escadas do) . . . Z 44
Saragoça (R. de) . . . . . . . . . . . . . Y 50
Sobre Ribas (R. de) . . . . . . . . . . . Z 52
Sofia (R. de) . . . . . . . . . . . . . . . . . Y
Visconde da Luz (R.) . . . . . . . . . . . . . . . . . . . . . . Y 54
8 de Maio (Pr.) . . . . . . . . . . . . . . . Y 56

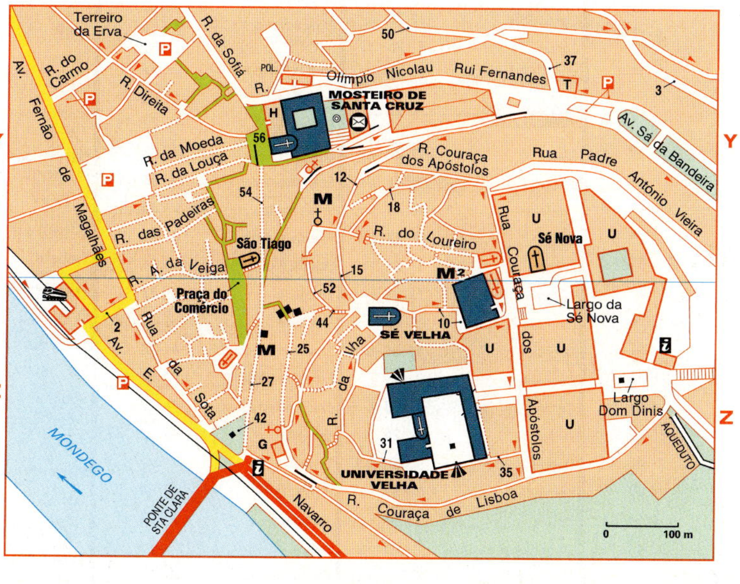

Mosteiro de Santa Cruz . . . . . . . . . . . . . . . . . . . . . . Y

Museu Nacional Machado de Castro . . . . . . . . . . . Z M²

Correlha 16 26 G4
Corroios 64 Q2
Corte 18 41 K5
Corte Brique 2 77 T4
Corte da Velha 2 77 S6
Corte de São Tomé 8 90 T7
Corte do Gago 8 90 U7
Corte Figueira 2 89 T5
Corte Gafo de Baixo 2 77 S6
Corte Gafo de Cima 2 77 S6
Corte João Marques 8 89 T6
Corte Pequena 2 77 S6
Corte Pequena 2 78 S7
Corte Pinto 2 78 S7
Corte Serranos 8 89 T6
Corte Sines 2 78 S7
Corte Tabelião 8 90 T7
Corte Vicente Eanes 2 77 S5
Corte Zorrinha 2 77 T5
Cortegaça (Aveiro) 1 40 J4
Cortegaça (Viseu) 18 41 K5
Cortelha 8 89 U6
Cortelha 8 90 U7
Cortes (Beja) 2 78 R8
Cortes (Castelo Branco) 5 41 L7
Cortes (Leiria) 10 53 M3
Cortes de Baixo 2 77 R6
Cortes Pereiras 8 90 T7
Cortiçada 9 41 J7
Cortiçadas do Lavre 7 65 P4
Cortiço da Serra 9 41 K7
Cortiços 4 28 H8
Coruche 14 65 P4
Corujeira 6 40 K3
Corujeira 18 41 J6
Corujos 8 90 U7
Corva 15 64 Q2
Corval 7 66 Q7
Corveira 18 41 K5
Corvo (Ilha do) 20 107 D2
Costa de Caparica 15 64 Q2
Costa de Lavos 6 52 L3
Costa de Santo André 15 76 R3
Costa Nova (Aveiro) 1 40 K3
Costa Nova (Ria da) 1 40 K3
Costa Verde PRT 26 H2
Cota 18 41 J6
Cotelo 18 41 I6
Cótimos 9 42 J8
Couço 14 65 P5
Coudelaria de Alter 12 66 O6
Coura 16 26 G4
Coura (Rio) PRT 26 G3
Courelas 78 R7
Courelas do Vale 7 65 Q4
Cousso 16 13 F5
Couto 13 26 I4
Couto de Esteves 1 41 J5
Couto de Mosteiro 18 41 K5
Cova da Iria 14 53 N4
Cova da Piedade 15 64 Q2
Covão de Lobo 1 40 K4
Covão do Feto 14 53 N3
Covão dos Mendes 10 53 M3
Covas (Coimbra) 6 41 K6
Covas (Viana do Castelo) 16 26 G3
Covas de Barroso 17 27 H6
Covas do Douro 17 27 I7
Covas do Monte 18 41 J5
Covas do Rio 18 41 J5
Covelães 17 27 G6
Covelas 3 27 H5
Covelo (Coimbra) 6 41 L5
Covelo (Porto) 13 26 I4
Covelo (Viseu) 18 41 J5
Covelo de Gerês 17 27 G6
Covilhã 5 41 L7
Covinhos (Ponta dos) 10 52 N2
Covoada 20 107 J18
Covões 6 40 K4
Coz 10 52 N3
Crasto 16 26 G4
Crato 12 66 O7
Crestuma 13 40 I4
Crestuma (Barragem de) 13 40 I4
Crias 3 26 H3
Cristelo 3 26 H3
Cristo (Convento de) 14 53 N4
Criz 18 41 K5
Cruz da Légua 10 52 N3
Cruz de João Mendes 15 76 R4
Cruz (Ponta do) 88 BY
Cruzamento de Pegões 15 65 P4
Cruzes 18 41 J5
Cuba 2 77 R6
Cubalhão 16 13 F5
Cuine (Sierra do) 20 107 G14
Cujó 18 41 J6
Culatra (Ilha da) 8 90 V6
Cumeada (Castelo Branco) 5 53 M5
Cumeada (Faro) 8 89 U4
Cumeira 10 52 N3
Cumiada 7 78 Q7
Cumieira (Coimbra) 6 53 M4
Cumieira (Vila Real) 17 27 I6
Cunha (Viana do Castelo) 16 26 G4
Cunha (Viseu) 18 41 J7
Cunha Baixa 18 41 K6
Cunheira 12 66 O6
Curalha 17 27 G7
Curia 1 40 K4
Curral da Velha (Ribeira do) 2 77 T6
Curral das Freiras 31 88 BY
Curros 17 28 H7
Curros (Rio) 17 28 H7
Curvos 3 26 H3
Custóias 9 42 I8

D

Dadim 17 28 G8
Dão PRT 41 J7
Dardavaz 18 41 K5
Darque 16 26 G3
Dáspera 5 54 M6
Decermilo 18 41 J7
Degebe PRT 66 Q6
Degolados 12 66 O8
Degracias 6 53 L4
Deilão 4 28 G10
Delães 3 26 H4
Deocriste 16 26 G3
Derreada Cimeira 10 53 M5
Destriz 18 41 K5
Divor (Barragem do) 7 65 P6
Divor (Ribeira de) PRT 65 P4
Dogueno 2 89 T6
Dois Portos 11 64 O2
Domingos da Vinha 12 53 N6
Dominguizo 5 54 L7
Dona Maria 2 78 R7
Donai 4 28 G9
Dornelas 9 41 J7
Dornelas do Zêzere 6 54 L6
Dornes 14 53 M5
Douro PRT 29 H11
Duas Igrejas 4 29 H10
Dunas de Ovar 1 40 J3
Durão 4 42 I9

E

Edral 4 28 G8
Edrosa 4 28 G9
Edroso 4 28 H9
Ega 6 53 L4
Eira de Calva 6 53 L5
Eirado 9 41 J7
Eiras 6 40 L4
Eiras Maiores 4 28 G9
Eirinha 2 77 T6
Eirinhas 2 78 R7
Eirogo 3 26 H4
Eixo 1 40 K4
Elvas 12 66 P8
Encarnacão 11 64 O1
Encumeada (Boca da) 31 88 AY
Entradas 2 77 S5
Entre Ambososrios 16 27 G5
Entre-os-Rios 13 41 I5
Entroncamento 14 53 N4
Envendos 14 54 N6
Enxabarda 5 54 L7
Enxara do Bispo 11 64 P2
Enxoé 2 78 S7
Enxoé (Barragem do) 78 S7
Enxofre (Furna do) 20 107 F12
Enxofre (Furnas do) 107 G14
Erada 5 41 L7
Ereira 14 64 O3
Erges (Rio) PRT 55 M9
Ericeira 11 64 P1
Ermelo (Viana do Castelo) 16 27 G5
Ermelo (Vila Real) 17 27 H6
Ermesinde 13 26 I4
Ermida (Castelo Branco) 5 53 M6
Ermida (Coimbra) 6 40 K3
Ermida (Viana do Castelo) 16 27 G5
Ermida (Barragem da) 6 53 L5
Ermidas-Aldeia 15 77 S4
Ermidas-Sado 15 77 R4
Erra 14 65 P4
Erra (Ribeira da) PRT 65 O4
Ervas Tenras 9 42 J8
Ervedal (Coimbra) 6 41 K6
Ervedal (Portalegre) 12 66 O6
Ervededo 17 27 G7
Ervedeira 12 65 O5
Ervedosa (Bragança) 4 28 G8
Ervedosa (Guarda) 9 42 J8
Ervedosa do Douro 18 27 I7
Ervideira 10 52 M3
Ervidel 2 77 S5
Ervões 17 28 H7
Escalhão 9 42 J9
Escalos de Baixo 5 54 M7
Escalos de Cima 5 54 M7
Escalos do Meio 10 53 M5
Escanchinhas 8 89 U5
Escarigo (Castelo Branco) 5 42 L8
Escarigo (Guarda) 9 42 J9
Escariz (Aveiro) 1 40 J4
Escariz (Braga) 3 26 H4
Escariz (Vila Real) 17 27 H6
Escaroupim 14 65 O3
Escudeiros 3 26 H4
Escuro (Monte) 20 107 J19
Escurquela 18 41 I7
Escusa (perto de Castelo de Vide) 12 54 N7
Escusa (perto de Ponte de Sor) 12 53 N6
Esfrega 5 54 M6
Esmoriz 1 40 J4
Espadanedo 4 28 H9
Espargal 8 89 U5
Especiosa 4 29 H10
Esperança 12 66 O8
Esperança (Pico da) 20 107 H11
Espiche 8 88 U3
Espichel (Cabo) 15 64 Q2
Espinhaço de Cão (Serra do) 8 88 U3
Espinhal 6 53 L4
Espinheira 7 66 Q6
Espinheiro 14 53 N3
Espinho (Aveiro) 1 40 I4
Espinho (perto de Caramulo) 18 41 K5
Espinho (perto de Mangualde) 18 41 K6
Espinho (perto de Mortágua) 18 41 K5
Espinho (Alto do) PRT 27 I6
Espinhosela 4 28 G9
Espinhoso 4 28 G8
Espírito Santo 2 78 T7
Espite 14 53 M4
Espiunca 1 41 J5
Esporões 3 26 H4
Esposende 3 26 H3
Espragosa 2 77 T6
Estação de Ourique 2 77 S5
Estação de Viana 7 77 Q5
Estanqueiro 14 65 P3
Estarreja 1 40 J4
Este 3 27 H4
Este (Rio) PRT 26 H4
Esteiro (Coimbra) 6 54 L6
Estela 13 26 H3
Estelas 10 52 N1
Ester 18 41 J5
Estevais (perto de Cardanha) 4 28 I8
Estevais (perto de Est. de Freixo) 4 28 I9
Esteveira 14 53 N5
Esteves 5 54 M6
Estibeira 2 76 T3
Estiramantens 8 89 U6
Estói 8 89 U6
Estômbar 8 89 U4
Estorãos (Braga) 3 27 H5
Estorãos (Viana do Castelo) 16 26 G4
Estoril 11 64 P1
Estorninhos 8 90 U7
Estreito 5 54 M6
Estreito da Calheta 31 88 AY
Estreito de Câmara de Lobos 31 88 BY
Estrela 2 78 R7
Estrela (Parque Natural da Serra da) PRT 41 K7
Estrela (Serra da) 9 41 L6
Estremoz 7 66 P7
Eucisia 4 28 I8
Évora 7 65 Q6
Évora de Alcobaça 10 52 N3
Évoramonte 7 66 P6
Extremo 16 26 G4

F

Facha 16 26 G4
Facho 10 52 N2
Fadagosa (Portalegre) 12 54 N7
Fadagosa (Santarém) 14 53 N6
Fadagosa (Termas da) 53 N6
Fafe 3 27 H5
Fagilde (Barragem de) 18 41 K6
Faia 3 27 H6
Faial 31 88 BY
Faial (Canal do) 20 107 H10
Faial da Terra 20 107 J20
Faial (Ilha do) 20 107 H9-H10
Faial (Ponta do) 20 107 J20
Fail 18 41 K6
Failde 4 28 G9
Faiões 17 28 G7
Fajã da Ovelha 31 88 AY
Fajã de Cima 20 107 J19
Fajã do Ouvidor 20 107 G11
Fajã dos Cubres 20 107 H12
Fajã Grande 20 107 E2
Fajão 6 54 L6
Fajãzinha 20 107 E2
Fajões 1 40 J4
Falca 10 52 N2
Falcoeiras 7 66 Q7
Famalicão (Guarda) 9 42 K7
Famalicão (Leiria) 10 52 N2
Fanhais 10 52 N2
Fanhões 11 64 P2
Fão 3 26 H3
Faria 3 26 H4
Farilhões 10 52 N1
Farminhão 18 41 K5
Faro 8 89 U6
Faro do Alentejo 2 77 R6
Faro (Ilha de) 8 89 V6
Faro (Monte do) 16 12 F4
Farropa 5 54 M7
Fataunços 18 41 J5
Fatela 5 54 L7
Fátima 14 53 N4
Favacal 6 53 M4
Favaios 17 27 I7
Fazamões 18 41 I6
Fazenda 12 65 O6
Fazendas de Almeirim 14 65 O4
Febres 6 40 K4
Feces de Abaixo OR 28 G7
Feira 18 41 J5
Feiteira 8 89 U6
Felgar 4 28 I9
Felgueira 1 41 J5
Felgueiras 4 28 H9
Felgueiras (Bragança) 4 28 I8
Felgueiras (Porto) 13 27 H5
Felgueiras (Viseu) 18 41 I6
Fenais da Ajuda 20 107 J20
Fenais da Luz 20 107 J19
Fermelã 1 40 J4
Fermentelos 1 40 K4
Fermil 3 27 H6
Fernandilho 8 89 U6
Fernão Ferro 15 64 Q2
Fernão Joanes 9 42 K7
Ferradosa 4 28 I9
Ferragudo 8 88 U4
Ferral 17 27 G6
Ferraria (Ponta da) 20 107 J18
Ferrarias 7 78 Q8
Ferreira (Bragança) 4 28 H9
Ferreira (Porto) 13 27 I4
Ferreira (Viana do Castelo) 16 26 G4
Ferreira-a-Nova 6 40 L3
Ferreira de Aves 18 41 J7
Ferreira do Alentejo 2 77 R5
Ferreira do Zêzere 14 53 M5
Ferreira (Rio) 13 26 I4
Ferreiras 8 89 U5
Ferreirim (perto de Lamego) 18 41 I6
Ferreirim (perto de Penedono) 18 41 J7
Ferreirós do Dão 18 41 K5
Ferrel 10 52 N2
Ferro 5 41 L7
Ferro (Ilhéu de) 31 89 CX
Ferro (Pico do) 107 J19
Fervença (Braga) 3 27 H5
Fervença (Leiria) 10 52 N3
Fervidelas 17 27 G6
Feteiras 20 107 J18
Fiães (Aveiro) 1 40 J4
Fiães (Guarda) 9 42 J7
Fiães (Viana do Castelo) 16 13 F5
Fiães (Vila Real) 17 28 G8
Fiães do Rio 17 27 G6
Fialho 2 89 T6
Figueira (Bragança) 4 28 I9
Figueira (Castelo Branco) 5 54 M6
Figueira (Faro) 8 88 U3
Figueira (perto de Portimão) 8 88 U4
Figueira (Portalegre) 12 66 O8
Figueira (Viseu) 18 41 I6
Figueira da Foz 6 53 L3
Figueira de Castelo Rodrigo 9 42 J9
Figueira de Lorvão 6 40 L4
Figueira dos Cavaleiros 2 77 R5
Figueira e Barros 12 66 O6
Figueira (Ribeira da) 2 77 R5
Figueiras 2 77 S5
Figueiras 14 53 O4
Figueiredo (Castelo Branco) 5 53 M6
Figueiredo de Alva 18 41 J6
Figueirinha 2 77 T6
Figueirinha 8 89 U6
Figueiró 18 41 K6
Figueiró da Granja 9 41 K7
Figueiró da Serra 9 41 K7
Figueiró do Campo 6 53 L4
Figueiró dos Vinhos 10 53 M5
Figueiró (Ribeira de) 12 54 N6
Fiolhoso 17 27 H7
Flamengos 20 107 H10
Flor da Rosa 12 66 O7
Flores (Ilha das) 20 107 E2
Fogo (Lagoa do) 20 107 J19
Fóia 8 89 U4

| | | | |
|---|---|---|---|
| Fóios | 9 | 42 | L9 |
| Folgado | 7 | 66 | P7 |
| Folgosa | 18 | 27 | I6 |
| Folgosinho | 9 | 41 | K7 |
| Folhadela | 17 | 27 | I6 |
| Folques | 6 | 41 | L5 |
| Fontainhas (Porto) | 13 | 26 | H4 |
| Fontainhas (Setúbal) | 15 | 76 | R3 |
| Fontão Fundeiro | 10 | 53 | M5 |
| Fonte Arcada | 18 | 41 | J7 |
| Fonte da Aldeia | 4 | 29 | H10 |
| Fonte da Telha | 15 | 64 | Q2 |
| Fonte Ladrão | 4 | 29 | H10 |
| Fonte Limpa | 6 | 53 | L5 |
| Fonte Longa (Guarda) | 4 | 28 | I8 |
| Fonte Santa | 5 | 54 | M7 |
| Fonte Serne (Barragem) | 15 | 77 | S4 |
| Fontelas | 17 | 27 | I6 |
| Fontes (Santarém) | 14 | 53 | N5 |
| Fontes (Vila Real) | 17 | 27 | I6 |
| Fontes da Matosa | 8 | 89 | U4 |
| Fontinha (Beja) | 2 | 76 | T3 |
| Fontinha (Leiria) | 10 | 53 | L3 |
| Fontoura | 16 | 26 | G4 |
| Forcalhos | 9 | 42 | K9 |
| Forjães | 3 | 26 | H3 |
| Formigais | 14 | 53 | M4 |
| Formosa (Ria) | 8 | 90 | V6 |
| Fornalhas Novas | 2 | 77 | S4 |
| Fornalhas Velhas | 2 | 77 | S4 |
| Fornelos (Braga) | 3 | 27 | H5 |
| Fornelos (Viana do Castelo) | 16 | 26 | G4 |
| Fornelos (Viseu) | 18 | 41 | I5 |
| Fornilhos | 2 | 78 | R8 |
| Forninhos | 9 | 41 | J7 |
| Forno Telheiro | 9 | 42 | J7 |
| Fornos | 4 | 28 | I9 |
| Fornos de Algodres | 9 | 41 | K7 |
| Fornos do Pinhal | 17 | 28 | H8 |
| Foros da Adúa | 7 | 65 | Q5 |
| Foros da Caiada | 2 | 77 | S4 |
| Foros da Fonte de Pau | 14 | 65 | P4 |
| Foros da Fonte Seca | 7 | 66 | Q7 |
| Foros da Salgueirinha | 14 | 65 | P4 |
| Foros das Malhadinhas | 14 | 65 | P3 |
| Foros das Pombas | 7 | 66 | Q6 |
| Foros de Benfica | 14 | 65 | O4 |
| Foros de Casa Nova | 15 | 77 | S4 |
| Foros de Vale de Figueira | 7 | 65 | P5 |
| Foros do Arrão | 12 | 65 | O5 |
| Foros do Baldio | 7 | 65 | Q4 |
| Foros do Biscainho | 14 | 65 | P4 |
| Foros do Cortiço | 7 | 65 | P5 |
| Foros do Freixo | 7 | 66 | P7 |
| Foros do Mocho | 12 | 65 | O5 |
| Foros do Queimado | 7 | 66 | Q6 |
| Forte da Graça | 12 | 66 | P8 |
| Fortes | 8 | 90 | T7 |
| Fortios | 12 | 66 | O7 |
| Foupana (Ribeira da) | 8 | 89 | T6 |
| Foz | 14 | 65 | O5 |
| Foz de Alge | 10 | 53 | M5 |
| Foz de Arouce | 6 | 53 | L5 |
| Foz de Odeleite | 8 | 90 | T7 |
| Foz do Arelho | 10 | 52 | N2 |
| Foz do Arroio | 8 | 88 | T4 |
| Foz do Douro | 13 | 26 | I3 |
| Foz do Farelo | 8 | 88 | T4 |
| Foz do Lisandro | 11 | 64 | P1 |
| Foz do Sabor | 4 | 28 | I8 |
| Foz Giraldo | 5 | 54 | L6 |
| Fradelos | 3 | 26 | H4 |
| Fradizela | 4 | 28 | H8 |
| Fraga Negra | 3 | 27 | G5 |
| Fragosela | 18 | 41 | K6 |
| Fragoso | 3 | 26 | H3 |
| Fráguas (Santarém) | 14 | 52 | N3 |
| Fráguas (Viseu) | 18 | 41 | J6 |
| França | 4 | 28 | G9 |
| Franco | 4 | 28 | H7 |
| Franqueada | 8 | 89 | U5 |
| Franzilhal | 17 | 28 | I7 |
| Fratel | 5 | 54 | N6 |
| Fratel (Barragem de) | PRT | 54 | N6 |
| Frazão | 13 | 26 | I4 |
| Freamunde | 13 | 27 | I4 |
| Frechas | 4 | 28 | H8 |
| Freches | 9 | 42 | J7 |
| Fregil (Barragem de) | 18 | 41 | I5 |
| Freineda | 9 | 42 | K9 |
| Freiria (Lisboa) | 11 | 64 | O2 |
| Freiria (Vila Real) | 17 | 27 | H7 |
| Freixeda (Bragança) | 4 | 28 | H8 |
| Freixeda (Vila Real) | 17 | 27 | H7 |
| Freixeda do Torrão | 9 | 42 | J8 |
| Freixedas | 9 | 42 | J8 |
| Freixedelo | 4 | 28 | G9 |
| Freixial | 7 | 66 | P7 |
| Freixial do Campo | 5 | 54 | M7 |
| Freixianda | 14 | 53 | M4 |
| Freixieiro | 16 | 26 | G3 |
| Freixiel | 4 | 28 | I8 |
| Freixiosa (Bragança) | 4 | 29 | H11 |
| Freixiosa (Viseu) | 18 | 41 | K6 |
| Freixo (Guarda) | 9 | 42 | K8 |
| Freixo (Viana do Castelo) | 16 | 26 | H4 |
| Freixo (Viseu) | 18 | 41 | K5 |
| Freixo de Espada a Cinta | 4 | 42 | I9 |
| Freixo de Numão | 9 | 42 | I8 |
| Frende | 13 | 27 | I6 |
| Fresulfe | 4 | 28 | G9 |
| Fridão | 13 | 27 | I5 |
| Friestas | 16 | 12 | F4 |
| Friões | 17 | 28 | G7 |
| Friúmes | 6 | 41 | L5 |
| Fronhas (Barragem de) | 6 | 41 | L5 |
| Fronteira | 12 | 66 | O7 |
| Frossos | 1 | 40 | K4 |
| Funchal | 31 | 88 | BZ |
| Funcheira | 2 | 77 | S4 |
| Funcho (Barragem do) | 8 | 89 | U4 |
| Fundada | 5 | 53 | M5 |
| Fundão | 5 | 54 | L7 |
| Fungalvaz | 14 | 53 | N4 |
| Furadouro (Aveiro) | 1 | 40 | J3 |
| Furadouro (Coimbra) | 6 | 53 | L4 |
| Furnas | 20 | 107 | J20 |
| Furnas do Enxofre | 20 | 107 | G14 |

## ÉVORA

| | | |
|---|---|---|
| Álvaro Velho (Largo) | BZ | 3 |
| Aviz (R. de) | BY | 4 |
| Bombeiros Voluntários de Évora (Av.) | CZ | 6 |
| Caraça (Trav. da) | BZ | 7 |
| Cenáculo (R. do) | BY | 9 |
| Combatentes da Grande Guerra (Av. dos) | BZ | 10 |
| Conde de Vila-Flor (Largo) | BY | 12 |
| Diogo Cão (R.) | BZ | 13 |
| Freiria de Baixo (R. da) | BY | 15 |
| Giraldo (Pr. do) | BZ | |
| João de Deus (R.) | AY | 16 |
| José Elias Garcia (R.) | AY | 18 |
| Lagar dos Dízimos (R. do) | BZ | 19 |
| Luís de Camões (Largo) | AY | 21 |
| Marquês de Marialva (Largo) | BY | 22 |
| Menino Jesus (R. do) | BY | 24 |
| Misericórdia (Largo) | BZ | 25 |
| Penedos (Largo dos) | AY | 28 |
| República (R. da) | BZ | |
| Santa Clara (R. de) | AZ | 30 |
| São Manços (R. de) | BZ | 31 |
| São Miguel (Largo de) | BY | 32 |
| Senhor da Pobreza (Largo) | CZ | 33 |
| Torta (Trav.) | AZ | 34 |
| Vasco da Gama (R.) | BY | 36 |
| 1_ de Maio (Pr.) | BZ | |
| 5 de Outubro (R.) | BYZ | 37 |

| | | |
|---|---|---|
| Museu de Évora | BY | M1 |
| Paço dos Duques de Cadaval | BY | P |

| | | | |
|---|---|---|---|
| Furnas (Lagoa das) | *20* | **107** | J20 |
| Furnazinhas | *8* | **90** | T7 |
| Furtado | *12* | **53** | N6 |
| Fuzeta | *8* | **89** | U6 |

## G

| | | | |
|---|---|---|---|
| Gaeiras | *10* | **52** | N2 |
| Gafanha da Boa Hora | *1* | **40** | K3 |
| Gafanha da Encarnacão | *1* | **40** | K3 |
| Gafanha da Nazaré | *1* | **40** | K3 |
| Gafanha do Carmo | *1* | **40** | K3 |
| Gafanhoeira | *7* | **65** | P5 |
| Gáfete | *12* | **54** | N6 |
| Gagos | *9* | **42** | K8 |
| Gaia | *9* | **42** | K8 |
| Gaiate | *6* | **53** | L5 |
| Gala | *6* | **53** | L3 |
| Galafura | *17* | **27** | I6 |
| Galizes | *6* | **41** | L6 |
| Galveias | *12* | **65** | O6 |
| Gamil | *3* | **26** | H4 |
| Gândara | *10* | **53** | M3 |
| Gândara de Espariz | *6* | **41** | L5 |
| Gandarela | *3* | **27** | H5 |
| Gandra (perto de Ponte de Lima) | *16* | **26** | G4 |
| Gandra (Porto) | *13* | **26** | I4 |
| Garajau (Ponta do) | *31* | **88** | BZ |
| Garça (Ponta da) | *20* | **107** | J19 |
| Garcia (Faro) | *8* | **89** | U6 |
| Garcia (Leiria) | *10* | **52** | M3 |
| Gardete | *14* | **54** | N6 |
| Gardunha (Serra da) | *5* | **54** | L7 |
| Garfe | *3* | **27** | H5 |
| Garvão | *2* | **77** | S4 |
| Gatão | *2* | **89** | T6 |
| Gateira | *9* | **42** | J8 |
| Gatões | *6* | **40** | L3 |
| Gaula | *31* | **88** | BY |
| Gave | *16* | **13** | F5 |
| Gavião (Braga) | *3* | **26** | H4 |
| Gavião (Castelo Branco) | *5* | **54** | M6 |
| Gavião (Portalegre) | *12* | **53** | N6 |
| Gaviãozinho | *5* | **54** | M6 |
| Gavieira | *16* | **27** | G5 |
| Gebelim | *4* | **28** | H9 |
| Geira | *3* | **27** | G5 |
| Gema (Ribeira da) | *2* | **77** | S4 |
| Genísio | *4* | **29** | H10 |
| Geraldes | *10* | **52** | O1 |
| Geraz do Lima | *16* | **26** | G3 |
| Gerês | *3* | **27** | G5 |
| Gerês (Serra do) | *3* | **27** | G5 |
| Germil | *16* | **27** | G5 |
| Gestaçô | *13* | **27** | I6 |
| Gesteira | *6* | **53** | L4 |
| Gestosa | *4* | **28** | G8 |
| Gestoso | *18* | **41** | J5 |
| Gia | *17* | **41** | I5 |
| Gibraltar | *11* | **64** | O2 |
| Giesteira | *1* | **40** | K4 |
| Giesteiras | *5* | **54** | M6 |
| Giestoso | *16* | **13** | F5 |
| Gilvrazino | *8* | **89** | U5 |
| Gimonde | *4* | **28** | G9 |
| Ginetes | *20* | **107** | J18 |
| Giões | *8* | **89** | T6 |
| Giraldos | *2* | **77** | S5 |
| Girão (Cabo) | *31* | **88** | AZ |
| Glória | *7* | **66** | P7 |
| Glória do Ribatejo | *14* | **65** | O4 |
| Godeal | *7* | **65** | P5 |
| Godelim (R.) | *PRT* | **78** | R8 |
| Godinhanços | *3* | **26** | G4 |
| Góis | *6* | **53** | L5 |
| Golegã | *14* | **53** | N4 |
| Golfeiras | *4* | **28** | H8 |
| Gomes Aires | *2* | **77** | T5 |
| Gonça | *3* | **27** | H5 |
| Gonçalo | *9* | **42** | K7 |
| Gonçalo Bocas | *9* | **42** | K8 |
| Gondar (Braga) | *3* | **27** | H4 |
| Gondar (Porto) | *13* | **27** | I5 |
| Gondarém | *16* | **26** | G3 |
| Gondelim (Coimbra) | *6* | **41** | L5 |
| Gondelim (Viana do Castelo) | *16* | **26** | G4 |
| Gondemaria | *14* | **53** | M4 |
| Gondiães | *3* | **27** | H6 |
| Gondomar | *13* | **26** | I4 |
| Gondomil | *16* | **12** | F4 |
| Gondoriz | *16* | **27** | G4 |
| Gontifelos | *3* | **26** | H4 |
| Gorda (Serra) | *20* | **107** | J18 |
| Gordo (Monte) | *11* | **64** | P2 |
| Gorjão | *14* | **65** | O5 |
| Gorjoes | *8* | **89** | U6 |
| Gosende | *18* | **41** | I6 |
| Gostei | *4* | **28** | G9 |
| Gouvães da Serra | *17* | **27** | H6 |
| Gouveia (Bragança) | *4* | **28** | I9 |
| Gouveia (Lisboa) | *11* | **64** | P1 |
| Gouveia (perto de Freixedas) | *9* | **42** | K8 |
| Gouveia (perto de Seia) | *9* | **41** | K7 |
| Gouvinhas | *17* | **27** | I7 |
| Gove | *13* | **27** | I5 |
| Graça | *10* | **53** | M5 |
| Graciosa (Ilha da) | *20* | **107** | F11-F12 |
| Gradil | *11* | **64** | P2 |
| Gradiz | *9* | **41** | J7 |
| Gralhas | *17* | **27** | G6 |
| Gralheira (Serra da) | *1* | **40** | J4 |
| Gralhos (Bragança) | *4* | **28** | H9 |
| Gralhos (Vila Real) | *17* | **27** | G6 |
| Graminhais (Planalto dos) | *20* | **107** | J20 |
| Grande (Ribeira) | *12* | **66** | O6 |
| Grândola | *15* | **77** | R4 |
| Grândola (Ribeira de) | *15* | **77** | R4 |
| Grândola (Serra de) | *15* | **77** | R4 |
| Granho | *14* | **65** | O4 |
| Granho Novo | *14* | **65** | P3 |
| Granja (Bragança) | *4* | **29** | H10 |
| Granja (Évora) | *7* | **78** | R8 |
| Granja (Porto) | *13* | **40** | I4 |
| Granja (Viseu) | *17* | **27** | I7 |
| Granja do Ulmeiro | *6* | **53** | L4 |
| Granja Nova | *18* | **41** | I6 |
| Granjal | *18* | **41** | J7 |
| Grau | *10* | **52** | M3 |
| Grijó (Bragança) | *4* | **28** | H9 |
| Grijó (Porto) | *13* | **40** | I4 |
| Grijó de Parada | *4* | **28** | G9 |
| Grocinas | *6* | **53** | M4 |
| Guadalupe | *7* | **65** | Q5 |
| Guadalupe | *20* | **107** | F11 |
| Guadiana | *PRT* | **66** | Q8 |
| Guadramil | *4* | **29** | G10 |
| Guarda | *9* | **42** | K8 |
| Guarda do Norte | *10* | **53** | M3 |
| Guardeiras | *13* | **26** | I4 |
| Guedelhas | *2* | **89** | T6 |
| Guerreiro | *2* | **77** | S6 |
| Guerreiros do Rio | *8* | **90** | T7 |
| Guia (Faro) | *8* | **89** | U5 |
| Guia (Leiria) | *10* | **53** | M3 |
| Guide (Rio de) | *4* | **28** | H8 |
| Guilhabreu | *13* | **26** | I4 |
| Guilheiro | *9* | **42** | J7 |
| Guilheta | *3* | **26** | H3 |
| Guilhofrei | *3* | **27** | H5 |
| Guimarães | *3* | **27** | H5 |
| Guisande | *1* | **40** | J4 |
| Guiso | *2* | **78** | S7 |

## H

| | | | |
|---|---|---|---|
| Homem (Portela do) | *3* | **27** | G5 |
| Homem (R.) | *3* | **27** | G5 |
| Horta | *9* | **42** | I8 |
| Horta | *20* | **107** | H10 |
| Horta da Vilariça | *4* | **28** | I8 |
| Hortas | *8* | **90** | U7 |
| Hortinhas | *7* | **66** | Q7 |

## I

| | | | |
|---|---|---|---|
| Idanha-a-Nova | *5* | **54** | M8 |
| Idanha-a-Velha | *5* | **54** | M8 |
| Idanha (Barragem da) | *5* | **54** | M8 |
| Ifanes | *4* | **29** | H11 |
| Igreja Nova | *11* | **64** | P2 |
| Igreja Nova do Sobral | *14* | **53** | M5 |
| Igrejinha | *7* | **65** | P6 |
| Ilha (Ponta da) | *20* | **107** | H11 |
| Ilhas | *7* | **65** | P6 |
| Ílhavo | *1* | **40** | K3 |
| Ilhéus (Ponta dos) | *20* | **107** | E2 |
| Infantado | *14* | **65** | P3 |
| Inferno (Poço do) | *9* | **41** | K7 |
| Inguias | *5* | **42** | L8 |
| Insalde | *16* | **26** | G4 |
| Isna | *5* | **54** | M6 |
| Isna (Ribeira da) | *5* | **53** | M5 |

## FUNCHAL

| | | |
|---|---|---|
| Alfândega (R. da) | BZ | 3 |
| Aljube (R. do) | BZ | 4 |
| Aranhas (R. dos) | ABZ | 6 |
| Autonomia (Pr. da) | CZ | 7 |
| Bettencourt (R. do) | CY | 9 |
| Brigadeiro Oudinot (R.) | CY | 10 |
| Carmo (Pr. do) | CY | 20 |
| Carne Azeda (R. da) | BY | 12 |
| Carvalho Araújo (R.) | AZ | 15 |
| Casa da Luz (R.) | CZ | 16 |
| Chafariz (Largo do) | CZ | 19 |
| Conceição (R. da) | CY | 22 |
| Conselheiro Aires Ornelas (R.) | CY | 24 |
| Conselheiro José Silvestre Ribeiro (R.) | BZ | 25 |
| Dr Fernão de Ornelas (R.) | CZ | 28 |
| Encarnação (Calç da) | BY | 30 |
| Hospital Velho (R. do) | CYZ | 34 |
| Imperatriz D. Amélia (R. da) | AZ | 36 |
| Ivens (R.) | BZ | 37 |
| João Tavira (R.) | BZ | 39 |
| Latino Ceolho (R.) | CZ | 40 |
| Lazareto (Caminho do) | CZ | 42 |
| Maravilhas (R. das) | AZ | 46 |
| Marquês do Funchal (R.) | BY | 49 |
| Miguel Carvalho (R.) | CY | 51 |
| Mouraria (R. da) | BY | 52 |
| Phelps (Largo do) | CY | 58 |
| Ponte de S. Lázaro (R.) | AZ | 60 |
| Pretas (R. das) | BY | 61 |
| Ribeirinho (R.) | CY | 63 |
| Sabão (R. do) | CZ | 66 |
| Santa Clara (Calç.) | BY | 67 |
| São Francisco (R. de) | BZ | 69 |
| Saúde (Calç.) | BY | 72 |
| Til (R. do) | BY | 73 |
| Visconde do Anadia (R.) | CYZ | 78 |
| Zarco (Av.) | BZ | 81 |

Izeda 4 28 H9

## J

Janeiro de Baixo 6 54 L6
Janeiro de Cima 5 54 L6
Jardim do Mar 31 88 AY
Jardo 9 42 K9
Jarmelo 9 42 K8
Javali 8 89 U6
Jazente 13 27 I5
João Antão 9 42 K8
João Bom 20 107 J18
João Serra 2 77 S6
Jolda 16 26 G4
Jou 17 28 H7
Jovim 13 26 I4
Juizo 9 42 J8
Junca 9 42 J9
Juncais 9 41 K7
Juncal (Castelo Branco) 5 54 N6
Juncal (Leiria) 10 52 N3
Juncal do Campo 5 54 M7
Junceda 3 27 G5
Junceira 14 53 N5
Jungeiros 77 S5
Junqueira (Aveiro) 1 41 J5
Junqueira (Bragança) 4 28 H10
Junqueira (Faro) 8 90 U7
Junqueira (Porto) 13 26 H3
Juromenha 7 66 P8

## L

Laborato 8 89 T6
Laboreiro (R.) 16 27 G5
Labruge 13 26 I3
Labrujó 16 26 G4
Ladaino 4 28 H9
Ladário 18 41 J6
Ladoeiro 5 54 M8
Lagarelhos 17 28 G7
Lagares (Coimbra) 6 41 K6
Lagares (Porto) 13 26 I4
Lagarinhos 9 41 K6
Lagarteira 10 53 M4
Lagarto (Portela do) 16 13 F5
Lagoa 20 107 J19
Lagoa (Bragança) 4 28 H9
Lagoa (Faro) 8 89 U4
Lagoa (Monte) 8 89 T6
Lagoa Parada 10 53 M4
Lagoaça 4 28 I9
Lagos 8 88 U3
Laje 3 26 H4
Laje (Ponta da) 11 64 P2
Lajedo 20 107 E2
Lajeosa (Guarda) 9 42 K9
Lajeosa (Viseu) 18 41 K6
Lajeosa do Mondego 9 42 K7
Lajes (Faro) 8 89 U6
Lajes (Flores) 20 107 E2
Lajes (Guarda) 9 41 K6
Lajes (Terceira) 20 107 G14
Lajes do Pico 20 107 H11
Lalim 18 41 I6
Lama 3 26 H4
Lama Chã 17 27 G6
Lama de Arcos 17 28 G7
Lamalonga 4 28 G8
Lamares 17 27 I7
Lamarosa 14 53 N4
Lamas (Aveiro) 1 40 J4
Lamas (Coimbra) 6 53 L4
Lamas (Lisboa) 11 64 O2
Lamas (Viseu) 18 41 J6
Lamas de Ferreira 18 41 J6
Lamas de Mouro 16 13 F5
Lamas de Olo 17 27 H6
Lamas de Orelhão 4 28 H8
Lamas de Podence 4 28 H9
Lamas do Vouga 1 40 K4
Lamegal 9 42 J8
Lamego 18 41 I6
Lameira 3 27 H5
Lameiras 9 42 J8
Lamosa 18 41 J7
Lamparona PRT 67 O8
Lamporeira (Ponta da) 11 64 O1
Lanção 4 28 G9
Lanças 2 77 S5
Landal 10 52 O2
Landeira (Évora) 7 65 Q4
Landeira (Viseu) 18 41 J5
Lanhelas 16 26 G3
Lanheses 16 26 G3
Lapa (Santarém) 14 64 O3
Lapa (Viseu) 18 41 J7
Lapa do Lobo 18 41 K6
Lapa (Serra da) PRT 41 J7
Lapas 14 53 N4
Larçã 6 40 L4
Lardosa 5 54 M7
Lares 6 53 L3
Larinho 4 28 I8
Larouco (Serra do) 17 27 G6
Laundos 13 26 H3
Lavacolhos 5 54 L7
Lavos 6 53 L3
Lavra 13 26 I3
Lavradas 17 27 G6
Lavradio 15 64 P2
Lavre 7 65 P4
Lavre (Estação de) 14 65 P4
Lavre (Ribeira de) PRT 65 P4
Lebre 2 78 S7
Lebução 17 28 G8
Leça 13 26 I4
Leça da Palmeira 13 26 I3
Légua 10 52 M2
Leiranco (Serra de) 17 27 G7
Leiria 10 53 M3
Leiria (Pinhal de) 10 52 M2
Leirosa 6 52 L3
Lemede 6 40 L4
Lena 10 53 N3
Lentiscais (Castelo Branco) 5 54 M7
Lentiscais (Faro) 8 89 U5
Leomil 18 41 J7
Leomil (Serra de) 18 41 J6
Leonte (Portela de) 3 27 G5
Liceia 6 40 L3
Ligares 4 42 I9
Lijo 3 26 H4
Lima (R.) PRT 26 G4
Limãos 4 28 H9
Limas (Ribeira de) 2 78 S7
Limões 17 27 H6
Lindoso 16 27 G5
Linhaceira 14 53 N4
Linhares (Bragança) 4 28 I7
Linhares (Guarda) 9 41 K7
Lisboa 11 64 P2
Livramento 8 89 U6
Livramento 20 107 J19
Lixa 13 27 I5
Liz 10 52 M3
Lobão da Beira 18 41 K5
Lodões 4 28 I8
Loivos 17 27 H7
Loivos do Monte 13 27 I6
Lomba da Fazenda 20 107 J20
Lomba de Maia 20 107 J19
Lombador 2 77 T6
Lombardos 2 78 T7
Lombo 4 28 H9
Lombomeão 1 40 K3
Longos 3 27 H4
Longos Vales 16 13 F4
Longra (Porto) 13 27 H5
Longra (Viseu) 18 41 I7
Longroiva 9 42 J7
Lordelo (Braga) 3 27 H4
Lordelo (Porto) 13 26 I4
Lordosa 18 41 J6
Loriga 9 41 L6
Lorvão 6 40 L5
Lotão 8 89 T6
Louçainha 6 53 L5
Loulé 8 89 U5
Louredo (Aveiro) 1 40 J4
Louredo (Vila Real) 17 27 I6
Louredo (Rio) 17 27 H6
Loureira 10 53 M4
Loureiro (Aveiro) 1 40 J4
Loureiro (Coimbra) 6 53 L4
Loureiro de Silgueiros 18 41 K6
Loures 11 64 P2
Louriçal 10 53 L3
Louriçal do Campo 5 54 L7
Lourinhã 11 52 O2
Louro 3 26 H4
Lourosa (Aveiro) 1 40 J4
Lourosa (Coimbra) 6 41 L6
Lousã 6 53 L5
Lousa (Bragança) 4 28 I8
Lousa (Castelo Branco) 5 54 M7
Lousa (Lisboa) 11 64 P2
Lousã (Serra da) PRT 53 L5
Lousada 13 27 I5
Lousadela 18 41 J6
Lousado 3 26 H4
Lovelhe 16 26 G3
Lucefecit (Ribeira de) 7 66 Q7
Ludares 17 27 I7
Ludo 8 89 U6
Luso 1 40 K4
Lustosa (Porto) 13 27 H5
Lustosa (Viseu) 18 41 J6
Luz 20 107 F12
Luz (Évora) 7 78 Q7
Luz (Lagos) 8 88 U3
Luz de Tavira 8 89 U6
Luz (Monte) 4 29 H11
Luzianes 2 77 T4
Luzim 13 27 I5

## M

Maçaínhas 5 42 K8
Mação 14 53 N6
Maçãs de Caminho 10 53 M4
Maçãs de Dona Maria 10 53 M5
Maçãs (R.) PRT 29 G10
Maceda 40 J4
Macedo de Cavaleiros 4 28 H9
Macedo do Mato 4 28 H9
Macedo do Peso 4 28 H10
Maceira 10 52 M3
Machados 2 78 R7
Machados 8 89 U6
Machico 31 88 BY
Machio 6 53 L5
Macieira 17 27 H6
Macieira (Aveiro) 1 40 J4
Macieira (Braga) 3 26 H4
Macieira (Viseu) 18 41 J5
Macieira da Maia 13 26 H4
Macieira de Alcoba 1 41 K5
Maçores 4 42 I8
Maçussa 11 64 O3
Madalena 20 107 H10
Madalena (Porto) 13 26 I4
Madalena (Santarém) 14 53 N4
Madalena do Mar 31 88 AY
Madeirã 5 53 M5
Madrugada (Ponta da) 20 107 J20
Mafra 11 64 P2
Magoito 11 64 P1
Magos (Barragem de) 14 65 P3
Magueija 18 41 I6
Maia 20 107 J19
Maia (Porto) 13 26 I4
Maia (Santa Maria) 20 107 M20
Maiorca 6 53 L3
Maiorga 10 52 N3
Mairos 17 28 G7
Malarranha 7 65 P6
Malcata 9 42 L8
Malcata (Serra de) PRT 42 L9
Malhada (Portalegre) 12 66 P8
Malhada (Viseu) 18 41 J6
Malhada Alta 7 66 P7
Malhada Sorda 9 42 K9
Malhadal 5 53 M6
Malhadas 4 29 H11
Malhão 8 89 U6
Malhão (Serra do) PRT 89 T5
Malhou 14 53 N3
Malpartida 9 42 J9
Malpensado 2 76 S3
Malpica do Tejo 5 54 M7
Malpique 2 78 R7
Malta 9 42 J8
Malveira (perto de Estoril) 11 64 P1
Malveira (perto de Mafra) 11 64 P2
Mamarrosa 1 40 K4
Mamodeiro 1 40 K4
Mamouros 18 41 J6
Manadas 20 107 H11
Mancelos 13 27 I5
Mancoca 2 77 S5
Mangualde 18 41 K6
Manhouce 18 41 J5
Manigoto 9 42 J8
Manique do Intendente 11 64 O3
Mansores 1 40 J4
Manteigas 9 41 K7
Manuel Galo 2 77 T6
Maqueda 14 52 N3
Mar 3 26 H3
Maranhão 12 65 O6
Maranhão (Barragem de) 12 65 O6
Marão (Serra do) 13 27 I6
Marateca 15 65 Q4
Marateca (Ribeira de) PRT 65 Q4
Marchil 8 89 U6
Marco (Portalegre) 12 66 O8
Marco de Canaveses 13 27 I5
Margalha 12 54 N6
Maria Vinagre 8 88 T3
Marialva 9 42 J8
Marianos 14 65 O4
Marinha das Ondas 6 53 L3
Marinha Grande 10 52 M3
Marinhais 14 65 O3
Marinhas 3 26 H3
Marmelar 2 78 R7
Marmeleira (Santarém) 14 64 O3
Marmeleira (Viseu) 18 41 K5
Marmeleiro (Castelo Branco) 5 53 M5
Marmeleiro (Guarda) 9 42 K8
Marmelete 8 88 U3
Marmelos 4 28 H8
Marofa 9 42 J8
Maroto 2 77 R5
Maroufenha 2 76 T3
Marrancos 3 26 G4
Marrazes 10 53 M3
Martianas 5 54 L8
Martim 3 26 H4
Martim Branco 5 54 M7
Martim Longo 8 89 T6
Martinchel 14 53 N5
Martingança 10 52 M3
Mártires 7 66 P7
Marvão 12 54 N7
Marvila 10 53 M5
Marzagão 4 28 I8
Mascarenhas 4 28 H8
Massueime 9 42 J8
Mata (Castelo Branco) 5 54 M7
Mata (Santarém) 14 53 N4
Mata da Rainha 5 54 L8
Mata de Lobos 9 42 J9
Mata Mourisca 10 53 M3
Matacães 11 64 O2
Matança 9 41 J7
Matela 4 28 H10
Mateus 17 27 I6
Mato 16 26 H4
Mato de Miranda 14 53 N4
Matoeira 10 52 N2
Matos 2 77 R6
Matosinhos 13 26 I3
Maxiais 5 54 M7
Maxial (Castelo Branco) 5 54 L6
Maxial (Lisboa) 11 64 O2
Maxieira 14 53 N6
Mazes 18 41 I6
Mazouco 4 42 I9
Meadela 16 26 G3
Mealhada 1 40 K4
Meca 11 64 O2
Mêda 9 42 J8
Medelim 5 54 L8
Medrões 17 27 I6
Meia Praia 8 88 U4
Meimão 5 42 L8
Meimoa 5 54 L8
Meimoa (Barragem de) 5 42 L8
Meimoa (Ribeira da) PRT 54 L7
Meinedo 13 27 I5
Meirinhos 4 28 I9
Meixedo (Bragança) 4 28 G9
Meixedo (Vila Real) 17 27 G6
Meixide 17 27 G7
Meixões de Cima 3 27 G5
Meixomil 13 26 I4
Melgaço 16 13 F5
Melhe 4 28 G9
Melides 15 76 R3
Melres 13 40 I4
Melriça 5 53 M5
Memória 10 53 M4
Mendiga 10 52 N3
Mendro (Serra de) PRT 77 R6
Mente (R.) PRT 28 G8
Mentiras 7 78 R8
Mentrestido 16 26 G3
Mercês (Barragem das) 2 78 R8
Mértola 2 78 T7
Merufe 16 13 F4
Mesão Frio (Braga) 3 27 H5
Mesão Frio (Vila Real) 17 27 I6
Mesquita 2 78 T7
Mesquitela 9 41 K7
Messangil 2 78 S7
Messejana 2 77 S5
Messines 8 89 U5
Mestras 2 89 T5
Mexilhoeira Grande 8 88 U4
Mezio (Viana do Castelo) 16 27 G5
Mezio (Viseu) 18 41 J6
Midões 6 41 K6
Milagres 10 53 M3
Milhão 4 28 G10
Milharadas 2 77 T4
Milharado 11 64 P2
Milhazes 3 26 H4
Milreu 5 53 N5
Milreu (Ruinas de) 8 89 U6
Mina da Caveira 15 77 R4
Mina da Juliana 2 77 S5
Mina de São Domingos 2 78 S7
Mina de São João do Deserto 2 77 S5
Mina do Bugalho 7 66 P8
Mina do Lousal 15 77 R4
Minas do Carris 3 27 G5
Minde 14 53 N3
Mindelo 13 26 I3
Minheu 17 27 H6
Minhocal 9 42 J7
Miões 8 89 U5
Mira 6 40 K3
Mira de Aire 10 53 N3
Mira (Rio) PRT 89 T5
Miradezes 4 28 H8
Miragaia 11 64 O2
Miramar 13 40 I4
Miranda 16 26 G4
Miranda (Barragem de) 4 29 H11
Miranda do Corvo 6 53 L5
Miranda do Douro 4 29 H11
Mirandela 4 28 H8
Miróbriga (Ruinas Romanas de) 15 76 R3
Miuzela 9 42 K8
Moçarria 14 53 O3

| | | | |
|---|---|---|---|
| Modivas | 13 | 26 | I3 |
| Mões | 18 | 41 | J6 |
| Mofreita | 4 | 28 | G9 |
| Mogadouro (Bragança) | 4 | 28 | H9 |
| Mogadouro (Leiria) | 10 | 53 | M4 |
| Mogadouro (Serra de) | PRT | 28 | I9 |
| Mogo de Ansiães | 4 | 28 | I8 |
| Mogofores | 1 | 40 | K4 |
| Moimenta | 4 | 28 | G9 |
| Moimenta da Beira | 18 | 41 | J7 |
| Moimenta da Serra | 9 | 41 | K7 |
| Moimenta de Maceira Dão | 18 | 41 | K6 |
| Moinhola | 7 | 65 | Q4 |
| Moinhos Velhos | 10 | 53 | N3 |
| Moita (perto de Castanheira de Pêra) | 10 | 53 | M5 |
| Moita (perto de Marinha Grande) | 10 | 52 | M3 |
| Moita (Setúbal) | 15 | 64 | Q3 |
| Moita da Roda | 10 | 53 | M3 |
| Moita do Boi | 10 | 53 | M3 |
| Moita dos Ferreiros | 11 | 52 | O2 |
| Moitas Venda | 14 | 53 | N4 |
| Moitinhas | 2 | 88 | T4 |
| Moldes | 1 | 41 | J5 |
| Moledo (Viseu) | 18 | 41 | J6 |
| Moledo do Minho (Viana do Castelo) | 16 | 26 | G3 |
| Molelos | 18 | 41 | K5 |
| Molianos | 10 | 52 | N3 |
| Mombeja | 2 | 77 | R5 |
| Monção | 16 | 12 | F4 |
| Moncarapacho | 8 | 89 | U6 |
| Monchique | 8 | 88 | U4 |
| Monchique (Serra de) | 8 | 88 | U3 |
| Mondego | PRT | 41 | K7 |
| Mondego (Cabo) | 6 | 40 | L3 |
| Mondim da Beira | 18 | 41 | I6 |
| Mondim de Basto | 17 | 27 | H6 |
| Monfebres | 17 | 28 | H7 |
| Monforte | 12 | 66 | O7 |
| Monforte da Beira | 5 | 54 | M8 |
| Monfortinho | 5 | 55 | L9 |
| Monfurado | 7 | 65 | Q5 |
| Moninho | 6 | 54 | L6 |
| Monsanto (Castelo Branco) | 5 | 54 | L8 |
| Monsanto (Santarém) | 14 | 53 | N3 |
| Monsanto (Monte) | 5 | 54 | L8 |
| Monsaraz | 7 | 66 | Q7 |
| Monsul | 3 | 27 | H5 |
| Montaivo | 2 | 78 | S7 |
| Montalegre | 17 | 27 | G6 |
| Montalvão | 12 | 54 | N7 |
| Montalvo | 14 | 53 | N5 |
| Montargil | 12 | 65 | O5 |
| Montargil (Barragem de) | 12 | 65 | O5 |
| Monte | 31 | 88 | BY |
| Monte (Aveiro) | 1 | 40 | J4 |
| Monte (Braga) | 3 | 27 | H5 |
| Monte Alto | 8 | 89 | U5 |
| Monte Brasil | 20 | 107 | H14 |
| Monte Carvalho | 12 | 66 | O7 |
| Monte Claro | 12 | 54 | N6 |
| Monte Córdova | 13 | 26 | I4 |
| Monte da Estrada | 2 | 76 | S4 |
| Monte da Foz | 14 | 64 | P3 |
| Monte da Guia | 20 | 107 | H10 |
| Monte da Laje | 2 | 78 | S7 |
| Monte da Pedra | 12 | 54 | N6 |
| Monte da Rocha (Barragem de) | 2 | 77 | S5 |
| Monte das Flores | 7 | 65 | Q6 |
| Monte das Piçarras | 7 | 65 | Q4 |
| Monte de Aldeia | 7 | 78 | R8 |
| Monte de Baixo Grande | 8 | 90 | U7 |
| Monte de Goula | 5 | 54 | M6 |
| Monte de São Gens de Cidaï | 13 | 26 | I4 |
| Monte do Outeiro | 7 | 66 | Q7 |
| Monte do Trigo | 7 | 78 | Q6 |
| Monte dos Corvos | 2 | 78 | T7 |
| Monte Fernandes | 2 | 78 | T7 |
| Monte Fidalgo | 5 | 54 | M7 |
| Monte Gordo (Castelo Branco) | 5 | 54 | M6 |
| Monte Gordo (Faro) | 8 | 90 | U7 |
| Monte Grande (Beja) | 2 | 77 | S5 |
| Monte Grande (Faro) | 8 | 89 | U6 |
| Monte Juntos | 7 | 66 | Q7 |
| Monte Margarida | 9 | 42 | K8 |
| Monte Novo | 15 | 65 | Q4 |

LISBOA
0 1 km
A B C D
N P Q
PENICHE TORRES VEDRAS A 8 - IC 1
COIMBRA, FÁTIMA VILA FRANCA DE XIRA A 1 - IP 1 - E 80
A 1, SACAVÉM
Ponte Vasco da Gama
Torre Vasco da Gama
PARQUE DAS NAÇÕES
Pavilhão Atlântico
OCEANÁRIO
ORIENTE
OLIVAIS NORTE
OLIVAIS SUL
PAÇO DO LUMIAR
LISBOA-PORTELA
Lumiar
LUMIAR
Quinta das Conchas
Campo Grande
CARNIDE
Telheiras
BRANDOA
PONTINHA
Pontinha
Alfornelos
Amadora Este
VENDA NOVA
BENFICA
Colégio Militar
COLOMBO
ESTÁDIO DA LUZ
Alto dos Moinhos
Laranjeiras
JARDIM ZOOLÓGICO
CIDADE UNIVERSITÁRIA
Alvalade
Roma
Areeiro
AREEIRO
ALVALADE
Chelas
CHELAS
Bela Vista
Olivais
Cabo Ruivo
BRAÇO DE PRATA
POÇO DO BISPO
Olaias
MARVILA
ALTO DO PINA
Alameda
Arroios
Anjos
Intendente
XABREGAS
BEATO
MADRE DE DEUS
DAMAIA
BURACA
CALHARIZ
ALFRAGIDE
SINTRA, QUELUZ
QUELUZ, SABUGO
PALÁCIO DE FRONTEIRA
FORTE DE MONSANTO
AQUEDUTO DAS ÁGUAS LIVRES
B. DA BOAVISTA
PARQUE FLORESTAL DE MONSANTO
B. DO ALTO DA SERAFINA
MUSEU GULBENKIAN
Pr. de Espanha
S. Sebastião
PARQUE EDUARDO VII
Pr. Marquês de Pombal
Saldanha
Picoas
CAMPOLIDE
Amoreiras
JARDIM DA ESTRELA
RATO
JARDIM BOTÂNICO
SÃO ROQUE
Pr.dos Restauradores
ROSSIO
BAIXA
SÉ
CASTELO SÃO JORGE
ALFAMA
SANTA APOLÓNIA
PR. DO COMÉRCIO
Praça Duque de Terceira
CAIS DO SODRÉ
LAPA
MADRAGOA
ALCÂNTARA
Doca de Alcântara
ESTAÇÃO MARÍTIMA ROCHA DO CONDE DE ÓBIDOS
ESTAÇÃO MARÍTIMA DE ALCÂNTARA
Doca de Sto Amaro
CENTRO DE CONGRESSOS DE LISBOA
PONTE 25 DE ABRIL
MONTES CLAROS
TAPADA DA AJUDA
CARAMÃO
B. DA AJUDA
PALÁCIO DA AJUDA
Jardim Botânico
AJUDA
CASELAS
FORTE DO ALTO DUQUE
ALGÉS
RESTELO
BELÉM
MOSTEIRO DOS JERÓNIMOS
CENTRO CULTURAL
PEDROUÇOS
TORRE DE BELÉM
PADRÃO DOS DESCOBRIMENTOS
ESTORIL, CASCAIS
TEJO
PORTO BRANDÃO TRAFARIA
COSTA DA CAPARICA SERRA DA ARRÁBIDA
ALMADA, BARREIRO SETÚBAL
CACILHAS
BARREIRO, MONTIJO, SEIXAL
A 2 - IP 7 - E 90
IC 16
IC 17 CRIL
IC 19
IC 15
N 249
N 6-2
N 117
N 6

Afonso III (Av.) . . . DP 4
Alexandre Herculano (R.) . . . CPQ 7
Aliança Operária (R.) . . . AQ 12
Amoreiras (R. das) . . . CPQ 13
António Augusto de Aguiar (Av.) . . . CP 15
António José de Almeida (Av.) . DP 18
António Pereira Carrilho (R.) . . . DP 22
Avelino Texeira da Mota (Av.) . . DN 32
Barbadinhos (Calç. dos) . . . DQ 35
Bartolomeu Dias (R.) . . . AQ 37
Belém (R. de) . . . AQ 39
Berna (Av. de) . . . CP 42
Bica do Marquês (R. da) . . . AQ 45
Calhariz de Benfica (Estr. do) . . . AP 51
Calvário (L. do) . . . BQ 54
Campolide (R. de) . . . BP 60
Carlos Pinhão (Av.) . . . DNP 62
Carolina M. de Vasconcelos (R.) . . . AN 64
Casal Ribeiro (Av.) . . . CP 66
Cascais (R.) . . . BQ 67
Caselas (Estr. de) . . . AQ 68
Ceuta (Av. de) . . . BPQ 69
Columbano Bordalo Pinheiro (Av.) . . . BP 73
Combatentes (Av. dos) . . . BN 74
Conselheiro F. de Sousa (Av.) . . BP 79
Correia (Estr. da) . . . AN 84
Cruzeiro (R. do) . . . AQ 88
Cruz da Pedra (Calç. da) . . . DP 87
Domingos Sequeira (R.) . . . BQ 106
Dom Carlos I (Av.) . . . CQ 94
Dom João V (R.) . . . CQ 99
Dom Vasco da Gama (Av.) . . . AQ 105
Dom Vasco (R. de) . . . AQ 103
Duque de Saldanha (Pr.) . . . CP 112
Engenheiro Duarte Pacheco (Av.) . . . BP 115
Engenheiro Ferreira Dias (R.) . . DN 116
Escola Politécnica (R. da) . . . CQ 120
Estrela (Calç. da) . . . CQ 125
Ferreira Borges (R.) . . . BQ 132
Fontes Pereira de Melo (Av.) . . CP 139
Fonte (R. da) . . . AN 138
Forças Armadas (Av. das) . . . CN 142
Galvão (Calç. do) . . . AQ 149
Ilha da Madeira (Av.) . . . AQ 155
Império (Pr. do) . . . AQ 156
João de Barros (R.) . . . AQ 168
João de Freitas Branco (R.) . . . BN 169
Joaquim António de Aguiar (R.) CP 171
Laranjeiras (Estr. das) . . . BNP 172
Londres (Pr. de) . . . DP 177
Marechal Teixeira Rebelo (Av.) AN 179
Marquês da Fronteira (R.) . . . CP 181
Miguel Bombarda (Av.) . . . CP 186
Mirante (Calç. do) . . . AQ 189
Mouzinho de Albuquerque (Av.) DP 192
Pascoal de Melo (R.) . . . DP 196
Pedrouços (R. de) . . . AQ 202
Pedro Álvares Cabral (Av.) . . . CQ 199
Pontinha (Estr. da) . . . AN 208
Relógio (Rot. do) . . . DN 215
República (Av. da) . . . CP 216
Restelo (Av. do) . . . AQ 217
Rovisco Pais (Av.) . . . CDP 222
Santo Condestável (Av. do) . . . DN 235
Saraiva de Carvalho (R.) . . . BQ 259
Seminário (R. do) . . . AN 261
S. Bento (R. de) . . . CQ 237
S. Filipe Neri (R. de) . . . CP 241
Telheiras (Estr. de) . . . BN 265
Torre de Belém (Av.) . . . AQ 268
Xabregas (R. de) . . . DP 271
5 de Outubro (Av.) . . . CNP 273

Centro de Arte Moderna . . . CP M2
Museu da Marinha . . . AQ M7
Museu da Música . . . BN M9
Museu de Água da EPAL . . . DQ M5
Museu de Etnologia . . . AQ M25
Museu Militar . . . DQ M15
Museu Nacional de Arte Antiga . . . BQ M16
Museu Nacional do Azulejo . . . DP M17
Museu Nacional do Teatro . . . BN M19
Museu Nacional do Traje . . . BN M21
Museu Rafael Bordalo Pinheiro . . . CN M23

| | | | |
|---|---|---|---|
| Monte Novo (Barragem do) | 7 | 66 | Q6 |
| Monte Real | 10 | 52 | M3 |
| Monte Redondo (Leiria) | 10 | 53 | M3 |
| Monte Redondo (Lisboa) | 11 | 64 | O2 |
| Monte Velho | 2 | 78 | R7 |
| Monte Viegas | 2 | 77 | S6 |
| Montechoro | 8 | 89 | U5 |
| Monteiras | 18 | 41 | J6 |
| Monteiros | 17 | 27 | H6 |
| Montejunto (Serra de) | 11 | 64 | O2 |
| Montelavar | 11 | 64 | P1 |
| Montemor-o-Novo | 7 | 65 | Q5 |
| Montemor-o-Velho | 6 | 40 | L3 |
| Montemuro | 18 | 41 | J5 |
| Montemuro (Serra de) | 18 | 41 | J5 |
| Montes | 14 | 53 | N5 |
| Montes da Senhora | 5 | 54 | M6 |
| Montes de Cima | 8 | 88 | U4 |
| Montes Novos | 8 | 89 | U6 |
| Montesinho | 4 | 28 | G9 |
| Montesinho (Parque Natural de) | 4 | 28 | G9 |
| Montesinho (Serra de) | 4 | 28 | G9 |
| Montevil | 15 | 65 | Q4 |
| Montijo | 15 | 64 | P3 |
| Montinho | 12 | 66 | O8 |
| Montinho da Dourada | 12 | 66 | O6 |
| Montoito | 7 | 66 | Q7 |
| Montouto | 4 | 28 | G9 |
| Mora (Bragança) | 4 | 29 | H10 |
| Mora (Évora) | 7 | 65 | P5 |
| Morais | 4 | 28 | H9 |
| Moreanes | 2 | 78 | T7 |
| Moreira | 16 | 12 | F4 |
| Moreira de Rei | 9 | 42 | J8 |
| Moreira do Castelo | 3 | 27 | H5 |
| Moreira do Rei | 3 | 27 | H5 |
| Moreiras | 17 | 28 | H7 |
| Morgade | 17 | 27 | G6 |
| Morgadinho | 2 | 89 | T5 |
| Morgavel (Barragem de) | 15 | 76 | S3 |
| Mortágua | 18 | 41 | K5 |
| Mós (Guarda) | 9 | 42 | I8 |
| Mós (perto de Bragança) | 4 | 28 | G9 |
| Mós (perto de Torre de Moncorvo) | 4 | 28 | I9 |
| Mós (Viseu) | 18 | 41 | J5 |
| Mós (Ribeira de) | 4 | 42 | I9 |
| Moscavide | 11 | 64 | P2 |
| Mosteiro (Beja) | 2 | 77 | S6 |
| Mosteiro (Castelo Branco) | 5 | 53 | M6 |
| Mosteiro (Guarda) | 9 | 41 | J7 |
| Mosteiro (Leiria) | 10 | 53 | M5 |
| Mosteiros | 12 | 66 | O8 |
| Mosteiros | 20 | 107 | J18 |
| Motrinos | 7 | 66 | Q7 |
| Mouços | 17 | 27 | I6 |
| Moura | 2 | 78 | R7 |
| Mourão (Bragança) | 4 | 28 | I8 |
| Mourão (Évora) | 7 | 78 | Q7 |
| Mourão (Albufeira de) | 7 | 78 | Q8 |
| Mouraz | 18 | 41 | K5 |
| Moure (perto de Barcelos) | 3 | 26 | H4 |
| Moure (perto de Vila Verde) | 3 | 26 | H4 |
| Mourilhe | 17 | 27 | G6 |
| Mouriscas | 14 | 53 | N5 |
| Mouriz | 13 | 27 | I4 |
| Mouro | 16 | 13 | F4 |
| Mouronho | 6 | 41 | L5 |
| Moutedo | 1 | 40 | K4 |
| Moz de Celas | 4 | 28 | G9 |
| Mozelos | 18 | 41 | J6 |
| Mu | 2 | 89 | T5 |
| Muda | 15 | 76 | S3 |
| Muge | 14 | 65 | O3 |
| Muge (Ribeira de) | 14 | 65 | O4 |
| Mundão | 18 | 41 | J6 |
| Muradal (Serra do) | 5 | 54 | M6 |
| Murça (Guarda) | 9 | 42 | I8 |
| Murça (Vila Real) | 17 | 28 | H7 |
| Murgeira | 11 | 64 | P2 |
| Múrias | 4 | 28 | H8 |
| Muro | 13 | 26 | I4 |
| Murtede | 6 | 40 | K4 |
| Murteirinha | 5 | 54 | M6 |
| Murtigão (Barragem de ) | PRT | 78 | R8 |
| Murtosa | 1 | 40 | J4 |
| Musgos | 7 | 78 | R7 |
| Muxagata | 9 | 42 | I8 |

## LISBOA

| | | |
|---|---|---|
| Alfândega (R. da) | LZ | 10 |
| António Maria Cardoso (R.) | JZ | 21 |
| Atalaia (R. da) | JY | 28 |
| Augusta (R.) | KY | |
| Augusto Rosa (R.) | LY | 31 |
| Barão (R. do) | LY | 33 |
| Bartolomeu de Gusmão (R.) | LY | 36 |
| Cais de Santarém (R. do) | LZ | 49 |
| Carmo (R. do) | KY | 63 |
| Chafariz de Dentro (L. do) | MY | 71 |
| Chão da Feira (R. do) | LY | 70 |
| Chiado (L. do) | KY | 72 |
| Conceição da Glória (R.) | JX | 75 |
| Correeiros (R. dos) | KY | 82 |
| Corvos (R. dos) | MX | 85 |
| Cruzes da Sé (R.) | LZ | 90 |
| Diário de Notícias (R. do) | JY | 91 |
| Dom João da Câmara (Pr.) | KX | 97 |
| Escolas Gerais (R. das) | LY | 118 |
| Fanqueiros (R. dos) | KY | 127 |
| Funil (Trav. do) | LY | 148 |
| Garrett (R.) | KY | |
| Glória (Calç. da) | JX | 151 |
| Graça (Calç. da) | LX | 152 |
| Guilherme Braga (R.) | LY | 154 |
| Instituto Bacteriológico (R. do) | KV | 160 |
| Jardim do Tabaco (R. do) | MY | 165 |
| Limoeiro (R. do) | LY | 175 |
| Martim Moniz (L.) | KX | 184 |
| Misericórdia (R. da) | JY | 190 |
| Norberto de Araújo (R.) | LY | 193 |
| Norte (R. do) | JY | 194 |
| Ouro (R. do) | KY | |
| Portas do Sol (L. das) | JX | 210 |
| Prata (R. da) | KY | |
| Regueira (R. da) | LY | 214 |
| Rodrigues de Freitas (L.) | LX | 220 |
| Sacramento (Calç. do) | KY | 225 |
| Salvador (R. do) | LY | 226 |
| Santa Catarina (R. de) | JY | 228 |
| Santa Justa (R. de) | KY | 229 |
| Santa Luzia (Trav. de) | LY | 231 |
| Santo António da Sé (L.) | LY | 233 |
| Santo António dos Capuchos (R.) | KV | 234 |
| Santo Estêvão (Escadinhas de) | MY | 236 |
| Sapateiros (R. dos) | KY | 258 |
| Serpa Pinto (R.) | KZ | 262 |
| S. Domingos (L. de) | KX | 240 |
| S. Francisco (Calç. de) | KZ | 243 |
| S. João da Praça (R. de) | LY | 246 |
| S. Miguel (R. de) | LY | 249 |
| S. Pedro de Alcântara (R. de) | JX | 252 |
| S. Pedro (R. de) | LY | 250 |
| S. Tiago (R. de) | LY | 253 |
| S. Tomé (R. de) | LX | 255 |
| S. Vicente (Calç. de) | LX | 256 |
| Terreiro do Trigo (R. do) | LY | 267 |
| Vigário (R. do) | MY | 270 |

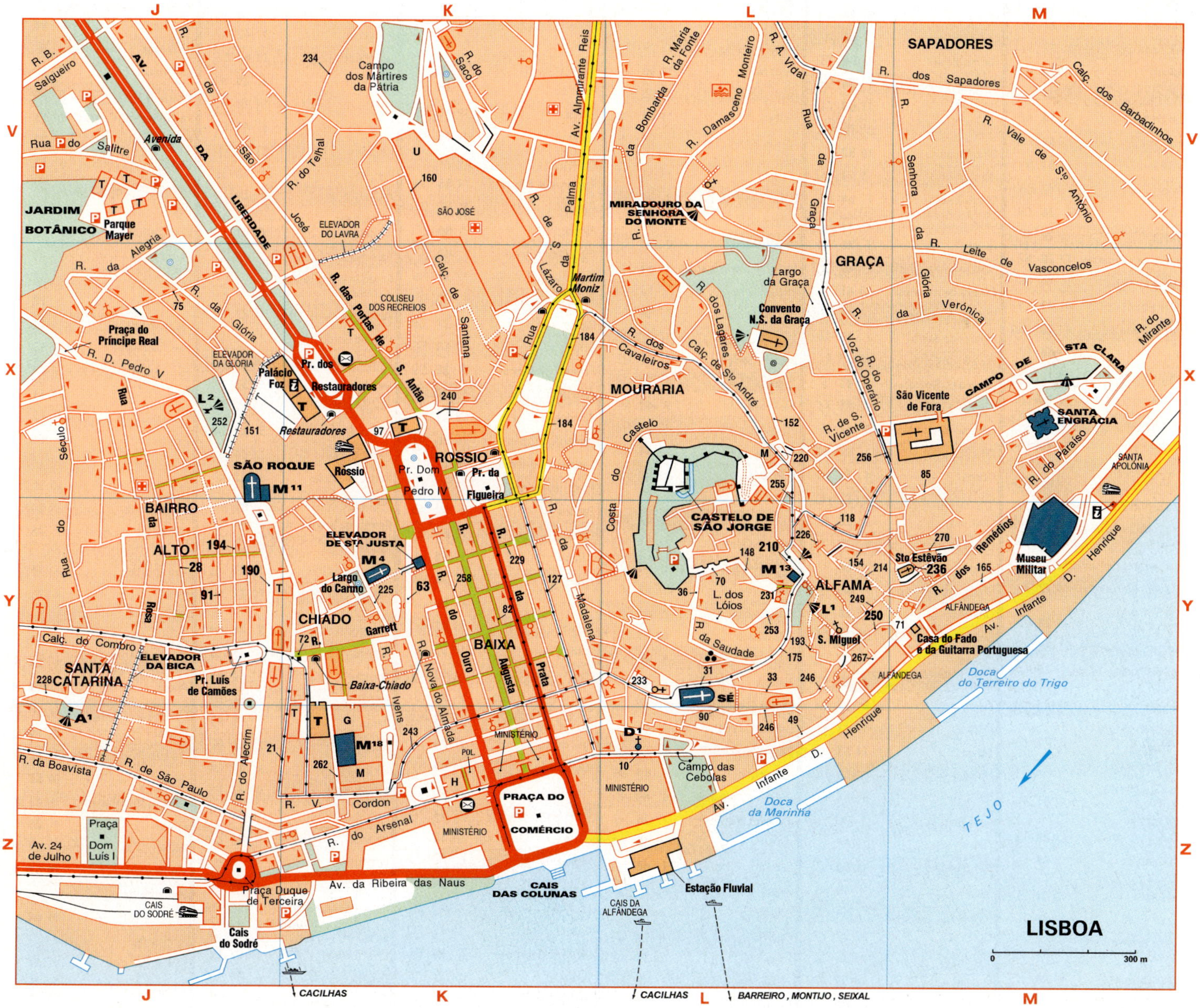

| | | |
|---|---|---|
| Alto de Santa Catarina | JZ | A[1] |
| Casa do Alentejo | KX | C[4] |
| Igreja da Conceição Velha | LZ | D[1] |
| Igreja do Carmo-Museu Arqueológico | KY | M[4] |
| Miradouro de Santa Luzia | LY | L[1] |
| Museu de Artes Decorativas | LY | M[13] |
| Museu de Arte Sacra de São Roque | JXY | M[11] |
| Museu Nacional do Chiado | KZ | M[18] |

| | | | |
|---|---|---|---|
| **N** | | | |
| Nabais | 9 | 41 | K7 |
| Nabão | PRT | 53 | M4 |
| Nabo | 4 | 28 | I8 |
| Nadadouro | 10 | 52 | N2 |
| Nagosa | 18 | 41 | I7 |
| Nagozelo do Douro | 18 | 28 | I7 |
| Namorados | 2 | 77 | T6 |
| Nantes | 17 | 28 | G7 |
| Nariz | 1 | 40 | K4 |
| Navais | 13 | 26 | H3 |
| Nave (Guarda) | 9 | 42 | K9 |
| Nave (Portalegre) | 12 | 66 | O8 |
| Nave de Haver | 9 | 42 | K9 |
| Nave Redonda (Beja) | 2 | 89 | T4 |
| Nave Redonda (Guarda) | 9 | 42 | J9 |
| Nazaré | 10 | 52 | N2 |
| Negrões | 17 | 27 | G6 |
| Neiva | | 26 | H3 |
| Nelas | 18 | 41 | K6 |
| Nesperal | 5 | 53 | M5 |
| Nespereira | 3 | 27 | H5 |
| Neves (Serra das) | 2 | 77 | S4 |
| Nevolgide | 3 | 26 | H4 |
| Nine | 3 | 26 | H4 |
| Ninho do Açor | 5 | 54 | M7 |
| Nisa | 12 | 54 | N7 |
| Nisa (Ribeira de) | 12 | 54 | N7 |
| Noéme | 9 | 42 | K8 |
| Nogueira | 4 | 28 | G9 |
| Nogueira | 13 | 26 | I4 |
| Nogueira da Montanha | 17 | 28 | H7 |
| Nogueira do Cima | 1 | 40 | J4 |
| Nogueira do Cravo | 6 | 41 | K6 |
| Nogueira (Serra de) | 4 | 28 | H9 |
| Nora | 7 | 66 | P7 |
| Nordeste | 20 | 107 | J20 |
| Nordestinho | 20 | 107 | J20 |
| Norte Grande | 20 | 107 | G11 |
| Norte Pequeno | 20 | 107 | H11 |
| Nossa Senhora da Boa Fé | 7 | 65 | Q5 |
| Nossa Senhora da Graça | 17 | 27 | H6 |
| Nossa Senhora da Graça do Divor | 7 | 65 | Q6 |
| Nossa Senhora da Penha | 12 | 54 | N7 |
| Nossa Senhora da Penha | 15 | 77 | R4 |
| Nossa Senhora da Pineda | 16 | 27 | G5 |
| Nossa Senhora da Serra | 4 | 28 | G9 |
| Nossa Senhora da Taude | 1 | 40 | J4 |
| Nossa Senhora da Torega | 7 | 65 | Q5 |
| Nossa Senhora das Neves | 2 | 77 | R6 |
| Nossa Senhora de Ares | 7 | 77 | Q6 |
| Nossa Senhora de Machede | 7 | 66 | Q6 |
| Nossa Senhora do Assunção | 13 | 26 | H4 |
| Nossa Senhora do Cabo | 15 | 64 | Q2 |
| Nossa Senhora dos Remédios | 18 | 41 | I6 |
| Noura | 17 | 28 | H7 |
| Nova da Baronia (Ribeira) | PRT | 77 | R5 |
| Nozelos (Bragança) | 4 | 28 | I8 |
| Nozelos (Vila Real) | 17 | 28 | G8 |
| Numão | 9 | 42 | I8 |
| Nunes | 4 | 28 | G9 |
| **O** | | | |
| O Sítio | 10 | 52 | N2 |
| Óbidos | 10 | 52 | N2 |
| Óbidos (Lagoa de) | 10 | 52 | N2 |
| Ocreza | PRT | 54 | M7 |
| Odearce (Ribeira de) | 2 | 77 | R6 |
| Odeceixe | 8 | 88 | T3 |
| Odeleite | 8 | 90 | T7 |
| Odeleite (Ribeira de) | 8 | 89 | U6 |
| Odelouca (Ribeira de) | 8 | 89 | U4 |
| Odemira | 2 | 76 | T4 |
| Odiáxere | 8 | 88 | U4 |
| Odivelas (Beja) | 2 | 77 | R5 |
| Odivelas (Lisboa) | 11 | 64 | P2 |
| Odivelas (Barragem de) | 2 | 77 | R5 |
| Odivelas (Ribeira de) | PRT | 77 | R5 |
| Oeiras | 11 | 64 | P2 |
| Oeiras (Ribeira de) | 2 | 77 | T6 |
| Ofir | 3 | 26 | H3 |
| Oiã | 1 | 40 | K4 |
| Olalhas | 14 | 53 | N5 |
| Olas | 18 | 42 | I8 |
| Oldrões | 13 | 27 | I5 |
| Oledo | 5 | 54 | M8 |
| Oleiros (Aveiro) | 1 | 40 | J4 |
| Oleiros (Beja) | 2 | 88 | T3 |
| Oleiros (Castelo Branco) | 5 | 54 | M6 |
| Olhalvo | 11 | 64 | O2 |
| Olhão | 8 | 89 | U6 |
| Olho Marinho | 10 | 52 | O2 |
| Olivais (Leiria) | 10 | 53 | M3 |
| Olivais (Lisboa) | 11 | 64 | P2 |
| Olival | 14 | 53 | M4 |
| Oliveira | 3 | 26 | H4 |
| Oliveira de Azeméis | 1 | 40 | J4 |
| Oliveira de Barreiros | 18 | 41 | K6 |
| Oliveira de Frades | 18 | 41 | J5 |
| Oliveira do Bairro | 1 | 40 | K4 |
| Oliveira do Conde | 18 | 41 | K6 |
| Oliveira do Douro | 18 | 41 | I5 |
| Oliveira do Hospital | 6 | 41 | K6 |
| Oliveira do Mondego | 6 | 41 | L5 |
| Oliveirinha | 1 | 40 | K4 |
| Olmos | 4 | 28 | H9 |
| Olo | | 27 | H6 |
| Onor (R.) | 4 | 28 | G10 |
| Orada (Beja) | 2 | 78 | R7 |
| Orada (Évora) | 7 | 66 | P7 |
| Orada (Convento da) | 7 | 66 | Q7 |
| Orbacém | 16 | 26 | G3 |
| Orca | 5 | 54 | L7 |
| Ordem | 2 | 78 | R6 |
| Oriola | 7 | 77 | R6 |
| Oriz | 3 | 27 | G4 |
| Orjais | 5 | 41 | K7 |
| Ortiga | 14 | 53 | N5 |
| Ortigosa | 10 | 53 | M3 |
| Orvalho | 5 | 54 | L6 |
| Ossa (Serra de) | 7 | 66 | P6 |
| Ota | 11 | 64 | O3 |
| Ota (Ribeira de) | 11 | 64 | O2 |
| Ouca | 1 | 40 | K4 |
| Ouguela | 12 | 66 | O8 |
| Oura | 17 | 27 | H7 |
| Oural | 3 | 26 | G4 |
| Ourém | 14 | 53 | N4 |
| Ourentã | 6 | 40 | K4 |
| Ourique | 2 | 77 | T5 |
| Ourondo | 5 | 54 | L6 |
| Ourozinho | 18 | 42 | J7 |
| Outão | 15 | 64 | Q3 |
| Outeiro (Bragança) | 4 | 28 | G10 |
| Outeiro (Évora) | 7 | 66 | Q7 |
| Outeiro (Leiria) | 10 | 53 | M4 |
| Outeiro (Viana do Castelo) | 16 | 26 | G3 |
| Outeiro (Vila Real) | 17 | 27 | G6 |
| Outeiro Alvo | 16 | 13 | F5 |
| Outeiro da Cabeça | 11 | 64 | O2 |
| Outeiro da Cortiçada | 14 | 52 | O3 |
| Outeiro de Gatos | 9 | 42 | J8 |
| Outeiro Seco | 17 | 28 | G7 |
| Outiz | 3 | 26 | H4 |
| Ouzilhão | 4 | 28 | G9 |
| Ovadas | 18 | 41 | I6 |
| Ovar | 1 | 40 | J4 |
| Ovar (Canal de) | PRT | 40 | J3 |
| Ovelha | PRT | 27 | I5 |
| **P** | | | |
| Paço | 4 | 28 | G9 |
| Paço de Arcos | 11 | 64 | P2 |
| Paço de Sousa | 13 | 27 | I4 |
| Paço dos Negros | 14 | 65 | O4 |
| Paços de Ferreira | 13 | 27 | I4 |
| Paços de Gaiolo | 13 | 27 | I5 |
| Paços Novos | 14 | 65 | O4 |
| Paços Velhos | 14 | 65 | O4 |
| Padeiro | 14 | 65 | P4 |
| Paderne (Faro) | 8 | 89 | U5 |
| Paderne (Viana do Castelo) | 16 | 13 | F5 |
| Padim de Graça | 3 | 26 | H4 |
| Padornelo | 16 | 26 | G4 |
| Padrão (Beja) | 2 | 77 | S6 |
| Padrão (Castelo Branco) | 5 | 54 | N6 |
| Padrão (Leiria) | 10 | 53 | M3 |
| Padrão de Moreira | 13 | 26 | I4 |
| Padrela | 17 | 27 | H7 |
| Padrela (Serra da) | 17 | 27 | H7 |
| Padroso | 17 | 27 | G6 |
| Pai Penela | 9 | 42 | J8 |
| Pai Torto | 17 | 28 | H8 |
| Paiágua | 5 | 54 | M6 |
| Paialvo | 14 | 53 | N4 |
| Paião | 6 | 53 | L3 |
| Pailobo | 9 | 42 | K9 |
| Paio Mendes | 14 | 53 | M5 |
| Paio Pires | 15 | 64 | Q2 |
| Paiva | PRT | 41 | J6 |
| Pala (Guarda) | 9 | 42 | J8 |
| Pala (Viseu) | 18 | 41 | K5 |
| Palaçoulo | 4 | 29 | H10 |
| Palhaça | 1 | 40 | K4 |
| Palhais (Castelo Branco) | 5 | 53 | M5 |
| Palhais (Guarda) | 9 | 41 | J7 |
| Palhais (Setúbal) | 15 | 64 | Q2 |
| Palheirinhos | 8 | 89 | U6 |
| Palheiros (Coimbra) | 6 | 40 | K4 |
| Palheiros (Vila Real) | 17 | 28 | H7 |
| Palma | 15 | 65 | Q4 |
| Palmaz | 1 | 40 | J4 |
| Palme | 3 | 26 | H3 |
| Palmeira | 3 | 26 | H4 |
| Palmela | 15 | 64 | Q3 |
| Palvarinho | 5 | 54 | M7 |
| Pampilhosa | 1 | 40 | K4 |
| Pampilhosa da Serra | 6 | 54 | L6 |
| Panasqueira | 2 | 77 | R5 |
| Panoias | 2 | 77 | S5 |
| Panoias de Cima | 9 | 42 | K8 |
| Panque | 3 | 26 | H4 |
| Papoa | 10 | 52 | N1 |
| Parada | | 41 | K5 |
| Parada (Bragança) | 4 | 28 | G9 |
| Parada (Guarda) | 9 | 42 | K8 |
| Parada de Bouro | 3 | 27 | H5 |
| Parada de Cunhos | 17 | 27 | I6 |
| Parada de Ester | 18 | 41 | J5 |
| Parada de Gonta | 18 | 41 | K5 |
| Parada de Monteiros | 17 | 27 | H6 |
| Parada de Pinhão | 17 | 27 | H7 |
| Paradança | 17 | 27 | H6 |
| Paradela (Aveiro) | 1 | 40 | J4 |
| Paradela (perto de Chaves) | 17 | 28 | G7 |
| Paradela (perto de Miranda do Douro) | 4 | 29 | H11 |
| Paradela (perto de Mogadouro) | 4 | 28 | H9 |
| Paradela (Viana do Castelo) | 16 | 27 | G5 |
| Paradela (Viseu) | 18 | 41 | I7 |
| Paradela (Barragem de) | 17 | 27 | G6 |
| Paradinha (Bragança) | | 28 | G10 |
| Paradinha (Viseu) | 4 | 28 | I7 |
| Paradinha Nova | 4 | 28 | H10 |
| Paraiso | 1 | 41 | I5 |
| Parâmio | 4 | 28 | G9 |
| Paramos | 1 | 40 | J4 |
| Paranho | 18 | 41 | K5 |
| Paranhos | 9 | 41 | K6 |
| Parceiros | 10 | 53 | M3 |
| Parceiros de São João | 14 | 53 | N4 |
| Parchal | 8 | 88 | U4 |
| Pardais | 7 | 66 | P7 |
| Pardelhas (Aveiro) | 1 | 40 | J4 |
| Pardelhas (Vila Real) | 17 | 27 | H6 |
| Pardilhó | 1 | 40 | J4 |
| Pardornelos | 17 | 27 | G6 |
| Parede | 11 | 64 | P1 |
| Paredes (Bragança) | 4 | 28 | G9 |
| Paredes (Porto) | 13 | 27 | I5 |
| Paredes da Beira | 18 | 41 | I7 |
| Paredes de Coura | 16 | 26 | G4 |
| Paredes de Viadores | 13 | 27 | I5 |
| Pargo (Ponta do) | 31 | 88 | AY |
| Parizes | 8 | 89 | U6 |
| Parra | 12 | 66 | O8 |
| Partida | 5 | 54 | L7 |
| Passos | 4 | 28 | H8 |
| Patacão | 8 | 89 | U6 |
| Pataias | 10 | 52 | M3 |
| Pataias Gare | 10 | 52 | N3 |
| Paul | 11 | 64 | O2 |
| Paúl (Castelo Branco) | 5 | 54 | L7 |
| Paúl (Santarém) | 14 | 53 | N5 |
| Paúl do Mar | 31 | 88 | AY |
| Pavia | 7 | 65 | P5 |
| Pavia (Rio) | 18 | 41 | K5 |
| Pé da Serra (Portalegre) | 12 | 54 | N7 |
| Pé da Serra (Santarém) | 14 | 52 | N3 |
| Pechão | 8 | 89 | U6 |
| Pedome | 17 | 28 | G8 |
| Pedorido | 1 | 40 | I4 |
| Pedra do Ouro | 10 | 52 | M2 |
| Pedra Furada | 3 | 26 | H4 |
| Pedrada | 16 | 27 | G5 |
| Pedraído | 3 | 27 | H5 |
| Pedralva | 8 | 88 | U3 |
| Pedrario | 17 | 27 | G7 |
| Pedras Brancas | 2 | 77 | S5 |
| Pedras de El Rei | 8 | 89 | U7 |
| Pedras Negras | 10 | 52 | M2 |
| Pedras Salgadas | 17 | 27 | H7 |
| Pedreira | 14 | 53 | N4 |
| Pedreira | 20 | 107 | J20 |
| Pedreiras | 10 | 52 | N3 |
| Pedrógão (Beja) | 2 | 78 | R7 |
| Pedrógão (Castelo Branco) | 5 | 54 | L8 |
| Pedrógão (Évora) | 7 | 65 | P5 |
| Pedrógão (Leiria) | 10 | 52 | M3 |
| Pedrógão (Santarém) | 14 | 53 | N4 |
| Pedrógão Grande | 10 | 53 | M5 |
| Pedrógão Pequeno | 5 | 53 | M5 |
| Pega | 9 | 42 | K8 |
| Pega (Ribeira da) | PRT | 42 | K8 |
| Pegarinhos | 17 | 28 | H7 |
| Pego | 14 | 53 | N5 |
| Pego do Altar (Barragem de) | 15 | 65 | Q4 |
| Pegões-Estação | 15 | 65 | P4 |
| Pelados | 8 | 89 | U6 |
| Pelariga | 10 | 53 | M4 |
| Pelmá | 10 | 53 | M4 |
| Pena | 8 | 89 | U5 |
| Pena Lobo | 9 | 42 | K7 |
| Pena (Parque da) | 11 | 64 | P1 |
| Pena Róia | 4 | 28 | H10 |
| Penabeice | 17 | 28 | H7 |
| Penacova | 6 | 41 | L5 |
| Penafiel | 13 | 27 | I5 |
| Penalva | 2 | 78 | S8 |
| Penalva de Alva | 6 | 41 | L6 |
| Penalva do Castelo | 18 | 41 | J6 |
| Penamacor | 5 | 54 | L8 |
| Peneda-Gerês (Parque nacional da) | PRT | 27 | G5 |
| Peneda (Serra da) | 16 | 27 | G4 |
| Penedo Gordo | 2 | 77 | S6 |
| Penedono | 18 | 42 | J7 |
| Penela | 6 | 53 | L4 |
| Penela da Beira | 18 | 42 | I7 |
| Penha (Braga) | 3 | 27 | H5 |
| Penha (Portalegre) | 12 | 66 | O7 |
| Penha de Aguia | 9 | 42 | J8 |
| Penha Garcia | 5 | 55 | L8 |
| Penhas da Saúde | 9 | 41 | L7 |
| Penhas Juntas | 4 | 28 | G8 |
| Penhascoso | 14 | 53 | N5 |
| Peniche | 10 | 52 | N1 |
| Penida (Barragem da) | 3 | 26 | H4 |
| Penilhos | 2 | 77 | T6 |
| Peninha | 11 | 64 | P1 |
| Pensalvos | 17 | 27 | H7 |
| Penso | | 13 | F5 |
| Pepim | 18 | 41 | J6 |
| Pêra | 8 | 89 | U4 |
| Pêra do Moço | 9 | 42 | K8 |
| Pêra Velha | 18 | 41 | J7 |
| Peraboa | 5 | 41 | L7 |
| Perafita | 13 | 26 | I3 |
| Perais | 5 | 54 | M7 |
| Peral (Castelo Branco) | 5 | 54 | M6 |
| Peral (Faro) | 8 | 89 | U6 |
| Peral (Lisboa) | 11 | 52 | O2 |
| Peralva | 8 | 89 | U6 |
| Peramanca (Ribeira de) | 7 | 65 | Q5 |
| Perdigão | 5 | 54 | M6 |
| Peredo | 4 | 28 | H9 |
| Peredo da Bemposta | 4 | 28 | I10 |
| Peredo dos Castelhanos | 4 | 42 | I8 |
| Pereira (Bragança) | 4 | 28 | H8 |
| Pereira (Coimbra) | 6 | 40 | L4 |
| Pereira (Faro) | 8 | 88 | U4 |
| Pereira (Vila Real) | 17 | 27 | G6 |
| Pereiras | 2 | 89 | T4 |
| Pereiro (Faro) | 8 | 90 | T7 |
| Pereiro (Guarda) | 9 | 42 | J8 |
| Pereiro (perto de Mação) | 14 | 53 | N5 |
| Pereiro (perto de Tomar) | 14 | 53 | M4 |
| Pereiro (Viseu) | 18 | 41 | J5 |
| Pereiro de Palhacana | 11 | 64 | O2 |
| Pereiros | 4 | 28 | I8 |
| Perelhal | 3 | 26 | H3 |
| Pergulho | 5 | 54 | M6 |
| Perna Seca | 8 | 89 | T5 |
| Pernes | 14 | 53 | N3 |
| Pêro Moniz | 11 | 64 | O2 |
| Pêro Negro | 8 | 88 | U3 |
| Pêro Pinheiro | 11 | 64 | P2 |
| Pêro Soares | 9 | 42 | K8 |
| Pêro Viseu | 5 | 54 | L7 |
| Peroguarda | 2 | 77 | R5 |
| Perozinho | 13 | 40 | I4 |
| Pesinho | 5 | 54 | L7 |
| Peso (Beja) | 2 | 78 | R6 |
| Peso (Bragança) | 4 | 28 | H10 |
| Peso (Castelo Branco) | 5 | 54 | L7 |
| Peso (Viana do Castelo) | 16 | 13 | F5 |
| Peso da Régua | 17 | 27 | I6 |
| Pessegueiro (Coimbra) | 6 | 53 | L5 |
| Pessegueiro (Faro) | 8 | 89 | T6 |
| Peta | 14 | 65 | O4 |
| Peva (Guarda) | 9 | 42 | J9 |
| Peva (Viseu) | 18 | 41 | J6 |
| Pião | 7 | 78 | Q8 |
| Pias (Beja) | 2 | 78 | R7 |
| Pias (Évora) | 7 | 66 | Q7 |
| Pias (Santarém) | 14 | 53 | M5 |
| Pias (Viana do Castelo) | 16 | 12 | F4 |
| Picão | 18 | 41 | J6 |
| Piçarras | 2 | 77 | T5 |
| Picarrel | 7 | 66 | Q7 |
| Pico | 20 | 107 | H10 |
| Pico Alto | 20 | 107 | M20 |
| Pico da Pedra | 20 | 107 | J19 |
| Pico de Regalados | 3 | 26 | G4 |
| Pico (Ilha do) | 20 | 107 | H10-H11 |
| Picões | 4 | 28 | I9 |
| Picoitos | 2 | 78 | T7 |
| Picote | 4 | 29 | H10 |
| Picote (Barragem de) | 4 | 29 | H10 |
| Picoto | 13 | 40 | I4 |
| Piedade | 1 | 40 | K4 |
| Piedade | 20 | 107 | H11 |
| Piedade (Ponta da) | 8 | 88 | U3 |
| Pilado | 10 | 52 | M3 |
| Pindelo dos Milagres | 18 | 41 | J6 |
| Pinela | 4 | 28 | G9 |
| Pinelo | 4 | 29 | H10 |
| Pingarelhos | 10 | 53 | L3 |
| Pinhal do Norte | 4 | 28 | I7 |
| Pinhal Novo | 15 | 64 | Q3 |
| Pinhancos | 9 | 41 | K6 |
| Pinhão | 17 | 27 | I7 |
| Pinheiro (Braga) | 3 | 27 | H5 |
| Pinheiro (Guarda) | 9 | 41 | J7 |
| Pinheiro (perto de Castro Daire) | 18 | 41 | J6 |

| | | | |
|---|---|---|---|
| Pinheiro (perto de Mortágua) | 18 | 41 | K5 |
| Pinheiro (perto de Oliveira de Frades) | 18 | 41 | J5 |
| Pinheiro (Porto) | 13 | 27 | I5 |
| Pinheiro (Setúbal) | 15 | 65 | Q3 |
| Pinheiro da Bemposta | 1 | 40 | J4 |
| Pinheiro de Coja | 6 | 41 | L6 |
| Pinheiro (Estação de) | 15 | 65 | Q3 |
| Pinheiro Grande | 14 | 53 | N4 |
| Pinheiro Novo | 4 | 28 | G8 |
| Pinhel (Guarda) | 9 | 42 | J8 |
| Pinhel (Santarém) | 14 | 53 | N4 |
| Pinho (Vila Real) | 17 | 27 | H7 |
| Pinho (Viseu) | 18 | 41 | J5 |
| Pinoucas | PRT | 41 | K5 |
| Pintado | 14 | 53 | N4 |
| Pínzio | 9 | 42 | K8 |
| Piódão | 6 | 41 | L6 |
| Pipas | 7 | 78 | Q7 |
| Pisão (Aveiro) | 1 | 40 | L4 |
| Pisão (Portalegre) | 12 | 66 | O7 |
| Pisco | 9 | 41 | J7 |
| Pisões (Leiria) | 10 | 52 | N3 |
| Pisões (Vila Real) | 17 | 27 | G6 |
| Pisões-Moura | 2 | 78 | R7 |
| Pitões das Júnias | 17 | 27 | G6 |
| Pó | 10 | 52 | O2 |
| Pocariça | 6 | 40 | K4 |
| Poceirão | 15 | 64 | Q3 |
| Pocinho | 9 | 42 | I8 |
| Pocinho (Barragem do) | 4 | 42 | I8 |
| Poço Barreto | 8 | 89 | U4 |
| Poço dos Cães | 10 | 53 | M4 |
| Poços | 2 | 77 | S5 |
| Podence | 4 | 28 | H9 |
| Podentes | 6 | 53 | L4 |
| Poiares (Bragança) | 4 | 42 | I9 |
| Poiares (Vila Real) | 17 | 27 | I6 |
| Poio (Barragem do) | 12 | 54 | N7 |
| Poiso | 31 | 88 | BY |
| Poldra | 8 | 88 | U3 |
| Polvoeira | 10 | 52 | M2 |
| Pomar | 5 | 54 | M6 |
| Pomarão | 2 | 78 | T7 |
| Pomares (Coimbra) | 6 | 41 | L6 |
| Pomares (Guarda) | 9 | 42 | K8 |
| Pombal (Bragança) | 4 | 28 | I7 |
| Pombal (Leiria) | 10 | 53 | M4 |
| Pombalinho (Coimbra) | 6 | 53 | L4 |
| Pombalinho (Santarém) | 14 | 53 | N4 |
| Pombeiro da Beira | 6 | 41 | L5 |
| Pondras | 17 | 27 | G6 |
| Ponsul (R.) | PRT | 54 | L8 |
| Ponta | 32 | 89 | CX |
| Ponta da Calheta | 31 | 89 | CX |
| Ponta Delgada | 20 | 107 | E2 |
| Ponta Delgada | 20 | 107 | J18 |
| Ponta do Mistério | 20 | 107 | H11 |
| Ponta do Pargo | 31 | 88 | AY |
| Ponta do Sol | 31 | 88 | AY |
| Pontal (Cabo) | 8 | 88 | U3 |
| Pontal (Gruta) | 8 | 89 | U4 |
| Pontão | 10 | 53 | M4 |
| Ponte | 3 | 27 | G4 |
| Ponte da Barca | 16 | 27 | G4 |
| Ponte de Lima | 16 | 26 | G4 |
| Ponte de Sor | 12 | 65 | O5 |
| Ponte de Vagos | 1 | 40 | K3 |
| Ponte Delgada | 31 | 88 | BY |
| Ponte do Abade | 18 | 41 | J7 |
| Ponte do Rol | 11 | 64 | O2 |
| Ponte Nova | 13 | 27 | I5 |
| Ponte Vasco da Gama | 15 | 64 | Q2 |
| Pontével | 14 | 64 | O3 |
| Porches | 8 | 89 | U4 |
| Portagem | 12 | 54 | N7 |
| Portalegre | 12 | 66 | O7 |
| Portalegre (Estação de) | 12 | 66 | O7 |
| Porteirinhos | 2 | 77 | T5 |
| Portel | 7 | 78 | R6 |
| Portela (Faro) | 8 | 89 | U6 |
| Portela (Leiria) | 10 | 64 | O2 |
| Portela (Viana do Castelo) | 16 | 26 | G4 |
| Portela de Santa Eulália | 17 | 27 | H6 |
| Portela de Vade | 3 | 27 | G4 |
| Portela do Fojo | 6 | 53 | M5 |
| Portelas | 8 | 88 | U3 |
| Portelo | 4 | 28 | G9 |
| Portimão | 8 | 88 | U4 |
| Portinho da Arrábida | 15 | 64 | Q3 |
| Porto | 13 | 26 | I4 |
| Porto Alto | 14 | 64 | P3 |
| Porto Carvoeiro | 13 | 40 | I4 |
| Porto Covo | 15 | 76 | S3 |
| Porto da Balça | 6 | 54 | L6 |
| Porto da Cruz | 31 | 88 | BZ |
| Porto da Espada | 12 | 54 | N7 |
| Porto das Barcas | 2 | 76 | T3 |
| Porto de Barcas | 11 | 64 | O1 |
| Porto de Lagos | 8 | 88 | U4 |
| Porto de Mós | 10 | 53 | N3 |
| Porto de Ovelha | 9 | 42 | K9 |
| Porto de Sines | 15 | 76 | S3 |
| Porto do Carro | 10 | 52 | N3 |
| Porto do Codeço | 18 | 41 | J6 |
| Porto Formoso | 20 | 107 | J19 |
| Porto Moniz | 31 | 88 | AY |
| Portos | 16 | 13 | F5 |
| Portunhos | 6 | 40 | L4 |
| Possacos | 17 | 28 | H8 |
| Pousada | 9 | 42 | K8 |
| Pousada da Ria | 1 | 40 | J3 |
| Pousadas Vedras | 10 | 53 | M4 |
| Pousaflores | 10 | 53 | M4 |
| Pousafoles do Bispo | 9 | 42 | K8 |
| Pousos | 10 | 53 | M3 |
| Póvoa (Bragança) | 4 | 29 | H11 |
| Póvoa (Viseu) | 18 | 41 | J6 |
| Póvoa (Barragem da) | 12 | 54 | N7 |
| Póvoa d'El-Rei | 9 | 42 | J8 |
| Póvoa da Atalaia | 5 | 54 | L7 |
| Póvoa da Isenta | 14 | 65 | O3 |
| Póvoa das Quartas | 6 | 41 | K6 |
| Póvoa de Lanhoso | 3 | 27 | H5 |
| Póvoa de Midões | 6 | 41 | K6 |
| Póvoa de Penela | 18 | 42 | I7 |
| Póvoa de Rio de Moinhos | 5 | 54 | M7 |
| Póvoa de Santa Iria | 11 | 64 | P2 |
| Póvoa de Santarém | 14 | 53 | O3 |
| Póvoa de São Miguel (Beja) | 2 | 78 | R8 |
| Póvoa de Varzim | 13 | 26 | H3 |
| Póvoa do Concelho | 9 | 42 | J8 |
| Póvoa e Meadas | 12 | 54 | N7 |
| Povoação | 20 | 107 | J20 |
| Povolide | 18 | 41 | K6 |
| Pracana (Barragem de) | | 54 | N6 |
| Prado | 3 | 26 | H4 |
| Prado Gatão | 4 | 29 | H10 |
| Prados (perto de Celorico da Beira) | 9 | 42 | K7 |
| Prados (perto de Freixedas) | 9 | 42 | J8 |
| Pragança | 11 | 64 | O2 |
| Praia | 20 | 107 | F12 |
| Praia | 20 | 107 | M20 |
| Praia Azul | 11 | 64 | O1 |
| Praia da Aguda | 13 | 40 | I4 |
| Praia da Alagoa | 8 | 90 | U7 |
| Praia da Areia Branca | 11 | 52 | O1 |
| Praia da Árvore | 13 | 26 | I3 |
| Praia da Barra | 1 | 40 | K3 |
| Praia da Bordeira | 8 | 88 | U3 |
| Praia da Calada | 11 | 64 | O1 |
| Praia da Carreagem | 8 | 88 | T3 |
| Praia da Cordama | 8 | 88 | U3 |
| Praia da Falesia | 8 | 89 | U5 |
| Praia da Galé | 8 | 89 | U5 |
| Praia da Ilha | 15 | 76 | S3 |
| Praia da Ilha de Faro | 8 | 90 | V6 |
| Praia da Ilha de Tavira | 8 | 90 | U7 |
| Praia da Manta Rota | 8 | 90 | U7 |
| Praia da Oura | 8 | 89 | U5 |
| Praia da Rocha | 8 | 88 | U4 |
| Praia da Tocha | 6 | 40 | L3 |
| Praia da Vagueira | 1 | 40 | K3 |
| Praia da Vieira | 10 | 52 | M3 |
| Praia da Vitória | 20 | 107 | G14 |
| Praia das Maçãs | 11 | 64 | P1 |
| Praia de Agudela | 13 | 26 | I3 |
| Praia de Areinho | 1 | 40 | J3 |
| Praia de Boa Nova | 13 | 26 | I3 |
| Praia de Cabadelo | 16 | 26 | G3 |
| Praia de Cabanas | 8 | 90 | U7 |
| Praia de Caparica | 15 | 64 | Q2 |
| Praia de Cascais | 11 | 64 | Q1 |
| Praia de Comporta | 15 | 64 | Q3 |
| Praia de Cortegaça | 1 | 40 | J4 |
| Praia de Dona Ana | 8 | 88 | U4 |
| Praia de Ericeira | 11 | 64 | P1 |
| Praia de Esmoriz | 1 | 40 | J4 |
| Praia de Espinho | 1 | 40 | J3 |
| Praia de Faro | 8 | 89 | U6 |
| Praia de Furadouro | 1 | 40 | J3 |
| Praia de Fuseta | 8 | 89 | U6 |
| Praia de Labruge | 13 | 26 | I3 |
| Praia de Lavadores | 13 | 26 | I4 |
| Praia de Leirosa | 6 | 52 | L3 |
| Praia de Magoito | 11 | 64 | P1 |
| Praia de Maria Luisa | 8 | 89 | U5 |
| Praia de Melides | 15 | 76 | R3 |
| Praia de Mira | 6 | 40 | K3 |
| Praia de Monte Branco | 1 | 40 | J3 |
| Praia de Monte Clérigo | 2 | 88 | T3 |
| Praia de Morgavel | 15 | 76 | S3 |
| Praia de Odeceixe | 8 | 88 | T3 |
| Praia de Porto Covo | 15 | 76 | S3 |
| Praia de Quiaios | 6 | 40 | L3 |
| Praia de Ribeiro | 11 | 64 | O1 |
| Praia de Samarra | 11 | 64 | P1 |
| Praia de Santa Cruz | 11 | 64 | O1 |
| Praia de Santo André (Setúbal) | 15 | 76 | R3 |
| Praia de São Lourenço | 11 | 64 | O1 |
| Praia de São Sebastião | 11 | 64 | P1 |
| Praia de São Torpes | 15 | 76 | S3 |
| Praia de Suave Mar | 3 | 26 | H3 |
| Praia do Castelejo | 8 | 88 | U3 |
| Praia do Guincho | 11 | 64 | P1 |
| Praia do Martinhal | 8 | 88 | U3 |
| Praia do Norte | 20 | 107 | H9 |
| Praia do Porto Novo | 11 | 64 | O1 |
| Praia do Rei Cortiço | 10 | 52 | N2 |
| Praia do Ribatejo | 14 | 53 | N4 |
| Praia do Salgado | 10 | 52 | N2 |
| Praia dos Mouranitos | 8 | 88 | U3 |
| Praia dos Tres Irmãos | 8 | 88 | U4 |
| Praia Grande (Lisboa) | 11 | 64 | P1 |
| Praia Nova | 10 | 52 | N2 |
| Praia Velha | 10 | 52 | M2 |
| Praias de Albufeira | 8 | 89 | U4 |
| Prainha | 31 | 107 | H11 |
| Prazeres | 12 | 66 | P7 |
| Prazeres | 31 | 88 | AY |
| Préstimo | 1 | 40 | K4 |
| Proença-a-Nova | 5 | 54 | M6 |
| Proença-a-Velha | 5 | 54 | L8 |
| Prova | 9 | 42 | J7 |
| Provença | 15 | 76 | S3 |
| Provesende | 17 | 27 | I7 |
| Pussos | 10 | 53 | M4 |
| **Q** | | | |
| Quadrazais | 9 | 42 | L9 |
| Quarteira | 8 | 89 | U5 |
| Quartos | 8 | 89 | U5 |
| Quatrim do Sul | 8 | 89 | U6 |
| Quebradas | 11 | 64 | O3 |
| Queimada (Ponta da) | 20 | 107 | H11 |
| Queimadela | 3 | 27 | H5 |
| Queimado (Ponta do) | 20 | 107 | G13 |
| Queirã | 18 | 41 | J5 |
| Queiriga | 18 | 41 | J6 |
| Queiriz | 9 | 41 | J7 |
| Quelfes | 8 | 89 | U6 |
| Queluz | 11 | 64 | P2 |
| Querença | 8 | 89 | U6 |
| Quiaios | 6 | 40 | L3 |
| Quiaios (Dunas de) | 6 | 40 | L3 |
| Quintã (Aveiro) | 1 | 40 | K3 |
| Quintã (Beja) | 2 | 89 | T6 |
| Quinta da Corona | 15 | 77 | S4 |
| Quintã de Pêro Martins | 9 | 42 | J8 |
| Quinta de Santa Maria | 7 | 77 | R5 |
| Quinta do Anjo | 15 | 64 | Q3 |
| Quinta do Lago | 8 | 89 | U5 |
| Quinta do Pinheiro | 12 | 66 | O6 |
| Quinta Nova | 9 | 42 | J8 |
| Quintanilha | 4 | 28 | G10 |
| Quintãs | 1 | 40 | K4 |
| Quintas da Torre | 5 | 54 | L8 |
| Quintas do Norte | 1 | 40 | J3 |
| Quintela de Azurara | 18 | 41 | K6 |
| Quintela de Lampacas | 4 | 28 | H9 |
| Quintos | 2 | 77 | S6 |
| Quirás | 4 | 28 | G8 |
| **R** | | | |
| Rã | 7 | 65 | Q5 |
| Rabaça | 12 | 66 | O8 |
| Rabaçal (Coimbra) | 6 | 53 | L4 |
| Rabaçal (Guarda) | 9 | 42 | J8 |
| Rabaçal (Rio) | PRT | 28 | G8 |
| Rabal | 4 | 28 | G9 |
| Rabo de Peixe | 20 | 107 | J19 |
| Raia (Ribeira da) | PRT | 65 | P5 |
| Raimonda | 13 | 27 | I5 |
| Rainha (Cabeço) | 5 | 54 | M6 |
| Raiva | 1 | 41 | J4 |
| Raiva (Barragem de) | | 41 | L5 |
| Ramalhais | 10 | 53 | M4 |
| Ramalhal | 11 | 64 | O2 |
| Raminho | 20 | 107 | G14 |
| Ramo Alto | 7 | 66 | Q7 |
| Ranhados | 9 | 42 | J8 |
| Raposa | 14 | 65 | O4 |
| Raposeira | 8 | 88 | U3 |
| Rapoula do Côa | 9 | 42 | K8 |
| Rãs (Porto) | 13 | 27 | I5 |
| Rãs (Viseu) | 18 | 41 | J7 |
| Raso (Cabo) | 11 | 64 | P1 |
| Rates | 13 | 26 | H3 |
| Real | 1 | 41 | I5 |
| Rebolia | 6 | 53 | L4 |
| Rebolosa | 9 | 42 | K9 |
| Rebordainhos | 4 | 28 | H9 |
| Rebordãos | 4 | 28 | G9 |
| Rebordelo (Aveiro) | 1 | 40 | J4 |
| Rebordelo (Bragança) | 4 | 28 | G8 |
| Rebordelo (Porto) | 13 | 27 | H6 |
| Rebordões (Porto) | 13 | 26 | H4 |
| Rebordões (Viana do Castelo) | 16 | 26 | G4 |
| Reboreda | 16 | 26 | G3 |
| Reboredo (Serra do) | PRT | 42 | I9 |
| Recarei | 13 | 26 | I4 |
| Redinha | 10 | 53 | L4 |
| Redondelo | 17 | 27 | G7 |
| Redondo | 7 | 66 | Q7 |
| Réfega | 4 | 28 | G10 |
| Refoios do Lima | 16 | 26 | G4 |
| Regadas (Braga) | 3 | 27 | H5 |
| Regadas (Porto) | 13 | 27 | I5 |
| Rego | 3 | 27 | H5 |
| Rego da Barca | 4 | 28 | I8 |
| Rego da Murta | 10 | 53 | M4 |
| Rego (Monte) | 7 | 66 | P8 |
| Regueira de Pontes | 10 | 53 | M3 |
| Reguenga | 13 | 26 | I4 |
| Reguengo (Évora) | 7 | 65 | Q5 |
| Reguengo (Portalegre) | 12 | 66 | O7 |
| Reguengo do Fetal | 10 | 53 | N3 |
| Reguengo Grande | 11 | 52 | O2 |
| Reguengos de Monsaraz | 7 | 78 | Q7 |
| Reigada | 9 | 42 | J9 |
| Reigoso | 17 | 27 | G6 |
| Relíquias (Beja) | 2 | 77 | S4 |
| Reliquias (Évora) | 7 | 66 | P7 |
| Relva | 20 | 107 | J18 |
| Relva da Louça | 5 | 53 | M6 |
| Relvas | 6 | 54 | L6 |
| Remal | 31 | 88 | AY |
| Remédios | 10 | 52 | N1 |
| Remédios | 20 | 107 | J18 |
| Remelhe | 3 | 26 | H4 |
| Remondes | 4 | 28 | H9 |
| Rendo | 9 | 42 | K8 |
| Rendufe | 3 | 27 | H4 |
| Requeixo | 1 | 40 | K4 |
| Reriz | 18 | 41 | J6 |
| Resende | 18 | 41 | I6 |
| Retaxo | 5 | 54 | M7 |
| Retiro | 12 | 66 | P8 |
| Retorta | 2 | 78 | S7 |
| Revel | 17 | 27 | H7 |
| Reveladas | 12 | 66 | N7 |
| Rexaldia | 14 | 53 | N4 |
| Ria Formosa (Parque Natural da) | 8 | 90 | V6 |
| Riachos | 14 | 53 | N4 |
| Riba d'Ave | 3 | 26 | H4 |
| Riba de Mouro | 16 | 13 | F5 |
| Ribadouro | 13 | 41 | I5 |
| Ribafeita | 18 | 41 | J6 |
| Ribafria | 10 | 52 | O2 |
| Ribalonga (Bragança) | 4 | 28 | I7 |
| Ribalonga (Vila Real) | 17 | 27 | H7 |
| Ribamar (perto de Ericeira) | 11 | 64 | O1 |
| Ribamar (perto de Lourinhã) | 11 | 64 | O1 |
| Ribamondego | 9 | 41 | K7 |
| Ribeira (Aveiro) | 1 | 40 | J4 |
| Ribeira (Coimbra) | 6 | 53 | L5 |
| Ribeira Brava | 31 | 88 | AY |
| Ribeira Cha | 20 | 107 | J19 |
| Ribeira da Janela | 31 | 88 | AY |
| Ribeira de Fraguas | 1 | 40 | J4 |
| Ribeira de Pena | 17 | 27 | H6 |
| Ribeira do Seissal | 2 | 76 | S4 |
| Ribeira dos Carinhos | 9 | 42 | K8 |
| Ribeira Grande | 20 | 107 | J19 |
| Ribeira (Ponta da) | 20 | 107 | J20 |
| Ribeira Quente | 20 | 107 | J20 |
| Ribeira Seca | 20 | 107 | H12 |
| Ribeira Seca | 20 | 107 | J19 |
| Ribeiradio | 18 | 41 | J5 |
| Ribeirão | 3 | 26 | H4 |
| Ribeiras | 20 | 107 | H11 |
| Ribeirinha | 4 | 28 | H8 |
| Ribeirinha | 20 | 107 | G14 |
| Ribeirinha | 20 | 107 | J19 |
| Ribeiro Frio | 31 | 88 | BY |
| Ribolhos | 18 | 41 | J6 |
| Rio de Couros | 14 | 53 | M4 |
| Rio de Mel | 9 | 42 | J7 |
| Rio de Moinhos (Beja) | 2 | 77 | S5 |
| Rio de Moinhos (Évora) | 7 | 66 | P7 |
| Rio de Moinhos (Santarém) | 14 | 53 | N5 |
| Rio de Moinhos (Setúbal) | 15 | 77 | R5 |
| Rio de Moinhos (Viseu) | 18 | 41 | J6 |
| Rio de Mouro | 11 | 64 | P1 |
| Rio de Onor | 4 | 28 | G10 |
| Rio Douro | 3 | 27 | H6 |
| Rio Frio (Bragança) | 4 | 28 | G10 |
| Rio Frio (Setúbal) | 15 | 64 | P3 |
| Rio Frio (Viana do Castelo) | 16 | 26 | G4 |
| Rio Maior | 14 | 52 | N3 |
| Rio Mau (Braga) | 3 | 26 | G4 |
| Rio Mau (Porto) | 13 | 26 | H3 |
| Rio Milheiro | 18 | 41 | K5 |
| Rio Seco | 8 | 90 | U7 |
| Rio Torto (Guarda) | 9 | 41 | K7 |
| Rio Torto (Vila Real) | 17 | 28 | H8 |
| Rio Vide | 6 | 53 | L5 |
| Riodades | 18 | 41 | I7 |
| Roca (Cabo da) | 11 | 64 | P1 |
| Rocamondo | 9 | 42 | K8 |
| Rocas do Vouga | 1 | 40 | J4 |
| Rocha dos Bordões | 20 | 107 | E2 |
| Rochoso | 9 | 42 | K8 |
| Roda Grande | 14 | 53 | N4 |
| Rogil | 8 | 88 | T3 |
| Rogodeiro | 4 | 28 | H8 |
| Rojão | 18 | 41 | K5 |

| | | | |
|---|---|---|---|
| Rolão | 2 | 77 | S6 |
| Roliça | 10 | 52 | O2 |
| Romã | 11 | 64 | O2 |
| Romarigães | 16 | 26 | G4 |
| Romariz | 1 | 40 | J4 |
| Romãs | 18 | 41 | J7 |
| Romeira | 14 | 53 | O3 |
| Romeu | 4 | 28 | H8 |
| Roncão | 2 | 78 | T7 |
| Ronfe | 3 | 27 | H4 |
| Roriz (Braga) | 13 | 27 | H4 |
| Roriz (Porto) | 3 | 26 | H4 |
| Roriz (Viseu) | 18 | 41 | J6 |
| Rosais | 20 | 107 | G11 |
| Rosais (Ponta dos) | 20 | 107 | G11 |
| Rosário (Beja) | 2 | 77 | T5 |
| Rosário (Évora) | 7 | 66 | Q7 |
| Rosmaninhal (Castelo Branco) | 5 | 54 | M8 |
| Rosmaninhal (Portalegre) | 12 | 53 | O6 |
| Rossão | 18 | 41 | J6 |
| Rossas (Aveiro) | 1 | 41 | J5 |
| Rossas (Braga) | 3 | 27 | H5 |
| Rossio ao Sul do Tejo | 14 | 53 | N5 |
| Rouças | 16 | 27 | G5 |
| Roxo (Barragem do) | 2 | 77 | S5 |
| Roxo (Ribeira do) | PRT | 77 | S4 |
| Rua | 18 | 41 | J7 |
| Rubiães | 16 | 26 | G4 |
| Ruivães | 3 | 27 | G5 |
| Ruivo | 2 | 77 | R5 |
| Ruivo do Paúl | 31 | 88 | AY |
| Ruivo (Pico) | 31 | 88 | BY |
| Runa | 11 | 64 | O2 |
| Ruvina | 9 | 42 | K8 |

## S

| | | | |
|---|---|---|---|
| Sá | 17 | 28 | G7 |
| Sabacheira | 14 | 53 | M4 |
| Sabóia | 2 | 77 | T4 |
| Sabor | PRT | 28 | G9 |
| Sabrosa | 17 | 27 | I7 |
| Sabroso | 17 | 27 | H7 |
| Sabugal | 9 | 42 | K8 |
| Sabugal (Barragem do) | 9 | 42 | K8 |
| Sabugo | 11 | 64 | P2 |
| Sabugosa | 18 | 41 | K5 |
| Sabugueiro (Évora) | 7 | 65 | P5 |
| Sabugueiro (Guarda) | 9 | 41 | K7 |
| Sacavém | 11 | 64 | P2 |
| Sado Morgavel (Canal do) | 15 | 77 | S4 |
| Sado (R.) | 15 | 77 | S4 |
| Safara | 2 | 78 | R8 |
| Safira | 7 | 65 | Q5 |
| Safurdão | 9 | 42 | K8 |
| Sago | 16 | 12 | F4 |
| Sagres | 8 | 88 | U3 |
| Sagres (Ponta de) | 8 | 88 | V3 |
| Salamonde | 3 | 27 | G5 |
| Salavessa | 12 | 54 | N7 |
| Saldanha | 4 | 28 | H10 |
| Saldonha | 4 | 28 | H9 |
| Salema | 8 | 88 | U3 |
| Salgueirais | 9 | 41 | K7 |
| Salgueiro (Aveiro) | 1 | 40 | K4 |
| Salgueiro (Bragança) | 4 | 28 | I9 |
| Salgueiro (Castelo Branco) | 5 | 42 | L8 |
| Salgueiro (Leiria) | 10 | 52 | O2 |
| Salgueiro do Campo | 5 | 54 | M7 |
| Salgueiros (Beja) | 2 | 78 | T7 |
| Salgueiros (Vila Real) | 17 | 28 | H7 |
| Salir | 8 | 89 | U5 |
| Salir do Porto | 10 | 52 | N2 |
| Salreu | 1 | 40 | J4 |
| Salsas | 4 | 28 | H9 |
| Salselas | 4 | 28 | H9 |
| Salto (Beja) | 2 | 77 | S6 |
| Salto (Vila Real) | 17 | 27 | H6 |
| Salto de Cavalo | 20 | 107 | J20 |
| Salvada | 2 | 77 | S6 |
| Salvador (Castelo Branco) | 5 | 54 | L8 |
| Salvador (Santarém) | 14 | 65 | O4 |
| Salvador do Monte | 13 | 27 | I5 |
| Salvaterra de Magos | 14 | 64 | O3 |
| Salvaterra do Extremo | 5 | 55 | M9 |
| Salzedas | 18 | 41 | I6 |
| Samardã | 17 | 27 | H6 |
| Sambade | 4 | 28 | H9 |
| Sambado | 5 | 53 | M5 |
| Sameice | 9 | 41 | K6 |
| Sameiro | 9 | 41 | K7 |
| Sameiro (Monte) | 3 | 27 | H4 |
| Samil | 4 | 28 | G9 |
| Samões | 4 | 28 | I8 |
| Samora Correia | 14 | 64 | P3 |
| Samouco | 15 | 64 | P2 |
| Samouqueira | 8 | 88 | T3 |
| Sampaio (perto de Mogadouro) | 4 | 28 | H9 |
| Sampaio (perto de Vila Flor) | 4 | 28 | I8 |
| Sampriz | 16 | 27 | G4 |
| Samuel | 6 | 53 | L3 |
| San Julião | 12 | 66 | O8 |
| San Martinho | 5 | 54 | M7 |
| San Martinho do Peso | 4 | 28 | H10 |
| San Pedro do Corval | 7 | 66 | Q7 |
| San Salvador | 12 | 54 | N7 |
| Sande (Braga) | 3 | 27 | H4 |
| Sande (Porto) | 13 | 27 | I5 |
| Sandim (Bragança) | 4 | 28 | G8 |
| Sandim (Porto) | 13 | 40 | I4 |
| Sandomil | 9 | 41 | K6 |
| Sanfins | 17 | 28 | G8 |
| Sanfins do Douro | 17 | 27 | I7 |
| Sangalhos | 1 | 40 | K4 |
| Sanguedo | 1 | 40 | I4 |
| Sanguinhal | 10 | 52 | O2 |
| Sanhoane | 4 | 28 | H10 |
| Sanjurge | 17 | 27 | G7 |
| Santa Antão | 20 | 107 | H12 |
| Santa Bárbara | 2 | 88 | T4 |
| Santa Bárbara | 20 | 107 | M20 |
| Santa Bárbara | 20 | 107 | G13 |
| Santa Bárbara | | 107 | J19 |
| Santa Barbara (São Miguel) | 20 | 107 | J18 |
| Santa Bárbara de Nexe | 8 | 89 | U6 |
| Santa Bárbara de Padrões | 2 | 77 | T6 |
| Santa Catarina (Faro) | 8 | 88 | U4 |
| Santa Catarina (Leiria) | 10 | 52 | N2 |
| Santa Catarina (Setúbal) | 15 | 65 | Q4 |
| Santa Catarina da Fonte do Bispo | 8 | 89 | U6 |
| Santa Catarina da Serra | 10 | 53 | M3 |
| Santa Cita | 14 | 53 | N4 |

### MATOSINHOS

Belchior Robles (R.) . . . . . AU 15
Brito Capelo (R. de) . . . . . AU
Combatentes da Grande Guerra (Av. dos) . . . . . AU 35
Coronel Helder Ribeiro (R.) . . . . . AU 38
Engenheiro Duarte Pacheco (R. do) AU 51
Entre-Quintas (R. de) . . . . . AU 53
Heróis de Franca (R.) . . . . . AU 65
República (Av. da) . . . . . AU 94
Sol Poente (R. do) . . . . . AU 119
Veloso Salgado (R. de) . . . . . AU 121
Villagarcia de Arosa (Av.) . . . . . AU 122

### PORTO

Antero de Quental (R.de) . . . . . BU 10
Campo Alegre (R. do) . . . . . BV 22
Carlos Malheiro Dias (R. de) . . . . . CU 25
Carvalhido (R. do) . . . . . BU 30
Conceição (R. da) . . . . . EY 36
Coronel Raul Peres (R. do) . . . . . AV 39
Diu (R. de) . . . . . AV 40
Dom Carlos (Av. de) . . . . . AV 48
Faria Guimarães (R. de) . . . . . BU 54
França (Av. de) . . . . . BU 58
Freixo (R. do) . . . . . CU 60
Gonzales Zarco (Pr. de) . . . . . AU 63
Heróismo (R. do) . . . . . CV 67
Marquês de Pombal (Pr. do) . . . . . BCU 75
Monte dos Búrgos (R. do) . . . . . BU 79
Mouzinho de Albuquerque (Pr.) . . . . . BU 81
Nuno Álvares Pereira (Av. de) . . . . . AU 84
Pinto Bessa (R. de) . . . . . CV 91
Rio de Janeiro (Espl. de) . . . . . AU 97
Senhora da Luz (R. da) . . . . . AV 109
Serpa Pinto (R. de) . . . . . BU 112
Sidónio Pais (Av.) . . . . . BU 114
Sobreiras (R. de) . . . . . AV 118
5 de Outubro (R. de) . . . . . BU 125

### VILA NOVA DE GAIA

Azevedo de Magalhães (R.) . . . . . BCV 13
Barão do Corvo (R.) . . . . . BV 14
Cândido dos Reis (R.) . . . . . BV 24
Conselheiro Veloso da Cruz (R. do). BV 37
Pedro V (R. de) . . . . . BV 89
Serpa Pinto (R. de) . . . . . BV 113
Soares dos Reis (R.) . . . . . BV 117

| | | | |
|---|---|---|---|
| Santa Clara | 6 | 40 | L4 |
| Santa Clara-a-Nova | 2 | 89 | T5 |
| Santa Clara-a-Velha | 2 | 77 | T4 |
| Santa Clara (Barragem de) | 2 | 77 | T4 |
| Santa Clara do Louredo | 2 | 77 | S6 |
| Santa Comba (Guarda) | 9 | 42 | J8 |
| Santa Comba (Porto) | 13 | 26 | I4 |
| Santa Comba (Viana do Castelo) | 16 | 26 | G4 |
| Santa Comba Dão | 18 | 41 | K5 |
| Santa Comba de Rosas | 4 | 28 | G9 |
| Santa Comba de Vilariça | 4 | 28 | H8 |
| Santa Combinha | 4 | 28 | H9 |
| Santa Cristina | 18 | 41 | K5 |
| Santa Cruz | 31 | 88 | BY |
| Santa Cruz (Beja) | 2 | 89 | T6 |
| Santa Cruz (Setúbal) | 15 | 76 | R3 |
| Santa Cruz da Graciosa | 20 | 107 | F11 |
| Santa Cruz da Trapa | 18 | 41 | J5 |
| Santa Cruz das Flores | 20 | 107 | E2 |
| Santa Cruz do Douro | 13 | 27 | I5 |
| Santa Eufémia (Guarda) | 9 | 42 | J8 |
| Santa Eufémia (Leiria) | 10 | 53 | M3 |
| Santa Eugénia | 17 | 28 | H7 |
| Santa Eulália (Braga) | 3 | 26 | H4 |
| Santa Eulália (Guarda) | 9 | 41 | K6 |
| Santa Eulália (Lisboa) | 11 | 64 | P2 |
| Santa Eulália (Portalegre) | 12 | 66 | P8 |
| Santa Eulália (Porto) | 3 | 27 | H5 |
| Santa Iria | 2 | 78 | S7 |
| Santa Iria da Azóia | 11 | 64 | P2 |
| Santa Justa (Évora) | 7 | 66 | P6 |
| Santa Justa (Faro) | 8 | 89 | T6 |
| Santa Justa (Santarém) | 14 | 65 | O5 |
| Santa Leocádia (Porto) | 13 | 27 | I5 |
| Santa Leocádia (Viseu) | 18 | 27 | I7 |
| Santa Luzia | 20 | 107 | H10 |
| Santa Luzia (Beja) | 2 | 78 | R7 |
| Santa Luzia (Beja) | 2 | 77 | S4 |
| Santa Luzia (Castelo Branco) | 5 | 54 | L7 |
| Santa Luzia (Viana do Castelo) | 16 | 26 | G3 |
| Santa Luzia (Barragem de) | 6 | 54 | L6 |
| Santa Luzia (Basílica) | 16 | 26 | G3 |
| Santa Luzia (Forte de) | 12 | 66 | P8 |
| Santa Luzia (Monte) | 2 | 78 | S7 |
| Santa Margarida da Coutada | 14 | 53 | N5 |
| Santa Margarida da Serra | 15 | 76 | R4 |
| Santa Margarida do Sádão | 2 | 77 | R4 |
| Santa Maria (Braga) | 3 | 26 | H4 |
| Santa Maria (Viseu) | 18 | 41 | I6 |
| Santa Maria (Barragem de) | 9 | 42 | J9 |
| Santa Maria (Cabo de) | 8 | 90 | V6 |
| Santa Maria da Feira | 1 | 40 | J4 |
| Santa Maria de Aguiar (Antiguo Convento de) | 9 | 42 | J9 |
| Santa Maria de Émeres | 17 | 28 | H7 |
| Santa Maria (Ilha de) | 20 | 107 | L20 |
| Santa Maria Madalena | 3 | 27 | H4 |
| Santa Marina (Couto de) | 5 | 54 | M8 |
| Santa Marinha (Guarda) | 9 | 41 | K7 |
| Santa Marinha (Viana do Castelo) | 16 | 13 | F4 |
| Santa Marinha do Zêzere | 13 | 27 | I6 |
| Santa Marta | 8 | 90 | T7 |
| Santa Marta da Montanha | 17 | 27 | H6 |
| Santa Marta de Penaguião | 17 | 27 | I6 |
| Santa Marta de Portuzelo | 16 | 26 | G3 |
| Santa Quitéria | 13 | 27 | H5 |
| Santa Sofia | 7 | 65 | Q5 |
| Santa Susana (Évora) | 7 | 66 | Q7 |
| Santa Susana (Setúbal) | 15 | 65 | Q4 |
| Santa Valha | 17 | 28 | G8 |
| Santa Vitória | 2 | 77 | S5 |
| Santa Vitória do Ameixial | 7 | 66 | P6 |
| Santalha | 4 | 28 | G8 |
| Santana | 31 | 88 | BY |
| Santana (Coimbra) | 6 | 40 | L3 |
| Santana (Évora) | 7 | 77 | R6 |
| Santana (Setúbal) | 15 | 64 | Q2 |
| Santana da Serra | 2 | 77 | T5 |
| Santana de Cambas | 2 | 78 | T7 |
| Santana do Campo | 7 | 65 | P5 |
| Santar | 18 | 41 | K6 |
| Santarém | 14 | 65 | O3 |
| Santiago (Bragança) | 4 | 28 | H10 |
| Santiago (Guarda) | 9 | 41 | K6 |
| Santiago (Portalegre) | 12 | 66 | O7 |
| Santiago (Viseu) | 18 | 41 | I6 |
| Santiago da Guarda | 10 | 53 | M4 |
| Santiago de Besteiros | 18 | 41 | K5 |
| Santiago de Cassurrães | 18 | 41 | K6 |
| Santiago de Litém | 10 | 53 | M4 |
| Santiago de Ribeira de Alhariz | 17 | 28 | H7 |
| Santiago do Cacém | 15 | 76 | R3 |
| Santiago do Escoural | 7 | 65 | Q5 |
| Santiago dos Velhos | 11 | 64 | P2 |
| Santiago Maior | 7 | 66 | Q7 |
| Santiais | 10 | 53 | M4 |
| Santo Aleixo | 12 | 66 | P7 |
| Santo Aleixo da Restauração | 2 | 78 | R8 |
| Santo Aleixo de Além Tâmega | 17 | 27 | H6 |
| Santo Amador | 2 | 78 | R8 |
| Santo Amaro (Guarda) | 9 | 42 | I8 |
| Santo Amaro (Portalegre) | 12 | 66 | P7 |
| Santo Amaro (São Jorge) | 20 | 107 | G11 |
| Santo Amaro de Oeiras | 11 | 64 | P2 |
| Santo André (Setúbal) | 15 | 76 | R3 |
| Santo André (Vila Real) | 17 | 27 | G7 |
| Santo André das Tojeiras | 5 | 54 | M6 |
| Santo André (Lagoa de) | 15 | 76 | R3 |
| Santo Antão do Tojal | 11 | 64 | P2 |
| Santo António | 20 | 107 | H10 |
| Santo António | 20 | 107 | G11 |
| Santo António | 20 | 107 | J18 |
| Santo António | 31 | 88 | BZ |
| Santo António da Serra | 31 | 88 | BY |
| Santo António das Areias | 12 | 54 | N8 |
| Santo António de Alcôrrego | 12 | 65 | O6 |
| Santo Antonio de Baldio | 7 | 66 | Q7 |
| Santo António de Monforte | 17 | 28 | G7 |
| Santo António de Outeiro | 2 | 78 | R7 |
| Santo António Velho | 2 | 78 | S7 |
| Santo Espírito | 20 | 107 | M20 |
| Santo Estêvão (Braga) | 3 | 27 | H5 |
| Santo Estêvão (Évora) | 7 | 66 | P7 |
| Santo Estêvão (Faro) | 8 | 89 | U6 |
| Santo Estêvão (Guarda) | 9 | 42 | L8 |
| Santo Estêvão (Santarém) | 14 | 65 | P3 |
| Santo Estêvão (Vila Real) | 17 | 28 | G7 |
| Santo Estêvão das Galés | 11 | 64 | P2 |

D
E
F
X
Y
Z
Av. da Boavista
Boavista
C. Michaëlis
Pr. de P. Nunes
Cedofeita
R. de Álvares Cabral
Lapa
L. de Lapa
Pr. da República
R. de Gonçalo Cristóvão
Bonjardim
Santa Catarina
Pousada
Santos
Pr. da Rainha D. Amélia
Pr. do Coronel Pacheco
Pr. de Carlos Alberto
Pr. da Trindade
TRINDADE
Pr. Gen. H. Delgado
Bolhão
Formosa
Firmeza
Campo 24 de Agosto
Av. de F. de Magalhães
R. do Bonfim
MUSEU SOARES DOS REIS
JARDIM DO PALÁCIO DE CRISTAL
PALÁCIO DOS DESPORTOS
Santo António
Restauração
R. de Monchique
TORRE DOS CLÉRIGOS
Pr. da Liberdade
CONGREGADOS
São Bento
Pr. da Batalha
R. de Alexandre Herculano
Alameda das Fontainhas
L. da Alfândega
MIRAGAIA
ALFÂNDEGA
Misericórdia
SÉ
Palácio da Bolsa
RIBEIRA
VELHO PAÇO EPISCOPAL
SÃO FRANCISCO
CAIS DA RIBEIRA
PONTE D. LUÍS I
Passeio das Fontainhas
Gustavo Eiffel
Ponte Infante D. Henrique
PONTE MARIA PIA
DOURO
PORTO CALEM
CAVES
Av. da República
Nª Sª da Serra do Pilar
OBSERVATÓRIO
Ponte de São João
PARQUE DE EXPOSIÇÕES
PORTO FERREIRA
AV. DIOGO LEITE
PORTO RAMOS PINTO
PORTO SANDEMAN
VILA NOVA DE GAIA
QUEBRANTÕES
200 m

## PORTO

Alberto Aires Gouveia (R. de) . . . . DY 3
Albuquerque (R. Af. de) . . . DYZ 4
Alferes Malheiro (R. do) . . EXY 6
Almada (R. do) . . . . EXY
Almeida Garrett (Pr. de) . . . . EY 7
Antero de Quental (R.de) . . . EX 10
Augusto Rosa (R. de) . . . . FZ 12
Belomonte (R. de) . . . . EZ 16
Boa Hora (R. da) . . . . DXY 18
Bonjardim (R. do) . . . . EXY 19
Carmelitas (R. das) . . . . EY 27
Carmo (R. do) . . . . DEY 28
Cimo da Vila (R. de) . . . . EY 31
Clérigos (R. dos) . . . . EY 33
Coelho Neto (R. de) . . . . FY 34
Dom Afonso Henriques (Av.) . . . . EYZ 46
Dona Filipa de Lencastre (Pr. de) . . . . EY 49
Dr António Emílio de Magalhães (R. do) . . . . EY 42
Dr Magalhães Lemos (R. do) EY 43
Dr Tiogo de Almeida (R. do). DY 45
Entreparedes (R. de) . . . . FY 52
Faria Guimarães (R. de) . . . . EX 54
Fernandes Tomás (R. de) . . EFY
Flores (R. das) . . . . EYZ
Fonseca Cardoso (R. de) . . . EX 57
Formosa (R.) . . . . EFY
Gomes Teixeira (Pr. de) . . . . EY 61
Guedes de Azevedo (R. de) . . . . FXY 64
Heróis e Mártires de Angola (R. dos) . . . . EY 66
Infante Dom Henrique (Pr. e R. do) . . . . EZ 69
João das Regras (R. de) . . . . EX 70
Lisboa (Pr. de) . . . . EY 72
Loureiro (R. do) . . . . EY 73
Mártires da Pátria (Campo dos) . . . . DEY 76
Maternidade (R. da) . . . . DY 78
Nova de São Crispim (R.) . . . FX 82
Oliveiras (R. das) . . . . EY 85
Paraíso (R. do) . . . . EFX 87
Passos Manuel (R. de) . . . . FY 88
Piedade (R. da) . . . . DX 90
Prov. Vincente José de Carvalho (R. do) . . . . DY 93
Ribeira (Pr. da) . . . . EZ 96
Sacadura Cabral (R.) . . . . DX 99
Santa Catarina (R. de) . . . . FXY
São Domingos (L. de) . . . . EZ 100
São João Novo (Pr. de) . . . . DZ 103
São João (R. de) . . . . EZ 102
São Lázaro (Passeio de) . . . . FY 105
Saraiva de Carvalho (R. de) . . EZ 106
Sá da Bandeira (R. de) . . . . FXY
Sé (Terreiro da) . . . . EZ 108
Soares dos Reis (L. de) . . . . FY 115
Trindade (R. da) . . . . EY 120
Vimara Peres (Av.) . . . . EZ 123
Vitória (R. da) . . . . EYZ 124
31 de Janeiro (R. de) . . . . EY 126

| | | | |
|---|---|---|---|
| Santo Estêvão (Ribeira de) | PRT | 65 | P3 |
| Santo Ildefonso | 12 | 66 | P8 |
| Santo Isidoro | 11 | 64 | P1 |
| Santo Isidro de Pegões | 15 | 65 | P4 |
| Santo Tirso | 13 | 26 | H4 |
| Santos (perto de Alcanena) | 14 | 53 | N3 |
| Santos (perto de Mação) | 14 | 53 | N6 |
| Santos Evos | 18 | 41 | K6 |
| Santulhão | 4 | 28 | H10 |
| São Barnabé | 2 | 89 | T5 |
| São Bartolomeu (Beja) | 2 | 89 | T6 |
| São Bartolomeu (perto de Bragança) | 4 | 28 | G9 |
| São Bartolomeu (perto de Outeiro) | 4 | 28 | H10 |
| São Bartolomeu (Portalegre) | 12 | 53 | N6 |
| São Bartolomeu da Serra | 15 | 76 | R4 |
| São Bartolomeu de Messines | 8 | 89 | U5 |
| São Bartolomeu do Outeiro | 7 | 77 | Q6 |
| São Bartolomeu dos Galegos | 11 | 52 | O2 |
| São Bento (Leiria) | 10 | 53 | N3 |
| São Bento (Viana do Castelo) | 16 | 26 | G4 |
| São Bento de Castris (Convento) | 7 | 65 | Q6 |
| São Bento do Ameixial | 7 | 66 | P7 |
| São Bento do Cortiço | 7 | 66 | P7 |
| São Bento (Pousada de) | 3 | 27 | H5 |
| São Bernardino | 10 | 52 | O1 |
| São Brás | 2 | 78 | S7 |
| São Brás (São Miguel) | 20 | 107 | J19 |
| São Brás de Alportel | 8 | 89 | U6 |
| São Brás do Regedouro | 7 | 65 | Q5 |
| São Brissos (Beja) | 2 | 77 | R6 |
| São Brissos (Évora) | 7 | 65 | Q5 |
| São Cipriano | 18 | 41 | K6 |
| São Cosme | 3 | 26 | H4 |
| São Cristóvão | 7 | 65 | Q5 |
| São Cristóvão (Ribeira de) | PRT | 65 | Q4 |
| São Domingos (Santarém) | 14 | 53 | N5 |
| São Domingos (Setúbal) | 15 | 77 | S4 |
| São Domingos da Ordem | 7 | 66 | Q6 |
| São Domingos de Ana Loura | 7 | 66 | P7 |
| São Domingos de Rana | 11 | 64 | P1 |
| São Domingos (Ribeira de) | 15 | 77 | S4 |
| São Facundo | 14 | 53 | N5 |
| São Félix | 18 | 41 | J5 |
| São Félix da Marinha | 13 | 40 | I4 |
| São Francisco da Serra | 15 | 76 | R4 |
| São Frutuoso de Montélios | 3 | 26 | H4 |
| São Gemil | 18 | 41 | K6 |
| São Gens | 7 | 66 | P7 |
| São Geraldo | 7 | 65 | P5 |
| São Gonçalo | 4 | 28 | H9 |
| São Gonçalo | 31 | 88 | BZ |
| São Gonçalo (Pousada de) | 13 | 27 | I6 |
| São Gregório (Évora) | 7 | 65 | P6 |
| São Gregório (Viana do Castelo) | 16 | 13 | F5 |
| São Gregório da Fanadia | 10 | 52 | N2 |
| São Jacinto | 1 | 40 | K3 |
| São Jerónimo (Pousada de) | 18 | 41 | K5 |
| São Joanico | 4 | 29 | H10 |
| São Joaninho (perto de Castro Daire) | 18 | 41 | J6 |
| São Joaninho (perto de Santa Comba Dão) | 18 | 41 | K5 |
| São João | 15 | 64 | Q2 |
| São João | 20 | 107 | H10 |
| São João da Boa Vista | 6 | 41 | K5 |
| São João da Corveira | 17 | 28 | H7 |
| São João da Madeira | 1 | 40 | J4 |
| São João da Pesqueira | 18 | 28 | I7 |
| São João da Ribeira | 14 | 52 | O3 |
| São João da Serra | 18 | 41 | J5 |
| São João da Tahla | 11 | 64 | P2 |
| São João da Venda | 8 | 89 | U6 |
| São João das Lampas | 11 | 64 | P1 |
| São João de Areias | 18 | 41 | K5 |
| São João de Loure | 1 | 40 | K4 |
| São João de Negrilhos | 2 | 77 | S5 |
| São João de Tarouca | 18 | 41 | J6 |
| São João de Ver | 1 | 40 | J4 |
| São João do Campo | 6 | 40 | L4 |
| São João do Monte (perto de Caramulo) | 18 | 41 | K5 |
| São João do Monte (perto de Nelas) | 18 | 41 | K6 |
| São João do Peso | 5 | 53 | M5 |
| São João dos Caldeireiros | 2 | 77 | T6 |
| São João dos Montes | 11 | 64 | P2 |
| São João (Ribeira de) | 12 | 54 | N7 |
| São Jomil | 4 | 28 | G8 |
| São Jorge | 31 | 88 | BY |
| São Jorge (Aveiro) | 1 | 40 | J4 |
| São Jorge (Leira) | 10 | 52 | N3 |
| São Jorge (Viana do Castelo) | 16 | 27 | G4 |
| São Jorge (Canal de) | 20 | 107 | H11-H12 |
| São Jorge da Beira | 5 | 54 | L6 |
| São Jorge (Ilha de) | 20 | 107 | G11-G12 |
| São Jorge (Ponta de) | 31 | 88 | BY |
| São José da Lamarosa | 14 | 65 | O4 |
| São José das Matas | 14 | 54 | N6 |
| São Julião de Palácios | 4 | 28 | G10 |
| São Julião do Tojal | 11 | 64 | P2 |
| São Leonardo | 7 | 78 | Q8 |
| São Lourenço (Bragança) | 4 | 28 | I7 |
| São Lourenço (Faro) | 8 | 89 | U5 |
| São Lourenço (Vila Real) | 17 | 28 | G7 |
| São Lourenço (Baia do) | 20 | 107 | M20 |
| São Lourenço de Mamporcão | 7 | 66 | P7 |
| São Lourenço de Ribapinhão | 17 | 27 | I7 |
| São Lourenço do Bairro | 1 | 40 | K4 |
| São Lourenço (Ponta de) | 31 | 88 | CY |
| São Luís | 2 | 76 | S4 |
| São Macário | 18 | 41 | J5 |
| São Mamede (perto de Batalha) | 10 | 53 | N3 |
| São Mamede (perto de Óbidos) | 10 | 52 | O2 |
| São Mamede de Ribatua | 17 | 28 | I7 |
| São Mamede do Sado | 15 | 77 | R4 |
| São Mamede (Pico) | 12 | 66 | O7 |
| São Mamede (Serra de) | 12 | 66 | O7 |
| São Manços | 7 | 66 | Q6 |
| São Marcos | 8 | 89 | U7 |
| São Marcos da Abóbada | 7 | 65 | Q6 |
| São Marcos da Ataboeira | 2 | 77 | S6 |
| São Marcos da Serra | 8 | 89 | T4 |
| São Marcos do Campo | 7 | 78 | Q7 |
| São Martinho | 31 | 88 | BZ |
| São Martinho (Alto de) | 10 | 52 | N2 |
| São Martinho da Cortiça | 6 | 41 | L5 |
| São Martinho das Amoreiras | 2 | 77 | T4 |
| São Martinho das Chãs | 18 | 41 | I7 |
| São Martinho de Angueira | 4 | 29 | H10 |
| São Martinho de Antas | 17 | 27 | I7 |
| São Martinho de Mouros | 18 | 41 | I6 |
| São Martinho do Porto | 10 | 52 | N2 |
| São Martinho (Rio de) | PRT | 65 | Q4 |
| São Mateus | 20 | 107 | H10 |
| São Mateus | 20 | 107 | H14 |
| São Matias (Beja) | 2 | 77 | R6 |
| São Matias (Évora) | 7 | 65 | Q5 |
| São Miguel | 11 | 89 | U6 |
| São Miguel de Acha | 5 | 54 | L8 |
| São Miguel de Machede | 7 | 66 | Q6 |
| São Miguel de Poiares | 6 | 41 | L5 |
| São Miguel de Vila Boa | 18 | 41 | J6 |
| São Miguel do Mato | 1 | 40 | J4 |
| São Miguel do Outeiro | 18 | 41 | K5 |
| São Miguel do Pinheiro | 2 | 77 | T6 |
| São Miguel do Rio Torto | 14 | 53 | N5 |
| São Miguel (Ilha de) | 20 | 107 | J18-J20 |
| São Paio | 9 | 41 | K7 |
| São Paio da Farinha Podre | 6 | 41 | L5 |
| São Paulo de Frades | 6 | 40 | L4 |
| São Pedro (Bragança) | 4 | 28 | H8 |
| São Pedro (Évora) | 7 | 78 | R6 |
| São Pedro (Vila Real) | 17 | 27 | G6 |
| São Pedro da Cadeira | 11 | 64 | O1 |
| São Pedro da Cova | 13 | 26 | I4 |
| São Pedro da Torre | 16 | 12 | G4 |
| São Pedro das Cabeças | 2 | 77 | S5 |
| São Pedro de Açor | 6 | 54 | L6 |
| São Pedro de Agostém | 17 | 27 | G7 |
| São Pedro de Alva | 6 | 41 | L5 |
| São Pedro de Balsemão | 18 | 41 | I6 |
| São Pedro de Moel | 10 | 52 | M2 |
| São Pedro de Rio Seco | 9 | 42 | K9 |
| São Pedro de Serracenos | 4 | 28 | G9 |
| São Pedro de Solis | 2 | 89 | T6 |
| São Pedro de Veiga de Lila | 17 | 28 | H8 |
| São Pedro do Esteval | 5 | 54 | N6 |
| São Pedro do Sul | 18 | 41 | J5 |
| São Pedro Fins | 13 | 26 | I4 |
| São Pedro Santa Luzia | 8 | 89 | U7 |
| São Pedro Velho | 4 | 28 | G8 |
| São Pedro Velho (Monte) | 18 | 41 | J5 |
| São Romão (Guarda) | 9 | 41 | K6 |
| São Romão (perto de Montemor-o-Novo) | 7 | 65 | Q5 |
| São Romão (perto de Vila Viçosa) | 7 | 66 | P8 |
| São Romão do Sado | 15 | 77 | R4 |
| São Roque | 20 | 107 | J19 |
| São Roque | 31 | 88 | BY |
| São Roque do Pico | 20 | 107 | H11 |
| São Salvador | 4 | 28 | H8 |
| São Saturnino | 12 | 66 | O7 |
| São Sebastião | 6 | 53 | L4 |
| São Sebastião | 20 | 107 | H14 |
| São Sebastião da Giesteira | 7 | 65 | Q5 |
| São Sebastião dos Carros | 2 | 77 | T6 |
| São Simão de Litém | 10 | 53 | M4 |
| São Teotónio | 2 | 76 | T3 |
| São Tomé do Castelo | 17 | 27 | H6 |
| São Torcato (Braga) | 3 | 27 | H5 |
| São Torcato (Santarém) | 14 | 65 | P4 |
| São Vicente | 31 | 88 | AY |
| São Vicente (Évora) | 7 | 77 | R5 |
| São Vicente (Porto) | 13 | 27 | I5 |
| São Vicente (Vila Real) | 17 | 28 | G8 |
| São Vicente (Cabo de) | 8 | 88 | U3 |
| São Vicente da Beira | 5 | 54 | L7 |
| São Vicente da Chã | 17 | 27 | G6 |
| São Vicente de Ferreira | 20 | 107 | J19 |
| São Vicente de Lafões | 18 | 41 | J5 |
| São Vicente de Pereira Juza | 1 | 40 | J4 |
| São Vicente do Paúl | 14 | 53 | N4 |
| São Vicente do Pigeiro | 7 | 66 | Q7 |
| São Vicente e Ventosa | 12 | 66 | P8 |
| Sapataria | 11 | 64 | P2 |
| Sapelos | 17 | 27 | G7 |
| Sapiãos | 17 | 27 | G7 |
| Sapos | 2 | 77 | T6 |
| Sapos | 2 | 78 | T7 |
| Sardão | 4 | 28 | I9 |
| Sardão (Cabo) | 2 | 76 | T3 |
| Sardeiras de Baixo | 5 | 54 | M6 |
| Sardoal | 14 | 53 | N5 |
| Sarilhos Grandes | 15 | 64 | P3 |
| Sarnadas | 8 | 89 | U5 |
| Sarnadas de Ródão | 5 | 54 | M7 |
| Sarnadas de São Simão | 5 | 54 | M6 |
| Sarraquinhos | 17 | 27 | G7 |
| Sarzeda | 18 | 41 | J7 |
| Sarzedas | 5 | 54 | M6 |
| Sarzedela | 10 | 53 | M4 |
| Sarzedo (Castelo Branco) | 5 | 41 | K7 |
| Sarzedo (Viseu) | 18 | 41 | I7 |
| Sátão | 18 | 41 | J6 |
| Sazes da Beira | 9 | 41 | K6 |
| Seara Velha | 17 | 27 | G7 |
| Sebadelhe | 9 | 42 | I8 |
| Sebadelhe da Serra | 9 | 42 | J7 |
| Sebal | 6 | 53 | L4 |
| Secarias | 6 | 41 | L5 |
| Seco (R.) | 9 | 42 | J9 |
| Seda | 12 | 66 | O6 |
| Seda (Ribeira de) | 12 | 66 | O6 |
| Sedielos | 17 | 27 | I6 |
| Segirei | 17 | 28 | G8 |
| Segões | 18 | 41 | J6 |
| Segura | 5 | 55 | M9 |
| Seia | 9 | 41 | K6 |
| Seia (Rio) | PRT | 41 | K6 |
| Seiça | 14 | 53 | M4 |
| Seixa | 17 | 27 | H6 |
| Seixal | 15 | 64 | Q2 |
| Seixal | 31 | 88 | AY |
| Seixas (Bragança) | 4 | 28 | G8 |
| Seixas (Guarda) | 9 | 42 | I8 |
| Seixas (Viana do Castelo) | 16 | 26 | G3 |
| Seixe (Ribeira de) | 8 | 88 | T3 |
| Seixo Amarelo | 9 | 42 | K7 |
| Seixo da Beira | 6 | 41 | K6 |
| Seixo de Ansiães | 4 | 28 | I8 |
| Seixo de Gatões | 6 | 40 | L3 |
| Seixo de Manhoses | 4 | 28 | I8 |
| Seixo do Côa | 9 | 42 | K8 |
| Selho | 3 | 27 | H4 |
| Selmes | 2 | 77 | R6 |
| Semblana | 2 | 77 | T6 |
| Semide | 6 | 53 | L4 |
| Semideiro | 14 | 53 | O5 |
| Sendas | 4 | 28 | H9 |
| Sendim (Bragança) | 4 | 29 | H10 |
| Sendim (Vila Real) | 17 | 27 | G6 |
| Sendim (Viseu) | 13 | 27 | I7 |
| Sendim da Ribeira | 4 | 28 | I9 |
| Sendim da Serra | 4 | 28 | I9 |
| Senhora da Ajuda | 12 | 66 | P8 |
| Senhora da Cola | 2 | 77 | T5 |
| Senhora da Conceição | 15 | 77 | R4 |
| Senhora da Graça de Padrões | 2 | 77 | T6 |
| Senhora da Laje | 1 | 41 | J5 |
| Senhora da Mó | 1 | 41 | J5 |
| Senhora da Orada | 5 | 54 | L7 |
| Senhora da Póvoa | 5 | 42 | L8 |
| Senhora da Ribeira | 4 | 28 | I8 |
| Senhora da Rocha | 8 | 89 | U4 |
| Senhora de Mércules | 5 | 54 | M7 |
| Senhora de Monte Alto | 6 | 41 | L5 |
| Senhora do Almurtão | 5 | 54 | M8 |
| Senhora do Bom Sucesso | | 55 | L8 |
| Senhora do Desterro | 9 | 41 | K6 |
| Senhora do Monte | 20 | 107 | J20 |
| Senhora do Nazo | 4 | 29 | H10 |
| Senhora do Rosário | 12 | 66 | O8 |
| Senhorim | 18 | 41 | K6 |
| Senouras | 9 | 42 | K9 |
| Sentieiras | 14 | 53 | N5 |
| Sentinela | 8 | 90 | U7 |
| Sepins | 6 | 40 | K4 |
| Serapicos (Bragança) | 4 | 28 | H9 |
| Serapicos (Vila Real) | 17 | 28 | H7 |
| Serdedelo | 16 | 26 | G4 |
| Sernada | 1 | 40 | J4 |
| Sernadas | 18 | 41 | K5 |
| Sernancelhe | 18 | 41 | J7 |
| Seroa | 13 | 26 | I4 |
| Serpa | 2 | 78 | S7 |
| Serpins | 6 | 53 | L5 |
| Serra | 14 | 53 | N5 |
| Serra d'El-Rei | 10 | 52 | N2 |
| Serra de Água | 31 | 88 | AY |
| Serra de Bornes | 4 | 28 | H8 |
| Serra de Dentro | 32 | 89 | DX |
| Serra de Santo António | 14 | 53 | N3 |
| Serra do Bouro | 10 | 52 | N2 |
| Serra do Mouro | 10 | 53 | M4 |
| Serrado (Eira do) | 31 | 88 | BY |
| Serras de Aire e Candeeiros (Parque Natural das) | PRT | 53 | N3 |
| Serrazola (Ribeira de) | 12 | 66 | O6 |
| Serreta | 20 | 107 | G13 |
| Serrinha | 12 | 66 | O8 |
| Serrinha (Monte) | 15 | 65 | Q4 |
| Serro Ventoso | 10 | 52 | N3 |
| Sertã | 5 | 53 | M5 |
| Sertã (Ribeira da) | PRT | 54 | M6 |
| Serves | 11 | 64 | P2 |
| Serzedelo | 3 | 27 | H5 |
| Sesimbra | 15 | 64 | Q2 |
| Sesmarias | 15 | 77 | R4 |
| Sete | 2 | 77 | T6 |
| Sete Cidades | 20 | 107 | J18 |
| Sete Cidades (Caldeira das) | 20 | 107 | J18 |
| Setil | 14 | 65 | O3 |
| Setúbal | 15 | 64 | Q3 |
| Setúbal (Baia de) | PRT | 65 | Q3 |
| Sever do Vouga | 1 | 40 | J4 |
| Sezelhe | 17 | 27 | G6 |
| Sezulfe | 4 | 28 | H8 |
| Sezures | 18 | 41 | J7 |
| Sicó (Serra de) | 10 | 53 | M4 |
| Silva | 4 | 29 | H10 |
| Silvalde | 1 | 40 | J3 |
| Silvares (Braga) | 3 | 27 | H5 |
| Silvares (Castelo Branco) | 5 | 54 | L6 |
| Silvares (Porto) | 13 | 27 | I5 |
| Silveira | 11 | 64 | O1 |
| Silveirona | 7 | 66 | P7 |
| Silveiros | 3 | 26 | H4 |
| Silves | 8 | 89 | U4 |
| Sines | 15 | 76 | S3 |
| Sines (Cabo de) | 15 | 76 | S3 |
| Sintra | 11 | 64 | P1 |
| Sintra (Serra de) | 11 | 64 | P1 |
| Sistelo | 16 | 27 | G4 |
| Sítio das Éguas | 8 | 89 | U5 |
| Sizandro | 11 | 64 | O1 |
| Soajo | 16 | 27 | G5 |
| Soajo (Serra do) | 16 | 27 | G5 |
| Soalhães | 13 | 27 | I5 |
| Soalheira | 5 | 54 | L7 |
| Soalheiras | 5 | 54 | M8 |
| Sobradelo da Goma | 3 | 27 | H5 |
| Sobradinho | 8 | 89 | U5 |
| Sobrado | 13 | 26 | I4 |
| Sobrainho dos Gaios | 5 | 54 | M6 |
| Sobral (Castelo Branco) | 5 | 53 | M5 |
| Sobral (Viseu) | 18 | 41 | K5 |
| Sobral da Abelheira | 11 | 64 | P1 |
| Sobral da Adiça | 2 | 78 | R8 |
| Sobral da Lagoa | 10 | 52 | N2 |
| Sobral da Serra | 9 | 42 | K8 |
| Sobral de Casegas | 5 | 54 | L6 |
| Sobral de Monte Agraço | 11 | 64 | O2 |
| Sobral do Campo | 5 | 54 | L7 |
| Sobral Fernando | 5 | 54 | M6 |
| Sobral Pichorro | 9 | 41 | J7 |
| Sobral Valado | 6 | 54 | L6 |
| Sobreira | 13 | 26 | I4 |
| Sobreira Formosa | 5 | 54 | M6 |
| Sobreiro | 1 | 40 | J4 |
| Sobreiro de Cima | 4 | 28 | G8 |
| Sobreposta | 3 | 27 | H4 |
| Sobrosa (Beja) | 2 | 78 | R8 |
| Sobrosa (Porto) | 13 | 27 | I4 |
| Soeima | 4 | 28 | H9 |
| Soeira | 4 | 28 | G9 |
| Sol Posto | 15 | 76 | S4 |
| Solveira | 17 | 27 | G6 |
| Somouqueira | | 88 | U3 |
| Sonim | 17 | 28 | G8 |
| Sopo | 16 | 26 | G3 |
| Sor (Ribeira de) | PRT | 54 | N6 |
| Sorraia | PRT | 65 | P4 |
| Sortelha | 9 | 42 | K8 |
| Sortelhão | 9 | 42 | K8 |
| Sortes | 4 | 28 | G9 |
| Sosa | 1 | 40 | K4 |
| Soudes | 8 | 90 | T7 |
| Soure | 6 | 53 | L4 |
| Souro Pires | 9 | 42 | J8 |
| Sousa | 13 | 27 | I5 |
| Sousel | 12 | 66 | P6 |
| Sousel (Ribeira de) | PRT | 66 | O6 |
| Souselas | 6 | 40 | L4 |
| Souselo | 18 | 41 | I5 |
| Soutelinho | 17 | 27 | H6 |
| Soutelinho da Raia | 17 | 27 | G7 |

| | | | |
|---|---|---|---|
| Soutelo (Aveiro) | 1 | 40 | J4 |
| Soutelo (Braga) | 3 | 26 | H4 |
| Soutelo (Bragança) | 4 | 28 | H9 |
| Soutelo (perto de Chaves) | 17 | 27 | G7 |
| Soutelo (perto de Vila Real) | 17 | 27 | I6 |
| Soutelo de Aguiar | 17 | 27 | H6 |
| Soutelo do Douro | 18 | 28 | I7 |
| Soutelo Mourisco | 4 | 28 | G9 |
| Soutilha | 4 | 28 | G8 |
| Souto (Aveiro) | 1 | 40 | J4 |
| Souto (Guarda) | 9 | 42 | K9 |
| Souto (Santarém) | 14 | 53 | N5 |
| Souto (Viana do Castelo) | 16 | 26 | G4 |
| Souto (Viseu) | 18 | 42 | I7 |
| Souto da Carpalhosa | 10 | 53 | M3 |
| Souto da Casa | 5 | 54 | L7 |
| Souto da Velha | 4 | 28 | I9 |
| Souto de Aguiar da Beira | 9 | 41 | J7 |
| Souto de Escarão | 17 | 27 | H7 |
| Souto Maior | 17 | 27 | I7 |
| Suções | 4 | 28 | H8 |
| Sul | 18 | 41 | J5 |
| Sul (Rio) | PRT | 41 | J5 |
| Sume | 12 | 54 | O6 |

**T**

| | | | |
|---|---|---|---|
| Taberna Seca | 5 | 54 | M7 |
| Taboeira | 1 | 40 | K4 |
| Taboeiras | 6 | 40 | K3 |
| Tábua | 6 | 41 | K5 |
| Tabuaço | 18 | 41 | I7 |
| Tabuadelo | 3 | 27 | H5 |
| Tabuado | 13 | 27 | I5 |
| Tadim | 3 | 26 | H4 |
| Taião | 16 | 12 | G4 |
| Taipadas | 15 | 65 | P4 |
| Talabita | 2 | 78 | R7 |
| Talefe | 11 | 64 | O1 |
| Talhadas | 1 | 41 | K5 |
| Talhas | 4 | 28 | H9 |
| Tâmega (R.) | PRT | 28 | G7 |
| Tancos | 14 | 53 | N4 |
| Tanganhal | 15 | 77 | R4 |
| Tanganheira | 15 | 76 | S3 |
| Tangil | 16 | 13 | F4 |
| Tapada | 14 | 65 | O4 |
| Tapada Grande (Barragem da) | 2 | 78 | S7 |
| Tapéus | 6 | 53 | L4 |
| Tarouca | 18 | 41 | I6 |
| Tarouquela | 18 | 41 | I5 |
| Taveiro | 6 | 40 | L4 |
| Tavila | 5 | 54 | M6 |
| Tavira | 8 | 89 | U7 |
| Tavira (Ilha de) | 8 | 89 | U6 |
| Távora (Viana do Castelo) | 16 | 26 | G4 |
| Távora (Viseu) | 18 | 41 | I7 |
| Távora (Rio) | PRT | 42 | J7 |
| Tazem | 17 | 27 | H7 |
| Tedo (R.) | 18 | 41 | I7 |
| Teira | 14 | 52 | N3 |
| Teixeira (Bragança) | 4 | 29 | H10 |
| Teixeira (Coimbra) | 6 | 54 | L6 |
| Teixeira (Guarda) | 9 | 41 | L6 |
| Teixeira (Porto) | 13 | 27 | I6 |
| Teixelo | 18 | 41 | J6 |
| Teixoso | 5 | 41 | L7 |
| Teja (Ribeira de) | 9 | 42 | J8 |
| Tejo | PRT | 54 | M7 |
| Telhada | 6 | 53 | L3 |
| Telhadela | 1 | 40 | J4 |
| Telhado | 5 | 54 | L7 |
| Telheiro (Beja) | 2 | 76 | T4 |
| Telheiro (Évora) | 7 | 66 | Q7 |
| Telões | 17 | 27 | H6 |
| Tendais | 18 | 41 | I5 |
| Tenencia | 8 | 90 | T7 |
| Tentúgal | 6 | 40 | L4 |
| Tera (Ribeira de) | 7 | 66 | P6 |
| Terceira (Ilha) | 20 | 107 | G14 |
| Terena | 7 | 66 | Q7 |
| Terges (Ribeira de) | PRT | 77 | S6 |
| Termas | 18 | 41 | J5 |
| Termas de Alcafache | 18 | 41 | K6 |
| Termas de Monfortinho | 5 | 55 | M9 |
| Terras de Bouro | 3 | 27 | G5 |
| Terreiro das Bruxas | 9 | 42 | L8 |
| Terrenho | 9 | 42 | J7 |
| Terrugem (Lisboa) | 11 | 64 | P1 |
| Terrugem (Portalegre) | 12 | 66 | P7 |
| Tinalhas | 5 | 54 | M7 |
| Tinhela | 17 | 28 | G8 |
| Tinhela de Baixo | 17 | 27 | H7 |
| Tinhela (Rio) | 17 | 27 | H7 |
| Tó | 4 | 28 | I10 |
| Tocha | 6 | 40 | L3 |
| Tojal | 7 | 65 | Q5 |
| Tojal (Estação de) | 7 | 65 | Q5 |
| Toledo | 11 | 64 | O2 |
| Tolosa | 12 | 54 | N6 |
| Tomadias | 9 | 42 | J8 |
| Tomar | 14 | 53 | N4 |
| Tonda | 18 | 41 | K5 |
| Tondela | 18 | 41 | K5 |
| Topo | 20 | 107 | H12 |
| Topo (Ponta do) | 20 | 107 | H12 |
| Topo (Serra do) | 20 | 107 | H12 |
| Torgal (Ribeira de) | 2 | 76 | T4 |
| Torgueda | 17 | 27 | I6 |
| Tornada | 10 | 52 | N2 |
| Torrados | 13 | 27 | H5 |
| Torrais (Ponta) | 20 | 107 | D2 |
| Torrão (Portalegre) | 12 | 54 | N6 |
| Torrão (Sétubal) | 15 | 77 | R5 |
| Torrão do Lameiro | 1 | 40 | J4 |
| Torre (Castelo Branco) | 5 | 55 | M9 |
| Torre (Guarda) | 9 | 42 | K8 |
| Torre (Setúbal) | 15 | 76 | Q3 |
| Torre (Viana do Castelo) | 16 | 26 | G3 |
| Torre da Gadanha | 7 | 65 | Q5 |
| Torre das Vargens | 12 | 65 | O6 |
| Torre de Aspa | 8 | 88 | U3 |
| Torre de Bolsa | 12 | 66 | P8 |
| Torre de Coelheiros | 7 | 77 | Q6 |
| Torre de Dom Chama | 4 | 28 | H8 |
| Torre de Moncorvo | 4 | 28 | I8 |
| Torre de Pinhão | 17 | 27 | H7 |
| Torre de Vale de Todos | 10 | 53 | M4 |
| Torre do Terrenho | 9 | 42 | J7 |
| Torre (Monte) | 9 | 41 | L7 |
| Torre Vã | 2 | 77 | S4 |
| Torredeita | 18 | 41 | K5 |
| Torreira | 1 | 40 | J3 |
| Torres | 9 | 42 | J8 |
| Torres Novas | 14 | 53 | N4 |
| Torres Vedras | 11 | 64 | O2 |
| Torrinheiras | PRT | 27 | H6 |
| Torroal | 15 | 76 | R3 |
| Torrozelas | 6 | 53 | L6 |
| Torrozelo | 9 | 41 | K6 |
| Torto (Rio) (Castelo Branco) | 5 | 54 | L8 |
| Torto (Rio) (Vila Real) | 17 | 28 | H7 |
| Torto (Rio) (Viseu) | PRT | 27 | I7 |
| Tortosendo | 5 | 41 | L7 |
| Touca (Castelo Branco) | 5 | 54 | L7 |
| Touça (Guarda) | 9 | 42 | I8 |
| Touguinha | 13 | 26 | H3 |
| Toulica (Barragem) | 5 | 54 | M8 |
| Toulões | 5 | 55 | M8 |
| Tourém | 17 | 27 | G6 |
| Tourigo | 18 | 41 | K5 |
| Touril | 2 | 76 | T3 |
| Touro | 18 | 41 | J6 |
| Tourões (Ribeira de) | 9 | 42 | K9 |
| Toutalga | PRT | 78 | R7 |
| Toutosa | 13 | 27 | I5 |
| Touvedo | 16 | 27 | G4 |
| Trafaria | 15 | 64 | P2 |
| Trafeiras | 2 | 77 | S6 |
| Tramaga | 12 | 65 | O5 |
| Tramagal | 14 | 53 | N5 |
| Trancoso | 9 | 42 | J7 |
| Travanca (perto de Mogadouro) | 4 | 29 | H10 |
| Travanca (perto de Vinhais) | 4 | 28 | G9 |
| Travanca (Porto) | 13 | 27 | I5 |
| Travanca de Lagos | 6 | 41 | K6 |
| Travanca de Tavares | 18 | 41 | K7 |
| Travanca do Mondego | 6 | 41 | L5 |
| Travancas | 17 | 28 | G8 |
| Travassô | 1 | 40 | K4 |
| Travassós | 3 | 27 | H5 |
| Travassos (perto de Povoa de Lanhoso) | 3 | 27 | H5 |
| Travessa | 2 | 78 | R8 |
| Treixedo | 18 | 41 | K5 |
| Tremês | 14 | 53 | N3 |
| Tresminas | 17 | 27 | H7 |
| Tresouras | 13 | 27 | I6 |
| Trevim (Alto de) | PRT | 53 | L5 |
| Trevões | 18 | 42 | I7 |
| Trezói | 18 | 40 | K5 |
| Trigaches | 2 | 77 | R6 |
| Trigais | 5 | 41 | L6 |
| Trigo (Monte) | 20 | 107 | G11 |
| Trindade (Beja) | 2 | 77 | S6 |
| Trindade (Bragança) | 4 | 28 | H8 |
| Trinta | 9 | 42 | K7 |
| Tripeiro | 5 | 54 | M7 |
| Tristão (Ponta do) | 31 | 88 | AY |
| Trofa (Aveiro) | 1 | 40 | K4 |
| Trofa (Porto) | 13 | 26 | H4 |
| Tróia | 15 | 64 | Q3 |
| Tróia (Península de) | 15 | 65 | Q3 |
| Tronco | 17 | 28 | G8 |
| Troporiz | 16 | 12 | F4 |
| Troviscais | 2 | 76 | T3 |
| Troviscal (Aveiro) | 1 | 40 | K4 |
| Troviscal (Castelo Branco) | 5 | 53 | M5 |
| Tua | 4 | 28 | I7 |
| Tua (Rio) | PRT | 28 | H8 |
| Tuella (R.) | PRT | 28 | G8 |
| Tuido-Gandra | 16 | 12 | F4 |
| Tuizelo | 4 | 28 | G8 |
| Tunes | 8 | 89 | U5 |
| Turcifal | 11 | 64 | O2 |
| Turquel | 10 | 52 | N3 |

**U**

| | | | |
|---|---|---|---|
| Ulme | 14 | 53 | O4 |
| Umbrias de Camacho | 8 | 90 | U7 |
| Unhais da Serra | 5 | 41 | L7 |
| Unhais-o-Velho | 6 | 54 | L6 |
| Unhos | 11 | 64 | P2 |
| Urqueira | 14 | 53 | M4 |
| Urra | 12 | 66 | O7 |
| Urrós (perto de Brunhozinho) | 4 | 29 | H10 |
| Urros (perto de Ligares) | 4 | 42 | I8 |
| Urso (Pinhal do) | 10 | 52 | M3 |
| Urza | 2 | 77 | T5 |
| Urzelina | 20 | 107 | H11 |
| Uva | 4 | 29 | H10 |

**V**

| | | | |
|---|---|---|---|
| Vacariça | 1 | 40 | K4 |
| Vagos | 1 | 40 | K3 |
| Vaiamonte | 12 | 66 | O7 |
| Vairão | 13 | 26 | H4 |
| Valada | 14 | 65 | O3 |
| Valadares | 13 | 26 | I4 |
| Valadas (Beja) | 2 | 78 | S7 |
| Valadas (Castelo Branco) | 5 | 53 | N5 |
| Valado dos Frades | 10 | 52 | N2 |
| Valbom (Castelo Branco) | 5 | 54 | M7 |
| Valbom (Guarda) | 9 | 42 | J8 |
| Valbom (Leiria) | 10 | 53 | M5 |
| Valdigem | 18 | 27 | I6 |
| Valdreu | 3 | 27 | G5 |
| Valdrez | 4 | 28 | H9 |
| Valdujo | 9 | 42 | J8 |
| Vale | 16 | 27 | G4 |
| Vale Alto | 14 | 53 | N4 |
| Vale Beijinha | 2 | 76 | S3 |
| Vale Benfeito | 4 | 28 | H9 |
| Vale Covo (Beja) | 2 | 78 | S7 |
| Vale Covo (Leiria) | 10 | 52 | O2 |
| Vale da Madre | 4 | 28 | H9 |
| Vale da Mó | 1 | 40 | K4 |
| Vale da Mua | 5 | 54 | M6 |
| Vale da Mula | 9 | 42 | J9 |
| Vale da Pinta | 14 | 64 | O3 |
| Vale da Rosa | 8 | 89 | U6 |
| Vale da Seda | 12 | 66 | O6 |
| Vale da Senhora da Povoa | 5 | 42 | L8 |
| Vale da Telha | 8 | 88 | U3 |
| Vale da Torre | 5 | 54 | L7 |
| Vale da Ursa | 5 | 54 | M6 |
| Vale da Vinha | 12 | 54 | N6 |
| Vale das Fontes | 4 | 28 | G8 |
| Vale das Mós | 14 | 53 | N5 |
| Vale de Açor (Beja) | 2 | 77 | S6 |
| Vale de Açor (Portalegre) | 12 | 65 | O6 |
| Vale de Açor (Samtarém) | 14 | 53 | N5 |
| Vale de Afonsinho | 9 | 42 | J8 |
| Vale de Água (Beja) | 2 | 77 | S5 |
| Vale de Água (Setúbal) | 15 | 76 | S4 |
| Vale de Albuquerque | 12 | 66 | P8 |
| Vale de Anta | 17 | 27 | G7 |
| Vale de Asnes | 4 | 28 | H8 |
| Vale de Azares | 9 | 42 | K7 |
| Vale de Bispo Fundeiro | 12 | 65 | O6 |
| Vale de Cambra | 1 | 40 | J4 |
| Vale de Cavalos (Portalegre) | 12 | 66 | O8 |
| Vale de Cavalos (Santarém) | 14 | 53 | O4 |
| Vale de Cobrão (Ribeira de) | PRT | 65 | P3 |
| Vale de Couço | 4 | 28 | H8 |
| Vale de Ebros | 8 | 90 | U7 |
| Vale de Espinho | 9 | 42 | L9 |
| Vale de Estrela | 9 | 42 | K8 |
| Vale de Ferro | 2 | 76 | S4 |
| Vale de Figueira (Santarém) | 14 | 53 | O4 |
| Vale de Figueira (Viseu) | 18 | 42 | I7 |
| Vale de Frades | 4 | 29 | H10 |
| Vale de Gaio (Barragem de) | 15 | 77 | R5 |

## SANTARÉM

| | | |
|---|---|---|
| Alex Herculano (R.) | A | 3 |
| Alf. de Santarém (R.) | B | 4 |
| Braamcamp Freire (R.) | B | 6 |
| Cândido dos Reis (Largo) | A | 7 |
| Capelo Ivens (R.) | AB | 9 |
| G. de Azevedo (R.) | A | 10 |
| João Afonso (R.) | A | 12 |
| Miguel Bombarda (R.) | B | 13 |
| Piedade (Largo da) | A | 15 |
| São Martinho (R. de) | B | 16 |
| Serpa Pinto (R.) | AB | |
| Teixeira Guedes (R.) | A | 18 |
| Tenente Valadim (R.) | B | 19 |
| Vasco da Gama (R.) | A | 21 |
| Zeferino Brandão (R.) | A | 22 |
| 1_ de Dezembro (R.) | B | 24 |
| 5 de Outubro (Av.) | B | 25 |
| 31 de Janeiro (R.) | A | 27 |

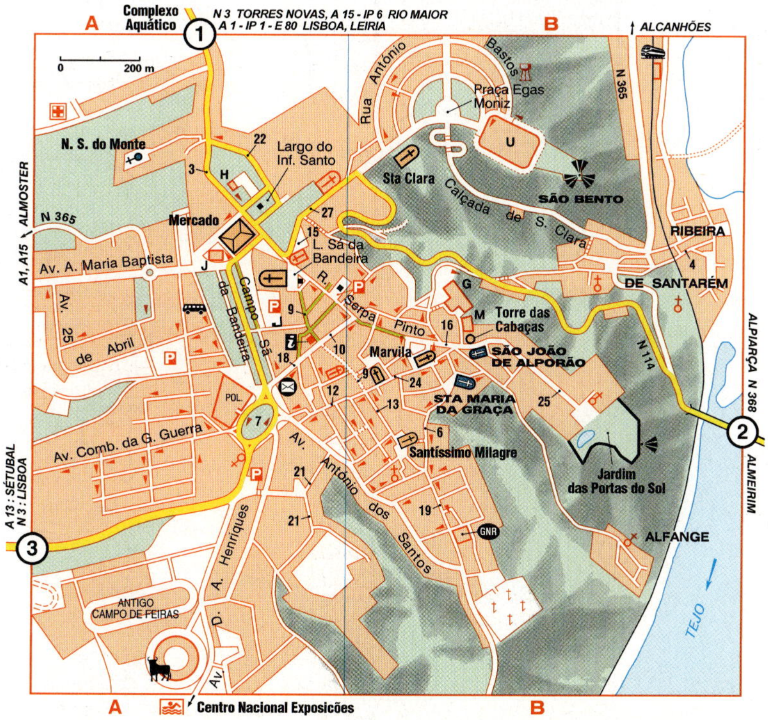

| | | | |
|---|---|---|---|
| Vale de Gaviões | 12 | 54 | N6 |
| Vale de Gouvinhas | 4 | 28 | H8 |
| Vale de Guiso | 15 | 77 | R4 |
| Vale de Ílhavo | 1 | 40 | K4 |
| Vale de Janeiro | 4 | 28 | G8 |
| Vale de Maceiras | 12 | 66 | O7 |
| Vale de Madeira | | 42 | J8 |
| Vale de Moinhos | 4 | 28 | H9 |
| Vale de Moura | 7 | 65 | Q6 |
| Vale de Nogueira | 4 | 28 | H9 |
| Vale de Ossos | 15 | 77 | R4 |
| Vale de Paio | | 65 | O6 |
| Vale de Pereiros | 9 | 42 | J8 |
| Vale de Prazeres | 5 | 54 | L7 |
| Vale de Rocins | 2 | 77 | S6 |
| Vale de Salgueiro | 4 | 28 | H8 |
| Vale de Santarém | 14 | 65 | O3 |
| Vale de Santiago | 2 | 77 | S4 |
| Vale de Telhas | 4 | 28 | H8 |
| Vale de Torno | 4 | 28 | I8 |
| Vale de Vaide | 6 | 53 | L5 |
| Vale de Vargo | 2 | 78 | S7 |
| Vale de Vilão | 12 | 65 | O5 |
| Vale de Zebro | 15 | 77 | S5 |
| Vale do Arco | 12 | 53 | N6 |
| Vale do Côa (Parque arqueológica de) | 9 | 42 | I8 |
| Vale do Coelheiro | 5 | 54 | M6 |
| Vale do Homem | 5 | 54 | M6 |
| Vale do Judeu | 8 | 89 | U5 |
| Vale do Lobo | 8 | 89 | U5 |
| Vale do Paraíso | 11 | 64 | O3 |
| Vale do Pereiro | 7 | 66 | P6 |
| Vale do Peso | 12 | 54 | N7 |
| Vale do Rio | 10 | 53 | M5 |
| Vale do Seixo | 9 | 42 | J8 |
| Vale dos Reis | 15 | 65 | Q4 |
| Vale Feitoso | 5 | 55 | L9 |
| Vale Figueira | 8 | 89 | U5 |
| Vale Flor | 9 | 42 | J8 |
| Vale Formoso | 2 | 78 | R8 |
| Vale Frechoso | 4 | 28 | H8 |
| Vale Furado | 10 | 52 | M2 |
| Vale Pereiro | 4 | 28 | H9 |
| Vale Verde (Bragança) | 4 | 28 | H8 |
| Vale Verde (Guarda) | 9 | 42 | J9 |
| Vale Vinagre | 15 | 77 | S4 |
| Válega | 1 | 40 | J4 |
| Valeira (Barragem de) | 4 | 28 | I7 |
| Valença do Douro | 18 | 27 | I7 |
| Valença do Minho | 16 | 12 | F4 |
| Vales (Beja) | 2 | 77 | S4 |
| Vales (Bragança) | 4 | 28 | H9 |
| Vales (Castelo Branco) | 5 | 54 | M6 |
| Vales (Faro) | 8 | 89 | U6 |
| Vales (perto de Aljezur) | 8 | 88 | U3 |
| Vales Mortos | 2 | 78 | S7 |
| Valezim | 9 | 41 | K6 |
| Valhascos | 14 | 53 | N5 |
| Valhelhas | 9 | 41 | K7 |
| Valongo (Portalegre) | 12 | 66 | O6 |
| Valongo (Porto) | 13 | 26 | I4 |
| Valongo de Mihais | 17 | 28 | H7 |
| Valongo do Vouga | 1 | 40 | K4 |
| Valongo dos Azeites | 18 | 42 | I7 |
| Valoura | 17 | 27 | H7 |
| Valpaços | 17 | 28 | H8 |
| Valugas | 17 | 27 | H7 |
| Valverde (Bragança) | 4 | 28 | I9 |
| Valverde (Castelo Branco) | 5 | 54 | L7 |
| Valverde (Évora) | 7 | 65 | Q5 |
| Valverde (Guarda) | 9 | 41 | J7 |
| Valverde (Santarém) | 14 | 52 | N3 |
| Valverde (Ribeira de) | 7 | 65 | Q5 |
| Vaqueiro | 17 | 27 | H6 |
| Vaqueiros | 8 | 89 | T6 |
| Vara (Pico da) | 20 | 107 | J20 |
| Varadouro | 20 | 107 | H9 |
| Varge | 4 | 28 | G9 |
| Vargem | 12 | 66 | O7 |
| Vargens | 2 | 89 | T6 |
| Variz | 4 | 28 | H10 |
| Várzea | 20 | 107 | J18 |
| Várzea (Santarém) | 14 | 53 | O3 |
| Várzea (Viana do Castelo) | 16 | 27 | G5 |
| Várzea Cova | 3 | 27 | H5 |
| Várzea da Ovelha | 13 | 27 | I5 |
| Várzea de Serra | 18 | 41 | J6 |
| Várzea de Trevões | 18 | 41 | I7 |
| Várzea dos Cavaleiros | 5 | 53 | M5 |
| Várzeas | 10 | 53 | M3 |
| Varziela | 6 | 40 | K4 |
| Vascão (Ribeira do) | PRT | 89 | T6 |
| Vasconha | 18 | 41 | J5 |
| Vascoveiro | 9 | 42 | J8 |
| Vassal | 17 | 28 | H7 |
| Vau | 10 | 52 | N2 |
| Veiga de lila | 17 | 28 | H8 |
| Veiros (Aveiro) | 1 | 40 | J4 |
| Veiros (Évora) | 7 | 66 | P7 |
| Vela | 9 | 42 | K8 |
| Vela (Lagoa da) | 6 | 40 | L3 |
| Velada | 12 | 54 | N6 |
| Velão (Alto de) | 17 | 27 | I6 |
| Velas | 20 | 107 | G11 |
| Velosa | 9 | 42 | K8 |
| Venade | 16 | 26 | G3 |
| Venda | 7 | 66 | Q7 |
| Venda do Cepo | 9 | 42 | J7 |
| Venda do Pinheiro | 11 | 64 | P2 |
| Venda do Preto | 10 | 53 | M4 |
| Venda Nova (perto de Mação) | 14 | 54 | N6 |
| Venda Nova (perto de Tomar) | 14 | 53 | N4 |
| Venda Nova (Vila Real) | 17 | 27 | G6 |
| Venda Nova (Barragem de) | 17 | 27 | G6 |
| Vendas Novas | 7 | 65 | P4 |
| Vendinha | 7 | 66 | Q7 |
| Ventosa (Braga) | 3 | 27 | H5 |
| Ventosa (perto de Alenquer) | 11 | 64 | O2 |
| Ventosa (perto de Torres Vedras) | 11 | 64 | O2 |
| Ventosa do Bairro | 1 | 40 | K4 |
| Vera Cruz | 7 | 78 | R6 |
| Verde (Lagoa) | 20 | 107 | J18 |
| Verdelhos | 5 | 41 | K7 |
| Vergeira | 15 | 76 | S4 |
| Verigo | 10 | 53 | M4 |
| Vermelha | 11 | 52 | O2 |
| Vermelhos | 8 | 89 | T5 |
| Vermiosa | 9 | 42 | J9 |
| Vermoil | 10 | 53 | M4 |
| Vermoim | 3 | 26 | H4 |
| Verride | 6 | 53 | L3 |
| Vez (R.) | 16 | 27 | G5 |
| Viade de Baixo | 17 | 27 | G6 |
| Vialonga | 11 | 64 | P2 |
| Viana do Alentejo | 7 | 77 | R5 |
| Viana do Castelo | 16 | 26 | G3 |
| Viatodos | 3 | 26 | H4 |
| Vidago | 17 | 27 | H7 |
| Vidais | 10 | 52 | N2 |
| Vide | 9 | 41 | L6 |
| Videmonte | 9 | 42 | K7 |
| Vidigal (Castelo Branco) | 5 | 54 | M6 |
| Vidigal (Évora) | 15 | 65 | P4 |
| Vidigueira | 2 | 77 | R6 |
| Vidual | 6 | 54 | L6 |
| Viegas | 2 | 78 | S7 |
| Vieira de Leiria | 10 | 52 | M3 |
| Vieira do Minho | 3 | 27 | H5 |
| Vieirinhos | 10 | 53 | L3 |
| Vigia | 2 | 77 | T4 |
| Vigia (Barragem da) | 7 | 66 | Q7 |
| Vila Alva | 2 | 77 | R6 |
| Vila Azeda | 2 | 77 | R6 |
| Vila Baleira | 32 | 89 | DX |
| Vila Boa de Ousilhão | 4 | 28 | G9 |
| Vila Boa do Bispo | 13 | 27 | I5 |
| Vila Boim | 12 | 66 | P8 |
| Vila Chã (Braga) | 3 | 26 | H3 |
| Vila Chã (Bragança) | 4 | 29 | H10 |
| Vila Chã (Guarda) | 9 | 41 | K7 |
| Vila Chã (Leiria) | 10 | 53 | M4 |
| Vila Chã (Porto) | 13 | 26 | I3 |
| Vila Chã (Viana do Castelo) | 16 | 27 | G5 |
| Vila Chã (Vila Real) | 17 | 27 | I7 |
| Vila Chã (Viseu) | 18 | 41 | K6 |
| Vila Chã de Braciosa | 4 | 29 | H10 |
| Vila Chã de Ourique | 14 | 65 | O3 |
| Vila Chão | 13 | 27 | I5 |
| Vila Cortês da Serra | 9 | 41 | K7 |
| Vila Cova | 17 | 27 | I6 |
| Vila Cova a Coelheira | 18 | 41 | J6 |
| Vila Cova de Alva | 6 | 41 | L6 |
| Vila Cova do Covelo | 18 | 41 | J7 |
| Vila da Ponte (Vila Real) | 17 | 27 | G6 |
| Vila da Ponte (Viseu) | 18 | 41 | J7 |
| Vila de Ala | 4 | 28 | I10 |
| Vila de Cucujães | 1 | 40 | J4 |
| Vila de Frades | 2 | 77 | R6 |
| Vila de Punhe | 16 | 26 | H3 |
| Vila de Rei | 5 | 53 | M5 |
| Vila do Bispo | 8 | 88 | U3 |
| Vila do Conde (Porto) | 13 | 26 | H3 |
| Vila do Conde (Vila Real) | 17 | 27 | H7 |
| Vila do Porto | 20 | 107 | M20 |
| Vila do Touro | 9 | 42 | K8 |
| Vila Facaia | 10 | 53 | M5 |

## SETÚBAL

| | | |
|---|---|---|
| Alexandre Herculano (Av. de) | BY | 3 |
| Almirante Reis (P. do) | AZ | 4 |
| Almocreves (R. dos) | BZ | 6 |
| Álvaro Castelões (R.) | BZ | 7 |
| António Girão (R.) | BZ | 9 |
| Arronches Junqueiro (R.) | BZ | 12 |
| Augusto Cardoso (R. de) | BZ | 13 |
| Bela Vista (Travessa da) | AZ | 15 |
| Bocage (Pr. do) | BZ | 16 |
| Bocage (R. do) | BZ | 18 |
| Ciprestes (Estrada dos) | CY | 19 |
| Clube Naval (R.) | AZ | 20 |
| Combatentes da Grande Guerra (Av. dos) | AZ | 21 |
| Defensores da República (Largo dos) | CZ | 22 |
| Dr António J. Granjo (R.) | BZ | 24 |
| Dr Paula Borba (R.) | BZ | 25 |
| Exército (Pr. do) | BZ | 27 |
| Machado dos Santos (Pr.) | AZ | 31 |
| Major Afonso Pala (R. do) | BZ | 33 |
| Mariano de Carvalho (Av.) | BY | 34 |
| Marquês da Costa (R.) | AZ | 36 |
| Marquês de Pombal (Pr.) | AZ | 37 |
| Mirante (R. do) | CY | 38 |
| Ocidental do Mercado (R.) | AZ | 39 |
| Paulino de Oliveira (R. de) | AZ | 40 |
| República de Guiné-Bissau (Av.) | BY | 42 |
| Santo António (Largo de) | BZ | 43 |
| Tenente Valadim (R.) | AZ | 44 |
| Trabalhadores do Mar (R. Dos) | AZ | 45 |
| 22 de Dezembro (Av.) | BY | 46 |

A 2 - IP 7 - E 90 : LISBOA
N 10 : BACALHOA
MONTIJO, PALMELA
N 252
A 12 - IP 1 - E 1,
A 2 - IP 7 - E 90 : LISBOA
ALCÁCER DO SAL
ÉVORA
A
B
C
Y
Z
PARQUE DO BOMFIM
Praça do Brasil
R. Almeida Garret
Rua da Tebaida
Av. Luísa Todi
Avenida Cinco de Outubro
ESTAÇÃO
SANTA MARIA
JESUS
São Julião
Mercado
Pr. da República
JARDIM LUÍS DA FONSECA
DOCA DO COMÉRCIO
DOCA DOS PESCADORES
SADO
TRÓIA
Castelo de São Filipe
SERRA DA ARRÁBIDA
N 10-4
Rua das Fontainhas
Rua São Filipe
200 m

| | | | |
|---|---|---|---|
| Vila Fernando (Guarda) | 9 | 42 | K8 |
| Vila Fernando (Portalegre) | 12 | 66 | P8 |
| Vila Flor (Bragança) | 4 | 28 | I8 |
| Vila Flor (Portalegre) | 12 | 54 | N6 |
| Vila Formosa | 12 | 66 | O6 |
| Vila Franca | 16 | 26 | G3 |
| Vila Franca da Serra | 9 | 41 | K7 |
| Vila Franca das Naves | 9 | 42 | J8 |
| Vila Franca de Xira | 11 | 64 | P3 |
| Vila Franca do Campo | 20 | 107 | J19 |
| Vila Franca do Rosário | 11 | 64 | P2 |
| Vila Fresca de Azeitão | 15 | 64 | Q3 |
| Vila Garcia (perto de Guarda) | 9 | 42 | K8 |
| Vila Garcia (perto de Trancoso) | 9 | 42 | J8 |
| Vila Longa | 18 | 41 | J7 |
| Vila Meã | 13 | 27 | I5 |
| Vila Moinhos (Sobral) | 18 | 41 | K5 |
| Vila Moreira | 14 | 53 | N3 |
| Vila Nogueira de Azeitão | 15 | 64 | Q2 |
| Vila Nova (Coimbra) | 6 | 53 | L5 |
| Vila Nova (Faro) | 8 | 90 | U7 |
| Vila Nova (Santarém) | 14 | 53 | N5 |
| Vila Nova da Barca | 6 | 53 | L3 |
| Vila Nova da Baronia | 2 | 77 | R5 |
| Vila Nova da Barquinha | 14 | 53 | N4 |
| Vila Nova da Rainha | 11 | 64 | O3 |
| Vila Nova de Anços | 6 | 53 | L4 |
| Vila Nova de Cacela | 8 | 90 | U7 |
| Vila Nova de Cerveira | 16 | 26 | G3 |
| Vila Nova de Corvo | 20 | 107 | D2 |
| Vila Nova de Famalicão | 3 | 26 | H4 |
| Vila Nova de Foz Côa | 9 | 42 | I8 |
| Vila Nova de Gaia | 13 | 26 | I4 |
| Vila Nova de Milfontes | 2 | 76 | S3 |
| Vila Nova de Monsarros | 1 | 40 | K4 |
| Vila Nova de Paiva | 18 | 41 | J6 |
| Vila Nova de Poiares | 6 | 41 | L5 |
| Vila Nova de Santo André | 15 | 76 | R3 |
| Vila Nova de São Bento | 2 | 78 | S7 |
| Vila Nova de São Pedro | 11 | 64 | O3 |
| Vila Nova de Tazem | 9 | 41 | K6 |
| Vila Nova do Ceira | 6 | 53 | L5 |
| Vila Nune | 3 | 27 | H6 |
| Vila Pouca da Beira | 6 | 41 | L6 |
| Vila Pouca de Aguiar | 17 | 27 | H7 |
| Vila Praia de Âncora | 16 | 26 | G3 |
| Vila Real | 17 | 27 | I6 |
| Vila Real de Santo António | 8 | 90 | U7 |
| Vila Ruiva (Beja) | 2 | 77 | R6 |
| Vila Ruiva (Viseu) | 18 | 41 | K6 |
| Vila Seca (Braga) | 3 | 26 | H3 |
| Vila Seca (Coimbra) | 6 | 53 | L4 |
| Vila Seca (Viseu) | 18 | 27 | I7 |
| Vila Velha de Ródão | 5 | 54 | N6 |
| Vila Verde (Braga) | 3 | 26 | H4 |
| Vila Verde (Bragança) | 4 | 28 | G9 |
| Vila Verde (Coimbra) | 6 | 53 | L3 |
| Vila Verde da Raia | 17 | 28 | G7 |
| Vila Verde de Ficalho | 2 | 78 | S8 |
| Vila Verde dos Francos | 11 | 64 | O2 |
| Vila Verdinho | 4 | 28 | H8 |
| Vila Viçosa | 7 | 66 | P7 |
| Vilamoura | 8 | 89 | U5 |
| Vilar (Braga) | 3 | 27 | G5 |
| Vilar (Lisboa) | 11 | 64 | O2 |
| Vilar (Vila Real) | 17 | 27 | H6 |
| Vilar (Viseu) | 18 | 41 | J6 |
| Vilar (Barragem de) | 18 | 41 | J7 |
| Vilar Barroco | 5 | 54 | M6 |
| Vilar Chão | 4 | 28 | H9 |
| Vilar da Lomba | 4 | 28 | G8 |
| Vilar da Veiga | 3 | 27 | G5 |
| Vilar de Amargo | 9 | 42 | J8 |
| Vilar de Arca | 18 | 41 | I5 |
| Vilar de Boi | 5 | 54 | N6 |
| Vilar de Cunhas | 3 | 27 | H6 |
| Vilar de Ferreiros | 17 | 27 | H6 |
| Vilar de Ledra | 4 | 28 | H8 |
| Vilar de Maçada | 17 | 27 | I7 |
| Vilar de Mouros | 16 | 26 | G3 |
| Vilar de Murteda | 16 | 26 | G3 |
| Vilar de Ossos | 4 | 28 | G8 |
| Vilar de Paraiso | 13 | 26 | I4 |
| Vilar de Perdizes | 17 | 27 | G7 |
| Vilar de Peregrinos | 4 | 28 | G8 |
| Vilar de Pinheiro | 13 | 26 | I4 |
| Vilar de Rei | 4 | 28 | I9 |
| Vilar do Monte | 4 | 28 | H9 |
| Vilar do Ruivo | 5 | 53 | M5 |
| Vilar dos Prazeres | 14 | 53 | N4 |
| Vilar Formoso | 9 | 42 | K9 |
| Vilar Maior | 9 | 42 | K9 |
| Vilar Seco | 4 | 29 | H10 |
| Vilar Seco de Lomba | 4 | 28 | G8 |
| Vilar Torpim | 9 | 42 | J9 |
| Vilarandelo | 17 | 28 | H8 |
| Vilarelho da Raia | 17 | 28 | G7 |
| Vilarelho (Serra de) | 17 | 27 | H7 |
| Vilarelhos | 4 | 28 | H8 |
| Vilares (Bragança) | 4 | 28 | H8 |
| Vilares (Guarda) | 9 | 42 | J8 |
| Vilares (Vila Real) | 17 | 27 | H7 |
| Vilariça (Ribeira de) | PRT | 28 | I8 |
| Vilarinha | 8 | 88 | U3 |
| Vilarinho (Bragança) | 4 | 28 | G9 |
| Vilarinho (Coimbra) | 6 | 53 | L5 |
| Vilarinho (Porto) | 13 | 26 | H3 |
| Vilarinho (Vila Real) | 17 | 27 | G6 |
| Vilarinho (Viseu) | 18 | 41 | J5 |
| Vilarinho da Castanheira | 4 | 28 | I8 |
| Vilarinho das Azenhas | 4 | 28 | H8 |
| Vilarinho das Cambas | 3 | 26 | H4 |
| Vilarinho das Furnas (Barragem) | 3 | 27 | G5 |
| Vilarinho de Agrochão | 4 | 28 | G8 |
| Vilarinho de Cotas | 17 | 27 | I7 |
| Vilarinho de Samardã | 17 | 27 | H6 |
| Vilarinho de São Luís | 1 | 40 | J4 |
| Vilarinho de São Romão | 17 | 27 | I7 |
| Vilarinho do Bairro | 1 | 40 | K4 |
| Vilarinho dos Galegos | 4 | 28 | I10 |
| Vilarinho Seco | 17 | 27 | G6 |
| Vilarouco | 18 | 42 | I7 |
| Vilas Boas | 4 | 28 | H8 |
| Vilas do Pedro | 10 | 53 | M5 |
| Vilas Ruivas | 5 | 54 | N6 |
| Vilela do Tâmega | 17 | 27 | G7 |
| Vilela Seca | 17 | 28 | G7 |
| Vilharinhos | 8 | 89 | U6 |
| Vimeiro (Leiria) | 10 | 52 | N2 |
| Vimeiro (Lisboa) | 11 | 64 | O2 |
| Vimieiro | 7 | 66 | P6 |
| Vimioso | 4 | 29 | H10 |
| Vinha da Rainha | 6 | 53 | L3 |
| Vinhais | 4 | 28 | G8 |
| Vinhas | 4 | 28 | H9 |
| Vinte e Dois (Barragem dos) | 15 | 64 | Q3 |
| Virtudes | 11 | 64 | O3 |
| Viseu | 18 | 41 | K6 |
| Viseus | 2 | 77 | T6 |
| Viso (Nossa Senhora do) | 3 | 27 | H5 |
| Vista Alegre | 1 | 40 | K3 |
| Viuvas | 2 | 89 | T6 |
| Viveiro | 17 | 27 | G6 |
| Vizela | | 27 | H5 |
| Volta do Vale | 14 | 65 | P4 |
| Vouga | PRT | 41 | J6 |
| Vouguinha | 18 | 41 | J6 |
| Vouzela | 18 | 41 | J5 |
| Vreia de Bornes | 17 | 27 | H7 |
| Vreia de Jales | 17 | 27 | H7 |
| **X** | | | |
| Xarrama | PRT | 66 | Q6 |
| Xartinho | 14 | 52 | N3 |
| Xerez de Baixo | 7 | 78 | Q7 |
| Xévora | PRT | 67 | O8 |
| **Z** | | | |
| Zambujal (Coimbra) | 6 | 53 | L4 |
| Zambujal (Faro) | 8 | 89 | T7 |
| Zambujal (Setúbal) | 15 | 65 | Q3 |
| Zambujal de Cima | 15 | 64 | Q2 |
| Zambujeira do Mar | 2 | 76 | T3 |
| Zambujeiras | 2 | 76 | S4 |
| Zambujeiro | 7 | 66 | Q7 |
| Zava | 4 | 28 | I9 |
| Zavial | 8 | 88 | U3 |
| Zebreira | 5 | 54 | M8 |
| Zebro (Ribeira do) | PRT | 78 | R7 |
| Zedes | 4 | 28 | I8 |
| Zêzere (Río) | PRT | 42 | K7 |
| Zêzere (Vale Glaciário do) | 9 | 41 | K7 |
| Zibreira | 14 | 53 | N4 |
| Zimão | 17 | 27 | H7 |
| Zoio | 4 | 28 | G9 |

# Climatología / Climat / Climate / Klima / Klimaat / Clima

**Media mensual de temperaturas** — 16 máx. diária / 8 mín. diária
**Températures (Moyenne mensuelle)** — 16 max. quotidien / 8 min. quotidien
**Average daily temperature** — 16 maximum / 8 minimum
**Temperaturen (Monatlicher Durchschnitt)** — 16 maximale Tagestemperatur / 8 minimale Tagestemperatur
**Temperaturen (Maandgemiddelde)** — 16 maximum / 8 minimum
**Temperature (Medie mensili)** — 16 max. giornaliera / 8 min. giornaliera

**Temperatura media del mar** — 14
**Température moyenne de l'eau de mer** — 14
**Average sea temperature** — 14
**Durchschnittliche Meerestemperatur** — 14
**Gemiddelde temperatuur zeewater** — 14
**Temperatura media dell'acqua** — 14

**Media mensual de precipitaciones**
**Précipitations (Moyenne mensuelle)**
**Average monthly rainfall**
**Niederschlagsmengen (Monatlicher Durchschnitt)**
**Gemiddelde maandelijkse neerslag**
**Precipitazioni (Medie mensili)**

0-20 mm · 20-50 mm · 50-100 mm · + 100 mm

| | 1 | 2 | 3 | 4 | 5 | 6 | 7 | 8 | 9 | 10 | 11 | 12 |
|---|---|---|---|---|---|---|---|---|---|---|---|---|
| Alacant/Alicante | 16 / 6 | 18 / 6 | 20 / 8 | 22 / 10 | 25 / 13 | 29 / 17 | 32 / 19 | 32 / 20 | 30 / 18 | 25 / 14 | 21 / 10 | 17 / 7 |
| Albacete | 9 / -1 | 12 / -1 | 16 / 2 | 19 / 5 | 22 / 8 | 28 / 12 | 33 / 15 | 32 / 16 | 27 / 13 | 20 / 7 | 14 / 3 | 10 / 0 |
| Almería | 16 / 8 | 16 / 8 | 18 / 10 | 20 / 12 | 22 / 15 | 26 / 18 | 29 / 21 | 29 / 22 | 27 / 20 | 23 / 16 | 19 / 12 | 17 / 9 |
| Andorra la Vella | 6 / -1 | 7 / -1 | 12 / 2 | 14 / 4 | 17 / 6 | 23 / 10 | 26 / 12 | 24 / 12 | 22 / 10 | 16 / 6 | 10 / 2 | 6 / -1 |
| Badajoz | 13 / 4 | 15 / 5 | 18 / 8 | 21 / 9 | 24 / 12 | 30 / 16 | 34 / 18 | 33 / 18 | 29 / 16 | 23 / 12 | 17 / 8 | 13 / 5 |
| Barcelona | 13 / 6 | 14 / 7 | 16 / 9 | 18 / 11 | 21 / 14 | 25 / 18 | 28 / 21 | 28 / 21 | 25 / 19 | 21 / 15 | 16 / 11 | 13 / 7 |
| Bilbao | 12 / 5 | 13 / 5 | 17 / 7 | 17 / 7 | 20 / 9 | 23 / 13 | 25 / 14 | 25 / 14 | 23 / 13 | 21 / 11 | 16 / 8 | 13 / 6 |
| Bragança | 8 / 1 | 10 / 1 | 13 / 3 | 16 / 5 | 19 / 8 | 24 / 11 | 28 / 13 | 28 / 13 | 24 / 11 | 18 / 8 | 12 / 4 | 8 / 1 |
| Burgos | 6 / -1 | 8 / 0 | 12 / 2 | 15 / 4 | 18 / 7 | 22 / 10 | 26 / 12 | 25 / 12 | 22 / 10 | 16 / 7 | 10 / 3 | 6 / 0 |
| Cádiz | 15 / 8 | 16 / 9 | 18 / 11 | 21 / 12 | 23 / 14 | 27 / 18 | 29 / 20 | 30 / 20 | 27 / 19 | 23 / 16 | 19 / 12 | 16 / 9 |
| Castelo Branco | 11 / 5 | 13 / 5 | 16 / 7 | 19 / 9 | 23 / 12 | 28 / 16 | 32 / 18 | 31 / 18 | 27 / 16 | 21 / 12 | 15 / 8 | 12 / 5 |
| Córdoba | 14 / 4 | 16 / 5 | 19 / 8 | 23 / 10 | 26 / 13 | 32 / 17 | 36 / 19 | 36 / 20 | 31 / 17 | 24 / 13 | 19 / 8 | 14 / 5 |
| A Coruña | 13 / 7 | 13 / 7 | 15 / 8 | 16 / 9 | 18 / 11 | 20 / 13 | 22 / 15 | 23 / 15 | 22 / 14 | 19 / 12 | 16 / 9 | 13 / 7 |
| Cuenca | 8 / -2 | 10 / -2 | 13 / 1 | 16 / 4 | 20 / 7 | 25 / 11 | 30 / 14 | 29 / 14 | 25 / 11 | 18 / 6 | 13 / 2 | 9 / -1 |
| Donostia-San Sebastián | 10 / 5 | 11 / 5 | 14 / 8 | 15 / 9 | 17 / 11 | 20 / 14 | 21 / 15 | 22 / 16 | 21 / 15 | 17 / 12 | 13 / 8 | 10 / 6 |
| Faro | 15 / 9 | 16 / 9 | 18 / 11 | 20 / 12 | 23 / 14 | 26 / 17 | 29 / 19 | 29 / 19 | 26 / 18 | 23 / 16 | 19 / 12 | 16 / 9 |
| Funchal (Madeira) | 19 / 13 | 19 / 13 | 19 / 14 | 20 / 14 | 21 / 15 | 22 / 17 | 24 / 19 | 25 / 19 | 25 / 19 | 24 / 18 | 22 / 16 | 20 / 14 |
| Gijón | 13 / 6 | 13 / 6 | 15 / 8 | 16 / 9 | 18 / 11 | 20 / 14 | 22 / 16 | 23 / 16 | 22 / 15 | 19 / 12 | 16 / 8 | 13 / 7 |
| Granada | 12 / 1 | 14 / 2 | 18 / 5 | 20 / 7 | 24 / 9 | 30 / 14 | 34 / 17 | 34 / 17 | 29 / 14 | 22 / 9 | 17 / 5 | 12 / 2 |
| León | 7 / -1 | 9 / -1 | 13 / 2 | 16 / 4 | 19 / 6 | 24 / 10 | 28 / 12 | 27 / 12 | 23 / 10 | 17 / 6 | 12 / 2 | 7 / 0 |
| Lisboa | 14 / 8 | 16 / 8 | 18 / 10 | 20 / 11 | 22 / 13 | 26 / 16 | 28 / 17 | 28 / 17 | 26 / 17 | 23 / 14 | 18 / 11 | 15 / 8 |
| Lleida | 9 / 1 | 13 / 1 | 18 / 5 | 21 / 8 | 25 / 11 | 29 / 15 | 32 / 18 | 32 / 18 | 28 / 15 | 21 / 10 | 15 / 4 | 10 / 2 |
| Madrid | 9 / 1 | 11 / 2 | 15 / 5 | 18 / 7 | 21 / 10 | 27 / 14 | 31 / 17 | 30 / 17 | 26 / 14 | 19 / 9 | 13 / 5 | 9 / 2 |
| Mar Menor | 15 / 5 | 16 / 5 | 18 / 8 | 19 / 9 | 23 / 13 | 25 / 17 | 29 / 20 | 30 / 20 | 27 / 18 | 24 / 14 | 20 / 10 | 17 / 6 |
| Palma (Baleares) | 14 / 6 | 15 / 6 | 17 / 8 | 19 / 10 | 22 / 13 | 26 / 17 | 29 / 19 | 29 / 20 | 27 / 18 | 23 / 14 | 18 / 10 | 15 / 8 |
| Pamplona | 9 / 1 | 10 / 1 | 14 / 4 | 16 / 6 | 20 / 9 | 24 / 12 | 27 / 13 | 27 / 14 | 24 / 12 | 19 / 8 | 12 / 4 | 9 / 2 |
| Peniche | 14 / 9 | 14 / 9 | 16 / 10 | 17 / 12 | 18 / 13 | 20 / 15 | 20 / 16 | 21 / 16 | 20 / 16 | 20 / 14 | 17 / 12 | 15 / 9 |
| Ponta Delgada (Açores) | 17 / 11 | 17 / 11 | 17 / 11 | 18 / 12 | 20 / 13 | 22 / 15 | 25 / 17 | 26 / 18 | 25 / 17 | 22 / 16 | 20 / 14 | 18 / 12 |
| Porto | 14 / 6 | 15 / 6 | 17 / 8 | 18 / 9 | 20 / 11 | 22 / 13 | 23 / 15 | 23 / 14 | 23 / 14 | 21 / 12 | 17 / 8 | 14 / 5 |
| Puerto de Navacerrada | 2 / -4 | 3 / -4 | 5 / -1 | 8 / 0 | 11 / 3 | 17 / 7 | 22 / 11 | 21 / 10 | 17 / 8 | 11 / 3 | 6 / 0 | 3 / -3 |
| Salamanca | 8 / -1 | 10 / 0 | 14 / 2 | 17 / 4 | 20 / 7 | 26 / 11 | 30 / 13 | 30 / 13 | 25 / 11 | 19 / 6 | 13 / 2 | 8 / 0 |
| Santa Cruz de T. (Canarias) | 20 / 14 | 21 / 14 | 22 / 15 | 23 / 16 | 24 / 17 | 26 / 18 | 28 / 20 | 29 / 21 | 28 / 20 | 26 / 19 | 24 / 17 | 21 / 15 |
| Santander | 12 / 7 | 12 / 6 | 15 / 8 | 15 / 9 | 17 / 11 | 20 / 14 | 22 / 16 | 22 / 16 | 21 / 15 | 18 / 12 | 15 / 9 | 12 / 7 |
| Santiago de Compostela | 11 / 4 | 12 / 4 | 15 / 6 | 16 / 6 | 18 / 8 | 22 / 11 | 24 / 13 | 24 / 13 | 22 / 12 | 19 / 10 | 14 / 7 | 12 / 5 |
| Sevilla | 15 / 6 | 17 / 6 | 20 / 9 | 23 / 11 | 26 / 13 | 32 / 17 | 36 / 20 | 36 / 20 | 32 / 18 | 26 / 14 | 20 / 10 | 16 / 7 |
| Sines | 15 / 9 | 15 / 10 | 16 / 10 | 16 / 11 | 18 / 13 | 19 / 15 | 21 / 17 | 21 / 16 | 21 / 16 | 20 / 14 | 17 / 12 | 16 / 10 |
| Tarifa | 16 / 10 | 17 / 11 | 18 / 12 | 20 / 13 | 22 / 15 | 24 / 17 | 27 / 20 | 27 / 20 | 26 / 19 | 23 / 17 | 20 / 14 | 17 / 11 |
| Tarragona | 13 / 5 | 14 / 6 | 15 / 8 | 17 / 10 | 20 / 13 | 24 / 17 | 26 / 20 | 26 / 20 | 25 / 18 | 21 / 14 | 17 / 9 | 14 / 6 |
| Toledo | 10 / 2 | 13 / 2 | 16 / 5 | 19 / 8 | 23 / 11 | 29 / 16 | 33 / 19 | 32 / 18 | 28 / 15 | 21 / 10 | 15 / 5 | 10 / 2 |
| València | 15 / 5 | 16 / 6 | 18 / 8 | 20 / 10 | 23 / 13 | 26 / 16 | 29 / 19 | 29 / 20 | 27 / 17 | 23 / 13 | 19 / 9 | 16 / 6 |
| Valladolid | 7 / 0 | 10 / 0 | 14 / 3 | 17 / 5 | 20 / 8 | 25 / 12 | 29 / 14 | 28 / 14 | 24 / 11 | 18 / 7 | 12 / 3 | 8 / 1 |
| Vigo | 14 / 7 | 14 / 7 | 16 / 9 | 18 / 10 | 19 / 12 | 22 / 14 | 24 / 15 | 24 / 16 | 23 / 15 | 20 / 12 | 17 / 10 | 14 / 8 |
| Zaragoza | 10 / 2 | 12 / 3 | 17 / 6 | 19 / 8 | 23 / 11 | 27 / 15 | 31 / 17 | 30 / 17 | 26 / 15 | 20 / 10 | 14 / 6 | 10 / 4 |

| | 1 | 2 | 3 | 4 | 5 | 6 | 7 | 8 | 9 | 10 | 11 | 12 |
|---|---|---|---|---|---|---|---|---|---|---|---|---|
| Alacant/Alicante | 14 | 13 | 14 | 15 | 16 | 20 | 22 | 25 | 23 | 21 | 17 | 15 |
| Almería | 15 | 14 | 15 | 15 | 17 | 19 | 21 | 23 | 22 | 20 | 17 | 15 |
| Barcelona | 12 | 12 | 13 | 14 | 16 | 20 | 23 | 23 | 22 | 19 | 16 | 14 |
| Cádiz | 14 | 14 | 15 | 15 | 16 | 18 | 20 | 21 | 20 | 20 | 17 | 15 |
| A Coruña | 12 | 12 | 12 | 13 | 13 | 15 | 18 | 18 | 18 | 17 | 14 | 13 |
| Donostia-San Sebastián | 11 | 11 | 12 | 12 | 13 | 17 | 19 | 22 | 19 | 18 | 14 | 12 |
| Faro | 18 | 17 | 17 | 18 | 18 | 20 | 21 | 22 | 23 | 22 | 21 | 19 |
| Funchal (Madeira) | 12 | 12 | 12 | 13 | 13 | 15 | 18 | 19 | 18 | 17 | 14 | 13 |
| Madrid | 14 | 13 | 14 | 15 | 17 | 20 | 22 | 24 | 23 | 21 | 17 | 15 |
| Mar Menor | 13 | 13 | 13 | 15 | 17 | 21 | 23 | 25 | 23 | 21 | 18 | 15 |
| Pamplona | 14 | 14 | 14 | 14 | 15 | 16 | 16 | 16 | 17 | 16 | 15 | 14 |
| Ponta Delgada (Açores) | 12 | 12 | 13 | 14 | 15 | 15 | 16 | 15 | 16 | 16 | 14 | 13 |
| Santa Cruz de T. (Canarias) | 19 | 18 | 18 | 18 | 19 | 20 | 21 | 22 | 23 | 22 | 21 | 20 |
| Santander | 12 | 11 | 12 | 12 | 13 | 16 | 19 | 21 | 19 | 17 | 14 | 13 |
| Sines | 14 | 14 | 14 | 14 | 15 | 16 | 16 | 16 | 17 | 16 | 15 | 14 |
| Tarragona | 13 | 12 | 13 | 14 | 15 | 19 | 23 | 22 | 22 | 19 | 16 | 14 |
| València | 14 | 12 | 13 | 14 | 16 | 19 | 22 | 24 | 23 | 20 | 17 | 14 |
| Vigo | 13 | 13 | 13 | 13 | 14 | 16 | 18 | 18 | 19 | 18 | 15 | 14 |

# LEGENDA

## Cartografia - 1:400 000

### Strade
Autostrada - Aree di servizio
Doppia carreggiata di tipo autostradale
Svincoli : completo, parziale
Svincoli numerati
Strada di collegamento internazionale o nazionale
Strada di collegamento interregionale o di disimpegno
Strada rivestita - non rivestita
Strada in cattive condizioni
Strada per carri - Sentiero
Autostrada, strada in costruzione
(data di apertura prevista)

### Larghezza delle strade
Carreggiate separate
4 corsie - 2 corsie larghe
2 corsie - 1 corsia

### Distanze (totali e parziali)
tratto a pedaggio } su autostrada
tratto esente da pedaggio } su autostrada
su strada

### Numerazione - Segnaletica
E 25 A 4 — Strada europea - Autostrada
N IV N 301 — Strada nazionale radiale - Strada nazionale
C 437 SE 138 — Altre Strade

### Ostacoli
Forte pendenza (salita nel senso della freccia)
Passo - Altitudine
Percorso difficile o pericoloso
Passaggi della strada:
a livello, cavalcavia, sottopassaggio
Strada vietata - Strada a circolazione regolamentata
Casello - Strada a senso unico
Guado
Innevamento : probabile periodo di chiusura

### Trasporti
Ferrovia - Stazione viaggiatori
Trasporto auto:
su traghetto
su chiatta (carico massimo in t.)
Traghetto per trasporto passeggeri
Aeroporto - Aerodromo

### Risorse alberghiere - Amministrazione
Località con pianta nella GUIDA MICHELIN
Parador (Spagna) - Pousada (Portogallo)
(albergo gestito dallo stato)
Capoluogo amministrativo
Confini amministrativi
Frontiera

### Sport - Divertimento
Arena (Plaza de Toros) - Golf
Rifugio - Campeggi, caravaning
Porto turistico - Spiaggia
Funivia, seggiovia
Funicolare - Ferrovia a cremagliera

### Mete e luoghi d'interesse
Edificio religioso - Castello - Rovine
Grotta - Monumento megalitico
Altri luoghi d'interesse
Panorama - Vista
Percorso pittoresco

### Simboli vari
Edificio religioso - Castello - Rovine
Grotta - Monumento megalitico
Teleferica industriale
Torre o pilone per telecomunicazioni
Industrie - Centrale elettrica
Raffineria - Pozzo petrolifero o gas naturale
Miniera - Cava
Faro - Diga
Parco nazionale - Riserva di caccia

## Piante di città

### Curiosità
Edificio interessante
Costruzione religiosa interessante

### Viabilità
Autostrada, strada a carreggiate separate
Svincolo : completo, parziale, numero
Grande via di circolazione
Senso unico - Via impraticabile, a circolazione regolamentata
Via pedonale - Tranvia
Colón — Via commerciale - Parcheggio
Porta - Sottopassaggio - Galleria
Stazione e ferrovia
Funicolare - Funivia, cabinovia
Ponte mobile - Traghetto per auto

### Simboli vari
Ufficio informazioni turistiche
Moschea - Sinagoga
Torre - Ruderi - Mulino a vento - Torre idrica
Giardino, parco, bosco - Cimitero - Calvario
Arena - Golf - Ippodromo
Stadio - Piscina : all'aperto, coperta
Vista - Panorama
Monumento - Fontana - Fabbrica - Centro commerciale
Porto per imbarcazioni da diporto - Faro
Aeroporto - Stazione della Metropolitana - Autostazione
Trasporto con traghetto :
passeggeri ed autovetture, solo passeggeri
Simbolo di riferimento comune alle piante ed alle carte Michelin particolareggiate
Ufficio postale centrale - Telefono
Ospedale - Mercato coperto
Edificio pubblico indicato con lettera :
D H J — Sede del Governo della Provincia - Municipio - Palazzo di Giustizia
G — Delegazione del governo (Spagna) - Governo distrettuale (Portogallo)
M T — Museo - Teatro
U — Università, grande scuola
POL — Polizia (Questura, nelle grandi città)
Carabinieri (Spagna) - Guarda Nazionale Repubblicana (Portogallo)

# VERKLARING VAN DE TEKENS

## Kaarten - 1:400 000

### Wegen
Autosnelweg - Serviceplaatsen
Gescheiden rijbanen van het type autosnelweg
Aansluitingen : volledig, gedeeltelijk
Afritnummers
Internationale of nationale verbindingsweg
Interregionale verbindingsweg
Verharde weg - onverharde weg
Weg in slechte staat
Landbouwweg - Pad
Autosnelweg in aanleg - Weg in aanleg
(indien bekend : datum openstelling)

### Breedte van de wegen
Gescheiden rijbanen
4 rijstroken - 2 brede rijstroken
2 rijstroken - 1 rijstrook

### Afstanden (totaal en gedeeltelijk)
gedeelte met tol } op autosnelwegen
tolvrij gedeelte } op autosnelwegen
op andere wegen

### Wegnummers - Bewegwijzering
E 25 A 4 — Europaweg - Autosnelweg
N IV N 301 — Radiale nationale weg - Nationale weg
C 437 SE 138 — Andere wegen

### Hindernissen
Steile helling ( pijlen in de richting van de helling )
Pas - Hoogte
Moeilijk of gevaarlijk traject
Wegovergangen:
gelijkvloers - overheen - onderdoor
Verboden weg - Beperkt opengestelde weg
Tol - Weg met eenrichtingsverkeer
Wad
Sneeuw : vermoedelijke sluitingsperiode

### Vervoer
Spoorweg - Reizigersstation
Vervoer van auto's:
per boot
per veerpont (maximum draagvermogen in t.)
Veerpont voor voetgangers
Luchthaven - Vliegveld

### Verblijf - Administratie
Plaats met een plattegrond in DE MICHELIN GIDS
Parador (Spanje) - Pousada (Portugal)
(hotel dat door de staat wordt beheerd)
Hoofdplaats van administratief gebied
Administratieve grenzen
Staatsgrens

### Sport - Recreatie
Arena voor stierengevechten - Golfterrein
Berghut - Kampeerterrein (tent, caravan)
Jachthaven - Strand
Kabelbaan, stoeltjeslift
Kabelspoor - Tandradbaan

### Bezienswaardigheden
Kerkelijk gebouw - Kasteel - Ruïne
Grot - Megaliet
Andere bezienswaardigheden
Panorama - Uitzichtpunt
Schilderachtig traject

### Diverse tekens
Kerkelijk gebouw - Kasteel - Ruïne
Grot - Megaliet
Kabelvrachtvervoer
Telecommunicatietoren of -mast
Industrie - Elektriciteitscentrale
Raffinaderij - Olie- of gasput
Mijn - Steengroeve
Vuurtoren - Stuwdam
Nationaal park - Jachtreservaat

## Plattegronden

### Bezienswaardigheden
Interessant gebouw
Interessant kerkelijk gebouw

### Wegen
Autosnelweg, weg met gescheiden rijbanen
Verkeerswisselaars/Aansluitingen : volledig, gedeeltelijk, nummer
Hoofdverkeersweg
Eenrichtingsverkeer - Onbegaanbare straat, beperkt toegankelijk
Voetgangersgebied - Tramlijn
Colón — Winkelstraat - Parkeergarage
Poort - Onderdoorgang - Tunnel
Station, spoorweg
Kabelspoor - Kabelbaan, stoeltjeslift
Beweegbare brug - Auto-veerpont

### Overige tekens
Informatie voor toeristen
Moskee - Synagoge
Toren - Ruïne - Windmolen - Watertoren
Tuin, park, bos - Begraafplaats - Kruisbeeld
Arena - Golfterrein - Renbaan
Stadion - Zwembad : openlucht, overdekt
Uitzicht - Panorama
Gedenkteken - Fontein - Fabriek - Winkelcentrum
Jachthaven- Vuurtoren
Luchthaven - Metrostation - Busstation
Vervoer per boot :
passagiers en auto's, uitsluitend passagiers
Verwijsteken uitvalsweg :
identiek op plattegronden en Michelinkaarten
Hoofdkantoor voor poste-restante - Telefoon
Ziekenhuis - Overdekte markt
Openbaar gebouw, aangegeven met een letter :
D H J — Provinciale raad - Stadhuis - Gerechtshof
G — Vertegenwoordiging centrale overheid (Spanje), Bestuur van het district (Portugal)
M T — Museum - Schouwburg
U — Universiteit, hogeschool
POL. — Politie (in grote steden, hoofdbureau)
GNR — Rijkspolitie of - wacht (Spanje) - Rijkspolitie of - wacht (Portugal)

# ZEICHENERKLÄRUNG

## Kartographie - 1:400 000

### Straßen
Autobahn - Tankstelle mit Raststätte
Schnellstraße mit getrennten Fahrbahnen
Anschlussstellen : Voll - bzw. Teilanschlussstellen
Anschlussstellennummern
Internationale bzw.nationale Hauptverkehrsstraße
Überregionale Verbindungsstraße oder Umleitungsstrecke
Straße mit Belag - ohne Belag
Straße in schlechtem Zustand
Wirtschaftsweg - Pfad
Autobahn, Straße im Bau
(ggf. voraussichtliches Datum der Verkehrsfreigabe)

### Straßenbreiten
getrennte Fahrbahnen
4 Fahrspuren - 2 breite Fahrspuren
2 Fahrspuren - 1 Fahrspur

### Straßenentfernungen (Gesamt- und Teilentfernungen)
Mautstrecke } auf der Autobahn
mautfreie Strecke } auf der Autobahn
auf der Straße

### Nummerierung - Wegweisung
E 25 A 4 — Europastraße - Autobahn
N IV N 301 — Radiale Nationalstraße - Nationalstraße
C 437 SE 138 — Sonstige Straßen

### Verkehrshindernisse
Starke Steigung (Steigung in Pfeilrichtung)
Pass - Höhe
Schwierige oder gefährliche Strecke
Bahnübergänge:
schienengleich - Unterführung - Überführung
Gesperrte Straße - Straße mit Verkehrsbeschränkungen
Mautstelle - Einbahnstraße
Furt
Eingeschneite Straße : voraussichtl. Wintersperre

### Verkehrsmittel
Bahnlinie - Haltestelle
Autotransport:
per Schiff
per Fähre (Höchstbelastung in t)
Personenfähre
Flughafen - Flugplatz

### Unterkunft - Verwaltung
Orte mit Stadtplan im MICHELIN-FÜHRER
Parador (Spanien) - Pousada (Portugal)
(staatlich geleitetes Hotel)
Verwaltungshauptstadt
Verwaltungsgrenzen
Staatsgrenze

### Sport - Freizeit
Stierkampfarena - Golfplatz
Schutzhütte - Campingplatz
Yachthafen - Badestrand
Seilbahn, Sessellift
Standseilbahn - Zahnradbahn

### Sehenswürdigkeiten
Sakral-Bau - Schloss, Burg - Ruine
Höhle - Vorgeschichtliches Steindenkmal
Sonstige Sehenswürdigkeit
Rundblick - Aussichtspunkt
Landschaftlich schöne Strecke

### Sonstige Zeichen
Sakralbau - Schloss, Burg - Ruine
Höhle - Vorgeschichtliches Steindenkmal
Industrieschwebebahn
Funk-, Sendeturm
Industrieanlagen - Kraftwerk
Raffinerie - Erdöl-, Erdgasförderstelle
Bergwerk - Steinbruch
Leuchtturm - Staudamm
Nationalpark - Jagdgebiet

## Stadtpläne

### Sehenswürdigkeiten
Sehenswertes Gebäude
Sehenswerter Sakralbau

### Straßen
Autobahn, Schnellstraße
Nummer der Anschlußstelle : Autobahneinfahrt und/oder -ausfahrt
Hauptverkehrsstraße
Einbahnstraße - Gesperrte Straße, mit Verkehrsbeschränkungen
Fußgängerzone - Straßenbahn
Colón — Einkaufsstraße - Parkplatz
Tor - Passage - Tunnel
Bahnhof und Bahnlinie
Standseilbahn - Seilschwebebahn
Bewegliche Brücke - Autofähre

### Sonstige Zeichen
Informationsstelle
Moschee - Synagoge
Turm - Ruine - Windmühle - Wasserturm
Garten, Park, Wäldchen - Friedhof - Bildstock
Stierkampfarena - Golfplatz - Pferderennbahn
Stadion - Freibad - Hallenbad
Aussicht - Rundblick
Denkmal - Brunnen - Fabrik - Einkaufszentrum
Jachthafen - Leuchtturm
Flughafen - U-Bahnstation - Autobusbahnhof
Schiffsverbindungen :
Autofähre - Personenfähre
Straßenkennzeichnung
(identisch auf Michelin Stadtplänen und - Abschnittskarten)
Hauptpostamt (postlagernde Sendungen) - Telefon
Krankenhaus - Markthalle
Öffentliches Gebäude, durch einen Buchstaben gekennzeichnet :
D H J — Provinzverwaltung - Rathaus - Gerichtsgebäude
G — Vertretung der Zentralregierung (Spanien) - Bezirksverwaltung (Portugal)
M T — Museum - Theater
U — Universität, Hochschule
POL. — Polizei (in größeren Städten Polizeipräsidium)
GNR — Guardia Civil (Spanien) - Guarda Nacional Republicana (Portugal)

# KEY

## Mapping - 1:400 000

### Roads
LA SAFOR

Motorway - Service areas
Dual carriageway with motorway characteristics
Interchanges : complete, limited
Interchange numbers
International and national road network
Interregional and less congested road
Road surfaced - unsurfaced
Road in bad condition
Rough track - Footpath
Motorway / Road under construction
(when available : with scheduled opening date)

### Road widths
Dual carriageway
4 lanes - 2 wide lanes
2 lanes - 1 lane

### Distances (total and intermediate)
Toll roads } on motorway
Toll-free section } on motorway
on road

### Numbering - Signs
E 25 A 4 European route - Motorway
N IV N 301 National radial - National road
C 437 SE 138 Other roads

### Obstacles
7-12% +12% Steep hill ( ascent in direction of the arrow )
915 (304) Pass - Altitude
Difficult or dangerous section of road
Level crossing :
railway passing - under road - over road
Prohibited road - Road subject to restrictions
Toll barrier - One way road
Ford
12-4 Snowbound, impassable road during the period shown

### Transportation
Railway - Passenger station
Transportation of vehicles:
by boat
15 by ferry (load limit in tons)
Passenger ferry
Airport - Airfield

### Accommodation - Administration
Town plan featured in THE MICHELIN GUIDE
Parador (Spain) - Pousada (Portugal)
(hotel run by the state)
P D Administrative district seat
Administrative boundaries
National boundary

### Sport & Recreation Facilities
Bullring - Golf course
Mountain refuge hut - Caravan and camping sites
Pleasure boat harbour - Beach
Cable car, chairlift
Funicular - Rack railway

### Sights
Religious building - Historic house, castle - Ruins
Cave - Prehistoric monument
Other places of interest
Panoramic view - Viewpoint
Scenic route

### Other signs
Religious building - Castle - Ruins
Cave - Prehistoric monument
Industrial cable way
Telecommunications tower or mast
Industrial activity - Power station
Refinery - Oil or gas well
Mine - Quarry
Lighthouse - Dam
National park - Game reserve

## Town plans

### Sights
Place of interest
Interesting place of worship

### Roads
Motorway, dual carriageway
Junction complete, limited, number
Major through route
One-way street - Unsuitable for traffic, street subject to restrictions
Pedestrian street - Tramway
Colón P Shopping street - Car park
Gateway - Street passing under arch - Tunnel
Station and railway
Funicular - Cable-car
B Lever bridge - Car ferry

### Various signs
Tourist Information Centre
Mosque - Synagogue
Tower - Ruins - Windmill - Water tower
Garden, park, wood - Cemetery - Cross
Bullring - Golf course - Racecourse
Stadium - Outdoor or indoor swimming pool
View - Panorama
Monument - Fountain - Factory - Shopping centre
Pleasure boat harbour - Lighthouse
Airport - Underground station - Coach station
Ferry services:
passengers and cars, passengers only
② Reference number common to town plans and Michelin maps
Main post office with poste restante - Telephone
Hospital - Covered market
Public buildings located by letter :
D H J Provincial Government Office - Town Hall - Law Courts
G Central government representation ( Spain ),
District government office ( Portugal )
M T Museum - Theatre
U University, College
POL. Police ( in large towns police headquarters )
GNR Civil Guard ( Spain ) - Portuguese National Police ( Portugal )

# LÉGENDE

## Cartographie - 1/400 000

### Routes
Autoroute - Aires de service
Double chaussée de type autoroutier
Échangeurs : complet, partiels
Numéros d'échangeurs
Route de liaison internationale ou nationale
Route de liaison interrégionale ou de dégagement
Route revêtue - non revêtue
Route en mauvais état
Chemin d'exploitation - Sentier
Autoroute - Route en construction
(le cas échéant : date de mise en service prévue)

### Largeur des routes
Chaussées séparées
4 voies - 2 voies larges
2 voies - 1 voie

### Distances (totalisées et partielles)
Section à péage } sur autoroute
Section libre } sur autoroute
sur route

### Numérotation - Signalisation
E 25 A 4 — Route européenne - Autoroute
N IV N 301 — Route nationale radiale - Route nationale
C 437 SE 138 — Autres routes

### Obstacles
Forte déclivité ( flèches dans le sens de la montée )
Col - Altitude
Parcours difficile ou dangereux
Passages de la route :
à niveau - supérieur - inférieur
Route interdite - Route réglementée
Barrière de péage - Route à sens unique
Gué
Enneigement : période probable de fermeture

### Transports
Voie ferrée - Station voyageurs
Transport des autos:
par bateau
par bac (charge maximum en tonnes)
Bac pour piétons
Aéroport - Aérodrome

### Hébergement - Administration
Localité possédant un plan dans le Guide MICHELIN
Parador (Espagne) - Pousada (Portugal)
(établissement hôtelier géré par l'état)
Capitale de division administrative
Limites administratives
Frontière

### Sports - Loisirs
Arènes (plaza de toros) - Golf
Refuge de montagne - Camping, caravaning
Port de plaisance - Plage
Téléphérique, télésiège
Funiculaire - Voie à crémaillère

### Curiosités
Édifice religieux - Château - Ruines
Grotte - Monument mégalithique
Autres curiosités
Panorama - Point de vue
Parcours pittoresque

### Signes divers
Édifice religieux - Château - Ruines
Grotte - Monument mégalithique
Transporteur industriel aérien
Tour ou pylône de télécommunications
Industries - Centrale électrique
Raffinerie - Puits de pétrole ou de gaz
Mine - Carrière
Phare - Barrage
Parc national - Réserve de chasse

## Plans de ville

### Curiosités
Bâtiment intéressant
Édifice religieux intéressant

### Voirie
Autoroute, route à chaussées séparées
Échangeur : complet, partiel, numéro
Grande voie de circulation
Sens unique - Rue impraticable, réglementée
Rue piétonne - Tramway
Colón — Rue commerçante - Parc de stationnement
Porte - Passage sous voûte - Tunnel
Gare et voie ferrée
Funiculaire - Téléphérique, télécabine
Pont mobile - Bac pour autos

### Signes divers
Information touristique
Mosquée - Synagogue
Tour - Ruines - Moulin à vent - Château d'eau
Jardin, parc, bois - Cimetière - Calvaire
Arènes - Golf - Hippodrome
Stade - Piscine de plein air, couverte
Vue - Panorama
Monument - Fontaine - Usine - Centre commercial
Port de plaisance - Phare
Aéroport - Station de métro - Gare routière
Transport par bateau:
passagers et voitures, passagers seulement
Repère commun aux plans et aux cartes Michelin détaillées
Bureau principal de poste restante - Téléphone
Hôpital - Marché couvert
Bâtiment public repéré par une lettre :
D H J — Conseil provincial - Hôtel de ville - Palais de justice
G — Délégation du gouvernement (Espagne) - Gouvernement du district (Portugal)
M T — Musée - Théâtre
U — Université, grande école
POL. — Police ( commissariat central )
Gendarmerie ( Espagne ) - Gendarmerie ( Portugal )

# SIGNOS CONVENCIONALES

## Cartografía - 1:400.000

LA SAFOR

### Carreteras
Autopista - Áreas de servicio
Autovía
Enlaces : completo, parciales
Números de los accesos
Carretera de comunicación internacional o nacional
Carretera de comunicación interregional o alternativo
Carretera asfaltada - sin asfaltar
Carretera en mal estado
Camino agrícola - Sendero
Autopista, carretera en construcción
(en su caso : fecha prevista de entrada en servicio)

### Ancho de las carreteras
Calzadas separadas
Cuatro carriles - Dos carriles anchos
Dos carriles - Un carril

### Distancias (totales y parciales)
Tramo de peaje } en autopista
Tramo libre } en autopista
en carretera

### Numeración - Señalización
E 25 A 4 — Carretera europea - Autopista
N IV N 301 — Carretera nacional radial - Carretera nacional
C 437 SE 138 — Otras carreteras

### Obstáculos
7-12% +12% — Pendiente Pronunciada (las flechas indican el sentido del ascenso)
915 (304) — Puerto - Altitud
Recorrido difícil o peligroso
Pasos de la carretera:
a nivel, superior, inferior
Tramo prohibido - Carretera restringida
Barrera de peaje - Carretera de sentido único
Vado
12-4 — Nevada : Período probable de cierre

### Transportes
Línea férrea - Estación de viajeros
Transporte de coches:
por barco
por barcaza (carga máxima en toneladas)
Barcaza para el paso de peatones
Aeropuerto - Aeródromo

### Alojamiento - Administración
Localidad con plano en LA GUÍA MICHELIN
Parador (España) - Pousada (Portugal)
(establecimiento hotelero administrado por el Estado)
Capital de división administrativa
Limites administrativos
Frontera

### Deportes - Ocio
Plaza de toros - Golf
Refugio de montaña - Camping, caravaning
Puerto deportivo - Playa
Teleférico, telesilla
Funicular - Línea de cremallera

### Curiosidades
Edificio religioso - Castillo - Ruinas
Cueva - Monumento megalítico
Otras curiosidades
Vista panorámica - Vista parcial
Recorrido pintoresco

### Signos diversos
Edificio religioso - Castillo - Ruinas
Cueva - Monumento megalítico
Transportador industrial aéreo
Torreta o poste de telecomunicación
Industrias - Central eléctrica
Refinería - Pozos de petróleo o de gas
Mina - Cantera
Faro - Presa
Parque nacional - Reserva de caza

## Planos de ciudades

### Curiosidades
Edificio interesante
Edificio religioso interesante

### Vías de circulación
Autopista, autovía
Número del acceso: completo, parcial
Vía importante de circulación
Sentido único - Calle impracticable, de uso restringido
Calle peatonal - Tranvía
Colón — Calle comercial - Aparcamiento
Puerta - Pasaje cubierto - Túnel
Estación y línea férrea
Funicular - Teleférico, telecabina
Puente móvil - Barcaza para coches

### Signos diversos
Oficina de Información de Turismo
Mezquita - Sinagoga
Torre - Ruinas - Molino de viento - Depósito de agua
Jardín, parque, bosque - Cementerio - Crucero
Plaza de toros - Golf - Hipódromo
Estadio - Piscina al aire libre, cubierta
Vista - Panorama
Monumento - Fuente - Fábrica - Centro comercial
Puerto deportivo - Faro
Aeropuerto - Boca de metro - Estación de autobuses
Transporte por barco:
pasajeros y vehículos, pasajeros solamente
Referencia común a los planos y a los mapas detallados Michelin
Oficina central de lista de correos - Teléfonos
Hospital - Mercado cubierto
Edificio público localizado con letra:
D H J — Diputación - Ayuntamiento - Palacio de Justicia
G — Delegación del Gobierno (España) - Gobierno del distrito (Portugal)
M T — Museo - Teatro
U — Universidad, Escuela Superior
POL. — Policía (en las grandes ciudades: Jefatura)
GNR — Guardia Civil (España) - Guardia Nacional (Portugal)